ORDONNA...

DES

ROIS DE FRANCE

DE LA

TROISIÈME RACE,

RECUEILLIES PAR ORDRE CHRONOLOGIQUE.

QUATORZIÈME VOLUME,

Contenant les Ordonnances depuis la vingt-cinquième année du règne de CHARLES VII, jufqu'à fa mort en 1461.

Par M. DE BRÉQUIGNY, de l'Académie Françoife & de celle des Infcriptions & Belles-Lettres.

A PARIS,

DE L'IMPRIMERIE ROYALE.

M. DCCXC.

PRÉFACE.

Dans le XIII.ᵉ volume de ce recueil, nous avons publié les Lettres de Charles VII depuis le commencement de son règne, jusqu'à l'an 1447 inclusivement. Celui-ci renfermera celles qui nous restent de ce prince depuis cette année jusqu'à sa mort en 1461. Nous avons essayé dans la préface du volume précédent, de tracer sommairement l'histoire des vingt-cinq premières années de sa législation; nous tracerons ici, selon le même plan, l'histoire des quinze dernières : ainsi, nous suivrons d'abord rapidement le fil des événemens qui ont été l'occasion ou le motif des Lettres que nous rassemblons; nous nous arrêterons ensuite à quelques objets de législation qui nous ont paru mériter des développemens particuliers.

PREMIÈRE PARTIE.

Événemens relatifs à la Législation de Charles VII, depuis l'an 1448, jusqu'à l'an 1461.

La réconciliation de Charles VII, en 1435, avec Philippe duc de Bourgogne, avoit privé les Anglois d'un puissant allié, & les avoit réduits, sinon à conclure la paix, au moins à consentir à une trève qui fut souvent enfreinte, mais qui fut long-temps prorogée. Il étoit important pour le Roi de se maintenir en bonne intelligence avec le duc; cependant il s'éleva entr'eux quelques nuages en 1448, à l'occasion d'une formule qui pendant bien des siècles avoit été indifférente, mais qui depuis quelque temps n'étoit plus sans importance *(a)* ; c'étoit la formule *par la grâce de Dieu,* jointe aux titres de dignité. Interprétée selon le sens propre des mots, ce n'étoit qu'une expression purement religieuse ; mais on y pouvoit attacher l'idée de prétention à l'indépendance absolue, & en conséquence on en avoit interdit l'usage au comte d'Armagnac en 1442.

Le duc de Bourgogne commença de s'en servir, après qu'en 1430 il eut hérité des duchés de Brabant & de Limbourg; & comme il s'intituloit à la fois, *par la grâce de Dieu, duc de Bourgogne, de Brabant & de Limbourg,* la formule tomboit sur le titre de duc de Bourgogne, autant que sur ceux de ses autres seigneuries : celles-ci, il est vrai, étoient indépendantes, mais le duché de Bourgogne

I. Formule, par la grâce de Dieu.

(a) Voyez Nouv. diplomatique, tome IV, p. 588 & suiv.

Tome XIV.

a

relevoit du Roi de France. Charles VII craignit donc que cette formule employée ainſi indéfiniment, n'annonçât des prétentions d'indépendance pour la Bourgogne, & il s'en plaignit.

Le duc de Bourgogne appaiſa aiſément le Roi, en déclarant par ſes Lettres du 26 novembre 1448 *(a)*, qu'en ſe ſervant, depuis qu'il étoit devenu duc de Brabant, de la formule *par la grâce de Dieu*, il n'avoit prétendu s'attribuer par-là aucun droit nouveau ſur les pays & ſeigneuries qu'il tenoit en France, reconnoiſſant à cet égard le Roi de France pour ſon ſouverain ſeigneur. Le Roi de ſon côté déclara le 28 janvier ſuivant *(b)*, qu'il étoit content; & conſentit que la formule dont il s'agiſſoit demeurât *telle qu'elle avoit été écrite*. Elle a été conſtamment réſervée depuis cette époque, aux ſeuls princes indépendans; & le duc de Bretagne *(c)* ayant affecté d'en uſer, Louis XI le lui défendit en 1463. Les Évêques l'ont conſervée, en y ajoutant *la grâce du S. Siège;* ce qui ne peut s'entendre que de leur miſſion épiſcopale.

II. Milice des francs-archers.

LA GUERRE avec l'Angleterre n'étant ſuſpendue que par une trève, Charles VII dut en profiter pour achever l'établiſſement de ſa milice, commencé depuis dix ans. On a vu dans notre XIII.ᵉ volume *(d)*, qu'il avoit créé en 1439, un corps de Gendarmes à cheval, nombreux, bien armé, ſoumis à une diſcipline juſqu'alors inconnue, & toujours prêt à marcher. En 1448 il créa *(e)* ſous le nom de *francs-archers*, un corps d'Infanterie qui devoit être, non pas toujours ſur pied comme la Gendarmerie, mais prêt à ſe raſſembler au premier ordre, habituellement exercé, vêtu & armé convenablement, & payé ſeulement lorſqu'il ſeroit employé. La ſolde en fut fixée à quatre livres par mois pour chaque franc-archer; le marc d'argent ne valoit alors que ſept livres dix ſous, d'où il eſt aiſé de juger combien cette ſolde étoit plus forte que la ſolde actuelle de notre Infanterie: il eſt vrai que les francs-archers étoient vêtus & armés à leurs propres frais.

Ils furent nommés *francs-archers*, parce qu'ils furent affranchis de toutes tailles & ſubventions, excepté des aides pour la guerre & de l'impôt ſur le ſel. Pour former ce corps, les *élus* furent chargés de choiſir dans chaque paroiſſe de leur *élection*, les hommes qu'ils croiroient les plus propres à y ſervir, de tenir regiſtre de leurs noms, ſurnoms & domiciles, & de leur faire prêter ſerment. Comme le franc-archer étoit obligé de s'équiper, on avoit ſoin de le choiſir parmi les habitans dont la fortune pouvoit ſoutenir cette dépenſe; cependant s'il s'en trouvoit quelqu'un qui annonçât de grandes diſpoſitions pour la

(a) Page 44.
(b) Ibid.
(c) Nouv. diplom. *ubi ſuprà.*

(d) Tome XIII, p. 316.
(e) Tome XIV, p. 1; Lettres du 28 avril 1448, & inſtructions y jointes.

guerre, mais qui ne fût pas affez riche pour faire les frais de fon armement, nous voyons par d'autres Lettres *(a)*, que fa paroiffe s'en chargeoit. Elle en étoit dédommagée, comme le remarquent ces Lettres; car plus le franc-archer étoit pauvre, moins étoit forte l'impofition dont il devenoit exempt, & qui retomboit fur la paroiffe. Au refte, elle n'étoit obligée à lui fournir que l'équipement militaire, & il ne pouvoit s'en fervir qu'à la guerre, ou lorfqu'il alloit aux exercices.

Ce fervice étoit honorable, & les priviléges qui y étoient attachés le rendoient avantageux; auffi defiroit-on d'entrer dans cette milice, prefque autant qu'on redoute d'être enrôlé dans notre milice d'aujourd'hui. Cependant toutes deux, à divers égards, fe reffemblent beaucoup; mais celle des francs-archers fuppofoit un choix auquel on attachoit du prix; ce qui faifoit que même les gens riches fe faifoient honneur d'y être admis, au grand préjudice des paroiffes fur lefquelles retomboient les taxes dont ils devenoient affranchis. On fut obligé, pour remédier à cet inconvénient *(b)*, d'ordonner en 1449, que dans le cas où on choifiroit pour franc-archer un gros marchand ou un homme riche, il ne feroit exempt que d'une portion de fon impofition ordinaire.

Peu après la création de ce corps *(c)*, le Roi le divifa en capitaineries, felon les territoires où les francs-archers étoient domiciliés. Dans chaque capitainerie, il devoit y avoir un franc-archer par cinquante feux ou environ. Le capitaine prêtoit ferment entre les mains du bailli ou du fénéchal. Il faifoit la revue de fes gens, au moins une fois en fix mois, par quarantaine ou cinquantaine; ayant foin d'affigner les rendez-vous de manière que ceux qui devoient s'y trouver n'en fuffent pas éloignés de plus de quatre ou cinq lieues, pour interrompre le moins qu'il étoit poffible, les travaux de la campagne. Les appointemens du capitaine n'étoient que de cent vingt livres tournois par an, ou dix livres par mois; ce n'étoit que trois cinquièmes de plus que la folde du fimple franc-archer.

Après avoir parlé de la manière dont Charles VII acheva la formation de la milice qu'on peut nommer nationale, nous placerons ici ce qu'il régla concernant la milice qu'on peut appeler féodale, c'eft-à-dire, qui acquittoit le fervice que les Nobles & Seigneurs de fiefs devoient au Roi *lorfqu'il les mandoit pour la défenfe ou le recouvrement de fa feigneurie.* Nous avons des Lettres *(d)* du 30 janvier 145⁴, par lefquelles le Roi prefcrivit les différentes manières dont les Nobles devoient être habillés & armés pour faire ce fervice. Il leur laiffa la liberté de choifir celle de ces manières qui convenoit le mieux à leur fortune; mais il leur enjoignit

III. Milice féodale.

(a) Lettres du 3 avril 1459, p. 487.
(b) Ibid. p. 488, art. 57.
(c) Inftructions du 10 nov. 1451, p. 5.
(d) Pag. 350 & fuiv.

de déclarer dans un court délai, celle qu'ils auroient choifie. Il les divifa en plufieurs claffes, diftinguées par la diverfité de leur habillement & de leur armure; & fixa leurs appointemens en conféquence. Les plus riches, armés de toutes pièces, avoient chacun deux chevaux pour leur perfonne, & étoient fuivis d'un couftiller auffi à cheval; d'autres moins riches n'avoient qu'un cheval & un page; ceux qui étoient moins riches encore, avoient une armure moins complette, fpécifiée dans l'Ordonnance; enfin les plus pauvres pouvoient paroître en fimple équipage de couftiller. Ce même règlement marque auffi de quelle manière devoient être armés les archers & arbalêtriers. Toute cette nobleffe fervoit à cheval. Le Roi recommandoit qu'on eût foin de fe pourvoir de bonne heure de fon équipage, afin que les frais en fuffent moindres qu'ils ne feroient, fi on différoit jufqu'au moment du befoin.

IV. Priviléges accordés aux habitans des places conquifes fur les Anglois.

CE BESOIN n'étoit pas prochain. La guerre contre les Anglois s'étoit à la vérité renouvelée en 1449; mais ils avoient été en peu de temps chaffés entièrement de la Normandie & de la Guienne. En 1454, il ne leur reftoit plus en France que Guines & Calais; & leurs diffentions domeftiques fembloient les mettre hors d'état de troubler la tranquillité de la France. Le recouvrement fucceffif des diverfes places qui étoient rentrées fous la domination Françoife, avoit donné lieu à des capitulations par lefquelles les habitans avoient obtenu des conceffions ou des confirmations de priviléges, qui font devenus les titres des droits de plufieurs de nos villes. Nous allons entrer à ce fujet dans quelques détails.

Les Anglois ayant rompu la trève en 1449, fort mal à propos pour eux, le Roi avoit auffitôt fait marcher fes troupes en Normandie; & dès le 17 juillet (a) de cette même année, il avoit nommé des commiffaires pour recevoir les foumiffions des villes de cette province, promettant à celles qui reviendroient à l'obéiffance, des Lettres d'abolition pour le paffé, & de confirmation de priviléges pour l'avenir. Le 16 du

1. Lifieux. mois fuivant, il foumit les habitans de Lifieux, & confirma leurs anciennes franchifes, les ftatuts des métiers établis dans leur ville, & la juridiction temporelle de leur évêque.

Au mois de feptembre (b) de la même année, il foumit auffi & maintint dans leurs honneurs, prérogatives & poffeffions, les habitans **2. Neufchâtel.** de Neufchâtel de *Nycourt*. C'eft ainfi que ce nom eft écrit dans le regiftre du tréfor des chartes, d'où nous avons tiré les Lettres de cet octroi. Dom du Pleffis (c), qui ne les avoit point vues, prétend qu'il faut lire *Drincourt*, & non pas *Nycourt*; il fe fonde fur un titre de l'an 1205, confervé dans l'abbaye de Foucarmont. Nous avons fuivi la leçon du regiftre original du tréfor des chartes, où fans doute

(a) Pag. 59 & fuiv.
(b) Pag. 65.

(c) Defcrip. de la haute Normandie, tom. I, p. 146.

le nom

le nom de cette ville eſt celui qu'elle portoit au milieu du XV.ᵉ ſiècle; *Drincourt* pouvoit être celui qu'elle avoit porté au commencement du XIII.ᵉ, & qui s'étoit altéré depuis.

Au mois d'octobre, Séez & Argentan ſe rendirent, & leurs privi-léges *(a)* furent confirmés. Dès le 29 du mois précédent, les habitans de Carentan avoient été forcés de ſe rendre ſans conditions; ainſi leurs poſſeſſions tomboient dans le cas de la confiſcation *(b)*: elles leur furent reſtituées le 5 octobre, par le duc de Bretagne, ſauf la ratification du Roi : il l'accorda dans le mois de novembre. 3. *Séez & Argentan.*
4. *Carentan.*

Ce prince étoit alors à Rouen *(c)*, qui venoit auſſi de ſe ſoumettre. Cette ville avoit réſiſté long-temps, & ſoutenu pluſieurs aſſauts. Enfin, le Roi étant maître de plus des trois quarts de la Normandie, & ſpécialement des places fortes ſur la Seine, les habitans de Rouen, menacés de manquer de vivres, demandèrent à capituler. Les articles ne furent ſignés par le Roi, que lorſqu'il fut arrivé dans leur ville; il leur rendit tous leurs droits & leurs priviléges, & abolit même les truages *(d)* & ſubſides qu'il avoit mis ſur la Seine & ſur les rivières affluentes. Ses Lettres ſont du mois de novembre 1449, mais elles ne furent enrégiſtrées au parlement de Paris *(e)* que cinq ans après. 5. *Rouen.*

Les villes d'Avranches & de Bayeux obtinrent auſſi des récompenſes de leur ſoumiſſion : elles s'étoient rendues *(f)* en 1450 au duc de Bretagne & au comte de Dunois, qui commandoient les troupes Françoiſes. Le Roi fit en perſonne le ſiége de Caen, qui ne ſe ſoumit qu'après s'être long-temps défendu *(g)*. Ses habitans n'en furent pas traités avec moins de bonté par ce prince, qui confirma tous leurs droits & poſſeſſions; il permit par proviſion à l'univerſité établie anciennement dans leur ville, l'exercice de quatre facultés ; & deux ans après *(h)*, il recréa cette univerſité avec l'exercice des cinq facultés dont les autres univerſités jouiſſoient *(i)* : celle de Caen avoit juſqu'alors été privée de la faculté des loix. 6. *Avranches & Bayeux.*
7. *Caen.*

Les graces que la ville de Dieppe obtint, furent le prix, non d'une ſoumiſſion forcée, mais de ſa conſtante fidélité : elle avoit repouſſé les Anglois lorſqu'ils l'avoient aſſiégée *(k)*. Des Lettres du 17 octobre 1450, lui accordèrent la continuation d'un octroi ſur les boiſſons & les harengs, pour les réparations de ſon port, dont l'entretien étoit très-diſpendieux, mais très-important. 8. *Dieppe.*

La Normandie étoit comblée des bontés de ſon Souverain ; cependant les habitans ſe plaignoient *(l)* de ce qu'on ne reſpectoit pas

---

(a) Pag. 71 & 72.
(b) Pag. 74.
(c) Pag. 75.
(d) Droits de traites, de paſſage &c.
(e) Le 18 juillet 1454.
(f) Pag. 91 & 93, au mois de mai.

(g) Pag. 97.
(h) 30 octobre 1452, p. 249 & ſuiv.
(i) Voy. à ce ſujet la préf. du XIII.ᵉ vol. p. 58.
(k) Pag. 100.
(l) Pag. 313.

affez leurs capitulations. Le Roi déclara que fon intention étoit que l'exécution en fût exactement maintenue, & ce fut l'objet d'un article ajouté à la grande Ordonnance du mois d'avril 1453, fur la réformation de la juftice : nous parlerons ailleurs *(a)* de cette Ordonnance.

Lorfque la conquête de la Normandie fut achevée *(b)*, le Roi renouvela d'anciennes Lettres du 22 août 1429, en faveur de ceux de fes fujets qui s'étoient déclarés pour lui lorfqu'il étoit forti de Paris en 1418, & qui avoient continué de lui être attachés. Elles n'avoient point été enregiftrées au parlement; & fous ce prétexte, ceux qu'elles obligeoient à reftituer les biens dont ces fujets fidèles avoient été injuftement & violemment dépouillés, refufoient de s'y conformer. Il en ordonna l'enregiftrement au parlement de Paris, le 28 octobre 1450, & elles y furent enregiftrées *(c)* le 15 février fuivant.

Les fuccès de Charles n'étoient pas moins rapides dans les autres parties de fon royaume. Dès le mois de mai 1448 *(d)*, à la fuppli- 9. *Le Périgord.* cation des trois Etats du Périgord, il avoit accordé aux habitans de ce pays, des Lettres qui les rétabliffoient dans leurs priviléges, & aboliffoient les délits par eux commis durant le temps qu'ils avoient été fous la domination Angloife.

10. *Bergerac.*   La ville de Bergerac y étoit demeurée jufque vers la fin de l'an 1450 *(e)*; elle capitula le 10 octobre de cette année, & la capitulation fut ratifiée par le Roi, le 24 du mois fuivant. Ses priviléges lui furent confervés, & rien ne fut changé pour lors à fa municipalité : mais deux mois après, à la réquifition de fes habitans, le Roi réduifit le nombre de fes confuls de huit à cinq; & il fut dit que l'un d'eux porteroit le nom de maire. Cette réduction étoit devenue néceffaire par la dépopulation de la ville, & par la perte des revenus dont elle avoit autrefois joui. Pour fuppléer à ces revenus, les habitans demandèrent au Roi la ceffion d'un moulin voifin qui étoit en mauvais état, & qui leur fut abandonné aux conditions de le réparer, & de payer au Roi un demi-marc d'argent par an; les Lettres à ce fujet *(f)* font du 4 décembre 1450. Le 29 du même mois, d'autres Lettres *(g)* ratifièrent celles qu'ils avoient obtenues en 1377 *(h)*, dans lefquelles tous leurs anciens priviléges avoient été rapportés & confirmés. Ces Lettres, de 1377, leur avoient été accordées par Louis, duc d'Anjou, frère de Charles V, & fon lieutenant en Guienne : nous ne voyons pas qu'elles euffent été confirmées par Charles V ni par Charles VI.

11. *Saint-Macaire. Duras.*   Avant la fin de juin 1451 *(i)*, le Roi fut maître du pays le long de la Dordogne. Saint - Macaire, la ville & le château de Duras,

---

(a) Part. 2, art 2.
(b) Pag. 102 & fuiv.
(c) Pag. 105.
(d) Pag. 20.

(e) Pag. 109.
(f) Pag. 111.
(g) Pag. 118.   *(h)* Ibid.
(i) Pag. 134 & fuiv.

avoient ſtipulé dans leurs capitulations, la confirmation de leurs priviléges. Chaque ville, en ſe ſoumettant, obtenoit toujours des Lettres
d'abolition : les regiſtres du tréſor des Chartes en ſont remplis à cette
époque, mais ces Lettres étoient tantôt pures & ſimples, tantôt elles
contenoient des confirmations & des conceſſions; nous n'avons rapporté
que celles de cette dernière eſpèce, qui ſeules concernent notre droit
public & municipal, & qui par conſéquent appartiennent à notre recueil.

Le Roi avoit fait ſommer *(a)* les trois Etats du Bordelois, de
rendre la ville de Bordeaux, & les autres villes & fortereſſes du pays.
Le 12 juin 1451, ils promirent de ſe ſoumettre, s'ils n'étoient pas
ſecourus par les Anglois le 28 du même mois; & aux conditions
que leurs coutumes & franchiſes leur ſeroient conſervées : le ſecours
ne parut point, & le traité eut ſon exécution. En conſéquence, le
Roi confirma les franchiſes, coutumes & poſſeſſions des habitans du
Bordelois, de l'Agénois & du Bazadois; il leur accorda de plus qu'ils
auroient à Bordeaux une Cour ſouveraine, & pourroient continuer
encore un an ou deux de ſe ſervir de la monnoie qui y avoit
cours, le Roi ſe réſervant cependant la faculté d'y en faire battre
de nouvelle, mais *par l'avis & délibération des trois États de Guienne :*
nous verrons bientôt qu'une partie de ces priviléges *(b)* leur furent
ôtés quelque temps après; & ils méritèrent en effet de les perdre. Les
autres villes du pays ſe rendirent auſſi en conſéquence du traité dont
nous venons de parler, & obtinrent, ſelon l'uſage, des confirmations
de leurs priviléges, par des Lettres *(c)* qu'on trouvera dans ce volume.
Du nombre de ces villes, ſont Libourne, Acqs, Bourg, Saint-
Émilion, les places qui appartenoient au ſeigneur de Montferrand,
celles de l'Entre-deux-mers & de la ſénéchauſſée des Lannes. Un de
nos écrivains modernes *(d)* a remarqué que c'eſt ici le plus ancien
exemple que notre hiſtoire fourniſſe d'un traité dans lequel les trois
Etats d'une province ſtipulent un changement de domination.

Bayonne *(e)* ſoutint un long ſiége, & fut réduite par la force. Le
Roi ne laiſſa pas de la traiter favorablement; il lui accorda des officiers
municipaux, mais ſe réſerva la nomination du maire & du lieutenant;
il déclara de plus qu'il uniſſoit la ville nuement & irrévocablement à
ſa couronne. Libourne, Bourg, Saint-Émilion, avoient obtenu la
même faveur. Les villes cherchoient à ſe procurer ces ſortes *d'unions,*
& l'avantage qu'elles en eſpéroient, étoit qu'elles ne ſeroient jamais
aliénées à des ſeigneurs particuliers, dont elles auroient moins de
protection à attendre & plus de vexations à craindre; mais nous
aurons ci-après occaſion de remarquer que les aſſurances qu'on
leur donnoit à cet égard, ne furent pas toujours inviolables.

12. *Bordelois, Agénois, & Bazadois.*

13. *Bayonne.*

(a) Pag. 139 & ſuiv.
(b) Voyez ci-après pag. viij.
(c) Pag. 155 & ſuiv.
(d) Villaret, hiſt. de Fr. Tom. VIII, *pag. 248.*
(e) Pag. 174 & ſuiv.

Tout ce que le Roi venoit d'accorder aux Bordelois, sembloit devoir les attacher pour jamais à la France & garantir leur fidélité. Il crut donc que les troupes ne lui étoient plus nécessaires en Guienne, & qu'il pouvoit les employer contre le duc de Savoie, dont il étoit mécontent. Mais à peine furent-elles éloignées, que les Anglois *(a)*, qui avoient conservé des intelligences dans Bordeaux, débarquèrent près de cette ville le 21 décembre 1452, & y furent introduits par une des portes dont les bourgeois avoient la garde; ils s'emparèrent avec la même facilité, de plusieurs places & forteresses du pays. Le Roi se hâta de rappeler ses troupes; elles battirent les Anglois; leur vieux général Talbot fut tué à l'âge de quatre-vingts ans; les places dont ils s'étoient emparés, ne tardèrent pas à rentrer sous l'obéissance du Roi, & ce prince vint lui-même mettre le siége devant Bordeaux.

14. *Bordeaux.* Les habitans furent bientôt réduits à implorer sa clémence; ils s'y abandonnèrent sans réserve, & remirent *à sa volonté* leur ville & ses priviléges, leurs personnes & leurs biens, se bornant à solliciter de simples Lettres de rémission *(b)*; ils les obtinrent le 9 octobre 1453, un peu moins d'un an après leur défection. Le Roi, qui savoit que cette défection n'étoit pas le crime de tous, voulut seulement punir les plus coupables; il excepta du pardon *(c)* vingt bourgeois, auxquels il laissa la vie, mais qu'il bannit du royaume, leur laissant cependant la liberté d'emporter avec eux leurs biens-meubles. Il exigea, à la vérité, que les habitans lui payassent une amende de cent mille écus d'or, & retint en sa main leurs priviléges jusqu'à ce qu'il lui plût de les leur rendre : c'étoit leur laisser espérer qu'ils leur seroient rendus; ils obtinrent en effet cette nouvelle grâce environ six mois après, & le Roi se contenta de trente mille écus au lieu de cent mille. Mais la restitution des priviléges ne fut pas complette; on diminua ceux qui leur avoient été accordés en 1451; il ne fut plus question de la Cour souveraine qu'on leur avoit promis d'établir dans leur ville *(d)*, & il fut dit que la Guienne ressortiroit, selon l'ancien usage, au parlement de Paris. Les Lettres qui réglèrent ainsi définitivement le sort des habitans de Bordeaux, furent expédiées le 11 avril 145¾, mais ne furent enregistrées au parlement de Paris que le 24 janvier 145⁶⁄₇.

V. *États-géné-raux.* LES ANGLOIS, trop occupés chez eux pour songer à réparer leurs pertes au dehors, laissèrent Charles VII tranquille. Il en profita pour remédier aux désordres introduits dans l'administration de son royaume durant la longue suite de malheurs qu'il avoit éprouvés. Ces désordres lui avoient été indiqués par les États-généraux, qu'il avoit assemblés à plusieurs reprises depuis son avénement au trône. Il avoit convoqué les premiers *(e)*, dès la première année de son règne; il avoit intéressé par

---

(a) Rap. Thoir. hist. d'Angleterre, T. IV, page 128.
(b) Pag. 270, note.   *(c)* Ibid.

(d) Pag. 274.
(e) Voyez les Lettres du 24 janvier 142⅔, Tome XIII, page 14.

ses infortunes,

ſes infortunes; ſes beſoins étoient connus, ſes demandes n'étoient point exceſſives; nulle faction n'avoit troublé l'aſſemblée : il avoit promis de remédier aux abus dont on ſe plaignoit le plus, le déſordre des monnoies ; &, autant qu'il avoit pu dans ces temps difficiles, il avoit tenu parole.

De nouveaux beſoins avoient donné lieu à une nouvelle convocation en 1428 *(a)*, & cette ſeconde aſſemblée paroît avoir été auſſi tranquille que la première. Elle lui accorda les ſubſides néceſſaires, & fit quelques doléances relativement aux finances & à l'adminiſtration de la juſtice; il y eut égard, & publia divers règlemens en conſéquence. Nous en avons parlé dans la préface de notre volume précédent.

On cite des États, du conſentement deſquels il rétablit, en 1436 *(b)*, une impoſition qu'il avoit ſupprimée. Nous avons fait mention aſſez au long *(c)* des États de 1439, qui autoriſèrent l'établiſſement de la taille pour entretenir un corps de troupes toujours ſubſiſtant. Charles VII ne convoqua point d'autres États-généraux durant le reſte de ſon règne, mais pluſieurs provinces tinrent leurs États particuliers. Dans le volume que nous publions, il eſt fait mention des États du Languedoc aſſemblés à Montpellier *(d)* en 1448 & 1456, & de ceux qui furent tenus en Normandie *(e)* en 1458.

CEUX du Languedoc obtinrent en 1448 *(f)* au mois de mai, des Lettres d'abolition, ſoit des délits commis par les habitans au ſujet des tailles & ſubſides à la levée deſquels ils s'étoient oppoſés, ſoit des infractions faites par eux aux Ordonnances touchant les monnoies, ſoit de diverſes exactions & autres excès rapportés au long dans ces Lettres. Pour les obtenir, ils avoient payé vingt mille livres au-delà du ſubſide de cent cinquante mille qui leur avoit été demandé. On voit par ces mêmes Lettres *(g)*, que les États s'étoient plaints de ce que les conſuls impoſoient des ſommes plus fortes que celles qui avoient été fixées par le Roi ou par ſes commiſſaires; le Roi défendit formellement cet abus. Enfin, ils avoient fait des repréſentations au ſujet des contrats uſuraires & *déceptifs*, & le Roi ordonna que dorénavant les notaires & les parties qui auroient paſſé ou paſſeroient de tels contrats, ſeroient punis par des amendes.

VI. États particuliers.

1. *En Languedoc, en 1448.*

Les doléances des États du Languedoc en 1456, ſont inſérées en entier dans les Lettres *(h)* par leſquelles le Roi fit droit ſur chaque article en particulier; ces articles ſont au nombre de trente-trois; preſque toutes les demandes furent accordées : les États obtinrent

2. *En 1456.*

(a) Lettres du 7 octobre 1428. Tom. XIII, page 140.

(b) Inſtruction du 28 février 143⅙. *Ibid.* page 211.

(c) Lettres du 2 novembre 1439, *ibid.* page 306, & préf. pag. 82 & ſuiv.

(d) Tom. XIV, pag. 16 & 387.

(e) Pag. 465.

(f) Pag. 16.

(g) Pag. 19.

(h) Pag. 387 & ſuiv.

une diminution fur les fubfides ; la promeffe de réformer les abus touchant les gabelles, de réprimer les vexations & *mangeries* dans la diftribution de la juftice, de fupprimer les péages nouveaux qui gênoient le commerce, & fpécialement l'impofition foraine fur les marchandifes ; enfin le Roi fatisfit les États fur quantité de demandes particulières dont nous ne ferons pas l'énumération.

3. *En Norman-die, en 1457. Charte Nor-mande.* Les États qui furent affemblés en Normandie en 1457, eurent un objet plus général & d'une bien plus grande importance ; ils réclamoient contre les infractions faites aux anciens priviléges de la province, & demandoient la confirmation & le renouvellement de la Charte qui contenoit ces priviléges. Elle avoit été accordée le 22 juillet 1315 *(a)*, par Louis X aux gens des trois États de Normandie, qui s'étoient plaints que depuis le règne de Saint-Louis leurs priviléges avoient été fouvent enfreints : c'eft cette Charte qu'on appelle communément *la Charte aux Normands*. Philippe VI la confirma en 1339 *(b)*, & Charles VI en janvier 138⁷⁄. Les infractions s'étoient multipliées depuis, & Charles VII fut fupplié par les États, de remédier à des abus qui ne tendoient pas moins qu'à une *(c)* entière dérogation aux droits établis par la Charte.

Il eut égard à leurs doléances *(d)* dans les Lettres du mois d'avril 1458 ; il y inféra la Charte entière avec les confirmations des Rois fes prédéceffeurs, il la confirma lui-même, & il anéantit une modification que Philippe VI avoit mife à un des articles. Cette modification tomboit fur l'article qui portoit expreffément *(e)* que le Roi ni fes prédéceffeurs ne pourroient lever aucune taille ou impofition quelconque, au-delà des cens & fervices accoutumés, finon dans le cas d'une utilité manifefte ou d'un befoin urgent. Philippe VI en confirmant la Charte, avoit ajouté fur cet article *(f)*, qu'il entendoit fe réferver le droit de faire publier dans la province une feconde convocation de l'arrière-ban, fi la première ne fuffifoit pas pour réfifter aux ennemis. Les Lettres de Charles VI avoient confirmé celles de Philippe, fans rien changer à la modification. Charles VII au contraire déclara *(g)* qu'il renonçoit à la claufe ajoutée par Philippe, nonobftant laquelle il ne pourroit, lui ni fes fucceffeurs, rien exiger des biens ni des perfonnes du duché de Normandie, au-delà des fubfides & des fervices ordinaires, *fi ce n'eft dans le cas de néceffité ou d'une grande utilité, & de l'avis de l'affemblée des trois États de*

(a) Pag. 464, *note (b)*, & Tom. I, pag. 587 & 594.

(b) Tom. VI, pag. 549.

(c) *In totalem derogationem*, pag. 461.

(d) Pag. 465 & fuiv.

(e) Tom. I, pag. 589. *Nos..... in perfonis aut bonis ibidem commorantiu·n,*

ultra reditus, cenfus & fervitia nobis debita, tallias.... aut exactiones quafcunque facere non poffimus, nifi evidens utilitas vel urgens neceffitas id expofcat.

(f) Tom. VI, pag. 550.

(g) Pag. 465 de ce volume. *Nonobftantibus quibufcumque additionibus per dictum Philippum factis & c.*

ce duché, *selon ce qui s'étoit pratiqué dans les anciens temps* : claufe très-remarquable, qui prouve à la fois les franchifes & libertés de la province, l'ufage ancien d'y affembler les trois États, & la néceffité de leur confentement pour les fecours extraordinaires.

Cependant Charles VII dérogea lui-même peu de jours après, à un des articles de cette Charte qu'il venoit de confirmer. Selon l'article 18, aucune caufe du duché de Normandie ne pouvoit être portée au parlement de Paris. Le Roi, par fes Lettres du 22 avril 1458 *(a)*, déclara que nonobftant la confirmation récente des priviléges du duché de Normandie, il vouloit que *les caufes des régales venant dudit duché,* fuffent portées au parlement de Paris & non ailleurs; celles de fon domaine audit Parlement ou en la chambre du Tréfor; celles touchant les offices du duché de Normandie qui ne font fieffés, aux Requêtes de l'hôtel; celles enfin de fes officiers ordinaires & commenfaux, aux Requêtes du palais. Il déclara de plus, l'année fuivante *(b)*, qu'en confirmant la *Charte Normande*, il n'avoit entendu préjudicier en rien aux priviléges, franchifes & libertés de l'univerfité de Paris.

CHARLES VII ne négligeoit rien de ce qui étoit en fon pouvoir pour procurer à fes fujets tout le bien que les circonftances lui permettoient de leur faire. Nous en allons voir la preuve, en parcourant plufieurs des loix que ce volume renferme, & qui font autant d'honneur à la bienfaifance de ce prince qu'à fa fageffe. Nous commencerons par celles qui concernent le commerce, foit extérieur, foit intérieur. VII. Commerce extérieur.

Dans la préface *(c)* de notre XIII.ᵉ volume, en parlant de l'état de la France durant la première moitié du règne de Charles VII, nous avons obfervé que le commerce extérieur de ce royaume fe réduifoit alors à bien peu de chofe; il ne fit aucun progrès durant le refte du règne de ce prince, & le volume que nous publions né nous apprend prefque rien à ce fujet. Nous y voyons feulement que la France faifoit quelque commerce avec l'Arragon *(d)*, & que ce commerce étoit gêné par une impofition de cinq deniers pour livre fur toutes les marchandifes qui paffoient d'un royaume à l'autre. Ce droit avoit été impofé de concert par les deux fouverains, afin d'en employer le produit au dédommagement de ceux de leurs fujets refpectifs qui avoient été léfés en conféquence de lettres de marque & de contre-marque. Il avoit été donné à ferme, ce qui avoit occafionné des vexations. Pour y remédier, les deux Rois firent un traité qui fut conclu à Montpellier par leurs commiffaires le 28 janvier 145¼ &

(a) Pag. 463.
(b) Pag. 476, Lettres du 29 mai 1459.
(c) Pag. VI & fuiv.

(d) Voyez pag. 334, & l'hift. de Languedoc, par D. Vaiffette, Tom. V, pag. 16.

fut ratifié par Charles VII le 16 décembre fuivant; les Lettres de ratification fe trouvent dans ce volume *(a)*.

On y trouve auffi *(b)* les Lettres du 28 janvier 144⅞, qui affranchiffent de l'impofition foraine, les marchandifes venant des terres de l'Empire & paffant par Tournai, pour être tranfportées à Gand. Cette franchife étoit réclamée par le duc de Bourgogne, comte de Flandre, comme fondée fur un ufage ancien, confirmé en 1410 par arrêt du Parlement.

VIII. Commerce intérieur.

Le commerce intérieur donna lieu à un plus grand nombre d'Ordonnances dont nous allons rappeler les principales. Le Roi *(c)*, fur la demande des gens des trois États des pays voifins de la Loire, avoit

1. Navigation des rivières.

aboli en 1430 les péages tant fur cette rivière que fur celles qui s'y jettent, & avoit ordonné de débarraffer la navigation de tous les obftacles qui la gênoient; il avoit réitéré *(d)* fes ordres à ce fujet en 1438 fur les plaintes répétées des marchands qui fréquentoient ces rivières; il fut contraint de les réitérer encore dix ans après. Les feigneurs des territoires que ces rivières traverfoient, les villes & châteaux conftruits fur leurs bords, non-feulement continuoient de lever des péages malgré la défenfe du Roi, mais en impofoient de nouveaux, les exigeoient avec toutes fortes de vexations, & les portoient quelquefois au dixième du prix des marchandifes, foit de leur autorité, foit en vertu de permiffions obtenues du Roi par furprife. D'un autre côté, quantité de moulins, d'éclufes, de pêcheries, nuifoient au paffage des bateaux, & caufoient quelquefois des naufrages. Charles VII fit à ce fujet de fages règlemens, qui en procurant la liberté & la fûreté des tranfports par les rivières, facilitoient & diminuoient en même temps le prix des denrées. Ces règlemens font en grande partie reftés jufqu'ici fans exécution, quoiqu'on les rappelle fans ceffe.

2. Ponts & chauffées.

Le Roi portoit auffi fes regards fur les ponts & chauffées. En 1440 *(e)* il avoit accordé à la ville de Narbonne, un octroi pour l'entretien très-difpendieux des ponts fur la rivière d'Aude, & des chauffées qui y conduifoient. Cet octroi devoit durer vingt ans, mais il avoit été fufpendu deux ans après *(f)*, par un homme à qui cependant les intérêts du commerce étoient chers, le célèbre Jacques Cœur, chargé alors de la direction des finances. Le Roi rendit cet octroi aux habitans de Narbonne *(g)* en 1455, à l'occafion des inondations qui venoient de détruire les ponts fur l'Aude. On en comptoit vingt-fept, tant de pierre que de bois, & de ce nombre étoit un beau pont de

---

(a) Pag. 334 & fuiv.
(b) Pag. 40.
(c) Pag. 7, notes.
(d) *Ibid.* Lettres du 27 mai 1448.

(e) Voyez Tom. XIII, pag. 329.
(f) Pag. 367.
(g) *Ibid.* Lettres du 10 octobre.

pierre, dont la deſtruction coupoit la communication entre Narbonne & Béziers.

Charles VII rendit des Ordonnances non moins utiles, relativement au commerce particulier des grains : la ſtérilité de cette même année 1455 y donna lieu; mais la loi pourvut trop tard au beſoin qu'elle auroit pu prévenir. Quoique le blé commençât à manquer en France *(a)*, on ne ceſſoit pas d'en tranſporter en Angleterre, où la diſette ſe faiſoit encore plus ſentir; le prix de cette denrée étoit augmenté à Paris de près de moitié, lorſque le Roi fit enfin publier au mois d'octobre, une révocation de tous les congés qu'il pouvoit avoir donnés pour cette exportation.

Il remédia auſſi à quelques abus relativement aux grains qui étoient portés aux halles. En 1457 il confirma un règlement *(b)* du bailli de Rouen ſur le meſurage des grains vendus dans la banlieue de cette ville; & en 1460 *(c)*, celui que le bailli de Vernon avoit fait l'année précédente, à la requête des habitans, concernant la vente des blés & des vins. Un des articles de ce dernier règlement, portoit que le Roi ſeroit ſupplié de défendre de braſſer dans la ville & la vallée de Vernon, des bières & cervoiſes, parce que, d'une part, le prix des grains croiſſoit à proportion qu'on en employoit davantage pour le braſſage des bières; & que de l'autre, en multipliant la quantité des cervoiſes, on faiſoit baiſſer d'autant plus le prix des vins qui faiſoient la principale richeſſe du pays. Le Roi, en ratifiant le règlement, ſentit la néceſſité de modifier cet article; il défendit le braſſage des deux boiſſons qui cauſoient le double dommage dont on ſe plaignoit; mais il excepta de la prohibition la quantité de l'une & de l'autre que les propriétaires pouvoient deſtiner à leur propre uſage : modification pleine de ſageſſe, qui reſpectoit la liberté individuelle d'uſer de ſa propriété pour ſon propre beſoin.

Charles VII fit encore quantité de règlemens *(d)* concernant les marchés, pour y maintenir la police; concernant les foires, pour en aſſurer les franchiſes; concernant les fabriques & les métiers de toute eſpèce, pour en fixer les ſtatuts de la manière la plus avantageuſe, ſoit à la perfection de l'ouvrage, ſoit aux intérêts du vendeur, ſoit à la ſûreté de l'acheteur. Nous ne nous arrêterons point à ces détails qui nous mèneroient trop loin; mais nous dirons quelque choſe de diverſes Ordonnances relatives aux privilèges des villes & à leurs municipalités.

Nous avons déjà parlé des grâces que ce prince avoit accordées aux villes de Normandie & de Guienne, en récompenſe de leur

---

(a) Pag. 369.
(b) Pag. 421, Lettres de février 145⁶⁄₇.
(c) Pag. 513.

(d) Voyez la table des matières, aux mots *marchés & ſtatuts.*

foumiffion. La ville de Rouen s'étoit accrue, & cet accroiffement y avoit formé un nouvel enclos qui n'étoit point compris dans les priviléges dont la ville jouiffoit. Le Roi *(a)* étendit ces priviléges aux habitans du nouvel enclos, au mois de mars 145$\frac{9}{7}$.

Il fit des conceffions à diverfes villes pour l'entretien de leurs murailles; de ce nombre furent *(b)* le Puy-en-Vélay & Clermont *(c)* en Auvergne. Il confirma les anciens priviléges accordés à la ville de Montferrand *(d)* en Auvergne, en 1291, par Louis de Beaujeu, qui en étoit alors feigneur, & dont il rapporte les Lettres. Il maintint la feigneurie de Nogent-le-Rotrou *(e)* dans les droits dont elle jouiffoit du temps de Charles, duc d'Alençon. Depuis la condamnation de ce duc, dont nous parlerons ailleurs, cette feigneurie avoit paffé au comte du Maine, mais le Roi en avoit confifqué le droit de foi & hommage.

Ce Prince fit auffi des règlemens fur l'adminiftration municipale de différens lieux. Il fixa *(f)* les droits refpectifs des Officiers royaux & des Officiers municipaux de Tournai. Il défendit *(g)* au gouverneur de Lille en Flandre, de connoître des appels des fentences du Prévôt & des Échevins de cette ville. Il confirma *(h)* les coutumes des bourgeois de l'Éclufe, mais avec des modifications qu'ils follicitèrent eux-mêmes; & ce fut auffi de l'avis des habitans de Montreuil fur mer *(i)*. qu'il réforma leur gouvernement municipal relativement aux élections du Mayeur, des Échevins & des Confeillers de leur ville.

Au milieu des foins relatifs à l'adminiftration de tant de villes différentes, il n'avoit garde d'oublier fa capitale. On a pu voir dans le difcours préliminaire de notre XIII.ᵉ volume *(k)*, tout ce qu'elle avoit ci-devant fouffert, & tout ce que Charles VII avoit fait pour la rétablir dans fa fplendeur, mais il n'avoit pu y réuffir. Cette ville qui régorge aujourd'hui d'habitans, dont il eft peut-être auffi defirable que difficile de diminuer le nombre, n'avoit encore pu, en 1449, parvenir à fe repeupler. Pour y attirer de nouveaux citoyens, & y fixer ceux qui s'y trouvoient, le Roi *(l)* par fes Lettres du 26 mai de cette année, déclara fes habitans exempts de tailles pour toujours; cependant, en confidération de cette franchife, il fe réferva le tiers des aides ordonnées pour la guerre, qu'il leur avoit précédemment remis, promettant par d'autres Lettres du même jour *(m)* de le leur reftituer, fi jamais des befoins indifpenfables

(a) Pag. 131.
(b) Pag. 37, 4 janvier 144$\frac{8}{9}$.
(c) Pag. 69, 4 octobre 1449.
(d) Pag. 206, mai 1452.
(e) Pag. 480, juillet 1459.
(f) Pag. 371, 3 février 145$\frac{1}{6}$, & 450, février 145$\frac{7}{8}$.

(g) Pag. 23, 23 août 1448.
(h) Pag. 48, 15 mai 1449.
(i) Pag. 178, feptembre 1451.
(k) Pag xxv.
(l) Pag. 52.
(m) Pag. 53.

l'obligeoient de lever de nouveau la taille fur eux. Telle fut l'origine de cette exemption de taille dont les bourgeois de Paris ont continué de jouir depuis cette époque.

Les défordres paffés avoient introduit l'ufage de recourir aux Lettres de fauvegarde, que les Rois accordoient aux lieux qu'ils prenoient fous leur protection ; cet ufage fut fur-tout fréquent fous Charles VII, & on trouvera dans ce volume beaucoup de Lettres de ce genre. Les habitans du pays de Liége *(a)*, quoiqu'ils ne fuffent pas fous fa domination, en demandèrent en 1460, à l'occafion de leurs différends avec les habitans du pays de Loz. Nous ne dirons rien de celles que ce prince octroya à quantité de villes, châteaux, églifes & monaftères de fon royaume. **X. Sauvegardes.**

UNE des parties de l'adminiftration relative au commerce, dont il étoit peut-être le plus important & le plus difficile de corriger les défauts, étoit celle qui concernoit les monnoies; on a pu voir dans le volume précédent, que Charles VII s'en étoit beaucoup occupé, même durant les troubles & les guerres. Il profita du rétabliffement de la tranquillité, pour achever de remédier au mal qui fubfiftoit encore, & ce fut le fujet de quelques Ordonnances qu'il publia depuis l'an 1450 jufqu'à la fin de fon règne. Elles font en fort petit nombre, & on en faifira d'un coup-d'œil les réfultats dans notre table des monnoies, à la tête de ce volume. **XI. Monnoies.**

Les deux objets principaux étoient d'attirer l'or & l'argent dans le royaume, pour y multiplier les monnoies qui y manquoient; & de fixer la valeur de ces monnoies dans une jufte proportion avec le prix de l'or & de l'argent non monnoyé. On voit par les Lettres *(b)* du 18 mai 1450, que les monnoies d'or étoient devenues fi rares en France, qu'on étoit obligé de s'y fervir d'efpèces étrangères. Le Roi ordonna des fabrications, mais il falloit des matières; pour s'en procurer *(c)*, il augmenta (le 13 février fuivant) le prix de l'or qu'on apporteroit dans fa monnoie de Tournai, & confacra à cette dépenfe fon droit de feigneuriage fur les fabrications nouvelles. On fait que ce droit, qu'on appeloit auffi droit de braffage, fe percevoit par le Roi fur les matières employées à la fabrication des monnoies, pour les frais de cette fabrication. Il étoit perçu dès le temps de Pepin; il fut interrompu fous Louis XIV, par une déclaration du 18 mai 1679, mais il a été rétabli par un édit du mois de décembre 1689.

En *(d)* 1453 & en 1454, Charles VII décria plufieurs monnoies

---

(a) Pag. 460, voyez Foppens, *hift.*
Leod. Tom. III, pag. 49, & Mantele,
hift. Loffenf. pag. 48.

(b) Pag. 89.
(c) Pag. 121.
(d) Pag. 258 & 259.

d'Allemagne, de Liége, de Savoye & de Gênes; & il fixa le prix auquel auroit cours dans ses États *(a)* une monnoie du duc de Bourgogne, appelée *Lions.* Mais sur-tout *(b)* il défendit de transporter les matières d'or & d'argent hors de son royaume, & même de les porter à d'autres fabriques de ses propres États, qu'à celles qu'il indiqua. Il regarda cet article comme si important, qu'il enjoignit de s'y conformer sous peine de confiscation de corps & de biens : les circonstances de l'administration ne permettent pas toujours de proportionner la peine au délit.

La disette des monnoies provenoit principalement du défaut de proportion entre le prix des monnoies de France & celui des monnoies étrangères; car il arrivoit de-là qu'on convertissoit en monnoies étrangères celles de France pour profiter du gain qui naissoit de leur disproportion respective, eu égard à leur poids & à leur titre. Une nouvelle fabrication fut donc ordonnée *(c)* en 1455, & le prix & le titre des nouvelles espèces furent fixés. Il y eut encore d'autres Lettres sur cette fixation *(d)* l'année suivante. Les monnoies étrangères furent décriées, même celle du Dauphin *(e)*, si ces dernières n'étoient du même poids & à la même loi que celles de France : le Dauphin qui étoit alors brouillé avec le Roi son père, faisoit frapper en Dauphiné des monnoies à son nom. Le Roi *(f)* toléra, mais seulement jusqu'à nouvel ordre, que quelques monnoies étrangères eussent cours pour un certain prix, spécialement en Normandie, en Languedoc & en Guienne, où il n'y avoit pas assez d'espèces pour suffire au commerce. Les mêmes Lettres *(g)* réglèrent aussi le titre de l'or & de l'argent des ouvrages d'orfévrerie, & les droits & devoirs des changeurs qui achetoient ou vendoient les matières. Enfin, elles défendirent aux notaires de passer aucuns contrats, *autrement qu'à sous & à livres,* excepté dans les cas de prêt, de dépôt, de vente, ou de retrait lignager; c'étoit à peu-près les excepter tous : au reste, ce n'étoit que la répétition d'une ancienne clause que Charles VII avoit employée dès 1443, dans ses Lettres *(h)* imprimées dans le volume précédent.

Pour achever de rendre compte de ce que celui-ci renferme touchant les monnoies, nous dirons que Charles VII confirma *(i)* les priviléges des monnoyeurs; qu'il fixa *(k)* les gages des Généraux-maîtres des monnoies, & en régla le payement; & qu'il établit *(l)* une fabrication de monnoie à Laon.

(a) Pag. 325.
(b) *Ibid.*
(c) Pag. 358, Lettres du 16 juin.
(d) Pag. 380 & 383, Lettres du 7 juin.
(e) Pag. 383.
(f) Pag. 381.

(g) Pag. 384.
(h) Lettres du 14 novembre 1443, pag. 387 du tome XIII.
(i) En 1451, pag. 182.
(k) Pag. 191 & 508.
(l) Pag. 420, Lettres de nov. 1456.

II

Il ne nous reste plus maintenant qu'à parler des objets particuliers que nous avons réservés pour la seconde partie de ce discours.

SECONDE PARTIE.

LES OBJETS de la législation de Charles VII depuis 1448, dont nous nous sommes proposés de parler dans cette partie, concernent, 1.° les affaires ecclésiastiques; 2.° l'administration de la justice; 3.° les finances. Dans la seconde partie de la préface de notre XIII.ᵉ volume, nous avons ajouté un quatrième article sur les universités; mais le volume que nous publions aujourd'hui, ne nous offre à ce sujet que quelques confirmations de leurs droits, & une concession faite à l'université de Caen, dont nous avons eu occasion *(a)* de faire mention ci-dessus; ainsi nous nous bornerons aux trois articles que nous venons d'indiquer.

ARTICLE PREMIER.

Legislation de Charles VII, relativement aux affaires ecclésiastiques, depuis 1448.

LE PAPE Eugène IV étoit mort en 1447; Nicolas V avoit été élu en sa place assez peu de jours après, & avoit été reconnu par la France. Félix V qui portoit toujours la tiare, consentit enfin à la déposer, & le schisme finit en 1449. Charles VII avoit beaucoup contribué à ce grand événement; Nicolas lui en témoigna la plus vive reconnoissance, & l'exhorta à continuer d'assurer la paix de l'Église. Le Roi envoya au parlement, le 18 février 14$\frac{42}{50}$, une bulle du Pape à ce sujet *(b)*, & elle y fut enregistrée le 18 avril suivant. {I. Bulle enregistrée au parlement.}

ENVIRON deux ans après, il s'éleva une difficulté au sujet du droit de régale; & le Roi, à cette occasion, adressa au parlement de Paris des Lettres qui méritent d'être remarquées. En vertu du droit de régale, les Rois de France jouissoient du temporel des évêchés tant qu'ils étoient vacans, ou que les Évêques nouvellement pourvus ne leur avoient pas encore prêté en personne le serment de fidélité; le Roi nommoit aux bénéfices non à charge d'ames, qui pouvoient vaquer dans cet intervalle. {II. Régale.}

Le Cardinal-évêque de Térouane avoit obtenu la délivrance du temporel de son évêché, quoiqu'il n'eût prêté serment que par procureur. Il mourut à Rome en 1451, avant d'avoir prêté le serment personnel. Ce prélat croyant qu'à la délivrance de son temporel,

(a) Page 5.
(b) Page 84.

étoit attaché le droit de nommer aux bénéfices vacans, y avoit nommé; le Roi, de son côté, y avoit aussi nommé comme à des bénéfices tombés en régale, & cette double nomination avoit donné lieu à des procès au parlement de Paris. Pour ne pas laisser de doute sur cette question, le Roi adressa au parlement, le 14 février 145½, des Lettres *(a)* par lesquelles il déclara qu'il *s'étoit acertainé des droits de sa couronne & de l'usage ancien* touchant la régale; que la régale demeuroit ouverte jusqu'à ce que le serment de fidélité fût prêté en personne par l'Évêque, nonobstant la délivrance du temporel; & que par cette délivrance accordée à l'Évêque de Térouane, *il n'avoit entendu se départir de la collation des bénéfices de cet évêché comme vacans en régale.* Cette Ordonnance, *unique dans son espèce*, dit Pasquier *(b)* qui l'a rapportée, vint à l'appui de celle que Charles VII avoit rendue en 1447, & que nous avons insérée *(c)* dans notre XIII.ᵉ volume. Au reste, on sait que l'étendue du droit de régale fut depuis déterminée par l'édit du 24 janvier 1682.

III. Appels à Rome. LOUIS d'Aubusson avoit été élu Évêque de Tulle dans le mois de septembre 1454. Cette élection ayant été contestée, & l'official de Bourges, juge de la contestation, ayant prononcé le 2 mai 1455, en faveur de l'élection, d'Aubusson fut reçu au serment de fidélité par le Roi, & mis en possession de l'évêché. Cependant, il y eut appel en cour de Rome, de la sentence de l'official, & les appelans obtinrent des bulles pour faire citer en cette cour l'Évêque élu. Le Pape qui les accorda, étoit Callixte III qui avoit succédé à Nicolas V, au mois d'avril 1455. Selon la Pragmatique-Sanction & les loix du royaume, l'appel devoit être relevé devant le métropolitain. Le Roi qui devoit maintenir les loix du royaume & les libertés de l'Église de France, défendit par ses Lettres *(d)* du 7 juin 1456, toute citation en cour de Rome en vertu de ces bulles, ordonnant à ceux qui les avoient obtenues, de s'en départir, & enjoignant d'ajourner devant son sénéchal de Limousin, ceux qui refuseroient d'obéir. L'affaire dura encore long-temps; car ce ne fut qu'en 1465, & après la mort de Charles VII, que celui qui contestoit l'élection, acquiesça *(e)*.

VI. Dixmes accordées au Pape. AINSI le Roi veilloit au maintien des droits de son Église; il en donna une nouvelle preuve en 1457. Calixte III, avant même d'être Pape, avoit formé le vœu de faire la guerre aux Turcs. On cite *(f)* un écrit dans lequel il avoit consigné ce vœu, & où il parloit comme s'il eût été déjà Pape, se désignant même sous le nom de Calixte,

---

(a) Pag. 190.
(b) Recherches, tome I, col. 306.
(c) Pag. 518.
(d) Pag. 385.

(e) Gall. Christ. nov. édit. tom. II, pag. 672, note.
(f) Platine, vie de Calixte III.

qu'il prit depuis avec la tiare, tant il avoit de confiance ou de defir de parvenir à la papauté, comme le remarque *(a)* un des plus judicieux écrivains de l'hiftoire eccléfiaftique. Sitôt qu'il y fut parvenu, il demanda des fecours aux princes chrétiens pour exécuter fon projet. Charles VII lui accorda la dixme du revenu de tous les bénéfices de fon royaume; mais ce prince avoit négligé de prendre le confentement du clergé de France, qui lui fit à ce fujet des remontrances. Le Roi reconnut la néceffité de ce confentement; il déclara donc *(b)* par fes Lettres du 3 avril 1457, qu'en permettant au Pape la levée de cette dixme, il n'avoit entendu préjudicier en rien aux priviléges de l'Églife Gallicane.

Ceux qui étoient chargés par le Pape de la recueillir, avoient voulu y affujettir auffi ceux des membres du parlement, qui étoient clercs, quoique par le privilége de leurs charges, ils duffent être exempts de tous fubfides demandés par les Papes. Cette exemption étoit fondée fur l'ufage, les loix du royaume, & même fur les priviléges apoftoliques. En conféquence, dès le 30 avril 1457, le Roi avoit défendu *(c)* d'inquiéter à ce fujet les gens de fon parlement, & de les menacer des cenfures eccléfiaftiques, comme les collecteurs apoftoliques avoient ofé le faire.

OUTRE la protection que ce prince accordoit à l'Églife de France en général, il combloit auffi de fes faveurs en toute occafion, les églifes particulières de fon royaume, tantôt en confirmant leurs priviléges anciens, tantôt en leur en accordant de nouveaux. Dans le volume précédent nous avons rapporté plufieurs preuves de fa bienfaifance à leur égard, & celui-ci en contient encore davantage. L'églife de Bordeaux fut peut-être celle qui éprouva le plus fes bontés. A peine la ville rentroit-elle fous fon obéiffance, qu'il confirma, le 23 juin 1451 *(d)*, une ancienne Ordonnance de Louis VII *(e)*, par laquelle il difpenfoit de l'hommage & de l'inveftiture, l'Archevêque de Bordeaux, les fuffragans & les abbés de leurs diocéfes. Il leur permettoit de plus de tranfmettre à leurs héritiers la totalité de leur fucceffion : privilége précieux; car felon les conftitutions eccléfiaftiques, ils n'avoient droit de difpofer que de leurs biens propres, ou de ce qu'ils avoient acquis, lorfqu'ils étoient encore laïcs. Le même jour *(f)*, il confirma aux chanoines de Bordeaux l'ancienne exemption d'impôts, dont ils jouiffoient par rapport aux vins du crû de leurs terres. Dans le mois de feptembre fuivant *(g)*, il prit fous fa protection & fauvegarde l'Archevêque de Bordeaux, fes hommes, fes franchifes, juftices & libertés. Par d'autres Lettres de même date *(h)*,

V. Priviléges des églifes particulières.

(a) Hift. eccléfiaf. tom. XXII, p. 634.
(b) Pag. 443.
(c) Pag. 433.
(d) Pag. 147.

(e) Voyez tome I, pag. 7.
(f) Pag. 148.
(g) Pag. 168.
(h) Pag. 169.

il ratifia la conceſſion que le Roi d'Angleterre, comme duc de Guienne, avoit faite au Chapitre de Bordeaux, du tiers du droit de ſeigneuriage ſur la monnoie qu'on frappoit en cette ville. Il y avoit eu autrefois un procès au parlement de Paris touchant ce droit; & le chapitre y avoit été maintenu. Mais, comme durant les guerres on avoit ceſſé de battre monnoie à Bordeaux, la poſſeſſion du chapitre ſe trouvoit interrompue; la fabrication ayant été rétablie par Charles VII, ce prince ratifia l'ancien droit du chapitre. Les hôpitaux de Saint-Jacques & de Saint-André de Bordeaux, & l'égliſe de Saint-Severin ſous les murs de cette ville, reçurent auſſi vers ce temps *(a)* des marques de ſa protection.

Nous ne rappellerons point ici toutes les grâces qu'il fit aux autres Égliſes; ces grâces le plus ordinairement conſiſtoient dans des Lettres qui attribuoient la connoiſſance de leurs procès à des tribunaux particuliers, ou dans des Lettres de ſauvegarde & de protection. Le but des Lettres d'attribution étoit de donner aux égliſes des juges qui fuſſent à leur proximité, & de les diſpenſer d'aller plaider dans les juſtices ſouvent éloignées, dont reſſortiſſoient leurs poſſeſſions. Ainſi, l'égliſe de Tournai *(b)* eut toutes ſes cauſes commiſes au bailliage de Tournai; le chapitre de Sens *(c)*, au bailliage de Sens; la chapelle du château de Loches *(d)*, qui avoit d'abord obtenu que ſes cauſes fuſſent portées au parlement de Paris, obtint enſuite que ce fût au bailliage de Tours. Quant aux Lettres de ſauvegarde, elles ſont en grand nombre, & on les trouvera indiquées dans la table des matières. Nous ne citerons ici que celles que Charles VII accorda *(e)* à l'Ordre de Saint-Jean de Jéruſalem; elles contiennent une confirmation des Lettres de Philippe de Valois, qui avoient été déjà confirmées par le Roi Jean & Charles V. Cette ſuite de confirmation prouve combien nos Rois eurent toujours à cœur les intérêts de cet Ordre. Les Lettres de Charles VII ſont du mois de janvier 145$\frac{1}{4}$, par conſéquent peu antérieures à la mort *(f)* du célèbre grand-maître de Laſtic qui dix ans auparavant avoit défendu Rhodes avec tant de gloire contre les Turcs, & les avoit forcés de ſe rembarquer, après avoir perdu preſque toute leur armée ſous les murs de cette place.

Le ſoin que Charles VII prenoit de protéger les égliſes de ſon royaume, partoit autant de ſa piété que de ſa politique; il ne négligeoit rien de ce qui pouvoit faire reſpecter la religion; ce fut le but d'une Ordonnance *(g)* qu'il avoit publiée contre les blaſphêmateurs *(h)*

(a) Pag. 164, 226 & 227.
(b) Pag. 85 & 87.
(c) Pag. 126.
(d) Pag. 194 & 483.
(e) Pag. 265.

(f) Il mourut au mois de mai de cette même année.
(g) Pag. 498.
(h) Tom. XIII, pag. 247.

dès

dès 1437, & qu'il renouvela quelques mois *(a)* avant fa mort. La
févérité des peines prononcées contre les coupables par diverses loix
portées depuis Saint-Louis, n'avoit pu déraciner une habitude fcandaleufe, engendrée & nourrie par la licence & les défordres des
guerres. Ce qui révoltoit le plus, étoit ce qu'on nommoit *le vilain
ferment*. M. Secouffe *(b)* qui avoit lû les termes de ce jurement
dans quelques Lettres de rémiffion confervées dans les regiftres
du tréfor des Chartes, affure qu'il *étoit fi horrible*, qu'il n'ofoit le
répéter. Ne nous arrêtons pas nous-mêmes fur une pareille matière,
& paffons à la partie de la légiflation de Charles VII, touchant
l'adminiftration de la juftice.

ARTICLE 2.

De l'Adminiftration de la Juftice.

Nous avons expofé au long dans la préface du XIIIe volume *(c)*
les créations, fuppreffions, tranflations ou rétabliffement des Cours
de juftice par Charles VII; & nous avons *(d)* parlé de l'Ordonnance
qu'il publia en 1446, fur la manière dont il vouloit que la juftice
fût diftribuée dans fon párlement. Les articles de cette Ordonnance
avoient été propofés par le parlement même, & acceptés par le Roi,
après qu'il les eut fait examiner dans fon Confeil. Une grande partie
de la France étoit encore alors fous la puiffance des Anglois. Ce
prince ayant depuis reconquis le refte de fon royaume, fentit la
néceffité de réformer les abus qui s'étoient introduits dans les tribunaux fous une domination étrangère. Il fit *(e)* pour cela, au mois
d'avril 145¼, dans une affemblée des *princes de fon fang, des prélats,
des barons, de gens de fon Confeil & de fon parlement, & autres juges
& prudhommes*, une Ordonnance générale contenant 125 articles.
Nous n'entreprendrons pas de l'analyfer ici : on en trouvera les
fommaires dans la table des matières; mais nous rappellerons quelques articles qui nous paroiffent dignes de remarque.

Le premier de tous *(f)*, règle la compofition du parlement de
Paris; il fut dit qu'il y auroit trois chambres : la grand-chambre,
la chambre des enquêtes, & celle des requêtes du palais, dont le
rétabliffement fut alors ordonné. Le nombre des juges fut fixé à
trente confeillers en la grand'chambre, moitié clercs & moitié laïcs;
vingt-quatre clercs & feize laïcs aux enquêtes; & aux requêtes, cinq
clercs & trois laïcs, y compris le préfident.

La chambre des requêtes fe tenoit anciennement par les

1. La compo-
fition du par-
lement.

(a) Le 14 octobre 1460, il mourut le
22 juillet 1461.
(b) Tom. VIII, pag. 130, note (6).
(c) Voy. la deuxième part. art. 3, p. 62.

(d) *Ibid.* pag. 75.
(e) Pag. 284.
(f) Pag. 285.

commiſſaires du parlement, au nom du Roi. L'exercice de cette juridiction fut interrompu ſous Charles VI, à cauſe des guerres pendant leſquelles Henri V, roi d'Angleterre fut le maître de Paris. Charles VII ayant, durant ces guerres, établi ſon parlement à Poitiers, les maîtres des requêtes de ſ'hôtel du Roi, tinrent les requêtes du palais : nous parlerons ci-après du rétabliſſement de cette chambre.

2. Appels.

Le Roi ſpécifia *(a)* les cauſes qui devoient être portées au parlement en première inſtance. Au cas que parmi celles qui y étoient portées par appel, il s'en trouvât quelques-unes où l'appelant eût omis un degré de juridiction *(b)*, le Roi laiſſoit au parlement la liberté de les retenir, *ſi la matière de la cauſe le requéroit, ce dont il chargeoit la conſcience des juges :* liberté indéfinie, dangereuſe peut-être, en ce qu'elle laiſſoit au juge inférieur la crainte d'être arbitrairement dépouillé, ſans lui réſerver le moyen de s'en plaindre; mais des Ordonnances poſtérieures y ont remédié.

3. Procédure criminelle.

La procédure criminelle *(c)* eſt traitée dans cette Ordonnance avec beaucoup de détail; on y recommande avec raiſon la prompte expédition, & on y enjoint *(d)* de procéder aux interrogatoires du priſonnier, le plus diligemment qu'il ſera poſſible; mais il eſt étonnant que le motif qu'on apporte, ne ſoit pas celui que l'humanité devroit regarder comme le principal, le deſir de procurer plus vîte la liberté à l'homme injuſtement accuſé. C'eſt au contraire afin que l'accuſé n'ait pas le loiſir de préparer ſes réponſes, comme font ſouvent les coupables, qui empêchent par-là de découvrir la vérité. Mais l'innocent n'a-t-il pas quelquefois beſoin, autant que le coupable, de préparer ſes réponſes! de fatales expériences ne l'ont que trop ſouvent appris. Dans tous les temps la procédure criminelle, en France, ſemble avoir préſumé l'accuſé coupable, & s'être occupée du ſoin de lui enlever les moyens de cacher ſon crime, ſans ſonger qu'il pouvoit avoir beſoin de reſſources pour démontrer ſon innocence. Nous ſentons combien de nouveaux crimes peut commettre un criminel échappé; à combien de crimes peut enhardir l'exemple fréquent de l'impunité; & nous penſons qu'il faut empêcher qu'il n'échappe aucun coupable, à quelque prix que ce ſoit, mais excepté au prix d'un ſeul innocent ſacrifié : c'eſt de cette ſage combinaiſon que doit réſulter la perfection de la procédure criminelle.

4. Procédure civile.

Sur la procédure civile, l'Ordonnance dont il s'agit contient *(e)* des articles pleins de ſageſſe, contre les abus qui s'y étoient introduits. Les plaideurs avoient à ſe plaindre des procureurs & des avocats qui prolongeoient les procès, multiplioient les frais, & exigeoient des ſalaires exagérés. Il eſt dit que les procureurs, dont la négligence

---

(a) Art. 5 & ſuiv.
(b) Art. 9.
(c) Art. 25 & ſuiv.

(d) Art. 34.
(e) Art. 49 & ſuiv.

occafionnoit des délais préjudiciables aux parties, feroient punis par des amendes; que les avocats feroient tenus, fous pareille peine, d'abréger leurs écritures, & de les réduire aux formes prefcrites. On leur enjoignit de promettre fous ferment *d'être brefs en leurs plai- doiries*, qu'ils avoient, dit-on, l'art de prolonger *par fubtilité & invention*. Ces abus étoient anciens; le roi Jean avoit tenté de les réformer en 1363 : malheureufement il n'en refte encore que trop de traces.

Un autre abus plus révoltant *(a)*, étoit la licence avec laquelle les avocats de ce temps-là chargeoient d'injures leurs parties adverfes, & alléguoient contre elles les faits les plus odieux, fouvent étrangers à la caufe; ce qui étoit *contre toute bonne obfervance & en grande efclande de juftice*, pour nous fervir des termes de l'Ordonnance même. Elle enjoint alors au juge de prononcer fur le champ une amende contre l'avocat, & *privation de poftuler*. Combien de fois a-t-on eu depuis occafion d'invoquer l'exécution de cette loi !

Rien n'eft plus jufte en matière civile, que ce que cette Ordonnance prefcrit *(b)* au fujet des Lettres d'Etat ou autres, qu'on obtenoit fou- vent par importunité ou fur de faux expofés, pour retarder ou fufpendre les procès. Elle défend aux juges d'avoir égard à toutes Lettres de cette efpèce : mais devoit-elle, en matière criminelle, défendre également *(c)* d'avoir égard aux Lettres qui fufpendoient durant quelques mois les procédures ou l'exécution des arrêts contre les coupables, afin d'avoir le temps de folliciter leur grâce ! Pourquoi priver le coupable de la reffource du pardon, fi fon délit en eft fufceptible ! Ces délais n'ont-ils pas plus d'une fois fauvé l'inno- cence ! Charles VII fembloit facrifier tout à la crainte de l'impunité. Si quelque chofe peut l'excufer, c'eft fans doute, que cette impunité, qu'il avoit fouvent été forcé de fouffrir durant les longs malheurs de fon règne, n'avoit que trop enhardi le crime. Au refte, les cours fouveraines, non-feulement défèrent aujourd'hui aux furfis dictés par le Roi, fur un fimple ordre figné de lui, même fur une fimple Lettre de M. le Garde des Sceaux; elles font même autorifées à fufpendre de leur propre mouvement l'exécution des arrêts criminels que la févérité de la loi les a obligés de prononcer, & à indiquer à l'accufé le recours à la clémence du Souverain.

Un article *(d)* recommande aux juges de prononcer le plus tôt qu'il fera poffible, après la plaidoirie, *par ce qu'ils auront meilleure & plus facile mémoire des chofes dites & propofées*. Cette réflexion fi fage n'eft-elle pas un peu contredite par l'ufage qu'on a depuis adopté, de couper les plaidoiries d'une même affaire par des intervalles de plufieurs jours !

(a) Art. 53, page 296.
(b) Art. 55 & 56.
(c) Art. 67.
(d) Art. 77.

5. Vénalité des offices.

La vénalité des Offices de bailli ou de sénéchal n'étoit point encore introduite *(a)*; il étoit même défendu sous de grosses peines, de payer aucune chose pour les obtenir. Les Officiers des bailliages & sénéchaussées proposoient deux ou trois sujets au Roi qui choisissoit, de l'avis de son Conseil, celui qui devoit remplir l'office vacant. Le bailli *(b)*, à son tour, choisissoit son lieutenant, de l'avis de la cour de son bailliage. Ce sera toujours une grande question que celle de l'avantage ou du danger de la vénalité des offices & des emplois, & notre objet n'est pas de la discuter ici. Au reste, dès le temps de Saint-Louis on parloit de la vénalité des offices. (*Voyez l'Ordonnance de 1256, art. 19 & 20, tome I de ce recueil, page 80*). Ils n'étoient pas pour lors héréditaires; on les donnoit à ferme pour un temps, ce qui n'étoit pas une vente proprement dite. La vénalité proprement dite des offices, n'a commencé que sous Charles VII, & Louis XII fut le premier qui commença à en tirer de l'argent.

6. Rédaction des Coutumes.

LE DERNIER article de l'Ordonnance de 1451 *(c)*, est peut-être celui qui fait le plus d'honneur à la législation de Charles VII; c'est celui dans lequel il observe les inconvéniens qui naissoient de l'incertitude des coutumes, d'où dépendoit la décision des procès, & qui n'étant point encore rédigées, ne pouvoient se constater que par des enquêtes difficiles & dispendieuses. Il ordonne par cet article, que les *coutumes, usages & styles* de tous les pays de son royaume soient écrits & rédigés *par des praticiens & gens de chaque pays*, & consignés dans des registres qui lui seront apportés pour les faire examiner par les gens de son Conseil ou de son parlement, voulant que ces coutumes, styles & usages ainsi écrits, accordés, & par lui confirmés, soient gardés & observés en jugement & dehors : mais ce beau projet ne commença que sous son successeur à avoir son exécution.

INDÉPENDAMMENT de la grande Ordonnance dont nous venons de parler, Charles VII publia divers règlemens relatifs aux différens tribunaux : le parlement de Paris, la chambre des comptes, la cour des aides, les trésoriers de France, le châtelet & les élections.

7. Chambre des Requêtes.

Ce qu'il fit de plus important par rapport au parlement, fut le rétablissement de la chambre des requêtes du Palais, qu'il avoit ordonné *(d)* par ses Lettres du mois d'avril 1451, & qui fut en effet rétablie *(e)* dès le 15 du même mois. On sera sans doute étonné de trouver les Lettres qui opérèrent ce rétablissement, placées dans notre recueil avant celles qui l'ordonnent; c'est qu'elles portent la date du jour (le 15 avril), & que les autres ne portent que la date du mois (en avril); & selon la méthode qui a toujours été

(a) Art. 82.
(b) Art. 87.
(c) Art. 125.

(d) Voyez l'article 1.er de l'Ordonnance, pag. 285, & ci-dessus, *pag. xxj.*
(e) Pag. 276.

suivie

suivie dans ce recueil *(a)*, les Lettres qui ne portent que la date du mois, sont rejetées après celles qui marquent le quantième : ce qui cause à la vérité une transposition, mais nous n'avons pas voulu nous écarter de l'ordre que les premiers éditeurs ont tracé.

Le Roi publia donc le 15 avril 145¾ des Lettres *(b)* par lesquelles il nomma, pour former cette Chambre, un président & cinq conseillers, leur attribuant les gages, honneurs & prérogatives dont leurs prédécesseurs avoient joui quand elle avoit subsisté. Ces Lettres lûes au parlement le 2 juillet suivant, éprouvèrent de grandes oppositions ; elles furent cependant enregistrées deux jours après, mais avec la clause qu'elles ne porteroient aucun préjudice aux opposans, & que les officiers nommés n'exerceroient qu'en attendant qu'il en eût été autrement ordonné.

Ces opposans étoient ceux qui prétendoient que ces mêmes offices leur avoient été concédés précédemment. Le Roi *(c)* révoqua, le 16 avril, toute concession qu'il pourroit en avoir faite, & ces Lettres furent aussi envoyées au parlement le 2 juillet, mais n'y furent enregistrées que deux jours après, comme les précédentes, & avec les mêmes clauses.

Dès le 15 avril *(d)*, la compétence de cette chambre avoit été réglée ; le Roi lui avoit attribué toutes les causes qui y étoient portées dans le temps où elle avoit existé. Les Lettres à ce sujet furent enregistrées au parlement le 2 juillet sans aucune opposition.

Il restoit à statuer sur l'office de garde de la chambre du parlement, premier huissier-sergent des requêtes. L'ancien titulaire l'avoit exercé depuis 1418, aux requêtes de l'hôtel. Le Roi *(e)*, par ses Lettres du 7 mai 1454, ordonna que cet ancien titulaire l'exerceroit dorénavant aux requêtes du Palais. Les huissiers du parlement s'opposèrent à ces Lettres, lorsqu'elles furent présentées pour l'enregistrement à la chambre des requêtes ; elles y furent enregistrées *(f)* le 5 juillet suivant, sans préjudice de l'opposition.

Comme on avoit long-temps négligé de remplacer les officiers du parlement que la mort enlevoit, Charles VII avoit été obligé d'en nommer beaucoup à la fois lorsqu'il avoit régénéré son parlement en 1453 ; il en avoit nommé vingt-huit le même jour ; il falloit régler l'ordre dans lequel ils siégeroient : les uns avoient pris plus tôt possession, & les autres plus tard. La seule volonté du Roi régla cet ordre, sans avoir égard à la date de la prise de possession ; & les Lettres *(g)* du 16 avril 145¾ qui le réglèrent, adressées aux gens du parlement, paroissent n'avoir point souffert de difficultés.

8. Séance des nouveaux Officiers.

(a) On en trouvera un autre exemple dans ce volume, page 463.

(b) Pag. 276.

(c) Pag. 279.

(d) Pag. 277.

(e) Pag. 323.

(f) Pag. 325.

(g) Pag. 278.

9. Fraternité des parlemens de Paris & de Toulouse.

Nous avons vu dans le volume précédent *(a)*, la création du parlement de Toulouse. qui n'étoit dans son origine, qu'un démembrement du parlement de Paris. Charles VII voulut en conséquence établir une parfaite fraternité entre les deux parlemens. Pour la mieux cimenter, il déclara *(b)* par ses Lettres du 24 novembre 1454, que ces deux parlemens n'étoient en effet qu'une même cour ; & que les présidens & conseillers de tous deux, quoiqu'exerçant leurs offices chacun dans un territoire particulier & limité, pouvoient cependant, lorsqu'ils se trouvoient dans le territoire l'un de l'autre, y exercer leurs fonctions comme dans leur territoire propre. Ainsi, ceux de Toulouse étant à Paris, devoient avoir séance & voix au parlement de Paris, & réciproquement : *(c)* quant à l'ordre de séance, il étoit réglé selon la date de leur institution.

Ce volume renferme diverses autres Lettres relatives au parlement de Paris, dont les unes *(d)* dispensent ses membres de contribuer à raison de leurs fiefs, aux levées des gens de guerre; les autres joignent *(e)* à son ressort les habitans des montagnes d'Auvergne; d'autres *(f)* encore désignent les affaires dont la connoissance lui appartient *de son ancien droit ordinaire;* enfin il y en a qui lui prescrivent au besoin, des travaux extraordinaires. Ainsi, pour hâter l'expédition des procès dont le parlement étoit surchargé en 1457 *(g)*, le Roi l'autorisa à multiplier ses séances.

10. Procès du duc d'Alençon.

Le procès du duc d'Alençon en 1458, fut un travail extraordinaire pour le parlement de Paris *(h)*, dont une partie fut transférée d'abord à Montargis & ensuite à Vendôme pour instruire ce procès, tandis que le reste du parlement continueroit d'expédier les causes à Paris, mais aux conditions que les jugemens ne seroient prononcés que lorsque le parlement seroit réuni.

Il y a sur cette grande affaire plusieurs Lettres du Roi renfermées dans le volume que nous publions. Comme depuis le procès fait au roi de Navarre, il n'y avoit point eu de procès criminel intenté contre un pair, il fallut recueillir des renseignemens sur les formalités à observer pour l'instruction de celui que la conspiration du duc d'Alençon avoit suscité. Après les avoir rassemblés, on résolut d'instruire l'affaire à Montargis; les pairs & princes du sang tenant pairie, furent ajournés à cet effet, & deux présidens avec *bon nombre de conseillers lais* du parlement, furent nommés pour commencer l'instruction le 1.er juin 1458 *(i)*.

_____

(a) Tom. XIII, préf. pag. 71 & suiv.
(b) Pag. 332.
(c) Cet ordre de séance réciproque n'a plus lieu de part ni d'autre.
(d) Pag. 47.
(e) Pag. 364.

(f) Pag. 202.
(g) Pag. 442 & 447.
(h) Pag. 466 & suiv.
(i) Lettres des 23 mai & 7 juin 1458, pag. 466 & suiv.

Par des Lettres du 20 juillet fuivant *(a)*, la commiſſion fut tranſ-férée à Vendôme, à cauſe des maladies qui régnoient à Montargis. Tous les membres du parlement *(b)* eurent ordre de ſe rendre à Vendôme le 12 août; la commiſſion étoit alors compoſée du chancelier, de l'archevêque de Reims, des évêques de Langres, de Beauvais, de Châlons & de Noyon, de quelques maîtres des requêtes de l'hôtel, & de quelques membres du conſeil. Les pro-cédures durèrent long-temps, & on ſait que le duc ne fut condamné que le 10 octobre. Il y eut au jugement beaucoup plus de juges *(c)* qu'il n'en eſt nommé dans les Lettres dont nous venons de parler.

Nous aurons moins de choſes à dire ſur les autres cours, au ſujet deſquelles ce volume renferme cinq ordonnances, dont la plus remarquable eſt celle *(d)* du 4 février 145⁷⁄₈ : il s'agiſſoit d'un procès criminel *en matière de comptes*. La chambre des comptes *avoit en cette matière toute connoiſſance & juridiction civile & criminelle, ſelon les ordonnances & ſtatuts.* Il étoit cependant d'uſage, que lorſ-qu'il s'agiſſoit de crimes, le parlement députoit toujours quelques conſeillers, & les gens des comptes jugeoient conjointement avec eux. Le Roi conſulté ſur cet uſage par les gens des comptes eux-mêmes, ordonna qu'on continuât de l'obſerver.

Il étoit pénible & diſpendieux pour les officiers comptables de la province de Normandie, de venir rendre leurs comptes à Paris. Le Roi, ſur les repréſentations des gens des trois États de cette province, ordonna *(e)* par ſes Lettres du 10 janvier 145¹⁄₄, que durant les ſéances de l'Échiquier, quelques membres de la chambre des comptes de Paris ſe rendroient dans le lieu où l'Échiquier ſe tiendroit, pour ouïr & clore les comptes de ces officiers. L'établiſ-ſement d'une chambre des comptes à Rouen en 1580, a depuis rendu cette ordonnance inutile.

En 1454, Charles VII *(f)* fit un règlement général pour ſa chambre des comptes. Il avoit chargé les gens mêmes de cette chambre d'en rédiger le projet; après en avoir fait examiner les articles dans ſon conſeil, il les approuva & les publia dans ſes Lettres du 23 décembre. Ce règlement remédie aux principaux abus de la comptabilité, ou les prévient; un des points ſur leſquels ces Lettres inſiſtent le plus, eſt la néceſſité que les comptables rendent leurs comptes aux termes preſcrits, & les rendent, non par procureur, mais en perſonne.

Deux ordonnances concernent l'étendue de la juridiction de la chambre des comptes : la première *(g)* fut rendue le 12 avril 14⁵⁹⁄₆₀,

11. Chambre des comptes.

_____

(a) Pag. 469.
(b) Pag. 470.
(c) Voyez Villaret, hiſtoire de France, tom. VIII, pag. 316.
(d) Pag. 122.
(e) Pag. 264.
(f) Pag. 341.
(g) Pag. 489.

à l'occasion de la recette de la garde d'Aumale. Le Roi avoit alors Aumale en sa garde, & en faisoit percevoir les revenus par un receveur particulier. Il y avoit eu des contestations de la part du vicomte de Neufchâtel, au sujet de cette recette; & elles avoient été portées devant la chambre des comptes de Paris. Le vicomte avoit appelé au parlement qui avoit retenu l'affaire; le Roi ordonna au parlement de la renvoyer aux gens des comptes, déclarant qu'ils étoient *juges souverains en matière de finances ordinaires, dépendantes du domaine & de fait des comptes*, & voulant qu'ils connoissent de l'affaire en question *comme étant purement du domaine, appelés cependant avec eux, deux ou plusieurs membres du parlement tels qu'ils aviseront.*

L'autre ordonnance *(a)* du mois de décembre 1460, désigne avec un grand détail les matières soumises à la juridiction de la chambre des comptes, ajoutant que ses décisions sur ces matières, ne sont sujettes à aucun appel; mais que si on se plaignoit des jugemens qu'elle auroit rendus, il ne pourroit y avoir de révision que devant des commissaires de la chambre même, auxquels cependant on joindroit deux ou plusieurs membres du parlement, selon l'usage observé, conformément aux règlemens anciens enregistrés en la chambre. Ces deux ordonnances, qui exigeoient que dans certains cas des membres du parlement concourussent aux jugemens des gens des comptes, étoient peut-être fondées sur ce qu'il pouvoit y être question de quelques formes ou de quelque loi, que pouvoient ignorer des juges dont les fonctions étoient à peu-près bornées à la simple comptabilité.

12. Cour des aides.

CE VOLUME nous offre peu de choses à dire sur la cour des aides, où, comme l'on disoit communément, *les généraux sur le fait de la justice des aides.* Nous avons parlé au long de cette cour & de son origine dans la préface *(b)* du XIII.ᵉ volume. D'après une pièce renfermée dans celui-ci, on voit qu'en 1454 elle avoit son auditoire assez loin de la salle du Palais & dans un endroit fort élevé *(c)*, ce qui étoit fort incommode pour les avocats & les parties. Elle désiroit que dorénavant son auditoire fût le même que celui des requêtes de l'hôtel, dans la salle du Palais, joignant la chapelle; le Roi *(d)* chargea ses gens des comptes d'informer sur l'avantage ou désavantage qui pouvoit résulter de ce changement : nous ignorons ce qui fut fait en conséquence.

Deux ans auparavant *(e)*, le Roi avoit maintenu les droits de la cour des aides, dont le conseil usurpoit la compétence. Le 18 septembre

(a) Pag. 510.
(b) Tom. XIII, préf. pag. 87 & suiv.
(c) Pag. 331.

(d) *Ibid.* & note, Lettres du 9 septembre 1454.
(e) Pag. 251, Lettres du 29 novembre, 1452.

1460 *(a)*

1460 (a), il fit un règlement fur la manière de procéder en cette cour, & contre l'abus des délais préjudiciables au Roi & aux parties. Enfin (b), le 23 novembre fuivant, il remédia particulièrement à un de ces abus, bien digne d'être réprimé. Les Généraux des aides faifoient difficulté de condamner aux dépens les fermiers qui vexoient les fuppôts de l'univerfité par des pourfuites injuftes, & qui, fous prétexte qu'ils agiffoient pour recouvrer les revenus du Roi, prétendoient être à l'abri de payer les frais occafionnés par des procédures vexatoires. Le Roi enjoignit aux juges de les y condamner; il étoit jufte de punir les fermiers des revenus du fifc, de cette avidité infatiable dont les peuples fe font plaints dans tous les temps.

LES CAUSES en matière civile & criminelle, concernant les tailles, aides & gabelles, étoient portées par appel à la cour des aides, après l'avoir été en première inftance devant les élus; le Roi interdit la connoiffance de ces caufes au prévôt de Paris (c) en 1452, & au confeil (d) en 1459. Nous avons parlé des élus dans la préface (e) du volume précédent: nous trouvons dans celui-ci une Ordonnance (f) du 20 mars 145½, qui autorife les juftices royales ou feigneuriales, à connoître, comme commis des élus, des caufes concernant les aides & tailles, en exceptant feulement quelques cas. Le Roi s'étoit propofé par-là, de favorifer les jufticiables qui étoient quelquefois éloignés du fiége des élus; mais il reconnut les inconvéniens de cette Ordonnance, & la révoqua (g) dès le 26 août fuivant, par un règlement général fur la juftice des élus. Nous l'avons imprimé avec le titre qu'il porte dans la copie qu'on nous a communiquée, tirée du dépôt de la cour des aides. Ce titre n'eft pas exact, & ne fait mention que de l'objet particulier du XV.ᵉ article de ce règlement qui en contient trente-un. Nous n'en ferons point le détail, mais nous citerons ce qui y eft dit dans l'article XI.ᵉ & les fuivans au fujet du ferment déféré.

Les fermiers y font autorifés à fommer celui qu'ils ont fait affigner devant les élus, pour payer l'aide, de déclarer avec ferment s'il reconnoît qu'il doit l'aide. Le règlement ajoute qu'après le ferment prêté, le fermier peut être admis à faire la preuve du contraire; mais le fermier s'en étant rapporté au ferment de la partie, ne femble-t-il pas n'être plus recevable à prouver le parjure? s'il demande à y être admis, n'eft-ce pas avouer qu'il a tendu un piège à celui dont il a provoqué le ferment, pour le mettre dans l'alternative ou de fe parjurer ou de fe trahir lui-même! Un abus à peu-près

IV. Élection.

(a) Pag. 496.
(b) Pag. 504.
(c) Pag. 251, Lettres du 29 novembre 1452.
(d) Pag. 477, Lettres du 3 juillet 1459.
(e) Tom. XIII, pag. LXXXVII.
(f) Pag. 239.
(g) Pag. 238 & fuiv.

femblable fubfifte dans notre procédure criminelle, où l'on exige de l'accufé, fous la foi du ferment, qu'il déclare s'il eft coupable.

V. Tréforiers de France. Nous ne dirons qu'un mot des Tréforiers de France, ou *confeillers fur le fait de la juftice du Tréfor à Paris.* Nous avons parlé ailleurs *(a)* de leur inftitution, de leur juridiction, de leurs fonctions. Ils étoient chargés de régler les taxations relativement à l'adminiftration des finances; & il fe commettoit à ce fujet de grands abus, parce qu'ils ne fignoient ces taxations que *de leurs fignets.* Le Roi *(b)*, par fes Lettres du 2 juin 1452, leur enjoignit de les figner *de leurs feings manuels.* Il y eut à leur fujet un autre règlement *(c)* en 1454, fait de leur confentement, & fur les repréfentations du procureur du Roi au bailliage du Vermandois. Par ce règlement, il fut dit que les caufes concernant la collecte des deniers du Roi en Vermandois, feroient portées en première inftance au bailliage; mais que fi le droit du Roi étoit contefté, elles feroient renvoyées devant les Tréforiers.

VI. Châtelet. Il nous refte à parler du Châtelet de Paris. Nous n'ajouterons à ce que nous en avons dit *(d)* dans le volume précédent, que ce que nous fourniffent les Lettres du mois *(e)* de juillet 1459; le but de ces Lettres eft de confirmer les exemptions qui avoient été accordées par Charles VI aux officiers du Châtelet. Nous voyons qu'en 1459, ces officiers étoient le procureur du Roi, deux clercs, l'un civil & l'autre criminel, & feize examinateurs. Ces examinateurs, ou commiffaires-enquêteurs, avoient été créés au nombre de huit par Philippe-le-Long *(f)* en 1320; Philippe de Valois avoit porté ce nombre à douze *(g)* en 1327; il étoit peu-à-peu monté à vingt-deux; ce prince les réduifit à feize *(h)* en 1353, & cette fixation fut confirmée par diverfes Lettres des Rois fes fucceffeurs; elle fubfiftoit encore en 1459, comme on le voit par les Lettres de Charles VII que nous venons de citer. On fait que le nombre de ces officiers a triplé depuis; & qu'ils font devenus les agens les plus effentiels de la police de la Capitale.

ARTICLE 3.

De l'Adminiftration des Finances.

Les finances de Charles VII avoient trois fources principales, le domaine, les tailles & les gabelles. Nous allons parcourir ce que ce volume nous fournit fur ces trois objets, outre

---

(a) Tome XIII, préf. pag. LXXX & fuiv.

(b) Pag. 225.

(c) Pag. 333, Lettres du 15 novembre 1454.

(d) Préface, pag. LXXVII.

(e) Pag. 481.

(f) Tom. I, pag. 740, art. 10.

(g) Tom. II, pag. 5, art. 9.

(h) *Ibid.* pag. 517.

ce que nous en avons dit dans l'article précédent, en parlant de la chambre des comptes, de la cour des aides, des Tréforiers de France & des élections.

DEPUIS 1448, Charles VII fit plufieurs unions à fon domaine; nous en avons cité *(a)* divers exemples. On peut y ajouter celui de la ville de Pons en Saintonge, unie à la couronne en 1451. Longuerue fe trompe *(b)* lorfqu'il place ce fait dix ans plus tard. Cette ville avoit été confifquée par arrêt du parlement, fur Jacques de Pons, pour crime de lèze-Majefté. Les habitans fupplièrent le Roi, de la déclarer irrévocablement unie à fon domaine; de forte que quand même l'abolition du crime feroit accordée, ou que la Saintonge dont cette ville dépendoit, feroit mife hors des mains du Roi à quelque titre que ce fût, la ville de Pons ne pourroit être disjointe de la couronne. Malgré des claufes auffi expreffes qui furent inférées *(c)* dans les Lettres du Roi, le fils de Jacques de Pons ayant obtenu l'abolition des crimes de fon père *(d)*, fut remis en poffeffion de la ville de Pons & de fes dépendances.

Charles VII confentit en divers temps, à recevoir par un feul & même hommage, les hommages de plufieurs fiefs *(e)*, en les réuniffant à un fief principal. Il confirma *(f)* un ancien pariage de Louis VII avec l'abbaye de Cluni, pour le territoire de Saint-Jangoul; il reprit en fa main, à certaines conditions, les halles des baffes-merceries à Paris; enfin, ayant mis en fa main le domaine du Dauphiné, pour punir la défobéiffance du dauphin fon fils *(g)*, il révoqua, le 8 avril 145$\frac{6}{7}$, toutes les aliénations que ce prince y avoit faites.

En 1455 Charles fit un règlement *(h)* relativement à la diftribution des deniers de la recette de fon domaine, fur laquelle il avoit affigné des dons, qui nuifoient aux charges plus effentielles de cette recette, telles que les gages des officiers, les fiefs & aumônes, &c. Il défendit d'avoir égard à ces dons, avant que ces autres charges fuffent entièrement acquittées.

OUTRE ce domaine, les revenus de l'État confiftoient, comme nous l'avons dit, dans le produit des tailles & de la gabelle du fel. Charles VII, publia le 3 avril 14$\frac{12}{60}$, une Ordonnance très-étendue fur l'affiette des tailles, pour remédier, autant qu'il étoit poffible, aux défauts de la répartition. L'on fe plaignoit non-feulement de ce qu'on n'y obfervoit pas les proportions, mais de ce qu'il y avoit des perfonnes qui, par faveur, ou par abus de pouvoir, fe faifoient

marginal notes: I. Domaine. — II. Taille.

(a) Voyez ci-deffus, art. 1, page 7.
(b) Defcrip. de la Fr. 1.re part. pag. 161.
(c) Pag 197, Lettres de 1451.
(d) Defcrip. de la France, *ubi fuprà.*
(e) Voyez la réunion des feigneuries de Neahou & Auvers à la baronnie de Saint-

Sauveur-le-vicomte, pag. 196; celle de Thuré, Saint-Chriftophe & la Tour-Douaire, à la vicomté de Châtelleraut, p. 228.
(f) Pag. 252.
(g) Pag. 426.
(h) Pag. 371.

exempter de toute contribution, fans pouvoir alléguer de motif raifonnable. Quelque fages que fuffent les précautions que prit alors le Roi pour remédier à cet abus, & malgré celles qu'on y a depuis ajoutées, toutes ont été jufqu'ici infuffifantes. Ofons efpérer que conformément aux défirs du plus jufte des Rois, on parviendra à établir ces proportions défirables, & à bannir pour jamais de l'affiette des impofitions, les abus dont on fe plaint fi amèrement & depuis tant de fiècles.

III. Gabelles.   LA GABELLE du fel étoit un impôt bien plus défaftreux que les tailles. Elle réuniffoit à une perception compliquée & difpendieufe, des vexations de toute efpèce, auxquelles elle étoit ouverte. Comme cet impôt, par fa nature, ne pouvoit être fupporté avec égalité dans les diverfes parties du royaume, il falloit fans ceffe avoir recours à des Ordonnances nouvelles, pour affujettir à des règles les tranfports de fels, prévenir les fraudes, & réprimer mille autres abus. Le volume que nous publions en renferme plufieurs depuis 1449 jufqu'en 1458; nous ne nous y arrêterons point, elles font indiquées *(a)* dans la table des matières.

   Charles VII mourut le 22 juillet 1461. Nous avons plufieurs fois regretté de n'avoir pu recouvrer divers monumens de fa légiflation. Les malheurs de fon règne nous en ont fait perdre beaucoup; plufieurs ont péri depuis dans les incendies des dépôts où ils étoient confervés. Si quelques-uns ont echappé, qui ne nous foient pas connus, nous fupplions ceux qui peuvent nous les procurer, de vouloir bien nous les communiquer; nous les placerons à la tête du volume fuivant, avec le petit nombre de ceux que nous avons pu raffembler durant l'impreffion de celui-ci.

Réponfe à une critique d'un article de notre XII.ᵉ volume.   AVANT de terminer cette préface, je dois dire un mot d'un reproche qu'on m'a fait dans une petite brochure qui a paru l'année dernière; fous le titre de *Recherches hiftoriques fur les Séances royales*. L'auteur de cette brochure m'a imputé de m'être trompé dans un endroit du XII.ᵉ volume *(b)* de ce recueil, où, en parlant d'une Ordonnance *fur le parlement de Paris, l'échiquier de Normandie & les grands jours de Troyes*, j'ai dit qu'il étoit *fort probable* qu'elle avoit été rendue en 1302. Selon l'auteur des Recherches, *la feule raifon* que j'en donne, c'eft qu'il y eft fait mention de la démiffion du Chancelier Guillaume de Crépy, & que ce Chancelier l'étoit encore en 1298. Si j'avois fait un pareil raifonnement, j'aurois en effet mal raifonné; mais voici ce qui réfulte de ce que j'ai dit, & ce que mon critique auroit vu, s'il m'avoit lû avec quelque attention. La démiffion du chancelier Guillaume de Crépy eft placée par plufieurs auteurs fous l'an 1296; ils fe font trompés, car il étoit encore

(a) Au mot *fel.* | *(b)* Pag. 353.

Chancelier

Chancelier en 1298. Ils ont donc mal conclu que les Lettres où il est fait mention de sa démission, sont au plus tard de 1296; elles sont même bien postérieures à l'année 1298, car elles furent faites en conséquence d'une Ordonnance datée de 1302 (rapportée dans le premier volume de ce recueil *). On ne peut donc placer ces Lettres avant l'an 1302. Il me semble que ce raisonnement est juste. Au reste, cette critique étoit étrangère au but de l'ouvrage où elle est insérée; ce qui excuse l'auteur de l'avoir hasardée, sans avoir examiné d'assez près si j'avois mérité le reproche qu'il vouloit me faire.

* Pag. 366, voy. l'art. 62.

DURANT le cours de l'impression de ce XIV.ᵉ volume, la mort a enlevé le magistrat éclairé qui avoit été chargé de la continuation de ce recueil après la mort de M. Secousse. M. de Villevault, petit-fils d'un maître des requêtes, fils du doyen de la cour des aides, avoit été de très-bonne heure * conseiller en cette même cour. Il fut presque aussitôt nommé l'un des commissaires pour rédiger des notices & des tables de tous les registres du trésor des chartes, sous les ordres de M. le Procureur général son proche parent; il s'y livra avec ardeur, & dressa plusieurs notices qu'il remit à M. le Procureur général; il transcrivit même de sa propre main, pour son usage particulier, plusieurs registres : & ces copies précieuses sont actuellement dans le cabinet de M. Bertin, ministre d'État, à qui M. de Villevault en fit présent, il y a quelques années.

Mort de M. de Villevault, l'un des auteurs de ce recueil.

* En 1741.

L'analogie de ce travail avec celui du recueil des Ordonnances de nos Rois, le fit choisir * par M. le Chancelier de Lamoignon, pour continuer cet ouvrage dont étoit chargé M. Secousse qui venoit de mourir. Il demanda presque aussitôt de m'avoir pour adjoint, & M. le Chancelier lui accorda sa demande. Uni avec M. de Villevault depuis l'enfance par l'amitié la plus tendre, que fortifioit l'uniformité de nos goûts, sans doute, en acceptant de partager le fardeau, je consultai moins mes forces que le plaisir de m'attacher à mon ami par un nouveau lien. Je jouissois alors d'un grand loisir que j'étois accoutumé de remplir par l'étude, & je me vouai avec résignation à m'occuper désormais du travail auquel on m'associoit.

* En 1754.

Dès 1757, M. de Villevault publia une table générale de toutes les pièces rassemblées dans ce recueil, & mit à la tête de cette table un *avertissement* où il sollicitoit les savans de lui communiquer ou de lui indiquer les Ordonnances dont cette table feroit apercevoir l'omission. La table comprenoit les pièces renfermées dans le IX.ᵉ volume qui n'avoit point encore paru, mais que M. Secousse avoit préparé. Dès que l'impression de la table générale fut achevée, on acheva celle du IX.ᵉ volume, auquel il ne manquoit que la préface. Nous y travaillâmes de concert M. de Villevault & moi, & nous nous proposâmes de fuivre, autant que nous le pourrions, le plan tracé par M. Secouffe, qui avoit fu rendre fes préfaces intéreffantes pour l'hiftoire & le droit public; ce volume parut en 1755. Peu d'années après * M. de Villevault fut nommé maître des requêtes, & la nouvelle carrière que lui ouvroit le Confeil, le ravit bientôt au travail que je partageois avec lui. Chargé fucceffivement des affaires de la compagnie des Indes & de l'intendance du commerce extérieur & maritime, employé dans une multitude d'affaires d'adminiftration que les Miniftres qui connurent bientôt fes talens & fes lumières, s'empreffèrent de lui confier, le travail du recueil des Ordonnances roula entiérement fur moi : il me reftoit au moins la reffource de l'en entretenir, de le confulter fur mes doutes, de lui foumettre mes idées. Sa mort, depuis trois ans, m'a privé de ce fecours, & m'a féparé d'un ami à qui mon âge, plus avancé que le fien, m'avoit fait efpérer de ne pas furvivre. Il eft mort après une maladie de peu de jours, le 15 mai 1786, âgé de foixante-dix ans.

* En 1759.

ORDONNANCES

DES

ROIS DE FRANCE

DE LA TROISIÈME RACE.

CHARLES VII.

M. CCCC. XLVIII.

Suivant la page 58 du Livre intitulé : *l'Art de vérifier les dates,* cette année a commencé
le 24 Mars & a fini le 12 Avril.

CHARLES
VII,
aux Montils-
lez-Tours,
le 28 Avril
1448.

(a) *Lettres de Charles VII, pour l'inftitution des Francs-archers.*

CHARLES, par la grace de Dieu, Roy de France, au *Prevoft* de *Paris*
ou à fon Lieutenant, & aulx Effeux fur le fait des aides ordonnez pour
la guerre en l'Election d'icelui lieu : Salut. Comme après ce que Nous avons
ofté la grant & defordonnée vie & pillerie qui longuement avoit duré fur noz
fubjectz, & mis ordre ou fait & entretenement de noz gens de guerre, ayons
par grant & meure déliberacion de Confeil, advifé que pour pourveoir à la
feurté & deffenfe de noftre Royaume & Seigneuries, ou cas que par le moyen
de la treve qui eft à préfent entre Nous & noftre Nepveu d'*Angleterre,* ne pourrions parvenir au bien de paix, foit expédient & convenable mectre & ordonner en noftredit Royaume, aucun nombre de gens de deffenfe, dont Nous
puiffions aider & fervir oudit fait de la guerre, fans ce qu'il foit befoing de Nous
aider d'autres que de nofdiz fubjectz : pour ce eft-il que, après grant & meure
deliberacion eue avec plufieurs Princes & Seigneurs de noftre Sang, avons
voulu & ordonné, voulons & ordonnons par ces préfentes, pour le plus aifé

N O T E.

(a) Premier Regiftre de la Cour des Aides de *Paris, fol.* 87, r.° Voyez fur ce
Regiftre la note *(a)* de la page 201 du IV.° vol. de ce Recueil.

CHARLES
VII,
aux Montils-
lez-Tours,
le 28 Avril
1448.

& au moins de charge pour noz subjectz, que en chascune parroisse de nostredit Royaume, aura ung Archer qui sera & se tiendra continuellement en habillement suffisant & armé de sallade *(b)*, dague, espée, arc, trousse *(c)*, & jaques *(d)* ou huques de brigandines *(e)*, & seront appellez les Francs-archers, lesquelz seront esleuz & choisiz par vous esdictes Prevosté & Election, les plus duys & aisez pour le fait & exercice declairé qu'ils se pourront trouver en chascune parroisse, sans autre regard ne saveur à la richesse ne aulx requestes que on vous pourroit faire sur ce; & seront tenuz de eulx entretenir en l'abillement dessusdit, toutes les festes & jours non ovrables, afin qu'ilz soient plus habilles & usitez oudit fait & exercice, pour Nous servir touteffois qu'ilz feront par Nous mandez; & Nous les ferons paier de quatre francs pour homme par chacun moys qu'ilz Nous serviront; & afin que lesdiz Archers aient mieulz de quoy, & qu'ilz soient plus curieux de eulx mectre & entretenir audit estat & habillement, avons ordonné & ordonnons par cesdictes présentes, qu'ilz & chascun d'eulx soient francs, quictes & exempts de toutes les tailles & autres charges quelzconques qui seront mises de par Nous en nostre Royaume, & tant du fait & entretenement de nosdiz Gensdarmes, de garde de porte, que de touttes autres subvencions quelzconques, excepté du fait des aides ordonnées pour la guerre & de la gabelle du sel, en deffendant par cesdites présentes aulx Commissaires qui seront commis à mectre sus & asseoir les tailles & autres impostz qui seront mis sus de par Nous, qu'ilz ne les y asséent; & aux Seigneurs, Capitaines ou Chastelains des Chastellenies, qu'ilz ne les contraignent doresenavant à faire les guet & garde ; & pour plus grant seurté de leur fait, voulons & mandons à vous que leur bailliez sur ce voz Lettres d'affranchissement telles que verrez estre à faire, lesquelles leur voulons valloir comme s'ilz les avoient obtenues de Nous. Et à ce qu'ilz soient plus astrainctz de Nous servir, & eulx entretenir en l'habillement dessusdit, voulons & ordonnons que lesdiz Archers & chascun d'eulx feront le serment en voz mains, de bien & loyaument Nous servir en leurdit habillement envers & contre tous, en eulx exercitant en ce que dit est, & mesmement en noz guerres & affaires touteffois qu'ilz seront par Nous mandez; & ne serviront aucun ou fait de guerre ne oudit habillement, sans notredicte Ordonnance, sur peine de perdre leursdictes franchises ; & en oultre voulons & ordonnons que lesdiz Francs-archers soient par vous enregistrez par noms & surnoms, & les parroisses où ils seront demourans, & que de ce soit fait registre en la Court de vous Esleuz, afin que Nous en puissions aider & les recouvrer promptement, touteffois que par Nous seront mandez. Si vous mandons & commettons par ces présentes, que nostre présente Ordonnance & voulenté vous mettez à execucion deue, esdictes Prévosté & Election, & selon les instruccions à vous baillées sur ce; & à icelluy garder & entretenir, contraignez ou faictes contraindre tous ceulx qu'il appartiendra, par toutes voyes & manières accoustumées à faire pour noz propres debtes, besongnes & affaires, nonobstant opposicions ou appellacions quelzconques, pour lesquelles ne voulons en ce aucunement estre différé de faire & executer les choses dessusdictes & chascune d'icelles, vous avons donné & donnons plain povoir, auctorité, commission & mandement espécial; mandons & commandons à tous noz Justiciers, Officiers & subjectz, que à vous & chascun de vous, en ce faisant, obéïssent & entendent diligemment,

NOTES.

(b) Sallade.] Espèce de casque léger, sans crête.

(c) Trousse] Espèce de carquois.

(d) Jaques.] Sorte de pourpoint garni de bourre, qui descendoit au moins jusqu'aux genoux.

(b) Brigandines.] Corcelet fait de lames de fer attachées les unes aux autres sur leur longueur, par des clous rivés ou des crochets.

preſent & donnent conſeil, confort & aide & priſons, ſe meſtier eſt & par vous requis en ſont; & au *Vidimus* de ces préſentes, fait ſoubz Séel royal, plaine foy y voulons eſtre adjouſté comme à ce préſent original. *Donné aux Montilz-lez-Tours, le XXVIII.*me *jour d'Avril, l'an de grace mil IIII.*e *XLVIII, & de noſtre regne le XXVI.*me Ainſi ſigné; *Par le Roy en ſon Conſeil.*
J. DELALOERE.

S'enſuyvent leſdictes Inſtructions.

INSTRUCTION de la manière que le Roy a ordonné eſtre tenue, pour mettre ſus & eſtablir les Francs-archers & Arbaleſtriers pour la tuicion & deffenſe de ſon Royaume.

(1) Premièrement. Que les Commiſſaires & Eſleuz qui ſeront ordonnez pour ce faire en chaſcun pays, verront par les papiers de l'Election, le nombre des parroiſſes qui ſont oudit pays, & cognoiſtront par iceulx papiers, les plus & les moins puiſſans; & ſelon ce, aſſerront & eſcripront en ung feuillet de papier l'aſſiette deſdiz Archers par les parroiſſes.

(2) Item. Et pour avoir aucun advis en quelque équalité en l'aſſiette deſdiz Archers, mettront un Archer en chacune parroiſſe ainſi que raiſonnablement elle pourra ſupporter, en aiant regard à l'aſſiette de la taille, aulx Feuz qui ſeront plus puiſſans & à ceulx qui ſeront moins, à leur diſcrection.

(3) Item. Et pour ce que en l'aſſiette de ces Archers ne peult pas eſtre telle équalité gardée comme en partaige d'argent, leſdiz Commiſſaires & Eſleuz, ne prandront pas garde à trois, quatre, cinq, ſix Feuz plus ou moins, ſoit en nombre ou en puiſſance.

(4) Item. Les paouvres parroiſſiens qui ne ſont impoſez de la taille que à deux, trois, quatre, cinq ou ſix Feuz, ne doivent eſtre comprins en ce: toutes-voyes ſe troys ou quatre parroiſſiens povoient faire un Archer, ce demeure à la diſcrection des Commiſſaires & Eſleuz.

(5) Item. Ce fait, leſdiz Commiſſaires ſe tranſporteront par toutes les parroiſſes où leſdiz Archers ſeront eſtabliz, ou à tout le moins par les Chaſtellenies, & parleront aulx habitans d'icelles, & ſçauront & enquerront lequel d'eulx ſera le plus habille & propre pour ſe aider d'arc ou de arbaleſtre, & ne les prendra l'en mye des plus riches ne à la faveur des requerans; & quant ilz l'auront trouvé, ilz diront aulx parroiſſiens, que le plaiſir du Roy eſt, pour la deffenſe du Royaume & pluſieurs autres cauſes bonnes qu'ilz diront, que ledit Archer ſoit franc de tailles du Roy, de celle des Gens-d'armes, de Guet, de Garde de porte, & de toute autre ſubvencion, excepté du fait des Aides & de la Gabelle, & leur ſera fait deffenſe que, en faiſant le partaige deſdictes tailles & ſubſides, ilz ne les impoſeront dores-en-avant; & pareillement au Seigneur, Capitaine, Chaſtellain ou autres qu'il appartiendra, qu'ilz ne les contraignent quant à Guet ne Garde-porte; & ce fait, ſera receu ledit Archier, s'il eſt à ce propice; & en ce faiſant, ſera tenu icellui Archier, de ſoy entretenir en point de hucgue de brigandines ou de jaques, de ſallade, d'eſpée, de dague, d'arc & de trouſſe, ou d'arbaleſtre garnie, ainſi que l'on ordonnera, & de venir au ſervice du Roy touteffoys que le Roy le mandera, en le paiant & ſoudoyant de quatre livres tournois par mois, ſelon le temps qu'il demourra au ſervice du Roy; & lui ſera fait commandement que dedans deux moys il ſoit preſt de tout ledict habillement.

(6) Item. Leſdiz Commiſſaires & Eſleuz bailleront à chaſcun Archier, ung Mandement de franchiſe deſſuſdicte.

(7) Item. Le Roy commettra en chaſcun pays, ung homme de bien qui aura charge de viſiter tous les Archiers après ce qu'ilz ſeront ainſi aſſiz, & de ſçavoir s'ilz ſont bien en point, & de les aſſembler toutesfois que le Roy les mandera où qu'il luy plaira, auquel homme leſdiz Commiſſaires bailleront

CHARLES
VII,
aux Montils-
lez-Tours,
le 28 Avril
1448.

les noms & furnoms defdiz Archiers, & les parroiffes où ilz feront demourans.

(8) *Item.* Que ou cas que lefdiz Commiffaires & Efleuz trouveront en aucune bonne parroiffe ung bon compaignon ufité de la guerre, & qu'il n'euft dequoy fe mettre fus de habillemens deffufdiz, & fuft propice pour eftre Archier, lefdiz Commiffaires & Efleuz fçauront aulx habitans s'ilz lui vouldront aidier à foy meċtre fus dudit habillement, qui pourra rédonder à leur prouffit : car l'exemption dudit compaignon ne monte gueres, & n'en fera gueres chargée ladiċte parroiffe ; & s'il advenoit que ledit compaignon allaft de vie à trefpas ou qu'il fuft chargé pour y en meċtre ung autre, en ce cas ledit habillement demourra toujours aufdiz habitans, pour en difpofer à leur plaifir & le bailler à celluy qui y fera mis.

(9) *Item.* L'Archer efleu fera tenu de tirer de l'arc aulx feftes, ou foy exerciter d'habillemens qui lui feront ordonnez, avec les autres qui vouldront tirer pour foy habiliter ; & fera tenu ledit Archer aller ô tout fon habillement à toutes les feftes non ouvrables.

(10) *Item.* Les parroiffiens de chafcune parroiffe feront tenuz d'eulx donner garde de l'Archer logé en leur parroiffe qu'il n'ofe foy abfenter, vendre ou engaiger fon habillement ; & fe ainfi advenoit, feront tenuz de le faire affçavoir aux Efleuz ; & femblablement s'il va de vie à trefpas, que incontinent il foit pourveu d'autre.

(11) *Item.* On ne pourra prandre ne faire prandre ou gaiger ledit Archer de fon habillement de guerre pour quelque debte que ce foit ; & s'il advenoit qu'on feift aucune execucion ou prinfe fur icelui habillement, ou que aucune vente en feuft faiċte par ledit Archer ou par autre, cellui qui l'aura acheté fera tenu de le rendre & reftituer franc & quiċte, & en paiera l'amende arbitraire au Roy ; & s'il y a Sergent royal ou autre qui en face execucion fur ledit habillement, il fera privé de fon Office, & paiera l'amende ; & fe l'Archer le veut, il fera privé de fa franchife.

(12) *Item.* Le Seigneur Chaftellain, ou fon Capitaine pour luy, fera tenu de vifiter tous les moys les Archers de fa Chaftellenie ; & fe faulte y trouve, fera tenu de le faire fçavoir aulx Commiffaires où Efleuz du Roy pour y pourveoir.

(13) *Item.* Lefdits Commiffaires & Efleuz feront jurer & faire le ferment exprès audiz Francs-archers & à chafcun d'eulx, de fervir le Roy bien & loyaument en leurdit habillement, envers & contre tous, en fes guerres & autres affaires, toutes & quanteffois que le Roy les mandera & le leur fera fçavoir, & non autrement, fur peine de perdre ladiċte franchife, fans l'Ordonnance du Roy.

(14) *Item.* Lefdiz Commiffaires & Efleuz feront tenuz faire regiftre defdiz Francs-archers, de leurs noms & furnoms, afin que quant le Roy fe vouldra aider defdiz Francs-archers, ils les puiffent franchement avoir & recouvrer par le papier & regiftre defdiz Efleuz, en leur efcripvant, & envoyant le double devers le Roy.

Faiċt par le Roy noftredit Seigneur, eftant en fon Confeil, aux Montilz-lès-Tours, *le* XXVIIIme *jour d'Avril, l'an mil* IIIIe XLVIII. *Ainfi figné*
J. DELALOERE.

(Nous rapporterons ici d'autres inftructions données trois ans après par le Roi, pour les Capitaines de ces mêmes Francs-archers. Elles fe trouvent dans le Regiftre ci-devant cité, à la fuite des pièces précédentes, nous n'avons pas cru devoir les en féparer.)

1451.

Inftructions de par le Roy, de ce que auront à faire dores-en-avant les Capitaines des Francs-archers, chafcun en droit foy, au gouvernement des gens de leur charge.

(1) Premièrement. Lefdiz Capitaines feront le ferment au Roy, ou à ceulx qu'il lui plaira ordonner; & femble qu'il devra fouffire qu'ilz facent les fermens ès mains des Senefchaulx ou Baillifz royaulx des lieux ou chafcun d'eulx feront ordonnez Capitaines.

CHARLES VII, aux Montils-lez-Tours, le 28 Avril 1448.

(2) Item. Et feront tenuz iceulx Capitaines de fçavoir & enquerir le nombre des Francs-archers qui feront ès fins & mettes de leurs charges & capitaineries, & comment ilz font habillez & armez; & s'ilz ne font bien armez & habillez, les contraindront de eulx tenir en eftat & habillement comme il a par cy-devant efté ordonné.

(3) Item. Et fe en faifant la ferche* defdiz Francs-archers, les Capitaines trouvent aucuns qui ne foient gens fouffifans pour l'exercice de la guerre, les mettront tous en efcript en ung roolle; & ce fait, fe trairont par devers les Senefchaulx ou Baillifz royaulx ou les aucuns d'eulx & les Effeuz aufdiz lieux ou Lieuxtenans; & par le confeil des aucuns d'eulx y en feront mis d'autres telz qu'ilz advileront entre eulx.

* La recherche, la revue.

(4) Item. Se lefdiz Capitaines n'aient efté mis, ou ne foient le nombre des Francs-archers qui y ont efté ordonnez, (c'eft affçavoir de cinquante Feuz ou environ, ung Franc-archer) ledit Capitaine & Effeuz ou les aucuns d'eulx mettront fus ce qui en deffaudra, & les feront habiller comme les autres deffus nommez, felon l'Ordonnance du pays.

(5) Item. S'il y a aucun defdiz Francs-archers qui, depuis qu'ilz auront efté habillez & mis en eftat, aient vendu ou mal diftribué leurs habillemens de guerre, lefdiz Capitaines les contraindront à eulx habiller & mettre de nouvel en point à leurs defpens; & s'ilz n'ont dequoy eulx mettre fus, les fera pugnir par raifon; & pour & ou lieu d'eulx y en feront mis d'autres par confeil & advis des fufdiz, & autrement non.

(6) Item. Et feront tenuz lefdiz Capitaines de faire les monftres & reveues des gens de leurs charges, appellé avec eulx l'un des Effeuz, ou le Lieutenant du Senechal ou Bailly, de quatre moys en quatre mois, ou de demy-an en demy-an; & fe affembleront leurfdiz gens tous enfemble en ung lieu pour faire lefdictes monftres; pour le moins travailler & pour efchever la pillerie, les affembleront par Chaftellenies ou par quarantaines ou cinquantaines; & ne les feront venir que de quatre lieues ou cinq au plus, pour efchever leurs peines & defpenfes.

(7) Item. Et incontinent la première monftre faicte par chafcun defdiz Capitaines, les gens de leur charge, iceulx Capitaines envoyeront devers le Roy le nombre de tous leurs Francs-archers de leur charge, avec tout ce qu'ils auront trouvé en iceulx pays touchant les chofes deffufdictes, & leurs advis, & des Effeuz de chafcune Election, afin de donner fur ce les provifions telles qu'il appartiendra.

(8) Item. Et auront chafcun defdiz Capitaines pour leur peine & fallaire de vacquer & entendre aulx chofes deffufdictes bien & diligemment, la fomme de VI^{xx} livres tournois pour leurs gaiges, & huit livres pour leurs chevauchées, qui leur feront payées par chafcun an par les Receveurs ordonnez pour le paiement des Gens d'armes, & par Mandement du Roy, & les fraiz mis fus en chafcune defdictes Effections, & par la quictance defdiz Capitaines.

Fait à la Ville-Dieu *de* Camble *près de* Saint-Maixent, *le dixiefme jour de Novembre, l'an* mil IIII.' LI. *Ainfi figné* DELALOERE.

CHARLES
VII,
à Tours,
le 27 Mai
1448.

(a) Lettres de Charles VII, par lefquelles il enjoint au Procureur général du Parlement, de donner fon adjonction au Chapitre de la Sainte-Chapelle de Paris, dans les caufes portées au Parlement, relativement à la fondation & aux priviléges de ladite Sainte-Chapelle.

CHARLES, par la grace de Dieu, Roy de France, à noftre amé & féal Confeiller Maiftre *Jehan Dannet* noftre Procureur général en noftre Court de Parlement: Salut & dilection. De la partie de noz bien amez les Tréforier & Chanoines de la Saincte-Chapelle de noftre Palais à *Paris*, Nous a efté expofé que noz Prédéceffeurs Rois de France ayans finguliere dévotion & affection aux précieux & très-fains reliquiaires qui y font & repofent en ladicte Saincte-Chapelle, & en l'onneur & révérence d'iceulx, & pour l'augmentation & greigneur exaltacion du divin fervice qui chacun jour y eft grandement & notablement dit, célébré & continué, ont impétré de noz Sains Peres de *Rome*, plufieurs beaulx priviléges pour lefdiz expofans & ladicte Saincte-Chapelle; pour lefquelx garder & tenir en leur force & vertu, iceulx expofans ont plufieurs procès, tant en demandant comme en défendant, pendans en noftre Court de Parlement, & autrement, touchant leur fondacion par Nous à eulx faicte; lefquelx, pour ce qu'ilz font meuz à caufe defdiz privileiges impetrez par nofdiz Prédéceffeurs & fundacion par Nous à eux faicte, ne fe pevent bonnement conduire ne mener à fin, au prouffit d'eulx & de ladicte Saincte-Chapelle, fans voftre adjonction efdiz procès, fi comme ilz dient, requerant humblement fur ce noftre provifion. Pour ce eft-il que Nous, ces chofes confidérées, qui defirons de tout noftre cueur enfuir noz Prédéceffeurs qui de tout leur povoir ont gardé & entretenu les droits de ladicte Sainte-Chapelle & iceulx augmentez & acreuz le plus qu'ilz ont peu, pour honneur & révérence de ladicte Saincte-Chapelle & des fains reliquiaires qui en icelle repofent, vous mandons, commandons & expreffément enjoignons que en toutes les caufes & querelles defdiz expofans, meüs & à mouvoir à caufe defdiz previleiges impetrez par nofdiz Prédéceffeurs & fondation par Nous faicte, tant en demandant que en deffendant, en noftredicte Court de Parlement, dont par lefdiz expofans vous ferez requis, vous adjoignez, mettez & adherez avecques eulx, fi vous voyez que faire fe doye & fe meftier eft; efdictes caufes vous portez & conftituez principale partie; & en icelles faictes ainfi que verrez qu'il fera à faire par raifon. Mandons auffi à noftredicte Court, que à faire ladicte adjonction elle vous reçoive, fe bon lui femble & faire fe doit: Car ainfi Nous plaift-il & voulons eftre fait, & aufdiz expofans l'avons octroyé & octroyons de grace efpécial, par ces préfentes, nonobftant quelxconques Lettres fubreptices impétrées ou à impétrer, à ce contraires. *Donné à* Tours, *le* XXVIIe *jour de* May, *l'an de grace mil* CCCC *quarante* & *huit,* & *de noftre regne le* XXVIe Ainfi figné: *Par le Roy à la relation du Confeil.* N. GUERNADON.

Collacio facta eft cum originali reddito dicto Magiftro Johanni Dannet *Procuratori Regis.* CHENETEAU.

NOTE.

(a) Regiftre du Parlement, intitulé: *Ordinationes Barbinæ*, coté *D, fol.* 124, r.^o

(a) Lettres de Charles VII, par lesquelles il vidime & confirme des Lettres qu'il avoit données dix ans auparavant ; abolit, conformément à icelles, les nouveaux péages imposés sur la rivière de Loire, & sur les autres rivières qui s'y jettent ; & ordonne de rendre & laisser le cours desdites rivières libre de tout obstacle à la navigation.

CHARLES, par la grace de Dieu, Roy de France, aux *Baillifs* de *Tourraine*, des Reſſorts d'*Anjou* & du *Maine*, de *Montargis*, de *Cepoy*, & exemptions du *Duché d'Orléans*, de *Berry*, de *Sainct-Pierre le Mouſtier*, & à tous autres Juſticiers ou à leurs Lieutenans : Salut. Nous avons receu l'humble ſupplication des Marchans fréquentans ſur le fleuve & rivière de *Loire* & autres fleuves & rivieres deſcendans en icelle, contenans comme par délibération de noſtre Grand Conſeil Nous avons octroyées audits Suppliant nos autres Lettres, deſquelles l'on dit la teneur eſtre telle.

CHARLES, par la grace de Dieu, Roi de France, aux *Baillifs* de *Tourraine*, & des Reſſorts & exemptions d'*Anjou* & du *Maine*, de *Chartres*, de *Montargis*, de *Cepoy*, & des Reſſorts & exemptions du *Duché d'Orléans*, de *Gien*, de *Berry*, de *S.ᵗ Pierre le Mouſtier*, & à tous nos autres Juſticiers ou à leurs Lieutenans : Salut. Receü avons l'humble ſupplication des Marchans fréquentans & marchandans ſur le fleuve & riviere de *Loire* & autres fleuves & rivieres deſcendans en icelle, contenant que jaçoit ce que dès l'an mil quatre cens & trente *(b)*, après pluſieurs grandes plaintes & clameurs que par

NOTES.

(a) Édits & Ordonnances des Rois de France, par *Fontanon*, Tome IV, page 613. Nous avons publié des Lettres de Charles VI, pour l'abolition des nouveaux Péages ſur la *Loire*, en 1380 (Tome XII de ce Recueil, page 121) ; & d'autres qui accordoient pour un temps aux Marchands fréquentans cette rivière, la permiſſion d'y lever des Péages, en 1402, 1410 & 1413. Voyez *ibid.* page 208, 235 & 252.

(b) Nous allons rapporter ici ces Lettres, du 15 Mars 1430, que nous n'avons pas publiées à l'ordre de leur date, & qui ſe trouvent vidimées dans des Lettres de Louis XI du 12 Janvier 1462. Elles ſont inſérées dans le Regiſtre du Parlement, intitulé *Liber Accordorum*, coté C, fol. 111, & ſont imprimées dans *Fontanon*, Tome IV, page 618. Voyez auſſi *Chopin, de Domanio*, Liv. 1, Tit. 9, n.° 7.

CHARLES, par la grace de Dieu, Roi de France, à tous ceux qui ces préſentes Lettres verront : Salut. Sçavoir faiſons, que conſidérans les grans clameurs & plaintes que chaſcun jour Nous ſont venus & viennent tant par pluſieurs Marchans fréquentans le fleuve de la riviere de *Loire* que autres, des très-grands, exceſſifs, outrageux & importables aydes, péages, travers, ſubſides & impoſitions qui deſpieçà ont eſté & encores ſont de jour en jour mis, cueillis, levez & exigez, par impoſition, ou autrement, ſur toutes manieres de denrées & marchandiſes paſſans par ladite riviere de *Loire* & autres fleuves deſcendans en icelle, par pluſieurs Seigneurs, Capitaines, Chaſtelains, Bourgeois & habitans des villes, chaſteaux & places eſtans ſur icelles rivieres & autres, dont les aucuns d'iceux aides, travers, & ſubſides, ont eſté mis ſus, cueillis, levez & exigez par nos congé & licence, comme l'on dict, pour les réfections, & réparations des villes & places eſtans ſur ladite riviere, ou pour autres neceſſitez, ou autres cauſes ; & les autres aydes & péages y ont eſté mis & levez de fait, par leſdits Seigneurs, Capitaines, Chaſtelains & autres eſtans eſdits chaſteaux, villes & places, ſans nos congé & licence, & tout contre le gré & volonté deſdits Marchans, ce qu'aucun Seigneur ne autre que Nous ne peut & ne doibt faire en noſtre Royaume, pour quelque cauſe que ce ſoit, & tellement que à ceſte cauſe, le faict de marchandiſe eſt à préſent comme du tout deſtruict & inutile ſur ladicte riviere de *Loire*, au grand préjudice, & dommage de Nous, de nos ſubjects & de la choſe publique de noſtredict Royaume, long-tems avons eües & que chacun jour nous survenoient, tant par lesdicts Marchans que par autres, des très-grands, excessifs, outrageux & importables aydes & péages, travers, subsides & nouveaux imposts, qui avoient esté & estoient de jour en jour mis sus & imposez & levez sur les denrées & marchandises passans par

Suite de la N O T E.

*Sic. Lisez voulant.

& en ce entreprenant contre nos droits: Nous* voulons donner & mettre provision à ce comme tenus y sommes, & afin que le faict de marchandise qui est nécessaire pour le bien de nos subjects, se puisse conduire & entretenir & remettre sus, & que iceux Marchans & leurs marchandises soient & puissent estre gardez & preservez d'oppressions & exactions indeües, tant par la déliberation & advis de nostre très-chere & très-aymée Mere *(a)*, la Royne de *Jerusalem* & de *Sicile*, que d'aucuns des Seigneurs de nostre Sang, & des Gens de nostre grand Conseil, & des trois Estats des pays à Nous obeissans environ ladicte riviere de *Loire*, assemblez à *Saumur*, avons ordonné, décerné & déclaré, & par ces présentes ordonnons, décernons & déclarons par ledict Edict perpétuel, & Constitution irrévocable, tous aydes, péages, travers, subsides, truages & impositions quelsconques qui depuis soixante ans en çà ont esté mis, imposez & accreuz par quelque personne, & sous quelconque couleur ou occasion que ce soit, sur des denrées & marchandises montans ou descendans par ladite riviere de *Loire*, tant comme elle contient, & par les autres fleuves & rivieres descendans en icelle, estre nuls & de nulle valeur; & en tant que besoin en est, iceux avons abolis & révocquez, abolissons & révocquons, & mettons du tout au néant ; & avec ce, voulons, ordonnons & décernons par ces mêmes présentes, tout ce qui aura esté levé, & exigé à cause desdits nouveaux péages mis sus depuis lesdits 60 ans, estre restitué & réparé ainsi qu'il appartiendra, & que contre ceux qui en seroient trouvez chargez ou coulpables, nostre Procureur général s'y face partie, afin qu'ils en soient punis par nostre Cour de Parlement, ainsi que les cas le requerront ; & ne voulons, mais deffendons expressément à tous, qu'aucuns desdits aydes, subsides, péages & impositions, ou autres exactions qui ainsi ont esté mis & accreuz depuis lesdits soixante ans en çà, par qui que ce soit, ayent d'oresnavant aucun cours, ne qu'aucuns de quelque estat, condition ou prérogative, sous quelque couleur ou occasion que ce soit, mette ou impose, ou face, pourchasse ou souffre mettre, imposer, ne lever d'oresnavant, quelsconques nouveaux aydes, subsides, péages, truages, travers ne imposts quels qu'ils soient, sur les vaisseaux, denrées, & marchandises quelsconques passans ou repassans par ladicte riviere de *Loire*, & les autres rivieres descendans en icelle, & ne levent ou exigent aucune chose d'oresnavant, outre les vieils & anciens péages, travers & coustumes, & qui à bons & justes tiltres avoient accoustumé y estre cueilliz & levez, & non autrement, sur peine de confiscation des terres & biens d'iceux qui feront ou entreprendront d'oresnavant au contraire, & de la punition de leurs personnes, telle qu'il appartiendra à faire de raison : excepté la traicte de vingt sols qu'avons mise sus tant pour le fait de la guerre que pour nos autres nécessitez, sur chacune pippe de vin, qui seroit menée de quelque païs que ce soit par ladite riviere de *Loire*, ès païs non contribuables à nos aides. Si donnons en mandement par ces présentes, à nos amez & féaux Conseillers les Gens de nostre Parlement & les Maistres des Requestes de nostre Hostel, aux *Baillifs* de *Touraine*, & des Ressorts & Exemption d'*Anjou* & du *Maine*, de *Chartres*, de *Montargis* & des Exemptions d'*Orléans*, & à tous nos autres Justiciers & Officiers, ou à leurs Lieutenans, présens & advenir, & à chacun d'eux, si comme à luy appartiendra, que ceste présente nostre Ordonnance, Edict & Constitution, facent entretenir & accomplir de point en point, selon leur forme & teneur, & à ce contraindre ceux qu'il appartiendra sommairement & de plain, sans long procez ou figure de jugement, en punissant par nosdits Gens de nostre Parlement, selon l'exigence des cas, tous les transgresseurs de nos présentes Ordonnances, & aussi ceux qui pour le temps passé ont fait les abus dessusdits ; & en faisant ces présentes, ou le *Vidimus* d'icelles auquel Nous voulons plaine foy estre adjoustée comme à ce présent original, crier & publier par tous les lieux qu'ils verront estre à faire, en telle maniere qu'aucun n'en puisse prétendre cause d'ignorance. En tesmoing de ce, Nous avons fait mettre nostre Séel à ces présentes. *Donné à Saumur, le quinziesme jour de Mars, l'an de grace mil quatre cens & trente, & de nostre regne le neufiesme.* Ainsi signé, *Par le Roy en son grand Conseil.*
D. BUDÉ.

N O T E.

(a) C'est-à-dire belle-mère, c'étoit *Iolande* d'*Arragon.* Elle avoit épousé *Louis II*, Roi de *Naples*, de *Sicile* & de *Jerusalem*, & étoit mère de *Marie* d'*Anjou*, femme de Charles VII.

lesdites

lefdites rivières tant par plufieurs Seigneurs & Capitaines, Chaftellains, bourgeois & habitans des villes, chafteaux & forterefles eftans fur icelles rivières, & autrement : & tant de leur auctorité indeue, comme auffi de nos congé & licence donnez par Nous non adverty, & par nos Lettres fur ce obtenues, caufées & réparations *(c)*, ◦ fortifications & emparemens defdictes villes & lieux, & autres leurs affaires, & autres caufes : Nous, pour fur ce donner remède, & provifion au bien & proffit du fait de marchandife & de la chofe publique, & afin de garder & faire garder & préferver lefdits Marchans, de griefs, extortions indeues, auffi pour la confervation de nos droicts, euffions par noftredict Grand Confeil, & par l'advis & délibération d'aucuns des Seigneurs de noftre Sang, & auffi des Gens de noftredict Grand Confeil & des trois Eftats lors affemblez par devers Nous en la ville de *Saumur*, ordonné, décerné & déclaré par Édict perpétuel & irrévocable, tous aydes, péages, travers, truages, fubfides & impofts quelfconques, qui depuis foixante ans avoient efté mis & impofez ou accreuz par quelfconques perfonnes, ou foubs quelfconques couleurs que fe euft efté, fur les denrées & marchandifes montans & defcendans par lefdictes rivières, eftre nulle & de nulle valeur, les euffions aboliz, révocquez, & du tout mis au néant, & ce qui en avoit efté levé *(d)* & exigé depuis ledict tems, eftre reparé ainfi qu'il appartiendroit, & que contre ceux qui en feroient trouvez chargez, noftre Procureur général fe fift partie, comme toutes ces chofes & autres font plus à plein contenues & déclarées en nos Lettres faictes fur nofdictes Ordonnances & Déclaration ; & que nofdictes Ordonnances & Déclaration fuffent ou foient juftes, bonnes & raifonnables, & par ce deuffent & doivent avoir efté & eftre tenues, gardées & obfervées en leurs termes, fans qu'il foit ne feuft licite à aucun de venir au contraire : mefmement qu'elles ayent efté bien & deuement publiées par tous les lieux où il appartenoit, & que de ce ayent efté faictes défenfes à tous ceux à qui ce pouvoit toucher, & à groffes peines à Nous à applicquer ; & qu'encore lefdits fupplians ayent fur ce obtenu nos autres Lettres narratives & confirmatoires des chofes deffufdictes, neantmoins depuis nofdictes Ordonnances & Déclaration, & nonobftant icelles, foubz diverfes couleurs & par vertu de nos Lettres fur ce octroyées & autrement, lefdictes aydes, péages, travers, truages, fubfides & nouveaux impofts, & autres que les anciens, ont par plufieurs defdicts Seigneurs, Capitaines, Chaftellains, Bourgeois & habitans des villes, efté continuez ; & d'abondant en ont d'autres efté mis & impofez, cueilliz & levez, & aucuns des anciens accreuz & augmentez, à leur plaifir & volonté ; & mefmement à *Langès*, *Colombiers*, *Maillé*, *Rochecorbon*, la cloifon d'*Angers*, le trefpas de *Loire*, la cloifon de *Saumur*, l'entrée & yffüe de *Tours*, à *Beaugency*, au pont de *Meun*, à *Orléans*, à *Chafteauneuf* pour le Sire de *Guieri*, à *Sully*, à *Gien*, la *Charité*, & plufieurs autres lieux, où les uns prennent le dixiefme, les autres le vingtiefme, & les autres à volonté & le plus fouvent par force, outre & par-deffus les péages anciens ; & quand aucuns defdicts Marchans oublie à déclarer aucune chofe de leurs denrées & marchandifes, aucuns des Péageurs defdicts lieux les prennent & arreftent comme confifquez, & foubs ombre de ce, fe lievent, & font les réfections & réparations defdictes villes & places, & ceux qui ont leurs rentes & font leurs marchandifes en icelles, en font exempts, & encores d'aucuns puiffans, pour éviter lefdicts truages & impofts, treuvent manière avec les grands Seigneurs & leurs Officiers, qu'ils leur preftent

CHARLES VII, à Tours, le 27 Mai 1448.

NOTES.

(c) Caufées & réparations] lifez, *caufées pour réparations, &c.* conformément aux Lettres de 1430, rapportées ci-deffus page 7, note *(b)*.

(d) Et ce qui en avoit été levé] lifez, conformément aux Lettres de 1430, *& ordonné ce qui en avoit été levé, &c.*

leurs noms, & donnent leurs marchandifes à eulx tellement qu'ils font quittes defdicts truages & impofts; & par ce ont en leurs mains le plus grand fait de marchandifes, & convient que les autres Marchans communs achepte les denrées plus qu'elles ne valent; & auffi éfdictes rivieres & fur les voyages & rivieres d'icelles, a plufieurs moulins, efclufes, brayes, combres, pefcheries, bois, hayes, & autres chofes empefchant le cours defdictes rivières, tellement que les vaiffeaux & bafteaux ne peuvent paffer, & en font périz, & périffent fouvent plufieurs; à l'occafion defquelles chofes deffufdictes, le fait de ladicte marchandife eft entièrement deftruitte, qui eft chofe moult pitoyable, au grand contempt, mefpris de Nous, & de nofdicts Édicts, Conftitutions & Ordonnances & Lettres, & en enfraignant icelles, en encourant lefdictes peines, & autres grand grief, préjudice & dommage de Nous & de toute la chofe publique de noftre Royaume, & defdicts expofans; & plus feroit, fi par Nous ne leur eftoit fur ce pourveu de remède convenable, fi comme ils dient, requerant humblement iceluy: pour quoy, Nous eue confidération aux chofes deffufdictes, & aux grands plaintes qui continuellement font faictes en cefte partie, defirans de tout noftre pouvoir y mettre & donner nouvelle provifion convenable, & nofdicts Edicts, Conftitution & Ordonnance eftre entièrement dorefnavant tenues & gardées fans enfreindre, pour le bien & entretenement du fait de marchandife & profit de la chofe publicque, & les tranfgreffeurs & infracteurs d'icelle eftre tellement punis, que ce foit exemple à tous autres pour le tems advenir: iceux aydes, péages, truages, fubfides & nouvelletez, & impofts cueillis & levez depuis ledict tems de foixante ans, à compter de la datte de nofdictes Lettres faictes fur lefdicts Edicts, Conftitution & Ordonnance fur les denrées & marchandifes paffans & repaffans par lefdictes rivières, & entrans & iffans ès villes & lieux de deffus icelles, autres que les péages & acquicts anciens, & auffi toutes creues & augmentations faictes & continuées, impofées fur lefdicts péages & acquicts anciens, par quelfconques perfonnes, & par vertu de quelfconques tiltres ou Lettres que ce foit, impétrées ou à impétrer de Nous autrement, avons par l'advis & délibération de plufieurs des Seigneurs de noftre Sang, & des Gens de noftre Grand Confeil, & de nouvel en confirmant & approuvant nofdites Ordonnances, Décret & Déclaration, abatus, abolis, révocquez & annullez, abatons, aboliffons, révocquons, & annullons par ces préfentes. Si vous mandons & commettons & à chacun de vous fi comme à lui appartiendra, que, ces chofes veues, vous faictes publier, & fignifier par cri public & folemnel & autrement ainfi que le cas le requiert, par tous les lieux où il appartiendra, tellement qu'aucun n'en puiffe prétendre caufe d'ignorance; & en ce faictes ou faictes faire par ledict cry public & folemnel, exprès commandement, inhibition, & défenfe de par Nous à tous les Seigneurs, Capitaines, Chaftelains, Receveurs, Péageurs, Bourgeois & habitans defdictes villes, & à leurs Receveurs, Commis & Députez de deffus lefdictes rivières, & à tous autres qu'il appartiendra & dont vous ferez requis, & lefquels ont ainfi impofez, cueilliz & levez lefdictes aydes, péages, fubfides & nouveaux impofts, depuis ledict temps de foixante ans, & auffi lefdictes creues, & augmentations, qu'ils & chacun d'eux en ceffent d'orefnavant, & que plus n'en lievent, & ne facent ou fouffrent lever aucunes autres que lefdicts anciens péages, fur quelconques denrées & marchandifes que ce foit, paffans par lefdictes rivières en montant ou devallant, traverfant ou iffant par lefdictes villes & lieux, fur peine de confifcation de leurs Seigneuries, & de leurs priviléges qu'ils ont fur ce, & fur certaines & autres grandes & groffes peines, à Nous à applicquer; ains rendent & reftituent aufdicts Marchands, ce qu'ils ont pris, levé & exigé depuis nofdicts Edicts, Conftitution & Ordonnance; en faifant auffi ou faifant faire exprès commandement de par Nous, fur lefdictes peines, à tous ceux qu'il appartiendra & dont vous ferez requis, que lesdictes excluses, combres, bois, hayes, & autres chofes ainfi empefchans le cours defdictes rivières, & les paffages defdicts vaiffeaux, ils les oftent & facent ofter & mettre en eftat deu, tantoft & fans délay à leurs defpens ; & en leur refus ou délay, vous-mefmes les oftez ou faictes ofter & mettre en tel & fi deu eftat, que lefdicts cours & paffages puiffent eftre fi feurs, qu'aucun inconvenient ou dommage ne s'en puiffe ou doive plus enfuir aufdicts Marchands ne à leurs denrées & marchandifes : & avecques ce, faictes faire commandement, inhibition & defenfe de par Nous, fur lefdictes peines ou autrement telles que de raifon, à ceux defdicts Seigneurs, Capitaines, Bourgeois, habitans, ou autres qu'il appartiendra & dont vous ferez requis, que plus ils n'advouent aucuns defdicts Marchands de leurfdictes marchandifes, & à iceux Marchans que plus ne fe facent advouer ne fouftenir en aucune manière que ce foit au préjudice des autres Marchans & du faict commun de ladicte marchandife, ains réparent on facent réparer ce que faict en auront ; en contraignant à ce faire & fouffrir eftre faictes & accomplies les chofes deffuf-dictes, chacun en fon regard, tous ceux qui pour ce feront à contraindre, par la prife & détention de leurs terres & autres biens, & par toutes autres voyes & manières deues & raifonnables ; & en cas que débat ou oppofition naiftra fur les chofes deffufdictes ou aucunes d'icelles, lefdictes chofes & mefmement lefdicts péages, travers, fubfides & nouveaux impofts mis ou à mettre fus, en quelque lieu ou pour quelconque caufe que ce foit, ou par vertu de nos Lettres ou autrement, foient tenues en fufpens, fans ce qu'aucune chofe en foit ou puiffe eftre levée fur lefdicts Marchans ne leurfdictes denrées ou marchandifes, jufques à ce que par noftredicte Cour de Parlement autrement en foit ordonné. Confideré que la cognoiffance & (e) interruption de nofdicts Edicts, Confti-tution, & Ordonnance eft attribuée à noftredicte Cour de Parlement, en laquelle cefte matière, qui eft de grande chofe & qu'elle touche Nous & le faict de la chofe publicque & auffi plufieurs Seigneurs & autres, pourra mieux, pluftoft & plus feurement & par meilleur confeil, ceffans tous ports & faveurs & toutes involutions de procèz, eftre traictée difcutée, & déterminée, qu'ailleurs, adjournèz ou faites adjourner lefdicts oppofans ou faifant ledit débat, & auffi tous ceux qui par information par vous faicte ou à faire ou autrement deuement vous trouverez chargez ou coulpables d'avoir faict aucun abus & excès touchant cefte matière en aucune des manières deffus déclarées, & d'eftre venus contre nofdicts Edicts, Statuts & Ordonnances, & les avoir enfreinctes, & en encourant lefdictes peines, ou qu'ils feront le temps advenir, à comparoir en perfonne ou autrement felon l'exigence du cas, en noftredicte Cour de Parlement, à certain & compétant jour ordinaire ou extraordinaire de noftre préfent Parlement ou de nos autres Parlemens à venir, nonobftant que noftre-dict Parlement fée, & que par adventure les parties ne foyent pas des jours dont l'on plaidera lors, pour dire, comme à chacun d'eux pourroit toucher, les caufes de leurdit débat ou oppofition, & (f) telles demandes, requeftes & conclufions que noftredict Procureur & lefdicts fupplians, pour tant que à chacun d'eux pourra toucher, voudront eux & chacun d'eux faire, propofer & requerre pour occafion des chofes deffufdictes, leurs circonftances & dépen-dances, & refpondre, propofer & aller en outre par raifon, en certifiant deuement nos amez & féaux Confeillers les Gens tenans ou qui tiendront nofdicts Parlemens, de tout ce que faict en aura efté en cefte partie, en leur renvoyant ladicte information ou informations féablement clofes & féellées ;

NOTES.

(e) Lifez *interprétation*, comme ci-après, page 15, ligne 14.

(f) Conférer cet endroit où il paroît manquer quelque chofe, avec la phrafe cor-refpondante de la page 15, ligne 34 & fuiv.

aufquels pour les caufes deffufdictes, mandons & enjoignons qu'entre les parties, icelles ouyes, faffent bon, brief, accompliffement de juftice, en faifant telle provifion aufdicts Marchands touchant les chofes deffufdictes pendant les procès qui fe pourront fur ce mouvoir, qu'ils verront eftre à faire par raifon, au bien & utilité du fait de ladicte marchandife, & de la chofe publicque. Car ainfi Nous plaift-il, & voulons eftre faict de grace efpécial par ces préfentes, au *Vidimus* defquelles fait foubs Séel royal, Nous voulons plaine foy eftre adjouftée comme à ce préfent original, nonobftant appellations quelfconques, ou dons par Nous faits & à faire, Ordonnances, Mandemens, Reftrinctions, & Lettres impétrées, ou à impétrer à ce contraires des chofes deffufdictes. *Donné à Bourges, le trentiefme jour de Juing, l'an de grace mil quatre cens trente-huit ; & de noftre regne le feiziefme.* Ainfi figné : *Par le Roy en fon Grand Confeil.* D. BUDÉ.

LESQUELLES nos Lettres deffus tranfcriptes, ayent efté folemnellement criées & publiées en plufieurs villes & citez affifes & fituées fur le fleuve de ladicte rivière de *Loire,* & autres fleuves & rivières defcendans en icelles, tellement & fi notoirement que aucun n'en a peu ou deu prétendre & avoir jufte caufe d'ignorance ; & par lefdicts criz & publication, faict exprès commandement de par Nous, à tous les Seigneurs, Capitaines, Chaftellains, Receveurs, Péageurs, Bourgeois, & habitans defdictes cités & villes, & à leurs Receveurs, Commis & Députez ès citez, villes & lieux fituez deffus lefdictes rivières, & à tous autres à qui le faict pourra toucher & appartenir, qui avoient ainfi impofé & s'étoyent efforcez cueillir, lever & exiger contre raifon les aydes, péages, fubfides & nouveaux impofts depuis ledit tems de foixante ans en çà, à compter de la date de certaines nos autres Lettres fur ce obtenues par lefdicts fupplians, qui furent données l'an mil quatre cens trente, ou en autre tems illec environ ; & auffi que des creues & augmentations dont nofdictes Lettres font mention, que eux & chacun d'eux avoient mifes fus, contre nos volontés & l'octroy & Ordonnance contenus en nofdictes Lettres deffus tranfcriptes, qu'ils & chacun d'eux en ceffent d'illec en avant, & que plus n'en levaffent, ou fouffriffent lever aucuns autres que les anciens péages fur quelfconques denrées & marchandifes que ce feuffent, paffant par lefdictes rivières en montant ou devallant, traverfant en travers & iffant par lefdictes villes & lieux, fur peine de confifcation de leurs Seigneuries, & de leurs droicts & priviléges qu'ils avoient & pourroient avoir fur ce, & fur certaines grandes & groffes peines à Nous à appliquer, & qu'ils rendiffent & reftituaffent aufdicts fupplians chacun en droit foy, ce qu'ils avoient levé, pris & exigé depuis nofdictes Conftitution & Ordonnance; en faifant auffi exprès commandement fur lefdictes peines, à plufieurs perfonnes, ayans moulins, efcluzes, combres, bois, hayes, & autres chofes empefchans le cours defdicts fleuves, rivières, & le paffage de vaiffeaux efquels fe menoyent & conduifoient lefdictes denrées & marchandifes, qu'ils les oftaffent, ou fiffent ofter & mettre en eftat deu & convenable, tantoft & fans délay, à leurs defpens ; & en leur reffus ou délay, qu'ils feroient oftez, & mis par vous ou vos Commis, en tel & fi convenable eftat, que lefdicts cours & paffages puiffent eftre fi feurs que aucun inconvénient ou dommage ne s'en peuft ou deuft plus enfuivir aufdicts fupplians, ne à leurs denrées & marchandifes, & qu'ils réparaffent, ou fiffent réparer, ce que faict avoient au contraire; fi comme toutes ces chofes & autres peuvent plus à plain apparoir par la teneur de nofdictes Lettres, & par certification fuffifante des criz & publications dont deffus eft faicte mention : mais nonobftant lefdicts criz, publication, commandemens, inhibition & défenfe faicts par vertu de nofdictes Lettres deffus tranfcriptes, & fur les peines déclarées & contenues en icelles nos Lettres, & autres grans & groffes peines fpécifiées en faifant

iceux criz & publications, à Nous à appliquer & à prendre fur les tranfgreffeurs ou faifans le contraire de nofdicts Edict, volonté, octroy & Ordonnance,
& du contenu en icelles nos Lettres, plufieurs Seigneurs, Capitaines, & Gardes
des ponts & paffages, Bourgeois & habitans des villes & citez fituées fur lefdicts
fleuves & rivieres, & venans directement contre nofdictes volonté, Edict,
octroy & Ordonnances, de la teneur de nofdictes Lettres, & attantant follement
contre nofdicts commandemens, inhibitions & défenfes deffufdictes, & en
encourans èfdictes peines à eux fur ce infligées par lefdictes publications, fe font
efforcez, & efforcent de jour en jour prendre, lever & exiger de fait fur les
denrées & marchandifes defdicts fupplians, montans, defcendans, ou traverfans
par lefdictes rivieres, entrans ou iffans par lefdictes villes & lieux, foubs diverfes
couleurs, tant de leur volonté indeue comme par vertu de certaines nos autres
Lettres qu'ils veulent doubter avoir efté octroyées, & par importunité de
requérans ou autrement pourront avoir obtenues Nous non adverty de
nofdicts Edict, Octroy & Ordonnances fur ce faictes & octroyées aufdicts
fupplians en faveur de ladicte marchandife, & au bien public de noftredict
Royaume, ont depuis impofé, cueilly, levé & de jour en jour s'efforcent
impofer, mettre, cueillir, lever & exiger de faict, à tort & contre raifon, iceux
nouveaux aydes, péages, travers, truages, fubfides & impofts & novalité, de
leurfdictes volontez indeues, fur les denrées & marchandifes defdicts fupplians,
& en efpécial ès lieux deffus déclarez: c'eft à fçavoir, Rochefort, la cloifon
d'Angers, le trefpas de Loire, la cloifon de Saumur, l'entrée & iffue de Tours,
le dixiefme qu'on lieve & s'efforce-l'on lever à Beaugency, la novalité mife
fur le Pont d'Orléans tant par eau que par terre, à Jargeau, & que fait prendre
& lever fur lefdictes denrées le Sire de Guiery au lieu de Chafteau-neuf, ou
illec près, fur ladicte rivière, à Sully, à Gien, & le quarantiefme qu'on lieve
de nouvel à la Charité, à Nantes, fur icelle rivière, le péage nouvellement mis
fus à la Nauderis fur Alier, & auffi certain qu'on lieve à Moulins en Bourbonnois pour noftre très-cher & très-amé Coufin le Duc de Bourbonnois &
d'Auvergne, & en autres lieux: lefquels exacteurs ou commis eftans efdicts lieux,
s'efforcent prendre, lever & exiger fur lefdictes denrées defdicts fupplians,
telles & fi grandes exactions qu'ils ne les pourroient bonnement fupporter,
& avec ce plufieurs Seigneurs ayans péages fur lefdictes rivières, ont augmentez
& acreuz, augmentent & accroiffent de jour en jour, à leur plaifir & volonté,
iceux, mefmement au lieu de Chantouffeaux, à Champtocé, au Pont-de-vallée,
à Langès, Coulombiers, à Maillé, à Roche-corbon & ailleurs ; & auffi de plufieurs
defdicts Seigneurs, Capitaines & autres, prennent de faict & fans payer plufieurs
defdictes denrées & marchandifes defdicts fupplians, quand ils les paffent par
les deftroits de leurs péages & Seigneuries ; & à cefte occafion, & pour les
très-grandes & importables charges, griefs & dommages en quoi lefdicts
fupplians font grandement endommagez, & en enchéent & encourent de jour
en jour en grandes pertes & dommages, & tant que les vivres, denrées &
marchandifes conduittes par lefdictes rivières, en font enchéries & enchériffent
de la moitié & plus, à la totalle deftruction du faict de ladicte marchandife
& defdicts fupplians, dont les plufieurs d'eux font deftruicts & deferts de
leurs chevances, qui eft chofe moult pitoyable, en grand contempt, mefpris
& irréverence de Nous & d'iceluy noftredict Edict, & au très-grand grief &
dommage de la chofe publique & de noftredict Royaume & defdicts fupplians,
& feroit plus, fi par Nous ne leur eftoit & eft fur ce pourveu de noftre gracieux &
convenable remède, fi comme ils dient, humblement requérant iceluy. Pour quoy
Nous, ces chofes confidérées, ayans regard aux grandes plaintes & clameurs
qui continuellement Nous ont efté & font faictes en cefte partie, défirans de
tout noftre pouvoir & volonté, mettre & donner autre & nouvelle provifion
deue & convenable, à ce que nos Edicts, Conftitutions & Ordonnances,

CHARLES
VII,
à Tours,
le 27 Mai
1448.

& le contenu en nofdictes Lettres deffus déclarées, ayent effect & vertu, & foient entièrement entretenues & gardées en leurs termes, fans eftre enfraints ne corrompus, pour le bien, continuation & entretenement du faict de ladicte marchandife, & profit de Nous & de toute la chofe publicque de noftre Royaume, & les tranfgreffeurs & infracteurs d'iceux nos Edicts & Ordonnances, & le contenu en nos autres, eftre tellement & fi griefvement punis & corrigez que ce foit exemple de bonne juftice à tous autres pour le temps advenir: iceux aydes, truages, fubfides, péages, & nouvelletez & impofts mis & impofez, que l'on s'eft ingeré cueillir & lever depuis ledict tems de foixante ans en çà, à compter de la datte de nofdictes Lettres faictes foubz les Edicts, Conftitution & Ordonnance, dont déclaration eft faicte cy-devant en nofdictes autres Lettres fur les denrées & marchandifes paffans & repaffans par lefdictes rivières, traverfans, entrans & iffans ès villes & lieux fituez fur icelles, autres que les acquits & péages anciens, & auffi toutes creues & augmentations faictes, contenues & impofées fur lefdicts péages & acquits anciens, par quelfconques perfonnes & par vertu de quelfconques tiltres impetrez de Nous, avons par l'advis & délibération de noftre Grant Confeil tenu en noftre ville d'*Orléans*, auquel eftoient plufieurs Seigneurs de noftre Sang & autres Gens de noftre Grand Confeil, de nouvel & d'abondant, en confermant, louant & approuvant nos Ordonnances, vouloir, & octroy, Decret & Déclaration dont deffus eft parlé, abatus, abolis, révocquez & adnullez; abatons, aboliffons, révoquons adnullons & mettons du tout au néant par ces préfentes. Si vous mandons, & commandons & enjoignons, en commettant, fi meftier eft, & à chacun de vous fi comme à lui appartiendra, que ces chofes vous faciez crier & publier, & fignifier par cry publicq & folemnel ou autrement ainfi comme il appartient & que le cas le requiert, par tous lieux où il appartiendra & que vous ferez requis, tellement que aucun n'en puiffe ou doive avoir ou prétendre de nofdicts Edicts, vouloir & octroy, caufe d'ignorance; & en ce faifant, faictes ou faictes faire par ledict cry public & folemnel, exprès commandement, inhibition & défenfe de par Nous, à tous les Seigneurs, Capitaines, Chaftellains, Procureurs des villes, Péageurs, Bourgeois & habitans defdictes villes & à leurs Recepveurs, Commis & Députés, & à tous autres à qui il appartiendra & dont vous ferez requis, lefquels ont ainfi impofé, cueilly, & levé lefdicts nouveaux péages, fubfides & impofts mis fus depuis ledict tems de foixante ans en çà, & auffi lefdictes crues, & augmentations, qu'ils & chacun d'eux en ceffent, & ne foyent d'orefnavant fi hardis, fur peine d'encourir noftre indignation perpétuelle, que plus ne lievent, facent ou fouffrent lever aucuns autres aydes, fubfides, ou autres exactions quelfconques, que lefdicts anciens péages, fur quelfconques denrées ou marchandifes que ce foyent, paffans, traverfans, montans, ou defcendans par lefdictes rivières entrans ou yffans èfdictes villes; fur peine de confifcation de leurs Terres & Seigneuries, à caufe defquels ils dient lefdictes aydes leur appartenir, & de leurs droicts & priviléges, à l'occafion defquels & en abufant d'iceux, ils auroient voulu & fe feroient efforcez lever lefdictes novalitez & creues fur les denrées & marchandifes defdicts fuppliants, contre nos deffufdicts Edicts, Ordonnances, Commandemens, inhibitions & défenfes à eux faictes par lefdicts cris & publications; & fur peine d'encourir en grands peines à Nous à appliquer, qui leur feroient de nouvel & d'abondant infligées & indictes; ains qu'ils & chacun d'eux tranfgreffeurs & infracteurs de nos Ordonnances & Edicts dont deffus eft fait mention, rendent & reftituent aufdicts fuppliants & à leur Général Procureur, tout ce qu'ils auront pris, levé & exigé fur eux depuis nofdictes Conftitution & Ordonnance; en faifant auffi, ou faifant faire exprès commandement de par Nous, fur lefdictes peines, à tous ceux qu'il appartiendra & dont vous ferez requis, que lefdicts moulins, efclufes, combres, brayes, bois, hayes, & autres choſes empeſchans le cours deſdictes rivières, & le paſſage deſdicts vaiſſeaux, & les voyes par où leſdicts Marchans vont, conduiſent & mettent leſdicts challans, ils oſtent ou facent oſter, & mettre au délivre & en eſtat deu & convenable, tantoſt & ſans délay, à leurs deſpens ; & en leur reſſus, délay ou demeure, vous meſmes les oſtez ou faictes oſter, à leurs propres deſpens, & mettre en tel & ſi deu eſtat que leſdicts cours & paſſage puiſſent être ſi ſeurs, qu'aucun inconvénient ou dommage ne s'en puiſſe ou doive enſuivir auſdicts ſupplians, à leurs denrées & marchandiſes ; en contraignant à faire & ſouffrir eſtre faictes & accomplies les choſes deſſuſdictes & chacune d'icelles en ſon regard, tous ceux qui pour ce ſeront à contraindre, par la priſe & détention de leurs terres, & autres biens, & par toutes voies & manières deues & raiſonnables : & en cas de débat, où oppoſition naiſtra ſur les choſes deſſuſdictes ou aucunes d'icelles, meſmement au regard deſdicts péages, travers, ſubſides & nouveaux impoſts mis ou à mettre ſus en quelſconques lieux ou lieu, ne pour quelques cauſes que ce ſoit, par vertu de nos Lettres ou autrement, *(g)* en eſtat & ſuſpens, ſans ce que aucune choſe en ſoit ou puiſſe eſtre levée ſur leſdicts ſupplians ne leurs denrées & marchandiſes, juſques à ce que par noſtredicte Cour de Parlement autrement en ſoit ordonné, attendu que la cognoiſſance & interprétation de noſdicts Edicts, Conſtitution, Confirmation & Ordonnance eſt attribuée à noſtredicte Cour de Parlement, en laquelle ceſte matiere, qui eſt de grande choſe, & qu'elle touche Nous, le faict de la choſe publicque de noſtre Royaume & auſſi pluſieurs Seigneuries & autres, pourra mieux, plutoſt, plus ſeurement & par meilleur conſeil, ceſſans tous ports & faveurs & toutes involutions de procès, eſtre traictée, diſcutée, & déterminée, que ailleurs ; adjournez, ou faictes adjourner les oppoſans, reſſuſans ou faiſans ledict débat, auſſi tous ceux qui par informations par vous faictes ou à faire ou autrement deuement, vous en trouverez coulpables d'avoir faicts aucuns abuz ou excès touchant ceſte matière en aucune des manières deſſuſdictes & déclarées, & d'eſtre venus contre noſdicts Edicts, Statuts & Ordonnances, & les avoir enfreintes en encourant leſdictes peines, ou qu'ils feront le tems advenir, à comparoir en perſonne & de main miſe, & ſur peine de banniſſement de noſtre Royaume, de confiſcation de corps & de biens, & d'eſtre attaints & convaincus des cas à eux impoſez, ou autrement, ſelon l'exigence du cas, en noſtredicte Cour de Parlement, à certain & compétant ordinaire *(h)* ou extraordinaire de noſtre Parlement, ou de nos prochains Parlemens à venir ; nonobſtant que noſtredict Parlement ſée, & que par adventure les parties ne ſoient pas des jours dont l'on plaidera lors, pour dire, pour tant comme à chacun d'eux pourra toucher, les cauſes de leur débat ou oppoſition, les veoir dire & déclarer par noſtredicte Cour avoir encouru leſdictes peines à eux ſur ce indictes, & ou *(i)* telles demandes, requeſtes & concluſions que par *(k)* noſtre Procureur général & leſdicts ſupplians, pour tant comme à chacun d'eux pourra toucher, & appartenir, voudra *(l)* contre eux & chacun d'eux propoſer & requerre pour occaſion des choſes deſſuſdictes, leurs circonſtances, & dépendances, proceder & aller avant en oultre ſelon raiſon, en certifiant deuement noz amez & féaux Conſeillers les Gens tenahs ou qui tiendront noſtredict Parlement, de tout ce que faict aura eſté en ceſte

NOTE.

(g) Ajoutez, conformément à ce qu'on lit ci-deſſus, page 11 ; *leſdites choſes ſoient tenues.*

(h) *Et compétant ordinaire.]* Liſez & compétant jour ordinaire ; *comme ci-devant. page 11.*

(i) Il paroît qu'il faut lire *ſur* au lieu de *ou.* Voyez page 11.

(k) Effacez *par.* Voyez page 11.

(l) *Voudra,* liſez *voudront,* comme ci-devant, page 11.

partie, en leur renvoyant ladicte information, ou informations féablement clofes & féellées ; aufquelz Nous mandons, & pour les caufes deffufdictes commandons & enjoignons que aux parties, icelles ouyes, facent bon & brief accompliffement de juftice, en faifant telle provifion touchant les chofes deffufdictes, aufdicts fupplians, pendant les procès qui fe pourront fur ce mouvoir, qu'ils verront eftre à faire de raifon, au bien & utilité de Nous & de noftre Royaume & de la chofe publicque. Car ainfi Nous plaift-il eftre faict, de grace efpécial par ces préfentes, au *Vidimus* defquelles, faict foubs féel royal ou authentique, Nous voulons plaine foy eftre adjouftée comme à ce préfent original, nonobftant appellations quelfconques ou dons par Nous faicts, ou à faire, Ordonnances, reftrinctions, Mandemens quelfconques, Lettres impétrées, ou à impétrer à ce contraires. *Donné à* Tours, *le vingt-feptiefme jour de May, l'an de grace mil quatre cens quarante & huict, & de noftre règne le vingt-fixiefme.* Ainfi figné : *Par le Roy à la relation du Confeil.* JA. AUDE.

(a) Lettres de Charles VII, *portant abolition générale en faveur des habitans du Languedoc, au moyen de la fomme de vingt mille livres que les États de cette province lui avoient accordée au-delà de l'aide fixée à cent cinquante mille livres.*

CHARLES, &c. fçavoir faifons à tous préfens & à venir. Nous avoir receue l'humble fupplication des Gens des trois États de noftre pays de *Languedoc (b)* & de nos Officiers, Marchans, eftrangiers & autres fréquentans icelui noftre pays, contenant que plufieurs des manans & habitans des villes & lieux d'icellui pays, tant Gentilshommes, Bourgeois, Marchans, Notaires, que auftres qui ont efté Cappitoulx, Confuls, Sindics, Acteurs, Receveurs, Taillicres, Tréforiers & Clavaires, & autres Officiers & Sigilliers des dittes villes & lieux le tems paffé, ont mefpris ou fait des comptes de leurs adminiftrations de nos tailles, fubfides, aydes & gabelles, fait monopoles, congrégations, affemblées, murmuremens, appellations, oppofitions, contradictions & ambaxades indeues contre nos tailles, fubfides & impôts, défobeiffances à Nous, nos Officiers ou Commis, infractions d'Arrefts, & autres commandemens, à eulx ou aucun d'eulx fais, tant de bouche par nos Officiers & Sergens, comme par Lettres ou appoinctemens de noftre Court de Parlement, ou autres de par Nous, & les aucuns ont abufé de juftice, faits, abus, & entreprinfes fur nos droicts, & mauvais recèlemens & occupation d'iceulx, pour les empefchier ou denyer & appliquier à leur propre & fingulier prouffit, & tenir & poffider chofe fur nom de *franc-aleu* ou autrement indeuement, fans en avoir fait ne faict faire le devoir tel qu'il appartient, donné cours à autres monnoyes que aux noftres, depuis qu'elles ont efté defcriées & défendues, faits contracts autrement que à folz & à livres, tant devant Notaires que entre eulx, & de ce les Notaires ont reçeu & fait inftrumens & autres enfeignemens, & fe font meflez de fait de change & amaffé billon, or, argent blanc, fans

NOTES.

(a) Tréfor des Chartes, Reg. VJII^{xx}XIX, [179] page 195. *MSS.* de *Colbert*, vol. LIII, page 469. Le Roi adreffa cette Abolition au Parlement de *Touloufe*, par des Lettres datées de *Louviers*, au mois d'Octobre de la même année 1448. Elles furent enregiftrées en ce Parlement le 21 du mois fuivant.

Voyez D. Vaiffette, *Hift. du* Languedoc, *Tome* V, *page 12.*

(b) Ce fut dans l'Affemblée des États de *Languedoc*, tenue à *Montpellier*, depuis le 8 Janvier 1447, jufqu'au mois de Mai fuivant. *Voyez* D! Vaiffette, *Hiftoire de* Languedoc, *Tome* V, *page 12.*

noftre

noftre congié, & iceluy billon, tant d'or comme d'argent, porté hors des mettes
des Monnoyes dont ils l'ont levé, & en autres lieux deffendus, & aucuns
hors de notredict Royaume; & au faict des elections de leurs Capitoulx,
Sindics, Confuls, Confuls, Sigilliers, Recteurs, & autres Officiers de nofdictes villes
& lieux, faict plufieurs fubornations, & autrement enfraint les Ordonnances
& obfervances d'icelles villes & lieux, fur ce faictes par Nous ou par nos
Officiers ou Commis & de noftre autorité; fait auffi recèlemens en plufieurs
tailles & aydes à Nous octroyées & autres impofées en icelles villes & lieux:
& oultre la portion d'iceulx, ont mis fus, impofé & levé plus grans fommes
que ne devoient & mandé ne leur eftoit; & auffy levé chacun an, grant
fommes de deniers à caufe de plufieurs aydes par Nous octroyées aux dittes
villes & lieux ou à aucun d'iceulx, pour convertir ez reparations des murs,
foffez, chemins, pons, pors & paffages, & autres neceffités d'icelles villes
& lieux, tant fur le vin, blé, chair, que autres denrées, la blancque fur
chafcun quintal de fel, & auffi mis fus & levé fur les marchandifes & autres
chofes autres tribuz qu'ilz ne devoient, & nouveaulx impoftz fans noftre
congié, & icelles fommes ou la plus grant partie d'icelles employées &
converties en leurs propres & finguliers proufiz, ou autrement indeuement,
ou en autres ufaiges que faire ne devoient; & fait autres exactions illicites
& indeues; & marchandé à autres monnoyes que aux noftres, & des noftres
depuis qu'elles ont efté defcryées & défendues, & contracts déceptifz &
ufuraires entre eulx ou par devant eulx notaires ou autres publicques, des
dictes monnoyes & autres chofes faiz paffez & receuz; venduz blez, vins,
& autres marchandifes, à argent comptant ou autrement, à plus hault pris
que faire ne devoient; porté harnoiz indeuz, enfraint fauvegardes; pris
péages, leudes, impofts; commis parjuremens & faulx ferremens: & aucuns
d'iceulx en defendant les lieux, villes & places au dict pays contre Capitaines
& gens de guerre lors vivans fur les champs, qui faifoient maulx innume-
rables, & autrement; ont tué & mis à mort, blecé, emprifonné, deftrouffé,
& defrobé, ou autrement leur ont couru fus & porté dommaiges, & auffi
aucun d'iceulx du temps deffus dit ont deftrouffé ou defrobé fur les champs
aucun ou aucuns des dicts habitans. Ont auffi chacé & pefchié fans congié,
tant en noz bois, garennes & eaues, comme en autres de notre dict païs,
de jour & de nuyt, à cordes, filez, engins & autres manières défendues,
& prins toutes manieres de fauvagines, volailles, & poyffons; & avec ce
n'ont pas fait faire les réparations des villes & chafteaulx & des chemins
qu'ilz étoient tenuz faire & tenir en point, & dont commandement leur a
efté fait par plufieurs fois par nos Officiers, fur certaines & grans peines
efquelles ilz ont encouruz; les aucuns auffy, nobles & autres tenanz fiefz
nobles, & autrement tenuz à venir Nous fervir en nos guerres quant à ce font
mandez, ont laiffé à y venir par pouvreté ou autrement, fans avoir fur ce de
Nous congié; & qu'ilz, ou les aucuns d'eulx, tant en commun comme
particulierement, ont plus donné aux Receveurs de noz tailles ou autres aides,
& iceulx Receveurs plus prins & receu, qu'il n'eftoit ès articles ou Ordonnances
fur ce faictes ès affemblées defdits Eftaz paffés, & pareillement aux Commiffaires
& Confuls & autres depputez à la divifion defdictes tailles ou aides, lefquelles
charges font tournées fur les povres fubgietz; & auffy plufieurs defdicts
Receveurs, tant de noz deniers que de ceulx dudit pays & autres, ont prins
& receu à caufe de leurs receptes & autrement, Efcus, Moutons & autres
monnoyes d'or, à moindre pris qu'ilz ne les ont baillées aux paiemens qu'ilz
en ont faits pour plus qu'ilz ne les ont receuz; & avec ce ont lefdiz
Receveurs, & autres qui fe font meflez & entremis de fait de finances oudit
païs, prins proufiz & intereftz tant fur ledit pays que fur les villes & lieux
particuliers, tant pour avoir avancé le paiement de noz deniers, comme pour

CHARLES
VII,
à Montbafon,
en Mai 1448.

avoir attendu le paiement d'iceulx ; que ilz ou aucun d'eulx ont impofé & mis par maniere de taille, ce que leur a convenu paier de leur quotte de l'equivalant, ou lieu des aides courant à préfent ou dit païs, oultre la valeur des amendemens de la chair, vin & poiffon pour ce faiz ; que aucun d'eulx ont le tems paffé tenu compte de monnoye ou dit pays, & ont ouvré à part ou à moindre pris & loy que ne leur eftoit ordonné, & n'ont ouvré ce que avoient promis de ouvrer & dedans le tems de leur ferme ; & jaçoit ce qu'ilz ayent rendu leur compte en la Chambre, & par nos Generaulx-maiftres des monnoyes les deniers mis ès boeftes par eulx, comme eft acouftumé, ayent efté jugiez bons & fouffifans, pour ce que lefdits Generaulx-maiftres tiennent, comme ilz dient, par les bourfes des Changeurs, & d'autres deniers d'or ou d'argent faiz du tems que les ditz habitans ou aucun d'eulx tenoient le compte defdictes Monnoyes, & ne font comme ilz dient fouffifans comme ceulx qui ont efté mis ès dictes boiftes & jugez comme deffus, veulent jugier tout ce qui a efté ouvré de ce tems non fouffifant & en faire paier l'avance aufditz Maiftres, & oultre ce le double ou autre quantité pour la peine d'amende, nonobftant que lefdicts Maiftres en ayent rendu leurs comptes & paié ce qui leur a efté ordonné par la fin d'iceulx, & non pas feulement contraignent & moleftent les Maiftres, mais leurs hoirs, biens tenans, fucceffeurs & ayans caufe à quelque titre que ce foit en particulier ou en univerfel, leurs pleiges & cautions, & femblablement leurs hoirs & fucceffeurs, & dès long temps que à peine y a guères habitant dudit pays, qui à cefte occafion ne puiffe être vexé & molefté ; ou autrement en diverfes manieres ont délinqué & offendu Nous & juftice. A l'occafion de quoy, les habitans dudit païs doubtans eftre mal traictez & afprement & durement démenez, tirez & contrains à amendes, compoficions ou finances qui à préfent leur feroient impoffibles à porter ou paier ; confideré mefmement la grant povreté qui à préfent eft oudit païs, tant par les très-grans & comme infupportables charges qu'ilz ont portées & fouftenues depuis aucun tems en çà, tant pour fecourir & aidier à Nous & à noz affaires comme pour raençons, patiz, & autres finances & néceffitez du pays, & ainfi conviendroit demourer & miférablement finir leurs vies en prifon ; & jà à ces caufes en grant multitude s'en font partiz & alez demourer ès Seigneuries eftranges & voifines dudit pays & autres, & ceulx qui y font encores feront en voye femblablement d'eulx en aler dudit païs, à la très-grant deftruction & dépopulation dudit païs, fe par Nous ne leur eftoit pourveu de notre grace & miféricorde, comme ilz Nous ont fait dire & remonftrer humblement, Nous fupplians & requerans iceulx. Pour quoy, Nous, confiderans la très-grant loyaulté & obéiffance que avons tousjours trouvée en notredit païs de *Languedoc* & ès habitans d'icellui, les granz fecours qu'ilz Nous ont faiz libéralment à tous nos affaires, & toutes-fois que les en avons fait requérir, & mefmement à cefte derreniere affemblée par Nous mandée en notre ville de *Montpellier,* & efpérons que tousjours facent de cy en avant, voulant iceulx doulcement eftre traictés & gouvernés, afin d'éviter la dépopulation dudit païs, & que mieulx ayent vouloir & povoir de Nous aidier & fecourir à ce que les requerrons, & mefmement que oultre & par-deffus l'aide de cent cinquante mille livres qu'ils Nous ont octroyé à ladite affemblée, nonobftant leurs très-grans povretez & charges, pour avoir noftre bonne grace & remede fur les chofes deffufdictes, & autres foubz umbre defquelles povoient eftre vexez & travaillez & avoir occafion de laiffer noftredit pays, Nous ont offert libéralment la fomme de vingt mil livres tournois, & pour autres juftes caufes & confidérations à ce Nous mouvans, euc fur ce grant & meure délibération de Confeil, voulans miféricorde eftre préférée à rigueur de juftice : tous & chacuns les cas & faiz deffus exprimez & déclairez, & généralment tous & quelzconques autres crimes, excez & abus qu'ilz ou aucun d'eulx ont ou pourroient avoir faiz & perpétrez tant univerfalment que fingulierement, de tout le tems paffé jufques au jour de la datte de ces préfentes, exceptez crimes de leze-Majefté, héréfie, de fauffe monnoye, de meurtre, agreffeurs de chemins publicqs & raviffement de femmes, aufdits habitans & chacun d'eulx avons remis, quictez & pardonnez, quictons, remettons & pardonnons par la teneur de ces préfentes, de grace efpécial, plaine puiffance & auctorité royal, avec toute peine, amende & offenfe corporelle, criminelle & civile en quoy ilz ou aucun d'eulx font ou pourroient eftre encouruz envers Nous & juftice, foit en manière de univerfité ou particularité, pour les cas & crimes deffufdiz ou autres quelconques ; & voulons les chofes deffufdictes eftre dictes, cenfées & réputées comme non faictes, dictes ou advenues, nonobftant que les crimes & déliz feuffent & foient tels que nomméement & les noms des criminelz & délinquanz deuffent eftre confeffez & inférez en cefte préfente grace & abolicion, en retournant lefdits fuppilans & chacun d'eulx, foit en manière de univerfité ou de fingularité, aux Cappitoulx, Confulaz, offices, dignitez, priviléges, franchifes, libertez & poffeffions non confifquées à Nous par Sentence diffinitive qui feuft paffée en force de chofe jugée, & reftituant iceulx fuppilans & chacun d'eulx à leurs bonnes fames & renommées aufquelles ilz eftoient paravant lefditz accufations & impofemens, en mettant au néant par cefdites préfentes, tous procès, informations, adjournemens, mandemens, incarcérations, oppofitions de mains, enqueftes, banniffemens, criz, procla-mations & autres exploiz quelconques faiz ou encommancez contre lefdiz fuppilanz ou aucuns d'iceulx, pardevant quelzconques Commiffaires & Reffor-mateurs, leurs Commis, Députez, ou autres nos Officiers quelz qu'ilz foient; & impofons fur ce filence perpétuel à nos Procureurs, tant Généraux que Particuliers, aufdits Commiffaires & Refformateurs ordonnez ou à ordonner, & à tous autres quelzconques: fauf & refervé droit de partie, toutesfois qu'elle vouldroit demander & pourfuir civilement tant feulement ; & auffi fauf & refervé, que ceulx qui ont fait abuz & entrepris fur nos droiz, & mauvais réglemens & occupations d'iceulx pour les empefchier ou dénier & applicquer à leur proufit, tenu & poffidé foubz umbre de franc aleu, ou autrement indeuement, fans en avoir fait ou fait faire le devoir tel qu'il appartient, feront tenuz de recongnoiftre nofdiz droiz & devoirs, & de les paier pour le tems à venir, là où il appartiendra. Et au regard de l'article faifant mencion que oultre la porcion de nos tailles & aides qui ont efté mifes fus plus grans fommes qu'ilz ne devoient & mandé n'eftoit, ne feront dorefenavant par lefdiz Confuls ne autres, mifes fus aucunes fommes de deniers, oultre ce que par Nous ou noz Commiffaires à ce ordonnez fera mandé; & quant à l'article faifant mencion des contraulx ufuraires & déceptifs, fe aucuns contraulx ufu-raires font dorefenavant faiz ou contractez, les parties contrahans & les Notaires pourront eftre puynis & traictés à amendes non-feulement des ufures commifes depuis la publication de ces préfentes en notre Parlement de *Thouloufe*, mais auffi des ufures du tems paffé, s'aucunes en ont efté commifes, & nonobftant cefte préfente grace. Et pour ce que ceftedicte préfente grace & aboliffion bonnement ne pourroit eftre en tous les lieux où l'en auroit befoing ou néceffités de icelle préfenter & exhiber, voulons & ordonnons que au tranfcript ou *Vidimus* d'icelle, fait foubz Séel royal ou autre auctentique, plaine foy foit adjouftée comme à ce préfent original. Voulons en oultre & mandons que tous les livres, priviléges, pappiers, regiftres & autres biens quelzconques qui ont efté prins & mis en noftre main, ou autrement empefchiez pour les chofes deffufdictes, foient rendus & reftituez à iceulx fuppilans, fans difficulté aucune. Si donnons en mandement par cefdictes préfentes à nos amez & féaulx Confeillers les Gens tenans ou qui tendront pour le temps à venir nos Parlemens, aux *Senefchaulx de Thouloufe, Carcaffonne, Beaucaire,* Gouverneur de *Montpellier,* aux *Viguiers* & Juges, Baillis, Chaftellains de noftredict pays

& à tous noz autres Juſticiers & Officiers ou à leurs Lieutenants & à chacun d'eulx ſi comme à lui appartendra, que leſdits Cappitouls, Conſuls, Sigilliers, manans & habitans des villes & lieux de notredit pays, & à chacun d'eulx, facent, ſeuffrent & laiſſent joïr & uſer plainement & paiſiblement & perpétuellement de noſtre préſente grace, aboliſſion & rémiſſion, par la forme & maniere deſſudicte; & contre la forme & teneur d'icelles ne les laiſſent eſtre moleſtez ou empeſchez, ores ou pour le temps à venir, en corps ne en biens, en aucune maniere ; & ſe aucune choſe a eſté faite ou ſe faiſoit au contraire, la remettent ou facent remettre incontinant & ſans délay, au premier eſtat & deu ; & iceulx ſuppliant & leurſdits biens, ſe pour ce prins ou arreſtez eſtoient, mettent ou facent mettre tantoſt & ſans delay à plaine délivrance; & afin, &c. . . . . . Nous avons, &c. . . ſauf, &c. . . . *Donné à* Montbaſon *ou mois de* May, *l'an de grace mil* cccc *quarante & huit, & de noſtre règne le* XXVI.' Ainſi ſigné : Par le Roy en ſon Conſeil. *DELALOERE.*

Viſa. Contentor. E. FROMENT.

(a) Lettres de Charles VII, par leſquelles il accorde aux habitans du Périgord, pardon & abolition de tous crimes & délits par eux commis durant la guerre.

CHARLES, par la grace de Dieu, Roy de France, ſçavoir faiſons à tous préſens & à venir, Nous avoir reçeu l'humble ſupplicacion des trois Eſtats, manans & habitans du pays de *Pierregort,* contenant que puis cent ans en çà, à l'occaſion des guerres & diviſions qui longuement ont eu cours en noſtre Royaume, & meſmement que iceluy pays a eſté tousjours en frontière de nos anciens ennemis & adverſaires les *Anglois,* & auſſy que Juſtice n'a en iceluy temps, eu aucun cours, pluſieurs deſdits ſupplians durant ledit temps ont communiqué & converſé avec les *Anglois* noſdits ennemis & adverſaires ou pays de *Bourdelois* & autres pays voiſins, vendu chevaulx, harnois & autres marchandiſes auſdits ennemis, & à iceulx baillé, livré & vendu Places eſtans en noſtre obeiſſance, & gens tenans noſtre party, & reçeu les deniers ; & avec ce ont tué & murdry les aucuns leurs Seigneurs naturels & autres d'aguet appenſé, battu & mutilé tant nos ſubgiets que ennemis, boutté feux, pillé Egliſes, ravy femmes, prins, emblé & deſtrouſſé toutes manières de gens de tous eſtats, batu nos Officiers & empriſonnez, battu & forgé ſaulſes monnoyes de faulx aloy, aultre que la noſtre, icelles baillé à pluſieurs Marchans, leurs donné cours, contre le bien de la choſe publique, contracté uſurairement avec gens de tous états, & généralement ont fait, commis & perpetré pluſieurs maulx & maléfices, leſquels ils ne pourroient bonnement cy exprimer ; pour occaſion deſquels cas iceulx ſupplians doubtans avoir meſprins envers Nous & Juſtice, & par ce eſtre encourus en noſtre indignacion, ſe ſont les aucuns d'eulx abſentez du pays, & delaiſſié & habandonné tous leurs biens & héritages qu'ils avoient en iceluy pays ; & les autres en adventure d'eulx ſemblablement abſenter & abandonner iceluy, qui ſeroit, ſe ainſy eſtoit, la deſtruccion totale dudit pays, Nous ſupplians & requérans que attendu que les maulx, rébellions, crimes & maléfices ainſy par eulx ou les aucuns d'eulx commis & perpetrez, comme dit eſt, ont eſté faictes & commiſes pendant leſdictes guerres & diviſions

NOTE.

(a) Tréſor des Chartes, Regiſtre VIIIˣˣXIX. [179] Pièce 319. *MSS. de Colbert.* Vol. LIII, page 486.

qui par cy-devant ont efté, & parce qu'ils eftoient èz frontières de nofdits ennemis, il Nous plaife leur abolir & pardonner tous lefdits maulx, & fur ce leur impartir nos grace & miféricorde. Pour quoy Nous, les chofes deffufdictes confidérées, voulans mifericorde préférer à rigueur de Juftice, defirans tousjours réunir & retraire à Nous nos vaffaulx & fubgiets, aufdits fupplians & à chacun d'eulx, pour les caufes & confidéracions que deffus, avons de noftre certaine fcience, auctorité royal & grace efpécial, quitté, pardonné & aboly ; quittons, pardonnons & aboliffons tous lefdits cas, crimes, délits & maléfices, & autres qu'ils pourroient avoir commis & perpetrez, combien qu'ils ne foient cy-exprimez ne déclairez, & en quoy on pourroit dire iceulx fupplians ou aucuns d'eulx avoir offenfé ou délinqué aux caufes deffufdictes & èz deppendances, tant en matière de guerre que autrement en quelque manière que ce foit, & lefquelles chofes Nous avons adnullées & abolies, adnullons & aboliffons, & voulons eftre dictes comme non advenues, fans ce que Nous, noftre Procureur ne autre perfonne quelconque en puift jamais faire ou intenter accion ou pourfuite contre lefdits fupplians ou aucun d'eulx pour le temps paffé ou à venir ; & les avons reftitué & remis à leurs bonnes fames & renommées, & à leurs biens, heritages, poffeffions, meubles & immeubles, eftans en nature de chofe, nonobftant quelfconques dons que en pourrions avoir fait à quelques perfonnes quels qu'ils foient ; en impofant fur ce filence perpétuel à noftre Procureur. Si donnons en mandement par cefdictes préfentes à nos amez & féaulx Confeilliers les Gens de noftre Parlement à *Paris* & *Thouloufe*, aux *Sénefchaulx* de *Thouloufe*, de *Périgort* & de *Quercy*, & à tous nos autres Jufticiers & Officiers ou à leurs Lieuxtenans & à chacun d'eulx, fi comme à luy appartiendra, que de noftre préfente grace, octroy, quittance, pardon & abolicion, & de toutes les autres chofes devant dictes, facent & fueffrent lefdits fupplians & chacun d'eulx joyr & ufer pleinement & paifiblement par la manière que dict eft, fans les travaillier ou empefchier ores ou pour le temps à venir, ou fouffrir eftre travailliez, moleftez ou empefchiez en aucune manière au contraire. Et afin que ce foit chofe ferme & eftable à tousjours, Nous avons faict mettre noftre Séel à ces préfentes, au *Vidimus* defquelles, faict foubs Séel royal, voulons plaine foy eftre adjouftée comme à l'original, & que d'iceluy *Vidimus*, ung chacun à qui ce pourra touchier, s'en puiffe aydier comme de l'original ; fauf en autres chofes noftre droict, & l'autruy en touttes. *Donné à Montbafon, ou mois de May, l'an de grace mille quatre cent quarante & huit, & de noftre règne le vingt-fixiefme.* Ainfy figné : *Par le Roy, Vous & autres préfens.* CH'ALIGAUT. *Vifa. Contentor* E. FROMENT.

CHARLES
VII,
à Montbafon,
en Mai 1448.

[e] Le Chancelier de France.

CHARLES
VII,
à Champigny
en Touraine,
le 23 Juillet
1448.

(a) Lettres de Charles VII, par lefquelles il maintient les Bénéficiers de l'Églife Collégiale de Saint-Pierre de la Court, au Mans, dans la poffeffion de leurs Bénéfices, aux charges de prendre des Lettres de collation du Comte du Maine, s'ils tiennent lefdits Bénéfices par Lettres du Roi d'Angleterre.

CHARLES, par la grace de Dieu, Roi de France, à tous ceulx qui ces préfentes Lettres verront : Salut. Savoir faifons que pour les diverfes provifions & collations qui pourroient avoir efté faites des Prébendes de l'Eglife collegiale de *Saint-Pierre de la Court* en la ville du *Mans*, tant par noz anciens

NOTE.

(a) Regiftre du Parlement, intitulé : *Ordinationes Barbinæ*, coté D, *fol.* 142, *v.*

CHARLES
VII.
à Champigny
en Touraine,
le 23 Juillet
1448.

ennemis & adverfaires les *Anglois*, faicles à ceulx qui avoient tenu leur parti & demouré en leur obéiffance durant le temps qu'ils ont tenu & occupé ladicle ville du *Mans*, n'agueres réduicle en noftre obéiffance; comme auffi par noftre très-chier & très-amé Frere & Coufin, *Charles, Comte du Maine* (b), auquel la collation defdicles Prébendes appartient, ou par fes prédéceffeurs, à ceulx qui durant le temps deffufdit, ont tenu noftre parti; & que à l'occafion defdicles provifions & collations, plufieurs procès & débatz fe pourroient mouvoir; & les Chanoines & Suppofts de ladicle Eglife, mefmement ceulx qui par le don & provifion de nofdiz ennemis & adverfaires les *Anglois*, ou d'autres que de noftredit Frère & Coufin ou de fes prédéceffeurs ont, tenu & poffedé depuis l'occupation faicle par lefdiz *Anglois* de ladicle ville du *Mans*, qui fut vingt & deux ans a ou environ, & encores tiennent & poffèdent de préfent, eftre en grant divifion, & le fervice divin par ce perturbé, & plufieurs autres inconvéniens en avenir : Nous, pour obvier aux inconvéniens deffufdiz, & autres qui en pourroient avenir de jour en jour, defirans ladicle Eglife & les Bénéfices & Suppofts d'icelle eftre & demourer en bonne paix, union & tranquilité, & le fervice divin eftre fait & continué, afin que foyons participans ez oroifons, prieres & bienffaiz d'icelle; confidérans que aux gens d'Églife, demourans en villes autre fois occupées par nofdiz adverfaires & réduicles en noftre obéiffance, ayons octroyé Lettres femblables en effecl à ces préfentes, affin qu'ilz demouraffent en leurs Bénéfices comme ilz faifoient aux temps de l'occupation de nofdiz adverfaires, & ne feuffent inquiétez en iceulx Bénéfices, avons voulu & ordonné, voulons & ordonnons de noftre certaine fcience, pleine puiffance & auclorité royal, que les Chanoines de ladicle Eglife de *Saint-Pierre de la Court du Mans*, qui ont efté pourveuz aufdicles Prébendes de ladicle Eglife, depuis l'occupation faicle par nofdiz adverfaires les *Anglois*, de ladicle ville du *Mans*, par quelconque don que ce foit, d'autre que de noftre très-chier & très-amé Frere & Coufin le Comte du *Maine*, ou d'autre tenant noftre parti, joïffent dorefenavant, plainement & paifiblement defdicles Prébendes, & demeurent en leurs poffeffions d'icelles en la forme qu'ilz eftoient paravant la réduclion de ladicle ville du *Mans* en noftre obéiffance, nonobftant quelxconques dons, qu'en pourroient avoir efté faiz par noftredit Frere & fes prédéceffeurs à quelzconques autres perfonnes, en quelque manière que ce feuft; pourveu qu'ilz ayent efté pourveus aufdicles Prébendes par mort, préfentacion fimple, réfignation ou promotion à plus grant dignité, & non point par privacion de quelconque vivant qui en auroit efté pourveu au-devant de la conquefte faicle par nofdiz adverfaires les *Anglois* de ladicle ville du *Mans*; pourveu auffi toutefvoies que ceulx qui ont obtenu lefdicles Prébendes & Bénéfices par Lettres de noftre adverfaire d'*Angleterre*, ou de fes Lieutenans, en feront tenus prendre & avoir Lettres de collation de noftredit Frere & Coufin le Conte du *Maine*, lefquelles feront d'autel effecl & valeur comme fe elles eftoient du date que leurfdiz Bénéfices leur furent premierement donnez, & fans ce qu'ilz en foient tenuz avoir ne prendre nouvelle poffeffion. Si donnons en mandement par ces préfentes à noz amez & féaulx Confeillers les Gens de noftre Parlement à *Paris*, au *Bailli* de *Touraine*, & des refforts & exemptions d'*Anjou* & du *Maine*, & au Confer-vateur des Priviléges royaulx des Univerfitez de *Paris* & d'*Angiers*, & à tous noz autres Jufticiers & Officiers ou à leurs Lieuxtenans, & à chafcun d'eulx fi comme à lui appartendra, que lefdiz Chanoines & Bénéficiez en ladicle

NOTE.

(b) *Charles*, troifième fils de *Louis II, Duc d'Anjou & Comte du Maine*, avoit eu pour fon partage le *Comté du Maine*, dont fa mère *Yolande d'Arragon* conferva l'ufufruit jufqu'à fa mort en 1442 ; *Charles* étoit arriere-petit-fils du Roi Jean.

Eglise, & chascun d'eulx, facent, souffrent & laissent joyr & user paisiblement
& à plain de nostre présente grace & octroy, sans pour ce leur faire mettre
ou donner, ne souffrir estre fait, mis ou donné, ne en aucun d'eulx, aucun
destourbier ou empeschement en quelque maniere que ce soit; ainçois se fait,
mis ou donné leur avoit esté ou estoit au contraire, mettent le ou facent
mettre chascun en droit soi, au premier estat & deu; Car ainsi Nous plaist-il
estre fait, & ausdiz Chanoines & Suppostz, Bénéficiez en ladicte Eglise,
l'avons octroyé & octroyons de grace espécial par ces présentes, nonobstans
quelxconques Lettres surreptices, & procès meuz ou à mouvoir, à ce contraires.
En tesmoing de ce, Nous avons fait mectre nostre Séel à ces présentes. Et
pour ce que de nosdictes présentes lesdiz supplians pourront avoir afaire en
plusieurs & divers lieux, Nous voulons que au *Vidimus* d'icelles, fait soubz
Séel royal ou auctentique, plaine foy soit adjoustée comme à ce présent
original. *Donné à Champigny en Touraine, le vint-troisieme jour de Juillet,
l'an de grace mil cccc quarante & huit, & de nostre règne le vint-six.* Sic signatum:
Par le Roy en son Conseil. DELALOERE.

*Et in tergo etat scriptum: Publicata & registrata extitit Parisius in Parlamento,
XIII.ᵈⁱᵃ die Marcii, anno Domini millesimo CCCC.ᵐᵃ quinquagesimo primo.* Sic
signatum. CHENETEAU.

Collatio facta est cum originalibus Litteris. CHENETEAU.

(a) *Lettres de Charles VII, en faveur des Prévôt & Échevins de Lille,
contre les prétentions du Gouverneur de ladite ville, qui vouloit connoître
des appels de leurs Sentences.*

CHARLES, par la grace de Dieu, Roy de France, aux *Prévosts de
Beauquesne, de Monstereuil sur la mer, de Doullens & de Saint-Quentin,*
ou à leurs Lieuxtenans, & au premier Huissier de nostre Parlement, ou nostre
Sergent qui sur ce sera requis: Salut. De la partie de noz bien amez les *Prévost
& Eschevins* de la ville de *Lille,* Nous a esté humblement exposé, disans que
ladite ville est très-noble ville & de très-grant ancienneté, fondée en Loy &
Eschevinaige, à Cloche, Séel, Ferme commune, Bourgoisie, exersice de
Justice haulte, moyenne & basse, & douée par nos Prédécesseurs Rois de
France, de plusieurs beaulz droiz, Loiz, priviléges, franchises & libertez; &
entre les autres aient lesdits exposans droict d'avoir, à la conjure du *Prévost* de
ladicte ville ou son Lieutenant, la congnoissance de leurs bourgois, femmes
& enfans, manans & habitans, tant ou fait & police de ladicte ville comme
en autres cozes quelzconques, réservé de batures & injures de fait advenues
sur les Sergent & Officiers du Prince, à cause de leurs Offices, dont la
congnoissance en appartient au Gouverneur de *Lille,* quant il est deuement
apparu auxdits exposans; & sont lesdits exposans exempts en toute autre
Juridiction, dudit Gouverneur & de ses Lieuxtenans & Sergens; & si aucuns
de leurs bourgois, habitans ou subgcz appellent d'eulz ou de leurs Ordonnances ou Jugement, l'appel doit ressortir nuement & de plain droit à nostre
Court de Parlement & non ailleurs; & il soit ainsi que au mois d'Août, l'an

NOTE.

(a) Extrait du Registre aux titres de la ville de *Lille,* coté *G. H. J. fol.* 193, *v.*
conservé dans les Archives de la même ville. Cette Pièce nous a été envoyée par
M. *Godefroy,* Garde des Archives de la Chambre des Comptes de *Lille.*

CHARLES
VII,
à Paris,
le 23 Août,
1448.

mil IIII^c XLVI, *Gobin Maille* & *Pierre Tramart*, Cabareteurs & habitans en ladite ville de *Lille*, que lors la franche fefte fe devoit tenir en ladite ville de *Lille*, ainfi qu'il eft accouftumé faire chafcun an, à laquelle fefte afflue grant multitude de gens de divers pays, & afin que lefdicts *Gobin Maille* & *Pierre Tramart*, peuffent eftre furnis de viandes, fe fuffent tranfportés par devers lefdits expofans, comme ayant la pollice & gouvernement de ladite ville & la congnoiffance des bourgois & habitans en icelle, comme dit eft, pour avoir congié & licence de faire leur braderie ou roftifferie au-devant de leurs maifons fur la grant cauchée, ainfi que autresfois avoit efté fait par le congié defdits expofans, & aultrement ne l'euffent ofé faire, lequel congié leur euft efté donné & ottroyé par yceulx expofans, après lequel congié ainfi à eulz donné que dit eft, euffent fait & encommencié à faire leurdite braderie ou roftifferie devant leurfdites maifons; ce nonobftant à l'inftigation & pourchas de *Jehan de Huernes*, habitant de ladite ville, qui fe difoit avoir appellé des expofans dudit congié par eulx donné aufdits *Gobin Maille* & *Pierre Tramart*, lequel de *Huernes* releva ledit appel devant ledit Gouverneur, ce qu'il ne povoit ne devoit faire, & par vertu de la commiffion donnée dudit Gouverneur ou de fon Lieutenant, & par *Noel de Vrelier*, foi-difant Sergent de ladite Gouvernance, fift adjourner en caufe d'appel, ceulx qui pour ce faifoient à adjourner & intimer, en leur donnant & affignant jour par-devant ledit Gouverneur ou fondit Lieutenant, aux prochaines affcies d'après Noël lors prochain venant, en lui faifant defenfes à groffes peines, qu'ils fe ceffaffent de faire leurdite braderie au lieu là où ilz le faifoient, & de fait & de voulenté indeue leur ofta icelle braderie & la jecta parmi la rue; duquel grief, exploit & voie de fait & autres tors & griefs lefdits *Gobin Maille* & *Pierre Tramart* euffent appellé en noftredite Cour de Parlement, & ayent fait adjourner noftre très-chier & très-amé Frere & Coufin le *Duc de Bourgogne*, fondit Gouverneur, ledit *Noel du Vrelier* foy-difant fon Sergent, & intimer ledit de *Huernes* au XVe jour de Janvier, l'an mil IIIIe XLVI, & auffi y furent adjournez lefdits Gouverneur & autres, en cas d'excès, d'attemptat & de voye de fait, pour refpondre aufdits *Gobin Maille* & *Pierre Tramart*, & à noftre Procureur général fe partie fe vouloit faire fur lefdits excès, attemptez & voies de fait, dont éfdites Lettres dudit adjournement en cas d'appel, eftoit & eft plus à plain faite mention, & en la relation du Sergent exécuteur defdites Lettres, à l'occafion de laquelle commiffion en cas d'appel ainfi donné par ledit Gouverneur contre raifon, que dit eft, & dudit exploit fait par vertu d'icelle, lefdits expofans fe fuffent traï par-devers Nous ou noftre Chancellerie, & euffent de Nous obtenu nos Lettres de complainte en cas de faifines & de nouvelleté, d'excès & d'attemptas, lefquelles Lettres de complainte lefdits expofans euffent fait mettre à exécution par *Nicaife Pillavoine*, noftre Sergent, à l'exécution defquelles noftredit Frere & Coufin, fondit Gouverneur & autres fe fuffent oppofés, & euft efté la chofe contentieufe pour le débat des parties prins & mife en noftre main comme fouveraine, & les oppofans adjournés en noftredit Parlement, du XVe jour de Janvier, l'an mil IIIIe XLVI, pour dire les caufes de leur oppofition; & avec ce fe fuft ledit Sergent informé des excès, attemptas & autres chofes plus à plein declairées efdites Lettres de complainte; & par fadite information a trouvé chargiés & coulpables ledit Gouverneur, *Henry de Tenremonde*, fon Lieutenant, *Noel du Vrelier*, *Jehan Clement* & *Victor Waftel*, *Jehan Horine* & *Colart de Moufqueron*, Sergens de ladite Gouvernance, lefquelz il adjourna à comparoir audit Parlement audit XVe jour de Janvier mil IIIIe XLVI, pour refpondre aufdits expofans & à noftre Procureur général, fe partie fe vouloit faire, fur lefdits excès, attemptas & autres chofes plus à plain déclarées efdites Lettres, à tels fins & conclufions qu'ilz vouldroient prendre & eflire, lefquelles font encores entieres, & n'y a efté aucunement procédé, finon que par

préfentation

préfentation feulement; depuis lefquelles chofes ainfi faites que dit eft, ledit
Gouverneur de *Lille*, de fa voulenté indeue, le vi.ᵉ de ce préfent mois
d'Aouft, l'an mil iiii.ᶜ xlviii, & à la requefte de *Jehan Deffontaines*, foy-
difant appellant defdits expofans, a baillié fa commiffion en cas d'appel, par
vertu de laquelle, *Jehan Clement*, Sergent de ladite Gouvernance, le x.ᵉ jour
dudit mois d'Août l'an deffufdit mil iiii.ᶜ xlviii, s'eft tranfporté en ladite ville,
après obéïffance par lui requife par *Jehan de Langlée* Lieutenant dudit Prevoft,
par-devers lefditz expofans qu'il trouva en la halle d'icelle ville, tenans leurs
plaids, aufquelz il requift obéïffance, pour ladite commiffion en cas d'appel
mectre à exécution, à la requefte dudit *Deffontaines*, qui fe difoit appellant
defdits Prevoft & Echevins, lefquels expofans refpondirent audit *Jehan Clement*
deffufdit, que l'exploit qu'il vouloit & s'efforçoit de faire, eftoit en attemptant
contre la complainte & execution dont deffus eft faicte mention, & à l'appellacion deffufdite : lequel refpondit qu'il n'avoit point congnoiffance de caufe.
Nonobftant laquelle refponfe, ainfi faicte que dit eft, ledit Sergent fe tranfporta
au pied de ladite halle, & illec adjourna lefdits expofans à comparoir par-devant
ledit Gouverneur ou fondit Lieutenant, au Jeudi v.ᵉ jour du mois de
Septembre prouchain venant, qui fera la première affife après Aouft, à préfenter dedens heure de prime, allencontre dudit *Deffontaines* appellant, pour
foutenir les tors & griefs & autres chofes dont en ladite commiffion eftoit &
eft faicte mention ; & avecques ce intima *Jehan Belin, Martin Wattaclos,
Enguerant* de *Raiffe* & *Jehan Gaiant*, Gardes d'Orphévres de ladite ville,
Miquiel Harens leur Clerc, *François Malier, Jehan Malier* & *Jacques* de la
Thomberie, tuteurs & curateurs des enfans mendres d'ans* de *Jaquemart Langueffe*,
que ils fuffent audit jour, fe ils cuidoient que bon feuft, & que ladite caufe
d'appel leur touchaft ou apparteniff en aucune manière ; & avec ce fift commandement de par ledit Gouverneur aufdits expofans & aufdits intimés, pendant
ladite caufe ils ne attemptaffent en aucune manière. Laquelle commiffion ainfi
donnée que dit eft par les Gouverneur ou fondit Lieutenant, & ledit exploit
fait par ledit *Jehan Clement*, Sergent deffufdit, ont efté & font faiz en attemptant
contre ladite complainte & l'execution d'icelle, dont deffus eft faicte mention,
& contre ledit appel dont cy-deffus eft faicte mention, & contre les procès
pendans en noftredite Court, & en contempnant icelle, & en voulant ufurper
le reffort des appeaulx qui de plain droit doivent reffortir en noftredite Court
de Parlement, & ou très-grand grief, préjudice & dommaige defdits expofans
& des manans & habitans de ladicte ville, & encores pourroit plus eftre fe par
Nous ne leur eftoit fur ce briefvement pourveu de remede gracieux & convenable, fi comme ilz dient, requerans humblement icelluy. Pour quoi, Nous, ces
chofes confidérans, vous mandons & commectons par ces préfentes, que
appellé au regard de toy Sergent, un Notaire ou Tabellion de Court laye,
ou autre perfonne ydoine, ton adjoint, s'il vous appert de ladite complaincte
& de l'execution d'icelle, vous vous informez diligemment, fécretement
& bien, des exploits faiz par vertu de ladite commiffion, excès, attemptas
& autres chofes deffufdites, & leurs defpendances, qui plus ad plain vous
feront bailliez par efcript, fe meftier eft ; & tous ceulx que par ladicte informacion vous trouverez coulpables, adjournés-les où vous jugés, ou l'un de
vous faites adjourner à certain & compétent jour ordinaire ou extraordinaire
de noftre Parlement prochain à venir, nonobftant que les parties ne foient pas
des jours dont l'on plaidera lors, pour répondre à noftre Procureur général,
à telz fins qu'il vouldra eflire, & aufdits expofans, à fin civile ou à telles
demandes, requeftes & conclufions que icelluy noftre Procureur & lefdits
expofans & chacun d'eulz vouldront prendre & eflire fur les chofes deffufdites
& les deppendances, procéder & aller avant en oultre felon raifon, en faifant
exprès commandement, inhibition & deffenfe de par Nous, audit Gouverneur

Tome XIV. D

* enfans mineurs.

ou fondit Lieutenant, fur certaines & groſſes peines à Nous à applicquier, qu'il tiengne ladite cauſe en eſtat, ſans y eſtre aucunement procédé, juſques à ce que par noſtredite Court de Parlement en ſoit autrement ordonné; & en oultre Nous vous mandons & commeƈtons par ces préſentes, que vous adjournez où vous jugés, ou l'un de vous faites adjourner ledit *Deffontaines* audit jour ou jours, nonobſtant comme deſſus, pour monſtrer la diligence qu'il a faite d'icelle appellacion relever, qui de plain droit reſſortiſt & doit reſſortir en noſtredite Cour, la veoir dire & déclarer déferte ou non-recevable, ſe ainſi doit eſtre dit, & ſinon, pour icelle pourſuire ou délaiſſer, procéder & aller avant en icelle, & faire en oultre ce que de raiſon ſera, en certiffiant ſur tout ſouffiſamment noz amez & féaux Conſeillers les Gens qui tiendront noſtredit Parlement prouchain à venir, & en leur renvoyant ladite information féablement cloſe & féellée, audit jour ou jours, auſquels Nous mandons, & pour les cauſes deſſuſdiƈtes commandons, que aux parties, icelles oyes, facent bon & brief droit & accompliſſement de juſtice: Car ainſi Nous plaiſt-il eſtre fait, & auſdits expoſans l'avons ottroyé & oƈtroyons de grace eſpécial par ces préſentes, nonobſtant quelzconques Lettres ſubreptices à ce contraires. Mandons & commandons à tous noz Juſticiers, Officiers & ſubgez, que à vous & chaſcun de vous & audit Adjoint, en ce faiſant, obéiſſent & entendent diligemment. *Donné à Paris, le vint & troiſieme d'Aouſt, l'an de grace mil IIIIᵉ & quarante huit, & de noſtre règne le XXVI.ᵉ* Ainſi ſoubſcrit: par le Conſeil, & ſigné de Secretaire. *T. WINIR.*

Auſquelles Lettres eſtoit attachée la relacion qui s'enſuit. A nos très-grans, honnourez & doubtez Sèigneurs Meſſeigneurs tenans ou qui tiendront le Parlement du Roy noſtre Sire à *Paris*, & voſtre recommandé, *Paſquier le Cocq*, Sergent du Roy noſtredit Seigneur ou *Bailliage d'Amiens*. Mes très-grans & honnourés Seigneurs, plaiſe vous ſçavoir que par vertu des Lettres patentes du Roy noſtredit Seigneur, au marge deſquelles ceſte moye relation eſt attachiée ſoubz mon féel, & pour icelle intériner à la requeſte de honnourables & ſages Meſſ.ʳˢ les Prevoſt ou ſon Lieutenant & Eſchevins, & *Jehan Henneron*, Procureur de la ville de *Lille*, impétrant d'icelles, le deſrain jour d'Aouſt, l'an mil IIIIᵉ XLVIII, moy eſtant en ladite ville de *Lille*, en la préſence de *Guillaume Denis*, Procureur en Court laye, appellé avecq moy comme mon adjoinƈt, je me informay & oy pluſieurs teſmoings ſur le contenu deſdites Lettres royaulx & de certain intendit à moy baillié par leſdits impétrans, & fis mettre leurs dépoſitions par eſcript au long; laquelle information je vous envoye cloſe & féellée ſoubz les ſeaulx de moy & de mondit adjoinƈt; & ce fait, le premier jour de Septembre enſuivant audit an mil IIIIᵉ XLVIII, je me approchay en ladite ville de *Lille*, des perſonnes de noble homme *Bauduin Doignies*, Gouverneur du Souverain Bailliage de *Lille*, de *Douay*, d'*Orchies* & des appartenances, & de *Jehan Deffontaines*, & ſi me tranſportay en la préſence de *Guillaume de la Place*, Sergent en la Prévoſté de *Lille*, à l'oſtel & domicille de *Jehan Clemens*, Sergent en ladite Gouvernance de *Lille*, leſqueulx & ledit Gouverneur, en la préſence de *Germain Picavet* Greffier d'icelle Gouvernance, & moy parlant à la femme dudit *Jehan Clemens*, je adjournay à comparoir par-devant vous meſdits Seigneurs, en ladite Court de Parlement, aux jours ordinaires du *Bailliage d'Amiens* prouchain à venir, pour reſpondre au Procureur général du Roy noſtredit Seigneur, à telz fins qu'il vouldra eſlire, & auſdits impétrans à fin civile, ou à telles demandes, requeſtes & concluſions que iceulx Procureur & impétrant & chaſcun d'eulx volront prendre & eſlire ſur les choſes déclairées eſdites Lettres & les deppendances, procéder & aler avant en oultre ſelon raiſon; & ſi fis audit Gouverneur exprès commandement, inhibition & deffenſe de par le Roy noſtre Sire, & ſur paine de cent mars d'argent à lui à applicquier, qu'il teniſt ladite cauſe dont leſdites Lettres ſont mention, en eſtat, ſans y eſtre aucunement procédé, juſques à ce que par ladite Court de Parlement en ſoit autrement ordonné; & ſy adjournay ledit *Jehan Deffontaines* à comparoir audit jour & lieu, pour monſtrer la dilligence qu'il a faicte d'avoir relevé l'appellacion dont eſdites Lettres eſt faicte mencion, la veir dire & déclarer déſerte & non-recevpable, ſe ainſi doit eſtre dit, & ſinon, pour icelle pourſuir ou délaiſſer, procéder & aller avant en icelle, & faire en oultre ce que de raiſon ſera, tout ſelon le teneur deſdites Lettres, par leſquelz Gouverneur & *Jehan Deffontaines* me fu reſpondu qu'ils ſe garderoient de meſprendre. Mes très-grans honnourez & doubtez Seigneurs, ce que dit eſt je vous certiffie eſtre vrai par cette moye relacion ſellée de mon ſéel, faicte & eſcripte l'an & premier jour de Septembre deſſuſdit.

Il eſt ainſi. DU CHASTEAU DE WILLERMONT.

(a) Lettres *de Charles* VII, *par leſquelles il accorde des Statuts aux Merciers de Touraine, d'Anjou & du Maine.*

CHARLES, &c. Savoir faiſons, &c. Nous avoir receue l'umble ſupplicacion de *Pierre Aubin*, Roy des Merciers & Viſiteur-Juré ſur le fait du meſtier & induſtrie de mercerie & des autres Merciers & Marchans fréquentans ès païs de *Touraine, Anjou & le Maine*, le fait & marchandiſe de mercerie, contenant que ledit meſtier & marchandiſe, qui eſt ung des grans faiz de marchandiſe deſdiz païs, eſt moult diverſifié, mué & changé, enſemble l'exercice & gouvernement d'icelui, & que de jour en jour y ſont, & ont eſté dès longtemps a, faictes & commiſes pluſieurs grans décepcions, fraudes, abuz & mauvaiſtiez, tant par Marchans forains & *oultre-montaings* que autres, par faulte de bonne réformacion, ordonnance & bonne proviſion, & que pour icelle proviſion donner, ſeroit bien expédient & choſe convenable qu'ilz uſent & joyſſent des ſtatutz, police & ordonnance que ont & dont joiſſent & uſent les Merciers & Marchans fréquentens & excerçans ledit fait & marchandiſe de mercerie en noſtre bonne ville de *Paris*, leſquelz y furent & ont eſtez donnez & octroiez par feu noſtre très-chier Seigneur & Pere que Dieu abſoille, ſi comme ilz dient, en Nous humblement requérans iceulx, & avecques ce telz privileges, prérogatives, franchiſes & libertez, droiz, devoirs, proufiz & émolumens comme feu noſtre Oncle le Duc de *Berry* donna & octroya en ſon vivant aux Roys des Merciers & leurs compaignons ès pays de *Berry* & d'*Auvergne*. Pour quoy, Nous, ces choſes conſidérées, inclinans à la requeſte deſdiz ſupplians, voulans bonne police & ordonnance eſtre faicte & miſe ſur ledit fait & marchandiſe de mercerie, pour obvier auſdictes fraudes, décepcions, abus & mauvaiſtiez qui en icellui fait de marchandiſe ont eſté faictes & commiſes le temps paſſé, & qui au temps à venir y pourroient eſtre faictes, commiſes & perpétrées au dommaige de la choſe publicque de noſtre Royaume, avons ordonné & ordonnons, & auſdiz ſupplians octroyé & octroyons; de grace eſpecial, plaine puiſſance & auctorité royal, par ces préſentes, qu'ilz ayent, joyſſent & uſent oudit fait & marchandiſe de mercerie eſdiz païs de *Touraine, Anjou & le Maine*, dorefenavant & à tousjours, de telz & ſemblables privileges, ſtatutz, police & ordonnance, comme ont & dont joiſſent & uſent les Merciers & Marchans fréquentans ledit fait & marchandiſe en noſtredicte ville

NOTE.

(a) Tréſor des Chartes, Regiſtre VIII^{xx}XIX [179] Pièce 247. = *MSS. de Colbert*, Vol. LIII, page 493.

CHARLES
VII,
à Champigny,
en Août
1448.

de *Paris*, & femblablement joïffent des prérogatives, franchifes, libertez, droiz & devoirs que noftredit feu Oncle de *Berry* donna & octroya aufdiz Roys des Merciers & Vifiteurs-Jurez, & à leurs compaignons dudit meftier & marchandife de mercerie èfdiz païs de *Berry* & d'*Auvergne*, dont les articles & poins font cy-après contenuz & déclerez.

(1) *Et premiérement.* Que tous Marchans, tant forains que autres demourans efdiz païs de *Touraine*, *Anjou* & le *Maine*, qui s'entremectront dorefenavant du fait & marchandife de mercerie en iceulx pays, feront tenuz de vendre denrées & marchandifes de mercerie bonnes, loyalles & marchandes, felon les pays où elles feront & auront efté faictes ; fur peine de perdre icelles denrées & marchandifes qui teles ne feront trouvées, & d'amende arbitraire, à applicquer la moitié à Nous, & l'autre moitié audit Roy des Merciers & autres Gardes dudit meftier & marchandife de mercerie.

(2) *Item.* Que tous Merciers & Marchans quelzconques defdictes denrées ᵃcertifier. de mercerie, feront tenuz de advouer ᵃ leurs denrées & marchandifes de mercerie qu'ilz auront & envoiëront èfdiz païs pour vendre ; c'eft affavoir, que elles feront des villes, lieux & païs où elles auront été faictes, & non d'autres, fur peine de cent folz parifis d'amende, à applicquer moitié à Nous, & l'autre moitié audit Roy des Merciers & autres Vifiteurs & Jurez dudit meftier de mercerie.

(3) *Item.* Que tous marchans eftrangiers quelzconques faifans fait de marchandife de mercerie, feront dorefenavant tenuz de monftrer & exhiber audit Roy des Merciers ou à fon Lieutenant & autres Vifiteurs, Jurez & Maiftres dudit meftier & marchandife de mercerie, les denrées & marchandifes de mercerie qu'ilz auront envoiez ou admenez èfdiz païs pour y eftre vendues, pour veoir & advifer fe icelles denrées feront bonnes, loyalles & marchandes, avant qu'ilz les puiffent vendre ne expofer ou faire expofer en vente ; & qui fera trouvé faifant le contraire, paiera deux folz parifis pour livre, de toute la marchandife qu'il aura ainfi expofée ou fait expofer en vente, à applicquer la moitié à Nous, & l'autre moitié audit Roy des Merciers & autres Vifiteurs, Jurez & Gardes d'icelui meftier de mercerie ; & fe la marchandife n'eft fouffifant, la vente lui fera défendue èfdiz païs, fur peine d'eftre conquife à Nous, ou d'en eftre autrement ordonné felon la difcrécion du Roy des Merciers ou de fondit Lieutenant & defdiz Vifiteurs, Jurez & Gardes dudit meftier & marchandife de mercerie en la ville où ledit cas adviendra.

(4) *Item.* Que tous Marchans Merciers qui vouldront dorefenavant vendre ou faire vendre denrées & marchandifes de mercerie, ès bonnes villes defdiz païs, feront tenuz de vendre ou faire vendre icelles denrées & marchandifes

ᵇ *Voy. T. IX,*
p. 304, note (c).

ᶜ *fimples.*

ᵈ *Voy. T. IX,*
p. 305, note (b).

ᵉ *Voy. ibid.*
note (e).

en la manière qui s'enfuit ; c'eft affavoir, bocaffins ᵇ, bougrans, draps de quelque forte que ce foit, foubz corde en balle ainfy qu'ilz vendront du païs ; & que les fuftaines, bocaffins & bordes foient des longueurs qui s'enfuivent : c'eft affavoir, fuftaines courtes, de xij aulnes de *Paris* largement chafcune pièce, & les bocaffins, fuftaines rayées, bordes, doubles & fangles ᶜ, fuftaines de guerde, bocaffins de guerde, chafcune piece tenant xxiiij aulnes largement à la mefure de *Paris*, & des largeurs anciennement accouftumées ; une goume ᵈ d'aiguilles la moindre de vj milliers, & toutes d'une forte, & au-deffus, fi grandes comme ilz vouldront ; & auffi une groffe de fonnettes, qui fait un fac de xij douzaines, & non point à moins : & qui feroit trouvé faifant le contraire, il payera pour chafcune foiz iiij livres parifis d'amende, à applicquer la moitié à Nous, & l'autre moitié audit Roy des Merciers & Maiftres Jurez & Gardes dudit meftier de mercerie ; & feront les denrées qui ne feront des largeurs & longueurs deffufdictes, efforillées ᵉ pour eftre congneues ; & fi feront tenuz les vendeurs d'icelles, de déclairer aux Marchans acheteurs, les longueurs que icelles denrées auront, fur peine de perdre icelles denrées.

(5) *Item.* Que tous Marchans quelzconques repairans & habitans ès bonnes villes defdiz pays, & autres Marchans demourans hors iceulx, qui s'entremettront de vendre ou faire vendre èfdiz païs or & argent filé fait à *Jannes*, que l'on appelle or & argent de *Chippre*, qui fe vend en cannettes, feront tenuz de vendre icellui or & argent entrefuivant, & autel deffoubz comme deffus, fur peine de xl. folz parifis, à applicquer moitié à Nous, & l'autre moitié audit Roy des Merciers & Maiftres Jurez & Gardes dudit meftier & fait de mercerie, pour chafcune foiz qu'ilz feront trouvez deffaillans en ce; & fi fera l'or & l'argent qui fera ainfi trouvé non entrefuivant & fardé, forfait & à Nous acquis.

(6) *Item.* Que tous Marchans quelzconques, demourans hors defdiz pays, qui s'entremettront de vendre ou faire vendre en iceulx pays les denrées & marchandifes appartenans à la mercerie, dont cy-après fera faitte mencion, feront tenuz dorefenavent de vendre icelles denrées & marchandifes en la manière qui s'enfuit: c'eft affavoir, fuftaines qui fe font en *Almaigne*, toiles taintes d'*Almaigne*, couftellerie de quelque païs que ce foit, pignes de bois de *Lymons* & de *Limoges* & des païs d'environ, euvre de forge de *Thoulouze*, de *Reringues*, & autres marchandifes en balles ou en ballons, tonneaulx, barriz ou caffes, en la manière qu'ilz viennent du païs à préfent, & ont acouftumé de venir ou temps paffé; & que les fuftaines deffufdictes d'*Almaigne* foient de douze aulnes largement de longueur la pièce, & les toiles de xj aulnes & demye la pièce largement, & du lé qu'ilz ont acouftumé eftre, & non autrement: & qui fera trouvé faifant le contraire, pour chafcune foiz, il paiera quatre livres parifis d'amende à applicquer moitié à Nous, & l'autre moitié audit Roy des Merciers & Maiftres Jurez & Gardes dudit meftier & fait de mercerie; & ou cas que icelles denrées ne feront defdictes longueurs, elles feront efforillées, & néantmoins feront les vendeurs defdictes denrées tenuz de déclairer aux Marchans acheteurs d'icelles, les lieux où elles auront efté faictes.

(7) *Item.* Et femblablement que tous Marchans demourans hors defdiz païs, qui s'entremectront de vendre & faire vendre en iceulx païs, farges qui appartiennent à la mercerie: c'eft affavoir, d'*Arras*, d'*Angleterre* & d'ailleurs, feront tenuz de icelles vendre foubz cordes, & les balles entières, ainfy qu'elles viennent du païs, & des longueurs acouftumées: c'eft affavoir, celles d'*Arraz*, de xxiij à xxiiij aulnes à la mefure de *Paris* de longueur, & celles d'*Angleterre* & d'*Irlande* de xxj à xxij aulnes de *Paris* de long, & qu'elles foient entrefuivans deuement felon la monftre, fur les peines déclairées ou prouchain & derenier article précédent.

(8) *Item.* Et femblablement feront auffi tenuz tous Marchans demourans hors defdiz païs, qui s'entremectront de vendre en iceulx eftamines qui fe font en *Auvergne*, vendre icelles eftamines foubz cordes, balles ou ballons entiers, ainfi comme elles viennent du païs, & des longueurs & largeurs anciennement acouftumées: c'eft affavoir, les larges de lxviij à lxxij aunes de *Paris* de long du moins, les eftroictes de xlvj aulnes de *Paris* de long, & toutes entrefuivans deuement felon la monftre, fur peine de cent folz parifis d'amende à applicquer: c'eft affavoir, foixante folz parifis à Nous, & quarante folz parifis audit Roy des Merciers & autres Maiftres Jurez & Gardes dudit meftier & fait de mercerie.

(9) *Item.* Et pareillement que tous Marchans demourans hors defdiz païs, qui s'entremectront de y vendre rafouers, cifeaulx, lancetes & autre euvre de forge, feront tenuz de vendre icelles denrées à la douzaine entière & non autrement; & qui fera trouvé faifant le contraire, il païera pour chafcune foiz & pour chafcune douzaine, vingt folz parifis d'amende, à applicquer la moitié à Nous, & l'autre moitié au Roy des Merciers & Maiftres Jurez dudit meftier & fait de mercerie, excepté toutesvoyes les petiz Merciers détaillans &

CHARLES VII, à Champigny, en Août 1448.
Genuer.

CHARLES
VII,
à Champigny,
en Août
1448.
* Voyez T. III,
page 90. note.

portans tablete* qui en ces·préfentes Ordonnances & Statuz ne font au-cunement comprins.

(10) Item. Et femblablement que tous Marchans demourans hors defdiz païs, qui s'entremectront de vendre ou faire vendre eſtamines qui fe font à *Reims* & ou païs d'environ, feront tenuz vendre ou faire vendre icelles eſtamines de la longueur acouſtumée: c'eſt aſſavoir, les longues de vingt & une aulne de *Paris*, & les courtes de cinq aulnes & demie de *Paris*, & toutes entrefuivans: c'eſt aſſavoir, teles deſſoubz que deſſus & environ; & qui fera trouvé faifant le contraire, paiera pour chafcune piece longue, dix folz pariſis d'amende, & pour chafcune piece courte, cinq folz pariſis d'amende, à applicquer la moitié à Nous, & l'autre moitié auſdiz Roy des Merciers & autres Jurez & Gardes dudit meſtier & fait de mercerie, & feront icelles denrées eſſorillées.

(11) Item. Que les Hoſtelliers des bonnes villes & banlieues d'icelles, eſtans èſdiz païs, qui auront en garde aucune marchandife des Marchans eſtrangiers touchant ledit fait de mercerie, ne pourront dorefenavant vendre ou faire vendre icelles denrées à détail, mais fe vendre les veullent, les vendront ou feront vendre en la manière qu'elles viennent ou font admenées du païs & non autrement: c'eſt aſſavoir, en barilz, ballons, tonneaulx, en caſſes, en gommes, en facs comme devant eſt dit & declairé; & qui fera le contraire paiera pour chafcune foiz cent folz d'amende, à applicquer lx folz à Nous, & xl folz auſdiz Roy des Merciers & autres Jurez & Gardes dudit meſtier & accufeurs d'icellui.

(12) Item. Que aucuns Marchans ou Tainturiers habitans ès bonnes villes defdiz païs, ne foient dorefenavant fi ofez ne fi hardiz de vendre ne faire vendre toiles ardans[b], noires, perfes[c], ne vertes, neufves ne vieilles, fe la piece ne tient quatre aulnes de long à la mefure de *Paris*, & teles dedans comme en la monſtre; & qui fera trouvé faifant le contraire, paiera pour chafcune foiz cinq folz pariſis d'amende pour chafcune pièce, à applicquer la moitié à Nous, & l'autre moitié auſdiz Roy des Merciers & Maiſtres Jurez dudit meſtier & fait de mercerie.

(13) Item. Et pareillement que aucuns Marchans *Oultre-montaings* repairans & habitans èſdits païs, ne autres demourans hors iceulx, ne foient dorefenavant fi ofez ne hardiz de vendre ou faire vendre foyes taintes de quelque païs que ce foit, que les lians ne foient auſſi fins comme la foye; & qui fera le contraire, paiera vingt folz pariſis pour livre d'amende, à applicquer les deux pars à Nous, & le tiers audit Roy des Merciers & Maiſtres Jurez dudit meſtier de mercerie.

(14) Item. Semblablement que aucuns Marchans *Oultre-montaings*, eſtrangiers ou autres, ne pourront auſſi dorefenavant vendre foyes noires de *Luques*, de *Venife* ou de quelconques autres villes ou païs que ce foit, fe elles ne font auſſi bien bolues[d] comme autres foyes, & d'auſſi bonne tainture; & qui fera trouvé faifant le contraire, paiera pour chafcune livre, vingt folz pariſis d'amende, à applicquer comme deſſus eſt dit & déclairé en l'article prouchain précédent.

(15) Item. Que aucuns *Oultre-montaings* qui ont ou auront la franchife de bourgoifie ès bonnes villes d'iceulx païs ou en aucunes d'icelles, ne foient dorefenavant fi ofez ni hardiz de récepter ne herberger ou faire herberger aucunes denrées & marchandifes qui foient à perfonnes qui Nous doivent les deniers de la livre, fur peine de forfaiture de biens & d'amende arbitraire.

(16) Item. Que aucuns *Oultre-montaings* ayans ladicte franchife de bourgoifie èſdictes bonnes villes ou en aucunes d'icelles, ne foient fi hardiz de avoir compaignie de marchandifes avec autres *Oultre-montaings* qui ne foient pas de ladicte franchife, fur ladicte peine, dont l'accufeur aura quarante folz, defquelz xl folz lefdiz Roy des Merciers & Maiſtres Jurez dudit meſtier de mercerie auront la moitié.

(17) Item. Que aucuns ne foient fi hardiz, fur peine d'eftre banniz defdiz pays ung an, & de paier vingt livres parifis d'amende à Nous à applicquer, d'eftre courratiers defdictes marchandifes de mercerie & leurs deppendences, dont ilz feront Marchans.

(18) Item. Que aucun ne foit fi hardy de foy entremectre d'eftre courratier de mercerie éfdiz païs, s'il n'eft par noftre *Bailly* de *Touraine* ou fon Lieutenant & ledit Roy des Merciers ou fon Lieutenant ou leurs fucceffeurs, receu & bien appleigé de cent livres parifis; fur peine de dix livres parifis d'amende pour chafcune foiz qu'il fera trouvé faifant le contraire, à applicquer les deux pars à Nous, & le tiers aufdiz Roy des Merciers & Maiftres Jurez dudit meftier de mercerie.

(19) Item. Que aucun ou aucune ne foit fi hardy d'acheter foye, fandal, aguille ne aucune autre marchandife qui appartiegne à la mercerie, de perfonne non aagié, ne de perfonne fervant à autrui; & fe apporté lui eftoit pour acheter, qu'il la retiengne & faiche les lieux dont icelles denrées vendront; & qui fera trouvé faifant le contraire, paiera pour chafcune foiz quarante folz parifis d'amende, à applicquer les deux pars à Nous, & le tiers aufdiz Roy des Merciers & Maiftres Jurez dudit meftier de mercerie.

(20) Item. Que aucun varlet[*], apprentif, ou autre, qui aura foye à ouvrer pour autrui, ne foit fi hardy de porter en gaige aucunes foyes taintes ne efcreues, filées ne à filer, fans le congié & confentement de cellui, celle ou ceulx à qui feroit ladicte foye; & fe le cas advenoit, Nous voulons & ordonnons que ceulx qui le prendront en gaige, foient contrains de les rendre à ceulx à qui elles feront, fans couftz; & avecques ce paieront foixante folz parifis d'amende, ou tele amende arbitraire comme l'exigence des cas le requerra, à applicquer les deux pars à Nous, & le tiers aufdiz Roy des Merciers & Maiftres Jurez dudit meftier de mercerie.

*compagnon.

(21) Item. Que aucun ne aucune ne face éfdictes bonnes villes ne banlieues d'icelles eftans éfdiz païs, carier[b] foye, là où il aura parmy la foye autre chofe que ladicte foye, fur peine de perdre icelle foye, & d'amende arbitraire à la difcrecion du Juge, dont lefdiz Roy des Merciers & Maiftres Jurez dudit meftier auront le quart.

*voiturer.

(22) Item. Que aucun ne aucune ne foit fi hardy de faire carier florin ne chiefs, de quelque païs qu'ilz foient, fur la peine déclairée ou prouchain article précédent.

(23) Item. Que aucun ne mette éfdictes bonnes villes defdiz païs ne ès banlieues d'icelles, aucune liqueur en la cuve où l'on teint foye, par quoy la foye puiffe plus pefer que fon droit; & qui autrement le fera, celui à la requefte duquel la foye aura efté mife en icelle cuve, paiera pour chafcune livre de foye quatre folz parifis; & ceulx qui telles cuves feront, paieront pour chafcune cuve vingt folz parifis d'amende, à applicquer les deux pars à Nous, & le tiers aufdiz Roy des Merciers & Maiftres Jurez dudit meftier.

(24) Item. Que aucun ne aucune ne face foye noire où il ait liqueur autre que fon droit noir: laquelle liqueur foit bonne, loyalle & marchande, & que la foye foit auffi bien bolue comme autre foye; fur peine de forfaiture de ladicte foye & de dix folz parifis d'amende pour chafcune livre, à applicquer comme dit eft en l'autre prouchain article précédent.

(25) Item. Que aucuns vendans foye efcreue à filer, laquelle foye a lyans de hars entour la tefte, ne foient fi hardiz d'ofter lefdiz lyans d'entour la tefte, fur peine de vingt folz parifis d'amende, à applicquer la moitié à Nous, & l'autre moitié aufdiz Roy des Merciers & Maiftres Jurez & Gardes dudit meftier, dont lefdiz Roy & Jurez auront ung quart, & lefdiz accufeurs l'autre, & de reftitucion defdiz lians à l'acheteur.

(26) *Item.* Que Filareſſe Marchande de ſoye ne pourra prendre d'autrui, ſoye à filer, ou cas qu'elle s'entremeċtra d'icelle marchandiſe, ſur peine de vingt ſolz pariſis d'amende comme en l'article précédent.

(27) *Item.* Que aucun ne aucune ne ſoit ſi hardy d'aler acheter ſoye, ne de changier ſoye en maiſon de perſonne, ne à perſonne qui file ſoye ; & qui fera le contraire, paiera dix ſolz pariſis d'amende pour chaſcune foiz, tant le vendeur comme l'acheteur, à applicquer les deux pars à Nous, & le tiers auſdiz Roy des Merciers & Jurez dudit meſtier & accuſeurs.

(28) *Item.* Que Fillerreſſe de ſoye ne ſoit ſi hardie de faire en ſoye aucunes mauvaiſes malices : c'eſt aſſavoir, eſtrichement qui ſe fait par mauvaiſe liqueur, dont la ſoye eſt plus peſante qu'elle ne doit ; ſur peine de douze ſolz pariſis d'amende, à applicquer comme deſſus, & de la valeur du déchet de la ſoye, laquelle valeur ſera baillée à celui ou cculx à qui ſera ladiċte ſoye.

(29) *Item.* Et pour obvier aux malices, faulſetez & décevances qui ont eſté & pourroient eſtre faiċtes oudit fait & marchandiſe de mercerie, & contre les poins & articles deſſuſdiz ou aucuns d'iceulx, & pour dénoncier à noſtre *Bailli* de *Touraine* & des reſſors & exempcions d'*Anjou* & du *Maine* ou à ſon Lieutenant, & à noz Procureurs & Receveurs oudit Bailliage, préſens & à venir, & oudit Roy des Merciers ou à ſondit Lieutenant, les meſprentures, forſaiċtures ou amendes qui contre les Ordonnances deſſus déclairées ou aucuns des articles contenuz en icelles feront & pourront eſtre faiċtes, feront commis & eſtabliz chaſcun an, au teſmoinguage & par élecċion & nominacion de la Communaulté dudit meſtier & marchandiſe de mercerie, en chaſcune bonne ville deſdiz païs, deux ou trois preudes-hommes, ou autre tel nombre que ladiċte Communaulté adviſera, qui feront appellez Juges & Gardes d'icelui meſtier & marchandiſe, avecques le Roy des Merciers, leſquelz feront le ferment & jureront ſur les Sainċtes Evangiles, ès mains de noſtredit *Bailli* de *Touraine* & des reſſors & exempcions, & dudit Roy des Merciers ou de leurs Lieuxtenans ou de leurs ſucceſſeurs, que les Ordonnances, poins & articles deſſus déclairez ilz tendront & garderont bien & loyaulment, rapporteront & dénonceront à Juſtice, ſans aucun eſpargnier ne gréver pour amour, pour hayne, pour don ne pour promeſſe, toutes les amendes, forſaitures & confiſcacions qui deſdiz malfaiċtures pourront eſtre & Nous doivent appartenir ſelon la teneur de ces préſens Statuz & Ordonnances.

(30) *Item.* Que iceulx preudes-hommes ne pourront reffuſer l'exercice d'icelui Office, ſur peine de dix livres pariſis d'amende ; & auſſi ilz ne pourront eſtre contrains ne eſleuz à eſtre Gardes & Jurez dudit meſtier & fait de mercerie, puiſque une foiz l'auront eſté, que l'eſpace de quatre ans ne ſoit ainçoiz paſſé, ſe ce n'eſt de leur bon gré & conſentement, ou par défault d'autres.

(31) *Item.* Que iceulx Jurez & Gardes, durant leur povoir, pourront avec ledit Roy des Merciers ou ſondit Lieutenant, prendre & arreſter, marcs, poix, balances, aulnes & toutes autres manières de mercerie, par tous les lieux & ſur toutes perſonnes qui uſeront dudit meſtier & marchandiſe de mercerie èſdiċtes bonnes villes d'iceulx païs & banlieues d'icelles, où ilz ſauront & pourront ſavoir qu'il y ait meſpriſon ou erreur qui regarde & touche ledit meſtier & marchandiſe de mercerie ; & les pourront viſiter & examiner entre eulx ; & ſe ilz y trouvent faultes & répréhenciens, les rapporteront comme deſſus eſt dit ; & auſſi ſe ilz trouvent qu'il y ait malefaçon contre les pointz, Statuz & Ordonnances deſſuſdiċtes, ilz en feront leur rapport par la manière que dit eſt, pour en ordonner & y pourveoir ſelon les inſtruccions, pointz & Ordonnances devant déclairées, & autrement comme il appartiendra par raiſon.

(32) *Item.*

(32) *Item.* Et à ce que mieulx & plus loyaulment lefdiz Jurez puiffent faire leur devoir, & vifiter par la manière deffus déclarée, Nous avons voulu & ordonné, voulons & ordonnons de grace efpécial par ces préfentes, que toutes & quantesfoiz qu'il fera néceffité ou befoing de faire effire nouveaulx Jurez & Gardes oudit fait, meftier & marchandife de mercerie èfdiz païs de *Touraine, Anjou* & le *Maine,* ung ou deux anciens Jurez de l'année précédente demourront pour l'année advenir & enfuivant, avecques les autres nouveaulx qui à ce feront effeuz & commis par la manière que deffus eft dit (b).

(33) *Item.* Que ledit Roy des Merciers qui à préfent eft ou qui fera pour le temps à venir, eft & fera principal Maiftre & Garde dudit meftier & marchandife de mercerie; & puet & pourra inftituer Lieutenant pour lui en chafcune bonne ville defdiz pays, qui aura regard & vifitacion avecques lefdiz Effeuz, Jurez & Gardes dudit meftier, qui par ladicte Communaulté feront effeuz par chafcun an, comme dit eft, *tous les autres Marchans & Merciers fréquentans ou eulx entremettans dudit fait & marchandife de mercerie èfdiz païs, tant èfdictes bonnes villes que ailleurs où fe tendront foires & marchiez: auquel Lieutenant ou Commis les autres Merciers & Marchans fréquentans ledit fait & marchandife de mercerie, feront tenuz de obéir comme audit Roy des Merciers, en tout ce que audit meftier & marchandife de mercerie appartient & pourra appartenir.

* *Suppléez, fur.*

(34) *Item.* Et afin que à l'aide de Dieu lefdiz Merciers & Marchans fréquentans ledit fait & marchandife de mercerie puiffent mieulx, plus feurement & convenablement faire & conduire ledit fait & marchandife de mercerie à la louange de Dieu, au falut de leurs ames & augmentacions de leurs biens, Nous avons octroyé & octroyons qu'ilz puiffent faire & fonder une Confraerie de la faincte Trinité, en tele Eglife ou Chappelle & lieu convenable qu'ilz adviferont & bon leur femblera; & que pour faire le Divin Office ilz fe puiffent affembler pour ledit fait quant meftier fera; pourveu que à ce foient appellez & préfens aucuns de noz principaulx Officiers, ou leurs Lieuxtenans des lieux èfquelx fe feront lefdictes affemblées, & auffi ledit Roy des Merciers ou fondit Lieutenant, & deux defdiz Jurez dudit meftier.

(35) *Item.* Et pour ce qu'il a efté & eft acouftumé que toutes & quantesfoiz que aucun Mercier eft receu au ferement d'icellui meftier par le Roy des Merciers, il eft tenu de faire & paier ung difner qui coufte ung marc d'argent ou environ : Nous, à la requefte dudit Roy des Merciers & des Compaignons dudit meftier, voulons & ordonnons icelle fomme d'ung marc d'argent, ou autre tele fomme que par lefdiz Roy & Maitres Jurez dudit meftier fera advifé, que coufteroit ledit difner, eftre convertie à l'augmentacion & entretenement de leurdicte Confraerie, & faire dire Meffe pour le falut des ames de ceulx dudit meftier & fait de mercerie.

(36) *Item.* Que en toutes foires & marchiez qui font ou feront èfdiz païs, lefdiz Roy des Merciers qui à préfent eft ou qui le temps à venir fera ou fon Lieutenant, puiffent vifiter tous Merciers qui feront èfdites foires & marchiez, foient Roys des Merciers en autres païs & contrées ou non; & ou cas qu'ilz aront failly & délinqué contre les Statuz & Ordonnances dudit meftier, & mefmement contre les Statuz & Ordonnances deffus déclairées, les corriger, ou les conftituer, compeller & condempner en amende, & les gaiger & contraindre à icelle paier ainfi que par raifon faire fe devra.

(37) *Item.* Que s'aucun ou aucuns avoient battu, frappé, ou vouloient

NOTE.

(b) Jufqu'ici les articles de ces Lettres font prefque abfolument les mêmes que ceux des Lettres du mois de Mars 1407 pour les Merciers de *Paris,* imprimés à la page 03 du IX. Tome de ce Recueil. Les articles qui fuivent, ne font point dans les Lettres de 1407.

& s'efforçoient battre ou frapper, ou de faire èfdictes foires ou marchiez aucuns tors, griefz, force ou violence audit Roy des Merciers ou fondit Lieutenant ou à fefdiz Compaignons Merciers, ou les empefcher en leurdit fait & exercice dudit meftier & marchandife de mercerie, Nous voulons & ordonnons, que felon l'exigence du cas ilz foient condempnez en amende arbitraire, à applicquer moitié à Nous, & l'autre moitié audit Roy des Merciers & fes Compaignons, & au Seigneut de la Terre où le délit fera fait.

(38) *Item.* Que le Roy des Merciers ou fon Lieutenant, fera tenu avoir par efcript les droiz & devoirs appartenans audit meftier de mercerie, & que lui & fefdiz Compaignons puiffent & leur loife, à l'affiete de nouvelle foire ou nouveau marchié, choifir & eflire la meilleure place qui fera dedans ladicte ville ou lieu où lefdiz marchiez feront affis, ou mylieu de tous les autres Marchans, ou ailleurs où bon leur femblera, en lieu convenable pour eulx & leurdit fait & marchandife de mercerie ; & que icelle place foit couverte & garnie de tout ce que meftier leur fera.

(39) *Item.* Que ès ufaiges acouftumez après les convenances de ladicte foire, raifonnables & convenables, ilz aient l'aide de tous autres meftiers juftes & raifonnables, ainfi qu'il eft acouftumé de faire des chofes dudit meftier de mercerie & de tous autres Marchans.

(40) *Item.* Et après les convenances de ladicte foire, voulons & leur octroyons que ilz joïffent des prérogatives, franchifes & libertez d'ancienneté acouftumées oudit fait & meftier de mercerie.

(41) *Item.* Que pour ladicte foire nouvelle mettre fus, le Seigneur ou Dame de la Terre ou Seigneurie, duquel ladicte foire fera mife fus, & à qui le proufit en appartiendra, eft & fera tenu paier audit Roy des Merciers & à fefdiz Compaignons, pour ladicte foire nouvelle, ung bœuf le meilleur qu'il pourra trouver en icelle foire, & une vache pour le marchié nouvel, la meilleure qu'on pourra trouver audit nouvel marchié.

(42) *Item.* Que ledit Seigneur ou Dame doit & devra & fera tenu de paier pour foire nouvelle, une fournée & demie de pain blanc, bonne & fouffifante, & ung muy & demy de vin du meilleur qu'on pourra trouver en la ville ou lieu où fera ladicte foire nouvelle mife fus, ou au plus près lieu dont pourra venir ; & dudit marchié nouvel une fournée de pain blanc, & un muy de vin du meilleur que l'on pourra trouver en la ville où fera fait ledit marchié nouvel, à la mefure de *Paris;* & avecques ce aufdiz Roy des Merciers & à fes Compaignons, dix livres parifis & fix livres de chandelle, deux livres de poivre & trois fextiers d'avoine, & tout le foin qu'ilz pourront defpendre bien & fouffifamment ; & avecques ce quatre treffes d'ougnons, deux treffes d'aulx, & ung hoftel franc audit Roy des Merciers ; & à tous fes Compaignons vingt pichiées & vingt-cinq voirres, ung Bouchier & des Meneftriers ce que leur fera meftier à faire la fefte de ladicte foire & marchié nouveaulx ; & dudit marchié nouvel deux fextiers d'avoine & du foin tout ce qu'ilz pourront defpendre raifonnablement & fouffifemment à ceulx qui beftes auront : lef-quelles dix livres & autres devoirs déclairez en cedit article, octroyons audit Roy des Merciers & à fefdiz Compaignons qu'ilz puiffent convertir à l'aug-mentacion de ladicte Confraerie, & conduire & démener plaiz & procès, s'aucuns en ont ou leur furviennent pour le fait dudit meftier de mercerie.

(43) *Item.* Que après ce, le Roy des Merciers ou fondit Lieutenant & fes Compaignons puiffent eftaler & vendre toutes manières de denrées & marchandifes qui affierent & appartiennent audit meftier & fait de mercerie, en leur confcience & felon ce que les coutumes & ufaiges dudit meftier & fait de mercerie le veulent & contiennent de raifon, & tout ainfi comme Saint Charles le grant & Saint Loys Roys de France noz Predeceffeurs l'ont aufdiz

Roy des Merciers & fefdiz Compaignons donné & octroyé d'ancienneté.

CHARLES
VII,
à Champigny,
en Août
1448.

(44) *Item.* Que le Roy des Merciers ou fon Lieutenant & fefdiz Compaignons ayent la court & congnoiffance des injures & violences de tous autres, qui pourront toucher infameté au regard de ceulx & celles dudit meftier de mercerie.

(45) *Item.* Que ledit Roy des Merciers ou fon Lieutenant & fefdiz Compaignons Merciers puiffent gaigier, prendre & à eulx applicquer les foliers qui font ridez de couleur vermeille ou blanche, toutes & quantes foiz qu'ilz les trouveront en foires ou en marchiez, en place ou en bafton, en quelque manière ou condicion que ce foit, tant à homme comme à femme, fur tous ceulx qui defployeront en foire ou en marchié avant heure deue, & avant que les autres dudit meftier eftalent.

(46) *Item.* Que tous ceux qui defployeront denrées de mercerie, ou qui les porteront en tabletes ou en baftons pendans, ou autrement en quelque manière que ce foit, avant heure deue, foient gaigez & condempnez en amende par ledit Roy des Merciers ou fondit Lieutenant; à applicquer icelle amende la moitié à Nous, & l'autre moitié au Roy des Merciers & à fefdiz Compaignons & accufeurs.

(47) *Item.* Que fur toutes denrées qui feront en cordaiges pendans, & toutes denrées qui feront & pourront eftre dudit meftier de mercerie en ouvrouer ou non ou en place defployée, & toute fuftaille : c'eft affavoir, menches d'alefnes, pignes, cire, chandelles faictes ou en coton, foient de cire ou de fuif, & toutes denrées qui fe poifent en balances, gainnes, coufteaulx, & fils de toutes fortes ou couleur, foit blanc, noir, vermeil, vert ou de quelque couleur que ce foit, efpingles, aiguilletes, fers d'alefne de fer & d'acyer, poix & baiances, foye & fandal, papier, ceintures, toutes efpiceries & toutes boutiques & ouvrouers qui vendent les chofes deffufdictes & eferiptes; couvrechiefz & toile de toutes couleurs, foit blanche ou noire, & toutes autres denrées qui font & pourront competer & appartenir audit fait & meftier de mercerie, ledit Roy des Merciers ou fondit Lieutenant ait regard, vifitacion & correction en fa bonne confcience, & felon qu'il les trouvera eftre bonnes ou mauvaifes.

(48) *Item.* Que ledit Roy des Merciers ou fondit Lieutenant, aura le cuir dudit bœuf de ladite foire nouvelle, & le cuir de ladicte vache pour ledit marchié nouvel.

(49) *Item.* Que ledit Roy des Merciers ou fondit Lieutenant aura dix folz & ung tournois d'argent, compté pour vingt deniers de la monnoye de feu Philippe noftre Predeceffeur Roy de France, fur chafcun Chevalier ou Chevaliere qui fera fait nouvel, auquel il fera tenu de bailler Lettre fcellée de fon feel duquel il ufe en l'exercice de fondit Office.

(50) *Item.* Ou cas que ledit Roy des Merciers ou fes Compaignons informeront que aucun ou aucune qui fe voldroit dire Chevalier ou Chevaliere dudit meftier de mercerie, n'auroient efté faiz Chevalier ou Chevaliere en place publicque, ledit Roy des Merciers ou fondit Lieutenant aura cinq folz parifis fur chafcun qui fera trouvé de la condicion deffufdicte, & autant d'un Chevalier & Chevaliere qui aura efté fait avec les droiz appartenans à ce, fe ledit Roy des Merciers qui l'auroit fait n'avoit pouvoir de le faire.

(51) *Item.* Que le Sergent dudit meftier de mercerie, aura ungs foliers [a] telz que regarderont lefdiz Roy des Merciers ou fondit Lieutenant & fefdiz Compaignons.

[a] *Soliers, Salaires.*

(52) *Item.* Et à ce que ledit Roy des Merciers ou fondit Lieutenant & fefdiz Compaignons, puiffent plus feurement & plus convenablement faire & exercer ledit fait & marchandife de mercerie, Nous, icelui Roy des Merciers, fondit Lieutenant & tous les Compaignons dudit meftier de mercerie

alans, venans & féjournans éfdictes foires & marchiez, ou retournans d'iceulx, avecques leurs marchandifes, familles, droiz, chofes & biens quelzconques, avons prins & mis, prenons & mettons par ces préfentes, en noftre proteccion & fauvegarde efpécial, à la confervacion de leurs droiz tant feulement.

Si donnons en mandement par ces mêmes préfentes au *Bailli de Touraine* & des refors & exempcions d'*Anjou* & du *Maine*, & à tous noz autres Jufticiers & Officiers ou à leurs Lieuxtenans préfens & à venir & à chafcun d'eulx, fi comme à lui appartendra, que les articles, Ordonnances & ftatuz defus declairés & efcrips, facent garder & tenir de point en point felon leur forme & teneur ; & d'iceulx & defdiz privileges, prérogatives, droiz, franchifes & libertez, facent, feuffrent & laiffent ledit Roy des Merciers & fes fucceffeurs oudit Office, & les autres Maiftres & Gardes Jurez & autres Compaignons dudit meftier de mercerie, chafcun felon fon fait & eftat, joïr & ufer à tousjours, plainement & paifiblement, fans leur faire ou donner, ne fouffrir eftre fait, mis ou donné aucun deftourbier ou empefchement en quelque manière que ce foit au contraire; lequel fe fait, mis ou donné leur eftoit, mettent ou facent mettre, tantoft & fans delay aucun, à plaine délivrance & au premier eftat & deu. Et afin, &c. Nous avons, &c. fauf, &c. *Donné à* Champigny, *ou mois d'Aouft, l'an de grace mil* CCCC *quarante-huit. & de noftre règne le* XXVj.' Ainfi figne: *Par le Roy en fon Confeil.* E. CHEVALIER. *Vifa Contentor.* E. FROMENT.

CHARLES
VII,
aux Montils-
lez-Tours,
en Décembre
1448.

(a) Lettres de Charles VII, par lefquelles il confirme les Coutumes accordées aux habitans de Lorris en Gâtinois.

*C*AROLUS, *Dei gratiâ Francorum Rex. Ad perpetuam rei memoriam. Regiam decet dignitatem, his quæ à bonæ recordationis Francorum Regibus, antecefforibus fuis, pro falubri policiâ ac evidenti utilitate fubditorum inftituta funt & concefa, perpetuæ ftabilitatis adjicere firmitatem : fanè pro parte dilectorum noftrorum habitatorum ac incolarum villæ feu loci de* Lorriaco *in* Vaftino, Senonenfis *Diœcefis, præfentatæ funt Nobis Literæ inclitæ memoriæ Philippi quondam Francorum Regis Prædecefforis noftri, quarum tenor dicitur effe.*

*(b) I*N *nomine Sanctæ & individuæ Trinitatis, Amen.* PHILIPPUS, *Dei gratiâ, Francorum Rex, &c.*

Qui quidem habitatores & incolæ loci feu villæ de Lorriaco *prædicti, humili precum inftanciâ Nobis fuplicarunt ut Literas præinfertas confolidare, approbare & confirmare regiâ benignitate dignaremur. Nos igitur præmiffis attentis, quòdque etiam præfati fupplicantes durantibus bellorum Regni noftri variis cladibus fub noftrâ verâ & fideli obedientiâ perftiterunt, ac proinde ingentia perpeffi funt detrimenta atque incommoda, à quibus aliquantifper eos relevari defideramus; contemplatione etiam quorumdam Prædefforum noftrorum qui loci prædicti apricam amœnitatem placidiffimam habentes, ibidem aliquantifper temporis manere præelegerunt, quòdque prætereà in Ecclefiâ parochiali loci prædicti,* Roberti Francorum Regis uxor

NOTES.

(a) La *Thaumaffière,* Coutumes de *Berry,* page 434.
(b) In nomine Sanctæ & individuæ, &c.] Ces Lettres de Philippe-Augufte font de l'an 1187. Elles confirment celles qui avoient été accordées aux habitans de *Lorris* par Louis VII. Voyez le XI.ᵉ Volume de ce Recueil, où les Lettres de Louis VII & celles de Philippe-Augufte font imprimées, pages 200 & 248.

quondam Conſtantia, quæ quidem ab Imperiali dignitate lucis hujus ſumpſit exordia, necnon quidem liberi Regii inibi decenter, ut fertur, ſunt inhumati, aliis quoque juſtis & rationabilibus cauſis inducti, Literas eaſdem ac omnia & ſingula in ipſis contenta, rata & grata habentes, volumus, laudamus, approbamus, ratificamus, ac ea noſtrâ certâ ſcientiâ, ſpeciali gratiâ, auctoritate regiâ & poteſtate plenariâ confirmavimus atque confirmamus per præſentes, quatenùs ſupplicantes antedicti eiſdem hactenus ritè ac debitè uſi ſunt. Quocircà dilectis ac fidelibus Conſiliariis noſtris, Gentibus noſtris præſens Parlamentum tenentibus, & quæ noſtra futura tenebunt Parlamenta, Gentibus etiam Compotorum noſtrorum, ac Theſaurariis noſtris Generalibus in facto univerſarum ſinantiarum noſtrarum & Juſticiis, Commiſſariis quoque ſuper reformatione generali per Nos noviſſimè ordinatâ, Baillivis Senonenſi, de Montargis & de Cepoy, ceteriſque Juſticiariis & Officiariis noſtris aut eorum Locatenentibus & ipſorum cuilibet præſentibus & futuris, prout ad eum pertineat, mandamus diſtrictiùs injungentes, quatenùs præfatos habitatores & incolas loci prædicti de Loriaco & eorum ſucceſſores, noſtris præſentibus gratiâ, ratificatione, approbatione & confirmatione uti & gaudere modo præfato deinceps faciant & permittant, nihil in contrarium faciendo vel. attemptando, ſibi fieri aut attemptari quoquomodo permittendo, ſed ſecùs acta ad ſtatum priſtinum in directo reducendo ſeu reduci faciendo. Quod ut firmum & ſtabile perſeveret in futurum, Sigillum noſtrum præſentibus Literis apponi fecimus : Salvo in aliis jure noſtro, & in omnibus quolibet alieno. Datum in Caſtello de Montillis prope Turonis, menſe Decembri, anno Domini milleſimo quadringenteſimo quadrageſimo octavo, Regni noſtri viceſimo ſeptimo. [Sur le reply deſquelles eſt écrit]: Per Regem in ſuo Conſilio. [Au deſſous eſt ſigné] DELALOERE, [& ſcellé de cire verd, en grand Séel, ſur lacs de ſoye, & au bout deſquels eſt eſcrit ſur le reply.] Viſa Contentor.

Signé FROMENT.

CHARLES
VII,
aux Montils-
lez-Tours,
en Décembre
1448.

CHARLES
VII,
à Tours,
le 4 Janvier
1448.

(a) Lettres de Charles VII, par leſquelles il accorde à perpétuité, aux Conſuls & habitans de la ville du Puy, un droit d'entrée de douze deniers pariſis ſur chaque charge de vin, d'autre territoire que de celui du Puy, moyennant une ſomme qu'ils avoient payée au Roi.

CHARLES, &c. ſavoir faiſons, &c. Nous avoir receue l'umble ſupplicacion de noz chiers & bien amez les Conſulz, manans & habitans de noſtre ville du Puy, contenant que dès longtemps leſdiz ſupplians ont par don & octroy de Nous, acouſtumé avoir, prendre & lever ſur chaſcune charge de vin entrant en ladicte ville & forſbourgs du Puy, d'autre terrouer que de celuy du Puy, la ſomme de douze deniers pariſis, pour les deniers qui en yſtroient eſtre employez & convertiz par leſdiz ſupplians ès emparemens des murs, portaulz & autres fortificacions, & de pluſieurs pons, fontaines & chemins de ladicte ville & de la Juridiction d'icelle, & autres affaires néceſſaires communes de ladicte ville, ainſi que par Lettres patentes données de noz Prédéceſſeurs & de Nous à temps, & après prolongées & continuées juſques à préſent, ces choſes & autres peuvent plus à plein apparoir ; par vertu deſquelles Lettres leſdiz ſupplians & leurs prédéceſſeurs ont levez leſdiz deniers & entrée, & de l'émolument qui en eſt yſſu, fait faire pluſieurs belles réparacions & ouvraiges ès choſes deſſuſdictes, & en ce ont longuement continué, & juſques

NOTE.

(a) Tréſor des Chartes, Regiſtre VIII×× XIX [179], Pièce 260. = MSS. de Colbert, vol. LIII, page 545.

CHARLES
VII,
à Tours,
le 4 Janvier
1448.

à puis aucun temps en çà, que *Pierre* de *Louvain*, noftre Efcuier d'efcuierie, s'eft tiré par-devers Nous, & foubz umbre de ce qu'il Nous a donné à entendre, que par faulte de ce que il n'y avoit point de Cappitaine de par Nous en ladicte ville du *Puy*, plufieurs maulx s'eftoient enfuiz, & avoient en icelle efté faiz plufieurs grans excès; pour quoy, Nous, par fondit donné à entendre, lui donnafmes l'Office de Cappitaine & Garde des clefz de ladicte ville du *Puy*; & pour ce qu'il n'y avoit aucuns gaiges, lui octroyames qu'il euft & preinft l'émolument & proufit de ladicte entrée ou aide de douze deniers parifis: par vertu defquelles noz Lettres ledit de *Louvain* fe veult porter Capitaine de ladicte ville, & prendre & lever lefdiz deniers; & à cefte caufe fe meut certain grant procès en noftre Court de Parlement à *Paris*, entre lefdiz fuppliant d'une part, prétendans que ledit de *Louvain*, ne autre, ne fe povoit ne devoit dire ou porter Cappitaine de ladicte ville, avoir les clefz & garder, ne prendre l'émolument ne proufit defdiz douze deniers parifis pour ladicte entrée de vin, & ledit *Louvain* difant le contraire, d'autre: ouquel procès a efté procédé par long temps en noftredicte Court, & depuis ladicte caufe par Nous évoquée par-devant Nous & les Gens de noftre Grant-confeil, par-devant lefquelz tant a efté procédé entre lefdictes parties, que par lefdictes Gens de noftre Grand-confeil a efté dit & ordonné par leur Sentence & Arreft, que lefdictes Lettres obtenues de Nous par ledit de *Louvain*, tant au regard dudit Office de Cappitaine que de ladicte entrée de vin, ont par lui efté mal obtenues, & qu'elles demourront nulles & de nulle valeur & effect; & ont lefdiz fuppliant efté abfolz des impetrations & demandes dudit de *Louvain*, ainfi que ces chofes & autres pevent plus à plain apparoir par Lettres ou appointemens dudit Arreft donné en noftredit Grant-confeil, le troifiefme jour de ce préfent mois; & foit ainfi que avant ledit procès encommancé, & que ledit de *Louvain* euft aufdiz fuplians mis empefchement en ladicte entrée, ilz euffent commancé plufieurs grans & notables réparacions & ouvrages efdictes murailles, portaulx, pons, fontaines, chauffées & autres lieux deffufdiz, lefquelx ilz avoient entencion de parfaire & achever dudit émolument, toutesvoies obftant ledit empefchement qui a longuement duré, lefdictes réparacions & ouvraiges font demourez en chommaige & imparfaiz, & n'ont iceulx fuplians peu à ce pourvoir, ne à plufieurs autres très-grans urgens affaires touchant le corps & fait commun de ladicte ville, tant pour ce qu'ilz n'ont aucuns deniers communs, que comme pour les autres grans & comme infuportables charges qu'ilz ont eues le temps paffé, & ont chafcun jour à fuporter, tant pour occafion des tailles & impoftz qui ont efté & font mis fus & levez de par Nous, que autrement; & pour ce Nous ont lefdiz fuplians heumblement fait requérir que confidéré lefdictes charges qu'ilz ont eues & ont chafcun jour, à caufe de nofdictes affaires, la grant defpence que continuelment chafcun an leur convient faire, & continuer à entretenir lefdictes réparacions, èfquelles leur fault par aucunes années emploier grans fommes de deniers felon que les affaires furviennent; & pour fournir à iceulx grans affaires quant ilz furviennent en une année, & les deniers d'icelles n'y pevent fournir, leur convient vendre ou affermer ladicte entrée à trop plus peu qu'elle ne vault, à plufieurs années, à gens qui leur avancent les deniers néceffaires pour pourvoir au cas éminent & néceffaire; & afin que dorefenavant ilz n'y puiffent eftre troublez ne empefchiez, & que ledit aide eft bien legier & peu grévable pour noz fubgiez, & très-utile & proufitable pour ladicte ville, & que quant aucun vin eftrange eft mené & vendu efdictes villes & forbourgs du *Puy*, il s'en vend tant plus, laquelle chofe vient fur & à la charge defdiz habitans; pour quoy Nous ont humblement fupplié & requis que il Nous plaife leur octroyer que ledit droit & entrée de douze deniers parifis, ilz puiffent dorefenavant perpétuelment prendre & lever, ainfi qu'ilz ont fait le temps paffé, à temps limité, par octroy de Nous, & fur ce leur impartir noſtre grace. Pour ce eſt-il que Nous, les choſes deſſuſdictes conſidérées, & la grant loyaulté & obéiſſance que leſdiz ſupplians & leurs prédéceſſeurs ont touſjours eue à Nous & au bien & augmentation de noſtre Seigneurie, ſans avoir varié ne tenu autre parti que le noſtre, quelque temps ou adverſité qui ait eſté en noſtredit Royaume; conſidérans auſſi les très-grans charges que leſdiz ſupplians ont eues & ſouſtenues le temps paſſé, & qu'ilz ont encores chaſcun jour pour les affaires de Nous & de noſtredit Royaume; voulans envers eulx recongnoiſtre les ſervices par eulx à Nous faiz, & leur aidier à ſupporter leurs affaires; & ſur les choſes deſſuſdictes, eue grant & meure délibéracion de Conſeil : auſdiz Conſulz & habitans de noſtredicte ville du *Puy*, qui à préſent ſont & qui ſeront pour le temps à venir, avons pour les cauſes deſſuſdictes & autres à ce Nous mouvans, donné & octroyé, donnons & octroyons de grace eſpécial par ces préſentes, plaine puiſſance & auctorité royal, que leſdiz douze deniers pariſis, ilz puiſſent lever & faire lever doreſenavant, perpétuelment & à touſjours-mès, ſur chaſcune charge ou ſomme de vin qui entrera éſdites ville & forſbourgs dudit lieu du *Puy*, d'autre creu que de cellui dudit lieu; & s'il advenoit que aucun vin y feuſt mené ou conduit par charroy en queue, ou autrement que à charges ou ſommes, que iceulx ſupplians ou leurs commis puiſſent lever ladicte entrée ou aide de douze deniers pariſis, au feur & équivalant, & ſelon la quantité de vin qui y ſera mené & conduit : c'eſt aſſavoir, de ladicte charge leſdiz douze deniers pariſis, & du plus plus, & du moins moins; pour les deniers qui en yſtront, eſtre convertiz & employez ès réparacions, reffeccions & entretenement deſdictes murailles, portaulx, pons, fontaines, chemins & chauſſées deſdictes villes & forſbourgs, & autres affaires communs & néceſſaires de ladicte ville du *Puy*; & de plus ample grace leur avons octroyé & octroyons par ceſdictes préſentes que ladicte entrée ou aide de douze deniers pariſis, ilz puiſſent & leur loiſe vendre ou affermer, pour ſubvenir audiz affaires, quant le cas y écherra, à tel temps & à telles perſonnes, & pour tel pris & ſommes de deniers que bon leur ſemblera, ſans ce que ladite entrée ou aide de douze deniers pariſis, leur ſoit ne puiſt eſtre oſtée ne miſe hors de leurs mains ores ne pour le temps à venir, pour quelque cauſe ne en quelque manière que ce ſoit; pourveu touteſvoyes que celui ou ceulx qui en feront recepte & dépenſe, en rendront compte & reliqua par-devant noz Officiers audit lieu, ainſi qu'ilz ont acouſtumé faire le temps paſſé, & que noz deniers n'en ſoient aucunement diminuez ne retardez; moyennant la ſomme de deux mil trois cens trente-ſept livres dix ſolz toúrnois, que leſdiz ſupplians ont paicé & baillée comptant à noſtre Receveur Général pour Nous, dont avons eſté & ſommes contens, & par lequel noſtre Receveur voulons quictance en eſtre baillée auſdiz ſupplians pour leur deſcharge & acquict pour le temps à venir. Si donnons en mandement par ceſdictes préſentes à nos amez & féaulx Conſeillers les Généraulx par Nous ordonnez ſur le fait & gouvernement de toutes noz finances tant en *Languedoil* comme en *Languedoc*, aux *Seneſchal* de *Beaucaire* & *Bailly* de *Velay*, au *Bailli* & *Juge* de la Court commune dudit lieu du *Puy*, & à tous noz autres Juſticiers óu à leurs Lieuxtenans, préſens & à venir, & à chaſcun d'eulx ſi comme à lui appartiendra, que leſdiz ſupplians & leurs ſucceſſeurs Conſulz & habitans de ladicte ville du *Puy*, facent, ſeuffrent & laiſſent joïr & uſer paiſiblement de noſtre préſente grace, voulenté, don & octroy, en contraignant ou faiſant contraindre à payer ledit aide ou entrée de douze deniers pariſis, tous ceulx qu'il appartiendra, par toutes voyes deues : Car tel eſt noſtre plaiſir. Et afin, &c. Nous avons, &c. ſauf, &c. *Donné à* Tours, *le* IIII.ᵉ *jour de Janvier, l'an de grace mil* CCCC XLVIII, *& de noſtre règne le* XXVII.ᵉ *Ainſi ſigné: Par le Rey en ſon Conſeil.* DELALOERE. *Viſa Contentor.* E. FROMENT.

(a) Lettres de Charles VII, par lefquelles il défend l'exécution de celles qui foumettoient à l'impofition foraine les marchandifes paffant par Tournay, parties de Douay ou autres lieux de l'Empire, pour être tranfportées à Gand & ailleurs.

CHARLES, par la grace de Dieu, Roy de France. Comme entre les autres matières ouvertes & pourparlées en noftre ville de *Paris*, entre plufieurs nos Confeillers, commis & députez de par Nous, & ceux de noftre très-chier & très-amé Frere & Coufin le *Duc de Bourgongne*, certaine remonf- trance ait efté faite de la part de noftredit Frere & Coufin, fur ce que par vertu de certaines nos Lettres patentes, aucuns ont voulu mettre fus en noftre ville de *Tournay*, l'impofition-foraine & yffue du Royaume, fur les blez & grains, & autres denrées & marchandifes qui y paffent, & que l'on maine à *Gand*, & ailleurs, partans de la ville de *Douay*, ou chargez ilec en l'eau; fçavoir fur la rivière de la *Scarpe*, & auffy de la ville de *Valenciennes*, & autres villes & lieux de l'*Empire*, que lefdictes gens de noftredit Frere & Coufin, dient eftre contre l'ufaige encien, & contre la teneur de certain Arreft de noftre Court de Parlement, prononcié en l'an mil CCCC & dix, qui feroit, fi ainfy eftoit, ou préjudice de noftredit Frere & Coufin & de fes fubgiés, & plus pourroit eftre, fe par Nous n'eftoit fur ce pourveu de remède convenable, fi comme il dit : pour ce eft-il que, oy le rapport à Nous fur ce fait par nofdits Confeillers, & voulans en ce procéder avec noftredit Frere & Coufin, en toute faveur, avons ordonné & ordonnons par ces préfentes, que l'exécution des Lettres & Mandemens obtenuz & impetrez de Nous fur ce, dont noftredit Frere & Coufin & fes fubgiez fe font douluz & complains, ceffera du tout, & que les exploitz faiz par vertu defdits Mandemens feront députez pour non faiz & non advenuz, & quant à ce, demourera ledit Arreft en fa force & vertu, & en fera ufé pour le temps à venir, tant au regard dés cautions, certifications, que autrement, felon qu'il a efté acouftumé, & tout ainfy que l'on en ufoit avant l'impétracion defdits Mandemens : fans préjudice de noftre droit en autres chofes, & auffy de noftredit Frere & Coufin & de fes fubgiez. Donné à Tours, le XXVIIIe jour de Janvier, l'an de grace mil CCCC quarante & huict, & de noftre regne le XXVIIme Plus bas, *Par le Roy.* GETHI.

Lefdictes Lettres féellées d'un feau de cire jaune, pendant à une queue de parchemin.

NOTE.

(a) Ces Lettres ont été tranfcrites & collationnées fur l'original, par le favant *Denys Godefroy*, en 1678, & nous ont été communiquées par M. *Godefroy*, fon arrière petit- fils, Garde des Archives de la Chambre des Comptes de *Lille*.

(a) Lettres de Charles VII, par lesquelles il ordonne la surséance des Lettres de complaintes, débitis & répis, dans le pays de Flandre, & les appellations au Parlement des quatre principales Loix dudit Pays.

CHARLES, par la grace de Dieu, Roy de France, à nos amez & féaulx Conseillers, les Gens tenans & qui tiendront nostre Parlement, aux *Baillis* d'*Amiens* & d'*Amiennois*, & à tous nos autres Justiciers & Officiers ou leurs Lieuxtenans : Salut & dilection. Comme entre les autres matières ouvertes & pourparlées en nostre ville de *Paris*, entre plusieurs nos Conseillers, Commis & Députés de par Nous & ceux de nostre très-chier & très-amé Frere & Cousin le *Duc* de *Bourgogne*, certaine remonstrance ait esté faicte de la part de nostredit Frere & Cousin, sur ce que depuis aucun temps en-çà, & meismement depuis l'an mil quatre cens quarante ou environ, aucuns se sont avanciez de mectre appellacion des Loix de son pays de *Flandre*, especialment des quatre Loix principalles d'icelluy pays, c'est assavoir *Gand, Bruges, Ypres* & le *Franc (b)*, & aussi des Gens du Conseil & Officiers indifferamment d'iceluy nostre Frere & Cousin en sondit pays de *Flandres*, & tant de griefs judiciaires que extraordinaires, & des Sentences interlocutoires aussi bien que des diffinitives, sans y procéder par degrez ne y garder ordre quelsconque, à quoy ilz ont esté par Nous receus, & les ont relevées en nostre Court de Parlement, à la grant charge & foule des subgects de nostredit Frere & Cousin, de sesdits pays & *Conté* de *Flandres*, détriment & diminucion du fait de la marchandise, qui est la principale fondacion & bien d'iceluy pays, & aussi au grant interest, préjudice & dommaige de la chose publique & destruction des Marchands estrangers y fréquentans, & meismement contre les droits, anciennes Coustumes, libertez & franchises dudit pays de *Flandres*; & que jaçoit ce que en l'an mil iiii.^c XLIIII en la cité de *Chaalons* en *Champaigne*, où fust par-devers Nous nostre très-chiere & très-amée Cousine la *Duchesse* de *Bourgogne* qui ce que dit est Nous fist remonstrer, Nous eussions lors à sa requeste & poursuite, baillé & accordé par nos Lettres patentes, une surséance jusques à IX ans prochains après ensuivans, des appellacions émises & qui se émettroient desdits quatre principales Loix de *Flandres*, toutesvoies, ce nonobstant & depuis, aucuns ont de rechief & plus qu'auparavant, émises plusieurs appellacions desdites quatre principales Loix, à quoy semblablement ilz ont par Nous esté receus, & nosdites Lettres de surséance débatues en nostredite Court de Parlement par nos Procureurs, Advocats & Gens de Conseil, en les voulant regecter & impugner de tous poins; & en oultre de la part de nostredit Frere & Cousin, Nous ait esté remonstré que plusieurs causes introduictes, tant en la Chambre de son Conseil ordonne en sondit pays de *Flandres*, comme devant les Loix d'iceluy pays, ont, par Nous & nos Lettres patentes, esté évoquées en nostredite Court de Parlement, & par-devant autres noz Officiers; & de ce aussi que nosdits Officiers, en especial le *Bailly* d'*Amiens*, s'efforcent chascun jour de voloir executer audit pays & *Conté* de *Flandres*, Lettres de complainctes en cas de nouvelleté & débitis, tant par vertu de noz Lettres patentes comme des commissions du *Bailly* d'*Amiens* & des *Prevostz* de *Beauquesne* & de *Monstreuil;*

NOTES.

(a) Extrait du Registre aux Titres de la ville de *Lille,* cote K, L, M, fol. 214, v.º La copie de ces Lettres nous a été envoyée par M. *Godefoy,* Garde des Archives de la Chambre des Comptes de *Lille.*

(b) Le Franc.] C'est-à-dire le territoire de *Bruge,* nommé communément *le Franc de Bruge.*

CHARLES
VII,
à Tours,
le 28 Janvier
1448.

& avec ce s'efforcent y prendre & avoir la congnoiſſance d'excès en cas que l'on veule dire privilégiez, & y faire pluſieurs grans nouvelletez contre leſdits drois, priviléges, libertez & anciennes Couſtumes dudit pays & à la très-grant charge & foule des ſubgects, manans & habitans d'iceluy; & auſſi que à pluſieurs qui l'ont requis, demourans audit pays de *Flandres*, Nous avons ottroyé & ottroyons ſouvent Lettres de reſpit à cinq ans & à ung an, ou grant intereſt & préjudice de la marchandiſe & du bien de la choſe publique, & à la très-grant charge, foule, intereſt & dommaige de tout ledit pays & des Marchands & tous autres manans & habitans en icelui, & plus pourroit eſtre ſi proviſion n'y eſtoit par Nous donnée, ſi comme dit noſtredit Frere & Couſin. Pour ce eſt-il que oy le rapport à Nous ſur ce fait par noſdis Conſeilliers, & voulans en ce procéder avec noſtredit Frere & Couſin en toute faveur, avons appoinctié & ordonné, appoinctons & ordonnons par ces préſentes, que de noſtre part ſeront commis & ordonnés deux de noz Conſeillers, gens notables, telz qu'il Nous plaira, auſquelz ſeront baillez les *Vidimus* ou copies de toutes les Chartres, Lettres, Arreſts, appoinctemens & autres enſeignemens faiſans à noſtre prouffit, & dont noſtre Procureur ſe veult & vouldra aydier, touchant leſdites appellations, reſſort & ſouveraineté dudit pays de *Flandres*, & autres poins deſſus declairés; & ſemblablement noſtredit Frere & Couſin commectra & ordonnera deux de ſon Conſeil, gens notables, ès mains deſquels il ſera baillier les *Vidimus* ou copies des Chartres, Lettres & autres enſeignemens dont ſon Procureur ſe vouldra aydier en ceſte partie, leſquelz quatre Commis yront & ſe tranſporteront enſemble audit pays de *Flandres*, communiqueront les ungs aux autres leſdits *Vidimus* & copies, & ſe informeront ſur les lieux de la manière deſdits reſſort & ſouveraineté & comment l'on en a uſé le temps paſſé, tant par dépoſition de teſmoings comme par les previléges, Lettres & Regiſtres anciens dont ilz pourront finer, & à ceſte fin manderont & feront venir par-devers eulx, enſemble ou particulièrement, les Députez des quatre Membres dudit pays de *Flandres* & autres d'icelui pays que bon leur ſemblera, pour les interroger, enquérir & ſavoir d'eulx des choſes ſervans à la matière, le plus avant qu'ilz pourront, & le tout mectront & rédigeront par eſcript, & après adviſeront enſemble entre eulx les expédiens ſelon leurs advis & opinions, & les feront mectre & rédiger par eſcript; en reſervant premièrement noſtre bon plaiſir & après celui de noſtredit Frere & Couſin; & ce faict rapporteront le tout: c'eſt aſſavoir, noſdits Gens & Commis par devers Nous, & ceulx de noſtredit Frere & Couſin par-devers lui, pour y eſtre au ſourplus ordonné & appoincté amiablement, ainſy qu'il appartiendra; & cependant juſques à quatre ans à compter du jour de ces préſentes, l'on ſurſerra de baillier leſdictes complaintes, debitis & reſpis & autres choſes deſſuſdictes, & de recevoir appellacions ès cauſes qui toucheront Marchans eſtrangiers, poſé qu'il n'y ait que l'une des parties qui ſoit Marchant eſtrangier, & au ſourplus touchant les appellacions en autres cas, l'on en uſera pendant ledit temps de quatre ans ainſi comme l'on a fait depuis la paix de *Tournay*, qui fut l'an mil III.ᵉ quatre-vingt & cincq, juſques à l'an IIII.ᵉ quarante; & au regart deſdites Lettres de ſurceance de IX ans des appellacions deſdites quatre principales Loix de *Flandres*, elles ſortiront leur effect, ſe pluſtoſt n'y eſt pourveu comme dit eſt; & au cas que dedens leſdits quatre ans ne ſeroit ordonné & appoincté ès choſes deſſuſdictes, les parties d'un commun conſentement, s'il voient eſtre expédient de faire, pour le bien des matières, pourront ledit terme proroguer juſques à ung autre temps, lequel fini demourra chaſcun en ſon droit, & tout ſans préjudice de noz droiz & ſouveraineté, & des droiz, libertez & anciens uſaiges de noſtredit Frere & Couſin & de ſondit pays de *Flandres*. Si vous mandons & expreſſément enjoignons & à chaſcun de vous, ſi comme à lui appartiendra, que ceſte noſtre préſente Ordonnance & appoinctement vous gardez & obſervez, & faictes garder & obſerver

de point en point felon fa forme & teneur, fans aucune chofe faire ne fouffrir faire au contraire. *Donné à* Tours, *le XXVIII.* jour de Janvier, l'an de grace mil IIIIe quarante-huiĉt, & de noftre règne le XXVIIe Ainfi figné : *Par le Roy.*
• E. CHEVALIER.

Deffoubz eftoit efcript : Collacion faiĉte à l'original par moy, *& figné du Secrétaire.* DE MOLESME.

Il eft ainfi : *DU CHASTEAU DE VILLERMONT.*

(a) Lettres de Charles VII, par lefquelles il confent que Philippe, Duc de Bourgogne, de Lothier, de Brabant, &c. ajoute à fes titres, les mots : Par la grâce de Dieu *(b), vû la déclaration du Duc, qu'il ne prétend par là aucun droit nouveau fur les Terres qu'il tient en France fous la fouveraineté du Roi.*

CHARLES, par la grace de Dieu, Roi de France, à tous ceux qui ces préfentes Lettres verront : Salut. Savoir faifons, Nous avoir veües les Lettres patentes de notre très-cher & très-amé Frère & Coufin le Duc de Bourgogne, qui de fa part Nous ont efté préfentées & baillées, defquelles la teneur s'en fuit.

PHILIPPE, par la grace de Dieu, *Duc de Bourgogne, de Lothier, de Brabant & de Limbourg, Comte de Flandre,* d'*Artois, de Bourgogne,* Palatin de *Hainault,* de *Hollande, de Zélande & de Namur, Marquis* du *Saint-Empire,* Seigneur de *Frife, de Salins & de Malines :* à tous ceux qui ces préfentes Lettres verront : Salut. Comme après la fucceffion à nous écheüe des *Duchez & Seigneuries* de *Lothier, Brabant & Limbourg,* par le trefpas de feu noftre très-cher & très-amé coufin le *Duc Philippe de Brabant,* dernier trépaffé *(c),* dont Dieu ait l'ame, nous aions en toutes nos Lettres patentes, au commencement de notre titre, & après notre propre nom, fait mettre & écrire ces mots, *par la grace de Dieu,* favoir faifons, que nous connoiffons & conceffons par ces préfentes, que par ce nous n'avons entendu ne entendons vouloir avoir ou prétendre ès païs & Seigneuries que avons & tenons au Royaume de France, aucun plus grand droit que y avions auparavant lefdits Duchez & Seigneuries à nous écheues, & que nos prédeceffeurs y avoient & pouvoient avoir & prétendre ; & connoiffons ce nonobftant, Monfeigneur le Roi eftre noftre Souverain Seigneur, à caufe des Terres & Seigneuries que avons & tenons en fon Royaume ; fauf & réfervé à nous notre exemption à notre vie, felon le contenu ou traité de la paix faite entre mondit Seigneur le Roi & nous. En tefmoin de ce, nous avons fait mettre notre fcel à ces prefentes. *Donné en notre Châtel de Hefdin, le vingt-fixieme jour de Novembre, l'an de grace mil quatre cens quarante-huit.* Ainfi figné : *Par Monfeigneur le Duc.*
J. DE MOLESMES.

NOTES.

(a) Recueil de Traités, par *Léonard,* Tome Ier, page 44. Corps diplomatique, Tome III, partie Ire, page 166, col. 2.

» *(b)* L'idée d'indépendance abfolue, n'a » été attachée à cette formule, que vers le » règne de Charles VII ; *Jean V,* Duc de » *Bretagne ;* & *Philippe le Bon,* Duc de » *Bourgogne,* donnèrent lieu d'attribuer à ce titre une fignification de fouveraineté « qu'il n'avoit pas dans fon fens naturel. » Nouveau Traité de Diplom. Tome IV, page 590.

(c) Mort fans alliance, à l'âge de vingt-cinq ans, le 4 Août 1430, felon les Hiftoriens ; le 15 Octobre 1429, felon les Regiftres du Parlement.

CHARLES
VII,
à Tours,
le 28 Janvier
1448.
Suite des Lettres
de Charles VII.

Lefquelles Lettres deffus tranfcrites, Nous avons eû & avons pour agréables, & moiennant ce, & pour les caufes contenues en icelles, avons efté & fommes confens que lefdits mots, *par la grace de Dieu*, foient & demeurent au titre de notredit Frere & Coufin, ainfi & par la maniere qu'il les y a fait mettre & écrire, fans ce que ci-après & au temps à venir, aucune queftion en foit faite à notredit Frere & Coufin, & auffi fans préjudice de nos droits & fouveraineté. En temoin de ce, Nous avons fait mettre notre Scel à ces préfentes. *Donné à* Tours, *le vingt-huitième jour de Janvier, l'an de grace mille quatre cens quarante-huit, & de notre regne le vingt-feptieme. Et fur le repli eftoit écrit, Par le Roi, G. Cht. Et fcellé du grand Sceau de cire jaune, pendant à une attache de parchemin, repréfentant le Roi Charles VII féant en fon fiége de juftice, & au revers l'Écu de France.*

(a) Lettres de Charles VII, par lefquelles il révoque la commiffion qu'il avoit donnée pour lever en Bourgogne les droits de Francs-fiefs & nouveaux acquêts.

CHARLES, par la grace de Dieu, Roy de France. Comme entre les autres matières ouvertes & pourparlées en noftre ville de *Paris*, entre plufieurs nos Confeillers commis & députez de par Nous, & ceulx de noftre très-chier & très-amé Frere & Coufin le *Duc de Bourgoingne*, certaine remontrance ait efté faite de la part de noftredit Frere & Coufin, fur ce que puis n'agueres il eft venu à fa cognoiffance, que avons baillié & octroyé à certains Commiffaires, nos Lettres patentes de commiffion fur le fait des nouveaulx acquefts faits par Gens d'Eglife fans amortiffement, & par gens non nobles au regard des chofes féodales, en fon *Duchié* de *Bourgoingne*; & que s'ainfy eftoit, ce feroit à la grant foule, charge & domaige des Gens d'Eglife & autres fes fubjets de fondit *Duchié*, & en fon très-grant intéreft & préjudice, & de fes droits *(b)*, Jurifdicion & Seignourie d'illec, fi comme il dit, requérant oudit cas luy eftre fur ce pourvû de remede convenable. Pour ce eft-il que oy le rapport à Nous fur ce fait par nofdits Confeillers, & voulans en ce procéder avec noftredit Frere & Coufin en toute faveur, avons ordonné & ordonnons par ces préfentes, que la commiffion fur le fait defdits nouveaulx acquefts oudit *Duchié* de *Bourgoingne*, s'aucune en a par Nous efté baillée, dont point ne fommes avertis, ceffera fans préjudice de nos droits & auffi des droits de noftredit Frere & Coufin. *Donné à* Tours, *le vingt-huitieme jour de Janvier, l'an de grace mil quatre cens quarante & huit, & de noftre règne le vingt-feptieme.* Ainfi figné: *Par le Roy.* C. CHEVALIER.

NOTES.

(a) Hiftoire de *Bourgogne* par *D. Plancher*, Tome I.ʳ, page 124, col. 2, d'après un Regiftre de la Chambre des Comptes de *Dijon*.
(b) Les Droits des *Ducs* de *Bourgogne* avoient été plus d'une fois reconnus. Voyez l'Hiftoire de *Bourgogne* par *D. Plancher*, Tome. I.ʳ, pages 226 & 227.

(a) Lettres de Charles VII, par lesquelles il prend sous sa protection & sauvegarde l'Abbaye de Beaumont-lez-Clermont, à laquelle il donne pour Gardiens les Baillis de Saint-Pierre-le-Moutier & de Montferrand.

CHARLES, &c. savoir faisons, &c. Nous avoir receue l'umble supplicacion de noz chieres & bien amées les Religieuses Abbesse & Convent de l'Abbaye de *Beaumont-lez-Clermont* en *Auvergne*. Et à ce qu'elles puissent mieulx faire & continuer seurement & plus dévotement le divin service en leur Eglise, & que soyons participans ès oraisons, prieres & biensfaiz de ladicte Eglise, icelles avecques leurs serviteurs, familliers, hommes & femmes de corps, s'aucuns en ont, & toutes leurs choses, possessions & biens quelzconques tant en chief que en membres, estans en nostre Royaume, avons prinses & mises, prenons & mectons de grace espécial par ces présentes en & soubz nostre protection & sauvegarde especial, à la conservacion de leurs droiz tant seulement, & leur avons commis & deputez, commectons & depputons par ces présentes, pour Gardiens d'elles & de leursdiz familliers & serviteurs, hommes & femmes de corps, les *Bailliz* de *Saint-Pierre* le *Moustier* & de *Montferrand* ou leurs Lieuxtenans; ausquelz Bailliz ou leursditz Lieuxtenans & à chascun d'eux sur ce requis, Nous mandons & commectons que lesdictes supplians, leursdiz serviteurs, familliers, hommes & femmes de corps, ilz maintiennent & facent maintenir & garder de par Nous en toutes leurs justes possessions, droits, usaiges, franchises, libertez & saisines esquelles ilz les trouveront estre, & leurs prédécesseurs avoir esté paisiblement & d'ancienneté; & facent donner ausdiz supplians, à leurs serviteurs, familliers, hommes & femmes de corps, bon & loyal asseurement selon la Coustume du païs, de toutes les personnes dont elles & chascune d'elles, leursdiz serviteurs, familliers, hommes & femmes de corps les requerront à avoir, & les gardent & facent garder & défendre de toutes injures, violences, griefs, oppressions, molestacions, de force d'armes, de puissance de laiz & de toutes autres inquiétacions & nouvelletez indeues, lesquelles s'ilz trouvent estre ou avoir esté faictes ou préjudice de ceste nostre présente sauvegarde & desdictes supplians, leursdiz serviteurs, familliers, hommes & femmes de corps, ou aucun d'eulx, ilz réparent ou facent réparer & remectre sans délay au premier estat & deu, & facent pour ce faire, à Nous & ausdiz supplians, amende convenable, en nostredicte sauvegarde, publient ou facent publier & signifier ès lieux & aux personnes où il appartendra & dont ilz seront requis, & en signe d'icelle, en cas de éminent péril, mectent & assiéent nos pennonceaulx & bastons royaulx en & sur les lieux, maisons, manoirs, terres, granges, possessions & autres biens quelzconques desdiz supplians, en faisant ou faisant faire inhibicion & defense de par Nous, à tous ceulx qu'il appartendra & dont ilz seront requis, à certaines & grosses peines à Nous à appliquer, que ausdiz supplians, leurs familliers, hommes & femmes de corps, droiz, choses, possessions & biens quelzconques, ne mefacent ou facent mefaire en corps ne en biens en aucune manière; & se en cas de nouvelleté naist sur ce débat ou opposicion entre lesdiz supplians, leurs serviteurs, familliers, hommes & femmes de corps, & aucuns de leurs adversaires, pour raison des biens de ladicte Eglise ou d'aucunes d'icelles Religieuses, leursdiz familiers, hommes & femmes de corps, ledit débat &

NOTE.

(a) Trésor des Chartes, Registre VIII*xXIX. [179] Pièce 258. = *MSS. de Colbert,* Volume LIII, page 537.

CHARLES
VII,
à Tours,
en Janvier
1448.

chofe contencieufe prinfe & mife en noftre main comme fouveraine, & reftabliffement fait avant toute euvre des chofes prinfes & levées, attendu que par prévencion la congnoiffance appartient à noz Gens & Officiers; adjournent ou facent adjourner les oppofans ou faifans ledit debat à certain & compétent jour ou jours par-devant noz plus prouchains Juges ou leurs Lieuxtenans à leur plus prouchain Siege des parties & chofes contencieufes, pour dire les caufes de leur oppoficion, débat ou contredit, refpondre, procéder & aler avant en oultre felon raifon: & avecques ce toutes les debtes bonnes & loyaulx, congneues ou prouvées fouffifamment par lettres, tefmoings, inftrumens, confeffion de partie ou autres loyaulx enfeignemens, qui t'apperront eftre deues, aufdiz fupplians, leurs familliers, hommes & femmes de corps & à chafcun d'eulx, ilz leur facent paier tantoft & fans délay ou à leur certain commandement, en contraignant ou faifant contraindre à ce les debteurs & chafcun d'eulx par prinfe, vendue & exploitacion de leurs biens, détencion & emprifonnement de leurs corps, fe meftier eft, & à ce font obligiez; & en cas d'oppoficion, refuz ou délay, noftre main fouffifamment garnie premièrement & avant toute euvre, des fommes contenues ès Lettres obligatoires faictes & paffées foubz Seaulx royaulx, ilz adjournent ou facent adjourner les oppofans, refufans ou délayans, à certain & competent jour ou jours, par-devant les Juges ou leurs Lieuxtenans aufquelz la congnoiffance en appartendra, pour dire les caufes de leur oppoficion, refuz ou délay, refpondre, procéder & aler avant en oultre felon raifon : & de ce que fait auront lefdiz Gardiens & chafcun d'eulx, certiffient fouffifamment aufdiz jour ou jours lefdiz Juges ou leurs Lieuxtenans, aufquelz nos Juges ou leurfdiz Lieuxtenans Nous mandons, & pour les caufes deffufdictes commectons, & aux autres Juges mandons que aux parties, icelles oyes fur les chofes deffufdictes & leurs dependances, facent de jour en jour, en Affife & dehors, bon & brief accompliffement de juftice, nonobftant ufaige, ftile, Couftume de païs quant a actendue d'Affife, & quelzconques Lettres d'Eftat, de grace, de refpit & autres impetrées ou à impetrer par lefdiz debteurs ou les aucuns d'eulx fur le refpit ou dilacion de leurs debtes paier, auxquelles ilz auront renoncié par foy & ferement, fe en icelles n'eft faicte expreffe & efpécial mencion des renonciacions, foy & ferement deffufdiz, & généralment lefdiz Gardiens & chafcun d'eulx, facent & puiffent faire pour lefdiz fupplians, leurs ferviteurs, familiers, hommes & femmes de corps, toutes & chafcunes les autres chofes qui à Office de Gardien pevent & doivent compéter & appartenir: Mandons & commandons par ces mefmes préfentes à tous noz Jufticiers, Officiers & fubgietz, que audiz Gardiens & à chafcun d'eulx, & à leurs Commis & Depputez, en faifant leurdit Office & les chofes deffufdictes, obéiffent & entendent diligemment, & leur preftent & donnent confeil, confort & aide, fe meftier eft & ilz en font requis. Et afin, &c. Nous avons, &c. fauf, &c. *Donné à* Tours, *ou mois de Janvier, l'an de grace mil cccc quarante & huit; & de noftre regne le XXVII.*ᵉ *Ainfi figné. Par le Roy à la relation du Confeil.* DANIEL.

Vifa. Contentor. E. FROMENT.

*(a) Lettres de Charles VII, par lesquelles il exempte les Gens du Parlement,
de lever à leurs dépens gens d'armes & de trait, à raison des Fiefs
& Terres qu'ils tiennent du Roi.*

CHARLES, par la grace de Dieu, Roy de France, aux *Prevost de Paris,*
Baillifz de Vermandois, de *Meaulx* & de *Melun,* & à tous noz autres
Justiciers & Officiers, ou à leurs Lieuxtenans : Salut. Noz amez & féaulx
Conseilliers les Gens tenant nostre Parlement à *Paris,* Nous ont fait exposer
que soubz umbre de certaine Ordonnance par Nous nouvellement faicte pour
contraindre toutes manières de gens non suivans les armes, tenans Fiefz &
Terres Nobles de Nous ou d'autres en nostre Royaume, à mectre sus gens
d'armes & de trait, selon la valeur desdictes Terres & Fiefz qu'ilz possèdent,
pour iceulx gens d'armes & de trait employer à la tuition & défense de nostredit
Royaume & Seigneurie, vous ou aucuns de vous, sans avoir regart aux peines
& travaulx & à l'occupation continuelle qu'ilz ont chascun jour en icelle nostre
Court pour faire & administrer justice à noz vassaulx & subgiez, les avez
voulu ou voulez contraindre à mectre sus à leurs despens gens d'armes & de
trait, selon la faculté de leursdiz Fiefz & Terres Nobles, & en défault de
ce, prins & mis réaulment & de fait en nostre main leursdiz Fiefz & Terres
Nobles, en manière qu'ilz n'en pevent joïr, ne aussi des fruiz & revenues
d'iceulx, en leur grant grief, préjudice & dommaige, & plus pourroit être,
se nostre grace & bonne provision ne leur estoit sur ce impartie, si comme ilz
dient, requérans humblement icelle. Pour quoy, Nous, ces choses considérées,
& les grans & bons services qu'ilz Nous ont faiz & font de jour en jour en
leursdiz estaz & Offices, & espérons que plus facent ou temps à venir, voulans
par ce les traictier & favorablement obtempérer à leur requeste, à iceulx
exposans, pour ces causes & autres à ce Nous mouvans, avons octroyé &
octroyons de grace espécial par ces présentes, que à cause desdiz Fiefz &
Terres Nobles qu'ilz tiennent de Nous, ou d'autres quelzconques en nostredit
Royaume, ilz ne soient tenuz de faire ou mectre sus aucunes gens d'armes
& de trait, ne à aucunement y contribuer, mais en soient tenuz francs, quictes
& exempts. Si vous mandons & expressément enjoignons & à chascun de vous,
si comme à lui appartendra, que de nostre présente grace & octroy, faites,
souffrez & laissez lesdiz exposans & chascun d'eulx joïr & user pleinement &
paisiblement, en leur mectant leursdiz Fiefz & Terres pour ce empeschez &
mis en nostre main, ensemble les fruiz & revenues d'iceulx, à plaine & pure
délivrance, sans aucunement aler, ne venir à l'encontre : Car ainsi le voulons
& Nous plaist estre fait, nonobstant l'Ordonnance par Nous ainsi faicte, Mandemens & défenses à ce contraires. *Donné à* TOURS, *le* XXII.ᵉ *jour de Mars,*
l'an de grace mil CCCC *quarante & huit, & de nostre regne le* XXVII.ᵉ Sic
signatum : *Par le Roy, à la relacion des Gens de son Grant Conseil.* E. CHEVALIER.
Collacio facta est cum originali.

NOTE.

(a) Registre du Parlement intitulé :
Ordinationes Barbinæ, coté D, *fol.* 125 r.ᵒ
& 145 v.ᵒ
On trouve au *fol.* 145 v.ᵒ de ce Recueil,
des Lettres entièrement semblables à celles-
ci, excepté la date qui est conçue en ces
termes : *Donné à Lezignan, le unzi.ᵐᵉ jour*
de May, l'an de grace mil CCCC. *cinquante*
& trois, & de nostre regne le XXXI.ᵉ Sic
signatum : *Par le Roy, l'Admiral. Maistres*
Jehan & Estienne Chevalier, & autres
présens. DELALOERE.

*(a) Lettres de Charles VII, par lesquelles il ordonne que les Prevôt
& Échevins de Lille, faffent exécuter les Édits & Statuts concernant
les Marchands & gens de métier, nonobftant les appellations, & fans
préjudice d'icelles.*

CHARLES, par la grace de Dieu, Roy de France, au *Bailli d'Amiens
& Prévoft de Beauquefne*, ou à leurs Lieuxtenans : Salut. Reçu avons
l'humble fupplication du Procureur de la ville de *Lille-lez-Flandres*, contenant:
comme icelle ville, qui eft ville notable, de grand ancienneté & moult fertile
pour marchandife ou païs de *Picardie*, foit chacun jour fréquantée, & y foient
demourans plufieurs notables Marchands, aufquels & autres perfonnes, Bourgois,
Labouriers & autres, foient chacun jour vendues grande quantité de denrées
• *Sic.* & marchandifes comune fe font* comme de draps, de laines, de linges, cuirs
& autres ; & ait en ladite ville plufieurs gens de meftier, comme Drapiers,
Coufturiers, Tixerans de draps, de toiles, Boulengiers, Maçons, Charpentiers,
Foulons, Teinturiers, Rapareilleurs de draps & d'autres plufieurs manières en
grans nombre, comme en plufieurs autres bonnes villes ; & pour le bien &
augmentation de ladite ville, de la police & grandement d'icelle, enfemble de
tous les Bourgeois, manans & habitans & y converfans, ayons de longtemps
accordé & ottroié qu'icelle ville ait corps de Ville, Loy, Cloche, Efchevinage,
Séel & Commune, & pour la gouverner foient chacun an commis douze
Efchevins, & auffy autres pour l'exercite de ladite Loy, lefquelx afin que
lefdites marchandifes, enfemble les Marchands & gens de meftier, foient
reglez & entretenuz en bonne police, iceux Efchevins commettent chacun an,
après ladite Loy renouvellée, plufieurs gens au-deffous d'eux, pour entretenir
toutes manières de gens de meftier, & entre les autres, fept hommes notables,
nommez Mayeur de la *Haute-perche*, fept autres, nommez Mayeur de la *Baffe-
perche*, & auffy autres, nommez Efgardeurs de la ligne euvré, avec plufieurs autres
perfonnes fur le gouvernement de ladite police & gens de meftiers, lefquels
Comis font ferment ès mains defdits Efchevins, de le bien faire & exercer,
que pour les tranfgreffeurs eftre pugnis de peine de corps & en amendes civiles,
telles comme ès Édits, Loix, Bans, Statuts & Ordonances que de l'accord
de nos Prédéceffeurs Rois de France, Contes & Conteffes de *Flandres*, & par
previlége ottroié à ladicte ville pour la police d'icelle mis fus & publiées en
icelle, eft contenu ; & à ce titre par le moïen defdits previleges, Loys, Édits,
Bans, Statuts & Ordonnances, aient lefdits Efchevins la cognoiffance, pugnicion
& correction de tous cas, à la conjure du Prévoft de ladite ville ou fon Lieutenant, de toutes amendes, de tranfgreffeurs, de defobeiffance, tant de délits
comme pour les rébellions qui fe font & efchéent à juger & pugnir ès termes
de leurdit Efchevinage, & mefmement de condempner les rebelles & defo-
beiffans des Ordonances & Statuts faits, ordonnez & entremis touchant ladite
police des Marchans & gens de meftier, foit de ban ou de congiement de
ladite ville à terme, fur peine d'amende civile ou de emprifonement de leurs

NOTE.

(a) La copie de ces Lettres nous a été
envoyée par M. *Godefroy*, Garde des Archives
de la Chambre des Comptes de *Lille*. On
lit en tête : « Extrait du Regiftre aux titres
» de la ville de *Lille*, repofant dans les
» Archives de la même ville, coté des lettres
G. H. J. fol. VIII^{xx}XV [175]. » Elles
font munies de l'acte de collation qui fuit :
« Collationné à par le Procureur du Roy,
» Sindic de la ville de *Lille*, foufsigné.
DU CHASTEAU DE VILLERMONT.»

corps

corps & de réparacions honnourables, & faire voyage ou autres semblables ; & ainſy en aient uſé de tel & ſi long tems qu'il n'eſt mémoire du contraire : ce nonobſtant, puis aucun temps ença, aucuns Rapareilleurs de draps, nommez Tondeurs aux grandes forces, & autres de pluſieurs divers meſtiers d'icelle ville, afin qu'ils puiſſent faire leur meſtier à leur poſte & volenté, ſans vouloir entretenir les Edits, Bans, Statuts & Ordonnances ſur ce fais, ne eſtre ſubgès à ladite Loy, ont trouvé manière de interjetter appellations deſdits Prévoſt & Eſchevins, cuidans par ce eſtre exempts d'eulx, & que ils, ne leurſdits Commis, ne les puiſſent plus contraindre à l'entretenement deſdits Bans, Status & Ordonnances, & entre les autres un nommé *Eſtienne Deleconte*, Rapareilleur de drap & Tondeur aux grans forces, Bourgeois & manant en ladite ville, qui pour tranſgreſſer leſdits Edits, Bans, Status & Ordonnances ſur le fait dudit meſtier & de la draperie en la ville, & meſmement pour avoir enfraint certaine caution par lui promiſe, à quoi il s'eſtoit obligié par-devant leſdits Eſchevins, fut nagueres condempné en la ſomme par luy enfrainte, & en certaines réparations honnourables, avoit & a, pour cuidier parvenir à ladite exemption, interjetté une appellation deſdits Prévoſt ou ſon Lieutenant & Eſchevins, & icelle, qui doit nuement ſortir en noſtre Cour de Parlement, à relever par-devant les Gens du Conſeil de noſtre très-cher & très-amé Frère & Couſin le *Duc* de *Bourgongne*, eſtant en ſon païs de *Flandres*, & y a fait appeller, intimer leſdits Prévoſt & Eſchevins, & ſoubs umbre de ladicte appellation, fait pis que devant, en contempnant leſdits Previleges, Lois, Bans, Statuts & Ordonnances, leſquelx par ce moien ſont en voie de aller au néant, & que les Marchands & autres gens fréquentans en ladicte ville, & qui avoient accouſtumé prendre des draps & autres marchandiſes en ladicte ville, s'en abſenteroient & pourroient ailleurs querir denrées & marchandiſes de draps & autres, lequel fait de drapperie eſt de preſent de auſſi bonne recommendation en fait de bonté qu'en toutes les villes voiſines, qui eſt l'intéreſt de ladite ville, en eſclande de toute juſtice & bonne police : car autres ſe pourroient ſur ce régler, & interjecter pareillement appellation pour cuider faire & uſer de leurs meſtiers à leur plaiſir & voulenté ; & par ces moyens ledit *Eſtienne Deleconte*, ſoubs umbre de ladite appellation, s'efforce de tranſgreſſer, & tranſgreſſe journelement, ſans pugnicion porter, leſdits Previléges, Bans, Statuts & Ordonnances, laquelle appellation par ce moien eſt en voie de prendre long trait, afin que pendant icelle ledit *Eſtienne* ou autres en cas ſemblables, puiſſent ouvrer ce temps pendant à leur plaiſir & voulenté, ſans entretenir ne garder leſdits Previléges, Bans, Statuts & Ordonnances ; qui ſeroit & pourroit plus eſtre, ſe telles voies eſtoient ouvertes, la dépopulation & deſtruction de ladite ville, & aller contre leſdits Previléges, Bans, Statuts & Ordonnances, & contre le bien de la choſe publique & du commun peuple & de tous les habitans, même que à cette cauſe ſe pourroient ſourdre groſſes diviſions & déſobéiſſances d'entre les gens de meſtier de ladite ville, ſi comme ledit Procureur ſuppliant dit, en Nous humblement requérant, qu'attendu ce que dit eſt, & qu'aucun autre que ledit *Eſtienne Deleconte* n'en fait à préſent queſtion touchant leſdits Previléges, Edits, Statuts, Bans & Ordonnances, & meſmement que la cauſe dont il a appellé, principalement touche & a regard à l'amende par luy enfrainte, ainſy qu'il a promis entretenir toutes les Ordonnances touchant ledit meſtier de Tondeur de grans forces, & que ſe telles voies eſtoient ouvertes, & que exemption en tele matière euſt lieu, ſeroit empeſchier ce qui a regard à police de bonne ville, & que par le moien deſdites appellations l'en ne vendra de long temps au principal, & convendra décider d'icelle appellation préalablement, ou ſe pourroient fourmer pareillement autres pluſieurs Marchans ou gens de meſtiers de ladite ville, Nous lui veulons ſur ce impartir noſtre grace & proviſion : Pour quoi Nous, ce conſidéré, que ne voulons leſdits

CHARLES
VII.
à Paris,
le 15 Mai
1449.

Previléges, Edits, Status, Bans & Ordonnances ainsy donnez & créez par nos Prédécesseurs estre adnullés ne aucunement diminuez, ne tolérer telles voies & manières de faire, qui est contre le bien de la chose publique & pollicie de bonne ville, ne avoir regard à telles appellacions frivoles, vous mandons & commettons par ces présentes, & à chacun de vous sur ce requis, que s'il vous appert desdits Privileges, Loys, Edits, Bans, Statuts & Ordonnances estre telz que dit est, & qu'ainsy lesdits Prévost, Eschevins & leur Commis en aient usé, & qu'ils soient faits pour le bien de la chose publique, en ce cas, faites ou faites faire commandement exprès & sur grosses peines, ausdits Prévost, son Lieutenant & Eschevins de ladite ville de *Lille* ou à leurs Commis, que nonobstant l'appellation dudit *Estienne Deleconte*, & autres appellations faites ou à faire par lui ou par autres, & sans préjudice d'icelles, ils contraignent, ou facent contraindre doresenavant tous Marchands & gens de mestier de ladite ville, & entretenir lesdits Edits, Bans, Statuts & Ordonnances, en pugnissant les transgresseurs & délinquans ainsy qu'il appartiendra & par ci-devant ont fait selon leursdis Priviléges, Edits, Bans, Statuts & Ordonnances, meismement ledit *Estienne Deleconte*, sans toucher à la cause dont il a appellé, comme dit est, ou pour autres causes & appellations faites ou à faire, & pourquoy elles sont ou pourront estre meues seulement, & en cas d'opposition, contredit ou délay, iceux commandemens tenans jusqu'à ce que desdites causes d'appel en soit ordonné en fin deue par nostre Court de Parlement ou autrement, adjournez ou faites adjourner les opposans, contredisans ou délaians, à certain & compétent jour ordinaire ou extraordinaire de nostre présent Parlement, nonobstant qu'il siet & que par aventure les parties ne soient pas des jours dont l'en plaidera lors, se bonnement se peut faire, se non, de nostre Parlement prouchain advenir, pour dire les causes de leurs oppositions & contredit ou délay, respondre, proceder & aller avant sur ce & les deppendences, & en outre selon raison, en certifiant sur ce souffisament ausdits jours nosdits Conseillers de ce que fait en sera, ausquels Nous mandons, & (pour ce que cette matière touche & peut touchier nostredit Frere & Cousin qui est Per de France, lequel n'est tenu ne doit plaidier hors de nostredite Court, s'il ne luy plait, & touche aussy nos Ordonnances & Préviléges dont la connoissance doit appartenir à nos Justiciers, considéré les appellations qui s'en peuvent ensuir, dont à nostredite Court appartient la connoissance, & que illec lesdites parties y pourront recouvrer de meilleur & plus notable conseil qu'ailleurs, & à despens raisonnables) commettons qu'ils facent aux parties sur tout ouïes, bon & brief droit & accomplissement de justice : Car ainsy Nous plaist-il estre fait, & audit suppliant l'avons ottroié & ottroions de grace spécial par ces présentes, nonobstant ce que dit est, & quelconques Lettres subreptices impétrées ou à impétrer, à ce contraires : mandons & commandons à tous nos Justiciers, Officiers & subgès, qu'à vous & chacun de vous, à vos Commis & Députez, en ce faisant, obéissent & entendent diligemment. *Donné à Paris, le quinzième jour de May, l'an de grace mil quatre cent quarante-neuf, & de nostre règne le XXVII.* Ainsy souscrit : *Par le Conseil, & signé du Secrétaire.* GARENNE.

An marge desquelles Lettres estoit attaché la relation qui s'ensuit.

A mes très-grands, honorez & doubtez Seigneurs, Messieurs tenans ou qui tenront le Parlement du Roy nostre Sire en son Palais à *Paris*, le vostre humble recomandé *Jean Desmolins*, Lieutenant commis à l'exercice de la Prévosté de *Beauquesne*, appareillé à tous vos commandemens & plaisirs. Mes très-grands, honnourables & doubtez Seigneurs, plaise vous sçavoir que par vertu de certaines Lettres Roiaux à moy présentées, requises estre entérinées de la partie de *Jean Haneton* Procureur de la ville de *Lille-lez-Flandres*, an marge desquelles cette moy rescription est attachée soubs nostre séel, & pour icelles intériner & mettre à exécution deue felon leur forme & teneur, le vingt-quatrième jour de May l'an mil quatre cens quarante & noeuf, à la requête dudit Procureur inpétrant d'icelles Lettres, me tranfportay en ladite ville de *Lille*, en la Halle & Chambre d'Efchevinage de ladite ville, en laquelle ledit Procureur me exhiba & fit oftention de plufieurs Chartres & Previléges donnez des Rois de France, Contes de *Flandres* & autres, touchant certains Edits, Bans, Statuts & Ordonnances, fervans tant aux meftiers de Tondeurs aux grans forches, comme de aultres meftiers ; & ce fait, après qu'il me fut deuement apparu d'iceulx Priviléges, Bans, Statuts & Ordonnances, me approchay de *Jean de Langlée*, Lieutenant de *Jean* de *Guieleng* Prévoft de ladite ville, auquel je exhibay lefdites Lettres Royaux, & luy requis avoir afiftence pour le Roy noftre-dit Sire, lequel en moy donnant icelle, me bailla, pour moy plus deuement affifter, *Willame Richame* dit de *Saint-Chugnet*, Sergeant en la Prévofté de ladite ville, en la préfence duquel Sergeant, de *Pierre de Lattre*, Sergeant du Roy noftredit Seigneur, & autres bonnes gens, je me approchay des perfonnes dudit *Jean de Langlée* Lieutenant dudit Prévoft, de Meftre *Guillaume* de *Rocq* Mayeur, *Jean Fremault*, *Gerard* le *Maiftre*, *Jaques Hannotel*, *Gilles* le *Kocq*, *Jaques* de *Bailloeul* & *Jean* le *Lambert* Efchevins de ladite ville de *Lille*, & auffi de *Jean* le *Douch* Veoir-juré d'icelle ville, aufquels Lieutenant, Maire, Efchevins & Veoir-juré, & à chacun d'eux, je fis comandement de par le Roy noftredit Sire, fur & à peine de cent marcs d'or à appliquer à iceluy Seigneur, que nonobftant l'appellation de *Eftienne Deleconte* denommé èfdites Lettres, & aultres appellations faictes ou à faire par luy ou par autres, & fans préjudice d'icelles, ils contraignent & facent conftraindre dorefenavant tous Marchands & gens de meftier de ladite ville, à entretenir les Edits, Bans, Statuts & Ordonnances, en pugniffant les tranfgreffeurs & délinquans ainfy qu'il appartiendra, & que par ci-devant ont fait, felon leurfdis Priviléges, Edits, Bans, Statuts & Ordonnances, meifmement ledit *Eftienne Deleconte*, fans touchier à la caufe dont il a appellé & dont mention eft faite plus à plain efdites Lettres Royaux, & pour autres caufes & appellations faites ou à faire, & pour quoy elles font ou pourront eftre meues feulement ; lefquels Lieutenant, Maire, Efchevins & Veoir-juré & chacun d'eux, me dirent & refpondirent qu'ils obéiffoient lefdits commandemens, & au furplus qu'ils fe garderoient de mefprenre ; & outre à la requête dudit impetrant me tranfportay à la Bretefque de ladite ville, ou l'en a accouftumé à faire cris & publication, & illec préfens lefdits Sergens & plufieurs gens illec affemblez & eftans fur le marchié de ladite ville, je leux à haute voix mot après autre, lefdites Lettres Royaux, en déclarant au fourplus que je avoie fait lefdits commandemens aux paines ainfy que deffus eft déclaré, en faifant favoir à tous, que chacun à qui ce touchoit, fe gardaft de mefprendre, & par quoy auffy en ce cas aucun n'en pretende caufe de ignorance ; & plus avant n'ay en ce procédé. Si voie au fourplus votre haute & noble difcrétion que bon en eft à faire. Mes très-grans, honourez & doutez Seigneurs, ce deffufdit vous certifie eftre vraie & par moy avoir efté fait, par cette moy refcription féellée de mon féel, faite & efcrite l'an & XXIIII.e jour dudit mois de May deffufdit.

(a) Lettres de Charles VII, par lefquelles il exempte de taille les habitans de la ville & des faubourgs de Paris; parce qu'il reprendra le tiers des aides ordonnées pour la guerre, qu'il leur avoit accordé.

CHARLES, par la grace de Dieu, Roy de France, à noftre amé & féal Confeiller & Maiftre de nos comptes, M.ᵉ *Jehan le Picart*, Tréforier de France, & aux Efleus fur le fait des aides ordonnez pour la guerre en la ville & effection de *Paris:* Salut & dilection. Nos bien amez les Prévoft des Marchands, Efchevins, Bourgeois & habitans de noftredicte ville & faulxbourgs de *Paris*, Nous ont fait expofer que par autres nos Lettres patentes, & pour les caufes dedans contenues, & mefmement pour repeupler noftredicte ville, qui à l'occafion des guerres & divifions qui par cy-devant ont efté en noftre Royaulme, & des charges, que à cefte caufe ils ont eu à porter & fouftenir, eft moult dépopulée & diminuée de habitans, Nous leur avons octroyé que pour cette préfente année, commencée le premier jour de l'année dernièrement paffé, ils, ne autres quelconques qui viendroient demourer & habiter noftredicte ville de *Paris* & faulxbourgs d'icelle, ne payeroient aucunes tailles, mais en feroient & demoureroient francs, quittes & exempts, moyennant & parmi ce que reprendrons à Nous le tiers defdits aides ordonnez pour la guerre, que par don de Nous ils devoient prendre & avoir pour cettedicte année, pour les emparemens, fortifications & autres communes affaires de icelle ville; & que fans exempter du tout defdictes tailles pour le temps avant, eulx & autres qui vouldroient venir demourer en noftredicte ville & faulxbourgs de *Paris*, les Marchands & autres qui pour les caufes deffufdictes s'en font abfentez, ne y vouldroient pour fi petit terme que dit eft, & fans efpérance d'en eftre francs par cy-après, aucunement retourner: & pour ce Nous ont fait fupplier & requérir que pour les émouvoir & leur donner voulenté & affeccion de ce faire, & repopuler noftredicte ville, comme dit eft, Nous plaife exempter pour le temps à venir, defdictes tailles, eulx & ceulx qui pourront venir demourer en icelle ville & faulxbourgs de *Paris*, & continuer l'octroy que fur ce leur en avons fait pour cette dernière année, & fur ce leur impartir noftre grace. Pour ce eft-il que Nous, ces chofes confidérées, inclinant à la requefte & fupplication à Nous ainfy faicte par lefdits expofans, voulant les fupporter & traiter favorablement, & à ce que noftredicte ville fe puiffe repopuler & habiter, & que ceulx qui y demourent n'aient caufe de s'en abfenter, à iceulx expofans, pour ces caufes & autres à ce Nous mouvans, avons octroyé & octroyons de grace efpeciale, par ces préfentes, que dorefenavant ils, ne autres quelconques qui vouldront venir habiter noftredicte ville & faulxbourgs de *Paris*, ne payeront aucunes tailles, mais en feront & demoureront francs, quittes & exempts, fans ce qu'ils puiffent eftre contraints, à aucune chofe en payer: moyennant toutesfois, & parmi ce que toufjours reprendrons à Nous, pour aucunement fubvenir à nos grans charges & affaires, ledit tiers d'iceulx aides ordonnez pour la guerre, que par don de Nous ils ont accouftumé prendre par chacun an pour la caufe devantdicte. Si vous mandons & très-expreffément commandons & à chacun de vous, fi comme à lui appartiendra, que en faifant & laiffant lefdits expofans joyr & ufer pleinement & paifiblement de noftre préfente grace & octroi, vous ne mettez fus dorefnavant en noftredicte ville & faulxbourgs de *Paris*, aucunes

NOTE.

(a) Regiftre *A* nommé auffi *Livre Rouge*, de l'Hôtel-de-ville de *Paris*, *fol.* 196 *r.ᵉ* Livre verd vieil fecond du Châtelet de *Paris*, *fol.* 93.

tailles ; mais en tenez-iceulx expofans & chacun d'eulx & tous autres qui y vouldront venir demourer, francs & exempts, fans aller, ne venir aucunement à l'encontre : Car ainfy le voulons & Nous plaift eftre fait, nonobftant quelconques Lettres impétrées ou a impétrer au contraire. *Donné à* Razilli, *le XXVI.ᵉ jour de May, l'an de grace mil CCCC XLIX, & de notre règne le XXVII.ᵉ* Signé : Par le Roy, *Vous*ᵃ, le Comte *de* Dunois, *les Sires de la* Fayette *& de* Preffigny, *& autres prefens.* E. CHEVALIER.

[On trouve enfuite dans les Regiftres cités, un Mandement de *Jehan le Picart*, Général-Confeiller du Roy fur le fait & gouvernement des Finances, pour l'accompliffement des préfentes Lettres.]

CHARLES VII, à Razilli, le 26 Mai 1449. ᵃ Le Chancelier de France.

CHARLES VII, à Razilli, le 26 Mai 1449.

(a) Lettres de Charles VII, par lefquelles il déclare que dans le cas où il remettroit fur les habitans de Paris, les tailles dont il les a exemptés, ils jouiroient du tiers des aides qu'il reprenoit en confidération de ladite exemption.

CHARLES, par la grace de Dieu, Roy de France, à noz amez & féaulx les Généraulx-Confeillers par Nous ordonnez fur le fait & gouvernement de toutes noz Finances, tant en *Languedoil* comme en *Languedoc* : Salut & dileccion. Noz bien amez les Prévoft des Marchans, Efchevins, Bourgois & habitans de noftre ville & faulxbourgs de *Paris*, Nous ont fait expofer que combien que par autres noz Lectres patentes *(b)*, & pour les caufes en icelles contenues, leur ayons octroyé que dorefenavant ilz, ne autres quelzconques qui vouldront venir demourer & habiter noftredicte ville & faulxbourgs de *Paris*, ne paieront aucunes tailles, mais en feront & demourront francs, quictes & exemps, moiennant & parmy ce que reprenons à Nous, pour fubvenir à noz afaires, le tiers des aydes ordonnez pour la guerre, que par don de Nous ilz avoient acouftumé prendre & avoir pour les emparemens, fortifications & autres communs afaires d'icelle ville ; néantmoins ilz doubtent que, fe par cy après par fortune de guerre ou autres noz afaires, eftions meuz de remectre fuz & faire affeoir & lever lefdictes tailles, ou voulfift empefchier qu'ilz ne peuffent reprendre ne avoir le tiers defdictes aydes pour convertir où que dit eft, qui feroit en leur grant préjudice & dommaige & défemparement de ladicte ville, & plus pourroit eftre fe par Nous ne leur eftoit fur ce pourveu de remède convenable, fi comme ilz dient, humblement requérans icelui. Pour ce eft-il que Nous, ces chofes confidérées, voulans incliner à la requefte defdictz expofans & les traictier favorablement, à iceulx avons octroyé & octroyons de grace efpécial, par ces préfentes, que toutes & quantes foiz que ferons meuz de remectre & remectrons fuz lefdictes tailles en noftre ville de *Paris*, ilz ayent & prengnent, & puiffent avoir & prendre, par chafcun an, par don de Nous, ledit tiers defdictes aydes, pour convertir & employer èfdits emparemens, fortificacions, & autres communs afaires d'icelle ville, tout ainfi, en la forme & manière, & par le temps qu'ilz le prenoient & avoient paravant l'exempcion que faicte leur avons defdictes tailles, à la reprinfe à Nous d'icelui tiers defdictes aydes. Si vous mandons & expreffément enjoingnons, que de noftre préfente grace & octroy, faictes, fouffrez & laiffiez lefdits expofans joïr & ufer paifiblement & à plain, fans leur faire,

NOTES.

(a) Regiftre *A*, nommé auffi *Livre Rouge*, de l'Hôtel-de-ville de *Paris, fol.* 196, *v.ᵉ* Avant ces Lettres, il y a : *Abolicion des Tailles.*

(b) Voyez les Lettres imprimées immédiatement avant celles-ci.

CHARLES
VII,
à Razilli,
le 26 Mai
1449.
* Le Chancelier
de France.

mectre ou donner, ne fouffrir eftre fait, mis ou donné aucun empefchement ou deftourbier au contraire : Car ainfi Nous plaift-il & voulons eftre fait, nonobftanz quelfconques Lectres impétrées ou à impétrer, à ce contraires. *Donné à Razillé, le XXVI.ᵉ jour de May, l'an de grace mil quatre cens quarante-neuf, & de noftre regne le XXVII.ᵉ* Ainfi figné. *Par le Roy, Vous*, le Conte *de* Dunois, les Sires *de la* Fayette, *de* Preffigny *& autres préfens*. E. CHEVALIER.

Aufquelles Lectres eftoient attachées les Lectres de vérification en-après tranfcriptes.

NOUS, les Genéraulx-Confeillers du Roy noftre Seigneur, fur le fait & gouvernement de toutes fes Finances. Veues les Lectres du Roy noftredit Seigneur, aufquelles ces préfentes font atachées foubz l'un de noz fignez, par lefquelles ledit Seigneur a octroyé aux Prévoft des Marchans, Efchevins, Bourgeois & habitans de la ville & faulxbourgs de *Paris*, que toutes & quantes foiz que ledit Seigneur feroit meu de remectre, & remectroit fus, les tailles en ladicte ville de *Paris*, que par autres fes Lectres leur a octroyé, que dorefenavant ilz, ne autres qui y vouldront venir demourer & habiter, ne paieront aucunes tailles, mais en feront francs, quictes & exempts, iceulx Prévoft des Marchans, Efchevins, Bourgois & habitans d'icelle ville de *Paris*, ayent & prengnent, & puiffent avoir & prendre par chafcun an, par don dudit Seigneur, le tiers des aydes ordonnez pour la guerre, d'icelle ville & faulx-bourgs de *Paris*, tout ainfi, & en la forme & manière, & pour le temps qu'ilz le prenoient & avoient paravant l'exempcion defdictes tailles, pour icelui tiers convertir ès emparemens & fortificacions d'icelle ville, ainfi que plus à plain eft declairé efdictes Lectres : confentons l'enterinement & accompliffement d'icelles, tout ainfi, pour les caufes, & tout par la forme & manière que ledit Seigneur le veult & mande par icelles. *Donné foubz nofdits fignez, le quinze.ᵐᵉ jour de Juing, l'an mil CCCC quarante-neuf.* Ainfi figné. J. LECLERC.

L'an mil CCCC cinquante-huit, le mardy vingt.ᵉ jour de Mars, le tranfcript cy-deffus fait defdictes Lectres Royaulx & verificacion, fut collacionné fur les originaulx d'icelles Lectres Royaux & verificacion, feines & entieres, en Séel de cire jaune fur fimple queue figné de cire vermeille & fignatures, par nous *Martin de la Planche & Lucas Maulevault* Notaires du Roy noftre Sire ou Chaftellet de *Paris*. L. MAULEVAULT. DE LA PLANCHE.

CHARLES
VII,
à Chinon,
en Mai 1449.

(a) *Lettres de Charles VII, par lefquelles il ordonne que le marché qui fe tenoit à Cahors le Vendredi, s'y tiendra dorénavant le Samedi.*

CHARLES, &c. favoir faifons, &c. Nous avoir receu l'umble fupplicacion de noz bien amez les Confulz, Bourgois, manans & habitans de la ville de *Caours*, contenant que en ladicte ville ilz ont de tel & fi longtemps qu'il n'eft memoire du contraire, acouftumé d'avoir deux marchiez chafcune fepmaine : c'eft affavoir, au jour de Mercredi ung, & au jour de Vendredi ung autre, & d'iceulx marchiez ont tousjours joy & ufé plainement & paifiblement fans aucune contradiccion. Et pour ce que audit jour de Vendredi, peu ou néant de gens y viennent, à l'occafion de ce que les gens du plat païs ne pevent ne veulent laiffer leur labour, befongnes & affaires, & que lefdiz marchiez font trop près l'un de l'autre, euffent lefdiz fuppliens advifé entreux, que s'il Nous plaifoit changier & muer ledit marchié qui eft audit

NOTE

(a) Tréfor des Chartes, Regiftre VIIIˣˣXIX. [179] Pièce 314. = *MSS.* de *Colbert*, Vol. LIII, page 557.

jour de vendredi, au jour de famedi, que ce feroit le grant bien, proufit & utilité de Nous & de toute la chofe publique de ladicte ville & dudit païs, & que plus il y vendroit des gens qu'il ne fait audit jour de vendredi, en Nous humblement requérans que attendu ce que dit eft, & qu'il n'y a audit jour de famedi, à quatre ou cinq lieues à la ronde, ville où il ait aucun marchié, & que à muer & changier ledit marchié dudit jour de vendredi audit jour de famedi, il n'y a ville ne perfonne qui y ait ne puiffe avoir dommaige ni interreft, mais y pevent proufiter & amender, & en vauldra ladicte ville & la chofe publique de tout ledit païs beaucop mieulx, qu'il Nous plaife changier & muer ledit marchié ainfi que dit eft, & fur ce leur en donner noz Lettres. Pour quoy Nous, ces chofes confiderées, & la grant & bonne loyaulté que ont toufjours eue envers Nous lefdiz fupplians, & que pour icelle garder, ilz ont eu & fouftenu le temps paffé plufieurs grans pertes & dommaiges, voulans, ainfi que raifon eft, leur recongnoiftre leurdicte bonne loyaulté & aucunement leur aidier à remectre en eftat & valeur icelle ville, laquelle a efté moult apouvrie à l'occafion de ladicte guerre. Aufdiz fupplians pour ces caufes & autres à ce Nous mouvans, avons donné & octroyé, donnons & octroyons congié & licence de changier & muer ledit marchié qui eft audit jour de vendredi, audit jour de famedi; & icellui marchié y avons, en tant que meftier leur feroit, changié & mué, changons & muons de grace efpécial par ces préfentes, & voulons & Nous plaift que icelui marchié audit jour de famedi, ilz puiffent faire crier en ladicte ville de *Caours* & par-tout le païs de *Quercy* où ilz verront eftre à faire, & qu'on a accouftumé à faire criz & publicacions folennelz, afin que chafcun qui y vouldra venir viengne; & auffi qu'ilz le puiffent tenir audit jour de famedi, fans ce que à cefte caufe aucun deftourbier ou empefchement leur en puiffe eftre mis ou donné. Si donnons en mandement par ces mefmes préfentes au *Sénéfchal* de *Quercy* & à tous nos autres Jufticiers & Officiers ou à leurs Lieuxtenans, préfens & à venir, & à chafcun d'eulx fi comme à lui appartendra, que de noz préfentes grace, don, octroy, congié & licence ilz facent, feuffent & laiffent joïr & ufer lefdiz fupplians plainement & paifiblement, fans leur faire, mectre ou donner, ne fouffrir eftre fait, mis ou donné aucun deftourbier ou empefchement au contraire, en faifant crier & publier ledit marchié audit jour de famedi en ladicte ville de *Caours* & par-tout ailleurs où il appartendra: pourveu toutesvoyes qu'il n'y ait à quatre lieues à la ronde, audit jour de famedi, autre marchié à qui il porte dommaige. Et afin, &c. Nous avons, &c. fauf, &c. *Donné à* Chinon, *au mois de* May, *l'an de grace mil IIII.ᵉ quarante neuf, & de noftre règne le* XXVII.ᵐᵉ Ainfi figné : *Par le Roy, à la relacion du Confeil.* E. FROMENT.

Vifa. Contentor. P. LE PICART.

CHRALES VII, à Chinon, en Mai 1449.

(a) Lettres de Charles VII, par lefquelles il confirme les droits & priviléges accordés aux habitans du Bourguet-neuf en Limoufin.

CHARLES VII, à Razilli près Chinon, en Mai 1449.

CHARLES, &c. favoir faifons, &c. Nous avoir receu l'umble fupplication de noz bien amez les Bourgois, manans & habitans de la ville de *Bourguet-neuf*, ou païs de *Lymofin*, contenant que puis nagueres, pour le bien & utilité de la chofe publique de ladicte ville, pour la feureté & entretenement d'icelle en bonne police, lefdiz fupplians ont, d'un commun affentement,

NOTE.

(a) Tréfor des Chartes, Regiftre VIIIˣˣXIX [179], Pièce 320. = *MSS. de Colbert,* Volume LIII, page 562.

advisez certains poins & articles qui leur ont semblé estre nécessaires &
convenables pour le bien commun dudit lieu, & iceulx articles ont lesdiz
supplians montrez à noz chiers & bien amez les Religieux, Prieur & Freres de
l'ordre de *Saint Jehan* de *Jherusalem* ou Prioré d'*Auvergne*, ausquelz compète
& appartient ledit lieu de *Bourguet-neuf*, en leur Chappitre général tenu en
nostre ville de *Montferrand* ou mois de Juing dernier passé, lesquelz Religieux,
Prieur & Freres, après ce qu'ilz ont veuz en leurdit Chappitre lesdiz articles,
congnoissans iceulx estre à l'utilité & proufit dudit lieu, les ont euz agréables,
& sur ce ont baillé leurs Lettres ausdiz supplians, èsquelles sont incorporez
lesdiz articles, Nous requérans que les vueillons confermer & approuver selon
le contenu en icelles Lettres & articles desquelles la teneur s'ensuit.

Nos Frater Jacobus de Miliaco, *sacre Domûs Hospitalis sancti* Johannis
Jherosolimitani *in Prioratu* Alvernie, *Prior humilis, ac de salvis Preceptor**,
*Notum facimus universis, quòd nos tenentes nostrum provinciale Capitulum in domo
nostrâ* Montisferrandi, *die & anno subscriptis, & presente venerabili & religioso
viro Fratre* Guillermo *de* Lastico, *Preceptore Preceptorie nostre* Lugdunensis, *&
Locumtenente generali citra mare Reverendissimi in Christo Patris & Domini Fratris*
Johannis *de* Lastico *dignissimi magni Magistri* Rhodi *& tocius Conventûs* Rhodi,
*comparuerunt coràm nobis dilecti nostri viri providi & homines subjecti & justicialiles
nostri* Johannes Aubusso, Johannes Trompondon, Joanetus Aubusso *alias*
Caverlay, *Burgenses, &* Pasquetus *de* Chassanhiâ *Notarius, habitatores* Ville Nove
de Burguo-novo *in* Lemovicinio *&* Pictaven. *patriâ, ut Procuratores legitimè
constituti omnium aliorum habitancium dicte nostre ville de* Burguo-novo, *qui nobis
humiliter supplicando monstrarunt & notifficaverunt, quòd pro perficiendo edifica-
cionem & reparacionem dicte ville, & ipsam sustinendo, & pro aliis omnibus
& singulis ipsorum necessitatibus subveniendo & providendo, pro utilitate & comodo
nostris, ipsorum habitancium, & tocius Reipublice, & pro evitandis pluribus
periculis & expensis, atque simul dampnis que cothidiè ac de die in diem eveniunt,
expediens & necesse erat eis nobisque & Religioni nostre, quatinùs aliquas franchisias,
libertates & privilegia, ut presertim ipsos congregandi insimul & Consules eligendi,
& unam partem clavium portarum, & excubias sive custodes noctis, & potestatem
Procuratores semel & pluriès constituendi & creandi, & rebelles seu contradicentes
compellendi coràm nobis vel Judice nostro seu suo Locumtenenti, ac etiam coràm aliis
Judicibus competentibus in casu opposicionis seu appellacionis, imponendique &
indicendi semel & pluriès talliam seu tallias & alia subsidia & onera quecunque
eisdem & Reipublice necessaria, totiens quociens opus esset & fuerit, cum voluntate
& assensu saniorum & majoris partis dictorum habitancium ipsius ville, dum tamen
non sint contra nos & dictam nostram Religionem, eisdem habitatoribus dicte ville
concedere vellemus, ut per suas Litteras dictam supplicacionem in se continentes seu
requestam hic inferiùs designatas clariùs & evidencius apparere potest, & quarum
Litterarum supplicacionis tenor qui sequitur talis est.*

* *Sic. Reg.*

SUPPLIENT très-humblement à vous, nostre très-honoré & très-redoubté
Seigneur, Monsieur le Lieutenant-general de Monsieur le Grant-Maistre de
Rodes deçà la mer, & à vous Reverend Pere en Dieu & nostre très-honoré
& très-redouté Seigneur le Grant-Prieur d'*Auvergne*, & à vostre noble &
honnorable Chapitre présent & Conseil d'icellui, voz povres hommes subgiez
& justiciables les Bourgois, Marchans & habitans de votre povre ville de
Bourguet-neuf en *Limosin*, que pour parachever l'aedifficature d'icelle ville,
& pour la tenir reparée & en point, pour eschever & obvier aux autres périlz,
& eviter despenses qui de jour en jour surviennent en vostredicte povre ville,
actendue qu'elle est assise & située en & dedans ung pays de enclave, & entre
les païs de *Lymosin* & de la *Marche*, & dedans le *Conté* & païs de *Poictou*,

& tous leurs voifins s'efforcent chafcun jour les travailler, gafter & vexer; & auffi que quant voftredicte ville mieulx fera privilegiée & dotée de franchiles, plus fera publiée, & de plus grant valeur à voftre Religion & au Seigneur dudit lieu. Plaife à voftre grant Seigneurie & vénérable Chapitre & Confeil, leur donner & octroyer les grâces, priviléges & prérogatives qui s'enfuivent.

(1) Et premièrement. Vous plaife donner aufdiz povres fuppliáns auctorité, licence & puiffance d'eulx affembler & congréguer enfemble une foiz chafcune année & le jour de la veille de la Nativité Monfieur Saint *Jehan-Baptifte,* pour effire quatre Confulz bons, preudommes & gens de bien, des habitans d'icelle ville de *Bourguet-neuf,* & non mie d'ailleurs, defquelz quatre ainfi effeuz pour Confulz, mondit fieur le Commandeur dudit lieu de *Bourguet-neuf,* ou celui qui le fera audit jour pour lui, effira & nommera les deux, & lefdiz habitans de ladicte ville effiront les autres deux ; & par ainfi feront quatre effeuz comme dit eft.

(2) Item. Seront tenuz iceulx quatre Confulz, comme dit eft effeuz & nommez, après leur élection faire venir par-devers mondit fieur le Commandeur dudit lieu ou fes Officiers ou Commis, & lui faire ferement de bien & loyaument exercer ledit Office de Conful, fans ufurper aucun droit dudit fieur le Commandeur, & qu'ilz feront bons & loyaulx au Roy noftre Seigneur & à noftredit fieur le Commandeur dudit lieu ou aultre commis par ladicte Religion, & à ladicte ville & à tout le publique.

(3) Item. Et que les deux d'iceulx quatre Confulz : c'eft affavoir, ung des effeuz par mondit fieur le Commandeur, & ung autre des effeuz par lefdiz habitans, en abfence des autres deux, puiffent & veillent exercer ledit Office de Conful, & que ce que lefdiz deux feront en l'abfcence des autres deux, vaille & tienne & foit d'autel effet & valeur comme fe tous quatre y eftoient.

(4) Item. Et auront puiffance & povoir les deffufdiz Confulz, contraindre par le Sergent de la Juftice de mondit fieur le Commandeur & de fon Sénéchal, les habitans de ladicte ville & chafcun d'eulx, à faire la réparacion de ladicte ville, au moins pour fa part & porcion; & que fe fur ce fourt débat, il foit décidé par-devant ledit Sénéchal dudit lieu, ou fon Lieutenant, &·non ailleurs, fi non que feuft pour autre oppoficion ou appellacion.

(5) Item. Auront povoir & puiffance lefdiz Confulz ou deux d'eulx, ordonner & impofer tailles fur lefdiz habitans, tant pour les affaires du Roy noftre Seigneur que pour les autres propres affaires d'icelle ville; & toutes & quantefloiz que bon leur femblera.

(6) Item. Auront puiffance & povoir lefdiz quatre Confulz ou deux d'eulx, tenir & gouverner par leur main la moitié des clefz des portes, & mondit S.gr le Commandeur, ou fon Capitaine ou Juftice, l'autre moitié; pourveu que l'une partie ne puiffe ouvrir aucune porte, fans l'autre.

(7) Item. Sur le fait & garde de ladicte ville, de nuit, & de la difpoficion d'icellui, ne foit aucune chofe innovée ne attemptée, ains demourra au point & l'eftat qu'il eft acouftumé de faire jufques à ce préfent jour.

(8) Item. Et que en ce faifant, font contens lefdiz habitans, & en récompenfacion defdiz privileges, faire parachever & parfaire ladicte réparacion de ladicte ville, & par exprès la porte du Boulidour & la muraille du Coulombier, jufques au Chafteau de mondit Seigneur le Commandeur; & par ainfi que mondit Seigneur le Commandeur leur adminiftrera ou fera adminiftrer les maneuvres de ladicte terre, & auffi des bordiers de la ville, & le charroy de ladicte terre, par ainfi & par la manière qu'il euft fait comme fe lui-mefme les euft fait parfaire; & fupplieront mefdiz Seigneurs au Roy noftre fouverain Seigneur & à tous autres qu'il appartendra, de confermer & approuver lefdictes chofes & chafcunes d'icelles.

De quâquidem fupplicatione fic nobis in noftro Capitulo traditâ & prefentatâ, ipfâ prius perlectâ coram nobis & benè intellectâ, ac per Fratres noftros in dicto Capitulo exiftentes, de paupertate & miferiâ ipfius ville debitè informati, ut decet habitâ maturâ deliberacione inter nos, ac etiam oppinione confilii maturi Claromontis, & attentis premiffis pluribufque aliis que noftrum moverunt & movent in hâc parte animum, & exprefsè cum affenfu & confenfu dicti venerabilis Domini Locumtenentis citra mare digniffimi Magiftri & Conventûs Rhodi ibidem prefentis, ut prefertur, fuimus & extitimus contenti: & omnia & fingula in ipfâ fupplicacione contenta, eifdem habitantibus & procuratoribus fuis conceffimus, & ex noftrâ fpeciali graciâ concedimus per prefentes, ipfa que contenta in eifdem laudamus, approbamus & ratifficamus, & ipfa habere volumus perpetui roboris firmitatem, in eifdemque pofuimus auctoritatem noftram ordinariam pariter & decretum, quibufcunque ftatutis & Ordinacionibus dicte noftre Religionis in contrarium facientibus in aliquo non obftantibus; fupplicando per prefentes Domino noftro Francorum Regi & excel- lentiffimo Confilio fuo, quatinùs prefens privilegium & alia in eodem contenta laudare, approbare & ratifficare dignetur, fuumque prebere affenfum pariter & confenfum. In cujus rei teftimonium figillum noftrum proprium, quo in talibus utimur Litteris, hiis prefentibus duximus apponendum. Datum & actum in dicto noftro provinciali Cappitulo, quod incepit teneri in villâ Montisferrandi, die lune, terciâ menfis Junii, anno Domini milleſimo cccc.mo quadragefimo octavo.

Lefquelz articles veuz par les Gens de noftre Grant Confeil, confidérant que le contenu en iceulx eft au bien & utilité de la chofe publique dudit lieu de *Bourguet-neuf*, avons euz & avons agréables, & iceulx, & tout le contenu en iceulx avons louez, confentiz & approuvez, louons, confentons & approu- vons; & aufdiz fupplians & à leurs fucceffeurs avons octroyé & octroyons de grace efpécial, plaine puiffance & auctorité Royal, qu'ilz joïffent & ufent de tout le contenu en iceulx articles & en chafcun d'eulx, felon leur forme & teneur. Si donnons en mandement par cefdictes préfentes, au *Sénéchal de Limofin*, & à tous noz autres Jufticiers ou à leurs Lieuxtenans, préfens & à venir, & à chafcun d'eulx fi comme à lui appartendra, que lefdiz fupplians & leurs fucceffeurs facent, feuffrent & laiffent joïr & ufer des chofes contenues èfdiz articles & en chafcun d'eulx, tout felon leur forme & teneur, fans leur faire ne fouffrir eftre fait ou donné aucun deftourbier ou empef- chement au contraire, ains fe fait, mis ou donné leur eftoit, fi l'oftent ou facent ofter & mectre fans délay au premier eftat & deu. Et afin, &c. Nous avons, &c. fauf, &c. *Donné à* Razilli *près* Chinon, *ou mois de May, l'an de grace mil cccc quarante-neuf, & de noftre règne le XXVII.* Ainfi figné: *Par le Roy en fon Confeil.* DELALOERE.

Vifa. Contentor. E. FROMENT.

(a) Lettres de Charles VII, par lesquelles il confirme le traité fait avec les habitans de Lisieux, lors de leur soumiffion à fon obéiffance (b).

CHARLES, par la grace de Dieu, Roy de France. Savoir faifons à tous préfens & à venir, que comme noz très-chiers & très-amez Coufins les *Contes de S.ᵗ Pol* & de *Dunoys,* & noz amez & féaulx Confeillers le *Sire* de *Gaucourt* noftre premier Chambellan, le Sire de la *Varenne* noftre *Sénefchal de Poictou,* & le Sire de *Culant* Gouverneur & Cappitaine de noftre ville de *Chartres,* noz Chambellans, Maiftre *Guillaume Coufinot* noftre Confeiller & Maiftre des Requeftes de noftre Hoftel, le Sire de *Xaintrailles Bailli de Berry* & *Robert* de *Floques Bailly d'Evreux,* par vertu du pouvoir par Nous à aucun d'eulx donné, duquel la teneur s'enfuit.

CHARLES, par la grace de Dieu, Roy de France, à tous ceux qui ces préfentes Lettres verront: Salut. Comme pour honneur & révérance de Dieu noftre Créateur qui commanda paix entre les hommes de bonne voulenté, éviter l'effufion de fang humain Chrétien, remectre fus juftice, & que le peuple de ce Royaume puiffe vivre chafcun en fon eftat : c'eft affavoir, les Gens d'Églife en leurs Églifes & ou fervice divin, les Nobles & Bourgois en leurs héritaiges, droiz & prérogatives, les Marchans en leur marchandife & qu'elle peuft fürement avoir cours, & les autres chafcun en fon degré & vocacion, defpieçà Nous feuffions condefcenduz de prendre & accepter trèves entre Nous & noftre Nepveu d'*Angleterre,* en efpérance que par le moyen & durant le tems d'icelles, peuffions pervenir audit bien de paix ; & à cefte caufe, pendant le tems defdictes trèves aions par plufieurs & diverfes fois envoyé grandes & notables ambaxades, tant en *Angleterre* devers icelui noftre Nepveu que ès autres convencions qui ont été tenues deçà la mer touchant ladicte matière, & fait faire & ouvrir de grandes offres & partiz de noftre part, à ce que aucune bonne conclufion y peuft eftre mife, & tellement que Dieu & chafcun qui defdictes matières a eu cognoiffance peut clèrement congnoiftre le devoir en quoy nous fommes mis, & que à Nous n'a tenu ne ne tient que ladicte matière n'a forty bon effect ; ce que de la part d'*Angleterre* n'a pas efté ainfi fait, ainçois ont toufjours voulu détenir & occuper contre Dieu & toute raifon noftre *Duchié de Normandie,* & mefmement noftre bonne ville & cité de *Rouen* qui eft le chief cappital dudict *Duchié,* & qui fi bien & fi vaillamment, en gardant fa bonne loyaulté envers la Couronne de France, fe deffendit & réfifta par fi longue efpace de tems à l'encontre de l'entreprinfe & puiffance des anciens adverfaires d'icelle, dont à toufjours noftredicte ville & les habitans de dedans font à louer & recommander, ne pour rien, ne les avons voulu ne vouldrons habandonner ; & encores de la part d'*Angleterre* n'a pas feulement failly le dever de non faire & accepter offres juftes & raifonnables touchant ladicte matière de paix, mais avecques ce ont lefdictes trèves de leur cofté efté très-mal entretenues & enfraintes & rompues en plufieurs & maintes

NOTES.

(a) Tréfor des Chartes, Regiftre IXˣˣ [180], Pièce 21. = *MSS.* de *Colbert,* Vol. LIII, page 657.
(b) On lit en tête de ces Lettres: *Confirmacio Tractatus facti per* Comites Sancti Pauli *& alios, cum habitantibus ville Lexo-vienfis.* Quoique les Capitulations des villes

ne femblent pas appartenir au Recueil des Ordonnances de nos Rois, cependant nous avons cru devoir inférer celle-ci dans notre Recueil, parce qu'elle contient des privilèges & droits accordés ou reconnus & confirmés, foit à la communauté & habitans de *Lifieux,* foit aux Évêques de cette ville.

manières, fans de ce povoir avoir ne obtenir aucune provifion ou repparacion, pour quelque diligence, pourfuite ne offres juftes & raifonnables qui aient efté faictes de noftre part, pour la repparacion de ce qui avoit efté fait contre la teneur defdictes trèves, ains nonobftant le contenu d'icelles, ont fait & font chafcun jour lefdicts de la part d'*Angletere*, guerre ouverte ou pays de *Bretaigne* & ailleurs en noftre obéiffance, en quoy Dieu & tout le monde peut congnoiftre le grant tort & dénis de droit qui procéde de leur part; à laquelle caufe, & pour obvier à leurs mauvaifes voulentez & tenir noz fubgiez en feurté, aufquels fommes tenuz & devons garde, avons par grande & meure délibbé- racion, conclud & déterminé de défendre Nous & noz fubgiez, & réfifter à l'entreprinfe defdicts adverfaires, & veu les termes dont ilz ufent, procéder à l'encontre d'eulx au recouvrement de noftre Seigneurie, laquelle indeuement & contre tout droit ilz détiennent & occupent, & en quoy tousjours avons eu bonne voulenté, ainfi que raifon eft, & que tenuz y fommes, par toutes voies licites & convenables; & foit ainfi, comme avons entendu, que aucuns de noz bons, vrays & loyaulx fubgiez qui par force & contre leur gré & volenté font détenuz & occupez par lefdicts adverfaires en noftre *Duchié* de *Normandie*, congnoiffans les mauvais termes, dénis de droit, & le grant tort qui procédent de la part defdicts adverfaires, & au contraire le bon droit & la bonne querelle & le grant devoir que avons & en quoy tousjours Nous fommes mis de notre part, tant pour pervenir audit bien de paix, entretenir toutes noz promeffes, que autrement, défireroient fort ces chofes confidérées eulx remectre & redduire en noftre bonne & vraye obéiffance comme à celle de leur Souverain naturel & droicturier Seigneur, mais obftant la longue détencion que lefdicts adverfaires ont fait de plufeurs des villes, citez, chafteaulx, forterefles de noftre- dict *Duchié* & pays de *Normandie*, & des feremens & obéiffance faiz aufdicts adverfaires par les manans & habitans dudict pays, enfemble des fecours, aides, faveurs & fervices qu'ilz leur ont donnez à l'encontre de Nous & de noz fubgiez d'icellui & en noftre préjudice, tant ou fait & exercice de la guerre que autrement, iceulx manans & habitans & autres noz fubgiez d'icellui pays de *Normandie* eftant de préfent en l'obéiffance defdicts adverfaires, doubtent que aucune chofe leur en peuft eftre demandée ou imputée ou temps à venir, fe noftre grace & provifion ne leur eftoient impartiz; à laquele caufe, pour la redduccion de noftredict *Duchié* & pays de *Normandie* en noftre Seigneurie & obéiffance ainfi que eftre doit par raifon, pourveoir auffi de remède fceur & convenable en toutes chofes, à tous ceulx qui fe vouldront redduire & remectre en noftredicte obéiffance, & parcillement à tout le fait du païs, & en telle manière que ceulx qui fe vouldront à Nous redduire, puiffent vivre & demourer foubz Nous & noftre Seigneurie en bonne feurté, repoux & tranf- quilité, foit befoing de commectre & depputer de par Nous gens de bonne & grant auctorité, à Nous bien fceurs & ftables, qui aient bon & ample povoir de pourveoir à toutes les chofes deffufdictes : favoir faifons que confians entière- ment & à plain des grans fens, loyaulté, preudommie, bonne diligence & expérience de noftre chier & féal Coufin le *Conte* de *Dunoys* grant Chambellan de France, noftre Lieutenant-Général ès marches de delà les rivières de *Seine* & *Oyfe* jufques à la mer, & de noz amez & féaulx Confeillers le Sire de *Gaucourt* noftre premier Chambellan, le Sire de la *Varenne Séneschal* de *Poitou*, le Sire de *Preffigny Bailly* de *Touraine*, le Sire de *Culant* Cappitaine & Gouverneur de *Chartres*, auffi noz Chambellans, Maiftre *Guillaume Coufinot* Maiftre des Requeftes de noftre Hoftel & *Jehan Debar* Seigneur de *Baugé*, Général de toutes noz finances, iceulx fept avons ordonnez, commis & depputez, ordonnons, commectons & depputons par ces préfentes pour befoigner, vacquer & entendre & pourveoir à toutes lefdictes chofes; & en oultre leur avons donné & donnons & aux fix, cinq, quatre ou trois d'iceulx,

dont toutesfois noſtredict Couſin ſoit touſjours l'un, plain pouvoir, auctorité
& mandement eſpécial de prendre & recevoir par eulx ou leurs Commis &
Députés, pour & au nom de Nous, toutes les citez, villes, chaſteaulx, fortereſſes, enſemble les manans & habitans d'icelles, & toutes autres dudict
païs de *Normandie*, de quelque eſtat, nacion ou condicion qu'ilz ſoient, qui ſe
vouldront reddure & mettre en noſtre obéiſſance, & de faire avecques eulx
tous telz accors, promeſſes & convenances, ſoient d'abolicions, Offices,
Bénéfices, confiſcacions, quittances, rémiſſions, dons de biens & de héritaiges
appartenans aux adverſaires de Nous & de noſtre Seigneurie, recevoir tous
ſermens de féaulté, & faire toutes autres choſes qu'ilz verront eſtre néceſſaires,
convenables & au cas appartenir, & de mettre ou faire mettre en noſtre main
tous leſdicts biens & héritaiges deſdicts adverſaires, & autres choſes quelzconques à Nous appartenant, & les bailler en telle garde, & pourveoir auſdicts
Offices de perſonnes ydoines & ſuffiſans ainſi qu'ilz adviſeront & leur ſemblera
eſtre à faire pour le mieulx, & de toutes les choſes deſſuſdictes bailler leurs
Lettres patentes telles qu'ilz verront que le cas le requerra, leſqueles, & tout
ce que par noz Couſin & Conſeillers deſſuſdicts & les ſix, cinq, quatre ou
trois d'iceulx, dont toutesvoies icelui noſtre Couſin ſoit touſjours l'un, comme
deſſus eſt dit, aura eſté fait, accordé, promis en convenance, pourveu &
appoinctié, Nous l'aurons aggréable, l'approuverons, ratifierons & confer-
merons toutes les foiz que requiz en ſerons, en mandant en oultre à noz
amez & féaulx Gens de noſtre Grant Conſeil, de noſtre Parlement, & ceulx
qui tendront les Eſchiquiers de *Normandie,* à tous noz Lieuxtenans, Conneſtable & Chiefs de guerre, Bailliz, Séneſchaulx, Vicontes, Prévoſtz, & autres
noz Juſticiers, Officiers & ſubgiez, préſens & à venir, que leſdicts accors,
promeſſes, convenances, proviſions, appoinctemens & autres choſes deſſuſdictes, ilz gardent & entretiennent & facent entretenir, garder & obſerver
de point en point ſelon leur forme & teneur, ſans faire, ne ſouffrir eſtre fait
aucune choſe à l'encontre, ainçois ſe riens eſtoit fait au contraire, le facent
incontinent repparer; & ce que par noſdicts Couſins & Conſeillers ou les ſix,
cinq, quatre ou trois d'iceulx, dont noſtredict Couſin ſoit l'un, comme
deſſus eſt dit, ſera fait & appoinctié, ſortir ſon plain effect. En teſmoing
deſqueles choſes Nous avons fait mettre & appoſer noſtre Séel à ces préſentes.
Donné aux Roches Tranchelion, *le XVII.ᵉ jour de Juillet, l'an de grace
mil cccc quarante & neuf, & de noſtre règne le XXVII.ᵉ* Ainſi ſigné: *Par le Roy.
Monſeigneur le* Conte *du* Maine *& autres préſens.* E. CHEVALIER.

Aient faiz certains accords, traictiez & appoinctemens avecques les Gens
d'Égliſe, Nobles, Bourgois, manans & habitans de la ville de *Liſieux.* ſur la
redduccion d'icelle ville en noſtre obéiſſance, deſquels accords, traictiés &
appoinctemens la teneur eſt telle.

C'eſt le traictié & appoinctement fait par la compoſicion & redduccion de
la ville & cité de *Liſieux,* entre Haulx & Puiſſans & très-redoubtés Seigneurs,
Meſſires les *Contes d'Eu, de Saint-Pol,* & de *Dunoys,* le Sire de *Gaucourt*
Conſeiller & Chambellan du Roy, le Sire de la *Varenne* Conſeiller & Chambellan dudict Seigneur, ſon *Séneſchal de Poictou,* les Sires de *Culant,* de
Bleinville, auſſi ſes Conſeillers & Chambellans, Maiſtre *Guillaume Couſinot*
ſon Conſeiller & Maiſtre des Requeſtes de ſon Hoſtel & *Bailly de Rouen,*
le Sire de *Xaintrailles Bailli de Berry,* & *Robert* de *Floques* Eſcuier, *Bailly*
d'*Évreux,* d'une part; & Révérend Pere en Dieu & très-honoré Seigneur
Thomas par la permiſſion Divine *Eveſque & Conte de Liſieux,* pour & ou nom
de Gens d'Égliſe, Nobles, Gens de guerre, Bourgois, manans & habitans de
ladicte ville & cité, d'autre.

(1) Premièrement. Eft accordé & appoinctié entre lefdictes parties, que toutes les perfonnes de préfent eftans en ladicte ville & cité, de quelque eftat, nacion ou condicion qu'ilz foient, auront leurs corps, vies & biens fauves, & s'en pourront aler ceux qui aler s'en vouldront, & tranfporter ou faire tranfporter leurs biens où bon leur femblera, pour laquele chofe faire, auront ceulx qui s'en vouldront aler au contraire party, le terme de trois jours prouchains venans, à vuyder de ladicte ville; & tranfporter leurfdicts biens, le terme de quinze jours: & leur fera baillé bon fauf conduit en général ou en particulier, ainfi qu'ils adviferont pour ce faire.

(2) Item. Eft accordé & appoinctié que les abfens qui pour leurs affaires ou autres caufes font de préfent hors de ladicte ville, s'ilz veulent retourner en icelle en l'obéiffance du Roy noftredict Seigneur, faire le pourront jufques à fix mois prouchainement venant; & joyront ceulx qui retourneront du party contraire en ladicte obéiffance du Roy dedans le tems deffufdict, de leurs héritaiges, biens, immeubles depuis leurdict retour, tout ainfi que s'ilz euffent été en ladicte cité ou tems de la réduccion d'icelle.

(3) Item. Eft accordé & appoinctié que tous les manans & habitans de ladicte ville, qui vouldront demourer en l'obéiffance du Roy, joyront de tous leurs héritaiges, biens & poffeffions immeubles quelque part qu'ilz foient en ladicte obéiffance, tout ainfi que fe continuelment ilz euffent demouré en ladicte obéiffance, & jamais ilz n'en fuffent faillis; nonobftans quelzconques dons, déclaracions ou adjunccions au Domaine faiz au contraire.

(4) Item. Que tous les Gens d'Églife eftant de préfent en ladicte ville, cité & Diocèfe dudict *Lifieux,* demourront paifiblement en la poffeffion, faifine & joyffement de toutes les Prébendes, Dignités, Cures, Chapelles, Perfonnaiges, ou autres Bénéfices ou Offices Eccléfiaftiques quelzconques eftans ou Royaume de France, qu'ilz tiennent & dont ilz eftoient poffeffeurs & en joyffoient au jour de ladicte redduccion, par quelque tiltre que ce foit, nonobftans quelzconques dons, collacions, provifions, préfentacions, faictes ou tems précédant, ou qui d'icy en avant feroient faictes ou octroyées à autres perfonnes, foit par don de Régale de quelque autre Seigneur temporel ou eccléfiaftique, ou autrement; fauf & réfervé que s'il y avoit aucun qui tenift & poffédât aucuns defdicts Bénéfices ou Offices Eccléfiaftiques, par la privacion de ceulx qui ont tenu le party & obéiffance du Roy, en icelui cas, les dons à eulx faiz feront nulz, & rentreront lefdicts privez en leurfdicts Bénéfices & Offices, ainfi qu'ilz eftoient ouparavant de ladicte privacion; & auffi eft accordé pour la feeurté des Gens d'Églife, que de tous lefdicts Bénéfices qui pourroient avoir cheu en Regale, & là où l'en pourroit dire que ladicte Régale auroit efté ouverte à caufe du ferment de féaulté non fait au Roy par mondict Seigneur de *Lifieux,* fes Prédéceffeurs Évefques, ou autrement, iceulx Gens d'Églife auront nouvel don & collacion de Régale, fe prendre le veulent, de leurfdicts Bénéfices, en tant que à chacun d'eulx pourra toucher, en telle forme de Lettres que au cas appartiendra, en caffant & irritant tous autres dons de Régale faiz au contraire, felon le contenu de ce dit article.

(5) Item. Eft accordé & appoinctié que les Gens d'Églife bénéficiez en la cité & Diocèfe dudit *Lifieux,* de quelque Bénéfice & à quelque tiltre que ce foit, qui de préfent font abfens, fe ilz veulent retourner en l'obéiffance du Roy d'icy à trois mois, faire le pourront; & en icelui cas, auront le paifible joyffement de leurfdicts Bénéfices.

(6) Item. Et au regard dudit Monfeigneur l'*Évefque* & *Conte* de *Lifieux,* eft accordé & appoinctié qu'il demourra paifiblement en la poffeffion & joyffement tant de l'efpirituel que de tout le temporel dont il eftoit en poffeffion le jour de la redduccion, foit en l'obéiffance du Roy, ou des *Anglois,* fans

ce que on lui mecte quelconque empeſchement pour occaſion de Régale ou ſerement de fidélité non fait au Roy noſtredict Seigneur, ou autre occaſion quelconque ; & aura terme de povoir faire ledict ſerement de féaulté, juſques à ung an prouchainement venant.

(7) Item. Qu'il joyra de la Seigneurie temporelle de la Cité & Banlieue de *Liſieux*, dont il eſt Conte à cauſe de ſon Égliſe, & de ſa Juridiccion temporelle & eccléſiaſtique, ainſi que par Chartres royaulx anciennes il a droit & a couſ-tume de faire, & de droit lui appartient.

(8) Item. Que lui & ſes Bourgois garderont chaſcun une clef des portes, le Cappitaine la tierce, ainſi qu'il a eſté de tout tems accouſtumé.

(9) Item. Qu'il aura joyſſement du droit qu'il a de nommer au Roy noſtre Seigneur, Cappitaine pour la garde de ſa cité, lequel ſera confermé par le Roy, ainſi qu'il eſtoit accouſtumé devant l'occupacion faicte par les *Anglois*, combien que par la violence de la guerre n'en ait pas toujours joy.

(10) Item. Eſt accordé & appoinctié, que au regard du Lieutenant du Cappitaine, & autres Gens de guerre eſtans en ladicte ville, tant de la garniſon dudict lieu que d'autres lieux, ilz s'en pourront aller franchement en leur party, & emporter ou faire emporter & emmener leurs biens, harnois de guerre, chevaulx, bagues, lettres & eſcriptures ; & pour eux en aler auront le tems deſſuſdit de trois jours ; & à vuider & faire emmener leurs deſſuſdicts biens, le tems & terme deſſuſdicts quinze jours ; & leur ſera baillié bon ſauf-conduit & ſceurté pour ce faire, ainſi qu'ils requerront, comme deſſus eſt dict : durant le tems deſquelz quinze jours ils pourront vendre & diſtribuer leſdicts biens, ſe bon leur ſemble, ſans arreſt, deſtourbier ou empeſchement aucun ; & avecques ce, ſe aucune choſe leur eſt deue en leurs privez noms par contraulx par eulx faiz, ilz en pourront faire leur pourſuite dedans leſdicts quinze jours, & leur ſera adminiſtrée bonne juſtice.

(11) Item. Eſt accordé & appoinctié, que ſe aucuns d'eulx veulent demourer en l'obéiſſance du Roy, faire le pourront, & joyront de tous leurs héritaiges, biens & poſſeſſions immeubles, & des franchiſes des autres habitans, en faiſant le ſerment d'eſtre bons, vrais & loyaulx ſubgiez du Roy.

(12) Item. Eſt accordé & appoinctié, que tous Officiers tant du *Roy* d'*Angleterre* que du *Duc* d'*Yorck*, de quelque eſtat ou condicion qu'ilz ſoient, & les femmes d'iceulx Officiers qui ſont de préſent en ladicte ville, & dont leurs maris ſont dehors d'icelle, & généralment toutes autres femmes d'iceulx Officiers eſtans en ladicte ville & dehors, qui s'en vouldront aler ou party contraire, faire le pourront, & pourront emporter ou faire emporter tous leurſdicts biens, chevaulx, harnois, lettres, eſcriptures ou autres choſes quelz-conques, & les faire mener où bon leur ſemblera, d'icy au terme de quinze jours deſſuſdicts ; & pour ce faire auront ſauf-conduit valable, enſemble ou par parties, ainſi que deſſus ; & s'aucunes debtes eſtoient deues auſdicts Officiers en leurs noms, ilz les pourront avoir, pourchaſſer & recouvrer juſques au terme deſſuſdict ; & ſi auront ſauf-conduit ſuffiſant par Hérault ou autrement pour ce faire.

(13) Item. Que tous leſdicts habitans demourront en leurs franchiſes, libertés & ſaiſines ; & qu'ilz ſoient gouvernez en juſtice ſelon la couſtume du païs & d'icelle ville, comme ilz eſtoient au tems de la deſcente des *Anglois*, & auparavant d'icelle.

(14) Item. Que les Ordonnances faictes par juſtice ſur le fait des meſtiers d'icelle ville, ſoient confermées par le Roy.

(15) Item. Que abolicion & pardon général ſoit octroyé auſdicts habitans, de tous cas, crimes, faultes ou délitz par eux commis, ſoit en général ou en particulier, contre & ou préjudice du Roy & de ſa Seigneurie, par quelque voie que ce ſoit.

CHARLES
VII,
à Verneuil,
en Août
1449.

(16) Item. Qu'il foit cryé & défendu, fur peine de grande & griefve pugnicion, que à aucun pour avoir fréquenté la guerre avecques les *Anglois*, ou foy eſtre tenu en leur party, foit en uſant d'Office & autrement, ne foit faite ou dicte aucune injure, & que ceulx qui le feroient foient pugniz réalment & de fait.

(17) Item. Eſt accordé & appoinctié que le corps & communité de ladicte ville pourront preſenter fel gros ou grenier royal d'icelle ville, pour le prouffit qui en yſtra emploier ez repparacions & fortificacions d'icelle ville; & que les autres aides que l'en lieve de préſent audict lieu pour ladicte fortificacion, dont leſdicts habitans bauldront la déclaracion, leur foient continuez juſques à dix ans; & quant au regard du fel blanc dont ilz demandent à uſer, on ſe informera ſe c'eſt le prouffit ou dommaige du Roy, de la cité & du païs, & auſſi de la manière comme on en a acouſtumé de uſer ou temps paſſé, & leur fera fur ce pourveu ainſi que femblera eſtre le plus prouffitable & convenable.

(18) Item. Eſt accordé & appoinctié que les Gens de guerre entreront en ladicte ville de *Lifieux* par ordonnance, & feront logiez par la juſtice de Monſeigneur de *Lifieux*, ainſi que on a acouſtumé, appellé à ce troys ou quatre Chiefs de guerre, pour efchiver aux inconvéniens qui par faulte des Ordonnances pourroient enſuir; & ne feront dellogiez ceux qui s'en vouldront aler, juſques à leur partement, finon que leur logeiz fûſt périlleux ou dangereux pour la ſeeurté de la ville.

(19) Item. Que leſdictes Gens de guerre ne contraignent leſdicts habitans par voie de fait, à leur trouver aucune proviſion de vivres ou autre choſe, & qu'ilz ne preignent rien fans paier.

(20) Item. Et que de ces choſes ainſi accordées foient baillées Lettres, avecques le double du povoir de ceux qui recevront ladicte ville, enſemble promeſſe de les faire ratiffier & confermer par le Roy foubz fon grant Séel. Fait devant la porte de ladicte ville de *Lifieux,* le xvi.ᵉ jour d'Aouſt, l'an mil cccc xlix.

(21) Et quant à ceux qui ne font en l'obéiſſance des *Anglois*, ilz pourront retourner en ladicte ville & cité de *Lifieux* toutes & quantes fois que bon leur femblera, & joïront de tous leurs biens meubles & immeubles fans contredict ou difficulté. *Donné foubz les Seaulx deſſoubs nommés, l'an & jour deſſuſdiz.* Ainſi figné: CHARLES, LOYS, JEHAN GAUCOURT, BRESZÉ D'ESTOUTEVILLE, COUSINOT.

Nous, ayans aggréables, fermes & eſtables leſdicts accords, traictiés, appoinctemens & tout le contenu ès Lettres deſſus incorporées, fur ce faictes; iceulx accords, traictiez & appoinctemens avons louez, ratiffiez & approuvez & confermez, louons, ratiffions, approuvons & confermons de grace eſpécial par ces préſentes, auſqueles, en temoing de ce, Nous avons fait mettre notre Séel. Et pour ce que on pourroit avoir à befongner de ces préſentes en pluſieurs & divers lieux, éſquieulx d'icelles oſtenfion ne pourroit bonnement eſtre faicte fans dangier, Nous voulons & ordonnons que au *vidiſſe* d'icelles, deuement collacionné & approuvé foubz Séel Royal, on adjouſte telle foy comme à l'original. *Donné en la ville de* Verneuil, *ou mois de Aouſt, l'an de grace mil* cccc *quarante & neuf, & de notre règne le vingt & feptiefme. Collacion eſt faicte.* Ainſi figné: *Par le Roy en fon Confeil.* ROLANT.
Viſa. Contentor. CHALIGAULT.

(a) *Lettres de Charles VII, par lesquelles il accorde abolition aux habitans de Neuf-Châtel, des crimes & délits par eux commis pendant qu'ils avoient été sous la domination angloise; & les restitue en leurs honneurs, possessions & biens quelque part qu'ils soient, nonobstant les Sentences d'adjudication. ou les dons que le Roi en auroit pu faire.*

CHARLES, par la grace de Dieu, Roy de France, savoir faisons à tous présens & à venir, Nous avoir receue l'umble supplicacion des Gens d'Église, Nobles, Bourgois, manans & habitans de noz villes & chastel du *Neuf-Chastel de Nycourt,* contenant que à l'occasion des guerres & divisions qui par long-tems ont esté en nostre Royaume, & pour l'usurpacion que ont fait par cy-devant noz anciens adversaires les *Anglois,* de nosdicte ville & chastel du *Neuf-Chastel,* leur a convenu jusques à naguères que, graces à Nostre Seigneur, lesdictes ville & chastel ont esté réduiz & mis en nostre obéïssance, pour la conservacion de leurs corps, eulx tenir, demourer, converser & reppairer avec nosdicts adversaires, & leur faire & donner tout conseil, confort & aide, & toute autre obéïssance, tant en offices que autrement, parquoi iceulx supplians doubtent que, à cause & pour raison des choses dessusdictes, & aussi que pendant & durant le tems qu'ils ont ainsi esté avecques nosdicts adversaires, ilz, ou les aucuns d'eulx ont fait & commis, ou peu faire & commectre tant envers Nous, nostre Majesté Royal que noz vassaulx & subgiez, plusieurs cas, crimes, délits & maléfices, on leur voulsist faire ou tems à venir question ou demande, & leur mectre ou donner en leurs corps ou biens empeschement, ou autrement les molester, accuser ou donner aucune charge; en Nous humblement requérant que les choses dessusdictes vueillons mectre en oubly & icelles leur abolyr, pardonner & remectre, & les recevoir en nostre bonne grace. Pour quoy Nous ayans pitié & compassion desdicts supplians, voulans nos vassaulx & subgects recueillir & retraire à Nous, & iceulx traicter en toute amour & débonnaireté, à ce qu'ils soient plus enclins en toute subgeccion & vraye obéïssance à acquiter leurs loyaultez envers Nous ainsi qu'ilz doivent & sont tenus de faire, ausdictes Gens d'Église, Nobles, Bourgois, manans & habitans de nosdictes ville & chastel du *Neuf-Chastel de Nycourt,* qui estoient audict lieu au tems de la prinse de ladicte place, & depuis ont continuellement demouré en nostre obéïssance, pour les causes dessusdictes & pour autres causes & considéracions à ce Nous mouvans, avons par grande & meure délibéracion de Conseil, de nostre certaine science, grace espécial & auctorité royal, quicté, remis, pardonné & aboly, quictons, remectons & pardonnons & abolissons par ces présentes, tous les cas, crimes, délitz & offenses en quoy on pourroit dire ilz ou aucuns d'eulx avoir offensé ou délinqué envers Nous, nostre Couronne & Magesté Royal & noz subgects ou autrement, ès choses dessusdictes & ès dependances, tant à avoir fait le serement à nozdicts ennemiz & adversaires en matière de guerre, que autrement, à les avoir favorisez ou soustenuz, ou fait aucune chose en nostre préjudice, en quelque manière que ce soit, ensemble tous interests & dommages par eulx ou aucuns d'eulx commis & perpetrez tant envers Nous que autres personnes quelzconques & pour quelconque cause que ce soit pendant le tems qu'ils ont esté hors de nostredicte obéïssance, & toute peine & amende corporelle, criminelle & civile, en quoy

NOTE.

(a) Trésor des Chartes, Registre VIII^{xx}XIX [179] Pièce 375.
Tome XIV.   I

ilz pourroient pour occafion de ce eftre encourus envers Nous & Juftice, & fans ce que noftre Procureur ne autre perfonne quelle qu'elle foit, en puiffe jamais intenter ne faire accion ne pourfuite contre eulx ne aucun d'eulx : & lefquelles chofes pour confidéracion de ce que dict eft, Nous avons caffées & abolyes, caffons & aboliffons généralement & perticulièrement par ces préfentes ; & voulons eftre dictes & repputées comme non faictes & non advenues ; & reftituons lefdictes Gens d'Églife, Nobles, Bourgois, manans & habitans aux honneurs, franchifes, libertez & prérogatives dont paravant ces chofes ilz avoient acouftumé joïr, & auffi à tous leurs biens, héritages & poffeffions, meubles & immeubles eftans en nature de chofe quelque part qu'ilz foient fituez ou affiz, nonobftant quelzconques dons que en pourrions avoir faiz ; & les Sentences, adjudicacions & exploiz qui en feroient enfuiz, que révocquons par cefdictes préfentes ; & fur ce impofons filence perpétuel à noftre Procureur & à tous autres, & ne voulons que pour occafion des chofes deffufdictes, aucune chofe leur foit ne à leurs fucceffeurs, ou tems à venir reprouchiée ou imputée contre leur honneur pour quelque caufe ne en quelque manière que ce foit. Si donnons en mandement à noz amez & féaulx Confeillers les Gens de noftre Parlement à *Paris*, & qui tendront noftre Efchiquier en noftre païs & *Duchié* de *Normandie,* aux *Bailliz* de *Rouen,* de *Caux* & de *Gifors,* & à tous nos autres Jufticiers & Officiers ou à leurs Lieuxtenans, préfens & à venir & à chacun d'eulx, fi comme à lui appartendra, que de noz préfente grace, pardon, rémiffion & abolicion facent, feuffrent, & laiffent lefdictes Gens d'Églife, Nobles, Bourgois, manans & habitans de nofdictes ville & chaftel du *Neuf-Chaftel* de *Nycourt*, joïr & ufer plainement & paifiblement, fans les molefter, traveiller ou empefchier, ne fouffrir qu'ilz foient travaillez, moleftez ou empefchiez ores ne ou tems à venir en quelque manière que ce foit au contraire. Et afin que ce foit chofe ferme & eftable à tousjours, Nous avons fait mettre noftre Séel à cefdictes préfentes, au *Vidimus* defquelles, fait foubz Séel Royal, voulons foy eftre adjouftée comme à ce préfent original : fauf en autres chofes noftre droit & l'autruy en toutes. *Donné à* Louviers, *ou mois de Septembre, l'an de grace mil quatre cens quarante & neuf, & de noftre règne le XXVII.* Ainfi figné : *Par le Roy en fon Confeil.*
DELALOERE.

Vifa. Contentor. J. DE LA GARDE.

(a) Lettres de Charles VII, par lefquelles il confirme la conceffion faite aux Marchands ayant falines au terroir de Peccais, d'un octroy de fix deniers par quintal de fel vendu aux Greniers de la Sénéchauffée de Beaucaire, & qui pafferoit fur le Pont Saint-Efprit; ratifiant l'accord fait au fujet dudit octroi, entre les Saliniers de Peccais, & les Officiers du pays de Provence.

CHARLES, par la grace de Dieu, Roy de France, favoir faifons à tous préfens & à venir, Nous avoir receu l'umble fupplicacion de noz bien-amez les Marchans ayans falines ou terrouer de *Peccais (b)* en noftre *Sénefchaucée* de *Beaucaire,* contenant que anciennement & paravant que les

NOTES.

(a) Tréfor des Chartes, Regiftre IX^xx [180] Pièce 72. = *MSS.* de *Colbert,* Vol. LIII, page 713.
(b) Bourg fur la rive occidentale du *Rhône,* à une lieue d'*Aigues-mortes,* renommé pour fes falines dès le XIIIe fiècle.

impofitions & gabelles euffent cours en noftre Royaume, èfdit terrouer & falines de *Peccais*, eftoit faicte grant quantité de fel, pour ce que les laboureurs & propriétaires d'iceulx falins vendoient leurdit fel quant & où bon leur fembloit, & en avoient preftement leur pris & argent ; & eftoit mené & porté leurdict fel ès pays de *Lombardie*, rivière de *Gênes*, *Arragon*, *Foix* & autres pays & contrées loingtaines ; & pour le grand proufit qui en venoit aufdicts laboureurs propriétaires, & qu'ilz faifoient de leurdit fel à leur plaifir, fans ce qu'il y eût autre charge ou treu[*], lefdictes falines eftoient entretenuz & bien labourez : mais pour ce que ladicte gabelle du fel a efté mife fus en noftredict pays de *Languedoc*, la faculté a efté oftée aufdits laboureurs falinans de vendre leur fel à voulenté, & le leur a convenu & convient vendre à tour de papier : & pour ce que icelui tour de papier demeure longuement avant qu'il retourne à chacun Marchant par ordre, & fault que le fel defdicts laboureurs foit longue-ment ès falines & greniers defdicts Marchands faliniers, plufieurs d'eulx ne peuvent bonnement attendre icelui tour de papier, maintenir leurfdictes falines en eftat convenable, ne vivre de leurdict labour ; & avient que fouventesfoiz par povreté & pour ce qu'ilz ne peuvent attendre leurdict tour de papier, font contrains vendre leur fel en gros aux Marchans qui le tirent contre-mont la rivière du *Rofne*, & le donnent pour moindre pris qu'il ne leur cofte, & à ce faire font abftrains, pour ce que autre part ne pluftoft n'en pourroient avoir délivrance ; & à cefte caufe leur fut piéçà octroyé, ou à leurs prédéceffeurs, qu'ilz euffent & preiffent fur chafcun quintal de fel qui fe vendroit ès greniers de *Beaucaire*, *Nyfmes*, *Saint-Efprit* & en aucuns autres greniers de la Sénef-chauffée de *Beaucaire*, & auffi fur chafcun quintal de fel qui pafferoit foubz le Pont *Saint-Efperit*, ung blanc de quatre deniers parifis pour aider à vivre lefdicts Marchans, & à fouftenir le fait & labour defdictes falines de *Peccais*, & d'icelluy octroy joyr par long tems ; & depuis pour ce que lefdicts quatre deniers parifis fur quintal de fel ne fuffiroient pas à fouftenir les defpens qu'ilz faifoient en faifant leurdict fel, & à maintenir en eftat lefdictes falines, cabanes, mortelayras *(c)*, divers pons & plufieurs gorges néceffaires à la façon dudict fel, & pour tenir en réparation certaines levées eftans oudit terrouer de *Peccais*, tant devers la rivière du *Rofne* comme devers deux eftangs faiz pour la confer-vacion defdictes falines ; Nous, par grande & meure délibération de Confeil, & informacion fur ce précédant & rapportée en icelluy noftre Confeil, dès l'an M CCCC vint-deux *(d)*, leur euffions octroyé que pour leur aidier à fournir aux charges deffufdictes ilz preiffent & levaffent deffors en avant oultre léfdicts quatre deniers parifis, autres deux deniers parifis, qui fe monte fix deniers parifis fur chafcun quintal de fel qui deffors en avant feroit vendu èfdiz greniers de *Beaucaire*, *Nyfmes*, *Saint-Efperit* & autres où fe levoient paravant lefdicts quatre deniers parifis & qui pafferoit foubz ledict Pont *S.ᵗ-Efperit*, fans ce qu'ilz en feuffent tenuz rendre compte en noftre Chambre des Comptes ne ailleurs ; & depuis lefdictes chofes à Nous remonftrées dès le mois d'Aouft l'an mil CCCC quarante & ung les leur euffions derechief octroyés & confermées ainfi que par nos Lettres patentes en forme de Chartre à eux fur ce par Nous octroyées, plus à plain peut apparoir ; & combien qu'ilz ayent joy & ufé de noftredict octroy depuis ledict temps, toutefvoies pour ce que lefdicts deniers n'ont, comme on dit, ainfi efté emploiez comme ilz deuffent, &

[*] *Tieu*, tribut, redevance.

NOTES.

(c) *Mortelayras.*] Réfervoir d'eau pour faire le fel. C'eft ainfi que l'Auteur du Supplément du Gloffaire de *Du Cange* explique ce mot, en citant le paffage même de ces Lettres. Dans la baffe latinité, on nommoit *morta*, & en vieux françois *mortau*, des eaux ftagnantes, *mortua-aqua*, *morte-eau*.

(d) Nous n'avons point trouvé ces Lettres, ni celles du mois d'Aouft 1441 dont il eft parlé plus bas ; ce qui n'eft point furprenant, n'ayant point été vérifiées ni expédiées, comme il eft dit ci-après.

CHARLES
VII,
à Louviers,
en Septembre
1449.

à cefte caufe font lefdictes falines, cabanes, pons & levées demourées fans eftre deuement entretenues & repparées, & que nofdictes Lettres n'ont pas efté vériffiées ne expediées ainfi que au cas appartenoit, aucuns de noz Officiers ayans la charge de nos principaulx affaires en notredict païs de *Languedoc*, ont fait empefchier foubz noftre main lefdicts fix deniers parifis pour quintal de fel, par quoy font iceulx fupplians empefchiés en leurdict octroy, & pour ce Nous ont fait derechief fupplier que en ayant regard aux cens, droiz & autres devoirs que prenons à caufe de noftre Dommaine *(e)* fur lefdictes falines & fur le fel qui fe fait en icelles (c'eft affavoir, fur les falines defdicts Marchans falinans, la feptième partie oultre trois deniers tournois que prenons fur chacun muy de fel qui fe fait efdictes falines, & noftre droit de gabelle quant ledit fel eft porté en nos greniers) & le grant bien & utilité qui à caufe d'icelui fel vient chacun an à Nous & à toute la chofe publique de notredit pays de *Languedoc*, & au grant dommaige qui adviendroit fe lefdictes falines chéoient en rompture & chommaige, il Nous plaife avoir aggréable ce que par lefdicts fupplians & leurs prédéceffeurs a efté fait en ce que dit eft, & le leur conferner & octroyer pour le tems à venir, & fur ce leur impartir noftre grace; pour ce eft-il que Nous, ces chofes confiderées, & fur ce eu l'advis & confeil de nofdicts Confeillers & Officiers ayans la principalle charge & cognoiffance de nofdictes affaires ou pays de *Languedoc*, & qui cognoiffent & ont vifité le faict & eftat defdictes falines; & que pour le préfent donner aufdicts fupplians aucune vexacion ou autre charge pour les deniers qu'ils ont levez le tems paffé, à la caufe deffufdicte, fans vériffier leurfdictes Lettres, feroit leur deftruccion & la dépopulacion de noftre ville d'*Aiguemortes* où demeurent la plufpart des propriétaires, obftant leur povreté, la ftérilité dudict pays qui eft principalement fondé fur ledit faict de fel, & pour les autres grans charges qu'ilz ont eues le tems paffé & ont chacun jour à fupporter pour nofdictes affaires, & fur ce eu l'advis des Gens de noftre Confeil, avons eu & avons aggréable ce que par lefdicts fupplians & leurs prédéceffeurs a efté fait & levé à caufe defdicts fix deniers parifis fur chacun quintal de fel, & ne voulons que aucune chofe leur en foit ou puiffe eftre demandée ne à aucun d'eulx ne aux leurs, ne qu'ilz foyent contrains à en rendre compte ores ne ou tems à venir en notre Chambre des Comptes ne autre part, pour ce qui en a efté levé le tems paffé, & de ce les avons defchargiez & defchargons du tout, en levant noftredicte main & tous autres empefchemens qui leur y ont ou pourrroient avoir efté pour ce mis par cefdictes préfentes; & de plus ample grace avons ordonné, confenty & octroyé, ordonnons, confentons & octroyons de nouvel en tant que meftier eft, aufdicts fupplians, de noftre grace efpécial, pleine puiffance & auttorité royal, par cefdictes préfentes, qu'ilz & leurs fucceffeurs puiffent lever & prendre, ou faire lever & prendre par leurs commis, telz qu'ils voudront à ce commectre, dorefnavant chacun an à tousjours, ladicte fomme de fix deniers parifis fur chacun quintal de fel qui fera vendu èfdicts greniers de *Beaucaire*, *Nymes* & *Saint-Efperit* & autres de noftredicte *Sénechauffée* de *Beaucaire* où ilz les ont acouftumez prendre & recevoir, & qui paffera par-deffoubz ledit *Pont S.ᵗ-Efperit*; & en oultre, pource que certaines convenances & appoinctemens ont pieçà efté faictes entre Nous & noftre très-chier & très-amé Frère & Coufin le *Roy* de *Sécile*, *Conte* de *Prouvence*, fur le fait de la gabelle de fel qui fe gabelle ès greniers du *Pont Saint-Efperit*, de *Tarrafcon* & de *Lapordier*, quand on tranfporte ledit fel en l'*Empire* & en *Prouvence*, & que à cefte caufe a efté accordé entre lefdicts faliniers falinans avecques les Officiers dudict pays

NOTE.

(e) Le territoire de *Peccais*, & les droits fur les falines, avoit été acquis par Philippe-le-Bel en 1290, & par Louis le Hutin en 1315. Voyez *Dupuy*, Droits du Roi, page 605.

de *Prouvence*, pour & ou nom des faliniers dudict pays de *Prouvence*, qu'ilz
prendront la moictié defdicts fix deniers parifis, parmy ce que lefdicts faliniers
falinans de *Peccais* les prendront pareillement fur le fel qui fera gabellé aufdicts
greniers de *Tarrafcon* & *Lapordier*, pour eftre tranfporté en *Prouvence* & en
l'*Empire*, Nous avons pareillement lefdicts accords & convenances eues & avons
aggréables, & icelles ratiffiées & approuvées, ratiffions & approuvons de nofdicte
grace & auctorité royal, par cefdictes préfentes, en tant que touche lefdicts trois
deniers parifis, pourveu toutevoies, & afin que lefdicts deniers ne foient emploiez en autres ufaiges que à l'entretenement defdictes falines, levées, & autres
chofes néceffaires defdictes falines de *Peccais;* ceulx qui recevront lefdicts
deniers, en feront tenuz rendre compte & reliqua par-devant le Vifiteur général
de noz Gabelles à fel, qui fera pour le temz en noftredict pays de *Languedoc*,
préfents ou appellez à ce fix ou huit des plus notables defdicts faliniers & propriétaires. Si donnons en mandement par cefdictes préfentes à noftre très-chier
& très-amé Frère & Coufin le *Comte* du *Maine*, Lieutenant & Gouverneur de
par Nous de noz païs de *Languedoc* & *Duchié* de *Guyenne*, les Générauix
Confeillers ordonnez fur le fait & gouvernement de toutes noz Finances éfdicts
pays & *Duchié*, audict Vifiteur de nofdictes Gabelles, & à touz noz autres
Jufticiers ou à leurs Lieuxtenans préfens & à venir, & à chacun d'eux, fi
comme à lui appartiendra, que lefdicts fupplians & chacun d'eulx & leurs fucceffeurs facent, feuffrent & laiffent joïr & ufer paifiblement & à plain de noz
préfentes grace, voulenté & octroy, fans leur faire ne fouffrir eftre fait ne à
aucun d'eulx, aucun empefchement ou deftourbier en corps ne en biens, ores
ne ou tems à venir en quelque manière que ce foit, ainçois fe fait, mis ou
donné leur avoit efté ou eftoit à cefte caufe, fi l'oftent ou facent ofter, &
mectre fans délay chafcun en droit foy au premier eftat & deu. Et afin que ce
foit chofe ferme & eftable à tousjours, Nous avons fait mectre noftre Séel à ces
préfentes ; fauf en autres chofes noftre droit, & l'autruy en toutes. *Donné à*
Louviers, *ou mois de Septembre*, *l'an de grace* M CCCC *quarante & neuf*, *& de*
notre règne le XXVII.ᵉ Ainfi figné : *Par le Roi en fon Confeil.* J. DELALOERE.

Vifa. Contentor. CHALIGAUT.

(a) *Lettres de Charles* VII, *par lefquelles il proroge pour cinq ans*
une impofition fur les farines & le vin, précédemment accordée aux
habitans de Clermont, pour achever les réparations & fortifications
de leur ville.

CHARLES, par la grace de Dieu, Roy de France : à tous ceux qui
ces préfentes Lettres verront; Salut. Receüe avons l'humble fupplication
de nos bien amez les Gens d'Église, Efleus, Bourgeois & habitans de la ville
& cité de *Clairmont* en *Auvergne*; contenant comme par certaines autres nos
Lettres données à *Chinon* le 9 jour de Juillet 1446 (b), & pour les caufes
plus à plein contenuës en icelles, Nous leur euffions octroyé congé & licence
de mettre fus, cueillir & lever, ou faire cueillir & lever par eux ou leurs
Commis, l'ayde cy-après declarée : c'eft à fçavoir, fur chacun feptier de farine
mis en ladite ville & fauxbourgs par lefdits fupplians, tant de ladite ville comme
defdits fauxbourgs, douze deniers tournois ; & de chacun Boulanger ou autre

NOTES.

(a) Origines de *Clermont* par *Durand*, *in-fol.* p. 458.
(b) Nous n'avons point trouvé ces Lettres.

vendant pain en icelle ville & fauxbourgs, fur chacun feptier de farine qu'ils y feront mettre, deux fols fix deniers tournois ; fur chacune queue de vin, tenant deux poinçons, qui entrera & fera mife en ladite ville, foit vendange ou autrement, & foit mife en garde ou acheptée par lefdits fupplians ou autres, de quelque lieu qu'elle foit amenée ou acheptée, fi elle n'eft du crû des propres héritages defdits habitans, dix fols tournois, avec la barre qu'on a accouftumé de cueillir & lever en ladite ville de *Clairmont*, jufques à certain temps lors enfuivant & déclaré èfdites Lettres, qui encores n'eft efcheu ; pour les deniers qui proviendront dudit ayde, eftre convertis & employez ès fortifications & réparation des murailles, foffés & remparemens de ladite ville de *Clairmont* ; par vertu defquelles nos Lettres, iceux fupplians ayent mis fus & fait cueillir lefdites aydes, & les deniers d'iceux convertis & employez ès réparations d'icelle ville, felon la teneur de nofdites Lettres ; & nonobftant iceux deniers n'y ont pu de trop fournir ; & font encores plufieurs grandes réparations & fortifications néceffaires eftre faites en ladite ville & cité, nonobftant ladite dépopulation, & autres plufieurs grandes charges & affaires qui depuis ledit tems font furvenuës à ladite ville, & que ledit ayde n'a pas efté aufdits fupplians de fi grande valeur comme ils cuidoient, lefquelles ils n'ont pu ny ne pourroient parfaire ny achever fans avoir, fi comme ils dient, en Nous humblement requerant que leur voulions derechef octroyer, lefdites aydes jufques à certain temps, & fur ce leur impartir noftre grace. Pour ce eft·il, que Nous, les chofes deffufdites confidérées, voulans à noftre pouvoir fecourir & ayder aufdits fupplians pour la défenfe & tuition de ladite ville, à iceux pour ces caufes & autres à ce Nous mouvans, avons derechef donné, octroyé, donnons & octroyons de grace fpéciale par ces préfentes, congé & licence de mettre fus, cueillir ou faire cueillir & lever par eux ou leurs Commis lefdites aydes en la forme & manière deffus déclarée, avec ladite barre, jufques à cinq ans prochains, à compter du jour du date des préfentes, pour les deniers qui en confifteront convertir & employer en ce que dit eft, & non ailleurs, pourveu toutesfois que la plus grande & faine partie y confente, & que nos droicts & aydes n'en foient aucunement diminuées ny retardées; ny. auffi que celui qui recevra, ou ceux qui recevront lefdites aydes, fera tenu ou feront tenus en rendre compte en reliqua en la préfence d'aucuns nos Officiers, à qui & où il appartiendra. Si donnons en mandement par cefdites préfentes au *Baillif* de *Saint-Pierre le Mouftier*, ou à fon Lieutenant, à ce que de noz préfentes grace, congé & licence il faffe, fouffre & laiffe lefdits fupplians jouir & paifiblement ufer, fans leur faire & donner, ne fouffrir eftre fait, mis ou donné aucun détourbier ou empefchement au contraire, en contraignant ou faifant contraindre tous ceux qu'il appartiendra à payer lefdites aydes, par toutes voyes & manières deuës & raifonnables, nonobftant oppofitions & appellations quelconques. En témoin de ce, Nous avons fait mettre noftre Scel à ces préfentes. *Données à* Louviers, *le quatrième jour d'Octobre, l'an de grace mil quatre cens quarante-neuf, & de noftre règne le vingt-feptiefme.* Et fur le reply, *Par le Roy, à la relation du Confeil, & figné* ROLAND.

(a) *Lettres de Charles VII, par lesquelles il accorde aux habitans de Séez,
abolition pour les délits par eux commis contre lui & sa Couronne
lorsqu'ils étoient soumis aux Anglois; les restituant dans leurs honneurs,
libertés, prérogatives, possessions & biens, nonobstant sentences d'adjudication ou dons que le Roi en auroit pu faire.*

CHARLES, par la grace de Dieu, Roy de France, sayoir faisons
à tous présens & à venir, Nous avoir receu l'umble supplicacion des
Évêque, Prieur, Chappitre & autres Gens d'Église, Nobles, Bourgois, manans
& habitans de noz ville & cité de *Sées* & des cinq paroisses à elles appartenans, contenant que à l'occasion des guerres & divisions qui par long tems
ont esté en nostre Royaume, & pour l'occupacion que ont fait par cy-devant
noz anciens ennemiz & adversaires les *Anglois*, desdictes ville, cité & parroisses,
leur a convenu jusques à naguères que, graces à nostre Seig.', icelles ville,
cité & parroisses ont esté redduictes & mises en nostre obéissance, pour la
conservacion de leur corps, eulx tenir, demourer, converser & reppairer
avecques nosdicts adversaires, & leur faire & donner conseil, confort, aide &
toute autre obéissance, par quoy iceulx supplians doubtent que, à cause &
pour raison des choses dessusdictes, & aussi que pendant & durant le tems
qu'ilz ont ainsi esté avecques noz adversaires, ilz ou aucun d'eulx, ont fait ou
commis, ou peu faire & commectre, tant envers nostre Couronne & Magesté
Royal que noz vassaulx & subgetz, pluseurs cas, crimes, délits & maleffices,
on leur vouleust faire ou tems à venir question ou demande, & leur mectre
ou donner en leurs corps & biens, empeschemens, ou autrement les molester,
accuser ou donner aucune charge; en Nouz humblement requérant que les
choses dessusdictes vueillons mectre en oubli, & icelles abolir, pardonner &
remectre, & les recevoir en nostre bonne grace. Pour quoy Nous ayans pitié
& compassion desdicts supplians, & voulans noz vassaulx & subgiez recueillir
& retraire à Nous & iceulx traictier en bonne amour & debonnaireté, à ce
qu'ils foient plus enclins en toute subjeccion & vraye obéissance, & à acquicter
leurs loyautez envers Nous, ainsi qu'ilz doivent & sont tenuz de faire, ausdicts
supplians qui estoient esdicts lieux au tems de la prinse & redduccion d'iceulx,
& qui depuis ont continuelment demouré en nostre obéissance, pour les causes
dessusdictes, & autres causes & considéracions à ce Nous mouvans, avons par
grant & meure délibéracion de Conseil, de nostre certaine science, grace
espécial & auctorité royal, quicté, remis, pardonné & aboly; quictons,
remectons, pardonnons & abolissons par ces présentes, tous les cas, crimes,
délits & offenses en quoy on pourroit dire ilz ou aucuns d'eulx avoir offensé
ou délinqué envers Nous, notre Couronne & Magesté Royal & noz subgiez
ou autrement, ès choses dessusdictes ou ès deppendences, tant à avoir fait
le serment à nosdicts ennemis & adversaires en matière de guerre que autrement, à les avoir favorisez & soustenuz, & fait aucune chose en nostre préjudice en quelque manière que ce soit, pendant le tems qu'ilz ont esté hors de
nostredicte obéissance, avecque toute peine & amende corporelle, criminelle
& civile en quoy ils pourroient pour occasion de ce estre encouruz envers
Nous & Justice, sans ce que Nous, nostre Procureur, ne autre personne
quelle qu'elle soit, en puisse jamais intenter ne faire accion ou poursuite contre

NOTE.

(a) Trésor des Chartes, Registre IX^xx [180], Pièce 3. = *MSS. de Colbert,*
vol. LIII, page 589.

eulx ne aucun d'eulx ou temps à venir; lefquels cas, pour confidéracion des chofes devant dictes, Nous avons caffez & aboliz, caffons & aboliffons généralment & particulièrement, par cefdictes préfentes, & voulons eftre dictz & repputez comme non faicts & non avenus, & reftituons lefdicts fuppliens aux honneurs, franchifes, libertés & prérogatives dont paravant ces chofes ilz avoient acouftumé joïr, & auffi à tous leurs Béneffices dont ils font poffeffeurs paifibles, biens, héritaiges, poffeffions, meübles & immeubles eftans en nature de chofe, quelque part qu'ils foient fitués & affiz, nonobftans quelconques dons que en pourrions avoir faiz, & les Sentences, adjudications & exploix qui s'en feroient enfuiz, que révocquons par cefdictes préfentes ; & ne voulons que pour occafion des chofes deffufdictes, aucune chofe leur foit ne à leurs fucceffeurs ou tems à venir, reprouchée ou imputée contre leur honneur, pour quelque caufe ne en quelque manière que ce foit; & fur ce impofons filence perpétuel à notredict Procureur & à tous autres. Si donnons en mandement par cefdictes préfentes à noz amez & féaulx Confeillers les Gens de noftre Parlement à *Paris*. & qui tiendront noftre Efchiquier en noftre païs & *Duchié* de *Normandie*, au *Bailli* de *Caen*, & à touz noz autres Jufticiers & Officiers ou à leurs Lieuxtenans préfens & à venir, & à chafcun d'eulx fi comme à lui appartendra, que de noz préfentes grace, pardon, rémiffion & abolicion facent, feuffrent & laiffent lefdicts fuppliens joïr & ufer plainement & paifiblement, fans les molefter, travailler ou empefchier, ne fouffrir qu'ils foient moleftez, travaillez ou empefchiez ores ne ou tems à venir, en quelque manière que ce foit au contraire. Et afin que ce foit chofe ferme & eftable à tousjours, Nous avons fait mettre noftre Séel à ces préfentes, au *Vidimus* defqueles, fait foubz Séel Royal, Nous voulons foy eftre adjoutée comme à ce préfent original. *Donné à Louviers, ou mois d'Octobre, l'an de grace* M CCCC *quarante & neuf, & de noftre règne le* XXVII.*e* Ainfi figné : *Par le Roy, le* Patriarche d'Antioche, *le Marefchal de la* Fayette, *le Sire de* Baugy *& autres préfens*.

E. CHEVALIER.

Vifa. Contentor. JA. DE LA GARDE.

CHARLES
VII,
à Sainte-
Catherine-
lez-Rouen,
en Novembre,
1449.

(a) Lettres de Charles *V I I*, *qui confirment la Capitulation en vertu de laquelle les habitans d'Argentan doivent jouir de leurs biens, droits & libertés, ainfi qu'ils en jouiffoient avant la defcente des Anglois à Touques.*

CHARLES, par la grace de Dieu, Roy de France, favoir faifons à tous préfens & à venir, que comme naguères ait efté fait, paffé & accordé certain traictié & appoinctement entre noftre chier & féal Coufin le *Comte de Dunois*, noftre Lieutenant général fur le fait de la guerre en ceftui noftre païs de *Normandie*, d'une part, & noz bien amez les Nobles, Officiers, Bourgois, habitans & retrais de la ville & bourgeoifie d'*Argentan*, d'autre, au moyen duquel appoinctement ladicte ville qui au tems d'icelui, & aucuns jours paravant, avoit efté & eftoit affiégée par noftredit Coufin & autres nos Cappitaines & Chiefs de guerre, ait efté & foit reddutte & mife en noftre obbéiffance par lefdits Nobles, Officiers, Bourgois, habitans & retraiz, lefquels Nous aient fait fupplier & requérir que pour greigneur feurté Nous plaife leur octroyer noz Lettres de ratifficacion & approbacion dudict appoinctement, dont la teneur s'enfuit.

N O T E.

(a) Tréfor des Chartes, Regiftre IX.*xx*. [180] Pièce *6*. = *MSS. de Colbert*, Vol. LIII, page 593.

JEHAN Batlard d'*Orléans, Conte* de *Dunoys* & de *Longueville,* Grant Chambellan de France, & Lieutenant général du Roy noftre Seigneur, fur le fait de la guerre, à tous ceulx qui ces préfentes Lettres verront ou orront: Salut. Savoir faifons que en faifant le traictié & compoficion de la rendue de la ville d'*Argentan,* par nous affiégée & à nous rendue ou nom de mondit Seigneur le Roy, a efté accordé aux Nobles, Officiers, Bourgois, manans, habitans & retraiz de ladicte ville & bourgeoifie d'*Argentan,* renduz & receuz hommes liges & fubgiez du Roy noftredict Seigneur, que ilz & chafcun d'eulx auront leurs corps faufs, leurs biens meubles & tous leurs héritaiges, rentes & revenues quelque part qu'ilz foient, à eulx appartenans lors de ladicte redduccion, par conqueft, fucceffion ou autrement, pour en joïr, eulx, leurs hoirs & ayans caufe, tout ainfi & par la forme & manière qu'ilz euffent pu faire au précédent de la defcente faite à *Touque* par le *Roy d'Angleterre,* enfemble des Dignités, franchifes, & libertés, telles qu'ilz les avoient lors d'icelle defcente; fans pour caufe de la réfidance, fupport, faveur ou alliance par eulx faicte aux *Anglois,* eftre empefchiez ou joyffement d'iceulx, ne en eftre reprouchez pour le tems à venir en aucune manière; lequel traictié & appoinctement deffus touchez, avons aggréables, & voulons icelui eftre gardé & entretenu, fans enfraindre pour le tems à venir; & afin que ce foit chofe ferme & eftable à tousjours, nous avons mis à ces préfentes noftre Séel, le quatriefme jour d'Octobre, l'an de grace M. CCCC quarante & neuf.

CHARLES
VII,
à Sainte
Catherine-
lez-Rouen,
en Novembre
1449.

Nous, veu ledict traictié & appoinctement, icelui avons loué, ratiffié & approuvé, louons, ratiffions & approuvons par la teneur de ces préfentes, de noftre grace efpécial, pleine puiffance & auttorité royal; & voulons que lefdicts Nobles, Officiers, Bourgois, habitans & retraiz dudit lieu d'*Argentan,* joyffent & ufent du contenu en icelui pleinement, & paifiblement à tousjours. Si donnions en mandement par cefdites préfentes, à noz amez & féaulx Confeillers les Gens de noftre Parlement, & à tous noz autres Jufticiers & Officiers ou à leurs Lieuxtenans préfens & à venir, & à chacun d'eulx, fi comme à lui appartendra, que contre la teneur dudict traictié & appoinctement, ilz ne empefchent, ne facent ou feuffrent lefdicts Nobles, Officiers, Bourgois, habitans & retraiz, ne aucun d'eulx, eftre empefchiez ne troublez en aucune manière, mais s'aucun empefchement ou deftourbier leur eftoit fur ce donné, le oftent ou facent incontinent ofter & remectre au premier eftat & deu: Car ainfi Nous plaift-il eftre fait. Et afin que ce foit chofe ferme & eftable à tousjours, Nous avons fait mectre noftre Séel à cefdites préfentes: fauf en autres chofes noftre droit, & l'autruy en toutes. *Donné à Saincte-Catherine-lez-*Rouen*, ou mois de Novembre, l'an de grace M. CCCC. quarante & neuf, & de noftre règne le XXVIII.* Sic fignatum: *Par le Roy, le* Conte *de* Clermont, Jacques Cuer, *& autres préfens.* DELALOERE.

Suite des Lettres
de Charles VII.

Vifa. Contentor. CHALIGAUT.

(a) Lettres de Charles VII, par lefquelles il accorde aux Gens d'Églife, Nobles, Bourgeois & Habitans de Carentan, la reftitution de tous les biens & Offices dont ils jouiffoient lorfqu'ils fe font foumis à lui & auparavant, nonobftant tous dons qui auroient pu en être faits à d'autres.

CHARLES, par la grace de Dieu, Roy de France, favoir faifons à tous préfens & à venir, Nous avoir receu l'umble fupplicacion des manans & habitans de noz ville & chaftel de *Carenten,* contenant comme noftre très-chier & très-amé Nepveu le *Duc de Bretaigne,* dès le XXIX.ᵉ jour de Septembre derrenier paffé, ait receu en noftre obéiffance lefdictes ville & chaftel de *Carenten,* lefquelz ville & chaftel avoient efté long-tems paravant & encores eftoient tenuz & occupez par noz anciens ennemis & adverfaires les *Anglois,* au tems d'icelle récepcion, moyennant certain traictié ou compoficion fur ce faicte par noftredict Neveu avec noftre bien-aimé *Jehan Defmandes* Curé de l'une des porçions de l'Églife parrochial dudit lieu de *Carenten, Thomas Fauq* Chevalier, Seigneur de *Saint-Hillaire,* & autres Bourgois, manans & habitans d'icelle ville, par lequel traictié, appoinctement ou compoficion, les Gens d'Églife, Nobles, Bourgois, manans & habitans dudict lieu de *Carenten* ont efté receuz par noftredict Nepveu en noftredicte obéiffance, & à y demourer foubz grace & miféricorde; & depuis ladicte compoficion faicte, & le cinquième jour du mois d'Octobre enfuivant & derrenier paffé, noftredict Nepveu octroya aufdicts fuppliáns fur ladicte compoficion, fes Lectres, dont il Nous eft fuffifamment apparu, par lefqueles & pour les caufes contenues en icelles, icelui noftre Nepveu a receu lefdicts Gens d'Églife, Bourgois, manans & habitans d'icelle ville & chaftel à grace & miféricorde, & leur a & à chafcun d'eulx rendu & reftitué, rend & reftitue tous leurs biens, héritaiges, poffeffions & biens quelzconques & en quelque lieu qu'ilz foient fituez & affiz, avecques leurs Bénéfices & Offices en quoy ilz eftoient paravant & au tems de ladicte compoficion, nonobftant quelzconques dons qui en pourroient avoir efté faiz par importunité de requérans ou autrement; lefquels Gens d'Eglife, Bourgois, manans & habitans Nous ont fait humblement fupplier & requérir que pour greigneur feurté d'eulx & de leurs fucceffeurs, il Nous plaife fur les poins & caufes deffufdictes, felon ce qu'ilz font contenuz èz Lectres de noftredit Nepveu, leur octroyer noz Lectres d'approbacion : pour quoy, Nous, ces chofes confidérées, les poins & claufes & chofes deffufdictes, felon ce qu'ilz font contenuz ès Lectres de noftredit Nepveu, avons louées, ratiffiées & approuvées ; & par la teneur de ces préfentes, de grace efpécial, pleine puiffance & auttorité royal, louons, ratiffions & approuvons, & voulons que du contenu en icelles lefdicts fuppliáns joyffent de point en point plainement & paifiblement à tousjqurs. Si donnons en mandement par ces mefmes préfentes à noz amez & feaulx Confeillers les Gens tenans & qui tendront noftre Parlement & noftre Efchiquier en *Normandie,* aux *Bailliz de Rouen, Caen* & *Conftentin,* & à tous noz autres Jufticiers ou à leurs Lieuxtenans préfens & à venir, & à chafcun d'eulx fi comme à lui appartendra, que de noz préfente grace, ratificacion & approbacion, ilz facent, feufrent & laiffent lefdictes Gens d'Églife, Bourgois, manans & habitans defdictes ville & chaftel

NOTE.

(a) Tréfor des Chartes, Regiftre IXˣˣ [180], Pièce 85.═ *MSS. de Colbert,* Vol. LIII, page 627.

de *Carenten* joïr & uſer pleinement & paiſiblement, ſans leur faire ne ſouffrir eſtre fait, mis ou donné, ne à aucun d'eulx, deſtourbier ou empeſchement au contraire, ores ne pour le tems à venir en aucune manière: Car ainſi le voulons & Nous plait eſtre fait. Et afin que ce ſoit choſe ferme & eſtable à touſjours, Nous avons fait mectre noſtre Séel à ces préſentes: ſauf en autres choſes noſtre droit & l'autruy en toutes. *Donné à* Rouen, *au mois de Novembre, l'an de grace* M CCCC *quarante & neuf, & de noſtre règne le* XXVIII.ᵉ Ainſi ſigné: *Par le Roy en ſon Conſeil.* ROLAND.

Viſa. Contentor. CHALIGAUT.

CHARLES
VII,
à Rouen,
en Novembre
1449.

CHARLES
VII,
à Rouen,
en Novembre
1449.

(*a*) *Lettres de Charles VII, par leſquelles il accorde aux habitans de la ville de Rouen, nouvellement ſoumis à ſon obéiſſance, la confirmation de leurs anciens priviléges, franchiſes & poſſeſſions; & y ajoute diverſes autres grâces.*

CHARLES, par la grace de Dieu, Roy de France, ſavoir faiſons à tous préſens & à venir, que comme en faiſant la réduccion de noſtre païs & *Duchié de Normandie,* lequel par uſurpacion & violence nos anciens ennemis & adverſaires les *Anglois* avoient mis & tenus pour la plus grant partie en leur ſubjeccion, Nous euſſions fait crier & publier à ſon de trompe, tant en noz villes du *Pont-de-l'arche* & *Pont-Audemer,* que en pluſieurs lieux & places de noſtre *Duchié de Normandie,* que nul de quelque obéiſſance, eſtat ou condicion qu'il ſcuſt, ne ſeuſt ſi oſé ou hardy, ſur peine de la vie, de porter ou mener aucuns vivres, ne autres choſes quelſconques en noſtre bonne ville & cité de *Rouen* lors tenue & occupée par noſditz anciens ennemis & adverſaires, parquoy les Bourgois, manans & habitans d'icelle noſtredicte ville, eſtoient & avoient eſté par longtemps en grant néceſſité, pource que l'en n'apportoit plus aucuns vivres en ladicte ville; & certain temps après feuſſions venus en armes à diverſes fois devant icelle noſtredicte ville & cité de *Rouen,* laquelle par aucuns de noſtre armée euſt eſté aſſaillie; ouquel aſſault aucuns des Bourgois d'icelle & pluſieurs autres, tant de noſtre party que des *Anglois,* euſſent eſté les ungs morts & les autres navrez; pour leſquelles cauſes les Gens d'Égliſe, Nobles, Bourgois, manans & habitans d'icelle noſtre cité, conſidérans les grans périlz, dommaiges & inconvéniens en quoy ilz euſſent pu eſtre, ſe ladicte ville euſt eſté par noz Gens de guerre derechief aſſaillie, auſſi la grant néceſſité de vivres en quoy ils eſtoient, & plus pouvoient eſtre, & leur euſt eſté comme choſe impoſſible d'avoir tenu & réſiſté longuement contre noſtre puiſſance; meſmement que toutes les fortereſſes eſtans ſur la rivière de *Seine* au-deſſus de ladicte ville, & plus des trois pars de noſtredit païs & *Duchié de Normandie,* eſtoient dès lors réduiz en noſtre obéiſſance, euſſent envoyé devers Nous en la ville du *Pont-de-l'arche,* aucuns des Gens d'Égliſe & Bourgois d'icelle ville, pour trouver aucun bon traictié & appoinctement; & depuis, moiennant l'aide de Noſtre-Seigneur, ait noſtredicte ville eſté miſe & réduicte en noſtre obéiſſance: pour conſidéracion deſquelles choſes, auſſi que par uſurpacion leſdiz habitans avoient par la contraincte & violence de noſdiz anciens ennemis & adverſaires les *Anglois,* eſté ſubjugués par ſiége &

NOTE.

(*a*) Regiſtre du Parlement intitulé *Ordinationes Barbinæ,* coté D. *fol.* 147 *v.ᵉ* Tréſor des Chartes, Regiſtre IXˣˣ [180], page 26. = MSS. de Colbert, volume LIII, page 616.

néccessité de famine, contre leur gré, & tenuz eu grant captivité, très-inhumai-
nement traictiez & molestez : à iceux Gens d'Église, Nobles, Bourgois,
manans & habitans en nostredicte ville & *Vicomté* de *Rouen*, avons octroié,
consentu & accordé, & par la teneur de ces présentes, de nostre grace especial,
plaine puissance & auctorité royal, octroions, consentons & accordons tout
le contenu ès articles desquels la teneur s'ensuit.

S'ensuivent les poins & articles que requèrent très-humblement au Roy
nostre souverain Seigneur, les Gens d'Église, Nobles, Bourgois, manans
& habitans en sa cité de *Rouen.*

(1) Premièrement. Le Roy maintendra & gardera les Églises de la cité &
province de *Rouen,* estans en son obéissance, en toutes leurs libertez, franchises,
dotations, fondations, priviléges & juridictions, en quoy elles ont esté le
temps passé, du temps des très-Chrétiens Rois de France, Prédécesseurs du
Roi nostredit Seigneur, & autres fondeurs & augmenteurs, paravant la descente
& venüe du feu Roy *Henry d'Angleterre* ou païs de *Normandie;* & les Chartres
& priviléges donnés par iceulx Prédécesseurs, innovera & confermera, se besoing
est, ainsi qu'ilz en ont deuement joy & usé.

(2). Item. Que le Roy nostredit souverain Seigneur consentira que doresenavant la Jurisdiccion de l'Église demeure & demourra en sa pleinière
liberté, & qu'elle pourra cognoistre de tous cas, dont selon droit & coustume
l'Église a accoustumé de cognoistre, tout ainsi qu'elle faisoit avant ladicte
venüe & descente dudit feu Roi *Henry* d'*Angleterre.*

(3) Item. Que tous les Prélatz & Gens d'Église, de quelque condicion
ou estat qu'ilz soient, séculiers ou réguliers, estans en ladicte ville de *Rouen* &
ou Diocèse, alors de la réduccion de ladicte ville & cité de *Rouen,* & qui
sont en l'obéissance du Roy & y veullent demourer & lui faire le serment,
demourront paisibles en toutes leurs Prélatures, Dignitez, Prébendes, Cures,
Chapelles, droiz, Bénéfices & Offices ecclésiastiques quelxconques, fondez
& assiz ou Royaume de France, qu'ilz tenoient & possidoient alors de la
reduccion du *Pont-de-l'arche* ou depuis; tellement que iceulx Bénéficiez ne
puissent être troublez, molestez ou empeschez en leursdiz Bénéfices, par
quelque don de Régale, collacion ou présentacion de quelque Seigneur temporel,
ou autres dons faiz à autres d'iceulx Bénéfices, par le Roy ou autre Seigneur
temporel, paravant ladicte réduccion de ladicte ville de *Rouen,* pourveu
touteffois que au regard des Dignités, Bénéfices ou Offices qui auront vacqué
en collacion royal, lesdiz possesseurs seront tenus de prendre nouvelles Lettres
du Roy, & rendre les autres se ilz les ont: lesquelles nouvelles Lettres royaulx
seront de telles valeur & effect comme se dès-lors & de la date des premières
elles eussent esté données par le Roy nostredit Seigneur.

(4) Item. Il n'est pas à entendre par les choses dessusdictes, que s'il y a
aucuns desdictes Gens d'Église qui aient & possèdent aucuns Bénéfices par
tiltre de privacion, que iceulx privez, ou ceulx qui les auront euz par résignacion
d'eulx, ne puissent entrer & avoir leursdiz Bénéfices sans contredit ou empeschement; mais ou cas que iceulx privez seroient trespassez, sans les avoir
résignez, lesdictes Gens d'Église possèdans lesdiz Bénéfices à titre canonique,
demoureront paisibles & entiers comme dessus est dit.

(5) Item. Que tous Prélatz & autres Gens d'Église absens du Diocèse &
cité de *Rouen,* hors l'obéissance du Roy, aiant & possédant Prélatures &
Bénéfices en ladite cité & province, comme dit est, & natifs du Royaume
de France, qui vouldront venir & retourner à l'obéissance du Roy nostredit
Seigneur dedans six mois, faire le pourront, & en ce cas auront le plainier
joyssement de ce présent octroy, pourveu qu'ilz ne soient en l'obéissance

contraire, ouquel cas ilz auroient trois mois de retourner pour joïr dudit octroy.

(6) Item. Que tous les Gens d'Église, Nobles, Bourgois, manans & habitans en ladicte ville & *Vicomté*, estans & voulans demourer en l'obéissance du Roy, de quelque estat, nacion & condicion qu'ilz soient, demourront & seront restituez en tous leurs héritaiges, revenües, possessions, gardes de soubz-aagés, tutelles, curacions & drois quelxconques, nonobstans quelxconques dons & Ordonnances qui pourroient par Nous avoir été fais au contraire au-devant du jourduy.

(7) Item. Et par semblable, seront restitués en toutes leurs debtes & biens-meubles & ès fruis & revenües de leurs Bénéfices & héritaiges, arrérages des rentes & autres droictures quelxconques, nonobstant le laps de temps depuis entrevenu, se iceulx debtes, biens-meubles, fruis, levées, revenües, arrérages & autres droictures, n'ont esté cueillies ou reçües par les Gens & Officiers du Roy nostredit Seigneur, au devant de la réduccion de ladicte ville de *Rouen*. Toutesvoies il est entendu que ceulx qui estoient en l'obéissance du Roy nostredit Seigneur, ne paieront aucuns arrérages des rentes deües par eulx, créées à cause de leurs héritaiges, sinon du temps qu'ilz, ou leurs prédécesseurs desquelz ilz auront recuelly les meubles, ont joy ou peu joyr de leursdiz héritaiges.

(8) Item. Que tous les Gens d'Église, Nobles, Bourgois & autres gens, absens de l'obéissance du Roy, & natifz du Royaume de France, qui vouldront venir & retourner en l'obéissance du Roy nostredit Seigneur, dedans six mois, faire le pourront; & en ce cas auront le plainier joïssement de ce présent octroy, pourveu qu'ilz ne soient en l'obéissance contraire; ouquel cas ilz auront trois mois de retourner, pour jouir dudit octroy.

(9) Item. Que icelle cité demeure en tous les droiz, privilèges, franchises dont les habitans d'icelle joyssoient paravant la descente dudit feu Roy *Henry d'Angleterre*; & les confermera le Roy. Et pareillement sera confermée la Coustume de *Normandie* & la Chartre aux *Normans* & l'Échiquier de *Normandie* ordinairement tenu: le tout ainsi comme on faisoit paravant ladite descente dudit feu Roy *Henry d'Angleterre*.

(10) Item. Que pour quelque chose advenüe ou précédente du jour de l'octroy, abolicion générale de tous crimes, délitz & faultes quelxconques leur soit faicte, sans ce que jamais aucune reprinse leur puisse estre faicte ou donnée, des choses advenües ou temps passé.

(11) Item. Pour entretenir la ville en seureté, & afin que ou temps advenir n'en puisse venir inconvénient, que le pont & fortificacion qui est contre ladicte ville en la tour que fist faire sur le pont de *Seine*, feu le Roy *Henry d'Angleterre*, soit changié au contraire de ce qu'il est de présent.

(12) Item. Que le nouvel acquict ou truage de la bastide de *Vauvray*, soit du tout adnullé & aboly, & semblablement les autres subsides & acquictz alevez & mis sur la rivière de *Seine* & autres rivières adjacentes, depuis la venüe & descente faicte à *Touques* par ledit feu Roy *Henry d'Angleterre*.

' Et voulons & ordonnons que iceulx Gens d'Église, Nobles, Bourgois, manans & habitans & autres à qui le cas peut toucher, joïssent pleinement & paisiblement du contenu en tous & chafcuns lesdiz articles, sans aucun contredit ou empeschement, & sans estre en quelque manière calumpniez, nonobstant quelxconques dons, privilèges, Ordonnances ou composicions de villes & forteresses, fais ou à faire au contraire, que ne voulons aux choses dessusdictes déroguer, mais en tant que mestier est, les adnullons & abolissons du tout, sans ce que aucun s'en puist aider ne se servir ou préjudice desdiz habitans en quelque manière que ce soit; & sur ce imposons silence perpétuel à nostre Procureur présent ou à venir. Si donnons en mandement par ces mêmes préfentes, à noz amez & féaulx Confeillers les Gens tenans ou qui tendront noftre Parlement à *Paris*, & noftre Efchiquier de *Normandie*, aux *Bailiz* de *Rouen*, de *Caux*, *Gifors*, *Évreux*, *Caën*, *Conflantin*, & *Alençon*, Vicontez defdiz Bailliages, & à tous nos autres Jufticiers & Officiers, ou à leurs Lieux-tenans, & à chafcun d'eulx fi comme à lui appartiendra, que du contenu en cefdictes préfentes, facent, feuffrent & laiffent les deffufdiz jouir & ufer pleinement & paifiblement, fans les molefter, travailler ou empefcher, ores ne pour le temps advenir, en quelque manière au contraire. Et pour ce que de ces mefmes préfentes l'on pourra avoir à befogner en plufieurs lieux & places, en un mefme jour & heure, Nous voulons & Nous plaift que au *Vidimus* d'icelles fait foubz Séel Royal, pleine foy foit adjouftée comme à ceft préfent original. Et afin que ce foit chofe ferme & eftable à tousjours, Nous avons fait mectre noftre Séel à ces préfentes, fauf en autres chofes noftre droit, & l'autruy en toutes. *Donné à* Rouen, *ou mois de Novembre, l'an mil quatre cens quarante-neuf, & de noftre règne le vingt & huitiefme.* Sic fignatum: *Par le Roy en fon Confeil.* ROLANT.

Vifa. Contentor. CHALIGAUT.

(*Lecta, publicata & regiftrata Parifiis in Parlamento, die XVIII Julii,* M. CCCC.° LIV.° CHENETEAU.

Collacio facta eft cum originali.)

NOTE.

Ce qui eft ici entre parenthèfes, n'eft point dans le Regiftre du Tréfor des Chartes.

(a) Lettres de Charles VII, qui confirment diverfes exemptions accordées aux Confuls & habitans du Puy-la-Roque en Quercy.

*K*AROLUS, *Dei gratiâ Francorum Rex, notum facimus univerfis prefentibus pariter & futuris, Nos ad fupplicacionem dilectorum noftrorum Confulum & habitancium loci de* Podio-Rupis *in Senefcaliâ Caturcenfi, quafdam felicis recordacionis & inclite memorie Karoli quondam Francorum Regis, Avi & Predeceforis noftri, cujus anime propicietur altiffimus, binas vidiffe Litteras quarum tenores feriatim hiis prefentibus funt inferti.*

Sequitur tenor prime Littere.

*K*AROLUS, *Dei graciâ, Francorum Rex, &c.]* (b)
Deindè fequitur tenor fecunde Littere.

*K*AROLUS, *Dei graciâ, Francorum Rex, &c.]* (c)

Quas quidem Litteras preinfertas, ac omnia & fingula in eis contenta, ratas & gratas, rataque & grata habentes, eas & ea laudamus, ratifficamufque & approbamus, de noftreque poteftatis plenitudine, graciâ fpeciali & authoritate noftris laudamus, approbamus, ratifficamufque & confirmamus, in quantum dicti fupplicantes conçentis in prefcripçis Litteris ritè & debitè ufi funt ; quocircà Senefcallo *& Thefaurario* Caturcenfi, Senefcallo Petragoricenfi, *ceterifque Jufticiariis*

NOTES.

(a) Tréfor des Chartes, Regiftre IXˣˣVI [186], Pièce 86. = MSS. de *Colbert*, Vol. LIV, page 973.

(b) KAROLUS, *Dei graciâ, Francorum Rex, &c.]* Ces Lettres de Charles V du mois d'Avril 1370, après Pâques, font

imprimées à la page 279 du V.ᵉ Tome de ce Recueil.

(c) KAROLUS, *Dei graciâ, Francorum Rex, &c.]* Ces Lettres de Charles V du mois de Juillet 1370, font imprimées à la page 331 du V.ᵉ Tome de ce Recueil.

noftris aut eorum Locatenentibus prefentibus & futuris damus tenore prefencium in mandatis, quatenùs dictos fupplicantes eorumque pofteros & fequaces, noftris prefentibus graciâ, confirmacione, ratifficacioneque & approbacione uti & gaudere pacificè & quietè faciant & permittant, abfque ipfos in premiffis impediendo feu impediri faciendo; quinimò, fi quod impedimentum in premifis aut aliquo premifforum appofitum effet, illud ftatim tollant & amoveant feu tolli & amoveri faciant, vifis prefentibus, indilatè. Quod ut ftabilitatis perpetue robur obtineat, Litteris prefentibus noftrum juffimus apponi Sigillum, noftro tamen in ceteris ac alieno femper in omnibus jure falvo. Datum Rothomagi, die tertiâ menfis Decembris, anno Domini milefimo quadringentefimo quadragefimo nono, & regni noftri vicefimo octavo. Sic fignatum : Per Regem, ad relacionem Concilii. TRIBOLE.

Vifa. Contentor.

CHARLES VI·I, à Rouen, le 3 Décembre 1449.

(a) Lettres de Charles VII, par lefquelles il confirme celles du Roi Jean, qui exemptent de tous impôts & redevances les Chartreux de Villeneuve près Avignon *(b).*

CHARLES VII, à Montivilliers, en Janvier 1449.

KAROLUS, &c. ad perpetuam rei memoriam, Regie Majeftatis ea preftantior eft folicitudo, ut Ecclefiafticis perfonis libertates & privilegia quibus eas noftri dotarunt Predeceffores, liberaliter confolidemus, ut noftro fulti prefidio, divinis accuratiùs perfiftant obfequiis. Sanè binas Litteras inclite recordacionis Johannis quondàm Proavi & Predecefforis noftri, cujus anima pace fruatur, pro parte fincerè dilectorum noftrorum Prioris, & Conventûs beati Johannis Baptifte ordinis Cartu-fienfis in Villâ-novâ prope Avinionem, Nobis exhibitas recepimus, harum tenore.

JOHANNES, Dei gratiâ, Francorum Rex. Regie celfitudo clemencie, & fi cunctos fue Majeftati fubditos favore benigno profequi defideret, ad ipfos precipuè quâdam fpecialitate ipfius mentis afpirat affectus, eorum vota gratiosè profequendo, qui de die noctuque Altiffimo famulantur. Cùm itaque nos exiftentes in Angliâ regione, ad peticionem necnon contemplacionem felicis recordacionis Innocentii Pape fexti tunc Univerfali Ecclefie prefidentis, dilectis noftris in Chrifto, Priori videlicet & aliis fratribus Conventûs beati Johannis-Baptifte ordinis Cartufienfis in Villâ-novâ prope Avinionem, per ipfum fummum Pontificem de novo tunc fundati, noftras alias Litteras in cerâ viridi & filis fericis figillatas duxerimus concedendum, quarum tenor fequitur in hec verba.

JEAN I.er ou felon d'autres JEAN II, à Villeneuve-lez-Avignon, en Décembre 1362.

JOHANNES, Dei gratiâ, Francorum Rex. Ad perpetuam rei memoriam. Cupientes Predefforum noftrorum Regum Francie veftigiis inherere, gratum Deo in fuis Miniftris obfequium impendendo, & precipuè Sanctiffimo in Chrifto Patri Innocentio divinâ Providenciâ Pape fexto, nunc univerfali Ecclefie prefidenti, qui, more Predefforum fuorum Romanorum Pontificum, ad felicem Regum Francie ftatum ferventer afpirat, favoribus debitis vice reciprocâ refpondere, notum facimus univerfis tam prefentibus quàm futuris, quòd, cùm idem Sanctiffimus Pater dùm adhuc ipfum minor ftatus haberet tunc Stephanus nominatus, acquifierit privato nomine feu tanquàm privata perfona, ab Abbate & Conventu Monafterii Sancti Andree, Avinio-nenfis Diocefis, certo titulo, quamdam grangiam quam dicti Religiofi tunc habebant

le même à Londres, en Juillet 1357.

NOTES.

(a) Tréfor des Chartes, Regiftre IX^xx [180], Pièce 49.═MSS. de Colbert, Vol. LIII, page 681.

(b) Nous avons publié dans les Volumes précédens, diverfes Lettres de nos Rois, en faveur de ce même Couvent. Voyez le Tome VI de ce Recueil, page 490; & Tome VII, pages 380 & 381.

CHARLES VII, à Montivilliers, en Janvier 1449.

& poffidebant, cum certis terris ad eam pertinentibus feu adjacenti'us fubtùs dictam Abbatiam in Villâ-novâ, ibique confirui feu edificari fecerit quoddam hospicium feu manerium, & nihilominùs ante & postquam fuit ad apicem dicti status affumptus, acquifierit à quibufdam innobilibus feodariis in folidum Religioforum ipforum, & à quibufdam aliis nostris & eorumdem Religioforum feodatariis in communi, eondicionis ejufdem, certas alias pecias terre contiguas terris & grangie predictis primitùs acquifitis, aliquas quoque alias terras feu poffessiones proponat acquirere, que omnia in univerfo tam acquifita quàm acquirenda, quadraginta arpenta terre vel circà, tam in edificiis, ortis, vincis & jardinis, quàm in aliis quibufcumque, ut dicitur, non excedunt, quorum viginti arpenta vel circà, pro parte in alodio franco, & altera pars in cenfivâ dictorum Religioforum in folidum, reliqua verò pars in feodo feu cenfivâ Nobis & Religiofis predictis in communi confistunt, ubi prefatus Sanctissimus Pater in Christo, zelo facre devocionis accenfus & operibus pietatis intentus, tanquàm fidei Catholicæ fummus & precipuus zelator & cultor, quando Capellam feu Ecclefiam & habitationem unius conventûs Fratrum ordinis Cartursienfis ad divine Majestatis obfequium perpetuò stabilivit, & tam de dictis manerio feu hospicio, quàm de terris, vineis, jardinis & aliis fupradictis, ac de aliis quibufdam bonis fuis Apostolicâ liberalitate dotavit eofdem, ut ibi religionis onera fupportantes, quafi Dei mediatores & hominum, pro statu felici univerfalis Ecclefie & orthodoxe fidei firmamento in humilitatis fpiritu devotis & fedulis orationibus intercedant apud omnium Salutare; Nos gerentes in votis ut locus ille cum fuis pertinentiis univerfis, & Religiofi inibi nunc habitantes, & qui futuris temporibus in perpetuum habitabunt, ibidem pacis & quietis affluant ubertate, tuti ab omni adverfitatis & comocionis impulfu, & defiderantes votivè bonorum operum fuorum participes effici, quòdque, tam Nos quàm Succeffores nostri fuis interceffionibus apud Altissimum adjuvemur: ad petitionem ipfius fanctissimi in Christo Patris, concedimus fibi & Religiofis dicti loci prefentibus & futuris in perpetuum, in quantum ad Nos fpectat, auctoritate regiâ, de graciâ fpeciali, quòd ipfi dictum locum cum predictis aliis & univerfis pertinenciis fuis ufque ad quantitatem dictorum quadraginta arpentorum vel circà, teneant & possideant, ab omni Juridictione & potestate, tanquàm locum facrum & ecclefiasticum, amortizatum, liberum & immunem ab omni fubvencione, onere, redibenciâ, fubvencione, imposicione, angariâ, perangariâ, fubfidio, exercitu, cavalcatâ, talliâ feu collectâ & aliâ fervitute quâcumque, perpetuò, pacificè & quietè, ac per omnia plenitudine libertatis, exempcionis & immunitatis Ecclefiastice, perpetuis & futuris temporibus gaudeant & utantur; à quibus univerfis & fingulis fubvencionibus, honeribus, redibenciis, imposicionibus, angariis, perangariis, fubfidiis, excercitibus, cavalcatis, tailliis feu collectis & aliis fervitutibus quibufcumque, Religiofos ipfos, locum & alia predicta cum fuis pertinenciis predictis, autoritate & graciâ fupradictis eximimus penitùs, & totaliter per prefentes in perpetuùm liberamus, ita quòd Religiofi predicti nullatenùs compellantur feu compelli possint à quoquam, premissa vel aliqua de eifdem alienare, vendere, vel extra manum fuam ponere, vel prestare Nobis aut Succefforibus nostris vel caufam habituris à Nobis, financiam feu redempcionem aliquam pro eifdem. Nos enim omnem financiam que pro eis possetpro parte nostrâ regiâ exigi quomodolibet vel levari, donamus, remittimus & quitamus perpetuò predictis Religiofis, de gratiâ & auctoritate predictis, nonobstantibus aliis donis & graciis quibufcumque à Nobis vel Predeceffibus nostris, dictis Religiofis aut aliis fui ordinis factis, que pro expreffis & fpecificatis haberi volumus & habemus, ac fi ea expreffè & fpecificè nostre prefentes Littere continerent, feu quòd de domanio Regni nostri premissa quantùm ad jus regium fpectat & pertinet feu pertinere potest, fuiffe vel fore nofcatur, & ordinacione, statuto, vel Edicto contrariis quibufcumque, feu quòd de valore annuo premifforum aut aliàs non fuerit facta informacio, vel inquesta de hujufmodi valore, mencio in prefentibus habeatur. Mandantes nihilominùs, & fi opus fuerit, committentes Senefcallo Bellicadri, ceterifque Justiciariis, Commiffariis, Reformatoribus

regiis,

regiis, prefentibus & futuris, vel eorum Locatenentibus, & cuilibet eorumdem, quatenùs Religiofos, predictos & perfonas dicti loci prefentes & futuras, hereditatibus predictis & rebus aliis predictis in perpetuum uti & gaudere permittant & permitti faciant, juxta feriem prefentium Litterarum, ipfos in contrarium nullatenùs moleftantes aut moleftari quomodolibet permittentes. Quod ut firmum & ftabile perpetuò perfeveret, Sigillum noftrum hiis Litteris eft appenfum, falvo in aliis jure noftro & in omnibus alieno. Datum Londonis, anno Domini millefimo ccc quinquagefimo feptimo, menfe Julii.

CHARLES VII, à Montivilliers, en Janvier 1449.

Verumptamen Religiofis predictis oritur in dubium, ne propter hoc quòd tunc extra potenciam noftram tenebamus, ipfi poffent per Officiarios Regios impediri & vexari in futurum contra tenorem Litterarum predictarum, quapropter notum fieri volumus univerfis tàm prefentibus quàm futuris, quòd Nos dictorum Religioforum, ad quos fpecialem devotionem gerimus & affectum, fupplicacionem Nobis porrectam in hâc parte benigniter admittentes, prefatas Litteras fuprà tranfcriptas privilegium regium continentes, ac ipfum privilegium, & omnia & fingula in eifdem declarata & contenta approbantes & laudantes, eas & ea in omnibus & per omnia, ex noftris auctoritate & liberalitate regiis, certâ fcienciâ, ac noftre regie poteftatis plenitudine, & de fpeciali graciâ confirmamus tenore prefencium Litterarum, Senefcallo Bellicadri & Nemaufi, ceterifque Jufticiariis & Officiariis Regiis prefentibus & futuris vel eorum Locatenentibus, prout ad quemlibet ipforum pertinuerit, aantes prefentibus in mandatis quatenùs dictos Religiofos prefentes, vel qui temporibus erant affuturi, contra tenorem prefencium & fuprà tranfcriptarum Litterarum quominùs de ipfis ac de omnibus & fingulis in eifdem declaratis & contentis, perpetuis temporibus uti valeant & gaudere pacifficè & quietè, nullatenùs impediant vel moleftent, nec impediri vel moleftari permittant quovis modo. Quod ut perpetue ftabilitatis robur obtineat, prefentes Litteras Sigilli noftri fecimus appenfione muniri: noftro in aliis & alieno in omnibus jure falvo. Datum & actum apud dictam Villam-novam, anno Domini M. CCC fexagefimo fecundo, menfe Decembris. Per Regem. MELLON. Collatio fit. Vifa.

Suite des Lettres du Roi Jean, du mois de Décemb. 1362.

Poft quarum quidem exhibicionem Litterarum, prefati Religiofi Nobis humiliter fupplicarunt, quatinùs ipfas noftre confirmacionis munimine dignaremur roborare.

Nos igitur prelibatorum noftrorum Predecefforum veftigiis inherere affectantes, attentis eciam tenore dictarum Litterarum & caufis in eifdem contentis, ac fincerâ, quâ illud beati Johannis Monafterium Cartulienfe complectimur, devocione moti, preinfertas Litteras ac omnia & fingula in eis contenta, rata & grata habentes, volumus, laudamus, approbamus & ratifficamus ac ex noftrâ certâ fcienciâ & graciâ fpeciali, auctoritateque regiâ ac poteftatis plenitudine, quatinùs eifdem Religiofi predicti hactenùs ritè & debitè ufi funt, confirmavimus & confirmamus per prefentes. Quocircà dilectis & fidelibus Gentibus Compotorum noftrorum, ac noftri Parlamenti Tholofe & Thefaurariis, Senefcallo Bellicadri & Nemaufi, ceterifque Jufticiariis noftris, feu eorum Locatenentibus, prefentibus & futuris, & eorum cuilibet, damus tenore prefencium in mandatis quatinùs predictos Religiofos & eorum fucceffores in dicto Monafterio noftris prefentibus confirmacione & graciâ uti & gaudere pacificè faciant & permittant, omnia in contrarium facta & proceffa, fi que fint, revocando, & ad ftatum priftinum & debitum reducenda feu reduci faciendo, vifis prefentibus, indilatè & fine cuftu. Quod ut firmum & ftabile perpetuò perfeveret, Sigillum noftrum hiis prefentibus duximus apponendum: noftro in aliis, & in omnibus quolibet alieno jure femper falvo. Datum apud Monafterium-Vilare, in menfe Januarii, anno Domini millefimo cccc. quadragefimo nono, & regni noftri vicefimo octavo. Sic fignatum: Per Regem, Marefcallo de Fayeta, Jacobo Cordis & aliis prefentibus. J. DELALOERE. Vifa. Contentor. CHALIGAUT.

Suite des Lettres de Charles VII.

(a) Lettres de Charles VII, par lefquelles il accorde une Sauvegarde
à l'Églife de Toul.

CHARLES, &c. favoir faifons à tous préfens & à venir, que à la
fupplicacion de noz bien amez les Doien & Chappitre de l'Églife de *Toul*
ou pays de *Lorraine*, anciennement fondée par feu le *Roy* d'*Angleterre* que
Dieu abfoille & le *Roy Charlemaine* de glorieufe mémoire, eftans d'ancienneté
en noftre proteccion & garde efpécial, affermans eulx doubter de plufeurs
perfonnes & communaultez qui depuis aucun temps en çà fe font efforcées &
efforcent de jour en jour enfraindre leurs droiz, prévilléges, franchifes &
libertez, & les gréver, empefchier & dommagier en iceulx, & procéder
contr'eulx, leurs fuppoftz, Officiers, familiers & fubgiez Eccléfiaftiques &
temporels, & pour certaines autres grans préfompcions & couvertures, Nous
à ce que lefdiz fuplians puiffent dévotement & feurement faire le fervice
divin, & prier Dieu pour Nous & pour nofdiz Prédéceffeurs, fondeurs d'icelle
Églife, iceulx Doien & Chappitre fuplians, enfemble leurs Suppoftz,
Chanoines, Vicaires, Chappellains, Officiers, leurs treze hommes Minif-
tériaulx & autres quelxconques leurs Officiers & Subgiez, avons derechief & de
nouvel prins & mis, prenous & meçtons par ces préfentes Lettres, en & foubz
noftre efpécial proteccion & fauvegarde, à la confervacion de leurs droiz tant
feulement; & leur avons depputez & depputtons par ces préfentes en Gardiens
efpéciaulx les *Bailliz* & *Prevoftz* de *Sens*, de *Chaumont*, *Victry*, & de *Troies*,
& leurs Lieuxtenans & chacun d'eulx, aufquelx Nous mandons & commettons
que lefdiz Supplians & leurs Suppoftz, Serviteurs, familliers, hommes & femmes,
leurs fubgiez & chafcun d'eulx, ilz gardent & confervent, défendent & main-
tiengnent ou facent garder, conferver, défendre & maintenir de par Nous
en toutes leurs juftes poffeffions, droiz, ufaiges, franchifes, libertez, couftumes
& faifines, éfqueles ilz les trouveront eftre & leurs prédeceffeurs avoir efté
paifiblement d'ancienneté, & les défendent & gardent ou facent garder &
défendre de toutes injures & violences, griefz, oppreffions, moleftacions,
de force d'armes, de puiffance de laiz, & de toutes autres inquiétacions, &
nouvelletez indeues, lefquelles fe trouveront eftre & avoir efté faittes ou préjudice
de noftredicte Sauvegarde & des fupplians & autres deffufdiz, les ramenent
& remettent, ou facent ramener & remettre fans délay, au premier eftat & deu;
& pour ce, faire à Nous & aufdiz Supplians & à leurfdiz Suppoftz, Officiers,
Familliers & Serviteurs, hommes & fubgiez, amende ou amendes convenables;
& noftredicte fauvegarde, publient & fignifient, ou facent publier & fignifier
ès lieux & aux Communaultez & perfonnes où il apartendra, & dont de par
lefdiz Supplians ilz feront requis; & en figne d'icelle noftre garde, afin que
aucun n'en puiffe prétendre caufe d'ignorance, mettent ou facent mettre, ou
l'un d'eulx, noz Pannonceaulx & Baftons royaulx, en cas d'éminent péril,
en & fur les maifons, manoirs, granges, terres, poffeffions defdiz Supplians,
èz lieux de noftre Royaume, & ainfy qu'il appartendra, en faifant ou faifant
faire inhibicion & deffenfe de par Nous à tous ceulx qu'il appartendra & dont
par lefdiz Supplians requis feront, fur certaines & grans peines à applicquer
à Nous, que à iceulx Supplians, leurs Suppoftz, Officiers, Familliers, hommes,
femmes & fubgiez, ilz ne mefdient ou meffacent, ne facent mefdire ou meffaire

NOTE.

(a) Tréfor des Chartes, Regiftre IX.ˣˣ [180] Pièce 53. = *MSS.* de *Collert*,
Vol. LIII, page 648. Voyez d'autres Lettres de Sauvegarde accordées par Charles VI
à l'Églife de *Toul*, imprimées dans ce Recueil, Tome VIII, page 625.

en aucune manière, & leur facent donner bon & loyal affeurement, felon la
couftume du pays, de toutes perfonnes defqueles leur requerront à avoir,
en procédant mefmement de noftre auctorité à port & force d'armes, & par
marque & autrement, felon l'ufaige & les meurs du pays, fe meftier eft, contre
tous qu'il appartiendra; & fe fur les chofes deffufdictes ou aucunes d'icelles
naift débat, oppoficion ou contens, le débat & chofe contencieufe où il
appartiendra & faire fe pourra & devra, (mefmement de ce qui eft, en noftre
Royaume, prins & mis en noftre main comme Souveraine & foubz icelle
gouvernez, & la nouvelleté oftée & reftabliffement fait réaument & de fait
devant toute euvre, actendu que des cas de nouvelleté la congnoiffance Nous
appartient en cas de prévencion,) adjornent ou facent adjorner les oppofans
ou faifant ledit débat, & auffi les infracteurs & contempteurs de noftredicte
Sauvegarde, & tous ceulx qui aufdiz Gardiens ou à aucun d'eulx, ou comptent
d'icelle noftre garde, aucunes injures ou offenfes en excerçant leurs Offices *fuppliez feroient.
de Gardien, & qui leur feroient rebelles & défobéiffans, par devant noz plus
prouchains Juges defdictes parties, pour dire les caufes de leur oppoficion
ou débat, refpondre aufdiz Supplians fur ce que dit eft, & les dépendances
& circonftances, & fe meftier eft à noftre Procureur fur lefdiz contemps &
infraccion de noftredicte Sauvegarde; & procéder en oultre felon raifon, en
certifiant fur ce deument nofdiz Juges ou leurfdiz Lieuxtenans, aufquelx Nous
mandons & commettons, fe meftier eft, que aux parties ores facent bon &
brief accompliffement de juftice, & généralement facent & excercent ou facent
faire & excercer lefdiz Gardiens & chafcun d'eulx toutes & chafcunes autres
chofes qui à Office de Gardien pevent & doivent competter & appartenir;
& au furplus de ceulx noz non-fubgiez qui tort, violences & euvres de fait
feroient ou vouldroient faire aufdiz Supplians, leurs Suppoftz, Officiers,
familliers & fubgiez, procedent iceulx Gardiens & chafcun d'eulx, fur ce de
par iceulx Supplians requis, felon les couftumes d'ancienneté oudit pays de
Lorraine gardées, ou autrement & ainfi que il appartiendra par raifon. Mandons,
commandons & enjoignons à tous nos Jufticiers, Officiers & Subgiez, que
aufdiz Gardiens & à chafcun d'eulx ou à leurs Lieuxtenans, Commis &
Depputez, en faifant ledit Office de Gardien, obéiffent & entendent diligemment,
en Nous paiant par chafcun an ce qu'ilz Nous font tenuz paier à caufe de
ladicte garde *(b)*; & en oultre requérons autres non noz Subgiez, que à iceulx
Gardiens, leurs Commis & Depputez & Lieuxtenans & à chafcun d'eulx
donnent & preftent faveurs & affiftences. Et afin que ce foit chofe ferme
& eftable à tousjours, Nous avons fait mettre noftre Séel à ces préfentes: fauf
en autres chofes noftre droit & l'autruy en toutes. *Donné à Rouen, ou mois
de Janvier, l'an de grace mil CCCC quarante-neuf, & de noftre regne le XXVIII.*
Ainfy figné: *Par le Roy, à la relacion du Confeil.* RIPPÉ.
Vifa. Contentor. CHALIGAUT.

NOTE.

(b) Voyez fur cette redevance, les Lettres de Charles VI, du dernier Décembre 1403,
par lefquelles il prend fous fa Sauvegarde cette même Églife, Tome VIII de ce Recueil,
p. 625 & 626.

CHARLES
VII,
au Monaſtère
de Greſtain,
le 18 Février
1449.

(a) Lettres de Charles VII, par leſquelles il ordonne l'enregiſtrement de diverſes Bulles du Pape Nicolas V, relatives à l'extinction du ſchiſme.

KAROLUS, *Dei graciâ, Rex Francorum, Univerſis preſentes Litteras inſpecturis : Salutem. Pacem Eccleſie ſalutiferam, uti Regem decet catholicum, ſinceris animis amplectentes, & que ſummo cum labore, diligenciâque exactiſſimâ pro ipſius deſideratiſſimâ aſſecucione pertractata prorſùs & concluſa nuper extitere, integerrimè obſervari facere per univerſum Regnum noſtrum cupientes, attentis preſertim adhortationibus equitate per plurima ſuffultis, Nobis factis pro parte Sanctiſſimi in Chriſto Patris noſtri* Nicolai *moderni Pape quinti, in ſuis Litteris infraſcriptis laciùs declaratis; conſiderantes pretereà Reges Chriſtianos ex debito ſue dignitatis aſtrictos fore ad pacem Eccleſie tuendam & confovendam, ut ſic ſtatûs ſui ſacratiſſimi decor prefulgidus refloreſcat, prehabitâ quoque magni Conſilii noſtri, necnon plurimorum Prelatorum, Univerſitatum, aliorumque notabilium virorum divini pariter & humani juris peritiſſimorum ipſius Regni noſtri, in hâc noſtrâ* Rothomagenſi *civitate inſigni ex noſtro mandato congregatorum, deliberatione digeſſiſſimâ : memoratas Litteras Apoſtolicas in noſtro Parlamento* Pariſius, *Prepoſiturâ* Pariſienſi, *Baillivis, Seneſcalliis, aliiſque Juridiccionibus noſtris promulgari, publicari atque regiſtrari, ut moris eſt, voluimus, ordinavimus & decrevimus, volumuſque, ordinamus & decernimus per preſentes, predictarum verò Litterarum Apoſtolicarum tenores de verbo ad verbum ſubſequuntur.*

NICOLAUS, *Epiſcopus, ſervus ſervorum Dei, &c. (b)*

Suite des Lettres
de Charles VII.

Quocircà dilectis & fidelibus Conſiliariis noſtris preſens Parlamentum noſtrum Pariſius *tenentibus, & qui noſtra ibidem futura tenebunt Parlamenta,* Prepoſito Pariſienſi, *Baillivis, Seneſcallis, ceteriſque Juſticiariis & Officiariis noſtris aut eorum Locatenentibus, preſentibus & futuris & eorum cuilibet, prout ad eum pertinuerit, preſencium ſerie mandamus, diſtrictiùs injungentes, quatinùs eas ipſas preinſertas Litteras Apoſtolicas & earum quamlibet in dicto Parlamento ac Prepoſiturâ* Pariſienſi, *Bailliviis, Seneſcalliis, aliiſque Juridiccionibus noſtris promulgari, publicari atque regiſtrari debitè, contentaque in Litteris eiſdem in judiciis & extrà teneant & obſervent, ac teneri & obſervari deinceps ab omnibus faciant illibatè, ſecundùm ipſarum Litterarum Apoſtolicarum tenorem atque formam, nil adverſùs ipſarum tenorem fieri ſeu attemptari permittendo. Tranſſumptis autem harum Litterarum ſub Sigillis regiis confectis, fidem plenariam veluti propriis originalibus adhiberi volumus. In cujus rei teſtimonium, Sigillum noſtrum preſentibus Litteris juſſimus apponendum.*

Datum in *Monaſterio de Greſtano, Bailliviatûs Rothomagenſis,* decimâ octavâ die menſis Februarii, anno Incarnacionis Dominice milleſimo quadringenteſimo quadrageſimo nono, & regni noſtri viceſimo octavo.

Collacio facta eſt. Sic ſignatum : Per Regem in ſuo Magno Conſilio. LE ROY.

Et ſuper plicâ erat ſcriptum : *Lecta, publicata & regiſtrata* Pariſius *in Parlamento, primâ die Aprilis, anno Domini milleſimo quadringenteſimo quadrageſimo nono, ante Paſcha, & ſignatum* CHENETEAU.

Collacio facta eſt cum Litteris originalibus. CHENETEAU.

NOTES.

(a) **Regiſtre du Parlement**, intitulé : *Ordinationes Barbinæ,* coté *D, fol.* 128, *r.*
(b) Nous n'imprimerons point ici ces Bulles, qu'on peut voir dans le Spicilége de Dom *Luc d'Acheri,* Tome IV ; & dans la collection des Conciles du P. *Hardouin,* Tome IX, col. 1313 & ſuiv.

(a) Lettres de Charles VII, par lesquelles il accorde au Chapitre de l'Église de Tournai, le privilége d'avoir ses causes commises devant le Bailli de Tournai, ou son Lieutenant au Siége de Maire.

CHARLES, &c. Savoir faisons à tous présens & à venir, Nous, avoir receu l'umble supplicacion de noz bien amez les Doyen & Chappitre de l'Église de *Tournay,* contenant que à cause de la fondacion & dotacion de ladicte Église, ilz ont pluseurs heritaiges, terres & domaines ou *Bailliage de Tournai,* en pluseurs & divers lieux d'icelui, & leur ont esté le temps passé par pluseurs dévotes personnes, pour l'augmentacion du service divin en icelle Église, données & léguées pluseurs rentes, tant en deniers, blez, poullaille que autrement, à cause desquelles ils sont tenuz faire certain service en ladicte Église, & avec ce ont pluseurs hommes & subgiez dedans les fins & mettes dudict *Bailliage* de Tournai & de *Tournesis,* lesquels tiennent d'eulx pluseurs héritaiges & demaines à rentes & autres devoirs, pour raison desquels, & pour les avoir & recueillir, leur convient mouvoir & intenter pluseurs procès contre leurs debteurs, en pluseurs lieux dudict *Bailliage* de Tournay & de *Tournesis,* où ils sont demourans, & dont ils sont subgiez, èsquels lieux qui sont champêtres n'aslue point de conseil; & se lesdits suppliants estoient contrains y aler plaider, ne trouveroient pas lieux propres & honnestes où ils peussent estre receuz ne recueilliz, en poursuivant leursdictes causes, comme à leur estat appartient; & se faire leur convenoit, & qu'ils y demourassent la nuyt, comme souvent advient, pour ce que lesdictes causes ne pevent pas estre expédiées en ung jour, seroient en aventure d'estre pillez ou robez la nuyt, parce que communément oudit pays où leurs terres sont situées & assises & leurs rentes deues, les maisons sont séparées les unes des autres, & les gens du pays assez enclins à noyses, débats & discenssions, parquoy lesdicts supplians, ou aucuns d'eulx qui pour la poursuite des causes, rentes, revenues, droiz & défenses de leurdicte Église seroient commis & ordonnez, ne pourroient estre seurement èsdits lieux, ne leursdictes causes par défault de conseil seurement ne meurement menées ne décidées; mesmement que lesdicts lieux sont très-petitement pourveus de gens de conseil, & que quant lesdicts suppliants y vont, leur en convient mener dudict lieu de *Tournay* à grands despens & frais, & pour ce Nous ont humblement suppliés & requis, que pour obvier ausdicts inconvéniens, & les relever desdictes charges & dépenses, & que attendu que ladicte Église est de fondation royale, & par ce ne sont raisonnablement tenuz plaidier ailleurs que par devant nos Juges, & que les lieux où leurs rentes & revenues sont deues, & leurs héritaiges situez & assis oudit Bailliage, ne sont distans outre quatre lieues de nostredicte ville de *Tournay,* en laquelle, parce qu'elle est la principalle & capital ville dudict Bailliage, lesdictes parties contre lesquelles lesdicts suppliants ont à besoingner, fineront de meilleur & plus seur conseil que ailleurs oudict Bailliage & en plus grande seurté de leurs personnes, & afin que lesdicts supplians n'aient cause d'eulx distraire de la continuacion du service divin de ladicte Église, soubz umbre & à l'occasion de leurs causes & procès qu'ils ont & pourront avoir par devant ledict Bailli ou autres Justices oudict Bailliage, & que en ce Nous n'avons aucun intérest, il Nous plaise leur octroyer que toutes leurs causes & querelles qu'ilz auront meues & pendans, & qu'ils

NOTE.

(a) Trésor des Chartes, Registre IX^xx [180], Pièce 58.== *MSS. de Colbert,* Vol. LIII, Page 693.

vouldront mouvoir & intenter, foient commifes & traictées par-devant le Bailli de *Tournay*, à fon fiége de *Maire*, & fur ce leur impartir noftre grace. Pour quoy Nous, attendu ce que dict eft, defirants ladicte Églife de *Tournai*, laquele eft de fondacion royal, comme dict eft, & les droiz & privilléges d'icelle, eftre favorablement traictiés & augmentés, & lefdicts fuppliants relever de vexacions, charges, defpens & travaux, aufdicts fupplians, de noftre grace efpécial, pleine puiffance & auttorité royal, avons octroyé & octroyons que toutes & chacunes les caufes & querelles meues & à mouvoir, tant en demandant comme en défendant, foient pourfuyes, décidées & déterminées par devant ledict *Bailli de Tournai* & de *Tournefis*, ou fon Lieutenant à fon fiége de *Maire*, lefquels par ces préfentes Nous avons commis & commettons Juges de leurfdictes caufes & querelles meues & à mouvoir contre quelzconques perfonnes que ce foient, au regard des demourans oudict Bailliage, & qui à caufe de leurfdicts droiz leur font ou pourront eftre tenuz, & contre lefquels à cefte caufe y vouldroient faire action & pourfuite, fans ce qu'ils puiffent eftre convenuz par devant quelconque autre Juge oudict Bailliage, ne par devant ledict Bailli à quelque autre fiége que à fondict fiége de *Maire*, & s'ilz étoient convenuz par devant autre Juge oudict Bailliage que par devant ledict Bailli, ou autre fiége dudict Bailli que à fondict fiége de *Maire*, que lefdictes caufes en quelque eftat qu'elles foient non conteftées, foient renvoiées ou évoquées par devant ledict Bailli de *Tournai* ou fon Lieutenant à fondict fiége de *Maire* près ladicte ville de *Tournai*, & lequel Bailli à icelui fon fiége de *Maire*, Nous avons ordonné & commis, ordonnons & commettons Juge de toutes les caufes & querelles defdicts fuppliants qu'ils vouldront intenter & mouvoir, ou que l'en vouldroit intenter & mouvoir à l'occafion que deffus, fans ce qu'ilz foient tenuz, ne puiffent eftre contrains plaidier ailleurs que par-devant ledict Bailli ou fondict Lieutenant à fondict fiége de *Maire*, & mefmement en défendant, s'il ne leur plaift. Si donnons en mandement par cefdictes préfentes à noz amez & féaulx Confeillers les Gens tenans & qui tendront noftre Parlement, les Maiftres des Requeftes de noftre Hoftel, aux *Prevoft de Paris, Bailliz de Vermandois*, de *Tournay* & de *Tournefis*, d'*Amiens, Sens, Chaumont* & *Victry*, & à tous noz autres Jufticiers ou à leurs Lieuxtenans préfens & à venir, & à chacun d'eulx fi comme à lui appartendra, que lefdicts fupplians, de noftre préfente grace, conceffion & octroy, facent, feuffrent, & laiffent joïr & ufer plainement & paifiblement, fans les molefter, travailler ou empefchier, ne fouffrir eftre moleftez, travaillez ou empefchiez, ores ne pour le tems à venir en aucune manière; mais s'aucun empefchement leur eftoit pour ce fait, mis ou donné, l'oftent & mettent, ou facent ofter & mettre tantoft & fans délay au premier eftat & deu; & afin que ce foit chofe ferme & eftable à toufjours, Nous avons fait mettre noftre Séel à ces préfentes; fauf en autres chofes noftre droit & l'autruy en toutes. *Donné à Jumieges, ou mois de Février, l'an de grace mil cccc quarante & neuf, & de noftre règne le XXVIII.* Ainfi figné: *Par le Roy.* JACQUES CUER, *Préfent.* E. CHEVALIER.

Vifa. Contentor. CHALIGAUT.

(a) Lettres de Charles VII, par lesquelles il accorde au Chapitre de l'Eglise de Tournay, que toutes les causes dudit Chapitre relatives à ses possessions voisines de Tournay jusqu'à la distance de quatre lieues, puissent être jugées par le Bailli ou autres Officiers de ce Chapitre, dans ladite ville de Tournay.

CHARLES, &c. savoir faisons à tous présens & à venir, Nous avoir receu l'umble supplicacion de noz bien amez les Doyen & Chappitre de l'Église de *Tournai*, contenant que à cause de la fondacion & dotacion de ladicte Église, laquele est de fondacion royale, ilz ont pluseurs beaux droiz, Terres, possessions, Seigneuries, Justices & Juridiccion situées & assises ou *Bailliage* de *Tournay, Tournesis, Saint-Amand, Mortaigne* & leurs appartenances près de la banlieue de ladicte ville de *Tournai*, les aucunes à ung quart de lieue, les autres à demi-quart de lieue, les autres à une lieue, à deux ou à trois, & les autres plus loingtaines à quatre, èsqueles Terres lesdicts supplians ont Justice & Juridiccion, pour laquelle excercer ils ont Bailly, Hommes de fiefs, Juges, Cottiers, Subgiez, Sergens & autres Officiers en divers lieux, & convient que lesdicts supplians pour la séparacion d'icelle & la diversité des villaiges où elles sont situéez & assises, aient à leurs gaiges, à la grant charge de ladicte Église, en chacune desdictes Justices & Juridiccions, Bailliz, Hommes de fiefz, Juges, Cottiers & autres Officiers par-devant lesquels fait très-périlleux aler plaidier, pour ce que les habitans & gens du pays, qui sont tous gens de villaige, demourans en maisons loingtaines, dispersées & séparées les unes des autres, sont enclins à riotes, noises & débats, & souventeffois les personnes, Procureurs & serviteurs de ladicte Église, & aussi les parties qui y ont à besongner, y ont esté en grant péril & dangier de leurs personnes ; & pour ce que èsdictes Justices, par-devant les Juges d'icelles les parties qui y ont à besongner ne pevent finer de conseil, convient que lesdicts supplians & les subgiez desdictes Justices & autres qui y ont à besongner, y mainent à leurs frais & despens, du Conseil de notredicte ville de *Tournay*, desquels Conseillers & Praticiens ils finent à grant peine pour y mener & à grant despense, & ils en fineroient & recouvreroient en nostredicte ville de *Tournay* légiérement & à petite despense, se lesdictes causes y estoient décidées, démenées & pendans ; èsqueles Justices & Juridiccions, par l'ignorance & simplesse des Juges qui excercent, surviennent pluseurs appellacions, à la très-grant charge & oppression desdicts supplians & de leurs subgiez, pour raison desquelles appellacions qui procedent par l'ignorance des Hommes de fiefz, Juges, Cottiers & Subgiez desdictes Justices & Juridiccions, lesdicts supplians sont ou pourroient estre souvent condempnez en amende pour les mauvais Jugemens qui sont ou seroient faits par lesdicts Juges, Hommes de fiefs, Cottiers & Subgiez, & à ceste occasion ont aucune fois esté ou pourroient estre executez, & leursdictes terre & temporel prins en nostre main ; pour obvier ausquels inconvéniens, & les relever & leursdicts Hommes de fiefz, Juges, Cottiers & leurs Subgiez desdictes charges, despenses & dommaiges, seroit bien expédient & prouffitable ausdicts supplians & à leursdicts subgiez, que toutes lesdictes Juridiccions qui se tiennent en divers lieux & villaiges, comme dict est, par divers Bailliz & Lieuxtenans, Hommes

NOTE.

(a) Trésor des Chartes, Registre IX^{xx} [180], Pièce 59. = *MSS.* de *Colbert*, Vol. LIII, page 700.

CHARLES
VII,
à Jumiéges,
en Février
1449.

de fiefs, Juges, Cottiers & Officiers defdicts fupplians, & qui font à leur charge & defpenfes, feuffent excercées, & lefdictes caufes traictées par ung Bailly & Juge feul en noftredicte ville de *Tournay*, en laquelle a feur accès & où lefdictes parties pourront finer de bon confeil, fe fur ce Nous plaifoit ainfi l'octroyer aufdicts fupplians, humblement requérans que, attendu ce que dit eft, & que Nous n'avons en ce aucun intéreft, ainçois eft le prouffit & utilité de noftredicte ville de *Tournay*, & la fceureté de nos fubgiez qui y auront à befongner en ladicte Court, parce qu'ilz fineront de légier en ladicte ville, de bon & feur confeil, & y feront bien & feurement recueilliz & traictiez & en feurté de leurs perfonnes, mieux que aufdicts villaiges & lieux champêtres où ils font contrains aucuneffois pour la pourfuite de leurfdictes caufes & procès demourer la nuyt jufques aux eftoilles, mal recueilliz & en péril de leurs perfonnes, pour la diftance des maifons qui font féparées les unes des autres; & auffi feront lefdictes caufes pluftoft & à mendres frais, ceffanz toutes faveurs & craintes, décidées & déterminées en noftredicte ville de *Tournay*, en laquelle ledict fiége aura plus libéral arbitre & fera en fa franchife, que èfdits Bailliages & villes champêtres, il Nous plaife fur ce leur impartir noftredicte grace. Pour quoy Nous, attendu ce que dit eft, & voulant relever noz fubgiez de vexations, charges & defpenfes, & obvier à plufieurs inconvéniens qui à l'occafion deffufdicte, fe lefdictes Juridiccions eftoient excercées èfdicts lieux champeftres & par divers Juges, fe pourroient enfuir, & lefdicts fupplians en faveur de ladicte Églife qui eft de fondation royale, bénignement & favorablement eftre traictiez: à iceulx fuppliants, pour les caufes deffufdictes & autres à ce Nous mouvans, de noftre grace efpécial, pleine puiffance & auctorité royal, avons octroyé & octroyons par ces préfentes, que dorefenavant leur Bailly en noftredicte ville de *Tournay*, leurs Hommes de fiefz & autres Juges & Officiers en lieux à eulx fubgiez, puiffent cognoiftre, difcuter & déterminer de toutes les caufes, accions & pourfuites, foient réelles, perfonnelles ou autres, touchant lefdicts fupplians, leurs droiz, poffeffions & revenues, & tous autres cas de leurs maléfices dont cognoiffent & ont acouftumé cognoiftre & déterminer tous leurs autres Juges, Cottiers, Hommes de fiefs & Officiers eftans ès mettes de noftredict Bailliage de *Tournay, Tournefis, Mortaigne, S.'-Amand* & leurs appartenances, & autres eftans hors ledict Bailliage à quatre lieues près de ladicte ville & au deffoubz, pareillement comme ilz feroient èfdictes Juftices, villaiges & lieux champeftres: & que ce qui fera fait, ordonné, jugié, fentencié & appoinctié, accordé & déterminé aufdicts lieu & ville de *Tournay*, par leurdict Bailly, Hommes de fiefz, Juges & Officiers & en leurdicte Juridiccion & fiége de *Tournay*, vaille & foit d'autel effect & vertu comme fe faict avoit efté & eftoit en chacune defdictes autres Juftices & Juridiccions defdicts fupplians; le reffort & fouveraineté à Nous appartenant & à noftredict *Bailly de Tournay* & de *Tournefis* fur lefdicts fupplians & leurs fubgiez, demourans en fa vertu ainfi & par la forme & manière qu'il Nous appartenoit & appartient, & que en a efté acouftumé ufer fur eulx & leurfdicts fubgiez ou tems paffé. Si donnons en mandement par ces préfentes à noz amez & féaulx Confeillers les Gens tenans & qui tendront noftre Parlement, les Maiftres des Requeftes de noftre Hôtel, *Bailliz de Vermandois*, de *Tournay, Tournefis*, d'*Amiens*, de *Sens, Victry & Chaumont*, & à tous noz autres Jufticiers ou à leurs Lieux-tenans préfens & à venir, & à chacun d'eulx fi comme à lui appartendra, que lefdicts fupplians & leurs fubgiez, de noftre préfente grace, conceffion & octroy, facent, feuffrent & laiffent joïr & ufer plainement & paifiblement fans les molefter, travailler ou empefchier, ne fouffrir eftre moleftez, travaillez ou empefchiez, ores ne pour le tems à venir, en aucune manière au contraire; mais s'aucun empefchement leur eftoit fur ce fait, mis ou donné, fe le oftent & mettent, ou facent ofter & mettre incontinent & fans delay au néant, &

lefdicts

lefdicts fupplians, ufer & joïr de nozdictes conceffion & octroy, felon la forme & teneur de ces préfentes. Et afin que ce foit chofe, &c. fauf toutevoies, &c. *Donné à Jumieges, ou mois de Février, l'an de grace mil* cccc *quarante & neuf, & de noftre règne le* XXVIII.ᵉ Ainfi figné : *Par le Roy,* JACQUES CUER *préfent* E. CHEVALIER. *Vifa. Contentor.* CHALIGAUT.

(a) *Lettres de Charles* VII, *par lefquelles il ordonne de fabriquer des Écus d'or de foixante-dix & demi de poids au marc de Paris, à vingt-trois karats & un huitième, & à un huitième de karat de remède, & de donner du marc d'or fin foixante-douze defdits Écus.*

CHARLES, par la grace de Dieu, Roy de France, à noz amez & féaulx les Généraulx-Maiftres de noz Monnoyes : falut & dilection. Comme puis noftre entrée en ceftuy noftre pays de *Normandie,* pour le recouvrement d'iceluy, ayons pour l'entretenement & payement des gens de guerre qui y font en noftre fervice, fait venir & apporter de tous les pays de noftre obéiffance, tant de *Languedoil* comme de *Languedoc,* tous les Efcuz que on y a peu recouvrer, pour ce que plus aiféement & feurement povoient eftre apportez que la monnoye, & à cefte caufe foient lefdiz pays tellement diminuez & defpourveuz defdiz efcuz, que à peine y en peult l'en finer aucuns, & en deffault de ce y ayent cours Nobles, Salutz, Florins d'*Arragon,* Riddes & plufieurs autres efpéces d'or eftranges, au grant dommaige de Nous & de noz fubgectz, & plus pourroit eftre fe par Nous n'y eftoit donné provifion, mefmement que veu le petit nombre d'efcuz qui eft demouré efdiz pays, feroit très-difficile que le payement de nofdictes gens de guerre fe peuft continuer. Nous defirans à ce pourveoir, avons par l'advis & déliberacion des Gens de noftre grant Confeil, ordonné & ordonnons par ces préfentes, que en noz Monnoyes feront dorefenavant faictz & forgez efcuz de foixante & dix & demy de poix au marc de *Paris,* à XXIII caratz & ung VIII.ᵉ & à ung VIII.ᵉ de remede, & donner aux Marchans, foixante & douze efcuz du marc d'or fin. Si vous mandons & enjoignons très-expreffément que noftredicte Ordonnance vous entretenez & faictes entretenir, en mandant & en chargeant aux Gardes & Maiftres particuliers de nofdictes Monnoyes, fans iceulx Maiftres particuliers defappoincter, pourveu qu'ilz n'auront que dix folz tournois pour marc d'euvre, qu'ilz facent en toute dilligence ouvrer en nofdictes Monnoyes, & en icelles forger defdiz efcuz par la manière que dit eft, tellement que par faulte de ce, aucun inconvénient n'en adviengne. Voullans en oultre que ou cas que lefdiz Maiftres particuliers feroient faulte, que ilz foient pugniz de corps & de biens felon l'Ordonnance de noz Monnoyes. De ce faire, vous donnons povoir, auctorité & mandement efpécial ; & mandons à tous noz Jufticiers, Officiers & fubgectz, que à vous en ce faifant obéyffent & entendent dilligemment. *Donné à Argentan, le* XVIII.ᵉ *jour de May, l'an de grace mil* IIII.ᶜ *cinquante, & de noftre règne le* XXVIII.ᵉ Ainfi fignée : *Par le Roy en fon Confeil.*
CHALIGAULT.

NOTE.

(a) Regiftre de la Cour des Monnoies, coté *F, fol.* 67.

CHARLES
VII,
à Léſignan,
le 27 Mai
1450.

(a) *Lettres de Charles VII, par leſquelles il confirme les dons par lui faits de divers Offices au pays de Normandie, depuis la recouvrance dudit pays, révoquant tous autres dons deſdits Offices qu'il auroit pu faire auparavant.*

CHARLES, par la grace de Dieu, Roy de France, à tous ceulx qui ces préſentes Lettres verront. Comme après la conqueſte jà piéçà faicte par noz anciens ennemis & adverſaires les *Anglois,* de noz païs & *Duchié* de *Normandie,* & pendant le temps qu'ilz les ont tenuz & occupez, ayons par importunité de requérans, inadvertance ou autrement, donné pluſieurs des Offices qui durant le temps de l'occupacion ont vacqué, tant par mort, réſignacion, forfaiture que autrement, à pluſieurs gens, ſans avoir eu regart à quelz perſonnes en avons fait don, ne deſquelz gens devoit eſtre pourveu auſdiz Offices; & ſoit ainſi que au commencement de noſtredicte dernière entrée en noſtredit pays pour la recouvrance d'icellui ſur nozdiz ennemis, ayons voulu pourveoir d'Offices & eſtas à ceulx qui Nous ſervoient à icelle recouvrance, & à ce les préférer, afin que chaſcun ſeuſt plus curieux & enclin de ſoy emploier en noſtre ſervice, & en continuant icelle noſtre recouvrance, & en ſuivant noſtre voulenté, en avons pluſieurs pourveuz en divers eſtas & Offices en noſtredit païs de *Normandie,* & en révocant tous les dons qui en avoient eſté fais à autres paravant la recouvrance des places & lieux où eſtoient leſdictes Offices, & ſur ce ayons octroyé noz Lettres patentes telles qu'il appartient en tel cas; touteſvoies, pour ce que par la très-grant importunité que avons ſur ce eüe de requérans, avons fait don d'aucuns deſdiz Offices à pluſieurs perſonnes, & meſmement avant la réduction des villes & lieux où iceulx Offices ſont eſtablis, pluſieurs procès ſe ſont meuz & meuvent chaſcun jour, & ſe veulent les parties aidier, tant des dons anciens qu'ilz prétendent leur avoir eſté faiz deſdiz Offices durant ladicte occupacion de noſdiz païs & Duchié, comme d'autres par Nous à eulx faiz depuis noſtredicte entrée avant la réduction & recouvrance des villes & lieux où ſont eſtablis leſdiz Offices, & par ainſy ne ſeroient jamais ſeurs èſdiz Offices, ceulx à qui en avons fait don, ſi non que par Nous en ſoit faicte déclaracion de noſtre voulenté & entencion ſur ce: ſavoir faiſons que Nous voulans éviter leſdiz procès, & noſdiz Officiers eſtre & demourer paiſibles en leurſdiz Offices, après grant & meure délibération eüe ſur les choſes deſſuſdictes avecques les Gens de noſtre grant Conſeil, avons voulu, ordonné, & déclairé, voulons, ordonnons & déclairons par Édit général, que tous les Offices qui par Nous ont eſté donnez depuis noſtredicte derrenière entrée en ceſtui noſtre païs & *Duchié* de *Normandie,* tant ès villes, places & lieux champeſtrez de noſdiz païs & Duchié, que autres par Nous redduis & recouvrez depuis le commencement de noſtredicte derrenière entrée en ceſtui noſtre païs de *Normandie,* ſeront & demourront à ceulx à qui en aurons premièrement fait don après la recouvrance & redduction en noſtre obéiſſance deſdictes villes & places & lieux, ſans ce que aucuns y puiſſent troubler ne empeſcher par vertu deſdiz premiers dons faiz durant ladicte occupacion de noz ennemis, ne ceulx qui prétendent leur avoir eſté fais par Nous depuis noſtredicte entrée avant leſdictes

NOTE.

(a) Regiſtre du Parlement intitulé : *Ordinationes Barbinæ*, coté D, fol. 149, r° = Tréſor des Chartes, Regiſtre IX*xx*II [182], Pièce 126. = *MSS.* de Collen, Volume LIV, page 193.

recouvrance & réduction defdictes villes, places & lieux ainfi par Nous recouvrez & réduiz, ne autrement, pour quelque caufe que ce foit, & lefquelz dons ainfi faiz durant ladicte occupacion & depuis noftredicte derrenière entrée avant ladicte recouvrance & réduction defdictes villes, places, & lieux, Nous par l'advis & délibération que deffus, avons caffé, révoqué & adnullé, caffons, révoquons & adnullons du tout par cefdictes-préfentes, en mettant au néant tous procès & autres exploix qui pour occafion de ce ont efté ou feroient encommancez en quelque Court ou Juridicion que ce foit. Si donnons en mandement par cefdictes préfentes, à noz amez & féaulx Confeilliers les Gens tenans & qui tendront noftre Parlement, les Maiftres des Requeftes de noftre Hoftel, les Généraulx de la Juftice des Aides, aux *Prevoft* de *Paris, Baillis* de *Rouen, Gifors, Caux, Caen, Evreux, Conftantin,* & à tous noz autres Jufticiers & Officiers ou à leurs Lieuxtenans & à chafcun d'eulx fi comme à lui appartendra, que noftre préfente Ordonnance, voulenté, Déclaracion & Edit, ilz entretiennent & gardent, & facent garder & entretenir de point en point felon fa forme & teneur, & à ce faire & fouffrir contraignent ou facent contraindre ceulx qu'il appartendra, vigoureufement & fans depport, fummierement, nonobftant oppoficions ou appellacions quelzconques, & cefdictes préfentes publient & facent enregiftrer en leurs Auditoires, afin que dorefenavant aucun débat n'en adviengne: Car tel eft noftre plaifir. En tefmoing de ce, Nous avons fait mectre noftre Séel à cefdictes préfentes. *Donné à Lefignen, le XXVII.ᵉ jour de May, l'an de grace mil CCCC cinquante, & de noftre règne le XXVIII.ᵐᵉ*

CHARLES VII, à Lefignan, le 27 Mai 1450.

CHARLES VII, à Argentan, en Mai 1450.

(a) *Lettres de Charles VII, par lefquelles il accorde aux habitans de la ville d'Avranches, nouvellement foumis à fon obéiffance, la confirmation de leurs anciens priviléges & poffeffions, & y ajoute diverfes autres grâces; conformément au traitement accordé aux habitans de la ville & diocèfe de Rouen.*

CHARLES, par la grace de Dieu, Roy de France, favoir faifons à tous préfens & à venir, que comme puis n'a guères noftre très-chier & très-amé Nepveu le *Duc de Bretaigne,* noftre Lieutenant général fur le fait de la guerre ou bas pays de *Normandie,* ait par noftre Ordonnance mis & tenu le fiége devant noftre ville & cité d'*Avranches,* & après ce, ait efté fait & paffé certain appoinctement & compoficion entre lui pour & ou nom de Nous, d'une part; & *Jehan Lampert* & autres *Anglois* lors tenans & occupans ladicte ville, d'autre part, fur le fait de la redduccion d'icelle ville & cité en noftre obéiffance, par lefquels traictié, appoinctement & compoficion, entre autres chofes noftredict Nepveu en ufant du pouvoir par Nous à lui fur ce donné, ait voulu & octroyé que les Gens d'Eglife, Nobles, Bourgois, manans & habitans des ville, cité & diocèfe d'*Avranches,* aient femblable grace & octroy comme avons faicte à ceulx des ville, cité & diocèfe de *Rouen,* ou des ville & cité de *Couftances,* lequel qu'ilz vouldroient, comme de ce Nous eft deuement apparu; en enfuivant lequel traictié, appoinctement & vouloir de noftredict Nepveu, & tantoft après ladicte reduccion faicte, iceulx Gens d'Eglife, Nobles, bourgois & habitans defdictes ville, cité & diocèfe d'*Avranches,* aient envoyé par de vers Nous noftre bien amé Maiftre *Jehan Olive,* Chantre & Chanoine de ladicte Eglife d'*Avranches,* leur Procureur, quant à ce fuffifamment fondé de procuration, comme il Nous eft apparu, ayant povoir & puiffance de prendre

N O T E.

(a) Tréfor des Chartes, Regiftre IXᵛ [180], Pièce 110. = *MSS.* de *Colbert,* Vol. LIII, page 736.

& eſſire cellui deſdicts octroiz par Nous faiz, comme dit eſt, lequel que meilleur & plus prouffitable lui ſembleroit pour ceulx deſdictes ville, cité & diocèſe d'*Avranches;* lequel Maiſtre *Jehan Olive,* après ce que ont par lui eſté veuz leſdicts octroiz, traictiez & conceſſion deſdictes ville, cité & diocèſe de *Rouen* & de *Couſtances,* a eſleu, prins & choiſi pour leſdictes Gens d'Égliſe, Nobles, Bourgois, manans & habitans deſdictes ville, cité & diocèſe d'*Avranches,* en tant que toucher les pourroit, tel & ſemblable traictié & octroy que avons octroyé aux Gens d'Égliſe, Nobles, Bourgois & habitans deſdictes ville, cité & diocèſe de *Rouen,* en Nous humblement ſuppliant que en entretenant leſdicts traictié & octroy faiz par noſtredict Nepveu, comme dict eſt, auſdictes Gens d'Égliſe, Nobles, Bourgois, manans & habitans deſdictes ville, cité & diocèſe d'*Avranches,* il Nous plaiſe conſermer, ratiffier, & conſentir les poins & articles octroyez auſdictes Gens d'Égliſe, Nobles & habitans deſdictes ville, cité & diocèſe de *Rouen,* en tant qu'ilz leur pourroient ſervir & touchier, & iceulx valider & accorder par noz Lettres ; deſquelz poins & articles la teneur eſt telle.

S'enſuivent les poins & articles que requierent très-humblement au Roy, noſtre Souverain Seigneur, les Gens d'Égliſe, Nobles, Bourgois, manans & habitans en ſa cité de *Rouen.*

(1) Premièrement, &c. *(b)*

Pourquoy Nous, ce que dit eſt conſideré, par l'advis & deliberacion des Gens de noſtre Conſeil, les poins & articles cy - devant eſcripz, & chacun d'iceulx, avons conſentiz, octroyez & accordez, conſentons, octroyons & accordons de grace eſpécial, pleine puiſſance & autorité royal, par ces préſentes, à iceulx Gens d'Égliſe, Nobles, Bourgois, manans & habitans deſdictes ville, cité & diocèſe d'*Avranches,* en tant qu'il les touche & peut touchier, & voulons & ordonnons que iceulx Gens d'Égliſe, Nobles, Bourgois, manans & habitans deſdictes ville, cité & diocèſe d'*Avranches,* joyſſent & uſent plainement & paiſiblement du contenu en chacun deſdicts articles ſans aucun contredict ou empeſchement, & ſans eſtre en aucune maniere ſur ce calompniez, moleſtez ou empeſchiez au contraire, tout ainſi que ſont ceulx deſdictes villes, cité & diocèſe de *Rouen;* & ſur ce impoſons ſilence perpétuel à noſtre Procureur préſent & à venir. Si donnons en mandement par ceſdictes préſentes, à noz amez & féaulx Conſeilliers les Gens tenans & qui tendront noſtre Parlement à *Paris,* & noſtre Echiquier en *Normandie,* aux *Bailliz* de *Rouen* & de *Conſtentin,* & à tous noz autres Juſticiers & Officiers, ou à leurs Lieuxtenans préſens & à venir, & à chacun d'eulx ſi comme à lui appartendra, que de noz préſentes grace, conceſſion & octroy ilz faſſent, ſeuffrent & laiſſent leſdictes Gens d'Égliſe, Nobles, Bourgois, manans & habitans deſdictes ville, cité & diocèſe d'*Avranches,* & tous autres à qui ce pourra touchier, joyr & uſer plainement & paiſiblement ſans leur faire ne ſouffrir eſtre fait, mis ou donné aucun deſtourbier ou empeſchement au contraire, ores ne pour le tems à venir en aucune manière : Car ainſi le voulons & Nous plaiſt eſtre fait. Et pour ce que de ces préſentes l'en pourra avoir à beſongner en pluſeurs lieux & places en ung meſme jour & heure, Nous voulons & Nous plaiſt que au *Vidimus* d'icelles fait ſoubs Séel royal, plaine foy ſoit adjouſtée comme à ce préſent original. Et afin que ce ſoit choſe ferme & eſtable à tousjours, Nous avons fait mettre à ces préſentes noſtre Séel : ſauf en autres choſes noſtre droit & l'autruy en toutes. *Donné à Argenten, ou mois de May, l'an de grace* M. CCCC *cinquante,* & *de noſtre règne le* XXVIII.ᵉ *Collacion faicte.* Ainſi ſigné. *Par le Roy en ſon Conſeil.* ROLANT. *Viſa. Contentor.* CHALIGAUT.

N O T E.

(a) *Premièrement,* &c.] Ces articles ſont les dix premiers des Lettres de Charles VII, du mois de Novembre 1449, accordées aux habitans de *Rouen,* imprimées ci-deſſus, pages 75, 76 & 77.

(a) *Lettres de Charles VII, par lefquelles il accorde aux habitans de la cité & diocèfe de Bayeux, nouvellement foumis à fon obéiffance, abolition de tous délits antérieurs, & les rétablit dans tous les droits, franchifes & priviléges dont ils jouiffoient avant d'être foumis aux Anglois.*

CHARLES, par la grace de Dieu, Roy de France. Savoir faifons à tous préfens & à venir : Comme noftre chier & féal Coufin le *Comte* de *Dunois* & de *Longueville* notre Lieutenant général fur le faict de la guerre en ce païs & *Duchié* de *Normandie*, ait puis aucuns jours en çà par noftre ordonnance & commandement, avec autres noz Cappitaines & Chiefs de guerre, mis & tenu le fiége devant noftre ville & cité de *Bayeux*, lors détenue & occupée par nos anciens ennemis & adverfaires les *Anglois*, & icelle, graces à Notre Seigneur, mife & reddulte en noftre obéiffance, après laquelle redduction, Nous, pour certaines caufes à ce Nous mouvans & par l'adviz & délibération de noftre Confeil, avons aux Gens d'Églife, Nobles, Bourgois, manans & habitans de la ville, cité & diocèfe de *Bayeux*, qui de ce Nous ont fait humblement fupplier & requérir, octroyé, confenty & accordé, octroyons, confentons & accordons de noftre grace efpécial, plaine puiffance & auctorité royal, par ces préfentes, les points & articles dont la teneur s'enfuit, foubz les modiffications & réfervations en iceulx contenuz.

Enfuit ce qui a efté octroyé & accordé aux Gens d'Eglife, Nobles, Bourgois, manans & habitans de la ville & *Vicomté* de *Bayeux*.

(1) *Et premièrement.* A efté octroyé & donné par le Roy notre Sire aux Gens d'Églife, Nobles, Bourgois, manans & habitans de ladicte ville & *Vicomté* de *Bayeux*, abolicion générale de tous cas, crimes, délits & faultes commifes par eux, tant en général que en particulier paravant la redduccion de ladicte ville en notre obéiffance, en quelque manière ne pour quelconque caufe que ce foit.

(2) *Item.* Eft accordé que tous les manans & habitans de ladicte ville & diocéfe de *Bayeux*, tant Gens d'Églife, Nobles que autres habitans d'icelle ville & diocéfe, de quelque nacion ou condicion qu'ilz foient, qui font & vouldront demourer en l'obéiffance du Roy noftredit Sire, & faire le ferment d'eftre bons & loyaulx envers lui, feront reftituez en tous leurs héritaiges, rentes, revenus & poffeffions, leurs appartenances & appendances quezlconques qui leurs compétent & appartiennent quelque part qu'ilz foient au Royaume de France, tout ainfi que s'ils avoient continuellement demouré en ladicte obéiffance fans eux en eftre deppartis, nonobftant quelzconques dons, déclarations & adjonccions faiz au contraire; & pareillement feront les deffufdicts reftituez & remis en tous leurs biens-meubles quelzconques à eulx appartenans au tems dudict fiége miz, & de la redduccion d'icelle ville, qui n'auroient efté prins par noz Gens & Officiers : pourveu que lefdictz de la ville feront tenuz de repparer & mettre en eftat les démolicions qui ont efté faictes par les bombardes, canons & autrement depuis ledict fiége mis devant ladicte ville & redduccion d'icelle.

(3) *Item.* Et en tant qu'il touche les Gens d'Églife, le Roy veult & ordonne que les Chanonies, Prébendes & Dignités par lui données aux perfonnes qui

NOTE.

(a) Tréfor des Chartes, Regiftre IX^{xx} [180], Pièce 126. ═ *MSS. de Colbert*, vol. LIII, p. 752.

enfuivent : c'eft affavoir à Maiftre *Robert Poiĉtevin*, la Prébende de *Froide-rue*, que tint en ladiĉte Églife Maiftre *Laurens* le *Berruyer*; à Maiftre *Ambrois* de *Cambray*, les Prébende & Chanterie en icelle Églife que tint Maiftre *Nicole* de *Laurenges*; à Maiftre *Jehan Bureau* le jeune, l'Archidiaconé de *Caen* & Prébende de *May*, que tint Maiftre *Richart Habart*; à ²   les *Bahy*, la Prébende de la *Vieulle* que tint Maiftre *Honoré* de la *Porte*; à Maiftre *Denis Fromont*, la Prébende de *Thanyes* que tint Maiftre *Martin* de *Caulers*; à Meffire *Hugues Poulain*, la Prébende de *Coulombiers* que tint Maiftre *Jehan Defguay*; à *Martin Courtois*, la Prébende de *Merneville* que tint Maiftre *Richart* de *Courcy*; à Maiftre *Jehan Dixins*, la Prébende de *Gauray* que tint Maiftre *Jehan* de *Mauny* Évefque de *Laon*; à Maiftre *Thibault* de *Caigneux*, la Prébende de *Cucy* en icelle Églife, que tint Maiftre *Jehan Lohier*, leur demourront & d'icelles joïront fans empefchement aucun.

(4) *Item*. Que tous les Prélats & Gens d'Églife, autres que ceulx qui detiennent & occupent les Dignitez & neuf Prébendes déclairées en l'article précédant, & donnez par le Roy au devant nommez, de quelque condicton ou eftat qu'ilz foient, féculiers ou réguliers, eftant en ladiĉte ville de *Bayeulx* & ou Diocèfe alors de la redduccion de ladiĉte ville & cité de *Bayeux*, & qui font en l'obbéiffance du Roy & y veullent demourer & lui faire le ferment, demourront paifibles en toutes leurs Prélatures, Dignitez, Prébendes, Cures, Chapelles, Droiz, Béneffices & Offices quelzconques eccléfiaftiques fituez & affiz ou Royaume de France, qu'ilz tenoient & poffédoient alors que le Roy noftrediĉt Seigneur entra en fon pays & *Duchié* de *Normandie* pour la recouvrance d'icelui ou depuis, tellement que iceulx Bénéficiers ne puiffent eftre troublez, moleftez ou empefchiez en leurfdiĉts Béneffices par quelque don de regalle, collation ou préfentation de quelque Seigneur temporel, ou autres dons faiz à autres d'iceulx Béneffices par le Roi ou autre Seigneur temporel paravant ladiĉte redduccion de ladiĉte ville de *Bayeux*: pourveu toutesfois que au regart des Dignitez, Béneffices ou Offices qui ont vacqué en collacion royal, lefdiĉts poffeffeurs feront tenuz de prandre nouvelles Lettres du Roy & rendre les autres fe ilz les ont, lefquelles nouvelles Lettres Royaulx feront de telle valeur & effeĉt comme fe deffors & de la date des premières elles euffent efté données par le Roy noftrediĉt Seigneur.

(5) *Item*. Il n'eft pas entendre par les chofes deffufdiĉtes, que s'il y a aucuns lefdiĉtes Gens d'Églife qui ayent ou poffédoient aucuns Béneffices à tiltre de privacion, que iceulx privez ou ceulx qui les auroient eus par les réfignacions de eulx, ne puiffent entrer ou avoir leurfdiĉts Béneffices fans contredit ou empefchement; mais ou cas que iceulx privez feroient trépaffez fans les avoir réfignez, lefdiĉtes Gens d'Églife poffédant lefdiĉts Béneffices à tiltre canonique, demourront paifibles & entiers comme deffus eft diĉt.

(6) *Item*. Le Roy entend que en cefte préfente abolicion feront comprinz les Gens d'Églife du païs d'*Italie*, aufquels il a donné Lettres de naturalité, & joïront de leurfdiĉts Béneffices & Dignitez comme les autres deffufdiz, excepté toutesvoies au regard aux Dignités & Prébendes données aux neuf perfonnes deffus nommées.

(7) *Item*. Que lefdiĉtes Gens d'Églife, Nobles, Bourgois, & habitans de ladiĉte ville & Diocéfe, eftans & demourans en l'obéiffance du Roy, & qui auront fait le ferment, feront reftituez en toutes leurs debtes, arréraiges de rentes, revenuez de Béneffices ou autres droiĉtures quelzconques qui n'ont efté cueilliz ou receuz par le Roy, fes Gens ou Officiers, au-devant de ladiĉte redduccion d'icelle ville; fauf & réfervé en tant que touche les debtes qui pourroient eftre deues, & dont les deffufdiz pourroient faire queftion ou demande aux perfonnes qui eftoient demourans en l'obéiffance dudiĉt Seigneur paravant fa venue en la *Duchié* de *Normandie*.

(8) *Item.* Et femblablement lefdictes Gens d'Églife, Nobles, Bourgois & habitans dudict *Bayeux*, feront par ce préfent traictié reftituez en toutes leurs franchifes, Dignitez, libertez, Juridiccions, prééminences, auctoritez & préro- gatives quelzconques dont ilz ont joy & poffédé licitement, & de quoy ilz joyffoient & poffédoient ou avoient droicture au temps de la defcente du Roy *Henry* d'*Angleterre*, nonobftans quelzconques dons, mutacions, déclaracions, adjunccions ou autrement faiz au contraire.

(9) *Item.* Et en tant que touche la Couftume du païs & la Charte aux *Normans*, ilz en joïront felon la compoficion de *Rouen* faicte par le Roy noftre Sire.

(10) *Item.* Il eft accordé & appoinctié que toutes Gens d'Églife, Nobles, Bourgois & habitans de ladicte ville, abfens pour leurs affaires ou autres caufes, qui font de préfent hors de ladicte ville & hors l'obéiffance des *Anglois*, fe ilz veulent retourner en icelle & en l'obéiffance du Roy noftre Seigneur, faire le pourront jufques à deux mois prouchains venans, & joyront ceulx qui retourneront en ladicte obéiffance dedans ledict temps, de tous leurs héritaiges, rentes, revenuz, poffeffions, Béneffices & Offices eccléfiaftiques, biens- meubles & immeubles quelzconques, depuis ledict retour, tout ainfi que fe ilz euffent efté en ladicte obéiffance & cité de *Bayeux* au temps de laditte redduccion. Et voulons & ordonnons que iceulx Gens d'Églife, Nobles, Bourgois, manans & habitans defdictes ville, cité & Diocèfe de *Bayeux* & autres à qui ce pourra touchier, joïffent & ufent du contenu en chafcun defdicts articles fans aucun contredit ou empefchement, & fans eftre moleftez ou empefchez en aucune manière; & fur ce impofons filence perpétuel à noftre Procureur préfent & à venir. Si donnons en mandement par cefdictes préfentes à noz amez & féaulx Confeillers les Gens tenans & qui tendront noftre Par- lement à *Paris* & noftre Efchiquier en *Normandie*, aux *Bailliz* de *Rouen*, de *Caen* & *Conftantin*, & à tous noz autres Jufticiers & Officiers ou à leurs Lieutenans préfens & à venir & à chafcun d'eulx fi comme à lui appartiendra, que de ces préfens grace, conceffion & octroy ilz facent, feuffrent, & laiffent lefdictes Gens d'Églife, Nobles, Bourgois, manans & habitans laiz defdictes ville, cité & Diocèfe de *Bayeux*, & tous autres à qui ce pourra touchier, joyr & ufer plainement & paifiblement, fans leur faire ne fouffrir eftre fait, mis ou donné aucun deftourbier ou empefchement au contraire, ores ne pour le temps à venir en aucune manière : Car ainfi le voulons & Nous plait eftre fait. Et pour ce que de ces préfentes l'on pourra avoir à befongner en ung mefme jour en plufieurs & divers lieux, Nous voulons que au *Vidimus* d'icelles, fait foubz Séel royal, plaine foy foit adjouftée comme à ce préfent Original, auquel, afin que ce foit chofe ferme & eftable à tousjours, Nous avons fait mettre noftre Séel : fauf en autres chofes noftre droit & l'autruy en toutes. *Donné à Argentan, ou mois de May, l'an de grace mil* CCCC *& cinquante, & de notre règne le* XXVIII.`

CHARLES
VII,
à l'Abbaye
d'Ardenne,
près Caen,
en Juin 1450.

(a) *Lettres de Charles VII, par lesquelles il accorde aux Gens d'Église, Nobles, Bourgeois & habitans de la ville de Caen, nouvellement soumis à son obéiffance, abolition des délits commis avant leur foumiffion, & les rétablit dans les biens, droits & privíléges dont ils jouiffoient auparavant.*

CHARLES, par la grace de Dieu, Roy de France, favoir faifons à tous préfens & advenir, comme puiz nagaires Nous euffions fait mettre le fiége devant noz ville & châtel de *Caen*, lors detenuz & occupez par noz anciens ennemis & adverfaires les *Anglois*, auquel fiége foyons venuz en noftre propre perfonne, & iceulx ville & chaftel ayons, graces à Noftre Seigneur, miz & redduiz en noftre obéiffance, en faifant laquelle redducion avons humblement efté fuppliez & requis de donner & octroyer abolicion géneralle aus Gens d'Église, Nobles, Bourgois, manans & habitans defdictes villes & chaftel & des faulxbourgs & *Viconté* dudict *Caen*, qui en iceulx vouldroient demourer, & les prendre & remettre en noftre bonne grace: Nous bénigne-ment inclinans à ladicte fupplicacion & requefte, voulant préférer miféricorde à rigueur de juftice, & que nozdicts fubgiez defdictes ville, chaftel, faulxbourgs & *Viconté* puiffent vivre & demourer en repos & tranfquilité foubz Nous, à ladicte ville & aufdictes Gens d'Église, Nobles, Bourgois, manans & habitans qui efdictes villes, chaftel, faulxbourgs & *Viconté* de *Caen* ou ailleurs en noftre obéiffance, vouldront demourer, & faire le ferement d'eftre bons, vraiz & loyaulx fubgiez envers Nous, avons accordé, confenti & octroyé, accordons, confentons & octroyons de noftre certaine fcience, grace efpécial, plaine puiffance & auttorité royal par ces préfentes, abolicion générale de tous cas, crimes, faultes & délitz par eulx & chafcun d'eulx commis & perpetrez, tant en général comme en particulier, à l'encontre de Nous & de noftre Seigneurie, paravant la redducion defdictes ville & chaftel en noftre obéiffance, en quelconque manière ne pour quelconque caufe que ce foit; & les avons reftituez & reftituons par ces préfentes à leur bonne fame & renommée, & à tous leurs Bénéfices, biens-meubles & immeubles, poffeffions, droiz, franchifes, prévilleges & libertez, par la forme & manière qui enfuit.

C'eft affavoir que tous lefdictes Gens d'Église, foient Prélatz ou conftituez en autre Dignité, de quelque eftat ou condicion qu'ilz foient, féculiers ou réguliers, demeurent paifiblement en toutes leurs Prélatures, Dignitez, Pré-bendes, Cures, Chappelles, Droiz, Béneffices, Offices & Adminiftrations eccléfiaftiques quelzconques, fituez & affiz en noftre Royaume quelque part que ce foit, qu'ilz tenoient & poffédoient alors que Nous entrafmes en noz pays & *Duchié* de *Normandie* pour la recouvrance d'iceulx, ou depuis, fans ce que iceulx Béneffices puiffent ès chofes deffufdictes eftre aucunement troublez, moleftez ou empefchiez par quelque don de régalle, collacion ou préfentacion de quelque Seigneur temporel, ou autres dons par Nous ou autre Seigneur temporel faiz à autres, d'iceulx Prélatures, Dignitez, Béneffices, Offices ou Adminiftracions eccléfiaftiques, paravant la redduccion de nozdictes ville & chaftel de *Caen*: réfervé toutesvoies quatre Béneffices telz qu'il Nous plaira, qui durant ladicte occupacion de nofdicts ennemis ont vacqué en régale ou autrement, à noftre collacion ou difpoficion, tant en Églifes de noftredicte

N O T E.

(a) Tréfor des Chartes, Regiftre IX** [180] Piéce 141. == *MSS. de Colbert*, vol. LIII, page 773.

ville

ville de *Caen* comme en celles du Sépulcre, & en l'Abbaye des Religieuses fondées de la Trinité près icelle ville de *Caen* ou Diocèse de *Bayeux*, lesquelz Bénefices Nous avons réservez à Nous pour en disposer à nostre plaisir; & entendons que ce soit sans préjudice de la réservacion que avons faicte de certain autre nombre de Bénéfices, en octroyant par Nous l'abolicion générale aux Gens d'Église de la ville de *Bayeux*, laquelle réservacion de *Bayeux* & ceste présente, voulons avoir lieu & sortir effect; & pourrons disposer desdicts quatre Bénéfices par Nous reservez ès Églises desdictes villes & faulxbourgs de *Caen*, touteffois & à telles personnes que bon Nous semblera, nonobstant cette présente abolicion; & voulons & ordonnons que ceulx qui ont eu provision desdicts Bénéfices ou Offices Ecclésiastiques autres que les réservez dessusdiz, par collacion royal, seront tenuz de prendre nouvelles Lettres de Nous de la collacion d'iceulx Bénéffices, Offices ou Administracions, & rendre les autres qu'ilz avoient euz auparavant, s'ilz sont en nature & en leur possion; lesquelles nouvelles Lettres Royaulx que aussi ilz auront prinses de Nous, voulons qu'elles soient d'autel effect & valeur, comme se dèllors de la date des premières elles eussent esté par Nous à eulx données. Aussi entendons-nous que s'il y a aucuns desdictes Gens d'Église qui aient ou possedent aucunes Dignitez, Bénéffices, Offices ou Administracions Ecclésiastiques à tiltre de privacion de ceulx qui sont venus demourer en nostre obéissance, que iceulx possesseurs soient déboutez & ne joïssent aucunement desdictes Dignitez, Bénéffices ou Offices; ains voulons que lesdicts privez, ou ceulx qui auroient leur droit par résignacion qu'ilz leur en avoient faicte, joïssent pleinement & paisiblement & sans contredit ou empeschement, desdictes Dignitez, Offices & Bénéffices. Toutes voies ou cas que iceulx privez seroient trespassez sans les avoir résignez, les Gens d'Église qui iceulx possedent à tiltre canonique, en joïront & leur demourront seures & paisibles comme dessus. Et quant aux biens meubles & immeubles, Nous avons accordé & octroyé, accordons & octroyons à ladicte ville & ausdictes Gens d'Église, Nobles, Bourgois, manans & habitans, de quelque estat, nacion, ou condicion qu'ilz soient, qui vouldront demourer en nostredicte obéissance, & faire le serement ainsi que dessus, qu'ilz soient restituez & demeurent en tous les héritaiges, rentes & revenues, droiz & possessions quelzconques à eulx appartenans, leurs appartenances & deppendances, quelque part qu'ilz soient situez & assis en nostredicte obéissance, & en joïssent dorésenavant tout ainsi que s'ilz avoient continuellement demouré en nostredicte obéissance sans eulx en estre aucunement deppartiz. Et pareillement aussi au regart de tous leurs meubles qui au tems dudict siége mis & de la redduccion desdictes ville & chastel, avoient esté prins par noz Gens & Officiers ou autres de nostredicte obéissance, nonobstant quelzconques dons, déclaracions ou adjonccions à nostre Domaine, que pourrions avoir saiz desdicts biens, meubles ou immeubles à quelque personne, ne en quelque manière au contraire: parmy ce toutesvoies que lesdicts de *Caen* seront tenuz à repparer & mettre en estat deu les démolicions qui ont esté faictes ès fortificacions & murailles desdictes ville & châtel de *Caen* par les bombarbes, canons ou autrement, depuis ledict siége mis devant iceulx chastel & ville de *Caen*, & la redduccion d'iceulx. Et en oultre avons octroyé & octroions à ladicte ville & aux dessusdiz, qu'ils soient restituez en tous leurs debtes, fruiz, revenues, arréraiges de Bénéffices, rentes, revenues oû autres droictures quelzconques qui ont esté par Nous cueillies ou receues, ou noz Gens, Officiers & subgiez obéissans, au-devant de la redduccion desdictes ville & chastel de *Caen*: sauf & réservé en tant qu'il touche les debtes & arréraiges deues par les personnes qui estoient demourans en nostre obéissance paravant nostre derrenière venue en nostedicte *Duchié de Normandie* pour la recouvrance & redduccion d'icelle, & dont à iceulx lesdictes Gens d'Église, Nobles,

Bourgois, manans & habitans, ne pourroient faire question ou demande. Et avecques ce avons octroyé & octroyons à ladicte ville & aux dessusdicts Gens d'Église, Nobles, Bourgois, manans & habitans, qu'ilz soient restituez & demeurent en tous leurs prévilleges, franchises, libertez, prééminences, juridiccions, auctoritez & prérogatives quelzconques dont ilz joïssoient, possedoient ou avoient droicture au tems de la descente de feu nostre adversaire d'Angleterre derrenier trespassé. Et encores d'abondant leur avons accordé & octroyé, accordons & octroyons de nostredicte grace, qu'ilz joïssent de la coustume du païs, & de la Chartre aux Normans, ainsi & par la manière que l'avons octroyé à ceulx de nostre ville de Rouen par leur abolicion, & que toutes Gens d'Église, Bourgois & habitans desdictes ville, chastel, faulxbourgs & Viconté, natifs de nostre Royaume, absens pour leurs affaires ou autres causes, quelque part qu'ilz soient, puissent retourner, se bon leur semble, en telle ville, chastel, faulxbourgs & Viconté ou ailleurs en nostre obéissance, jusques à deux mois prouchainement venans; en faisant laquelle chose, & le serement d'estre bons, vrais & loyaulx envers Nous, leur accordons & octroyons de nostre plus ample grace, qu'ilz soient restituez en tous leurs Dignitez, Bénéffices & Offices Ecclésiastiques, héritaiges, cens, rentes, revenues, possessions & biens quelzconques, tant meubles que immeubles, depuis leurdict retour, ainsi que les autres dessusdicts, & en telle forme & manière que s'ilz eussent esté èsdictes villes, chastel & faulxbourgs au tems de la redduccion d'iceulx, & fussent demourez en nostredicte obéissance; & qu'ilz aient abolicion générale & soient restituez à leur bonne fame & renommée comme les autres dessusdicts; nonobstant comme dessus, en imposant silence perpétuel à nostre Procureur, sur tous les cas, articles & poins dessusdicts à l'encontre desdictes Gens d'Église, Bourgois, manans & habitans, & lesquelz Nous voulons qu'ilz joïssent & usent du contenu en chacun desdicts articles, ainsi & par la forme & manière, & sur les condicions & réservacions que dessus. Si donnons en mandement par cesdictes présentes à noz amez & féaulx Conseillers les Gens tenans & qui tendront nostre Parlement à Paris & nostre Eschiquier en Normandie, aux Bailli & Viconte de Caen, & à tous noz autres Justiciers ou à leurs Lieuxtenans présens & à venir & à chacun d'eulx, si comme à lui appartendra, que lesdicts Gens d'Église, Nobles, Bourgois, manans & habitans desdictes ville, faulxbourgs & Viconté de Caen, & chacun d'eulx, ilz facent, seuffrent & laissent joïr & user plainement & paisiblement de nostre présente abolicion, grace & octroy, sans leur faire, ou souffrir estre fait, ne à aucun d'eulx, aucun arrest, destourbier ou empeschement en corps ne en biens, ores ne ou tems à venir, pour quelque cause ne en quelque manière que ce soit; ainçois si fait, mis ou donné leur estoit aucunement au contraire, si l'ostent ou facent oster, & mettre sans délay à plaine délivrance & au premier estat & deu. Et pour ce que de ces présentes on pourra avoir afaire en divers lieux, Nous voulons que au Vidimus d'icelles plaine foy soit adjoustée comme à l'original: Et afin que ce soit chose ferme & estable à tousjours, Nous avons fait mettre nostre Scel à cesdictes présentes, sauf en autres choses nostre droict, & l'autruy en toutes. Donné en l'Abbaye d'Ardenne, près nostredicte ville de Caen, ou mois de Juing, l'an de grace mil CCCC. L. & de nostre règne le XXVIII. Ainsi signé: Par le Roy en son Conseil. DELALOERE. Visa.

(a) Lettres de Charles VII, qui confirment la Sauvegarde accordée par Charles V en 1370 à l'Abbaye de Savigny, & confirmée par Charles VI en 1392.

*K*AROLUS, *Dei graciâ, Francorum Rex, notum facimus universis presentibus pariter & futuris, Nos vidisse Litteras Domini Progenitoris nostri, Nobis pro parte dilectorum nostrorum Religiosorum, Abbatis & Conventûs Monasterii de* Savignayo, *Abrincesis Diocesis, formam que sequitur continentes.*

*K*AROLUS, *Dei graciâ, Francorum Rex, &c. (b)*

Quasquidem Litteras ac omnia & singula in eis contenta laudamus, ratificamus & approbamus, mandantes Ballivis Cadomensi, Constanciensi *&* Turonensi, *ceterisque Justiciariis, Officiariis nostris presentibus & futuris, aut eorum Loca-tenentibus, & eorum cuilibet prout ad eum pertinuerit, quatenùs dictos Religiosos pro se & suis, prout & quemadmodum in suprascriptis continetur, nostrâ presenti confirmatione, laudacione, ratificacione & approbacione uti pacificè & quietè faciant & gaudere, eosdem in contrarium nullatenùs molestantes, nec à quoquam molestari permittentes. Quod ut firmum & stabile perpetuò perseveret, nostrum presentibus fecimus apponi Sigillum, nostro in aliis & alieno in omnibus jure salvo. Datum* Turonis, *mense Augusti, anno Domini millesimo quadringentesimo quinquagesimo, & regni nostri vicesimo octavo. Ainsi signé:* Per Regem ad relacionem Consilii. *CHALIGAUT.*

Collacio facta est. Visa. Contentor. E. FROMENT.

NOTES.

(a) Trésor des Chartes, Registre IX^{xx}VI {186} Pièce 97. = *MSS. de Colbert,* Vol. LIV, page 989.

(b) KAROLUS, *Dei graciâ, Francorum Rex, &c.]* Ces Lettres de Charles V, du mois de Septembre 1370, sont imprimées page 351 du Ve Volume de ce Recueil, & celles de Charles VI, du mois de Janvier 1392, qui les confirment, sont aussi imprimées Vol. VII, page 538.

(a) Lettres de Charles VII, par lesquelles il accorde par provision aux habitans de Dieppe, qu'il ne sera levé sur eux aucun autre impôt que celui à eux octroyé pour l'entretien de leur ville.

*C*HARLES, par la grace de Dieu, Roy de France, à nos amez & féaulx les Généraulx-Conseillers par Nous ordonnez sur le fait & gouvernement de toutes nos finances, & aux Éleus sur le fait des aydes ordonnées pour la guerre en l'Élection d'*Arques:* Salut & dilection. Receue avons l'humble supplication de nos chers & bien amez les Bourgeois en commun & habitans de nostre ville de *Dieppe,* contenant que ladite ville est assise sur port de mer, laquelle mer fret chacun jour deux fois à la muraille & enceinte; & environne en la pluspart, sans quelque moyen ou distance de pays ne de terre qui l'en deffende; par quoy convient chacun jour labourer, pour icelle ville soustenir de haye, de bois & d'une jettée de bois qui detfent la rigueur des flots

NOTE.

(a) Recueil général d'Édits, Déclarations, Lettres patentes, &c. donnés en faveur des habitans de la ville de *Dieppe,* &c. concernant les priviléges de ladite ville, *in-fol.* Dieppe. 1700.

& marées quand ils viennent, à quoy convient aufdits fupplians faire chacun an grande dépenfe, & auffi à fouftenir la muraille où ladite mer fret, de pierre, pilotis & autres chofes néceffaires ; pour l'entretennement defquelles, & fournir à ladite dépenfe, fut permis & ordonné eftre cueillis & levez certains grands aydes fur les denrées vendues en ladite ville : c'eft à favoir, fur chacune queue de vin vendue à détail, foixante fols tournois, & fur chacun baril de cervoife & autres menues breuvages, cinq fols tournois, & fur les autres denrées & marchandifes ilec diftribuées, certains autres deniers felon la qualité de chacune, fans y accueillir aucuns autres aides. Lefquelles chofes congnues & apparues par notre très-cher & très-amé Fils le *Dauphin* de *Viennois*, après qu'il eut vifité ladite ville, quand il leva la baftille que nos ennemis les *Anglois* avoient mife devant ladite place, confidérant la grand charge que lefdits fupplians avoient, tant en ce que dit eft, comme à la garde de ladite ville & à l'entretennement & fourniffement des gens de guerre de la garnifon d'icelle, & autrement en plufieurs manières, lui retourné devers Nous, nous fit requête de les affranchir & exempter de tous aydes mis & à mettre fus pour le fait de la guerre, & que nuls autres aydes que ceux qui font deffus déclarez n'euffent cours en icelle ville, les deniers defquels feroient convertis en réparations & fortifications de ladite ville & non aillieurs, ce que Nous octroyames à la requête de notredit Fils & en faveur des chofes deffufdites, defquelles il Nous certifia. & en furent faites & levées nos Lettres (b); & par vertu d'icelles a depuis la chofe éte gouvernée jufques à préfent felon certaine

N O T E.

(b) Nous donnons ici ces Lettres qui ont été omifes à leur date. Elles fe trouvent dans le même Recueil.

CHARLES, par la grace de Dieu, Roy de France, à tous ceux qui ces préfentes Lettres verront : Salut. Savoir faifons, Nous avoir reçu l'humble fupplication de nos bien-amez les Bourgeois, manans & habitans de la ville de *Dieppe*, contenant que combien que pour leur aider à pourvoir aux fortifications, emparemens & autres affaires & néceffitez d'icelle ville, aux murs de laquelle la mer fret par deux fois le jour, & qui ne peut être foutenue fans grand-dépenfe de bois & maçonnerie appellée jettée & haye, qui font de grands & fomptueux labours, à leur grand'charge, ils ayent autrefois obtenu de Nous (a) congé & licence d'impofer, cueillir & lever fur eux certain ayde ; c'eft à fçavoir pour chacune queue de vin vendue à détail en ladite ville, foixante fols tournois ; & de dépenfe & étorement, trente fols tournois ; & pour chacun baril de cervoife vendu à détail, cinq fols tournois ; pour chacun baril de cervoife de dépenfe & étorement, quatre fols tournois ; & pour chacun baril de cervoife porté hors ladite ville, vingt deniers tournois ; pour chacune queue de fidre vendu à détail en ladite ville, dix fols tournois ; & pour chacune queue de dépenfe & étorement, cinq fols tournois ; & pour chacune queue de fidre portée hors d'icelle ville, quatre fols tournois ; pour chacun left de hareng frais ou falé aporté audit lieu de *Dieppe*, & partant dudit lieu par mer, dix fols tournois ; pour millier de fer venant par mer, deux fols fix deniers tournois ; pour chacun tonnel de vin venant par mer, cinq fols tournois ; pour chacun muid de fel venant par mer, cinq fols tournois ; pour chacune bête aumaille, deux pourceaux pour une bête aumaille, fix moutons pour une bête aumaille, & quatre veaux pour une bête aumaille, deux fols fix deniers tournois ; pour chaque pipe de vin, vendue à l'étape, venant par terre, vingt deniers tournois ; pour chaque ponchon de vin vendu à l'étape, comme dit eft, dix deniers tournois ; pour chacun millier de harang partant de ladite ville par terre en balle ou futaille, fix deniers tournois ; & pour chacun baril de hareng, cinq deniers tournois : pour les deniers qui en iftront être tournez & convertis efdites fortifications, emparemens, affaires & néceffitez de ladite ville. Et pour ce que lefdits fupplians n'oferoient cueillir ne lever lefdites aydes, fans fur ce avoir nouvel octroy, congé & licence de Nous, ils Nous ont fupplié & requis que fur ce les veuillons pourvoir. Pour ce eft-il que Nous, les chofes deffufdites confidérées, & mêmement que ladite ville eft affife & environnée en frontière de nos anciens ennemis & adverfaires

N O T E.

(a) Nous n'avons pu recouvrer les Lettres citées en cet endroit.

Ordonnance faite par notredit Fils, touchant lesdites défenses de la mer & réparations de ladite ville; & qui plus est, outre & par-dessus lesdites aydes qui se lèvent ainsi sur lesdites denrées vendues en icelle ville depuis quinze ans en çà qu'elle a été recouvrée & mise en notre main, a convenu continuellement, & convient ausdits supplians, chacun à son tour être à besongner à la vuidange des fossez, tant devers la terre comme ès marais & au perroy du côté de la mer, où n'avoit onques eu fossé, & asseoir sur eux-mêmes plusieurs deniers pour fournir ausdites défenses & réparations, en défaut des deniers desdites aydes qui n'y peuvent souffire, afin de résister aux entreprinses que faisoient chacun jour sur ladite ville lesdits *Anglois* durant le tems qu'ils en ont été près. Mais ces choses nonobstant, en venans contre l'affranchissement & exemption dessusdites, par Nous ainsi octroyées ausdits supplians, & en les empeschant en iceulx, vous Esleus, pour ce que ladite ville de *Dieppe* est en votre Élection, avez puis n'a guère voulu & voulez mettre sus en ladite ville lesdits aydes ordonnez pour la guerre: c'est assavoir, le quatrième du vin vendu à détail & le vingtième du vin vendu en gros, & l'imposition de douze deniers tournois pour livre; & les bailler à ferme comme ès autres lieux de ladite Élection non affranchis, disans avoir commission de le faire ainsi: pour laquelle cause lesdits supplians Nous ont fait requérir que, eu égard aux choses dessusdites & que lesdits aydes avoient cours, il conviendroit que les autres cessassent, & par ainsi demoureroient lesdites réparations & deffenses à faire, dont se pourroit ensuir inconvénient irréparable, il Nous plaise leur impartir sur ce notre grace, & pourveoir convenablement. Pour ce est-il que Nous, ces choses considérées, & que pour donner provision & ordre aux affaires de nos pays & *Duché* de *Normandie*, avons délibéré Nous tirer brief ès marches de par de-là, & que bonnement ne pouvons pour le présent donner ladite provision ausdits supplians, pour ces causes & autres à ce Nous mouvans, avons octroyé & octroyons, voulons & Nous plaît, de grace espéciale par ces présentes, qu'ils joïssent de leurdite franchise, & soient tenus exempts desdits quatrièmes & autres aydes, tout selon la forme & teneur de nosdites autres Lettres par Nous sur ce à eux octroyées, & ainsi qu'ils en ont joy le temps passé, jusqu'à

CHARLES VII, à Montbason, le 17 Octobre 1450.

Suite de la N O T E.

les *Anglois*, devant laquelle ils viennent de jour en jour courir, & qu'il est aussi grand besoin d'entendre à la fortification, emparement & garde d'icelle ville que onques-mais, ausdits supplians avons octroyé & octroyons de grace espéciale, en leur donnant derechef congé & licence par ces présentes, que jusques à six ans entiers prochains venants, à conter de la datte des Lettres par Nous à eux dernièrement octroyées, ils puissent mettre sus, lever & cueillir sur eux-mêmes lesdites aydes, pourveu toutesfois que la plus grande & saine partie desdits Bourgeois, manans & habitans, & aussi que les Commis à recevoir ledit ayde ou aydes, soient tenus d'en rendre compte & reliqua, toutesfois que métier sera ou qu'ils en seront requis, par-devant le Capitaine dudit lieu de *Dieppe*, son Lieutenant, ou autre qu'il appartiendra. Si donnons en mandement par ces mêmes présentes audit Capitaine ou à son Lieutenant, & à tous nos autres Justiciers & Officiers & à chacun d'eux si comme à lui appartiendra, que lesdits supplians ils fassent, souffrent & laissent jouir & user pleinement & paisiblement de notre présente grace; octroy & congé, sans les molester ou empêcher, faire ne souffrir estre molestez ou empéchez aucunement au contraire: Car ainsi le voulons être fait. Et pour ce que à cause desdites aydes, pourroient sourdre débats, procès & querelles, Nous avons commis & commettons par ces mêmes présentes, la connoissance desdits débats & procès, audit Capitaine ou sondit Lieutenant, ausquels & à chacun d'eux avons donné & donnons par cesdites présentes, pouvoir, autorité & mandement espécial de iceux aydes bailler, d'en décider, juger & déterminer sommairement & de plain, ainsi que par raison appartiendra. En témoing de ce, Nous avons fait mettre nostre Séel à ces présentes. *Donné à Reims, le vingt-quatrième jour de Mars, l'an de grâce mil quatre cens quarante, & de notre règne le dix-neuf.* Et sur le repli: Signé *Par le Rey en son Conseil.* Signé *EUDE. Un paraphe & sellé.*

ce que ſoions ès marches de noſtredit païs de *Normandie*, pour donner ordre & proviſion ès affaires d'icelui, ou que par Nous autrement en ſoit ordonné. Si vous mandons & à chacun de vous, en commetant ſe meſtier eſt, que leſdits ſupplians vous faites & ſouffrez joïr & uſer de notre préſente grace & octroy paiſiblement ledit temps durant, ſans leur faire ne ſouffrir être fait aucun empeſchement ou deſtourbier au contraire, au cas ſe fait, mis ou donné leur étoit, réparez-le ou faites réparer & remettre ſans délay au premier état & deu: Car ainſi Nous plaiſt-il eſtre fait, nonobſtant quelſconques Mandemens ou défenſes au contraire. *Donné à Montbaſon, le dix-ſeptième jour d'Octobre, l'an de grace mil quatre cens cinquante, & de notre règne le vingt-huitième.* Par le Roy en ſon Conſeil. *Signé* DELALOERE, *avec grille & paraphe, & ſcellé en queue d'un grand ſceau de cire jaune.*

[On trouve à la ſuite de ces Lettres, l'Arrêt d'enregiſtrement en la Cour des Aydes, donné à *Tours*, le 22 Octobre 1450.]

(a) Lettres de Charles VII, par leſquelles il confirme celles du 22 Aouſt 1429, en faveur de ſes fidelles ſujets qui avoient été dépouillés par ſes ſujets rebelles.

CHARLES, par la grace de Dieu, Roy de France, à tous ceulx qui ces préſentes Lettres verront: Salut. Comme Nous eſtans en noſtre ville de *Compiegne*, ou mois d'Aouſt, l'an mil CCCC XXIX euſſions fait, ordonné & conſtitué certain Édict, Loi & Ordonnance que mandaſmes eſtre gardez & obſervez en noſtre Court de Parlement & par tout noſtredit Royaume, comme ce appert par noz autres Lettres dont la teneur enſuit.

CHARLES, par la grace de Dieu, Roy de France, à tous ceulx qui ces préſentes Lettres verront : Salut. Comme depuis la vénérable entrée faicte en noſtre ville de *Paris*, ou mois de Mai mil CCCC dix-huit, & noſtre partement d'icelle, pluſieurs vraiz & loyaulx ſubgiez de feu noſtre très-redouté Seigneur & Pere à qui Dieu pardoint, & de Nous, tant d'icelle noſtredicte ville que d'ailleurs, en acquictant leurs loyaultez envers Nous, ayent abandonné leurs biens, tant meubles que héritaiges, & ſe ſoient retraiz devers Nous & ailleurs ès villes & païs à Nous obeïſſans, pendant lequel temps pluſieurs perſonnes, tant d'Égliſe que autres, eſtans, ou qui ont eſté ès païs à Nous rebelles & déſobéïſſans, ſe ſont enſaiſinez des biens, Bénéfices, des maiſons, heritaiges, rentes, revenues & poſſeſſions appartenans à noſdiz loyaulx ſubgez, en les voulans à eulx appliquer, ſoubz umbre & couleur de ce qu'ilz dient ou vouldroient dire, que leſdiz héritaiges, maiſons, rentes, revenues & poſſeſſions leur avoient eſté donnés par feu noſtredit Seigneur & Pere durant noſtredicte abſence, ou autres tenans le party à Nous contraire, ou qu'elles ont eſté vendues, cédées, tranſportées & baillées à tiltre onéreux par leurs Receveurs ou autrement, en aſſignacion de pluſieurs debtes & arréraiges de cens, rentes & autres debtes perſonnelles, prétendans à eux eſtre deues par noſdiz loyaulx ſubgietz, & que par procès meuz ou encommencez en demandant ou en défendant, entre nozdiz loyaulx ſubgietz & leſdiz rebelles & déſobeïſſans avant

N O T E.

(a) Regiſtre du Parlement, intitulé : *Ordinationes Barbinæ*, coté D. *fol.* 136, r. Le Grand-coutumier de *Normandie*, *fol.* 172, édition gothique de 1515, où ces Lettres ſont datées du 20 Octobre 1450.

noſtredit partement de noſtredicte ville de *Paris*, & auſſi depuis, éſquelz procès
par pourſuite faite par leſdiz rebelles à l'encontre de noſdiz ſubgietz par criées,
défaux & ſubhaſtacions, par privileges & autrement, a tellement eſté procédé,
noſdiz loyaulx ſubgietz non deuement à ce appellez ne ouiz, & en lieu non
ſeur, que par les eulx diſans à *Paris* tenir le Parlement de noſtredit Seigneur
& Pere, & autres eulx diſans Juges en leur obéiſſance, par adjudication, par
forme & manière d'arreſtz ou ſentences, ou autrement, leſdites choſes leur
auroient eſté adjugées; & avecques ce, ſeroient pluſieurs des parens & amis
de noſdiz loyaulx ſubgetz demourans ès villes & païs à Nous déſobeiſſans,
dont les aucuns, comme par force, crainte, paour que on ne leur teiſt deſplaiſir ſoubz umbre de ce que ilz eſtoient parens des aucuns tenans noſtredit
parti, les autres en haine de ce ou autrement, de leurs voulentez auroient fait
pluſieurs & divers contractz, comme vendicions, donacions, ceſſions, tranſpors,
teſtamens, ordonnances, ou autres diſpoſitions, en ordonnant & diſpoſant de leurs
biens au proffit d'aucuns tenans ou qui tiennent le party contraire de Nous, &
demourans ou qui demouroient eſdiz païs & villes déſobeiſſans à Nous, en eulx
efforçant déſheriter & priver d'iceulx noſdiz vraiz & loyaulx ſubgetz, leſquieulx
devoient eſtre leurs héritiers, ou ſuccéder auxdiz biens après leur treſpaſſement,
& dont les aucuns ſont jà allez de vie à treſpaſſement, & leſquelx biens Nous
pourrions maintenir à Nous compéter & appartenir comme commis & confiſquez, & n'en pourroient valablement ordonner en noſtre préjudice; & ſoubz
umbre deſdiz tiltres, d'aucuns d'iceulx, ou d'autres ſemblables détenemens deſdictes choſes, & laps de temps couru durant l'abſence de noſdiz loyaulx ſubgetz,
& que leſdiz détenteurs pourroient dire ou maintenir y avoir depuis fait aucunes
réparacions ou baſtimens, ou acompli aucunes condicions ou charges appoſées
en faiſant leſdiz contratz ou diſpoſitions, ou autrement, vouldroient à eulx appliquer leſdictes maiſons & héritaiges; & avec ce vouldroient & pourroient leſdiz
détenteurs pour aucunes debtes perſonnelles ou pour arréraiges de cens, rentes,
ou autres revenues qu'ilz voudroient prétendre à eulx eſtre deues par noſdiz
loyaulx ſubgetz, a cauſe de leurſdictes maiſons, rentes, héritaiges & poſſeſſions
ou autrement, faire grans actions & pourſuite à l'encontre d'eulx, & ſur ce
& pour les cauſes deſſuſdictes, enveloper noſdiz loyaulx ſubgetz en pluſieurs
longs procès, & cependant icelles maiſons ou autres poſſeſſions retenir juſques
à plein payement & ſatisfaction deſdictes debtes & arréraiges, ou de réparacions
& autres choſes deſſuſdictes, ou grant grief, préjudice & dommaige de noſdiz
loyaulx ſubgetz & de Nous à qui leſdictes debtes, rentes ou autres droiz,
s'aucuns en ont, par confiſcation & forfaicture appartiennent & appartenoient,
doyvent & devront appartenir, & plus ſeroit ſe par Nous n'y eſtoit ſur ce
pourveu de remède convenable: Savoir faiſons, que Nous ces choſes conſidérées, & que noſdiz loyaulx ſubgetz durant leur abſence n'ont peu joïr de
leurſdiz héritaiges, maiſons, rentes, revenues & poſſeſſions, néantmoins leur
a convenu faire & ſouſtenir pluſieurs grans frais en noſtre ſervice: avons déclaré
& ordonné, déclarons & ordonnons iceulx noz loyaulx ſubgetz eſtre & devoir
eſtre, & voulons demorer francs & quictes des choſes deſſuſdictes que vouldroient prétendre leſdiz déſobeïſſans & rebelles envers noſdiz ſubgetz; & de
noſtre certaine ſcience, grace & auctorité, en tant que meſtier ſeroit, à iceulx
noz loyaulx ſubgetz avons donné, quicté & remis, donnons, quictons &
remectons de grace eſpécial par ces préſentes, tous leſdiz arréraiges, tant de
grains que d'argent & autres; & encore d'abondant donnons toutes debtes
quelxconques, tant réelles que perſonnelles qui par eulx pourroient eſtre deues
à ceulx qui ont tenu & tiennent le parti contraire de Nous; & en oultre leur
donnons, cédons & tranſportons tous les biens, meubles & immeubles qui
compettoient & appartenoient a leurſdiz parens & amis, auſquelz ils euſſent
ou deu avoir ſuccedé & eſtre héritiers, s'ilz euſſent eſté & demouré en noſtre

CHARLES
VII,
à Montbaſon,
le 28 Octobre
1450, &
à Compiegne,
le 22 Août
1429.

CHARLES
VII,
à Monthafon,
le 28 Octobre
1450, &
à Compiegne,
le 22 Août
1429.

obéiffance, & en icelle allez de vie à trefpaffement; & voulons que nofdiz loyaulx fubgetz joïffent & ufent des biens comme à eulx appartenans, & qu'ilz en puiffent prendre la poffeffion, & eulx enfaifiner, nonobftant quelxconques contractz, vendicions, donnacions, tranfpors, teftamens, difpoficions & ordonnances faiz ou faictes par leurfdiz parens demourans èfdiz pays & villes à Nous défobéiffans, lefquieulx ou lefquelles Nous caffons & adnullons, & ne voulons iceulx ou icelles fortir aucun effect ou préjudicier en aucune manière à nofdiz vrais & loyaulx fubgetz; & avecques ce, de noftre grace & auctorité royal, avons relevé & relevons nofdiz loyaulx fubgetz & chafcun d'eulx, de tout tenement, laps de temps. & prefcription, en quoy pendant leurdicte abfence ilz pourroient eftre encouruz envers lefdiz tenans ou qui avoient tenu le parti à Nous contraire, pour lefdictes maifons, terres, rentes, revenues & poffeffions, & de tous appeaulx, défaulx, criées & fubhaftacions, par vertu de quelxconques priviléges qu'elles foient faictes, fentences, adjudicacions & arreftz telz que deffus, & autres quelxconques faictes ou obtenues ou préjudice de nofdiz loyaulx fubgetz, durant & par-devant ladicte abfence, à l'inftance defdiz Receveurs & defdiz rebelles & défobéiffans, & ne voulons que pour caufe de ce, ne des autres chofes deffufdictes, d'ores ne pour le temps à venir, à nofdiz loyaulx fubgetz, en puiffe eftre aucune chofe demandée par forme de nouvelleté, ne autrement faire aucune pourfuite, ne par rétencion ne autrement, foubz umbre defdictes condicions, réparacions ou charges faictes ou acomplies, faire aucun empefchement, ne eulx en aidier contre eulx en quelque manière que ce foit, ains voulons que nofdiz loyaulx fubgetz fe puiffent bouter & entrer plainement, réaulment & de fait, de leur propre autorité èfdictes maifons, héritaiges & poffeffions, & d'icelles, enfemble de leurs rentes & revenues, tant de celles qu'ilz avoient au temps de leur partement, que de celles qui depuis leur font ou doivent eftre efchues, joïr & ufer, & eulx faire paier comme ilz feroient & euffent peu faire s'ilz euffent feurement réfidé & efté réfidens fur les lieux, & que comme fe leurdiz parens & amis n'en euffent aucunement ordonné & difpofé; & oultre à iceulx noz loyaulx fubgetz avons octroyé qu'ilz puiffent venir au retrait des héritaiges, rentes & revenues vendues & efchangées par leurs parens ung an paravant leurdit partement ou depuis, à quelxconques perfonnes que ce foient, foient Gens d'Églife ou autres, dedans ung an après leurdit retour, tout ainfi comme ilz peuffent faire dedans l'an & jour après lefdictes vendicions ou efchanges, ou autres termes préfiz, par couftume de païs ou par convenance de parties; & pareillement lefdiz Gens d'Églife puiffent retourner & foient reftabliz en leurs Bénéfices comme ils eftoient paravant leur partement, ou cas toutesvoies que defdiz Bénéfices de leur confentement & plaine voulenté n'auroit efté difpofé au contraire, & oultre, voulons & ordonnons que nofdiz loyaulx fubgetz foient receuz dedans l'an & jour après leur retour paifible fur leurs lieux, à eulx douloir & complaindre en matière de nouvelleté, de tous les troubles & empefchemens à eulx faiz en leurfdictes poffeffions & revenues, tout ainfi qu'ils euffent fait ou peu faire dedans l'an d'iceulx troubles, fe ilz euffent eu feure demeure fur iceulx lieux. Si donnons en mandement à noz amez & féaulx Confeilliers les Gens tenans & qui tendront noftre Parlement, & à tous noz Jufticiers ou à leurs Lieuxtenans & à chafcun d'eulx en droit foy fi comme à lui appartendra, que de noftre préfente grace, don, octroy, voulenté & Ordonnance ilz feuffrent, & laiffent joïr & ufer nofdiz vrais & loyaulx fubgetz, & chacun d'eulx, & ne feuffrent iceulx eftre moleftez, travaillez, ne autrement tenuz en procès en aucune manière au contraire, ains voulons qu'ilz leur laiffent & facent laiffer plainement, franchement & libéralment entrer en leurfdictes maifons, héritaiges & poffeffions, & icelles leur facent délivrer, rendre & reftituer, & ofter tout empefchement fe mis y eftoit, & mectent

à plaine

à plaine délivrance, pour en joïr, enfemble des prouffiz & émolumens comme de leur propre chofe, & caffent & mettent du tout au néant les lettres & obligations defdiz arreraiges & autres debtes mobiliaires, fe trouver les pevent, comme caffées & adnullées, folutes & acquitées; & quant à ce, Nous avons impofé filence perpétuel à noftredit Procureur & à tous autres : Car ainfy Nous plaift-il, & voulons qu'il foit fait, & à nofdiz loyaulx fubgiez l'avons octroyé & octroyons de grace efpécial par ces préfentes, nonobftant ce que dit eft. dont Nous avons nofdiz loyaulx fubgetz relevez & relevons de grace efpécial comme dit eft, oppofitions, appellacions, ordonnances, défenfes, ufaige, ftile, couftume de païs, & lettres fubreptices impétrées ou à impétrer à ce contraires. En tefmoing de ce Nous avons fait mectre noftre Séel à ces préfentes. *Donné à* Compiegne, *le XXII.ᵉ jour d'Aouft, l'an de grace mil* cccc *vingt-neuf, & de noftre règne le feptiefme.*

CHARLES VII, à Montbafon, le 28 Octobre 1450, & à Compiegne, le 22 Août 1429.

ET avons entendu que de préfent à l'occafion de ce que nofdictes Ordonnances, Loix & Édict, & nofdictes Lettres fur ce faictes. à *Compiégne*, n'ont encores efté publiées en noftre Court de Parlement, obftant certains empefchemens que aucuns y donnerent jà pieça au contraire, durant le temps des guerres, & que noftre païs & *Duchié* de *Normandie* eftoient occupez par noz anciens ennemis les *Anglois*, des mains defquieulx, par la grace de Dieu noftre Créateur, Nous avons nofdiz pays & *Duchié* délivrez, & iceulx remis en noftre obéiffance, & nofdiz Ennemis expellez & déboutez, plufeurs tant en jugement que dehors & tant en noftredicte Court de Parlement que autre part, ont débatu & débatent, révoqué & mis, révoquent & mectent en doubte nofdictes Ordonnances & Édict, & fe font efforcez & efforcent de jugier & faire jugier & venir en maintes manières au contraire, en grant irrévérence de Nous, foule & dommaige de noz fubgiez qui toujours ont tenu noftre loyal parti, & demouré en noftre obéiffance: favoir faifons que Nous defirans tenir & garder bonne paix & union entre noz fubgetz, fans ce qu'ilz aient caufe de rémembrer les ungs contre les autres, les maulx & inconvéniens faiz & perpetrez durant les guerres & divifions qui ont efté en noftredit Royaume; voulans obvier aux litiges & procès d'entre nofdiz fubgetz, & pour autres caufes & confidéracions à ce Nous mouvans, avons de noftre certaine fcience, plaine puiffance & auctorité royal, ordonné, ftatué & déclairé; ordonnons, ftatuons & déclairons par Ordonnance, Loy & Édict royal & perpétuel, nofdiz Édict, Loy & Ordonnance contenuz en nofdictes Lettres deffus tranfcriptes, eftre tenuz, gardez & obfervez par-tout noftre Royaume, perpétuelment & inviolablement, en jugement & dehors, felon la forme & teneur de nofdictes Lettres deffus tranfcriptes, lefquelles voulons & ordonnons avoir & fortir leur pur & plein effect, fans ce que aucun foit receu à venir ne faire au contraire par quelque voie, manière ou moyen que ce foit, en décernant & déclairant par ces préfentes, tous Jugemens, Sentences, Déclaracions, exploiz & autres chofes quelxconques au temps paffé faiz & donnez, & qui ou temps à venir feront faiz ou donnez au contraire de nofdiz Édict, Loy & Ordonnance, eftre nulz & de nulle valeur & effect, & que ceulx contre qui ilz feront donnez, puiffent venir au contraire par voie de nullité & autrement, comme l'en doit & peut faire felon raifon contre Sentences & Jugemens qui de foy font nulz & donnez contre les Loy, Édict & Ordonnance royal; & en oultre avons ordonné & ordonnons que ceulx qui viendront au contraire de nofdiz Édict, Loy & Ordonnance, foient pugniz comme tranfgreffeurs de Loy, Édict & Ordonnance royal & perpétuel, nonobftant quelxconques dons, graces, abolicions, rémiffions & octroiz par Nous faiz & par Nous octroyées aux païs, villes & communautez de noftredict Royaume, ou à autres particuliers noz fubgetz, foubz quelconque forme, ne pour quelconque caufe ne couleur

Suite des Lettres de Charles VII, du 28 Octobre 1450.

CHARLES
VII,
à Montbaſon,
le 28 Octobre
1450, &
à Compiegne,
le 22 Août
1429.

que ce ſoit ou puiſſe eſtre, leſquelz, quant à ce, ne voulons ſortir aucune valeur ou effect, ne déroguer ou préjudicier à noſdictes Loy, Édict & Ordonnance, ne au contenu en noſdictes Lettres deſſus tranſcriptes, & à ces préſentes, ains quant à ce voulons qu'elles ſoient de nulle valeur & effect. Si donnons en mandement par ces meſmes préſentes à noz amez & féaulx Conſeilliers les Gens qui tendront noz Parlemens à venir, les Maiſtres des Requeſtes de noſtre Hoſtel, Tréſoriers & Gens de noz Comptes, les Généraulx de la Juſtice ordonnez ſur le fait des Aides, *Prevoſt de Paris, Baillifz de Vermandois, Sens, Rouen,* & à tous noz autres Baillifs & Seneſchaulx & autres noz Juſticiers & Officiers, & à leurs Lieuxtenans qui à préſent ſont & pour le temps à venir feront, & à tous noz autres ſubgietz, que ilz noſdictes Ordonnance, Loy & Édict deſſus déclairez, tiengnent, obſervent & gardent, & les facent tenir, obſerver & garder inviolablement, perpétuelment & à touſjours, ſans enfraindre; & tout ce qui ſeroit fait au contraire, qu'ilz le révoquent & réparent, & facent révoquer & réparer, & que ceſdictes préſentes ilz publient & facent publier en leurs Auditoires & Juriſdictions, & les enrégiſtrent & facent enrégiſtrer ès Livres & Régiſtres de leurs Cours, afin que aucun n'en puiſſe prétendre çauſe d'ignorance. Et pour ce que l'en aura affaire de ces préſentes en pluſieurs lieux, Nous voulons que au *Vidimus* d'icelles fait ſoubz Séel royal, plaine foy ſoit adjouſtée comme à ceſt préſent original. En teſmoing des choſes deſſuſdictes, Nous avons fait mectre à ces préſentes noſtre Séel. *Donné à Montbaſon, le vingt-huitièſme jour de Octobre, l'an de grace mil CCCC cinquante, & de noſtre règne le vingt-neufvième.* Sic ſignatum : *Par le Roy en ſon Conſeil.*

DELALOERE.

Collacion eſt faicte.
Lecta, publicata & regiſtrata Pariſius *in Parlamento, decimâ quintâ die Februarii, anno Domini milleſimo quadringenteſimo quinquageſimo.*
Sic ſignatum CHENETEAU.
Collacio facta eſt cum originali. CHENETEAU.

CHARLES
VII,
à Montbaſon,
en Octobre
1450.

(a) Lettres de Charles VII, par leſquelles il confirme divers priviléges accordés aux Conſuls & habitans de Caſtelnaudary.

KAROLUS, *Dei graciâ, Francorum Rex, notum facimus univerſis preſentibus & futuris, Nos Litteras recolende memorie Johannis quondam Francorum Regis Predeceſſoris noſtri, cerâ viridi & laqueo ſericeo impendenti ſigillo caſtelleti Pariſius in abſentiâ magni ſigillatas, Nobis pro parte dilectorum noſtrorum Conſulum & habitancium* Caſtri-novi de Arrio, *Judicature* Lauragueſii *in Seneſcalliâ* Tholoſe, *exhibitas vidiſſe, formam que ſequitur continentes.*

JEAN I.er
ou
ſelon d'autres
JEAN II,
à Chartres,
le 28 Août
1356.

JOHANNES, *Dei graciâ, Francorum Rex, &c. (b) Ad perpetuam rei memoriam. Inter curas & ſollicitudines innumeras & immenſas, quibus noſter afficitur animus hiis diebus, Nos noſtris fidelibus & ſubditis guerrarum occaſione noſtrarum*

NOTES.

(a) Tréſor des Chartes, Regiſtre IXˣˣv [185] Pièce 36. ＝ *MSS. de Colbert.* Volume LIV, page 533.

Nous avons publié dans ce Recueil, diverſes conceſſions ou confirmations de priviléges en faveur des habitans de *Caſtelnaudary,* dans leſquelles on trouve une aſſez grande partie des articles qui ſont confirmés par les Lettres que *nous donnons*

ici. Voyez Tome III, page 80, Tome V, page 5 & Tome LIV, page 752.

(b) Ad perpetuam rei memoriam, &c.] Ce préambule tout entier eſt préciſément le même que celui des Lettres du Roi Jean, de la même date que celles-ci, mais qui en diffèrent preſque en tout le reſte. Voyez le Tome III de ce Recueil, page 80.

gravatis, damnificatis & oppreſſis ex intimis meritò condolentes, totis deſideriis affectamus ut per noſtre proviſionis & gracie dexteram, à ſuis poſſint gravaminibus, damnis & oppreſſionibus relevari, futuriſque noſtrorum inſidioſis hoſtium inſultibus preſervari. Hinc eſt quòd cùm caſtrum ſeu villa noſtra Caſtri-novi de Arrio Judicature Lauraguesii, Seneſcallie Tholoſe, Nobis immediatè ſubjecta, per inimicos noſtros anno iſto pro majori parte concremata ſeu combuſta fuerit & deſtructa, cum domibus & bonis mobilibus, nonnulliſque ut dicitur privilegiis & aliis Litteris habitancium ejuſdem, atque multis modis occaſione premiſſà damnificati fuerint & gravati habitatores predicti; & propter hoc dilectus & fidelis Conſanguineus noſter Comes Armaniaci, locum noſtrum tenens in Partibus Occitanis, volens ipſis ſubvenire taliter quòd dictum locum ſic deſtructum deſerere non haberent, ſed domos ſuas ejuſdem reſicerent, ac pro ſuà & ejuſdem loci ſecuritate futurà, locum ipſum muris & fortaliciis neceſſariis vallarent, nonnulla privilegia, libertates & gracias conceſſerit & fecerit habitantibus, Conſulibus & univerſitati dicti loci, prout in Litteris ſuis indè factis vidimus plenius contineri, pro parteque dictorum habitancium ſupplicatum Nobis extiterit ut predicta confirmare dignaremur: Nos viſis dictis Litteris, & habità ſuper contentis in eis cum noſtro Conſilio deliberacione maturà de predictis ſic ob cauſas ſupradictas per prefatum locum noſtrum tenentem conceſſis, confirmavimus ſeu conceſſimus, & tenore preſencium confirmamus atque concedimus authoritate regià, de gracià ſpeciali, illaque & prout ſubſequenter inferius continentur.

(1) Primo. *(c) Quòd in criminibus ſint Judices in eodem loco & ejus reſſorto, ſi & prout hactenus temporibus retroactis conſueverunt & uſi fuerunt, ac tempore predicte deſtruccionis dicti loci pacificè utebantur.*

(2) Item. *Confirmavimus ſeu conceſſimus eis, confirmamus atque concedimus per preſentes, uſus & libertates que habere conſueverunt in loco eodem per tantum tempus de quo in contrarium memoria hominum non exiſtit: ſcilicet, quòd ſint Judices ut eſſe conſueverunt, de omnibus controverſiis, litibus & demandis que inter partes ſeu contrahentes oriuntur, in die lune, qà forum ſeu mercatum tenetur in dicto loco; & quòd poſſint, ut conſueverunt, tenere Audienciam in dicto foro, cogniſaque & judicata executioni demandare; ac eciam quòd excubie nocturne, meſſegaria & emolumentum ejuſdem, cognitio ponderum & menſurarum, carnium minus ſufficiencium, pannorum falſorum & falſe meſcelane ac cujuſlibet mercature, & emolumentum poene uſque ad quinque ſolidos Tholoſanos, cognicio contractuum ſimplicium, aque verſus, ſtillicidiorum, carreriarum, exituum & muanorum (d) inter vicinos & paſſatores, ac poena adulterii que eſt quinque ſolidorum Tholoſanorum, & plurium ſimilium aliorum, ad ipſos Conſules ſpectent & pertineant, ſi & pertineant ſic, & prout per ipſos continuò & ſine interrupcione extitit uſque ad tempus noviſſime deſtruccionis predicte fieri conſuetum.*

(3) Item. *Quòd loca de Caſtro-novo predicto & ejus reſſorto non poſſint in perpetuum à manu noſtrà regià vel ſucceſſorum noſtrorum Regum Francie alienari, vel in alium ſeu alios quomodolibet transferri, niſi totus Comitatus Tholoſanus alienaretur ſeu in manus alias transferretur, & in illum ſeu in illos, nec alium vel alios, in quem vel quos eumdem transferri contingeret Comitatum.*

(4) Item. *Quòd in aliquo locorum aliorum circumvicinorum dicti loci de Caſtro-novo per duas leucas, forum vel mercatum aliud, magis francum quàm forum loci ejuſdem, vel nundine alique nullatenus concedantur.*

(5) Item. *Confirmavimus & conceſſimus eiſdem nundinas in dicto loco ter in anno, prout alias eiſdem, retroactis temporibus, conceſſe fuerunt: unam videlicet*

CHARLES VII, à Montbaſon, en Octobre 1450.
JEAN I.ᵉʳ ou ſelon d'autres JEAN II, à Chartres, le 28 Aoûſt 1356.

NOTES.

(c) Voyez les trois premiers articles ſuivans dans les Lettres du 6 Mai 1367, imprimées Tome V de ce Recueil, pages 5 & 6, avec de très-légères différences.

(d) Voyez ſur les diverſes leçons de

ce mot, la Note *(g)*, page 6 du Tome V de ce Recueil. *Muana* ſignifie les choſes mitoyennes. *Carpentier*, Supplément au Gloſſaire de *Du Cange*, au mot *muanum*.

CHARLES
VII,
à Montbafon,
en Octobre
1450.
JEAN I.er
ou
felon d'autres
JEAN II,
à Chartres,
le 28 Août
1356.

die Jovis ante ramos palmarum, cum tribus diebus fequentibus ; alteram, die fefti Beatorum Simonis & Jude Apoftolorum, cum tribus diebus fequentibus ; & aliam in craftino fefti Affumpcionis Beate Marie Virginis, cum tribus diebus fequentibus.

(6) Item. *Quòd nullus fit aufus infra caftrum feu villam de* Caftro-novo *predicto, propè muros feu vallata ipfius per duas brachiatas, nec defuper vallata antiqua feu antiquiora, conftruere vel edificare, nec eciam extra predictas claufuras per fpacium fexaginta brachiatarum.*

(7) Item. (e) *Quòd quicumque in loco predicto conftruere vel edificare voluerit, ipfe poffit impunè portare feu portari facere tegulas & fuftes fuas, licenciâ alicujus non obtentâ ; dum tamen infra claufuras fupradictas infra annum conftruxerit, & predicte fuftes feu tegule non fint infra claufuram alicujus alterius ville.*

(8) Item. (f) *Quòd fi aliqui habentes infra claufuras dicti loci loca five plateas, in eis edificare noluerint infra annum à die conceffionis hujufmodi computandum, dicte non volencium edificare platee five loca dari feu tradi poffint aliis edificare volentibus in eifdem, certis & juftis preciis folvendis dominis hujufmodi platearum vel locorum, juxta eftimacionem legitimam Judicis* Lauraguefii, *vocatis Confulibus dicte ville.*

(9) Item. *Quòd omnes habitatores dicti loci & qui ibi habitare voluerint, fint, quantum ad extraneos duntaxat & non tamen quantum ad fe invicem, in & fub proteccione & falvâ gardiâ regiâ fpeciali, unâ cum bonis fuis univerfis, uxorumque & familiarum eorum.*

Premiffa (g) *autem omnia & fingula dictis Confulibus & habitatoribus atque univerfitati dicti loci & fingulis eorumdem qui nunc funt & pro tempore fuerint, conceffimus atque concedimus per prefentes, authoritate regiâ, de graciâ fpeciali, fub condicionibus & modificacionibus quibus ipfa per prefatum noftrum Confanguineum & locum noftrum tenentem conceffa eis fuerint, prout in Litteris fuis fuper hoc factis plenius continetur ; dantes tenore prefencium in mandatis Senefcallis* Tholofe, Carcaffone & Bellicadri, *ac Magiftris portuum & paffagiorum, Caftellanis & aliis Jufticiariis, Officiariis & fubditis noftris & regni noftri, vel eorum Locatenentibus modernis pariter & futuris, ac cuilibet eorumdem prout ad ipfum poterit pertinere, quatenùs dictos Confules & univerfitatem ac fingulos dicti loci tam conjunctim quàm divifim noftris dictis conceffionibus & graciis fibi factis, prout fuprà continentur, & quâlibet eorumdem gaudere & uti plenariè ac pacificè faciant & permittant juxta formam & tenorem prefencium Litterarum, nihil contra tenorem earum attentando vel à quoquam attentari permittendo ; & fi per inadvertenciam vel aliter aliquid in contrarium factum extiterit, hoc ad ftatum priftinum & debitum reducant feu reduci faciant indilatè. Quòd ut firmum & ftabile permaneat in futurum, figillum noftrum prefentibus Litteris duximus apponendum : noftro in aliis & alieno in omnibus jure falvo. Datum* Carnoti, *vicefimâ octavâ die menfis Augufti, anno Domini millefimo trecentefimo quinquagefimo fexto.*

Suite des Lettres
de Charles VII.

Nos Predecefforum noftrorum veftigia infequi volentes, attentifque tenore Litterarum preinfertarum & caufis in eifdem contentis, Litteras preinfertas & omnia in eifdem contenta rata & grata habentes, eas & ea laudavimus, approbavimus & ratifficavimus, laudamufque, ratifficamus & approbamus de graciâ fpeciali, poteftatis plenitudine & authoritate regiâ, per prefentes, quatenùs eifdem Litteris & contentis in eifdem fupplicantes predicti retroactis temporibus ritè ufi funt. Quocircà Senefcallo *noftro* Tholofe, *ceterifque Jufticiariis & Officiariis noftris aut eorum Locatenentibus,*

NOTES.

(e) Cet article eft femblable à l'article 8 des Lettres pour les habitans d'*Avinionet,* de même date que celles-ci, voyez Tome III, page 76.

(f) Cet article eft le même que l'article 10 des Lettres du même jour, en faveur des habitans de *Fan-jaux,* Tome III de ce Recueil, page 80.

(g) Ce qui fuit eft auffi prefque entièrement femblable à la claufe qui termine les Lettres de même date, pour les habitans d'*Avinionet, ibid.* p. 78.

prefentibus & futuris & eorum cuilibet damus tenore prefencium in mandatis, quatenùs dictos fupplicantes & eorum fucceffores & pofteros noftris prefentibus ratificacione, confirmacione, approbacione & graciâ uti & gaudere faciant plenariè, pacificè & abfque impedimento. Quod fi eifdem fupplicantibus nunc vel futuris temporibus factum vel illatum fue it in predictis, reparent aut reparari & , ad ftatum ptiftinum & debitum reduci faciant indilatè. Quod ut firmum & ftabile perpetuò perfeveret, Sigillum noftrum prefentibus Litteris duximus apponendum. Datum in Caftro Montis-bafonis in menfe Octobris, anno Domini millefimo quadringentefimo quinquagefimo , & regni noftri vicefimo nono. Sic fignatum : Per Regem, Epifcopis Carcaffone & Agathenfi, & Admiraldo, Jacobo Cordis & aliis prefentibus. DELALOERE.

Vifa.

(a) Lettres de Charles VII, par lefquelles, en conféquence du Traité fait avec les habitans de Bergerac lors de la réduction de leur ville, il leur accorde abolition pour le paffé, & confirme leurs priviléges.

CHARLES, par la grace de Dieu, Roy de France, favoir faifons à tous préfens & à venir, Nous avoir receue l'humble fupplicacion de nos bien amez les Confuls & autres habitans de noftre ville de *Bragerac*, contenant que nagueres, en faifant l'appointement & compoficion pour la réduccion de noftredicte ville de *Bragerac*, en noftre obéiffance, ou mois d'Octobre dernier paffé, par noftre très-chier & amé Coufin le *Comte* de *Penthievre*, noftre Lieutenant fur le fait de la guerre en noftre pays & *Duchié de Guienne*, & par l'avis, confeil & délibéracion de plufieurs fes Chiefs & Capitaines de guerre, illec eftans de par Nous, furent aufdicts fuplians accordés certains articles, defquieulx la teneur s'enfuit :

C'eft le traittié & appointement fait par Monfieur le *Comte* de *Penthievre*, Lieutenant du Roy noftre fouverain Seigneur, avec les Confuls & autres habitans de la ville de *Bragerac*, pour la reduccion des ville & chaftel de *Bragerac* en l'obéiffance du Roy.

(1) Et premièrement. Mondit S. donnera bons faufconduits, feuretés & conduits fouffifans, durant quinze jours, à Meff. *David Chartroife*, Chevalier, & à tous les autres Seigneurs, Chevaliers & Efcuiers, compaignons de guerre, de quelque condicion qu'ils foient, qui de préfent font en ladicte ville, pour eux en aller à *Bourdeaux* ou en autres lieux de l'obéiffance du *Roy d'Angleterre*, avec tous leurs biens, chofes & habillemens quelfconques, excepté artillerie autre que celle qui fe porte en main à la guerre quand on change.

(2) Item. Donnera Monf. le *Comte* abolicion générale & pardonnance, & icelle confirmée par le Roy, fe meftier eft, à tous les habitans & habitantes de ladicte ville, & à tout autre manière de gens réfidens en ladicte ville & qui y demeureront, & vouldront faire le ferment d'eftre bons & loyaulx au Roy noftredict Seigneur, de tous crimes de lèze-Majefté & autres quelfconques, faits & perpétrés à l'encontre du Roy noftredict Seigneur.

(3) Item. Confermera mondict Seigneur aufdicts habitans, tous leurs anciens priviléges, libertés & franchifes à eulx octroyées par les Roys de France Prédéceffeurs du Roy noftre fouverain Seigneur, & dont ils ont joy.

NOTE.

(a) Tréfor des Chartes, Regiftre IX^xx VI. [186] Pièce 55.== *MSS. de Colbert,* Vol. LIV, page 1014.

(4) *Item*. Et ne perdront riens du leur iceulx habitans ; & ne leur ſera fait tort ne force en corps ne en biens, ne en quelconque manière que ce ſoit, à l'entrée de la ville & après icelle entrée.

(5) *Item*. Se aucuns de ladicte ville ont achapté biens duement ou héritage, iceulx biens ou héritages par ainſy deuement achaptés leur demourront ; & ſi leſdictes acquiſicions ne ſe pevent ſouſtenir, l'argent qu'ils en ont paié leur ſera reſtitué par ceulx qui les vouldront avoir.

(6) *Item*. Que ſe aucuns deſdicts habitans ont biens ou heritages en l'obéiſſance du Roy, leur ſeront rendus & mis à deſſlivrance, nonobſtant tout arreſt, confiſcacions ou autres empeſchemens quelſconques.

(7) *Item*. Et pour ce que aucuns des habitans de ladicte ville ſont de préſent abſens, les uns en pélerinages, & les autres en leurs beſongnes & affaires, & qui ont des biens en icelle, leurſdicts biens leur ſeront gardés juſques à trois mois ; dedans lequel temps ils ſeront receus à faire le ſerment, ſe bon leur ſemble ; & ceux qui ſeront de préſent en ladicte ville, & qui s'en vouldront aller, auront terme de ung mois de vuider leurs biens, ſans ce que durant ledit temps on leur y peuſt mettre ou donner aucun empeſchement ; & en la fin dudict mois pourront emporter leurſdicts biens, & auront bon & loyal ſaufconduit pour eulx en aller avec leurſdicts biens.

(8) *Item*. Et leur ſera ordonné Capitaine par le Roy à ſon bon plaiſir, qui les amenera & gardera de tout ſon povoir, de tort, force & violence.

(9) *Item*. Et ſeront tenus les deſſuſdicts, quand partiront de ladicte ville, de laiſſer en icelle tous les priſonniers.

(10) *Item*. Et les choſes deſſuſdictes mondict Seigneur le *Comte*, comme Lieutenant du Roy, leur a promis & juré, & leur promet par ces préſentes ſignées de ſa propre main & ſcellées de ſon ſéel.

(11) *Item*. Et en ce faiſant, leſdicts Conſuls & habitans de ladicte ville, bailleront demain, dedans Tierce, réaument & de fait, en la main de mondict Seigneur le *Comte*, pour & au nom du Roy, ladicte ville & chaſtel de *Bragerac* ; & promettront & jureront tous les habitans de ladicte ville, tant Gens d'Egliſe, Nobles que autres, d'eſtre bons & loyaulx à touſjours-mais envers le Roy noſtredict Seigneur ; & pour ſeureté ont baillé à oſtaige *Perrotin* de *Chaumont* & *Romanet* de *Genebre*.

Donné & fait devant Bragerac, *le dixieſme jour d'Octobre, l'an mil quatre cens & cinquante*. Ainſy ſigné : *JEHAN DE BRETAIGNE*. Par Monſeigneur le *Comte*, Lieutenant deſſuſdict, *JEHAN RACONNET*.

Et pour ce que par iceluy noſtre Couſin & Lieutenant, par le conſeil & avis que deſſus, leur fut promis leſdicts articles & traittié faire par Nous ratifier & avoir agréables, iceulx Conſuls & habitans nous ont hunblement ſupplié que ainſy le vouliſſions faire, & ſur ce impartir noſtre grace. Pour ce eſt il, que Nous, les choſes conſidérées deſſuſdictes, & que ce que fait a eſté en cette partie par noſtredict Couſin & Lieutenant, a eſté au bien de Nous & de notre Seigneurie, ledict appointement & tout le contenu ès articles d'iceluy deſſus déclairés, avons agréables, & iceluy avons loué, ratiffié & approuvé ; louons, ratiffions & approuvons de grace eſpécial, pleine puiſſance & authorité royal, par ces préſentes ; & voulons que leſdicts Conſuls, Bourgeois & habitans de *Bragerac*, & chacun d'eulx, en joiſſent & uſent paiſiblement ſelon la forme & teneur d'iceulx ; & quant à ce impoſons ſilence à noſtre Procureur & à tous autres. Sy donnons en mandement à nos amez & féaulx les Gens tenans & qui tendront noſtre Parlement tant à *Paris* que à *Tholoſe*, & aux *Seneſchaulx* de *Guienne* & de *Pierregort* & de *Quercy*, & à tous nos autres Juſticiers ou à leurs Lieutenans préſens & à venir, & à chaſcun d'eulx ſy comme à luy appartiendra, que leſdicts ſuplians & chaſcun d'eulx facent, ſeuffrent & laiſſent joïr & uſer plainement & paiſiblement de ños préſentes ratificacion, approbacion & octroy, ſans leur faire ne ſouffrir eſtre fait ne à aucun d'eulx, aucun empeſchement ou deſtourbier, ores ne ou temps à venir, en quelque manière que ce ſoit; ainçois ſe fait, mis ou donné leur avoit eſté ou eſtoit au contraire, ſe l'oſtent ou facent oſter & mettre ſans délay au premier eſtat & deub. Et afin que ce ſoit choſe ferme & eſtable à tousjours, Nous avons fait mettre noſtre Séel à ces préſentes; ſauf en autres choſes noſtre droit, & l'autruy en toutes. *Donné à* Montbaſon, *le vingt-quatrieſme jour de Novembre, l'an de grace mil quatre cens cinquante, & de noſtre règne le XXIX.* Ainſi ſigné: *Par le Roy en ſon Conſeil.* JEHAN DELALOERE.

Viſa. Collacion eſt faite.

(a) Lettres de Charles VII, par leſquelles il réduit le nombre des Conſuls de Bergerac, à cinq, l'un deſquels ſera Maire; & cède à ladite ville le moulin de Gaudra.

CHARLES, par la grace de Dieu, Roy de France, ſavoir faiſons à tous préſens & à venir, Nous avoir receu l'humble ſupplicacion de nos chiers & bien amez les Conſuls, Bourgeois, manans & habitans de noſtre ville de *Bragerac,* contenant que icelle noſtre ville de *Bragerac* qui eſt de noſtre Doumaine & Nous appartient nuement, eſt de grant circuit, ſituée & aſſiſe ſur la rivière de *Dordoigne,* clef & principale entrée de noſtre païs de *Bourdelois;* & pour ce que anciennement elle eſtoit bien peuplée & habitée, y furent ordonnés & eſtablis huict Conſuls pour le gouvernement & adminiſtracion de la ville & de la choſe publique d'icelle; leſquels Conſuls ſe changent chaſcun an, à certain jour ſur ce limité; & pour faire ledict changement de Conſuls chaſcun an, ceulx de ladicte ville en eſſiſent certain nombre d'entr'eux, leſquels les Conſuls qui ont eſté l'année précédente préſentent au *Baile* de ladicte ville, lequel en choiſit & prend juſques au nombre de huict de ceux qu'il connoiſt eſtre plus notables, pour gouverner le fait commun de ladicte ville; & ainſi en ont uſé de ſi longtemps qu'il n'eſt mémoire. Mais pour ce que ladicte ville eſt à préſent fort dépopulée & diminuée tant en habitans que de chevance, & qu'il n'y a aucuns deniers communs pour l'entretenement dudict Conſulat, & ne ſont que charges auſdicts Conſuls, ils ne peuvent à préſent que à grant peine trouver qui veuille prendre la charge d'iceluy, & par ainſy a dès longtemps eſté & eſt encores ladicte ville mal gouvernée; & pour ce auroient adviſé leſdicts ſupplians entre eulx, pour le bien d'icelle ville, de réduire ledict nombre de huict Conſuls à cinq, dont l'un aura nom le Maire, & les autres quatre, Conſuls, s'il Nous plaiſoit ſur ce leur en donner congié & licence, en Nous humblement requérans que, attendu que ce ſera le bien de la choſe publique, il Nous plaiſe faire ladicte diminucion de Conſuls, que en leurdict Conſulat ils aient un Maire, & avec ce, pour aider à leurdict Maire à entretenir l'eſtat de luy & de ſes Agens, donner au corps de ladicte ville un molin qui eſt en ruine, à Nous appartenant en ladicte ville, appellé iceluy molin le molin de *Gaudra,* qui à préſent eſt de nulle valeur, & que anciennement ne ſouloit valloir que douze chargées de blé ou environ; & ſi eſt chargé de rente tant à l'Égliſe, envers ladicte ville & autre part, & ils ſeront tenus de le remettre ſus & tenir en eſtat; & ſur les choſes deſſuſdictes

NOTE.

(a) Tréſor des Chartes, Regiſtre IXˣˣVI [186], Pièce 54. = *MSS.* de *Colbert,* vol. LIV, page 1027.

leur impartir noftre grace. Pour ce eft-il que Nous, les chofes deffufdictes confidérans, voulans le fait de noftredicte ville de *Bragerac* eftre augmenté & continué en bien, & incliner bénignement à leur requefte, aufdicts fupplians, par ces caufes & confidéracions & autres à ce Nous mouvans, avons octroyé & octroyons par ces préfentes, que dorefnavent en icelle noftre ville de *Bragerac* ait un Maire & quatre Confuls tant feulement, qui feront efleus & choifis par lefdicts habitans, & préfentés par lefdicts anciens Confuls, au jour accouftumé, en noftre ville, à noftre *Baile* dudict lieu, lequel puiffe eflire celuy que bon luy femblera defdicts cinq efleus, pour eftre Maire, & les autres quatre, commettre & ordonner Confuls de ladicte ville, pour ladicte année; & de plus ample grace, en faveur de noftredicte ville, & à ce que lefdicts fupplians puiffent mieux entretenir leurdict Confulat, avons au corps d'icelle noftre ville de *Bragerac* donné & tranfporté & délaiffé, donnons, quittons, tranfportons & délaiffons par cefdictes préfentes, ledict molin de *Gaudra*, & tout tel droit que y avons & qui nous y puet compéter & appartenir, pour l'avoir, tenir & pofféder dorefnavant par lefdicts Maire & Confuls de *Bragerac*, au proffit & bien commun de ladicte ville, en prendre & percevoir les revenues & proffits, & autrement en faire & difpofer à leur plaifir & voulonté, en Nous payant chafcun an, ou à noftre Receveur ordinaire dudict lieu, la fomme de demy marc d'argent ou la valeur, à chafcune mutacion de Maire & Confuls : pourveu toutefvoies qu'ils foient tenus de remettre fus & tenir en eftat convenable ledict molin, & de payer les autres charges & deniers qui à cette caufe font ou peuvent eftre deues tant à l'Églife que autre part, où & ainfy qu'il appartiendra.

Sy donnons en mandement par ces préfentes, à nos amez & féaulx Gens de nos Comptes & Tréforiers, aux *Sénefchaulx* de *Guyenne* & de *Quercy* & de *Pierregort*, au *Baile* dudict lieu de *Bragerac* & à tous nos autres Jufticiers ou à leurs Lieutenans préfens & à venir, & à chafcun d'eulx fy comme à luy appartiendra, que lefdicts fupplians & leurs fucceffeurs en ladicte ville, ils laiffent, facent & feuffrent joïr & ufer paifiblement & à plein de noftre préfente grace & octroy, fans leur faire, mettre ou donner, ne fouffrir eftre fait, mis ou donné aucun empefchement ou deftourbier au contraire, en faifant par nofdictes Gens des Comptes, noftredict Receveur ordinaire dudict lieu & tous autres qu'il appartiendra, tenir quittes & paifibles dudict molin, en rapportant cefdictes préfentes ou *Vidimus* d'icelles, & reconnoiffances fur ce fuffifantes defdicts fupplians pour une fois feulement : Car ainfy Nous plaift-il eftre fait, & fur ce impofons filence à noftre Procureur. Et afin que ce foit chofe ferme & eftable à tousjours, Nous avons fait mettre noftre Séel à ces préfentes : fauf en autres chofes noftre droit, & l'autruy en toutes. *Donné à* Montbafon, *le quatriefme jour de Décembre, l'an de grace mil quatre cens cinquante, & de noftre règne le vingt-neufiefme.* Ainfy figné : *Par le Roy en fon Confeil.* DELALOERE. *Vifa.*

(a) Lettres de Charles VII, par lefquelles il ratifie celles du Duc d'Anjou, fon Lieutenant général en Languedoc & Guyenne, qui confirment tous les anciens privilèges des habitans de Bergerac & leur en accorde de nouveaux.

CHARLES, par la grace de Dieu, Roy de France, favoir faifons à tous préfens & à venir, Nous avoir veues unes Lettres de feu noftre Coufin le *Duc* d'*Anjou*, féellées en laz de foye & cire vert, à Nous préfentées de la partie de nos chiers & bien amez les Confuls, Bourgeois & habitans de noftre ville de *Bragerac*, defquelles la teneur s'enfuit.

LOYS Fils de Roy de France, Frère de Monfeigneur le Roy & fon Lieutenant en toute *Languedoc* & ou *Duchié* de *Guyenne*, *Duc* d'*Anjou* & de *Touraine*, & *Comte* du *Maine*, favoir faifons à tous préfens & à venir que nous, confidérans que les habitans de la ville de *Bragerac*, font de nouvel de leur bon gré venus à l'obeiffance de Monfeigneur & de nous, defirans de tout noftre cuer iceulx habitans tenir & garder en vraye amour & fubjeccion envers mondict Seigneur, à iceulx habitans, de noftre certaine fcience, de grace efpécial & de l'authorité royal dont nous ufons, avons octroyé & octroyons par ces préfentes.

(1) Que ils puiffent ufer & jouir perpétuellement de tous les priviléges, libertez & franchifes dont ils ont ufé & joy. paifiblement, & qui leur ont efté octroyés par nos Seigneurs les Roys de France ou leurs Lieutenans, & par les Seigneurs de *Bragerac* qui ont efté puis foixante ans en çà, defquels priviléges, libertés & franchifes ils pourront faire foy par Lettres, Regiftres ou autrement, fi befoin eftoit; & iceulx libertés, priviléges & franchifes leur avons donné & octroyé, donnons & octroyons par ces préfentes de nouvel, fe meftier eft.

(2) Item. Leur avons promis & octroyé, promettons & octroyons de noftredicte grace auxdits habitans, que icelle ville foit & demeure perpétuellement au demaine de Monfeigneur & de la Couronne de France, fans en départir jamais.

(3) Item. Que jufques à dix ans prouchains venans, aucunes impoficions, fubfides, gabelles, ne autres fubvencions ne feront impofées ou demandées à ladicte ville par Monfeigneur, par nous, ne aucuns de nos Officiers.

(4) Item. Avons remis, quitté & pardonné, remettons, quittons & pardonnons de l'authorité & grace deffufdicts, à tous les habitans de ladicte ville & à chafcun d'eulx, tous délits, crimes & meffais qu'ils peuvent avoir faits, commis & perpétrés par rébellion ou autrement, en quelque manière que ce foit, de tout le temps paffé jufques aujourd'huy, & toutes les peines criminelles & civiles en quoy eulx & chafcun d'eulx peuvent avoir encouru envers Monfeigneur & nous; & impofons fur ce filence perpétuel au Procureur & autres Jufticiers & Officiers de Monfeigneur & de nous.

(5) Item. Avons adjoint & adjoignons par ces préfentes à ladicte ville, toutes les parroiffes de la Chaftellenie d'icelle, lefquelles ont efté autresfois & de piéçà adjointes à ladicte ville, nonobftant quelfconques dons ou féparacions faits ou faites fur ce par nous ou par autres defdictes paroiffes.

NOTE.

(a) Tréfor des Chartes, Regiftre IX^xx^VI [186], Pièce 53. = *MSS.* de *Colbert*, Vol. LIV, page 1021.

Toutes lefquelles chofes deffufdictes, & chafcune d'icelles, nous avons promis & promettons par ces préfentes, de tenir & garder de point en point auxdicts habitans, fans enfraindre en aucune manière. Sy donnons en mandement par ces préfentes au *Senefchal* de *Pierregort* qui à préfent eft & pour le temps à venir fera, & à tous les autres Jufticiers, Officiers & fubgets de mondict Seigneur & de nous, préfens & à venir, ou à leurs Lieutenans & à chafcun d'eulx, fi comme à lui appartiendra, que lefdicts habitans, des chofes deffuf-dictes & de chafcune d'icelles laiffent & fouffrent ufer & joïr paifiblement, & contre la teneur de ces préfentes ne les empefchent en aucune manière. Et pour ce que ce foit chofe ferme & eftable à tousjours, nous avons fait mettre à cès Lettres noftre féel fecret en abfence du grand : fauf en autres chofes les droits de Monfeigneur & le noftre, & l'autruy en toutes. *Donné à* Bergerac, *le deuziefme jour de Septembre, l'an de grace mil trois cens feptante & fept.* Ainfy fignées: *Par Monfeigneur le Duc.* P. DE VOISINS.

Lefquelles Lettres deffus tranfcrites, veues par les Gens de noftre Confeil, icelles & tout leur contenu avons eu & avons agréables, & les avons louées, ratifiées & confermées, loons, ratifions, & confirmons de grace efpécial, pleine puiffance & authorité royal par ces préfentes, voulans & octroyans aufdicts Confuls & habitans de *Bragerac*, qu'ils & leurs fucceffeurs joïffent & ufent du contenu èfdictes Lettres deffus tranfcriptes, perpétuellement & à tousjours, tout ainfy & par la forme & manière que leurs prédéceffeurs & eux en ont deuement joy & ufé. Sy donnons en mandement par ces préfentes au *Sénefchal* de *Pierregort*, & à tous nos autres Jufticiers ou à leurs Lieutenans, préfens & à venir, & à chafcun d'eulx fy comme à lui appartiendra, que lefdicts fupplians & leurs fucceffeurs facent, feuffrent & laiffent joïr & ufer paifiblement & à plein, de nos préfentes ratificacion, confirmacion & octroy, fans leur faire ne fouffrir eftre fait, ores ne au temps à venir, aucun empef-chement au contraire; ainçois fi fait avoit efté ou eftoit en aucune manière, fe l'oftent ou facent ofter & mettre fans délay au premier eftat & deub. Et afin que ce foit ferme chofe & eftable à tousjours, Nous avons fait mettre noftre Séel à cefdictes préfentes; fauf en autres chofes noftre droit, & l'autruy en toutes. *Donné à* Montbafon, *ou mois de Décembre, l'an de grace mil quatre cens cinquante, & de noftre règne le vingt-neufiefme.* Par le Roy en fon Confeil. DELALOERE.

Collacion eft faite. *Vifa.*

(a) Lettres de Charles VII, par lefquelles il confirme divers Statuts concernant le métier d'Épicerie à Paris.

CHARLES, par la grace de Dieu, Roy de France, fçavoir faifons à tous préfens & à venir, Nous avoir receu l'humble fupplicacion de *Robert Doe, Oudin Sanote, Michault Godeffroy & Colin Galet*, à préfent Maiftres-Jurés & Gardes du meftier de l'Épicerie & de la marchandife d'icelle, *Jehan Chevart, Guillaume de Paris, Colin Laurens, Jehan Bachelier, Jehan Affelin* & leurs Confors en cefte partie, tous Épiciers & Marchands, faifans la plus grant & faine partie du meftier de l'Épicerie en noftre bonne ville de *Paris*, contenant que de toutte ancienneté noftredicte ville de *Paris* a efté renommée & recommendée

NOTES.

(a) Tréfor des Chartes, Regiftre IXˣˣv [185], Pièce 6. ═ *MSS. de Colbert*, Vol. LIV, page 349.

en toutte police & bon gouvernement, & mefmement en tous meftiers, ouvraiges & marchandifes, comme la ville capitale de noftre Royaume, & touttes les autres villes d'iceluy Royaume, pour la police & gouvernement qui y a efté fait, ont prins exemple & eu recours; & pour confirmer & maintenir ladicte police & gouvernement, mefmement ou fait defdicts meftiers & des marchandifes qui y font amenées, conduites & arrivées de tout pays, par eaue & par terre, pour illecques eftre vendues & diftribuées de la manière & comment, & pour obvier aux abus, fraudes & inconvéniens & maléfices que l'en aroit peu & porroit faire & commettre efdicts meftiers & marchandifes, ont efté faites & enregiftrées en la Cour de noftre Chaftellet de *Paris*, les Ordonnances les temps paffés faites fur chafcun d'iceux meftiers & fur les marchandifes qui font amenées, conduites & arrivées en noftredicte ville: lefquelles Ordonnances eft aucune fois befoin & néceffité de corriger, y adjoufter & les interpréter felon les temps courans, & la malice d'iceulx & des Marchands privés & forains. Et foit ainfy que lefdicts fupplians depuis certain temps en çà concidérans & connoiffans les faits & conduite des Marchans dudict meftier d'Épicier demourans en noftredicte ville de *Paris*, & des forains qui y affluent, fréquentent, & amènent ou font amener denrées & marchandifes appartenans à iceluy meftier, & les fautes, fraudes & abus que l'en y a commis & pourroit plus commettre ou préjudice du bien publique & de la fame & renommée dudict meftier, pour obvier aufdictes fautes, fraudes & abbus, & à ce que ladicte bonne renommée foit confervée & maintenue en queure* par tout, ont par grand & bon advis, & eue fur ce meure délibéracion entr'eulx, ayant feulement regard au bien publique, fait & rédigé par efcrit les articles qui s'enfuivent.

(1) Premièrement. Que tous ceux dudict meftier & marchandife d'Efpicerie, qui dorefnavant s'entremettront de faire ouvraige de bougie en cettedicte ville de *Paris*, feront tenus de faire & vendre chandelles de bougie dont les plus menues foient de dix chandelles en l'once à tout le moins, qui font à la livre huit vingts chandelles, fur peine de perdre ladicte chandelle de bougie, à appliquer moitié au Roy noftre Sire, & l'autre moitié aufdicts Jurés & Gardes dudict meftier, pour la peine qu'ils ont de garder iceluy.

(2) Item. Dorefnavant tous les Épiciers de ladicte ville feront tenus de mettre leur marque & emprainte en touttes les torches & cierges qu'ils feront & vendront, èfquels aura une livre de cire & au-deffus, à ce que s'il y a aucune faute ou fraude, l'en peut clairement favoir qui aura fait ledict ouvraige; & fi feront auffy tenus de figner le nombre des livres de cire qui feront èfdicts cierges & torches juftement & loyaument, fans rien diminuer ou rabattre, depuis ladicte livre & au-deffus, fur peine de perdre l'ouvraige, à appliquer comme deffus.

(3) Item. Que tous Marchands forains qui dorefnavant ameneront & fairont venir en cettedicte ville de *Paris*, denrées & marchandifes d'Épicerie, feront tenus icelles faire voir & vifiter par les Jurés & Gardes ordonnés fur le faict de ladicte marchandife, avant qu'ils puiffent icelle vendre ne expofer en vente en cettedicte ville de *Paris*, fur peine d'amende arbitraire, à appliquer comme deffus: lefquels Jurés auffy après ce qu'ils auront efté requis de vifiter les denrées, feront tenus icelles vifiter dedans le jour enfuivant qu'ils en auront efté requis, au plus tard.

(4) Item. Que tous Hoftelliers publiques, ès hoftels defquels fe logeront lefdits Marchands forains & y defcendront leurfdictes marchandifes, feront tenus de dire & de dénoncer aufdicts Marchands forains dez qu'ils feront arrivés en leurfdicts hoftels & avant qu'ils expofent en vente ne vendent leurfdictes denrées, que icelles ils facent vifiter par lefdicts Jurés, fur peine d'amende arbitraire, à appliquer comme deffus.

CHARLES VII, à Paris, en Décembre 1450.

* *queure coure.*

(5) *Item.* Nuls Marchands forains amenans denrées & marchandifes à *Paris*, ne pourront icelles vendre à détail à *Paris*, finon par trois jours enfuivant feulement, du jour que icelles denrées auront été vifitées par lefdicts Jurés, à ce que le peuple en puiffe avoir pour fon ufer feulement & non pour revendre; & lefdicts trois jours paffés, ne les pourront plus revendre à détail, fur peine d'amende arbitraire.

(6) *Item.* Que tous Efpiciers de ladicte ville de *Paris*, de quelque eftat qu'ils foient, ne pourront dorefnavant vendre ne faire vendre ne détailler en leurs ouvroiers & efchoppes, aucunes graiffes quelles qu'elles foyent, fors & excepté huilles qu'ils pourront bien détailler & vendre, fur peine d'amende arbitraire.

(7) *Item.* Auffi tous Efpiciers & autres perfonnes qui s'entremettront de faire & vendre faulces à *Paris*, comme caneline, faulce vert, faulce rappée, faulce chaude, faulce à compofte, faulce, mouftarde & autres faulces, feront tenus de icelles faire de bonnes eftoffes & matière telle comme à chafcun appartient, faines & nettes, & felon les Ordonnances faites fur le meftier des faulces, fur peine de dix fols d'amende à appliquer comme deffus.

(8) *Item.* Les Marchands Efpiciers ne pourront achater aucunes marchandifes d'aucuns Marchands forains, pluftoft & jufques à ce que icelles marchandifes & denrées auront efté veues & vifitées, fur peine d'amende arbitraire comme deffus.

Et lefdicts Articles & Ordonnances ou Statuts, ainfy faits & rédigiés, les ont portés & baillés d'un commun confentement à noftre *Prévoft* de *Paris*, Commiffaire & général réformateur donné & député de par Nous fur la décoracion de noftredicte ville de *Paris* & fur la vifitacion & réformacion defdicts meftiers d'icelles, en luy requérant iceulx articles eftre mis & enregiftrés ès Regiftres où l'en a couftume d'enregiftrer le fait & les Statuts defdicts meftiers & des marchandifes qui font amenées, conduites & arrivées, tant par terre que par eaue en icelle ville, pour y eftre vendues & diftribuées; lequel noftre *Prévoft* de *Paris*, oye la requefte & veus les articles & ftatuts deffus tranfcripts, les a fait lire en plaine Audience à heure de plaids & autrement, & eu fur ce l'advis, opinion & délibéracion de fon Lieutenant-civil, de nos Advocat & Procureur en noftredict Chaftelet, & autres Gens de confeil lors préfens & qui pour ce ont efté appellés, & par leur advis, opinion & defliberacion, a ordonné que lefdicts articles, comme bons, fains, juftes & raifonnables & proufitables pour le fait & eftat dudict meftier & marchandife d'Efpicerie, feroint & ont efté enregiftrés ou Livre où l'en a accouftumé d'enregiftrer les Ordonnances & Statuts qui font faits en & fur lefdicts meftiers de noftredicte ville de *Paris*, dont chafcun pourroit prendre, fi bon luy femble le double; & que, comme tels que dit eft, iceulx articles & Statuts vauldront & tendront, & feront tenus & gardés & obfervés fans enfraindre en aucune manière, fur les peines contenues & déclarées fur chafcun d'iceux articles; & que pour avoir plus grant connoiffance defdits articles & du contenu, & que aucun n'en peuft prétendre ignorence, qu'ils feroient, & de fait ont efté criés & publiés par les carrefours de noftredicte ville de *Paris* ou mois de May dernier paffé, & notifiés pareillement aux Hoftelliers où les Marchands forains de ladicte marchandife ont accouftumé d'eulx logier, en leur enjoignant que lefdicts articles ilz feiffent favoir à iceux Marchands forains, fur peine d'amende arbitraire, comme chofes apparues par Lettres de noftredit *Prévoft*, ou autrement duement; en Nous humblement requérant par lefdicts fupplians, que les chofes deffufdictes confidérées, & afin que les articles & Statuts deffus tranfcrits foyent de plus grant authorité & vigueur, & ceux dudict meftier & de ladicte marchandife d'Épicerie & tous autres à qui ce puet & pourra toucher, plus enclins à les tenir & garder, & foyent auffi contraints à ce faire, fe meftier eft, & fur les tranfgreffeurs les peines deffus déclarées, levées & exigées, il Nous plaife de noftre grace, iceux Statuts & articles authorifer, louer, gréer & confirmer, & ordonner que dorefnavant ils foyent tenus, gardés & obfervés inviolablement. Pour ce eft-il que Nous, attendues toutes les chofes deffufdictes, & veus par Nous & nos amés & féaulx Gens de noftre grant Confeil, les Statuts & articles deffus tranfcrits, iceux en tous & chacuns leurs poins, & auffi ladicte publication d'iceulx, avons authorifés, loés, gréés; &, par ces préfentes de noftre grace efpécial autorifons, louons, gréons & approuvons, & voulons & Nous plaift qu'ils fortiffent leur plain effect, & foient tenus, gardés & obfervés. Sy donnons en mandement par icelles préfentes à noftredict *Prévoft de Paris* qui eft & fera pour le temps à venir, en commettant pour les caufes deffuf-dictes, ou à fon Lieutenant, que lefdicts Statuts & chafcun d'iceux felon leur forme & teneur, il face tenir, garder & obferver par tous ceux qu'il appar-tiendra, & les tranfgreffeurs puniffe par levant & exigeant fur eulx les peines devantdictes, & autrement plus avant fe il voit que par raifon & la malice des délinquans le cas le requerre; & à ce que aucun n'en puiffe prétendre ignorence, face renouveller ladicte publicacion par lefdicts carrefours touttesfois que bon lui femblera. Et afin que ce foit chofe ferme & eftable à tousjours, Nous avons fait mettre noftre Séel à ces préfentes, fauf en autres chofes noftre droit, & l'autry en touttes. *Donné à* Tours, *au mois de Décembre, l'an de grace mil quatre cens cinquante, & de noftre règne le vingt-neuf. Par le Roy à la relation du Confeil. Ainfy fignées. CHALIGAUT.*

Vifa, Contentor. E. FROMENT.

(a) Lettres de Charles VII, par lefquelles il confirme les Statuts des Maîtres Tailleurs & Couturiers de la Rochelle.

CHARLES, par la grace de Dieu, Roy de France, favoir faifons à tous préfens & à venir, Nous avoir receu l'humble fupplicacion des Maiftres du meftier de Taillanderie & Prépointerie, & autres garnemens & habits concernans iceluy meftier en noftre ville de la *Rochelle,* contenant comme pour le bien de la chofe publique & dudict meftier, & pour loyauté garder en iceluy, ont efté jà pieça faits, ordonnés & eftablis par leurs prédé-ceffeurs Maiftres dudict meftier en icelle ville, certains Statuts, Police & Ordonnance, & loués & approuvés par les Maire & Efchevins d'icelle ville par leurs Lettres, defquelles la teneur s'enfuit.

A tous ceux qui ces préfentes Lettres verront, *Raoul Eftimeau,* Licencié en Loix, Maire; les Efchevins & Confeillers & Pers de ladicte ville & commune de la *Rochelle: falut.* Comme fur ledict meftier des Maiftres Tailleurs de robes, de prépoins & de tous autres garnemens & habits, exerçans le meftier en ladicte ville, ayent efté faites & ordonnées entr'autres chofes par nos prédéceffeurs de bonne mémoire, les Eftabliffemens & Ordonnances qui s'enfuivent.

(1) C'eft affavoir que lefdicts Maiftres Tailleurs & Coufturiers tenans ouvroirs en ladicte ville applégeroient & donneroient pleiges bons & fouffifans chafcun de cinquante livres, pour refpondre des robes & garnemens qui leur feroient baillés à faire, en cas qu'ils feroient perdus, emblés, mal mis ou afolés par leur coulpe ou par leur impérifte en leurdict meftier, ou par leurs varlets: & en outre que nul dudict meftier ne tendroit ouvroir en ladicte ville s'il n'eftoit de commune, & jufques à ce qu'il euft efté examiné par les

NOTE.

(a) Tréfor des Chartes, Regiftre IX^{xx}V [185], Pièce 7. = *MSS. de Colbert,* Vol. LIV, page 361.

CHARLES
VII,
à Tours,
en Janvier
1450.

Maiftres dudict meftier Jurés de ladicte ville, pour favoir fe il feroit fouffifant ou non audict meftier, & qu'il euft congié de nous ou de nos fucceffeurs d'exercer iceluy meftier en ladicte ville.

(2) *Item.* Que fe aucun varlet de Coufturier eftoit alloué avecques aucun Maiftre par an, par fepmaine, ou par garnemens, s'il avoit fervi fondict Maiftre par le temps de vint jours, iceux finis, & quinze jours par avant les feftes de Noël, de Pafques, de Pentecofte & de Touffains ou d'aucunes d'icelles, ledict varlet ne fe pourroit départir de fondict Maiftre jufques à ce que la prouchaine fefte de s'en vouloir départir fût paffée; parmi ce que fi fedict Maiftre lui devoit riens de ce qu'il avoit befongné avecques luy du temps paffé, iceluy Maiftre feroit tenu de luy en payer la tierce partie, & du furplus ledit Maiftre vuideroit fa main, & le mettroit en main de Bourgeois, fous la main de la ville, jufques à ce que ledict varlet euft fervy fondict Maiftre jufques à ladicte fefte, & icelle venue & paffée, fondict falaire mis en la main de ladicte ville, comme dict eft, feroit délivré audict varlet, & avecques ce, feroit tenu iceluy Maiftre de le payer & contenter de tout ce qu'il auroit befongné durant lefdicts quinze jours paravant ladicte fefte, fans contredict, au prix pour garnement ou autrement que ledict varlet auroit fait par avant lefdicts quinze jours.

Et n'agaires les Maiftres dudict meftier qui à préfent font en ladicte ville, foient venus par-devant nous, difans que pour obvier à plufieurs fraudes qui fe povoient commettre audict meftier au grant dommage de la chofe publique de ladicte ville, & auffi à leur charge & foule, combien qu'ils n'y euffent aucune coulpe, ils avoient advifé certaines autres Ordonnances, lefquelles il leur fembloit eftre bonnes, néceffaires & proufitables pour l'entretenue de leurdict meftier, & pour le bien & police d'iceluy, en nous requérant que lefdictes Ordonnances il nous pleuft voir & vifiter, & icelles joindre & anexer aux anciennes Ordonnances deffufdictes : defquelles Ordonnances par eulx advifées la teneur eft telle.

(1) *Premièrement.* Que nul ne foit fi hardy de ouvrer dudict meftier en ladicte ville, en appert ne en privé, ne aucun fe hardy de faire faire robbes, prépoins ne autre ouvrage d'iceluy meftier de Coufturier, pour revendre ne autrement; fors feulement ceux qui feroient trouvés fouffifans & experts à ce, & examinés par lefdicts Maiftres dudict meftier, ainfy que portent les Ordonnances anciennes deffufdictes, à la peine de foixante fols un denier.

(2) *Item.* Que aucun Maiftre dudict meftier ne fera fi hardy de attraire à foy les varlets de l'autre, à même peine de foixante fols un denier.

(3) *Item.* Que les Maiftres dudict meftier effliront chafcun an quatre d'entr'eulx pour faire garder & entretenir les droits & Ordonnances dudict meftier, lefquels quatre Effleus ils préfenteront chafcun an à chafcun nouvel Maire, pour faire ferement en fa main de tenir & garder toutes les Ordonnances contenues en ces préfentes, & de rapporter bien & loyaument devers la Juftice de ladicte ville, touttes les amendes & forfaitures que ils trouveront audict meftier, fans aucune en receler; & ledict ferment fait, lefdicts quatre Effleus pourront aller touttesfois que bon leur femblera, appellé avecques eulx un des Sergents de ladicte ville, ès hoftels & ouvroirs defdicts Maiftres dudict meftier, & ailleurs ou ils fçauront que aucuns exerceront ledict meftier, veoir & vifiter l'ouvraige que ils fairont; & fi ils y trouvent faute, oy leur rapport & jouxte iceluy, tous ceux qu'ils trouveront délinquans feront contraints par la Juftice de la ville en l'amende de foixante fols un denier pour chafcune fois qu'ils feront trouvés en faute.

(4) *Item.* Que s'aucun Maiftre dudit meftier, ufe de mauvaife, deshonnefte ou diffolue vie, ou qu'il en feuffre ufer en fa maifon, fitoft qu'il en fera attaint, ledict meftier lui fera interdit & deffendu, & ne fera plus fi hardy d'en ouvrer en ladicte ville.

(5) *Item.* Que les feſtes des Apoſtres, leſdits Maiſtres ni leurs gens & varlets ne feront ſi hardis de ouvrer dudict meſtier, pour quelque perſonne ou cauſe que ce ſoit; & auſſy ne feront ſi hardis d'en ouvrer les Samedis, les vigilles des quatre feſtes Noſtre Dame, & des feſtes de Touſſains, Noel, Paſques, & Pentecouſte, fors ſeulement juſques à ce que le gros ſaint de la Commune de ladicte ville ſonnera, ſi ce n'eſtoit toutteſvoies pour repréſailles ou pour gens qui voulſiſſent aller en voyage où porter eſtat de viduité; à la peine, c'eſt aſſavoir, chaſcun Maiſtre de cinq ſols, & chaſcun varlet, ſoit alloué ou autrement, de deux ſols ſix deniers pour chaſcune fois que iceux Maiſtres & varlets fairont le contraire.

(6) *Item.* Que s'en ladicte ville a aucuns Meſturiers tenans ouvroirs, qui ne ſoyent de Commune, ne expers & ſouffiſans pour excercer ledict meſtier, ils feront examinés par les Maiſtres dudict meſtier; & ſe ils ne ſont trouvés ſouffiſans, il leur ſera deffendu & interdit de tenir ouvroir en ladicte ville, juſques à ce qu'ils ſoyent experts & ſouffiſans.

(7) *Item.* Que tous ceux qui vouldront tenir ouvroir en ladicte ville, & qui feront trouvés ſouffiſans & experts à ce par les Gardes dudict meſtier, feront tenus de faire chaſcun en droit ſoy, un diſner aux Maiſtres dudict meſtier, & de payer en oultre un réal d'or au proffict de la Confrairie de Saint-George, deſervie en l'Égliſe Saint-Sauveur de ladicte ville.

(8) *Item.* Que pour ordonner & eſlire leſdicts quatre Maiſtres nouveaux Jurés dudict meſtier, tous les Maiſtres excerçans cedict meſtier en ladicte ville, feront tenus d'eulx aſſembler chaſcun an le Dimanche d'emprès *Quaſimodo*, ou lieu où les quatre Maiſtres précédens leur manderont & fairont ſavoir; & ou cas que aucuns deſdicts Maiſtres mandés ne vendront en ladicte aſſemblée, ils encourront chaſcun la peine de deux livres de cire, à appliquer au prouffit de ladicte Confrairie Saint-George, s'ils n'ont exoine ou excuſacion raiſonnable; & nonobſtant leur abſence, la plus grant & ſaine partie deſdicts Maiſtres aſſemblés pourront eſlire leſdicts quatre nouveaux Maiſtres, pareillement que ſy tous y eſtoyent.

(9) *Item.* Que touttes les amendes qui ſur ce feront commiſes & trouvées, feront appliquées, c'eſt aſſavoir, la tierce partie au prouffict de ladicte Confrairie S. George, l'autre tierce partie au proffict de ladicte ville, & l'autre tierce partie au prouffit deſdicts quatre Maiſtres nouveaux, pour leur peine & travail.

(10) *Item.* Et leſdictes Ordonnances promettront & jureront tenir & garder bien & loyaument ſans enfraindre, tous ceux qui vouldront doreſnavant uſer dudict meſtier en ladicte ville, & qui feront trouvés experts & ſouffiſans à ce, comme deſſus eſt dict.

Savoir faiſons que veues & viſitées par nous touttes les Ordonnances deſſuſdictes, eu advis & délibéracion ſur ce, leſdictes Ordonnances & chaſcune d'icelles avons eu & tenu, avons & tenons pour fermes, eſtables & agréables; & avons ordonné & enjoint, ordonnons & enjoignons par ces préſentes aux Maiſtres dudict meſtier qui à préſent ſont & pour le temps à venir feront en ladicte ville, de uſer doreſnavant deſdictes Ordonnances, & d'icelles tenir & garder de point en point, ſans les tranſgreſſer n'y venir allencontre en aucune manière, aux peines ſur ce indictes & èſdictes Ordonnances contenues. En teſmoin de ce, nous avons mis & appoſé à ces préſentes Lettres le Séel de ladicte Mairie, le cinquieſme jour de Décembre l'an mil quatre cens trente-un. *Ainſy ſignées:* E. PIERRE.

Leſquels Statuts, police & Ordonnances ont eſté tenus, gardés & obſervés en icelle ville depuis l'eſtabliſſement d'iceulx, mais toutteſvoies pour plus grand bien, & pour mieux & plus ſeurement garder iceux Statuts, police & Ordonnance, leſdicts Suppliants deſirent & les vouldrent eſtre par Nous

CHARLES
VII,
à Tours,
en Janvier
1450.

loués & approuvés, ſy comme ils Nous ont fait remonſtrer, ce humblement requérans. Savoir faiſons que Nous, deſirans bonne police & Ordonnance eſtre faite, tenue & gardée ſur le fait des meſtiers de noſtre Royaume, pour le bien de la choſe publique d'iceluy, iceux Statuts, police & Ordonnance avons loués, gréés & approuvés ; & par ces préſentes, de grace eſpécial, plaine puiſſance & authorité royal, louons, gréons & approuvons ; parmi ce touttesvoies que la moitié deſdictes amandes qui en iſtront & vendront, en ſera appliquée à noſtre prouffit & domaine, & receue par noſtre Receveur ordinaire en icelle ville, & l'autre moitié à la Confrairie & à la ville, & ainſy que contenu eſt eſdicts Statuts & Ordonnances deſſus tranſcrits ; & d'abondant avons ordonné & ordonnons que leſdicts Statuts, police & Ordonnance auront lieu & ſeront tenus & gardés tant en ladicte ville de la *Rochelle* que ès fauxbourgs d'icelle ; & en outre, que ceux qui par leſdictes Ordonnances anciennes bailloient un réal pour entrée & commencement de lever nouvellement ouvroir de leurdict meſtier, bailleront ſix eſcus pour leur commancement & entrée, dont la moitié ſera auſſy appliquée à noſtredict prouffit & domaine, & receue par noſtredict Receveur ordinaire, & l'autre moitié à ladicte Confrairie & à la ville, comme deſſus eſt dit. Sy donnons en mandement par ces préſentes aux Gouverneur de ladicte ville de la *Rochelle,* & à tous autres Juſticiers & Officiers ou à leurs Lieutenans préſens & à venir, & à chaſcun d'eulx ſy comme à luy appartiendra, que leſdicts Statuts & Ordonnances, ils tiennent & gardent, & facent tenir, entretenir & garder de point en point ſelon leur forme & teneur, ſans aucunement aler ne ſouffrir aler ne venir en aucune manière au contraire, ainçois de ceux qui fairont ou ſeront trouvés faiſant le contraire, facent punicion ſelon le contenu eſdictes Ordonnances & comme tranſgreſſeurs des Statuts, Édit & Ordonnance royal : Car ainſy le voulons & Nous plaiſt eſtre fait. Et afin que ce ſoit choſe ferme & eſtable à tousjours, Nous avons fait mettre noſtre Séel à ces préſentes ; ſauf en autres choſes noſtre droit, & l'autruy en touttes. *Donné à* Tours, *ou mois de Janvier, l'an de grace mil quatre cens.cinquante, & de noſtre règne le vingt-neuf.* Ainſy ſignées : *Par le Roy à la relacion du Conſeil.* A. ROLANT.

Viſa. Contentor. E. FROMENT.   Collacion eſt faicte.

CHARLES
VII,
aux Montilz-
lez-Tours,
en Janvier
1450.

(a) Lettres de Charles VII, par leſquelles il confirme celles qui accordent au Chapitre de Sens le privilége de porter toutes ſes affaires en première inſtance, devant le Bailli de cette ville.

KAROLUS, *Dei gratiâ Francorum Rex, notum facimus univerſis preſentibus pariter & futuris, Nos inclite recordacionis cariſſimi Domini & Genitoris noſtri, cujus anime propicietur Deus, Litteras vidiſſe, Nobis pro parte dilectorum noſtrorum Decani & Capituli Eccleſie Senonenſis exhibitas, formam que ſequitur continentes.*

KAROLUS, *Dei graciâ, Francorum Rex, &c.] (b)*

Quas quidem Litteras, ac omnia & ſingula in eis contenta, laudavimus, confirmavimus, ratifficavimus & approbavimus, & tenore preſencium de noſtrâ ſpeciali graciâ laudamus, approbamus, & in quantum debite uſi ſunt, confirmamus;

NOTES.

(a) Tréſor des Chartes, Regiſtre IXˣˣv [185], Pièce 11. ══ *MSS. de Colbert,* Vol. LIV, page 375.

(b) Karolus, Dei graciâ, Francorum Rex, &c.] Ces Lettres de Charles VI, du mois de Juillet 1390, ſont imprimées à la page 353 du VII.ᵉ Volume de ce Recueil.

quibus

CHARLES
VII,
aux Montils-
lez-Tours,
en Janvier
1450.

quibus damus in mandatis Baillivo Senonenſi, ceteriſque Juſticiariis & Officiariis noſtris, preſentibus & futuris, aut eorum Locatenentibus, & eorumdem cuilibet prout ad eum pertinuerit, quatenùs dictos Decanum & Capitulum Eccleſie Senonenſis & eorum Succeſſores, prout & quemadmodum in ſupraſcriptis Litteris continetur, noſtrâ preſenti graciâ, confirmacione, laudacione, rattifficacione & approbacione uti pacificè & quietè faciant & gaudere; ipſos in contrarium moleſtantes nullatenùs aut moleſtari à quoquam permittentes. Quod ut firmum & ſtabile perſeveret in perpetuum, noſtrum hiis preſentibus Sigillum duximus apponendum, noſtro in aliis & alieno in omnibus jure ſalvo. Datum in Caſtro Montiliorum, menſe Januarii, anno Domini milleſimo quadringenteſimo quinquageſimo, & regni noſtri viceſimo nono. Sic ſignatum : Per Regem, Amiraldo Domino Johanne de Jambis, Magiſtro Stephano Militi & aliis preſentibus. DELALOERE. Collacio facta eſt. Viſa. Contentor. E. FROMENT.

CHARLES
VII,
aux Montils-
lez-Tours,
le 3 Février
1450.

(a) *Mandement de Charles VII, par lequel il ordonne de donner en la Monnoie de Tournay aux Changeurs & Marchands, pour chacun marc d'or fin qu'ils y apporteront, quatre-vingt-dix-neuf livres cinq ſous.*

CHARLES, par la grace de Dieu, Roy de France : à nos amez & féaulx les Tréſoriers de France, & les Généraulx-Maiſtres de noz Monnoyes. Salut & dillection. De la partie des Gardes & Maiſtre particulier de noſtre Monnoye de *Tournay*, Nous a eſté remonſtré que à l'occaſion de ce que avons deſpiéçà ordonné donner aux Marchands qui ès Monnoyes de noſtre Royaume apporteroient matière d'or pour la y ouvrer, iiij^{xx}xix livres [*]Quatre-vingt-dix-neuf. tournois de chacun marc d'or fin; lequel pris, jaçoit ce que ſelon le cours de noſtre monnoye il ſoit licite & raiſonnable, eſt trop petit au regard du pris que on en donne ès Monnoyes eſtans hors noſtredit Royaume, voiſines & prouchaines dudit lieu de *Tournay;* les Marchans des pays de *Flandres, Haynault, Brébant, Lieige, Hollande, Zéellande* & autres pays voiſins, deſquelz on a acouſtumé d'apporter la matière en noſtredicte Monnoye de *Tournay*, ont dellaiſſé & dellaiſſent fort à y apporter ladicte matière, mais la portent èſdictes Monnoyes voiſines hors de noſtredict Royaume, parquoy en icelle noſtre Monnoye ne ſe fait de préſent guère d'ouvraige, & eſt apparent que encores moins ſe en y ſera, ſe proviſion n'eſt par Nous ſur ce miſe, en acroiſſant aucunnement le pris des Marchans. Pourquoy, Nous qui voulons à ce pourvoir en manière que la matière d'or eſtant en noſtredit Royaume, n'en ſoit diſtraicte, emportée & ouvrée ès Monnoyes eſtranges hors icelluy, mais puiſt des pays deſſuſdits eſtre apportée & ouvrée en noſtredicte Monnoye de *Tournay*, au bien de Nous & de noſtre Seigneurie, avons par meure délibéracion des Gens de noſtre Conſeil, voulu & ordonné, voulons & ordonnons & Nous plaiſt, que doreſenavant ſoit donné aux Marchans qui en icelle noſtre Monnoye de *Tournay*, apporteront matière d'or, pour chacun marc d'or fin iiij^{xx}xix livres v ſolz; leſquelz v ſolz voulons eſtre prins ſur les xx ſolz xj deniers pite, tournois, que pour noſtre droit de ſegnoraige prenons préſentement ſur chacun marc d'or ouvré en noſtredit Royaume, juſques à ce que par Nous en ſoit autrement ordonné. Si vous mandons & enjoignons, & à chacun de vous ſi comme à lui appartiendra, que par ledit Maiſtre particulier de noſtredicte Monnoye de *Tournay* vous faictes bailler & délivrer à tous Marchans qui y apporteront matière d'or, pour chacun marc d'or fin iiij^{xx}xix livres v ſolz,

NOTE.

(a) Regiſtre de la Cour des Monnoies, coté *D, fol.* 67 v.º & 68 r.º

CHARLES
VII,
aux Montils-
lez-Tours,
le 3 Février
1450.

comme dit eft: car ainfi Nous plaift-il eftre fait. *Donné aux* Montiz-lez-Tours, *le iij.ᵉ jour de Février, l'an de grace mil iiij̄ cinquante, & de noftre règne le xxix.ᵉ* Ainfi figné : *Par le Roi, Maiftre* Jehan Bureau, *Maiftre* Eftienne Chevalier *& autres préfens.* DELALOERE.

Les Tréforiers de France: Veues par nous les Lettres du Roy noftre Sire, aufquelles ces préfentes font attaichées foubz l'un de nos fignetz, par lefquelles & pour les caufes en icelles contenues, ledit Seigneur veult & mande que par le Maiftre particulier de la Monnoye de *Tournay,* nous faffions dorefenavant bailler aux Marchans qui en ladicte Monnoye apporteront matière d'or, iiij̄ˣˣxix livres v folz pour chafcun marc d'or fin, lefquelz cinq folz feront prins fur les xx folz xj deniers pite, tournois, que ledit Seigneur prent de préfent fur chacun marc d'or fin ouvré en fon Royaume, confentons, en tant que à nous eft, l'entérinement defdictes Lettres, en mendant par ces préfentes au Maiftre particulier de ladicte Monnoye de *Tournay,* que dorefenavant, & jufques à ce que par ledit Seigneur en foit autrement ordonné, il baille à tous Marchans qui en icelle Monnoye apporteront ladicte matière d'or, pour chacun marc d'or fin, ladicte fomme de iiij̄ˣˣxix livres v folz, tout ainfi & par la forme & manière que ledit Seigneur par cefdictes Lettres le veult & mande. *Donné foubz noz fignetz, le xiij.ᵉ jour de Février l'an mil iiij̄ cinquante,* Ainfi figné: *B O U D O R.*

CHARLES,
VII,
aux Montils-
lez-Tours,
le 4 Février
1450.

(a) Lettres de Charles VII, par lefquelles il enjoint aux Gens des Comptes, de procéder au Jugement d'un Procès criminel, à ce préfens des Confeillers au Parlement.

CHARLES, par la grace de Dieu, Roy de France, à noz amez & féaulx les Gens de noz Comptes: Salut & dilection. Comme puis certain temps en-çà Nous vous euffions mandé mettre conclufions en Juftice, en certain procès pendant par-devant vous, touchant les Tréforiers & Controlleurs de *Carcaffonne,* d'une part, & *Macé Aguillon,* prifonnier en la Conciergerie de noftre Palais à *Paris,* & impétrant de certaines noz Lettres de rémiffion, d'autre; & que pour icelle noftre Ordonnance mettre à execution, ayez fait examiner & interroguer les deffufdiz touchant ladite matière, tant par aucuns de noz Officiers en noftredite Chambre des Comptes, que du Tréfor, préfens à ce noz amez & féaulx Confeillers en noftre Court de Parlement, Maiftres *Robert Thibouft & Pierre de Morvillier;* & fur ce communiqué plufieurs foiz avec les deffufdiz, afin d'y prendre final appointement: toutes voyes, pour ce que ne pouvez bonnement attaindre la vérité de ladite matière fans procéder contre ledit *Aguillon* par voye extraordinaire, ayez conclud par délibération de Confeil, de procéder contre luy telement que on en fauroit la vérité par fa bouche, & qu'il feroit mis en queftion, ce que a efté par vous faict, préfens les deffufdiz. Mais lediz *Aguillon* en a incontinent appellé à Nous & à noftre grant Confeil; & combien que par les *Statuz* & Ordonnance de noftredite Chambre des Comptes, icelle noftre Chambre, en toute matière de compte & ez deppendances, ait toute congnoiffance & Jurifdiction civile & criminelle, & que toutesfois que aucuns en ont voulu appeller, on n'ait accouftumé de bailler adjournement en cas d'appel, mais

N O T E.

(a) Mémorial de la Chambre des Comptes, *fol.* 20 v.ᵒ Ces Lettres ont été imprimées à l'Imprimerie Royale en 1726.

tousjours ont efté depputez par noftreditte Court de Parlement , certains Confeillers avec vous Gens de nofdiz Comptes, pour décider enfemble ladite caufe d'appel; toutesfois pour plus feurement proceder, Nous avez de ce voulu advertir, & cependant pour reverence de Nous avez ordonnez de furceoir jufqu'à ce que fçachiez fur ce noftre bon vouloir. Pour ce eft-il que Nous, ces chofes confiderées, & le long temps qu'il a que la chofe dure, voulant la verité de cette matière eftre fceue & actainte, & à chafcun Juftice eftre adminiftrée en bonne & briefve expedition : vous mandons & expreffément enjoingnons, en commectant fe meftier eft, que préfens noz Confeillers en noftreditte Court deffus nommez, ou autres telz qu'il appartiendra & fera par vous advifé, procedez à l'expedition dudit procès le plus diligemment que faire fe pourra, foit en procédant contre ledit *Aguillon* par voye extraordinaire, fe voyez que à faire foit, ou autrement ainfi que verrez & que en voz confciences Nous confeilleriez eftre à faire, en miniftrant entre lefdittes parties oyes, bon & brief accompliffement de Juftice. Car ainfi Nous plaift-il eftre faict, nonobftant ledit Appel & autres appellations faictes ou à faire, & fans préjudice d'icelles, & Lettres à ce contraires; de ce faire vous donnons plain pouvoir. Mandons & commandons à tous noz Jufticiers, Officiers & fubgetz, que à vous, à ung chacun de vous, voz Commis & Deputez, en ce faifant, obéiffent & entendent diligemment. *Donné au Montils-lez-Tours, ce quatriéme jour de Fevrier, l'an de grace mil quatre cens cinquante, & de noftre règne le vingt-neufviéme.* Ainfi figné : *Par le Roy en fon Confeil.* J. DELALOERE.

CHARLES
VII,
aux Montils-
lès-Tours,
le 4 Février
1450.

(a) Lettres de Charles VII, par lefquelles il confirme les priviléges accordés au Couvent de Fontaine-Notre-Dame en Valois, par Charles VI & Philippe VI.

CHARLES
VII,
aux Montils-
lès-Tours,
en Février
1450.

KAROLUS, &c. Notum facimus univerfis prefentibus & futuris, Nos Litteras bone memorie Cariffimi Domini & Progenitoris noftri Regis Karoli, cujus anima in pace requiefcat, in cerâ viridi & laqueo ferico impendenti figillatas vidiffe, formam que fequitur continentes.

KAROLUS, &c.] (b)

Quas quidem Litteras, ac omnia & fingula in eis contenta, Nos ratas & gratas habentes, eas laudamus & approbamus authoritate noftrâ Regiâ; & graciâ fpeciali ferie prefencium confirmantes, quatenùs eifdem ritè ufi funt, univerfis & fingulis Officiariis, Jufticiariis & Judicibus noftris, eorumve Locatenentibus prefentibus & futuris ac eorum cuilibet, prout pertinuerit ad eumdem, prefentium tenore mandando quatenùs Religiofos predictos, de quibus in Litteris preinfertis fit mencio, eorumque fucceffores prefentes & pofteros, noftrâ prefenti confirmacione & graciâ, necnon omnibus & fingulis in Litteris preinfertis uti & gaudere pacificè perpetuis temporibus faciant & eciam paciantur, atque eadem exequantur & compleant faciantque integraliter percompleri ac exequi cum effectu, non finendo eifdem Religiofis, dictifque eorum fuccefforibus impedimentum, contradiccionem aut perturbacionem aliquas, prò

NOTES.

(a) Tréfor des Chartes, Regiftre IX.ˣˣv, [185] Pièce 276. = MSS. de Colbert, Vol. LIV, page 412.

(b) *KAROLUS, &c.]* Ces Lettres de Charles VI, du mois de Février 1394,

font imprimées à la page 698 du VII.ᵉ Volume de ce Recueil. Elles confirment celles de Philippe VI, du mois de Mai 1370, imprimées dans ce même Recueil, Tome IV, page 2.

CHARLES
VII,
aux Montils-
lès-Tours,
en Février
1450.

—— *nunc vel impofterùm, fuper hoc aliqualiter fieri vel inferri. Et ut omnia ftabilitate fruantur perpetuâ, has prefentes fecimus noftri Sigilli appenfione muniri, noftro in ceteris & alieno in omnibus jure falvo.* Datum in Caftro *Montiliorum* prope *Turonis,* menfe Februarii, anno Domini millefimo quadringentefimo quinquagefimo, regni noftri vicefimo nono. *Sic fignatum:* Per Regem, *Epifcopis Magalonenf. Malleacenf. & Agathacenf.* & aliis pluribus prefentibus.

DELALOERE. Vifa.

CHARLES
VII.
aux Montils-
lès-Tours,
en Février
1450.

(a) Lettres de Charles VII, par lefquelles il confirme l'exemption des droits de Sceau, accordée aux Prieur & Religieux de Fontaine-Notre-Dame en Valois, par Charles VI, Philippe VI & le Roi Jean.

KAROLUS, &c. Notum facimus univerfis prefentibus & futuris, Nos Litteras bone memorie Cariffimi Domini & Progenitoris noftri Regis Karoli, cujus anima in pace requiefcat, in cerâ viridi & laqueo ferìceo impendenti figillatas vidiffe, formam que fequitur continentes in hec verba.

KAROLUS, Dei graciâ, Francorum Rex, &c.] (b)

Quas quidem Litteras preinfertas, ac omnia & fingula in eifdem contenta, Nos veftigiis ejufdem Progenitoris & aliorum predecefforum noftrorum inherentes, ratas & gratas rataque & grata habentes, eas & ea laudavimus & confirmavimus, laudamufque, approbamus, ratifficamus & confirmamus, de graciâ fpeciali, poteftatis plenitudine & authoritate regiâ, per prefentes; volentes & concedentes ut ipfi Religiofi & eorum fucceffores, contentis in eifdem Litteris fuperiùs infertis utantur & gaudeant, prout eifdem, retroactis temporibus, ritè & juftè ufi funt & gavifi; earumdem ferie mandantes dilectis & fidelibus Cancellario, & Sigillorum noftrorum quorumcumque Cuftodibus, ceterifque Jufticiariis noftris & eorum Loca-tenentibus, prefentibus & futuris, & eorum cuilibet prout ad eum quemque ipforum pertinuerit, quatenùs Religiofos de quibus in preinfertis Litteris mencio habetur, eorumque fucceffores prefentes & pofteros, noftris prefentibus confirmacione & graciâ, necnon & omnibus & fingulis in jamdictis Litteris contentis, uti & gaudere pacificè perpetuis temporibus faciant & permittant. Quod ut firmum & ftabile inconcuffè perfeveret, has prefentes fecimus noftri Sigilli appenfione muniri; noftro in ceteris & alieno in omnibus jure femper falvo. Datum in Caftro *Montiliorum* prope *Turonis,* in ·menfe Februarii, anno Domini millefimo quadringentefimo quinquagefimo, & regni noftri vicefimo nono. ·

NOTES.

(a) Tréfor des Chartes, Regiftre IX^{xx}v, [185], Pièce 277. = *MSS.* de *Colbert,* Vol. LIV, page 422.

(b) KAROLUS, Dei graciâ, Francorum Rex, &c.] Ces Lettres de Charles VI, du mois de Janvier 1394, font imprimées à la page 694 du VIIe Volume de ce Recueil. Elles vidiment & confirment celles de Philippe VI & du Roi Jean.

(a) Lettres de Charles VII, par lesquelles il confirme les Statuts du métier de Chapelier-Aumuffier-Bonnetier, &c. à Rouen.

CHARLES, par la grace de Dieu, Roy de France, savoir faisons à tous préfens & à venir, Nous avoir receue l'humble supplicacion des Maistres & Ouvriers du mestier de Chapellerie, Aumusserie, Bonneterie, Mytainnerie & appartenances, de nostre ville & banlieue de *Rouen*, que pour l'entretenement d'icelluy mestier en bonne police, & obvier aux fraudes, abbus & décepcions que chascun jour y pourroient estre commises ou préjudice de la chose publique, lesdicts Maistres dudict mestier ont fait faire certains Statuts & Ordonnances sur iceluy mestier, en ayant regard à certaines autres Ordonnances faictes par Justice, selon lesquelles iceluy mestier a esté au temps passé réglé & gouverné ainsy qu'il peut apparoir par les Lettres de nostre Bailly de *Rouen*, scellées du sèel de ses armes, desquelles la teneur s'ensuit.

A tous ceux qui ces Lettres verront ou orront, *Guillaume Cousinot*, Chevallier, Seigneur de *Monstreuil-sur-le-bois*, Conseiller du Roy nostre Seigneur, & son *Bailly* de *Rouen* : Salut. Comme de la partie des Maistres & Ouvriers du mestier de Capellerie, Aumucherie, Bonneterie & Mitainnerie & appartenances, en la ville & banlieue de *Rouen*, nous ait été despiéçà exposé que pour l'entretenement & gouvernement d'icelluy mestier en bonne police, & obvier aux fraudes, abbus & décepcions qui chascun jour y pourroient estre commises ou préjudice du bien & de la chose publique, soit nécessité de faire, constituer & mettre Ordonnances sur icelluy mestier, en ayant regart aux autres Ordonnances faictes par Justice, selon lesquelles icelluy mestier a esté au temps passé réglé & gouverné, de laquelle chose faire iceux Maistres & Ouvriers nous ayent plusieurs fois requis & fait requérir : Pourquoy nous à celle fin avons veu & fait voir & visiter lesdictes Ordonnances, avecques certains articles baillés devers nous de la partie d'iceulx Maistres & Ouvriers, que ils disoient avoir sur ce advisés pour le bien & utilité de la chose publique & dudict mestier; en aucuns desquels articles nous ayons mis augmentacions, & ès autres diminucions & correccions. Savoir faisons que nous, par grant advis & déliberacion, eu sur ce l'opinion des Advocat & Procureur du Roy nostredict Seigneur audict lieu de *Rouen*, & autres Gens notables, voulans en ce & autres choses, garder & conserver le bien de la chose publique, avons sur ledict mestier de Capellerie, Aumucherie, Bonneterie, Mytainnerie & appartenances, en abolissant lesdictes autres Ordonnances, construit, composé & fait nouvelle Ordonnance selon la forme & teneur des articles cy-après declarés.

(1) *Premièrement.* Que tous les Maistres, Ouvriers & Apprentifs d'iceluy mestier, présens, en confirmacion de paix, concorde & fraternité, seront rendus de la Confrairie *Saint-Séver*, fondée en l'Église Nostre-Dame de *Rouen*, se il leur plaist, & sans estre à ce contrains.

(2) *Item.* Il aura oudict mestier doresnavant quatre Gardes, ainsy que de présent sont, esleus par les Maistres notables & souffisants dudict mestier, avec les quatre Gardes de l'année précédente, lesquels se changeront & renouvelleront chascun an à Noël & à la fin de l'an révolu; & feront devant le Bailly de *Rouen* ou son Lieutenant, le serement en tel cas accoustumé, de bien &

NOTE.

(a) Trésor des Chartes, Registre IXᵡᵡV [185], Pièce 50. ═ *MSS.* de *Colbert,* volume LIV, page 434.

Charles
VII,
aux Montils-
lès-Tours,
en Mars 1450.

loyalment garder ledict meftier, & de rapporter devers Juftice la fouffifance des Maiftres qui pour telle année feront paffés Maiftres, & auffy le ferement des Apprentifs qui vendront apprendre ledict meftier, & mefmes touttes les fraudes, fautes, faulcetés & mauveftiés qui pourront eftre faictes & trouvées en iceluy meftier, & les noms des quatre Gardes qui pour celle année feront elleus, comme dict eft; & qui fera trouvé faifant le contraire, l'amendera de ving folz tournois, les deux parts au Roy noftre Seigneur, & le tiers à ladicte Confrairie *Saint-Séver*.

(3) *Item.* Nul Maiftre d'icelluy meftier ne pourra avoir ne tenir que un Apprentif feulement, lequel pourra eftre quinze jours en l'hoftel de fon Maiftre, pour veoir & advifer fe le meftier luy fouffira, & auffy l'Apprentif fouffira audict Maiftre. Et fe il eft ainfy que ledict Apprentif veuille apprendre ledict meftier, fondit Maiftre ne le pourra tenir ne mettre en befongne après iceux quinze jours, qu'il ne le face mener au ferement devant ledict Bailly ou fon Lieutenant par les Gardes d'icelluy meftier, pour faire ferement comme Apprentif; & ne pourra avoir ne acquérir ledict Apprentif la franchife dudict meftier, qu'il n'ait bien & convenablement fervy fondict Maiftre le temps & terme de quatre ans accomplis; & auffy ledict Maiftre fera tenu de luy monftrer ce qu'il fçaura dudict meftier de Cappellerie, Aumucherie & appartenances: lequel Apprentif à l'entrée de fondict fervice fera tenu payer cinq fols tournois pour fa boiffon, avec cinq fols tournois à ladite Frairie *Saint-Séver*; & qui fera trouvé faifant le contraire, l'amendera de vint fols tournois, les deux parts au Roy noftredict Seigneur, & le tiers à icelle Frairie.

(4) *Item.* Se ung Apprentif, après ce qu'il aura fervy fon temps & fait fon fervice bien & loyaument, veuille lever & tenir fon ouvroier, il fera tenu de faire un chef-d'œuvre fouffifant, à la difcrécion de Juftice, lequel luy fera deflivré par les quatre Gardes & par le confentement de huit Maiftres dudict meftier, & auffy vifité femblablement par iceulx; & s'il eft trouvé fuffifant, il fera rapporté par les Gardes devers ledict Bailly ou fon Lieutenant; & fera le ferment comme Maiftre, & payera pour fa hance quarante fols au Roy noftre Seigneur, & dix fols tournois à ladicte Confrairie *Saint-Séver*; & avec ce, fera tenu ledict nouvel Maiftre, payer trente fols tournois pour touttes fes boiffons, pour le vin de fa maiftrife; & qui fera trouvé faifant le contraire, l'amendera de quarante fols tournois, les deux parts au Roy noftredict Seigneur, & le tiers à ladicte Confrairie *Saint-Sever*.

(5) *Item.* Se aucun fils de Maiftre vouloit eftre paffé Maiftre & tenir fon ouvroir; premierement & avant ce qu'il le puiffe faire, il fera examiné par les quatre Gardes & par fix des Maiftres d'icelluy meftier; & rapporteront lefdicts Gardes fa fouffifance devers ledict Bailly ou fon Lieutenant; & payera fa demye-hance, laquelle eft de vint fols tournois, au Roy noftre Seigneur, & cinq fols à ladicte Frairie *Saint-Séver*, & vint fols tournois de vin aux Maiftres; & qui en ce fera trouvé faifant le contraire, l'amendera de vint folz tournois à appliquer comme deffus eft dict.

(6) *Item.* Nuls Ouvriers dudict meftier qui n'en font point paffés Maiftres, ne pourront ouvrer à perfonne s'il n'eft Maiftre dudict meftier, ou femme vefve de Maiftre; & auffy nul Maiftre dudict meftier ne pourra ouvrer à nully s'il n'eft dudict meftier, fi ce n'eftoit œuvre pour un Bourgeois pour fon ufer, au congié de Juftice & des Gardes, fans ufer de marchandife; & auffy un Courratier de laine, Maiftre dudict meftier ne pourra faire befongne pour luy, ne befongne pour aucun, finon pour les Maiftres dudict meftier, pour efchever aux fraudes qui y pourroient eftre commifes & faictes; & qui fera trouvé faifant le contraire, l'amendera de vint folz tournois, à appliquer comme deffus eft dict.

(7) *Item.* Tous les Maiftres dudict meftier feront tenus ouvrer de touttes bonnes eftouffes & loyales: c'eft affavoir, pour faire aumuches, bonnets, mitainnes, coeffectes & hauffaites, de bonne layne de faifon, filée à toret[*],

* Voyez T. IV
de ce Recueil,
P. 703, note (g).

CHARLES
VII,
aux Montils-
lès-Tours,
en Mars 1450.
ᵇVoyez ibid.
p. 704, note (q).

& que ce foit droite layne ᵇ tondiffe & pelice peleure ouvrée & faite après la demy-aouft, & durant jufques à tous faifons ; & auffy à faire chappeaulx de feuftre de bons aignelons ou autre laine propre & convenable à ce, loyalle & marchande ; & qui en fera trouvé faifant le contraire, la denrée qui ainfy fera trouvée, fera vendue par les Gardes, au prouffit de ladicte Frairie *Saint-Séver*, & le délinquant l'amendera de dix folz tournois au Roy noftredict Seigneur.

(8) *Item.* Que nul ne puiffe retraire aumuches ou bonnets, ne autre ouvraige dudict meftier, fi n'eft de fil de laine ou de foye bon & convenable, trayant à la couleur dont l'ouvraige fera ; fur peine de cinq fols tournois à appliquer comme deffus eft dit.

(9) *Item.* Nul Maiftre dudict meftier ne pourra avoir ne tenir que ung Ouvreur tant feullement ; & auffy s'il avenoit que deux Maiftres dudict meftier demeuraffent enfemble, ils ne pourroient avoir ne tenir que ung Apprentif & ung Ouvrier tant feulement ; & ne pourra nul Maiftre dudict meftier tenir ouvrouer, ne tenir Apprentif, finon à fa befongne ; & femblablement les Varlets befongnans à leurs Maiftres, ne pourront d'icelluy meftier faire ne ufer de marchandife pour eulx, finon à leurs Maiftres ; & qui en ce fera trouvé faifant le contraire, l'amendera de quarante fols tournois, à appliquer les deux parts au Roy noftredict Seigneur, & le tiers à ladite Frairie *Saint-Séver*.

(10) *Item.* Dorefnavant nul Maiftre dudict meftier, alors qu'il ouvrera pour foy & en fa befongne, ne pourra pas faire autre euvre, ne befongner en la befogne des Maiftres dudict meftier, pour l'efchangement defdicts ouvrages qui pourroient eftre faits, & pour efchever aux fraudes qui s'en pourroient enfuir ; & s'il befongne en autre œuvre que en la fienne, fon œuvre ceffera du tout ; & qui en ce fera trouvé faifant le contraire, l'amendera de quarante folz tournois, à appliquer comme deffus eft dit.

(11) *Item.* Les Maiftres & Ouvriers dudict meftier feront tenus ouvrer de tous outils à ufaige d'aumufferie ; c'eft affavoir de chardon, de fefaille, fans mouffe, fans cordes & fans forces à tondre draps, excepté que de la quarde l'on pourra broiffer tout l'ouvrage après ce qu'il fera taint, pour le defmefler tant feulement ; & feront tenus lefdicts Maiftres & Ouvriers, fouler ou faire fouler fur eftablie, à la main tant feulement, fans fouler aux piez ; & qui fera trouvé faifant le contraire l'amendera, c'eft affavoir, pour chafcune aumuffe vint folz tournois, & pour chafcun bonnet deux fols fix deniers tournois, les deux parts au Roy noftre Seigneur, & le tiers à ladicte Frairie *Saint-Séver*; & fy renouvellera fon ferement devant Juftice.

(12) *Item.* Nuls Maiftres ne Ouvriers dudict meftier ne pourront commencer à ouvrer jufques à ce que l'Eftqueille Noftre-Dame (*b*) foit fonnée, pourveu qu'il foit jour, & laiffer oeuvre à jour failly ; & pourra l'en befongner à la chandelle, mais qu'il foit jour ; & qui fera trouvé faifant le contraire, l'amendera de dix fols tournois, les deux parts au Roy, & le tiers à ladicte Frairie *Saint-Séver*.

(13) *Item.* Nul Maiftre dudict meftier ne pourra avoir que ung fils de Maiftre avec fon Apprentif, jufques à ce que le temps & termede fon Apprentif foit accomply felon l'Ordonnance ; & s'aucun Maiftre vouloit tenir fes enfans en befongne, il les pourra tenir avec luy, pourveu qu'ils foyent légitimes ; & qui en ce fera trouvé faifant le contraire, l'amendera de vint fols tournois, les deux parts au Roy noftredict Seigneur, & le tiers à ladicte Frairie *Saint-Séver*..

(14) *Item.* Nuls Maiftres ne Ouvriers dudict meftier ne pourront ouvrer ne faire ouvrer au jour de Samedi depuis Nonne fonnée, ne aux Vigilles de

NOTE.

(*b*) *L'Eftqueille Noftre-Dame,*] L'accueil Noftre-Dame, la Salutation, c'eft la prière qu'aujourd'hui nous nommons *Angélus.*

Dieu & de Noſtre-Dame, comme les Vigilles de Noël, de la Circonciſion, de l'Épiphanie, de l'Aſcenſion, le Saint-Sacrement, la Trinité, Saint Saulveur, la Pentecoſte, Sainte Croix, la Touſſains, né à touttes les Vigilles junables, comme Apoſtres, Évangeliſtes & Martyrs, ou autres Vigilles commandées en Sainte Égliſe à jeuner; mais aux Vigilles d'Apoſtres qui ne ſont commandées à jeuner, l'en pourra beſongner juſques au retrait de Nonne Noſtre-Dame; & auſſy l'en ne pourra beſongner ne ouvrer le jour des Feſtes commandées en Sainte Égliſe à feſter, & en tant que le commun en feſte; & qui ſera trouvé faiſant le contraire, l'amendera de dix ſolz tournois, à appliquer comme deſſus eſt dit.

(15) *Item.* Nuls Maiſtres dudict meſtier ne pourront taindre ne faire taindre leurs denrées & marchandiſes, ſinon en bonnes couleurs loyalles & marchandes, & ne les pourront vendre ne plennir comme taintes en graynne ne en demy graynne, s'elles ne le ſont expreſſément; & ne les pourront taindre en bore ne en breſil, ne en fueil, ne en molée, ne en autres faulces & mauvaiſes couleurs; & la denrée qui ainſy ſera trouvée en mauvaiſe couleur, ſera remiſe en eſtat deub par les Gardes, & vendue au profſit de celluy à qui il appartiendra, afin que aucun n'en ſoit par luy deceu, excepté chappeaux de fuſtre que l'en pourra taindre en maillée & en couleurs ainſy que l'en a accouſtumé; & qui en ce ſera trouvé faiſant le contraire, l'amendera de vint ſols tournois à appliquer comme deſſus eſt dit.

(16) *Item.* Se aucun dudict meſtier eſtoit trouvé avoir fait vieil ouvrage rafreſchy, & mis en exemple de neuf pour revendre à ſon prouſfit; veu & viſité ledict ouvrage vieil par les Gardes & Maiſtres dudict meſtier, tout l'ouvrage qui ainſy ſera trouvé. ſera vendu par iceux Gardes & par ung Sergent, & en ſera l'argent mis au profſit de ladicte Frairie *Saint-Séver;* & ſi l'amendera le délinquant, de dix ſols tournois, à appliquer comme deſſus eſt dit.

(17) *Item.* Se aucun dudict meſtier eſtoit trouvé en faulſeté, mauvaiſtié, diffame ou larrecin, il ſera privé par Juſtice, an & jour, dudict meſtier, ſans ce que nul le tiengne, mette ou face mettre en beſogne; & celluy qui ſeroit trouvé avoir fait le contraire, l'amendera de quarante ſols tournois, les deux parts au Roy noſtredict Seigneur, & le tiers à ladicte Frairie *Saint-Séver.*

(18) *Item.* Aucun Ouvrier venant de dehors en ladicte ville de *Rouen,* ne pourra ouvrer ne beſongner en ladicte ville & banlieue comme Maiſtre, ne tenir ouvroer, qu'il ne ſoit tenu faire chief-d'euvre; & ne pourra ouvrer ne acquerir la franchiſe dudict meſtier pour en eſtre paſſé Maiſtre, ſans faire premièrement ledict chief-d'euvre au regart de Juſtice & des Gardes dudict meſtier; & s'il eſt trouvé Ouvrier de ce faire, il ſera paſſé Maiſtre & Ouvrier en ladicte ville & banlieue, & payera ſa hance au Roy noſtredict Seigneur, laquelle eſt de quarante ſols tournois, & à la Frairie *Saint-Séver* dix ſols tournois, & aux Maiſtres dudict meſtier quarante ſols tournois, pour le vin de ſa maîtriſe; & ne pourront les Gardes dudict meſtier viſiter ſa ſouffiſance, ſans appeller avec eulx les Maiſtres & Ouvriers dudict meſtier juſques au nombre de huit, ainſy que deſſus eſt déclairé; & s'il eſtoit ainſy que icelluy Ouvrier ne ſceut faire chappeaux & aumuches & leurs appartenances, il ne ſeroit paſſé Ouvrier à beſongner que de ce qu'il ſauroit faire, & en ce cas ne payeroit que demy-hance & demye boiſſon; & s'aucun Ouvrier venoit de dehors en ladicte ville, il pourroit beſongner en l'hoſtel des Maiſtres tant ſeulement pour gangner ſa vie, pourveu qu'il ne pourroit beſongner plus de quinze jours en ladicte ville ſans faire le ſerement à Juſtice de beſongner bien & loyaument d'iceluy meſtier ſelon les Ordonnances; & qui en ce ſera trouvé faiſant le contraire, l'amendera de vint ſolz tournois, à appliquer comme deſſus eſt dit.

(19) *Item.* S'aucuns Marchans venans de dehors apportent ou font apporter en ladicte ville & banlieue aucunes denrées, c'eſt aſſavoir, chappeaux de feultre,

aumuches.

aumuches, bonnets, coeffetes, mitainnes & chauffetes, ou des appartenances, ils ne les pourront expofer ne mettre en vente, ne les deffier & defemballer fans authorité de Juftice, & en la préfence des Gardes d'iceluy meftier qui les verront & vifiteront, lefquels Marchans feront tenus de venir querir lefdicts Gardes, pour veoir & vifiter leurfdictes denrées ; & fi icelles denrées feront trouvées bonnes, ils les pourront vendre à leur prouffit, & s'elles font trouvées faulces, elles feront renvoyées, & feront tenus lefdicts Marchands de renvoyer ou rapporter certificacion du lieu où elles auront efté vendues ; & qui fera trouvé faifant le contraire, l'amendera de quarante fols, à appliquer comme deffus eft dit.

CHARLES VII,
aux Montils-lès-Tours,
en Mars 1450.

(20) *Item.* S'il advenoit que une femme de Maiftre dudict meftier demoura vefve, elle ne pourra tenir fon ouvroier fors tant qu'elle fe tendra de marier ; & fi au-devant du trefpas de fondict mary il y avoit un Apprentif, elle le pourra tenir jufqu'à fon terme de quatre ans accomplis, pourveu que elle le puiffe enbefongner de foy ; & fi elle fe marie à homme qui ne foit dudit meftier, ou fi fille de Maiftre fe marioit pareillement, elle perdra fa franchife ; & fera ledict Apprentif pourveu par les Gardes à parfaire fondict fervice ; & qui en ce fera trouvé faifant le contraire, l'amendera de vint fols tournois, à appliquer comme deffus eft dit.

(21) *Item.* Nuls Maiftres dudict meftier ne pourront prendre, allouer ne faire marché avecques les Varlets d'un autre Maiftre, jufqu'à ce qu'il ait fait fon fervice à fon Maiftre, fur peine de quarante fols tournois d'amende à appliquer comme dit eft ; lefquels quarante fols tournois fera tenu payer le Maiftre qui ainfy l'aura fait ; & le Serviteur qui ainfy s'alloueroit, l'amenderoit femblablement à appliquer comme deffus.

(22) *Item.* Auffy nul Maiftre dudit meftier ne pourra vendre le droit de fon Apprentif, ne bailler à un autre, fi ce n'eft par autorité de Juftice, appellés les Gardes dudict meftier ; & s'il eftoit ainfy que ung des Maiftres dudict meftier baillaft à befongner à ung Maiftre qui auroit Apprentif, iceulx deux Maiftres l'amenderont chacun de quarante fols tournois à appliquer comme deffus.

(23) *Item.* Se aucuns Lafcheurs ou Lafchereffes d'aumuches, bonnets, coeffetes, mitainnes, cauchettes & autres appartenances, font à la quille mauvaife couture, ou euvre mauvaifement façonnée, ils l'amenderont, & fi fera la pièce d'euvre defpecée & refaite à leurs defpens ; & avec ce ne pourront prendre à faire ouvraige à homme qui ne foit Maiftre dudict meftier, ou bourgeois pour fon ufer, pour obvier aux fraudes & mauveftiés qui pourroient eftre faites, tant des demourans des fillés, que pour autres mauvaiftiés qui s'en pourroient enfuir ; & qui en ce fera trouvé faifant le contraire, l'amendera de trois fols tournois à appliquer comme deffus.

(24) *Item.* Nuls des Maiftres & Ouvriers dudict meftier, ne pourront faire ouvrer dudict meftier leurs Varlets ne leurs Chambrières ne autres perfonnes, fi ils ne font du ferment dudict meftier ; en peine de quarante folz tournois à appliquer comme deffus eft dit.

(25) *Item.* S'aucun Maiftre dudit meftier avoit un Apprentif pour fervir le temps contenu en ladicte Ordonnance, & il avenoit que iceluy Apprentif laiffaft fon Maiftre, le Maiftre n'aura point d'autre Apprentif tant que ledict Apprentif vive, ou jufques à ce que le temps de ladicte Ordonnance foit accomply, ou que ledict Apprentif ait renoncé audict meftier ; & auffy l'Apprentif n'acquerra point la franchife.

(26) *Item.* Aucun dudict meftier ne pourra faire ouvraige double de deux laines, fi la laine n'eft auffy bonne de l'un cofté comme de l'autre ; en peine de vint fols tournois à appliquer comme deffus eft dit.

(27) Item. Aucun ne aucune dudit meſtier ne pourront vendre ouvrage s'il n'eſt foullé & appareillé bien & deuement; en peine de vingt fols tournois comme deſſus eſt dit.

(28) Item. Les Maiſtres dudict meſtier ne pourront taindre leurs haumuces, bonnets & appartenances, ſi ce n'eſt à la lueur du jour; mais les pourront boulir à quelque heure qu'il leur plaira, ſans aucun contredict, pourveu que l'ouvrage ſoit bien & ſouffiſamment appareillé & tondu; & qui en ce ſera trouvé faiſant le contraire, l'amendera de cinq fols tournois, à appliquer comme deſſus eſt dit.

(29) Item. Les Filereſſes d'icelluy meſtier ſeront tenues guerder & bien filer la laine des Maiſtres dudict meſtier; & s'elles ſont trouvées faiſans aucunes mauvaiſtiés, comme de changer la laine ou de moullir le filé, ou autres fauſcetés, elles ſeront tenues de rendre la laine, ou valeur du prix qu'elle valoit quand elle leur fut baillée; & ſi l'amendera celle qui ainſy ſera trouvée en faute, de cinq fols, à appliquer comme deſſus eſt dit, avec telle pugnition qui luy ſera enjointe par Juſtice ſelon le cas.

(30) Item. S'aucun foulloit aucunes aumuches, ou autres choſes dudict meſtier, de terre à Foullon, ils ne pourront mettre en beſongne autre terre que celle de la ville, ſur peine de cinq fols tournois d'amende, à appliquer comme deſſus eſt dit.

De laquelle Ordonnance deſſus tranſcripte, tenir, garder & conſerver ſans enfraindre, leſdits Maiſtres & Ouvriers dudict meſtier ſeront devant nous ou notre Lieutenant le ſerement en tel cas accouſtumé, en & ſur les amendes & corrections & pugnitions ci-devant déclairées, èſquelles dès maintenant pour lors nous déclarons les tranſgreſſeurs d'icelle Ordonnance eſtre encheus & encourus pour chaſcune fois qu'ils y ſeront trouvés. Laquelle Ordonnance durera juſques au bon plaiſir de nous & de nos ſucceſſeurs Baillifs, leſquels la pourront croiſtre ou amenuiſer comme bon leur ſemblera pour le bien publique & commun prouffit. Sy donnons en mandement à tous les Maiſtres & Ouvriers dudict meſtier qui pour le préſent ſont & ou temps à venir ſeront, que ladicte Ordonnance ils tiennent & gardent & facent tenir & garder ſans enfraindre en aucune manière. En teſmoing de quoy nous avons ſcellées ces préſentes du ſéel de nos armes, en l'abſence des ſeaulx dudict Bailly. *Ce fut faict & donné l'an de grace mil quatre cents cinquante, le XIII.ᵉ jour de Mars.*

M. BRISSON.

En Nous requerant iceulx Statuts & Ordonnances, qui ſont faites pour le bien de la choſe publique, avoir agréables & iceulx confermer & approuver, & ſur ce leur en octroyer nos Lettres. Pour quoy Nous, ces choſes conſidérées, qui deſirons bonne police & Ordonnance eſtre faite, tenue & gardée ſur le fait des meſtiers de noſtre Royaume pour le bien de la choſe publique d'iceluy, iceulx Statuts & Ordonnances avons loués, gréés, approuvés & confermés, & par ces préſentes, de grace eſpécial, pleine puiſſance & authorité royal, loons, gréons, approuvons & confermons, voulans & ordonnans leſdits Statuts & Ordonnances avoir lieu, & ſoyent doreſnavant tenus & gardés ſans enfraindre en ladicte ville & banlieue de *Rouen.* Sy donnons en mandement par ces meſmes préſentes, audict *Bailli* de *Rouen* & à tous nos autres Juſticiers & Officiers ou à leurs Lieutenans préſents & à venir, & chaſcun d'eulx ſy comme à luy appartiendra, que leſdict Statuts & Ordonnances ilz tiengnent & gardent, & facent tenir, entretenir & garder de point en point ſelon leur forme & teneur, ſans aller, ne ſouffrir aller ne venir en aucune manière au contraire, ainçois de ceux qui feront ou ſeront trouvés faiſants ou avoir fait le contraire, facent pugnition ſelon le contenu èſdictes Ordonnances, & comme tranſgreſſeurs de Statut, Édit, & Ordonnance royal: Car ainſy Nous

plaiſt-il & voulons eſtre fait ; & afin que ce ſoit choſe ferme & eſtable à
touſjours, Nous avons fait mettre noſtre Séel à ces préſentes, ſauf en autres
choſes noſtre droit, & l'autruy en toutes. *Donné à* Tours, *ou mois de Mars ,
l'an de grace mil quatre cens cinquante & de noſtre règne le vingt-neuſieſme.* Ainſi
ſigné : *Par le Roy à la relacion du Conſeil.* CHALIGAUT.

Viſa. Contentor. CHALIGAUT.

(*a*) *Lettres de Charles VII, par leſquelles il accorde aux habitans du
nouvel enclos de la ville de Rouen, les mêmes exemptions dont jouiſſent
les habitans de l'ancien enclos (b).*

CHARLES, par la grace de Dieu, Roy de France, ſavoir faiſons à tous
préſens & advenir, que comme de grant ancienneté, les Bourgois,
manans & habitans de noſtre ville & cité de *Rouen,* qui eſt la mère & métropolitaine de noſtre païs & *Duchié de Normandie,* ait par nos Progéniteurs
& Prédéceſſeurs eſté dotée & munie de pluſieurs priviléges, franchiſes &
libertés, comme de fouages, couſtume, barrages, eſtallages, paſſages, travers,
& d'autres franchiſes & libertez, dont iceulx Bourgois, manans & habitans
qui ſont & ont eſté demourans dedens l'ancienne cloëſon de noſtredicte ville,
ont joui & uſé de tel temps qu'il n'eſt mémoire du contraire ; & pour ce que
depuis les conceſſions & octrois deſdiz priviléges & libertés, ou d'aucun
d'iceulx, icelle noſtre cité de *Rouen* a eſté dilatée, acreue & augmentée, &
eſt de plus grant encloz, eſpace & circuite qu'elle n'eſtoit anciennement :
& que entre l'ancienne cloëſon & celle qui depuis y a eſté faicte, a & réſide
grant partie des Bourgois, manans & habitans d'icelle noſtre ville & cité,
leſquelz l'en n'a pas voulu ne veult ſouffrir jouir deſdiz priviléges, franchiſes
& libertez, dont joïſſent les autres réſidens en l'encloux d'icelle ancienne
cloſture : Nous ait eſté très-humblement ſupplié & requis de par les Bourgois,
manans & habitans d'icelle noſtre ville, que eu regard & conſidération à ce
que icelle ville eſt un ſeul & meſme corps, & que tous les demourans en
l'encloz d'icelle, ſont ſubjetz, les uns auſſi comme les autres, au guet, garde
& défenſes de ladicte ville, & contributifs à tous les autres fraiz que il leur
convient porter & ſouſtenir, Nous leur vueillons octroyer & accorder, que
ceulx ainſi demourans , & qui pour le temps advenir vouldront demourer
dedens ladicte ville & l'encloz d'icelle, au dehors de ladicte ancienne cloëſon,
ſoient deſormaiz perpétuelment & à touſjours & pour le temps advenir,
affranchis, & exemtez de paier iceulx fouaiges, couſtumes, barrages, eſtallages
& autres ſubſides & acquitz ; & d'icelles franchiſes puiſſent jouir & uſer, tout
ainſi & pareillement que font & ont uſé & accouſtumé faire les Bourgois
qui ſont demourans & réſidens dedens l'encloz & la cloëſon ancienne de
noſtredicte cité : pour ce eſt-il que Nous, ces choſes conſidérées, & la bonne
& vraye amour & loyauté que ont touſjours eu envers Nous & noz Prédéceſſeurs, iceulx habitans de noſtredicte ville & cité, comme par effect eſt par
pluſieurs fois apparu, Nous inclinans à leur requeſte & ſupplication, pour ces

NOTES.

(*a*) Regiſtre du Parlement, intitulé
Ordinationes Barbinæ, coté *D. fol.* 186, r.°
— Tréſor des Chartes, Regiſtre IX^{xx}v[185],
Pièce 60. — *MSS. de Colbert,* Vol. LIV,
page 469. — Hiſt. de *Rouen,* Tome I,
part. 1.ʳᵉ p. 10.

(*b*) L'Hiſtoire de *Rouen* cite des Lettres
du 21 Novembre 1446, par leſquelles
Charles VII confirme les priviléges des
habitans de *Rouen,* tant de l'ancienne que de
la nouvelle clôture ; nous n'avons point
trouvé ces Lettres.

CHARLES
VII.
aux Montils-
lès-Tours,
en Mars 1450.

caufes & autres à ce Nous mouvant, avons voulu, ordonné, concédé & octroyé, & par la teneur de ces préfentes, de noftre certaine fcience, plaine puiffance & auctorité royal, voullons, ordonnons, concédons & octroyons, que iceulx habitans, demourans, & leurs fucceffeurs, qui pour le temps advenir demourront en la clofture de noftredicte cité de *Rouen*, entre l'ancienne cloëfon & celle qui derrenièrement y a efté faicte, foient francs, quictes & exemps defdiz fouages, couftumes & fubfides, eftallages, barrages, & autres acquictz quelxconques, comme font ceux qui font & feront demourans dedans ladicte ancienne cloëfon, & joïffent & ufent pour le temps advenir de toutes telles & pareilles franchifes, libertez & priviléges, comme ont acouftumé de faire, font & feront iceulx Bourgois demourans dedens ladicte cloëfon ancienne d'icelle ville. Si donnons en mandement par ces mefmes préfentes à noz amez & féaulx Confeillers les Gens tenans & qui tendront noftre Parlement à *Paris*, noftre Efchiquier en *Normandie*, aux Gens de noz Comptes, Tréforiers à *Paris*, les Généraux Confeillers par Nous ordonnez fur le fait & gouvernement de toutes noz finances, aux *Bailli* & *Vicomtes* de *Rouen* & de l'Eaue dudit lieu, & à tous nos autres Jufticiers, Officiers & fubgectz, & chafcun d'eux fi comme à lui appartendra, que de noz préfentes grace, voulenté, Ordonnance, conceffion & octroi, facent, feuffrent & laiffent iceulx habitans joyr & ufer perpétuellement & à tousjours, fans en ce leur mettre ou donner aucun trouble, deftourbier, ou empefchement en aucune manière. Et fur ce impofons filence perpétuel à noftre Procureur préfent & advenir. Et afin que ce foit chofe ferme & eftable à tousjours, Nous avons fait mettre noftre Séel à ces préfentes, fauf en autres chofes noftre droit, & l'autruy en toutes. *Donné aux* Montilz-lès-Tours, *ou mois de Mars, l'an de grace mil* CCCC *cinquante, & de noftre règne le* XXIX.' Sic fignatum: *Par le Roy en fon Confeil.* ROLANT.

Vifa. Contentor. CHALIGAUT.

Et ad dorfum erat fcriptum: Lecta, publicata & regiftrata quoad fpecificè inibi declarata, *Parifius,* in Parlamento, die penultimâ Maii, anno Domini millefimo CCCC^mo LVIII.'°

CHARLES
VII,
à Tours,
en Mars 1450.

(a) Lettres de Charles VII, par lefquelles il confirme les priviléges accordés aux habitans de la ville de Charôt.

KAROLUS, *Dei graciâ, Francorum Rex, notum facimus univerfis præfentibus & futuris, Nos Litteras inclite recordacionis Philippi quondam Francorum Regis, Predecefforis noftri, in cerâ viridi & laqueo fericeo impendenti Sigillatas, Nobis, pro parte Burgenfium & habitancium loci* Karrofii *Caftri in Patriâ* Biturcenfi, *præfentatas vidiffe, formam que fequitur continentes.*

PHILIPPUS, *Dei graciâ, Francorum Rex, &c. (b)*

Quas quidem Litteras preinfertas, ac omnia & fingula in eis contenta, Nos veftigiis Predecefforum noftrorum inherentes, ratas & gratas, rataque & grata habentes, eas & ea laudavimus, approbavimus & ratificavimus & confirmavimus, laudamufque, approbamus, ratificamus & confirmamus de graciâ fpeciali, poteftatis plenitudine & authoritate regiâ per præfentes; volentes & concedentes ut ipfi

NOTES.

(a) Tréfor des Chartes, Regiftre IX^xx V [185] Pièce 55. — MSS. de *Colbert.* Vol. LIV, page 498.
(b) Ces Lettres font imprimées dans le XIe Volume de ce Recueil, page 369 & fuiv.

Burgenſes & habitantes Karroſii, *& eorum ſucceſſores, contentis in eiſdem Litteris ſuperiùs inſertis utantur & gaudeant, prout eiſdem retroactis temporibus ritè & juſtè uſi fuerint & gaviſi. Quocircà Ballivo Bitturicenſi ceteriſque Juſticiariis noſtris ſeu eorum Locatenentibus preſentibus & futuris, & eorum cuilibet prout ad eum pertinuerit, tenore preſencium mandamus quatenùs prefatos* Burgenſes *&* habitantes Karroſii *eorumque ſucceſſores & poſteros, noſtris preſentibus confirmacione & graciâ, necnon omnibus & ſingulis in jam dictis Litteris contentis, uti & gaudere pacificè perpetuis temporibus faciant & permittant. Quod ut firmum & ſtabile inconcuſſè perſeveret, has preſentes fecimus noſtri Sigilli appenſione muniri, noſtro in aliis & alieno in omnibus jure ſemper ſalvo. Datum Turonis, menſe Marcii, anno Domini milleſimo quadringenteſimo quinquageſimo, & regni noſtri viceſimo nono. Sic ſignatum:* Per Regem ad relacionem Conſilii. DELALOERE. Viſa.

(a) Lettres de Charles VII, par leſquelles il confirme celles de Philippe VI en faveur des habitans de Billom & de Saint-Loup, & y fait quelques additions.

KAROLUS, Dei graciâ, Francorum Rex, notum facimus univerſis preſentibus & futuris, Nos Litteras inclite recordationis Philippi quondam Francorum Regis, Predeceſſoris noſtri, Nobis pro parte Conſulum & communitatis ville Biliomi *in Alverniâ preſentatas vidiſſe, formam que ſequitur continentes.*

PHILIPPUS, Dei graciâ, Francorum Rex, &c. (b)

Quas quidem Litteras ſuperiùs inſertas, & omnia contenta in eiſdem, ratas & gratas habentes, eas & ea laudavimus, approbavimus & ratificavimus, laudamuſque, ratificamus & approbamus per preſentes, quatenùs predicti Conſules & communitas Biliomi *ritè & juſtè uſi fuerunt & gaviſi. Quocircà Ballivo Sancti-Petri de Monaſterio, ceteriſque Juſticiaris & Officiariis noſtris ſeu eorum Locatenentibus preſentibus & futuris, tenore preſencium damus in mandatis quatenùs predictos Conſules & communitatem & eorum ſucceſſores, noſtris preſentibus confirmacione & approbacione, caſu predicto, uti & gaudere faciatis & permittatis, compellendos ad hoc modis debitis compellendo ſeu compelli faciendo. Quod ut firmum & ſtabile perpetuò perſeveret, Sigillum noſtrum preſentibus Litteris duximus apponendum:*

NOTE.

(a) Tréſor des Chartes, Regiſtre IX^xx v [185] Pièce 77. — MSS. de *Colbert*, vol. LIV, page 567.

(b) *PHILIPPUS, Dei graciâ, Francorum Rex, &c.*] Ces Lettres de Philippe VI du mois de Mai 1340, ſont imprimées dans le Tome XII de ce Recueil, page 553. Dans les Lettres de confirmation que nous donnons ici, on trouve les additions ſuivantes.

Au lieu de l'article 45 des Lettres de Philippe VI, imprimées au Tome XII, on lit dans les Lettres de confirmation:

Item. *Volumus & concedimus quòd illos decem ſervientes quos poſſumus eligere de hominibus uſagii dictæ villæ, prout ſupradictum eſt, nominabimus eoſdem & eligemus; & ſi aliqui alii fuerint, ſolvant commune & alia onera dictæ villæ, quos & alios homines dicti uſagii* Conſules *dictæ villæ poterunt gagiare per ſe ipſos pro communi & omnibus villæ.*

Item. *Volumus & concedimus dictis hominibus quòd nos non poſſumus ipſos compellere ad recipiendam monetam noſtram, & ad non recipiendam aliam niſi tali modo vel in quantum Rex Franciæ vel Barones Franciæ ſuper hoc homines & ſubditos ſuos compellere conſueverunt:*

Cet endroit ſert à corriger une omiſſion que nous avions remarquée dans les Lettres de Philippe VI. Voy. Tome XII, p. 557, note (f).

A la fin de l'article 54 deſdites Lettres, après ces mots: *in voluntate noſtrâ*, on lit dans les Lettres de confirmation: *ſalvâ dote uxorum, & omni jure alieno.*

salvo in ceteris jure noſtro, & in omnibus quolibet alieno. Datum *Turonis,* in menſe Aprilis, anno Domini milleſimo quadringenteſimo quinquageſimo, ante Paſcha, & regni noſtri viceſimo nono. *Sic ſignatum:* Per Regem ad relacionem Conſilii. *DELALOERE. Collatio facta eſt. Viſa. Contentor.* E. FROMENT.

(a) *Lettres de Charles VII, par leſquelles il confirme les libertés, coutumes & franchiſes des habitans de Saint-Macaire.*

CHARLES, par la grace de Dieu, Roy de France, à tous préſans & à venir : comme puis aucuns jours en çà, noſtre très-cher & amé Couſin le *Comte d'Armignac* noſtre Lieutenant ſur le fait de la guerre en noſtre pays de *Guienne,* conſidérant que les Bourgeois, manans & habitans de la ville de *Saint-Macaire* en noſtre pays de *Guienne,* ſe ſont liberallement de leur plein vouloir réduits par ſon moyen en noſtre obéiſſance, leur ait octroyé de par Nous, & par vertu du pouvoir par Nous à luy ſur ce donné, qu'ils puiſſent joïr & uſer paiſiblement de tous les priviléges, libertés, uſaiges, couſtumes, eſtabliſſemens & franchiſes dont ils ont uſé & joy le temps paſſé, juſtement & licitement, & qu'ils ont ou pourront monſtrer ſouffiſamment, & leur ait promis iceulx priviléges leur faire confirmer, toutesfois qu'ils en fairont apparoir par Lettres, ou autrement deuement, ainſy que de ces choſes Nous eſt deuement apparu par Lettres patentes de noſtredit Couſin, données le douzieſme jour de ce préſent mois de Juing *(b);* & Nous ait iceluy noſtre

NOTES.

(a) Treſor des Chartes, Regiſtre IXˣˣV [185], Pièce 126. — *MSS. de Colbert,* Vol. LIV, page 635.

(b) Voici ces Lettres tirées des mêmes Regiſtres.

JEHAN, *Comte d'Armignac,* de *Feʒenſac,* de *Rodès* & de l'*Iſle, Vicomte de Lomaigne, &c.* Lieutenant de Monſeigneur le Roy en ſes pays & *Duchié de Guienne,* à tous qui ces préſentes Lettres verront & orront : ſalut. Savoir faiſons que Nous ayant regard & conſidération à ce que les Bourgeois, gens, manans & habitans de la ville de *Saint-Macaire,* à préſent & de nouvel ſont venus pleinement à l'obéiſſance de mondict Seigneur le Roy & de nous, deſirans de tout noſtre cuer iceulx manans & habitans nourrir & garder en la bonne & vraye amour & ſubjeccion de mondict Seigneur le Roy, à iceulx avons octroyé, comme octroyons par ces préſentes, de grace eſpécial & par vertu & authorité de pouvoir par mondict Seigneur à nous donné, qu'ils puiſſent joïr & uſer pleinement & paiſiblement de tous les priviléges, libertés, uſages, couſtumes, eſtabliſſemens & franchiſes dont ils ont uſé & joy le temps paſſé, juſtement & licitement, & qu'ils ont ou pourront monſtrer ſouffiſamment, leſquels priviléges, libertés, uſages, couſtumes, eſtabliſſemens & franchiſes nous leur jurons & promettons en bonne foy donner de nouvel, toutes & quantesfois qu'ils nous en pourront faire informer par Lettres, ou autrement deuement. Sy donnons en mandement par ces préſentes à tous les Juſticiers, Officiers & ſubgiés de mondict Seigneur le Roy & de ſon Royaume, préſens & à venir, & à chaſcun d'eulx, que leſdicts Bourgeois, manans & habitans de *Saint-Macaire,* facent & ſouffrent uſer & joïr paiſiblement de noſtre préſente grace, & contre la teneur d'icelle ne les empêchent en aucune manière. Et afin que ce ſoit ferme & eſtable à toujours-mais, nous avons fait mettre notre Séel ſecret en l'abſence du grant à ces préſentes, ſauf en autres choſes le droit de mondit Seigneur, & l'autruy en touttes. *Donné à Saint-Macaire, le douzieſme jour de Juing, l'an de grace mil quatre cents cinquante & ung.* Ainſi ſigné : *Par Monſeigneur le Comte Lieutenant du Roy noſtre Seigneur, les Sire de Negrepeliſſe Senneſcal de Guercy, Sire de Barbaſan Senneſcal d'Armigniac, Sire de Saint-Prieſt, ſes Conſeillers, & autres préſens.* JOUGNET.

NOTE.

Coufin d'*Armigniac* fait requérir que les chofes deffufdictes Nous plaife avoir agréables, & icelles ratifier: pour ce eft-il que Nous, ces chofes confidérées, & que ce que noftredit Coufin d'*Armigniac* a fait & befogné ès chofes deffufdictes, a efté pour le bien de Nous & le recouvrement de noftre Seigneurie, les chofes deffus déclarées avons eues & avons agréables, & icelles approuvées, ratifiées & confirmées, approuvons, ratiffions & confirmons de grace efpécial, pleine puiffance & authorité royal, par ces préfentes: voulans & aufdicts habitans de *Saint-Macaire* octroyans qu'ils joïffent de leurfdicts priviléges, franchifes, ufaiges, eftabliffements & couftumes, tout ainfy que par noftredit Coufin d'*Arminiac* leur a efté de par Nous octroyé. Si donnons en mandement au Senefchal de ª............... & à tous nos autres Jufticiers ou à leurs Lieutenans préfens & à venir, & à chafcun d'eulx fi comme à luy appartiendra, que iceulx Bourgeois & habitans de *Saint-Macaire* il facent, feuffrent & laiffent joïr & ufer paifiblement & à plein, de noftre préfente ratificacion, approbacion & octroy, fans leur faire ne fouffrir eftre fait aucun empefchement au contraire; ainçois fi fait ou donné leur avoit efté ou eftoit en aucune manière allenconire, fe la mettent ou facent mettre tantoft & fans délay au premier eftat & deub. Et afin que ce foit chofe ferme & ftable à tousjours, Nous avons fait mettre noftre Scel à ces préfentes: fauf en autres chofes noftre droit, & l'autruy en touttes. *Donné à Léfignan, lé feize jour de Juing, l'an de grace mil quatre cents cinquante & ung, & de noftre règne le vint-neuf.* Ainfi figné: *Par le Roy, l'Admiral*[b], *le Sire de* Villequier, *Maiftre* Eftienne Chevalier, *& autres préfens.* DELALOERE. *Vifa.*

CHARLES VII, à Léfignan, le 16 Juin 1451.

ª *Sic.*

[b] *Jean, Sire de Beuil.*

CHARLES VII, à Léfignan, le 16 Juin 1451.

(a) *Lettres de Charles VII, par lefquelles il ratifie le traité fait pour la foumiffion des ville & château de Duras; & confirme les libertés, franchifes & coutumes des habitans.*

CHARLES, &c. Savoir faifons à tous préfens & à venir, comme noftre très-cher & amé Coufin le *Comte d'Armigniac* noftre Lieutenant fur le fait de la guerre en noftre pays de *Guienne*, ait, pour remettre & réduire en noftre obéïffance les ville & chaftel de *Duras* eftans en noftredict pays & *Duchié* de *Guienne*, fait & accordé certain Traittié & appointement de par Nous avec *Mérit de Durefort*, Efcuier, qui tenoit ladicte Place pour nos anciens Ennemis les *Anglois*, duquel Traittié & appointement la teneur eft telle.

S'enfuit ce que fait, traittié & appointé a efté par Monfeigneur le *Comte d'Armigniac*, Lieutenant du Roy noftre Seigneur en fes païs & *Duchié* de *Guienne*, avec *Mérit de Durefort*, Efcuier, Capitaine des ville & chaftel de *Duras*, pour les recouvrement & reduccion d'icelle ville & chaftel de *Duras* en l'obéïffance du Roy noftredict Seigneur, à préfent eftans en l'obéïffance & tenans le parti des *Anglois* anciens Ennemis de ce Royaume.

(1) *Et premièrement.* Ledict *Mérit de Durefort*, Capitaine deffufdict, mettra en l'obéïffance du Roy noftredict Seigneur, lefdictes ville & chaftel de *Duras*, réaument & de faict, & en baillera & délivrera la poffeffion & faifine à mondict Seigneur d'*Armigniac* ou à fes Commis & Deputés, qui eftabliront èfdictes ville & chaftel de *Duras*, de tel nombre de gens qu'ils verront eftre à faire, pour la garde & feureté d'icelle.

(2) *Item.* Parmi ce, ledit *Mérit* fera Capitaine defdites ville & chaftel

NOTE.

(a) Tréfor des Chartes, Regiftre IX^{xx}V [185], Pièce 125. == Mff. de Colbert, Volume LIV. page 628.

de *Duras*, Commis & Député par mondict Seigneur le Lieutenant pour le
Roy nostredit Seigneur, en la forme qu'il l'a de présent, en faisant le serement
au Roy nostredict Seigneur, d'estre son bon, loyal sujet & vassal; & ne baillera
ladicte Seigneurie à autre que au Roy nostredict Seigneur ou à mondict
Seigneur d'*Armignac*, ou à leur certain commandement.

(3) *Item.* Et ou cas que ledict Seigneur de *Duras* se réduiroit en l'obéissance du Roy nostredict Seigneur, iceluy *Mérit* sera tenu de bailler & délivrer
la possession & jouissance de ladicte terre, ville & place de *Duras*, pour en
joïr comme de sa propre chose, & mondict Seigneur d'*Armignac* promet aux
Consuls, manans & habitans de ladicte ville, de les maintenir en leurs franchises,
libertés & coustumes, & qu'ils en joïront ainsy que licitement & deuement ils
en ont joy & usé, ensemble de leurs biens, debtes loyaux & autres choses;
& aussy de leur remettre, abolir & pardonner tous crimes, délits, que à l'occasion
d'avoir tenu le parti contraire, pourroient avoir faits, commis & perpétrés;
& ainsy le faira ratifier mondict Seigneur le Lieutenant, par le Roy nostredict
Seigneur par ses Lettres patentes.

(4) *Item.* Et ou cas que ledit Seigneur de *Duras* ne se réduiroit en l'obéissance
du Roy nostredict Seigneur, ladicte ville & chastel, & aussy chastellenie,
demourra audict *Mérit* de *Durefort* comme son propre héritage; & ou cas
que ledit *Mérit* & autres manans & habitans de ladicte chastellenie auront biens
& héritages en l'obéissance du Roy nostredict Seigneur, leur seront rendus
& restitués. Et pour lesdictes choses tenir, faire & accomplir de point en
point, mondict Seigneur le Lieutenant a signé ces présentes de sa propre main,
& fait signer de son Conseiller & Secrétaire, & fait mettre son séel. *A Marmande
le huitiesme jour de Juing, l'an de grace mil quatre cents cinquante & un.*

Et en outre, pour ce que les manans & habitans dudict lieu sont de
nouvel venus pleinement en nostredicte obéissance; & pour les mieulx entretenir en icelle, leur ait promis & accordé de donner & faire donner &
confirmer de nouvel par Nous, leurs priviléges, libertés, usages, coustumes,
establissemens & franchises, toutesfois qu'ils en pourront informer par Lettres,
ou autrement deuement, ainsy que par Lettres patentes de nostredict Cousin,
où sont inférées lesdicts articles, données le unziesme jour de ce présent mois
de Juing, Nous est deuement apparu; & ayons esté requis de par nostredict
Cousin d'*Armignac*, que les choses dessusdictes il Nous plaise avoir agréables,
& icelles ratiffier & confermer: pour ce est-il que Nous, ces choses considérées,
connoissans que ce qu'il a fait èsdictes matières a esté pour le bien de Nous
& le recouvrement de nostre Seigneurie, lesdicts articles dessus incorporés,
& tout le contenu en iceux avons ratifiés, approuvés & confermés, ratiffions,
approuvons & confermons de grace espécial, pleine puissance & authorité
royal par ces présentes; & de plus ample grace, avons octroyé & accordé,
octroyons & accordons donner & confermer de nouvel ausdicts habitans dudict
lieu de *Duras*, leursdicts priviléges, usaiges, coustumes, establissemens &
franchises, toutesfois qu'ils Nous en pourront informer par Lettres ou
autrement duement, tout ainsy que par nostredict Cousin d'*Armignac* leur a
esté accordé & promis de par Nous. Sy donnons en mandement au Séneschal
de *...... & tous nos autres Justiciers ou à leurs Lieutenans présens & à venir,
& à chascun d'eulx si comme à luy appartiendra, que de nostre présente ratificacion, approbacion & confirmacion, lesdicts *Mérit* de *Durefort* & les habitans
dudict lieu de *Duras* & autres qu'il appartiendra, facent, seuffrent & laissent
joïr & user paisiblement & à plein, sans leur faire ne souffrir estre fait & donné
aucun empeschement au contraire; ainçois, sy fait ou donné leur avoit esté ou
estoit en aucune manière allencontre, sy le mettent ou facent mettre sans
délay au premier estat & deub. Et afin que ce soit chose ferme & establo
à tousjours, Nous avons fait mettre nostre Séel à ces présentes: sauf en autres
choses

* Sic.

chofes noftre droit, & l'autruy en toutes. *Donné à Lefignen, le feize jour de Juin, l'an de grace mil quatre cents cinquante & un, & de noftre règne le vingt-neufviefme. Ainfi figné : Par le Roy, l'Admiral (b), le Sire de* Villequier, *Meffire* Eftienne Chevallier *& autres préfens.* DELALOERE. *Vifa.*

CHARLES
VII,
à Léfignan ,
le 16 Juin
1451.

NOTE.

(b) C'étoit alors *Jean de Beuil*, qui avoit été fait Amiral de France l'année précédente, après la mort de *Prégent de Coëtivy* tué au fiége de *Cherbourg.*

CHARLES
VII,
à Saint - Jean-
d'Angeli ,
le 20 Juin
1451.

(a) Lettres de Charles VII, par lefquelles il confirme le traité fait entre le Comte de Dunois & le Seigneur de Montferrant, lorfque ce dernier fe foumit au Roi avec toutes fes Places, aux conditions accordées aux habitans de Bordeaux (b).

CHARLES, par la grace de Dieu, Roy de France, favoir faifons à tous préfens & à venir. Comme après la prife & recouvrance faite puis aucun peu de temps en çà, par noftre chier & féal Coufin le *Comte de Dunois* noftre Lieutenant général fur le fait de la guerre, & autres nos Chiefs & Capitaines de guerre eftans en fa compaignie, de plufieurs villes, chafteaulx & places que occupoient en nos pays & *Duchié de Guienne* nos anciens Ennemis & adverfaires les *Anglois*, certain traittié & appointement ait efté fait entre noftredict Coufin de *Dunois*, nos amés & féaulx Confeillers *Poton de Santerailles Bailly de Berry* & noftre premier Efcuier d'efcurie, & *Jehan Bureau* Tréforier de France, pour & ou nom de Nous, d'une part; & *Bertrand de Montferrant*, Chevallier, Seigneur dudict lieu de *Montferrant* & de la *Goyran*, d'autre part, contenant la réduccion de luy & de fes places eftant du party de nofdicts Ennemis, en noftre obéiffance, duquel appointement la teneur s'enfuit.

Traittié & appointement fait entre Monfeigneur *Jehan Baftard d'Orléans, Comte de Dunois & de Longueville*, Lieutenant général du Roy noftre Seigneur fur le fait de la guerre, *Poton de Santerailles Bailly de Berry*, Efcuier d'efcurie dudict Seigneur, & *Jehan Bureau* Tréforier de France, d'une part; & Meffire *Bertrand de Montferrant*, Seigneur de *Montferrant* & de la *Goyran*, d'autre part, en la forme cy-après déclairée.

(1) Premièrement. A efté accordé entre eulx que ledict Seigneur de *Montferrant* fera compris ou traittié fait par les deffufdicts & autres de la part du Roy de France Charles, avec ceulx de la ville de *Bourdeaux*, & les Trois Eftats du pays de *Guienne* & de *Bordelois*, & fe jouira des priviléges, libertés, prééminances & franchifes données & octroyées par le Roy de France à ceux de la ville de *Bordeaux* & du pays de *Guienne* & de *Bordelois*.

(2) Item. Et a efté appointé que ou cas que les *Anglois*, par puiffance d'armes, dedans le vintroifiefme jour de ce préfent mois de Juin, ne mettront les gens du Roy Charles hors de leur champ qu'ils ont prins & tiennent devant le chaftel de *Fronffac*, & qu'ils ne demeurent les plus forts en iceluy champ, en ce cas, ledict jour paffé, ledict Seigneur de *Montferrant* mettra toutes fes Places en l'obéiffance du Roy de France.

NOTES.

(a) Tréfor des Chartes, Regiftre IX[xx]V [185], Pièce 131. ═ *MSS. de Colbert*, Volume LIV, page 605.

(b) Les Lettres concernant *Bordeaux* font imprimées ci-après, page 139.

CHARLES
VII,
à Saint-Jean-
d'Angeli,
le 20 Juin
1451.

(3) *Item.* A efté accordé & appointé que fe dedans le vingt-troifiefme jour de Juing, l'armée des *Anglois* vient pour le fecours des gens du pays de *Guienne*, en ce cas ledict Seigneur de *Montferrant* fe pourra armer avecques eulx, & les aider & fecourir de tout fon povoir; & ou cas que lefdicts *Anglois* ne demourront les plus forts audict champ devant ledict lieu de *Fronffac* dedans ledict vintroifiefme jour de Juing, en ce cas ledict Seigneur de *Montferrant* accomplira fondict traittié comme dit eft deffus, & fera le ferement au Roy d'eftre bon & loyal françois, & mettra fes places & les hommes de fes Terres & Seigneuries en l'obéiffance du Roy.

(4) *Item.* Et pour ce faire, ledict jour paffé, le Roy fera content que ledict Seigneur de *Montferrant* & fes hoirs & fucceffeurs après luy, aient & auront touttes les Terres, Chafteaulx, Fortereffes & Seigneuries, hoftels & héritages quelfconques, que ledict Seigneur de *Monferrant* & fes prédéceffeurs ont tenu & poffédé, tiennent & poffedent en ladicte *Duchié* de *Guienne*, & qui deuement luy compettent & appartiennent par fucceffion de fon père & de fes autres prédéceffeurs, & toutes celles que luy & fes prédéceffeurs ont acquifes deuement de quelfques perfonnes que ce foit; & fe luy ou fes pré-déceffeurs ont perdu la poffeffion d'aucunes defdictes Terres & Seigneuries par la fortune de la guerre ou autrement, la jouiffance & poffeffion luy en fera baillée de par le Roy, incontinent qu'il aura fait le ferement.

(5) *Item.* Et fi a efté accordé que ledict Seigneur de *Monferrant* aura toutes les Terres & Seigneuries, hoftels & héritages que les Roys d'*Angleterre* & *Ducz* de *Guienne* ont donné le temps paffé aux prédéceffeurs dudict Seigneur de *Montferrant* & à luy mefmes; & fera le Roy tenu de récompenfer ceux à qui ils font & doivent appartenir, s'il y en a aucun ou aucuns, jufques à la valeur de cinq cents efcus d'or viels de rente par chafcun an; & fe plus valent que ladicte fomme de cinq cents efcus d'or viels, ledict Seigneur de *Monferrant* fera tenu de récompenfer ceux à qui font lefdicts héritaiges, d'iceluy feurplus, s'aucun en y a; & fi fera quitte envers le Roy & tous autres, des fruits & revenues que, par cy-devant, luy & fes prédéceffeurs ont reçeu des héritages deffufdicts.

(6) *Item.* A efté accordé & appointé que des chofes deffufdictes le Roy octroyera & donnera audict Seigneur de *Montferrant* & à fes hoirs & fucceffeurs, fes Lettres patentes en forme deue & fouffifant.

(7) *Item.* Et pour feureté des chofes deffufdictes, ledict Seigneur de *Montferrant* baillera ez mains de mondict Seigneur le *Comte de Dunois*, dedans demain pour tout le jour, la place de *Montferrant*, laquelle place mondict Seigneur de *Dunois* fera tenu luy rendre & reftituer, tantoft & incontinant qu'il aura fait le ferment au Roy, & mis touttes fefdictes Terres & Seigneuries en fon obéiffance, ou toutefvoies tantoft après que dedans ledict vintroifiefme jour de ce préfant mois de Juing, les *Anglois* par puiffance d'armes auroient boutté & mis hors les gens du Roy de France, du champ qu'ils ont efleu & tiennent devant le chaftel de *Fronffac*.

Touttes lefquelles chofes deffufdictes & chafcune d'icelles, Nous *Jehan Baftard d'Orléans*, *Comte de Dunois* & de *Longueville*, Lieutenant général du Roy noftre Sire fur le fait de fa guerre, *Poton de Santerailles Bailly de Berry*, Efcuier d'efcurie dudict Seigneur, & *Jehan Bureau* Tréforier de France, promettons par la foy & ferement de nos corps & fous nos honneurs, tenir & faire tenir & accomplir par le Roy noftredict Seigneur, audict Seigneur de *Montferrant*, de point en point, fans enfraindre en aucune manière: tefmoing nos fignets manuels & fceaulx de nos armes cy mis, le quatorziefme jour de Juing, l'an mil quatre cents cinquante & ung.

Lequel Traittié & appointement nofdicts Confeillers ayant promis Nous faire ratiffier & confermer, comme plus à plein eft contenu en iceluy, & pour ce Nous ont iceulx nos Coufin & Confeillers fait fupplier & requérir que ainfy le veuillons faire: pour ce eft-il que Nous, ces chofes confidérées, voulans attraire & réunir à Nous nos vaffaulx & fubgiès amiablement, en ce que en toutte bonne fubjeccion & obéïffance ilz foient plus enclins envers Nous, ledict Traittié & appointement & tout le contenu en iceluy avons eu & avons agréable, & l'avons ratifié & confermé, ratifions, confermons & approuvons de grace efpécial, pleine puiffance & authorité royal, par ces préfentes; voulans & octroyans audict *Bertrand* Seigneur de *Montferrant* & à fes hoirs & fucceffeurs, qu'ils jouiffent & ufent pleinement & paifiblement du contenu dudict Traittié & appointement, fans faire ne fouffrir eftre fait aucune chofe allencontre. Sy donnons en mandement par cefdictes préfentes à nos amez & féaulx Confeillers les Gens tenans & qui tendront nos Parlemens & Cours Souveraines, aux *Senefchaulx* de *Guienne*, d'*Agenès* & des *Lannes*, & à tous nos autres Jufticiers ou à leurs Lieutenans préfens & à venir, & à chafcun d'eulx fi comme à luy appartiendra, que ledict *Bertrand* Seigneur de *Montferrant* & fefdicts hoirs & fucceffeurs facent, fcuffrent & laiffent joïr & ufer paifiblement & à plein de nos préfens grace, ratificacion, confirmacion & octroy, fans leur faire ou donner, ne fouffrir eftre fait, mis, ou donné aucun deftourbier ou empefchement en quelque manière que ce foit; ainçois fe fait ou donné leur eftoit au contraire, fe le réparent & remettent, ou facent réparer & remettre fans délay à pleine délivrance & au premier eftat & deub. Et afin que ce foit chofe ferme & eftable à tousjours, Nous avons fait mettre à cefdictes préfentes noftre Séel; fauf en autres chofes noftre droit, & l'autruy en touttes. *Donné à Saint-Jehan d'Angely, le vintiefme jour de Juing, l'an de grace mil quatre cents cinquante & ung, & de noftre règne le vingt-neufviefme.* Ainfi fignées: *Par le Roy, Vous*[a], *les* Évefques de Magalonne *& de* Aleth, *le Seigneur de la* Tour, *l'Admiral*[b], *les Sires de* Santerailles, *de* Bangy *&* d'Efternay, *Maiftre* Jean Bureau, *& autres préfans.* DELALOERE.

Vifa. Contentor. E. FROMENT.

[a] Le Chancelier de France.
[b] Voyez ci-devant, p. 137, note (b).

(a) Lettres de Charles VII, par lefquelles il confirme le Traité fait avec les Gens des Trois-États de Bordeaux & pays de Guyenne, lorfque ce pays s'eft foumis à fon obéïffance.

CHARLES, &c. à tous préfens & à venir. Comme après la prife & recouvrance faite cette faifon par noftre très-cher & féal Coufin le *Comte* de *Dunois* noftre Lieutenant général fur le fait de la guerre, & autres nos chiefs & Capitaines de guerre eftans en fa compagnie, de plufieurs villes, chafteauls & places que occupoient en nos pays & *Duché* de *Guyenne*, nos anciens Ennemis & adverfaires les *Anglois*, plufieurs grans fommations ayent efté faites de par Nous aux Gens des Trois-Eftats du pays de *Guyenne* & de *Bordelois*, & aux Bourgeois, manans & habitans de noftre ville de *Bordeaulx*, de eulx mettre & réduire en noftre obéïffance, & Nous rendre & mettre en nos mains noftredicte ville de *Bordeaux* & toutes les autres villes & fortereffes

NOTE.

(a) Tréfor des Chartes, Regiftre IX^{xx}v [185] Pièce 128. — *MSS. de Colbert*, Volume LIV, page 641. Ce Traité a été imprimé dans les Offices de *Joly*, Tome I, page 349; dans le Recueil des Tréforiers de France par *Fournival*, page 117; & dans l'Hiftoire de *Bordeaux* par Dom de *Vienne*, Pr. page 513.

Charles
VII,
à Saint-Jean-
d'Angely,
le 20 Juin
1451.
† Marfan.

des pays deſſuſdicts eſtans en l'obéiſſance de noſdicts Ennemis les *Anglois* ; leſquelles ſommacions ainſy faites, ait eſté fait certain traittié & appointement touchant icelle réduccion en noſtredicte obéiſſance, entre nos amés & féaulx Conſeillers, *Poton* Seigneur de *Santerailles*, noſtre premier Eſcuyer de corps & Maiſtre de noſtre eſcurie & *Bailly* de *Berry*, Maiſtre *Jehan Bureau* Maiſtre de nos Comptes & Tréſorier de France, & *Ogier* de *Vrequit* Juge de *Mercent*[1], à ce commis par noſtredict Couſin de *Dunois* & Lieutenant général, pour & ou nom de Nous, d'une part, & les Gens des Trois-Eſtats deſdictes ville & cité de *Bordeaux* & pays de *Bordelois*, ès noms d'eulx & des autres pays de la *Duchié* de *Guienne* eſtans en ladicte obéiſſance des *Anglois*, d'autre part : duquel Traitté & appointement la teneur s'enſuit.

Traitté & appointement fait entre *Poton* de *Santerailles Bailly* de *Berry*, Eſcuier d'eſcurie du Roy de France Charles, *Jehan Bureau* Conſeiller du Roy noſtre Seigneur & Tréſorier de France, & *Ogier* de *Vrequit* Juge de *Mercent*, à ce commis par Monſeigneur le *Comte* de *Dunois* & de *Longueville*, Lieutenant général du Roy de France Charles, ſur le faict de ſa guerre, pour & ou nom dudict Roy Charles, d'une part ; & les Gens des Trois-Eſtats de la ville & cité de *Bourdeaux* & pays de *Bourdelois*, ès noms d'eulx & des autres pays de la *Duchié* de *Guyenne* qui de préſent ſont en l'obéiſſance des *Anglois*, d'autre part ; pour la réduccion de ladicte ville & cité de *Bourdeaux* & pays deſſuſdicts eſtans en l'obéiſſance deſdicts *Anglois*, & pour icelle cité de *Bourdeaux* & pays deſſuſdicts mettre & tenir en l'obéiſſance dudict Roy Charles, en la forme & manière qui s'enſuit.

Primò. Pour ce que après pluſieurs grans ſommacions faites de la part du Roy de France aux Gens des Trois-Eſtats des pays de *Guienne* & *Bourdelois*, & aux Bourgeois & habitans de la ville de *Bourdeaux*, d'eulx mettre en ſon obéiſſance, & lui rendre & mettre en ſes mains ladicte ville de *Bourdeaux*, & touttes les autres villes & fortereſſes du pays eſtans en l'obéiſſance des *Anglois*, veu qu'il ne leur eſtoit poſſible de plus endurer ne ſouſtenir le fais & charge du Roy de France qui deſjà avoit conqueſté tout le pays de la rivière de *Dordougne*, véans par leſdicts Trois-Eſtats clairement la totale deſtruccion du pays, ſi remède n'y eſtoit mis : iceulx Gens des Trois-Eſtats ont fait requérir à Monſeigneur le *Comte* de *Dunois*, Lieutenant général du Roy de France, que par le traittié il leur vouſliſt donner terme & reſpit ſouffiſant & convenable pour envoyer par devers le Roy d'*Angleterre* luy ſignifſier les choſes deſſuſdictes, & avoir reſponſe de luy, & prendre jour de bataille qui ſeroit le plus fort ſur les champs à iceluy jour ; & pluſieurs autres grans requeſtes par eulx faites & débattues par pluſieurs journées. Sur quoy a eſté traittié & accordé ce qui s'enſuit.

(1) *Premièrement*. Que ceux de la part du Roy de France, pour eſchever la totale deſtruccion du pays, ſont contens de donner terme & délay à ceux deſdicts Trois-Eſtats, pour attendre l'armée du Roy d'*Angleterre* qu'ils eſpèrent venir de brief & l'attendent de jour en jour, juſqu'au Mercredy vintroiſieſme jour de ce préſent mois de Juing.

(2) *Item*. Et ou cas que dans ledict vintroiſieſme jour, ceux de la part du Roy d'*Angleterre* ne vouldront venir ſecourir ceux dudict pays de *Bourdelois* & de *Guienne*, en telle manière que par puiſſance d'armes ils puiſſent débouttet les gens du Roy de France du champ où ils ſeront devant la place de *Fronſac*, & en iceluy demourer les plus forts ; en ce cas, & tantoſt iceluy jour paſſé, les Gens deſdicts Trois-Eſtats promettront & jureront dès à préſent par leurs foys & ſeremens & ſur la Vraye-Croix, bailler & deſſivrer au Roy noſtre Seigneur, en ſa perſonne, ſi poſſible luy eſt bonnement de y eſtre au jour ainſy que on a eſpéré qu'il ſera, & ou cas que à iceluy jour le Roy ne pourroit eſtre en ſa

personne, comme accordé a esté, en ce cas, ceux desdicts Trois-Estats bailleront à Monseigneur le *Comte* de *Dunois* Lieutenant du Roy, & à autres ses Conseillers & Officiers en sa compagnie, ainsi que le Roy mandera par ses Lettres patentes dedans lesquelles seront ces articles incorporés, & les promettra le Roy entretenir de point en point, la possession de ladicte ville de *Bourdeaux*, & après conséquemment des autres villes, chasteaux & forteresses desdicts pays.

(3) *Item.* Et pour seureté de faire & accomplir les choses dessusdictes par lesdicts Trois-Estats de *Bourdelois* & pays de *Guienne*, a esté accordé qu'ils bailleront réaument & de fait, dedans demain qui sera Dimanche, pour tout le jour, ès mains de mondict Seigneur le *Comte* de *Dunois*, les villes & places de *Vaires*, *Rions*, *Saint-Macaire* & *Blaignat*, & ès mains de Maistre *Jehan Bureau* Trésorier de France, la place de *Castillon* en *Périgort*.

(4) *Item.* Et s'il avenoit que dedans ledict vintroisiesme jour de ce présent mois de *Juing*, l'armée d'*Angleterre* venist pour le secours dudict pays de *Guienne*, en ce cas ceux dudict pays de *Bourdelois* & de *Guyenne* les pourront secourir & aidier en tout ce qu'ils pourront pendant ledict temps.

(5) *Item.* Et ou cas que dedans ledict vintroisiesme jour de ce présant mois de *Juing*, lesdicts *Anglois* & ceux dudict pays de *Bourdelois* pourront par puissance d'armes débouter les gens du Roy hors de leur champ où ils sont devant *Fronsac*, & en iceluy demourer les plus forts, en ce cas, & tantost icelui avenu, ledict Monseigneur le *Comte* & ledict Maistre *Jehan Bureau* deslivreront lesdictes cinq places, c'est assavoir, à Monseigneur le *Captau* les places de *Vaires*, *Blaignat* & *Castillon*, & les places de *Rions* & *Saint-Macaire* aux habitans de la cité de *Bourdeaux*, & aussy rendront les scellés que les dessusdicts ont pour ce baillés à mondict Seigneur le *Comte*.

(6) *Item.* Et s'il advenoit que aucunes villes, cités & places estans oudict pays, ne se voulsissent réduire & mettre en l'obéissance du Roy comme ladicte ville de *Bourdeaux*, eulx sur ce deuement sommés & requis; en ce cas le Roy les contraindra par puissance d'armes à l'aide de ses subgiès.

(7) *Item.* Et feront tous les habitans desdictes villes, cités, chasteaux & forteresses, incontinent la possession d'icelles eues & prises, le serement au Roy, ou à ses Commis pour luy, d'estre dès-lors en avant bons, vrays & loyaulx subgiès & obéissans au Roy de France, & de tenir son party enyers & contre tous à tousjours-mais perpétuellement.

(8) *Item.* Et sera le Roy, à l'entrée de ladicte ville de *Bourdeaux*, au jour que bailler la doivent, s'il y est présent, ou Monseigneur le *Comte* de *Dunois* pour luy, se le Roy n'y peut estre, le serement sur le Livre & sur la Croix, ainsy qu'il est accoustumé, de tenir & maintenir les habitans d'icelle ville & du pays, & chascun d'eulx présents & absens, qui demourront ou demourer vouldront en son obéissance, en leurs franchises, libertés, statuts, loix, coustumes, establissemens, stiles, observances & usances du pays de *Bourdeaux* & *Bourdelois*, de *Bazadez* en *Bazadez* & d'*Agenetz* en *Agenetz*; & leur sera le Roy bon Prince & droiturier Seigneur, & les gardera de tort & de force de soy-mesme & de tous autres à son loyal povoir, & leur faira ou faira faire droit, raison & accomplissement de justice; & des choses dessusdictes & de chascunes d'icelles le Roy leur donnera & octroyera ses Lettres patentes scellées de son grant Séel, en la meilleure forme que faire se devra & pourra, quittement & franchement de ce qui appartient au Roy.

(9) *Item.* Et s'il advient que le Roy ne puisse estre au jour de ladicte entrée, mondict Seigneur de *Dunois* Lieutenant du Roy, promettra & jurera faire ratifier par le Roy touttes les choses dessusdictes, & de les luy faire jurer & promettre ainsy que dit est dessus.

CHARLES
VII,
à Saint-Jean-
d'Angeli,
le 20 Juin
1451.

(10) Item. Et s'il y en a aucuns qui ne veuillent demourer ne faire le ferement au Roy de France, aller s'en pourront quand bon leur femblera, & où il leur plaira; & pourront emporter touttes leurs marchandifes, or, argent & biens meubles, nefz, vaiffeaulx & autres chofes quelconques; & auront pour ce faire, bon faufconduit & terme de vidange jufques à demy an, à compter de la datte de ces préfentes; pourveu que quand ilz feront oudict party du Roy, ils fairont le ferement de ne faire ne pourchaffer en icelluy aucun mal ou dommage tant qu'ils y feront : & s'ils ont aucuns héritages au pays, iceulx demourront à leurs plus prouchains hérittiers eftans èfdicts pays, & qui vouldront faire le ferement au Roy, & demourer en iceluy party.

(11) Item. Et s'il y en a aucuns èfdicts pays de *Guienne,* qui ne foyent délibérés de faire le ferement, & qui veuillent aller en aucuns lieux, en ce Royaume ou dehors, querir & pourchaffer aucuns de leurs biens ou debtes, faire le pourront, & auront temps & terme d'eulx déclairer François fi bon leur femble, jufqu'à demy an prouchain venant ; [*(b)* & s'il y en a aucuns, Ambaxadeurs ou autres, qui de préfent foient abfens de ladicte ville de *Bourdeaux* ou du pays deffufdict, qui veuillent retourner & faire le ferement comme les autres,] faire le pourront & y feront receus, & auront tous leurs biens & héritaiges dedans un an ainfy que les autres deffus nommés.

(12) Item. Et s'il y en a aucuns qui pendant ledict temps de demy an s'en veuillent aller hors de l'obéiffance du Roy, & laiffier aucuns de leurs biens en garde en ladicte ville de *Bourdeaux* ou ailleurs oudict pays de *Guienne,* faire le pourront, & leur demourront feurs pendant ledict temps, & auffy les pourront envoyer querir pendant iceluy temps, fi bon leur femble, & les faire emporter où bon leur femblera; & s'il leur eft deub aucune chofe en ladicte ville de *Bourdeaux* ou ailleurs oudict pays de *Guienne,* ils le pourront pourfuir & demander, & leur en fera faite raifon & juftice.

(13) Item. Et s'il y a aucuns qui veuillent avoir faufconduit pour eulx en aller avec leurs biens meubles quelconques, vaiffeaux & autres chofes, ils auront bon faufconduit pour ce faire : & ne leur couftera chafcun faufconduit que ung efcu d'or.

(14) Item. A efté appointé & accordé que en mettant par ceux defdicts Trois-Eftats lefdictes villes, cités, chafteaux & forterefles des pays de *Bourdelois,* de *Guienne* & de *Gafcongne* en noftre obéiffance, & en faifant le ferement ainfy que dit eft deffus par les habitans demourans en iceux lieux, tous iceux habitans auront abolicion géneralle du Roy, de tous cas & crimes civils & criminels & de touttes peines encourues; & leur en fera bailler le Roy fes Lettres patentes féellées de fon grant Séel, en général ou en particulier, ainfy que avoir les vouldront, quittement & franchement de ce qui appartiendra au Roy.

(15) Item. Et demourront tous Nobles & non Nobles & habitans defdictes villes & pays qui demourer vouldront en iceulx & auront fait le ferement, en leurs poffeffions, droitures, & en leurs chafteaux, forterefles, villes, feigneuries & autres héritaiges où qu'ils foyent fitués & affis, & auffy en leurs biens meubles, marchandifes & autres quelfconques, fans que on leur en faffe aucun tort ou violence, ou que on leur donne en iceulx aucun deftourbier ou empefchement.

(16) Item. Et pareillement demourront les Gens d'Églife eftans èfdicts pays, en tous leurs Bénéfices, Dignités, biens meubles & immeubles, en leurs Offices d'Églife, juridiccions, poffeffions fpirituelles & temporelles, feigneuries, villes, chafteaux & forterefles, revenues, cens, dommaines & autres biens à eulx

NOTE.

(b) Ce qui eft entre deux crochets, eft omis dans les Lettres imprimées parmi les Preuves de l'Hiftoire de *Bordeaux.*

appartenans, & en iceux feront maintenus & gardés, & auffy en leurs franchifes, priviléges & libertés quelconques; & de ce auront bonnes Lettres du Roy, féellées de fon grant Séel, telles que au cas appartiendra, quictementt & franchement de ce qui appartiendra au Roy.

(17) *Item.* Et, fi les Roy d'*Angleterre* & *Ducz* de *Guienne* ont donné par cy-devant à aucuns des habitans demourans éfdicts pays, aucunes Terres & Seigneuries, chafteaux, forterefles & autres quelconques, à eulx appartenans à caufe de ladicte *Duchié*, en quelque manière que ce foit, ils feront & demourront à ceux à qui ils auront ainfy efté donnés; fauf & réfervé la Terre & Seigneurie de *Curton* que le Roy a donnée.

(18) *Item.* Et ne feront contrains les habitans defdicts pays dorefnavant à payer aucunes tailles, impoficions, gabelles, fouages, curtages, équivallent, ne autres fubfides quelconques; & ne feront tenus de payer dorefnavant que les droits anciens deubs & accouftumés en ladicte ville de *Bourdeaux* & ès pays deffufdicts.

(19) *Item.* Et a efté appointé que tous Marchands apporteront dorefnavant marchandifes & vivres quelconques en ladicte ville de *Bourdeaux* & pays de *Bourdelois;* & pourront feurement venir par eaue doulce ou par terre, en payant feulement les droits & devoirs anciens deubs & accouftumés d'ancienn, tant au Roy comme aux autres Seigneurs à qui ce pourroit appartenit, felon la forme de leurs privilèges, franchifes & libertés.

(20) *Item.* Et fera le Roy content que en ladicte cité de *Bourdeaux* y ait Juftice fouveraine, pour cognoiftre, difcuter & déterminer diffinitivement de touttes les caufes d'appel qui fe fairont en iceluy pays; fans pour iceux appeaux, par fimple querelle ou autrement, eftre traittiés hors de ladicte cité.

(21) *Item.* En outre a efté accordé que dorefnavant le Roy ne fes Succeffeurs Roys ne pourront tirer hors des pays deffufdicts, pour faire guerre, les Nobles ne autres dudict pays, fans leur vouloir & confentement; finon toutesvoies que le Roy ne les paye de leurs gaiges & fouldes.

(22) *Item.* Et par ce préfent traittié a efté accordé que mondict Seigneur le *Comte* de *Dunois* fera rendre & deffivrer à ceux de ladicte ville de *Bordeaux*, francs & quittes, le Maire de ladicte ville, le Sous-maire, le foubfdict *Jehan* de *Roftan*, & Bertrand d'*Agetz*[*].

*Ces deux noms ne fe trouvent point daus la fuite de ces Lettres.

(23) *Item.* Et faira le Roy de France battre monnoye en ladicte ville de *Bordeaux*, par l'avis & délibéracion de fes Officiers & Gens des Trois-Eftats dudict pays de *Guienne*, en ce cognoiffans, appellés avec eux les Généraux-Maiftres des Monnoyes; & promettra le Roy par fes Lettres patentes, que les Monnoyes qui à préfent ont cours oudict pays, puiffent encores y avoir cours un an ou deux, fe bon leur femble; & donnera le Roy, en faifant icelle Monnoye, la plufpart de fon droit de feigneuriage, afin de amander icelle Monnoye au proffit du peuple dudict pays.

(24) *Item.* Sy le Roy laiffe aucunes gens de guerre en ladicte ville de *Bordeaux* & pays de *Guienne* pour la garde & feureté d'iceux, il les payera de leurs gaiges, & les faira gouverner bien & doucement, & payer ce qu'ils prendront; & ceux qui feront en ladicte ville de *Bordeaux*, feront logiés aux hofteleries, & autres lieux moins grévables & dommageables pour les manans & habitans de ladicte ville.

(25) *Item.* Et a efté appointé que les Officiers que le Roy commettra au pays, promettront au Roy ou à fes Gens, & jureront de faire bonne juftice & fans faveur, au grant comme au petit; & qu'ils garderont les couftumes, privilèges & loix de ladicte ville de *Bourdeaux*, & les maintiendront en leurs honneurs & prééminences; & joiront ceux de ladicte ville de *Bordeaux* & autres quelconques du pays de *Bordelois*, de leur juridiccion, ainfy que d'ancienneté ils ont accouftumé.

CHARLES
VII,
à Saint - Jean
d'Angeli,
le 20 Juin
1451.

(26) *Item.* Et deffendra le Roy, ou faira deffendre à fon Procureur en la ville de *Bourdeaux*, qu'il ne vexe ou travaille aucun des habitans de ladicte ville ne dudict pays, fans requefte de partie, ou qu'il n'y ait deue informacion précédente.

Lefquels traittiés, accords & appointemens, promeffes & convenances, nous *Pierre*, par la miféracion divine *Arcevefque de Bourdeaux*, *Bertrand* Seigneur de *Montferrand*, *Gaillard de Durefort* Seigneur de *Duras*, *Gadifer Chartoife*, Maire & comme Maire de *Bourdeaux*, *Jean de la Lande* Seigneur de *Breda*, *Bertrand Angevin* Seigneur de *Ronfan* & de *Pougbols*, & *Guillem Androm* Seigneur de *Lanfac*, promettons par la foy & ferement de nos corps, & fur nos honneurs, tenir & accomplir de point en point, felon leur forme & teneur, fans icelles aucunement enfraindre. En tefmoing de ce, nous avons figné ces préfentes de nos feings manuels, & féellées des feaulx de nos armes, le Samedy douziefme de ce préfent mois de Juing, l'an mil quatre cents cinquante & ung. *Ainfy figné.* P. ARCHIEPISCOPUS BURDEGALENSIS, MONTFERRANT, JEHAN DE LA LANDE BREDA, G. DE LANSAC, P. DE BOSQUETO.

Lequel traité & appointement nofdicts Confeillers ayant promis & juré faire par Nous ratiffier & confermer, & pour ce Nous ayant fait fupplier & requérir que ainfy le voulons faire : pour ce eft-il que Nous, ces chofes confidérées, & que mieux eft recouvrer & réduire en noftre obéïffance noftredict pays de *Guienne*, par traittié amiable, que y procéder par voye de fait & de guerre; voulans auffy obvier à l'effufion du fang humain & à la deftruccion & perdicion du pays & de nos fubgiés d'iceluy, ledict traittié & appointement & tous les points & articles contenus en iceluy, avons eu & avons agréables, & l'avons ratiffié, approuvé & confermé; ratiffions, approuvons & confirmons de grace efpécial, pleine puiffance & authorité royal, voulans & octroyans aufdicts Gens des Trois-Eftats de noftredicte ville de *Bourdeaux*, du pays de *Bourdelois* & de *Guienne*, tant Gens d'Églife, Nobles, que autres quelconques, qu'ils joïffent & ufent pleinement & paifiblement du contenu oudict traittié & appointement; promettons en bonne foy & en parole de Roy, de tenir & faire entretenir ledict traittié & appointement, & de ne faire, ne fouffrir eftre faite aucune chofe à l'encontre. Sy donnons en mandement par cefdictes préfentes à nos amez & féaulx Confeillers les Gens tenans & qui tendront nos Parlemens & Cours Souveraines, aux *Sennefchaulx de Guienne*, d'*Agennois*, de *Bafadez* & des *Lannes*, & à tous nos autres Jufticiers ou à leurs Lieutenans préfens & à venir, & à chafcun d'eulx fy comme à eux appartiendra, que lefdicts Gens d'Églife, Nobles & autres defdits Trois-Eftats facent, feuffrent & laiffent joïr & ufer pleinement & à plein de nos préfans ratificacion, confirmacion & octroy, fans leur faire ne fouffrir eftre fait aucune chofe au contraire, ores ne pour le temps à venir, en quelque manière que ce foit, ainçois fi fait ou donné leur eftoit aucunement, fi le réparent & remettent ou facent réparer ou remettre fans délay au premier eftat & deub; & afin, &c. fauf, &c. *Donné à Saint-Jehan d'Angely, le vintiefme jour du mois de Juing, l'an de grace mil quatre cents cinquante-ung, & de noftre règne le XXIX.* Ainfy figné. *Par le Roy en fon Confeil (c).* DELALOERE.

NOTE.

(c) *Par le Roy en fon Confeil.*] Après ces mots, on lit dans les Imprimés : *Auquel Vous, les Évêques de Magalonne & d'Aletz, le S.' de la Tour, l'Admiral, le S.' de Saintrailles, Maître Jean Bureau & Berquit.* Il y a quelques légères différences dans le nombre & l'orthographe de ces fignatures.

L'Hiftorien de *Bordeaux* a lû *tous* au lieu de *Vous*, qui dans le ftyle des Ordonnances, défigne le Chancelier de France. On lit dans *Joly*, l'acte d'enregiftrement de ces Lettres en la Sénéchauffé de *Guyenne*, le 12 Février 145?.

Lequel

Lequel traittié & appointement Nous avons par nos autres Lettres patentes
données du jour d'huy, ratiffié, confirmé & approuvé, ainfy que par nofdictes
Lettres peut plus à plein apparoir; & foit ainfy que oudict traittié & appointement
foit entre autres chofes contenu que lefdicts Gens des Trois-Eftats doivent
mettre en noftre obéiffance & bailler la poffeffion & faifine de noftredicte ville
de *Bourdeaux* & des autres places defdicts pays occupés par nofdicts Ennemis,
dedans le vintroifiefme de ce préfent mois de Juing, ou cas que cependant
par armée venant d'*Angleterre*, ils ne feront fecourus felon le contenu oudict
traittié, & ce à noftre perfonne ou cas que bonnement y pourrions eftre, ou
à noftredict Coufin de *Dunois*, noftre Lieutenant général fur le fait de la
guerre, ou autre pour Nous à ce commis. Et pour ce que dedans le jour de
la réduccion de noftredicte ville de *Bourdeaux*, obftant la briefveté du temps,
n'y povons bonnement eftre en perfonne pour en prendre la poffeffion, & des
autres places occupées par nofdicts Ennemis, par quoy Nous foit befoing
à ce commettre & ordonner aucune perfonne notable de bonne & grant
authorité, & à Nous feure & féable: Nous voulans à ce pourvoir ainfy qu'il
appartient, confidérans ladicte briefté, confians entièrement des grans fens,
loyauté & bonne diligence de noftredict Coufin de *Dunois*, Lieutenant général
fur ledict fait de la guerre, iceluy avons commis & ordonné, commettons
& ordonnons par ces préfentes, pour jurer & promettre de par Nous, felon
la forme & manière contenue oudict traittié & appointement, de entrer en
noftredicte ville de *Bourdeaux*, & en prendre la poffeffion & faifine, & pourvoir
à la garde d'icelle ainfy qu'il verra eftre à faire en icelle, & de prendre ou faire
prendre de par Nous le ferement en tel cas néceffaire de tous les Gens
d'Églife, Nobles & autres, de ladicte ville de *Bourdeaux*, d'eftre déformais
bons & loyaux envers Nous, & Nous obéir & fervir envers & contre tous
comme à leur vray & naturel Seigneur, fans nul en excepter, & de les prendre
& recueillir en noftre bonne grace & bienveillance, & généralement de leur
faire & faire faire & entretenir tout ce que leur a efté promis & accordé par
ledict traittié & appointement deffus incorporé, promettans en bonne foy &
parole de Roy avoir agréable tout ce que par noftredict Coufin & Lieutenant
aura efté fait, entant que touche le contenu audict traittié & appointement.
Et afin, &c. fauf, &c. *Donné comme deffus, & figné comme deffus.*

CHARLES
VII,
à Saint-Jean-
d'Angeli,
le 20 Juin
1451.

CHARLES
VII,
à Saint-Jean-
d'Angeli,
le 23 Juin
1451.

*(a) Lettres de Charles VII, par lefquelles il confirme les Statuts
des Orfevres de Bordeaux.*

CHARLES, par la grace de Dieu, Roy de France, favoir faifons
à tous préfens & à venir; que comme de la partie de nos bien-amez
les Orfevres ouvrans & befongnans en noftre ville & cité de *Bordeaulx*, Nous
ait efté fupplié & requis que Nous voulfiffions confentir qu'ils joïffent &
ufaffent d'aucunes Ordonnances autresfois faites fur le fait de leurdict meftier
d'Orfevre, defquelles le temps paffé eulx & leurs prédéceffeurs ont joy & ufé
deuement, & lefquelles Ordonnances Nous avoir agréables en la manière
cy-après déclarée, c'eft affavoir:

(1.) Que nul argent de plate, ne vaiffelle d'or ne d'argent, ne foit vendu
en noftre cité de *Bordeaulx*, finon pardevant les Changeurs, ou en l'Orfevrerie devant les Maiftres dudict meftier illecques, publiquement & ouvertement,

NOTE.

(a) Tréfor des Chartes, Regiftre IXᵛᵛV [185], Pièce 133. — *MSS. de Colbert.*
Vol. LIV, page 615.

CHARLES
VII,
à Saint - Jean
d'Angeli,
le 23 Juin
1451.
* Boutique en rue
détournée.

si que les Maiſtres dudiçt meſtier puiſſent eſtre aviſés & avoir avis ſi le vendeur eſt loyal ou non, & auſſi ſi le vaiſſel eſt de droit aloy & de bon argent.

(2) *Item.* Que nul qui ſe clame dudiçt meſtier, ne tiegne choppe* en vanelle, mais en lieu ouvert ou en rue publique, afin que l'en puiſſe voir que leurs ouvrages ſoyent convenables & bons.

(3) *Item.* Que ceux dudiçt meſtier puiſſent par vertu-de noſdiçtes Lettres eſlire bonnes gens, loyaulx & ſouffiſants en leurdiçt meſtier, & connoiſſans en ce qui appartient audiçt meſtier d'orfevrerie, pour eulx enquerre des choſes deſſuſdiçtes, & de amender les deſautes qui ſeront par eulx trouvées oudiçt meſtier, & y ordonner ce qui ſera néceſſaire par raiſon; & ſur ce mettre deue punicion aux délinquans ſur les poins avantdiçts, à l'aide des Maire & Jurés de noſtrediçte cité, quand meſtier ſera.

(4) *Item.* Nous voulons que leſdiçts Orfevres ouvrent d'auſſi bon argent comme ils ont fait avant ces heures en noſtrediçte cité; & que nul ouvrage d'argent, en vaiſſelle ne autrement, ne ſoit vendu aux Changeurs ne en ladiçte orfévrerie, s'il n'eſt cogneu que lediçt argent ſoit auſſi bon comme celuy de quoy ils ouvrent en noſtrediçte cité de *Bordeaux.*

(5) *Item.* Voulons auſſi que les autres cités & villes de noſtre pays de *Bordelois* où Orfevres ſont & repairent, & auſſy Marchands, que les Ordonnances cy-deſſus eſcrites y ſoient entretenues & gardées; & ung ou deux dudiçt meſtier de chacune deſdiçtes villes & cités, ſoient tenus de venir en noſtre chaſtel de *Bordeaulx,* à noſtre Conneſtable illecques, pour avoir la certaine touche appartenante audiçt meſtier.

(6) *Item.* Nous voulons auſſy que leſdiçts Orfevres de chaſcune deſdiçtes cités & villes de noſtrediçt pays de *Bordelois,* ayent nouvel poinçon d'une fleur-de-lys, & ſoubs icelle eſcrit *Bordeaux:* lequel poinçon leſdiçts Orfevres ſeront tenus venir quérir en noſtrediçt chaſteaulx de *Bordeaux* à noſtre Conneſtable illec, pour ſigner & marquer leur ouvrage, ainſy qu'il eſt accouſtumé de faire. Toutesfois Nous n'entendons aucunement que pour cauſe de cette noſtre Ordonnance, leſdiçts Orfevres ſoyent exemps de la juriſdiccion deſdiçts Maire & jurés de noſtrediçte ville & cité de *Bordeaulx.*

Nous, les choſes deſſuſdiçtes conſidérées, ayans leſdiçtes Ordonnances agréables, voulons, ratiffions & approuvons de noſtre grace eſpécial, pleine puiſſance & authorité royal, par ces meſmes préſentes, entant que leſdiçts Orfevres en ont juſtement & raiſonnablement joy & uſé; en mandant à nos amez & féaulx les *Senneſchal* de *Guienne,* Conneſtable, Maire & Jurés de noſtrediçte ville & cité de *Bordeaux,* & à tous nos autres Juſticiers ou Officiers, ou à leurs Lieuxtenans préſens & à venir, & à chaſcun d'eulx ſy comme à luy appartiendra, que leſdiçtes Ordonnances deſſus eſcrites, ils tiengnent, gardent & accompliſſent en tant que à eulx touchent, & facent tenir, garder & accomplir de point en point ſelon leur forme & teneur, ſans en ce leur donner ne ſouffrir eſtre fait, mis ou donné, ores ne pour le temps à venir, aucun deſtourbier ou empeſchement, mais ſe fait, mis ou donné leur eſtoient, la facent incontinent mettre au premier eſtat & deub. Et afin que ce ſoit choſe ferme & eſtable à tousjours, Nous avons fait mettre noſtre Séel à ces préſentes: ſauf en autres choſes noſtre droit, & l'autruy en touttes. *Donné à Saint-Jehan-d'Angely, le vintroiſieſme jour de Juing, l'an de grace mil quatre cents cinquante & ung, & de noſtre règne le 29.°* Ainſi ſigné; *Par le Roy en ſon Conſeil.* N. DU BRUEIL.

Viſa. Contentor. E. FROMENT.

CHARLES
VII,
à Saint-Jean-
d'Angeli,
le 23 Juin
1451.

(a) Lettres de Charles VII, par lesquelles il confirme celles de Louis VI & de Louis VII, qui abolissent le droit d'hommage & d'investiture dans l'Église de Bordeaux.

KAROLUS, Dei gracià, Rex Francorum: Ad perpetuam rei memoriam. Regie Majestatis ea prestancior est solicitudo, ut Ecclesiasticis personis libertates & privilegia quibus eas dotaverunt nostri Predecessores consolidemus, ut nostro fulti subsidio, divinis attenciùs subsistant. Sanè Litteras pro parte sincerè dilectorum nostrorum Decani & Capituli Ecclesie ville & civitatis nostre Burdegalensis Nobis porrectas suscepimus hoc tenore.

IN nomine Sancte & individue Trinitatis. Amen (b).

Quasquidem Litteras superiùs insertas, eas ratas & gratas habentes, volumus, laudamus, approbamus & ratificamus de nostrâ speciali gracià, potestatisque plenitudine, & regià authoritate, in quantum prefati Decanus & Capitulum ritè & debitè usi fuerunt, confirmamus per presentes, mandantes dilectis & fidelibus nostris Senescallo nostro Aquitanensi, Majorique & Constabulario dicte ville & civitatis nostre Burdegalensis, ceterisque Justiciariis & Officiariis nostris, aut eorum Locatenentibus presentibus & futuris, & eorum cuilibet prout ad eum pertinuerit, quatenùs omnia & singula superiùs inserta teneant, custodiant & adimpleant, tenerique & custodiri, de puncto in punctum adimpleri & inviolabiliter faciant observari, facta in contrarium, si que sint, ad statum pristinum & debitum reducendo seu reduci faciendo indilatè visis presentibus : nostro in aliis, & alieno jure semper salvo. Quod ut firmum & stabile permaneat in futurum, presentibus Litteris nostrum fecimus apponi Sigillum. Datum apud Sanctum Johannem Angeliacensem, die vicesimâ terciâ mensis Junii, anno Domini millesimo quadringentesimo quinquagesimo primo, regni verò nostri vicesimo nono. Sic signatum: Per Regem in suo Consilio. ROLANT.

Visa. Contentor. E. FROMENT.

NOTES.

(a) Trésor des Chartes, Registre IXˣˣV [185], Pièce 136. == *MSS.* de *Colbert,* Vol. LIV, page 623.

(b) IN nomine, &c.] Ces Lettres de Louis VI & de Louis VII, de l'an 1137, sont imprimées dans le I.ᵉʳ Volume de ce Recueil, pages 7 & 8. Les Lettres de Louis VII se trouvent aussi parmi les Preuves du II.ᵉ Volume de la nouvelle édition de la *Gaule Chrétienne,* col. 280. Elles y portent la date de 1136. Les Auteurs entrent à ce sujet dans de longs raisonnemens (*ibid.* col. 812) sur ce que dans ces Lettres il est dit que Louis VII étoit marié avec Éléonor, ce qui n'eut lieu qu'en 1137. La solution de la difficulté est simple: c'est que la vraie date des Lettres de Louis VII est de 1137; c'est celle qu'elles portent dans le Registre original d'où elles ont été tirées pour les insérer dans notre Recueil.

CHARLES VII,
à Saint-Jean-
d'Angeli,
le 23 Juin
1451.

(a) Lettres de Charles VII, par lesquelles il confirme l'exemption de droits accordée aux Doyen & Chanoines de l'Eglise de Bordeaux, sur les vins de leurs terres.

KAROLUS, Dei graciâ, Francorum Rex, Notum facimus universis presentibus & futuris, quòd pro parte benè dilectorum nostrorum Decani & Capituli Ecclesie ville & civitatis nostre Burdegalensis Nobis supplicatum & requisitum extiterit, ut consentire & indulgere vellemus quòd uterentur & gauderent certis privilegiis, libertatibus & franchisiis de quibus retroactis temporibus ipsi & eorum predecessores hactenùs uti & gaudere debitè consueverunt; & eadem privilegia, usus libertates & franchisias gratas habere & confirmare dignaremur, sub modo & formâ que sequuntur: scilicet, quòd vina ipsorum Capituli & Canonicorum ejusdem Ecclesie, eciam si decimas vel alios redditus vinearum assensaverint vel ad firmam tradiderint, eciam personæ laicali, dum tamen de propriis vineis, agreriis, redditibus vel decimis eorum fuerint, forent deinceps in perpetuum francha, plenè & liberè, sine aliquâ inquietudine vel exaccione, seu coustume solucione, aut retardacione, per Constabularium qui nunc est vel pro tempore fuerit Burdegale coustumandâ; ipsosque Capitulum & Canonicos, seu procuratores eorum, pro personis antedictis ad coustumandum dicta vina per modum pretactum existere admittendos. Ea propter, Nos eadem privilegia, franchisias, libertates & usus ratos & gratos habentes, volumus, laudamus, ratifficamus & approbamus, de nostrâ speciali graciâ potestatisque plenitudine & regiâ authoritate, in quantum prefati supplicantes ritè, justè & racionabiliter usi fuerunt: mandantes dilectis & fidelibus nostris Gentibus Compotorum nostrorum & Thesaurariis Parisiis, Senescallo nostro Aquitanie Majorique & Constabulario dicte ville & civitatis nostre Burdegalensis, ceterisque Justiciariis & Officiariis nostris aut eorum Locatenentibus presentibus & futuris, & eorum cuilibet prout ad eum pertinuerit, quatenùs omnia & singula superiùs inserta teneant, custodiant & adimpleant, tenerique & custodiri, de puncto in punctum adimpleri & inviolabiliter faciant observari, factaque in contrarium, si que sint, ad statum pristinum & debitum reducendo aut reduci faciendo indilatè, visis presentibus; nostro in aliis, & alieno jure semper salvo. Quod ut firmum & stabile permaneat in futurum, presentibus Litteris nostrum fecimus apponi Sigillum. Datum apud Sanctum Johannem Angeliacensem, die vicesimâ terciâ mensis Junii, anno Domini millesimo quadringentesimo quinquagesimo primo, regni verò nostri vicesimo nono. Ainsi signées: Per Regem in suo Consilio. DU BRUEIL. E. FROMENT.

NOTE.

(a) Trésor des Chartes, Registre IX^{xx}v [185], Pièce 134. — *MSS.* de *Colbert*, vol. LIV, page 620.

CHARLES
VII,
à Saint-Jean-
d'Angeli,
le 23 Juin
1451.

(a) Lettres de Charles VII, par lesquelles il confirme les priviléges & franchises de la ville de Bourg en Guyenne.

KAROLUS, Dei graciâ, Rex Francorum, Notum facimus universis presentibus & futuris, Nos humilem supplicacionem dilectorum nostrorum Majoris, Juratorum & tocius Communitatis ville & castri de Burgo in Ducatu nostro Aquitanie, recepimus continentem, quòd à longo tempore citrà, usi sunt privilegiis & libertatibus ac franchisiis que sequuntur: quibus fuit primò ordinatum & constitutum, quòd Major & Jurati qui de presenti sunt in castro predicto, durabunt usque ad festum Sancti Laurencii proximè futurum; & finito tempore presentis Majoris, Jurati qui de presenti sunt, facient novos Juratos, prout moris est ac facere consueverunt; & quòd Jurati predicti, in faccione & eleccione novorum Juratorum claudantur, ut est fieri consuetum. Eligent verò Jurati predicti, duos in Majores dicte ville de Burgo, quos nostro Senescallo Aquitanie vel ejus Locumtenenti, presentabunt in castro Regio Umbrerie Burdegale. Dictus verò Senescallus vel ejus Locumtenens, factâ dictâ presentacione, jurabit super Sancta Dei Evangelia, quòd bonâ fide, juxta & secundùm suam conscienciam, de illis duobus utiliorem & meliorem pro bono Regis, dicte ville nostre & patrie de Burgo ac commune ejusdem, recipiet & confirmabit in Majorem dicte ville; & quòd pro receptione & confirmacione hujusmodi, aliquod munus vel donum vel promissum ab aliquo, vel per se vel per alium, non recipiet; & quòd dictus Senescallus preinsertus, vel ejus Locumtenens, tenebitur illomet die presentacionis, vel die sequenti, unum de duobus predictis in Majorem recipere & confirmare. Sin autem, Jurati predicti dicte ville de Burgo poterunt unum duorum predictorum, lapso biduo, per semet ipsos creare & confirmare in Majorem, videlicet, illum quem major & sanior pars Juratorum velit & consenciet; illudque facient Jurati predicti, casu quo dictus noster Senescallus, aut aliquis ejus nomine, non esset in dicto castro Regio Umbrerie Burdegale, lapsis dictis duobus diebus. Que premissa ac eorum singula servabuntur anno quolibet, futuris temporibus infallibiliter deinceps in perpetuum in creacione novi Majoris; institutumque & ordinatum est quòd nullus deinceps eligatur in Majorem, nisi lapso quadrienio à tempore quo semel Major fuerit & Officium sue Majorie finierit, usque ad tempus dicti quadriennii. Constitutum eciam & ordinatum est, quòd si forte aliquis Major, tempore sui Officii in Officio suo malè se habuerit in aliquo, vel aliquem de Communiâ gravaverit seu oppriserit, talis gravatus vel oppressus poterit ipsum Majorem accusare, vel si se gravatum crediderit, poterit dictum Senescallum Aquitanie vel ejus Locumtenentem appellare, & se conquerere, si vult, de Majori predicto, toto tempore sue Majorie & toto anno sequenti, non deinceps in futurum; & si forte accusans vel querelans esset extra terram, dum reversus fuerit poterit accusare & querelare de homicidio dumtaxat, infra quadraginta dies post adventum suum, & proponet querelam suam, coràm uno dictorum Majorum, tempore sue Majorie; tenebiturque accusatus respondere coràm dicto nostro Senescallo vel ejus Locumtenenti, eidem accusanti, de & super querelis predictis, & plenariò stare juri. Querelans verò sive accusans, pendente accusacione & jurgio hujusmodi, erit exemptus & substractus, unà cum bonis suis, penitùs & omninò de dominio & Jurisdiccione Majoris predicti; & respondebit interim coràm dicto nostro Senescallo vel ejus Locumtenente sive ejus deputato, prout dictum est: nisi forte prefatus querelans vel accusans, pendente querelâ sive accusacione ejusmodi, in aliquo non forefecerit; nam in illo casu tenebitur ac opportebit eum plenariò

NOTE.

(a) Trésor des Chartes, Registre IX^{xx}V [185], Pièce 140. — *MSS. de Colbert*, vol. LIV, p. 666.

CHARLES
VII,
à Saint-Jean-
d'Angell,
le 23 Juin
1451.

respondere coràm Majore predicto. Quòd si forte Major memoratus ipsum gravaverit, super gravamine vel gravaminibus hujusmodi poterit appellare ac querelare, prout dictum est superius. Major verò, prout premittitur, tenebitur eidem querelanti respondere ac stare juri coràm dicto nostro Senescallo vel ejus Locatenenti. Major nempe jurabit in presenciâ Communitatis & populi, in sui creacione, ad Sancta Dei Evangelia, & super reliquiis, ut est moris Majorem jurare apud Sanctum Gironem, quòd omnia jura nostra, quecumque sint & ubicumque sint infra metas castri predicti de Burgo & extrà, servabit & custodiet illesa; & omnia bona alienata que apud eum nota fuerint vel scire poterit, Senescallo predicto vel ejus Locumtenenti aut Commisso denunciabit & manifestabit; & si Senescallus vel Commissus velit bona hujusmodi recuperare, Nobis Consilium prestabit bonâ fide, & ipsum diriget, & adjuvabit ut Senescallus preinsertus vel ejus commissus nostrum jus recuperare possit. Simile verò juramentum prestabit annis singulis quilibet Juratorum, post juramentum dicti Majoris modo premisso prestitum; eodemque modo, si aliquis bona & possessiones nostras ab antiquo vel novo temporibus teneant, vel alienata, respondebit de bonis predictis coràm Senescallo vel ejus Commisso certo mandato, in dictâ villâ de Burgo; & indè habebit plenam satisfaccionem, prout ordo dictaverit racionis; & si Senescallus vel ejus Commissus accuset aliquem de Communiâ de falsificacione monete, talis accusatus tenebitur respondere in Curiâ nostrâ, absque reclamacione Curie Majoris. Jurabunt eciam Major & Jurati in eorum creacione, & eciam Clericus dicte Communie, quòd jura nostra venient in manus nostras aut dicti Senescalli, vel ejus Locumtenentis; & de juribus prelibatis ipsi respondebunt benè & fideliter. Rursùm si aliqui de familiâ nostrâ vel Senescalli vel Castellani vel alicujus existentis in Castro predicto ex parte nostrâ, dicat rigorosa seu injuriosa verba alicui de Communiâ, vel iratas vel violentas manus in eum injecerit, aut vim aliquam fecerit quovismodo, & ille qui hujusmodi injuriam passus fuerit, querelare voluerit, Nos vel Senescallus, vel ille qui in Castro ex parte nostrâ extiterit, ad requestam dicti Majoris de Burgo, illius injuriam passi tenebit facere & Ministrare Justicie complementum. Et si aliquis de Communiâ, existens de familiâ nostrâ vel Senescalli vel eorum de Castro, intulerit eamdem vim, prout dictum est, ita quòd si ille qui vim intulerit sit Burgensis ville Burgi, Major Burgi debet injuriantem ad jus habere coràm Domino vel Senescallo, aut eorum illo qui erit commissus ex parte Domini Castri, & ibidem fiet eidem justicie complementum juxta foros & Consuetudines Burdegale. Et si aliquis Burgensis, ob causam ballii vel assense Domini vel ejus certi mandati, in aliquo teneatur, respondeat & stet juri eorum Domino vel ejus certo mandato, absque reclamacione Majoris Judicis. Et si aliqui Milites, Domicelli, vel eorum heredes velint fieri de Communiâ, non poterunt recipi sine licenciâ nostrâ vel Senescalli. In omnibus casibus in quibus Burgenses Burgi tenentur comparere & stare juri coràm Senescallo vel ejus certo mandato, debent trahi ad judicium apud Castrum de Burgo, & non alibi, nisi forte racione ballivie vel assense; nam in illo casu, si Senescallus, vel alius ejus nomine, querelaret se de eisdem vel de aliquo ipsorum, debent respondere coràm Judice baillivie vel assense in Vasconiâ. Rursùm Communitas ville de Burgo debet & tenetur se assimulare & equitaciones facere, vulgariter cavalgadas nuncupatas, sicut Communitas Burdegale facere consuevit.

(1) *Primo. Et ulteriùs dixerunt quòd dum venimus primò in Vasconiâ, juramento, priùs à Nobis prestito aut à Senescallo nostro, quòd villam & jus custodiet & defendat de se & de alio ab omni injuriâ, & quòd servabit foros & consuetudines, & ipsi jurabunt Nobis vel Senescallo nostro fidelitatem.*

(2) *Item. Dixerunt quòd dicta villa non habet terras nec possessiones communes, secundùm quod habent ville Lombardie & multe alie. Ipsi non possunt dicere quod ipsi & Universitas habeant in feudum; & cùm secundùm nostram Consuetudinem non sit feudum, nisi sit ibi sporla sive investitura.*

(3) *Item. Dixerunt se habere à Nobis, tanquàm Domino eorum, usum carierarum,*

platearum, usum murorum, fossatorum & aliarum rerum que in jure dicuntur universitatis.

(4) Item. *Usus fluminis ad piscandum, navigandum, & ad cetera necessaria & utilia eisdem.*

(5) Item. *Dixerunt se habere libertates plurimas que tam circa personas quàm circa res consistunt.*

(6) Item. *Dixerunt se habere Majoriam & Juratam, cum pertinentiis ad eamdem.*

(7) Item. *Dixerunt & recognoverunt pro se & universitate de* Burgo *, quòd debent facere Nobis deveria & condiciones que continentur in privilegio quod Nos dedimus & concessimus dicte universitati de* Burgo, *nostro sigillo sigillatum.*

(8) Item. *Dixerunt quòd quisque Burgensis de* Burgo *, pro omnibus vinis vinearum suarum & reddituum, parùm vel multùm, teneretur Nobis & castellanis de* Burgo *in duobus denariis ; & pro illis duobus denariis, omnia vina cujuscumque Burgensis libera sint, sive onerentur sive vendantur ad tabernam, dum tamen de vineis suis sive reditibus sint.*

(9) Item. *Dixerunt quòd quecumque persona emeret vina in villâ de* Burgo *pro revendendo seu onerando, debet de quolibet dolio empto unum denarium Nobis & nostris castellanis de* Burgo.

(10) Item. *Dixerunt quòd aliqui sunt in villâ de* Burgo *, ut carnifices, qui certa deveria reddunt Nobis aut dictis castellanis de* Burgo.

(11) Item. *Dixerunt quòd sunt alii feudarii & tenantiarii in palude de* Barobâ *& in villâ, que certa deveria reddunt Nobis &* Castellaniis *de* Burgo *, que omnia veniunt ad manum castellani de* Burgo *, de quibus ipse castellanus certificare poterit Nos; & quòd dicti feudarii dicte paludis de* Barobâ *, sunt racione* Mileti de Bolio *& aliorum qui cum eo partem capiunt in dictâ palude de* Barobâ.

Nos usum predictorum privilegiorum, libertatum & franchisiarum ratum & gratum habentes, ipsis supplicantibus concessimus, & de graciâ speciali concedimus per presentes, ut in futurum predictis privilegiis, libertatibus & franchisiis de cetero utantur & gaudeant, quemadmodum retroactis temporibus rite & debitè usi sunt. Quocircà dilectis & fidelibus Gentibus Compotorum nostrorum & Thesaurariis, Senescallo nostro Aquitanie, *ceterisque Justiciariis & Officiariis nostris aut eorum Locatenentibus presentibus & futuris, tenore presentium damus in mandatis quatenùs prenominatos supplicantes eorumque successores in nostris villâ & castro predictis, nostris presentibus graciâ, confirmacione, ratificacione & concessione uti & gaudere pacificè & quietè faciant & permittant, absque ipsos eorumque successores molestando, inquietando seu perturbando, molestarique seu perturbari & impediri faciendo : quinimò si aliquod impedimentum in eis appositum esset, illud statim tollant & amoveant seu tolli & amoveri faciant, visis presentibus, indilatè. Quod ut firmum & stabile perpetuò perseveret, nostrum presentibus Litteris jussimus apponi sigillum ; nostro tamen in ceteris, & alieno in omnibus, juribus semper salvis.* Datum apud *Sanctum Johannem Angeliacensem,* die vicesimâ terciâ mensis Junii, anno Domini millesimo quadringentesimo quinquagesimo primo, regni verò nostri vicesimo nono. *Per Regem in suo Consilio.* DU BRUEIL. *Visa.*

(a) Lettres de Charles VII, par lesquelles il confirme les Statuts des Tailleurs de la ville de Tours.

CHARLES, par la grace de Dieu, Roy de France. Savoir faisons à tous préfens & à venir, Nous avoir reccue l'humble fupplicacion des Maiftres du meftier de Taillanderie & Prépointerie & autres garnemens & habits concernans iceluy meftier en noftre ville de *Tours*, contenant que pour le bien de la chofe publique & dudit meftier, & pour loyaulté garder en iceluy, & auffy pour efchever plufieurs abbus & fauffetés, que par cy-avant fe y font faites & font encores chafcun jour, & plus pourroient faire ou temps à venir, ont efté jà pieçà advifés par leurs prédéceffeurs Maiftres dudit meftier en icelle ville, & eulx, certains ftatuts, police & Ordonnances, & loués & approuvés par les Lieutenans de noftre *Bailly* de *Touraine*, noftre Procureur, & autres de la ville de *Tours*, qui font tels.

(1) C'eft affavoir, que à la garde & vifitacion dudit meftier, feront commis & députés par ledit *Bailly* ou fon Lieutenant, & à la relacion des Ouvriers dudit meftier, quatre fouffifans preudhommes, qui feront Maiftres-Jurés pour veoir & vifiter les ouvrages touchans icelluy, toutesfois que meftier fera.

(2) Item. Que après ladicte effeccion, lefdicts quatre Maiftres-Jurés fairont ferement folemnel par-devant ledit *Bailly*, appellé noftre Procureur, de bien, juftement & loyaulment vifiter, en la préfence d'un Sergent royal dudit *Bailluge*, le fait dudit meftier, fans y avoir faveur à aucun; & de entretenir les ftatuts, Ordonnances, poins & articles d'yceluy, cy-après déclairés & devifés.

(3) Item. Pourront lefdicts Maiftres-Jurés, en la préfence d'un de nos Officiers, vifiter tout l'ouvrage dudit meftier, c'eft affavoir, chafcun felon l'ouvrage dequoy il s'entremettra, par toutte ladicte ville & fauxbourgs; & les faultes qu'ils y trouveront, ils les révéleront incontinent & fans délay à Juftice, pour en eftre faite punicion & réparation, ainfi que le cas le requerra.

(4) Item. Que nul demourant en ladicte ville & fauxbours de *Tours*, ou autre, ne pourra lever eftablie ne tailler garnemens en icelle ville, fi premièrement il n'eft expérimenté & paffé Maiftre; fors feulement noftre Tailleur, ou les Tailleurs des Seigneurs de noftre Sang, leurs Maiftres eftans en ladicte ville; car autrement, pour convoitife de gaigner, aucuns pourroient entreprendre befongne, qui gafteroient & diffameroient les draps & veftemens, & de ce ne pourroient faire reftitucion, & redonderoit au vitupère & deshonneur dudit meftier & des bons Ouvriers d'iceluy.

(5) Item. Et qui faira le contraire, payera vint fols à appliquer à Nous, & une livre de cire à la Confrairie de la Trinité que lefdicts Coufturiers & Ouvriers dudit meftier ont, dès longtemps a, en ladicte ville de *Tours* conftituée, & deux folz fix deniers auxdicts Jurés, tant pour fouftenir les povres d'iceluy meftier, que pour les peines & falaires defdicts Jurés & Ouvriers qui prennent plufieurs grans peines & travaulx, pour le fait d'iceluy meftier, que auffy pour faire abfoudre aucuns dudit meftier qui par povreté pourroient cheoir en fentence d'excommuge *(b)*, ou qui n'auroient de quoy vivre & feroient cheus en néceffités de maladie.

NOTES.

(a) Tréfor des Chartes, Regiftre IX^xx v [185], Pièce 7. — MSS. de *Colbert*, Vol. LIV, page 679.

(b) En *Sentence d'excommuge*, c'eft-à-dire, d'excommunication. Entre les frais de la Communauté des Tailleurs de *Rouen*, on comptoit ceux qui étoient néceffaires pour faire lever les excommunications. Voyez les Lettres du mois de Juillet 1399, Tome VIII de ce Recueil, page 339, art. 2.

(6) Item.

(6) Item. Que nul d'icelluy meftier en ladicte ville & fauxbourgs, ne puiffe ouvrer au Samedy puis chandelles allumées, ne auffy aux jours du Dimanche, aux cinq feftes Noftre-Dame, aux feftes d'Apoftres, au jour de Touffaint, de Noel, de Pafques, Afcenfion & Pentecofte, ne ne facent befogne pour achever, ne autrement, excepté la befogne de Nous & de ceux de noftre Sang, & robes d'obfèques, de trefpaffés & de nopces; finon qu'il convenift befongner néceffairement pour eftreffir un garnement qui paravant fût fait & parfait : & qui faira le contraire, il fera amendable envers Nous de cinq fols, & une livre de cire à ladicte Confrairie, & deux folz fix deniers aufdicts Maiftres, s'il eft Maiftre; & s'il eft Varlet, il payera deux folz fix deniers au Roy, & dix deniers à la Confrairie, & dix deniers auxdicts Maiftres.

(7) Item. Que nuls Varlets ne puiffent aller demourer, ne ouvrer hors d'avecques leurs Maiftres, fans leur congié, jufques à ce qu'ils ayent achevé leur terme & fervice, & chafcune befongne encommencée: fur peine de foixante fols d'amende, à appliquer à Nous la moitié, & à ladicte Confrairie vint fols, & aufdicts Maiftres-Jurés dix fols; & fur peine d'interdiccion de non ouvrer dudict meftier en ladicte ville & fauxbourgs, tant qu'ils ayent réparé la faute, payé ladicte amende, & defdommagé lefdicts Maiftres.

(8) Item. Que nul Ouvrier dudict meftier ne puiffe ou doye fortraire ne mettre en euvre en ladicte ville & fauxbourgs, les Varlets & Apprentifs d'aucun Maiftre, fans leur congié & licence, & jufques à ce que il ait achevé fon fervice & befongne par luy encommenciée: à peine de cent folz tournois, à appliquer à Nous les deux pars, & à ladicte Confrairie & Maiftres le tiers: c'eft affavoir à ladicte Confrairie les deux pars, & auxdicts Maiftres le tiers pour leur vifitation, peines & falaires, mifes & defpenfes que il leur conviendra faire, tant en la pourfuite de plufieurs procès qui pourront mouvoir à l'occafion des chofes deffufdictes & autres cy-après, que autrement en maintes manières.

(9) Item. Que s'aucun Tailleur de robes ou d'autres garnemens, en ladicte ville & fauxbourgs, meftaille aucune robe ou garnement, par mal ordonner le drap ou par l'ignorance de fa taille, il réparera le dommage à celuy à qui appartiendra ladicte robe ou garnement : & payera ou cas deffufdict, à Nous cinq folz d'amende, & une livre de cire à ladicte Confrairie, & aufdicts Maiftres-Jurés deux folz fix deniers pour leur vifitacion.

(10) Item. Que nul ne mette laine ne eftoupes en pourpoint ou doublet qu'il face pour vendre ; & qui faira le contraire, le pourpoint ou doublet fera ars : & paiera cinq folz tournois d'amende au Roy noftredict Seigneur, & une livre de cire à ladicte Confrairie, & auxdicts Maiftres deux folz fix deniers.

(11) Item. Que chafcun defdicts Maiftres & Ouvriers puiffent tailler & faire pourpoins & doublets à ceux qui vouldront & les en requerront, de telles eftoffes comme ils leur bailleront.

(12) Item. Que nul Maiftre ou Ouvrier dudict meftier, ne puiffe mettre hors de fa main les garnemens ou ouvrages qui leur feront baillés, emprunter argent deffus, ne autrement les engaiger: à peine de dix folz tournois d'amende à appliquer à Nous, cinq folz à ladicte Confrairie, & deux folz fix deniers auxdicts Maiftres Jurés.

(13) Item. Quand aucun Compaignon vouldra eftre paffé Maiftre, lefdicts Jurés l'examineront, & expérimenteront fouffifamment devant eulx; & s'il eft trouvé habile & fouffifant à ce, après ce que ledict expériment en la préfence defdicts Maiftres aura efté fait, & le ferement en tel cas accouftumé par-devant noftredict *Bailly* ou fon Lieutenant audict *Tours*, noftre Procureur préfent ou appellé, il pourra lever ouvroir en icelle ville, en payant ung marc d'argent: c'eft affavoir, la moitié au Roy, & l'autre moitié à ladicte Confrairie, avecques le difner aufdicts Maiftres.

(14) Item. Quand aucun Maiſtre dudict meſtier de ladicte ville, ſera allé de vie à treſpaſſement, ſa femme pourra avoir un Maiſtre Varlet ſouffiſant, & luy pourra tenir ſon ouvroier durant ſon veſvage, & jouira des priviléges comme les autres Ouvriers dudict meſtier.

(15) Item. Que leſdicts Gardes ſeront tenus rapporter par eſcrit ou par bouche audict *Bailly* ou ſon Lieutenant, toutes les forfaitures, abbus & maléfices, incontinent que trouvé les auront & qu'elles auront eſté commiſes par les Ouvriers dudict meſtier de ladicte ville & fauxbourgs, ſur peine d'amende arbitraire.

Leſquels ſtatuts, ordonnances & police, leſdicts Maiſtres, pour le bien de la choſe publique de ladicte ville, vouldroient & deſireroient eſtre gardés & obſervés par tous ceux dudict meſtier èſdictes ville & fauxbourgs de *Tours*, ſy comme ils Nous ont fait remonſtrer, ce humblement requérans: Savoir faiſons que Nous deſirans bonne police & ordonnance eſtre faite, tenue & gardée ſur le fait des meſtiers de noſtre Royaume, pour le bien de la choſe publique d'icelluy, iceulx ſtatuts, police & ordonnances avons loués, gréés & approuvés; & par ces préſentes, de grace eſpécial, pleine puiſſance & authorité royal, loons, gréons & approuvons, parmy ce touteſfois, que les amendes qui en yſtront & vendront à Nous appartenans, ainſy que deſſus eſt dit, ſeront appliquées à noſtre prouſit & dommaine, & receues par noſtre Receveur ordinaire en icelle ville, & l'autre partie à la Conſrairie & aux Jurés, ainſy que contenu eſt èſdits ſtatuts & ordonnances. Sy donnons en mandement par ces préſentes, au *Bailly* de *Tourraine* & à tous nos autres Juſticiers, Officiers ou à leurs Lieutenans préſents & à venir, & à chaſcun d'eulx ſy comme à luy appartiendra, que leſdits ſtatuts & ordonnances ils tiennent & gardent ou facent tenir, entretenir & garder de point en point, ſelon leur forme & teneur, ſans aucunement aller ne ſouffrir aller ne venir en aucune manière au contraire, ainçois de ceux qui fairont ou feront trouvés faiſants ou avoir fait le contraire, facent punicion ſelon le contenu èſdictes Ordonnances, & comme tranſgreſſeurs de Statut, Édit & Ordonnance royal: Car ainſy le voulons & nous plaiſt eſtre fait. Et afin que ce ſoit choſe ferme & eſtable à tousjours, Nous avons fait mettre noſtre Séel à ces préſentes; ſauf en autres choſes noſtre droit, & l'autruy en toutes. *Donné à* Xaintes, *ou mois de Juing, l'an de grace mil quatre cents cinquante & ung, & de noſtre règne le vingt-neuſieſme.* Ainſy ſigné: *Par le Roy, à la relacion du Conſeil.* ROLANT.

(a) *Lettres de Charles VII, par leſquelles il exerce à Bordeaux le droit de créer un Monnoyer en chaque Monnoie du Royaume à ſon avènement à la Couronne.*

CHARLES, par la grace de Dieu, Roy de France, ſavoir faiſons, que comme à noſtre joyeux advenement à la Courone, puiſſions & Nous loiſe faire & créer en chaſcune Monnoye de noſtre Royaume, un Ouvrier & un Monnoyer; & ſoit ainſy, comme on dit, que encores n'ayons fait ne créé aucun Monnoyer en noſtre Monnoye de noſtre ville & cité de *Bordeaulx* paravant

NOTE.

(a) Tréſor des Chartes, Regiſtre IX*ˣˣ*v [185], Pièce 135. — *MSS.* de *Colbert,* Vol. LIV, page 700.

Quoique nous ne faſſions point uſage de toutes les Lettres de création de Monnoyer, données par nos Rois à leur

avènement à la Couronne, (pour les raiſons que nous avons dites Tome XII, page 408, Note *(a)*); cependant nous avons cru devoir publier celles-ci, comme ayant été données long-temps arpes cet avènement.

ne depuis la réduccion d'icelle en noſtre obéiſſance. Nous, pour les bons rapports qui Nous ont eſté faits de la perſonne de *Jehan Maynet*, demourant à préſent à la *Motte Saint-Eraye* en noſtre pays de *Poiſtou*, & auſſy en faveur d'aucuns nos Officiers eſtans entour Nous, qui ſur ce Nous ont requis, icelluy *Jehan Maynet* avons aujourd'huy, en uſant de noſdiſts droits, fait & créé, faiſons & créons ou cas deſſuſdiſt, par ces préſentes, de noſtre grace eſpécial, pleine puiſſance & authorité royal, Monnoyer de noſtrediſte Monnoye de *Bordeaux*, du ſerement de France, pour doreſnavant beſongner en ladiſte Monnoye & jouir de tels priviléges, franchiſes, libertés & prérogatives, droits, proffiſts & eſmolumens dont joiſſent & ont accouſtumé joïr les autres Monnoyers de noſtre Royaume dudiſt ſerement, meſmement ceux d'icelle Monnoye, & comme s'il en eſtoit de droit & ancien eſtoc & ligne. Si donnons en mandement par ceſdiſtes préſentes, à nos amez & féaulx les Généraulx Maiſtres de nos Monnoyes, aux Prévoſts, Gardes, Contregardes & autres nos Officiers de noſtrediſte Monnoye de *Bordeaux* qu'il appartiendra, que premièrement prins & receu dudiſt *Jehan Maynet* le ſerement ſur ce requis & accouſtumé, ils le reçoivent oudiſt cas en Monnoyer de noſtrediſte Monnoye de *Bordeaux* dudiſt ſerement de France, & luy baillent ou facent déſormais bailler lieu & ouvrage comme aux autres Monnoyers d'icelle Monnoye, de pareil ſerement ; & avec ce, le facent, ſeuſſrent & laiſſent joïr & uſer plainement & paiſiblement des priviléges, franchiſes, libertés, prérogatives, droits, prouffits & eſmolumens deſſuſdiſts, ſans luy faire ne ſouffrir eſtre fait, mis ou donné aucun deſtourbier ne empeſchement au contraire : Car ainſy Nous plaiſt-il eſtre fait. Et afin que ce ſoit choſe ferme & eſtable à touſjours, Nous avons fait mettre noſtre Séel à ceſdiſtes préſentes, ſauf en autres choſes noſtre droit, & l'autruy en toutes. *Donné à* Taillebourg, *le dixieſme jour de Juillet, l'an de grace mil quatre cens cinquante & ung, & de noſtre règne le vingt-neufvieſme.* Ainſi ſigné : *Par le Roy, les* Eveſques *de* Magdelonne *&* d'Agde, *l'*Admiral, Meſſire Jehan *de* Jambes, Maiſtre *Eſtienne* Chevallier, *& autres préſens.* DE LA BADOUILLER.

(a) Lettres de Charles VII, par leſquelles il maintient la ville de Libourne dans ſes priviléges, franchiſes & libertés, conformément au traité fait avec elle en la ſoumettant à ſon obéïſſance.

CHARLES, par la grace de Dieu, Roy de France, à tous ceux qui ces préſentes Lettres verront : Salut. Comme nos très-chers & amés Couſins les *Comtes d'Angouleſme* & de *Penthièvre*, & noſtre cher & féal Couſin le *Comte de Dunois*, noſtre Lieutenant général ſur le fait de la guerre, aient puis aucun temps en çà, par noſtre Ordonnance, mis le ſiége devant noſtre ville de *Libourne* en noſtre pays de *Guienne*, laquelle nos anciens ennemis & adverſaires les *Anglois* détenoient & occupoient, en entencion d'icelle ville mettre & réduire en noſtre obéïſſance ; & Nous ait eſté dit & remonſtré que les Maire, Gens d'Égliſe, Nobles, Bourgeois & habitans d'icelle ville, en Nous reconnoiſſant leur naturel & ſouverain Seigneur, comme faire le doivent, ayent eſté contens d'eulx mettre & réduire en noſtrediſte obéïſſance, & d'eſtre envers Nous bons & loyaulx ſubgiès & obéïſſans, moyennant certain traittié & appointement ſur ce à eulx octroyé par noſdiſts Couſins, duquel la teneur s'enſuit.

NOTES.

(a) Treſor des Chartes, Regiſtre IXˣˣv [185], Pièce 144. — *MSS. de Colbert,* Vol. LIV, page 730.

CHARLES
VII,
à Taillebourg,
le 20 Juillet
1451.

Appointement fait par Meſſeigneurs les *Comptes* d'*Angoulefme* & de *Penthièvre*, & Monſeigneur le *Comte* de *Dunois* & de *Longueville*, Lieutenant général du Roy ſur le fait de la guerre, avec les Maire, Gens d'Égliſe, Nobles, Bourgeois & habitans de la ville de *Liborne*, pour raiſon de la réduccion de ladiɛte ville de *Liborne* en l'obéiſſance du Roy noſtre ſouverain Seigneur, en la manière qui s'enſuit.

(1) *Premièrement*. Leſdiɛts Maire, Gens d'Égliſe, Bourgeois & habitans bailleront ladiɛte ville de *Liborne* réaument & de fait ès mains de Monſeigneur le *Comte* d'*Angoulefme*, pour le Roy noſtre Seigneur ou de ſes Commis, dedans le jour de Mercredy ou Jeudy pour tout le jour.

(2) *Item*. Et tous ceux qui vouldront demourer en ladiɛte ville, de quelque eſtat, nacion & condicion qu'ils ſoyent, faire le pourront, en faiſant le ſerement d'eſtre bons, vrays & loyaulx fubgiès & obéiſſans au Roy; & en ce faiſant, ilz auront tous leurs biens & héritages quelſconques, en leurs franchiſes, priviléges & libertés anciennes, quelque part qu'ils ſoyent ſitués & aſſis; & ſi auront abolicion générale de tous cas & choſes quelſconques.

(3) *Item*. Et demourront tous leſdiɛts habitans, Gens d'Égliſe, Nobles & autres quelſconques, en leurs franchiſes, priviléges, & libertés anciennes à eulx donnés par les prédéceſſeurs *Ducz* de *Guienne;* & promettront meſdiɛts Seigneurs les Comtes, de leur faire conſermer par le Roy iceulx priviléges, libertés & franchiſes, & ainſy ont promis & juré le faire.

(4) *Item*. S'il y en a aucuns qui ne veuillent demourer en ladiɛte ville, ne faire le ſerement, aller s'en pourront avec tous leurs biens, chevaulx, harnois & autres choſes quelſconques, & auront bon ſaufconduit pour ce faire.

(5) *Item*. S'il y en a aucuns qui préſentement ne vueillent faire le ſerement, & veuillent aller faire leurs beſongnes & querir leurs biens quelque part qu'ils ſoient, & leurs debtes en leur parti, faire le pourront; & ſeront receus à eulx déclairer de eulx faire François, juſques au temps & terme de trois mois prouchains venans; & cependant pourront retourner, ſe bon leur ſemble, en ladiɛte ville, & faire le ſerement, & y ſeront receus, & auront tous leurs biens & héritages ainſy que deſſus eſt dit.

(6) *Item*. Et ſe les aucuns deſdiɛts habitans d'icelle ville ont aucuns de leurs biens au party contraire, ils les pourront aller ou envoyer querir, par le congé & licence de leur Capitaine, ſans aucun reproche.

(7) *Item*. Et pendant lediɛt temps de trois mois, les deſſuſdiɛts qui s'en iront, pourront laiſſer en garde en ladiɛte ville leurs biens ou aucuns d'icculx, ſy bon leur ſemble, ou les envoyer querir pendant icelluy temps, ou les vendre: & ne leur ſera donné en iceulx biens qu'ils laiſſeront en ladiɛte ville, aucun deſtourbier ou empeſchement.

(8) *Item*. Et pourront les habitans d'icelle ville demander, requérir & eulx faire payer de touttes leurs debtes bonnes & loyaulx, de tous ceux qui aucune choſe leur doivent & pourront devoir, à quelque cauſe ou couleur que ce ſoit, nonobſtant qu'ils ayent eſté du party contraire.

(9) *Item*. Que nul deſdiɛts habitans ne ſera contraint, durant leſdiɛts trois mois, d'aller en la guerre ne ſoy armer, ſe bon ne luy ſemble. Leſquelles choſes, ainſy que déclairées ſont cy-deſſus, meſdits Seigneurs les *Comtes* ont promis & promettent tenir & faire tenir & accomplir de point en point ſelon leur forme & teneur, ſans enfraindre en aucune manière. Fait & paſſé avant la poſſeſſion prinſe de ladiɛte ville de *Liborne,* ſous les ſeings manuels & ſéaulx de meſdiɛts Seigneurs, le Jeudy troiſieſme jour de Juin, l'an de grace mil quatre cens cinquante & ung.

(10) *Item*. Plus, ſe aucuns de quelque part qu'ils ſoyent, ont aucuns héritaiges en ladiɛte ville, & ſoient demourans ou party contraire, pourront venir dedans leſdiɛts trois mois demourer, & ravoir leurſdiɛts heritaiges, & en

jouir franchement & quictement comme ceux de ladicte ville, ou y envoyer leurs plus prouchains héritiers pour en joïr comme deſſus. Fait & paſſé comme deſſus.

En Nous humblement requérant que iceluy appointement Nous plaiſe ratiffier & conſermer, & ſur ce leur octroyer nos Lettres : Savoir faiſons que Nous ayant ſedict appointement & tout ſon contenu aggréable, iceluy avons loué, rattiffié, approuvé & confirmé ; louons, ratiſions, approuvons & confirmons par ces préſentes, & promettons le tenir & accomplir de point en point ſelon ſa forme & teneur. Sy donnons en mandement par ceſdictes préſentes au *Sénéſchal* de *Guienne*, & à tous nos autres Juſticiers & Officiers, ou à leurs Lieutenans préſens & à venir, & à chaſcun d'eulx ſy comme à luy appartiendra, que de nos préſens ratificacion, approbacion & confirmacion facent, ſeuffrent & laiſſent leſdicts Maire, Gens d'Egliſe, Bourgeois & habitans de noſtredicte ville de *Liborne*, joïr & uſer pleinement & paiſiblement, ſans aucunement aller, venir, ne faire, ne ſouffrir aller, venir, ne faire aucune choſe au contraire ; ains ſe fait eſtoit, le réparent ou facent réparer & remettre au·premier eſtat & deub : Car ainſy Nous plaiſt-il & voulons eſtre fait. En teſmoin de ce, Nous avons fait mettre noſtre Séel à ceſdictes préſentes. *Données à* Taillebourg, *le vintieſme jour de Juillet, l'an de grace mil quatre cens cinquante & ung, & de noſtre règne le vint-neuf.* Ainſy ſignées : *Par le Roy en ſon Conſeil.* CHALIGAUT.

CHARLES
VII,
à Saint - Jean-
d'Angeli,
en Juillet
1451.

(a) *Lettres de Charles VII, par leſquelles il confirme les Satuts des Chirurgiens & Barbiers de Bordeaux.*

CHARLES, par la grace de Dieu, Roy de France, ſavoir faiſons à tous préſens & à venir, que de la partie des Cirurgiens & Barbiers-jurés de noſtre ville & cité de *Bordeaux*, Nous a eſté humblement remonſtré que par cy-devant ils ont joy & uſé paiſiblement de certaines Ordonnances ſur le fait de leurdit meſtier de Cirurgie & Barberie, en la forme & manière qui s'enſuit.

C'eſt aſſavoir que nul Barbier ne fos ſi hardit de barbeyar en Digmenge, ne en les jours de Nadau[a], de Capdan[b], de Épiphania, de Paſcas, de Aſcenſion, & autres feſtas annuaux de l'an, ny en las quatre feſtas de Noſtra-Dona, & plus que nulli ne pogos uſar de aucuns deuſdicts offices de ſirurgia ne de barberia, ny levar, ny tenir obradour hubert ſi ne que ſia filli de Meſtre, entrotant fos de gandament par aucuns en aſſo expert par les Maire & Jurats de la ville de *Bordeaulx* expreſſément & eſpéciaument ſur ſo députados ſobre ſa ſufficientia examinat ; & là que ſere eſtat examinat & ſere trobat ſufficient, que aquos à paguar quatre francs, & las tres parts à ladicte civitat & à la obra daqueſta villa, & la quarta part à la Confrayria deuſdict ſupplians ; e aſſo ſous la pena per tanta de veces cum aura feit le contrary de las cauſas deſſuſdictas, & caſcune devas de ung marc d'argent, applicaduras las tres part daqueſt à las obras de la villa, & la quart à la Confraria deſdicts ſupplians[c].

En Nous humblement requérant leur eſtre ſur ce pourveu de remède. Parquoy Nous, ces choſes conſidérées, & que leſdicts Statuts & Ordonnances ont eſté faits pour honneur & révérence de Dieu noſtre Créateur, de la Vierge Marie, & pour le bien de la choſe publique de noſtredicte ville de *Bourdeaulx*,

[a] Noël.
[b] Le premier jour de l'an.
[c] Cet endroit en langage gaſcon, ſe trouvera traduit en françois dans les Tables, Art. *Barbiers de Bordeaux.*

NOTE.

(a) Tréſor des Chartes, Regiſtre IX***V [185], Pièce 132. — *MSS. de Colbert*, Volume LIV, page 697.

CHARLES
VII,
à Saint-Jean-
d'Angeli,
en Juillet
1451.

iceulx Statuts & Ordonnances ainſy faits comme deſſus eſt déclaré, avons agréables ; & Nous plaiſt qu'ils en joïſſent & uſent ainſy qu'ils ont accouſtumé de faire. Sy donnons en mandement par ces meſmes préſentes, au *Séneſchal* de *Guienne*, au Maire de noſtrediĉte ville de *Bourdeaux*, & à tous nos Officiers & Juſticiers préſens & à venir, ou à leurs Lieutenans, & à chaſcun d'eulx ſy comme à luy appartiendra, que leſdiĉts ſupplians ils ſacent, ſeuffrent & laiſſent joïr & uſer pleinement & paiſiblement deſdiĉts Statuts & Ordonnances, ainſy qu'ils ont accouſtumé de faire & que cy-deſſus eſt déclaré ; & que à ce faire ils contraignent ou ſacent contraindre tous ceux qui pour ce ſeront à contraindre, par touttes voyes deues & raiſonnables, ſans leur y mettre ou donner, ne ſouffrir eſtre mis ou donné aucun deſtourbier ou empeſchement au contraire : Car ainſy nous plaiſt-il, & voulons qu'il ſoit fait, & auſdiĉts ſupplians l'avons oĉtroyé & oĉtroyons de grace eſpécial par ces préſentes. Et afin que ce ſoit choſe ferme & eſtable à tousjours, Nous avons fait mettre noſtre Scel à ces préſentes, ſauf en autres choſe noſtre droit, & l'autruy en touttes. *Donné à Saint-Jehan-d'Angely, ou mois de Juillet, l'an de grace mil quatre cens cinquante & ung, & de noſtre règne le vintneufvieſme.* Ainſy ſignées : *Par le Roy en ſon Conſeil.* E. FROMENT.

(a) Lettres de Charles VII, par leſquelles il confirme les priviléges, libertés & franchiſes de la ville d'Acqs, en conſéquence du traité fait avec elle en la ſoumettant à ſon obéiſſance.

CHARLES, par la grace de Dieu, Roy de France, ſavoir faiſons à tous préſens & à venir, que comme nos très-chers & amés Couſins le *Comte* de *Foix* & le Sire de *Lebret* aient puis aucun temps en çà, par noſtre Ordonnance, mis le ſiége devant nos ville, cité & chaſtel d'*Acqs* en noſtre pays de *Guienne,* leſquels nos anciens ennemis & adverſaires les *Anglois* détenoient & occupoient, en intencion d'iceulx réduire & mettre en noſtre obéiſſance ; & puis n'agaires Nous ait eſté dit & remonſtré que les Gens d'Égliſe, Nobles, Bourgeois, Citoyens, Marchans & habitans d'iceulx nos ville, cité & chaſtel d'*Acqs,* en Nous reconnoiſſant leur naturel & ſouverain Seigneur, ayent eſté contens d'eulx mettre & réduire en noſtrediĉte obéiſſance, & d'eſtre envers Nous bons, vrays & loyaulx ſubgiès & obéiſſans, en Nous requérant que certains articles qu'on dit leur avoir eſté ſur ce promis & accordés par noſtrediĉt Couſin de *Foix* & noſtre amé & féal Couſin le Seigneur d'*Orval*, fils de noſtrediĉt Couſin de *Lebret,* Nous plaiſe confermer ; deſquels articles on dit la teneur eſtre telle.

Traittié & appointement fait entre Meſſeigneurs les *Comtes* de *Foix* & le Sire d'*Orval*, pour & ou nom du Roy de France Charles noſtre ſouverain Seigneur, d'une part ; & les Gens d'Égliſe, Nobles, Bourgeois, Citoyens & habitans de ladiĉte ville, cité & chaſtel d'*Acqs* occupés par les *Anglois*, d'autre.

(1) Et premièrement. Que ceux de ladiĉte ville & cité d'*Acqs*, ſeront contens de Mardy en huiĉt jours, qui ſera le huiĉtieſme jour de Juillet, de monſtrer & faire obéiſſance au Roy de France Charles, & de faire le ſerement tel qu'il appartient, par ainſy que celluy qui lediĉt jour ſera remis, envoyé & député de par le Roy de France ou nom de luy, a povoir ſouffiſamment garny de ſes Lettres patentes, eſquelles ces préſens articles ſoyent incorporés ; & leur promettra le Roy en leſdiĉtes Lettres patentes, les entretenir de point

N O T E.

(a) Tréſor des Chartes, Regiſtre IX.xxv [185] Pièce 139. — *MSS.* de *Colbert,* Vol. LIV, page 717.

en point; faire le ferement accouftumé fur le Livre & la Croix, de tenir & maintenir les Gens d'Eglife, Nobles & habitans à préfant eftans en ladicte cité, & à la défence d'icelle & du pays d'environ & Reffort, & chafcun d'eulx, préfant & abfent, qui demourront ou demourer vouldront en ladicte obéiffance, en leurs franchifes, priviléges, libertés, ftatuts, loys, couftumes, eftabliffemens, reffors, ftiles, obfervances & ufances de ladicte cité & prevofté d'*Acqs* & *Senneschauciée* des *Lannes* & de tout le Reffort; & leur fera le Roy bon Prince & Seigneur droiturier; & les gardera de tort & de force de luy mefmes & de tous autres à fon loyal povoir; & leur faira ou faira faire droit, raifon & bon accompliffement de juftice; & des chofes deffuldictes, & de chafcunes d'icelles, le Roy leur donnera & octroyera fes Lettres patentes féellées de fon grant Séel, en la meilleur forme que faire fe pourra & devra, franchement & quittement de ce qui appartient au Roy; & auffi fera juré & ratifié par le Roy, & promis comme deffus.

(2) *Item.* S'il y en a aucuns qui ne veuillent demourer en ladicte obéiffance, ne faire le ferement au Roy de France, ils s'en pourront aller quant leur femblera, & quelle part il leur plaira; & pourront emporter touttes leurs marchandifes, or, argent & biens meubles, beftail, vaiffelle, & autres biens quels qu'ils foyent; & auront, pour ce faire, bon faufconduit du vintiefme jour dudict mois jufques à demy-an enfuivant: pourveu touttesfois que quand ilz feront oudit party du Roy, ils fairont ferement de non faire ne pourchaffer oudict party aucun mal ne dommage tant qu'ils feront oudict party; & s'il y en a aucuns qui ayent aucuns héritaiges oudict pays, iceulx héritaiges demourront aux plus prouchains héritiers demourans ou eftans oudict party; & qui voudra faire le ferement y pourra demourer.

(3) *Item.* Et s'il en y a aucuns en ladicte cité ou au pays d'environ, qui ne foient délibérés de faire ledict ferement, & qu'ils veuillent aller en aucuns lieux en leurs Royaumes, & veuillent demander ou pourchaffer aucuns de leurs biens & debtes, ils le pourront faire; & auront terme d'eulx déclairer François fe bon leur femble, d'huy à demy-an prouchain; & s'il y en a aucuns qui à préfent foyent abfens de ladicte cité & Séneschauciée, qui veuillent retourner & faire ledict ferement comme les autres, ils y feront receus, & auront tous leurs biens & héritaiges, ainfy, que les autres deffus nommés, dedans un an.

(4) *Item.* Et s'il y en a aucuns en ladicte cité d'*Acqs* & *Senneschauciée* des *Lannes,* qui pendant ledict temps & demy-an s'en veuillent aller hors de l'obéiffance du Roy, & laiffer aucuns de leurs biens en garde en ladicte cité d'*Acqs* ou en autre lieu de ladicte obéiffance, ils le pourront faire, & leur demourront feurs pendant ledict temps; & auffi les pourront envoyer querir pendant ledict temps, fe bon leur femble, & les pourront faire porter où bon leur femblera; & s'il leur eft deu aucune chofe en ladicte cité d'*Acqs* & pays des *Lannes,* ils le pourront pourfuir & demander, & leur en fera fait raifon & juftice.

(5) *Item.* Et s'il en y a aucuns qui veuillent avoir faufconduit pour eulx en aller avec leurs biens meubles, vaiffeaulx & autres quels qu'ilz foient, & autres chofes, ils auront bon faufconduit pour ce faire, & ne leur couftera chacun faufconduit que un efcu d'or.

(6) *Item.* A efté appointé que tous ceux de ladicte cité & pays des *Lannes,* en faifant le ferement comme dit eft, auront générale abolicion du Roy, de tous cas & crimes civils & criminels, & de touttes peines encourues; & leur en faira le Roy, donner fes Lettres patentes féellées de fon grant Séel, en général ou en particulier, ainfy qu'ils les vouldront avoir, franchement & quittement de ce qui appartient au Roy.

(7) *Item.* Et demourront tous Nobles & non Nobles & habitans eftans en ladicte cité & *Séneschauciée,* qui demourer y vouldront & auront fait le

ſerement, en leurs poſſeſſions, hommages, droitures, chaſteaux, fortereſſes, villes, Seigneuries & autres héritaiges, où qu'ils ſoyent ſitués, & auſſi en leurs biens meubles, marchandiſes & autres biens & choſes quelſconques, ſans ce que on leur en puiſſe faire tort.

(8) Item. Pareillement demourront les Gens d'Égliſe eſtans en ladiĉte cité & pays, & tous leurs bénéfices, dignités & biens meubles & immeubles, en leurs Offices d'Égliſe, juriſdiccions, poſſeſſions ſpirituelles & temporelles, Seigneuries, villes, chaſteaux, fortereſſes, rentes, fruits, domaines & biens à eulx appartenans, & en ce ſeront maintenus & gardés; & auſſy en leurs franchiſes, privilèges, libertés quelles qu'elles ſoyent; & de ce auront bonnes Lettres du Roy, ſéellées de ſon grant Séel, telles que ou cas appartient, franchement & quittement de ce qui appartient au Roy.

(9) Item. Que ſy les Roys d'*Angleterre* & *Ducs* de *Guienne* ont donné en ladiĉte cité d'*Acqs*, ou temps paſſé, à aucuns eſtans à préſant demourant en icelle cité & *Senneſchauciée* des *Lannes*, aucunes terres, ſeigneuries, chaſteaux, fortereſſes, & autres choſes quelles qu'elles ſoyent, à eulx appartenans à cauſe de ladiĉte Duchié & Seigneurie, en quelque manière que ce ſoit, ils ſeront & demourront à ceulx à qui ils ont eſté donnés, ſans aucun deſtourbier ou empeſchement.

(10) Item. Ne ſeront tenus les habitans de ladiĉte cité & pays, à aucunes tailles, impoſicions, gabelles, lendes, fouaiges, quartages, équivallent, ne autres ſubſides en quelque manière que ce ſoit; & ne ſeront tenus de payer de cy en avant, que les droits anciens deus & accouſtumés èſdiĉtes cités & pays.

(11) Item. Que tous Marchands qui doreſnavant apporteront vivres & marchandiſes quels qu'ils ſoyent en ladiĉte cité d'*Acqs* & pays des *Lannes*, ils pourront venir ſeurement, en payant les devoirs anciens & droits accouſtumés d'ancienneté, tant au Roy comme à autres Seigneurs à qui ce pourroit appartenir ſelon la teneur de leurs privilèges, libertés & franchiſes.

(12) Item. Que en ladiĉte cité d'*Acqs* ſit Juſtice comme il eſt accouſtumé; & que les cauſes du Reſſort, comme anciennement eſtoit obſervé & gardé, ſoient illec décidées & déterminées par voye d'appellacion, ou autrement diſcutées comme il eſtoit accouſtumé; & que nul, devant la première connoiſſance, par mandement, appellacion ou ſimple querelle ou autrement, en puiſſe eſtre trait hors de ladiĉte cité & *Séneſchauciée.*

(13) Item. A eſté appointé que, de cy en avant, le Roy ne ſes Succeſſeurs & Officiers ne pourront traire hors dudiĉt pays des *Lannes,* pour faire guerre, les Nobles de *Guienne* ne autres du pays, ſans leur voulenté & conſentement; ſinon touteſvoyes qu'il les paye de leurs gages & ſouldes.

(14) Item. Que la monnoye qui aujourd'huy a cours, ait ſon cours un an ou deux.

(15) Item. Se au Roy plaiſt de mettre aucunes gens de guerre en ladiĉte cité & pays pour la garde & ſeureté d'iceulx, il les payera de leurs gaiges, & les faira gouverner bien & doulcement, & payer ce qu'ils prendront; & ceux qui ſeront en ladiĉte cité d'*Acqs,* ſeront logiés ès hoſtelleries & autres lieux moins grévables & dommageables pour les Marchans & habitans de ladiĉte cité.

(16) Item. A eſté appointé que les Officiers que le Roy commettra audiĉt pays des *Lannes,* promettront au Roy ou à ſes Commiſſaires & jureront de faire bonne juſtice, ſans aucune faveur, au grant comme au petit; & qu'ils garderont les privilèges, couſtumes & loys de ladiĉte cité d'*Acqs* & du pays des *Lannes,* & les maintiendront en leurs honneurs & prééminences; & joyront ceux de ladiĉte cité d'*Acqs* & pays des *Lannes,* de leurs Juriſdiccions, ainſy que anciennement ilz l'ont accouſtumé.

(17) Item. Deffendra ou faira deffendre le Roy aux Procureurs en ladiĉte cité & pays, qu'ils ne moleſtent ou travaillent aucuns habitans de ladiĉte cité

& *Senneſchauciée*

& *Sénéchauciées* des *Lannes*, fans requeſte de partie, ou qu'il n'y ait deue informacion précédent.

Pour ce eſt-il que Nous, ayans lefdicts articles & tout le contenu agréables, iceulx avons loués, ratifiés, approuvés & confirmés; louons, ratiſſons, approuvons & confirmons par ces préſentes, & promettons les tenir & accomplir de point en point ſelon leur forme & teneur. Sy donnons en mandement par cefdictes préſentes, aux *Senneſchaulx* de *Guienne* & des *Lannes*, & à tous nos autres Juſticiers & Officiers, ou à leurs Lieutenans préſens & à venir, & à chaſcun d'eulx ſi comme à luy appartiendra, que de nos préſentes ratificacion, approbation & confirmacion facent, ſeuffrent & laiſſent leſdictes Gens d'Égliſe, Nobles, Bourgeois & habitans deſdicte ville, cité & chaſtel d'*Acqs* & *Seneſchauciée* des *Lannes*, joyr & uſer pleinement & paiſiblement, ſans aucunement aller, venir, ne faire ſouffrir aller, venir, ne faire aucune choſe au contraire, ains ſe fait eſtoit, le réparent ou facent réparer & remettre au premier eſtat & deub. Et afin que ce ſoit choſe ferme & eſtable à tousjours, Nous avons fait mettre noſtre Séel à ces préſentes. *Donné à Taillebourg, ou mois de Juillet, l'an de grace mil quatre cens cinquante & ung, & de noſtre règne le vint-neuf.* Ainſi ſigné : *Par le Roy en ſon Conſeil ouquel les Évefques de Magalonne, & d'Agde, l'Admiral, les Sires de la Foreſt & de Montſereau, & autres pluſieurs eſtoient.* CHALIGAUT. *Viſa.*

(a) Lettres de Charles VII, par leſquelles il accorde des franchiſes & priviléges à la ville de Libourne.

CHARLES, par la grace de Dieu, Roy de France, ſavoir faiſons à tous préſens & à venir, Nous avoir receu la ſupplicacion de nos chiers & biens-amés les Maire, Bourgeois & habitans de noſtre ville de *Liborne* en noſtre pays de *Guienne*, contenant que ladicte ville anciennement a eſté une très-bonne ville, bien peuplée, & édifiée de bonnes & belles maiſons, en laquelle affluoient pluſieurs Marchands & autres gens; & auſſy avoient leſdicts ſupplians pluſieurs grans & notables priviléges dont cy après ſera faite mencion: mais à l'occaſion de ce que ladicte ville a eſté bien longuement en frontière de guerre, & auſſy que puis peu de temps en çà, icelle ville, laquelle a eſté bien longtemps occupée par nos anciens ennemis & adverſaires d'*Angleterre*, a eſté par puiſſance de ſiége, miſe & réduite en noſtre obéiſſance, elle eſt très-fort dépopulée, & les habitacions & édifices d'icelle tournées en grant ruine & déſolacions, & n'eſt icelle ville en voye de jamais eſtre relevée ne reſſourſe, s'ils n'avoient encore leſdicts priviléges, franchiſes & libertés ainſy qu'il Nous a eſté remonſtré, requérant humblement que leſdicts priviléges leur veuillons conſermer ou donner de nouvel, & ſur ce leur en octroyer nos Lettres. Pour ce eſt-il que Nous deſirans reſſourdre & relever ladicte ville, qui eſt noſtre néuement, avons auſdicts Maire, Bourgeois & habitans de noſtredicte ville de *Liborne*, de nouvel octroyé, & octroyons de grace eſpécial par ces préſentes, par manière de privilége, les choſes qui s'enſuivent.

(1) C'eſt aſſavoir, que iceulx Maire, Bourgeois & habitans de noſtredicte ville de *Liborne*, ſeront dorefnavant & à tousjours-mais, francs & exemps de touttes nouvelles couſtumes, péages & maletoutes qui autreſfois ont eu cours

NOTE.

(a) Tréſor des Chartes, Regiſtre IX^{xx}v [185], Pièce 145; & Regiſtre IX^{xx}x [190], Pièce 44. — *Mſſ.* de *Colbert*, Volume LIV. page 737; & Volume LV, page 174.

au *Duchié* de *Guienne*, & les en avons affranchis & affranchissons, parmy ce qu'ils entretendront & continueront les péages & autres coustumes anciennes imposées sur leurs vins quand ils les mèneront à *Bourdeaulx* ou autre part.

(2) *Item.* Que aucun Bourgeois ne autre de ladicte ville, ne puisse construire ne édifier ès carrières & lieux contigus & touchans par-dedans aux murs de ladicte ville; & que on laisse d'un costé & d'autre, grant voye & spacieuse, sans y mettre fumier ne autre ordure qui empesche la défense de ladicte ville, afin que se elle estoit assiégée on peust avoir accès ausdictes murailles & tours.

(3) *Item.* Que tous estrangers qui ne seroient aucunement de nostre obéissance, menans sel par le fleuve de *Dordoigne*, & autres marchandises, seront tenus avec leurs nefz & vaisseaux arriver au port de ladicte ville, & dedans les murs d'icelle descharger leursdicts sel & marchandise, pour les vendre ausdicts habitans à pris raissonnable, se faire se peut; & sinon, lesdicts Marchands estrangers pourront leursdicts sels & marchandises remettre en leursdictes nefs, & les emmener sans aucune contradiccion.

(4) *Item.* Qu'ils puissent avoir en ladicte ville, Communaulté, aveques les libertés & coustumes appartenans à icelle; & qu'ils puissent eslire & faire chascun an douze Jurés qui pourront aussi eslire deux preudhommes de leur Communaulté par chascun an, au jour de la vigile de la feste de la *Magdelaine*, pour leur Maire; & le jour de ladicte feste seront tenus lesdicts douze Jurés présenter lesdicts deux hommes ou chasteau de *Bordeaux*, en la présence du *Sennechal* de *Guienne* ou de son Lieutenant ou du Connestable dudict *Bordeaux*; & après qu'ils auront ainsy présenté lesdicts deux hommes, lesdicts *Séneschal* ou Connestable ordonneront & fairont Maire de ladicte ville de *Liborne*, celuy des deux que bon leur semblera; & seront tenus lesdicts *Senneschal* & Connestable, ou celuy d'eulx à qui lesdicts deux hommes seront présentés, de ce faire dedans ledit jour de la *Magdelaine* ou le lendemain, autrement lesdicts Jurés le pourront faire; & sera tenu ledit Maire gouverner la Communaulté pour ung an.

(5) *Item.* Que ladicte ville demourra perpétuellement en nos mains, sans que jamais elle soit séparée de la Couronne par tiltre de vendicicion, de laig, transport, ne autrement.

(6) *Item.* Que un chascun de ladicte Communaulté payera & contribuera aux frais & mises qui se fairont pour icelle, ainsy que lesdicts Maire & Jurés ordonneront.

(7) *Item.* Que lesdicts habitans ne seront point arrestés pour quelconque estrange debte, sinon qu'ils feussent pleiges ou debteurs principaulx, par ainsy qu'ils seront prests d'ester à droict devant le Maire de ladicte ville de *Liborne*.

(8) *Item.* Que lesdicts Maire & Jurés auront connoissance perpétuelle de tous les poids & mesures de ladicte ville, excepté du poids de la monnoye, duquel on connoistra en ladicte ville comme on fait ès autres villes.

(9) *Item.* Que les paccions & convenances autrefois faites entre lesdicts habitans & les Bourgeois de *Saint-Emilian*, (c'est assavoir que aucune nef ne monteroit en aucun port desdicts Bourgeois, mais au port de ladicte ville de *Liborne*) seront gardées & entretenues; sinon que ladicte nef sust chargiée de vins qui seroient creuz en l'heritage desdicts Bourgeois.

(10) *Item.* Que lesdicts habitans auront en ladicte ville trois foires l'an, c'est assavoir, ès festes de *Saint-Martin* d'hyver, au commencement de karesme, & à la feste de *Saint-Nicolas* en may: durant chascune desdictes foires quinze jours, ou cas que lesdicts jours ne seroient des foires de *Saint-Emilian* ou d'autres lieux royaulx circonvoisins.

(11) *Item.* Que toutes nefs, barges & autres vaisseaulx pourront venir au port de ladicte ville; & y seront les Marchands d'icelle traitiés & gouvernés en la forme & manière que de toute ancienneté a esté fait en ladicte ville, sans payer aucun impost ne autre devoir, sinon les péages deubs de toutte ancienneté.

(12) Item. Qu'il ne pourra avoir aucun Grenier à sel ne que aucun ne pourra vendre sel puis le lieu du *Bec d'Ambès* jusques à ladicte ville de *Liborne*, ne depuis icelle ville de *Liborne* jusques à *Bergerac;* fors tant seulement en icelle ville de *Liborne*, & en la ville de *Bourg* durant une foire qui se tient chascun an en icelle ville de *Bourg* le jour de la feste de *Saint-Vincent*.

(13) Item. Qu'il n'y aura aucun naufraige* depuis les lieux de *Soullac* & *Tellemont* jusques à *Liborne*, ne en allant contremont depuis ladicte ville de *Liborne* jusques à *Bergerac*.

(14) Item. Que nul Baron, Bailly, Prévost ou autre Officier ou Ministre royal, ne Maire ou Juré de ville, nos subgiés sans moyen puisse doresnavant imposer aucune faulce clameur ne recevoir, contre les habitans ne aucuns d'iceulx ne leurs biens & choses, ne en connoistre aucunement, sinon tant seulement des causes & excès faits, commis ou perpétrés notoirement, en leur puissance, juridiction & destrois: cessans touttesvois sur ce tous dols & fraudes.

Sy donnons en mandement par cesdictes présentes aux *Seneschaulx de Guienne*, des *Lanes* & de *Périgort*, & à tous nos autres Justiciers, Officiers ou à leurs Lieutenans présens & à venir, & à chascun d'eulx sy comme à luy appartiendra, que de nos présens octroy & priviléges & chascun d'iceulx, facent, seuffrent & laissent lesdicts Bourgeois, manans & habitans & leurs successeurs joïr & user pleinement & paisiblement, ainsy que de ancienneté ils ont accoustumé de faire justement & duement, sans les molester ou empeschier en aucune manière au contraire, mais se aucunement estoit fait, le réparent ou facent réparer & mettre au premier estat & deub. Et afin que ce soit chose ferme & estable à tousjours, Nous avons fait mettre nostre Séel à cesdictes présentes : sauf en autres choses nostre droit, & l'autruy en touttes. *Donné à Taillebourg sur Charente, ou mois de Juillet, l'an de grace mil quatre cens cinquante & ung, & de nostre règne le vingt-neuf. Ainsy signé: Par le Roy en son Conseil.* CHALIGAUT.

(a) Lettres de Charles VII, par lesquelles il prend sous sa sauvegarde spéciale l'Abbaye de Saint-Romain-lès-Blaye.

CHARLES, &c. Savoir faisons à tous présens & à venir, que à la supplicacion de nos bien-amés les Religieux, Abbé & Convent de *Saint-Romain-lez-Blaye*, de fondacion royalle, estans en nostre sauve & especiale garde, comme sont plusieurs autres Églises & Monastères de nostre Royaume, Nous, iceulx supplians d'abondant avons prins & mis; & par ces présentes, de grace espécial, avec leur famille, serviteurs, hommes & femmes de corps, s'aucuns en ont, & tous leurs biens quelsconques, prenons & mettons en & sous nostredicte proteccion & sauvegarde spécial, à la conservacion de leur droit tant seulement; & de nostre plus ample grace, pleine puissance & authorité royal, leur avons ordonné, commis & député; ordonnons, commettons & députons nos *Seneschaulx de Xaintonge* & de *Périgort*, ou leurs Lieutenans, présens & advenir, & chascun d'eulx, pour gardiens d'iceux Religieux, Abbé & Convent, & de leurs familiers, gens, serviteurs, hommes & femmes de corps, possessions, granges, terres, prés, bois, vignes, justices, cens, rentes & revenues quelles qu'elles soient à eulx appartenans, estans en nostre Royaume, & pour les maintenir & garder de par Nous en touttes leurs justes

N O T E.

(a) Trésor des Chartes, Regiftre IXᵛᵛ [185] Pièce 158. — *MSS. de Colbert,* vol. LIV, page 753.

possessions, franchises, libertés, droits, coustumes, usages, priviléges & saisines, & les défendre par tout de touttes injures, griefs, violences, oppressions, inquiétacions & molestacions, de force d'armes, de puissance de saiz, & de touttes nouvelletés indeues, lesquelles se ilz trouvent estre ou avoir esté faites ou préjudice de nostredicte sauvegarde & desdicts supplians ou de leursdicts serviteurs, hommes & femmes de corps, ilz réparent & révoquent, ou facent réparer, révoquer & mettre incontinent sans délay au premier estat & deub; & pour ce, faire à Nous & à eulx amende convenable; & s'il y a débat en cas de nouvelleté entre les parties sur les choses contentieuses, de mettre ou faire mettre iceluy débat en nostre main comme souveraine; & à faire par icelle nostre main récréance, là & sy comme il appartiendra. Et voulons que nostredicte & espécialle garde ils & chascun d'eulx facent publier & signiffier par tous les lieux où ils verront qu'il appartiendra, à la requeste desdicts supplians ou de leurs gens & serviteurs, hommes & femmes de corps; & en signe d'icelle, en cas d'éminent péril, mettent ou facent mettre nos penonceaulx & bastons royaulx, en & sur les maisons, granges, possessions & autres biens quelsconques desdicts supplians, là où mestier sera, afin que nul ne se puisse excuser d'ignorance; & intimer & deffendre de par Nous, à toutes les personnes dont ilz seront requis de par lesdicts supplians ou leur Procureur, que à eulx, leur famille, gens, hommes & femmes de corps, terres, rentes, revenues, possessions & biens quelsconques présens & à venir, ils ne meffacent ou facent meffaire en aucune manière, sur certaines peines à appliquer à Nous, en leur faisant donner bon & loyal asseurement de touttes les personnes qu'il appartiendra & dont ilz seront requis selon la coustume du pays. Et pour faire & accomplir plus diligemment de point en point les choses dessusdictes & chascune d'icelles, Nous mandons & commettons à nosdicts *Sennefchaulx* ou à leurs Lieutenans présens & à venir & à chascun d'eulx, que ils, touttesfois que mestier sera & ils en seront requis, députtent ausdicts supplians ung ou plusieurs de nos Sergens bons & souffisans, à leurs despens, lesquels ne s'entremettront de chose qui requiere connoissance de cause. Mandons & commandons à tous nos Justiciers, Officiers & subgiez, que à iceulx nos *Sennefchaux* ou à leurs Lieutenans, présans ou à venir, & à chascun d'eulx, & oudict Sergent ou Sergens députés de par eulx ou l'un d'eulx, & à chascun d'eulx, quant aux choses dessusdictes & leurs deppendences, obéissent & entendent diligemment. Et afin que ce soit chose ferme & estable à tousjours, Nous avons fait mettre nostre Séel à ces présentes: sauf en autres choses nostre droit, & l'autruy en touttes. *Donné à Xaintes, ou mois d'Aoust, l'an de grace mil quatre cens cinquante & ung, & de nostre règne le vint-neufviesme.* Ainsy signées: *Par le Roy à la relation du Conseil.* Daniel.

Visa. Contentor. E. Froment.

(a) Lettres de Charles VII, par lesquelles il prend sous sa sauvegarde spéciale l'Hôpital de Saint-Jacques de Bordeaux.

KAROLUS, *Dei gracia, Francorum Rex. Inter cunctas & urgentes solli- citudines quibus in regendis subditis nostris plebibus frequenter distrahimur & animus noster afficitur, ad hoc precipuè nostre mentis aspirat affectus, per que status ecclesiasticus nostris temporibus sub commisso Nobis regimine in tranquillitate*

NOTE.

(a) Trésor des Chartes, Registre IX^xx^v [185] Pièce 185. — *MSS.* de *Colbert.* Vol. LIV, page 781.

manuteneatur & pace. & ipsius regni Ecclesie ejusque servitores sub proteccione regiâ à suis releventur pressuris, & per regalem potenciam à noxiis defendantur, ut eo liberiùs & fervencius circa divina vacare valeant, quo abundancius circa ea senserint se adjutos. Hâc igitur consideracione moti, Progenitorum nostrorum, qui semper Sacro-Sanctas Dei Ecclesias ab injuriis & violenciis quibuslibet & pressuris consueverunt deffendere & tueri, vestigiis inherentes, notum facimus universis presentibus & futuris, quòd Nos Religiosos, Priorem, Fratres & Condonatos hospitalis Sancti-Jacobi Burdegale; ac predictam eorum Ecclesiam, tam in capite quàm in membris, necnon & singulares personas ejusdem Ecclesie, eorumque successores, unà cum possessionibus, bonis hominibus, subditis & familiaribus, eorumque juribus, jurisdiccionibus specialibus & temporalibus, & rebus aliis quibuscumque tam presentibus quàm futuris, spectantibus quomodolibet ad eosdem, in nostris proteccione & speciali gardiâ regiâ & successorum nostrorum regum Francie, de speciali graciâ suscipimus per presentes, in eisdem proteccione & gardiâ speciali perpetuò remansuros; Senescallum Aquitanie, aut suum Locumtenentem, qui nunc est & qui pro tempore fuerit, eisdem religiosis Priori, Fratribus & Condonatis, ac eorum predicte Ecclesie, ejusque singularibus personis, hominibus & familie eorumdem, specialem Gardiatorem, protectorem & defensorem tenore presencium deputantes, cui committimus & mandamus quatenùs predictos Religiosos, Priorem & Condonatos hospitalis Sancti Jacobi Burdegale, ac eorum predictam Ecclesiam ejusque singulares personas, homines & familiam eorumdem, sub dictâ proteccione & gardiâ speciali, in suis justis possessionibus, juribus, Jurisdiccionibus specialibus & temporalibus, honoribus, bonis & proprietatibus, libertatibus, franchisiis & saisinis, prerogativis & rebus aliis quibuscumque spectantibus quomodolibet ad eosdem, presentibus & futuris, manuteneat, protegat & defendat ab omnibus injuriis, oppressionibus, violenciis, vi armorum, potenciâ quorumcumque & novitatibus indebitis quibuscumque, quodque non permittat eis in premissis aliquales violencias aut pressuras fieri vel inferri, factasque, si de ipsis, vocatis vocandis sine strepitu judicii, summariè & de plano, rejectis quibuscumque frivolis opposicionibus & morosis dilacionibus amputatis, legitimè eisdem constiterit, rebus contenciosis in casu novitatis ad manum nostram tanquàm superiorem positis, & detentis in eâ ad requestam ipsorum quousque de juribus parcium sit discussum, ad statum pristinum & debitum reducat reducive facere non postponat; unum vel plures eisdem de Servientibus nostris, pro premissis, si & quociens opus fuerit requisitus, in specialem Gardiatorem suis sumptibus deputet, qui de hiis que cause cognicionem exigunt seu judiciale requirunt juvamen, se nullatenùs intromittant, ac illos de quibus per juramentum dubitaverint ad dandum eis & cuilibet ipsorum securitatem & affidagium secundùm patrie consuetudinem previâ racione compellat. Ab omnibus autem Justiciariis & subditis, in premissis & ea tangentibus, dicto Senescallo & deputatis vel deputandis ab eodem, pareri volumus efficaciter & intendi mandamus. Quod ut firmum & stabile maneat in futurum, nostrum presentibus Litteris fecimus apponi Sigillum. Datum Xantonis, die sextâ mensis Septembris, anno Domini millesimo quadringentesimo quinquagesimo primo, & regni nostri vicesimo nono. Sic sign. Per Regem ad relacionem Concilii. E. FROMENT.

Visa. Contentor. E. FROMENT.

(a) Lettres de Charles VII, par lesquelles il confirme les priviléges, libertés & franchises de la ville de Saint-Emilion en la soumettant à son obéissance.

CHARLES, par la grace de Dieu, Roy de France, à tous ceux qui ces présentes Lettres verront : Salut. Comme en faisant la réduccion en nostre obéissance, par nos très-chers & amés Cousins les *Comtes d'Angoulesme & de Penthièvre*, & nostre très-cher & féal Cousin le *Comte de Dunois & de Longueville* nostre Lieutenant général sur le fait de la guerre, de la ville de *Saint-Million*, alors occupée & détenue par les *Anglois* nos anciens ennemis & adversaires, eust avec les Maire, Gens d'Église, Nobles, Bourgeois & habitans de ladicte ville, esté fait certain traittié & appointemens dont la teneur s'ensuit.

Appointement fait par Messeigneurs les *Comtes d'Angoulesme & de Penthièvre*, & Monseigneur le *Comte de Dunois & de Longueville* Lieutenant général du Roy sur le fait de la guerre, avec les Maire, Gens d'Église, Nobles, Bourgeois & habitans de la ville de *Saint-Million*, pour raison de la reduccion de ladicte ville de *Saint-Million* en l'obéissance du Roy nostre souverain Seigneur, en la manière qu'il s'ensuit.

(1) Premièrement. Lesdicts Maire, Gens d'Église, Bourgeois & habitans bailleront ladicte ville de *Saint-Million* réaulment & de fait, ès mains de Monseigneur le *Comte de Penthièvre* pour le Roy nostre Seigneur, ou de ses Commis, dedans demain qui sera Dimanche sixiesme jour de Juin.

(2) Item. Et tous ceux qui voudront demourer en ladicte ville, de quelque estat, nacion ou condicion qu'ils soyent, faire le pourront. en faisant le serment d'estre bons, vrays & loyaulx subgiés & obéissans au Roy ; & en ce faisant ils auront tous leurs biens & héritages quelsconques, quelque part qu'ilz soient situés & assis ; & sy auront abolicion générale de tous cas & choses quelsconques.

(3) Item. Et demoureront tous lesdicts habitans, Gens d'Église, Nobles & autres quelsconques, en leurs franchises, priviléges & libertés anciennes, à eux données par les prédécesseurs *Ducz de Guienne* ; & promettront mesdicts Seigneurs les Comtes, de leur faire confermer par le Roy iceulx priviléges, libertés & franchises ; & ainsy l'ont promis & juré le faire.

(4) Item. Et s'il y en a aucuns qui ne veuillent demourer en ladicte ville, ne faire le serement, aller s'en pourront avec tous leurs biens, chevaulx, harnois & biens quelsconques ; & auront bon sauf-conduit pour ce faire.

(5). Item. S'il y en a aucuns qui présentement ne veuillent faire serement, & veuillent faire leurs besongnes, & querir leurs biens quelque part qu'ilz soyent, & leurs debtes en leur parti, faire le pourront ; & seront receus à eulx déclarer de eulx faire François, jusque ou temps & terme de trois mois prochains venans ; & cependant pourront retourner, se bon leur semble, en ladicte ville, & faire le serment, & y seront receus, & auront tous leurs biens & héritaiges ainsy que dessus est dit.

(6) Item. Et si les aucuns d'iceulx habitans de ladicte ville ont aucuns de leurs biens au parti contraire, ils les pourront aller querir ou envoyer par le congié & licence de leur Capitaine, sans aucun reprouche.

NOTE.

(a) Trésor des Chartes, Registre IXˣˣV [185]. Pièce 208. — *MSS. de Colbert,* Volume LIV, page 811.

(7) *Item.* Et pendant ledict temps de trois mois, les deffufdicts qui s'en iront, pourront laiffier en garde en ladicte ville, tous leurs biens, ou aucuns d'iceulx, fy bon leur femble, ou les envoyer querir, fe bon leur femble, pendant ledit temps, ou les vendre; & ne leur fera donné en iceulx biens qu'ilz laifferont en ladicte ville, aucun deftourbier ou empefchement.

(8) *Item.* Et pourront les habitans d'icelle ville, demander, requérir & eulx faire paier de touttes leurs dettes bonnes & loyaulx, de tous ceux qui aucune chofe leur doivent ou pourront devoir à quelque caufe ou couleur que ce foit, nonobftant qu'ils ayent efté du party contraire.

(9) *Item.* Que nul defdicts habitans ne fera contraint durant lefdicts trois mois, d'aller en la guerre ne foy armer, fe bon ne leur femble.

(10) *Item.* Plus, fe aucuns de quelque part, qui ont aucuns héritages en ladicte ville, foyent demourans au party contraire, pourront venir dedans lefdicts trois mois demourer, & ravoir leurfdicts héritages, & en joïr franchement & quittement, comme ceux de ladicte ville, ou y envoyer leur plus prochain héritier pour en joïr comme deffus.

Lefquelles chofes ainfy déclarées que deffus, mefdicts Seigneurs les Comtes ont promis & promettent tenir & accomplir de point en point, felon leur forme & teneur, fans enfraindre en aucune manière. Fait & paffé avant la poffeffion prinfe de ladicte ville, fous les feings manuels & féaulx de mefdicts Seigneurs, le Samedy cinquiefme jour de Juing, l'an mil quatre cents cinquante & ung. *Ainfi fignées.* JEHAN. JEHAN. JEHAN *(b).*

CHARLES, VII,
à Taillebourg, le 21 Septemb. 1451.

En nous humblement requérant que celuy appointement Nous plaife ratiffier & confirmer, & fur ce leur octroyer nos Lettres: Savoir faifons que Nous, ayans ledit appointement & tout fon contenu agréable, iceluy avons loé, ratiffié, approuvé & confirmé; loons, ratiffions, approuvons & confirmons par ces préfentes, & promettons le tenir & accomplir de point en point felon fa forme & teneur. Sy donnons en mandement par cefdictes préfentes au *Sennefchal* de *Guienne* & à tous nos autres Jufticiers & Officiers ou à leurs Lieutenans préfens & à venir, & à chafcun d'eulx fy comme à luy appartiendra, que de nos préfentes ratificacion, approbacion & confirmacion, facent, feuffrent & laiffent lefdicts Maire, Gens d'Églife, Bourgeois & habitans de noftredicte ville de *Saint-Million,* joïr & ufer pleinement & paifiblement, fans aucunement aller, venir, ne faire au contraire aucune chofe, ains fe fait eftoit, le réparent ou facent réparer ou remettre au premier eftat & deub: Car ainfy Nous plaift-il & voulons eftre fait. En tefmoin de ce, Nous avons fait mettre noftre Séel à cefdictes préfentes. *Donné à* Taillebourg, *le vint-uniefme jour de Septembre, l'an de grace mil quatre cents cinquante & ung, & de noftre règne le vint-neufviefme.* Ainfi figné: *Par le Roy en fon Confeil.* ROLANT.

Suite des Lettres de Charles VII.

NOTE.

(b) Les Comtes d'Angoulême, de Penthièvre & de Dunois, fe nommoient tous trois *Jean.*

(a) Lettres de Charles VII, par lefquelles il confirme les droits & priviléges de l'Archevêque de Bordeaux & de fes hommes.

CHARLES, par la grace de Dieu, Roy de France, favoir faifons à tous préfens & à venir, Nous avoir receue l'humble fupplicacion de noftre amé & féal Confeiller l'Arcevefque de *Bordeaulx*, contenant que à caufe de fondit Archevefché il a plufieurs beaux droits, prérogatives, franchifes & libertés, juftice, hommes & fubgès; mais pour ce que, longtemps a, nos cité & ville dudiĉt *Bordeaulx* & pays de *Bordelois* ont efté occupées par nos adverfaires les *Anglois*, aucuns voulans ignorer lefdiĉts droits, franchifes, libertés & prérogatives de noftrediĉt Confeiller & de fefdiĉts hommes & fubgès, les pourroient troubler & empefcher en icelles, fe par Nous ilz ne y eftoient maintenus & gardés, requérant fur ce noftrediĉt Confeiller noftre provifion. Pour quoy, Nous inclinans à la fupplicacion de noftre Confeiller, iceluy & fefdiĉts hommes & fubgès avons prins & mis, & par ces préfentes prenons & mettons en & foubs noftre proteccion & fauvegarde efpécial, à la confervacion de leurs droits tant feulement; & en oultre voulons & Nous plaift, & à iceluy noftre Confeiller avons oĉtroyé & oĉtroyons de noftrediĉte grace, par cefdiĉtes préfentes, que en fefdiĉtes franchifes, juftices, droits, prérogatives & libertés, il & fefdiĉts hommes & fubgès foyent & demeurent paifibles, & en jouiffent ainfy & par la forme & manière que d'ancienneté ilz ont accouftumé d'en joïr & ufer bonnement & loyaument. Sy donnons en mandement par la teneur de ces mefmes préfentes aux Gens de noftre Confeil & Cour fouveraine à *Bordeaulx* & *Sennefchal* de *Guienne*, & à tous nos autres Jufticiers & Officiers de noftre *Duchié* de *Guienne* ou à leurs Lieutenans préfans & à venir, que en faifant de noftre préfente grace iceluy noftre Confeiller joïr à plein, ilz le maintiennent & gardent de par Nous, & auffi fefdiĉts hommes & fubgès, en leurfdiĉts droits, franchifes & libertés, ainfy que d'ancienneté ils en ont deuement & loyaument joy & ufé, comme deffus eft déclaré, fans leur faire ne donner ne fouftenir eftre mis ou donné ès chofes deffufdiĉtes ne aucunes d'icelles, aucun deftourbier ou empefchement en aucune manière au contraire, ains fe fait, mis ou donné leur eftoit au contraire, fe lé mettent ou facent mettre incontinent & fans délay au premier eftat & deub, & les deffendent de toutes injures, violences, griefs & moleftacions indeues : Car ainfy Nous plaift-il eftre fait. Et afin que ce foit chofe ferme & eftable à tousjours, Nous avons fait mettre noftre Séel à ces préfentes: fauf en autres chofes noftre droit, & l'autruy en toutes. *Donné à Taillebourg, ou mois de Septembre, l'an de grace mil quatre cents cinquante & ung, & de noftre regne le vint-neufviefme.* Ainfy figné : *Par le Roy en fon Confeil.* ROLANT. *Vifa. Contentor.* CHALIGAUT.

NOTE.

(a) Tréfor des Chartes, Regiftre IXˣˣV [185], Pièce 293. — *MSS.* de *Colbert,* volume LIV, page 784.

(a) Lettres

(a) *Lettres de Charles VII, par lesquelles il confirme le droit accordé à l'Église de Bordeaux, de percevoir le tiers du droit de Seigneuriage fur la Monnoie fabriquée en ladite ville.*

CHARLES, par la grace de Dieu, Roi de France, favoir faifons à tous préfans & à venir, Nous avoir oye l'humble fupplicacion de nos bien amés les Doyen & Chapitre de noftre ville & cité de *Bordeaulx*, contenant comme ès temps paffés nos Prédéceffeurs *Ducz* de *Guienne* ayent donné & octroyé aufdicts fupplians la tierce partie de la revenue & efmolumens venans & yffans du droit de Seigneuriage de la Monnoye de *Bordeaux*, quant on befongne en icelle, & de ce ayent lefdictz fupplians jouy & ufé & efté en bonne poffeffion & faifine par très-long temps; & pour ce que jà-pieçà le *Roy* d'*Angleterre*, lors *Duc* de *Guienne*, voulut donner empefchement aufdicts fupplians en la percepcion de ladicte tierce partie de la revenue d'icelle Monnoye, fe meut procès entre lefdictes parties en noftre Cour de Parlement à *Paris*, en laquelle ils obtindrent arreft contre ledict *Roy* d'*Angleterre* comme *Duc* de *Guienne*, & depuis en ont lefdicts fupplians joy par longtemps; mais pour la difcontinuacion qui a efté de la percepcion du droit deffufdict, à l'occafion de ce que ladicte Monnoye n'a point ouvré pour l'empefchement de la guerre, & que ladicte ville eft de préfent réduite en noftre obéiffance & le pays d'environ, & que y avons ordonné & commis nouveaulx Officiers, ils doubtent que le Maiftre particulier de noftre Monnoye de *Bordeaux*, & autres nos Officiers qui font à préfant ou feront par le temps à venir, facent difficulté de les payer quand le cas y efcherra, felon & ainfy qu'ilz ont accouftumé le temps paffé, & felon la forme & teneur dudict arreft; & à cette caufe, & pour gregneur feurté de leurdict droit, & éviter débats & procès en quoy, à l'occafion deffufdicte, ilz pourroient eftre tenus & envelopés, ils Nous ont humblement fait fupplier & requérir que ladicte tierce partie de l'émolument d'icelle Monnoye, ainfy à eulx donnée par nofdicts Prédéceffeurs, ils ayent & preignent felon la teneur dudict arreft, & fur ce leur octroyer & impartir noftre grace. Pour quoy, Nous, ces chofes confidérées, qui ne voulons de noftre temps les droits des Eglifes de noftre Royaume, mefmement de ladicte Église qui eft de fondacion royal, dont fommes garde & protecteur, eftre diminués, ains à noftre pouvoir les accroiftre & augmenter, à ce que plus curieufement ils foyent tenus de vacquer au fervice divin, & que foyons participans ès biens & prières qu'ils fairont: Nous, ayans agréables lefdictes donacions ainfy à eulx faites par nos Prédéceffeurs *Ducs* de *Guienne*, & mefmement confidéré la teneur dudict arreft, avons voulu & ordonné, voulons & ordonnons, & leur avons octroyé & octroyons de grace efpécial, pleine puiffance & authorité royal, par ces préfentes, qu'ils ayent & preignent par les mains dudict Maiftre particulier de noftredicte Monnoye de *Bordeaux*, ou autres nos Officiers qu'il appartiendra, la tierce partie du prouffit & efmolument dudict Seigneuriage, qui nous peut & pourra efcheoir & venir à caufe de ladicte Monnoye de *Bordeaux*, touttes & quantes fois que l'on befongnera en icelle Monnoye de *Bordeaux*; & qu'ils en jouiffent felon la forme & teneur dudict arreft, & ainfy qu'ils & leurs prédéceffeurs ont fait le temps paffé, les gaiges de nos Officiers en icelle Monnoye premièrement payés, fans que

NOTE.

(a) Tréfor des Chartes, Regiftre IX.ˣˣv,[185] Pièce 194. — *MSS.* de *Colbert*, Vol. LIV, page 793.

dorefnavant ils puiffent eftre aucunement empefchiés, moleftés ou travaillés en aucune maniere au contraire. Sy donnons en mandement par cefdictes préfentes à nos amez & féaulx Gens de nos Comptes & Tréforiers, que en faifant & laiffant & fouffrant lefdicts fupplians joïr & ufer plainement & paifiblement de noftredicte grace & octroy, ils facent par le Maiftre particulier de noftre Monnoye de *Bordeaux* qui eft ou fera pour le temps à venir, ou autres qu'il appartiendra, bailler & deffivrer aufdicts fupplians ladicte tierce partie dudict proufit & efmolument du Seigneuriage d'icelle Monnoye; & par rapportant ces préfentes, ou *Vidimus* d'icelles fait foubs Séel royal, pour une fois feulement, avec quittance defdicts fupplians, Nous voulons tout ce que paié & baillé leur aura efté, eftre alloué ès comtes, & rabattu de la recepte dudict Maiftre particulier de noftredicte Monnoye, ou autres qu'il appartiendra & qui paiée l'aura, par nofdictes Gens des Comptes aufquels nous mandons ainfy le faire fans difficulté : Car ainfy nous plaift-il eftre fait. Et afin que ce foit chofe ferme & eftable à tousjours, Nous avons fait mettre noftre Séel à ces préfentes, fauf en autres chofes noftre droit, & l'autruy en touttes. *Donné à* Taillebourg, *ou mois de Septembre, l'an de grace mil quatre cens cinquante & ung, & de noftre règne le vint-neufviefme.* Ainfi fignées: *Par le Roy en fon Confeil.* ROLAND. *Vifa. Contentor.* CHALIGAUT.

(a) Lettres de Charles VII, par lefquelles il prend fous fa garde & protection l'Églife de Bayonne.

KAROLUS, *Dei graciâ, Francorum Rex. Inter cunctas & urgentes follicitudines quibus in regendis fubditis noftris plebibus frequenter diftrahimur & animus nofter afficitur, & ad hoc precipuè noftre mentis afpirat affectus, per que ftatus Ecclefiafticus noftris temporibus fub commiffo Nobis regimine in tranquillitate manuteneatur & pace, & ipfius Regni Ecclefie ejufque fervitores fub proteccione regiâ à fuis televentur preffuris & per regalem potenciam à noxiis defendantur, ut eò liberiùs & fervenciùs circa divina vacare valeant quo abundanciùs circa ea fenferint fe adjutos. Hâc igitur confideracione moti, Progenitorum noftrorum, qui femper Sacrofanctas Dei Ecclefias ab injuriis, violenciis quibuflibet & preffuris confueverunt defendere & tueri, veftigiis inherentes, notum facimus univerfis prefentibus & futuris, quòd Nos Epifcopum & Capitulum Ecclefie Cathedralis* Baionenfis, *ac predictam eorum Ecclefiam tam in capite quàm in membris, necnon & fingulares perfonas ejufdem Ecclefie, eorumque fucceffores, unà cum poffeffionibus, bonis, hominibus, fubditis & familiaribus eorumdem, juribus. Juridiccionibus fpecialibus & temporalibus & rebus aliis quibufcumque tam prefentibus quàm futuris, fpectantibus quomodolibet ad eofdem, in noftris proteccione & fpeciali gardiâ regiâ & fucefforum noftrorum Regum Francie, de fpeciali graciâ fufcipimus per prefentes, in eifdem proteccione & gardiâ fpeciali perpetuò remanfuros; Majorem, Capitaneum* Baione ac *Bajulum* Laburdi, *aut eorum Locatenentes qui nunc funt aut qui prò tempore fuerint, eifdem Epifcopo & Capitulo ac eorum predicte Ecclefie Cathedrali ejufque fingularibus perfonis & familie eorumdem, fpeciales Gardiatores, protectores & defenfores tenore prefencium deputantes, quibus committimus & mandamus quatenùs predictos Epifcopum & Capitulum dicte Ecclefie Cathedralis* Bayonenfis, *ejufque fingulares perfonas, homines & familiam, fub dictâ proteccione & gardiâ fpeciali in fuis juftis poffeffionibus, juribus, Juridiccionibus fpecialibus &*

N O T E.

(a) Tréfor des Chartes, Regiftre IX^{xx}v, [185], Pièce 204. — *MSS. de Colbert,* Vol. LIV, page 798.

temporalibus, honoribus, bonis & proprietatibus, libertatibus, franchisiis & saisinis, prerogativis & rebus aliis quibuscumque, spectantibus quomodolibet ad eosdem, presentibus & futuris, manuteneant, protegant & defendant ab omnibus injuriis, oppressionibus, violenciis, vi armorum, potenciâ quorumcumque, & novitatibus indebitis quibuscumque; quòdque non permittant eis in premissis aliquales violencias aut pressuras fieri vel inferri, factásque de ipsis, vocatis vocandis, sine strepitu judicii, summariè & de plano, rejectis quibuscumque frivolis opposicionibus, & morosis dilacionibus amputatis, rebus contenciosis in casu novitatis ad manum nostram tanquàm superiorem positis, & detentis in eâ ad requestam ipsorum quousque de juribus parcium sit discussum, ad statum pristinum & debitum reducant, reducive facere non postponant, unum vel plures eisdem de Servientibus nostris pro premissis, si & quociès opus fuerint requisiti, in specialem Gardiatorem suis sumptibus deputent; de hiis que cause cognicionem exigunt seu judiciale requirunt juvamen, se nullatenùs intromittant; ac illos de quibus per juramentum dubitaverint, ad dandum eis & cuilibet ipsorum securitatem & affidagium, secundùm patrie consuetudinem, previâ racione compellant. Ab omnibus autem Justiciariis & subditis, in premissis & ea tangentibus, dictis Majori, Capitaneo ac Bajolo Laburdi, & deputatis vel deputandis ab eisdem, pareri volumus efficaciter, & intendi mandamus. Quod ut firmum & stabile permaneat in futurum, nostrum presentibus Litteris fecimus apponi Sigillum. Datum Tailleburgi, in mense Septembris, anno Domini millesimo quadringentesimo quinquagesimo primo, & regni nostri vicesimo nono. Sic signatum: Per Regem ad relacionem Consilii. *ROLANT.*

. *Visa. Contentor.* CHALIGAUT.

(a) *Lettres de Charles VII, par lesquelles il accorde à la ville de Bourg, en Guyenne, qu'elle demeure toujours en sa main, sans pouvoir être désunie de son Domaine.*

CHARLES, &c. savoir faisons à tous présens & à venir, Nous avoir receue l'humble supplicacion de nos chiers & bien amés les Maire, Jurés & Communité de nostre ville de *Bourg*, située sur la rivière de *Dordoigne* en nostre pays & *Duchié de Guienne*, contenant comme de long temps nostredicte ville ait esté détenue & occupée par les *Anglois* nos anciens ennemis & adversaires, & ayent lesdicts supplians & leurs prédécesseurs demouré en leur subgeccion & obéissance jusques à cette présente année que, graces à Dieu Nostre Seigneur, Nous l'avons réduite, ensemble le surplus de nostredict pays de *Guienne*, en nostre obéissance; & soit ainsy que icelle ville soit nuement à Nous, & que lesdicts supplians soyent nos hommes liges sans moyen, & ayent vouloir & ferme propos de demourer à tousjours-mais en nostredicte obéissance, par quoy Nous aient fait supplier qu'il Nous plaise leur octroyer qu'ils soyent désormais à tousjours perpétuellement nos subgets & hommes liges, sans moyen, sans ce qu'ils soyent par Nous ne les nostres transportés ne mis hors de nos mains, ne disjoints de nostre vray Domaine; & sur ce leur impartir nostre grace : Pour ce est-il que Nous, ces choses considérées, & le bon & grant désir & vouloir que lesdicts supplians monstrent avoir envers Nous & nostre Seigneurie, & afin qu'ils soyent plus enclins & abstrains d'y persévérer à tousjours de bien en mieux, ausdicts Maire, Jurés & Communité de nostredicte ville de *Bourg*, avons octroyé & octroyons de grace espécial,

NOTE.

(a) Trésor des Chartes, Registre IX^{xx}V [185], Pièce 205. — *MSS.* de *Colbert,* Volume LIV, page 803.

pleine puiſſance & authorité royal, & à leurs hoirs demourans en ladicte ville,
pour Nous & nos Succeſſeurs Roys de France, que noſtredicte ville de *Bourg*,
ne aucune choſe des appartenances d'icelle, ne feront par Nous ne aucuns
de noſdicts Succeſſeurs Roys de France, vendues, données, permuées,
eſchangées, tranſportées, ne miſes hors de nos mains, ne disjointes de
noſtredict Domaine, ores ne ou temps à venir, pour quelque cauſe ne en
quelque manière que ce ſoit. Sy donnons en mandement par ceſdictes
préſentes à nos amés & féaulx Conſeillers par Nous ordonnés ſur le fait de
la Juſtice ſouveraine en noſtre pays de *Guienne*, au Senneſchal dudict pays,
& à tous nos autres Juſticiers ou à leurs Lieutenans, & à chaſcun d'eulx
ſy comme à luy appartiendra, que leſdicts ſupplians & leurs ſucceſſeurs facent
& ſeuffrent joïr & uſer de noſtre préſente grace & octroy, plainement &
paiſiblement, ſans faire ne ſouffrir eſtre fait aucune choſe au contraire. Et afin
que ce ſoit choſe ferme & eſtable à tousjours, Nous avons fait mettre noſtre
Séel à ces préſentes; ſauf en autres choſes, noſtre droit, & l'autruy en touttes.
Donné à Taillebourg, *ou mois de Septembre, l'an de grace mil quatre cens
cinquante & ung, & de noſtre règne le vingt-neufvieſme.* Ainſi ſigné: *Par le Roy.*

*(a) Lettres de Charles VII, par leſquelles il confirme aux habitans de la
ville de Bourg, en Guyenne, le droit d'avoir une foire franche tous les ans
durant huit jours; & de pouvoir avoir & vendre du ſel en leurs maiſons.*

CHARLES, par la grace de Dieu, Roy de France, ſavoir faiſons à tous
préſens & à venir, Nous avoir receu l'humble ſupplicacion de nos chiers
& bien amez les Maire, Jurés & Communauté de noſtre ville de *Bourg*,
aſſiſe ſur la rivière de *Dordongne*, en noſtre pays & *Duchié de Guienne*,
contenant que de toutte ancienneté, ils ont accouſtumé avoir foire chaſcun an
audict lieu de *Bourg*, durant huit jours entiers; c'eſt aſſavoir depuis le premier
jour de Septembre juſques à la feſte de Noſtre-Dame oudict mois, franche
de touttes choſes, tout au long de ladicte rivière de *Dordoigne;* & auſſi ont
accouſtumé tenir & vendre ſel chaſcun particulier en ſon hoſtel tout au long
de l'an, ſy bon luy ſemble, à tous Marchans qui en vouloient acheter, en
payant certain droit qui Nous eſt deub à cauſe dudict ſel; & de ce ont joy
& uſé, & leurs prédéceſſeurs, durant le temps qu'ils ont eſté en la ſubgécion
& obéiſſance de nos anciens ennemis les *Anglois*, ainſy & par la manière que
en ont joy & uſé ceux de noſtredicte ville & cité de *Bordeaux;* & ce que,
graces à Noſtre-Seigneur, leſdicts ſupplians, enſemble noſtredicte ville de
Bordeaux & le ſurplus de noſtredict pays & *Duchié de Guienne,* ont cette ſaiſon
paſſée, eſté par Nous réduits & remis en noſtre obéiſſance; & iceux ſupplians
font doubte que par nos Gens ou Officiers ou autres leur ſoit donné empeſchement en leur jouiſſance touchant les choſes deſſuſdictes, en Nous ſuppliant
que, attendu qu'ils en ont joy de tout temps, & qu'ils ont ferme propos
& bon vouloir de vivre & mourir en noſtre obéiſſance, & que s'il avoit
rompture ès choſes deſſuſdictes, ſeroit grand préjudice à ladicte ville qui eſt
nuement à Nous, & à la choſe publique du pays d'environ, il Nous plaiſe
ſur ce leur impartir noſtre grace. Pour ce eſt-il que Nous, les choſes
deſſuſdictes conſidérées, & le bon & grand deſir & vouloir que leſdicts ſupplians ont envers Nous & noſtre Seigneurie, voulans iceulx eſtre traittés en

NOTE.

(a) Tréſor des Chartes, Regiſtre IX^{xx}V [185], Pièce 210. — *MSS. de Colbert*,
Volume LIV, page 823.

toutte faveur, auxdicts Maire, Jurés & Communaulté de noftredicte ville de *Bourg* avons octroyé & octroyons de grace efpécial, pleine puiffance & autorité royal, par ces préfentes, pour eulx & leurs fucceffeurs, que ladicte foire de Septembre ils puiffent tenir & faire tenir audict lieu de *Bourg*, durant lefdicts huit jours; & qu'elle, enfemble les Marchands qui marchanderont en icelle, avec leurs denrées & marchandifes, foyent francs durant lefdits huict jours, tout au long de ladicte rivière de *Dordoigne*, tout ainfy qu'ils eftoient & ont efté, & qu'ils en ont deuement joy le temps paffé; & avec ce, qu'ils puiffent tenir du fel en leurs hoftels audict lieu de *Bourg*, & le vendre tout au long de l'an à tous Marchands qui en vouldront acheter, en Nous payant le droit qui a accouftumé eftre payé pour Nous, & que y devons prendre, tout ainfy & par la manière qu'ils ont duement joy le temps paffé, & que font & ont accouftumé duement faire & ufer ceulx de noftredicte ville & cité de *Bordeaux.* Sy donnons en mandement par cefdictes préfentes à nos amés & féaulx Confeillers par Nous ordonnés ou faict de la Juftice fouveraine en noftredict pays de *Guienne*, au *Senne/chal* dudict pays de *Guienne*, & à tous nos autres Jufticiers ou à leurs Lieutenans préfens & advenir, & à chafcun d'eulx fy comme à luy appartiendra, que lefdicts fupplians & leurs fucceffeurs, facent, feuffrent & laiffent joyr & ufer de noftre préfente grace & octroy, pleinement & paifiblement, fans leur mettre ou donner, ne. fouffrir eftre mis ou donné aucun deftourbier ou empefchement allencontre, ainçois fi mis ou donné leur avoit efté ou eftoit au contraire en aucune manière, fi l'oftent & mettent, ou facent ofter & mettre incontinent & fans délay au premier eftat & deu. Et afin que ce foit ferme chofe & eftable à tousjours, Nous avons fait mettre noftre Séel à ces préfentes; fauf en autres chofes noftre droit, & l'autruy en touttes. *Donné à* Taillebourg, *ou mois de Septembre, l'an de grace mil quatre cents cinquante & ung, & de noftre règne le vint-neufiefme.* Ainfy fignées: *Par le Roy en fon Confeil.* DELALOERE. *Vifa. Contentor.*

(a) Lettres de Charles VII, par lefquelles il accorde à la ville de Saint-Émilion, qu'elle ne puiffe être mife hors de fa main, ni disjointe de fon Domaine.

CHARLES, par la grace de Dieu, Roy de France, favoir faifons à tous préfens & à venir, Nous avoir receue l'humble fupplicacion de nos chers & bien amez les Maires, Jurés & Communité de noftre ville de *Saint-Million*, fituée en noftre pays & *Duchié* de *Guienne*, contenant comme dez longtemps noftredicte ville ait efté détenue & occupée par les *Anglois* nos anciens ennemis & adverfaires, & ayent lefdicts fupplians & leurs prédéceffeurs demouré en leur fubgeccion & obéiffance jufques à cette préfente année, que, graces à Noftre-Seigneur, Nous l'avons réduite, enfemble le furplus de noftre pays de *Guienne*, en noftre obéiffance; & foit ainfy que icelle ville foit nuement à Nous, & que lefdicts fupplians foyent nos hommes liges, fans aucun moyen, & ayent vouloir & ferme propos de demourer à tousjours-mais en noftredicte obéiffance, par quoy Nous ayent fait fupplier qu'il Nous plaife leur octroyer qu'ils foient déformais à tousjours perpétuellement nos fubgiés & hommes liges, fans moyen, fans ce qu'ils foyent par Nous ou les noftres tranfportés ne mis hors de nos mains, ne disjoints de noftre vray Domaine,

NOTE.

(a) Tréfor des Chartes, Regiftre IX[xx]V [185], Pièce 207. — *MSS. de Colbert,* Volume LIV, page 807.

& fur ce leur impartir noftre grace. Pour ce eft-il que Nous, ces chofes confidérées, & le bon & grant defir & vouloir que lefdicts fuppliants monftrent avoir envers Nous & noftre Seigneurie, & afin qu'ilz foyent plus enclins & abftrains de y perfévérer à tousjours de bien en mieux, auxdicts Maire, Jurés & Communités de *Saint-Million*, avons octroyé & octroyons de grace efpécial, pleine puiffance & authorité royal, & à leurs hoirs & fucceffeurs demourans en ladicte ville, pour Nous & nos Succeffeurs Roys de France, que noftredicte ville de *Saint-Million* ne aucune chofe des appartenances d'icelle, ne feroit par Nous ne aucuns de nofdicts Succeffeurs Roys de France, vendues, données, permuées, efchangées, tranfportées, ne mifes hors de nos mains, ne disjointes de noftredict Domaine, ors ne ou temps à venir, pour quelque caufe ne en quelque manière que ce foit. Sy donnons en mandement par cefdictes préfentes, à nos amez & féaulx Confeillers par Nous ordonnés fur le fait de la Juftice fouveraine en noftredict pays de *Guienne*, au *Senneftchal* dudict pays, & à tous nos autres Jufticiers ou à leurs Lieutenans, & à chafcun d'eulx fy comme à luy appartiendra, que lefdicts fuppliants & leurs fucceffeurs facent & feuffrent joïr & ufer de noftre préfente grace & octroy pleinement & paifiblement, fans faire ne fouffrir eftre fait aucune chofe au contraire. Et afin que ce foit chofe eftable à tousjours, Nous avons fait mettre noftre Séel à ces préfentes : fauf en autres chofes noftre droit, & l'autruy en toutes. *Donné à* Taillebourg, *ou mois de Septembre, l'an de grace mil quatre cens cinquante & ung, & de noftre règne le vint-neufviefme.* Ainfy fignées. *Par le Roy en fon Confeil.* ROLANT. *Vifa. Contentor.* CHALIGAUT.

(a) *Lettres de Charles VII, par lefquelles il ordonne qu'il y aura à Bayonne un Maire & autres Officiers municipaux, inflitués par lui; & qu'il y fera levé le droit accoutumé de l'affife.*

CHARLES, par la grace de Dieu, Roy de France, favoir faifons à tous préfens & à venir, que comme noftre ville & cité de *Bayonne* ait efté par bien longtemps détenue & occupée par nos anciens ennemis & adverfaires les *Anglois*, & nagaires par puiffance de fiége l'avons remife & réduite en noftre obéiffance ; & depuis Nous ait efté remonftré que en ladicte ville, qui eft fituée & affife fur port de mer & ès fins & extrémités de noftre Royaume, y a eus ès temps paffés, & a encores de préfent, grant abondance & affluance de peuple de diverfes nacions, & communicacions de marchandifes, & pour le gouvernement & police d'icelle ville fouloit avoir anciennement ordonnance de Maire, Échevins & Confeillers, laquelle ordonnance les Bourgeois & Échevins d'icelle ville n'oferoient entretenir ne continuer fans noftre authorité, congié & licence, & pour ce Nous ayent requis la déclaracion de noftre entencion & volenté fur ce : favoir faifons que Nous, defirans décorer ladicte ville & pourveoir à l'entretenement & bonne conduite de la police & gouvernement d'icelle, avons ordonné & ordonnons par ces préfentes.

(1) Que dorefenavant il y aura Maire en ladicte ville & cité de *Bayonne*, tel qu'il Nous plaira, lequel fera par Nous créé & de par Nous inftitué, qui ne fera muable fynon à noftre plaifir.

(2) *Item.* Pareillement y mettrons Clerc, & donnerons iceluy Office de Clerc, & fera iceluy Clerc comme Acceffeur ou Lieutenant dudict Maire.

NOTE.

(a) Tréfor des Chartes, Regiftre IXˣˣV [185], Pièce 209. — *Mss.* de *Colbert*, Volume LIV, page 818.

CHARLES
VII,
à Taillebourg,
en Septembre
1451.

(3) *Item.* Que dorefenavant y aura ou Confeil dudict Maire, douze perfonnes, c'eft affavoir, fix Efchevins & fix Confeillers, lefquels quand iceluy Maire les mandera, affifteront avec luy & le confeilleront en nos affaires & en ceux de ladicte ville, faifant ferment ès mains dudict Maire de ainfy le faire bien & loyaulment.

(4) *Item.* Et fe mueront lefdicts douze Efchevins & Confeillers, le premier Mercredy ou premier Samedy du mois d'Avril.

(5) *Item.* Que ceux de ladicte ville & cité de *Bayonne* fe pourront, par congié dudit Maire & en fa préfence, affembler une fois l'an, & eflire autres vint & quatre perfonnes feulement, en lieu de cent Pers qui y foulöient eftre, qui feront femblable ferment en la préfence dudict Maire, & lefquels il mandera quand bon luy femblera, ès grans chofes touchant le fait de fon Office & le bien & utilité de ladicte ville.

(6) *Item.* Avons ordonné que dorefenavant fera levé pour Nous en ladicte ville & ès lieux de *Carbaton* & de *Saint-Jehan-de-Luz*, le droit de l'afife qui eft accouftumé de lever; c'eft affavoir, de foixante hardis *(b)* ung, pour convertir à noftre proffict, comme noftre propre domaine; & fur ce fairons payer les gaiges des Officiers qui de par Nous feront commis & inftitués en ladicte ville.

Sy donnons en mandement par cefdictes préfentes, à nos amés & féaulx Confeillers les Gens de la Juftice fouveraine par Nous ordonnés à *Bordeaux*, les Gens de nos Comptes & Tréforiers à *Paris*, & chafcun d'eulx fy comme à luy appartiendra, que de nos préfens volenté & Ordonnance ils gardent & entretiennent ou facent garder & entretenir de point en point felon leur fourme & teneur, fans aucunement aller, venir, ou faire ne fouffrir aller ne venir au contraire en quelque manière que ce foit; ainçois s'aucune chofe eftoit fur ce faite au contraire, le réparent & remettent, ou facent réparer & remettre tantoft & fans délay au premier eftat & deub. Car ainfi Nous plaift-il eftre fait. Et afin que ce foit chofe ferme & eftable à tousjours, Nous avons à ces préfentes fait mettre noftre Séel. *Donné à Taillebourg, ou mois de Septembre, l'an de grace mil quatre cens cinquante & ung, & de noftre règne le vint-neufviefme.* Ainfy fignées: *Par le Roy en fon Confeil.* CHALIGAUT, *Vifa. Contentor.* CHALIGAUT.

N O T E.

(b) *Hardis*]. Petite monnoie de cuivre. Voyez *Du Cange*, Gloff. & Supplément, au mot *Ardicus*.

CHARLES
VII,
à Taillebourg,
en Septembre
1451.

(a) Lettres de Charles VII, par lefquelles il accorde à la ville de Bayonne, qu'elle foit & demeure toujours unie à fa Couronne, fans pouvoir être mife hors de fa main.

CHARLES, par la grace de Dieu, Roy de France, favoir faifons à tous préfens & à venir, que oye la fupplicacion à Nous préfentée de la partie de nos chiers & bien amez les Gens d'Église, Nobles, Bourgeois & habitans de noftre ville & cité de *Bayonne*, contenant que par long temps ils ont efté & demouré fous l'obéiffance de nos anciens ennemis & adverfaires d'*Angleterre* jufques à nagaires que icelle ville & cité par puiffance de fiége avons prinfe, mife & réduite en noftre obéiffance; lefquels ont grand defir, affection & voulenté, comme nos vrays & loyaulx fubgièts eftre &

N O T E.

(a) Tréfor des Chartes, Regiftre IX^{xx}v [185], Pièce 211. — *MSS. de Colbert,* Volume LIV, page 829, r.

demourer fous noftre Seigneurie, & fans moyen, nuement, en Nous requérant humblement que ainfy les vueillons maintenir, fans les mettre ne bailler en autres mains : Nous, ayans regard à la bonne voulenté, affeccion & defir defdicts fupplians, & afin qu'ils ayent tousjours graigneur courage de perfévérer, maintenir & garder leur loyaulté envers Nous & noftre Couronne & Seigneurie, voulons & ordonnons de noftre authorité royal, & aufdicts fupplians avons octroyé & octroyons par ces préfentes, que nofdictes ville & cité de *Bayonne* & tous les habitans & demourans en iceulx, foient & demeurent de cy en avant, perpétuellement & à tousjours, fous Nous & la Seigneurie de Nous & de nos Succeffeurs Roys de France, nuement & fans aucun moyen, tout ainfy qu'ils font de préfent. Et d'abondant, en tant que meftier feroit, avons par ces préfentes, nofdictes ville & cité de *Bayonne* adjoints & adunis, adjoignons & aduniffons à noftre vrai Domaine, Couronne & Seigneurie & de nofdicts Succeffeurs, & ne voulons que ou temps à venir, ils en foyent féparés ne mis en autre main pour quelconque caufe que ce foit. Sy donnons en mandement par cefdictes préfentes à noftre amé & féal Chancellier, à nos amés & féaulx les Gens de noftre Parlement à *Paris*, & les Gens ordonnés par la Juftice fouveraine en noftre ville de *Bordeaux*, les Gens de nos Comptes & Tréforiers, au *Sennefchal* des *Lannes*, & à tous nos autres Jufticiers & Officiers ou à leurs Lieutenans préfens & à venir, & à chafcun d'eulx en droit foy & comme à luy appartiendra, que nos préfens Ordonnance & voulenté ils tiengnent & gardent, & facent tenir & garder fans enfraindre, en faifant d'icelles joir perpétuellement lefdicts fupplians, & cefdictes préfentes enregiftrer par tous les lieux & auditoires où il appartiendra : Car ainfy Nous plaift-il & voulons eftre fait. Et afin que ce foit chofe ferme & eftable à tousjours, Nous avons fait mettre noftre Séel à cefdictes préfentes. *Donné à* Taillebourg, *ou mois de Septembre, l'an de grace mil quatre cens cinquante & ung, & de noftre règne le vint-neufviefme.* Ainfy fignées : *Par le Roy en fon Confeil.* CHALIGAUT. *Vifa. Contentor.* CHALIGAUT.

(a) Lettres de Charles VII, par lefquelles il accorde aux habitans de Bayonne, abolition de tous les crimes & délits qu'ils auroient pu commettre contre lui & fes Sujets, lorfqu'ils étoient foumis aux Anglois.

CHARLES, par la grace de Dieu, Roy de France, favoir faifons à tous préfens & à venir, que comme noftre ville & cité de *Bayonne*, ait par cy-devant & par bien long-temps efté détenue & occupée par nos anciens ennemis & adverfaires les *Anglois*, jufques à nagaires que à force d'armes & par puiffance de fiége avons icelle ville & cité remife en noftre obéiffance ; & depuis ayent envoyé folemnellement par devers Nous, les Gens d'Églife, Nobles, Bourgeois & habitans d'icelle ville & cité, aucuns notables Gens & Députés d'entr'eulx & de par eulx, en Nous reconnoiffans, comme faire doivent, leur naturel & fouverain Seigneur, Nous ont en toutte humilité & révérance fupplié & requis que les chofes advenues & paffées ou regard d'eulx à caufe des divifions qui longuement ont efté en cettuy noftre Royaume, & tous faits & exploits de guerre par eulx faits & commis à l'encontre de Nous & de nos bons, vrays & loyaulx fubgiès, Nous pleuft mettre en oubly

(a) Tréfor des Chartes, Regiftre IXᵛᵛV [185], Pièce 213. — *MSS. de Colbert,* Volume LIV, page 832.

& tout

& tout pardonner & abolir, en les recevant & recueillant en noſtre bonne grace comme nos bons, vrays & loyaulx ſubgiès: Pour ce eſt-il que Nous, ayant regard aux choſes deſſuſdictes, & à la grande affeccion, déſir & voulenté qu'ils ont démonſtrée avoir à Nous & à noſtre ſervice, & d'eſtre & demourer nos bons, vrays & loyaulx ſubgiès, & voulans pour ce miſéricorde eſtre préférée à rigueur de juſtice: à iceulx Gens d'Égliſe, Nobles, Bourgeois & habitans de noſtredicte ville & cité de *Bayonne,* pour les conſidéracions que deſſus, avons par grant & meure délibéracion de conſeil, de noſtre certaine ſcience, authorité royal & grace eſpécial, quitté, pardonné & aboly; quittons, pardonnons & aboliſſons par ces préſentes, & à chaſcun d'eulx qui faira le ſerment, ſe jà fait ne l'a, de Nous eſtre doreſmains vray ſubget & obéiſſant, tous cas, crimes, délicts & offenſes en quoy l'en pourroit dire eulx ou aucuns d'eulx avoir offenſé ou délinqué envers Nous, noſtre Majeſté & Couronne, aux cauſes que deſſus & ès deppendences, tant en matière de guerre que autrement, en quelque manière que ce ſoit. Toutes leſquelles choſes Nous avons annullées & abolies, annullons & aboliſſons, & voulons eſtre dictes & réputées comme non advenues; & que leſdicts de *Bayonne* jouiſſent des honneurs & prérogatives dont paravant ces choſes avoient accouſtumé de joïr, & auſſy de leurs biens, héritaiges & poſſeſſions, meubles & immeubles eſtans en nature de choſe, non obſtant quelſconques dons que en pourroient avoir été faits, & les exploits qui s'en ſeroient enſuis, que revoquons & annullons par ces préſentes, & ſur tout impoſons ſilence à noſtre Procureur & à tous autres nos Officiers, & ne voulons pas qu'à l'occaſion des choſes deſſuſdictes, aucune choſe leur ſoit, ou à leurs ſucceſſeurs ou temps à venir, reprouchée ou imputée contre leur honneur, mais voulons & ordonnons ceulx qui ce ſeroient, eſtre contrains à le réparer ou amender par voye de Juſtice.

Sy donnons en mandement par ceſdictes préſentes, à nos amés & féaulx les Gens de la Cour ſouveraine eſtablie à *Bordeaux,* aux *Senneſchaulx* de *Guienne* & des *Lannes,* & à tous nos autres Juſticiers & Officiers ou à leurs Lieutenans, préſens & à venir, & à chaſcun d'eulx ſy comme à luy appartiendra, que de noſtre préſente grace, octroy, quittance, pardon & abolicion, & de touttes autres choſes devant dictes, facent & ſeuffrent leſdicts Gens d'Égliſe, Bourgeois & habitans de ladicte ville & cité de *Bayonne,* & chaſcun d'eulx, joïr & uſer plainement & paiſiblement par la manière que dit eſt, ſans les travailler ou empeſcher, ores, ne ou temps à venir, ne ſouffrir eſtre travaillés ou empeſchés en aucune manière au contraire. Et afin que ce ſoit choſe ferme & eſtable à tousjours, Nous avons fait mettre noſtre Séel à ceſdictes préſentes: ſauf en autres choſes noſtre droit, & l'autruy en touttes. *Donné à Taillebourg, ou mois de Septembre, l'an de grace mil quatre cens cinquante & ung, & de noſtre règne le vint-neufieſme.* Ainſi ſignées: *Par le Roy en ſon Conſeil.* CHALIGAUT.

Viſa. Contentor. CHALIGAUT.

(a) Lettres de Charles VII, par lesquelles il règle la forme des élections des Maire, Échevins & Conseillers de la ville de Montreuil-sur-mer.

CHARLES, par la grace de Dieu, Roy de France, savoir faisons à tous présens & à venir, Nous avoir receue l'humble supplicacion de nos bien amés les Majeur, Eschevins, Bourgeois, manans & communaulté de nostre ville de *Monstereul-sur-la-mer*, contenant que comme iceulx supplians considérans nostredicte ville estre fort chargée de rentes viagères & autres charges & debtes èsquelles elle est encheue tant à l'occasion des guerres comme des grans aides & subvencions qui ont esté prinses & cueillies de par Nous & nos Prédécesseurs sur icelle ville qui est assise en pays de frontière, & autrement en plusieurs & diverses manières, & tellement que les mises & despenses excédoient grandement la recepte, dont la destruccion totale d'icelle ville se feust peu ensuir, se remède n'y eust esté mis, ayent nagaires d'eulx-mesmes, amiablement & par l'advis de Notables Conseillers & autres prud-hommes de ladicte ville, pour résoudre & descharger icelle & l'acquitter desdictes debtes & réduire les mises aucunement à égalité de recepte, fait voir & visiter les comptes du temps passé, & l'estat & gouvernement d'icelle ville, en diminuant les gaiges & despences, & par ce moyen & autres voyes venir à égalité, & sur ce ayent esté faits plusieurs advis & délibéracions différens les uns aux autres, & finablement se soient condescendus & accordez ensemble d'un commun accord, selon certains advis qui ont esté acceptés & eus agréables par tous ceux de ladicte Communaulté, mesmement par les Majeur & Eschevins qui gouvernoient & avoient longtemps gouverné, comme il appert par leurs Lettres de consentement sur ce par eulx faites & baillées: & entre autres choses, ayent advisié certaine manière de faire, à l'esleccion chascun an de Majeur & Eschevins par certaines personnes députées de ladicte Communaulté, non pas du tout semblable à la manière de faire à l'esleccion par les dernières années passées observée & accoustumée de faire en icelle ville, mais toutesvois consonante aux anciens priviléges de la fondacion & créacion de Loy & Commune d'icelle ville: c'est assavoir, que pour faire ladicte esleccion, la préveille du jour *Sainct Simon & Saint Jude,* que on a accoustumé de renouveller la Loy de ladicte ville, les sept Gens ordinaires de ladicte ville, chascune par soy en un lieu à part, & autres que on dit Portiers d'autre part, & aussi ceulx de la chaussée *Saint Martin,* d'une autre part, se assembleront & esliront loyaulment gens de bien, chascun de sa Gende & sorte: c'est assavoir, lesdictes sept Gendes chascune quatre hommes de bien & gens d'en-tendement, qui seront pour ce vint-huict hommes, & ceux de *Saint Martin* en esliront deux, qui font trente, & les Portiers neuf qui font trente-neuf personnes, chascune Gende & assemblée, de gens la sienne sorte. Et iceulx trente-neuf personnes seront par aucuns députés de chascune Gende ou assem-blée, présentés par escrit aux Maire & Eschevins qui auront gouverné icelles années, lesquelles & mesmement le Majeur les faira mander & adjourner pour estre en l'Eschevinage la nuit & veille *Saint Simon & Saint Jude,* devant disner; & illec le Majeur, présens aucuns Eschevins yssans, en nombre competant, fairont jurer ceulx qui seront illec venus, grant serement d'eslire douze Eschevins, & l'un d'iceulx Majeur, un autre second Majeur, & un autre tiers Majeur, en l'absence du premier, pour gouverner l'année ensuivant; & prestement

NOTE.

(a) Trésor des Chartes, Registre IX^xxV [185], Pièce 214. — *MSS.* de *Colbert,* Volume LIV, page 837.

feront enfermés, le Clerc de la ville préfent, pour en faire regiftre, ceulx de
la vieille Loy abfens, & effiront douze Efchevins, & les tendront fecrets; &
le lendemain fe raffembleront & les bailleront par efcrit aux Majeur & Efchevins
yffans qui les manderont, & iceulx ou fommés de vénir, iceulx trente-neuf
perfonnes fe enfermeront comme deffus en la falle devant, & illec effiront
le premier, fecond & tiers Majeur, & les bailleront par efcrit au vieil Majeur
qui les faira lever & prononcera en Efchevinage; & feront affis comme il eft
accouftumé, & les feremens faits devant l'Églife *Saint Sauve*, felon l'ancienne
manière; & ainfy en fuivant d'an en an, fans ce que Majeurs & Efchevins
yffans de la Loy foyent appellés à l'effeccion, finon pour prononcer & recevoir
les feremens comme dit eft; mais néantmoins ils, ou aucuns d'eulx, pourront
eftre continués fe ils y font effeus; & ne pourront les effifeurs effire aucun
d'eulx Majeur ne Efchevin; & femblablement feront ladicte nuit *Saint Simon*
& Saint Jude, par lefdictes trente-neuf perfonnes, effeus douze autres perfonnes
pour eftre Confeillers aidans & confortans lefdicts Efchevins, felon ce qu'il
a efté advifé & confeillé, léfquels feront tenus fecrets, comme dit eft des
Efchevins; & le lendemain feront mandés par le Majeur, pour recevoir d'eulx
le ferement pour faire ce que à eulx appartiendra; & le lendemain dudict
jour *Saint Simon & Saint Jude*, feront effeus les Prévofts de Gende, & autres
Officiers de la ville, comme il a efté advifé, en la manière accouftumée.
Et combien que les chofes deffufdictes ainfy advifées feront faites felon raifon
& les anciens priviléges de ladicte ville, & que la différence principale foit tant
feulement en ce que les Majeurs & Efchevins qui ont gouverné par cy-devant,
eftoient vint & quatre, & les douze gouvernans pour une année & les douze
pour une autre année enfuivant, qui effiront les autres pour gouverner chafcun
à fon tour, & demoureroient ceulx qui avoient gouverné, Confeillers &
Coadjuteurs en l'année enfuivant, & après eftoient Efchevins l'autre année
après, & continuoient cette manière touttes leurs vies; lefquelles chofes
noftre très-chier & très-amé Frère & Coufin le *Duc de Bourgongne*, en tant
que à luy touche, a eues agréables & confenties par fes Lettres patentes;
mais pour plus grant feureté ou temps à venir, ils Nous ont fait fupplier icelles
leur approuver & conferver, & fur ce leur impartir noftre grace. Pour ce
eft-il que Nous, les chofes deffufdictes confidérées, léfquelles ont efté faites
pour le bien & entretenement de ladicte ville, lequel, & des autres villes de noftre
Royaume, Nous defirons eftre entretenu; confidérans auffi que lefdictes chofes
ont efté & font faites par ceulx de ladicte ville de *Monftereul* d'un commun
accord & confentement, les chofes deffus déclairées avons eues & avons
agréables, & icelles louées, approuvées, ratifiées & confermées; loons, approuvons, ratifions & confermons de grace efpécial, pleine puiffance & authorité
royal par ces préfentes. Sy donnons en mandement par ces préfentes au *Bailly*
d'Amiens, & à tous nos autres Jufticiers ou à leurs Lieutenans préfens & à
venir, & à chafcun d'eulx fy comme à luy appartiendra, que lefdicts fupplians
& leurs fucceffeurs facent, feuffrent & laiffent joïr & ufer pleinement & paifiblement de nos préfentes ratification, approbacion, confirmacion & octroy, fans
leur faire ne fouffrir eftre fait aucun empefchement au contraire; ainçois fe fait,
mis ou donné leur avoit efté ou eftoit ores ou pour le temps à venir en aucune
manière au contraire, fi l'oftent ou facent ofter & mettre fans délay au premier
eftat & deub. Et afin que ce foit chofe ferme & eftable à tousjours, Nous avons
fait mettre noftre Séel à ces préfentes: fauf en autres chofes noftre droit, &
l'autruy en touttes. *Donné à* Taillebourg, *ou mois de Septembre, l'an de grace*
mil quatre cens cinquante & ung, & de noftre règne le vint-neuf. Ainfy fignée:
Par le Roy à la relation du Confeil. DELALOERE. *Vifa.* Contentor. CHALIGAUT.

CHARLES
VII,
à Taillebourg,
en Septembre
1451.

(a) Lettres de Charles VII, par lefquelles il unit irrévocablement à la Couronne, la ville d'Acqs & fes appartenances.

*K*AROLUS, Dei graciâ, Francorum Rex, notum facimus univerfis pre- sentibus & futuris, quòd Nos ad fupplicacionem & requeftam dilectorum noftrorum Majoris, Juratorum & habitancium civitatis noftre Aquenfis, & ne ipfi pretextu vendicionis, permutacionis, ad profecucionem feu publicacionem alicujus Magnatis feu alterius cujufcumque, nec aliàs de cetero moleftentur, inquietentur, feu quomodolibet pregraventur, eifdem conceffimus & concedimus pro Nobis & heredibus noftris, quòd dictam noftram civitatem Aquenfem, altam, baffam Jufticiam, merum & mixtum imperium, dominia, homagia & feoda dicte civitatis, vel jurifdic- cionem ad ipfam civitatem & Prepofituram Aquenfem pertinentem, per vendicionem, donacionem, permutacionem, vel quemvis alium titulum, extra manum noftram, nifi futuro Regi heredi Francorum, ponemus, nec in alium quàm futurum Regem Francie transferemus, nec infra Jurifdiccionem noftre Prepofiture Aquenfis altam Jufticiam alicui concedemus, fed ipfam civitatem noftram cum toto & integro fuo jufticiatu Nobis in fpecialem Cameram regiam refervabimus, & per prefentes de graciâ fpeciali & authoritate regiâ in perpetuum refervamus. Quocircà, Senefcallo noftro Lendarum, Prepofitoque Aquenfi ac ceteris Jufticiariis noftris feu eorum Loca- tenentibus prefentibus & futuris, tenore prefencium damus in mandatis quatenùs prefatos Majorem, Juratos & habitatores civitatis noftre predicte, & eorum fucceffores, noftrâ prefenti conceffione uti & gaudere plenariè faciant. Quod ut firmum in perpetuum perfeveret, Sigillum noftrum prefentibus Litteris duximus appo- nendum, noftro tamen in ceteris, & alieno in omnibus juribus femper falvis. Datum in oppido *Tailleburgi*, in menfe Septembris, anno Domini millefimo quadrin- gentefimo quinquagefimo primo, & regni noftri vicefimo nono. *Sic fignatum:* Per Regem in fuo Confilio. *DELALOERE. Vifa. Contentor.*

NOTE.

(a) Tréfor des Chartes, Regiftre IXˣˣv [185], Pièce 240. — *MSS.* de *Colbert,* vol. LIV, p. 849.

CHARLES
VII,
à Taillebourg,
en Septembre
1451.

(a) Lettres de Charles VII, par lefquelles il confirme celles de Philippe IV, qui ratifient les grâces accordées à la ville d'Acqs par Édouard I.ᵉʳ, Roi d'Angleterre.

*K*AROLUS, Dei graciâ, Francorum Rex, notum facimus univerfis tam prefentibus quàm futuris, Nos Litteras inclite recordacionis Philippi quondam Francorum Regis predecefforis noftri, Nobis pro parte dilectorum noftrorum Majoris, Juratorum, Burgenfium & habitancium civitatis noftre Aquenfis prefentatas, cerâ viridi figillatas vidiffe, formam que fequitur continentes.

PHILIPPE IV,
à Paris,
en Septembre
1295.

*P*HILIPPUS, Dei graciâ, Francorum Rex, Notum facimus univerfis tam prefentibus quàm futuris, quòd Nos Litteras quafdam figillo dilecti & fidelis Militis noftri Johannis de Burlacio Magiftri Baliftariorum & Senefcalli noftri Vafconenfis & tocius Ducatûs Aquitanie figillatas vidimus, tenorem qui fequitur continentes.

NOTE.

(a) Tréfor des Chartes, Regiftre IXˣˣv [185], Pièce 241. — *MSS.* de *Colbert,* vol. LIV, page 852.

Universis presentes Litteras inspecturis, Johannes *de* Burlacio *(b),* Miles *Domini nostri Regis Francie, Magister Balistariorum,* Senescallus Vasconensis *& totius Ducatûs* Aquitanie *pro eodem Domino nostro Rege, salutem & habere memoriam rei geste. Noveritis nos anno Domini millesimo ducentesimo nonagesimo quarto, die Veneris post festum* Omnium Sanctorum, *videlicet nonas Novembris, vidisse, legisse & diligenter inspexisse quoddam privilegium olim civibus* Aquensibus *per* Edwardum, *Dei graciâ, Regem* Anglie, *Dominum* Hibernie *ac Ducem quondam* Aquitanie *concessum, sigillatum verò sigillo ejusdem, non rasum, non cancellatum, nec in aliquâ parte sui viciatum, cujus privilegii tenor de verbo ad verbum sequitur in hunc modum.*

Edwardus *(c), Dei graciâ, Rex* Anglie, *Dominus* Hibernie *& Dux* Aquitanie, *omnibus ad quos presentes Littere pervenerint, Salutem. Noveritis quòd nos universis & singulis civibus* Aquensibus *nostris, remittimus & perdonamus omnes transgressiones & excessus quos contra nos & nostros fecerunt usque ad presentem diem, necnon indignacionem animi seu rancorem si ex aliquâ causâ contra eos seu aliquem ex eis conceperamus, eosdem ad nostram graciam admittentes. Concedimus eciam eis quòd ipsi de cetero Communiam habeant, & viginti Juratos qui singulis annis in creatione Majoris tres de suis civibus eligant, nobis vel* Senescallo *nostro* Vasconensi *presentandos, de quibus nos vel dictus* Senescallus *unum quem utiliorem viderimus, acceptemus & confirmemus in Majorem civitatis ejusdem; & quòd de omnibus foris suis, libertatibus & Consuetudinibus, gaudeant liberè & utantur. Volumus utique & concedimus quòd si aliquo tempore contigerit nos vel heredes nostros aufferre eisdem civibus nostris* Aquensibus *potestatem habendi Communiam & viginti Juratos, ac eligendi Majorem singulis annis ad regimen populi civitatis ipsius, vel partem aut totum, iidem cives* Aquenses *ad statum quem habuerunt ante tempus quo Dominus Rex Genitor noster eisdem primò contulit Majoriam, in quo habebant Communiam, viginti Justiciarios & unum Capdellum, cum suis antiquis libertatibus, absque impedimento nostri vel nostrorum, dum eis placuerit, liberè revertantur; & quòd omnes cives* Aquenses *super omnibus conquestionibus & querelis per* Aquensem *Curiam civium, & illos qui sunt de illâ* Aquensi *Curiâ, sicut consuetum est judicentur. Volumus insuper & precipimus quòd fori, Consuetudines, libertates necnon privilegia à nostris progenitoribus & à nobis obtenta, eisdem civibus nostris* Aquensibus *inviolabiliter observentur, & nos eadem confirmamus, hoc excepto, quòd super magnâ costumâ que recipitur & recipi consuevit de vinis apud* Burdegalam, *dictis nostris civibus per confirmacionem & cessionem presentium nil juris accrescat vel discrescat, nec nobis aliquod prejudicium generetur: obligaciones siquidem quas certi cives* Aquenses *fecerunt occasione discordie quondam habite inter* Augerium Robberti *& suos, ex parte unâ, &* Raymundum Arn. de Domo-novâ *& suos, ex alterâ, penitùs remittimus & relaxamus. Si verò ipsorum indigeamus exercitu, iidem cives nobis semel in anno infra portus &* Garonam *exercitum faciant, prout illud nobis facere consueverunt & debent. In cujus rei testimonium has Litteras nostras fieri fecimus patentes: teste me ipso, apud* Gloucest. *octavâ die* Augusti, *anno regni nostri sexto (d).*

NOTES.

(b) *Jean de* Burlac, *Sénéchal de* Guyenne, Maître des Arbalêtriers. Voy. Chronique Bourdeloise, *fol* 20, *r.* Il est nommé *Jean de* Burlas, dans l'Histoire généalogique des Grands-Officiers de la Couronne, Tome VII. Il en est fait mention dans d'autres Lettres de Philippe IV de la même année 1295, au mois de Décembre, imprimées Tome XII de ce Recueil, page 302.

(c) Nous avons corrigé d'après les Rôles originaux de la Tour de *Londres*, les Lettres d'*Edouard* où il s'étoit glissé plusieurs fautes.

(d) Le 8 du mois d'Août de la sixième année d'*Edouard I.er* tombe dans l'année 1278.

*Nos. verò, ad preces & instanciam Majoris & Juratorum ac tocius Communie
Aquensis, ex graciâ speciali, & eorum meritis exigentibus, predictum privilegium
& contenta in ipso, ex certâ scienciâ laudamus, approbamus & authoritate presencium confirmamus. In cujus rei testimonium nos Senescallus predictus sigillum Curie
Senescallie nostre presentibus duximus apponendum. Datum die & anno superiùs
annotatis.*

*Nos autem id quod super hiis per predictum Senescallum nostrum actum est,
ratum & gratum habentes, volumus, laudamus & approbamus, & ea tenore presencium confirmamus: salvo in aliis jure nostro. Quod ut firmum & stabile permaneat
in futurum, presentibus Litteris nostrum fecimus apponi Sigillum. Actum Parisius,
anno Domini millesimo ducentesimo nonagesimo quinto, mense Septembris.*

*Quibus visis, fuit Nobis pro parte dictorum Majoris & Juratorum humiliter
supplicatum, quatenùs Litteras predictas confirmare & ratificare, & super premissis
nostre libertatis graciam impartiri dignaremur. Nos autem, premissis consideratis,
volentes subditos nostros benigniter pertractari, Litteras supradictas & omnia in eis
contenta rata habentes, ea & eas laudavimus, approbavimus & ratifficavimus, lau-
damusque, approbamus & ratifficamus de graciâ speciali, authoritate regiâ &
potestatis plenitudine, per presentes ; volentes & concedentes eisdem Majori &
Juratis, & singulis nostre civitatis Aquensis, ut ipsi & eorum successores contentis
in dictis Litteris suprà insertis plenariè utantur & gaudeant amodò & in perpetuum,
prout & quantum ad modum ipsi & eorum predecessores rite & debitè usi fuerunt
& gavisi. Quocircà Senescallo nostro Lendarum, ceterisque Justiciariis nostris seu
eorum Locatenentibus presentibus & futuris, tenore presencium mandamus quatenùs
prefatos Majorem, Juratos & singulos Burgenses & habitantes dicte nostre civitatis
& eorum successores, nostris presentibus confirmacione, approbacione & graciâ uti
& gaudere plenariè faciant & permittant, nihil in contrarium fieri permittendo.
Que ut perpetuâ stabilitate perdurent, Sigillum nostrum presentibus Litteris duximus
apponendum : salvo in ceteris jure nostro, & in omnibus quolibet alieno. Datum in
oppido Tailleburgi, in mense Septembris, anno Domini millesimo quadringentesimo quinquagesimo primo, regni verò nostri vicesimo nono. Sic
signatum : Per Regem in suo Consilio. DELALOERE.*
Collacio facta est. Visa. Contentor.

*(a) Lettres de Charles VII, par lesquelles il confirme les priviléges
des Monnoyers du Duché de Guyenne, & les prend sous sa sauvegarde.*

CHARLES, &c. savoir faisons à tous présens & à venir, que comme
de la partie de noz bien amez les Ouvriers & Monnoyers de nostre
Duché de *Guyenne,* Nous ait été supplié & requis que Nous voulsissions
consentir qu'ilz joïssent & usassent de certains priviléges à eulx octroyés par
noz Prédécesseurs Ducs de *Guyenne,* desquels le temps passé eulx & leurs
prédécesseurs ont joy & usé deuement; & que iceulx Nous pleust avoir
agréables en la manière cy-après déclairée : c'est à sçavoir, que lesdicts Ouvriers
& Monnoyers de ladicte Duchié, leurs femmes, familles & autres, ouvrans
en ladicte Monnoye, ne soient tenuz de respondre de nuls cas quels qu'ils
soient, par devant quelque Juge que ce soit de ladicte Duchié, si ce n'est

NOTE.

(a) Trésor des Chartes, Registre IX^{xx}I [181], Pièce 6. — *MSS.* de *Colbert,*
Vol. LIII, page 859.

devant les Prévofts des Monnoyes, excepté de trois cas tant feulement, c'eſt
à ſçavoir, de meurtre, de larrecin, & de rapt ; & que leſdiĉts Ouvriers &
Monnoyers, leurs femmes & familles, ſont & ayent accouſtumé d'eſtre francs,
quittes & délivrez par tout lediĉt Duchié de *Guyenne* & Reſſort d'iceluy,
de toutes tailles & de toutes couſtumes grandes & petites ou Chaſtel de
Bourdeaux & par toute ladiĉte Duchié, ſoit par raiſon de vins & vivres ou
autrement, de tous péages, paſſages, ſoit pour raiſon de marchandiſes ou
autrement, centiſmes, cinquantiſmes, ſubſides, ovres*, manovres, guets, oſts,   *Corvées.
chevauchées, & généralement de toutes ſubventions, exaĉtions, maleſtoutes,
impoſitions, & de toutes autres ſervitutes & moleſtes, quelles qu'elles ſoient
nommées ou appellées, eulx & leurs biens & marchandiſes, ouvrans & non
ouvrans (mais que la faulte ſoit du Seigneur pourquoy ne ouvrent), marchandans non marchandans, nonobſtant priviléges donnez & à donner ; & auſſy que
leſdiĉts Ouvriers & Monnoyers, leurs femmes & enfans de loyal matrimoine,
ouvrans & non ouvrans (ſe la défenſe de non ouvrer vient du Seigneur,) ſont
francs de toutes couſtumes de vin & autres leurs propres marchandiſes qui
ſont leurs ou par leur patrimoine ou par voie faiĉt, de leur propre Chaſtel, ſans
nul meſlement d'aucune autre compagnie, ou autre male fraude ; & deſquelles
franchiſes & libertez leſdiĉts Ouvriers & Monnoyers & leurs femmes & enfans
de loyal mariage, ouvrans comme diĉt eſt, & leurs familles qui leur ſont
ſervans & ayans pour faire & accomplir leur ouvrage, & nul autre non, ont
acouſtumé de joïr ; & avec ce ont de avoir & prendre de chacun deſdiĉts
Ouvriers pour ſon ouvrage, de vingt-deux mars blanc ou noir, cinq ſols
ſix deniers, ou la valeur ; & ou cas que autre monnoye d'argent ſeroit ordonnée
par le Seigneur, en auroient leſdiĉts Ouvriers & Monnoyers la value d'iceulx
cinq ſols ſix deniers de la monnoye qui ſe battroit lors ; & chacun Monnoyer,
de ſon braſſage de vingt-deux livres, aura la valeur deſdiĉts cinq ſols : de
toutes leſquelles choſes & priviléges ilz ont de tout tems joy, ſi comme ilz
Nous ont fait remonſtrer, en Nous humblement requérant que voulſiſſions
conſentir que doreſenavant ilz en joyſſent par eulx & leurs ſucceſſeurs, comme
ilz ont fait par cy-devant, & que ſur ce leur veuillons oĉtroyer nos Lettres.
Pour quoy Nous, ces choſes conſidérées, ayans leſdiĉts priviléges agréables,
voulons & Nous plaiſt qu'ilz en joyſſent & uſent ainſy qu'ilz ont accouſtumé
de faire, en tant qu'ilz en auroient juſtement & raiſonnablement joy & uſé ; &
avec ce, avons prins & mis, prenons & mettons par ces préſentes les Maiſtres
& Clerc & leſdiĉts Ouvriers & Monnoyers, leurſdiĉtes femmes & familles, leurs
corps & leurs biens & chacun d'eulx, en noſtre proteĉtion & ſauvegarde
eſpécial : & voulons & oĉtroyons que celui ou ceux qui grief, moleſte, deſtourbier ou aucun dommage leur feroit ou à aucun d'eulx, que premièrement,
ſans ordre de plait ou figure de jugement, ſoient condamnez & contrainĉts
à rendre tous couſts & dommages en quoy ilz ſeront encouruz par le faiĉt
deſdiĉts empeſchemens, & l'amender à Nous & à partie ſelon l'exigence &
énormité du cas. Si donnons en mandement par ces mêmes préſentes à noz
amez & féaulx Conſeillers les Gens de noſtre Cour ſouveraine de *Bourdeaux*,
aux Séneſchal de *Guyenne* & Maire de noſtre ville de *Bourdeaux*, & à tous
noz autres Séneſchaulx, Bailliz, Prévoſts, Juſticiers & Officiers, & à chacun
d'eulx ſi comme à lui appartendra, que de noſtre préſente voulenté & oĉtroy,
enſemble deſdiĉts priviléges & franchiſes, en tant qu'ilz en auroient juſtement
& raiſonnablement joy & uſé, ilz faſſent, ſeuffrent & laiſſent leſdiĉts Maiſtres,
Clerc, Ouvriers & Monnoyers, & chaſcun d'eux en droit ſoy, joïr & uſer
plainement & paiſiblement, ſans en ce leur faire, mettre ou donner, ne ſouffrir
eſtre faiĉt, mis ou donné ores, ou pour le tems à venir, aucun arreſt, ennuy,
deſtourbier ou empeſchement ; lequel, ſe faiĉt, mis ou donné leur eſtoit, les leur
mettent ou ſacent mettre incontinent & ſans délay à plaine délivrance, en faiſant

punition des infracteurs de noftre Sauvegarde, en la manière que dict eft: Car ainfi Nous plaift-il, & voulons eftre faict. Et afin, &c. fauf, &c. *Donné à Taillebourg, ou mois de Septembre, l'an de grace 1451, & de noftre règne le 31.* Ainfi figné: *Par le Roy en fon Confeil.* ROLANT.
Vifa. Contentor.

(a) Mandement de Charles VII, pour maintenir l'Abbé, les Religieux & les habitans de Saint-Denys en France, dans le privilége de ne payer aucuns droits pour le tranfport de leurs vins.

CHARLES, par la grace de Dieu, Roy de France, au premier noftre Sergent qui fur ce fera requis: Salut. Receu avons l'umble fupplicacion de noz bien amez les Bourgeois, manans & habitans de la ville de *Saint-Denis* en France, & des Religieux, Abbé & Couvent de l'Abbaye dudit lieu de *Saint-Denis,* adjoints avec eulx, confors en cette partie, contenant que par priviléges royaulx bien anciens & par Nous confermez, lefdicts Bourgois, manans & habitans de *Saint-Denis* dont lefdicts Religieux font Seigneurs temporelz, & en faveur des glorieux Martyrs Monfieur *Saint-Denis* Apoftre de France & fes Compaignons, font francs, quittes & exempts par tout noftre Royaume, tant par eaue que par terre, de toutes couftumes, tonlieux, chaucées, roages, péages, pontenages & autres tributs, comme par lefdicts priviléges & confirmacion d'iceulx puet aparoir. Néantmoins aucunesfois eft avenu & avient que quant aucuns defdicts Bourgois, manans & habitans chargent leurs vins audit lieu de *Saint-Denis,* & le mainent & font mener ès pays de *Picardie, Flandre,* & ailleurs, pour illec le vendre, les fermiers defdictes couftumes, thonlieux, chaucées, roages, péages, pontenages & autres tributs, ou autres tenans lefdictes couftumes & tributz, de leurs voulentez indeues, & jaçoit que on leur face aparoir defdicts priviléges & confirmacion, leur ont faict & donné, font & donnent, & mefmement aux voicturiers & voictures menans lefdicts vins, plufeurs arrefts, deftourbiers & empefchemens, pour exiger d'eulx les droicts defdictes fermes, & ancunesfois les gaiges, ou contraignent à bailler gaiges, que iceulx fermiers retiengnent, ou à bailler pleiges, pour iceux droicts de leurs fermes, à tort, contre raifon & lefdicts priviléges, & au très-grand préjudice & dommage defdicts Bourgois, manans & habitans de *Saint-Denis,* & du fait & conduitte de leurfdictes marchandifes; & plus feroit, fe par Nous n'eftoit fur ce pourveu, fi comme ilz dient, requérant humblement noftre provifion fur ce. Pour quoy Nous, attendues ces chofes, qui voulons lefdicts priviléges eftre gardez & entretenus, & lefdicts Bourgois, manans & habitans joïr d'iceulx paifiblement, te mandons & commettons par ces préfentes, que tu faces exprès commandement, inhibition & défence de par Nous, & fur certaines peines à applicquer à Nous, à tous lefdicts fermiers & autres qu'il appartiendra, & à chafcun d'eulx en droict foy, que ceulx que par lettre & certification defdicts Religieux, Abbé & Convent, ou de leur Juftice audit lieu de *Saint-Denis,* il apperra eftre defdicts Bourgois, manans & habitans, ilz fueffrent & laiffent mener ou faire mener & conduire leurfdicts vins tant par eaue que par terre, èfdits pays de *Picardie, Flandre* & ailleurs où bon leur femblera, pour ilec les vendre, & autrement en faire leur prouffit, ainfi que bon leur femblera, plainement & paifiblement, fans leur faire, ne faire faire, ne à leurfdis vins, voicturiers, voictures & chevaux

NOTE.

(a) Hiftoire de l'Abbaye *Saint-Denys en France,* par *Doublet,* page 1095.

aucun

aucun arreſt, deſtourbier ou empeſchement à l'occaſion de leurſdictes fermes & droicts d'icelles; ainçois les en tiengnent quictes & paiſibles, ſelon la fourme & teneur deſdicts priviléges & confirmacion, deſquelles, ou du *Vidimus*, ilz feront foy; & que s'aucun deſtourbier ou empeſchement leur avoient faict ou faict faire au contraire, en prenant leurs biens par gaige ou autrement, ou iceux contrains à bailler pleiges & caucion, que leſdicts deſtourbier & empeſchement ilz oſtent & lièvent, & facent oſter & lever tantoſt & ſans delay, rendent leſdicts biens & gaiges & leſdicts plaiges & caucions deſchargez, en leur rendant les Lettres & obligacions que pour ce ilz auroient paſſéez & bailléez; & à ce faire contraindre, ſe meſtier eſt, leſdicts fermiers & autres qui pour ce ſeront à contraindre, par toutes voyes deues & raiſonnables; & en cas d'oppoſicion, refus ou délay, leſdicts vins, voictures & biens qui auroient eſté prins ou baillez par contrainte, rendus & délivrez à ceux qu'il appartiendroit, moyenant caucion ſuffiſante; l'exécucion des Lettres & obligacions qui auroient eſté bailléés à cauſe deſdites plegeries & caucions, tenue en ſuſpens juſques à ce que par Juſtice en ſoit autrement ordonné, actendu que deſdits priviléges & dépendances la congnoiſſance appartient à Nous & à noz Juges; que leſdits Religieux, Abbé & Convent ont leurs cauſes perſonnelles commiſes pardevant noz amez & féaulx Conſeillers les Maiſtres des Requeſtes de noſtre Hoſtel, en leur Auditoire en noſtre Palais à *Paris*, pardevant leſquels noz Conſeillers, a pluſieurs cauſes & procez introduits à l'encontre d'aucuns fermiers deſdits péages & tribus, pour aucuns empeſchemens par eulx fais & donnez à aucuns deſdis habitans, ou préjudice deſdis priviléges; & que pardevant iceux noz Conſeillers les parties fineront de bon conſeil & de briefve Juſtice, toutes faveurs ceſſans. Adjourne les oppoſans, refuſans ou délayans, à certain & compectant jour ou jours, par-devant noſdis Conſeillers en leur Auditoire en noſtre Palais à *Paris*, pour dire les cauſes de leur oppoſicion, refus ou délay, reſpondre auxdis ſuppliants ou leur Procureur ſur ce que dit eſt, & les dépendances, & procéder en oultre ſelon raiſon, en certifiant ſur ce ſouffiſamment, audit jour, noſdis Conſeillers, auxquelx Nous mandons, & pour les cauſes deſſuſdites commectons que aux parties oyes facent bon & brief droit: Car ainſi Nous plaiſt-il eſtre fait, & auxdis ſuppliants l'avons octroyé & octroyons de grace ſpécial par ces préſentes, nonobſtant quelxconques Lettres ſubreptices à ce contraires. Mandons & commandons à tous nos Juſticiers, Officiers & ſubgez, que à toy, en ce feſant, obeyſſent & entendent diligemment. *Donné à Paris le quinzieſme jour de Novembre, l'an de grace mil quatre cens cinquante & ung, & de noſtre règne le trentieſme.* Par le Conſeil: *Et ainſi ſigné.* GARENNE.

(a) *Lettres de Charles VII, portant Règlement pour le Guet & Garde des villes fortifiées & Châteaux du Royaume.*

CHARLES, par la grace de Dieu, Roy de France, à tous ceulx qui ces préſentes Lettres verront: Salut. Comme à l'occaſion des guerres qui derrenièrement ont eu cours en noſtre Royaulme, pluſieurs Seigneurs, Capitaines, Chaſtelains & Gardes de villes, chaſteaulx & fortreſſes, ſoubz

NOTE.

(a) Livre rouge vieil du Chaſtellet de Paris, fol. VII.xx.XVII [157], r.e Avant ces Lettres, il y a: *Ordonnance que on ne face guet que une fois le mois, ès Places, Forterèſſes* & autres, hors celles qui ſont ſur les frontières.

Ces Lettres ſont auſſi dans le *MS.* de la Bibliothèque du Roi, coté 1.455; fol. 444. v.e mais moins amples.

CHARLES
VII.
à Poitiers,
le 1.er Décemb.
1451.

umbre de la garde & seureté d'icelles, aient contraint & fait contraindre les subgetz & habitans èsdictes villes, chasteaulx & fortresses, & ès Chastellenies & Seigneuries d'icelles, à y faire guet & garde de jour & de nuyt, très-souvent & plus que faire ne devoient; & pour les deffaulx qu'ilz faisoient de faire ledit guet, les ont fait condempner & executer en grosses amendes, ou les ont composez pour lesd. guetz, à leur païer par chascun an vint ou trente solz ou plus, avec foings, avoines, poulailles & autres choses; & quant lesdis subgetz & habitans ont esté ressusans ou délayans de les païer desdictes compositions, ilz ont esté exécutez rigoreusement, tant par emprisonnement de leurs personnes, que par prinse de leurs biens, ou autrement; & combien que graces à Nostre Seigneur, ayons conquis & réduit en nostre obéissance & Seigneurie noz païs & *Duchez* de *Normandie* & de *Guienne*, & prezque tous noz autres païs, villes, chasteaux & fortresses qui estoient occupez par noz anciens ennemis & adversaires les *Angloix*, par quoy nostredit Royaulme & nosdiz subgetz, & habitans en icelluy, ne sont de présent en si grant crainte ne dangier de nosdiz ennemys, comme ilz ont esté par cy-devant, & par ainsi n'est pas besoing de faire si grans guetz ne gardes, comme on a acoustumé: néantmoins les Seigneurs, Capitaines, Connestables, Chastellains & autres Officiers commis à la garde desdictes villes, chasteaulx & fortresses de nostredit Royaulme, ne cessent point desdictes rigoureuses contrainctes, composicions & exacions, dont Nous avons eu & avons chascun jour plusieurs grans plaintes. Pour quoy Nous, ces choses considérées, desirans nostre povre peuple descharger & préserver de violences & oppressions & gardes, comme acoustumé a esté le temps passé, avons ordonné & ordonnons par l'advis & délibéracion de plusieurs de nostre Sang & Lignage, & des Gens de nostre Grant Conseil, par manière de provision, & jusques à ce que sur ce soit par Nous autrement ordonné, que doresenavant les subgetz & habitans ès chastellenies où aura villes, chasteaux ou fortresses, èsquelles a droit de guet & garde, qui ne sont ou ne seront en la frontière, ou dangier de nosdis ennemys, ne feront tenus d'y faire guet & garde, se non une fois le mois au plus; & pareillement les subgetz & habitans des chastellenies où n'aura villes, chasteaux ou places fortes & remparées, ne feront tenuz de faire ledit guet aux chasteaux & places dont ilz sont tenus & mouvans, se non une foiz le mois au plus, jusques à ce que les places d'icelles chastellenies soient reffaictes & mises en point convenable; & pour chascun deffault qu'ilz en feront, ne feront tenus de païer au Seigneur ou à son Capitaine ou Commis, que dix deniers tournois seulement, sans ce que nosdiz subgetz & habitans soient, ores ne pour le temps advenir, autrement contrains ne executez à l'occasion desdiz guetz & gardes. Ainçois voulons que toutes autres contrainctes, exécucions & exacions, dont on a acoustumé de user par cy-devant, cessent du tout; & s'aucuns procès estoient introduiz & pendans en nostre Court de Parlement ou aillieurs, entre les Seigneurs, Chastelains ou autres, & les subgetz & habitans èsdictes Chastellenies ou Seigneuries, à l'occasion dudit guet & garde, Nous ne voulons que pendant lesdiz procès, lesdiz habitans soient & ne puissent estre contrains à faire plus grant guet que une fois le mois, ne à païer pour deffault, plus que ladicte somme de dix deniers tournois. Sy donnons en mandement par cesdictes présentes, à noz amez & féaulx les Gens qui tendront nostredit Parlement, nostre Court souveraine de *Bordeaulx*, & nostre Eschiquier à *Rouen*, & à tous noz Bailliz, Séneschaulx & autres noz Justiciers & Officiers, que nostre présente Ordonnance facent observer & garder selon sa forme & teneur, sans enfraindre, en pugnissant les transgresseurs ou venans au contraire, de telles peines & amendes, que ce soit exemple à tous autres. En tesmoing de ce Nous avons fait metre nostre Séel à cesdites présentes. *Donné à* Poitiers, *le premier jour de Décembre, l'an de grace mil* CCCC *cinquante-*

ung, & de' noftre règne le XXXme Ainfi figné fur le reply. *Par le Roy, en fon Confeil, ouquel Vous*^a, *l'Admiral*^b, *le S. de la Foreftz, & autres plufieurs eftoient.*

CHARLES
VII,
à Poitiers,
le 1.^{er}Décemb.
1451.

Et au doz defdictes Lettres eftoit efcript ce qui s'enfuit: Préfentées en Jugement par le Procureur du Roy noftre S., & illec publiées en l'Auditoire de *Corbeil*, l'an mil cccc cinquante & ung, le Lundi tiers jour d'Avril, après Pafques fleuries: *Ainfi figné.* J. LE CHARRON.

^a Le Chancelier de France. *Voyez* le Ve Vol. de ce Rec. *page* 653, *note* (c).
^b Jean Sire du Bueil. *Voyez* ci-après, page 188, *note* (c).

Publiées à haulte voix à la Croix, devant l'Églife Noftre-Dame de *Corbeil*, par moy *Jaquet Fortier*, Sergent & Crieur Juré du Roy noftre Sire, oudit *Corbeil*, le Mercredi cinquieme jour d'Avril, l'an mil cccc cinquante-ung: *Ainfi figné.* FORTIER.

Publiées en Jugement ou Chaftellet de *Paris*, le Samedi douziefme jour d'Avril mil cccc cinquante-cinq, après Pafques: *Ainfi figné.* P. CHOART.

CHARLES
VII,
au bourg
de *Janneio*,
près Poitiers,
en Décembre
1451.

(a) Lettres de Charles VII, par lefquelles il confirme les priviléges des habitans de l'Entre-deux-mers *(b)*.

CAROLUS, Dei graciâ, Francorum Rex : ad rei perpetuam memoriam. Regiam decet clemenciam erga fubditos fuos exhibere femper liberalem. Pro parte itaque dilectorum noftrorum incolarum & habitatorum, nobilium & plebeïorum loci five territorii vulgariter nuncupati Inter duo maria, *in Patriâ noftrâ* Vafconie, *Nobis extitit expofitum, quòd iidem exponentes, quos Anglica hoftilitas, aliena appetens, à noftrâ & Corone Francie longa per tempora fubtraxerat naturali fupremâque obediienciâ, quofque, armis recuperatâ fubactâque Patriâ ipfâ, in deditionem nuper fufcepimus, foliti funt, prifcis à temporibus, potiri libertatibus, immunitatibus, prerogativis ac privilegiis fubinfertis, videlicet:*

Quòd Regia Prepofitura illius territorii nuncupati Inter duo maria, *unâ cum Officio illius Prepofiture, extra manum Regiam per donacionem, vendicionem, permutacionem feu alium quemcumque titulum non ponatur, feparetur, aut extrahatur in futurum.*

Item. Quòd nullus inter eos hofpitetur, nec de bladis, fenis, vinis aut aliis bonis quibufcumque capiat indebitè, vel extorqueat nec demandet, nifi ipfi qui de jure & confuetudine antiquâ & approbatâ facere debent, & hoc racionabiliter oftendant coram Senefcallo Vafconie, *vel ejus Locumtenente; petentes humiliter antefati incole, habitatores, Ecclefiaftici, Nobiles & plebei fepè dicti Territorii, ut eafdem libertates, immunitates, prerogativas, ac privilegia impartiri fibi graciofè dignaremur.*

Nos autem, his maturè perpenfis, volentes eis ipfis noftram elargiri graciam & liberalitatem, ut deinceps folidiorem erga Nos & Coronam Francie habeant & cuftodiant fidei integritatem, libertates, immunitates, prerogativas ac privilegia preinferta, de noftrâ certâ fcienciâ, fpeciali graciâ, poteftatis plenitudine, Regiâque auctoritate, prefatis incolis & habitatoribus, Ecclefiafticis, Nobilibus & plebeïis Territorii premencionati, ac eorumdem fucceforibus, conceffimus atque donavimus, concedimufque & donamus per prefentes. Quo circà, earumdem ferie damus in mandatis dilectis & fidelibus noftris Confiliariis Parlamenti five Confiftorii noftri Burdigalis, Senefcallis Aquitanie & Vafconie, ceterifque Jufticiariis, Officiariis, & fubditis noftris aut eorum Locatenentibus, prefentibus & futuris, ac eorum cuilibet, prout ad eum pertinuerit, quatenùs jamdictos incolas & habitatores,

NOTES.

(a) Tréfor des Chartes, Regiftre CLXXXI [181], Pièce 13. — *MSS.* de Colbert, Vol. LIII, page 867.

(b) Le pays nommé l'*Entre-deux-mers*, eft celui qui eft fitué entre les rivières de *Garonne* & de *Dordonne*, depuis *Libourne* & *Bordeaux*, jufqu'au *Bec-d'Ambès*.

CHARLES
VII,
au bourg
de Janneio,
près Poitiers,
en Décembre
1451.

Ecclefiaflicos, Nobiles & plebeïos Territorii prelibati, ac eorum fucceffores, noftris prefentibus graciâ, conceffione & donacione uti & gaudere plenè & pacificè modo pretacto amodò faciant & permittant, nihil in contrarium attentando feu attentari permittendo, fed fecùs acta ad ftatum priftinum & debitum indilatè reducendo, five reduci faciendo. Quod ut firmum & ftabile perfeveret, noftrum prefentibus Litteris Sigillum juffimus apponendum. Datum in burgo de *Janneio* prope *Pictavis*, in menfe Decembri, anno Domini milléfimo quadringentéfimo quinquagéfimo primo, & regni noftri trigéfimo : *Sic fignatum.* Per Regem, *Admiraldo (c),* Domino *Montifforelli,* & aliis prefentibus. *GIRAUDEAU.*

Vifa. Contentor. E. FROMENT.

NOTE.

(c) L'*Amiral* étoit alors *Jean* Sire du *Bueil,* qui fuccéda à *Préjent* de *Coëtivi,* tué l'année précédente au fiége de *Cherbourg.*

CHARLES
VII,
aux Montils-
lez-Tours,
le 12 Février
1451.

(a) Lettres de Charles VII, par lefquelles il confirme celles de Charles VI, qui autorifent les Vendeurs de vin de la ville de Paris, à contraindre par prife de corps ceux à qui ils en auront vendu, à leur en payer le prix.

CHARLES, par la grace de Dieu, Roy de France, à tous ceulx qui ces préfentes Lettres verront : Salut. L'umble fupplicacion du Procureur de noftre bonne ville de *Paris,* avons receue, contenant que pour obvier aux grans mauvaitiez, fraudes & abuz que plufieurs faulx Marchans & autres faifoient ès temps paffez, aux Marchans, Bourgois & Vendeurs de vins de noftredicte ville de *Paris,* en ce que, quant iceulx faulx Marchans & autres achetoient vins defdiz Marchans, Bourgois & Vendeurs, les aucuns d'iceulx Acheteurs les vendoient ou diftribuoient fecretement, tant en ladicte ville de *Paris* que ailleurs, & l'argent d'iceulx appliquoient à leurs prouffiz finguliers, fans fatisfaire ne contenter ceulx de qui ilz avoient achetez lefdiz vins ; & quant aucuns d'iceulx qui avoient vendu iceulx vins, pourfuyvoient ou faifoient appréhender par Juftice lefdiz faulx Acheteurs, iceulx faulx Acheteurs, pour tromper & défrauder ceulx de qui ilz avoient acheté lefd. vins, faifoient ceffion, ou habandonnement de biens, parquoy iceulx Marchans, Bourgois & Vendeurs de vins eftoient grandement endommagez, & le plus fouvent fruftrez de leurfdictes debtes ; lefdiz Bourgois & Marchans de ladicte ville obtindrent de feu noftre très-cher Seigneur & Père, que Dieu abfoille, certaines Lettres contenant forme de privileige, defquelles on dit la teneur eftre telle.

CHARLES, par la grace de Dieu, &c. *(b)*

Suite des Lettres
de Charles VII.

Lefquelz privilleiges ont depuis par Nous efté confermez, & en ont joy lefdiz Bourgois & Marchans, & encores en joyffent ; & néantmoins foubz umbre & couleur de ce que en faifant lefd. vendicions defdiz vins, aucuns defdiz Marchans, Bourgois & Vendeurs, en faveur defd. Acheteurs, leur donnent aucuns termes ou délaiz de les paier des fommes qu'ilz leur doivent à caufe

NOTES.

(a) Regiftre *A,* nommé *Livre rouge,* de l'Hôtel de-ville de *Paris, fol* 200, *r.°* Traité de la Police, par *de la Marre,* Tome III, page 687.

(b) Ces Lettres font imprimées d'après le Regiftre cité ci-deffus, Tome VIII de ce Recueil, page 481, note *(b)*.

de la vendicion defd. vins, iceulx Acheteurs ont voulu & veulent dire &
maintenir que, en leur donnant lefd. termes & délaiz, lefdiz Marchans,
Bourgois & Vendeurs déroguent à leurdit privilleige, & par ce, ne doivent
joyr de l'effect d'icellui, & doivent iceulx Acheteurs eftre receuz à faire lefd.
habandonnement ou ceffion de biens; laquelle chofe, s'elle avoit lieu, feroit
contre droit & raifon, & ou très-grant grief, préjudice & dommage defdiz
Marchans & Vendeurs, & pourroit encores plus eftre, fe par Nous ne leur
eftoit fur ce pourveu de remède convenable, fi comme ilz dient, requerans
humblement icelui. Pour quoy Nous, ces chofes confidérées, qui ne voulons
lefdiz Marchans, Bourgois & Vendeurs de vins, foubz umbre defd. termes
& délaiz par eulx donnez en faveur defdiz Acheteurs, avoir aucun préjudice
ou dommage, ne en ce aucunement eftre defrogué à leurdit privilleige, aufdiz
Bourgois, Marchans & Vendeurs de vins de noftredicte ville de *Paris*, avons
octroyé & octroyons par ces préfentes, qu'ilz puiffent donner & octroyer
aufd. Acheteurs de leurfdiz vins, telz termes & délaiz que bon leur femblera,
de les paier & contenter des fommes qui leur feroient deües par iceulx
Acheteurs pour la vendicion defd. vins, fans ce que, en ce faifant, on puiffe
dire lefd. privilleiges eftre aucunement enfraincts, ne à iceulx eftre defrogué
en quelque manière que ce foit : ains voulons que, nonobftant lefd. termes
& délaiz que par lefdiz Bourgois, Marchans & Vendeurs auroient efté ou
feroient donnez aufd. Acheteurs, iceulx Bourgois, Marchans & Vendeurs
puiffent contraindre ou faire contraindre lefd. Acheteurs à les paier &
contenter, felon la forme & teneur contenuz en leurd. privilleige. Si donnons
en mandement, par ces préfentes, au Prévoft de *Paris*, à noz bien amez les
Prévoft des Marchans & Efchevins d'icelle ville, & à tous noz autres Jufticiers
& Officiers ou à leurs Lieuxtenans, & à chacun d'eulx, fi comme à lui appartendra, que lefd. Bourgois, Marchans & Vendeurs de vins de *Paris*, facent
joyr & ufer plainement & paifiblement de nofd. Ordonnance, grace &
octroy, & entretiennent & gardent, & facent entretenir & garder lefd. privill-
leiges, & cefte préfente dicte Ordonnance & octroy, de point en point,
felon leur forme & teneur, fans en ce leur mectre ou donner, ne fouffrir eftre
mis ou donné deftourbier ou empefchement aucun au contraire ; ains fe mis
ou donné leur eftoit, l'oftent & mectent, ou facent ofter & mectre fans
délay, chacun en droit foy, à eftat deu : Car ainfi Nous plaift - il eftre fait,
nonobftant quelzconques Lettres fubreptices, impétrées ou à impétrer, à ce
contraires : en tefmoing de ce, Nous avons fait mectre noftre Séel à ces
préfentes. *Donné aux* Montils-lez-Tours, *le XII.ᵉ jour de Février, l'an de grace
mil CCCC cinquante & ung, & de noftre règne le XXX.ᵉ* Ainfi figné : *Par le Roy,
vous Maiftres* Jehan Bureau *&* Jehan Daunet *préfens.* JA. AUDE

CHARLES
VII,
aux Montils-
lez-Tours,
le 12 Février
1451.

CHARLES
VII,
aux Montils-
lez-Tours,
le 14 Février
1451.

*(a) Lettres de Charles VII, par lesquelles il déclare que la Régale
fur les Évêchés vacans, reste ouverte jusqu'à ce que les nouveaux
Évêques aient prêté en personne serment de féauté.*

CHARLES, par la grace de Dieu, Roy de France, à noz amez & féaux
Conseillers les Gens tenans & qui tendront nostre Parlement à *Paris*,
les Maistres des Requestes de nostre Hostel, aux *Prévost* de *Paris*, *Baillifs* de
Vermandois & d'*Amiens*, & à tous noz autres Officiers & Justiciers : Salut &
dileccion. Il est venu à nostre cognoissance, qu'à l'occasion de ce que Nous
octroyasmes à feu le Cardinal Évesque de *Térouenne*, qu'il Nous peust faire
le serment de féauté dudit Évesché de *Térouenne*, par Procureur, ce qu'il fit,
& par ce moyen luy délivrasmes les fruicts & revenus de la temporalité
d'iceluy Évesché, que paravant tenions en nostre main, à cause & par le moyen
de nostre droict de Régale ; ledit feu Cardinal, ou ses Vicaires, sous couleur
& au moyen de ladite délivrance par Nous à luy faicte desdicts fruits, combien
qu'il ne Nous eust fait le serment en personne, eust donné & conféré plusieurs
Prébendes & autres Bénéfices vaquans à la collacion dudit Évesque, depuis
la réception dudit serment de féauté par Procureur, & la délivrance desdits
fruits, & pareillement les avons donnez & conférez à autres, par le moyen
de nostredit droict de Régale ; surquoy se sont meuz & assis plusieurs procès
pardevant vous, avec ceux qui ont eu collacion dudit Cardinal & de ses
Vicaires, & à cette occasion sont plusieurs desdites Prébendes & autres
Bénéfices contentieux, en grande involucion de procez, ou grand préjudice
& détriment de ladicte Église & du service divin. Et pour ce que voulons
& desirons pourvoir à la confusion & détriment desdicts Bénéfices, & multi-
plicacion desdits procez, & aussi pourvoir à l'entretenement dudit service divin
& à la conservaion de nosdcits droicts de Régale, & qu'avons esté adverti
& acertainez des droicts de nostre Couronne, & l'usage ancien avoir esté &
estre, que ès Archeveschez & Éveschez où avons droict de Régale, mesmement
quant à la collacion des Bénéfices, ladicte Régale demeure tousjours ouverte,
jusques à ce que les nouveaux Évesques Nous ayent faict en personnes les
sermens de féauté, quelque serment qui Nous en soit fait par Procureur,
& quelque délivrance que faissions des fruicts de la temporalité : avons déclaré
& déclarons, que par la récepcion du serment de féauté dudit Cardinal par
Procureur, & par la délivrance à luy faicte des fruits du temporel dudit Évesché,
Nous n'avons entendu, ne n'entendons Nous estre départis, ne désistez de
la collacion des Bénéfices dudit Évesché, comme vaquans en Régale, ne la
transférer audit Cardinal. Ainçois, estoit & est nostre intencion, de donner
& conférer lesdits Bénéfices, comme vaquans en Régale, jusques à ce que
ledict Cardinal Nous eust fait en personne le serment de féauté, ainsi qu'il
est accoustumé de faire en tel cas. Si vous mandons & expressément enjoignons,
que nostre présente Déclaracion vous entreteniez & gardiez, & faictes
entretenir & garder selon sa forme & teneur, sans aucunement venir au

N O T E.

(a) *Pasquier*, Recherches de la France,
Tome I.er, édition de 1723 chapitre 37,
col. 306, d'après le Mémorial de la Chambre
des Comptes, coté *L.* — Preuves
des Libertez de l'Église Gallicane,
Tome I.er, partie 2, page 122; on y cite
plusieurs Arrêts & autres actes antérieurs
& postérieurs, qui prouvent que la
Régale n'est close que par le serment fait
en personne, conformément aux Lettres
ci-dessus.

contraire : Car ainſi Nous plaiſt-il eſtre fait, nonobſtant quelconques Lettres ſubreptices, impétrées ou à impétrer, à ce contraires. *Donné au Montilz-lez-Tours, le quatorziefme Février mil quatre cens cinquante & ung, & de noſtre règne le trentiefme.*

(*a*) Lettres de Charles VII, par leſquelles il confirme le Réglement fait ſur les places que doivent occuper dans les halles de Paris, les Vendeurs de cuir & de ſouliers, les Lingères & les Fripiers.

*K*AROLUS, *Dei graciâ, Francorum Rex, Notum facimus univerſis tam preſentibus quàm futuris, nos Litteras cariſſimi Domini progenitoris noſtri vidiſſe formam que ſequitur continentes.*

*K*AROLUS, *Dei graciâ, &c.* (*b*)

Quaſquidem Litteras, omniaque & ſingula in eiſdem contenta, rata & grata habentes, ea, quatenùs dictæ mulieres & pauperes, miferabiles perſone, hiis hactenus ritè & juſtè uſi ſunt, volumus & laudamus, approbamus, & tenore preſencium, ex certâ ſcientiâ, de graciâ ſpeciali & noſtrâ auctoritate regiâ confirmamus; ſalvo in aliis jure noſtro, & in omnibus aliis quolibet alieno. Quod ut firmum & ſtabile perpetuò perſeveret, noſtrum preſentibus fecimus apponi Sigillum. Datum Turonis menſe Februarii, anno Domini milleſimo quadringenteſimo quinquageſimo primo, & regni noſtri triceſimo. Sic ſignatum: Per Regem ad relacionem Conſilii. DANIEL Viſa contentor. E. FROMENT. Collacio facta eſt.

NOTES.

(*a*) Livre jaune, petit, du Châtelet de *Paris, fol.* 7^{xx}6, *r.* [146.]

(*b*) *KAROLUS, Dei graciâ, &c.*] Ces Lettres de Charles V du mois de Mars 1367, ſont imprimées à la page 106 du Tome V de ce Recueil.

(*a*) *Mandement de Charles VII, au ſujet du payement des gages des Généraux-Maîtres des Monnoies, & de la reddition de leurs comptes.*

*C*HARLES, par la grace de Dieu, Roy de France, à noz amez & féaulx Gens de noz Comptes & Tréforiers: Salut & dileccion. Noz amez & féaulx les Généraulx-maiſtres de noz Monnoyes, Nous ont fait expoſer que durant le temps de noſtre abſence de noſtre ville de *Paris,* juſques à l'an mil iiij^c xxxvj, que noſtredicte ville fut réduicte à noſtre obéiſſance, & que noſtre Chambre des Comptes & des Monnoyes furent ouvertes & remiſes ſus le premier jour de Décembre enſuivant oudit an, & depuis le premier jour de Décembre, juſques à l'an mil iiij^c xliij que noſtre Tréſor fut mis ſus, iceulx noz Généraulx-maiſtres euſſent acouſtumé recevoir & tenir le compte des deniers des boeſtes de noſdictes Monnoyes, & d'iceulx deniers eulx payer de leurs gaiges, en baillant & rendant leurs quictances que, à cauſe de ce, ilz ont acouſtumé rendre ſur les comptes en noſtredicte Chambre; & ſoit ainſi que par noz Ordonnances qui furent faictes en ladicte année mil iiij^c xliij, Nous ordonnaſmes que dès lors en avant leſdits Généraulx-maiſtres ne prendroient leurſdits gaiges que par les

NOTE.

(*a*) Regiſtre de la Cour des Monnoies, coté *F, fol.* 68 *r.*

CHARLES
VII,
aux Montils-
les-Tours,
le 17 Mars
1451.

defcharges ou cédulles de noftre Tréfor, expédiées par vous nofdits Tréforiers; & pour ce qu'ilz ont mis & préfenté en noftrediête Chambre des Comptes, leurfdits comptes defdits deniers des boeftes, du temps de noftrediête abfence, & auffi depuis la réduccion de noftrediête ville de *Paris*, jufques au premier jour de Janvier mil iiij^e xliij, depuis laquelle réduccion ilz ont levé leurs cédules de *debentur* de noftredit Tréfor, jufqu'à cefte préfente année; & ont efté la plufpart d'iceulx comptes, examinés & clos en noftrediête Chambre des Comptes; & oultre ilz font preftz de rendre & affiner leurs autres comptes, depuis ledit premier jour de Janvier mil iiij^e xliij jufques à cette diête préfente année inclufe mil iiij^e cinquante ung, que lefditz Généraulx-maiftres ont prins leurfdits gaiges par defcharges ou cédules de noftredit Tréfor: & combien que par la fin d'aucuns d'iceulx comptes, leur foit deu grande partie de leurfditz gaiges, & par les autres ilz Nous pourront devoir de refte de ladiête recepte des deniers defdiêtes boëftes, néanmoins ilz doubtent que leur veuillez faire difficulté de porter les eftatz de leurfditz comptes l'un fur l'autre, laquelle chofe feroit ou pourroit eftre en leur grant préjudice & dommaige; & pour ce Nous ont fait requérir que pour ce leur vueillons pourveoir de remède convenable. Pour ce eft-il que Nous, les chofes deffufdiêtes confidérées, ayans regard à ce qu'ilz Nous fervent continuellement èfdits offices, & que leurs gaiges font ordinaires, & ne font que de ij^c livres parifis par an pour chafcun d'eulx, voulans qu'ilz foient bien & deuement payez, vous mandons & enjoignons que tout ce qui vous aparra leur eftre deu, tant par les comptes qu'ilz ont renduz en noftrediête Chambre, du temps de paravant la réduccion de noftrediête ville de *Paris*, & de ceulx qu'ils ont renduz & rendront depuis ladiête réduccion, dont ilz auront leurs cédulles de noftredit Tréfor, vous en ce cas portez & faites porter les eftats de leurfditz comptes renduz & à rendre, comme dit eft, de l'un compte fur l'autre: Car ainfi Nous plaift-il eftre fait, & aufditz expofans l'avons oêtroyé & oêtroyons par ces préfentes, nonobftant quelzconques Mandemens ou défenfes à ce contraires. *Donné au Montilz-lez-Tours, le XVIIe jour de Mars, l'an de grace mil IIII.^{c} cinquante ung, & de noftre regne le XXXe* Ainfi figné: *Par le Roy en fon Confeil.* DELALOERE.

CHARLES
VII,
aux Montils-
les-Tours,
le dernier Mars
1451.

(a) Lettres de Charles VII, portant que tous ceux qui feront commerce de fel, en l'achetant ès pays de Poitou, Saintonge & dans le gouvernement de la Rochelle, declareront leurs noms, leurs demeures, &. donneront caution fi befoin eft.

CHARLES, par la grace de Dieu, Roy de France, aulx Efleus fur le fait des aides ordonnées pour la guerre ès pays de *Poiêtou, Xaintonge* & gouvernement de la *Rochelle*, ou à leurs Lieuxtenans: Salut. Comme nagueres Nous ayons par noz autres Lettres patentes baillées à lever, cueillir & recevoir à main ferme, à *Jehan Baftier* & autres nommez en nofdiêtes Lettres, le quart *(b)* du fel vendu, revendu & efchangé en nofdiz païs & efleccions de *Poiêtou, Xainêtonge* & gouvernement de la *Rochelle*, pour certain temps plus à plain fpécifié en nofdiêtes Lettres, afin que par luy & fes compaignons foit

NOTES.

(a) Premier Recueil de la Cour des Aides de *Paris, fol.* 106, *v.*°
Voyez fur ce Regiftre la Note *(a)* de la page 201 du IVe Volume de ce Recueil.

(b) Sur l'impôt nommé *le Quart du fel*, & la levée d'icelui: voyez ci-après les Lettres de Charles VII, page 193.

dores-en-avant

dores-en-avant fait diligence de faire valloir le quart, qui le temps passé
Nous a esté & est de très-petite valleur, soubz umbre de plusieurs faultes
& abbuz que plusieurs eulx entremeçtans de marchandises de sel ont fait le
temps passé, & encores font de jour en jour, en menant & transportant ledict
sel de jour & de nuyt, furtivement, ès lieux & païs où ledit quart n'a point
de cours, dont iceulx Marchans eulx entremeçtans de marchandise de sel,
ne paient aucunement ledit quart; & aussi plusieurs autres vont prendre &
acheter ledit sel ès pays de *Poictou* & *Xainctonge*, & ès ysles d'*Oleron, Marenne*
& ailleurs en *Poictou*, & le chargent sur la mer, & aussi le menent en la
riviere de *Gironde*, & de-là en noz villes de *Liborne, Blaye, Bourg, Fronsac*,
& autres lieux illec environ, & desdiz lieux, ou d'aucuns d'eulx, font mener
& transporter ledit sel en noz pays de *Quercy, Périgord, Limosin*, & ailleurs,
sans aucunement en paier ledit quart; & plusieurs autres grans énormes excès &
abuz se font & commeçtent de jour en jour, oudit fait de sel, en grant
diminucion de la revenue d'icellui quart, & en nostre très-grant préjudice &
dommaige, & plus seroit le temps advenir, se provision n'y estoit par Nous
mise: Pour ce est-il que Nous voulant pourveoir aulx choses dessusdictes,
à ce que icelluy quart de sel soit mis en ordre, & que dores-en-avant il Nous
soit de plus grant valleur & revenue qu'il n'a esté le temps passé, avons par
l'advis & délibéracion des Gens de nostre Grant Conseil, ordonné & ordonnons que tous Marchans & autres personnes quelzconques, eulx entretenans
du fait de marchandise de sel, seront tenuz dores-en-avant, quant ilz achet-
teront ledit sel en nostredit pays & esleçtions & dedans les fins & meçtes
d'iceulx, de dire & déclairer leurs noms & surnoms, & le lieu où ilz font leurs
demourances, & de bailler caucion, se mestier est, de paier ledit quart à cellui
ou ceulx qui de par Nous ont ou auront la charge ou temps advenir, avant
que partir ne transporter ledit sel hors du lieu où ilz l'auront achetté, & de paier
ledit quart ausdiz Commis, ainçois que partir hors des fins & meçtes desdictes
esleçtions; & s'il advenoit que aucuns menassent sel ès pays où ledit quart
a cours, ilz seront tenuz de bailler caucion de paier ledit quart de sel, ou de
porter certificacion dedans trois mois après ensuivans, du lieu où ledit sel
aura été mené ou deschargé; & ce sur peine de confisquer ledit sel, &
d'amende arbitraire, icelle à applicquer moictié aulx inventeurs, & à ceulx qui
de par Nous ont ou auront la charge de recevoir ledit quart. Si vous
mandons & commandons & expressément enjoignons, & à chascun de vous
si comme à luy appartiendra, que ceste présente Ordonnance, & noz autres
Instructions & Ordonnances pieçà faictes sur le fait dudit quart de sel, vous
gardez & entretenez, & faictes garder & entretenir de point en point, selon
leur forme & teneur, en corrigeant & pugnissant les infracteurs & transs-
gresseurs d'icelles, selon l'exigence du cas, & comme nosdictes Ordonnances
le portent; & afin que de ces présentes l'en ne puisse prétendre cause
d'ignorance, voulons & vous mandons, & à chascun de vous, que icelles
vous faictes publier & assçavoir chascun en droit soy, ès villes, lieux, places,
où mestier sera, en voz Jurisdiçtions, pour le bien & prouffit de Nous &
dudict quart de sel. Et pour ce que de ces présentes l'en pourra avoir afaire en
plusieurs lieux, voulons que au *Vidimus* d'icelles, fait soubz Séel royal, foy
soit adjoustée comme à ce présent original: Car ainsi Nous plaist-il estre fait,
nonobstant opposicions ou appellacions quelzconques, pour lesquelles ne
voulons aucunement estre différé & retardé, & Lettres subreptices impétrées
ou à impétrer à ce contraires. Mandons & commandons à touz noz
Justiciers, &c. *Donné aux Montilz-lès-Tours, le derrenier jour de Mars, l'an
de grace mil* IIII.ᶜ LI, *& de nostre règne le* XXX.ᵐᵉ Ainsi signé: *Par le Roy
en son Conseil.* J. DELALOERE.

Tome XIV. B b

CHARLES
VII,
aux Montils-
lès-Tours,
le dernier Mars
1451.

CHARLES
VII,
aux Montils-
lès-Tours,
le dernier Mars
1451.

LES Esleuz en *Poictou* pour le Roy nostre Sire sur le fait des aides ordonnez pour la guerre, au premier Sergent du Roy nostredict Seigneur, qui sur ce sera requis, Salut. Receu avons les Lettres patentes du Roy nostredict Seigneur, ausquelles ces présentes sont atachées soubz le Séel de l'Eslection, veues lesquelles, nous vous mandons & commandons par ces présentes, que icelles Lettres publiez & faictes publier par toutes les villes & autres lieux de l'élection, siéges & pays dudict *Poictou,* dont serez requis: de ce faire, vous donnons povoir & mandement espécial par cesdictes présentes; mandons & commandons à tous les Justiciers, Officiers & subjectz dudict Seigneur, que à vous, en ce faisant, obéissent & entendent dilligemment. *Donné à Poictiers, soubz le séel de l'Eslection, ce troisiesme jour d'Avril, l'an mil IIII.ᶜ LII.* Ainsi signé: *Par vostre commandement.* PASQUIER.

LES Esleuz pour le Roy nostre Sire ès pays de *Xainctonge,* ville & gouvernement de la *Rochelle* sur le fait des aides ordonnées pour la guerre, au premier Sergent de nostredict Seigneur, qui sur ce sera requis, Salut. Receu avons les Lettres patentes du Roy nostredict Seigneur, ausquelles ces présentes sont atachées soubz l'un de noz signetz; veues lesquelles, nous vous mandons & commectons par ces présentes, que icelles Lettres publiez & faictes publier par toutes les villes & autres lieux, siéges & pays dudict *Xainctonge* & gouvernement de la *Rochelle,* dont serez requis; de ce faire vous donnons povoir & mandement espécial par cesdictes présentes; mandons & commandons à tous les Justiciers, Officiers & subjectz du Roy nostredict Seigneur, que à vous, en ce faisant, obéissent & entendent dilligemment. *Donné soubz les Séelz des deux de nous, le XVII.ᵐᵉ jour d'Avril, l'an mil IIII.ᶜ LII.* Ainsi signé: *Par nosdicts Seigneurs les Esleuz.* J. MAIGNEN.

(a) Lettres de Charles VII, par lesquelles il accorde aux Chanoines de Notre-Dame de Loches, le privilége de ne pouvoir être contraints de plaider devant aucuns Juges séculiers, autres que le Parlement.

CHARLES, &c. savoir faisons à tous présens & à venir, que pour la grande dévotion que Nous avons eue de tout temps & avons encore de présent à l'Église collégiale de Nostre-Dame de *Loches,* à l'Église de *Rome* sujète sans moyen, en l'honneur de la benoiste & glorieuse Vierge *Marie* qui a porté nostre Sauveur Dieu Jesus-Christ, & Mere d'iceluy, de laquelle la soubzsainte *(b)* est en icelle Église, & en sommes Patron & Collateur des Chanoinies & Prébendes à cause de nostre *Duchié de Tourraine,* & par ce, Protecteur & défenseur de ladicte Église, ensemble des droits, franchises, libertez, rentes & revenues, lesquels pour la fortune des guerres & à l'occasion de ce, sont grandement diminuées, & la plufpart de leurs maisons, manoirs & héritaiges tournés en ruine; considérans que pour le recouvrement & conservation des droicts & choses de ladicte Église, à quoi leur est très-nécessaire entendre, & besongner, y pourra & peut chacun jour avoir plusieurs grands

NOTE.

(a) Trésor des Chartes, Registre 181, acte 35. — *MSS.* de *Colbert,* Volume LIII, page 841.

(b) *Soubzsainte,* ceinture. Voyez le Supplément au Dictionnaire de *Du Cange,* Tome III, au mot *Subcinctorium,* où on cite ce même endroit des Lettres que nous donnons ici.

litiges & débats entre les Chanoines & Chapitre de ladicte Église de Nostre-
Dame de *Loches*, & ceulx des Églifes de *Tours*, de Monfieur S.'-*Martin* &
autres qui font voifines, & auffi plufieurs Seigneurs temporels, non Confeillers
& Officiers, qui par priviléges à eulx donnez par Nous & nos Prédéceffeurs,
ne font tenuz plaider ailleurs que en noftre Cour de Parlement, s'il ne leur
plaift ; defirans à noftre pouvoir la fondation de ladicte Église entretenir en
fon entier, & la augmenter comme tenuz y fommes : Nous, pour ces caufes,
mefmement pour la grand & fingulière affection que Nous avons à la benoifte
& glorieufe Vierge *Marie*, & à ladicte Église de *Loches*, laquelle eft fondée
en l'honneur d'elle comme dict eft, & en faveur que lefdicts Chanoines
facent mieux leur devoir ou fervice de ladicte Église, & parmy ce que eulx
& leurs fucceffeurs feront tenuz faire & célébrer par chacun an en ladicte
Église, pour Nous, noz Prédéceffeurs & Succeffeurs Roys de France, &
auffy pour noftre très-chiere & très-amée Compagne la Reyne, & noz Enfans,
deulx anniverfaires ou fervices folemnels, c'eft à fçavoir, l'un d'iceulx le lendemain de la mi-Aouft, & l'autre le lendemain du jour *Sainct Ermelent*, &
pour certaines autres juftes & raifonnables caufes & confidérations à ce Nous
mouvans, à iceulx Chanoines & Chapitre de ladicte Église Collégiale de
Noftre-Dame de *Loches* avons octroyé & octroyons de noftre certaine fcience,
grace efpécial & auctorité royal, par ces préfentes, qu'ilz ne foient déformais
aucunement tenuz ne contrainz de plaider par-devant aucun Juge féculier de
noftre Royaume, fors & excepté en noftre Cour de Parlement, s'il ne leur
plaift, au regard de toutes & chacunes leurs caufes préfentes & à venir, tant
en demandant que en défendant, touchans ou qui toucheront ou pourront
toucher le corps & fondation ou augmentation de ladicte Église, & où
lefdicts Chanoines & Chapitre feront parties feulement. Si donnons en
mandement par ces préfentes à noz amez & féaulx Confeillers les Gens
tenans noftre Parlement & qui le tiendront ou temps à venir, & à tous les
autres Jufticiers & Officiers de noftre Royaume ou à leurs Lieutenans,
préfens & à venir, & à chacun d'eulx, fi comme à luy appartiendra, que de
nozdicts grace & octroy ilz, & chacun d'eulx qui requis en fera & comme
à luy appartiendra, facent, fouffrent & laiffent lefdicts fupplians & chacun
d'eulx, joïr & ufer plainement & paifiblement, fans leur faire ou donner,
ne fouffrir eftre fait ou donné fur ce aucun deftourbier ou empefchement au
contraire, lequel fe faict eftoit, ilz oftent chafcun en droit foy, tantoft & fans
délay ; & fur ce avons impofé & impofons filence perpétuel à noftre Procureur
général & à tous autres. Et afin que ce foit chofe ferme & eftable à tousjours,
Nous avons fait mettre noftre Séel à ces préfentes, au *Vidimus* defquelles
foubz le Séel royal, pour ce que lefdicts de Chapitre en pourroient avoir
à faire en plufieurs lieux éfquels, pour doute des périls qui pourroient eftre
fur les chemins, ilz n'oferoient porter ce préfent original, Nous, de noftre
plus ample grace, voulons foy eftre adjouftée plaine comme à l'original : fauf
en autres chofes noftre droict, & l'autruy en toutes. *Donné aux* Montils-lès-
Tours, *ou mois de Mars, l'an de grace 1451, & de noftre regne le 30.*
Ainfi figné : *Par le Roy. Maiftre* Eftienne Chevalier, & *autres préfens.* GIRARD.
Vifa. Contentor. CHALIGAUT.

(a) *Lettres de Charles VII, par lesquelles il unit à la Baronnie de Saint-Sauveur-le-Vicomte, celles de Neuhou & Auvers, pour relever de lui par un seul hommage.*

CHARLES, par la grace de Dieu, Roy de France: savoir faisons à tous présens & à venir, Nous avoir receue l'umble supplication de nostre amé & féal Conseiller & Chambellan, *André*, Seigneur de *Villequier*, contenant que par noz autres Lettres de Chartre, signées de nostre main & séellées de nostre grand Séel en las de soye & cire vert, & pour les grands causes & considérations plus à plain contenues en icelles, Nous luy avons puis nagueres, donné, cédé & transporté les Baronnies, Terres & Seigneuries de *Saint-Sauveur-le-Vicomte, Neahou & Auvers*, leurs appartenances, apendances & dépendances quelconques, sans aucune chose y retenir ne réserver à Nous, sinon les foy & hommage, ressort & souveraineté, pour en joïr par luy & ses hoirs masles descendans de luy, & les hoirs masles qui ystront de sesdicts hoirs masles en loyal mariage, à tousjours perpétuelement; par vertu desqueles noz Lettres, qui ont esté deuement expédiées & vériffiées en nostre Cour de Parlement & en nostre Chambre des Comptes, il a eu la possession desdictes Baronnies & Seigneuries, & en joït; mais toutes voies pour ce que soubz icelles Baronnies a aucuns membres qui sont de leurs appartenances, lesquelles souloient être Baronies & Seigneuries à part, non sujètes ne ressortissans l'une à l'autre, se sont déja meus plusieurs débats entre les subjets dudict suppliant & ses Officiers, pour occasion de la justice & des droits d'icelle, & se pourroient de jour en jour mouvoir, ou grand préjudice de luy & diminution de sesdicts droits, se provision n'y estoit mise; & pour ce Nous a humblement supplié & requis que, attendu que Nous lui avons donné lesdictes trois Baronies, & leurs appartenances & droits quelconques, sans en retenir que l'hommage & la souveraineté; que icelles Baronies & leursdictes appartenances sont enclavées & contiguës l'une à l'autre, & qu'elles sont tenues de Nous nuement & sans aucun moyen; afin de abolir lesdicts débats desjà meus, & obvier à ceux que autrement se pourroient mouvoir ou temps à venir, il Nous plaise unir & joindre lesdictes Baronies de *Neahou, & Auvers*, avec toutes leurs appartenances & droits, tant de haute justice que autres quelconques, à ladicte Baronie de *S.'-Sauveur-le-Vicomte,* afin que elles ne soient plus que soubz une seule justice, & sur ce leur impartir nostre grace. Pour quoy Nous, ayans considéracions aux choses dessusdictes, & aux grands, bons & continuels services que ledict Seigneur de *Villequier* Nous a faiz dès son enfance, fait chacun jour, & espérons que encores fera, & mesmement que en ce n'avons aucun intérest ne préjudice: icelles Baronies, Terres & Seigneuries de *Neahou & Auvers,* leurs membres, appartenances & dépendances, droits de justice, services, guets & autres devoirs quelconques, avons unis & joints, unissons & joignons par ces présentes, de grace especial, plaine puissance & autorité royal, à ladicte Baronie & Seigneurie de *S.'-Sauveur-le-Vicomte;* & voulons qu'elles soient doresenavant tenues, regiftrées & subjettes au Bailliage & à la Viconté dudict lieu de *S.'-Sauveur-le-Viconte;* & que tous les droits, services & devoirs deus d'ancienneté ausdictes deux Baronies & Seigneureries de *Neahou & Auvers,* leurs fiefs, arriere-fiefs, membres & dépendances quelconques, se facent & payent

NOTE.

(a) Trésor des Chartes, Registre 181, acte 47. — MSS. de Colbert, vol. LIII, page 846.

au Chaftel de *S.'-Sauveur*, comme deus illec à caufe de la Baronie &
Seigneurie dudict lieu ; lefquelles trois Baronies Nous voulons eftre tenues
de Nous & de nos Succeffeurs, à un feul hommage, fous le nom de ladicte
Baronie & Seigneurie de *Saint-Sauveur:* fans préjudice toutesvoies ne diminution des droits & devoirs deus à mutation de Seigneur, pour lefdictes trois
Baronies, qui fe feront & payeront par noftredict Confeiller, fefdicts hoirs
maffes, & les hoirs maffes de fefdicts hoirs maffes, ou nom de ladicte Baronie
de *S.'-Sauveur* feulement. Si donnons en mandement par ces préfentes à noz
amez & féaulx Confeillers les Gens de noftre Parlement & de noz Comptes
& Tréforiers, aux Bailly de *Coftantin*, Vicontes de *Carantan* & de *Valongnes*,
& à tous noz autres Jufticiers, Officiers & fubgets, ou à leurs Lieuxtenans
préfens & à venir, & à chacun d'eulx fi comme à luy appartendra, que du
contenu en cefdictes préfentes, facent, feuffrent, & laiffent noftredict Confeiller
fuppliant & fefdicts hoirs maffes procréez de fa char & les hoirs de fefdicts
hoirs maffes defcendans en loyal mariage, joïr & ufer plainement & paifiblement
à tousjours, en mettant au néant tous débats & procès pour ce meus, & faifant
incontinent réparer tout ce qui auroit efté ou feroit faict au contraire : Car ainfy
Nous plaift-il eftre faict ; & afin que ce foit chofe ferme & eftable à tousjours-mais,
Nous avons fait mettre noftre Séel à ces préfentes ; fauf en autres chofes noftre
droict, & l'autruy en toutes. *Donné aux* Montis-lès-Tours, *ou mois de Mars,
l'an de grace 1451, & de noftre règne le 30.'* Ainfy figné : *Par le Roy, l'Evefque
de* Carcaffone, *le Sire de* Montforeau, *Maiftre* Jean Bureau, *&* Eftienne
Chevalier, Jehan Hardoin, *&* Pierre Berart *& autres préfens.* DELALOERE.
Visa. Contentor. CHALIGAUT.

(a) *Lettres de Charles VII, par lefquelles il unit irrévocablement
à fon Domaine, la ville de Pons en Saintonge, qui avoit été confifquée
fur le Seigneur de Pons.*

CHARLES, &c. favoir faifons à tous préfens & à venir, Nous avoir
receue l'humble fupplicacion de nos bien amez les manans & habitans
de noftre ville de *Pons*, contenant que ladicte ville de *Pons* eft fituée & affife
ou *Comté de Xaintonge* en noftre *Duchié de Guienne*, & à caufe de ce que la
plus part de noftredicte *Duchié de Guienne*, a efté longuement détenue &
occuppée par nos anciens ennemis & adverfaires les *Anglois*, & par ce que
pendant ladicte occupacion lefdicts fupplians ont toujours efté & demouré ès
frontières de nofdicts ennemis, iceux fupplians ont ou temps paffé eu de grans
& infuportables charges & defpens, à quoy ils ont libéralement frayé, &
auffi ont toujours efté loyaux & obéiffans envers Nous, en faifant dommaige
& réfiftance à nofdicts ennemis à leur pouvoir, parquoy les affaires d'iceulx
devons avoir en plus grand & fingulière recommandacion ; & foit ainfy que
pour certains grans délits & crimes de lèze-Majefté, commis, faits & perpétrés
par *Jacques de Pons* lors Seigneur de ladicte ville & des appartenances
d'icelle, defquels il a été attaint & convaincu, & par arreft de noftre Cour
de Parlement efté fait déclaracion de la confifcacion de ladicte terre de *Pons*,
& dit icelle pour caufe defdicts délicts à Nous eftre confifquée & adjointe
à noftre Domaine; & combien que, au moyen de ladicte confifcacion, ladicte
ville foit nuement à Nous, & que lefdicts fupplians foient nos hommes liges

NOTE.

(a) Tréfor des Chartes, Regiftre IX^xx^v [185], Pièce 278. — *MSS. de Colbert.*
Volume LIV, page 889.

CHARLES
VII,
à . . . .
le . . . .
jour de . . . . .
l'an 1451.

fans aucun moyen, & ayent propos & ferme vouloir de demeurer à toujours-mais foubs Nous & en noftre obéiffance fans autre Seigneur avoir ne requerre ne eftre desjoints de noftredict Domaine, néantmoins ilz doubtent que s'il avenoit que Nous ou nos fucceffeurs Roys de France voulfiffions délaiffer noftre *Duchié* de *Guienne* ou *Conté* de *Xaintonge*, éfquelles ladicte ville eft située & affife, que en ce faifant ladicte ville fût mife hors de nos mains, ou particulièrement par don de mariage, ou par rémiffion, abolicion ou reftitucion que Nous ou nos fucceffeurs pourrions donner & octroyer audict *Jacques* de *Pons* ou à fes fucceffeurs, ou autrement donnée, tranfportée & reftituée, & par ce disjointe de noftre vray Domaine, qui feroit en leur très-grant intéreft & dommage, en Nous humblement requérant qu'il Nous pluft leur octroyer qu'ilz foyent à tousjours perpétuellement nos fubgiés, hommes liges fans moyen, & fans ce qu'ils foyent par Nous ou les noftres tranfportés ne mis hors de nos mains, ne desjoins de la Courone & noftre vray Domaine, & que en figne d'icelle vueillons confentir nos armes & penonceaulx royaulx eftre mis & appofés ès portes & autres lieux publiques de ladicte ville, & fur ce leur impartir noftre grace : Pour ce eft-il que Nous, ces chofes confidérées, & mefmement les grans & loyaux fervices qu'ils Nous ont faits, & le bon, grant defir & vouloir qu'ilz monftrent avoir envers Nous & noftre Seigneurie, en rémuneracion defquels fervices, & afin qu'ilz foyent plus enclins & aftraints d'y perfévérer tousjours de bien en mieulx, aufdicts fupplians avons octroyé & octroyons de grace efpécial, plaine puiffance & authorité royal, par ces préfentes, & à leurs hoirs & fucceffeurs demourans en ladicte ville & appartenances d'icelle, pour Nous & nos fuc-ceffeurs Roys de France, que noftredicte ville & *Chaftellenie* de *Pons*, ne aucunes des appartenances d'icelle, ne feront par Nous ne nos fucceffeurs, desjoings de noftredicte Couronne & Domaine, ores ne pour le temps advenir, par tranfport, efchange, don de mariage, rémiffions, abolicions ou reftitucions que en pourrions faire audict *Jacques* de *Pons* ou à fes fucceffeurs, ou autres dons ou aliénacions volontaires que Nous ou nos fucceffeurs Roys de France pourrions faire de noftredicte *Duchié* ou *Comté* de *Xaintonge*, ou en particulier de ladicte ville & *Chaftellenie* de *Pons* & des aucunes des appar-tenances d'icelle, pour quelque caufe ne en quelque manière que ce foit; & avec ce, leur avons donné & octroyé, donnons & octroyons de noftredicte grace, par ces mefmes préfentes, congié que ils puiffent faire mettre en figniffiance de ce, & afin de perpétuel mémoire, nos armes & penonceaulx royaulx aux portaulx & autres lieux publiques en ladicte ville. Si donnons en mandement, par ces mefmes préfentes, à nos amez & féaulx les Gens de noftre Parlement à *Paris*, & de noftre Cour fouveraine à *Bourdeaulx*, Gens de nos Comptes, Tréforiers & Généraulx fur le fait & gouvernement de toutes nos finances, aux *Sennechaulx* de *Guienne*, de *Xaintonge* & de *Poictou*, & à tous nos Jufticiers & Officiers, & à chafcun d'eulx, fy comme à luy appartiendra, que de noftre préfente grace, voulenté, conceffion & octroy, facent, feuffrent & laiffent lefdicts manans & habitans de ladicte ville & *Chaftellenie* de *Pons* & leurs fucceffeurs, à tousjours-mais perpétuellement joïr & ufer plainement & paifiblement, fans faire ne fouffrir eftre fait, mis ou donné, ores ne ou temps à venir, aucune chofe au contraire, pour quelque caufe ne en quelque manière que ce foit; en prenant & mettant lefdicts manans & habitans de ladicte ville & *Chaftellenie*, avec tous & chafcun leurs biens & héritages, en & foubs noftre proteccion & fauvegarde efpécial, à la confervacion de leur droit tant feulement, & lefquels y avons prins & mis, prenons & mettons par ces préfentes, laquelle voulons eftre fignifiée aux perfonnes & par-tout ailleurs où il appartiendra : Car ainfy Nous plaift-il eftre fait. Et afin que ce foit chofe ferme & eftable à tousjours, Nous avons fait mettre noftre Séel à ces préfentes, fauf en autres chofes noftre droit, & l'autruy. *Donné à (a) ....le......jour de.......l'an de grace mil quatre cens cinquante & un, & de noftre regne le trentiefme.*

NOTE.

(*a*) Le nom du lieu & la date du mois & du jour font reftés en blanc dans le Regiftre.

CHARLES
VII,
à.........
le........
jour de .....
l'an 1451.

(*a*) *Ordonnances de Charles VII, fur l'impôt appelé le quart du fel (b), ayant cours dans le Poitou & la Saintonge, au lieu de la gabelle.*

INSTRUCTIONS & Ordonnances faictes par le Roy noftre Sire, fur le Quart du fel ordonné avoir cours ès pays de *Poictou* & de *Xainctonge*, ou lieu de la Gabelle, lequel quart ledict Seigneur veult & ordonne eftre levé par la manière qui s'enfuit.

(1) *Premièrement.* Ledict Sire veult & ordonne eftre levé de tout le fel qui fera vendu èfdicts pays, par tant de foys qui fera vendu, revendu ou efchangé, cinq folz pour livre, & de plus plus, & de moins moins.

(2) *Item.* Et afin que aucune fraulde ne fe commecte par les Vendeurs, icellui Seigneur veult & ordonne que chafcun Marchant & autres, aians fel plus qu'il ne luy en eft befoing pour fa defpenfe, vienne devers les Efleuz oudict pais, ou à leurs Commis, notifier & déclairer le nombre de fondict fel, dedans dix jours après la publicacion de ces préfentes, fur peine de confifquer ledict fel, & d'amende arbitraire.

(3) *Item.* Après ce que inventaire fera fait d'icellui fel en chafcune maifon, que nulz ne foient fi hardiz de defcendre aucun fel èfdicts lieux où icellui inventaire aura efté fait, ne ailleurs, fans le venir premièrement dire & déclairer à nofdicts Efleuz ou à leurfdicts Lieutenans fur ce ordonnez, fur peine de perdre ledict fel, chevaulx & chariotz, & d'amende arbitraire.

(4) *Item.* Que chafcun qui vendra fel, paie au Receveur dudict quart ou au Fermier d'icellui, ou autre commis de par ledict Seigneur à icellui lever, cinq folz pour livre de tout ledict fel par luy vendu, revendu ou efchangé, fur peine de confifcacion de tout ledict fel, & d'amende arbitraire.

(5) *Item.* Que aucun ne foit fi ofé ne hardy de tranfporter ledict fel hors dudict pays, ès lieux où ledict quart n'a point de cours, fans d'icellui paier ledict quart ès limites & fins dudict pays, avant que yffir d'icellui, au Receveur ou Commis à recevoir ledict quart; fur peine de perdre ledict fel, fes chevaulx & chariotz, & d'amende arbitraire.

(6) *Item.* Que tous ceulx qui pourront trouver aucunes gens faifans le contraire, & menans fel contre l'Ordonnance deffufdicte & déclairée, auront povoir de prandre icelluy fel, avec les gens & beftes qui en feront trouvez faifiz; & ceulx qui ainfi les prandront & améneront devers lefdicts Efleuz, ou autres leurs Commis à ce, auront la moictié oudict fel & beftes qui par eulx fera ainfi prins & trouvé, avecques la moictié des amendes & confifcacion qui y efcherront: & ainfi le fait-on affavoir de par le Roy noftredict Seigneur.

(7) *Item.* Avons voulu, & ordonné inhibicion & deffenfe eftre faicte de par Nous, à tous Marchans & autres vendans, revendans, efchangeans &

NOTES.

(*a*) Premier Regiftre de la Cour des Aides de *Paris, fol.* 108. *v.* Voyez fur ce Regiftre la Note (*a*) de la page 201 du IV. Volume de ce Recueil.

(*b*) Voyez fur cet impôt, les Lettres du dernier Mars 1451, imprimées ci-devant, Page 192.

conduifans fel en & partout lefdicts pays de *Poictou* & de *Xainctonge*, ville & gouvernement de la *Rochelle*, & autres lieux où ledict fel doit & a accouftumé eftre quartaigé, & à chafcun d'eulx tant en général que en particulier, & par cry public, fe meftier eft, ès lieux que verrez eftre à faire, qu'ilz ne foient fi ofez ne hardiz de tranfporter aucun fel hors defdicts pays & eflection, de quelque part ne en quelque lieu où ilz l'aient prins ou acheté, fans paier ledict quart audict Fermier ou à fes gens, ferviteurs ou commis, fur peine de confifcacion dudict fel, & des bafteaulx, charrectes & autres voictures fur lefquelles il feroit tranfporté, & d'amende arbitraire.

(8) Item. Et pareillement aulx manans & habitans des ifles d'*Oleron* & *Marenne*, & autres ifles & lieux que verrez eftre à faire, qu'ilz ne mènent, ne tranfportent aucun fel creu, fait & labouré, en nofdicts pays de *Poictou* & de *Xainctonge*, ville & gouvernement de la *Rochelle*, contremont la rivière de *Gironne*, ès pays où ledict quart n'a point de cours, ou qu'il ne feroit gabellé en aucuns de noz greniers, fans paier le quart d'icellui fel audict Fermier ou fefdicts Commis en ladicte ville de *Blaye*, fur les peines deffus déclairées.

(9) Item. Et s'il advient que aucuns menans ou conduifans ledict fel non quartaigé, paffent par les limites deffus déclairées & yffent defdicts pays de *Poictou* & *Xainctonge* fans paier ledict quart, foit par lefdictes rivières ou par terre, Nous voulons & vous mandons comme deffus, que fe vous ou aucuns de vous eftes fur ce requis par noftredict Procureur, ou ledict Fermier ou fefdicts Commis, vous les pourfuyvez ou faictes pourfuir, quelque part qu'ilz aillent defcendre ledict fel ès villes & lieux eftans deffus lefdictes rivières, & les contraignez & faictes contraindre à paier ledict quart, pour le fel qu'ilz auront ainfi tranfporté fans paier ledict quart, par toutes voies & manières en telz cas requifes, nonobftant oppoficions ou appellacions; en condempnant les tranfgreffeurs en amendes telles que verrez au cas appartenir, lefquelles amendes voulons eftre & appartenir moictié à Nous & l'autre moictié audict Fermier.

(10) Item. En oultre, pour ce que en ladicte *Marche* d'*Anjou* & de *Poictou* ne fe paie ou livre aucun quart ne gabelle, & que à cefte caufe le fait dudict quart de fel eft grandement diminué, Nous voulons & vous mandons derechef, & à ung chafcun de vous comme deffus, que vous vous tranfportez fur ledict païs de *Marche*, & illec vous informez fur les chofes deffufdictes & les deppendences : & y faictes, ordonnez, & eftabliffez limites & mectes, dedans lefquelles ledict quart de fel devra eftre cueilly & levé, le mieulx & le plus convenablement que verrez eftre à faire ; & icelles limites & mectes par vous faictes & ordonnées, contraignez ou faictes contraindre tous ceulx qu'il appartiendra & que verrez eftre à faire, à paier dèflors en avant, ledict quart de fel par eulx vendu, revendu ou efchangé audict pays de *Marche*, depuis le premier jour de Janvier derrenier jufques à préfent & dores-en-avant, felon les limites qui fur ce auront par vous efté faictes & eftablies, par toutes voies & manières accouftumées pour noz propres debtes; & s'il y a aucun refufant ou délaiant, ou qui y feiffent réfiftence, voulons que vous procédez à l'encontre d'eulx & de chafcun d'eulx, touchant l'exécucion des chofes deffufdictes & de chafcune d'icelles, par main-forte & armée fe meftier eft, & tellement que l'auctorité & force Nous en demeure.

(11) Item. Et pour ce que plufieurs Faulx-faulniers pourroient paffer & tranfporter ledict fel tant par eaue que par terre, & par nuyt, fans paier ledict quart & fans ce que la chofe vienne à la congnoiffance dudict Fermier ou de fefdicts Commis, Nous voulons & octroyons que iceulx qui les dénonceront à la Juftice, ou audict Fermier, ou à fes Commis, aient le quart
de toute

de toute l'amende qui en yſtra, tant ce qu'il Nous en appartiendra, que comme audict Fermier.

(12) *Item*. Avons ordonné inhibicion & deffenſe eſtre faicte de par Nous, à tous Marchans & autres vendans, revendans ou eſchangeans & conduiſans ſel en & par tous leſdicts pays de *Poictou* & de *Xainctonge*, ville & gouvernement de la *Rochelle*, & autres lieux où ledict ſel doit & a accouſtumé d'eſtre quartaigé, & à chaſcun d'eulx tant en général que en particulier, & par cry public, ſe meſtier eſt, ès lieux que verrez eſtre à faire, qu'ilz ne ſoient ſi oſez ne ſi hardiz de tranſporter, meſmement ès lieux de *Cholet, Maulévrier, Mauleon, Mortaigne*, & autres lieux prouchains & contiguz deſdicts pays de Marche, & tranſporter aucun ſel hors deſdicts pays & deſdictes Marches, de quelque part ne en quelque lieu où ilz l'aient prins & acheté, ſans paier ledict quart oudict Commis, ou à ſes gens & ſerviteurs & Commis, ſur peine de confiſcacion deſdicts ſel, chevaux, voictures & harnoys, & d'amende arbitraire.

(13) *Item*. Pour obvier aulx fautes, recellemens & abbuz qui ſe faiſoient par les Marchans & autres conduiſans ſel èſdicts pays de *Poictou*, d'*Anjou*, & Marche d'iceulx pays, furent faictes diviſions & limites audict pays : c'eſt aſſavoir, que les chariotz & beſtes chargées de ſel, & qui viendront du lieu de *Beauvoir-ſur-mer*, la *Roche*, la *Couſture, Cliſſon*, & autres pays circunvoiſins où les Marchans, & autres achetans ledict ſel & conduiſans, ſeroient pour le temps advenir, pour la longue diſtance dudict pays de Marche, & pour plus ſeurement paier le droit dudict quart, paſſent en conduiſant ledict ſel, ès lieux de la *Becqrolle* & la *Seguygniere*, de la rivière de *Mayne*, èſquelz lieux ilz ſeront tenuz de paier ledict quart au Fermier ou Commis dudict Seigneur à icellui quart recevoir, ſur peine d'amande arbitraire & de confiſcacion deſdicts beufs, chariotz, beſtes & dudict ſel, à applicquer audict Seigneur, & ſans ce que leſdicts conduiſans ainſi ledict ſel, paſſent par autres pays & lieux deſdictes Marches, que par les lieux deſſus déclairez ; & ſur peine deſdictes amendes & confiſcacion, quant ilz ſeroient le contraire, & à eſtre contraincts par prinſe & détencion de leurs biens & perſonnes, ſe de ce ilz ſont contrediſans.

(14) *Item*. Que tous Marchans & autres perſonnes quelzconques, eulx entremectans de fait de marchandiſes de ſel, ſeront tenuz dores-en-avant, quant ilz achecteront ledict ſel en noſdicts pays & ellections, & dedans les fins & mettes d'iceulx, de dire & déclairer leurs noms & ſurnoms, & le lieu où ilz ſont leur demeure ; & de bailler caucion, ſe meſtier eſt, de paier icellui quart à cellui ou ceulx qui de par Nous ont ou auront la charge ou temps advenir, avant que partir ne tranſporter ledict ſel hors du lieu où ilz l'auront acheté ; & de paier ledict quart auſdicts Commis, ainçoys que partir hors des fins & mectes deſdictes ellections ; & s'il advenoit que aucuns menaſſent ſel ès pays où ledict quart a cours, ilz ſeront tenuz de bailler caucion de paier ledict quart de ſel, ou d'apporter certificacion dedans trois moys après enſuivans, du lieu où ledict ſel aura eſté mené & deſchargé : & ce ſur peine de confiſcacion dudict ſel, & d'amende arbitraire, à icelle applicquer moictié à Nous & moictié aux inventeurs, & à ceulx qui de par Nous ont ou auront la charge de recevoir ledict quart.

(15) *Item*. Et que dores-en-avant aucuns chariotz ne beſtes chargées de ſel, qui viendront du lieu de *Beauvoir-ſur-mer*, le *Couſtumier*, & autres lieux & pays où ilz prenent ſel & tranſportent par mer ès paroiſſes de *Saint-Macayre*, le *May*, la *Seguyniere, Becqrolle, Saint-Saulveur*, de *Rouſſay*, la *Remaige, Saint-Andry-de-la-Marche, Saint-Pierre, Champbroigne*, & autres qui ſe dient eſtre de ladicte Marche, comme de *Poictou* & d'*Anjou*, & hors d'icelles paroiſſes paſſeront, ſeront tenuz paſſer au lieu de la *Becqrolle* ou la *Seguyniere* deçà la

rivière *Domay*, où ilz feront tenuz de paier ledict quart de fel, aux Fermiers, ou Commis à icelluy recevoir de par Nous : fur peine d'amende arbitraire & de confifcacion de beufz, chariotz, beftes & fel, à applicquer felon les Ordonnances Royaulx fur ce faictes.

(*16*) *Item.* Que tous ceulx qui feront trouvez paffans, chariotz & beftes, vendans, revendans ou efchangeans fel èfdictes parroiffes & autres lieux qui fe dient eftre Marche, foient contraincts réaument & de fait, à payer à Nous ou aufdicts Fermiers ou Commis & Députez de par Nous, le quart dudict fel, par prinfe, arreft & exploitacions de leurs beftes, charrois, fel, & fe meftier eft, de leurs perfonnes, en cas de défobéiffance ou contredict de le paier, felon les Inftructions & Ordonnances fur ce faictes, & comme pour noz propres debtes.

Fait par le Roy en fon Confeil, l'an mil IIIIe LI.

CHARLES
VII,
à Montbafon,
le 12 Avril
1452,
après Pâques.

(a) Lettres de Charles VII, par lefquelles il enjoint à fa Cour de Parlement, de renvoyer aux Juges ordinaires, les caufes dont la connoiffance leur appartient, ne retenant que celles qui font défignées dans lefdites Lettres.

CHARLES, par la grace de Dieu, Roy de France, à noz amez & féaulx Confeillers les Gens tenans & qui tiendront noftre Parlement à *Paris:* Salut & dileccion. Comme par plufieurs de noftre Sang & lignage, Prélaz & Barons, & autres noz fubgiez, tant Nobles que autres, & auffi par aucuns de noz Bailliz, Sénefchaulx & Jufticiers, Nous ayons efté advertiz & Nous ait efté remonftré qu'à l'occafion de la grant charge & multitude de caufes qui, de long-temps a, font pendans & introduictes en noftredicte Court, & qui chafcun jour fe introduifent, tant par évocacions ou rétentions de noftredicte Court, lefquelles elle retient ou évoque de devant nofdiz Bailliz & Sénefchaulx & autres Juges aufquels la congnoiffance ordinairement en doit appartenir, & d'autres qui par Lettres de noftre Chancellerie y font renvoyées, que autrement, les caufes ordinaires, defquelles noftredicte Court doit principalement & de fon ancien droit ordinaire & par les Ordonnances anciennes de noz Prédéceffeurs congnoiftre, comme de celles qui touchent noftre Domaine, les caufes des Pers de France, & de plufieurs Églifes qui font de noftre fondation, les caufes de Régale, de groffes Églifes & Baronies, qui par privilége ou par grant & évident caufe font introduictes en ladicte Court, demeurent affouppées, dont s'en enfuivent deftructions & ruynes, tant d'Églifes, Monaftères, Chafteaulx, fortereffes & autres héritaiges, & n'y pevent les parties avoir expédition, pour la grant charge que a noftredicte Court, des autres caufes qui ne font du droit ordinaire d'icelle, dont elle ne doit congnoiftre, defquelles elle entreprent & retient court & congnoiffance pardeffus noz Bailliz, Sénefchaulx & autres Jufticiers en la Jurifdiction defquelx lefdictes parties font demourans, ou les chofes dont eft queftion font affifes, aufquelz la congnoiffance en doit raifonnablement appartenir ; par quoy & par le moyen defdictes évocacions, nofdiz Bailliz & Sénefchaulx & autres Jufticiers n'ont en leurs Jurifdictions la plufpart du temps que befoigner; pour la charge defquelles caufes dont lefdiz Bailliz & Sénefchaux & autres Jufticiers doivent congnoiftre, les caufes d'appel & autres dont ordinairement noftredicte Cour doit avoir congnoiffance, font

NOTE.

& demeurent affoupées & immortelles; & à cefte caufe, plufieurs qui ne quièrent que retarder & délayer leurs caufes, & empefcher le droit de leurs parties adverfes, pour la grande longueur qu'ilz voyent eftre en l'expédition des caufes & procès introduictz en noftredicte Court, & que des caufes qui y font introduictes n'eft faicte aucune briefve expédition, font meuz & enclins les aucuns d'appeller, les autres de trouver moyens d'y faire renvoyer & évoquer leurfdictes caufes, à la grant foule & dommage de nofdiz fubgiez qui en la pourfuite & longueur defdiz procès fe confument, defpendent & emploient leur temps & chevances, & auffi ou détriment & défolacion de plufieurs Églifes de noftre Royaume, lefquelles auffi pour la longueur defdiz procès font def-truictes & vont en ruine; & fouventesfois commectez aucuns de vous pour congnoiftre & difcuter de plufieurs caufes d'appel, & autres groffes caufes qui ne fe doivent plaider ne jugier fe non en noftredicte Court, ainfi que de ce remonftré Nous a efté : Pour quoy Nous, attendu ce que dit eft, defirans abréger les plaiz & procès d'entre noz fubgietz, & les Jurifdictions de noftre Royaume eftre gouvernées chacune en fes termes & limites fans entreprendre l'une fur l'autre, & obvier aux grant dommaiges qui pour la longueur defdiz procès pendans en noftredicte Court chafcun jour furviennent à nofdiz fubgiez, & les relever de vexacions & defpenfes, & auffi à noz Jufticiers & autres, eftre rendue & baillée la congnoiffance des caufes qui leur appartiennent en leurs Jurifdictions ; vous mandons & expreffément enjoingnons que toutes & chafcunes les caufes & procès meuz & pendans en noftredicte Court, lefquelles par Lettres de la Chancellerie ou autrement ont efté renvoyées, introduites ou évoquées, & que ne touchent noftre dommaine ou les Pers de France, ou caufes d'appel, de Régale ou autres, lefquelles noftredicte Court doit de fon droit ancien par privilége ou pour grant & évident caufe congnoiftre, y feront introduictes, renvoyez en quelque eftat qu'elles foient, pardevant les Bailliz, Sénefchaulx ou autres Jufticiers auxquelz la congnoiffance en appartiendra, pour ilec procéder èfdictes caufes, & y eftre décidées & déterminées ainfi qu'il appartendra par raifon; en cas toutesvoies qu'elles ne feront appoinctées en droit, ou que les enqueftes ne feront faictes ou encommencées: en retenant tant feulement en noftredicte Court lefdictes caufes d'appel, celles qui touchent noftre domaine, de Régale, de Pers de France, des Églifes cathédrales, & autres dont noftredicte Court de fon droit & ancien ordinaire, par prévilleiges, ou pour grant & évident caufe doit congnoiftre. Et pour ce que fouvent noftredicte Court eft fort chargée de caufes, qui par le moyen de plufeurs caufes d'appel qui font faictes d'exé-cuteurs de complainte en cas de faifine & de nouvelleté & d'exécutions faictes par Sergens, de Sentences & autres exploitz, font évoquées, introduictes & comme affoupées en noftredicte Court, avec lefdictes caufes d'appel, parce que aucune expédition n'en a efté faicte, qui eft donner occafion de légiérement appeller en noftredicte Court; voulons que lefdictes menues caufes d'appel, vous vuidiez & expédiez diligemment, ou, icelles mifes au néant, renvoyez lefdictes caufes dont dépendent lefdictes caufes d'appel, par-devant noz Jufticiers ordinaires, ou autres aufquelz la congnoiffance en appartient, & par le Greffier de noftredicte Court les vous faites bailler par déclaracion & par roole, fe meftier eft, pour en avoir prompte congnoiffance, & y faire plus briefve expédition, en procédant de par vous diligemment à l'expédition des caufes dont d'ancienneté noftredicte Court doit & péut congnoiftre de fon droit ancien & ordinaire, par rooles & aux jours ordinaires des Bailliages & Sénefchaucées, en rejectant tous fubterfuges, délaiz & prolixitez, & tout ainfi que on faifoit anciennement, & que faire fe doit felon les ftilles & Ordonnances anciennes de noftredicte Court, fans commettre dorefenavant aucunes caufes defquelles la congnoiffance appartient & doit appartenir à

CHARLES,
VII,
à Montbaſon,
le 12 Avril
1452,
après Pâques.

noſtredicte Court, à Commiſſaires en aucune manière, auſquelx Nous interdiſons & défendons par ces préſentes toute court & congnoiſſance; & faiſant ſur icelles aux parties ſi bonne & ſi briefve expédition de Juſtice, que noſdicts ſubgez n'aient cauſe d'en retourner plaintiſz par devers Nous: Car ainſi Nous plaiſt-il eſtre fait. Donné à Montbaſon, le 12.ᵉ jour d'Avril, l'an de grace mil CCCC cinquante & deux, après Paſques, & de noſtre règne le trentieſme. Sic ſignatum: Par le Roy en ſon Conſeil, DELALOERE.

Et à tergo erat ſcriptum: Lecta, publicata & regiſtrata Pariſiis, in Parlamento, die XXIV.ᵃ Aprilis, anno Domini milleſimo quadrageнteſimo quinquageſimo ſecundo poſt Paſcha. Sic ſignatum, CHENETEAU.

Collacio facta eſt cum originali. CHENETEAU.

(a) Lettres de Charles VII, par leſquelles il confirme celles du Roi Jean, de Charles V & de Charles VI, qui accordent la Sauvegarde royale à l'Abbaye d'Eſchaalis, avec attribution de ſes cauſes au Bailliage de Sens.

KAROLUS, &c. Notum facimus univerſis tam preſentibus quàm futuris, Nos chariſſimi Domini & Progenitoris noſtri vidiſſe Litteras in cerâ viridi & filis ſericis, formam que ſequitur continentes.

KAROLUS, &c. Notum, &c. (b)]

KAROLUS, &c. Notum, &c. Nos inclite recordacionis chariſſimi Domini & Genitoris noſtri Litteras vidiſſe, formam que ſequitur continentes, &c. (c)].

JOANNES, &c. Ad perpetuam rei memoriam. Regalis providentia, &c. (d)]

Quas quidem Litteras ſuprà ſcriptas, ac omnia & ſingula in eis contenta, rata & grata habentes, eas & ea laudamus, approbamus & ratificamus, ac de gratiâ ſpeciali, auctoritate Regiâ & plenitudine poteſtatis, ſi & in quantum dicti Religioſi ritè & debitè uſi ſunt, tenore preſentium confirmamus. Quocircà Baillivo noſtro Senonenſi ceteriſque Juſticiariis & Officiariis noſtris vel eorum Locatenentibus preſentibus & futuris & eorum cuilibet, prout ad eum pertinuerit, mandamus, committendo ſi ſit opus, quatenùs noſtris preſentibus gratiâ & confirmatione dictos Religioſos & eorum Eccleſiam, tam in capite quàm in membris, uti & gaudere faciant & permittant, cognitionem cauſarum eorumdem, tam agendo quàm etiam defendendo, ad ſuas ſedes Senonenſ. & Villenove-Regis penès ſe retinentes, ac etiam Baillivis Trecenſi, de Cepeyo, & Autiſſiodorenſi, necnon ceteris Juſticiariis & Officiariis noſtris preſentibus & futuris, ſilencium ſuper his perpetuum imponentes, factaque in contrarium ad debitum ſtatum reducentes aut reduci facientes indilatè. Quod ut firmum & ſtabile perpetuò perſeveret, preſentes Litteras

NOTES.

(a) Tréſor des Chartes, Regiſtre 181, pièce 80. — MSS. de Colbert, vol. LIII, page 871.

(b) Ces Lettres ſont imprimées dans ce Recueil, Tome IX, page 714 & ſuiv. Elles ſont datées de Paris, en Avril, avant Pâques 1407.

(c) Ces Lettres ſont imprimées dans ce Recueil, Tome VI, page 247 & ſuiv. Elles ſont datées de Paris, le 13 Décembre 1376.

(d) Ces Lettres ſont imprimées dans ce Recueil, Tome III, page 536 & ſuiv. Elles ſont datées de Ville-neuve-le-Roi, en Décembre 1361.

figilli noftri fecimus appenfione muniri, falvo in aliis jure noftro, & in omnibus quolibet alieno. Datum *Turonis*, in menfe Aprilis, anno Domini millefimo cccc quinquagefimo fecundo, regni verò noftri tricefimo : *Sic fignatum.* Per Regem ad relationem fui magni Confilii. DANIEL.

Collatio facta eft cum originalibus Litteris inferiùs infertis.
Vifa. Contentor. Gratis. FROMENT.

CHARLES
VII,
à Chicé-lès-
Montrichard
en Touraine,
en Mai 1452.

(a) Lettres de Charles VII, par lefquelles il déclare la ville de Montferrand irrévocablement unie à la Couronne.

CHARLES, par la grace de Dieu, Roi de France, fcavoir faifons à tous préfens & à venir que, oye l'humble fupplication à Nous prefentée pour la partie de nos chiers & bien amez les Gens d'Églife, Bourgeois & habitans de noftre ville de *Montferrand*, contenant que dès long-temps (b) ils ont efté, & encores font de préfent, & ont grand defir, affection & voulonté de eftre & demourer à tousjours nos vrais & loyaux fubgiez fous noftre Seigneurie & fans moyen, nuement, en Nous humblement requérant que ainfy les vueillons maintenir fans les mettre ne bailler en autres mains : Nous, ayans regard à la bonne voulenté, affection & defir defdicts fupplians, & afin qu'ils ayent toujours greigneur courage de perfévérer, maintenir & garder leur loyaulté envers Nous, noftre Couronne & Seigneurie, voulons & ordonnons, de noftre certaine fcience & autorité royal, & aufdicts fupplians avons octroyé & octroyons par ces préfentes, que noftredicte ville de *Montferrand*, & tous nos fubgez d'icelle, foient & demeurent de cy en avant à tousjours, fous Nous & la Seigneurie de Nous & de nos fuccefleurs Rois de France, nuement & fans aucun moyen, tout ainfi qu'ils font de préfent; & d'abondant, en tant que meftier feroit, avons par ces préfentes nofdicts fubgiez de noftredicte ville de *Montferrand* adjoins & adunis, adjoignons & aduniffons à noftre vray Domaine, Couronne & Seigneurie, & de nofdits fuccefleurs, & ne voulons que ou tems à venir ils en foient féparez ne mis en autres mains, pour quelque caufe que ce foit. Si donnons en mandement à nos amez & féaux noftre Chancelier, les Gens de noftre Parlement & de nos Comptes, & à tous nos autres Jufticiers & Officiers ou à leurs Lieuxtenans préfens & à venir, & à chacun d'eux en droit-foy, que nos préfente Ordonnance & voulenté ils tiengnent & gardent, & facent tenir & garder fans enfraindre, en faifant d'icelle joïr perpétuellement lefdicts habitans ; & cefdictes préfentes enregiftrer par tous les lieux & Auditoires où il appartiendra : Car ainfi Nous plaîft-il eftre faict. Et afin que ce foit chofe ferme & eftable à tousjours, Nous avons fait mettre noftre Séel à ces préfentes: fauf en autres chofes noftre droit. & l'autruy en toutes. *Donné à Chicé-lès-Montrichart en Touraine, ou mois de May, l'an de grace mil cccc cinquante deux, & de noftre regne le XXX.* Ainfi figné. *Par le Roy en fon Confeil, ou quel Vous*[*], les Évefques de Magalonne & Maillezais, l'Admiral, & autres plufieurs eftoient.* CHALIGAUT, *Vifa. Contentor.* CHALIGAUT.

[*]Le Chancelier de France.

NOTES.

(a) Tréfor des Chartes, Regiftre 181, piéce 106.—*MSS. de Colbert*, Volume LIII, page 901.

(b) Dès l'an 1311, Philippe-le-Bel avoit uni à la Couronne la ville de *Montferrand*, ce qui avoit été confirmé par fes fuccefleurs, Philippe-le-Long en 1316, Charles IV. en 1321, Philippe VI en 1328, & Charles VI en 1405. Voyez le Tome IX de ce Recueil, pages 78 & fuiv. &c. Ces Lettres avoient auffi été confirmées par Charles VII, en 1424.

CHARLES
VII,
à Chicé-lès-
Montrichard
en Touraine,
en Mai 1452.

(a) Lettres de Charles VII, par lesquelles il confirme les anciennes coutumes & les priviléges accordés à la ville de Montferrand en Auvergne.

CAROLUS, Dei gratiâ Francorum Rex, notum facimus universis præsentibus pariter & futuris, nos vidisse quendam quaternum pergameneum, in formâ transsumpti seu vidimus, sub sigillo Baillivatûs Sancti Petri Monasterii ac ressortorum & exemptionum Alvernie confectum, in se, ut fertur, continentem seriem seu tenorem Privilegiorum per Predecessores nostros dilectis nostris Consulibus, civibus & habitantibus ville nostre Montifferrandi dudum concessorum, cujus quidem transsumpti tenor sequitur sub his verbis.

A tous ceux qui ces présentes Lettres verront & orront, *Michiel Veau,* Bourgeois de *Cucy,* Lieutenant de Noble & Puissant Messire *Jacques de Montmorin,* Chevalier, Seigneur de *Rulhac* & de *Chats,* Conseiller & Chambellan du Roy nostre Sire & son Bailli de *S.ᵗ Pierre-le-Monstier,* des ressorts & exemptions d'*Auvergne,* salut. Sçavoir faisons que nous avons veu, leu & teneu, & de mot en mot avons fait transcrire unes Lettres seines & entières, & ce qu'elles contiennent de certains priviléges octroyèz aux Consuls & habitans de *Montferrand,* scellées de cire vert, à lacz de soye rouge, desquelles la teneur s'enfuit.

IN nomine Patris & Filii & Spiritûs Sancti, Amen. Regnante excellentissimo Principe Domino Philippo, Dei gratiâ Francorum Rege, & Domino Ademaro eâdem gratiâ Arvernorum Episcopo, nos Ludovicus de Bellojoco, Miles, Dominus Montifferrandi in Averniâ, adultus, per præsentes Litteras notum facimus universis præsentibus pariter & futuris, quòd cùm nos pro nobis & heredibus & successoribus nostris, Dominis qui fuerint pro tempore de Monteferrando, habitâ priùs deliberatione sufficienti, & deliberato consilio cum amicis nostris super hoc consultis & certificatis, & certioratus de jure & de facto, & de omnibus que inferiùs subsequuntur sponte scientes, & proindè olim, tempore quo eramus Domicellus, & ante tempus militie nostre, donavimus & concessimus irrevocabiliter in perpetuum omnibus hominibus in Montifferrando & pertinentiis & mandamento habitantibus & habituris & residentibus nunc & in posterum, Consulibus ipsius ville & ipsis hominibus presentibus, & donationem & concessionem & omnia alia infrascripta, pro se & heredibus eorum & successoribus hominibus de Montifferrando nunc habitantibus & habituris in pertinentiis & mandamento predicto recipientibus, usus, libertates, franchisias, consuetudines, privilegia & usagia & alia que inferiùs subsequuntur, adhuc nos sponte, scienter & providè donamùs & concedimus, ac certiùs confirmamus irrevocabiliter in perpetuum predictis hominibus omnibus in Montifferrando & pertinentiis & mandamento habitantibus & habituris & residentibus nunc & in posterum, Consulibus ipsius ville, & ipsis hominibus presentibus, & donationem, concessionem & confirmationem & omnia alia infrascripta, pro se & heredibus eorum & successoribus hominibus de Montifferrando nunc habitantibus & habituris in pertinentiis & mandamento predicto recipientibus, predictos usus, libertates, franchesias, consuetudines, privilegia & usaggia, & alia

NOTE.

(a) Trésor des Chartes, Registre 181, pièce 154. — *MSS. de Colbert,* vol. LIII, p. 903.

que inferiùs subsequuntur. Que omnia & singula asserimus, confitemur & recognos-
cimus ipsis hominibus presentibus interrogantibus & recipientibus, alios Dominos
Montisferrandi, quibus successivè succedimus ut eorum heres, eis dedisse &
concessisse, & ipsos homines habuisse, usos esse & fuisse per tempora longissima,
presertim bonâ fide & justo titulo concessionis eis facte à Dominis quondam
Montisferrandi, que quidem eis innovamus, & aliàs innovavimus: & talia sunt
ut sequitur.

CHARLES
VII,
à Chicé-lès-
Montrichard,
en Touraine,
en Mai 1452.

(1) Videlicet, quòd habent, habeant, & habebunt nunc & in perpetuum, corpus,
communitatem, convocationem, congregationem sive assemblada, arcas, domos &
sigillum communes & commune, & quelibet alia communia que quelibet communitas
cujuscumque loci habet, & pleniùs de facto vel de jure vel de consuetudine &
privilegio habere potest.

(2) Item. Volumus & concedimus quòd ipsi habeant & ex se ipsis assumant
& faciant anno quolibet, octo Consules, quos quamcitò nobis seu castellano & locum
nostrum tenenti, seu Bajulo Montisferrandi qui est & qui pro tempore fuerit
presentabuntur, tenemur nos vel Castellanus seu nostrum locum tenens, seu Bajulus,
recipere cùm primò fuerint presentati, & rebellem & rebelles, ad. requisitionem
presentantium compellere subire officium Consulatûs. Qui Consules recepti jurabunt
quòd fideliter se habebunt in officio suo erga Dominum Montisferrandi, & erga
habitatores & erga alios de usatgio ejusdem loci.

(3) Item. Volumus & concedimus quòd dicti Consules habeant & assumere
valeant Consiliarios quos & quot sibi placuerit.

(4) Item. Volumus & concedimus quòd dicti Consules, quolibet anno in fine
sui anni, antequàm exeant suum officium, possint eligere & creare alios octo
Consules cum consilio Consiliariorum suorum, ad annum proximo subsequentem,
quos presentabunt Domino seu Bajulo Montisferrandi, ut est dictum; qui presentati
& incontinenti recepti, jurabunt ut superiùs est expressum.

(5) Item. Jurabunt absque presentiâ nostri & dicti Bajuli, in domo seu loco
ubi creabuntur, in manu eos creantium seu eligentium, quòd bonum computum
reddent & faciant super administratione quàm gerent illo anno, futuris Consulibus
& Consiliariis, & quòd jura Communitatis & usatgia defenderet & custodiret pro
posse suo, & officium consulatûs fideliter faciant per unum annum integrum; &
quòd antequàm officium dimittant, alios octo Consules eligent & creabunt, & ut
dictum est, presentabunt; & quòd nihil de communibus post suum computum reti-
nebunt, imò reddent.

*Lisez, deffendent
& custodient.

(6) Item. Volumus & concedimus quòd Consules predicti qui sunt & fuerint
processu temporis, suis annis eligant & eligere & assumere possint gardas seu gasterios,
quos & quot sibi placuerit, ad custodiendum bona & res infra mandamentum
Montisferrandi existentes, ut exigit officium Gasterii seu Gardiatoris seu custodis:
qui Gasterii seu custodes jurabunt in novitate suâ in manu Bajuli, item & in manu
Consulum, quòd fideliter se habebunt in suo officio, quandiù illud tenebunt, erga
Dominum Montisferrandi & erga habitatores & alios de usatgio loci ejusdem,
& quòd fideliter custodient res & bona predicta; necnon & alia jurabunt que
exigit officium Gasterii seu custodis.

(7) Item. Volumus & concedimus quòd dicti Consules possint, & eis liceat,
dictos Gasterios seu custodes seu quemlibet eorum, quando & quotiens sibi videbitur,
removere & expellere de officio suo, & alium seu alios ponere seu creare, prout
& sibi visum fuerit expedire, qui presentabuntur & jurabunt ut superiùs est expressum,
nec ibidem alii citabuntur.

(8) Item. Volumus & concedimus quòd dicti Consules qui nunc sunt & fuerint
processu temporis, habeant dicti sigilli custodiam & aliorum communium, & eodem
sigillo sigillent & eis sigillare liceat; & Dominus habebit sigillum pro autentico,
& fidem adhibebit plenam sigillatis à dicto sigillo inter homines Montisferrandi,

CHARLES
VII,
à Chicé-lès-
Montrichard,
en Touraine,
en Mai 1452.

& super his que ratione Consulatûs & communitatis erunt sigillata; & reservabitur Dominis cognitio & executio sigillatorum dicto sigillo.

(9) Item. Volumus & concedimus quòd dicti Consules qui nunc sunt & pro tempore fuerint, habeant & habere possint certum famulum seu servientem, ad mandandum & citandum ad domum Consulatûs, illos quos Consules sibi dixerint mandandos seu citandos coram Consulibus, sine aliâ coercitione quam habeat serviens ratione citandi.

(10) Item. Volumus & concedimus quòd dicti Consules presentes & futuri eligant & eligere possint precones, unum vel plures, & eos & eorum quemlibet amovere, & alios & alium instituere quandocumquè sibi videbitur expedire, ad preconisandum vina & alia que in villâ Montifferrandi preconisari debebunt : qui precones jurabunt in manu dicti Bajuli; item & in manu Consulum, quòd in suo officio fideliter se habebunt erga omnes.

(11) Item. Volumus & concedimus quòd preconisationes que fient apud Montemferrandum que preceptum seu edictum, permissionem, prohibitionem, vel quodlibet aliud simile continebunt, fient & preconisentur ex parte Domini Bajuli, Consulum & proborum hominum ville Montifferrandi; & si aliter fierent, non valeant nec eis pareatur. Poterit tamen Dominus preconisari facere ad justitias penarum corporalium, per se solum.

(12) Item. Volumus & concedimus quòd dicti Consules presentes & futuri, quandocumquè sibi placuerit possint & eis liceat facere cuminum, cuminos, jetam & jetas, talliam & tallias, qui & que sibi & eorum Consiliariis videbuntur, in habitantibus & habituris, & qui de hoc usagio fuerint, eorum que bonis, ac etiam in bonis immobilibus forensium infra dictam villam & pertinentias & mandamentum; & eos & eas possint ab eis exigere & levare pro suis & dicte Communitatis causis & negotiis prosequendis & gerendis; & ad compellendum rebelles, si qui fuerint, in persolvendo cuminos, jetas seu tallias dictos & dictas, Bajulus Montifferrandi ad requestam Consulum tenetur eis tradere servientem specialem, qui rebelles gagiet & compellet ad solvendum; absque munere, gatgiamento & servitio quolibet, dicto Bajulo & servienti prestando; & gatgiamenta hujusmodi per dictum servientem facta, dicti Consules auctoritate propriâ poterunt relaxare, amovere & anullare, & non alius Dominus. Tamen si post requestam factam quòd Consules reddant, hoc non fecerint, audiat conquerentem, & vocatis Consulibus recredere faciat, si faciendum fuerit, secundùm proposita hinc & indè : excepto quòd quamcitò gatgiatus de suo cumino, jetâ seu talliâ satisfecerit cuminatoribus seu levatoribus predictorum, ipso facto sit degatgiatus.

(13) Item. Nolumus, ymò expressè prohibemus, quòd dicti Consules presentes & futuri nec eorum cuminatores seu levatores, teneantur de dictis nec de aliquo predictorum, nec etiam de suis receptis, expensis, gestis & non gestis, administratis, computare coram Domino Montifferrandi, nec cum Bajulo, nec cum aliquo de gentibus seu officiariis suis; nec teneantur dicere quantitatem predictorum, nec causam quare predicta faciunt seu levant.

(14) Item. Volumus & concedimus quòd dicti Consules habeant custodiam portarum & turrium, murorum & fossatorum Montifferrandi, & clavium portarum & turrium predictarum, & ad ipsos dicta custodia, necnon cura & custodia viarum, platearum, itinerum & semitarum & locorum publicorum infra villam Montifferrandi existentium, perpetuò pertineat in futurum, ita quòd per hec per Dominum ad aliqua non arctentur. Poterit tamen Dominus intrare & exire liberè, & gentes sue, & qui pro eo venient, quandocumquè voluerint, & Consules tenentur eis aperire, dum tamen ville nec alicui de villâ non noceant indebitè, & si fecerint, quòd emendent sine dilatione & de plano : & poterit Dominus turres & torrellas & muros munire tempore guerre seu bannite seu notorie vel sui superioris; quâ cessante, dicti Consules rehabebunt predictorum custodiam ut priùs, & ut dictum est suprà.

(15) Item. Quicumque impedimentum seu occupationem apponet seu faciet in
predictis

prediftis feu in aliquo de prediftis, emendam folvet Domino ad arbitrium Confulum prediftorum; & nihilominùs ad requeftam diftorum Confulum, vel eorum mandatis, & infra tempus ab eis ftatuendum, occupans feu impediens de prediftis, impedimentum & occupationem teneatur amovere; quod nifi fecerit, ad hec, ad requeftam diftorum Confulum, per Dominum vel ejus Bajulum compellatur de plano, ad expenfas impedientum, & incontinenti, abfque fervitio ullo, prout difti Confules difto Bajulo feu Domino dixerint feu diftabunt.

CHARLES
VII,
à Chicé-lès-
Montrichard
en Touraine,
en Mai 1452.

(16) Item. *Si à cafu impedimentum feu occupatio eveniat in predifto feu altero premifforum, ante hofpitium feu tenementum alicujus, aut etiam in quolibet de alveis rivorum labentium per* Montemferrandum, Bajulus *Montifferrandi teneatur gratis compellere ad fimplicem requeftam Confulum, illum & illos quem & quos afferent teneri ad movendum & reparandum predifta, prout ipfi Confules ordinabunt, item Dominus* Montifferrandi *&* Bajulus *ejus & fervientes* Montifferrandi *& alii officiarii fui quicumque.*

(17) Item. *Ne aliquis eorum nec etiam aliquis alius non projiciant nec projicere poterunt in Curiâ* Montifferrandi, *nec alibi, gatgium duelli feu belli contra diftos Confules, nec contra aliquem ex eis, item nec contra diftam Communitatem, nec contra aliquem ex eâ; & fi de fafto projeftum fuerit, nec valeat nec teneat, imò ipfo fafto & jure fit nullum, & ab eo contra quem projeftum fuerit abfque damno & emendâ & abfque periculo aliquo recufetur fufcipi, & fufceptum valeat recufari.*

(18) Item. *Forenfes non audientur fi appellent per duellum; appellati tamen per duellum ab illis de ufatgio, refpondere teneantur prout fuerit rationis.*

(19) Item. *Nolumus, imò pro expreffo prohibemus in perpetuum, per Dominum* Montifferrandi, *per Bajulum ipfius aut per aliquem & quemlibet alium pro eodem Domino, poffe fieri inqueftam, inquifitionem quamcumque, aprifam feu informationem contra diftos Confules & contra communitatem & contra quemlibet ex eis; & fi de fafto contra fieret, ipfo fafto & jure fit nulla, nec habeat firmitatem, nec noceat.*

(20) Item. *Volumus & concedimus quòd in Curiâ feu infra mandamentum* Montifferrandi, *gatgium duelli feu belli non projiciatur in quocumque cafu contra aliquem de ufatgio* Montifferrandi; *& fi contrà faftum fuerit, ipfo fafto & jure fit nullum, nec noceat recufanti feu fpernenti illud; fed fi accidit quòd aliquis undecumque accufet feu accufare voluerit in Curiâ* Montifferrandi, *fuper aliquo crimine quocumque, aliquem de difto ufatgio, in cafu hujufmodi accufator teneatur procedere & facere fecundùm formam juris fcripti, fecundùm quam cafus hujufmodi agitur, & per Bajulum vel Dominum cum Confulibus terminetur: aliter & aliàs diftus accufator minimè audiatur.*

(21) Item. *In Curiâ nec infra mandamentum* Montifferrandi *non audiatur, nec admittatur aliquis ad denunciandum aliquod crimen nec aliquod maleficium contra aliquem de difto ufatgio, nifi talis perfona fuerit denuncians, cui de jure non liceat per viam ordinariam accufare: quo cafu, juxta qualitatem denunciantis & qualitatem criminis vel maleficii, ad requeftam Confulum* Montifferrandi, *& cum eorum confilio, & non aliter, Bajulus vel Dominus* Montifferrandi *denunciationem admittat, & crimen feu maleficium inventum puniat & emendari faciat, vel, eo non invento, abfolvat prout fibi & diftis Confulibus videbitur faciendum; fi verò non appareat denuncians fuper maleficio perpetrato, tunc Dominus vel Bajulus* Montifferrandi, *ad fimplicem requeftam diftorum Confulum & cum confilio eorumdem, & non aliter, de difto maleficio faciat, & contra perfonas que dicuntur feciffe illud procedat, & eas puniat prout fibi & diftis Confulibus videbitur faciendum.*

(22) Item. *Si contingat Dominum* Montifferrandi *vel ejus Bajulum vel aliquem de [ ] familiaribus vel officiariis, proponere modo quolibet in Curiâ, feu infra mandamentum* Montifferrandi, *contra aliquem de difto ufatgio, tale quid propter quod, feu occafione cujus, poffet pena feu emenda pecuniaria feu corporalis irrogari feu levari, Bajulus* Montifferrandi *& ejus fervientes, feu aliquis*

de familiâ eorum vel etiam dicti Domini, non funt idonei teftes, nec eis eft fides aliquatenùs adhibenda, quandocumque & quotiefcumque accidat talis cafus feu alius quicumque, hoc falvo, quòd fi contentio fuerit inter partes, fervientes vel familia recipientur in teftes, dum tamen alius idoneus teftis qui non fit de familiâ predictâ producatur in teftem, quamquàm fperetur quòd poft fententiam vel accordum habere debeat Dominus aliquod emolumentum, & falvis objectionibus competentibus in teftes & dicta.

(23) Item. *Si juftitiatus vel condemnatus quis fuerit ad mortem naturalem vel civilem, vel etiam bannitus, volumus & concedimus quòd bona talis omnia incontinenti fint & ponantur & veniant in manu Domini, vocatis Confulibus; tum* Dominus Montifferrandi *vel ejus Bajulus vel alius pro Domino, faifiet ea; & dicti Confules de manu ipfius Domini habebunt ea ad faciendum ut fequitur: videlicet ad perfolvendum & pacificandum illius debita per manus eorumdem Confulum & Bajuli, quibus folutis & pacificatis, refiduum, fi quod fit, per eorumdem manus reddatur in manu Domini, ad diftribuendum, prout fuerit faciendum, quibus & prout volunt civilia jura fcripta, confuetudine quâlibet non obftante.*

(24) Item. *Nolumus, imò pro exprefsè prohibemus quòd aliquis captus feu arreftatus infra mandamentum* Montifferrandi, *ponatur tormentis.*

(25) Item. *Quotienfcumque acciderit quòd aliquis inventus fuerit de nocte feu die infra mandamentum* Montifferrandi, *furando domum, granerium, cellarium, vel aliud fimile trebando, incendium ponendo, rapiendo, treffepando, aut aliud crimen feu maleficium committendo; inventor & alius quilibet poffit & fibi liceat eum capere, & poft, Domino vel ejus gentibus tradere, & fi inventus committens maleficium ut dictum eft, fe non permittat capi, imò fe defendat cum gladio vel fufte vel lapidibus aut alio quolibet damnofo munimento, aut fugiatur, mors, membrorum cifio, vulneratio, verberum illatio, feu aliud de predictis, aut quelibet alia lefio intervenerit in perfonâ delinquentis, & de predictis conftet feu conftare poffit fufficienter ad regardum Bajuli & dictorum Confulum, Dominus feu ejus Bajulus, aut alius pro eis, non poterit nec debebit occafione predictorum ab aliquo emendam exigere, nec alicui prifionem, damnum, perturbationem inferre, nec etiam penam infligere corporalem, imò ille & illi qui contra dictum delinquentem irruerint, abfolventur fuper predictis per dictum Dominum feu ejus Bajulum, pro ut dicto Bajulo & dictis Confulibus videbitur faciendum. Quòd fi de predictis non conftet nec conftare poffit, ut dictum eft, tunc Dominus, vel ejus Bajulus & dicti Confules, infpiciant quis erat mortuus feu lefus & vulneratus, & cujus opinionis & fame, & quis erat & eft ille feu illi qui irruerint, ut dictum eft, & cujus opinionis & fame, & factum, & talia que in talibus infpicienda funt; quibus infpectis diligenter, breviter & de plano, Dominus vel ejus Bajulus dictos irruentes abfolvet vel puniet, prout Bajulo & dictis Confulibus videbitur faciendum; & fi fuper captione vel retentione alicujus malefactoris, aliquis feu aliqui per Dominum vel ejus gentes inculparentur, debet credi juramento cujuflibet inculpati, dicentis per juramentum, fe feciffe poffe fuum abfque periculo corporali, fuper captione feu retentione predictis, vel dicentes fe non audiviffe vel nefciviffe predicta; & cum hoc juramento erit immunis.*

(26) Item. *Si gentes infra mandamentum* Montifferrandi *venerint aliundè pro forefaciendo, vel indebitè gatgiendo, aut aliter damnum ibidem inferendo, & gentes de dicto mandamento contra eos exiverunt, & ibidem mors, ictus, vulnerationes, vel eorum alterum acciderit, illi de dicto mandamento fuper his Domino vel ejus gentibus non tenentur.*

(27) Item. *Dominus feu alius pro ipfo, non debent aliquem de fuis veftimentis gatgiare in carceriâ, nec debent aliquam faifinam imponere in rebus quibufcumque alicujus de dicto ufatgio, nifi vocatis Confulibus faltem duobus, fi tunc Montifferrando fint, fin autem, procedat & faifiat Dominus per fe, ut fuerit faciendum,*

& vocatis contendentibus de saisinâ & caventibus, & caufe cognitione procedente, & priùs cognito quòd dicta faifina debeat apponi; & fi contrà fieret, non teneat, & impunè liceat non fervari.

(28) Item. *Dominus, Bajulus, aut alius pro eis, non debent aliquem de dicto ufagio gaigiare de portis nec feneftris hofpitii, feu quod inhabitabit, nec eas firmare, nec ingreffum prohibere nec egreffum, dummodò aliàs infra dictum mandamentum de rebus aliis gaigiabilis exiftat; & fi contrà fieret, non teneat nec fervetur.*

CHARLES
VII,
à Chicé-lès-
Montrichard
en Touraine,
en Mai 1452.

(29) Item. *Si fuper faisinâ vel poffeffione cujuflibet rei infra dictum mandamentum contenditur corâm Domino vel ejus Bajulo vel alio pro ipfis inter partes aliquas, adeò quòd quelibet pars dicat fe in faisinâ illius rei de facto vel de jure, non propter hoc pónatur res ad manum Domini, dummodò altera pars corâm Domino vel ejus Bajulo incontinenti docere poffit per Confules vel per vicinos dicte rei proximos, aut aliàs fit notorium de poffeffione fuâ; in quo cafu, pars hujufmodi in fuâ poffeffione per Dominum vel ejus Bajulum defendat, & alteri parti feu partibus fiat jus fi conquerantur de iftâ; & fi ob defectum dicte probationis vel dicti notorii, accidit dictam rem poni in manu Domini vel Bajuli, incontinenti tradatur dictis Confulibus cuftodienda cum fuis fructibus, deductis expenfis; & poft, parti que obtinuerit, cum dictis fructibus reftituenda.*

(30) Item. *Quicumque fuerit infra dictum mandamentum in adulterio inventus & legitimè deprehenfus, & fuper inventione & deprehenfione legitimè convictus ad regardum Bajuli & Confulum, debet nudus cum adulterâ nudâ difcurri per villam; nifi velint folvere fexaginta folidos Domino vel Bajulo, quo cafu, vel altero folvente, non difcurrentur, & erunt immunes.*

(31) Item. *Si uxorata meretrix infra dictum mandamentum fit vel vénerit, nullus cum eâ adulterans Domino vel ejus Bajulo teneatur, nifi fuerit uxoratus: quo cafu, fiat de eis quod in proximo cafu de adulterio eft expreffum; videlicet quòd currantur, vel preftabunt ipfi vel alter eorum, fexaginta folidos ut fuprà, fi dictus homo fuerit conjugatus, aliàs non, dummodò poffit afferere per juramentum fuum, fe nefcire vel credere mulierem effe uxoratam; & extraneus per juramentum credatur fi eft uxoratus.*

(32) Item. *De ictu, de morte & de quocumque alio cafu fortuito, quidquid ex eo accidit, nemo de dicto ufagio Domino vel ejus Bajulo tenetur, nifi appareat in evidenti culpâ; de quo cafu, fiet quod Bajulo & Confulibus videbitur faciendum.*

(33) Item. *Si equus, vel aliud animal quodcumque, occiderit vel damnum quodlibet dederit, fiat de eo fecundùm quod jure fcripto cavetur, non obftante confuetudine quâcumque.*

(34) Item. *Inventor à cafu, cujuflibet rei aliene valentis ultra quatuor denarios, retinendo eam vel alii tradendo non incidat in emendam dummodò eâdem die, fi Montifferrandum de die venerit, aut nifi venerit, faltem in craftinum quamcitò venerit, Bajulo reddat feu offerat feu revelet; quam poftmodùm fibi traditam Confules cuftodiant per annum vel minùs, prout eis videbitur faciendum; poftque reddent Bajulo, pro faciendo quod fuerit rationis. Inventor autem rei proprie, eam offerre vel revelare non tenetur, nec eam cujus cuftodiam habebat, nec etiam illam que minoris valoris fuerit quàm fit dictum.*

(35) Item. *Dominus vel ejus Bajulus, aut alius pro eis, non debent concedere feu fuftinere inter illos de dicto ufagio, quòd alter alterum occidat, feu noceat ei; & fi contrà fiat, non teneat nec valeat, nec aliquis per conceffionem hujufmodi excufetur. Dominus aut ejus Bajulus, vel alius pro ipfis, non debent caufas feu lites hominum de dicto ufagio fovere, odio, munere, precibus vel pretio prolongare; nec aliquam de dicto ufagio extra Montemferrandum occafione caufe, litis, vel aliâ de caufâ quâcumque trahere, citare, vel etiam detinere corâm fe vel gentibus fuis, ut fi contrà fieret, impunè eis non pareatur.*

(36) Item. *Dominus vel ejus Bajulus, aut alius pro eis, non debent nec*

Tome XIV.   D d ij

CHARLES
VII,
à Chicé-lès-
Montrichard
en Touraine,
en Mai 1452.

poſſunt in Curiâ Montifferrandi *à litigatoribus quibuſcumque ſolidatas ſeu expenſas occaſione cujuſlibet cauſe exigere ſeu levare.*

(37) Item. *Dominus & ejus Bajulus, vel alius pro eis, non debent ſaiſire, capere ſeu arreſtare, nec ſua dicere ſeu ad ſe pertinere bona alicujus mortui non delinquentis ſeu mortem ſibi non conciſcentis, de dicto uſagio, dummodò appareat ſeu appareant qui de jure vel de conſuetudine & ſuccedere velint & poſſint ex teſtamento ſeu ab inteſtato, quomodocumque non delinquens vel mortem ſibi non conciſcens, ut ſuprà dictum eſt, ſit mortuus. Et quicumque mortuus fuerit, & cujuſcumque conditionis, & niſi appareat heres & ſucceſſor, ut dictum eſt, ſi dictus mortuus in bonâ memoriâ fecerit donationem unam vel plures, legatum aut legata quotcumque, quibuſcumque locis aut perſonis, & de hiis conſtare ſufficienter poterit, valeant & habeant firmitatem, conſuetudine quâlibet non obſtante; & in caſu hujuſmodi, non apparente herede ſeu ſucceſſore aut executore, bona dicti mortui per Bajulum, vocatis Conſulibus, ſaiſiantur, & poſtmodùm tradat Conſulibus, & per Conſules vel eorum mandatum ſerventur & teneantur, & per ipſos & per Bajulum clamores pacificentur, & predicta legata & donationes perſolvantur, de quibus ſufficienter conſtare poterit; & niſi legata ſeu donationes fecerit, pacificatis clamoribus, reſiduum, ſi quod fuerit, ipſi Conſules cuſtodiant per annum, quo elapſo, nemine apparente per ſe vel per alium cum ſufficienti mandato qui ſe habere jus in predictis oſtendere valeat, ex tunc inanteà dicti Conſules debent dictum reſiduum Domino vel ejus Bajulo reddere, exceptis his que ſine eorum culpâ fuerint depredata ſeu conſumpta; ſuper quâ culpâ ſi objiciatur, & ſuper omnibus & ſingulis que fecerint & ſolverint de dictis bonis, & ſuper computo & adminiſtratione eorumdem factis per ipſos & Bajulum, ſtetur & credatur omninò juramento cujuſlibet eorumdem Conſulum & Bajuli qui predictis debent intereſſe, abſque aliâ probatione quâcumque.*

(38) Item. *Teſtamenta non ſcripta vel in ſcriptis, ſeu ultime voluntatis, necnon & donationes quecumque facta & facte à quibuſcumque perſonis, de quibus conſtare poterit ad regardum Bajuli & Conſulum, valeant, teneant & inviolabiliter ubique obſerventur; ac inſtitutus ſeu inſtituti ſeu facti heredes in eiſdem, quibuſlibet ab inteſtato venientibus quomodolibet & quâcumque de cauſâ, preferantur tam ſuper ſaiſinâ & poſſeſſione quàm ſuper proprietate quorumcumque bonorum & rerum & hereditatum de quibus agitur: ſalvâ tamen liberis deſcendentibus, ſi qui fuerint, legitimâ portione ex bonis & hereditate predictis, que eis de jure ſcripto debetur; in caſu verò ubi quis ab inteſtato decedit, non habens liberos nec ſorores ſeu fratres germanos, ejus bona & hereditas de quibus in vitâ nihil ordinavit ſeu alienavit, revertantur ad latus & ad illos illius lateris à quo pervenerant, ſi ſuperſint; & niſi ſuperfuerint, ad illos qui erunt de uſatgio, qui de jure ſcripto ſuccedere poſſent, conſuetudine quâlibet non obſtante.*

(39) Item. *Filie maritate per patrem ſuum, eidem ab inteſtato mortuo non ſuccedant, dummodò ſuperſint liberi maſculi, cum ſororibus non maritatis vel ſine ſororibus, qui ſuccedere velint; imò cum ſuis tantùm dotibus contente erunt de totâ hereditate defuncti, ſalvis eis donis & legatis, ſi qua facta fuerint; non extantibus verò liberis maſculis ſuccedere valentibus, ſed femelle maritate, cum collatione ſuarum dotium, ſuccedere poterunt cum femellis ſororibus non maritatis, pro equalibus portionibus inter ipſas faciendis; & quòd dictum eſt de patre qui maritavit, idem erit de matre & quolibet aſcendente qui maritaverit; & quòd dictum eſt de filiabus maritatis, idem erit de liberis earumdem.*

(40) Item. *Sorores maritate per fratres, erunt contente cum ſuis dotibus, de omnibus bonis que inter ipſos communia erunt & fuerant, & eſſe poterant & poterunt quoquo modo; & reſiduum eorum, fratribus & eorum liberis perpetuò remanebit; & ſi accidat unum de fratribus ab inteſtato mori non exiſtentibus liberis ab eo, ejus bona ad fratres ſuperſtites ſeu ad eorum liberos totaliter devolvantur, dictis ſororibus totaliter excluſis, & quod dictum eſt de bonis fratris ab inteſtato mortui, idem erit de ſorore mortuâ inteſtatâ.*

CHARLES
VII,
à Chicé-lès-
Montrichard
en Touraine,
en Mai 1452.

(41) Item. *Si uxor quælibet præmoriatur marito suo, non extantibus liberis ab eâ, aut extantibus sed ab intestato descendentibus, medietas rerum mobilium dotalium marito & ejus hæredibus perpetuò remanebit, aut etiam eam exigere poterunt, nisi fuerit persoluta; & residua medietas, cum rebus immobilibus dotalibus, revertetur ad alios illius lateris à quo pervenerant, nisi de istâ medietate & rebus immobilibus per eam aliud fuerit ordinatum.*

(42) Item. *Quandocumquè Dominus Montisferrandi voluerit ponere Bajulum Montisferrando, debet eum ponere in præsentiâ Consulum, seu per Litteras suas patentes Consulibus directas & Communitati, quibus jurabit ad sancta Dei Evangelia, in manu Consulum, se fideliter servare omnia & singula contenta in præsenti instrumento seu cartâ, & quòd omnibus & singulis qui coràm se habebunt aliquid expedire, secundùm prædicta & contenta faciet; & eis & cuilibet de Communitate breve & bonum jus faciet, quandocumque jus fuerit faciendum, secundùm contenta in præsenti instrumento.*

(43) Item. *Servientes instituentur per Dominum vel Bajulum, in præsentiâ dictorum Consulum, in assisâ, qui observare & custodire fideliter & singula hic contenta, in manu Bajuli & Consulum jurabunt; & si aliter Bajuli vel servientes instituti fuerint, non valeat; nec eis nec alicui alii pro Domino seu ejus Bajulo pareatur.*

(44) Item. *In villâ Montisferrandi non erit supra Bajulum aliquis, vel subtùs, nisi Dominus illum supradictum Bajulum, Castellanum vel locum suum tenentem velit ponere, qui defectus dicti Bajuli & culpam possit & debeat corrigere & emendare, & ad quem de defectibus dicti Bajuli recurratur vel appelletur; qui etiam Castellanus vel locum tenens jurabit contenta in præsentibus, sicut Bajulus jurare tenetur; & si per Bajulum vel locum tenentem vel per Dominum bona alicujus de usatgio fuerint arestata vel vadia capta, illi qui pro Domino primo invenietur per gatgiatum in villâ Montisferrandi faciat recredentiam vel saltem jus vel saltem relationem, usque ad certam diem assignandam coràm illo qui fecit arestari vel vadiari; quâ die si venerit ille qui fecit arestari vel vadiari, faciat super dictâ recredentiâ quod fuerit secundùm usatgium faciendum; & si non venerit, faciat Bajulus, vel duret relaxatio usque dum veniat qui fecit arestari vel vadiari.*

(45) Item. *Conventum est ut si contigerit appellari à Bajulo ad Dominum, vel ejus locum tenentem, vel à tenente locum ad Dominum, nulla propter hoc emenda Domino debebitur etiam si malè fuerit appellatum.*

(46) Item. *Nemo de usatgio tenetur respondere coràm Domino vel ejus Bajulo aut locum Domini tenente, nisi audiat conquerentem seu clamantem de se, & petitionem facientem seu demandam, cui teneatur respondere; in casu verò requeste, quilibet quem tanget, Curiam defendat & se, ut debebit secundùm hec usatgia.*

(47) Item. *Si quis contendat in Curiâ Montisferrandi se non fuisse citatum, an citatus fuerit nec ne, credatur ejus juramento, nisi citatio probetur per servientem qui dicitur citasse, cum uno sufficiente teste, vel per duos testes idoneos quibus credatur, non juramento contendentis.*

(48) Item. *Dominus vel Bajulus aut alius pro eis, non levabunt emendam seu defectum pro defectibus ab aliquo de usatgio predicto, sed deficientem poterit gatgiare, & tamdiu gatgiatum tenere quousque contumaciam purgaverit procedendo in causâ.*

(49) Item. *Pro quolibet adjornamento, gatgiamento, vegudâ, infra villam & ædificia Montisferrandi factis ad instantiam partis, habeat serviens qui fecerit, duos denarios tantùm, extra verò ædificia, infra mandamentum tamen, sex denarios tantùm,*

(50) Item. *Pro clamâ factâ, habeat Dominus, vel Bajulus pro ipso, tres solidos tantùm: verumtamen si is contra quem clama facta est, eâ petitione seu demandâ auditâ confiteatur petitionem seu demandam, & super eâ satisfaciat agenti infra quindecim dies, vel antequàm demandam & petitionem audiverit, tunc Dominus vel Bajulus de eo pro clamâ nihil habebunt; si autem contenderit,*

CHARLES
VII,
à Chicé-lès-
Montrichard
en Touraine.
en Mai 1452.

solvent clamorem; & si non contenderit & solverit infra quindecim dies, non tenebitur de clamore; sin autem, ex tunc solvat clamorem.

(51) Item. *Dominus seu ejus Bajulus pro eo, non levabit aliquid pro clamâ, nec emendam aliquam, quousque satisfactum fuerit petenti seu conquerenti occasione cujus clama seu emenda pervenit, si reus ita pauper fuerit quòd ejus bona non sufficiant ad satisfaciendum super petitis & clamâ & emendâ; que si sufficiant, habebit Dominus clamam & emendam prout clama vel emenda debebitur, & nihilominùs satisfaciet actori.*

(52) Item. *Qui verberationem seu impulsionem fecerit injuriosè seu maliciosè, ex quibus sanguis subsequatur, absque tamen morte & membri abscissione & mahamento perpetuo, si clama super hoc facta fuerit & legitimè sit convictus, debet Domino vel Bajulo ejus, sexaginta solidos tantùm pro emendâ, & satisfacere leso super expensis & injuriâ, ad regardum Bajuli & Consulum; & nisi sanguis subsequatur, & sit levis vulneratio seu impulsio, debet habere tunc Dominus vel ejus Bajulus quadraginta solidos tantum, & satisfacere passo injuriam, ut in alio casu jam dictum est: excepto eo qui gatgiando debitorem suum de aliundè talia commiserit, quo casu nihil Domino vel ejus Bajulo debebit, nisi aliter injuriosè fecerit predicta.*

(53) Item. *Qui gatgiat alium quàm nisi in presenti damno seu forefacto inventum, vel ratione censûs sui vel supercensûs, vel locationis domorum vel aliarum rerum immobilium, vel pro denariatis suis, quoslibet & non alios gatgiare cuilibet & quibuslibet diebus, debet Domino vel ejus Bajulo quinque solidos tantùm de clamâ & emendâ, & satisfacere gatgiato ad regardum Bajuli & Consulum, si clama precesserit, & de hoc fuerit convictus.*

(54) Item. *Qui auctoritate Domini vel Bajuli recipit gatgia debitoris vel fidejussoris sui, aut de voluntate debitoris seu fidejussoris; elapso termino in recipiendo apposito, si in receptione appositus fuerit, & ulteriùs octo diebus, poterit & sibi licebit dictum gatgium vendere ad usatgium; si verò terminus non fuerit appositus, elapsis octo diebus, ex tunc liceat ei vendere dictum gatgium, & plus debito in utroque casu vendiderit, Domino gatgii reddet; si minus, petet quod deerit.*

(55) Item. *Si contingeret quòd oporteat vendere bona immobilia alicujus debitoris ad satisfaciendum suo creditori, & non inveniatur emptor qui offerat justum pretium in re que venditur ad usatgium juxta regardum Bajuli & Consulum, compelletur creditor illam rem emere, & in solutum crediti sui recipere justo pretio ad regardum Bajuli & Consulum, & debitor ad concedendum venditionem, & sufficientes Litteras ad regardum Bajuli & Consulum super eâ creditori in solutum recipere compellatur, nisi creditor sufficere sibi debitum maluerit.*

(56) Item. *Quotienscumque contingerit probari ex parte Domini vel Bajuli, per testes idoneos, non per hujusmodi usatgium prohibitos, aut aliàs legitimè, contra aliquem de dicto usatgio rescossam, inobedientiam, vel saisinam fractam, vel quodlibet aliud simile, factam & factum fuisse scienter, debeat Domino vel ejus Bajulo solvere quadraginta solidos pro rescossâ; item pro inobedientiâ decem solidos; item pro saisinâ fractâ 30 solidos; si verò ignoranter factum fuerit, nihil solvet. Si quid de saisinâ Domino vel Bajulo ablatum est, in loco restituatur.*

(57) Item. *Quicumque cum ere seu rebus alicujus, de usatgio fugerit, si fugiens infra dictum mandamentum inveniatur, possit per quemlibet licitè arrestari; si verò in alieno Domino se transtulerit, Dominus & ejus Bajulus & omnes de usatgio debent sequi & juvare ad recuperandum ablata per dictum fugientem.*

(58) Item. *Quicumque deprehensus fuerit de die in alieno gasto seu forefacto, solvat Domino duos solidos vel unum dentem suum pro emendâ; & hoc sit in electione forefacientis; & si de nocte deprehensus sit, sexaginta solidos tantùm; & duodecim denarios in utroque casu deprehensori, si Gasterius fuerit deprehensor, juramento cujus super deprehensione hujusmodi de nocte factâ credi debet, cum alio teste idoneo; & idem fiat si per alios duos testes deprehensio probetur; & ultrà satisfaciet damnum passo, quod damnum estimaverit, per suum juramentum.*

(59) Item. *Si contingat aliquem interficere alienum animal quodcumque in suo gasto seu damno, & cùm posset claudere bono modo; ei cujus erat animal, teneatur emendare, quantùm animal estimaverit per suum juramentum: & in casu hujusmodi, debet Domino quinque solidos tantùm pro emendâ, si clama sit facta; & si ignoranter fecerit, nihil solvet Domino pro emendâ, sed animal ad regardum Bajuli & Consulum emendabit.*

(60) Item. *Quicumque falsâ monetâ vel falso argento vel auro aliquem Montif-ferrando deceperit, emendet quantum sua juraverit interesse, falsitate compertâ; quòd si scienter fecerit, ultra hec puniatur prout Bajulo & Consulibus videbitur faciendum.*

(61) Item. *De quálibet mensurâ falsâ & ulnâ rei cujuslibet, & de quolibet pondere falso, quicumque scienter eâ vel eo utitur, septem solidos persolvet Domino tantùm pro emendâ, compertâ falsitate, salvo damno illorum qui propter hoc damni-ficati fuerunt; super quo damno, eorum credatur juramento.*

(62) Item. *Quilibet de dicto usatgio potest & sibi licet habere quaslibet men-suras, ulnas & pondera justas & justa, quibus tam in suis quàm in alienis rebus uti liberè poterit.*

(63) Item. *De convitio vero facto in assisiâ Bajuli Domini vel locum tenentis, emendabitur Domino per Bajulum cum consilio Consulum.*

(64) Item. *De convitio seu asulhiâ dictis à quocumque extra assisiam cuicumque, Dominus non levabit emendam, nisi clamam cùm fuerit facta; sed convicias seu asulhias emendabit, ut jus vult, conviciato seu asulhiato, ad regardum dictorum Bajuli & Consulum; quòd si vilis persona fuerit, convicias seu asulhias Dominus vel Bajulus cum clamâ vel sine clamâ tenetur facere emendari conviciato, de corpore vel ere conviciantis, ad regardum Bajuli & Consulum.*

(65) Item. *Si servientes aut aliquis ex eis dicant convitia alicui seu aliquibus de usatgio, vel eum seu eos percutiant, ille & illi de dicto usatgio post dicant eis aut eorum cuilibet convicia quecumque, vel eos seu eorum quemlibet percutiant, Bajulus de convicio dicto faciet emendari de corpore vel ere, vel de amotione officii, prout Bajulo & Consulibus videbitur faciendum.*

(66) Item. *Nullus serviens, Dominus vel ejus Bajulus admittantur in advo-catum contra aliquem de dicto usatgio.*

(67) Item. *Dominus vel ejus Bajulus non compellant aliquem ferre testimonium contra patrem suum, matrem, uxorem, filios, filias, aut certas personas contra quas perhibere de jure scripto compelli non debet; & si contra alias personas ferre testimonium quis compellatur, debet habere expensas suas antequàm per-hibeat, per Bajulum & Consules taxandas.*

(68) Item. *Quicumque de dicto usatgio repertus fuerit saisitus de re quâcumque quam quis alius dicet sibi furatam fuisse & malè captam, nisi directè accuset dictum saisitum super his saisitis, super furto & malâ captione predictis excusabit se per suum juramentum, dicendo causam seu titulum sufficientem, cui juramento stabitur solo modo quo ad excusandum se & ejus bonam famam conservandam, & cum hoc super emendâ quietus erit, nisi adeò suspectus appareat quòd Bajulus contra eum procedat, nisi ipse contrà probaverit se esse bone fame; ille autem qui rem petit, seu ad se pertinere dicit, cùm ostenderit hoc sufficienter, recuperabit eam liberè, reddendo pasturas ipsi rei administrate, & expensas, bonâ fide, si que fuerint, ad regardum Bajuli & Consulum.*

(69) Item. *Si forefacto vel crimine alio commisso aliquis de usatgio dicatur suspectus, excurabit[a] se per juramentum suum, & fiet de eo prout de dicto saisito superiùs proximò est expressum.*

(70) Item. *De quolibet contractu cum quolibet celebrato, nemo de usatgio, sive sit frater individuus, vel sotor, tenetur; & occasione illius, bona minimè sint obligata, nisi quatenùs in utilitatem suam ex contractu predicto versum esset, vel nisi cum auctoritate Bajuli cum consensu Consulum contractus fuerit celebratus.*

CHARLES VII, à Chicé-les-Montrichard en Touraine, en Mai 1452.

[a] Lisez *excusabit* ou *excuriabit* pour *ex curiâ ibid.*

CHARLES
VII,
à Chicé-lès-
Montrichard
en Touraine,
en Mai 1452.

(71) Item. *Quicumque tutelam, curam, seu alienam administrationem, infra dictum mandamentum recipiet, de eâ & circa eam faciat inventarium, ac de eis computet & rationem reddat, prout Bajulo & Consulibus videbitur faciendum: salvâ* [a] *tamen quòd super inimicis, receptis expensis, ejus juramento credatur vel gestoris sui absque aliâ probatione.*

(72) Item. *Compromissa, pacificationes, transactiones, compositiones & similia, facta & facte inter partes quascunque super quibuslibet rebus seu verbis litigiosis in Curiâ Montisferrandi, & super questionibus, litibus & causis, valeant & habeant firmitatem, licet in dictâ Curiâ, seu coram Domino vel ejus Bajulo, seu de consensu eorum, non fuerint facta & facte, dummodò fiat super hoc plena fides ; nec Dominus emendam nec aliud jus habet, nisi clamam si facta fuerit in casu clamoris, & emendam in casu emende.*

(73) Item. *Dominus, Domina, Bajulus seu aliquis ex eis, aut alius pro eis, aut quilibet alius, non habent nec habebunt infra dictum mandamentum, aut cum habitantibus ibidem, vel cum aliquotis seu de dicto usatgio, alberghagium nec toltam nec talliam nec questam nec emptionem nec aliquod aliud servitium fortiatam seu fortiatum, nec in bonis & rebus cujuslibet eorumdem, nec aliquid de suo aut de his qui habet seu habebit in suâ custodiâ, eis accommodare, vendere, locare, permutare, donare, precariò concedere, nec aliàs tradere, nec alienare, nec aliquid ab eis seu eorum altero recipere, nec in ejus domibus seu rebus aliis sustinere deponi : & si contra ejus voluntatem per eos vel eorum alterum aliquod de predictis fuerit attentatum, non pareatur eis, imò impunè possit eis resisti* [b].

(74) Item. *Homines de usatgio, unus de quolibet foco ubi erit homo, non ubi erit sola mulier paupera, sequetur Dominum in armis per diem unam, ad expensas eorum, pro casu exheredationis ipsius, & ad tuitionem sui corporis, si probabiliter sibi timeat de corpore, ac etiam quotiens probabiliter indigebit pro quâlibet de causis suprà dictis ; ultra verò unam diem ipse faciet expensas eorum ; & qui non iverit, tenetur mittere pro se unum hominem armatum idoneum ; & si ad tuitionem terre sue alterius & ejus uxoris in Alverniâ indigeat probabiliter adjutorio hominum armatorum, tenentur eis mittere sexaginta homines habiles armatos, quibus Dominus in expensis providebit in eundo, stando & redeundo.*

(75) Item. *Non habent nec habebunt Domini Montisferrandi infra dictum mandamentum Montisferrandi, garenam aliquam nec bandiam nec bannum vini seu alterius rei cujuslibet, nec in vindemiis, nec in bonis & rebus eorumdem.*

(76) Item. *Dominus Bajulus & ceteri prefati non debent nec sibi liceat mittere seu introducere infra villam Montisferrandi ost alienam, nec rotas, nec gentes extraneas, absque consensu Consulum, ad nocendum ville ; & si facerent, damnum Dominus tenetur emendare.*

(77) Item. *Non debent impignorationes, los eingetz, nec oblationes quas & que fecerint alicui de dicto usatgio, infringere, impedire, nec sibi licet contravenire, imò tenentur defendere & etiam conservare ; ac de eis potest ille de usatgio, & etiam licet, facere ac si quilibet privatus alius predicta cum eo fecisset, vel sibi tradidisset.*

(78) Item. *Nemo de dicto usatgio debet gatgiari instrumentis cum quibus laborat pro vitâ suâ sustinendâ.*

(79) Item. *In domo alicujus de usatgio in quâ mulier jacebit in puerperio, seu in quâ homo gravi infirmitate jacebit, non gatgietur ; nec gatgientur mulieres de lectis suis propriis in quibus jacent, quandiù alia pignora reperiantur.*

(80) Item. *Quilibet mercator extraneus, & alius quicumque, cum rebus quas ducit mandamento Montisferrandi sint securi, quamdiù ibi jus facere & recipere voluerit ad usatgium ville, reservatis his que inferiùs & superiùs de forensibus sunt expressa ; & si ipsi, aut quilibet alius de dicto usatgio recedere voluerit & alibi se transferre, possint & sibi liceat hoc facere, absque ullâ licentiâ, securè, & cum rebus suis & quas ducent ; & Dominus & ejus gentes tenentur eos & res predictas per totam terram suam Montisferrandi custodire & defendere ; & residue eorum res,*

que

que infra dictum mandamentum remanferint, erunt fibi fecure, quamdiù pro eis jus facere voluerint ad ufatgium, prout debebunt, falvis & refervatis predictis.

(81) Item. *Si aliquis extraneus infra dictum mandamentum mercetur . quamcumque rem, quilibet de ufatgio qui in illo mercato evenerit, necnon & eorum nuncii, & ille in cujus domo mercator fiet, fi volunt habere partem in dicto mercato, habebunt; fed non è converfo.*

(82) Idem. *Si aliquis de dicto ufatgio deceptus fuerit in aliquo contractu feu mercato ufque ad 3.^{am} partem jufti pretii, fi infra octo dies conqueratur deceptus Domino vel Bajulo, contractus feu mercatum revocabitur & habebitur pro nullo.*

(83) Item. *Quilibet de dicto ufatgio poteft & fibi licet quafcumque res quas habet vendere & diftrahere, abfque licentiâ & preconifatione ullâ; & fi habeat domum propriam vel domos infra dictum mandamentum, non folvet pro dictis pedagium nec Leydam.*

(84) Item. *Quicumque de dicto ufatgio infra dictum mandamentum quamlibet rem de cenfivâ dicti Domini exiftentem poffederit pacificè & bonâ fide, abfque defectu parendi juri in Curiâ Montifferrandi fuper eâ, decem annos integros & continuos ut fuam, ex tunc inanteà fua remanebit, falvo cenfu & directo dominio Domini; & fi fuper eâ ab aliquo impetatur poft dictum tempus, non audiatur petitor, imò fibi filentium in perpetuum imponatur, nifi petitor infra dictum tempus, impubes vel abfens à patriâ fuerit, aut talis qui propter impedimentum corporis, aut qui alieno juri fubjectus, aut alio fimili modo impeditus, petere non potuerit: quibus cafibus audiatur, & fibi fiat jus fecundum ufatgium; & eidem eft & erit inter fratres & forores & quoflibet alios de genere eorum, qui partagium petere voluerint feu frayrefchiam ab aliis, de quibufcumque bonis & rebus: licet allegent fe nunquam partitos fuiffe, dummodò ille feu illi à quibus petitur, fteterint feparati ad partem ab aliis qui petunt pacificè, decem annis.*

(85) Item. *Quicumque Montifferrando venerit, cujufcumque conditionis fit, & dummodò Chriftianus fit, & ibi per annum integrum moratus fuerit, ex tunc pacificè inanteà ficut quilibet alius liber homo ibi remanere poterit; nec tenebitur refpondere alicui, nifi ad ufatgium Montifferrandi; nec poterit impeti ab aliquo fuper fervitute quâcumque.*

(86) Item. *Conceffiones & inveftitiones & ayzimenta quas Bajulus Montifferrandi fuper quibuflibet factis, geftis & contractibus fecit & faciet in futurum, valeant, & perindè obferventur ac fi ipfe Dominus conceffiffet vel inveftiviffet.*

(87) Item. *Quicumque infra dictum mandamentum accipiens pedam, five peazo, debet ibi edificare, five eam claudere infra annum & diem; & fi poftquàm edificata feu claufa fuerit, licet hermetur, non perdet eam, dummodò cenfum Domino vel ejus Bajulo perfolvat.*

(88) Item. *Las peazos, five pede, que date feu conceffe fuerunt in camino, debent habere, videlicet quelibet fexdecim braffatas in longitudine & octo in latitudine; & alie de extra caminum debent habere, videlicet, quelibet duodecim braffatas in longitudine & fex in latitudine. Et in quâlibet de omnibus predictis pedis habet Dominus quolibet anno, nomine cenfûs, unam quartam frumenti, qualis eft incifa in lapide juxta capellam Montifferrandi: quam quartam quilibet perfolvens radere poterit, & idem facere poterit de quâlibet menfurâ que Domino debebitur quâlibet ex causâ, cùm perfolvet. Veruntamen Dominus in adcenfam tradidit quafdam de pedis five peazos Montifferrandi ad cenfum denariorum; ad plus & ad minus, de blado, & quafdam majores, quafdam minores quàm fit dictum; & fi pro aliquo de predictis fuerit contentio inter Dominum feu ejus gentes ex parte unâ, & poffefforem feu poffefores pede five pedarum ex aliâ, poffeffor, fi eam per fucceffionem habuerit, fi velit jurare quòd ipfe & ejus anteceffores poffederunt & tenuerunt rem illam per decem annos, tam ipfe quàm ille à quo habuerit talem & cum cenfu tali qualem & cum quo eam afferit; vel fi eam emerit, quòd talis & cum tali cenfu qualem & cum quo eam afferit fibi conceffa fuerit tempore*

CHARLES
VII,
à Chicé-lès-
Montrichard
en Touraine,
en Mai 1452.

CHARLES
VII,
à Chicé-lès-
Montrichard
en Touraine,
en Mai 1452.

emptionis per Dominum vel ejus Bajulum, juramento ejus credetur, absque probatione quâcumque, & in pace remanebit.

(89) Item. Si super solutione census Domini contentio fuerit an sit solutum nec
ne, credatur ei de quodam anno super hoc juramento ejus qui juraverit se solviffe;
& si Dominus petat censum de tempore ultra triennium, credatur juramento
tenementarii.

(90) Item. Quicumque emit domum seu rem aliam existentem de dominio
Domini, solvet, nomine vendarum, duodecim denarios de quâlibet librâ pretii rei
empte; & cum talibus vendis Dominus seu ejus Bajulus, quamcitò fuerit requisitus,
tenetur emptorem investire, & litteras super hujusmodi contractu confectas sigillare,
absque ullâ retentione seu detentione, & absque munere & servitio quocumque alio.

(91) Item. Quilibet habens domos seu res alias infra dictum mandamentum,
de dominio Domini existentes, potest eas cui voluerit vendere, permutare, legare,
dare aut aliàs alienare; & Dominus seu ejus Bajulus tenentur hoc concedere,
& litteras super hoc confectas pro duodecim denariis sigillare, preterquàm Ecclesiis
& personis religiosis professione regulari professis, & preterquàm militibus & domi-
cellis: etenim isti non debent ibi habere domos, secundùm usagium; & si habuerint,
debent pro valore earum contribuere collectis & cuminis, sicut alius privatus,
Lege extra quibus de dicto usagio vel saltem eas manum suam ponere infra annum.
manum.

(92) Item. Si fiant pignorationes seu gatgerie de rebus moventibus de feudo
seu de censivâ Domini ultra quadriennium, requiretur Dominus, & concedet salvo
jure suo; sed infra quadriennium nihil habebit ratione dicte gatgerie.

(93) Item. Quicumque habuerit infra dictum mandamentum res aliquas mobiles
vel immobiles, seu debita, vel alia quecumque, pro aliquâ guerrâ, discordiâ sive lite,
quod ipse vel ejus Dominus aut alius quicumque habeant contra Dominum Montifferrandi seu ejus gentes vel homines, seu contra alios quoscumque, non perdet eas nec
saisientur nec arestabuntur, nec eas extrahendo vel mittendo ibidem regardum habebit;
imò securus erit & defendetur per Dominum & Bajulum, Servientes & Consules
Montifferrandi. ●

(94) Item. Comes Guillermus & Comitissa ejus mater donaverunt Monasterium cum cimiterio Montifferrandi, Beato Roberto de Casâ Dei, adeò liberè &
franchè, & sub eâ lege & pacto ut nemo det ibi seu dare teneatur sepulturam,
nec aliquid occasione sepulture, nisi dare voluerit sponte suâ.

(95) Item. Qui promittit lucrum licitum homini Montifferrandi, reddet,
nec poterit repetere.

(96) Item. Scamsores non gatgiantur in tabulis suis, nec à stabulis usque ad
domos quas inhabitabunt.

(97) Item. Qui facit sponsionem seu espeizo Montifferrando, si succumbat,
de eâ non dabit, nisi velit, nisi unum sextarium vini, quantacumque sit vel sit.

(98) Item. Si contingerit bona seu res cujuslibet de usagio, esse vel venire in
terrâ seu potestate Domini vel amicorum suorum vel inimicorum, qualitercumque
Dominus vel ejus gentes habere possint, ea seu eas debent reddere illi de usagio
cujus sunt, sine servitio & mercede.

(99) Item. Leydarius qui leydam levabit, jurabit in presentiâ Consulum,
quòd fideliter & legaliter se habeat in levando leydam; & pro quartâ tradendâ seu
commodandâ, non recipiet servitium nec mercedem; & quòd legaliter se habebit
in suo officio erga omnes: & hoc idem jurare teneatur pedagearius.

(100) Item. Quicumque vendiderit equum, equam, mulum, mulam, & leydam
debuerit, debet pro quolibet, quatuor denarios pro leydâ; de asino, asellâ, bove,
vaccâ venditis, de quolibet, quatuor denarios pro leydâ; de unâ duodenâ omnium
mutonorum, edorum, caprarum, unum denarium pro quâlibet duodenâ pro leydâ.

(101) Item. De corio bovis, vacce, equi, muli, unum obolum.

(102) Item. De unâ duodenâ pellium edorum, caprarum, mutonorum, unum
denarium.

(103) Item. *Drapperius, ferrarius, pelliparius, cordoanarius, coytarius, culcitrarius, & quilibet mercator alius extraneus in mercatis, nundinis* Montifferrandi *vendit, mercatur, dabit quilibet sex denarios quolibet anno de leydâ, videlicet, duos denarios in quibuslibet nundinis.*

CHARLES VII, à Chicé-lès-Montrichard en Touraine, en Mai 1452.

(104) Item. *Si quilibet mercator venit ad* Montifferrandum *pro vendendis mercibus suis, non solvet leydam nisi vendat de mercibus suis, esto quòd deligaverit eas.*

(105) Item. *Quilibet peyssonarius confuetus dabit quatuor denarios pro leydâ quolibet anno.*

(106) Item. *De chartadâ seu charretadâ piscium, sex denarios.*

(107) Item. *De chartadâ seu charretadâ madeve, unum denarium pro leydâ.*

(108) Item. *De chartadâ seu charretadâ circulorum, unam fayciam eorum, non majorem, non minorem, sed mediocrem, pro leydâ.*

(109) Item. *De chartadâ seu charretadâ lignorum, duos fustes pro leydâ.*

(110) Item. *De chartadâ seu charretadâ ollarum & similium vasorum, unum denarium.*

(111) Idem. *De curru vendito, unum denarium.*

(112) Item. *De saumatis fonte, obolum.*

(113) Item. *Qui vendit confuetè caseos, quolibet anno dabit sex denarios pro leydâ, aliàs nihil.*

(114) Item. *Pro molâ venditâ, duos denarios pro leydâ.*

(115) Item. *De quolibet feretrio cujuslibet annone, unam cupam pro leydâ, que debet esse talis cupa, quod octo faciant quartam tantùm, talis qualis est alia quarta petic que est prope capellam* Montifferrandi.

(116) Item. *De quâlibet culcitrâ & de quâlibet telâ que incolo venditur, unum denarium pro leydâ: nisi talis esset qui confuetè venderet in statione, quo casu, solveret quolibet anno sex denarios tantùm, & duos in quibuslibet nundinis* Montifferrandi.

(117) Item. *De cerâ, unum° denarium; & qui confuetè vendit in statione, duos denarios.*

(118) Item. *Collellarius, forcerius, sipherius, cutellarius, qui vendunt, duos denarios quolibet anno jussatione vendito, unum denarium.*

(119) Item. *Carnifices qui confuetè vendunt carnes* Montifferrando, *dabunt quilibet quolibet anno, duos solidos pro leydâ, vel unam coxam vacce.*

(120) Item. *Panetarius confuetus, tres denariatas panis quolibet anno, nisi domum habeat infra dictum mandamentum: nam quilibet domum habens in dicto mandamento, undecumquè sit, in nullo casu de re suâ solvet pedagium neque leydam.*

(121) Item. *Peiam vendens confuetè, duas massas peie solvet quolibet anno pro leydâ.*

(122) Item. *De quolibet sextario salis, unam manatam plenam pro leydâ, & aliam pro terragio.*

(123) Item. *Quicumque debebit leydam apud* Montemferrandum, *si sciens debere, retineat eam ultra octo dies, emendabit septem solid. tantùm, & nihilominùs leydam; si verò solverit infra octo dies, vel leydario se debere intimaverit, reddet leydam, & erit immunis; & si contigerit quòd aliquis dicat se solvisse leydam & dubitetur vel negetur solvisse, credetur juramento illius qui juraverit se solvisse, sine aliâ probatione; & si quis ignoranter retinuerit leydam, reddet eam, & illud sine ullâ emendâ, & super hoc credetur ejus juramento.*

(124) Item. *Si infra dictum mandamentum contrahi contigerit emptionem, venditionem, inter quascumque personas de quibuscumque rebus infra dictum mandamentum non existentibus, leyda non debetur; nisi de facto post res reddentur emptori infra dictum mandamentum, & tunc leyda redderetur.*

CHARLES
VII,
à Chicé-lès-
Montrichard
en Touraine,
en Mai 1452.

(125) Item. *Donamus & concedimus amplius communitati & Consulibus Montifferrandi & eorum cuilibet, tantam & talem plenitudinem potestatis cujuslibet, ad sua privilegia, usus & consuetudines & libertates servanda & defendenda, quantam & qualem quicumque Consules & Communitates quecumque de Alverniâ de quibus magis elegerint, habent & habere possunt, ad sua privilegia, libertates, usus & consuetudines salvanda, manutenenda & defendenda; & plus etiàm quantum ista communitas & Consules habere possent de consuetudine & de jure & habent, habere plenius de jure vel de facto possunt: volentes etiàm quòd cura officiorum & ministeriorum Montifferrandi spectet nunc & in perpetuum ad eosdem, ita quòd per hec non tangant nec usurpent jurisdictionem Domini, nisi ad ea & prout que in presentibus continentur. .*

(126) Item. *Quandocumque contigerit Dominum & Dominam & Bajulum, Servientes & eorum gentes, seu aliquos vel aliquam de eisdem facere infra dictum mandamentum, aliquid contra usatgium Montifferrandi alicui de dicto usatgio seu in rebus suis, omnes possent sequi eundem; & ille de predictis qui faciet, emendabit passo damna, expensas & injuriam, juramento ipsius habitâ estimatione de damno & de personâ, accordo Consulum & illius qui erit pro Domino & qui non erit culpabilis de damno predicto.*

(127) Item. *Omnes & singuli causas qui acciderint Montifferrando, nec per predicta poterunt terminari per Dominum seu ejus Bajulum, cum consilio & consensu Consulum Montifferrandi habito & secuto terminantur, & etiam regardamenta & sententie que fient & dabuntur de cetero infra dictum mandamentum.*

(128) Item. *Quòd Dominus, Bajulus & Servientes, & quicumque qui fuerint pro Domino seu pro eis in quibuslibet novitatibus suis, antequàm administrent, teneantur jurare se servaturos predicta, & contrà in aliquo nec venire; & quilibet Dominus in novitate suâ dabit Litteras confirmatorias super predictis & subsequentibus in dicto usatgio, quantò aptiores poterunt confici, ad requestam Consulum, sigillo suo sigillatas; & hoc faciet gratis, absque munere seu servitio quocumque.*

(129) Item. *Volumus & concedimus quòd omnia contenta hic in favorem masculorum, intelligantur in favorem feminarum, & è converso; & omnia hic contenta, si que fuerint dubia seu obscura, semper interpretentur per Dominum, pro parte communitatis & Consulum, in favorem eorundem & cujuslibet eorum.*

(130) Item. *Aliquis de Monteserrando & pertinentiis non incurrat aliquod de bonis suis, pro quocumque forefacto, nisi in casibus in quibus bona delinquentis de jure scripto incurruntur, & tunc erit totum Domini; de aliis verò incrementis procedentibus de consuetudine, non de jure scripto, habebit Dominus medietatem; & succedentes condemnato ex testamento vel ab intestato, aliam medietatem.*

(131) *In agendo & defendendo & requirendo, duo de Consulibus pro aliis Consulibus & communitate audientur & recipientur in Curiam Montifferrandi; & citationes seu denunciationes seu vocationes facte duobus Consulibus, sufficiant & valeant ac si essent facte omnibus Consulibus vel majori parti eorum.*

(132) Item. *Illi de usatgio res suas poterunt superadcensare; Dominus autem habebit vestire & percipere vendas de contractu superadsensationis, ac etiàm de supercensu si vendatur; & supercensus jam facti remanebunt in suo statu illi qui superassensaverit & suis.*

(133) Item. *Nullus eorum de usatgio capiatur, si plegium veniendi ad jus secundùm usatgium dare poterit, vel bona immobilia infra mandamentum habuerit; nisi in casibus gravibus & criminalibus, qui mortem vel mutilationem vel exillium exegerint si essent probata vel confessata, & tunc in fideli & salvâ gardiâ, non atroci nec lesibili, sunt detinendi, formâ tantùm de procedendo super criminibus expressâ superius nihilominùs observatâ; nec res eorum arrestabuntur, nisi cognitione juris secundùm usatgium precedente.*

CHARLES
VII,
à Chicé-lès-
Montrichard
en Touraine,
en Mai 1452.

(134) Item. *Quandocumque cridatum fuerit ad justitiam vel ad adjutorium contra malefactores ad capiendum vel fugandum eosdem malefactores, non teneatur de emendâ qui non venerit ad predicta, dummodò suo juramento asserat se tempore preconisationis vel criti fuisse absentem extra villam, vel infirmum in villâ, vel se non audivisse preconisationem vel critum, vel si alio legitimo modo per juramentum se poterit excusare.*

(135) Item. *Aliquis non dabit terragium, qualicumque modo licito censivam suam explectaverit.*

(136) Item. *Si ostensio fuerit facienda de re aliquâ de quâ contendatur inter Dominum & aliquem de usatgio, ille de usatgio qui petet rem ostendi, non dabit aliquid pro ostensione, nec pro labore ostensionis, illi qui erit pro Domino.*

(137) Item. *Volumus & concedimus quòd in casibus in quibus Consules debent esse, secundùm quod est contentum in usatgiis istis, ad judicandum & consulendum & concordandum cum Bajulo vel Castellano vel locum Domini tenente, si aliquis casus eveniat in quo esset discordia inter Bajulum & Consules de jughamento, consilio vel accordo, quod unquàm non veniat, Deo dante, quòd tunc dicti Consules habebunt consilium cum suis Consiliariis; & si Consules & sui Consiliarii sint in unâ opinione cum Bajulo vel aliis predictis, tunc Dominus, Bajulus, vel ille qui erit pro Domino, reddet dictum jughamentum presentibus Consulibus & partibus litigantibus; & si accideret quòd dicti Consules & sui Consiliarii non essent in unâ opinione cum Bajulo & aliis supradictis, in dicto casu, tunc dictus Bajulus & Consules debent ire vel mittere unum vel plures ad petendum consilium super dicto casu & discordiâ predictâ, in unâ proximâ assisiâ Domini Ballivi, que magis erit proxima castro Montifferrandi; vel si accideret quòd in alio loco in dicto castro posset inveniri copia sapientum, cum quibus possint habere consilium de dicto casu, dicti Bajulus & Consules debent ire, vel mittere, ut dictum est, unum vel plures ad petendum & audiendum consilium super dicto casu & discordiâ predictâ; secundùm quod consilium majoris & sanioris partis, dictus Bajulus debet reddere jughamentum fideliter per juramentum suum, vocatis tamen Consulibus, & specialiter vocatis illis qui fuerint ad petendum consilium, & vocatis etiam partibus: hoc salvo, quòd licet Bajulus reddat jughamentum, ut suprà dictum est, tamen si aliqua partium in hoc reputet se gravatam, appellare poterit, & ei licebit, secundùm formam & ordinationem istius privilegii superiùs annotatam.*

(138) Item. *Volumus & concedimus quòd Littere patris nostri, sigillo sigillate ejusdem patris, confecte super concessionibus factis Consulibus & Communitati predictis, acquirendi domum communem, & super concessione platearum vacuarum, in suâ remaneant firmitate; & census quos Dominus imposuit post illam concessionem, in aliquibus particulis dictarum platearum ubi sunt edificia, sint communitatis.*

(139) Item. *Promittimus dictis Consulibus & Communitati & eorum cuilibet, predicta & infrascripta eis salvare & defendere ab aliis heredibus patris mei.*

(140) Item. *Volumus & concedimus eis quòd transcripta vel sumpta que fiant de predictis usatgiis, fidem & probationem faciant in omnibus casibus, dummodò sigillata sint sigillo Domini Montifferrandi; nec teneatur exhibere originalia, nisi prout & quando voluerint.*

(141) Item. *Quòd originalia duplicentur, & quotiens voluerint, iterentur.*

(142) Item. *Eadem & eodem modo que tenetur Bajulus, ut suprà dictum est, per se vel cum Consulibus facere & jurare, tenebitur quicumque Dominus Montifferrandi & ejus castellanus & dicti Domini locum tenens, facere & jurare.*

(143) Item. *Conventum est pro nobis & heredibus & successoribus nostris qui fuerint Domini Montifferrandi ex parte unâ, & dictis Consulibus & communitate pro se & eorum heredibus & successoribus ex parte alterâ, ut cùm Dominus Montifferrandi*

CHARLES
VII,
à Chicé-lès-
Montrichard
en Touraine,
eu Mai 1452.

semel non pluriès transfretaverit in Terram Sanctam vel Jerosolimitanam; item cùm novus miles fuerit; item cùm unicam filiam suam non pluriès maritaverit; item cùm semel ab hostibus suis captus pro suâ guerrâ bannitâ seu notoriâ fuerit, & ipsum redimi contigerit; item cùm semel ab infidelibus captus fuerit, & ipsum redimi contigerit: in quolibet dictorum casuum dabunt dicti Consules & communitas, semel tantùm in vitâ cujuslibet Domini Montisferrandi, tercentum libras turon. parvorum tantùm; & salvis premissis, nos quittamus quidquid poteramus petere & proponere, ut Dominus Montisferrandi, usque in presens, à Consulibus & communitate predictis, & ab illis qui de Monteferrando se transtulerant alibi & suam residentiam, ab illis quidem qui revertentur morari Montisferrando, & qui ibi faciant facta & onera dicte communitatis; & salvis etiam censibus qui de censivis nostris nobis debentur.

(144) *Item. Qui auctoritate Domini recipit gatgia debitoris vel fidejussoris, seu aut de voluntate debitoris seu fidejussoris elapso termino in recipiendo apposito, si in receptione appositus fuerit, & ulteriùs octo diebus, poterit & sibi licebit dictum gatgium vendere ad usatgium; & si plus debito in utroque casu vendiderit, gagii Domino reddet; si minus, petet quod deerit.*

(145) *Et renunciamus in premissis & singulis & subsequentibus, per juramentum nostrum super his ad Sancta Dei Evangelia prestitum, actioni & exemptioni* doli, fori, ac conditionis sine causâ, & concessionis non facte à predictis quondam Dominis de Monteferrando, & innovationis minùs proindè facte, & inofficiose cujuslibet quictationis, & immense donationis, concessionis & innovationis, confessionis & recognitionis extra judicium & sine causâ factarum, & juribus & usatgiis & constitutionibus & gratiis specialibus & generalibus Principum, tractantibus de donationibus, confessionibus, concessionibus propter sui immensitatem & inofficiositatem vel propter ingratitudinem recipientium concessiones & donationes & quictationes predictas, vel propter carentiam debite insinuationis, vel aliàs quomodolibet, vel ex causis quibuslibet nunc & in posterum revocandis & adnullandis, & juribus, usatgiis & gratiis, quibus & eorum quolibet deceptis quomodolibet & in quantumlibet subvenitur & subveniri posset, juribus & usatgiis & gratiis, tractatibus & contractibus & quasicontractibus & obligationibus rescindendis, & privilegio & beneficio minoris & Ecclesie, & restitutionis in integrum, & juri dicenti minores esse lesos eo ipso quòd renunciant juribus & aliis pro se facientibus, & implorationi officii judicis, & omnibus gratiis, favoribus & privilegiis à quocumque Principe vel alio pro cruce sumptâ & assumendâ, & pro calvagatâ quâlibet undecumquè & ubicumquè, sive pro Terrâ Sanctâ & aliàs indultis & indulturis (salvo hoc quod debemus habere pro passagio transmarino, & in aliis casibus in hoc privilegio contentis), & omni juri, usatgio & consuetudini editis & edendis, & juri dicenti quòd non extantibus nondùm competentibus renunciari non potest, & juri & usatgio dicentibus generalem renunciationem, concessionem, quictationem, donationem & pactum generale & eorum quodlibet non valere nisi specialis earum quelibet preceserit speciatim & nominatim: concedentes pro nobis & nostris heredibus & successoribus nostris, quòd quelibet generalitas, de quâ sit mentio in presentibus in parte quâcumque, perindè valeat, plenumque sortiatur effectum, ac si de singulis que sub generalitate comprehendi possent vel intelligi, fieret mentio expressissima specialis.*

(146) *Item. Concedimus & promittimus dictis Consulibus & communitati, quòd non privilegiabimus nec eximemus aliquem qui moretur nunc & in futurum Montisferrando & mandamento ejusdem, in personâ & rebus ipsius; nec etiam aliquem forensem in bonis immobilibus ipsius, sitis Montisferrando & mandamento ipsius; nec faciemus nec fecimus quin prestent, faciant & sustineant facta communia, tallias & onera Communitatis Montisferrandi presentia & futura; si contigerit nos reperiri aliquem exemisse vel affranchesisse in personâ vel bonis ipsius vel in utroque, id procurabimus & faciemus totaliter in nihilum revocari seu annullari. Que predicta & subsequentia omnia & singula contenta in istis duabus cartis vel cedulis, cordulis albis ciricis*

CHARLES
VII,
à Chicé-lès-
Montrichard
en Touraine,
en Mai 1452.

annexis & conjunctis, cùm unica pellis ea comprehendere non posset, promittimus prædictis Consulibus & communitati & eorum cuilibet per stipulationem solemnem, ac eisdem juramus super Sancta Dei Evangelia, nos & heredes & successores nostros qui fuerint Domini Montifferrandi, ipsis Consulibus & Communitati & eorum cuilibet ac illis qui revertantur morari Montifferrando, & mandamento, ipsius, attendere & servare inviolabiliter, & attendi facere & servari, nec contrà veniemus ullo modo, nec fecimus nec faciemus nec fieri permittemus quin robur habeant perpetue firmitatis. Et pro predictis & subsequentibus omnibus & singulis eisdem obligamus nos & heredes & successores nostros, & omnia bona nostra presentia & futura, concedentes nos & nostros heredes & successores nostros & Bajulum Montifferrandi & castellanum & Servientes ejusdem loci & locum Domini de Montefferrando tenentem nunc & in futurum, posse compelli per judicem secularem competentem Domini Montifferrandi, per captionem & distractionem omnium bonorum nostrorum & bonorum aliarum personarum que suprà dicte sunt, ad observandum & attendendum predicta de plano, & sine strepitu judicii, & omni formâ & figurâ judicii, si dicti Consules voluerint, pretermissâ.

(147) Item. Dominus, Domina, Bajulus seu aliquis ex eis aut alius pro eis aut quilibet alius, non habent nec habebunt infra dictum mandamentum, aut cum habitantibus & habitaturis ibidem vel cum aliquo vel ab aliquo ex eis de dicto usatgio existentibus, alberghagium nec toltam nec talliam nec questam nec emptionem nec aliquod servitium, forciatam seu forciatum, nec in bonis & rebus cujuslibet eorumdem; nec aliquis de usatgio existens tenebitur de suo, aut de his que habet seu habebit in suâ custodiâ, aliquid Domino Montifferrandi vel ejus gentibus accommodare, vendere, locare, permutare, donare, precariò concedere, nec aliàs tradere, nec alienare, nec aliquid ab eis vel eorum altero capere, nec in ejus domibus seu rebus aliis eorum qui fuerint de usatgio aliquid deponi sustinere poterit; & si contra voluntatem existentium de usatgio per Dominum sive per gentes suas aliquid de predictis fuerit attentatum, non pareatur eis, imò impunè possit eis *restuti & resisti; & sub formâ & tenore predictis accipi & intelligi & servari volumus clausulam superiùs expressam que de predictis tractare videtur que incipit: Item Dominus, Domina, Bajulus, seu aliquis ex eis, &c. .... & finit possit eis restuti & resisti.

* Sic.

Constat nobis de interlineari continente hanc dictionem tantùm. Item constat nobis de alio interlineari continenti habere. Item & de alio interlineari continenti securè. Item & de alio interlineari continente hanc dictionem sit. Item & de alio interlineari continente hanc dictionem in presentibus.

In quorum firmitatem, fidem & testimonium, sigillum nostrum in suprà dictis cordulis bis apponimus, ac etiam semel in alio cordulo sirico rubeo apposito in fine cedule seu carte presentis; presentibus testibus, Dominis Hugone Maruho, Guiliermo Tailhanderii, Johanne de Saco, Guillermo Gocheri, Johanne Mercerii, Guillermo Peyral, Presbyteris, Bernardo de Rupe, Gardiano Fratrum Minorum Montifferandi, Fratre Reynaldo de Marciaco, ejusdem ordinis, & Giraldo Salverii, Durando Chevalier, Magistro Johanne de Salvitate, Guillermo Bé, Johanne Ymberti, Hugone Benescit, Durando Baudunii, Clericis, & Petro Bodeti, Presbytero, testibus ad hec vocatis.

Actum & datum in castro Montifferrandi, die Lune post festum Apostolorum Simoni & Jude, anno Dominice Incarnationis millesimo ducentesimo nonagesimo primo, regnante Domino Philippo Rege Francorum, ut suprà in principio, & Domino Ademaro Claromontensi Episcopo ut suprà in principio.

ITEM. Avons veu, leu & tenu, & de mot à mot avons fait transcrire unes autres Lettres seines & entieres & ce qu'elles contiennent, confirmatoires des priviléges dessus transcrits, & autres octroyez aux Consuls & habitans de

CHARLES
VII,
à Chicé-lès-
Montrichard
en Touraine,
en Mai 1452.

CHARLES
VII,
à Montferrand,
en Décembre
1424.

ladicte ville de *Montferrand*, à eux octroyez par le Roi noftre Sire *Charles*
à prefent regnant, & contenant auffi confirmatoires de plufieurs autres feu
bonne mémoire Roys de France, feellées du grand Seel Royal en cire
vert à las de foye, defquelles la teneur s'enfuit.

KAROLUS, Dei gratiâ, Francorum Rex; notum facimus univerfis prefentibus & futuris, pro parte dilectorum noftrorum fubditorum Confulum, Burgenfium
& habitatorum noftre ville Montifferrandi nobis prefentatas fuiffe certas Litteras cerâ
viridi cum laqueo ciriceo figillatas, fanas & integras, à cariffimo Domino & genitore
noftro, cujus anime Dominus indulgere dignetur, eifdem Confulibus, Burgenfibus &
habitatoribus conceffas, plures cartas & Litteras aliorum predeceforum noftrorum
includentes, quarum tenor fequitur & eft talis.

KAROLUS, &c. (a).

Poft quarum quidem Litterarum prefentationem & exhibitionem, predicti Confules,
Burgenfes & habitatores noftre predicte ville Montifferrandi nobis humiliter fuppli-
caverunt quatenùs, habitâ confideratione ac affectione fincerâ quam ad predictam
villam efficaciter gefferunt predeceffores noftri, eorumdem liberalitatem imitantes, in
adventu noftro ad predictam villam noftram in quâ perfonaliter affumus, privilegia
& conceffiones prefentibus infcriptas & infcripta, dictis Confulibus, Burgenfibus &
habitatoribus à predeceforibus noftris conceffas & conceffa, approbare & ratificare,
& de novo confirmare & obfervari mandare dignaremus.

Nos igitur memoriter recolentes fidelitatem & obedientiam perfeverantem fupplican-
tium predictorum, eandem villam noftram nobis immediatè fubjectam, que in paffagio
frequentato & mercantiis famofo fita eft, necnon habitatores ejufdem regali munifi-
centiâ dignos exiftimantes, predeceforum noftrorum veftigia infequendo, Litteras &
conceffiones fuprà infertas ratas & gratas habentes, omnia & fingula in eifdem
Litteris contenta, laudamus & approbamus, privilegiaque fuprà inferta, ut predictum
eft conceffa eifdem Confulibus, Burgenfibus & habitatoribus per predeceffores noftros,
robur habere volumus perpetue firmitatis, eademque omnia & fingula privilegia &
conceffiones predictas, ex noftre Regie poteftatis plenitudine & liberalitate, certâ
fcientiâ & graciâ fpeciali confirmamus, & de novo eifdem Confulibus, Burgenfibus
& habitatoribus ac communitati dicte ville & pertinentiis, eorumque fingulis, prefentibus & futuris, modo & formâ quibus fuprà fcriptum eft, eadem privilegia concedentes per prefentes, mandantes dilectis & fidelibus Gentibus noftrorum Parlamenti
& Camere Compotorum, Baillivo de Sancti Petri Monafterio, ceterifque Jufticiariis
& Officiariis noftris qui nunc funt & pro tempore fuerint aut eorum loca tenentibus
& cuilibet eorumdem prout ad eum pertinuerit, quatenùs ipfos Confules, Burgenfes,
habitatores & manfionarios ac univerfitatem & fingulares predicte ville & pertinen-
tiarum, modernos & pofteros, noftris prefentibus gratiâ & conceffione, ratificatione,
approbatione & confirmatione uti & gaudere, cùm locus affuerit, faciant & permittant perpetuò, pacificè & quietè, abfque impedimento feu contradictione quâcumque;
ipfos & eorum fucceffores Confules, Burgenfes & habitatores & manfionarios ac
univerfitatem & fingulares & eorum quemlibet, contra premiffa aut aliqua premiforum
nullatenùs moleftando aut pertutbando, quin imò attentata, fi que fuerint, ad ftatum
priftinum & debitum reducentes feu reduci faciendo indilatè, Litteris furreptitiis

N O T E.

(a) Ces Lettres font imprimées au
Tome IX de ce Recueil, pages 78 &
fuiv. Elles confirment celles de Philippe IV,
en Juin 1311; de Philippe V, en Mars
1316; de Charles IV, en Avril 1321,
& de Philippe VI, en Juillet 1328, qui
portent que le tranfport de la ville de
Montferrand au Duc de *Bourgogne*, fera caffé;
& qu'elle demeurera inféparablement unie
au Domaine de la Couronne.

in contrarium

in contrarium impetratis vel impetrandis non obstantibus quibuscumque. Quod ut firmum & stabile perpetuò perseveret, nostrum præsentibus Litteris fecimus apponi sigillum, salvo in omnibus jure nostro, & quolibet alieno. Datum in prædictâ villâ Montisferrandi, mense Decembris, anno Domini millesimo quadringentesimo vicesimo quarto, regni verò nostri tertio.

CHARLES
VII,
à Chicé-lès-
Montrichard
en Touraine,
en Mai 1452.

En tesmoin desquelles visions nous avons faict ces présentes tabellioner & seeller du Seel royal dudict Bailliage, le Mercredi 13.ᵉ jour du mois de Novembre, l'an M CCCC quarante-trois. *S. DAUDET.* Collation est faicte avec les originaux, par nous *Jean Baudin,* Lieutenant mondit Sieur le Bailly, appellé avec nous *Jean Daudet* Greffier au siège de *Cucy. S. BAUDIN. DAUDET.*

Que quidem privilegia præinserta, sic predictis Consulibus & habitantibus concessa, ac omnia & singula in eis contenta ratificavimus, approbavimus & confirmavimus, ratificamus, approbamus & confirmamus de gratiâ speciali per præsentes, quatenùs iidem memorati Consules & habitantes ritè & legitimè, justè & debitè temporibus retroactis uti & gaudere consueverunt. Quod ut firmum & stabile permaneat in futurum, sigillum nostrum præsentibus duximus apponendum, salvo in aliis jure nostro, & in omnibus quolibet alieno. Datum apud Chiceium, prope Montem-Richardi in Turoniâ, mense Maii, anno Domini millesimo CCCC quinquagesimo secundo & regni nostri tricesimo. Constat nobis de interlineari continente de plano pro ut sibi & Consulibus videbitur faciendum, & de percussione faciet emendari. Sic signatum per Regem in suo Consilio. CHALIGAUT. Visa.

(a) *Lettres de Charles VII, portant que les taxations ordonnées par les Trésoriers de France ou Généraux des finances, ne seront passées dans aucun compte, si elles ne sont signées de leur seing manuel.*

CHARLES, par la grace de Dieu, Roy de France, à tous ceulx qui ces présentes Lettres verront: Salut. Comme Nous ayons puis naguerre entendu que, sous umbre de ce que les taxations qui se font par nos Trésoriers de France ou les Généraulx sur le fait & gouvernement de nos finances, pour voyages ou autrement, ne sont signées que de leurs signez & non point de leurs seings manuels, plusieurs grans abus se sont faiz & commis le temps passé, & sont encore chacun jour, ou fait de nosdites finances, en nostre grant préjudice & dommage, & plus pourroit estre, se par Nous n'estoit sur ce pourveu; Nous, desirant à ce pourveoir & remédier, avons ordonné & ordonnons par ces présentes, que doresnavent icelles taxations qui ainsy seront faites par nosdits Trésoriers de France ou les Généraux sur le fait de nosdictes finances, seront signées du seing manuel d'iceulx Trésoriers, en tant que touche nos finances ordinaires, & les Généraulx de nosdites finances au regard de celles qui sont extraordinaires, ou quoy que soit de leurs mains ou de ceulx qui les feront, oultre & avec leur signet de quoy ils ont accoustumé de signer icelles taxations, & de user le temps passé en faisant leursdiz offices; & que autrement à icelles ne soit doresenavant adjousté aucune foy, ne que par les Receveurs sur qui elles seront faites & levées, aucune chose soit payée, & que se payée l'avoient, qu'il n'en soit aucune chose allouée ès comptes d'iceulx Receveurs. Si donnons en mandement par cesdites présentes à noz

NOTE.

(a) Recueil d'Ordonnances concernant la Chambre des Comptes de *Paris,* in-4.ᵉ imprimé à *Paris* en 1728, Tome I.ᵉʳ d'après le Mémorial L de cette Chambre, fol. 56.

amez & féaux Gens de nos Comptes, que noftredicte Ordonnance ilz gardent & entretiennent, ou facent dorefenavant garder & entretenir de point en point, fans faire aucune chofe au contraire, en icelle notifiant ou faifant notifier à nofdits Tréforiers & Généraulx, & auffy à tous nos Receveurs ordinaires, Vicontes, Receveurs de nos tailles & aydes, & autres qu'il appartiendra, par manière que aucun n'en puiffe prétendre ignorance. En tefmoing de ce, Nous avons fait mettre noftre Séel à cefdites préfentes. *Donné à Chiffé, le fecond jour de Juing, l'an de grace mil quatre cent cinquante & deux, & de noftre regne le trentième.* Signé *Par le Roy.* CHALIGAUT.

(a) Lettres de Charles VII, par lefquelles il accorde à l'Hôpital de Saint-André de Bordeaux, l'exemption de droits pour quarante tonneaux de vin provenant des terres ou des dixmes dudit Hôpital.

KAROLUS, Dei gratiâ Francorum Rex, notum facimus univerfis prefentibus pariter & futuris, quòd cùm à Predeceſſoribus noſtris Ducibus Aquitanie conceſſum extiterit hofpitalario hofpitalis Sancti - Andrее in civitate noſtrâ Burdegalenfe tunc exiſtenti, & fuis fucceſſoribus, quòd acuftumare potuiſſent quadraginta dolia vini de fuis propriis vineis & reddicibus & decimis exeuntia, abfque alicujus cuſtume ne Iſſac (b) in caſtro noſtro Burdegalenfe folutione, ut lacius in Litteris patentibus eorumdem Predeceſſorum noſtrorum continetur, Nos ad fupplicationem prefentis ejufdem hofpitalis hofpitalarii, conceſſimus & concedimus per prefentes, in favorem pauperum eodem hofpitali circumfluentium, ipſi hofpitalario moderno & fucceſſoribus fuis, quòd à temporibus futuris acoſtumare poſſint dicta vina à fuis vineis, decimis & reddicibus exeuntia, ufque ad dictam extimationem quadraginta doliorum vini, abfque coſtume ne Iſſac in dicto caſtro noſtro folutione. Quocircà dilectis & fidelibus noſtris Gentibus Compotorum & Tefaurariis noſtris Parifius, Senefcallo noſtro Acquictanie, Majorique, & Conſtabulario noſtro ville & civitatis noſtrе Burdegalenfis, ceterifque Juſticiariis & Officiariis noſtris aut eorum loca tenentibus prefentibus & futuris, & eorum cuilibet prout ad eum pertinuerit, mandamus quatenùs noſtrâ prefenti conceſſione, dictum hofpitalarium modernum & ipſius fucceſſores, fi & in quantum ritè & juſtè uſi fuerint, uti faciant & permittant, diſturbio, impedimento aut moleſtiâ quibufcumque ceſſantibus. Quoniam ità fieri volumus, mandamentis aut defenſionibus quibufcumque ad hoc contrariis non obſtantibus. Quod ut firmum & ſtabile perpetuò perfeveret, Sigillum noſtrum his prefentibus duximus apponendum: falvo in aliis noſtro jure, & in omnibus quolibet * Sic. *alieno. Datum apud Chiffeium in Turoniâ, die* ..... *menfis Junii, anno Domini milleſimo quadringenteſimo quinquageſimo fecundo, regni verò noſtri* XXX.^{mo} *Sic fignatum: Per Regem in fuo Confilio.* ROLANT. *Visa.* Contentor. ROLANT.

NOTES.

(a) Tréfor des Chartes, Regiſtre IX.^{xx}I [181] Pièce CIX [109.] — *MSS.* de *Colbert,* Vol. LIII, page 997.

(b) On percevoit un droit fous cette dénomination d'*Iſſac;* c'étoit un droit de fortie fur les marchandifes & fpécialement fur les vins. Voyez fupplément au Gloſſaire de *du Cange* au mot *Iſſac.*

(a) Lettres de Charles VII, par lesquelles il confirme le privilége accordé au Chapitre de l'Église de Saint-Severin près de Bordeaux, de vendre les vins de son crû, sans payer de droits.

*K*AROLUS, *Dei gratiâ Francorum Rex, notum facimus universis presentibus & futuris, quòd cùm pro parte benè dilectorum nostrorum Decani & Capituli Ecclesie Collegiate Sancti-Severini extra muros Burdegale Nobis supplicatum & requisitum extiterit ut consentire & indulgere vellemus, quòd ipsi Decanus & Canonici, necnon Prebendarii, Capellani, Clerici, & unus janitor Laïcus Ecclesie supradicte* *Sic.* *Burdegale, & in burgo Sancti-Severini residentes, uterentur & gauderent certis libertatibus, privilegiis & franchisiis quibus, retroactis temporibus, ipsi & eorum Predecessores tanto tempore uti & gaudere consueverunt, quòd de contrario hominum memoria non existit; eademque privilegia, usus, libertates & franchisias gratas habere & confirmare dignaremur, sub modo & formâ qui secuntur; videlicet, quòd ipse Decanus & Canonici, Prebendarii, Capellani, Clerici & unus janitor laïcus Ecclesie predicte Burdegale, & in dicto burgo Sancti-Severini residentes, tam pro se quàm pro arrendatoribus vel assensatoribus suis, sive recipientibus ab eisdem ad firmam vel ad censam decimas, aggrerias & redditus ad eos pertinentes, debeant possint & valeant recipi & admitti per se vel Procuratorem aut Sindicum suum, per Constabularium nostrum qui nunc est Burdegale & qui pro tempore fuerit, ad costumandum franchè, liberè, & quietè, absque aliquali solutione costume, & absque ullâ inquietudine, exactione quâcumque vel retardatione, in castro nostro Umbrerie Burdegale, annis singulis, in perpetuum, vina sua que de vineis & redditibus suis tam patrimonialibus, Ecclesiasticis, quàm aliis quocumque modo acquisitis, sitis in Diocesi Burdegalensi, proveniunt annuatim, & que postmodùm mercatoribus seu aliis quibuscumque personis vendunt. Nos ob singularem & sinceram devotionem quam erga Ecclesiam gerimus, eorumdem supplicationibus inclinati, hujusmodi privilegia, franchisias, libertates & usus supradictos ratos & gratos habentes, eosdem laudamus, volumus, ratificamus, approbamus & confirmamus de nostrâ speciali gratiâ, potestatisque plenitudine & regiâ auctoritate, in quantum prefati supplicantes ritè, justè & rationabiliter usi fuerunt; mandantes dilectis & fidelibus nostris Gentibus Compotorum nostrorum & Thesaurariis Parisius, Senescallo nostro Acquitanie, Majorique & Constabulario ville & civitatis nostre Burdegalensis, ceterisque justiciariis & Officiariis nostris aut eorum loca tenentibus presentibus & futuris, & eorum cuilibet prout ad eum pertinuerit, quatenùs omnia & singula superiùs inserta teneant, custodiant & adimpleant, tenerique & custodiri, de puncto in punctum adimpleri, & inviolabiliter faciant observari, factaque in contrarium, si que sint, ad statum pristinum & debitum reducant & reduci faciant indilatè, visis presentibus: nostro in aliis, & alieno juribus semper salvis. Quod ut firmum & stabile permaneat in futurum, presentibus Litteris nostrum apponi jussimus Sigillum. Datum apud Chisseyum in Turoniâ, die* [b] *.......... mensis Junii, anno Domini millesimo* [b] *Sic.* *quadringentesimo quinquagesimo secundo, regni verò nostri xxx.*mo *Sic signatum: Per Regem in suo Consilio. ROLANT.*

Visa. Contentor. CHALIGAUT.

NOTE.

(a) Trésor des Chartes, Registre IXxx1 [181], Pièce CXI [111]. *MSS. de Colbert,* Volume III, page 1001.

CHARLES
VII,
à Saint-Aignan
en Berri,
au mois de Juin
1452.

(a) *Lettres de Charles VII, par lesquelles il déclare les Terres de Thuré, Saint-Christophe & la Tour Douaire, unies à la Vicomté de Chastellerault, pour être tenues par un seul & même hommage.*

* Guillaume
Gouge
de Charpaigne.

CHARLES, par la grace de Dieu, Roy de France, savoir faisons à tous présens & à venir, Nous avoir receue l'umble supplicacion de nostre très-chier & très-amé Frere & Cousin le *Conte du Maine*, Viconte de *Chastelleraut*, contenant que ou mois de Janvier, l'an mil cccc quarante & sept, nostredit Frere & Cousin, & l'*Evesque de Poictiers** qui lors estoit, firent certaine permutacion & eschange, par lesquelz nostredit Frere & Cousin bailla & transporta audit Évesque & à ses successeurs Évesques de *Poictiers*, les Chastel & Chastellenies, terres & seigneuries de *Harecourt* en *Chauvigny*, appartenances & appendances d'icelles, tenues & mouvans en fief dudit Évesque de *Poictiers*, à cause de son Chastel de *Chauvigny*; & en recompensacion de ce, ledit deffunct Évesque de *Poictiers*, bailla & transporta à nostredit Frere & Cousin, ses héritiers & successeurs, les terres & seigneuries de *Thuré, Saint-Christofle-sous-Fays*, & *la Tour Douaire*, lesquelles sont situées & assises au-dedans des fins & mectes, & près & joignant de ladite Viconté de *Chastelleraut*, sans ce que ledit Évesque y reservast ne reteinst aucune chose pour lui ne ses successeurs, en aucune maniere ; auquel nostredit Frere & Cousin, pour certaines causes & considéracions à ce Nous mouvans, Nous octroiasmes jà piéçà qu'il teinst de Nous lesdites terres & Seigneuries de *Thuré, Saint-Christofle* & *la Tour Douaire*, soubz les foy & hommaige & devoirs qu'il Nous doit & est tenu de faire à cause de sadite Viconté de *Chastelleraut*; & icelles Terres & Seigneuries unismes & joignismes avec ladicte Viconté, ainsi que plus à plain appert par noz autres Lettres sur ce faictes, desquelles la teneur s'ensuit.

CHARLES
VII,
au Bois
Sire-amé,
au mois de Juin
1447.

CHARLES, par la grace de Dieu, Roy de France, savoir faisons à tous présens & à venir, Nous avoir receu l'umble supplicacion de nostre très-chier & très-amé Frere & Cousin *Charles d'Anjou*, Conte du *Maine* & Viconte de *Chastelleraut*, contenant que, bien que comme nostre amé & féal Conseiller l'Évesque de *Poictiers*, auquel à cause du temporel de sondit Éveschié compectoient & appartenoient les terres & seigneuries de *Thuré*, de *Saint-Christofle* & *la Tour Douaire*, estans en la Viconté de *Chastelleraut*, lui ait de nouvel cédé, transporté & délaissé à tousjours, perpétuellement, pour lui, ses hoirs & successeurs, & ceulx qui de lui auront cause au temps à venir, lesdictes terres & seigneuries de *Thuré*, de *Saint-Christofle* & *la Tour Donaire*, moiennant lequel transport, nostredit Frère & Cousin a pareillement cédé, transporté & délaissé à nostredit Conseiller & à ses successeurs Évesques dudit lieu de *Poictiers*, le chastel de *Harecourt-lès-Chauvigny*, appartenant à icelui nostre Frere & Cousin, & tenu en fief de nostredit Conseiller à cause de sondit chastel de *Chauvigny*; néantmoins nostredit Frere & Cousin doubte que, soubz umbre de ce que lesdites terres & seigneuries de *Thuré*, de *Saint-Christofle* & *la Tour Douaire*, qui paravant ledit traictié, estoient admorties & le propre heritaige d'icelui nostre Conseiller & de ses successeurs Evesques, sont de présent hors de la main de nostredit Conseiller, qui les a transportés comme dit est, on le vueile contraindre à faire d'icelles terres & seigneuries, foy & hommaige à part, oultre celui qui à cause d'icelle Vicomté de *Chastelleraut* Nous est deu, qui

NOTE.

seroit en son grant domaige & préjudice, si comme il dit, requérant humblement qu'il Nous plaise lui octroier que lesdites terres & seigneuries de *Thuré*, de *Saint-Chriflofle* & de la *Tour Douaire*, qui font affises & situées en & au-dedans de ladite Viconté de *Chaftelleraut*, comme dit eft, il puiffe tenir de Nous fous la foy & hommaige qu'il Nous eft tenu de faire à caufe de fadite Viconté de *Chaftelleraut*, & icelles terres & feigneuries joindre & unir avec icelle fa Viconté, tant en reffort que jurifdiction, fans ce que il ou fes fucceffeurs en foient tenuz faire hommaige à part, & fur ce lui impartir noftre grace: Pour quoy Nous, ces chofes confidérées, & les grans, notables & agréables fervices que noftredit Frere & Coufin Nous a fait en plufieurs & diverfes manières le temps paffé, fait encores de jour en jour, & efpérons que plus face ou temps à venir; auffi la grant proximité de lignaige en quoy il nous actient (b), à icelui noftre Frere & Coufin, qui fur ce Nous a requis, avons octroié & octroions de grace efpécial, plaine puiffance & auctorité royal, par ces préfentes, que lefdites terres & feigneuries de *Thuré*, de *Saint-Chriftofle* & la *Tour Douaire*, il & fefdits hoirs & fucceffeurs aient & tiennent dorefnavant foubz l'hommaige que noftredit Frere & Coufin Nous eft tenu faire pour raifon de fadite Viconté de *Chaftelleraut*; & icelles terres & feigneuries avons jointes & unies, joignons & uniffons par cefdites préfentes, à ladite Viconté, & foubz le reffort & hommaige d'icelle, pour eftre ung mefme fief, fans ce qu'il, ne aucun de fefdits hoirs & fucceffeurs & autres qui de lui auront caufe ou temps à venir, foient tenuz d'en faire hommaige à part, pourveu que lefdites terres de *Thuré*, de *Saint-Chriftofle* & la *Tour Douaire*, courront en rachapt envers Nous, comme fait ladite Viconté, quant le cas y efcherra. Si donnons en mandement par ces mefmes préfentes, à noz amez & féaulx Confeillers les Gens tenans noftre Parlement, Gens de noz Comptes & Tréforiers, au Senefchal de *Poictou*, & à tous noz autres Jufticiers & Officiers ou à leurs Lieuxtenans préfens & à venir, & à chacun d'eulx, fi comme à lui appartiendra, que de noz préfente grace & octroy facent, feuffrent & laiffent noftredit Frere & Coufin, enfemble fefdits hoirs, fucceffeurs, & ceux qui de lui auront caufe, joïr & ufer plainement & paifiblement, fans en ce leur mettre ou donner, ne fouffrir eftre mis ou donné aucun deftourbier ne empefchement, ores ne pour le temps à venir; ains fe mis ou donné leur avoit efté ou eftoit, le réparent & mettent ou facent repparer & mettre incontinent & fans délay au premier eftat & deu; & affin que ce foit chofe ferme & eftable à toujours, Nous avons fait mettre noftre Seel à ces préfentes; fauf en autres chofes noftre droit, & l'autruy en toutes. *Donné au Boys Sireamé, ou mois de Juing, l'an de grace mil quatre cens quarante & fept, & de noftre regne le XXV.* Ainfi fignées: *Par le Roy en fon Confeil.* E. CHEVALIER. *Vifa.*

Et après lefquelles obtenues, & avant qu'elles feuffent expédiées ne vérifiées en noftre Court de Parlement ne ailleurs, noftredit Frere & Coufin, par certains juftes tiltres & moiens céda & tranfporta lefdites terres à *Huguet de Ville*, Efcuier, Maiftre de fon Hoftel, & *Jehanne Rouaud*, Damoifelle, fa femme, & à leurs hoirs & aians caufe d'eulx, à les tenir de noftredit Frère & Coufin, fes hoirs & aians caufe de lui, à foy & hommaige & certains autres devoirs, à caufe de fadite Viconté de *Chaftelleraut*, comme l'en dit plus applain apparoir par Lettres autentiques fur ce faictes & paffées; & doubte noftredit Frere & Coufin que, actendu qu'il n'a requis l'entérinement de nofdites Lettres deffus tranfcriptes, avant le tranfport qu'il a fait defdites terres audit *Huguet de Ville* & fa femme, que noftre Procureur & autres noz Officiers le vueilent

NOTE.

(b) *Charles d'Anjou*, Comte *du Maine*, étoit arrière-petit-fils du Roi Jean.

CHARLES
VII,
à Saint-Aignan
en Berri,
au mois de Juin
1452.

troubler & empefcher en la joyffance defdites foy & hommaiges & devoirs à caufe defdites terres & feigneuries, & auffi le empefcher en l'expédicion & vériffication de nofdites Lettres deffus tranfcriptes, & fur ce le tenir & enveloper en grans procès, qui feroit & pourroit eftre en fon grant préjudice & dommaige, fi comme il dit : requiert humblement que fur ce lui vueilons pourveoir de noftre gracieulz & convenable remede. Pour quoy Nous, eue confidéracion aux chofes deffus dites, & aux grans & louables fervices que noftredit Frere & Coufin nous a fait en maintes manières, & efpérons que face ou temps advenir; & que noftredit Frere & Coufin par le moien dudit efchange Nous a remifes lefdites terres & feigneuries de *Thuré, Saint-Chriftofle* & la *Tour Douaire,* qui eftoient admorties, fubgettes à rachapt & aufdits foy & hommaige, & à plufieurs autres proufiz que Nous & nos fucceffeurs en pourrons avoir ou temps à venir, & pour autres raifonnables caufes à ce Nous mouvans : Nous, de noftre certaine fcience, plaine puiffance & auctorité royale, avons octroié, & de grace efpécial octroions par ces préfentes, à noftredit Frere & Coufin, voulons & Nous plaift, que il joyffe de nofdites Lettres deffus tranfcriptes, & qu'elles lui foient d'autel effect & valeur comme fe elles lui euffent efté enterinées par avant le tranfport par lui fait defdites terres & feigneuries audit *Huguet de Ville* & fa femme; & de noftre plus ample grace, voulons, ordonnons & Nous plaift, & avons octroié & octroions à noftredit Frere & Coufin, que icelles terres & feigneuries de *Thuré, Saint-Chriftofle* & la *Tour Douaire,* foient dorefnavant tenues & mouvans de lui en fief & à foy & hommaige & autres droiz & devoirs qui y appartiennent, & de fes heritiers & fucceffeurs Vicontes de ladite Viconté de *Chaftelleraut,* à les tenir de Nous foubz lefdites foy & hommaiges qu'il Nous doit & eft tenu de faire à caufe de fadite Viconté de *Chaftelleraut;* en tant que meftier eft, avons donné, & par la teneur de ces préfentes, donnons à noftredit Frere & Coufin, les foy & hommaige & autres devoirs, s'aucuns nous eftoient ou pourroient eftre deuz à caufe defdites terres & feigneuries, par le moien dudit efchange ou autrement, fans ce que, à caufe de foy & hommaige, ou autres droiz & devoirs non faiz & paiez à Nous, l'en puiffe aucunement inquiéter ne traveiller noftredit Frere & Coufin, lefdits *Huguet de Ville* & fa femme, leurs hoirs, fucceffeurs & aians caufe; & quant à ce Nous impofons filence perpétuel à noftre Procureur, & à tous noz autres Officiers. Si donnons en mandement par ces mefmes préfentes à nos amez & féaulx Confeillers les Gens tenans & qui tendront noftre Parlement, Gens de noz Comptes & Tréforiers, au Senefchal de *Poictou* ou à fon Lieutenant, & à noz Advocat, Procureur & Receveur & autres Officiers en noftre païs de *Poictou,* préfens & à venir, & à chacun d'eulx fi comme à lui appartendra, que de noz préfens grace, don & octroy facent, feuffrent & laiffent noftredit Frere & Coufin & fes fucceffeurs Vicontes de *Chaftelleraut,* joïr & ufer plainement & paifiblement, fans en ce leur donner, ne mettre, ne fouffrir leur eftre mis ou donné aucun empefchement ou deftourbier au contraire, ores ne pour le temps à venir; ains fe mis ou donné leur avoit efté ou eftoit, réparent & remettent, ou facent réparer & remettre incontinent & fans délay au premier eftat & deu. Et afin que ce foit chofe ferme & eftable à tousjours, Nous avons fait mettre noftre Seel à ces préfentes: fauf en autres chofes noftre droit, & l'autruy en toutes. *Donné à Saint-Aignen en Berry, ou mois de Juing, l'an de grace mil CCCC cinquante & deux, & de noftre regne le XXX.* Ainfi fignées : *Par le Roy en fon Confeil.* CHALIGAUT.

Collation eft faicte. *Vifa.*

DE LA TROISIÈME RACE. 231*

CHARLES
VII,
à Bourges,
en Juillet
1452.

(a) *Lettres de Charles VII, par lefquelles il confirme les Statuts du métier de Faifeurs de patins à Tours.*

CHARLES, par la grace de Dieu, Roy de France, favoir faifons à tous préfens & à venir, Nous avoir receue l'umble fupplicacion des Maiftres du meftier de Patinerie de noftre ville de *Tours*, contenant comme pour le bien de la chofe publique & dudit meftier, auffy pour efchever & obvier à plufieurs abuz & faulfetez qui par cy-devant fe y font faictes & font chacun jour, & plus pourroient faire ou temps à venir, ont efté jà piéçà advifez par leurs prédéceffeurs Maiftres dudit meftier & eulx, certains Statutz, police & ordonnance, & approuvez par les Lieuxtenans de noftre Bailly de *Touraine* & noftre Procureur, qui font tels: c'eft affavoir,

(1) Que à la garde & vifitation dudit meftier, feront commis & députez par ledit Bailly ou fon Lieutenant, & à la relation des Ouvriers du meftier, trois Maiftres fouffifans preudommes, qui feront Maiftres jurez, pour voir & vifiter les ouvrages touchant iceluy meftier, toutesfois que meftier fera.

(2) *Item.* Après ladicte élection, lefdiz trois Maiftres jurez feront ferment folemnel par-devant noftredit Bailli, appellé noftre Procureur, de bien juftement & loyalment vifiter en la préfence d'un Sergent royal dudit Baillage, le fait dudict meftier, fans avoir ne donner faveur à aucun, & d'entretenir les Statuz, ordonnances, poins & articles cy-après efcrits & déclairez, felon la teneur de ces préfentes.

(3) *Item.* Et pourront lefdits Maiftres jurés, en la préfence d'un de nos Officiers, vifiter tout l'ouvrage dudit meftier par toute ladite ville & faufbours; & pour les faultes qu'ils y trouveront, ilz les révéleront incontinent & fans délay à juftice, pour en eftre faicte punition & réparation ainfi que le cas le requierra.

(4) *Item.* Que nul demourant en ladicte ville & faufbours de *Tours*, ne pourra lever ouvrouer dudit meftier, fe prémièrement il n'eft expérimenté & paffé Maiftre.

(5) *Item.* Quant aucun Compaignon vouldra eftre paffé Maiftre, lefdits Jurez l'examineront & expérimenteront fouffifamment devant eulx; & feront tenuz lefdits voulans eftre paffez Maiftres, faire en l'hoftel d'un chacun defdits Maiftres jurez, chacun ung chief-d'euvre; c'eft affavoir, une paire de galoches de bois, guernies de cuir bien & fouffifamment comme il appartiendra, & une paire de patins; & demoureront lefdits chiefz d'euvre, au proffit de la hoëte dudit meftier, de laquelle ledit Maiftre aura les clefz & lefdits Jurez la garderont; & fe lefdits voulans eftre paffez Maiftres, font trouvez habiles & fouffifans, après ce que ledit expériment en la préfence defdits Maiftres jurez aura efté faict, & le ferement en tel cas accouftumé par-devant noftredit Bailli ou fon Lieutenant oudit *Tours*, noftre Procureur préfent ou appellé, il pourra lever ouvrouer en icelle ville, en payant quarante fols parifis; c'eft affavoir, au Roy vingt folz parifis, à ladite hoëte dix fols parifis, & aux Maiftres jurez d'icelui meftier enfemble dix fols parifis.

(6) *Item.* Que toutes galoches tant fiées comme entières, & tant à cuirs pleins, croifées, comme anelez & les brides derrière, foient, c'eft affavoir, ceux de cuir de noir, de cuir de vache & cloué, & les autres de tel cuir comme il appartiendra, bons & fouffifans, & que les galoches qui feront fiées

NOTE.

(a) Tréfor des Chartes, Regiftre IX^{xx}I [181], Pièce 157. — *MSS. de Colbert,* Volume LIII, page 1053.

du long, d'un efpan & au-deffus, foient affemblées de cuir de vache, & clouez chacune charnière & affemblée de huit clous, & les autres mendres comme il appartiendra, les brides & croifées coufues bien & fouffifamment, & clouez les treppointes d'icelles galoches de quatre clous de chacun coufté, & les boucles qui y feront, qu'elles foient de bon potin, du moins bien attachées, & coufues & corroyez comme il appartient ; & auffy que tous patins qui fe feront, foient façonnez bien & fouffifemment ; c'eft affavoir, de ceulx de cuir de noir & de vache, & les autres de tel cuir & couleur qu'il appartiendra, pourveu que les Maiftres dudit meftier pourront border aucuns d'iceulx cuirs, & de tel autre cuir comme bon leur femblera, & les vendre aux Seigneurs & peuple qui les demanderont, mais que ils foient bons & fouffifans, & que iceulx cuirs de pattins foient clouez chacun coufté de quatre clous : fur peine d'eftre confifquez au Roy noftre Sire tous les patins & galoches qui feront trouvez indeuement fais & autrement que dit eft, & de payer dix fols parifis d'amende pour chacune foiz que ainfi feront trouvez, par ceulx fur qui l'en les trouvera, à appliquer fix folz parifis au Roy noftre Sire, deux folz parifis à la boëte d'iceluy meftier, & deux folz parifis aux Maiftres jurez d'icelui meftier. Et eft à entendre que quelque quantité d'euvres qui feront trouvées pour une foiz contre lefdites Ordonnances ou aucun des poins d'icelles, ne fera deu que une amende.

(7) *Item.* Que nulz Maiftres ne Ouvriers dudit meftier ne pourront & ne devront mettre vieil cuir avec neuf, fe ce n'eft ou cas que aucunes gens apportent vieil cuir lequel il convient aucunes foiz eftoffer de neuf : fur peine de ladite amende de dix folz parifis, à appliquer au Roy noftre Sire fix folz parifis, deux folz parifis aux Maiftres dudit meftier, & deux folz parifis à la boëte d'icelui meftier.

(8) *Item.* Que dorefenavant nul quelque Maiftre dudit meftier ne pourra avoir ne tenir que ung apprentiz, lequel fera loué & obligé à quatre ans de fervice & nòn à moins.

(9) *Item.* Que tout Ouvrier dudit meftier, foit valet ou autre, qui n'a ou aura efté apprentiz oudit meftier, audit lieu de *Tours,* fera tenu de fervir ung an chiez ung Maiftre dudit meftier audit *Tours,* pour certain pris qui fera convenu entre eux, avant ce qu'il puiffe tenir ouvrouer audit *Tours* ; & auffi fera tenu de payer les drois d'icelui meftier, ainfi que deffus eft déclairé, & faire fon chief-d'euvre bien & fouffifamment, au dit & rapport defdits Maiftres-jurez ; & quiconque fera défaillant de faire les chofes deffufdites, il encourra en amende de feize folz parifis ; c'eft affavoir, envers le Roy noftre Sire de dix folz, en ladite boëte de trois folz parifis, & envers les Jurez & Gardes dudit meftier de trois folz parifis : pour lefquelles amendes payer, les délinquans feront contrains en la maniere acouftumée ès autres meftiers dudit lieu de *Tours.*

(10) *Item.* Que aucun des Maiftres dudit meftier ne pourra avoir que ung apprentiz, & ne le pourra prendre à moins de quatre ans, comme deffus eft dit ; & ne pourra prendre ne avoir autre, tant qu'il ait fait & accomply ledit terme de quatre ans, finon par cas de mort, ou autre cas néceffaire & raifonnable ; & auffi ne le pourra bailler à autre, finon que le Maiftre feuft ou foit alé de vie à trefpaffement, ou autre caufe raifonnable ; ouquel cas, la femme d'icelui ou fes hoirs le pourront bailler à autre pour parfaire fon aprentiffaige, & en faire leur proffit comme de leur propre chatel : fauf toutes voies que fe ledit aprentiz n'eft agréable à fondit Maiftre, icelui Maiftre le pourra donner congié s'il y a caufe raifonnable, en luy rendant fa lettre.

(11) *Item.* Et fe ung Maiftre aloit ou va de vie à trefpaffement, fa femme pourra tenir le meftier, & en faire ouvrer durant fon vefvage, & jufques à ce qu'elle fe remariera à autre que dudit meftier.

(12)

(12) Item. Que tous filz de Maiftre de *Tours* pourront plainement lever leur meftier touteffoiz que bon leur femblera, pourveu qu'ils foient de loyal mariage, en faifant ung chief d'euvre dudit meftier comme deffus eft déclaré, & que ilz foient fouffifans; fans ce qu'ilz foient tenuz de paier aucune chofe pour l'entrée & maiftrife dudit meftier.

(13) Item. Que nulz des Maiftres de ladicte ville de *Tours* ne pourront tenir avec eulx, ne mettre en euvre, aucun Varlet mal renommé ne réprouvé d'aucun cas diffamable, fitoft qu'il fera venu à leur cognoiffance, ou que il leur aura efté fignifié deuement, fur peine de XL folz parifis d'amende à appliquer comme deffus.

(14) Item. Que nulz Maiftres dudit meftier ne pourront avoir que deux Ouvriers avecques leur Apprentiz, fur ladite amende de XVI fols à appliquer comme deffus, finon que il y eût ou auroit defditz. Varletz oifeux, qui ne pourroient trouver que befongnier à *Tours*, & que par défault de befongne il leur conviendroit laiffer la ville; lors iceulx Maiftres qui feroient aifez de les recevoir, leur pourront bailler à befongnier, jufques à ce que aucuns des autres Maiftres requerront avoir lefdits Varlets, lefquelz dèffors les auront pour autel & femblable pris, que lefdits autres Maiftres, qui feront pourveuz de deux Varletz & ung Apprentiz, les auroient & ont louez.

(15) Item. Que ung Varlet eftrangier, pour tant que il veult befongnier en l'oftel d'aucuns des Maiftres de la ville de *Tours*, feroit tenu de paier ou faire refpondre au Maiftre où il befongnera, de la fomme de deux folz parifis pour une foiz feulement, quant il aura gaigné; & en cas que le Varlet ne paieroit les deux folz parifis, ledit Maiftre fera tenu de les paier en déduction de fon falaire; & feront mis les deux folz parifis defdits Varletz en ladicte boëte, avec quatre folz parifis que les Maiftres Patiniers de ladicte ville de *Tours* paieront chacun an à Noël, afin que fe aucune perfonne chéoit en enfermeté de fon corps, on luy partiroit certaine portion dudit argent, pour tant qu'ilz aient efté de bonne vie & renommée; & auffi en feront fouftenuz les drois dudit meftier.

(16) Item. Que nul Maiftre dudit meftier ne prengne ou mette en euvre aucuns Varletz qui fe foient partiz ou aient laiffez leurs Maiftres contre le gré & voulenté de leurfdits Maiftres, jufques à leur terme efcheu, fe ainfi n'eft que ledit Varlet ait jufte caufe de foy partir & laiffer fondit Maiftre: fur peine de XL folz parifis, dont le Maiftre qui ainfi aura mis ou mectra en euvre ledit Varlet, paiera XX folz parifis, & le Varlet qui ainfi fe départira fans le congié de fon Maiftre & avant le terme fini, autres XX folz parifis: defquelz XL folz parifis, fera appliqué au Roy XX folz parifis, à ladite boëte X folz, & aux Maiftres-jurez X folz.

(17) Item. Que nul ouvrage, tant bois comme cuir, touchant galoches ou patins venans de dehors, eftoffez ou à eftoffer, ne puiffe eftre vendu ou acheté à *Tours* ne en la banlieue, jufques à ce que les Jurez dudit meftier les auront revifitez, excepté bois à planer; fur peine d'eftre confifquez au Roy noftre Sire : & celluy ou ceulx où ilz feront trouvez, paiera ou paieront XX folz parifis d'amende, ou cas qu'ilz les expoferont en vente, ou que il fera fceu qui les vouldront receller; c'eft affavoir au Roy noftre Sire X folz parifis, à ladite boëte V folz parifis, pour chacune foiz qu'ilz mefprendront, & autres V fols parifis pour lefdits Maiftres-jurez: & ou cas que lefdits Jurez les auroient ou auront revifitez, & aucuneffoiz reffufées, fe le Marchant expofoit depuis icelles refufées en vente, elles feroient & feront confifquéz comme deffus, avec ce XX folz parifis d'amende, à appliquer comme deffus.

(18) Item. Que nul Maiftre ne pourra tenir que ung ouvrouer de patinerie en la ville & banlieue de *Tours*, & vendra fes denrées en icellui tant feulement, tous les jours, à tous ceulx qui acheter les vouldront, fans en porter ne faire

porter ailleurs en la ville par manière de vente, fe ce n'eſtoit & n'eſt que aucune perſonne mandaſt ou mande que on luy portaſt ou porte de ladite befongne; & qui feroit ou fera le contraire, il paicroit & paiera XVI folz pariſis d'amende, à appliquer comme deſſus; c'eſt aſſavoir au Roy noſtre Sire X folz pariſis, à ladite boëte III folz pariſis, & aux Jurez III folz pariſis.

(19) Item. Que nul de quelque condition qu'il ſoit, ne pourra tenir ou faire tenir par autruy en ſon nom, ouvrouer dudit meſtier de patinerie en ladite ville ne banlieue de *Tours,* pourtant qu'il y doye ſervice à aucun Maiſtre dudit meſtier, juſques à ce que icellui ſervice ſoit achevé & acomply : ſur peine d'eſtre confiſqué au Roy noſtre Sire tout l'ouvrage qui pourra eſtre trouvé en iceulx ouvrouers, & de XX folz pariſis d'amende, pour le contraire ſeroit ou ſera trouvé; à appliquer au Roy noſtredit Seigneur X folz pariſis, V ſolz pariſis à ladite boëte, & V ſolz pariſis à iceulx Maiſtres-jurez.

(20) Item. Que nuls Maiſtres ne pourront donner à ouvrer de nuit ne de jour aux Varletz des autres Maiſtres, en chambre ne ailleurs; ſur peine de l'amende de XL folz pariſis, à appliquer comme deſſus; c'eſt aſſavoir, au Roy noſtre Sire XX folz pariſis, à ladite boëte X folz pariſis, & aux Jurez dudit meſtier X folz pariſis.

(21) Item. Que tous ceulx qui meſprendront ou feront contre les articles deſſuſdits, ſeront tenuz à paier à chacune foiz que ilz meſprendront, les amendes tout ainſi qu'ilz ſont déclarées cy-deſſus.

(22) Item. Que leſdites Gardes ſeront tenuz rapporter par eſcript ou par bouche audit Bailli ou ſon Lieutenant, toutes les forfaictures, abuz & maléfices, incontinent que trouvez les auront, & qu'elles auront eſté commiſes par les Ouvriers dudit meſtier èſdictes ville & faufbours; ſur paine d'amende arbitraire.

Leſquelz ſtatutz, ordonnance & police, leſdits Maiſtres, pour le bien de la chofe publicque & de ladicte ville, vouldroient & deſireroient eſtre gardez, obſervez & entretenuz les Ouvriers dudit meſtier èſdictes ville & faufbours de *Tours,* ſi comme ilz Nous ont fait remonſtrer, ce humblement requérans: ſavoir faiſons que Nous deſirans bonne police & ordonnance eſtre faicte, tenue & gardée ſur le fait des meſtiers de noſtre Royaume, pour le bien de la chofe publicque d'icellui, iceulx ſtatutz, police & ordonnance avons louez, agréez & approuvez; & par ces préſentes, de grace eſpécial, plaine puiſſance & auctorité royal, louons, agréons & approuvons; parmy & toutesvoyes que les amendes qui en yſtront & vendront à Nous appartenant, ainſi que deſſus eſt dit, ſeront applicquées à noſtre proufit & demaine, & receues par noſtre Receveur ordinaire en icelle ville, & l'autre partie à ladite boëte & Jurez, ainſi que contenu eſt èſdits ſtatuz & ordonnances. Si donnons en mandement par ces meſmes préſentes au *Bailli de Touraine,* & à tous nos autres Juſticiers & Officiers ou à leurs Lieuxtenans, préſens & à venir, & à chacun d'eulx ſi comme à lui appartiendra, que leſdits ſtatuz & ordonnances ilz tiennent & gardent, & facent tenir, entretenir & garder de point en point ſelon leur forme & teneur, ſans aucunement aler ne ſouffrir aler ne venir en aucune manière au contraire; ainçois, de ceulx qui feront ou ſeront trouvez faiſans ou avoir fait le contraire, facent pugnicion ſelon le contenu èſdictes ordonnances, comme de tranſgreſſeurs de ſtatuz & ordonnances royaux : Car ainſi le voulons & Nous plaiſt eſtre fait. Et afin que ce ſoit chofe ferme & eſtable à tousjours, Nous avons fait mettre noſtre Séel à ces préſentes, ſauf en autres chofes noſtre droit, & l'autruy en toutes. *Donné à Bourges, ou mois de Juillet, l'an de grace mil CCCC cinquante-deux, & de noſtre règne le XXX.* Ainſi ſigné: *Par le Roy, à la relation du Conſeil.* J. Le Roy. *Viſa. Contentor.* Du Brueil.

(a) *Lettres de Charles VII, qui confirment l'Ordonnance de l'Université de Paris, laquelle défend qu'aucun Suppôt de l'Université obtienne Lettres d'ajournement, des Conservateurs de l'Université, s'il n'est autorisé par Lettres de cette même Université.*

CHARLES, par la grace de Dieu, Roy de France, à noz amés & féaulx les Gens tenans & qui tendront noftre Parlement à *Paris*, les Maiftres des Requeftes de noftre Hoftel, au *Prevoft* de *Paris*, ou fon Lieutenant, falut & dilection. L'humble fupplication de nos bien amez les Recteur, Docteurs, Maiftres, Jurez & Suppofts de l'Université de *Paris*, avons reçue, contenant que pour obvier à plufieurs fraudes & abus qui chacun jour fe commettoient, & à plufieurs inconvéniens & dommaiges, vexations & travaux qui advenoient, & que nos fubjets foutenoient & fupportoient chacun jour, par le moyen de plufieurs abus qui * foubz ombre des priviléges donnez & octroyez aux Suppofts de ladicte Université, tant par nos Saints Pères les Papes de *Rome*, que par nos Prédéceffeurs Rois de France, & par Nous confirmez, par plufieurs eulx difans Suppofts de ladicte Université, foubz ombre de leur fcolarité, combien qu'ilz ne feuffent réfidens, ne vrais Efcoliers fréquentans l'Eftude; lefquels faifoient citer & adjourner par-devant le Confervateur defdits priviléges, tant Eccléfiaftique que Lay, plufieurs perfonnes de divers eftats, de loingtains païs, fans caufe raifonnable, dont plufieurs plaintes & clameurs font venues fouvent à Nous & aux Gens de noftre Grant Confeil : Lefdits fuplians pour relever nos fubjets de telles vexations, oppreffions & moleftations, les ofter & faire du tout ceffer, & à ce que tels abus ne foient plus commis & ne viennent en ufaige, ont par grant & meure délibération de Confeil qu'ils ont fur ce eu entr'eulx, fait certaines ordonnances par manière de ftatuts; c'eft affavoir, que aucun des Suppofts de l'Université ne impetrent aucunes Lettres, en faifant icelles feeller des fceaulx des Confervateurs de ladite Université, foit Eccléfiaftique ou Séculier, ou l'un d'iceulx, ne fe aide aucunement, ne mette ou faffe mettre à exécucion aucune telle Lettre de citation, commiffion, adjournement, protection, inhibition, ne autres femblables, préparatives à jugemens, caufes & procès, finon que celui ou ceulx qui vouldront avoir ou impétrer aucunes des Lettres deffufdictes, ait fupplié en ladicte Université ou aux Députez pour ce ordonnez par icelle, & déclairé caufes raifonnables par lefquelles doient & puiffent avoir & obtenir lefdictes Lettres, de l'octroi & conceffion de laquelle fupplication appert par le feel de la Rectorie d'icelle Université, lequel premièrement & avant tout autre feel, foit mis, plaqué & attaché en la marge d'icelles. Et au cas que aucun ou aucuns, foit ou foient trouvé ou trouvez faifans le contraire ou autrement que dit eft, ladicte Université a déclaré en tant que en elle eft, tout ce qui auroit efté fait, eftre de nul effet & valeur, comme plus à plain eft contenu ès lettres, ftatuz & ordonnances fur ce faictes par icelle Université de *Paris;* lefquels ftatuz & ordonnances Nous avons fait veoir & vifiter; & pour ce qu'ils ont femblé & femblent à Nous & aux Gens de noftredit Grand Confeil eftre raifonnables, très-profitables & convenables au moyen de la chofe publique de noftre Royaume, Nous avons iceulx ratifiez, confirmez & approuvez, ratifions, confirmons & approuvons de grace efpéciale, par ces préfentes, & voulons inviolablement eftre gardez & obfervez. Si vous mandons & expreffément enjoignons, & à

* *Suppléez étoient commis.*

NOTE.

chacun de vous, fi comme à lui appartiendra, que lefdits ftatuz & ordonnances, vous faictes publier, garder & obferver fans enfreindre, en pugniffant les tranf-greffeurs & infracteurs d'iceulx, de telle pugnition que verrez au cas appartenir; en faifant ou faifant faire inhibitions & défenfes de par Nous, fur certaines & groffes peines, à Nous à appliquer au Scelleur de noftre Chaftellet de *Paris* qui à préfent eft, ou pour le temps advenir fera, qu'il ne feelle aucunes commiffions, adjournemens, protections, renvois de caufes, maintenues & inhibitions, & autres chofes femblables touchant le fait de fcolarité, préparatives à envoier & tirer gens en jugement, finon que premièrement & avant tout œuvre, èfdictes Lettres foit mis le fcel de ladicte Rectorie, & que celui ou ceulx qui vouldront impétrer & avoir aucunes defdictes Lettres pour intenter procès de nouveau audit Chaftelet, aient fupplié en ladicte Univerfité, & expliqué caufes raifonnables pourquoy ils doient & puiffent avoir & obtenir icelles Lettres, de laquelle fupplication foit faicte foi par le fcel de ladicte Rectorie d'icelle Univerfité, plaqué & attaché à la marge defdictes Lettres, auquel fcel voulons eftre adjouftée pleine foi. Et en cas que en icelles Lettres, ne foit mis & plaqué ledit fcel de la Rectorie, comme dit eft, Nous voulons lefdictes Lettres eftre caffées & de nulle valeur & effect, & par vous eftre caffées & adnullées, & les caffons & adnullons par ces préfentes : Car ainfy Nous plaift-il eftre fait, nonobftant quelconques oppofitions ou appellations & Lettres fubreptices à ce contraires. *Donné à Bourges, le XI.ᵉ jour d'Aouft, l'an de grace mil CCCC LII, & de noftre regne le trentiefme.* Ainfi figné : *Par le Roy, à la relation des Gens de fon Grant Confeil.* ROBERT.

Lecta, publicata ac regiftrata Parifiis, *in Parlamento, die penultimâ Januarii, anno Domini millefimo CCCC LII.* Ainfi figné. *CHENETEAU.*

Publiées en jugement au Chaftelet de *Paris,* le Mardi trentiefme & pénultiefme jour de Janvier, l'an mil quatre cens cinquante-deux ; après la publication defquelles Lettres, & en la préfence des Recteur & aucuns des Deputez illec affemblez, le Procureur du Roy noftre Sire au Chaftelet de *Paris,* par la bouche de Maiftre *Jehan Longuejoë,* Advocat du Roy noftredit Seigneur, pour & au nom dudit Seigneur protefta que lefdictes Lettres ne la publication d'icelles ne feiffent ne portaffent aucun préjudice aux droits & prérogatives du Roy noftredit Seigneur, ne auffi du Clerc civil de la Prévofté de *Paris,* foubz ledit Seigneur, lequel tenoit icelui Office de Clerc civil à ferme d'icelui Seigneur, qui paye chacun an au Receveur de *Paris* comme on avoit acouftumé de ce, paffé à trois cens ans ; requerant oultre, que icelles Lettres feuffent enregiftrées de mot à mot. Lefquels Recteur & Deputez repondirent que ils n'entendoient innover ne faire chofe contraire ne préjudiciable aux droits du Roy, ne du Clerc civil ; dont ledit Procureur & Clerc civil en requirent avoir Lettres, pour leur valoir & leur en aider, fe meftier eft.

CHARLES
VII,
à Mehun-
fur-Eure,
le 18 Août
1451.

(a) Lettres de *Charles VII*, par lesquelles il défend aux non-Nobles, de chasser à grosses bêtes & autre gibier.

A Tous ceulx qui ces préfentes Lettres veront & orront: *Hervé du Mesnil*, Efcuier, Maiftre d'Oftel du Roy noftre S. & fon Bailly de *Montferrand* & d'*Uffon*, avec leurs Reffortz & Seigneries : Salut. Savoir faifons que nous avons veu, leu & tenu, & diligemment fait veoir, lire & tranfcripre certaines Lettres du Roy noftredict Seigneur, en double quue & en cire jaune, feellées, feines & entières, defquelles la teneur enfuit.

CHARLES, par la grace de Dieu, Roy de France, à tous ceulx qui ces préfentes Lettres verront : Salut. Il eft venu à noftre cognoiffance par le rapport de plufeurs, tant des Seigneurs de noftre Sang, Nobles, Gens de Juftice, que autres perfonnes dignes de foy, que plufeurs gens non-Nobles, Laboureurs & autres, fans ce qu'ilz foient à ce privilégiez, ont & tiennent avecques eulx furons, cordes, laz, filléz, arbaleftes & autres engins à prendre groffes beftes, rouges, noires, connilz, lievres, perdris, faifans, & autres beftes dont la chace ne leur appartient ne doit appartenir, parquoy il eft advenu & advient fouvent que lefdicts non-Nobles, en faifant ce que dit eft, laiffent à faire leurs labourages ou marchandifes, & commettent plufeurs larrecins & groffes beftes, connilz, perdris, faifans, & d'autres beftes & oyzeaulx, tant en noz garennes comme en celles des Nobles & autres noz fubgets à ce privillégiez, dont il eft advenu moult de foiz que quant les Nobles de noftre Royaume ont volu aler en déduit, l'en n'a trouvé en plufeurs lieux que pou ou néant de beftes & oyzeaulx; par quoy, fe remede n'y eftoit mis, plufeurs difcencions, débaz & difcors s'en pourroient fourdre & mouvoir entre nos fubgiez Nobles & non-Nobles, & s'enfuivroient plufeurs autres inconvéniens; mefmement que lefdictz non-Nobles, en perféverant en ce, font fouventeffoiz emprifonnez & traiz à grans amendes, & demourent oyfeulx, délayffent leurs labourages & meftiers, & à la fin deviennent les aucuns, par leurfdictes oifivetez, larrons, murdriers, efpieurs de chemins, & meinnent mauvaife vie, dont par ce eft advenu & advient qu'ilz ont finy & finent leurs vies par mort dure & honteufe, qui eft en grant confufion de noftre peuple, & détriment de la chofe publique de noftredict Royaume, & en grant dommage de Nous & de noz fubgiez, & feroit plus, fe par Nous n'y eftoit deuement pourveu, ainfi que remonftré Nous a efté. Savoir faifons que Nous voulans à ce eftre remedié, avons par l'advis & meure déliberacion des gens de noftre Grant Confeil, ordonné & ordonnons par ces préfentes, que dorefenavant aucun non-Noble de noftredict Royaume, s'il n'eft à ce privilégié, ou s'il n'a adveu, ou s'il n'eft perfonne d'Églife, à qui touteffois par raifon de lignage, dignité de fa perfonne, de fon bénéfice, ou autrement, ce doye compéter & appartenir, ou s'il n'eft noftre Officier en notable qualité, Bourgois, ou autre vivant de fes rentes, poffeffions, qui fe enhardiffe de chacer ne tendre à beftes groffes ou menues, perdris, faifans ne lievres, en garenne ne dehors, ne d'avoir & tenir pour ce faire, chiens, furons, cordes, laz, filléz, tonnelles, ne autres harnoiz ; & ou cas que aucun defditz non-Nobles, autres que ceulx deffus déclairés, feront trouvés ayans en leurs maifons chiens, furons, cordes, laz, filléz & autres engins, ou tendent aux beftes, faifans & perdris deffus declarés & advifés, Nous voulons & mandons

NOTE.

(a) Copiée fur l'original à nous communiqué par M. *Gobet*, Garde des Archives du Comte de *Provence*.

CHARLES
VII,
à Mehun-
fur-Eure,
le 18 Août
1452.

que le noble Seigneur de la Juſtice ſoubz qui il ſera demourant, ou ſoubz qui il chacera, les puiſſe oſter ſans aucune répréhencion. Touteſvoyes ou temps que les pors & autres béſtes ſauvages vont aux champs pour mangier les blez, il Nous plaiſt bien que les Laboureurs puiſſent tenir chiens pour garder leurſdictz blés, & chacer les béſtes d'iceulx, & auſſi pour la garde de leur béſtail, ſans ce que pour ce ilz doient perdre iceulx chiens, ne paier aucune amende. Et afin que leſdictes ſaultes & abus deſſus declarés ſoient mieulx actains, Nous voulons & ordonnons que ceulx qui accuſeront ou dénonceront leſditz abuz, aient la tierce partie des amendes qui ſur ce ſeront ordonnées. Si donnons en mandement & commectons, ſe meſtier eſt, au Grant Maiſtre & Général Réformateur des eaues & foreſtz par tout noſtredict Royaume, & à tous autres Maiſtres & Enqueſteurs de noz autres eaues & foureſtz deſſuſdictz, & à tous noz Séneſchaulx, Bailliz & autres Juſticiers, Officiers, ou à leurs Lieuxtenants & à chacun d'eulx, ſi come à lui appartiendra, que noſdictes préſentes Ordonnances ilz gardent & facent garder & entretenir de point en point ſans enfraindre, & icelles facent publier par les lieux notables où ilz verront qu'il ſera expédient; & s'ilz treuvent aucuns faiſans ou avoir fait le contraire, ou contrediſans à ce, ilz les contraignent à les tenir, par amendes & autres voyes & manieres deues & raiſonnables, ainſi que de raiſon ilz verront come il ſera affaire. Et pour ce que de ces préſentes on pourra avoir aſaire en pluſeurs lieux, Nous voulons que au *Vidimus* d'icelles, fait ſoubz Seel Royal, ſoit adjouſtée come à ce préſent Original. En teſmoing de ce, Nous avons faict mectre noſtre Séel à ces préſentes. *Donné à Mehúm-ſur-Eure, le XVIII.ᵉ jour d'Aouſt, l'an de grace mil CCCC cinquante & deux, & de noſtre regne le trentieſme.* Eſcript ou plic : *Par le Roy en ſon Conſeil, & ſignée DELALOERE.*

En teſmoing deſquelles vizion, lecture & tranſcript, nous avons ſellée ce préſent *Vidimus* ou tranſcript, du Séel royal de la Court dudict Bailliage, & donné le XXIIII.ᵉ jour d'Octobre, l'an mil quatre cens cinquante & deux.

Signé GAPEL, avec paraphe.

Collation eſt faite.

CHARLES
VII,
au Bois
Sire-amé,
le 26 Août
1452.

(a) Lettres de Charles VII, ſur la Juſtice des Élûs, & ſur l'ordre qu'ils doivent ſuivre en donnant à main-fermée les Aides & Gabelles.

CHARLES, par la grace de Dieu, Roy de France, à tous ceulx qui ces préſentes Lettres verront, Salut. Comme pour obvier aux vexations & travaux que pluſieurs de noz pauvres ſubjectz ont ſupportés le temps paſſé à l'occaſion de ce que les Fermiers des aydes, Collecteurs & Receveurs des tailles, les faiſoient ſouventesfois convenir devant les Eſleuz ſur le fait des aydes, leſquels en diverſes Eſlections de noſtre Royaume, tiennent leurs ſiéges ſi loing des fins & extrémitez d'icelles, qu'il convient aux pauvres Laboureurs & autres gens, de faire de grands deſpens & perdre pluſieurs journées pour aller comparoir devant leſdits Eſleuz ès lieux de leurs ſiéges, qui ſont communément en aucunes des principales villes de leurſdites Eſlections où ils font continuelle réſidence; Nous, pour y pourveoir lors promptement & juſques à ce que autrement en fuſt ordonné, euſſions n'aguere fait certaines

NOTE.

(a) Ces Lettres ſont imprimées dans le Recueil de *Fontanon,* Tome II, page 898. Nous les donnons ici d'après une copie tirée du Dépôt de la Cour des Aides de *Paris,* qui nous a été communiquée par M. *de Paſtoret,* Conſeiller en cette Cour.

nouvelles Ordonnances *(b)*, contenant entre autres choſes, que en chacune Chaſtellenie où il y aura juſtice, fuſt Réale ou des Sieurs particuliers, les Chaſtelains & Juges ordinaires deſdites chaſtellenies fuſſent commis deſdits Eſleus pour cognoiſtre de tous les procez & débats qui ſurviendront tant à cauſe deſdites

CHARLES
VII,
au Bois
Sire-amé,
le 26 Août
1452.

N O T E.

(b) Fontanon n'a point cru devoir faire imprimer cette Ordonnance, parce qu'elle a été révoquée par celle que nous donnons ci-deſſus ; nous croyons cependant qu'on doit la trouver dans le Recueil général des Ordonnances émanées de nos Rois, & nous la publions d'après la copie que M. *de Paſloret* a bien voulu nous communiquer : elle eſt conſervée dans le dépôt de la Cour des Aides de *Paris.*

"CHARLES, par la grace de Dieu, Roy de France, à tous ceux qui ces préſentes Lettres verront : Salut. Comme Nous avons entendu que, à l'occaſion de ce que pluſieurs Élections de noſtre Royaume ſont grandes & de longue étenduë de pays, & que les Élus ſur le fait des aydes ordonnées pour la guerre, établis eſdittes Élections, demeurent ſouvent & tiennent leur auditoire en une ville de chacune deſd. Élections ; & ès autres Élections, combien qu'elles ſoient de grandes étenduës, ne tiennent leurs ſiéges & auditoires que en deux ou trois lieux de leurſd. Élections au plus ; & ſont contraints les pauvres habitans d'icelles Élections, s'ils ſont adjournés ou ont à faire devant iceux Élus, à aller auxdits lieu ou lieux, & ſouventesfois pour ſi peu de choſe ou occaſion, que tant pour la peine & dépenſe que pour la perdition de leurs journées & du tems, ils enchéent en plus grande perte & dommage que s'ils payoient le principal pourquoy ils ſont adjournés ou convenus ; & advient ſouvent qu'il leur faut compoſer au Fermier, ou qu'ils leur payent argent, ou faſſent autres gratuités pour éviter leſd. dépenſes & travaux, ſuppoſé qu'ils ne devoient aucune choſe s'ils étoient devant leſd. Élus ou qu'ils euſſent ſur leurs lieux Juges pour en connoitre ; & aux cauſes deſſuſd. & auſſi pour les procès qui ſe meuvent à l'occaſion des tailles & autres deniers mis ſus de par Nous pour l'entretennement des gens de guerre, & pour les grandes & longues écritures que par les Avocats ſe font eſdictes cauſes contre nos Ordonnances anciennes, & autrement en pluſieurs manieres pluſieurs de nos ſujets perdent à faire leur labour & métier, & en enſuivent à noſd. ſujets grandes pertes, inconvéniens & dommages, & pourront encore plus faire ſi proviſion n'y eſtoit donnée, ainſi que remontré nous a été : Nous, leſd. choſes deſſuſd. conſidérées, voulant le ſoulagement de noſdits pauvres ſujets, & obvier aux travaux & dommages deſſuſdits, Nous, par grande & mûre délibération des Gens de notre Conſeil, avons ordonné & ordonnons par ces préſentes ſur les choſes deſſuſdittes, en la maniere qui s'enſuit.

CHARLES VII,
aux Montils-
lès-Tours,
le 20 Mars
1451.

(1) Premierement. Que en chacune châtellenie ou haute juſtice où il y a Juges & Cour ordinaire tenant juſtice ordinairement, ſoit royale ou Seigneurs particuliers, les Juges deſd. villes, châtellenies & hautes juſtices, eſquelles hautes juſtices ſe trouveront Juges compétens pour la commiſſion de la connoiſſance deſditte aydes, ſeront par leſdits Élus, commis Lieutenans d'iceux Élus, pour connoitre de la premiere inſtance de toutes les cauſes, débats & queſtions qui ſourdront & mouvront entre les Fermiers deſd. aydes & leveurs de tailles & autres nos deniers pour l'avitaillement des gens d'armes, & les manahs, habitans & ſujets deſdites villes, châtelenies & juriſdictions d'icelles ; & que les manans & habitans d'icelles villes, ne pourront en lad. premiere inſtance être trais à cauſe deſd. aydes, tailles & avitaillement ne autres, hors de leurs juriſdictions, ne par-devant autres Juges que leſdits ordinaires, commis Lieutenans deſdits Élus, comme dit eſt. Toutesfois, s'il advenoit que leſdits Élus ou aucuns d'eux demeuraſſent ou autrement ſe tiennent en une ville de leurd. élection, ils connoitront de toutes leurſdites cauſes touchant le fait deſd. aydes, tailles & avitaillements de lad. ville & châtelenie, ſans ce que l'ordinaire du lieu ou ſeront leſd. Élus ou aucuns d'eux, en puiſſent ou doivent connoître, ſinon que par leſd. Élus fût commis Lieutenant, comme dit eſt, du conſentement deſdits Élus ; mais ſi par avanture leſdits Élus ou aucuns d'eux entreprennent la connoiſſance d'aucunes cauſes ès mectes d'un Haut-juſticier, lui étant ſur le lieu de lad. juſtice, s'il s'en départ, ſera tenu de laiſſer la cauſe en l'état en quoy elle ſera devant le Juge dudit lieu pour lui commis, pour être par icelui Juge confirmée & décidée. "

(2) Item. Que leſdits Élus, & non autres, auront la connoiſſance du bail des Fermes, & des fautes & abus qui s'y pourront faire touchant ledit baïl, & auſſi des rebellions, injures, battures de Sergens, de Fermiers, & autrement, ſelon qu'il eſt contenu ès

CHARLES
VII,
au Bois
Sire-amé,
le 26 Août
1452.

aides que des tailles ordonnées pour le vivre & entretenement des gens de guerre & autrement, & que lefdits habitans ne peuffent eftre traits ne convenus pour la premiere inftance hors de ladite Chaftellenie & fieges ordinaires, fauf en aucuns cas exceptez par lefdites Ordonnances : depuis lefquelles Ordonnances ainfi faites, nous ayent été remonftrez plufieurs grands inconveniens

Suite de la N O T E.

» Ordonnances Royaux faites fur le fait defd. aydes; & n'auront lefd. Commis & Lieu-
» tenans, connoiffance que des caufes particulieres qui fe mouvront entre lefd. Fermiers
» ou leveurs demandans l'impofition ou quart, & les Marchands & autres nians devoir
» ce que par lefdits Fermiers leur feroit demandé, & pareillement au fait des tailles &
» avitaillement.

» (3) *Item.* Que lefd. Élus & Lieutenants ne feront jurer lefd. deffendeurs de dire
» vérité, finon que lefdits Receveurs & Fermiers les vueillent croire par leurs ferments;
» après lequel ferment déféré par le Fermier auxdits deffendeurs, & par lefd. deffendeurs
» fait en jugement, le Fermier ne autre fon Subftitut, ne auffi notre Procureur, ne feront
» reçus à prouver le contraire.

» (4) *Item.* Que lefd. Élus & Lieutenans ne fouffrent, ne devront fouffrir, que Avocats
» viennent en leur auditoire pour plaider les mêmes caufes qui furviennent entre lefdits
» Fermiers & les Marchands ou pauvres gens, & pareillement au fait defd. tailles, attendu
» que fans Avocats & fubtilités de droit, fe peuvent expédier ; & s'il étoit befoin aux
» parties d'avoir du confeil, comme s'il étoit queftion de privilége de nobleffe ou autre
» grande matiere, fi ne voulons-nous que lefdits Élus & Lieutenans permettent que l'on faffe
» nulles écritures, mais feulement le regiftre du Greffier, avec les actes du procès, fur peine
» d'amende arbitraire par lefdits Élus ou leurs Commis qui fouffriront le contraire ; & à
» ce faire feront contraints, & auffi les tranfgreffeurs defdittes Ordonnances condamnés;
» c'eft à favoir lefdits Commis par les Élus, & lefdits Élus par les Généraux de la Juftice.

» (5) *Item.* Voulons & ordonnons que lefd. Élus & Lieutenans condamnent lefd.
» Fermiers, s'ils ont tort, ès dépens de ceux qu'ils auront ainfi fait adjourner à tort,
» pour ce que les dépens n'ayent point été demandés aud. procès, & ce, felon la difcrétion
» du Juge, confidérée la caufe de l'adjournement, & la diftance du lieu dont eft trait
» le deffendeur.

» (6) *Item.* Voulons & ordonnons que les Sergens ordinaires defd. Élus où feront
» lefd. Lieutenans, puiffent faire les adjournemens & exécutions ; & ne pourront
» prendre pour chacun adjournement que 4 deniers tournois, & par execution XII d.
» tournois.

» (7) *Item.* En enfuivant nos Ordonnances royaux, deffendons que nul Élu ou
» Receveur defd. aydes, ne foient Marchands & ne puiffent faire fait des marchandifes,
» fur peine de privation defdits Offices ; & révoquons dès-à-préfent toutes Lettres ou
» Congés que pourrions avoir donné au contraire, mefmement en ce qui paye impofition
» ou quatrième ; & auront terme lefd. Élus & Receveurs qui ont lefdits Congés, jufques au
» premier jour d'Octobre prochain venant, d'exercer led. fait de marchandife, & pourront
» délibérer s'ils veulent exercer leurs Offices ou fe tenir à leurs marchandifes.

» (8) *Item.* Que les appellations qui feront faites des Commis des Élus, fe releveront
» par-devant lefdits Généraux de la juftice, comme fi faites étoient defdits Élus ; & ne
» payeront lefdits Commis par les Élus aucune amende, s'il eft dit bien appellé, ainfi que
» ne payent lefdits Élus.

» Si donnons en mandement par cefdites préfentes à nos amés & féaux Confeillers fur le
» fait de la juftice des aydes à *Paris* & à *Touloufe*, & à tous les Élus fur le fait defd. aydes,
» & à leurs Commis & autres nos Jufticiers ou Officiers ou à leurs Lieutenans, & à chacun
» fi comme à lui appartiendra, que notre préfente Ordonnance ils gardent & entretiennent,
» ou facent garder & entretenir, chacun en droit foy, de point en point, felon leur forme
» & teneur, en contraignant à ce faire & fouffrir tous ceux qu'il appartiendra, rigoureu-
» fement & fans déport, nonobftant oppofitions ou appellations quelfconques, par lefquelles
» ne voulons en ce être aucunement différé ; & afin qu'on puiffe plus promptement & en tous
» lieux être informé de notred. préfente Ordonnance & volonté, Nous voulons qu'elle
» foit publiée par toutes les Auditoires defd. Élections, & icelle enregiftrée, & que au
» *Vidimus* d'icelles fait fous Seel royal, foy foit adjoutée comme à l'original. En témoin
» de ce, Nous avons fait mettre notre Seel à ces préfentes. *Donné* aux Montis-lès-Tours,
» le 20.ᵉ jour de Mars, l'an de grace 1451, & de noftre règne le 30.ᵉ Ainfi figné: *Par*
le Rey en fon Confeil. Signé *DELALOERE.* »

qui à cauſe de ce s'enſuyvent & eſtoient en voye de plus enſuyr prochaineinement en pluſieurs Eſlections, tant pour ce que pluſieurs Juges deſdictes Chaſtellenies champêtres ne ſont pas experts ne congnoiſſans en telles matieres, ainçois ſont les aucuns, ſimples gens méchaniques qui tiennent à ferme deſdits ſieurs particuliers les Receptes, Judicatures & Prévoſtez de leurſdites Seigneuries, & leſquels, ſoubs ombre de l'autorité qui par ce moyen leur ſeroit donnée, ſe voudroient par aventure affranchir, avec les Métoyers & autres familers ſerviteurs, du payement deſdites tailles & aydes, qui tourneroit à grande folle & charge des manans & habitans deſdites Chaſtellenies, leſquels ſeroient de tant plus chargez en leur taux, deſdictes tailles, parce qu'il y auroit moins de perſonnes contribuables, que auſſi pour ce que leſdits Juges & Chaſtelains ne tiennent communément leur Judicature que de quinzaine en quinzaine, ou autre bien long temps, & ne voudroyent laiſſer leurs autres affaires pour vouloir vacquer à l'expédition deſdites cauſes, ſe ils n'avoient gaiges ou ſalaires pour ce faire, pour quoy l'expédition des procès deſdites tailles & aydes, qui, ſelon les anciennes Ordonnances ſur ce faites, doibvent eſtre abregez & décidez ſommairement & de plain, ſeroit de bien grande longueur, & noz deniers en voye d'eſtre beaucoup retardez, meſmement pour ce qu'un fermier deſdites tailles qui auroit des fermes ès diverſes Chaſtellenies, ne pourroit fournir à comparoiſtre en chacune d'icelles, à l'expédition des parties qu'il auroit fait adjourner, pour ce que pluſieurs deſdits Juges ſubjects tiennent communément leurs aſſiſes en un meſme jour, & pourroit la grande multiplication deſdits Juges plutoſt engendrer confuſion & charge au peuple, que donner ordre. Pour quoy, Nous, les choſes deſſuſdites conſidérées, volans de tout noſtre pouvoir ſoulager & deſcharger noſtredit pauvre peuple des poines & travaux qu'il a eus le tems paſſé, à cauſe de la longue diſtance des ſiéges deſdits Eſleus, & de la multiplication & prolixité deſdits procez; auſſi réprimer aucunement les fautes & abus qui ſe commettent chacun jour touchant le fait deſdites tailles & aydes, tant en noſtre préjudice & diminution de noz deniers, que à la charge & oppreſſion de noz ſubjects, & obvier aux inconvéniens deſſuſdits : avons par grande & meure délibération des Gens de noſtre grand Conſeil, des Gens de noz Comptes & Tréſoriers, de ceux de noz Finances, des Généraux Conſeillers ſur le fait de la Juſtice de noſdites Aydes, & autres noz Officiers, ordonné & ordonnons par ces préſentes ſur les choſes deſſuſdites en la manière qui s'enſuit.

(1) *Premièrement.* Que en chacune Eſlection de noſtredit Royaume, meſmement en celles qui ſont de grande eſtendue, ſoient ordonnez & eſtablis certains lieux pour tenir les ſiéges deſdits Eſleuz : leſquels ſiéges n'auront de reſſort à l'entour d'eux que cinq ou ſix lieues ou environ, pour le ſoulagement de noſtredit peuple, tellement que ceux qui ſeront adjournez auſdits ſiéges, puiſſent aller & retourner en leur maiſon, & comparoir à leurs aſſignations tout en un meſme jour; leſquels ſiéges ſeront choiſis, ordonnez & eſtablis par noz Bailliſs, Séneſchaux, Prévoſts ou Gouverneurs des Séneſchaucées, Bailliages & provinces de ce Royaume, ou leurs Lieutenans ès mectes de leurſdictes provinces, & des pays qui ſont ſoubz leur reſſort, & auſſy par leſdits Eſleuz en leurſdites Eſlections & lieux plus convenables qu'ils verront eſtre à faire pour l'aiſe & ſoulagement de noſdits ſubjects, appellez avec eux noz Advocat & Procureur deſdits lieux, tant du domaine que des aydes, & auſſy les Receveurs deſdites aydes, leſquels chacun en leurs provinces & Eſlections, comme dit eſt, limiteront & déclareront l'eſtendue du pays & des bourgs, villes & villages, qui reſſortiront en chacun deſdits ſiéges, aſſeoiront & ordonneront ès villes à Nous appartenans, & qui ſont ſous noſtre juſtice ſans moyen, en tant que beſoin ſera gardées les limitations deſſuſdites.

(2) *Item.* Là où il ne ſeroit poſſible de trouver lieux propices pour ordonner & eſtablir leſdits ſiéges, qui fuſſent en noſtre domaine & juſtice ſans

CHARLES
VII,
au Bois-
Sire-amé,
le 26 Août
1452.

moyen, comme dit eſt, les Commiſſaires deſſuſdits ordonneront iceux ſiéges ès autres lieux qu'ils adviſeront eſtre plus expédients & convenables pour le prouſit & utilité de Nous, & ſoulagement de noz ſubjeéts, & gardant toutesvoyes les limitations au plus près que faire ſe pourra.

(3) *Item.* En chacun deſdits ſiéges qui ſeront ainſy ordonnez, leſdits Eſleuz ſeront tenus de ſeoir judiciairement, & expédier les cauſes deſdites tailles & aydes, deux jours en chacune ſepmaine, ou un pour le moins, ſelon qu'ils adviſeront eſtre expédient & néceſſaire, eu regard à la quantité des cauſes qui peuvent ſurvenir audit ſiége. Et s'il y a aucuns ſiéges ès lieux où leſdits Eſleuz ne puiſſent vacquer ni demourer continuellement en leurs perſonnes, ils ſeront tenus d'y avoir & tenir à leurs périls & fortunes, Commis idoines & ſouffiſans pour ce faire, leſquels Commis cognoiſtront des cauſes de partie à partie ſeulement; mais quand il ſourdroit queſtion à cauſe du bail deſdiétes fermes deſdites aydes, ou de l'affranchiſſement ou exemption de bourgs, villes & communaultez, ou d'aucunes perſonnes, ſoit par priviléges, par nobleſſe ou autrement, ſur l'entérinement des chartres, lettres, priviléges ou graces de Nous impétrées ou à impétrer, & ſemblablement des rebellions, fautes & abuz qui ſeroyent commis & perpétrez touchant le fait deſdites aydes & tailles, en iceluy cas, leſdits Commis n'en pourront aucunement cognoiſtre ne décider; ainçois en auront la cognoiſſance leſdits Eſleuz ſeulement, par la détermination deſquels toutes telles matières ſeront décidées.

(4) *Item.* Et ſemblablement les Greffiers deſdites aydes en chacune Eſleétion ſeront tenuz d'avoir & tenir à leurs périls & fortunes, en chacun deſdits ſiéges, un Commis idoine & ſouffiſant pour enregiſtrer les aétes & appoinétemens des cauſes & procès qui s'expédieront auſdits ſiéges devant les Commis deſdits Eſleuz.

(5) *Item.* Et pour ce que ſouventesfois eſt advenu, le temps paſſé, que aucuns Sergens adjournoyent par-devant leſdits Eſleuz ou leurs Commis, pluſieurs paouvres perſonnes, gens ignorans, qui après ne trouvoyent perſonne qui rien leur demandaſt, quand ils comparoient à leur aſſignation, & ne ſçavoient ſur qui demander leurs deſpens & les intéreſts & vexations à eux donnez, parce que leſdits Sergents ne leur avoient baillé, ne vouloient bailler relation ne enſeignement deſdits adjournements : pour obvier à telles fraudes & abus, Nous avons voulu & ordonné, voulons & ordonnons par ces préſentes, que tous les Sergens qui d'ici en avant feront aucuns adjournemens par-devant leſdits Eſleuz ou leurs Commis, ſoyent tenus de bailler à ceux qu'ils adjourneront, une petite cédule ſignée de leur main, s'ils ſavent eſcrire, ou ſinon, ſcellée de leur petit ſignet, contenant ſeulement par-devant quels Juges, par qui, à quelle requeſte, & quel jour ledit adjournement ſera fait, & le nom de la perſonne adjournée; ſans tenir & garder par ladite petite cédule, forme de relation, mais les plus briefves & ſuccinétes paroles que faire ſe pourra; de laquelle petite cédule ne pourront rien prendre, avoir ny exiger de ceux qu'ils adjourneront, attendu qu'ils ſont communément payez de leurſdits adjournemens par ceux qui les requierent de faire. Toutefvoies les parties requérans leſdits adjournemens, pourront recouvrer ce qu'ils auront payé pour ledit adjournement, avecques les autres deſpens de la cauſe, au cas que la partie adjournée en décherroit, & non autrement.

(6) *Item.* Et auſſi avons voulu & ordonné, voulons & ordonnons, que tous les Fermiers qui auront fait adjourner aucunes parties, ſoient tenues d'icelles faire appeller & expédier au jour de leur aſſignation, ſans aucunement les délayer ne amuſer; & ſi auſdits jours iceux Fermiers ne faiſoient appeller leſdites parties & ne demandoient leur audience, Nous voulons, & ordonnons que leſdits Fermiers ſoyent condamnez & contrainéts de payer les deſpens, & la journée des parties qu'ils auront ainſi fait adjourner.

CHARLES
VII,
au Bois-
Sire-amé,
le 26 Août
1452.

(7) *Item.* Et feront lefdits Efleuz ou leurs Commis, tenus d'expédier les parties qui feront adjournées par-devant eux, incontinent qu'elles feront arrivées, fommairement & de plain, & fans figure de jugement & fans forme de playdoyerie ; ne recevoir lefdites parties à faire aucunes efcritures en la caufe, finon feulement le regiftre du Greffier, afin que lefdites caufes & procez fe puiffent pluftot & à moindres frais déterminer ; & feront tenus Efleuz ou Commis d'expédier prémierement & avant tous autres, les partyes qui feront venues de la plus lointaine diftance de pays, & les autres felon ce qu'elles feront demeurans plus près dudit fiége.

(8) *Item.* Ne pourront lefdits Fermiers defdites aydes, Collecteurs ne Receveurs des tailles ne autres, faire adjourner quelconques parties par-devant lefdits Efleuz ou leurs Commis, fors feulement en dedans de leurs limites & aux jours qui feront eftablis pour tenir ladite jurifdiction, fur peine de l'amender arbitrairement envers Nous, & payer les defpens à la partie, felon la diftance du lieu dont elle fera venue, & la fatiguation que l'on luy aura donnée.

(9) *Item.* Et lefquels jours pour tenir la jurifdiction defdits Efleuz en chacun des fiéges, feront affignez & eftablis au jour qu'il y aura marché au lieu dudit fiége, s'il eft poffible ; ou autrement, ès jours que lefdits Efleuz verront eftre plus expédient & convenable pour le foulagement du peuple, confidérée la qualité de chacun fiége, afin que lefdites parties ayent moins de dommage & de charge pour comparoiftre à leur affignation.

(10) *Item.* Et aufquels jours ainfi affignez, les Efleuz ou leurs Commis, feront tenus d'eftre & affifter fans faillir à leurfdits fiéges, pour tenir lefdites jurifdictions, & expédier toutes les caufes defdites tailles & aydes qui feront ainfy pendans à chacun jour, comme dit eft, & afin que par faulte ou abfence de Juge, lefdites partyes ne perdent leurs journées, & n'ayent couleur d'excufer de procéder à aller avant.

(11) *Item.* Et auffy ne pourront les Fermiers defdites aydes faire convenir quelque partye devant lefdits Efleuz ou leurs Commis, finon que préalablement lefdits Fermiers l'aient fommé & requis de le payer, & de faire ferment fur ce qu'il luy demande à caufe defdites aydes, par-devant le Juge ordinaire du lieu du demeure de la partye, s'il y a Juge ordinaire qui foit préfent ; mais en l'abfence dudit Juge ordinaire, ou s'il n'y en avoit point audit lieu ; ledit Fermier fera ladite fommation & requierra ledit ferment devant le Curé de la paroiffe ou fon Chappellain, en la préfence d'un tefmoin, ou fe ledit Curé ou fon Chappellain n'y eftoient, en la préfence de deux tefmoins dignes de foy : afin que, fe la partie de luy-mefme fe veut mettre à raifon, ledit Fermier ne luy donne point de vexation de partir de fon hoftel pour aller devant lefdits Efleuz ou leur Commis audit fiége ne ailleurs.

(12) *Item.* Se la partye eftant refufant de payer ce qu'il debvroit audit Fermier ou de faire ledit ferment, ou fi ledit Fermier vouloit prouver qu'il n'auroit pas juré la vérité, en iceluy cas ledit Fermier le pourra faire adjourner devant lefdits Efleuz ou Commis à leurs fiéges ; & fe lefdits Fermiers font adjourner aucunes parties autrement qu'en la manière deffufdite, ils feront tenus de l'amender, & de defdommager les parties, à l'ordonnance d'iceux Efleuz ou Commis.

(13) *Item.* Et quant aucune partie aura juré en la manière que dit eft, noftre Procureur ne pourra plus tenir en procez devant lefdits Efleuz ou Commis, celuy qui aura ainfi fait ledit ferment, pour prouver le contraire de ce qu'il aura juré, fe ledit Fermier ne l'en requiert, & qu'il fe rende partie, promouvant avec noftre Procureur : pour laquelle preuve faire ils n'auront qu'un feul délay de huict ou dix jours fans plus ; finon toutefois que lefdits Fermiers monftraffent caufes évidentes pour lefquelles ils n'auroient peu faire ladite preuve dans ledit remps, auquel cas lefdits Efleuz ou Commis pourront iceluy

CHARLES.
VII,
au Bois-
Sire-amé,
le 26 Août
1452,

terme proroger felon qu'ils verront eftre raifonnable ; pourveu que préalablement lefdits Fermiers feront tenus payer les defpens faits par la partie
jufques audit terme, lefquels defpens feront réputez préjudiciables quant à ce.
Et fe ledit parjurement qu'on aura prins à prouver, ne fe preuve & monftre
clairement dans les termes en la maniere deffufdite, ledit Fermier fera condamné
& contrainct de payer à la partie tous les interefts, defpens & dommages
qu'il aura faits & fouftenus durant ledit procez & occafion d'iceluy, & d'illecques
en avant ne pourra plus eftre moleflé par noftre Procureur, ne autrement,
à caufe dudit parjurement.

(14) *Item.* Et fi ledit parjurement fe preuve, celuy qui fera parjuré fera
condamné en l'amende arbitraire envers Nous & envers ledit Fermier, telle
que la difcrétion du Juge advifera, & pareillement ès defpens & interefts par
ledit Fermier faits & fouftenus en la pourfuite de ladite caufe, pour raifon &
occafion d'icelle, & en outre à reftituer les defpens préjudiciables, fe aucuns
en avoient efté payez par ledit Fermier.

(15) *Item.* Et pour ce que, le tems paffé, la valeur defdites aydes a efté
beaucoup moindre, par faute d'icelles avoir bien baillé & livré à noftre proffit ;
Nous voulons que lefdits Efleuz advifent la forme & maniere de bailler lefdites
aydes, & les lieux là ils verront qu'elles pourront mieux eftre enchéries &
livrées au plus haut prix pour noftre profit ; tellement que dorefenavant lefdites
aydes puiffent mieux valoir, & que par faute defdits Efleuz la revenuë d'icelles
ne fe diminue ; & fur ce pourront avoir advis avec notre Advocat, Procureur,
Receveur fur le fait d'icelles aydes ès lieux de leurfdites Eflections.

(16) *Item.* Et quant à l'affiete defdites tailles, tous les Efleuz lors préfens
en leurdite Eflection, feront tenus d'eftre enfemble pour icelle affeoir & impofer, afin que plus juftement ils les puiffent efgaler ès lieux qu'ils verront
eftre plus convenables pour ce faire.

(17) *Item.* Et en outre avons voulu & ordonné, voulons & ordonnons
que les Sergens tant ordinaires que autres, qui feront les exécutions & adjournemens à caufe defdites tailles & aydes, ne puiffent prendre pour chacun
adjournement que quatre den. tournois, & pour chacune exécution XII deniers
tournois ; & s'il advenoit qu'ils feiffent en un mefme jour fi grand nombre
d'adjournemens ou executions, que au prix deffufdit ils montaffent plus de VII
fols VI deniers tournois, ce néanmoins ils ne pourront avoir ne prendre
que ladite fomme de VII f. VI deniers tournois pour chacun jour, quelque
nombre d'adjournemens ou exécutions qu'ils faffent.

(18) *Item.* Défendons expreffément que nuls Sergens qui auront &
tiendront des fermes defdites aydes, ne puiffent exécuter ne exploiter en ce
qui toucheroit lefdites fermes qu'ils auroient prinfes.

(19) *Item.* Et pour ce que par cy-devant, à l'occafion des exécutions qui
font faites, tant de tailles que defdites aydes, le menu peuple a efté fort
oppreffé & grévé, parce que les exécuteurs portoyent & menoyent vendre
les biens, meubles & gaiges par eux prins, en loingtaines villes & marchez,
par quoy ceux à qui eftoient lefdits gaiges ne pouvoyent eftre préfens à la vente
d'iceux, ne fçavoir combien ils eftoient vendus, en quoy avoyent grand
dommage & vexation : Nous voulons & ordonnons que d'icy en avant, quand
aucune exécution fera faite, l'exécuteur fera tenu de mener ou de faire mener
& porter les biens defdites exécutions, foit beftail ou autres biens-meubles,
au plus prochain marché du lieu où il aura faite icelle exécution, afin que
celuy ou ceux à qui lefdits biens appartiendront, puiffent porter les deniers
audit exécuteur, & recouvrer lefdits biens ; & fe c'eft beftail vif qui ait efté prins
pour ladite exécution, que lefdits Sergens, en attendant le jour de la vente,
foyent tenus de le mettre en garde au plus prochain lieu feur du lieu où il aura

esté exécuté, tellement que celuy sur qui ladite exécution aura esté faite, puisse porter de la provision pour vivre & entretenir ledit bestail, & s'en retourner en un même jour en son hostel.

(20) *Item.* En ensuivant les Ordonnances Royaux, défendons expressément & voulons que défense générale soit faite de par Nous, que nul Esleu ne Receveur, ne autres Officiers, ne soit marchand, ne se puissent mesler du fait de marchandise, sur peine de privation de leurs Offices; & dès-à-présent avons révoqué & révoquons par ces présentes, toutes Lettres de congez, qui auroyent esté obtenuës de Nous, ou que pourrions avoir donné à ce contraires, & mesmement ès marchandises dont Nous avons accoustumé d'avoir & prendre imposition, gabelle, quatriesme, & autre subside; & avons ordonné & ordonnons terme préfix & limité ausdits Esleuz, Receveurs & autres noz Officiers, qui auroient de Nous lesdits congez, jusques au premier jour de Décembre prochainement venant, de exercer le fait de marchandises, & entre eux choisir & délibérer s'ils veulent exercer leurs Offices, ou eux tenir à leursdites marchandises.

(21) *Item.* Et n'auront plus doresenavant lesdits Juges & Chastellains desdits Seigneurs particuliers ne autres Juges ordinaires, la cognoissance desdites tailles & aydes; mais les auront seulement lesdits Esleuz ou leurs Commis, & les appellations qui seront faites d'iceux Commis desdits Esleuz, se releveront par-devant noz amez & séaux Conseillers les Généraulx sur le faict de la justice des aydes, comme si faites estoient desdits Esleuz, & ne payeront iceux aucune amende, s'il est dit bien appellé, ainsi que ne payent iceux Esleuz.

(22) *Item.* Et pour ce que pour défrauder Nous & noz Receveurs & Fermiers ou fait desdites aydes, plusieurs gens qui ont fait par ci-devant plusieurs transportz de leurs vignes & autres héritages à leurs enfans, ou autres qu'ils disoyent estre escholiers ès Universitez de *Paris, Orléans, Angers, Poictiers, Tholouze,* & autres de nostre Royaume, afin que par ce moyen ils fussent & demourassent francs de payer lesdits aydes des fruits croissans èsdits heritages ainsy transportez, souz ombre de privilége de scholarité, par quoy nosdites aydes ont esté & sont de beaucoup moindre valeur: Nous, attendu les fraudes & abus qui se commettent chacun jour en nostre préjudice, avons voulu, estably, constitué & ordonné, voulons, constituons & ordonnons par Édict général par ces présentes, que tous les héritages qui par cy-devant ont esté transportez, ou seront pour le temps advenir, ausdits Escholiers & autres Officiers de quelque Université qu'ils soient, ou se disent estre, soit par leurs peres & meres, ou autres personnes conjointes ou non conjointes, & par quelque maniere de cessions ou transports que ce soit, & souz quelque couleur qu'ils soient fondez, soit prins royaument & de fait le droict desdites aydes par noz Officiers & Fermiers sur tous les fruits croissans èsdits heritages qui seront vendus, revendus ou eschangez, sans que personne quelconque s'en puisse ou doyve exempter sous ombre desdits transports ne dudit privilége de scholarité.

(23) *Item.* Et aussi voulons, constituons & ordonnons par Édit général, que tous ceux qui vivent loyaulment par marchandise, par pratique, ou autrement, & qui ne sont continuellement occupez pour suivre & servir l'estude èsdites Universitez privilégiées, ne jouyssent & puissent jouyr aucunement des priviléges desdites Universitez, mais soyent contrains réaument & de faict à payer lesdites tailles & aydes, sans aucuns en excepter.

(24) *Item.* Que nuls Officiers desdites Universitez ne puissent jouyr des priviléges d'icelles, s'ils ne sont continuellement demourans & résidens au lieu & en la ville où est l'Université dont ils se disent estre Officiers.

(25) *Item.* Que tous les Officiers desdites Universitez qui ne sont pas de

CHARLES
VII,
au Bois-
Sire-amé,
le 26 Août
1452.

l'eſtat & profeſſion conſonnant à leurſdits offices, ou qui ne les pourroyent & ſçauroient exercer bien & deuëment en leurs perſonnes, ne jouyſſent & ne puiſſent jouyr des priviléges deſdites Univerſitez *(c)*.

(26) Item. Et auſſi, avons voulu & ordonné, voulons & ordonnons que pour chacune commiſſion des Fermiers deſdites aydes ne ſoit prins, levé, ne exigé des Fermiers ne autre, pour ſeel, parchemin, eſcriture, ne autres choſes quelconques, que la ſomme de douze deniers, ſans plus.

(27) Item. Avons voulu & ordonné & ordonnons que doreſnavant les Receveurs ou Commis à recevoir le payement de noſdits gens de guerre, ne prendront pour quittances au long de l'an, pour chacune paroiſſe, que quatre petits blancs, c'eſt-à-ſavoir, pour chacun quarteron, un petit blanc, valant cinq deniers tournois, ſur peine de privation de leurs Offices & d'amende arbitraire *(d)*.

(28) Item. Et pour ce que l'en dit que en aucuns lieux de ce Royaume, les Eſleuz ou leurs Clercs & Greffiers d'aucunes Eſlections ont contrainct les Fermiers des aydes ou impoſitions, à prendre & payer tant de commiſſions comme il y avoit eu d'encheres ſur chacune ferme, ou de chacun enchériſſeur prendre certain devoir : Nous avons ordonné & ordonnons, que d'une meſme ferme ils ne puiſſent prendre qu'une ſeule commiſſion du dernier enchériſſeur auquel elle ſera livrée & demourée ; & pour icelle commiſſion, comme dit eſt, XII den. tournois tant ſeulement, ſans autre choſe quelconque prendre pour la livraiſon deſdites fermes, ne pour quelque enchere qui ſe faſſe ſur icelles.

(29) (e) Item. Et pour ce qu'en aucunes Eſlections de ce Royaume n'y a aucuns Commis ordonnez pour faire la viſitation & recherche des vins qui ſont

NOTE.

(c) Nous liſons ici dans *Fontanon* l'article ſuivant, qui ne ſe trouve point dans la copie qui nous a été communiquée.

» Pour ce qu'avons entendu que jaçoit ce que par les Inſtructions & Ordonnances » Royaux anciennement faites ſur le fait deſdites aydes, ſoit expreſſément défendu à tous » Eſleuz & Commis, de prendre, n'avoir ſur Fermier n'autre quelconque, douze deniers » pour livre par droit de vinage, n'autre profit ou advantage ſur les Fermiers de noſdites » aydes ; néantmoins en venant contre icelles, aucuns deſdits Eſleuz ont en leurſdictes » Élections prins & exigé leſdits douze deniers pour vinage & autre profit, pour quoy » noz aydes en ont eſté & pourroient eſtre de moindre valeur : Nous, par ceſdites préſentes, » avons défendu & défendons expreſſément auſdits Eſleuz & Commis, & à leurs Clercs » & Greffiers ou autres Officiers de noſdites aydes, que doreſnavant ils ne ſoient tant » hardis de prendre, n'exiger leſdits douze deniers pour livre, n'autre profit quelconque » ſur leſdits Fermiers, ſoit à cauſe des encheres faites ſur icelles, ou autrement ; ſur peine d'amende arbitraire & d'être privez de leurs Offices ».

(d) Cet article dans *Fontanon* eſt placé après celui qui ſuit ici.

(e) Fontanon place en cet endroit un article qui manque dans la copie qui nous a été communiquée, nous le tranſcrirons ici.

Item. « Et pour ce que ſemblablement leſdits Eſleuz & Clercs ont accouſtumé de faire » prendre pour chacune ferme, ſi petite ſoit, une commiſſion particuliere, ſuppoſé qu'un » meſme Fermier ait pluſieurs petites fermes en une meſme ville ou village, qui tournoit » à la charge deſdits Fermiers : Nous voulons & ordonnons que doreſnavant quand il y » aura Fermier qui aura pluſieurs fermes en un meſme village, il ne ſoit tenu, ſi bon » luy ſemble, de prendre qu'une ſeule commiſſion pour toutes les fermes qu'il aura prinſes » audit village, ne pour icelle commiſſion payer que douze den. ſeulement, jaçoit qu'en » icelle ſoient comprinſes & déſignées pluſieurs fermes ; & ſemblablement ès villes où aura » diverſes & petites fermes, qui toutes ſeront demeurées à un ſeul Fermier, iceluy Fermier » ne ſera tenu, s'il lui plaiſt, de prendre de toutes les fermes qu'il tiendra en chacune » deſdites villes, qu'une ſeule commiſſion, ne pour icelle payer que douze deniers, pourveu » que chacune deſdites fermes ne monte pour plus de vingt livres tourn. Toutefois ſi le » Fermier veut avoir pour chacune ferme une commiſſion, faire le pourra, ſi bon luy ſemble, en icelle payant ».

aux maifons & celliers des Marchands, Taverniers, ou autres qui vendent vin en gros & en detail, Nous voulons qu'il foit loifible & permis aux Fermiers du quatriefme du vin vendu à deftail, d'eftre préfens à faire la vifitation & recherche, fe eftre y veulent, avec lefdits Commis & Taverniers publics, & là où ils ont accouftumé d'eftre.

(30) Item. Et n'eft point noftre intention de aucunement déroger par ces préfentes, aux anciennes Ordonnances faites fur le faict defdites aydes, finon en tant qu'elles feroient contraires directement à ces préfentes Ordonnances, ainçois lefdites anciennes Ordonnances voulons eftre & demourer en leur force & vertu.

(31) Item. Voulons & ordonnons que tous les Efleuz & Clercs ordonnez fur le fait defdites aydes par tout noftre Royaume, recouvrent par devers eux le double defdites anciennes Ordonnances, fur peine de l'amender arbitrairement, afin qu'ils fçachent eux mieux gouverner touchant le fait defdites aydes.

Si donnons en mandement par ces mêmes préfentes, à nos amez & féaux les Généraux Confeillers, tant fur le fait de nos finances que de la juftice defdites aydes à *Paris*, à tous lefdits Efleuz fur le fait defdites aydes, & à tous noz Jufticiers & autres Officiers ou à leurs Lieutenans, & à chacun d'eux fi comme à luy appartiendra, que noz préfentes Ordonnances ils gardent & entretiennent, & facent garder & entretenir chacun en droit foy, de poinct en poinct, felon leur forme & teneur. Mandons auffi à tous noz Baillifs, Sénefchaux, Gouverneurs, Prévofts, Juges & Officiers ou à leurs Lieutenans, & à chafcun d'eux en droit foy, que avec lefdits Efleuz, & appellez noz Advocat & Procureur tant du Domaine que des aydes, & nos Receveurs d'icelles aydes, ils advifent & choififfent le plus toft & le plus convenablement que faire fe pourra, les lieux qu'ils adviferont & cognoiftront eftre plus propres & convenables pour tenir lefdits fiéges, au foulagement de nofdits fubjects, felon & ainfi que le portent & contiennent les articles cy-deffus inférez, faifant mention de ce, en contraignant à toutes les chofes deffufdites & chacune d'icelles faire & fouffrir tous ceux qu'il appartiendra, rigoureufement & fans déport, nonobftant oppofitions ou appellations quelconques, pour lefquelles ne voulons en ce cas eftre différé. Et afin qu'on puiffe plus promptement & en tous lieux eftre informez de noftredite Ordonnance, Nous voulons qu'elle foit chacun an publiée par tous les Auditoires defdites Effections, & illec enregiftrée; & qu'au *Vidimus* d'icelle fait fous le Seel Royal, foy foit adjouftée comme à l'original. En tefmoin de ce, Nous avons fait mettre noftre Seel à ces préfentes.

Donné au Bois-Sire-amé, *le XXVI.ᵉ jour d'Aouft, l'an de grace mil quatre cens cinquante-deux, & de noftre regne le XXX.ᵉ Par le Roy en fon Confeil.* J. PAVYE. Et au dos *BOURSIER.*

CHARLES VII, au Bois-Sire-amé, le 26 Août 1452.

(a) Lettres de Charles VII, *par lefquelles il établit le Bailli de Berri, Juge & Gardien de l'Églife de Bourges.*

CHARLES VII, à Mehun-fur-Yèvre, en Août 1452.

CHARLES, &c. favoir faifons à tous préfens & à venir, Nous avoir receue l'umble fupplicacion de nos bien amez les Doyen & Chapitre de l'Églife de *Bourges*, contenant que ladicte Églife eft Provinciale & Métropolitaine, & l'une des principales, notable & belle Églife de noftre Royaume, fondée de très-grant ancienneté par noz Prédéceffeurs Roys de *France*, de ung

NOTE.

(a) Tréfor des Chartes, Regiftre coté IXˣˣI [181], Pièce CXVII.

Doyen & de pluſeurs Dignités, Chanoines, Vicaires & autres gens d'Égliſe,
qui vacquent jour & nuit à faire le Service Divin en icelle; & que à cauſe des
Seigneuries, Juſtices, Juridicions, rentes, cens, domaines, poſſeſſions, priviléges, libertez & franchiſes de leurdicte Égliſe, ſe ſont meuz & meuvent
ſouvent divers procez en pluſieurs Siéges & Juridicions, à l'occaſion deſquelz procès leur a convenu & convient chacun jour faire grans fraiz, & les
aucuns d'entre eulx aler par leſdits Siéges & Juridicions à l'occaſion deſdicts
procès, parquoi ilz ſont diſtraiz de ladicte Égliſe, & en eſt le ſervice d'icelle
fort diminué, & à ceſte cauſe leur ſoit beſoing & néceſſité d'avoir ung Juge
gardien, par Nous commis & ordonné à cognoiſtre des cauſes, procès &
débaz qui ſe ſont meuz & qui ſe pourroient mouvoir en demandant & en
défendant, touchant leurſdits priviléges, libertez, franchiſes, juſtices & juridicions, rentes, cens, devoirs, terres, domaines & poſſeſſions de leurdicte
Égliſe, ſans aller plaidoier en divers lieux, en Nous humblement requérans
que leur vueillons pourvoir dudit Gardien & Juge, ainſi que avons ſait
à d'autres Égliſes de noſtre Royaume, & ſur ce leur impartir noſtre grace.
Pour quoy Nous, attendu ce que dit eſt, & meſmement afin que le Service
Divin puiſſe mieulx, plus notablement & grandement eſtre ſait en ladicte
Égliſe, de jour & de nuit, à la louange de Dieu noſtre Créateur, & auſſi afin
que leſdits ſupplians ſoient plus enclins à prier Dieu pour Nous & nos Prédéceſſeurs, & que ſoions participans ès oroiſons, prieres & bienfaiz de ladicte
Égliſe : Voulons & Nous plaiſt, de noſtre certaine ſcience, grace eſpécial,
plaine puiſſance & auctorité royal, par ces préſentes, & avons diſcerné, déclairé,
ordonné & eſtabli, diſcernons, déclairons, ordonnons & eſtabliſſons noſtre
Bailly de Berry qui à préſent eſt ou ſera pour le temps à venir, eſtre &
demourer perpétuelment Juge & Gardien, protecteur & deffenſeur des cauſes,
droiz, libertés, franchiſes, juſtices, juridicions, rentes, revenues, cens &
poſſeſſions quelzconques de ladicte Égliſe de Bourges, & deſdits ſupplians,
& des cauſes dont iceulx ſupplians vouldront prendre la garantie & défenſe,
ou à icelles ſe vouldront adjoindre à cauſe de leurdite Égliſe, au regard des
choſes eſtans oudit Bailliage de Berry ; auquel noſtre Bailly de Berry ou ſon
Lieutenant à ſon ſiége de Bourges, & à ſes ſucceſſeurs Bailliz de Berry ou à
leurs Lieuxtenans audit ſiege de Bourges, Nous avons donné & donnons plain
povoir, congié, licence & auctorité de cognoiſtre, décider & déterminer
d'icelles cauſes, procès & débaz meuz & à mouvoir, touchant leſdits ſupplians,
à cauſe de leurdicte Égliſe & deſdits droitz, libertez, franchiſes, juſtices, rentes,
cens, poſſeſſions & domaines d'icelle, tant en demandant que en défendant,
& autres cauſes deſſus déclairées. Si donnons en mandement par ces meſmes
préſentes, auſdiz Bailliz de Berry ou à ſon Lieutenant qui à préſent ſont ou
feront, & à chacun d'eulx ſi comme à luy appartendra, que de noſtre préſente
grace, Ordonnance, voulenté, déclaracion & octroy, ils facent, ſeuffrent &
laiſſent joïr & uſer plainement & paiſiblement leſdits ſupplians; & icelles noz
voulenté, Ordonnance, déclaracion & octroy tiengne & face tenir, garder
& accomplir de point en point, ſelon leur forme & teneur, en interdiſant
à tous autres Juges, la court & cognoiſſance deſdites cauſes & querelles deſdits
ſupplians & de leurdicte Égliſe, tant meues, qui ſeroient entières, que à
mouvoir, & laquelle Nous leur avons interdite & interdiſons par ces préſentes;
& que d'icelles ils ne cognoiſſent, ains les renvoyent ſans aucun délay, avecques
les parties adjornées, par-devant ledit Bailly de Berry ou ſon Lieutenant, auquel
Nous mandons que ceſdites préſentes face crier & publier & enregiſtrer en
leurs Auditoires & Juridicions, à ce que aucun d'icelle ne y puiſſe prétendre cauſe d'ignorance; & pour ce que leſdits ſupplians pevent & pourront
avoir à faire & eulx aider de ceſdites préſentes en pluſieurs & divers lieux &
Auditoires, voulons que au Vidimus d'icelles, ſait ſoubz Seel royal ou autres
autentique,

autentique: plaine foy foit adjouftée comme à ce préfent original, car ainfi, &c. & afin, &c. fauf, &c. *Donné à Mehun-fur-Yèvre, ou mois d'Aouft, l'an de grace mil cccc cinquante & deux, & de noftre regne le XXX.*ᵐᵉ Ainfi figné: *Par le Roy, l'Évéque de Lengres, l'Admiral, les Sires de* Torcy *& de* Montforeau, *Maiftre* Jean Barbin, *& autres préfens.* DELALOERE. *Vifa.*

───────────────

(a) Lettres de Charles VII, par lefquelles il confirme les priviléges des Notaires du Châtelet de Paris.

*C*AROLUS, *Dei graciâ, Francorum Rex: Notum facimus univerfis prefentibus pariter & futuris, Nos cariffimi Domini & Genitoris noftri vidiffe Litteras, quarum tenor talis eft:*

*C*AROLUS, *Dei graciâ, Francorum Rex, &c. (b)]*

Nos autem prefcriptas Litteras, ac omnia & fingula in eis contenta, ratas habentes & gratas, eas & ea, prout fuperiùs funt expreffa, volumus, laudamus, ratificamus & approbamus, tenoreque prefencium de noftrâ fpeciali graciâ & authoritate regiâ confirmamus. Quod ut firmum & ftabile perpetuis perfeveret temporibus, has prefentes Litteras noftri fecimus Sigilli appenfione muniri: Salvo in aliis jure noftro, & in omnibus quolibet alieno. Datum Glefpias *in Forefto, menfe Septembris, anno Domini milefimo quadringentefimo quinquagefimo fecundo, & regni noftri tricefimo.*

NOTES.

(a) Tréfor des Chartes, Regiftre IXˣˣXIV [194], pièce 125. — *MSS.* de *Colbert,* vol. LV, page 555. — Notaires de *Paris* par *Lévêque,* pages 113 & 122.

(b) Carolus, *Dei graciâ, Francorum Rex, &c.]* Ces Lettres de Charles VI, du mois d'Août 1381, font imprimées dans ce Recueil à la page 614 du VI.ᵉ Volume: elles en vidiment d'autres, qui font auffi imprimées Tome II, page 386; & Tome V, page 643.

───────────────

(a) Lettres de Charles VII, par lefquelles il crée de nouveau *(b)* l'Univerfité de Caen, & lui accorde les mêmes priviléges dont jouiffoient les autres Univerfités.

*K*AROLUS, *Dei graciâ, Francorum Rex. Sicut ad arduos & falubres actus, Reges & Principes, more veterum patrum virtutes imitando, fe pronos & liberales reddere confentaneum cenfetur, fic ad ea virtutum opera exequenda frequentiùs inducimur per que viciorum fomenta precipuè corripiuntur, virtutes feruntur, & fidei*

NOTES.

(a) Tréfor des Chartes, Regiftre IXˣˣI [181], Pièce 195. — *MSS.* de *Colbert,* Volume LIII, page 1037.

(b) Nous avons parlé dans la Préface du XII.ᵉ Volume de ce Recueil, page 55 & fuiv. de la première fondation de l'Univerfité de Caen. Charles VII s'étant rendu maître de cette ville en 1450, les habitans demandèrent une nouvelle création de cette Univerfité. Ce Prince, par des Lettres du 30 Juillet de la même année, données à *Écouché,* permit provifionnellement la continuation des exercices des Facultés, à la réferve de celle des Loix; deux ans après, à la requête des trois-États de la province, il érigea de nouveau cette Univerfité avec l'exercice de toutes les Facultés, par les Lettres que nous donnons ici: nous n'avons point trouvé celles du 30 Juillet 1450. Voyez *Huet,* Orig. de *Caen,* page 391.

CHARLES
VII,
à Pommereux-
en Forès,
le 30 Octobre
1452.

orthodoxe religio virtuoforum conditione adaugetur, ut Chriſticolarum merita ferventi devocione creſcant, & eterna ipſorum ſalus ſubſequatur indè. Notum igitur facimus univerſis preſentibus pariter & futuris, quòd cùm à dive recordationis Preceſſoribus noſtris Francorum Regibus, nonnulla Studia generalia, magnis & ſpecioſis privilegiis franchiſiis & libertatibus communita, diverſis in partibus Regni noſtri ad Chriſti fidelium condicionem, hereſium extirpacionem, & Catholice fidei exaltacionem creata & erecta fuere, ipſorum nempè Preceſſorum noſtrorum veſtigia ſectantes, ipſumque tam ſalubre & eximium bonum, quod ſui ipſius eſt diffuſivum, volentes multiplicari, ea rursùm que ſincerè Nobis dilecti & fideles viri Eccleſiaſtici & Nobiles Burgenſes patriote & alii incole noſtri Ducatûs Normanie ad id exequendum bonum enixiùs expoſuerunt, conſiderantes, videlicet, quòd ipſa Patria noſtra, que inter ceteras Regni noſtri porciones magnam obtinens protenſionem, gente plebanâ multùm actutu floret, cenobiorum copiâ atque victualibus innumeris abundat, patuluſque ſibi fluminum & portuum marinorum aditus ineſt; quòdque felicis recordationis Eugenius Papa, predicta, que conformiter ad erigendam ſeu creandam Univerſitatem uno in loco haud dubium concurrere debent, propenſiùs conſiderans, intuenſque villam noſtram Cadomenſem, que à proximiori Studio generali quinquaginta leucis diſtat, circiter medium ſeu centrum Neuſtrie ſiſtere, ſuperque ſuo opulento ſitu, aëris temperie, habitacionum & librariorum copiâ, portuque marino, & victualium aditu continenti ſufficienter informatus, Univerſitatem atque Studium generale, quinque Facultatibus, Theologiâ videlicet, Legibus, Decretis, Medicinâ & Artibus compoſitam, ad bonum ſtatuum predicti noſtri Ducatûs, inſtantem requeſtam, inibi ſolenniter creavit pariter & erexit, ipſamque privilegiis Apoſtolicis, è quibus ſuſtentari nequibat, ſuâ inclitâ bonitate ampliſſimè communivit atque dotavit, dilectos & fideles Conſiliarios noſtros Lexovienſem & Conſtantienlem Epiſcopos, dictorum privilegiorum Conſervatores ordinando, concedens inſuper, ut, more aliarum Univerſitatum, ad eam confugientes & in eis Facultatibus ſufficienter eruditi, gradûs honorem adipiſci, ceteros que actus ſcolaſticos & exercere & explere valerent; poſtremò verò ſanctiſſimus Nicolaus Papa noſter modernus, perpendens ipſam Univerſitatis ac Studii generalis erectionem, ſeu creationem, per ſuum predeceſſorem ritè, juſtè ſanctèque factam, nedum approbavit, quinymò libertates, franchiſias & privilegia priùs eidem conceſſa ampliando confirmavit: Nos inſuper volentes de predictis, ipſiuſque Univerſitatis & loci ſtatu, meritis & perſeverantiâ peramplùs informari, eam diurno temporis lapſu in ſtatu quo poſt reductionem noſtri Ducatûs Normanie ſiſtebat, toleravimus. Quibus ſiquidem omnibus longè ac digeſtè perpenſis, attendenſque ipſam Univerſitatem per ſepefatos Sanctiſſimos Patres noſtros ſummos Pontifices, ad Dei laudem, decus Eccleſie, honorem Regni noſtri & ejuſdem incolarum ſalutem, creatam & erectam extitiſſe, proſpiciens inſuper predictam villam noſtram Cadomenſem extenſam valdè, portu marino conſitam, quòdque, pro ſui tuitione, minutioſâ gente multùm egere cernitur, prelibatorum trium Statuum noſtri Ducatûs Normanie ſupplicationibus & requeſtis inclinati, Conſilii noſtri maturâ ſuper hoc deliberatione prehabitâ, & noſtrâ regiâ auctoritate & gratiâ ſpeciali, cum plenitudine poteſtatis, Univerſitatem & Studium generale cum quinque Facultatibus preinſertis, in prefatâ villâ noſtrâ Cadomenſi denuò creavimus & ereximus, creamus pariter & erigimus per preſentes; utque inibi reſidentes & venturi Litterarum ſtudio liberiùs atque commodiùs vacare valeant, eidem Univerſitati, gratiâ & auctoritate quibus ſuprà, conceſſimus denuòque concedimus privilegia, franchiſias & libertates, aliis Univerſitatibus Regni noſtri ſolita dari; pro quibus manutenendis & conſervandis deputavimus & deputamus, ordinavimus & ordinamus ſincerè Nobis dilectum & fidelem Baillivum noſtrum Cadomenſem, premiſſorum privilegiorum regalium conſervatorem, qui Regentes, Scolares & Suppoſita ejuſdem, ut à Litterarum ſtudiis nullatenùs diſtrahantur, quin potiùs eiſdem liberiùs & quietiùs valeant intendere, in cauſis, perſonalibus & poſſeſſoriis, extra muros predicte ville noſtre Cadomenſis quovis modo trahi non permittat, ſed de prefatis cauſis, deffendendo dumtaxat, valeat cognoſcere;

caufas verò reales prædictorum Regentium, Scolarium & Suppofitorum, coram judicibus ordinariis agitari ac diffiniri volumus, earum cognitionem ac decifionem prefato Confervatori penitùs inhibendo: non intendentes pretereà quòd pretextu fupradictorum privilegiorum, in quibufvis caufis realibus, poffefforiis & perfonalibus, prefati Scolares, Regentes & Suppofita, quempiam à fuâ Jurifdictione ordinariâ trahere poffint. Nolumus infuper Suppofita, Scolares & Regentes etiam veros, fi eos aut alios pro ipfis & eorum nomine contingat vinum, ciceram, aut alia quecumque pocula publicè feu minutatim vendere, à folutione quarti denarii aut alterius cujufcumque fubfidii eximi quovis modo, quinimò ipfum plenè & integraliter quâcumque femotâ difficultate perfolvent. Quamobrem dilectis & fidelibus Gentibus noftris Camere noftre Compotorum, Thefaurariis, ceterifque Jufticiariis & Officiariis noftris damus in mandatis quatenùs prefenti indulto & conceffione noftris finant & permittant predictos Scolares, Regentes & Suppofita uti & gaudere pacificè & quietè, quibufvis aliis Edictis, Ordinationibus & Confuetudinibus non obftantibus quibufcumque: Quoniàm fic fieri volumus & Nobis libet. Concedimus ulteriùs eifdem, ut vidiffe prefentium Litterarum tanta fides adhibeatur ficut originali. In cujus rei teftimonium, prefentibus Litteris Sigillum noftrum duximus apponendum. Datum Pomeriis in Forefio, die penultimâ menfis Octobris, anno Domini millefimo cccc quinquagefimo fecundo, & regni noftri tricefimo primo. Sic fignatum: Per Regem in fuo Confilio. DE CAIGNEUX.*

Vifa. Contentor. CHALIGAUT.

CHARLES
VII,
à Pommereux
en Forès,
le 30 Octobre
1452.
* Voces dubiæ
fic leguntur in
MS. Colbert.

(a) Lettres de Charles VII, par lefquelles il évoque en la Chambre de Juftice des aides & tailles, plufieurs caufes introduites en fon Grand Confeil, touchant lefdites aides & tailles, & en interdit la connoiffance audit Grand Confeil.

CHARLES
VII,
à Moulins
en
Bourbonnois,
le 29 Novemb.
1452.

CHARLES, par la grace de Dieu, Roy de France; à noz amez & féaulx les Gens de noftre grant Confeil, & ceux qui par Nous ont efté commis à l'audicion & décifion des caufes meues & pendans en icelluy: Salut & dilection. Sçavoir vous faifons que confidérant que la congnoiffance des caufes & procès qui font meues & meuvent à caufe du fait de noz aides & tailles & des deppendances d'iceulx, la court & congnoiffance ordinairement appartient à nos amez & féaulx Con.ers les Généraulx fur le fait de la juftice de nofdites aydes en leur Auditoire à *Paris;* & auffy que à caufe de telz procez vous eftes fouvent occupez en telle manière que à plus grans chofes touchans Nous & noftre faict ne povez entendre ne vacquer; voulant à ce obvier, & tous procès rendre & remettre à leur ordinaire, ainfi que raifon eft: Nous, les caufes meues & pendans par-devant vous entre les parties, & pour les caufes qui s'enfuyvent, & premierement entre *Germain Fee* Contrerolleur de la recepte de demy-efcu pour queue de vin, Maiftre *Guillaume Odey,* Receveur dudit ayde à *Gyen,* & *Guillaume Garnot,* d'une part, & *Jehan Marchais,* Péager dudit *Gien,* & *Jehan Dupleffis,* Receveur dudit ayde de demy-efcu, d'autre.

Item. Entre noftre Procureur demandeur, d'une part, & *Guillaume Liefnard de Beaumont, Pierre* fon fils, *Jehan Dumas,* dit *Thorouc,* Collecteurs de *Pontarrion,* Maiftre *Eftienne Borre* & *Jehan de la Vaux,* eulx difans Procureurs fubftituts de *Guillaume Rogier,* Procureur en l'Élection de *Poictou,* touchant le quart du fel dudit lieu, d'autre.

NOTE.

(a) Cette pièce eft tirée du Dépôt des Archives de la Cour des Aides, & nous a été communiquée par M. *Chrétien,* Confeiller en ladite Cour.

CHARLES
VII,
à Moulins
en
Bourbonnois,
le 29 Novemb.
1452.

Item. Entre l'*Evefque de Cahours, Jehan,* Seigneur de *Cadillac,* Chevalier, *Jehan de Cauffade,* auffi Chevalier, Seigneur de *Piftornet, Pierre Cornevin, Eftienne Caverot* & *Guibert Joyhar,* d'une part, & *Martin Roux,* touchant les tailles du pays de *Quercy,* d'autre.

Item. Entre Maiftre *Pierre Audrault,* Efleu au haut Pays d'*Auvergne,* fur le fait des aides ordonnez pour la guerre, d'une part, & noftredit Procureur, d'autre.

Item. Entre *Jehan,* Seigneur de *Longhac,* Chevalier, noftre *Sénefchal* d'*Auvergne, Pierre Boinol,* Official de *Clermont, Guy du Rif,* Abbé *Darthoune, Robert Couftant,* & autres nos Efleus audit *Clermont,* d'une part, & noftredit Procureur, d'autre.

Item. Entre Maiftre *Pierre Desfriches,* noftre Procureur général fur le fait de la juftice de nos aides, qui autreffois, par Ordonnance de Nous & de vous, avoit efté adjourné à comparoir en perfonne touchant le débat d'entre les Gens d'Églife & Nobles du bas pays d'*Auvergne,* d'une part, & les Efleus fur le fait de nofdites aides audit bas pays d'*Auvergne,* d'autre ; & la caufe d'entre noftredit Procureur, demandeur d'une part, & *Pierre* & *Guillaume Jouventoux,* deffendeurs, d'autre :

En quelque eftat qu'elles foient, conteftées ou autrement, avons évoquées, & par ces préfentes évoquons de devant vous par-devant nofdits Confeillers les Généraux de la juftice de nos aides en leurdit Auditoire à *Paris,* de la jurif-diction defquelles elles font & deppendent.

Si vous mandons, commandons & expreffément enjoignons que lefdites caufes & chacune d'icelles en quelque eftat qu'elles foient, comme dit eft, vous renvoyez par-devant iceulx noz Confeillers de la juftice de nofdites aides, avecque les efcriptures, procès & airemens d'icelles, fi aucuns en avez, & les parties adjournées aux jours, en l'eftat, ainfi & par la maniere que à préfent elles font par-devant vous, fans plus en retenir ou prendre aucune court ou congnoif-fance, laquelle quant à ce vous avons interdicte & interdifons par ces mêmes préfentes, par lefquelles mandons auffi à nofdits Confeillers de la juftice de nofdites aides, que en bonne expédicion ils procèdent & facent procéder èfdites caufes lefdites parties, en adminiftrant à icelles bonne & briefve expédicion de juftice, nonobftant que par adventure lefdites caufes ou aucune d'icelles foient conteftées & appoinctées en droit, impétrations, Mandemens, deffenfes & Lettres fubreptices à ce contraires. *Donné à* Moulins en Bourbonnois, *le pénultième jour de Novembre, l'an de grace* M CCCC LII, *& de noftre regne le* XXXIe Ainfi figné : *Par le Roi, l'Amiral, le Sire de Torcy & autres préfens.*

T. TOREAU.

CHARLES
VII,
à Moulins
en
Bourbonnois,
en Novembre
1452.

(a) Lettres de Charles VII, par lefquelles il en confirme plufieurs autres qui règlent les droits refpectifs du Roi & de l'Abbaye de Cluni, fur le territoire de Saint Jangoul.

KAROLUS, *&c. Notum facimus univerfis tam prefentibus quàm futuris, quòd Nos Litteras inclite recordationis* Ludovici *Regis Francorum, in quibus Littere inclite recordationis* Ludovici *Francorum Regis, ejus Proavi, funt inferte; ac etiam alias Litteras inclite recordationis* Philippi *quondam dictorum Francorum*

N·O T E.

(a) Tréfor des Chartes, Regiftre C, IX^{xx}I, [181], Pièce 208 — MSS. de Colbert, Vol. LIII, page 1045.

Regis, fanas & integras, Sigillis ipforum Ludovici & Philippi in cerâ viridi & ——
filis cericeis impendenti figillatas, Nobis pro parte dilectorum noftrorum Abbatis CHARLES
& Conventûs Cluniacenfis exhibitas, vidimus in hec verba. VII.
à Moulins, &c.

LUDOVICUS, Dei gratiâ, Francorum Rex, Notum facimus univerfis tam ——
prefentibus quàm futuris, quòd Nos Litteras inclite recordationis Ludovici Regis LOUIS IX,
Francorum, Proavi noftri, vidimus in hec verba. en Avril 1270.

IN nomine Sancte & individue Trinitatis. Amen. Ego LUDOVICUS, *Dei gratiâ* ——
Francorum Rex. Temporalium ftatus rerum quanto faciliùs movetur, tanto evidentiùs LOUIS VII,
Nos commonet Deo piè fubjici, qui fine motu movet omnia, de cujus judiciorum en 1166.
*profundiffimâ abyffo prodire intelligimus, quòd Domus Cluniacenfis recenti memoriâ
lariffimè efflorefcens, aliis falutare fubfidium impartiri confueta, nunc guerris undiquè
pullulantibus & circumquaquè maliciâ debachante, graviter elidatur, & per preffure
vehemenciam aliundè falutem rogare coacta. Nos adhuc humiliter poftulans ut eis
fubveniremus. Eâ de caufâ Dominus Stephanus Abbas Cluniacenfis & Conventus
ipfius loci, Nos confociaverunt in villâ que dicitur Sanctus Jangulphus, & in
omnibus poffeffionibus ad ejufdem ville poteftatem pertinentibus, & nominatim vico
qui dicitur Burgum-novum, iftis duntaxat pactionibus que fubjecte funt.*

*Pro arbitrio noftro in eâdem poffeffione unam vel plures habebimus munitiones
de Burgo Cluniacenfi, villis five terris ad jus Cluniacenfis Ecclefie ubicumquè
pertinentibus. Sine affenfu Abbatis & ejufdem Ecclefie nullus homo ad ibi manendum
recipietur. Ecclefie & Presbyteria Ecclefiarum, & ea que ad Presbyterium propè
pertinere nofcuntur, extra partem noftram, fpecialiter jura eorum erunt, id eft, minute
decime, oblaciones fidelium, legata, cimicteria & fepulture, & fi qua funt alia beneficia
que ad hujufmodi pertinere videantur. Cetera verò omnia Nobis & Cluniacenfis* • Sie.
*Ecclefie communia erunt omninò; id eft Jufticia, cenfus, decima, carragia, molendina,
furni, agricolationes, vinee, prata, pifcaciones aquarum & ftagnorum, fi ibi facta
fuerunt; & fi ibi contigerit fieri exacciones, vel nundinas, vel mercatum, vel pedagia,
vel conductus, ifta nihilominùs communia erunt; & ut breviter dicatur, quidquid
redditus vel exitus de villâ & terrâ & hominibus appellantur, Nobis & Monachis
commune erit & equaliter per modum diftribuetur. Prepofitus à Nobis conftitutus
& primò, & quotiens fuerit innovatus vel morte vel aliâ commutacione, antequàm
de adminiftracione Prepofiture fe intromittat, faciet fidelitatem Nobis, Abbati
& Ecclefie Cluniacenfi. Quòd fi Abbas abfens fuerit, nichilominùs coram Priore
vel Camerario & aliis Officialibus cum juramento fidelitatem eidem Ecclefie
preftabit. Si Abbas, vel aliquis Officialium ejus, in Burgo Cluniacenfi vel in aliis locis
ad Cluniacum pertinentibus, aliquem vel aliquos de fuis hominibus vel hofpitibus
in caufam traxerit, idem Prepofitus, nec per fe nec per aliquem miniftrorum fuorum,
in partem adverfariam ftabit. Nullum omninò de hominibus five hofpitibus Ecclefie
commendatum habebit, neque pro commendacione aliquid ab eis accipiet. Moneta
Cluniacenfis eadem curret in Burgo illo, que currit in Cluniaco. Villa ifta
cum appendiciis fuis propriè & fpecialiter ad perfonam & Mageftatem Regiam
& ipfius Coronam Regni fpectabit, nec aliquo modo in jus & dominium vel potef-
taten alicujus alterius poterit devenire, neque Nobis vel fuccefforibus noftris de
manu propriâ eam alienare, vel tradicione, vel commendacione, vel aliquo modo
licebit. Quòd fi forte eam tenere voluerimus, in jus & poteftatem Cluniacenfis
Ecclefie ex integro redigetur. Prepofitus autem ibidem à Nobis conftituetur, fic
tamen ut in Prepofiturâ jus hereditarium penitùs excludatur. Si quid infra Caftellanie
ipfius limites per empcionem acquifitum fuerit, in commune redigetur, quin &
empcionis precium de communi folvetur. Hec omnia pro immobili firmitate, annotari
fcripto, & Sigillo noftro muniri fecimus, fubter infcripto Nominis noftri caractere.
Actum publicè Parifius, anno Verbi incarnati millefimo centefimo fexagefimo*

CHARLES
VII,
à Moulins
en
Bourbonnois,
en Novembre
1452.
* En cet endroit
on a placé un
Monograme.

sexto, regni nostri **XXIX**, *Philippi* filii nostri natalis anno primo, adstantibus in Palacio nostro quorum apposita sunt nomina & signa. *S. Comitis Theobaldi,* Dapiferi nostri. *S. Guidonis,* Buticularii. Data*...... per manum. HUGONIS Cancellarii.

In cujus rei testimonium, presentibus Litteris nostrum fecimus apponi Sigillum. Actum *Valencie,* anno Domini millesimo ducentesimo septuagesimo, mense Aprili.

PHILIPPUS, *Dei graciâ, Francorum Rex, universis presentes Litteras inspecturis: Salutem. Notum facimus quòd cùm discordia in nostrâ Curiâ verteretur inter* Baillivum Matisconensem *pro Nobis, ex unâ parte, & Religiosos viros Abbatem & Conventum Monasterii* Cluniacensis, *ex alterâ, super eo quòd dicebatur & proponebatur ex parte dicti Baillivi omnia explectamenta & omnes emendas Francorum veniencium ad Assisiam* Sancti Jangulphi, *que fiunt & explectantur ibidem, ad Nos tantummodò pertinere, dictosque Religiosos non habere jus aliquod in premissis; dictis Religiosis è contrario asserentibus medietatem premissorum pertinere ad Monasterium supradictnm: visâ inquestâ super hoc factâ, auditis racionibus hinc & indè, visis eciam & diligenter inspectis Cartis Religiosorum predictorum, pronunciatum fuit per Curie nostre judicium, medietatem predictorum pertinere ad Monasterium memoratum, salvo Nobis jure trahendi & explectandi foraneos alibi quàm in assisiâ* Sancti Jangulphi *predicti. In cujus rei testimonium, presentibus Litteris nostrum fecimus apponi Sigillum. Actum* Parisius, *anno Domini* MCC octogesimo quarto, mense Julio.

Quibus igitur Litteris visis, & tenore earumdem considerato, Nos volentes contenta in ipsis, tanquàm gesta per dictos nostros Predecessores ad commodum & honorem Corone Francie, *teneri & perpetuò pro Nobis & nostris successoribus observari, ipsas Litteras & omnia in ipsis contenta & descripta laudamus, confirmamus pariter & approbamus, inhibendo* Baillivo *&* Judici *nostro* Matisconensi, *ceterisque Officiariis, Justiciariis & subditis nostris, ne aliquid contra tenorem dictarum Litterarum de cetero faciant vel fieri permittant, quinimò tenorem ipsarum Litterarum observent & observari faciant: omnia in contrarium facta revocando & revocari faciendo, que presentium tenore revocamus; & sic fieri volumus & mandamus. Quod ut firmum & stabile perpetuò perseveret, nostrum presentibus jussimus apponi Sigillum, nostro tamen in ceteris & alieno in omnibus juribus semper salvis. Datum* Molinis in Borbonio, *mense* Novembris, *anno Domini* M.° CCCC *quinquagesimo secundo & regni nostri* **XXX** *primo. Sic signatum: Per Regem in suo Consilio.*

DELALOERE.

Collacio facta est. Visâ. Contentor. *CHALIGAUT.*

CHARLES
VII,
aux Montils-
lez-Tours,
en Mars 1452.

(a) Lettres de Charles VII, par lesquelles il ordonne que la Foire qui se tenoit à la ville d'Eu, le jour de la fête des Morts, s'y tienne dorénavant le lendemain de cette fête.

CHARLES, &c. Savoir faisons à tous présens & à venir, Nous avoir receue l'umble supplicacion de nos bien amés les Bourgeois, manans & habitans de la ville de *Eu*, située & assise ou ressort du Bailliage de *Caux*, contenant que en ladite ville d'*Eu* de toute ancienneté a acoustumé de avoir chascun an le jour de la feste des Mors, une foire ou marchié, à laquelle affluent plusieurs Marchans & autres gens qui en icelle vendent & distribuent plusieurs denrées & marchandises, & se y fournissent les habitans & demourans en icelle ville & entour, de vivres & autres leurs necessitez ; à l'occasion desquelles choses, Nous sont venuz ès temps passés, & encores sont chascun jour plusieurs grans proufiz. Toutes voies pour ce que ladite foire est tenue en ladite ville ledit jour de la feste des Mors, la solempnité de la feste ne peut bonnement estre faicte en icelle, au moins ne va à l'Église ne au service que très-peu de gens, qui ce jour deussent & doivent prier pour le salut des ames de ceulx qui sont alez de vie à trespassement, ainsi que chacun bon Chrétien est tenu de faire cedit jour, parquoy ladite foire ou marchié va comme du tout à néant, & est à présent de peu de valeur, & plus pourroit faire & estre ou temps à venir, ainsi que par nostre très-chier & amé Cousin le Conte dudit lieu de *Eu* Nous a esté remonstré, en Nous requerant humblement que icelle foire dudit jour des Mors, vueillons changer & muer au lendemain de ladite feste des Mors. Pour quoy Nous, ces choses considérées, & en faveur de nostredit Cousin, ladite foire de la vile d'*Eu* estant audit jour de ladite feste des Mors, à ce que doresenavant lesdits, & aussi les autres habitans d'ilec environ, y puissent aler querir & achater des marchandises & autres nécessitez qui en icelles seroient & seront venduz, & à ce aussi que ledit jour de la feste des Mors, ung chacun desdiz habitans puisse aler à l'Église pour prier Dieu pour l'ame desdits trespassez, avons changé & mué, changeons & muons par ces présentes, de nostre grace espécial, plaine puissance & auctorité roial, au lendemain de ladite feste des Mors. Si donnons en mandement par ces mesmes présentes, à nostre Bailli de *Caux,* ou ressort duquel lad. ville est située & assise, comme dit est, & à tous noz autres Justiciers ou à leurs Lieuxtenans & à chacun d'eulx, si comme à lui appartiendra, que lesdits habitans & chacun d'eulx facent, seuffrent & laissent joïr & user plainement & paisiblement de nosdits présentes grace & octroys, & facent icelle foire ainsi par Nous changée & muée audit lendemain de ladite feste des Mors, crier & publier à son de trompe, se mestier est, ès lieux accoustumez à faire les publications en ladite ville d'*Eu*, & ailleurs où ilz verront qu'il sera à faire : pourveu toutes voies que noz droiz & Demaine n'en soient aucunement diminuez ou empeschez ; & afin que ce soit chose ferme & estable à tousjours, Nous avons fait mettre nostre Seel à ces présentes ; sauf en autres choses nostre droit, & l'autruy en toutes. *Donné aux* Montils-lez-Tours, *ou mois de Mars, l'an de grace mil* CCCC *cinquante-deux, & de nostre regne le* XXXIe Ainsi signé : *Par le Roy en son Conseil.* ROLANT.

Visâ. Contentor. CHALIGAUT.

NOTE.

(a) Regiſtre du Tréſor des Chartes, IX^{xx}I [181], Acte 11e LXIII, (263.)

(a) Lettres de Charles VII, par leſquelles il ratifie les proviſions d'Offices en divers lieux de la Normandie, accordées par le Duc de Bretagne, lorſqu'il avoit ſoumis cette province à l'obéiſſance du Roi.

CHARLES, &c. A tous ceux qui ces préſentes Lettres verront, Salut. Comme feu noſtre Nepveu le *Duc de Bretaigne* derrain décedé, en démonſtrant le bon & parfait vouloir qu'il avoit au bien de Nous & de noſtre Royaume, & au recouvrement de noſtre pays & *Duchié de Normandie* que nos anciens ennemis & adverſaires les *Anglois* avoient longuement détenu & occupé, ſe feuſt, par noſtre Ordonnance & vouloir, mis en armes & entré en grant puiſſance en noſtre pays de la *Baſſe-Normandie,* & en iceluy par force & autrement, prins, réduit & mis en noſtre obéiſſance pluſieurs cités, villes & autres places; en faiſant leſquelles réduccions, & depuis, euſt noſtredict Nepveu, pour & en noſtre nom donné pluſieurs Offices des villes, lieux & places qui par luy & par ſon moyen furent réduites en noſtredicte obéiſſance; leſquels dons & proviſions Nous avons depuis ratifiés & eus aggréables par nos Lettres patentes & particulières, auſdicts pourveus, quand par luy en avons eſté requis & qu'il Nous eſt deuement apparu d'icelle proviſion; & combien que par noſdictes Lettres de ratificacion ayons voulu & octroyé que ceux auſquels noſtredict Nepveu a pourveu deſdicts Offices, & qui ont ſur ce Lettres de Nous à ſa proviſion, tienſſent leſdicts Offices, en oſtant & débouttant d'iceux tous autres à qui en pourrions avoir fait don autrement que à la proviſion de noſtredict feu Nepveu, nonobſtant quelſconques poſſeſſions ou jouiſſances que pourroient prétendre ceux qui en auroient été pourveus autrement que à ladicte proviſion; touttesvoies pour ce que aucuns ſe diſent avoir don de Nous deſdicts Offices, par-avant ou depuis la réduccion deſdictes villes où ſont deſnommés iceux Offices, autrement que à ladicte proviſion, leſdicts pourveus par noſtredict Nepveu, ou les aucuns d'iceux, ſont tenus & mis en grans invollucions de procès ſoubs ombre de leurſdicts dons qu'ils prétendent avoir eus de Nous, & ſoubs couleur de ce qu'ils veulent dire, que noſtredict feu Nepveu, au commencement de ſon entrée en ladicte *Baſſe-Normandie,* & à l'heure deſdictes proviſions ou d'aucunes d'icelles, n'avoit point de pouvoir de Nous par eſcrit, de pourveoir èſdicts Offices, au moins que on n'en monſtre riens, & par ce moyen ſont en dangier de non eſtre jamais ſeurs en leurſdicts Offices, & pourroient cheoir en grans invollutions de procès, ſi par Nous n'y eſtoit faicte Ordonnance & Déclaracion: Savoir faiſons que Nous réduiſans à mémoire les haults & recommandables ſervices que Nous a fait noſtredict feu Nepveu à la recouvrance de la *Baſſe-Normandie,* où il a expoſé ſon corps & ſes biens ſans riens y eſpargner, & que noſtre vouloir a tousjours eſté qu'il peuſt pourveoir aux Offices des villes & places qui par ſon moyen ſeroient réduites en noſtre obéiſſance dès le commencement de ſon entrée en ladicte *Baſſe-Normandie* juſques à la fin de ladicte recouvrance; & que dès le temps que eſtant encore en noſtredict pays de *Normandie,* le derrain jour de Juin l'an mil quatre cents cinquante, noſtredict feu Nepveu Nous fiſt préſenter par nos amez & féaulx Conſeillers & Chambellans *Henry* de *Villeblanche* & *Michel* de *Partenay,* Chevaliers, ſes Serviteurs

NOTE.

(a) Tréſor des Chartes, Regiſtre IXˣˣV [185], Pièce, 296. — MSS. de *Colbert,* Volume LIV, page 897. — Regiſtre du Parlement intitulé : *Ordinationes Barbinæ,* coté D, fol. 144, r.°

& Commiſſaires

& Commiſſaires à ce ordonnés, certain Roulle ſigné de leurs mains, ouquel eſtoient eſcrits & nommés ceux que noſtredict Nepveu avoit pourveus ès Offices cy-après déclarés. Et premièrement avoit pourveu à l'Office de *Bailly* de *Conſtantin*, de la perſonne de *Artus de Montauban* ; à l'Office de noſtre Procureur oudit Bailliage, de la perſonne de *Lituars de Malleſſant* ; à l'Office de *Vicomte de Conſtances*, de la perſonne de *Jamet Godart* ; à l'Office de noſtre Advocat à *Conſtances*, de la perſonne de *Urſin de Neuville* ; à l'un des Offices d'Eſleuz ſur le fait des aides en la ville & Eſleccion de *Conſtances*, de la perſonne de *Roulland de Carne* ; l'autre Office d'Eſleu audict Diocèſe, de la perſonne de *Hardouin Dubois* ; à l'Office de Receveur deſdictes aides èſdictes ville & Eſleccion de *Conſtances*, de la perſonne de *Jacquet Brudelot* ; à l'Office de Clerc & Greffier des Eſleus à *Couſtances*, de la perſonne de *Huguet Viau* ; à l'Office de Garde des Seaulx & Obligacions de la *Vicomté de Conſtances*, de la perſonne de *Bremor du Troloy* dit *Eſtoy Pourſet* ; à l'Office de Capitaine de *Valongnes*, de la perſonne de *René Rigault* ; à l'Office de Verdier de *Valongnes*, de la perſonne de *Henry de Villebranche* ; & à l'Office de Sergent de la *Haye* de *Valongnes*, de la perſonne de *Gilles Leſaint* ; à l'Office de Capitaine des ville & chaſtel de *Vire*, de la perſonne de *Michiel de Partenay* ; à l'Office de *Vicomte de Carenten*, de la perſonne de *Mathelin Hervé* ; à l'Office de noſtre Advocat à *Carenten*, de la perſonne de *Nicolas Leſaige* ; à l'Office de Garde de la Monnoye de *Saint-Lo*, de la perſonne de *Yvonet du Lauret* ; à l'autre Office de Garde de ladicte Monnoie de *Saint-Lo*, de la perſonne de *Henri du Corre* ; à l'Office de Sergenterie à gaiges de la grant foreſt de *Burleroy*, de la perſonne de *Guillaume Buchy* (b)..................

leſquels noſtredict Nepveu vouloit demourer èſdicts Offices ; nonobſtant quelque proviſion qu'il en euſt & peuſt avoir fait à autres, laquelle choſe luy octroyaſmes dès-lors ; voulans les dons & proviſions de noſtredict feu Nepveu avoir & ſortir leur plein effect, & obvier à procès, & nourrir paix & amour entre nos ſubgets, par l'advis & délibéracion des Gens de noſtre Grant Conſeil ; & pour certaines & raiſonnables cauſes & conſidéracions qui à ce Nous ont meu & meuvent, avons, pour conſidéracion des ſervices faits à Nous & à la choſe publique de noſtredicte recouvrance par noſtredict feu Nepveu, voulu, déclairé & ordonné ; voulons, déclairons & ordonnons par Ordonnance & Édit général, par ces préſentes, que noſtre intancion a eſté & eſt que les pourveus par noſtredit Nepveu, c'eſt aſſavoir ceulx qui eſtoient & ſont compris oudict Roulle, & ceux qui par leur réſignacion ou moyen ont eſté pourveus auxdicts Offices ès lieux des deſſus nommés, ſoient & demeurent èſdicts Offices, & qu'ils en jouiſſent paiſiblement, nonobſtant quelſconques autres dons que autres en pourroient avoir eus de Nous par-avant ou depuis leſdictes réduccions, autrement que à ladicte proviſion de noſtredict feu Nepveu & ſelon ledict Roulle, & quelconque couleur de poſſeſſion qu'ils en deuſſent avoir ès lieux du *Mont Saint-Michiel*, continuelle, ou autre part que ès lieux principaulx où ſont deſnommés leſdicts Offices, & que noſtredict Nepveu n'euſt puiſſance par eſcrit de Nous, ou autrement, dont il appare, de povoir pourveoir auſdicts Offices, au commencement de ſadicte entrée en *Normandie* & avant icelles proviſions par luy faictes. Et afin que leſdicts pourveus par noſtredict feu Nepveu, ou ceulx qui ont eſté ſubrogiés en leurs lieux en leurs Offices, ne ſoyent doreſnavant moleſtés par procès ou autrement, Nous voulons que leſdicts nommés & eſcrits audict Roulle, & ceux qui par leur moyen & réſignacion ont eſté & ſeront pourveus auſdicts Offices, ſoyent enregiſtrés en noſtre Cour de Parlement, & qu'ils jouiſſent paiſiblement de leurſdicts Offices, comme deſſus

CHARLES VII, à Léſignan, le 6 Mai 1453.

NOTE.

(b) Il y a en cet endroit du Regiſtre, un intervalle de quelques lignes demeuré vide.

Tome XIV.   Kk

eſt dict, en mettant au néant tous procès quelque part qu'ils ſoyent intentés; nonobſtant quelſconques Sentences ou autres Jugemens faits au contraire, par le moyen d'autres dons par Nous faits autrement que à ladicte proviſion, en quelque manière que ce ſoit, auſquels ne voulons avoir aucun regard, à ce que noſtredit feu Nepveu n'avoit, comme on dit, point de pouvoir par eſcrit dont il appare, de pourvoir aux Offices au commencement de ſon entrée en ladicte Baſſe-Normandie; leſquelles choſes ne voulons nuire ne préjudicier auſdits pourveus par noſtredict feu Nepveu, mais voulons que iceulx qui ſont & ſeront en leurs lieux, jouiſſent deſdits Offices comme il apparoît par eſcrit que noſtredict feu Nepveu euſt pouvoir ſuffiſamment de Nous de pourvoir auſdicts Offices dès le commencement de ſon entrée en ladicte Baſſe-Normandie, juſques à la fin d'icelle recouvrance. Sy donnons en mandement à nos amez & féaulx Conſeillers les Gens tenans & qui tendront noſtre Parlement à Paris, noſtre Eſchiquier en Normandie, Maiſtres des Requeſtes de noſtre Hoſtel, les Gens de nos Comptes, les Généraulx de la Juſtice des Aides, aux Baillis de Caën & Conſtantin, & à tous nos Juſticiers & Officiers, ou à leurs Lieutenans & à chaſcun d'eulx, ſi cõme à luy appartiendra, que noſtre préſente Ordonnance, Édit & Déclaracion ils facent obſerver, garder & entretenir de point en point ſelon ſa forme & teneur, & icelle enregiſtrer chaſcun en ſon povoir & juriſdiccion, en mettant leſdictes parties hors de Cour & de procès, ſans plus en tenir aucune Court ou cognoiſſance; & s'aucune choſe avoit eſté ou eſtoit faite au contraire, la face incontinent & ſans délay réparer & mettre au premier eſtat & deu : car ainſy Nous plaiſt-il, & voulons eſtre fait. En teſmoin de ce Nous avons fait mettre noſtre Séel à ceſdictes préſentes. *Donné à* Léſignen, *le fixieſme jour de May, l'an de grace mil quatre cens cinquante-trois, & de noſtre règne le trente-unieſme. Signé* DELALOERE.

(a) *Mandement de Charles VII, pour décrier les Écus de Savoie, & les Florins d'Allemagne & de Liége appelés* Mailles au Chat.

CHARLES, par la grace de Dieu, Roy de France, à noz amés & féaulx les Généraulx Maiſtres de nos Monnoyes : ſalut & dillection. Savoir vous faiſons que bien advertiz & acertenez que, au moyen du cours que notoirement ont en noſtre Royaume, pour vingt-ſept ſols ſix deniers tournois pièce, les Eſcus de Savoye que l'en treuve de poix de ſoixante & douze au marc, & de vingt & deux carats & demy de loy, l'on peult donner de marc d'or fin ſix livres onze ſols ſix deniers tournois, oultre le pris que en faiſons donner en noz Monnoies; & pareillement, au moien du cours que notoirement ont en noſtredict Royaume pour quinze ſols ſix deniers tournois pour pièce, Fleurins d'Allemaigne ou du Liege, appellés Mailles au Chat, que l'en treuve de poix de ſoixante & quinze au marc & à douze caratz & demy de loy, on peult donner de marc d'or fin quatorze livres tournois, oultre le prix que en faiſons donner en nozdictes Monnoies; & que par ce, toute la matière d'or eſtant en ceſtuy noſtre Royaume, tous les Eſcus que l'en pourroit ouvrer ſur le pié préſent, & la pluſpart des Eſcuz faicts paravant, ſe pourroient convertir & ouvrer èſdicts Eſcuz de Savoye & de Fleurins au chat; & par ce, pourroient tourner en chaumaige toutes noz Monnoies, & qui pis eſt, l'en ſe pourroit trouver deſnuez de tout l'or qui y eſt ouvré, qui ſeroit inconvénient comme irréparable à Nous & à la choſe publique de tout noſtredict Royaume, ſe par

NOTE.

(a) Regiſtre de la Cour des Monnoies, coté F, fol. 70, r.

Nous n'y eftoit fur ce donnée provifion: Nous defirans à ce remédier, & voulans lefdits inconvéniens efchever à Nous, par l'advis & délibération des Gens de noftre Confeil, le cours d'iceulx Efcuz de *Savoye* & defdicts Fleurins au chat avons du tout abatu & deffendu; & par ces préfentes abatons & deffendons, & ne voulons pas que plus foient lefdicts Efcuz de *Savoye*, & auffi lefdits Fleurins au chat, ne allouez pour marchandife, ne autrement, à quelque pris ne en quelque maniere que ce foit, mais les deffendons fur peine de confifcation; & voulons & ordonnons qu'ilz foient réputez pour billon, & comme telz portez, fondus & ouvrez en nofdictes Monnoies, pour les convertir ès Efcuz que faifons faire & forger en icelles à nos armes. Si vous mandons & enjoignons par cefdictes préfentes, en commeclant, fe meftier eft, que lefdicts Efcus de *Savoye* & lefdicts Fleurins au chat, & le cours d'iceulx, vous faictes par tous les pays de noftre Royaume defcrier & abattre, en faifant au regard de ce & du furplus, publier & tenir noftredicte Ordonnance, en pugniffant & faifant pugnir les tranfgreffeurs d'icelle, par confifcation defdicts Efcuz & Fleurins, par amende auffi arbitraire, & autrement comme il appartiendra. Car ainfi Nous plaift-il & voullons eftre fait; & que au *Vidimus* d'icelles fait foubz Séel Royal, plaine foy foit adjouftée comme à ce préfent original. Mandons & commandons à tous nos Jufticiers, Officiers & fubjects, que à vous & à chacun de vous & à voz Commis & Députez, en ce faifant, obéiffent & entendent diligeamment, preftent & donnent confeil, confort, aide & prifons, fe meftier en eft & requis en font. *Donné à Lézignen le XVI.' jour de May, l'an de grace mil quatre cent cinquante-trois, & de noftre regne le XXXI.'* Ainfi figné: *Par le Roy en fon Confeil.* CHALIGAULT.

Au dos defquelles Lettres Royaulx eftoit efcript ce qui s'enfuit.

Ces préfentes Lectres ont efté cryées & publiées à fon de trompe, par les carrefours & lieux acouftumez à faire cris & publications, à *Paris*, le Samedi neufiefme jour de Juing, l'an mil quatre cent cinquante & trois, par *Richart Piéfort*, Crieur Juré du Roy noftre Sire en icelle ville, lequel *Piéfort* eft Sergent à cheval du Roy noftredict Sire, ou Chaftellet de *Paris*: Ainfi figné. R. *PIÉFORT*. Ces préfentes ont pareillement efté publiées au Champ du Lendit, à fon de trompe, en la préfence du Procureur du Roy noftre Sire, ou Chaftellet de *Paris*, par moi *Richart Piéfort*, deffus nommé, le Mercredi XIII.' jour de Juing, l'an deffufdict mil quatre cent cinquante & trois: *Ainfi figné.* R. *PIEFORT*.

(a) *Mandement de Charles VII, pour décrier les Quarts de Savoie & les Demi-gros de Gènes.*

CHARLES, par la grace de Dieu, Roy de France, à noz amez & féaulx les Généraulx Maiftres de noz Monnoyes: falut & dillection. Savoir vous faifons, que bien advertiz & acertenez que les Quarts de *Savoye*, & pareillement les Demys-gros de *Jannes*, ne font de tel poix & loy qu'ils deuffent eftre; parquoy au cours qu'ilz ont, c'eft affavoir, lefdicts Quarts pour un denier tournois pièce, & lefdicts Demys-gros pour huit deniers tournois pièce, on tire noftre monnoye blanche hors noftre Royaume, au grant préjudice & dommaige de Nous & de la chofe publicque d'icelle, & pourroit plus eftre, fe par Nous n'y eftoit fur ce donnée provifion: Nous defirans à ce rémédier, & voulans lefdits inconvéniens efchever à Nous, par l'advis & délibéracion

NOTR.

(a) Regiftre de la Cour des Monnoies, coté *F, fol.* 71.

——————— des Gens de noſtre Conſeil, le cours d'iceulx Quars de *Savoye* & deſdicts Demyz-gros de *Jannes*, avons du tout abattu & deffendu, & par ces préſentes abatons & deffendons, & ne voulons pas que plus ſoient leſdicts Quarts de *Savoye*, ne auſſi leſdicts Demys-gros de *Jannes*, miz ne allouez par marchandiſe, ne autrement, à quelque pris ne en quelque maniere que ce ſoit; mais les deffendons ſur peine de confiſcation, & voulons & ordonnons qu'ils ſoient repputez pour billon, & comme tels portez, fonduz, & ouvrez en noſdites Monnoyes pour les convertir en la monnoie blanche que faiſons faire & forger en icelles à noz armes. Si vous mandons & enjoignons par ceſdictes préſentes, en commeċtant ſe meſtier eſt, que leſdicts Quars de *Savoye* & leſdicts Demys-gros de *Jannes* & le cours d'iceulx, vous ſètes par tous les pays de noſtre Royaume deſcrier & abattre, en faiſant au regard de ce & du ſurplus, publier & tenir noſtredicte Ordonnance, en pugniſſant & faiſant pugnir les tranſgreſſeurs d'icelle, par confiſcation deſdits Quars & Demys-gros, par amende auſſi arbitraire, & autrement comme il apartiendra : car ainſi Nous plaiſt-il & voulons eſtre fait; & que au *Vidimus* d'icelles ſait ſoubz Séel Royal, plaine foy ſoit adjouſtée comme à ce préſent original. Mandons & commandons à tous nos Juſticiers, Officiers & ſubjets, que à vous & à vos Commis & Depputez, en ce faiſant, obéiſſent & entendent dilligeamment, & vous preſtent & donnent conſeil, confort & aide, ſe meſtier eſt & requis en ſont. *Donné à Lézignen, le XXX.ͤ jour de May, l'an de grace mil quatre cent cinquante-trois, & de noſtre regne le XXXI.ͤ* Ainſi ſigné: *Par le Roy.* CHALIGAULT.

_____

(a) Lettres de Charles VII, qui confirment les Lettres de Sauvegarde accordées par Charles VI au Couvent de la Roſe - Notre - Dame-lez-Rouen.

CHARLES, &c. ſavoir faiſons à tous préſens & advenir, Nous avoir receu l'umble ſupplicacion de noz bien-amez les Prieur ou Recteur de l'Oſtel-Dieu de la *Roſe-Notre-Dame-lez-Rouen*, de l'Ordre des Chartreux, contenant que l'an mil trois cens quatre-vingt & quatre, ils obtindrent de feu noſtre très-chier Seigneur & Pere, que Dieu abſoille, certaines Lettres de garde & privilégeś, ſeellées en lacs de ſoye & cire vert, deſquelles la teneur s'enſuit.

CHARLES, par la grace de Dieu, Roy de France, &c. *(b)*

Du contenu èſquelles Lettres deſſus tranſcriptes, leſdicts ſupplians, obſtant l'empeſchement de nos anciens ennemis les *Anglois,* leſquels par longtemps, & meſmement puis trente-cinq ans en çà, ont détenu & occupé noſtre *Duchié* & pays de *Normandie,* où ſont ſituez & aſſiz leſdicts Religieux, n'ont peu aucunement joyr deſdits privileges; mais pour ce que ils doubtent que ou temps à venir aucuns leurs vouſſiſſent mecttre ou donner empeſchement en la joyſſance du contenu en icelles, ils Nous ont humblement fait ſupplier & requérir que, attendu les cauſes contenues èſdictes Lettres deſſus tranſ-criptes, qui meurent noſtredicſt feu Seigneur & Pere à icelles octroyer, &

NOTES.

(a) ✠Tréſor des Chartes, Regiſtre IXˣˣII [182], Piéce 140. — *MSS. de Colbert,* Volume LIV, page 113.

   (b) Ces Lettres de Charles VI, du 18 Mars 1384, ſont imprimées à la page 110 du VII.ͤ volume de ce Recueil. On a

remarqué en cet endroit (ligne pénult.) qu'il y avoit une faute dans le texte du Regiſtre, en cette phraſe, *ſur les contentieuſes,* il faut lire comme dans le *Vidimus* de ces mêmes Lettres inſérées ici tout au long, *ſur les choſes contentieuſes.*

l'occupacion continuelle qu'ils eurent à faire & continuer le Service Divin
en leurdicte église, il Nous plaise les leur conferver & approuver, & fur ce
leur impartir noftre grace. Pour quoy Nous, ces chofes confidérées, lefdictes
Lettres deffus tranfcriptes & le contenu en icelles, avons eu & tenu
agréables, & les avons confermées, ratifiées & approuvées; & par ces préfentes, confermons & approuvons de noftre grace efpécial, plaine puiffance
& auctorité royal, par ces préfentes; & voulons que lefdicts fupplians joyffent
d'icelles nofdictes Lettres & du contenu en icelles, dorefenavant, perpétuellement, felon leur forme & teneur, nonobftant que paravant ilz n'en ayent
aucunement joy, comme dit eft. Si donnons en mandement par ces mefmes
préfentes au *Bailly* de *Rouen* ou à fon Lieutenant, & à tous nos autres Jufticiers
ou à leurs Lieutenans préfens & à venir, & à chafcun d'eulx, fi comme à luy
appartendra, que de nos préfentes grace, confirmacion, ratificacion & octroy,
facent, feuffrent & laiffent lefdicts Suppliants dorefenavant perpétuellement joyr
& ufer plainement & paifiblement, fans en ce leur faire, mectre ou donner, ne
fouffrir eftre fait, mis ou donné aucun deftourbier ou empefchement au contraire;
lequel, fe fait, mis ou donné leur avoit efté ou eftoit, fi l'oftent ou facent ofter,
& mectre fans délay au premier eftat & deu; & afin que ce foit chofe ferme &
eftable à toujours, Nous avons fait mectre noftre Séel à cefdictes préfentes:
fauf toutes-voyes en autres chofes noftre droit, & l'autruy. *Donné à Libourne,
le huictiefme jour d'Aouft, l'an de grace mil quatre cens cinquante-trois, & de
noftre regne le trente-uniefme.* Ainfi figné: *Par le Roy en fon Confeil, auquel eftoient
Vous* *, *l'*Evefque de Langres, *le* Comte de Dampmartin, *les Sires de* Torcy,
de Montforeau *& autres préfens.* DECAIGNEUX.

Vifa. Contentor. DAGOURT.

CHARLES
VII,
à Libourne,
le 8 Août
1453.

*Le Chancelier
de France.

---

*(a) Lettres de Charles VII, par lefquelles il ordonne que fon Édit pour
faire jouir de leurs Offices ceux que le Duc de Bretagne en avoit pourvus
en faifant la recouvrance de la Normandie, enregiftré par le Parlement
avec des réferves, foit enregiftré purement & fimplement.*

CHARLES
VII,
à Montferrant
en Bordelois,
le 25 Août
1453.

CHARLES, par la grace de Dieu, Roy de France, à noz amez
& féaulx Confeillers les Gens tenans & qui tiendront noftre Parlement
à *Paris:* Salut & dilection. Noftre très-chier & très-amé Neveu le Duc de
Bretaigne, Nous a fait remonftrer, que ou mois de May derrenièrement paffé,
Nous, à fa requefte & en faveur de lui, octroyafmes noz autres Lettres
patentes en *(b)* forme de Édict, par lefquelles avons voulu & ordonné, que ceulx
qui furent par Nous pourveuz d'aucuns Offices à la provifion de feu noftre
Neveu le Duc de *Bretaigne,* en faifant la recouvrance de noftre païs de la
Baffe-Normandie, nommez en icelles noz Lettres de Édict, joïffent defdiz
Offices paifiblement, nonobftant quelxconques dons ou provifions que en
euffions fait au temps & paravant ladicte recouvrance, ou depuis, & que au
temps que noftredit feu Neveu y pourveut, il n'euft povoir de Nous de ce faire,
lefquelles noz Lettres de Édict, Nous aient efté préfentées par le Procureur
de noftredit Neveu, afin que par vous elles feuffent publiées & enterinées;
en obtempérant aufqueles, vous les aiez fait publier & enregiftrer, en réfervant
à aucuns leurs oppofitions, pour leur valoir & fervir en temps & lieu ce que
de raifon, comme par voftre appoinctement fur ce donné peut plus à plain

NOTES.

(a) Regiftre du Parlement intitulé *Ordinationes Barbinæ,* coté *D, fol.* 6 *v.*°
(b) Voyez ci-devant, les Lettres du 6 Mai 1453, pag. 256.

CHARLES
VII,
à Montferrant
en Bordelois,
le 25 Aout
1453.

apparoir; obſtant laquelle réſervation, noſtredit Neveu doubte que leſdiz pourveuz ou temps à venir ſoient empeſchez en leurſdiz Offices & proviſions, & que par ce moyen noſdictes Lettres de Édict ſoient & demeurent de nul effect, requérant ſur ce noſtre plus ample grace & proviſion. Pour ce eſt que Nous, conſidérées les cauſes qui Nous meurent à faire l'octroy de nozdictes Lettres de Édict, deſquelles ſommes bien recors, voulans en faveur d'icelles, & pour autres grans conſidéracions à ce Nous mouvans, noſtredit Édict eſtre entretenu & ſortir ſon plain effect, vous mandons, commandons & expreſ-ſément enjoignons, que icelles nos Lettres de Édict vous entérinez plénièrement & abſolument, en faiſant joïr les nommez en icelles, & ceulx qui d'eulx ont ou auront cauſe, deſdiz Offices paiſiblement, & les mectez hors de Court & de procès, tous ſelon la fourme & teneur de noſdictes Lettres de Édict, ſans en ce plus faire aucun délay, & telement que noſtredict Neveu, ne les parties à qui ce touche, n'aient plus cauſe d'en revenir devers Nous. Car ainſi Nous plaiſt-il, & voulons qu'il ſoit fait, nonobſtant ladite réſervation par vous faicte touchant leſdictes oppoſitions, à laquelle ne voulons que aiez aucun regart en cette partie, & quelxconques procès introduiz à cauſe de ce. *Donné à Montferrant en Bourdeloiz, le XXV. jour d'Aouſt, l'an de grace mil CCCC cinquante & trois, & de noſtre règne le XXXI.* Sic ſignatum : *Par le Roy, les Sires de Torcy & de* Monſoreau, *Maiſtres* Eſtienne Chevalier, *&* Pierre Doriole, *& autres préſens.* DELALOERE.

CHARLES
VII,
à S.¹-Macaire,
le .... jour
de Septembre
1453.

(a) Lettres de Charles VII, par leſquelles il confirme le Traité fait pour la réduction en ſon obéiſſance des château & place de Bénauges; & maintient les habitans dans leurs droits, libertés & franchiſes.

CHARLES, par la grace de Dieu, Roy de France, à tous ceulx qui ces préſentes Lettres verront: Salut. Comme en faiſant la réduction en noſtre obéiſſance, des chaſtel & place de *Bénauges,* par noſtre très-chier & amé Couſin le *Comte* de *Foix* noſtre Lieutenant général en *Guienne,* avecques *Jehannot* de *Caſtendet,* Cappitaine deſdits chaſtel & place de *Bénauges,* ait eſté fait & accordé par noſtredict Couſin, l'appointement duquel la teneur s'enſuit.

TRAICTIÉ & Appointement fait entre hault & puiſſant Seigneur Monſ. *Gaſton Conte* de *Foix* & de *Bigorre,* Lieutenant du Roy noſtre Sire, d'une part, & *Jehannot* de *Caſtendet,* Cappitaine du chaſtel & place de *Bénauges,* d'autre.

(1) Premièrement. A eſté accordé que en bailliant préſentement dedens trois jours par ledit Cappitaine, la place de *Bénauges* ès mains de Mondit S.ʳ de *Foix,* que les gens de ladite place & ſeigneurie de *Bénauges,* ſoient d'Égliſe, Nobles, & autres manans & habitans quelzconques, pourront demourer en ladite place & Seigneurie, & auront & joyront de leurs biens, choſes & héritaiges quelz-conques, en faiſant le ſerement qu'il appartient, & auront du Roi abolicion & grace généralle.

NOTE.

(a) Regiſtre du Tréſor des Chartes, coté IXˣˣII (182), pièce 1. On trouve dans ce même Regiſtre (pièce 13), des Lettres d'abolition accordées par le Roi aux habitans de *Bénauges,* à qui le Comte de *Foix* avoit promis de les faire obtenir. Elles ſont datées de *Saint-Macaire, au mois de Septembre, l'an de grace* MCCCLIII. Comme ce ſont de ſimples Lettres d'abolition, nous ne les rapporterons point.

(2) *Item.* Est appointé que ledit Monf.' de *Foix* & de *Dunoys*, Seigneurs de ladite place & Seigneurie, feront contens de tenir lefdits manans & habitans, tant qu'il leur touche & peut toucher comme Seigneurs, en leurs droiz, libertez & franchifes, ainfi que leurs prédécefleurs ont fait, & les garderont de force & violence.

CHARLES
VII,
à S.'-Macaire,
le ....jour
de Séptembre
1453.

(3) *Item.* A efté accordé que ledit Monf.' de *Foix* fera content que ceux qui ne vouldront demeurer, s'en aillent avec tous leurs biens: & les baillera ledit Monf.' le Lieutenant, bon faufconduit & feurté.

(4) *Item.* A efté accordé que ceulx qui ne font pas maintenant à ladite place & feigneurie de *Bénauges*, & vouldront retourner en l'obéïffance du Roy, feront receuz durant le terme de quinze jours, & joïront de leurs biens, caufes & héritaiges, & auront abolicion, ainfi que dit eft, en faifant le ferement.

(5) *Item.* Que ledit Cappitaine fe pourra faire payer des finances & raençon des prifonniers qu'il tient & auroit fait jufques à ce jourduy, ceffant tout fraude & mal engin; & au regard des autres qui paravant n'eftoient à finance, il les rendra & délivrera francs & quiétes.

(6) *Item.* A efté appointié que ledit Monf.' de *Foix* fera avec ceulx qui ont le Seigneur du *Crocq*, qu'il foit bien traictié par eulx; & autrement en fa délivrance fera du mieulx qu'il pourra, telement que ledit Cappitaine en devra eftre content par raifon.

(7) *Item.* Et auffi que ledit Cappitaine délaiffera en ladite place, toute artillerie qu'il trouva en icelle place alors qu'il la print; & quant eft à celle qu'il y a portée, ou qui preftée lui a efté, il la pourra emporter, ou cas que le Roy ne la vouldroit acheter.

(8) *Item.* A efté appointié que audit Cappitaine fera donné congié & faufconduit pour aler paffer, repaffer, & autrement, ainfi qu'il appartient, pour le terme & efpace de demi an, & fe meftier eft, dens ledit temps aler devers Monf.' le Captan fon Maiftre, pour fes befoingnes & affaires; & fe, durant ledit terme, il veult demourer & retourner François, & faire le ferement ainfi qu'il appartient, il y fera receu, & joyra de fes biens, chofes & héritaiges quelzconques, lefquelz lui feront franchement délivrez, & aura abolicion généralle.

(9) *Item.* A efté accordé que ceulx qui font en ladite place, privez ou eftranges, qui feront le ferement, puiffent pourfuir tous leurs debtes & les recouvrer; & ainfi feront tenus de paier les leurs, fe aucuns en doivent; & fur ce auront Lettres du Roy, & Mandement exprès pour contraindre leurfdits débiteurs; & femblables Lettres feront octroyées audit Cappitaine, nonobftant qu'il ne feiffe ferment.

(10) *Item.* Et toutes lefquelles chofes Monf.' le *Conte* promettra tenir de point en point fans enfraindre, & les faire avoir agréables par le Roy, & les confermer, & en bailler fes Lettres telles qu'il appartendra. *Fais le XXV.'* jour de Septembre l'an mil CCCC LIII. J. FOSSER.

EN Nous humblement requérant pour noftredit Coufin, que icellui appoinctement aions agréable & le vueillions confermer. Nous, à la fupplicacion & requefte de noftredit Coufin, ledit Traictié & appoinctement, & le contenu en icellui, avons eu & avons agréable, & le confermons, ratiffions & approuvons de grace efpécial, par ces préfentes; & promectons icellui tenir & faire tenir, entretenir & accomplir felon fa forme & teneur. Si donnons en mandement par ces mefmes préfentes à noz amez & féaulx Confeillers les Gens de noftre Parlement, aux Sénefchaulx de *Guienne*, de *Pierregort*, des *Lanes*, *Agenès*, *Bafadès* & *Quercy*, & à tous noz autres Jufticiers ou à leurs Lieuxtenans, & à chacun d'eulx fi comme à lui appartendra, que de noftre préfente confirmacion & ratificacion, facent, feuffrent & laiffent les deffufdits joïr

CHARLES
VII,
à S.¹-Macaire,
le . . . jour
de Septembre
1453.

& uſer plainement & paiſiblement, ſans leur faire ou donner, ne ſouffrir eſtre fait ou donné aucun deſtourbier ou empeſchement au contraire, en quelque manière que ce ſoit. En teſmoing de ce, Nous avons fait mettre noſtre Séel à ces préſentes. *Donné à S.¹-Macaire, le (b) . . . jour de Septembre, l'an de grace mil cccc cinquante & trois, & de noſtre regne le XXXI.ᵐᵉ* Ainſi ſigné: *Par le Roy, &c. en ſon Conſeil.* A. ROLLANT.

NOTE.

(b) Le quantième du mois a été gratté & n'a point été ſuppléé.

CHARLES
VII,
aux Montils-
lez-Tours,
le 10 Janvier
1453.

(a) Lettres de Charles VII, par leſquelles il ordonne que pluſieurs des Maîtres & Clercs des Comptes à Paris, ſe rendront à l'Échiquier de Normandie pour y recevoir les comptes des Officiers comptables de ce pays.

CHARLES, par la grace de Dieu, Roy de France, à tous ceux qui ces préſentes Lettres verront: Salut. Nos chers & bien-amez les Gens des trois Eſtats de noſtre pays de *Normandie,* Nous ont fait remonſtrer que nos Vicontes, Grénetiers, Receveurs, & autres Officiers comptables de noſtredit pays de *Normandie,* ont eſté & ſont grandement vexez, travaillez & endommagez, pour aller d'iceluy pays de *Normandie* en noſtre Chambre des Comptes à *Paris,* rendre leurs comptes, & les y faire clorre & affiner; meſmement que grand partie de noſtredit pays de *Normandie* eſt diſtant de noſtredite ville de *Paris* de ſoixante à quatre-vingts lieues. Savoir faiſons que Nous, deſirans relever noſdits Officiers de telles vexations, travaux & dépenſes, avons, par l'advis & délibération de pluſieurs des Seigneurs de noſtre Sang & lignage, & des Gens de noſtre Grand Conſeil, ordonné & ordonnons par ces préſentes, que dorſnavant toutes & quantes fois que feront tenir Eſchiquier en noſtredit pays de *Normandie,* feront & vendront de noſtredite Chambre des Comptes à *Paris,* pendant & durant le temps de l'Eſchiquier, ou lieu où ſera tenu ledit Eſchiquier, aucuns de nos Conſeillers Maiſtres des Comptes & Clers, auſquels, dès-à-préſent comme pour lors, Nous par ceſdites préſentes donnons pouvoir, authorité, commiſſion & mandement ſpécial, de oyr, clorre & affiner les comptes de noſdits Vicomtes, Receveurs, Grénetiers, & autres Officiers comptables de noſtredit pays & Duché de *Normandie* ſeulement, le plus dili-gemment que faire pourront durant ledit Eſchiquier. Si donnons en mandement à nos amez & féaux Gens de nos Comptes à *Paris,* qu'en mettant nos préſente Délibération & Ordonnance à exécution, ils envoyent en noſtredit pays de *Normandie,* au lieu où ſe tendra ledit Eſchiquier dorſnavant quand le feront tenir, aucuns d'eux & deſdits Clers de noſdits Comptes, comme dit eſt, pour oyr, clorre & affiner iceux comptes de noſdits Officiers comptables dudit pays, ainſi & par la maniere que deſſus eſt dit, ſans en ce faire aucune difficulté. Car ainſi Nous plaiſt-il, & voulons eſtre fait. En témoin de ce, Nous avons fait mettre noſtre Seel à ces préſentes. *Donné à* Montils-lez-Tours *le 10.ᵉ jour de Janvier, l'an de grace M CCCC LIII, & de noſtre regne le XXXII.* Ainſi ſigné: *Par le Roy en ſon Conſeil.* R. CHALIGAUT.

NOTE.

(a) Nous donnons cette pièce d'après une copie tirée du Regiſtre *L* de la Chambre des Comptes, *fol.* 18 *v.ᵉ* Elle nous a été communiquée par M. *de la Place* le fils, Maître des Comptes.

(a) Lettres de Charles VII, par lefquélles il confirme les priviléges
accordés à l'Ordre de Saint-Jean de Jérufalem,
par les Rois fes prédéceffeurs.

*KAROLUS, Dei gratiâ Francorum Rex, notum facimus univerfis præfentibus
& futuris, Nos felicis recordacionis & inclitæ memoriæ Caroli Francorum
Regis, avi & prædecefforis noftri, Litteras vidiffe, formam quæ fequitur continentes.*

KAROLUS, Dei gratiâ Francorum Rex, &c. (b).

*Quas quidem Litteras præinfertas, ac omnia & fingula in eis contenta, rata
& grata habentes, ea laudavimus, approbavimus & ratificavimus, & de noftræ
regiæ poteftatis plenitudine ac auctoritate laudamus, ratificamus approbamufque, ac
etiam præfentium tenore confirmamus, ficut in quantum Religiofi prædicti eifdem
rite & debite ufi funt pariter & gavifi, addicentes infuper & eis concedentes, & in
gardiatorem deputantes Præpofitum Parifienfem qui nunc eft & pro tempore erit,
unà cum aliis gardiatoribus præinfertis, volentes & concedentes, ut ipfi coram
dicto Præpofito, & aliis judicibus noftris ad quos cognitio pertinebit, litigare &
partes fuas adjornari facere valeant, ut in Litteris fuperiùs contentum & latiùs eft
expreffum. Quocircà dilectis & fidelibus Confiliariis noftris Gentibus Parlamenti &
dicto Præpofito Parifienfi, necnon Baillivis Senonenfis Meledini, cæterifque jufticiariis noftris aut eorum Locatenentibus, præfentibus & futuris, & eorum cuilibet prout
ad eum pertineat, tenore præfentium damus in mandatum, quatenùs dictos Religiofos
noftris præfentibus conceffione, gratiâ & confirmatione uti & gaudere pacificè &
quietè faciant aut permittant, abfque ipfos in præmiffis impediendo aut moleftando,
five impediri aut moleftari patiendo; quinimò fi quad in eis appofitum effet impedimentum, illud ftatim tollant & *admoveant, feu tolli & admoveri faciant vifis
præfentibus indilatè, & compellendos ad hoc viriliter & debitè compellendo. Quæ
ut ftabilitatis perpetuæ robur obtineant, noftrum præfentibus juffimus apponi figillum,
noftro tamen in cæteris, alienoque in omnibus, juribus femper falvis. Datum Turonis,
menfe Januarii, anno Domini mil CCCC LIII.° regni verò noftri XXXII.°*

* Lifez amoveant
& amoveri.

Au repli defdictes Lettres eft efcript ce qui s'enfuit, & figné : *Per Regem
ad relationem Confilii,* BURDOIS. *Vifa Contentor.* CHALIGAUT.

Au dos defdictes Lettres eft efcrit : *Regiftrata.*

Item. Lues & publiées en jugement au Chaftelet de *Paris,* en l'auditoire
civil, le mercredi XX.° jour de Mars, l'an de grace mil CCCC LIII. *Ainfi figné.*
P. CHOART.

Item. Le XXVI.° jour du mois de Mars, l'an mil CCCCLIII, en la préfence
de *Denis Belet* lieutenant de Monfeigneur le *Bailli de Vermandois,* & de
M.° *Guillaume Typhaine,* fubftitut du Procureur du Roy, furent ces préfentes
publiées & lues au beffroy de *Soiffons,* à fon de cloche, en la manière accouftumée, par moi *Guillaume le Coq,* clerc dudit Bailliage audit *Soiffons. Ainfi
figné:* G. LE COQ.

NOTES.

(a) Livre vert vieil fecond du Châtelet de *Paris,* fol. 114, v.°
(b) Ces Lettres de Charles V, du mois de Juin 1364, font imprimées à la page 459
du IV.° volume de ce Recueil ; elles en confirment d'autres du roi Jean & de
Philippe VI, auffi imprimées au tome III de ce Recueil, p. 556.

CHARLES
VII,
aux Montils-
lès-Tours,
le 27 Février
1453.

(a) *Lettres de Charles VII, qui règlent par provifion, les limites
des lieux où les Sels de Languedoc & ceux de Poitou
doivent avoir cours.*

CHARLES, par la grace de Dieu, Roy de France, à nos amez &
féaux Confeillers, Maiftre *Pierre du Refuge* & *Jean de Sainct-Romain*,
Généraux fur le fait de la juftice de nos aides : falut & dilection. Notre
Procureur général fur le faict des aides & gabelles, Nous a fait remonftrer
que, comme par cy-devant plufieurs altercations & débats ayent efté entre
nos Vifiteurs & Procureur fur le faict de nofdites gabelles en noftre pays
de *Languedoc,* difant que felon les Ordonnances Royaux, faites fur le fait
de la gabelle du fel, le païs d'*Auvergne* eft & doit eftre des fins & limites où
ledit fel de *Languedoc* doit avoir cours fans autre fel, d'une part : & les
manans & habitans dudit païs d'*Auvergne,* difans avoir faculté & puiffance
d'ufer dudit fel de *Languedoc* & du fel de *Poitou,* en payant pour iceluy fel
de *Poitou,* toutesfois qu'il eft vendu, revendu ou efchangé audit pays, 4 fols
tourn. pour liv. d'autre part. Pour lefquels débats appaifer & tout remettre en
ordre felon lefdites Ordonn. & ufages anciens, euffions jà longtemps envoyé
plufieurs commiffaires, pour enquérir des limites dudit fel de *Languedoc* &
dudit fel *Poitevin,* & ou chafcun fel doit avoir cours, & comment on avoit
accouftumé d'en ufer d'ancienneté, afin de remettre ledit ufage en fon ancien
ordre; lefquels commiffaires euffent fait fur ce plufieurs grandes informations,
après lefquelles faites & rédigées par efcrit, euffions envoyé audit pays
d'*Auvergne, Jean de Bar,* Chevalier, lors Général Confeiller fur le faict &
gouvernement de nos finances, pour lefquelles informations veuës appoincter
& ordonner fur le fait defdites limites & ufages dudit fel, ainfi qu'ils verroient
eftre à faire par raifon; lequel, veuës lefdites informations, & ouys ceux
dudit pays d'*Auvergne* en tout ce qu'ils voulurent propofer & monftrer, euft
déclaré, ordonné & appointé que le fel blanc de *Languedoc* auroit cours
dès lors en avant jufques à *Thierry, Croppiere, Billon,* & le *Creft,* en retournant
vers la *Breffe,* la *Tour* & la ville de *Bort,* affife fur la riviere de *Dordonne;* &
qu'outre lefdites limites, plus ne feroit ufé dudit fel *Poitevin,* fur peine de
confifcations & amendes en tel cas accouftumé, en ordonnant de par Nous,
que pour ledit fel *Poictevin* qui eftoit dedans lefdites limites, en fut vuidé dedans
le terme de Pafques prochainement venant enfuivant, autrement déclaroit, ledit
terme venu, icelui fel eftre confifqué & à Nous appartenir; de laquelle déclaration ceux dudit pays d'*Auvergne* fe porterent pour appellans, & à cefte caufe
fe retirerent par devers-Nous, difans lefdites limites déclarées par ledit de *Bar*
n'en eftre les anciennes limites, efquelles ledit fel blanc devoit avoir fon cours,
Nous requérans que l'exécution de ladite fentence vouluffions faire furfeoir, &
que plus amplement Nous vouluffions informer des limites & ufages anciens,
pour après en appointer à noftre bon plaifir, comme verrons eftre à faire; &
pour ce faire leur euffions octroyé préfix temps jufques à la fefte de *Pentecofte*
mil quatre cent cinquante-deux, pendant lequel temps ordonnafmes l'exécution
de ladite fentence eftre furfeuë, & que cependant feroient faites autres informations, lefquelles rapportées par-devers Nous & les Gens de notre Grand-
Confeil, icelles veues, en feroit appointé, comme il appartiendra par raifon. Et

NOTE.

(a) *Fontanon,* tome II, page 761. Ces Lettres font inférées dans d'autres Lettres
de Charles VIII du mois d'Octobre 1493 : on les trouve auffi dans le Recueil d'Édits
de *Corbin,* page 148.

en fuivant lequel appointement, vous fuffiez par noftre Ordonn. tranfportez en noftredit pays d'*Auvergne*, là où fuffiez informez fur tous & chafcuns des faits & articles touchant les matieres deffufdites prétenduës par chafcune defdites parties à Nous baillées, tant de la part de nofdits vifiteur & procureur, qu'auffi par ceux dudit pays d'*Auvergne*: & pour ce que dedans ledit. terme de *Pentecofte*, lefdites informations par vous encommencées ne peurent eftre parachevées ne mifes à fin, pour plus meurement procéder en cefte matiere, & que mieux la vérité en peut eftre fceuë, iceluy terme prorogeafmes jufques à la mi-Aouft lors enfuivant, en furféant jufqu'audit jour l'exécution de ladite fentence dudit *de Bar*, comme dit eft ; durant lequel temps furent par vous faites & parachevées lefdites informations, & rapportées par-devant Nous & les Gens de noftre Grand-Confeil, pour fur icelles appointer comme verrions eftre à faire ; à quoy lors ne put eftre vaqué, tant pour les occupations qu'avions, qu'auffi pour la rebellion qui lors advint de partie de noftre pays de *Guyenne*: à quoi depuis avons pourveu, graces à Dieu, & iceluy remis à noftre obeiffance. Et combien que pendant ce débat deffufdit ne deuffions eftre demeurez defappointez, ainçois après ladite fefte de mi-Aouft, jufqu'à laquelle avions fait furfeoir l'exécution de la fentence donnée par ledit *de Bar*, ledit fel blanc de *Languedoc* deuft avoir eu cours audit pays d'*Auvergne*, fans qu'aucunement y deuft avoir efté ufé pendant ledit procez d'autre fel, néantmoins les habitans d'*Auvergne* ont toujours ufé & ufent dudit fel de *Poiftou*, que par raifon faire ne fe doit: en quoy avons eu & encores avons de très-grans dommages, parce que dudit fel noir ne Nous eft payé aucune gabelle, au moins que très-peu, eu égard au droiſt que prenons en cas pareil ès autres païs de noftre Royaume. Et fuppofé qu'ils fe difent avoir droiſt d'ufer dudit fel de *Poiftou* en payant quatre fols pour livre, comme deffus eft dit, toutesfois pour les grandes fraudes & abus qui fe commettent ès ventes dudit fel, auffi pour la diverfité dudit païs, fe vend & diftribue grande quantité dudit fel *Poiftevin*, qui ne vient point à cognoiffance, & n'en peut la vérité eftre fceuë, & pour ce y perdons tout noftre droiſt, fans en avoir quelque émolument ou profit, qui eft en grand diminution de nos droiſts, & plus feroit fi par Nous n'eftoit donnée fur ce provifion convenable.

Pour ce eft-il que Nous, ces chofes confidérées, voulans pourvoir aux dommages qui à l'occafion deffufdite nous pourroient furvenir pendant ledit procez, qui de préfent ne fe peut difcuter pour ce qu'il n'eft encore parfait ny en l'eftat de juger; après que tout ce qui a efté fait en cefte matière avons fait voir, vifiter & rapporter en noftredit Grand-Confeil, par l'advis & déli-bération des Gens de noftredit Grand-Confeil, avons appointé & ordonné, appointons & ordonnons par ces préfentes, que pendant ledit procez, par maniere de provifion, & jufqu'à ce qu'autrement en foit ordonné & difcuté, dudit fel blanc de *Languedoc* & dudit fel de *Poiftou* fera ufé audit pays d'*Au-vergne*, en la maniere qui s'enfuit.

(1) C'eft à fçavoir que dudit fel de *Languedoc*, prins en nos greniers dudit pays, on ufera; & aura iceluy fel cours en noftredit païs d'*Auvergne*, jufques aux rivières de *Loignon* & de *Jourdaine*, fans qu'on y puiffe ufer d'autre fel, foit de *Poiftou* ou d'ailleurs.

(2) *Item*. Et en tant que touche le pays des Montaignes eftans entre lefdites deux rivieres, auquel par riviere ne fe peut mettre limitation, feront faites limites par paroiffes, par chaftellenies ou autrement, ainfi qu'il fera trouvé eftre plus expédient pour perturber & défendre que ledit fel de *Poiftou*, ny autre que lefdit fel de *Languedoc*, outre lefdites limites, ne puiffe avoir cours.

(3) *Item*. Et auffi au pays de *Livredois*, qui eft de l'autre part de noftredit pays d'*Auvergne*, entre la riviere d'*Allier* & le pays de *Foreft*, pareillement en traverfant le pays de *Livredois*, à l'endroit de ladite riviere de *Loignon*, feront

CHARLES VII, aux Montils-lès-Tours, le 27 Février 1453.

CHARLES
VII,
aux Montils-
lès-Tours,
le 27 Février
1453.

faites autres limites par chaſtellenies, paroiſſes, ou autrement, ainſi que l'on verra mieux eſtre à faire : juſques auſquelles limites ſeulement l'on uſera dudit ſel de *Languedoc*, & non d'autre.

(4) *Item*. Sera crié & publié ſur leſdites limites & par-tout où il appartiendra, & défendu de par Nous, que nul de quelque eſtat ou condition qu'il ſoit, eſdites fins & metes, ny au dedans d'icelles, ne ſoit ſi oſé ne hardy d'uſer d'autre ſel que dudit ſel blanc, prins & gabellé en noſdits greniers de *Languedoc*, ſur peine de perdre ledit ſel, les chairs qui en ſeront trouvées ſalées, & d'amende arbitraire ; & auſſi que nul ne ſoit ſi oſé ne hardi de mener ledit ſel de *Poictou*, ou autre que celuy de noſtredit pays de *Languedoc*, gabellé comme dit eſt, dedans leſdites limites, ſur peine de perdre ledit ſel, les beſtes & voitures qui le porteront, & d'amende arbitraire.

(5) *Item*. Et duquel ſel de *Poictou* (pour éviter leſdits abus qui ont accouſtumé eſtre faits au faict de noſtredit droict, tant pour la diverſité dudict pays, qu'auſſi ceux qui meinent ledit ſel communément, quand ils ſont en icelui pays, tirent par chemins deſtournez, par quoy on n'en peut avoir cognoiſſance), ſera payé à ceux qui à ce ſeront commis, avant que ledit ſel entre audit pays ou ſur l'entrée d'iceluy, là où il ſera ordonné, dix ſols tournois pour chacune charge de cheval, montant icelle charge huict quartes, qui eſt quinze deniers pour chacune quarte, & du plus plus, & du moins moins, à l'équipollent, ſelon ce que leſdites charges monteront, qui n'eſt que le quart dont avons accouſtumé jouir d'ancienneté ès lieux où n'avons aucuns greniers, en conſidération à ce que peut valoir la charge de ſel audit pays, l'une contrée portant l'autre.

(6) *Item*. En payant leſdits quinze deniers tournois pour quarte, comme dit eſt, ſeront ceux qui ainſi auront acquitté ledit ſel, francs & quittes audit pays d'*Auvergne*, de la premiere vente d'iceluy, quelque part que vendre le vouldront ; mais ſi après ladite premiere vente, iceluy ſel eſtoit revendu ou eſchangé, en ce cas nous en ſera payé quatre ſols tournois pour charge, & baillez les acquits qui pour ce ſeront néceſſaires. Et pour ce ſeront commis des perſonnes ſuffiſantes & idoines ès lieux où ſemblera eſtre plus expédient ; leſquelles ſeront tenuës bailler bonne & ſeure caution de bien & vrayement exercer ladite commiſſion, & de ce que par eux ſera receu, rendre bon compte & reliqua, où & ainſi qu'il appartiendra.

(7) *Item*. Et afin qu'aucun ſel ne ſe paſſe ſans acquitter, pareillement ſeront mis des Gardes où ſemblera eſtre expédient, tant ſur l'entrée dudit pays d'*Auvergne*, devers la *Dordonne*, *Combrailles* & *Bourbonnois*, que ſur les autres pays & limites où eſt ordonné ledit ſel de noſtre pays de *Languedoc* avoir cours ſeulement.

(8) *Item*. Et leſquelles Gardes auront puiſſance de prendre tout le ſel de *Poictou* qui ſera trouvé au pays d'*Auvergne*, ſans avoir eſté acquitté comme dit eſt, ou qui ſera trouvé dedans leſdites fins & metes où aura cours ſeulement ledit ſel de *Languedoc*, avec les chevaux & autres voituriers qui porteront iceluy ſel. Et auront icelles Gardes faculté & puiſſance d'adjourner à comparoïr en perſonne devant nos Eſleus dudit pays d'*Auvergne*, chacun en ſes metes, ou prendre au corps, ſi beſoing eſt, tous ceux qui ainſi ſeront trouvez ſaiſis dudit ſel non acquitté, ou qui ſeroit ès metes où ledit ſel de *Poictou* ne doit avoir cours, & iceux mener en nos priſons prochaines de noſdites Élections, pour reſpondre à noſtre Procureur ſur le faict deſdites aydes èſdites Élections, pour voir déclarer ledit ſel & chevaux eſtre confiſquez, & recevoir telle punition & amende comme en tel cas appartiendra, ſelon nos anciennes Ordonnances.

(9) *Item*. Et auront leſdits Receveurs & Gardes ainſi commis comme dit eſt, tels gages comme par Nous ou nos Généraux Conſeillers ſur le faict & gouvernement de toutes nos finances, leur ſeront taxez & ordonnez. Si vous

mandons, & (pour ce que par cy-devant par un temps avez vaqué en ceſte matiere, par quoy en pouvez eſtre mieux informez & avoir cognoiſſance que nuls autres) commeĉtons par ces préſentes que noſtredite préſente Ordonnance & appoinĉtement vous mettiez à exécution deuë de point en point, ſelon ſa forme & teneur, nonobſtant oppoſitions ou appellations quelconques, en faiſant icelles publier, ſi meſtier eſt, par tous les lieux & places que verrez eſtre à faire pour le bien & entretenement d'icelles, en commettant, tant à la recepte de noſtredit droiĉt, qu'auſſi à la garde dont en noſdites Ordonnances eſt faite mention, perſonnes ſuffiſantes & idoines où vous verrez eſtre à faire, ſelon la forme & teneur de noſdites Ordonnances; & baillant ſur ce telles inſtruĉtions pour le bien, entretenement & conduite de ceſte matiere que verrez eſtre à faire: leſquelles voulons par leſdits Eſleuz & auſſi par leſdits Receveurs & Gardes qui par vous ſeront à ce commis, & à tous autres qu'il appartiendra, eſtre obſervées & gardées ſans enfraindre. Et pour ce que de ces préſentes on pourra avoir à beſoigner en pluſieurs & divers lieux, voulons qu'au *Vidimus* d'icelles, pleine foy ſoit adjouſtée comme à ce préſent original; de ce faire vous donnons pouvoir. Mandons & commandons à tous nos Juſticiers, Officiers & ſubjets, qu'à vous & à vos commis & députez, en ce faiſant, obéiſſent & entendent diligemment, & vous preſtent & donnent conſeil, confort, aide & priſons, ſi meſtier eſt & par vous requis en ſont.

Donné au Montils-lez-Tours, *le vingt-ſeptieſme jour de Février, l'an de grace mil quatre cents cinquante-trois, & de noſtre regne le trente-deuxieſme.* Ainſi ſouſcrites & ſignées: *Par le Roi en ſon Conſeil.* I. DELALOUERE. (b)

N O T E.

(b) À la ſuite de ces Lettres eſt le procès-verbal qui fut dreſſé l'année ſuivante par *Pierre du Refuge* & *Jean de Saint-Romain*, nommés au commencement deſdites Lettres; nous donnerons ici ce procès-verbal d'après Fontanon & Corbin, *ubi ſuprà.*

Pierre du Refuge & *Jean de Saint-Romain*, Généraux-Conſeillers du Roy noſtre Sire ſur le fait de la juſtice des aydes ordonnées pour la guerre, Commiſſaires en cette partie, à tous ceux qui ces préſentes Lettres verront: ſalut. Sçavoir faiſons, que par vertu des Lettres du Roy noſtre Sire à nous adreſſans, deſquels la teneur s'enſuit:

CHARLES, &c.

Pour icelles Lettres mettre à exécution, ainſi que mandé & commis nous eſtoit, & pour le contenu en icelles accomplir, nous ſommes tranſportés au pays d'*Auvergne* ſur les fins & metes plus à plein déclarées éſdites Lettres & ſur leſdites fins & metes.

C'eſt aſſavoir à *Roquebaron*, & à *Aurillac* eſtans ſur la riviere de *Jordaine*, & pareillement outre ladite riviere de *Jordaine*, à *Poungnac*, *Vic*, *Tiezac* & *Sainĉt-Flour*, avons fait crier, publier & défendre de par ledit Seigneur, que nul de quelque eſtat ou condicion qu'il ſoit, ne ſoit ſi hardy outre les limites des rivieres de *Jordaine* & d'*Aloignon*, du côté devers le *Languedoc*, d'uſer de ſel noir dit de *Poitou*, & pareillement à tous marchands & autres, qu'il ne ſoyent ſi oſez ni hardis de mener ne paſſer, ou faire mener & paſſer icelluy ſel noir de *Poitou* outre les rivieres & limites deſſuſdites, ſur les peines contenuës & déclarées éſdites Lettres.

Et pareilles proclamations, inhibitions & défenſes, & ſur pareilles & ſemblables peines, avons fait & fait faire aux lieux de *Murat*, *Verdons*, *Macrat*, *Blelle*, *Pont-de-Lande*, *Chabonnieres*, & autres aſſis ſur & près ladite riviere d'*Aloignon*, ainſi que par leſdites Lettres mandé nous eſtoit & commis, & outre la riviere d'*Allier*, en tirant vers le pays de *Foreſt*: ſemblablement ès paroiſſes de *Bauzac*, la *Vernes*, *Chamont*, *Montboiſier*, *Avieille*, *Cunillac*, *Auliergues*, & le pays de *Larche*, qui eſt à l'entrée de *Foreſts*, avons fait crier & publier de par ledit ſeigneur, qu'éſdites paroiſſes, ni outre icelles, en tirant vers le pays de *Velay* & *Languedoc*, nul ne ſoit ſi oſé ne ſi hardy d'uſer d'autre ſel que du ſel blanc de *Languedoc*, prins ès greniers dudit ſeigneur, audit pays, ſur les peines plus à plein contenuës & ſpécifiées éſdites Lettres Royaux, leſquelles paroiſſes deſſuſdites nous avons ordonnées & ordonnons par ces préſentes pour limites dudit ſel blanc gabellé; *item*, & outre icelluy du coſté deſſuſdit, eſtre ſemblablement uſé dudit ſel blanc de

Suite de la N O T E.

CHARLES
VII,
aux Montils-
lès-Tours,
le 27 Février
1453.

Languedoc, & non d'autre, en faifant inhibition & défenfe à tous marchans & autres, de quelque eftat & condition qu'ils foient, de ne mener ledit fel de *Poitou* ou autre que le deffufdit fel de *Languedoc*, efdites paroiffes ni outre icelles du cofté deffufdit, fur les peines pareillement fpécifiées efdites Lettres.

Et pour donner ordre, ainfi que par lefdictes Lettres mandé & commis nous eftoit, à ce que du fel de *Poitou*, qui entrera audit pays d'*Auvergne*, foit payé au Roy noftredit feigneur la fomme de dix fols toutnois, ordonnée par luy eftre levée, fur chafcune charge dudit fel montant huict quartes, entrant audit pays, comme plus à plein appert par lefdites Lettres, nous fommes tranfportez au lieu de *Montbere*, *la Roquebreon*, le *Port-d'Arques*, *Bort*, le *Port-Dieu*, *la Cailhe* & *Lermant* eftans fur les entrées dudit pays d'*Auvergne* du cofté de *Limofin*, qui font les lieux par lefquels ledit fel noir a plus continuelle entrée audit pays d'*Auvergne*; & efdits lieux avons fait publier lefdites Lettres cy-deffus tranfcrites, & fait commandement à tous ceux qui par lefdits lieux ou autres ameneront fel audit pays d'*Auvergne*, que pour chafcune charge de fel qu'ils meneront audit pays, montant huict quartes, ils payent dix fols tournois pour charge à Maiftre *Jaques de Molins*, commis par nous à recevoir ledit droict de dix fols tournois, & lui en rendre compte ou à ceux qui par luy feront commis fur lefdites entrées, fur les peines contenues efdites Lettres. Et pour entretenir les chofes deffufdites, & prendre les tranfgreffeurs, ainfi que ledit feigneur le mande, en chacun defdits lieux avons commis Gardes, aufquels avons baillé flos Lettres, en leur donnant puiffance de prendre les tranfgreffeurs & mener à juftice, pour en eftre ordonné felon le contenu defdites Lettres : & ce fait avons commandé & enjoint aux Efleuz dudit pays d'*Auvergne*, que defdits délinquans ils facent punition, tout ainfi que le Roy noftredit feigneur, par cefdites Lettres le veut & mande. *Donné fouz nos feaux & feins manuels, le 4.e jour de Novembre, l'an de grace 1454.* Ainfi figné : *DU REFUGE.*

CHARLES
VII,
aux Montils-
lès-Tours,
le 11 Avril
1453,
avant Pâques.

(a) *Lettres de Charles VII, par lefquelles il accorde aux habitans de Bordeaux le pardon de leur rebellion, & la confirmation de leurs priviléges.*

CHARLES, par la grace de Dieu, Roy de France, à tous ceulx qui ces préfentes Lettres verront, falut. Comme puis ung an en çà, Nous advertis que les *Anglois* noz anciens ennemis eftoient entrez & defcenduz à grant puiffance, en noftre païs & *Duchié de Guienne*, fous la conduite du feu fire de *Talbot*, & euffent tellement procédé que au moïen d'aucuns particuliers dudit païs qui paravant Nous avoient fait le ferement d'eftre bons & loyaulx envers Nous, avoient donné attrait & confort auxdiz *Anglois*, & à ce moyen avoient prinfes plufieurs villes & places en nofdiz pays & Duchié, & mef-mement noftre ville & cité de *Bourdeaulx*, qui eft la principale & chief defdits païs, feuffions alez en noftre perfonne audit païs à tout noftre armée, & y euffions telement exploité, que euffions par puiffance d'armes redduis & mis en noftre obéiffance tout lediz païs de *Guienne* & de *Bourdelois*, refervé noftredite ville de *Bourdeaulx*, en laquelle s'eftoient retrais lefdiz *Anglois* en très-grant nombre. Parquoy euffions fait mettre notredicte armée à grant puiffance, tant par eaüe que par terre, & près de noftredicte ville de *Bourdeaulx*, laquelle eftant illec, noz bien amez les Gens d'églife, Nobles, bourgois, marchans & habitans d'icelle, fachant que la généralité d'iceulx n'étoit pas caufe de la défobéiffance qui faite Nous avoit efté, mais feulement aucuns particuliers, & congnoiffans la faulte qu'ils avoient commife, fe fuffent

N O T E.

(a) Regiftre du Parlement, intitulé: *Ordinationes Barbinæ*, coté *D, fol.* 180, r.e Tréfor des Chartes, Regiftre IXxxII [182], pièce 66.

tirez devers Nous, & Nous euſſent fait fupplier & requérir que leur voulſiſſions pardonner & abolir toutes les faultes advenues le temps paſſé, en Nous
offrant noſtredite cité de *Bourdeaulx*, & de la mettre & eulx tous en noſtre
obéiſſance, & en icelle vivre & mourir ſans jamais faire faulte envers Nous,
en mettant tous leurs priviléges dont ils avoient uſé le temps paſſé, en noſtre
bonne grâce : leſquelles choſes par Nous oyes, & meſmement attendu le
bon vouloir que noſdiz ſubgetz de *Bonrdeaulx* monſtrent avoir envers Nous
& noſtre Seigneurie, les euſſions par l'advis & délibération de noſtre Conſeil,
bénignement receuz & recueilliz en notredicte grâce & bienveillance, & leur
euſſions pardonnées & abolies toutes les fautes qu'ils povoient avoir faictes
& commiſes envers Nous, de tout le temps précédent, en réſervant à
noſtredicte grâce, leſdiz privileiges juſques à noſtre bon plaiſir, & auſſi en
exceptant de noſtredicte abolition certain nombre des principaux qui avoient
eſté cauſe de ladicte rebellion, ainſi que par nos autres Lettres *(b)* ſur ce

NOTE.

(b) Ces Lettres ſont du 9 Octobre 1453. parce que ce ne ſont que de ſimples Lettres
Nous les donnons ci-deſſous telles qu'elles d'abolition, que nous n'admettons dans le
ſont imprimées dans l'Hiſtoire de *Bordeaux*, texte de ce Recueil que lorſqu'elles ren-
par *D. Devienne*, tome I, page 517, d'après ferment des confirmations ou des conceſ-
le Regiſtre du Parlement. Nous ne les ſions de droits ou de priviléges.
plaçons point en leur ordre dans le texte,

CHARLES, par la grace de Dieu, Roi de France : ſavoir faiſons à tous préſens
& à venir ; comme puis un an en çà feu ſire de *Talbot* & autres *Anglois*, en ſa compagnie,
fuſſent venus à puiſſance en cetui noſtre pays de *Guienne*, qui lors étoit en notre
obéiſſance, & y euſſent tellement procédé, que au nom d'aucuns dudit pays, qui Nous
avoient par avant fait le ſerment d'être bons & loyaux envers Nous, & venant contre
leurs ſermens & promeſſes, donnerent tel attrait, aide & reconfort auxdits *Anglois*,
qu'ils euſſent prinſes pluſieurs villes & places en nos pais de *Guienne* & de *Bourdelois*,
& mêmement notre ville & cité de *Bourdeaux*, qui eſt la principale & plus notable deſdits
pays, eux efforçans de leur pouvoir de plus avant entreprendre ſur autres places &
gagner les pays voiſins à Nous obéiſſans ; pour obvier auxquelles choſes, euſſions,
incontinent ce venu à notre notice, envoyé notre armée audit pays, & depuis y ſoyions
venus en perſonne, & y ayions tellement procédé que moyennant la grace de Dieu &
l'aide de nos bons & loyaux vaſſaux & ſujets, ayant par puiſſance réduites leſdites places,
que y avoient gagné noſdits ennemis, & remiſes en notre obéiſſance, & ayons fait mettre
& logier noſtredite armée à grande puiſſance, tant par eau que par terre, ſi près de
notredite cité de *Bourdeaux*, que les Gens d'égliſe, Nobles, bourgeois, marchans &
habitans de notredite cité, connoiſſans qu'ils avoient grandement mépris, ſe ſoient tirés devers
Nous, & après qu'ils Nous ont fait montrer leur pauvreté & indigence, & que la
plupart des habitans de notredite ville ne ſont pas principalement en cauſe de ladite
rebellion & déſobéiſſance, Nous ayent fait ſupplier & requérir qu'il Nous plaiſe leur
pardonner & abolir les choſes avenues le temps paſſé ; icelles mettre hors de notre
Cour, les recueillir comme nôs ſujets en notre bonne grace de miſéricorde, & leur
impartir bénignement icelles, en Nous offrant notre ville & cité de *Bourdeaux*, & la
remettre en notre obéiſſance, & de Nous faire le ſerment d'être dorénavant bons,
vrais & loyaux ſujets, & mettoient tous leurs priviléges dont ils ont uſé le temps
paſſé à notre bonne grace, & Nous reconnoiſſans leur ſouverain & naturel ſeigneur.
Pour ce eſt-il que Nous ayant conſidération aux choſes deſſuſdites qui Nous ont bien
au long été remonſtrées, voulant, en ſuivant les faits de nos progéniteurs de bonne
mémoire, uſer de clémence & bénignité envers nos ſujets, & préférer miſéricorde
à rigueur de juſtice, & ſur les choſes deſſuſdites, eu l'avis, conſeil & délibération de
pluſieurs des Seigneurs de noſtre ſang & lignage, & autres nos chefs de guerre &
gens de notre Conſeil, étant autour de Nous en grand nombre ; pour l'honneur &
révérence de Dieu, & éviter effuſion de ſang humain, ayant pitié & compaſſion du
pauvre peuple, étant en ladite ville, confiant que dorenavant Nous ſeront bons, vrais
& loyaux ſujets, avons quitté, remis, pardonné & aboli ; quittons, remettons, pardonnons & aboliſſons de grace eſpéciale, pleine puiſſance & autorité royale, par ces préſentes,
aux Gens d'égliſe, Nobles, bourgeois, marchands & autres habitans d'icelles, noſtre

CHARLES
VII,
aux Montils-
lès-Tours,
le 11 Avril
1453,
avant Pâques.

CHARLES
VII,
aux Montils-
lès-Tours,
le 11 Avril
1453,
avant Pâques.

octroyées peut plus à plein apparoir. Et depuis, aient lefdiz Gens d'églife, Nobles, bourgois, marchans & habitans de noftredicte cité de *Bourdeaulx*, envoyé devers Nous, & Nous aient fait remonftrer les grans opprellions & maulx qui leur furent faiz par lefdiz *Anglois*, durant le temps qu'ilz occupoient dernierement icelle noftre ville, tant ès églifes où ils prindrent les reliquaires & autres biens, & pareillement ès hoftelz defdiz habitans, lefquels ils emmenerent en *Angleterre*, montans à grant valeur & eftimation ; auffi le grand & bon vouloir qu'ils ont de toujours eftre & demourer en noftredicte obéiffance, en fupliant qu'il Nous pleuft leur reftituer leurfdiz privileiges, & leur donner bon ordre, tant en juftice que autrement, telement qu'ilz puiffent vivre foubz Nous en bonne police & union ; lefquelles chofes ayons fait mettre en délibération avecques les Gens de noftre Grant Confeil, & icelles débattre avecques ceux de noftredicte ville de *Bourdeaulx*, pour ce envoyez devers Nous. Et pour ce que ilz font plufieurs grans requeftes, les aucunes defquelles

Suite de la NOTE.

ville, cité & banlieue de *Bourdeaux*, & autres étant de préfent en icelles, tous les crimes, rebellions, défobéiffauces, crimes de lèze-majefté & autres délits quelfconques, qu'ils & chacun d'eux ont & peuvent avoir commis, perpétrés, & été caufes ou confentant de faire, commettre & perpétrer envers notre Majefté & nos fujets, tant en général qu'en particulier, de tout le temps paffé jufqu'à préfent, en quelque maniere & pour quelque caufe & occafion que ce foit ; & voulons les chofes deffufdites être cenfées & réputées comme non faites & non avenues, en les reftituant en leur bonne fame & renommée, & à tous leurs biens, meubles & immeubles, châteaux, feigneuries, hôtels, maifons & autres héritages quelfconques ; & fur ce impofons filence perpétuel à notre Procnreur & à tous autres, en réfervant toutesfois en notredite bonne grâce les priviléges d'icelle notre ville jufqu'à notre bon plaifir, & auffi réfervé jufqu'à vingt perfonnes des principaux qui ont été caufe de ladite rebellion, & d'avoir fait venir nofdits ennemis & les mettre en noftre cité de *Bourdeaux*, auxquels, à la fupplication & requéte du fire de *Camois*, Chevalier anglois, ayant la charge des gens de guerre de la nation d'*Angleterre*, étant à préfent à *Bourdeaux*, qui fur ce Nous a très-humblement fupplié & requis, avons quitté & donné la vie, moyennant ce qu'ils feront bannis de notre Royaume, & s'en pourront aller là où bon femblera, avec les biens-meubles qu'ils en pourront emporter avec eux ; & aucuns autres de ladite ville jufqu'au nombre de quarante, s'en veulent aller, faire le pourront, & emporter tous leurs biens-meubles quelfconques, & en outre fi avant aujourd'hui ils ont fait ou font dedans un mois prochain venant, aucunes donations, venditions ou tranfports de leurs héritages à leurs enfans, prochains parens ou autres, Nous voulons & octroyons de notre plus ample grâce, que lefdites venditions, donations & tranfports, qui ainfi ont été ou feront faits, foient & demeurent valables, & Nous feront tenus payer pour une fois lefdits Gens d'eglife, Nobles, bourgeois, marchans & habitans de notredite cité & banlieue de *Bourdeaux*, la fomme de cent mille écus d'or à préfent ayant cours. Et moyennant cette notre préfente abolition, tous les prifonniers qui font à préfent ez mains de noftredite ville & banlieue de *Bourdeaux*, qui même n'ont payé leur rançon tant ez mains de ceux de ladite ville & autres du pays, comme de ceux de la nation d'*Angleterre*, feront & demeureront francs & quittes, fans ce que aucune chofe leur foit ou pût être demandée, pour occafion de leurdite prifon ou rançon, & ainfi que tous fcellés & promeffes que nos gens & fujets, ou autres tenant notre parti, pourroient avoir faites auxdits *Anglois* & à ceux de *Bourdeaux*, & autres quelfconques, devant cette préfente année, feront & demeureront nuls & de nulle valeur & effet. Si donnons en mandement au *fénéchal de Guienne*, & à tous nos autres Jufticiers & Officiers, ou à leurs Lieutenans préfens & à venir, & à chacun d'eux, fi comme à lui appartenans, que lefdits Gens d'eglife, Nobles, bourgeois, marchands & habitans de notre ville & banlieue de *Bourdeaux*, & autres étant en icelle, & chacun d'eux, faffent, fouffrent & laiffent joyr & ufer pleinement & paifiblement de nos préfentes abolitions & grâces, fans leur faire ne fouffrir être fait aucun deftourbier ou empêchement à ce contraire, encjois ce fait ou donné leur avoit été ou étoit ores ou le temps à venir : fi ce mettent ou faffent mettre fans délai à pleine délivrance & au premier état & dû. Et afin que ce foit chofe ferme & ftable à toujours, Nous avons fait mettre notre fcel à ces préfentes. *Donné à* Monferrand *près* Bordeaux, *le 9 Octobre, l'an de grace 1453, & de notre règne le 31, &c.*

ne leur

ne leur pourrions bonnement accorder, fans aucune modification, que ce ne
feuft à Nous trop préjudiciable & à noz droits, defirans nofdiz fubjects de
Bourdeaulx vivre en paix & bonne police, & les foulaigier & préferver de
charges, & oppreffions indeus, afin qu'ilz foient toujours plus abftrains &
enclins d'eftre noz bons & loyaux fubjectz, ainfi qu'ilz monftrent par effect,
avons par le confeil, advis & délibération des Gens de noftre Grant-Confeil,
auquel eftoient plufieurs des Seigneurs de noftre fang, Prélatz, Chiefz de
güerre & autres en grant nombre, appellez à ce ceulx qui ont efté envoyez
devers Nous de par noftredicte ville de *Bourdeaulx*, & oïz bien à plein fur
ce, octroyé, appointié & déclairé; ordonnons, appointons & déclairons
par ces préfentes, fur les poins & articles qui ont efté requis par lefdiz
de *Bourdeaulx*, en la maniere cy-après déclairée.

HARLES
VII,
aux Montils-
lès-Tours,
le 11 Avril
1453,
avant Pâques.

(1) Et premierement, à ce qu'il a efté requis de la part defdiz gens
d'églife, nobles, bourgois & habitans, que les gens d'églife de *Saint-André*,
Saint-Severin, *Sainte-Croix*, *Saint-Jacques*, & l'hofpital *Saint-Andrieu*, puiffent
joïr des vins de leur creu fans couftumier; c'eft affavoir qu'ilz les puiffent
vendre & faire tirer hors de ladicte ville de *Bourdeaulx* & du païs, fans paier
aucune couftume, ou yffue: avons octroyé & ordonné, octroyons & ordonnons,
pour obvier à tous débatz & queftions qui à ladicte caufe pourroient fourdre
& mouvoir ou temps à venir, que les gens defdites églifes & hofpital, &
femblablement tous les autres de ladicte ville & du païs de *Bourdelois*, feront
dorefenavant tenus francs, quictes & exempts de ladicte couftume, combien
que ce foit noftre vrai & ancien dommaine; & que pour & au lieu de ce que
dit eft, Nous ferons dorefenavant à toujours-mais prendre, cueillir & lever par
noz Officiers, telz que verrons eftre à faire, comme noftre propre dommaine,
fur tous les vins qui dorefenavant feront chargez & menez hors de la riviere
de *Gironde*, à qui qu'ilz foient ou puiffent eftre, & en quelque lieu qu'ilz foient
chargez, en tous le païs conqueft par Nous, auffi mené hors dudit païs,
tant par eaue, comme par terre, fur chafcun tonneau, vint & cinq fols tournois
de noftre monnoye; c'eft affavoir fur pipe, douze fols fix deniers tournois,
que paieront les acheteurs ou ceulx qui les meneront hors dudit païs, avant
qu'ilz foient chargez, & par les vendeurs fera auffi payé & levé à noftre
proufit pour chafcun tonneau de vin, qu'ilz vendront ou efchangeront pour
mener hors dudit païs, comme dit eft, quatre deniers, qui eft pour chafcune
pipe deux deniers monnoye deffufdicte, de couftume, fur peine de confifcation.

(2) Item. Que pour & au lieu d'aucuns fubfides que Nous pourrions
demander à ladicte ville & audit païs comme Nous faifons en nos autres pays
& Seigneuries, Nous prendrons & ferons lever dorefenavant à noftre proufit
par nos Officiers ou Commis, fur toutes denrées & marchandifes qui par eaue
& par terre feront dorefenavant amenées & conduites oudit païs, à l'entrée
d'icelui, & auffi fur toutes denrées & marchandifes yffans hors dudit païs par
eaue & par terre, par quelconque lieu que ce foit, ou en quelque lieu qu'ilz
voifent ou foient menées & conduites, & à quelconques foient lefdictes
denrées, la fomme de douze deniers pour livre, monnoye deffufdicte, fors
& excepté fur poiffon fraiz, char à détailler pour vendre, toute poulaille &
voulaille privée & eftrange, tous fruis, toutes herbes frefches pour menger,
œufz, fromaiges, lectaiges & toutes autres menues chofes pour mengier, qui
garder ne fe pourroient longuement.

(3) Item. Pour ce qu'ilz ont requis la joïffance de la tierce partie du
Seigneuriage de la monnoye de *Bourdeaulx*, au proufit de ceulx de ladicte
Églife de *Saint-Andry*, Nous inclinans à leur requefte, avons octroyé &
octroyons qu'ilz aient & preignent ladicte tierce partie dudit Seigneuriage
de ladicte monnoie de *Bourdeaulx*, touteffoiz que Nous ferons batre &

CHARLES
VII,
aux Montils-
les-Tours,
le 11 Avril
1453,
avant Pâques.

besoigner en icelle, & qu'ilz en joyssent ainsi qu'ilz ont acoustumé de faire d'ancienneté, en paiant la tierce partie des charges ordinaires.

(4) *Item.* Et au regart du ressort & souveraineté dudit païs de *Guienne*, ressortiront en nostre Court de Parlement à *Paris*, ceulx de nostredicte ville de *Bourdeaulx*, & de nostredit païs de *Guienne*, comme de toute ancienneté avoient acoustumé de faire. Et pour relever leurs appellacions, pourront prandre & lever leurs Lettres pour ce nécessaires en nostre Chancellerie devers Nous, ou à *Thoulose*, se bon leur semble, ou cas qu'ilz ne vouldroient aller à *Paris*; & pour les mieulx soulaigier, & garder de travaulx, envoieront en nostredicte ville de *Bourdeaulx* une fois l'an, ou une fois en deux ans, selon l'exigence des cas, ung Président & quatre de noz Conseillers de nostre Parlement, qui appelleront avecques eulx des notables hommes des païs telz que bon leur semblera, qui auront povoir de congnoistre & décider appellacions de Sentences diffinitives, & aussi les appellacions des Appoinctemens & Sentences interlocutoires, desquelz il ne pourra estre appelé.

(5) *Item.* A ce que lesdiz de *Bourdeaulx* Nous ont requis qu'ilz puissent joïr de leur Mairie, Justice & Communité, comme ilz ont fait le temps passé, Nous avons sur ce ordonné, voulu & appoincté, ordonnons, voulons & appoinctons en faveur desdiz habitans, qu'ils aient & joïssent de leursdictes Mairie, Communité & Justice, en la maniere & soubz les condicions cy-après déclairées; c'est assavoir, que le Maire qui y est à présent de par Nous, y demourra, & que doresenavant, quand le cas de vacation de Maire y escherra, il sera par Nous pourveu audit office de Maire, comme il est acoustumé d'ancienneté; & se pourverront doresenavant à l'office de Clerc de nostredicte ville, & avec ce nommeront chascun an cinq des Jurez de ladicte Communité, desquels cinq, ledit Maire pourra prendre l'un pour Soubz-maire, se bon lui semble; & seront au surplus, ainsi qu'ilz ont acoustumé faire d'ancienneté.

(6) *Item.* Avons ordonné & octroyé, ordonnons & octroyons que aucuns vins du creu de au-dessous de *Saint-Macaire*, contremont ladicte riviere, ne pourront doresenavant estre descendus plus bas que ladicte ville de *Saint-Macaire* par eaue ne par terre, jusques après la feste de *Saint-Andry;* & que quant ilz les descendront pour vendre après ladicte feste *Saint-Andry*, ilz ne les pourront mectre dedans ladicte cité de *Bourdeaulx*, ne les vendre à détail en icelle, mais les vendront en gros aux estrangiers, comme ilz ont acoustumé faire, en payant la traicte de vingt-cinq solz tournois, monnoye royal, comme les autres. Toutesvoyes, se paravant ladicte feste *Saint-André*, aucuns des Seigneurs de nostre sang ou autres nos Officiers privillegiez, vouloient pour leurs provisions & affaires, mener par la riviere & hors icelle quelque part que bon leur semblera, des vins creuz à *Saint-Macaire* & au dessus, faire le pour-

ront, en Nous paiant les droiz & deniers * pour ce deubz & acoustumez.

(7) *Item.* Avons octroyé & accordé que nulz estrangiers ne pourront vendre en nostredicte ville de *Bourdeaulx*, denrées ne marchandises, faire aucun mestier, ne tenir ouvrouer ouvert, sans le congié & licence de ceulx qui ont ou auront le gouvernement de ladicte ville, de par les Maire & Jurez d'icelle.

(8) *Item.* Avons octroyé & octroyons comme dessus, que les bourgois & habitans de ladicte ville de *Bourdeaulx*, non coulpables de la trahison, qui jà pieça estoient alez en *Angleterre* pour leurs affaires, s'en puissent retourner en ladicte ville & ailleurs, quant bon leur semblera, en nostre obéïssance, & joïr de leurs héritaiges & possessions, & de leurs biens qu'ilz pourront trouver en nature; & aussi joïr de l'abolition par Nous octroyée à ceulx de nostredicte ville, pourveu qu'ilz seront tenuz de venir & faire le serement dedans la feste de *Toussains* prouchaine.

(9) *Item.* Que des sommes d'argent & autres biens meubles appartenans à aucuns qui estoient de nostre obéïssance, & lesquelz ledit feu Sire de *Talbot*

& autres Officiers *Anglois* ont par contraincte prins, eulx estans en ladicte ville de *Bourdeaulx*, des bourgois & habitans d'icelle qui les avoient en garde, que iceulx bourgois qui avoient iceulx biens en garde de ceulx qui tenoient nostre parti, en soient & demeurent quictes & deschargiez, ou cas que par contraincte ilz les auroient baillez ausdiz ennemis; mais s'il y en avoit aucuns ayans lesdiz biens en garde qu'ilz les ayent dénoncez sainctement ou autrement, pour y avoir butin, & aussi ceulx qui les auroient par leur mauvaistié accusez aux ennemis pour y avoir part ou autrement, ilz n'en seront pas, ne devront demourer quictes.

(10) Item. Avons voulu & octroyé, voulons & octroyons d'abondant & en tant que mestier est, que lesdictes gens d'église, nobles, marchans & habitans de ladicte ville de *Bourdeaulx* joyssent de leurs biens, possessions, heritaiges & Seigneuries, selon la forme & teneur de nosdictes Lettres d'abolicion à eulx sur ce octroyées sans enfraindre en aucune manière.

(11) Item. Et en tant que touche la requeste à Nous faicte par lesdiz gens d'église, nobles, bourgois & habitans de ladicte ville de *Bourdeaulx*, touchant la somme de cent mille escus d'or en quoy ilz Nous sont tenuz par ledit traictié, requérans que icelle somme leur voulsissions quicter, veu les grants pertes qu'ilz avoient faictes en ladicte ville, & ou païs d'environ, à l'occasion de la demeure que noz anciens ennemis les *Anglois* avoient faictes en icelle ville, qu'ilz les avoient tous pillez & destruiz, & aussi la dépopulation dudit pays, qui longuement y avoit esté & encores estoit; Nous inclinans à leurdicte requeste, ayans regart à leursdictes pertes & dommaiges, & à ce que doresenavant ilz se puissent mieulx entretenir & vivre soubz Nous & nostre Seigneurie, avons voulu & ordonné, voulons & ordonnons de nostre plus ample grace, que iceulx gens d'église, nobles, bourgois & habitans de ladicte ville & banlieue de *Bourdeaulx*, en Nous paiant la somme de trente mille escus d'or seulement, soient & demeurent quictes du surplus de ladicte somme de cent mille escus d'or, montant soixante & dix mille escus, à présent aians cours. Si donnons en mandement par cesdictes présentes à nostre très-cher & amé cousin le *Conte de Clermont* nostre Lieutenant général en nosdiz païs & *Duchié de Guyenne* & de *Bourdelois*, à noz amez & féaulx Conseilliers les gens tenans ou qui tendront nostredit Parlement, au *seneschal de Guienne* & à tous noz autres Justiciers & Officiers ou à leurs Lieuxtenans présens & à venir, & à chascun d'eulx, si comme à lui appartendra, que nostre présente voulenté & Ordonnance ilz gardent & observent & facent garder & entretenir de point en point sans enfraindre, en contraignant ou faisant contraindre à ce faire & souffrir, tous ceulx qu'il appartiendra, par toutes voyes deües : Car ainsy Nous plaist-il estre fait. En tesmoing de ce, Nous avons fait mectre nostre séel à ces présentes, *Donné aux* Montilz-lez-Tours, *le XI.ᵉ jour de Avril, l'an de grace mil* CCCC *cinquante trois, avant Pasques (a). & de nostre regne le* XXXII.ᵉ Ainsy signé: *Par le Roy en son Conseil.* J. DELALOERE.

Dans le Registre intitulé *Ordinationes Barbinæ*, on lit ce qui suit:

Et in dorso erat scriptum : *Lecta publicata & registrata* Parisius *in Parlamento die* XXIIII.ᶜᵃ Januarii, *anno Domini* M.° CCCC.° *quiquagesimo sexto.* Sic signatum. CHENETEAU. *Collacio facta est cum originali.* CHENETEAU.

NOTE.

(a) Ces mots, *avant Pasques*, désignent le jour de Pâques qui commença l'année 1454 le 21 Avril; car dans ces Lettres, qui sont du 11 Avril 1453, on rappelle celles du 9 Octobre de la même année ; ainsi elles sont postérieures au mois d'Octobre 1453. D'ailleurs l'expression, *avant Pâques*, ne pouvoit désigner la Pâque de 1453, qui cette année tombe au 1.ᵉʳ Avril; ainsi pour désigner le 11 Avril de cette année, on n'auroit pas pu dire *avant Pâques.*

CHARLES
VII,
aux Montils-
lès-Tours,
le 15 Avril
1453,
avant Pâques.

(a) Lettres de Charles VII, par lesquelles il rétablit la Chambre des Requêtes du Palais, & en nomme les Officiers.

CHARLES, par la grace de Dieu, Roy de France, à tous ceulx qui ces préfentes Lettres verront, falut. Savoir faifons que pour réintégrer noftre Court de Parlement, & pourvoir à l'entretenement d'icelle, par l'advis & délibération de plufieurs Seigneurs de noftre fang & lignage & gens de noftre Grant-Confeil, & d'aucuns des Préfidens & autres gens de noftre Court de Parlement à *Paris*, en grant nombre, Nous avons ordonné les Requeftes de noftre Palais à *Paris* eftre mifes fus; & pour ce que pour l'exercice d'icelles Requeftes Nous eft befoing d'y pourvoir de Préfident & Confeillers, Nous, eue fur ce grande & meure délibéracion avecques aucuns defdiz Seigneurs de noftre fang & lignage & gens de noftre Grant-Confeil, Préfidens & autres gens de noftredicte Court de Parlement, avons créé, commis, ordonné, eftabli & inftitué; & par la teneur de ces préfentes, créons, commettons, ordonnons, eftabliffons & inftituons noz amez & féaulx Confeillers en noftredicte Court de Parlement, Meffire *Mahieu de Nanterre*, Préfident; *Andry Pell*, *Jaques Nivart*, *Helye Deconfdan*, *Hector Coqueret*, & *Guillaume Papin*, Confeillers, pour tenir & exercer lefdictes Requeftes de noftre Palais à *Paris*; aux honneurs, prérogatives, prééminences, gaiges & droiz qui y appartiennent. Si donnons en mandement à noz amez & féaulx Confeillers les Gens tenans noftredicte Court de Parlement, que lefdictes Requeftes de noftredit Palais ils meeftent fus, & que prins & receu de nofdiz Confeillers le ferment en tel cas accouftumé, ils les meefent & inftituent efdictes Requeftes, & les en feuffrent, facent & laiffent joïr & ufer pleinement & paifiblement. En tefmoing de ce, Nous avons fait mettre noftre féel à cefdictes préfentes. *Donné aux Montilz-lès-Tours, le quinziefme jour d'Avril, l'an de grace mil CCCC cinquante & trois, avant Pafques (b), & de noftre regne le XXXII.* Sic fignatum. *Par le Roy en fon Confeil.* R. CHALIGAUT.

Die fecundâ Julii, anno Domini millefimo CCCC. LIIII. Lictere in albo fcripte lecte fuerunt in Parlamento, & fuper nonnullis oppofitionibus in regiftris dicti Parlamenti regiftratis, appunctatum fuit ad Confilium. Die verò IIII.ia dicti menfis vifis per curiam Litteris & titulis dictorum opponentium ac dictis Litteris in dicto Parlamento lectis, ordinatum & exindè pronunciatum extitit judicialiter in dicto Parlamento, quòd fuper dictis Litteris fcribatur: Lecta, publicata & regiftrata, &c. quòd officiarii ad Requeftas Palatii tenendas in dictis Litteris retrò fcriptis nominati, fua excercebunt Officia, fine prejudicio dictorum opponentium, & quoufque per Regem aut Curiam aliter fuerit ordinatum. Actum & datum prout fuprà.

CHENETEAU.

Collatio facta eft.

NOTES.

(a) Regiftre du Parlement, intitulé: *Ordinationes Barbinæ*, coté *D, fol.* 150, r. Offices de *Joly*, tome I, page 264.

(b) Voyez page 275, note *(a)*.

CHARLES
VII,
aux Montils-
lès-Tours,
le 15 Avril
1453,
avant Pâques.

(a) Lettres de Charles VII, par lesquelles il ordonne que les causes dont la connoissance appartient aux Gens des Requêtes du Palais, & qui sont portées devant les Gens des Requêtes de l'Hôtel, soient portées devant les Gens des Requêtes du Palais.

CHARLES, par la grace de Dieu, Roy de France, à noz amez & féaulx Conseillers les Gens tenans nostre Parlement à *Paris*, salut & dileccion. Comme pour pourveoir à l'entretenement de nostre Court de Parlement, Nous par l'advis & délibération de plusieurs Seigneurs de nostre sang & lignaige, & des gens de nostre Grant-Conseil, & autres en grand nombre, ayans puis n'agueres *(b)* ordonné les Requestes de nostre Palais à *Paris*, estre mises sus, & pour icelles tenir & excercer, ayans commis & ordonné Président & Conseillers, lesquelles Requestes de nostredit Palais, ont esté par longtemps délaissées & que on n'en a point usé, pendant lequel temps, Nous avons commis plusieurs causes par-devant noz amez & féaulx Conseilliers, les Maistres des Requestes de nostre Hostel, en leur auditoire à *Paris*, tant les causes de noz Officiers que autres, qui au temps que lesdictes Requestes de nostre Palais tenoient, avoient acoustumé estre commises, introduictes & traictées par-devant les gens qui tenoient icelles Requestes : Nous, euë sur ce grande & meure délibéracion de conseil, toutes les causes commises & introduictes par-devant nosdiz Conseillers les Maistres des Requestes de nostre Hostel en leurdit auditoire, dont la congnoissance, à cause de leursdiz offices de Maistres des Requestes de nostre Hostel, ne leur appartient, & qui de leur droit ne doivent estre traictées par-devant eulx, avons évoqué & évoquons par ces présentes, en l'estat qu'elles sont, par-devant les gens que avons commis & establiz à tenir lesdictes Requestes de nostredit Palais. Si vous mandons & expressément enjoignons que nostredicte évocation vous signiffiez ou faictes signiffier & savoir à nosdiz Conseillers les Maistres des Requestes de nostre Hostel, ausquelz Nous prohibons & défendons que desdictes causes ilz ne entrepreignent doresenavant aucune court ne congnoissance ; & leur mandons & enjoignons que tous les procès, sacs & registres desdictes causes, ilz mectent & baillent clos & seellez par-devers les gens que avons commis & establiz à tenir lesdictes Requestes de nostredit Palais, ausquelz gens qui tendront lesdites Requestes du Palais, Nous mandons, commandons & expressément commectons par ces présentes, que desdictes causes qui estoient introduictes & pendans devant nosdiz Conseilliers les Maistres des requestes de nostre Hostel, ilz cognoissent & en décident, déterminent, jugent & ordonnent, & aux parties administrent bon & brief droit & accomplissement de justice : Car ainsi l'avons voulu, voulons & Nous plaist estre fait. *Donné aux Montilz-lez-Tours, le XV.me jour d'Avril, l'an de grace mil cccc cinquante & trois, avant Pasques (c), & de nostre regne le XXXII.e* Sic signatum : *Par le Roy en son Conseil.* R. CHALIGAUT.

Et in dorso : *Lecta & publicata* Parisius in Parlamento, die secundâ Julii, anno Domini millesimo cccc.° LIIII.° CHENETEAU.

NOTES.

(a) Registre du Parlement intitulé: *Ordinationes Barbinæ*, coté *D, fol.* 150, *v.°* Offices de *Joly*, tome I, page 265.

(b) Voyez les Lettres du même jour, page 276.

(c) Voyez ci-devant page 275, note *(a).*

CHARLES
VII,
aux Montils-
lès-Tours,
le 16 Avril
1453,
avant Pâques.

(a) Lettres de Charles VII, par lefquelles il affigne le rang que doivent avoir entre eux les Confeillers clercs ou laïcs par lui nouvellement créés en fa Cour de Parlement.

CHARLES, par la grace de Dieu, Roy de France, à noz amez Confeillers les Gens tenans & qui tendront noftre Parlement à *Paris*, falut & dileccion. Comme pour pourveoir au fait de noftre Juftice & remplir noftredicte Court de perfonnes notables, Nous aions puis n'aguerres fait & ordonné en icelle noftre Court plufieurs noz Confeilliers, tant clercs que laiz, ou lieu de ceulx qui depuis certain temps en çà font alez de vie à trefpaf-fement, à quoy pour aucunes caufes à ce Nous mouvans, n'avions encores pourveu; & foit ainfi que à l'occafion de ce que les dons fur ce faiz, au moins la plufpart, font d'un mefme jour, & que aucuns de nofdiz Confeilliers, obftant les occupations qu'ilz ont entour Nous & autrement, ne pourroient bonnement aler en noftredicte Court fi promptement prendre poffeffion de leurs offices en icelle que les autres, fe pourront mouvoir différences entre iceulx noz Confeilliers, qui devra eftre préféré & affiz ès premiers lieux en noftredicte Court & l'un devant l'autre, qui feroit grant efclande en icelle, mefmement que bonnement elle n'y pourroit pourveoir fe déclaration n'eftoit fur ce par Nous faicte: favoir vous faifons que, Nous voulans à ce obvier, & aux inconvéniens qui à celle caufe fe pourroient enfuir, avons ordonné & déclairé, ordonnons & déclairons par ces préfentes, que nofdiz Confeilliers ainfi par nous nouvellement ordonnez eftre en noftredicte Court, feront inftallez en icelle, en la maniere qu'ilz font ci-après nommez & déclairez, c'eft affavoir en tant que touche noz Confeilliers laiz, Maiftre *Jehan Avin, Jehan Chambon, Pierre Clutin, Jehan Befon, Guillaume Papin, Jehan de Fugerais, Raoul Pichon, Jehan des Plantes, Guillaume de Paris,* & *Henry Delaires*; & au regard de noz Confeilliers clercs, Maiftres *Jehan de Montigny, Jaques Barre, Jehan Avril, Helies de Coufdun, Jehan Henry, Guy Burdelot, Jehan Berthelot, Robert de Saint-Simon, Guichard Daubuffon, Guillaume de Montboiffier, Hector Coquerel, Jehan le Beauvoifien, Jehan de la Reaulte, Jehan de la Vignole, Jehan Heberge, Guillaume Compaing, Jehan de la Jumeliere,* & *Pierre Daffier.* Si voulons & vous mandons bien expreffément, que noftredicte Ordonnance, en tant que touche nofdiz Confeilliers deffus nommez, de nouvel par Nous ordonnez eftre & affifter en noftre Court, vous les faictes eftre & affeoir en icelle noftre Court, felon la fourme & maniere qu'ilz font cy-deffus nommez, fans avoir aucun égard à la premiere poffeffion prinfe par eulx ou aucun d'eulx en noftredicte Court: car ainfi Nous plaift-il & voulons eftre fait, nonobftant le ftile & ufaige de noftredicte Court, & quelxconques Ordonnances ou défenfes à ce contraires. *Donné aux* Montilz-lez-Tours, *le* XVI.ᵉ *jour d'Avril, l'an de grace mil* CCCC *cinquante-trois, avant Pafques (b), & de noftre regne le trente-deuxieme.* Sic fignatum: *Par le Roy en fon Confeil.* R. CHALIGAUT. *Collacio facta eft cum originalibus Litteris.*

NOTES.

(a) Regiftre du Parlement intitulé: *Ordinationes Barbinæ*, coté **D**, *fol.* 146, r.ᵒ Ces Lettres ne fe trouvent point dans les Offices de *Joly*.
(b) Voyez ci-devant page 275, note *(a)*.

CHARLES
VII,
aux Montils-
lès-Tours,
le 16 Avril
1453,
avant Pâques.

(a) Lettres de Charles VII, par lesquelles il confirme sa nomination aux Offices de Président & Conseillers aux Requêtes du Palais ; nomme de plus un Greffier desdites Requêtes; & révoque & annulle toutes autres institutions de pareils Offices antérieures à ses Lettres du 15 Avril.

CHARLES, par la grace de Dieu, Roy de France, à tous ceulx qui ces présentes Lettres verront, salut. Savoir faisons que pour réintégrer nostre Court de Parlement, & pourveoir au fait de la justice de nostredicte Court, & de nostre royaume, Nous avons entre autres choses, par la délibération de plusieurs des Seigneurs de nostre sang & lignage, gens de nostre Grant-Conseil, & d'aucuns des Président & autres noz Conseilliers en nostredicte Court de Parlement ordonné & institué les Requestes de nostre Palais à *Paris* estre mises sus *(b)*; & avons créez, ordonnez, commis & establiz noz amez & féaulx Conseillers en nostredicte Cour de Parlement, Maistre *Mahieu* de *Nanterre*, Président, & *Andri Pelé, Jaques Nivart, Helie* de *Cousdun, Hector Coquerel,* & *Guillaume Papin,* Conseillers, & pour Greffier ou Scribe, nostre bien-amé Maistre *Robert* de *Gueteville,* pour tenir & excercer lesdictes Requestes; & que Nous voulons nostredicte Ordonnance & provision estre tenus & gardez sans enfraindre, & oster toutes matieres de litiges & procès qui pourroient empescher nostredicte Ordonnance & establissement; & que rapporté Nous a esté que aucuns autres que les dessusdiz, se sont vantez d'avoir obtenu de Nous don ou institution des offices desdictes Requestes ou d'aucuns d'iceulx offices. Nous, eue sur ce grande & meure délibéracion de conseil, avons révoqué, cassé & adnullé, & par la teneur de ces présentes révoquons, cassons & adnullons tous dons & institucions que aurions ou pourrions avoir fait, ou temps passé, des offices desdictes Requestes, ou d'aucuns d'iceulx, tant de Président, Conseillers, Greffier que Huissiers, paravant le jour de hier que Nous comismes, ordonnasmes, establismes, & créasmes lesdiz Président; & Conseilliers, & aujourd'huy avons créé & establi ledit Greffier, & decernons & déclairons que les dessusdiz Président, Conseilliers & Greffier, demourront en leursdiz offices, nonobstant quelzconques dons, institucions, ordonnances & autres choses quelzconques faictes paravant nostredicte derenière Ordonnance & création desdiz offices. En tesmoing de ce, Nous avons fait mettre nostre féel à cesdictes présentes. *Donné aux Montilz-lez-Tours, le XVI.ᵉ jour d'Avril, l'an de grace mil CCCC LIII avant Pasques (c), & de nostre regne le XXXII.ᵉ* Sic signatum: *Par le Roy en son Conseil.* R. CHALIGAUT.

Au dessous est écrit: *Die secundâ Julii, anno Domini millesimo CCCC.ᵐᵒ LIIII.ᵗᵒ Litteræ in albo scripte lecte fuerunt in Parlamento; & super nonnullis oppositionibus in registris dicti Parlamenti registratis, appunctatum fuit ad Conlsiium. Die verò quartâ dicti mensis, visis per curiam Litteris & titulis dictorum opponencium, ac dictis Litteris in dicto Parlamento lectis, ordinatum & exindè pronunciatum extitit judicialiter in dicto Parlamento, quòd super dictis Litteris scribetur: Lecta, publicata & registrata, &c. quòd officiarii ad Requestas Palatii tenendas, in dictis Litteris retrò scriptis nominati, sua excercebunt Officia sine prejudicio dictorum opponentium, & quousque per Regem aut Curiam aliter fuerit ordinatum. Actum & datum prout suprà.* CHENETEAU. *Collacio est facta.*

NOTE.

(a) Registre du Parlement intitulé: *Ordinationes Barbinæ,* coté **D**, *fol.* 150, *v.*ᵉ Offices de *July,* tome I, page 265.

(b) Voyez les Lettres du jour précédent, ci-devant page 276, entièrement semblables

à celles-ci, à la réserve de la nomination du Greffier & de la révocation d'institutions de pareils Offices faites antérieurement.

(c) Voyez ci-devant page 275, note *(a)*.

CHARLES
VII,
aux Montils-
lès-Tours,
le 17 Avril
1453.

(a) Lettres de Charles VII, qui ratifient les articles accordés aux habitans de Saint-Émilion, lors de leur soumission au Roi, par lesquels il est dit que leurs priviléges, franchises & libertés, restent en sa volonté.

CHARLES, &c. A tous ceulx qui ces présentes Lettres verront: salut. Comme au mois de Juillet, l'an mil quatre cens cinquante & trois & derrenier passé, en mettant en nostre obéissance les gens d'église, nobles, bourgois, manans & habitans de la ville de *Sainct-Milion*, eust esté octroyé & accordé par noz amez & féaulx Conseillers & Chambellans les sires de *Loheac* & de *Jaloignes*, Mareschaulx; le Sire *Dubueil*, Admiral de France; le sire de la *Forest*, séneschal de *Poictou*; & Maistre *Jehan Bureau*, aussi nostre Conseiller & Trésorier de France, ausdits bourgois, manans & habitans de *Sainct-Milion*, les choses contenues ès articles & appoinctemens dont la teneur s'ensuit, & ce requérans les Maire, gens d'église, nobles, bourgois & habitans de la ville de *Sainct-Milion*, à Messeigneurs les Mareschaux, Admiral, *Séneschal* de *Poictou*, & Trésoriers de France, fait le vingt-uniesme de Juillet, l'an mil quatre cens cinquante-trois.

(1) Premierement. Lesdiz Maire, gens d'église, bourgois & habitans, sont tenus de bailler ladite ville de *Sainct-Milion* ès mains de mesdits Seigneurs ou nom du Roy nostre Sire; aussi que tous ceulx qui vouldront demourer en ladicte ville, de quelque estat, nacion ou condicion qu'ils soient, pourront faire le serement d'estre bons, vrays & loyaux au Roy nostredit Seigneur; & en ce faisant auront tous leurs biens & héritages & bénéfices quelque part qu'ils soient, & auront abolicion générale de tous cas & crimes quels qu'ils soient, jusques aujourd'huy, & ne leur sera fait tort, force ne dommage en corps ne en biens, en quelque maniere que ce soit.

(2) Item. En ce qui touche les priviléges, franchises & libertez, demourront au bon plaisir & voulenté du Roy.

(3) Item. Et s'il y a aucuns qui ne veuillent demourer en ladicte ville, ne faire le serement, ils s'en pourront aller avecques tous leurs biens, chevaulx, harnois & autres choses quelsconques, & auront sauf-conduit pour ce faire.

(4) Item. Que lesdits habitans puissent demander & requérir d'eulx faire payer de toutes leurs debtes bonnes & loyaulx, de tous acquestz & autres choses que on leur pourra devoir jusques à cette heure, nonobstant qu'ils ayent esté ou party contraire.

(5) Item. Et s'il en y a aucuns qui présentement ne veuillent faire le serement, & veillent cherchier leurs biens & debtes en quelque lieu qu'ils soient, & en quelque parti qu'ils le puissent faire, & puissent estre receus de faire le serement jusques au terme d'un mois après la date de ce présent traictié, pendant lequel temps ils pourront retourner, se bon leur semble, & auront leurs biens & héritages comme s'ils avoient fait le serement le jourduy. Ainsi signé. ANDRÉ de LAVAL. J. de CULANT. J. de BUEIL. L. de BEAUMONT. JEHAN BUREAU.

Lesquelles choses ainsi contenues & déclairées ès articles cy-dessus faiz, lesdictes gens d'église, nobles, bourgois, manans & habitans de ladicte ville

NOTE.

(a) Trésor des Chartes, Registre IX^{xx}XI [191], Pièce 1. — *MSS.* de *Colbert*, Volume LV, page 331.

de *Sᵗ.-Million*, Nous ont humblement fupplié & requis avoir agréables iceulx, leur ratiffier, confirmer & approuver, & leur en octroyer noz Lettres fur ce. Sçavoir faifons que Nous ayans le contenu èfdits articles & ledit appointement ainfi fait par nofdits Confeillers, aggréables, iceluy avons loué, approuvé, ratiffié & confirmé, louons, approuvons, ratiffions & confirmons par ces préfentes, & le promettons tenir & accomplir de point en point felon fa forme & teneur. Si donnons en mandement par ces mefmes préfentes, au *Sénefchal de Guienne*, & à tous noz autres Jufticiers ou à leurs Lieuxtenans, & à chafcun d'eulx fi comme à luy appartendra, que de noftre préfente confirmacion & ratificacion facent, feuffrent & laiffent les deffufdits joyr & ufer pleinement & paifiblement, fans leur faire ne fouffrir eftre fait ou donné aucun deftourbier ou empefchement ou contraire, en quelque maniere que ce foit. En tefmoing de ce Nous avons fait mectre noftre féel à ces préfentes. *Donné aux Montils-lès-Tours, le dix-feptiefme Avril, l'an de grace* M CCCC LIII, *& de noftre regne le* XXXII.ᵉ Ainfi figné. *Par le Roy en fon Confeil.* ROLANT.

CHARLES
VII,
aux Montils-
lès-Tours,
le 17 Avril
1453.

(a) *Lettres de Charles VII, par lefquelles il confirme les ftatuts des Chirurgiens de Rouen, & ordonne de s'y conformer.*

CHARLES
VII,
à Tours,
en Avril,
avant Pâques
1453.

CHARLES, par la grace de Dieu, Roy de France, fçavoir faifons à tous préfens & advenir, Nous avoir receue l'umble fupplicacion des maiftres Cirurgiens de noftre ville de *Rouen*, contenant que entre les affaires touchant l'utilité & confervacion du corps humain qui eft compofé de matieres chéables, & fubgect à enfermitez & paffions langoureufes & accidentelles, foit requis donner néceffairement provifions & remedes curables, en telle maniere que la poffibilité & durée des jours naturels des perfonnes, foit digérée & entretenue en bonne conduite & reffourfe, qui vray-femblablement fe peut faire par les louables, fcientifiques fciences, & facultez artificialles de médecine, & fes deppendences, comme eft cirurgie, qui de tout temps & aages paffez, font ramenez à très-faincte mémoire & approbacion de toutes teles gens pour ce faire, & pour fecourir & obvier par icelles aufdicts accidens qui cotidiennement adviennent & influent par corps céleftes & autres caufes, fur les perfonnes & chofes terriennes, & que digne chofe doncques eft de telles fciences auctorifer & favorifer, & aux miniftres d'icelles amiablement pourveoir, & les effaufer en leurs facultez & fciences. Et il foit ainfi que en noftredicte ville de *Rouen*, qui eft l'une des plus grandes & mieulx peuplée de noftre royaume, & prouchaine de plufeurs pors de mer, pour raifon defquels y viennent & arrivent inceffamment plufeurs perfonnes de tous eftats, tant par eaue que par terre, dont impoffible eft que n'en n'y ait fouvent de tranfportez de leurs fantez & grevez de leurs corps par inconvéniens & playes furvenans en iceulx, qui pour ce ont exprès befoing d'eftre pourveuz & remédiez par cures convenables, faictes & quifes par gens expers èfdictes fciences & facultez de cirurgie, dont plufeurs perfonnes non fçachans ne expers à ce, fe font entremis ès temps paffez d'en ufer & ouvrer en icelle noftre ville de *Rouen*, & par efpécial dudict fait de cirurgie, fans en avoir la parfaite connoiffance & induftrie, & fans auctorité de Nous ou de noz Officiers en juftice ilec demourans, au moins depuis que avons recouvré en noftre obéiffance icelle noftre ville de *Rouen* fur les *Anglois* nos anciens ennemis & adverfaires, qui

NOTE.

(a) Tréfor des Chartes, Regiftre IXˣˣII [182], Pièce 70. — MSS. de *Colbert*, volume LIV, page 71.

CHARLES
VII,
à Tours,
en Avril,
avant Pâques
1453.

naguères de temps occupoient icelle & noftre *Duchié de Normandie*, par lefquels *Anglois*, ou leurs Officiers on dit que aucunes Ordonnances avoient ou ont efté faictes touchant le fait de cirurgie & des Cirurgiens lors eftans ilec & demourahs en leur party, laquelle chofe n'eft ne doit eftre dicte de valeur ne d'aucun effect pour Nous ou noz fubgets; ainfy que de la partye defdicts Chirurgiens à préfent réfidens & eftans audit *Rouen* Nous a efté expofé humblement, defirans que pour le bien & feureté de noftre juftice, qui fouvent requiert à avoir leur délibéracion ès cas de maléfice de corps qui y furviennent, & auffy pour l'honnefteté & décoracion d'icelle fcience, & pour mieux fervir à la chofe publique & efviter aux inconvéniens qui par gens ignorans eulx entremettans d'icelle fcience, pourroient entretenir, loy & Ordonnance fuft faicte par Nous & noftre Edict royal fur les chofes deffufdictes, en déclairant les articles, claufes & reftrinctions cy-après contenues par ftatut & Ordonnance perpétuel, defquelles claufes & articles la teneur enfuit.

(1) Et premierement. Que nul ne nulle ne puiffe faire fait ne oppéracion de cirurgie en noftredicte ville & cité de *Rouen*, fe premierement il n'eft examiné par les Maiftres en cirurgie de noftredicte ville, & préfenté par juftice par lefdicts Maiftres à noftre *Bailly* dudict *Rouen* ou fon Lieutenant, appellé noftre Procureur ilec.

(2) Item. Que nul, de quelque eftat qu'il foit, ne face ou puiffe faire rapport à juftice en icelle noftre ville de *Rouen*, fe il n'eft Maiftre paffé, juré, examiné & receu par les Maiftres jurez de cirurgie en icelle ville, fur peine de foixante folz tournois d'amende, à applicquer le tiers d'icelle fomme à Nous, & l'autre tiers à la confrairie *Sainct-Cofme, Sainct-Damien & Sainct-Lambert*, fondée en l'églife des Carmes, & l'autre tiers aufdicts Maiftres jurez en icelle ville, de fcience de cirurgie.

(3) Item. Que nul ne nulle de quelque eftat qu'il foit, ne autre que lefdicts Cirurgiens en icelle noftre ville de *Rouen*, ne puiffe appareiller dorefenavant une perfonne plus d'une fois, navré ou blecé, où il aura plainte ou harou ou malefaçon à fang & plaie, fur peine de dix folz tournois d'amende; pour lequel appareil, celuy qui l'aura fait aura cinq folz tournois tant feulement; & fe il s'entremet de le faire plus d'une fois, il payera vingt folz tournois d'amende à appliquer comme deffus & par tiers.

(4) Item. Et fi font tenus celuy ou ceulx qui ainfi auront appareillé aucuns navrez & blecez par fait & malice d'autruy, à venir dénuncier à juftice, dedens ung jour naturel au plus tard, les malefaçons, harou, fang & playe qui viendront à leurs congnoiffance, pour y garder noftre droit & en faire juftice aux parties navrées & blécées, fur peine de vingt folz d'amende à applicquer en tiers comme deffus.

(5) Item. Que nul ne nulle ne porte enfeigne des Sains deffufdicts, ne enfeigne de boëte en fa maifon, fe il n'eft premierement paffé par les Maiftres & receu par juftice, comme deffus eft dit, au fait de cirurgie, fur femblable peine de vingt folz tournois comme deffus.

(6) Item. Quant aucun viendra à l'examen deffufdit, & qu'il fera paffé par lefdicts Maiftres jurez, & rapporté à juftice, ainfy que dit eft, il fera tenu bailler & donner à chafcun des autres Maiftres en cirurgie qui auront vacqué à fon examen, ung bonnet double après fondit examen.

(7) Item. Iceluy Cirurgien ainfi receu, fera tenu foy rendre confrere de ladicte confrairie *Saincts Cofme, Damien, & Sainct Lambert*, fondée audict lieu des Carmes, & pour fon entrée donner dix folz tournois à ladicte confrairie.

(8) Item. Lefdicts Cirurgiens jurez pourront ordonner, prendre ou effire l'un d'iceulx Jurez tel qu'il leur plaira, & iceffuy conftituer Procureur & garde foubs juftice, defdicts ftatuts & Ordonnances préfentes, afin que fe aucun s'entremectoit ou faifoit chofe qui préjudiciaft à l'onnefteté de ladicte fcience,

CHARLES
VII,
à Tours,
en Avril,
avant Pâques
1453.

& à ce préſent ſtatut, de le faire appréhender ou convenir par juſtice ; & lequel Procureur a ou aura toute pleine puiſſance, auctorité & povoir de repréſenter en juſtice & dehors, les autres Maiſtres d'icelle ſcience, & de plaider, procéder & beſongner pour eulx ladicte ſcience, tout autant comme ilz feroient ſe tous y eſtoient en perſonne ; & lequel Procureur qu'ilz nommeront à noſtre *Bailly* de *Rouen,* ou ſon Lieutenant, ſe meſtier eſt & ils le requierent, aura la garde des Lettres & beſongnes à ce appartenant, deſquelles il rendra compte èſdicts Maiſtres, & icelles reſtituera toutesfoiz qu'il en ſera ſommé & requis d'eulx ou de par eulx, ès mains deſdits Maiſtres.

(9) *Item.* Et pour ce que ſoubs les abbus d'aucuns comme triacleurs, drameurs, inciſeurs, & autres non connoiſſans ladicte ſcience de cirurgie, moult de ſimples perſonnes ont eſté & ſont ſouvent déceuz, & ladicte ſcience de cirurgie miſe arrière & dépriſée par telles manieres de gens, eſt ordonné que tel triacleur, drameur, inciſeur de pierre, deſrompture, ne autres, ne pourront faire inciſion ſans le congié de juſtice, & que en leur compaignie ait un ou deux deſdicts Cirurgiens, ne vendre leur triacle, juſques à ce que juſtice l'ait fait viſiter par leſdicts Cirurgiens, appellé des Apoticaires, ſur peine de priſon, & d'amende à la volonté des ſuſdicts.

(10) *Item.* Et pour ce que entre les autres choſes déclarées en l'Ordonnance & ſtatuts faiz audict lieu de *Rouen,* par les Barbiers qui ont l'uſage de la flebétomye, eſt contenu que chaſcun Barbier, ou aucuns de ſes ſerviteurs, pourront eſtanchier toute perſonne bléciée, pour la premiere fois, ſoit qu'il y ait en la matiere cry de harou ou non, par en aiant payement raiſonnable, & par en rapporter à juſtice ce qu'ils auront fait, touteſfoiz & quanteſfoiz que tels cas eſcherront: Nous n'entendons, ne n'eſt pas pourtant entendu, que iceulx Barbiers ayent par ce, l'autorité & condicion deſdicts Cirurgiens jurez ; pour ce que cette maniere pour eſtanchier, ne leur eſt ſoufferte ou attribuée, fors pour éminente néceſſité, & que ils ont ledict uſage de flebétomye, dont l'eſtanchicr ſi eſt deppendant. Et afin que aucun maléfice ou navreure à ſang ne ſoit couverte à juſtice, ils ſont par regle de ſubgection & de leurdicte ordonnance, ſubmis à venir dire telz choſes à juſtice, pour y faire raiſon auſdictes parties, & pugnir les délinquans ſelon l'exigence des cas, deſquels, en tant qu'il en giſt en dangier ou dommaige de corps ou membres de perſonnes, il loit auſdicts Cirurgiens à en faire la viſitacion & rapport à juſtice.

(11) *Item.* Que nul ne nulle ne s'entremecte d'entreprendre perſonnes enfermes ou malades, à guérir, où il y ait dangier de mort ou mehan, ſans avoir conſeil ou compagnie d'un ou deux Cirurgiens jurés, ſur peine de vingt ſolz tournois d'amende, à appliquer comme deſſus.

(12) *Item.* Et pour ce que par importunité d'aucuns, ou par donner à entendre non véritable, & qui vouldroient parvenir à ladicte ſcience ſans eſtre examinez ne expérimentez ne trouvez ſuffiſans par leſdicts Cirurgiens, ſoubs umbre de ce que ou précédant de ceſtedicte Ordonnance & préſent ſtatut, ilz ont pu faire aucunes gariſons & cures de menues choſes, en quoy ne chiet aucune grande ſuffiſance, ne choſe par quoy l'en puiſſe dire que ils peuſſent avoir la ſcience acquiſe de cirurgie, Nous n'entendons point que ſe aucun obtenoit de Nous nos Lettres, que ce vaille pour deſroguer à cette préſente noſtre Ordonnance ; mais voulons que, comme il eſt dit, il ſoit prémierement examiné & trouvé ſouffiſant & ydoine par leſdicts maiſtres Cirurgiens, ainſi que dit eſt.

Leſquelles articles cy-deſſus inſérées leſdicts Cirurgiens eſtans de préſent en noſtre ville de *Rouen,* ayent deſpiéçà fait mettre & rédiger par eſcrit, & icelles voulues entériner & garder en leur povoir, mais pour l'entreprinſe de pluſeurs perſonnes non expers en icelle ſcience, moult de variacions &

CHARLES
VII,
à Tours,
en Avril,
avant Pâques
1453.

difcors fe font trouvez & pevent fouvent avenir, fe par reftrinction ou pour-véance n'y eftoit remédié & obvié par regle de raifon, aux périls qui ès corps humains & en leurs membres peuvent cotidiennement avenir, par les abus de ceux qui fe dient eftre expers en icelle fcience, ce que non. Nous inclinans à la fupplicacion defdicts Cirurgiens d'icelle noftredicte ville de *Rouen*, & que defirans icelle eftre toufjours augmentée & pourveue en bonne police & juftice, & les corps de nos fubgez eftre défendus d'inconvéniens ès perils regardans perte de vie & de membres, avons diligemment fait vifiter & voir par ceulx de noftre Confeil & d'icelles fciences de médecine & cirurgie eftans en noftre fervice, les articles deffufdictes par lefquelles a efté & eft trouvé que iceux articles & les caufes deffus déclairées font juftes, raifonnables & utiles ; & pour ce, à leurdicte fupplicacion, avons icelles & chacune d'elles louées & déclairées, & paffées & accordées aufdicts Cirurgiens préfens & à venir en ladicte ville de *Rouen*, & icelles déclairons, louons & ordonnons par forme de ftatut & Ordonnance royal & perpétuel, felon & par les manieres que contenues font èfdictes claufes & articles cy-devant efcrites, inférées à ces préfentes. Si donnons en mandement par ces mefmes préfentes aux *Bailly* & *Vicomte* dudict lieu de *Rouen* ou leurs Lieuxtenans, & à tous nos autres Jufticiers & Officiers ilec préfens & à venir, & à chafcun d'eulx, fi comme à luy appartendra, que de noz préfentes Ordonnances & ftatutz royal ilz facent, feuffrent & laiffent joyr & ufer dorefenavant en noftredicte ville & cité de *Rouen*, iceulx Cirurgiens préfens & à venir, & iceulx ftatutz & Ordonnances obfervent, facent tenir, obferver & garder de poinct en poinct fans venir encontre en aucune maniere ; & affin que aucun ne puiffe prétendre caufe d'ignorance ores ne pour le temps advenir, facent publier & lire ces préfentes en nos affifes dudit *Rouen*, & ès autres lieux accouftumez à faire criz par publicacions en icelle ville ; & au furplus accompliffent eulx & chafcun d'eulx les claufes & articles ilec contenus où, quant, & vers ceulx qu'il appartendra, touteffois & quanteffoiz que requis en feront par lefdicts Cirur-giens ou leurdict Procureur, & felon le contenu & manieres déclairées en icelles ; & affin que ces chofes foient & demeurent fermes & eftables à toufjours, Nous avons fait mectre noftre féel à ces préfentes : fauf en autres chofes noftre droit, & l'autruy en toutes. *Donné à* Tours, *au moys d'Avril, l'an de grace mil quatre cens cinquante-trois, avant Pafques, & de noftre regne le trente-deuxiefme.* Ainfi figné : *Par le Roy, à la relacion du Confeil.* J. ROGIER. *Vifa.* Contentor.

CHARLES
VII,
aux Montils-
lès-Tours,
en Avril 1453,
avant Pâques ;
& en Avril
1454,
après Pâques.

(a) Lettres de Charles *VII*, pour la réformation de la Juftice.

(On trouve à la fin un article ajouté quelques jours après, par lequel le Roi confirme les abolitions qu'il avoit accordées & les conceffions qu'il avoit faites à la province de Normandie, lorfqu'elle étoit rentrée fous fon obéiffance.)

CHARLES, par la grace de Dieu, Roy de France, à tous préfens & advenir : falut. Savoir faifons, que comme noftre royaume ait efté moult opprimé & dépopulé par les divifions & guerres qui ont efté en iceluy, & au temps que veiniffimes au gouvernement de noftredict royaume, Nous trouvafmes

NOTE.

(a) Regiftre du Parlement, intitulé : *Ordinationes Barbinæ*, coté D, *fol.* 152, r.
— Ordonnances de *Saint Louis*, *fol.* XVI. — Offices de *Joly*, t. I, add. p. XXXI.

noftredict royaume occupé en la plus grant part d'iceluy par noz anciens ennemys & adverfaires les *Anglois*; & que depuis, par la divine Puiffance, ayons les pays & provinces de *Champaigne, Vermandois, Picardie* & *France*, & noftre bonne ville de *Paris*, délivrez des mains de nofdicts ennemys les *Anglois*, & iceux réduicts & remis en noftre obéiffance, & en leur liberté & franchife, & qu'à l'occafion defdictes guerres & divifions, en noftredict royaume fe faifoyent & commettoient plufieurs roberies & pilleries par les gens de guerre, tant noftres qu'autres, tenans les champs & vivans fur noftre pauvre peuple, dont tout noftredict royaume & tout noftre pauvre peuple d'iceluy eftoient en grande affliction & défolation. Pourquoy Nous ayans pitié & compaffion de noftre peuple, par l'ayde & providence de Dieu noftre créateur, avons mis bon ordre en tous noz gens d'armes, & ofté toutes les pilleries & roberies qui eftoyent en noftredict royaume; & après, par la grace de Dieu tout-puiffant, avons conquis & réduictz noz pays & *Duché* de *Normandia*, pays du *Maine* & du *Perche*, en noftre obéiffance, & en expellez & déboutez par armes nofdictz anciens ennemis les *Anglois*, qui longuement les avoyent tenuz & occupez, & remis noz fubjectz d'iceux en leurs libertez & franchifes; & après ce, avons noz citez & villes de *Bordeaux* & noz pays & *Duché* de *Guyenne* conquis, & en déboutez nofdicts ennemis les *Anglois*, qui par l'efpace de fept à huict ans les avoyent détenuz & occupez, & délivrez nofdicts pays & fubjectz de leur fervitude; & que depuis, noftredicte ville de *Bordeaux*, & grande partie de noftredict pays de *Guyenne*, ayent, par le moyen d'aucuns feigneurs & autres dudict pays, efté derechef occupez par nofdictz anciens ennemys les *Anglois*, qui y font venuz à grande puiffance d'armes, & lefquelz Nous avons derechef expulfez & déboutez de noftredict pays & *Duché* de *Guyenne*, de noftredicte ville de *Bordeaux*, & iceulx remis & réduictz en noftre obéiffance, dont Nous rendons louanges & graces à Dieu noftre créateur; & que par le moyen defdictes guerres & divifions, qui longuement ont efté en noftredict royaume (comme dit eft), la juftice d'iceluy noftredict royaume a efté moult abaiffée & opprimée, & ayent les bonnes Ordonnances de nos prédéceffeurs Rois de France, qui avoient efté faictes fur l'entretenement & gouvernement de la juftice de noftredict royaume, efté délaiffées, tant en noftre juftice fouveraine de noftre Court de Parlement, qu'ès autres juftices de noftre royaume, & que du nombre des Gens qui d'ancienneté avoient accouftumé eftre en noftredicte Court de Parlement, en failloyent plufieurs, & que la Court des Requeftes de noftre Palays, qui moult eftoit & eft fecourable & néceffaire au fecours & entretenement de noftredicte juftice fouveraine d'icelle noftre Court de Parlement, ayt efté par longtemps délaiffée, & qu'on n'en a point ufé: confidérans que les royaumes, fans bon ordre de juftice, ne peuvent avoir durée ne fermeté aucune, eu efgard aux grand'graces que Dieu Nous a faictes, comme deffus eft dit, dont Nous le regracions & mercions, voulans pourveoir à noz fubjectz de bonne juftice, eüe fur ce grand & meure délibéracion avec plufieurs Seigneurs de noftre fang & lignage, & plufieurs Prélatz, Archevefques, Evefques, Barons & Seigneurs de noftre royaume, & les Gens de noftre Grant-Confeil, & aucuns des Préfidens & autres Gens de noftredicte Court de Parlement, & autres Juges & prud'hommes d'iceluy noftre royaume, par Nous fur ce affemblez, en enfuyvant les Ordonnances de noz prédéceffeurs Roys de France, avons fait & faifons les Ordonnances, ftatuz & eftabliffemens fur le faict de noftredicte juftice, qui s'enfuyvent.

(*Art. 1.*) Et premiérement, Nous avons ordonné & décerné, & par ces préfentes ordonnons & décernons, qu'en noftre Court de Parlement, aura en la Grand'Chambre quinze Confeillers-clercs & quinze Lais, en oultre les Préfidens qui ne font comprins audict nombre; & en la Chambre des Enqueftes, autra vingt & quatre Clercs & feize Lais; & aux Requeftes de

(marginal note, right side)
CHARLES, VII, aux Montil-lès-Tours, en Avril 1453, avant Pâques; & en Avril 1454, après Pâques.

Cour de Parlement.

noſtre Palays, ſeront cinq Clercs & trois Lais, comprins en ce le Préſident deſdictes Requeſtes, & leſquelles Requeſtes de noſtre Palays, Nous ordonnons eſtre miſes ſus, ainſy qu'elles eſtoyent au temps paſſé.

(2) Item. Que les Préſidens & Conſeillers de noſtredicte Court de Parlement, tant en la Grand'Chambre, en la Chambre des Enqueſtes, qu'aux Requeſtes du Palays, feront réſidence continuelle en noſtredicte Court durant le Parlement, & demeureront continuellement en noſtredicte Court pour faire leurs offices, & ne s'en partiront durant le Parlement, ſi ce n'eſt par la licence dudict Parlement; & voulons que ce ſoit gardé & obſervé ſans enfraindre.

(3) Item. Que les Préſidens & Conſeillers dudict Parlement & deſdictes Chambres viendront & s'aſſembleront bien matin : c'eſt à ſçavoir, depuis Paſques juſqu'à la fin dudict Parlement, feront aſſemblez à ſix heures ès chambres dont ils feront, & depuis le lendemain de la feſte *Saint-Martin* d'yver, (auquel jour on a accouſtumé de commencer le Parlement), juſques audict jour de Paſques, ilz feront aſſemblez en leurs chambres incontinent après ſix heures; & la meſſe qu'on a accouſtumé à célébrer au matin avant l'entrée du Parlement, ſera dicte & célébrée depuis ladicte feſte de Paſques, juſques à la fin du Parlement, avant ſix heures, & depuis le commencement dudict Parlement juſques à ladicte feſte de Paſques, ladicte meſſe ſera commencée à célébrer incontinent après ſix heures.

(4) Item. Et qu'incontinent que leſdictz Préſidens & Conſeillers feront entrez auxdictes heures en leurs Chambres, ilz ſe mettent à beſongner ès beſongnes & affaires dudict Parlement, ſans ce qu'ilz entendent à autre choſe : & prohibons & défendons que depuis que leſdictz Préſidens & Conſeillers feront entrez audit Parlement, qu'ilz ou aucuns d'eux ne ſe levent pour aller parler ou conſeiller avec autres, de quelque choſe que ce ſoit, ſinon par l'ordonnance de ceux dudict Parlement. Et avec ce, défendons qu'aucuns deſdiz Préſidens ou Conſeillers, depuis qu'ilz feront entrez audict Parlement, ne puiſſent ſaillir dehors iceluy Parlement, pour aller tournoyer ou vaguer aval la ſalle du Palays, avec quelque perſonne que ce ſoit; & voulons & ordonnons que ceſte Ordonnance ſoit gardée, tant aux jours de plaideries qu'aux jours de conſeil.

(5) Item. Et comme avons ſceu que pour la grant multitude de cauſes qui durant les guerres & diviſions ont eſté miſes & introduictes en noſtredicte Court de Parlement, & pour autres cauſes, les procez n'ont peu eſtre expédiez, ne jugez, dont avons eu pluſieurs plainctes & clameurs des ſubjectz de noſtre royaume : Nous, par l'advis & délibération des deſſuſdictz, avons décerné & ordonné, & par la teneur de ces préſentes, décernons & ordonnons par loy & Ordonnance perpétuelle, que doreſenavant ne feront introduictes en noſtredicte Court de Parlement, ſinon les cauſes & procez qui de leur nature & droict y doivent eſtre introduictes & traictées, c'eſt à ſçavoir, les cauſes de noſtre domaine & de noz droictz & de noz régales, & les cauſes èſquelles noſtre Procureur ſera principale partie.

(6) Item. Les cauſes des Pairs de France, & leurs cauſes touchant leurs terres tenües en Pairie, & auſſi en appanage, & les droictz d'icelles.

(7) Item. Les cauſes des Prélatz, Chapitres, Contes, Barons, Villes, Communaultez, Eſchevins & autres, qui par priviléges ou anciennes couſtumes ont accouſtumé d'eſtre traictées en ladicte Court.

(8) Item. Les cauſes d'appel, leſquelles de leur droict doivent eſtre traictées & décidées en noſtredicte Court de Parlement, & qui ailleurs ne peuvent eſtre déterminées.

(9) Item. Et enſuyvant les Ordonnances de noz prédéceſſeurs Rois de France, enjoignons & commandons que toutes cauſes d'appel de ſentences diffinitives ou interlocutoires ou d'exécution, ou exécuteur, ſergent, ou autre,

CHARLES VII, aux Montils-lès-Tours, en Avril 1453, avant Pâques; & en Avril 1454, après Pâques.

Préſidens & Conſeillers.

Cauſes qui doivent y être portées.

Cauſes d'appel.

relevées ou à relever, introduictes ou à introduire en nostredicte Court de Parlement, délaissé le Juge moyen par-devant lequel elles devoient estre relevées & introduictes de droict & de coustume, soyent renvoyées devant les Juges moyens où elles deussent avoir esté relevées. Il Nous plaist toutesfoys & voulons que les Gens tenans nostredict Parlement puissent telles causes retenir par-devers eulx, s'ils voyent que la matière de la cause le requiere, & sur ce en chargeons leurs consciences.

CHARLES VII, aux Montils-lès-Tours, en Avril 1453, avant Pâques; & en Avril 1454, après Pâques.

(10) *Item.* Voulons & ordonnons que s'il y a attemptat contre aucune cause d'appel relevée en nostredicte Court de Parlement, dont l'appellation aura esté faicte formellement en nostredicte Court, qu'icelle nostre Court en puisse retenir la cognoissance; & prohibons & défendons qu'aucun n'allegue avoir esté faict attemptat, si véritablement il n'a esté faict, & qu'il ne le monstre promptement par information deüement faicte; & en cas que par information il ne monstrera avoir esté faict attemptat, que le Procureur qui aura allégué attemptat, soit condemné en l'amende, & pareillement la partie qui aura faict faire l'adjournement sur l'attemptat; & la cause soit promptement renvoyée devant le Juge auquel de droict & de coustume la cognoissance en appartiendra, & sans en faire difficulté.

(11) *Item.* Et pour ce que souventesfois plusieurs, par fraude & malice, ont au temps passé interjecté plusieurs appellations pour empescher les exécutions des sentences ou condemnations de Juges, ou exécutions de nos Lettres, ou des Lettres des Juges, ou des cas de complaincte en matière de saisine & de nouvelleté, d'applégemens, contreplégemens, de requestes, de Lettres de garnison de main par vertu d'obligations faictes soubz seelz autentiques, d'adjournemens ou autres exploictz, tant en matières simples que privilégiées en causes civiles, & icelles appellations ont relevées en nostredicte Court de Parlement, & par le moyen desdictes appellations, les exécuteurs cessoyent de plus avant procéder en leur exécutions, adjournemens ou exploictz, & obstant lesdictes appellations le principal desdictes parties y a esté assopy, & tellement que plusieurs en ont perdu leurs bons droictz: Nous voulans obvier à telles fraudes & malices, avons ordonné, décerné & déclaré, ordonnons, décernons & déclarons, que les exécuteurs de sentences diffinitives ou interlocutoires, ou d'autres appoinctemens judiciaires, dont il n'a esté appellé, procéderont à l'exécution desdictes sentences, jugemens ou appoinctemens judiciaires, sans faire toutesvoyes aucune aliénation ou distraction des biens prins par ledict exécuteur, nonobstant que la partie contre qui est donnée sa sentence, jugement ou appoinctement, appelle d'iceulx exécuteurs, & duquel appel desdictz exécuteurs, la cognoissance appartiendra aux Juges dont procèdent les sentences & jugemens; & seront relevées icelles appellations par-devant eux: lesquelz Juges s'ilz trouvent que les sergens ou exécuteurs ayent excédé les termes de leur commission ou ayent délinqué au faict de leur exécution & de leurs offices, puniront & corrigeront iceux exécuteurs ou sergens, & les condamneront ès dommages, interestz & despens des parties blessées, & en amendes selon l'exigence des cas: & ainsi le commandons & enjoignons à tous Juges, & sur peine d'en estre reprins par Nous & noz Juges.

Exécution des Jugemens.

(12) *Item.* Et quant aux exécutions de complainctes en cas de saisine & de nouvelleté, d'applégemens & contreplégemens, de requestes, de Lettres de garnison de main pour obligations faictes soubz seaux autentiques, & de simples adjournemens en matieres civiles, l'exécuteur ou sergent, pour quelconque appellation faicte de luy, ne cessera de faire son exécution, quant à faire les adjournemens devant les Juges ausquelz la cognoissance en appartient ou est commise, de séquestrer verbalement les choses où il appartiendra séquestration, & sur-peine d'estre condemné en despens, dommages & interestz de la partie qui requiert l'exécution ou adjournement, & d'estre puni & corrigé par le Juge,

CHARLES
VII,
aux Montils-
lès-Tours,
en Avril 1453,
avant Pâques;
& en Avril
1454,
après Pâques.

selon l'exigence du cas. Et en oultre avons ordonné, décerné & décreté, décernons & décrétons, que la cognoiffance d'icelles caufes d'appel faictes du fergent ou exécuteur, appartiendra au Juge auquel appartiendra la cognoiffance de la caufe principale, finon que la caufe fuft relevée en noftre Court de Parlement; auquel cas Nous avons ordonné & ordonnons que ladicte caufe d'appel foit promptement & fans aucun délay par noftredicte Court décidée ou renvoyée par-devant le Juge auquel la cognoiffance du principal appartiendra ou fera commife, pour en décider, comme il appartiendra, fans différer ne délayer la caufe du principal.

*Caufes
criminelles.*

(13) Item. Et quant aux caufes criminelles, éfquelles plufieurs par frivoles appellations s'efforcent d'éviter les corrections & punitions des crimes par eux commis, & appellent des exécuteurs de noz Lettres, & des autres Jufticiers de noftre royaume, Nous, voulans obvier à telles fraudes & abuz, & extirper les crimes & maléfices de noftre royaume, avons ordonné & décerné, ordonnons & décernons que quand aucun fera accufé de cas de crime où il chet prinfe & détention de perfonne, & que par information il fera trouvé chargé ou véhémentement foupçonné d'iceluy crime, que l'exécuteur, fergent, ou autre, procéde à la caption & détention de la perfonne, nonobftant appellation quelconque, à laquelle ne voulons que il deffère, ne que pour icelle il délaye à la caption & détention de la perfonne. Et en outre, ordonnons que ledit exécuteur mene ou face mener le délinquant par-devers le Juge auquel la cognoiffance en appartient ou eft commife, lequel Juge, en cas que le délinquant ou accufé n'appelleroit de luy, ne ceffera de procéder à faire le procès d'iceluy délinquant ou accufé, pour l'appellation faicte de l'exécuteur.

(14) Item. Et ès caufes criminelles, éfquelles il n'y auroit qu'adjournement perfonnel ou fimple, Nous voulons & ordonnons que l'exécuteur ou fergent facent l'adjournement perfonnel ou fimple, par-devant le Juge devant lequel lui eft commis, mandé ou ordonné le faire; & qu'il ne ceffe de faire l'adjournement pour quelque appellation faicte de luy exécuteur ou fergent, voulans que le Juge procéde en la caufe principale, nonobftant l'appel faict dudict fergent ou exécuteur; & qu'aucunes Lettres ne foyent octroyées en noz Chancelleries, ne en noftre Court de Parlement, pour empefcher la cognoiffance du principal, ne pour faire défenfes au Juge qu'il ne cognoiffe d'iceluy principal, & face le procez du criminel, finon que la partie euft appellé dudict Juge. Et commandons & enjoignons aux Gens de noftre Parlement, & à tous noz autres Jufticiers & Juges, & à tous les autres Jufticiers de noftredict royaume, que s'ilz treuvent que les fergens ou exécuteurs facent aucuns abuz ou excez, ou commettent dol ou fraude en l'exécution des chofes & affaires criminelles ou autres, qu'ilz les corrigent felon qu'il appartiendra & l'exigence des cas.

Suite des appels.

(15) Item. Et pour ce que plufieurs fouventesfoys appellent de noz Baillifz & Sénefchaulx & autres Juges, & des Juges des Pairs de France & autres Jufticiers de noftre royaume, Prélatz, Barons & autres, & ne relèvent leurs appellations en Parlement ne autre part, dedans le temps des trois moys introduictz à relever les appellations en noftredicte Court de Parlement, & lefdictz Bailliz, Sénefchaulx & autres Juges de noftre royaume, n'ofent mettre ne faire mettre à exécution leurs fentences, appoinctemens & autres actes judiciaires, pour doubte d'attempter contre lefdictes appellations (en grand dommage des parties & en efclandre & léfion de juftice); Nous, voulans obvier à telz inconvéniens & dommages, en enfuyvant les Ordonnances de noz prédéceffeurs Rois de France, avons ordonné, déclaré & décerné, ordonnons, déclarons & décernons, que fi les appellations faictes & émifes de noz Baillifz, Sénefchaux, Prévoftz & autres Juges, tant des Pairs de France qu'autres Jufticiers de noftre royaume, qui de leur droict reffortiffent en noftre

Court

Court de Parlement, fans moyen, ne font relevées dedans le temps de trois moys ordonnez à relever les appellations en noftredicte Court, noftredict Sénefchal, Baillif ou Prévoft, ou le Juge de qui aura efté appellé, fera & pourra faire mettre à exécution fa fentence, jugement ou appoinctement, nonobftant ledict appel, lequel dès-à-préfent par cefte noftre Ordonnance, Nous avons déclaré & déclarons défert. Et en oultre, avons ordonné & ordonnons qu'iceux appellans, qui ainfy n'auront relevé comme dit eft, foyent adjournez en noftredicte Court de Parlement envers noftre Procureur, pour veoir dire & déclarer eux eftre encourus en l'amende de foixante livres parifis, pour l'appellation déferte; & feront tenuz lefdictz Baillifz, Sénefchaux, Prévoftz, noz Procureurs de noz domaines, & les Juges des Pairs de France, & autres qui fans moyen reffortiffent en noftredicte Court, & leurs Procureurs, de bailler aux jours de leurs bailliages ou fénefchaulcées en noftredicte Court de Parlement, & à noftre Procureur général, la déclaration des appellations qui auront efté faictes defdits Baillifz, Sénefchaux, Prévoftz ou Juges, tant de celles qui feront défertes, comme dit eft, que des autres qui feront relevées; & fur peine d'en eftre puniz & corrigez à l'ordonnance de noftredicte Court. Et quant aux appellations émifes tant de noz Juges que des autres Jufticiers de noftre royaume, qui de leur droict doivent eftre relevées par-devant autres Juges qu'en noftredicte Court de Parlement, s'elles ne font relevées dedans le temps introduict de la couftume du pays, qui doivent relever devant le Sénefchal, Baillif, ou autre Juge moyen, le Juge de qui aura efté appellé, fera & pourra faire mettre fa fentence à exécution après le temps paffé de relever ordonné felon la couftume du pays, & déclarons ladicte appellation déferte; & en oultre, l'appellant fera adjourné devant le Baillif, Sénefchal ou autre Juge, pour veoir déclarer l'amende, felon ladicte couftume du pays, pour ledict appel, défert; & en cas qu'aucun appelleroit frivolement en noftredicte Court de Parlement, defdictz Juges, qui reffortiffent devant les Baillifz, Sénefchaux ou autres noz Juges ou autres Jufticiers, autre que noftredicte Court de Parlement, & n'auroient relevé dedans les trois moys, comme dit eft, l'Ordonnance deffus déclarée des appellations faictes de nofdictz Baillifs & Sénefchaulx, y fera gardée & obfervée.

(16) *Item.* Et pour ce que fouventesfoys après qu'aucuns ont appellé, ilz defirent délaiffer leur appellation, & que aucunesfoys iceux appellans ne fçavent ou ne trouvent à qui délaiffer leurfdictes appellations, Nous ordonnons, en enfuyvant les Ordonnances de noz prédéceffeurs Roys de France, que quand aucun aura appellé d'aucun Juge, que celuy qui aura appellé, puiffe dedans huict jours après prochain enfuyvans, renoncer à fadicte appellation, & qu'il aille par-devers le Juge de qui il aura appellé, ou le Greffier de la Court d'icelui Juge, & fe délaiffe de fadicte appellation, lequel délay foit enregiftré ès regiftres du Greffier; & s'il advenoit que le Juge ou Greffier s'abfentaft du lieu où la fentence ou jugement, dont aura efté appellé, aura efté donnée, icelu Juge ou Greffier feront tenuz de laiffer perfonnes audit lieu, aufquelles icelles appellations feront délaiffées, afin que quand le Juge verra icelles appellations laiffées, qu'il puiffe mettre ou faire mettre fa fentence ou appoincltement à exécution.

(17) *Item.* Et pour ce que fouventesfoys les Juges, tant noftres qu'autres, après leurs fentences prononcées dont aucunes des parties appellent, après l'appellation faicte, corrigent leurs fentences, & les mettent par efcrit en autres formes qu'ilz ne les ont prononcées, dont les parties font moult vexées & travaillées, & en advient de grands inconvéniens; Nous voulans relever noz fubjectz des defpens & charges inutiles, avons ordonné & ordonnons que tous les Juges & Jufticiers de noftre royaume, tant noftres qu'autres, avant qu'ilz prononcent leurs fentences diffinitives ou autres,

CHARLES
VII,
aux Montils-
lès-Tours,
en Avril 1453,
avant Pâques,
& en Avril
1454,
après Pâques.

dont les parties seront appoinctées en droict, bailleront au Greffier de leur Court, en escrit le brief ou dictum de leur jugement, telz qu'ilz le prononceront, lequel brief ou dictum dudict jugement ou appoinctement, ledict Greffier sera tenu de garder par devers luy, & l'enregistrer; & ne signera la sentence ou appoinctement du Juge, après qu'elle sera prononcée & mise en forme, sinon qu'icelui brief ou dictum dudict jugement ou appoinctement tel qu'il lui aura esté baillé, soit mis en escript en ladicte sentence, de mot à mot, sur peine d'en estre puny comme de crime de faux; & pareillement le Juge sera tenu de mettre en sadicte sentence ledict jugement ou appoinctement, & sur ladicte peine; & sera tenu ledict Greffier, incontinent après ladicte sentence prononcée, bailler aux parties qui le requerront, la copie du brief dudict jugement ou appoinctement, tel que le Juge luy aura baillée, soubz le seing manuel d'iceluy Greffier. Et pour ce que plusieurs appellans souventesfoys s'efforcent de calumnier les sentences ou appoinctemens des Juges, parce qu'ilz dient que les Juges n'ont escriptes leurs sentences ainsi qu'ilz les ont prononcées, par quoy souventesfoys les parties sont tenues en grandz procez; Nous voulans obvier à telz abuz, avons ordonné & ordonnons, que foy sera adjoustée aux sentences & appoinctemens faicts en la forme dessusdicte, sinon que l'une des parties veuille arguer icelles sentences ou appoinctemens, de faulx.

Procureurs.

(18) Item. Nous avons entendu que les Procureurs de plusieurs, après que les sentences sont prononcées par nos Juges & autres, en pays coustumier, en acquiessant à icelles sentences, reprennent leurs sacs & procès des Greffiers; & un, deux, trois, quatre ou six moys après, que les Juges envoyent pour exécuter leurs sentences, les parties principales sur qui se doibt faire l'exécution, en appellent ou font appeller, comme de nouveau venu à leur cognoissance, combien que par la coustume de nostre royaume, en pays coustumier, l'on doibt appeller incontinent après la sentence ou appoinctement prononcé, autrement, jamais on y est receu; décernons & déclarons que doresenavant nul ne soit receu à appeller, s'il n'appelle incontinent après la sentence donnée, sinon que par dol, fraude ou collusion du Procureur qui auroit occupé en la cause, iceluy Procureur n'eust appellé, ou qu'il y eust grande & évidente cause de relever l'appellant de ce qu'il n'auroit appellé incontinent; & enjoignons aux parties, qu'ilz instruisent leurs Procureurs & Conseillers de leurs cas & de leurs matières, & leur donnent & baillent puissance suffisante pour conduire leur matière & appeller, si bon leur semble : Et en oultre, enjoignons à nostredicte Court, & à tous noz autres Juges, qu'ils punissent & corrigent le dol & fraude, qu'ilz trouveront avoir esté commis par la partie ou son Procureur, soit en reprinses des sacs & procez ou autrement, ainsi qu'au cas appartiendra, & en telle manière que ce soit exemple aux autres.

Causes commises.

(19) Item. Et pour ce qu'en nostredicte Court de Parlement, durant lesdictes guerres & divisions de nostredict royaume, ont esté commises & retenuës grandes multitudes de causes, par quoy expédition n'en peult estre faicte en nostredicte Court, & demeurent les droicts des parties à discuter, qui est grand dommage à noz subjectz; avons ordonné & décerné, ordonnons & décernons, que toutes les causes introduictes en nostredicte Court de Parlement, qui de leur nature ne doyvent estre traictées en icelle nostre Court, & dont les enquestes n'ont esté faictes par les Gens de nostredicte Court, ou que par icelles ne soient appoinctées en droict, soyent par nostredicte Court renvoyées par-devant les Juges ausquelz la cognoissance en appartient, sinon que, pour certaine grande cause, nostredicte Court ayt retenu la cognoissance d'aucunes d'icelles causes.

(20) Item. Et pour ce que souventesfois soubz umbre de l'adjunction d'aucuns des Pairs de France, ou tenans en Pairie, ou d'autres qui par priviléges

CHARLES
VII,
aux Montils-
lès-Tours,
en Avril 453,
avant Pâques,
& en Avril
1454,
après Pâques.

ou coustumes anciennes , ont leurs causes commises en ladicte Court avec parties principales, plusieurs causes ont esté commises & introduictes en nostredicte Court, en laquelle les droicts des parties demeurent indécis, Nous avons ordonné & déclaré, ordonnons & déclarons que toutes telles causes, qui par l'adjunction seront introduictes en nostredicte Court de Parlement, qui principalement & directement ne touchent lesdiz Pairs de France, ou Seigneurs tenans Pairie, ou autres, qui de leur droit ont leurs causes commises en ladicte Court, ou leurs droits, & qu'ils y ayent intérest évident & notoire, soyent renvoyées par-devant les Juges ordinaires & ausquelz la cognoissance en appartient de droict & de coustume.

(21) *Item.* Et pour mettre à exécution lesdictz renvois desdictes causes introduictes en nostredicte Court, avons ordonné & ordonnons qu'aucuns des Présidens & Conseillers de nostredicte Court, en bon nombre, appellez avec eux les Greffiers & Clercs des Greffes, visitent, quièrent, & cerchent ou facent quérir, visiter & cercher tous les procez estans en nostredicte Court, en quelque manière qu'ilz soient mis; & qu'iceux ilz visitent, & les mettent ou facent mettre en certains lieux, chascun bailliage & séneschaucée à part, & que les causes qui devront estre renvoyées par-devant les Juges ordinaires, soient renvoyées selon ce que dessus est dit.

(22) *Item.* Et que les causes & procez qui ne pourront estre renvoyés, soyent baillez & distribuez à visiter aux Conseillers de nostredicte Court, à chascun, ainsi qu'il appartiendra, pour l'expédition & judication d'iceux, en préférant les plus piteux & nécessaires aux autres, & ceux qui de plus long-temps sont introduictz en ladicte Court.

(23) *Item.* Il est très-expédient & nécessaire que pour juger iceux procez qui sont de présent en nostredicte Court, que la Chambre des Enquestes, en laquelle a deux Présidens, soit divisée en deux parties, & qu'en chascune d'icelles parties n'ayt moins de quinze ou treize personnes pour juger & expédier les procez qui sont en droict en ladicte Court, tant d'appellations de sentences & jugemens interlocutoires, que de plusieurs petits procez en diffinitive.

(24) *Item.* Et qu'en la Grand'Chambre on expédie ou juge desdictz procez le plus que l'on pourra.

(25) *Item.* A la Tournelle criminelle, soyent expédiez les procez criminels, le plus brief & diligemment que faire se pourra; toutesfoyz si en diffinitive, convenoit juger d'aucun crime, qui emporte peine capitale, le jugement sera faict en la Grand'Chambre : & voulons que tant que le jugement du cas criminel se fera en ladicte Chambre, que l'un des Présidens & les Conseillers clercs, aillent en une autre Chambre, pour besongner aux autres procez & besongnes du Parlement.

(26) *Item.* Il est expédient & nécessaire pour l'expédition & jugement desdictz procez jà introduictz en nostredicte Court, & dont il y a grant multitude, que les Présidens & Conseillers de nostredicte Court, viennent en nostre Parlement après disner, pour iceux procez juger & expédier, mesmement lesdictz petitz procez d'appellation de sergens ou exécuteurs de jugemens, sentences ou appointemens interlocutoires, défaux, reprinses de procez & autres menues provisions, & que lesdictz Présidens & Conseillers, expédient & jugent iceux procez tant en la Grand'Chambre, des Enquestes qu'autres Chambres, qui pour ce faire seront ordonnées, jusques à un ou deux ans, ou jusques à ce que l'on voye que nostredicte Court soit expédiée de la grande multitude des procez estans en icelle.

(27) *Item.* Seront en toute diligence expediez les prisonniers & les causes criminelles.

CHARLES VII, aux Montils-lès-Tours , en Avril 1453, avant Pâques, & en Avril 1454, après Pâques.

(28) *Item.* Ne voulons que les gens de noftredict Parlement cognoiffent d'aucunes caufes criminelles en premiere inftance, dont la cognoiffance appartient ou doibt appartenir aux Baillifz & Sénefchaux, ou autres Juges de noftre royaume: ains voulons qu'ilz les renvoyent par-devant lefdiz Baillifz, Sénefchaux ou autres Juges, finon que pour grande & évidente caufe, noftredicte Court en retienne la cognoiffance, dont Nous en chargeons leurs confciences.

(29) *Item.* Et que fouventesfoys eft advenu, que plufieurs, pour délayer & différer la punition & correction des crimes par eux commis & perpétrez, & qu'ilz ne foyent punis par les Juges ordinaires, aufquelz la correction & punition en appartient, appellent en noftre Court de Parlement, des jugemens & appoinctemens interlocutoires de leurs Juges; Nous voulans extirper les crimes & maléfices de noftre royaume, & bonne & briefve expédition & correction en eftre faicte, avons ordonné & décrété, ordonnons & ftatuons qu'incontinent qu'aucun criminel aura appellé d'aucun de nos Baillifz, Sénefchaux ou autres Juges de noftre royaume, dont les appellations doivent de leur droict eftre traictées en noftredicte Court de Parlement, que le Juge de qui aura efté appellé, baille à l'exécuteur de l'adjournement, en cas d'appel, les informations, charges & procez faicts contre icelui criminel, pour le porter en noftredicte Court, & avec ce ledict criminel, s'il le requiert, ou autre pour luy, pour en eftre ordonné par noftredicte Court ainfi qu'il appartiendra par raifon; & voulons que fi par noftredicte Court eft trouvé que le Juge de qui l'on aura appellé, ayt bien jugé & appoincté, que noftredicte Court renvoye le tout par-devant ledit Juge, afin que les crimes foyent puniz là où ilz auront efté commis, finon que pour grande & évidente caufe noftredicte Court en retint la cognoiffance, dont Nous chargeons leurs confciences.

(30) *Item.* Voulons & ordonnons qu'incontinent qu'un criminel fera amené en noftredicte Court de Parlement, qu'il foit mené tout droit ès prifons de noftredicte Court de Parlement, fans aucunement arrefter en noftre ville de *Paris,* ne le tenir en l'hoftellerie, n'autre part; & fur peine à l'exécuteur qui le menera, de perdition d'office & d'amende arbitraire.

(31) *Item.* Et qu'incontinent que ledict criminel fera mis ès prifons de noftredicte Court, que ceux qui l'auront amené mettent par-devers icelle noftredicte Court, les informations, confeffions, charges & procès touchant la matiere d'iceluy crminel ou prifonnier, lefquelles informations, procez & confeffions, Nous ordonnons promptement eftre par les Préfidens baillez & diftribuez à aucuns de noz Confeillers en noftredicte Court, ou à noftre Procureur général, ainfi qu'ilz verront eftre à faire, pour iceux veoir & rapporter en noftredicte Court, pour fur ce eftre ordonné, comme il appartiendra par raifon.

(32) *Item.* Défendons au geolier des prifons de noftredict Parlement, qu'il ne feuffre aucune perfonne parler à icelui prifonnier ainfi mis èfdictes prifons, fans l'ordonnance de noftredicte Court, & fur peine d'en eftre grievement puni.

(33) *Item.* Et que s'il eft ordonné par noftredicte Court, qu'iceluy prifonnier criminel foit interrogué par aucuns de noftredicte Court, qu'iceux qui y feront ordonnez, procèdent à faire iceux interrogatoires le plus diligemment que faire fe pourra, tant au matin. qu'après difner.

(34) *Item.* Et ordonnons que ceux qui feront adjournez à comparoir en perfonne, en noftredicte Court, foyent le plus diligemment expédiez & délivrez que faire fe pourra; & s'il eftoit ordonné ou appoincté par noftredicte Court, qu'iceux adjournez à comparoir en perfonne fuffent interroguez par aucuns des Confeillers de noftredicte Court, Nous voulons que ceux qui feront ordonnez à faire lefdictes interrogatoires, les facent le plus diligemment que faire fe pourra, & y procèdent tant au matin comme après

disner: car quand ceux qu'on interrogue ont délay de penser ès interrogatoires qu'on leur faict, souventesfois ilz se conseillent, & forgent leurs matières & leurs responses en telle manière qu'à grand peine & difficulté en peut-on avoir la vérité.

(35) *Item.* Et prohibons & défendons à tous ceux de nostre Court & autres quelzconques, qui seront commis au temps advenir à interroguer prisonniers criminels, ou gens adjournez à comparoir en personne, ou autres, que si pour la peine desdictz interrogatoires il y chet salaire, que ceux qui auront interrogué lesdictes personnes, ne prennent, n'exigent aucunes choses desdictz prisonniers criminelz ou adjournez à comparoir en personne, n'autres qu'ilz auront interroguez ; sur peine d'en estre puniz & corrigez, & de privation d'office.

(36) *Item.* Et voulons & ordonnons que si aucun salaire doibt estre baillé aux Commissaires qui auront fait lesdictz interrogatoires, qu'il soit raisonnablement taxé par les Présidens, appellez avec eux aucuns des Conseillers de ladicte Court, & qu'iceluy salaire soit prins sur la partie dénonçant, accusant ou poursuyvant le crime ; sinon que par nostredicte Court autrement en fust ordonné. Et voulons & ordonnons que les Advocats, Procureurs & Solliciteurs, jurent que par eux, ne par autres, ilz ne bailleront, payeront, ne promettront, ne feront bailler, payer, ne promettre aux Commissaires commis à interroguer les personnes dessusdictes, n'autres quelzconques pour eulx, sinon que la taxation ait esté prémierement faite par lesdictz Présidens comme dessus, & que ledict salaire ainsi taxé, soit baillé au Greffier, pour estre baillé auxdictz Conseillers, en la manière dessusdicte. Et pour ce mieux garder, ordonnons que nulle requeste en matière criminelle ne soit baillée pour rapporter, à autre qu'au Greffier criminel, lequel Greffier sera tenu la rapporter à la Court, sans la monstrer à personne quelconque, & ainsy le luy commandons & enjoignons. Et oultre, prohibons & défendons aux parties, qu'ilz ne donnent, baillent ne promettent, ne facent donner, bailler ne promettre par eux, ne par autres, pour les causes dessusdictes n'autrement, à aucuns de noz Conseillers de nostredicte Court ne autres, & sur peine, c'est à sçavoir, les accusez, d'estre réputez & tenuz atteints & convaincus des cas de crimes dont ilz seront accusez ; & les accusans, dénonçans ou promouvans, sur peine d'estre descheux de l'office de leurs causes, & d'en estre puniz grievement à l'ordonnance de nostredicte Court.

(37) *Item.* Et quant aux présentations, Nous en ensuyvant les Ordonnances de nos prédécesseurs Rois de *France*, avons ordonné & ordonnons que tous ceux qui auront affaire en Parlement, seront présentez dedans le premier jour, ou le second au plus loin, de la présentation de leur bailliage ou séneschaussée ou autrement, sans nulle espérance de grace ; & sans demander défault, ilz ne seront plus receuz, ainçois seront tenuz pour purs deffaillans, & sera le défault puis là en avant baillé à leur partie.

(38) *Item.* Que ceux qui se présenteront, facent espéciale présentation en chascun bailliage ou séneschaucée en laquelle ilz auront affaire ; & s'ilz ont affaire en divers bailliages ou séneschaucées, ou en une seule, qu'en chacune présentation, ilz facent écrire tous ceux contre qui ilz se présenteront ; ou autrement, de tout le Parlement ilz ne seront receuz encontre aucun autre que contre ceux contre lesquelz ilz se seront présentés.

(39) *Item.* Que toutes manières de parties, selon ce qu'elles seront présentées, soient délivrées par l'ordre des présentations, sans nul advantage de donner audience à autre personne quelconque que selon l'ordre qu'ilz se feront présentez : & bien se gardent les parties qu'elles soient trouvées à l'huis de la Chambre, présentes & garnies de leur conseil, quand elles seront appellées ; car les parties présentées seront tantost délivrées sans délay, & si

CHARLES VII,
aux Montils-lès-Tours,
en Avril 1453,
avant Pâques,
& en Avril 1454,
après Pâques

CHARLES
VII,
aux Montils-
lès-Tours,
en Avril 1453,
avant Pâques,
& en Avril
1454,
après Pâques.
Avocats
& Procureurs.

l'une eft préfente & l'autre abfente, la préfente emportera dès-lors telz proffiz comme fi elle ne fe fuft point préfentée ; & fi toutes les deux parties font deffaillans, reviennent à l'autre Parlement, fi la Court ne voit qu'ilz l'euffent fait en fraude d'aucune chofe qui Nous touchât : & ainfi fe délivrera chafcune baillie ou féneſchauffée avant que commencer l'autre.

(40) *Item.* Que la partie qui ne feroit ouye & délivrée par le défault de fon Advocat qui deveroit plaider fa caufe, & où feroit certain que ce feroit par défault de l'Advocat, feroit après ouye, mais l'Advocat en payeroit dix livres d'amende avant qu'il fut ouy en autres caufes ; & eft à entendre des Advocatz réfidens en noftre Parlement, car nulle partie ne fera excufée pour attente d'Avocat eftrange de fon pays ; & commandons que celle peine foit levée fans déport.

(41) *Item.* Que nulle caufe ne prendra délay contre quelconque perfonne que ce foit, qu'elle ne foit délivrée felon l'ordre deffufdit ; finon pour caufe d'abfence, pour caufe de la chofe publique, ou autre grande, urgente & néceffaire caufe ; & enjoignons aux Advocats & Procureurs, que contre cefte préfente noftre Ordonnance ne facent requefte.

(42) *Item.* Et pour l'ordre defdictz rolles plus convenablement garder, voulons & ordonnons que le Greffier des préfentations, en faifant fon rolle, mette prémièrement noz caufes èfquelles noftre Procureur eft principale partie ; & fubféquemment il mette en fondict roolle par ordre, toutes les autres caufes introduictes en noftredict Parlement, ainfi qu'elles luy feront préfentées, fans prépofer l'un à l'autre : car en jugement ne doit avoir acception de per- fonnes, & eft noftredicte Court de Parlement ordonnée pour faire droict auffitoft au pauvre comme au riche, auffi a le pauvre mieux befoing de briefve expédition que le riche ; & par l'Huiffier foit faicte la vocation fans quelque faveur ou fraude, felon ledict ordre, & fur peine de privation de leurs offices.

(43) *Item.* Et pour obvier aux délays que les Advocatz & Procureurs prennent de jour en jour ès caufes, voulons & ordonnons les Ordonnances anciennes fur ce faictes par noz prédéceffeurs touchant les Procureurs de noftredicte Court, eftre eftroictement gardées & obfervées ; c'eft à fçavoir, que nul Procureur ne prenne procuration en caufe, fans avoir mémoire & inftructions fervans à leurs matières & à tout ce qui eft introduict en noftre- dicte Court.

(44) *Item.* Et afin que dorefenavant les Procureurs de noftredicte Court gardent loyaulté & diligence ès caufes qui leur feront baillées, en ce qu'ilz font tenuz de garder & tenir, & qu'ilz ne donnent charge ou defpenfe aux parties pour leur falaire ou autrement, qui foyent déraifonnables ou importables, voulant obvier à plufieurs inconvéniens & abuz qui font advenuz en cefte matière, voulons & ordonnons les falaires des Procureurs eftre dorefenavant taxez, & réduictz ès taxations de defpens qui fe feront en telle modération & honnef- tetez felon la qualité des perfonnes & des caufes & qualités des labeurs, que nul n'ait caufe de foy plaindre de charge ou exaction indûe, & de ce char- geons les confciences de nofdiz Confeillers. Et ordonnons à noz Préfidens & Confeillers de noftredicte Court, que diligemment ilz s'enquièrent des anciennes obfervances qui eftoient paravant les guerres & divifions de noftredict royaume, & icelles de plus en plus modèrent & ordonnent felon la charge & pauvreté qui de préfent eft au peuple de noftredict royaume. Et défendons aufdictz Procureurs qu'ilz ne retiennent les lettres & titres des parties, foubz couleur de leurfdictz falaires ; & s'aucuns des familiers ou Procureurs retiennent ou veulent retenir lefdictz tiltres, Nous voulons diligente inquifition & punition en eftre faicte, par privation de leurs offices & autres grandes amendes, tellement que ce foit exemple à tous autres ; & voulons & ordonnons que fi aucun des Procureurs de noftredicte Court va de vie à trefpas, que les

CHARLES
VII,
aux Montils-
lès-Tours,
en Avril 1453,
avant Pâques,
& en Avril
1454,
après Pâques.

Jettres & tiltres des parties foyent incontinent par aucun des Huiffiers de noftredicte Court, veuz & vifitez, & mis, clos & féellez par-devers le regiftre de noftredicte Court, à la plus petite & modérée defpenfe que faire fe pourra. Et pour ce que fouventesfoys advient qu'après le trefpas des Procureurs, leurs héritiers demandent grands reftes & falaires ; & auffi les héritiers demandent fouvent ce qui a efté payé aufdiz Procureurs, voulons & ordonnons que dorefenavant lefdicts Procureurs facent regiftre de ce qu'ilz auront & recevront des parties, & qu'ilz ne foient receuz à faire demande, mefmement de paravant un an ou deux, fans grande & évidente caufe ou préfumption; & fi telles queftions adviennent, qu'elles foyent légérement décidées, & fans charge ou defpenfe des parties.

(45) Item. Et pour obvier aux fraudes, feintes & recellement que pourroyent faire les Procureurs, tant pour le falaire des Advocatz & autres defpenfes & mifes, qui font à faire pour la déduction des caufes, & lefquelles defpenfes défirons eftre refcindées & modérées le plus que faire fe pourra ; Nous voulons & ordonnons qu'un chafcun Procureur foit tenu de bailler & monftrer l'eftat de ce qu'il aura receu de fes parties, en prenant certification & quictance de tout ce qu'il aura baillé oultre la fomme de vingt folz tournois, en faifant foy d'icelles, tant aufdictes parties, qu'à ceux qui taxeront lefdictz defpens; & défendons audictz Procureurs, qu'ilz ne demandent, exigent ou reçoivent aucunes chofes defdictes parties, foubz couleur de divers dons ou autres defpenfes extraordinaires qui ne ferontnéceffaires ne juftes pour la déduction de la caufe; & ne voulons par les parties ou Procureurs eftre faictz payement aux Advocatz pour efcriptures, falvations ou contredictz, avant la caufe plaidée & deument introduicte, pour procéder auxdictes efcriptures & autres chofes néceffaires. Et pareillement voulons & ordonnons les falaires defditz Advocats, tant pour plaidoiries, efcriptures, qu'autrement, eftre réduictz à telle modération & honnefteté, (eu regard aux Ordonnances & obfervances anciennes, & pauvreté de noftre pauvre peuple) que nul n'ait caufe de s'en plaindre envers Nous ne noftredicte Court.

(46) Item. Et pour ce qu'aucunes foys plufieurs Procureurs font conjoints en affinité, proximité ou lignage, comme de pere à filz, frere à frere, oncle à neveu, ou font demourans enfemble en une commune maifon & habitation, qui reçoivent fouvent les procurations des deux parties en une mefme caufe, parquoy les fecretz defdictes caufes font communiquez & révélez au préjudice des parties; Nous voulons & ordonnons que dorefenavant telz ainfi conjoinctz de lignage, ou demourans en une mefme habitation, ne puiffent recevoir les procurations des deux parties, ne occupper en icelles ; & enjoignons à tous les Procureurs de noftredicte Court, de dorefenavant garder deuement & convenablement les fecrets des caufes de leurs maiftres, & iceux ne feuffrent eftre révélez aux Advocatz, Procureurs ou Solliciteurs de leurs parties adverfes, fur peine d'en eftre puniz de telle amende que le cas le requerra.

(47) Item. Que nul ne foit receu Procureur en noftredicte Court, ne faire le ferment en icelle comme Procureur, jufques à ce qu'il ait efté deuement examiné par noftredicte Court, & trouvé fuffifant & expert en juftice, & de bonne & loyale confcience.

(48) Item. Et pour ce que fouventesfoys noftredicte Court a condemné les Advocats & Procureurs pour les caufes deffufdictes, & pour autres fuittes, délays, abus & faultes, en amendes, lefquelles amendes aucunesfoys n'ont point efté levées, mais tenues en furféance par requeftes qu'ilz baillent après, ou autrement: Nous, voulans pourveoir auxdictz abuz, voulons & ordonnons que dorefenavant, incontinent que noftredicte Court aura condemné lefdictz Advocatz & Procureurs pour les caufes deffufdictes, le Greffier fera tenu icelles condemnations enregiftrer, & le Receveur des amendes exiger & lever,

CHARLES
VII,
aux Montils-
lès-Tours,
en Avril 1453,
avant Pâques,
& en Avril
1454,
après Pâques.

sans que de ce leur soit faicte aucune rémission, grace ou pardon, en croissant les peines par nostredicte Court, selon ce qu'elle verra les fautes desdictz Procureurs & Advocatz en suittes déraisonnables.

(49) *Item.* Et que s'il advient que le Procureur reçoyve mémoires avec la procuration, & qu'il ne soit diligent de les bailler en son sac à son Advocat, de si bonne heure qu'il puisse estre prest de la cause à son tour de rolle, Nous voulons & ordonnons qu'en ce cas ledict Procureur soit condemné en l'amende ; mais que sa partie qui n'en pourroit mais, n'auroit aucun dommage de congé, défault ou autre.

(50) *Item.* Et pour ce que par la subtilité & invention des Advocatz, par la longueur de leurs plaidoiries, suites, délays, & prolixitez de leurs escriptures, les causes des parties sont moult retardées en expédition, tant en nostredicte Court souveraine comme ès autres justices de nostre royaume ; establissons & ordonnons qu'il soit enjoint & par serment, ausdictz Advocatz, & espécialement à ceux de nostredicte Court, qu'ilz soient briefs en leurs plaidoiries, par espécial ès causes d'appel, en proposant leurs griefs seulement, sinon que les griefs fussent telz que nullement se peussent entendre, sans parler du principal ; & qu'en leurs plaidoiries ne facent aucunes redictes.

(51) *Item.* Et pour obvier aux grands inconvéniens qu'on veoit souventes-foys advenir, tant en nostre Court souveraine qu'ès autres de nostre royaume, à cause de la longueur des escriptures, contredictz & salvations, qui se baillent par lesdictz Advocatz, tant ès causes & procez en cas d'appel, qu'autres procez qui viennent en première instance : voulons & ordonnons qu'en toutes causes èsquelles les parties seront appoinctées en faictz contraires, que les parties baillent leurs faictz seulement, & sans aucunes raisons de droictz, dedans quinze jours du temps de l'appoinctement en faictz contraires, & sur peine d'estre décheuz ; & que sur les Advocatz qui feront le contraire de ceste présente nostre Ordonnance, soit levée, sans rémission ne pardon, la somme de dix livres parisis, & outre soyent tenus de rendre à la partie tout ce qu'ilz auront receu de leurs salaires, & qu'ilz se signent en leurs escriptures afin qu'on sache dont viendra la faulte.

(52) *Item.* Et si les parties sont appoinctées à écrire par manière de mémoires, elles seront tenues bailler leurs mémoires dedans trois sepmaines, avec leurs lettres & tiltres ; & sur peine d'en estre décheuz, & d'amende sur les Advocatz & Procureurs qui feront le contraire.

(53) *Item.* Voulons & Nous plaist pour les causes dessusdictes, que lesdictz Advocats soyent briefs en leurs contredictz & salvations, sans raisonner en iceux, n'escrire chose qu'ilz ayent escripte en leurs escriptures & qu'ilz ne proposent faictz nouveaux en leursdictz contredictz & salvations ; sinon que les faicts procèdent de la teneur des lettres : toutesfoys si les parties vouloient bailler aucuns motifs de droict en conclusions de cause, pour esmouvoir le courage des Juges, faire le pourront, ainsi qu'on faisoit anciennement.

(54) *Item.* Et pour ce qu'avons esté informez que les Advocatz en leurs plaidoiries ont accoustumé dire plusieurs injures & opprobres de leurs parties adverses, & qui ne servent de rien en leurs cas, laquelle chose est contre raison & contre toute bonne observance & en grande esclande de justice ; défendons & prohibons ausdictz Advocatz de nostredicte Court & de toutes autres Courts de nostre royaume, sur peine de privation de postuler, & d'amende arbitraire, laquelle voulons par nostredicte Court & autres Juges estre déclairée incontinent contre ceux qui feront le contraire, que doresenavant ilz ne procèdent par quelzconques paroles injurieuses, ou contumélieuses à l'encontre de leurs parties adverses, en quelque forme ne manière que ce soit, ne dire, alléguer ou proposer aucune chose qui chée en opprobres d'autruy, & qui ne serve ou soit nécessaire aux faicts de la cause qu'ilz plaident.

(55) *Item.*

(*55*) *Item.* Et pour ce que souventesfoys plusieurs matières privilégiées, comme de fournissement, de complainctes, d'applégemens, & où il chet provision, comme de douaires, d'alimens & productions de tesmoings, sont retardées & différées par le moyen des lettres d'estat impétrées de nostre Chancellerie, pour empescher lesdictes provisions; Nous voulons & ordonnons que doresenavant ès matières dessusdictes, que lettres d'estat n'ayent point de lieu, & que nostredicte Court ni autres Juges n'y obtempèrent aucunement, mais se facent lesdictes provisions nonobstant lesdictes lettres d'estat, ainsy que faire se devront, sans préjudice desdictes lettres d'estat ou autres choses.

(*56*) *Item.* Et pour ce aussi que souventesfoys, pour empescher les défautz qui se donnent en nostredicte Court contre ceux qui sont adjournez à comparoir en personne, les congez qui se donnent contre les appellans, ou autres semblables appoinctemens, les Procureurs de nostredicte Court se vantent d'avoir lettres d'estat ou de grace, ou d'estre receuz par Procureur, ou autres semblables, combien qu'ilz ne facent prompte foy desdictes lettres, mais souventesfoys advient que lesdictes lettres qu'ilz allèguent avoir, sont encores à séeller & expédier en nostre Chancellerie, & les font séeller le jour & le lendemain; voulons & ordonnons que nostredicte Court ne reçoive lesdictz Procureurs à proposer avoir aucunes telles lettres de Nous, sinon qu'ilz les ayent en la main, & en facent prompte foy en jugement; & défendons auxdictz Procureurs que doresenavant ilz n'allèguent, ne facent alléguer avoir lesdictes lettres, sinon ce qu'ilz les ayent, & en facent prompte foy; & sur peine d'amende arbitraire, laquelle voulons sur eux estre levée sans aucune grace.

(*57*) *Item.* Et aussi pour ce que souventesfoys les Procureurs & Advocatz demandent délays frustratoires, ès causes de leurs parties, & sur iceux délays troublent & empeschent nostredicte Court par longues plaidoiries; Nous ordonnons que doresenavant les Procureurs des demandeurs monstrent aux Procureurs des parties défenderesses, incontinent après la présentation faicte, leurs adjournemens & exploictz, & sur peine de cent solz d'amende qui sera levée sans déport.

(*58*) *Item.* Et avec ce, pour ce que les Procureurs de nostredicte Court, différent & refusent monstrer leursdictz exploictz & autres choses, qu'ilz doivent monstrer à leurs parties adverses, dont souventesfoys sont retardez les procez; Nous ordonnons que doresenavant les Procureurs des parties plaidans en nostredicte Court, avant les jours que les causes de leurs maistres devront estre appellées au rolle pour estre plaidées, monstreront à leurs parties adverses, oultres & avec lesdictz exploictz, toutes lettres d'impétrations qu'ilz auront impétrées & dont ilz se vouldront aider en leurs causes; c'est à sçavoir, le demandeur, toutes celles qu'il aura de date précédent la demande qu'il a intention de faire, & le défendeur, celles qu'il aura de date précédent le jour qu'il fera ses défenses, soyent requestes civiles, anticipations, lettres d'estat, de reliévement, & pour convertir appellations en opposition, ou les mettre au néant, & toutes telles ou semblables impétrations, & autres lettres & muniemens dont en jugement l'on est tenu faire prompte foy, afin que la partie adverse se puisse apprester, tant de son principal, comme à respondre auxdictes impétrations & autres lettres & muniemens dessus déclairez.

(*59*) *Item.* Et si par le faict de la partie qui devroit monstrer lesdictes choses, y est faicte faute, elle sera privée de l'effect desdictes lettres & exploictz, impétration & autres choses dessusdictes; & aura la partie à qui elles doivent estre monstrées, exploictz à l'encontre de celle qui aura faict faultes à les monstrer, telz que de raison: & si de la partie du Procureur seulement estoit trouvé faulte en ce que dit est, Nous ordonnons que le Procureur qui aura faict ladicte faulte, en sera puny à la peine de soixante solz parisis

CHARLES
VII,
aux Montils-
lès-Tours,
en Avril 1453,
avant Pâques,
& en Avril
1454,
après Pâques.

d'amende, qui feront levez fur luy fans déport, & payera les defpens de la partie adverfe, faicts à caufe dudict retardement.

(60) Item. Commandons & enjoignons aux Advocatz & Procureurs de noftredicte Court, que lefdictz exploictz & autres lettres & munimens veuz, enfuyvant les bonnes meurs & ufages du temps paffé, qu'ilz prennent hors jugement leurs délays, telz que les natures des caufes le requièrent, fans tenir la Court pour tels délays; & fi par cautelle ou malice, ilz font trouvez délayans de prendre leurfdictz délays, ilz en feront puniz & corrigez à l'ordonnance de noftredicte Court.

(61) Item. Commandons & enjoignons aux Advocatz & Procureurs, qu'en telles matières de délays, ilz procèdent fommairement & de plain en noftredicte Court, & n'entrent en la matière principale afin de délayer, & fur peine de l'amende fur l'Advocat qui fera le contraire de cefte préfente noftre Ordonnance.

(62) Item. Et pourceque fouventesfoys les Advocatz en leurs plaidoiries propofent faicts & raifons impertinens & qui de riens ne fervent à la caufe, & par ce moyen détiennent & occupent la Court de noftredict Parlement, en telle manière qu'on n'y peult que très-peu de chofe expédier; Nous enjoignons & commandons à tous Advocats & Procureurs de noftre royaume, & mefmement de noftredicte Court de Parlement, qu'ilz ne propofent faicts ne raifons inutiles & impertinentes, & qu'ilz ne propofent ftiles, couftumes, ufages, n'auffi faicts qu'ilz fçauront eftre non véritables, fur leur honneur, & fur peine d'amende.

(63) Item. Ordonnons qu'en caufes de complaincte en matière de faifine & de nouvelleté, dont les exploicts contiendront le cas, & auffi en matière d'appel, les parties, dès ce que la journée de l'adjournement fera efcheue & après la préfentation faicte, foyent preftz de plaider les caufes, fans demander délay en la matière; car en telles matières les parties doivent eftre inftruictes de leurs faictz.

(64) Item. Ordonnons que quand aucune caufe d'appel d'appoinctement ou fentence interlocutoire ou d'exécution foit de fentence diffinitive ou d'autre chofe, fera plaidée, que le Procureur de la partie intimée ait promptement en jugement les actes & mémoriaux de ladicte caufe, & auffi les exploicts & lettres de l'exécution, pour en faire prompte foy en jugement, afin que s'il eft poffible, la caufe d'appel foit fur le champ vuidée & expédiée.

(65) Item. Et que durant les guerres & divifions de noftre royaume, les parties ont demandé plufieurs délays de garand, de vue, ou de fommation de garand, ou autre fommations, & difent qu'au dedans des délays qui leur avoient efté baillez, ilz n'avoient peu faire lefdictes fommations ou veues, ainfi qu'avoit efté appoincté par noftredicte Court, parquoy les procez ont efté moult allongez & différez; Nous, voulans abréger les litiges & procez d'entre noz fubjectz, confidérans que par la grace de Noftre Seigneur, Nous avons expellez & déboutez noz ennemys de noftre royaume, & que l'on peut aller par noftredict royaume feurement, avons ordonné & ordonnons que dorefenavant en noftre Court de Parlement ne fera donné qu'une dilation pour garand, pour veue, ou pour fommation de garand, & que temps & efpace fera baillée fuffifante aux parties pour faire adjourner leurs garands, ou faire lefdictes fommations ou veue; durant lequel temps la partie à qui fera donné ladicte dilation, fera tenue faire les adjournemens & exploictz en tel cas appartenans, autrement elle en fera defcheue de tous poincts, s'il n'y a grant & urgent empefchement, ou caufe qui doive mouvoir noftredicte Court à donner un autre délay.

(66) Item. Et que plufieurs, fouventesfoys obtiennent de Nous & de noz Chancelleries plufieurs lettres, mandemens & impétrations, par importunité de requérans & autrement, par quoy les parties font fouventesfoys mifes en

grands involutions de procez, & souventesfoys en sont les bons droictz des parties retardez & empeschez, & doubtent souventesfoys les Juges de juger & donner appoinctemens contre noz lettres, combien qu'elles soyent inciviles & desraisonnables ; Nous, voulans obvier à telz inconvéniens, avons décerné & déclairé, décernons & déclairons que nostre intention n'est que les Juges de nostre royaume obéissent, n'obtemperent à noz lettres, sinon qu'elles soyent civiles & raisonnables ; & voulons que les parties les puissent débattre & impugner de subreption, obreption & incivilités, & qu'à ce les Juges, tant en nostre Court de Parlement, qu'autres, les oyent & reçoivent, & que si les Juges trouvent lesdictes lettres estre subreptices, obreptices ou inciviles, que par leurs sentences ils les déclairent subreptices, obreptices & inciviles, ou telles qu'ilz les trouveront estre en bonne justice ; & si les Juges, soit en nostredit Parlement ou autres, trouvent que par dol, fraude ou malice, ou par cautelle des parties, lesdictes lettres ayent esté impétrées pour délayer la cause, qu'ilz punissent & corrigent les impétrans, selon ce qu'ilz verront au cas appartenir.

CHARLES VII, aux Montils-lès-Tours, en Avril 1453, avant Pâques, & en Avril 1454, après Pâques.

(67) *Item.* Et que Nous avons entendu que souventesfoys, quand aucun délinquant ou criminel est détenu prisonnier en aucunes de noz prisons ou d'autres Justiciers de nostre royaume, & que l'on ne peut obtenir la rémission des crimes commis par icelui criminel ou délinquant, l'on impètre lettres d'estat, & surséances d'aucunes de noz Chancelleries, & pour faire défense au Juge qu'il ne procède au procez ne à l'exécution du délinquant, jusques à deux ou trois moys, ou autre temps, pendant lequel on faict poursuivre par-devers Nous d'avoir & obtenir la grace, rémission ou pardon du délinquant, qu'aucunesfoys par importunité l'on obtient, parquoy les délictz & crimes demeurent impunis : Nous, voulans obvier à telles fraudes & malices, avons ordonné & ordonnons que doresenavant telles lettres ne soyent passées en noz Chancelleries ; & en oultre, que si par importunité telles lettres d'estat estoyent données & passées, Nous ordonnons & commandons à tous noz Baillifz & Sénéschaux, & à tous les Justiciers de nostre royaume, qu'à icelles lettres ilz n'obéissent ne obtemperent en aucune manière ; & leur enjoignons que nonobstant icelles lettres ilz facent justice, raison, punition & correction des crimes, ainsi qu'au cas appartiendra, & sur peine d'en estre corrigez & puniz.

(68) *Item.* Voulons & ordonnons que doresenavant l'on commence à plaider en nostre Parlement à sept heures du matin, tout du long du temps du Parlement, & jusques à dix heures, fors au karesme, qu'on commencera à plaider à huict heures jusques à unze heures.

Heures des Plaidoiries.

(69) *Item.* Et combien que par l'usage ancien de nostredicte Court, l'on a accoustumé de plaider après disner depuis la Pentecouste jusques en la fin du Parlement, deux foys la sepmaine, c'est à sçavoir au mardy & vendredy ; Nous, voulans pourvoir à l'expédition des causes pendans en nostredict Parlement, statuons & ordonnons que doresenavant, depuis Pasques jusques en la fin de nostredict Parlement, on plaidoyra deux fois après disner, la sepmaine : c'est à sçavoir, èsdictz jours de mardy & vendredy ; & commenceront les plaidoiries à l'heure de quatre heures & jusques à six.

(70) *Item.* Et pour ce que plusieurs grandes fraudes & abus se commettent de jour en jour ès causes de complainctes en matière de saisine & de nouvelleté, & que souventesfoys les complaignants, après qu'ilz ont fait exécuter leurs complainctes, & séquestrer la chose contentieuse, ilz obtiennent de Nous lettres de relievement, par ce qu'ilz n'ont prinse leur complaincte dedans l'an & le jour du trouble qu'ilz prétendent poursuyvir & conduire leur complaincte, comme s'ilz eussent faict exécuter leurdicte complaincte dedans l'an & jour dudit trouble ; Nous, pour obvier ausdictz abuz, avons ordonné & ordonnons qu'incontinent que tel relievement sera présenté au Juge, soit en

Complainte en cas de saisine & de nouvelleté.

CHARLES
VII,
au Montils-
lès-Tours,
en Avril 1453,
avant Pâques,
& en Avril
1454,
après Pâques.

noftre Court de Parlement, ou par-devant quelconque autre Juge de noftre royaume, que le Juge remette l'oppofition en l'eftat qu'elle eftoit paravant la féqueftration, & l'en laiffe jouyr jufques à ce que, parties ouyes, autrement en foit ordonné par récréance ou diffinitive; & en oultre, que fi le Juge trouve que par fraude ou dol, icelle complainéte ait efté exécutée, ou le relievement impétré, qu'il puniffe le délinquant, ainfi qu'il verra eftre à faire par raifon.

(71) *Item.* Ordonnons que fi les complainétes contiennent relievement, que les exécuteurs d'icelles ne procèdent à féqueftration réelle des chofes contentieufes, ains facent les adjournemens par-devant les Juges aufquelz la cognoiffance en appartient ou eft commife; lefquelles parties oyes, appoincteront fur le tout ainfi qu'il appartiendra par raifon.

(72) *Item.* Avons ordonné & ordonnons qne dorefenavant ne foyent baillées lettres en noz Chancelleries pour conduire le petitoire & poffeffoire en matière de nouvelleté enfemble; & fi par inadvertance aucunes Lettres eftoient octroyées au contraire, que les Juges n'y obéïffent en aucune manière; & voulons que les impétrans d'icelles foyent puniz d'amende arbitraire.

(73) *Item.* Ordonnons qu'en caufe de complainétes en matière de faifine & de nouvelleté, en caufes d'applégemens & contrapplégement & d'appel, nul ne foit receu à plaider par retenüe, mais plaideront les parties à une fois, à toutes fins.

(74) *Item.* Et pour ce qu'en telles matières de faifines & de nouvelleté, qui font matières poffefforires, puis aucun temps en çà l'on a procédé comme l'on feroit en matiére pétitoire, & que telles matières poffefforires & de nouvelles deffaifines, doivent eftre traictées & décidées le plus brief & péremptoirement que faire fe peut (car après, les parties, fi bon leur femble, peuvent procéder fur le pétitoire), & que par les fuites & délaiz que les parties prennent en telles matières, & la longueur des plaidoiries, les procès font comme immortelz, & les héritages féqueftrez fouventesfois en tournent en ruine & défolation, dont en advient fouventesfoys grand dommage à Nous & à la chofe publicque de noftre royaume & à tous noz fubjectz; & auffi puis aucun temps en çà l'on a prins une forme efdites matières de nouvelles deffaifines, que l'on ordonne examen de tefmoings eftre faicts fur la récréance, (combien que les parties en telles matières fe puiffent expédier par lettres) dont les procès font moult retardez, & les parties grandement endommagées: Nous, voulans pourvoir aufdictz inconvéniens, avons ordonné & décerné, ordonnons & décernons, que dorefenavant en toutes telles matières poffefforires de nouvelles deffaifines, tant complainétes qu'applégemens, afin que les chofes féqueftrées ne viennent en ruine & défolation, comme au temps paffé, que la récréance ou joyffance des chofes contentieufes fera adjugée par les lettres & tiltres des parties, fans les mettre fur ce en aucune preuve, finon que ce foit caufe où il n'ayt nulles lettres ne tiltres, & que fans preuve de tefmoings ne puiffe eftre expédiée en récréance.

(75) *Item.* Et pour ce qu'ès procès & matières de bénéfices, les droicts des parties apparent & doyvent apparoir par leurs lettres & tiltres; Nous voulons qu'iceulx procès foient expédiez, décidez & déterminez le plus brief & fommairement que faire fe pourra, par lettres & tiltres des parties, & par un feul appoinctement, fur la détermination dudict poffeffoire, fi faire fe peult; & fi par lettres & tiltres, le tout dudict poffeffoire ne fe povoit promptement adjuger, que la récréance foit adjugée par les lettres & tiltres; & le furplus dudict poffeffoire foit le plus briefvement & diligemment expédié que faire fe pourra.

(76) *Item.* Et pour ce que plufieurs efdictes matières bénéficiales s'efforcent chafcun jour, foubz couleur & moyen de noftre Pragmatique fanxion, obtenir plufieurs mandemens & impétrations, dont s'enfuyvent grandes

involutions de procès, & grande multitude de caufes en noftre Court de Parlement & autres noz Cours: Nous, voulans pourvoir à l'indemnité de noz fubjectz & à ladicte multitude de caufes, & réprimer en cefte partie tous inconvéniens & abus, voulons & ordonnons qu'ès impetrations qui feront dorefenavant baillées en noz Chancelleries ou ès commiffions qui feront requifes par-devant noz Sénefchaulx & Baillifz, les impétrans & requérans foyent tenuz déclarer certainement les qualitez des bénéfices & caufes, & les moyens èfquelz & par lefquelz ils prétendent noftredicte Pragmatique fanxion eftre enfraincte, & que les mandemens ou commiffions ne foyent octroyées, finon que la matière, felon les chofes données à entendre, touche noftredicte Pragmatique fanxion; & voulons & ordonnons que felon la grandeur des matières & les difficultez qui par vrayfemblable peuvent cheoir en icelles, elles foyent commifes en icelle noftredicte Court, au regard des grands bénéfices, difficultez & matières, & par-devant noz Sénefchaulx & Baillifz quant aux autres, en leurs fiéges principaux, & èfquelz aura affluence de notable confeil. Et en oultre ordonnons que les exécutions de noz mandemens ou commiffions de noz Juges en cefte matière, foyent faictes en toutes honneftetez & modérations, & deue information précédente faicte par noz Juges; finon que la matière requift grand célérité pour doubte d'abfence ou fuitte de perfonnes, tranfports de tiltres, ou publication fcandaleufe au préjudice de noftredicte Pragmatique fanxion; èfquels cas les informations & exploictz pourront eftre faictz par noz Sergens, lefquelz tantôt & fans délay feront tenuz icelles informations bailler ou envoyer par-devers noftredicte Court ou noz Juges, pour en eftre promptement décidé & déterminé, en puniffant très-eftroictement les impétrans, fi par faux donner à entendre ou autrement, vexation eft donnée aux parties fans caufe, & les Sergens, fi dol ou fraude ou aultre faute eft trouvée en leurs informations & exploictz. Et voulons le principal defdictes matières eftre fommairement & brief déterminé, en jugeant & décidant fur la tranfgreffion & infraction de noftredicte Pragmatique fanxion, & puniffant les tranfgreffeurs; & s'il appert par la difcuffion du procez, la matière ne toucher noftre Pragmatique, fuppofé qu'en icelle chéent autres difficultez, Nous voulons les parties eftre mifes hors des procès, & remifes pour procéder où il appartiendra; & les impétrans eftre puniz & condemnez ès intéreftz des parties, & amende felon l'exigence des cas & qualitez des perfonnes, pourveu qu'il n'y ait matière de Régale, ou autre dont la cognoiffance appartienne feulement à Nous & a noftredicte Court.

(77) *Item.* Et pour ce que, quand aucune caufe d'appel a efté plaidée en noftredicte Court, les parties font aucunesfois long temps fans produire leurs lettres, actes & autres chofes, qui font neceffaires pour le jugement d'icelles caufes d'appel, & par ce moyen demeurent icelles caufes d'appel, longtemps fans eftre jugées ne décidées: Nous ordonnons que dorefenavant en telles caufes d'appel qui feront plaidées en noftredicte Court de Parlement, les parties produyfent leurs actes & procez dedans trois jours prochains enfuyvans la plaidoirie, finon qu'ilz ayent demandé en plaidant autre délay, lequel la Court leur ayt octroyé; & enjoignons aux Procureurs des parties, qu'incontinent la journée de la préfentation de la caufe d'appel efcheuë, ilz facent leur inventaire de leurs regiftres, actes & procès en cas d'appel, & les baillent avec leurs mémoires à leur Advocat, afin qu'au jour de la plaidoirie, les parties en plaidant leurs caufes puiffent faire prompte foy de leurs actes & procès, afin que fi ladicte caufe d'appel peut eftre décidée & déterminée promptement par noftredicte Court, qu'elle le foit, ou que fi elle n'eftoit jugée, & icelles parties fuffent appoinctées en droict fur icelles caufes d'appel, qu'incontinent les parties produyfent leurs lettres, actes & procès en ladicte caufe d'appel, afin qu'icelle caufe d'appel foit briefvement expédiée. Et pour ce que de tant

Caufes d'appel.

CHARLES
VII,
aux Montils-
lès-Tours,
en Avril 1453,
avant Pâques,
& en Avril
1454,
après Pâques.

Délai
de jugement.

que ladicte caufe d'appel fera plus brief jugée après la plaidoirie, de tant
auront les Préfidens & Confeillers meilleure & plus frefche mémoire des
chofes dictes & propofées par les parties en leur caufe d'appel, Nous mandons
& enjoignons à ceulx de noftredicte Court, qu'ilz jugent & décident les caufes
d'appel le plus brief que faire fe pourra; & en cas que les Procureurs defdictes
parties n'auront produit dedans lefdictz trois jours, le procez fera jugé en
l'eftat qu'il fera trouvé; & voulons & ordonnons que fi par négligence du
Procureur, la partie perd fa caufe, qu'icelle partie ayt fon recours contre
fon Procureur pour fes dommages & intéreftz.

(78) Item. Pour ce que Nous avons entendu que plufieurs, après qu'ilz ont
produict & conclu en caufe, & que jour à ouyr droict leur eft affigné par
noz Baillifz, Sénefchaulx, ou leurs Lieutenans ou autres Juges de noftre
royaume, & qu'à iceluy jour à ouyr droict, le Juge eft preft à proférer fa
fentence, l'une des parties, pour fuir & délayer, demande délay d'abfence ou
attente de confeil ou autre délay, ou appelle d'iceluy Juge, ou fi défault pour
empefcher qu'iceluy Juge ne profère fa fentence; Nous, voulans pourveoir
à telz inconvéniens, avons ordonné & décerné, ordonnons & décernons que
quand les parties auront conclu en caufe & auront eu jour à ouyr droict fur
leurs productions ou ce qui eft ès facs, que le Juge ne differe, ne délaye de
prononcer fa fentence, fouz umbre de ce que l'une des parties demanderoit
délay d'abfence ou attente de confeil ou autre délay, ne auffi pour quelque
appellation qui foit faicte de luy ce jour, pour empefcher le jugement &
fentence dudict procez, n'auffi pour l'abfence ou défaulx de l'une des parties;
& enjoignons à tous les Juges & Jufticiers de noftre royaume, que nonobftant
telz délaiz requis, ou appellation émife, ou le défault ou abfence des parties,
ilz procèdent à donner & proférer, donnent & profèrent leurs fentences; finon
que par noz lettres Nous ayons donné puiffance à aucune des parties, pourquoy doibt eftre différée la judication d'iceluy procez. Toutesfois Nous n'entendons pas que pour lettres d'eftat par Nous octroyées à l'une des parties,
le jugement de ladicte caufe doyve eftre différé; & fi le Juge trouve que par
fraude ou malice de la partie, & pour fruftratoirement délayer ledict procez,
icelle partie ayt impétré noz lettres, Nous commandons & enjoignons au Juge,
qu'il condamne icelle partie en amende, en oultre le principal, & ès intéreftz
& defpens de la partie pour iceluy procez retardé.

(79) Item. Et que pour la multitude & affluence des caufes qui eftoyent &
font en noftre Court de Parlement, il a convenu fouventesfoys au temps paffé,

commettre plufieurs caufes à plufieurs Confeillers de noftredicte Court, pour
ouyr les parties, ordonner & juger, ou rapporter par-devers la Court, dont
avons eu plufieurs grandes plainctes de plufieurs de noz fubjectz, difant que
par le rapport des Commiffaires, par arreft de noftredicte Court, iceux procez
ainfi commis (comme dit eft) eftoyent jugez & déterminez; Nous, voulans
ofter les clameurs, rumeurs & efclandres, que noftre juftice foit gouvernée &
reiglée en honneur & révérence, prohibons & défendons aux Gens de noftredit
Parlement, que dorefenavant ilz ne commettent aucuns des Confeillers de
noftredicte Court, à ouyr, cognoiftre, déterminer & rapporter en noftredicte
Court, aucunes caufes, foyent grandes ou petites; mais fi ce font telles caufes
qui de leur nature ne doybvent eftre traictées en noftredicte Court de Parlement, Nous mandons & enjoignons aux Gens de noftredict Parlement,
qu'icelles ilz renvoyent par-devant les Juges auxquelz la cognoiffance en
appartient; & fi c'eftoyent caufes qui deuffent eftre traictées en noftredicte
Court de leur nature, ou que par grand'caufe noftredicte Court en euft retenu
la cognoiffance; Nous voulons & ordonnons que par noftredicte Court les
parties foyent ouyes, & la caufe décidée; ou que fi c'eftoit petite caufe
qui puiffe eftre commife par-devant lefdiz Maiftres des Requeftes de noftre

Palais, que par noſtre Court icelles cauſes ſoyent miſes & commiſes par-
devant leſdictz Maiſtres des Requeſtes de noſtre Palais. Et en oultre Nous
prohibons & défendons aux Gens de noſtredict Parlement, que doreſenavant en
noſtredicte Court de Parlement aucune cauſe grande ou petite ne ſoit jugée ne
déterminée par icelle noſtre Court, par ne ſur le rapport d'aucuns des Conſeillers
de noſtredicte Court, de quelque autorité qu'ilz ſoyent; & voulons, ordonnons,
prohibons & défendons que nulle cauſe grande ou petite ne ſoit jugée ne déterminée par arreſt de noſtredicte Court, ſinon qu'ilz ſoyent dix Conſeillers aſſemblez, & un des Préſidens de noſtredicte Court ou des Enqueſtes, préſens.

CHARLES
VII,
aux Montils-
lès-Tours,
en Avril 1453,
avant Pâques,
& en Avril
1454,
après Pâques.

(80) *Item.* Et pour ce que ſouventesfoys noſtredicte Court de Parlement
eſt moult travaillée ou empeſchée aux jugemens des procez, par les requeſtes
impertinentes & inciviles, baillées par les parties ou leurs Procureurs, ou
Advocatz, voulans obvier à telles fraudes, prohibons & défendons aux parties
& aux Advocatz & Procureurs, que doreſenavant ilz ne travaillent noſtredicte
Court de telles requeſtes inutiles & impertinentes, & ne les baillent, ſi en leurs
conſciences elles ne leur ſemblent juſtes & raiſonnables; & ce leur enjoignons
ſur peine d'amende arbitraire, & ſur le ſerment qu'ilz ont à Nous & à noſtredicte
Court; & en oultre voulons & ordonnons que les requeſtes qui ſeront baillées
par leſdictz Procureurs, ſoyent ſignées de leur main au bas de ladicte requeſte, autrement qu'elles ne ſoyent receües par noſtredicte Court.

(81) *Item.* Et pour ce que de louable couſtume au temps paſſé, noz Baillifz
& Séneſchaulx ou leurs Lieutenans, & noz Procureurs en iceulx bailliages
& ſéneſchaucées, avoient accouſtumé de venir en noſtre Court de Parlement, & faire apporter par les Greffiers de leurs Courtz les procez par
eſcript dont il avoit eſté appellé d'iceulx Baillifz & Séneſchaulx, & auſſi la
déclaration de toutes les appellations faictes d'iceulx Baillifz ou Séneſchaulx
ou leurs Lieutenans, & eſtoient préſens à la réception d'iceulx procez en
noſtredicte Court, & auſſi à l'expédition des cauſes, durant les jours deſditz
bailliages & ſéneſchaucées, & à iceulx jours informoyent noſtredicte Court
& noz Advocatz & Procureurs Généraulx, des ſurpriſes qui eſtoient faictes
contre noz droictz, & auſſi des excès des Officiers & autres, commis & perpétrez en leurſdictz bailliages & ſéneſchaucées, ce que durant les guerres
a eſté délaiſſé, au grand dommage de noz droictz & de noz ſubjectz : Nous,
voulans donner remède aux choſes deſſuſdictes, en enſuyvant les Ordonnances
de noz prédéceſſeurs & approuvant leſdictes louables couſtumes & uſages,
ordonnons & voulons que noz Baillifz & Séneſchaulx ou leurs Lieutenans
& noz Procureurs èſdictz bailliages & ſéneſchaucées, comparoiſſent en
noſtredicte Court de Parlement, aux jours de leurs ſéneſchaucées ou bailliages,
& y facent apporter par leurs Greffiers les procez par eſcript dont il aura eſté
appellé en noſtredicte Court, & qu'ilz ſoyent préſens à la réception d'iceulx
procez en icelle noſtredicte Court, & auſſi aux plaidoiries des autres cauſes
d'appel, qui auront eſté faictes d'iceulx Séneſchaulx & Baillifz, durant les
jours de leurſdictes ſéneſchaucées ou bailliages; & en oultre voulons qu'iceulx
noz Baillifz, Séneſchaulx & Procureurs, baillent par déclaration en noſtredicte
Court de Parlement, & à noz Advocatz & Procureurs Généraulx, toutes les
ſurpriſes qu'ilz ſçauront avoir eſté faictes, contre & ſur noz droictz & domaine;
& avec ce tous les excès, abus & maléfices qui auront eſté commis en leurſdictz bailliages & ſéneſchaucées, & ès fins & limites d'iceulx, tant par noz
officiers que par autres quelzconques, pour y eſtre pourveu & donner tel
remède & proviſion qu'au cas appartiendra, tant par noſtredicte Court que
par noz Advocatz & Procureurs Généraux, auxquelz Nous enjoignons &
commandons qu'ainſi le facent.

(82) *Item.* Que par les guerres & diviſions qui ont eſté en noſtre royaume,
l'on n'a peu garder l'ordre que l'on avoit accouſtumé garder à inſtituer noz

CHARLES
VII,
aux Montils-
lès-Tours,
en Avril 1453,
avant Pâques,
& en Avril
1454,
après Pâques.

Baillifz, felon l'Ordonnance de noz prédéceffeurs Rois de France ; en fuyvant icelles Ordonnances de noz prédéceffeurs, voulons & ordonnons que doref-enavant, quand aucun bailliage ou féneschaulcée, ou autres de noz offices de judicature vaqueront, qu'à iceulx offices foit pourveu de preud'hommes fages, prudens & fuffifans à iceulx gouverner.

(83) *Item.* Et pour ce que fouventesfoys advient que Nous ne pouvons avoir entière cognoiffance, n'auffi les Gens de noftre Grant-Confeil, des perfonnes demourans en noz bailliages & féneschaulcées, ne de l'idoineté, preud'hommie & fuffifance d'icelles : Nous ordonnons & décrétons, que quand aucun office de judicature vaquera, foit Juge, Advocat, Procureur ou autre, que noz officiers & Gens de noftre Confeil en iceulx bailliages ou féneschaulcées, en leurs confciences regardent & advifent ceux qui feront les plus propices, idoines & fuffifans à iceulx offices obtenir, & Nous en nomment jufques à deux ou trois, en Nous déclarant les plus idoines, preud'hommes & fuffifans ; afin que par délibération des Gens de noftre Confeil, puiffions mieux pourveoir à iceluy office : & voulons & ordonnons que nofdictz Officiers & Confeillers èfdicts bailliages & féneschaulcées, avant qu'ilz procèdent à dire leurs advis de ceulx qui fembleront idoines & fuffifans aufdictz offices vacans, qu'ilz jurent fur le livre les fainctes évangilles de Dieu touchées, que bien & loyaument ilz Nous confeilleront ceulx qui en leurs confciences leur fembleront eftre les plus propices, idoines, fuffifans & prud'hommes pour obtenir iceux offices vacans.

(84) *Item.* Et pour ce que Nous avons entendu que plufieurs pour avoir & obtenir de Nous aucuns offices de judicature, au temps paffé durant les guerres & divifions, ont offert & payé plufieurs fommes de deniers à plufieurs de noz Officiers & Confeillers, & par ce moyen ont obtenu lefdictz offices, dont plufieurs maux & inconvéniens font advenuz à noz droictz, à noz fubjectz, & à la chofe publique de noftre royaume : Nous en enfuyvant les Ordonnances de nos prédéceffeurs Rois de France, prohibons & défendons à tous noz Officiers & Confeillers, & à tous noz fubgectz, que dorefenavant nofdictz Officiers & Confeillers ne reçoivent aucune promeffe ne don d'aucune chofe meuble ou immeuble, pour faire avoir, n'obtenir aucun defdictz offices de Nous, fur peine à noz Officiers & Confeillers de payer à Nous le quadruple d'autant comme leur auroit efté promis, donné ou baillé, & d'encourir noftre indignation, & d'en eftre puniz griefvement ; & à noz fubjectz, fur peine de perdre l'office qu'ilz auront obtenu, & d'eftre à jamais privez de tous offices royaux, & de Nous payer femblablement le quadruple de ce qu'ilz auront promis, donné ou baillé, pour avoir iceluy office : & voulons & ordonnons qu'iceulx noz offices foyent donnez & conférez à gens fuffifans & idoines, libéralement & de noftre grace, & fans aucune chofe en payer, afin que libéralement & fans exaction aucune, ilz adminiftrent juftice à noz fubjectz.

(85) *Item.* Et pour ce que fouventesfoys fommes travaillez par plufieurs & par grant importunité de requérans qui Nous demandent offices, bénéfices, efchoites, amendes & confifcations, avant qu'ilz vaquent ou qu'ilz foyent créez ou nous foyent adjugez : Nous, en enfuivant les Ordonnances de noz pré-déceffeurs Rois de France, voulons & ordonnons que plus ne foyons travaillez de telles requeftes, & ne donnerons, ne conférerons aucun office, bénéfice, efcheoite ou autre chofe quelconque avant qu'ilz vaquent ou foyent créez, & amende & confifcation avant qu'elles foyent adjugées & déclairées à Nous appartenir ; & voulons que fi par importunité ou inadvertance Nous faifions ou avions faict le contraire, que le don ou collation qu'en aurions faict ou ferions, foyent nulz & de nulle valeur.

(86) *Item.* Nous ordonnons que noz Baillifz & Sénefchaulx facent réfidence continuelle en leurs bailliages & féneschaulcées, pour pourveoir à noz fubjects,
&. leur

& leur adminiftrer juftice, ainfi que les cas le requerrent ; finon qu'ilz fuffent
empefchez en leurs perfonnes, comme en noftre guerre, ou autour de noftre
perfonne, comme Chambellans couchant devant Nous.

CHARLES
VII,
aux Montil-
lès-Tours,
en Avril 1453,
avant Pâques,
& en Avril
1454,
après Pâques.

(87) Item. Que quand noz Baillifs & Sénefchaulx commettront leurs Lieutenans, Nous voulons & ordonnons qu'ilz mettent preud'hommes idoines &
fuffifans, & qu'ilz foyent hors de mauvaifes fouppefons ; & afin que plus
feurement nofdiz Baillifs & Sénefchaulx puiffent prendre & effire leurfdictz
Lieuxtenans, Nous voulons & ordonnons qu'iceux Baillifz & Sénefchaulx
prennent & effifent leurs Lieutenans, par le confeil de noz Officiers & Gens
de noftre Confeil, & autres preud'hommes des Courts d'iceulx bailliages
& fénefchaulfées.

(88) Item. Et pour ce que Nous avons entendu qu'aucuns de nos Baillifz
& Sénefchaulx ont, au temps paffé, prins & exigé aucunes fommes d'or ou
d'argent ou autres chofes, de ceux qu'ilz inftituoyent leurs Lieutenans, qui eft
chofe de très-mauvais exemple ; Nous prohibons & défendons à tous noz
Baillifz, Sénefchaulx, & à tous les Jufticiers de noftre royaume, que dorefenavant, pour commettre & inftituer leurs Lieutenans, ilz ne prennent ne
exigent aucunes fommes d'iceulx Lieutenans ; & auffi aufdiz Lieutenans,
qu'ilz ne baillent, donnent, ou promettent aucune chofe, pour avoir office
de Lieutenans, d'aucuns de noz Baillifz ou autres Juges, par eulx, par inter-
pofées perfonnes, ne autrement, fur peine de l'amende du quadruple envers
Nous, & le Baillif ou Sénefchal de perdre fon office de bailliage ou fénefchaucées, & ledit Lieutenant d'eftre privé à jamais de tous offices royaulx,
& les fauteurs & adhérans, de pareilles peines.

(89) Item. Et afin que lefdictz Lieutenans puiffent mieulx faire & adminiftrer
juftice à noz fubjectz, Nous voulons qu'iceulx Lieutenans foyent falariez
& prennent gages, ainfi qu'ilz ont accouftumé d'ancienneté.

(90) Item. Et que les gages d'iceux Lieutenans leur foyent payez & baillez
par les mains de noz Receveurs.

(91) Item. Ordonnons & décernons, que nul de noz Baillifz, Sénefchaulx,
ou auffi noz Procureurs, ne leurs Lieutenans, ne prennent aucuns gages
ou penfions des fubjectz de leur fénefchaulcées ou bailliages, & que nulz
de nofdictz Baillifz, Sénefchaulx, ou Juges, ou leurs Lieutenans ne foyent
Juges, Chaftelains ou Baillifz, des juftices fubjectes & reffortiffans à leurs
fiéges.

(92) Item. Voulons & ordonnons que noz Baillifz & Sénefchaulx, après
ce que leurs aurons donné iceulx bailliages ou fénefchaucées, avant qu'en
prendre poffeffion ne qu'ilz puiffent exercer aucune juridiction, facent le
ferment en noftredicte Court de Parlement, ainfi qu'accouftumé eft de toute
ancienneté : finon qu'ilz fuffent empefchez en leurs perfonnes, au fait de
noftre guerre, ou à l'entour de noftre perfonne, comme Chambellans couchant
devant Nous.

(93) Item. Ordonnons que noz Baillifz & Sénefchaulx tiennent ou facent
tenir leurs affifes en chafcuns de leurs fiéges de leurfdictz bailliages & fénefchaulcées, & qu'ilz ne traictent* leurs fubjectz hors des fiéges dont ilz font
fubjectz, ne d'un fiége à l'autre.

(94) Item. Prohibons & défendons que noz Baillifz & Sénefchaulx, ne
leurs Lieutenans, n'exigent ne prennent aucune chofe pour les exécutoires
de noz graces, rémiffions ou pardons ; toutesfoys n'entendons pas que les
Clercs defdictz Baillifz, Sénefchaulx, ou Juges, ou de leurs Lieutenans, ne
foyent payez de leurs falaires pour l'efcripture defdictz exécutoires.

(95) Item. Et pour ce que les Commiffaires envoyez en noftre Court de
Parlement, pour faire les enqueftes fur les procès des parties, où elles ont efté
appointées contraires, les parties ont efté & font fouventesfoys grévées de

CHARLES
VII,
aux Montils-
lès-Tours,
en Avril 1453,
avant Pâques,
& en Avril
1454,
après Pâques.

grandes mifes & defpenfes ; voulans obvier à icelles, avons ordonné & ordonnons que dorefenavant ès caufes traiⅽtées en noftrediⅽte Court, moindres
que de baronies, chaftellenies, ou autres plus grandes caufes que la Court
verra eftre de grant poix, les enqueftes foyent commifes à bonnes perfonnes,
fages & loyaux, des pays dont les parties font, lefquelz par commiffion de
noftre Court, pourront proⅽcéder à faire les enqueftes des parties, féant ou
non féant le Parlement : mais fi les parties requéroyent avoir Commiffaires de la
Court, ilz les auront. Et au cas que l'une des parties vouldroit Commiffaires
du pays, & l'autre du Parlement, Nous voulons & ordonnons qu'ès deffufdictes moindres que de baronnies, chaftellenies, ou autres plus grandes caufes,
la commiffion s'adreffe à un des Confeillers de noftrediⅽte Court, tel que
la Court ordonnera, adjoinⅽt avec luy un prud'homme du pays ; & fi toutes
les parties vouloyent avoir Commiffaires de noftrediⅽte Court, ilz les auront.
Et outre ordonnons que les Préfidens & Confeillers de noftrediⅽte Court,
qui devront aller en commiffion, puiffent commencer à faire les enqueftes des
parties à eux commifes, de la fefte de la my-Aouft, & continuer durant la
vacation du Parlement jufqu'à la Saint-Martin d'yver ; pourveu qu'ilz foyent
retournez pour eftre au commencement de noftre Parlement enfuyvant, & y
faire réfidence : finon qu'ilz euffent congé de noftrediⅽte Court, de vaquer
à faire & parfaire lefdictes enqueftes oultre le temps deffufdit.

(96) *Item.* Voulons & ordonnons qu'ès caufes éfquelles les parties auront
efté appoinⅽtées contraires, après que les articles auront efté baillez devers le
Greffe de noftrediⅽte Court difcordez, que le Greffier d'icelle noftre Court
figne lefdictz articles, & mette le jour qu'ilz auront efté baillez difcordez ;
& que dudiⅽt jour en quinze jours enfuyvans, lefdictz articles foyent apportez
par-devers noftrediⅽte Court, tous accordez, & ès huiⅽt jours enfuyvans tous
empliz, cloz & féellez, & renduz à noftrediⅽte Court, pour les bailler aux
Commiffaires fur ce députez & ordonnez par noftrediⅽte Court. Et fi lefdictz
articles n'eftoient baillez accordez, par la manière & dedans le temps, l'Advocat
qui en ce aura failli, en payera la fomme de dix livres d'amende, & le Procureur qui aura failli, en payera cent folz, que voulons fur eux eftre levez
fans déport.

(97) *Item.* Voulons & ordonnons que quand les parties feront faire leurs
enqueftes, elles foyent tenues comparoir diligemment par elles ou leurs Procureurs, devant les Commiffaires ordonnez par noftrediⅽte Court, aux jours
& termes à eux affignez, foit pour veoir ouvrir les articles, ou jurer les tefmoings,
ou pour autre chofe faire à quoy elles auront affignation ; autrement fi l'une
des parties au jour de l'affignation eft défaillant, défault fera donné contr'elle ;
& en fon défault, procéderont les Commiffaires, en abfence de la partie
défaillant, comme fi elle euft efté préfente.

(98) *Item.* Voulons & ordonnons que s'il advenoit qu'aucune defdictes
parties appellaft des Commiffaires, en procédant à faire leurs enqueftes, que
nonobftant lediⅽt appel, lefdictz Commiffaires puiffent befongner & procéder
à faire & parachever l'enquefte de l'autre partie ; & en oultre ordonnons
que lefdictes parties ne pourront fur un chafcun defdictz articles faire examiner que dix tefmoings feulement.

(99) *Item.* Ordonnons qu'après l'enquefte defdictes parties receues pour
juger, lefdictes parties feront tenues de bailler leurs reproches dedans huiⅽt
jours après ladiⅽte réception, s'aucunes en veulent bailler, fans efpérance
d'avoir autre délay, finon que par noftrediⅽte Court pour grande & évidente
caufe y feuft autrement pourveu.

Produⅽtions
de pièces.

(100) *Item.* Prohibons & défendons aux parties que dorefenavant en faifant
leurs produⅽtions, elles ne produifent lettres, tiltres ou munimens qui de rien
ne fervent au jugement & décifion de leurs procez, & qu'elles n'emploient

& ne produifent autre chofe en leur inventaire que ce qui fera efcrit & défigné en iceluy; & s'ilz veulent produire ou employer autres lettres, ou autres chofes, qu'ilz le puiffent faire extraire, & que temps fuffifant & modéré leur foit donné pour ce faire; & ce leur défendons fur peine de cent folz parifis d'amende au Procureur qui fera trouvé avoir faict le contraire.

(101) Item. Et en oultre défendons à tous les Advocatz & Procureurs de noftredicte Court, & fur peine de cent folz parifis d'amende, à appliquer à Nous, que dorefenavant, en leurs inventaires ilz ne mettent, n'allèguent raifons de droict ne allégations quelzconques, mais qu'ilz déclarent feulement en leurs inventaires la fin à laquelle ilz produifent chacune lettre.

(102) Item. Et qu'il eft venu à noftre cognoiffance que depuis l'an mil quatre cens dix-huict, les Greffiers civil & criminel, de noftredicte Court de Parlement, ont prins & exigé des parties qui ont eu à befongner en icelle noftre Court, or & argent, pour leur bailler & expédier les arreftz & jugemens de noftredicte Court, & pour plufieurs autres chofes, dont les Greffiers qui eftoyent en noftredicte Court paravant ledict temps, ne prenoyent & n'avoyent accouftumé prendre aucune chofe defdictes parties : Nous, voulans préferver noz fubjectz de tous frais & mifes defraifonnables, & régler lefdiz Greffiers au train & ordre ancien, avons ordonné & ordonnons que lefdictz Greffiers civil & criminel, ne prendront, n'exigeront dorefenavant des parties qui auront affaire en noftredicte Court, or, argent, ne autre chofe quelconque, pour leur bailler & délivrer les arreftz & jugemens d'icelle noftre Court, ne d'autre chofe quelconque, dont de tout temps & d'ancienneté, & paravant ledict temps, de l'an mil quatre cens dix-huict, les Greffiers qui lors eftoyent, n'avoyent accouftumé aucune chofe prendre ne exiger, & ce leur enjoignons fur peine de privation d'office & d'amende arbitraire; & oultre enjoignons aux Préfidens, qu'appellez avec eux aucuns des Confeillers de noftredicte Court, ilz s'informent diligemment des anciennes obfervances & ufages qu'on fouloit garder en telles matieres, & qu'ilz les mettent par efcript, & facent garder & obferver eftroictement & fans enfreindre.

(103) Item. Et afin que les caufes plaidées en noftredicte Court puiffent eftre feurement jugées & déterminées, lefquelles par le ftile notoire de noftre Court, doyvent eftre jugées par le regiftre auquel l'on adjoufte foy, avons ordonné & ordonnons que les Advocats qui auront plaidé lefdictes caufes, pourront, fi bon leur femble, veoir le regiftre du plaidoyé de leurfdictes caufes, le jour, ou quoy que foit le lendemain qu'ilz auront icelles plaidées; & lefquelz Greffiers, à leur affertion ou affirmation faicte par ferment, appellée la partie ou fon Procureur, feront tenuz chacun en droict foy, de corriger ledict regiftre.

(104) Item. Et pour ce qu'anciennement les lettres de commiffion & autres de noftredicte Court eftoyent commandées aux quatre Notaires d'icelle noftre Court, continuellement réfidens en icelle, lefquelz depuis trente ou quarante ans en çà n'y ont point réfidé, & par ce ont efté les commiffions & mandemens émanés de noftredicte Court, expédiez par lefdictz Greffiers civil & criminel, en grand retardement des procez & dommage de noz fubjectz; avons ordonné & ordonnons que lefdictz quatre Notaires fe tiendront dorefenavant & feront réfidence continuelle en noftredicte Court, & expédiront les commiffions & mandemens aux parties, ainfi qu'il leur fera ordonné, fans en prendre d'icelles parties aucune chofe, le plus diligemment qu'ilz pourront, ainfi & par la forme & manière qu'ilz avoyent accouftumé les expédier au temps paffé.

(105) Item. Prohibons & défendons aufdictz Greffiers civil & criminel de noftredicte Court, qu'ilz ne baillent aucuns procez à vifiter aux Confeillers d'icelle noftre Court, finon que ce foit par le commandement exprès d'aucuns des Préfidens d'icelle noftre Court.

Tome XIV. Qq ij

CHARLES VII, aux Montils-lès-Tours, en Avril 1453, avant Pâques, & en Avril 1454, après Pâques.

Règles à obferver par les Officiers du Parlement.

(106) *Item.* Et afin qu'outre les Ordonnances deffufdictes & l'ordre par icelles mis fur l'introduction & déduction des procez en noftre Court de Parlement, ordre foit premierement mis fur les appoinctemens, jugemens & décifions defdictz procez ; & qu'ainfi que de préfent réintégrons noftredicte Court, en fon ancien nombre de Confeillers, icelle noftredicte Court foit pareillement réintégrée & remife en fon ancien ordre, repréfentation & auctorité, à l'honneur de Nous & de noftre royaume, & au bien de la chofe publique & de noz fubjectz, tant en honnefteté, fcience, auctorité & bonne renommée de noz Préfidens & Confeillers, qu'en l'ordre & maniere d'appoincter & juger les procez en noftredicte Court; Nous en enfuyvant les Ordonnances de noz prédéceffeurs, avons ordonné ce qui s'enfuit.

(107) *Item.* Et premierement, voulons & ordonnons que les Préfidens ordonnez de par Nous en noftredicte Court, & aufquelz principalement appartient la conduicte & ordre d'icelle, ayent dorefenavant fingulièrement regard de délaiffer toutes autres occupations à l'honneur & conduicte d'icelle noftre Court, en bonne & briefve expédition de juftice, gardant premierement cefte noz préfentes Ordonnances, & icelles facent garder à tous noz autres Confeillers, Greffiers, Huiffiers, Advocatz & Procureurs, & fouventesfoys s'enquièrent des infracteurs & tranfgreffeurs d'icelle, remonftrant & reprenant les fautes, & les facent punir par icelle noftre Court, felon l'exigence des cas, en Nous advertiffant pour y donner provifion par privation d'offices & autrement, & tellement que ce foit exemple aux autres de garder dorefenavant fans enfreindre nofdictes Ordonnances.

(108) *Item.* Voulons & enjoignons aufdictz Préfidens, que diligemment ilz entendent aux plaidoiries qui feront faictes devant eux, pour incontinent après les plaidoiries appoincter les matières qui fe peuvent appoincter en pleine Chambre; & au regard des appoinctemens qui feront remis au Confeil, notent bien les difficultez d'icelles, & fe facent, fi befoin eft, advertir par le Greffier, afin qu'au premier jour de confeil, avant quelque autre expédition d'autre matière, le regiftre des plaidoiries prochaines foit defpefché & appoincté, tant que les Confeillers ont préfente & frefche mémoire des plaidoiries; & enjoignons & commandons audit Greffier, que le prochain jour de confeil après les plaidoiries, il rapporte fon regiftre defdictes plaidoiries, afin que briefve expédition foit donnée fans confufion d'autre matière, comme deffus eft dit.

(109) *Item.* Pour garder de plus en plus grand'honnefteté en noftredicte Court, & obvier à toute fufpection & préfumption de mal, voulons & enjoignons à nofdictz Préfidens & Confeillers, qu'ilz s'abftiennent, au regard des parties ayant procez en noftredicte Court, de toutes communications, defquelles puiffe eftre caufée vrayfemblable préfumption & fufpection de mal; & mefmement de tous difners ou convis qui feroyent faictz au pourchas defdictes parties & à l'occafion defdictz procez: & fpécialement ayent nofdictz Préfidens & Confeillers regard que lefdictes parties ne fachent ou cognoiffent celui qui devra rapporter leur procez; & s'il vient à la congnoiffance des Préfidens & Confeillers, que les parties ayent cognoiffance de ce, que tantôt & fans délay le procez foit baillé & commis à autre, afin d'éviter en ce toute fufpection & préfumtion de mal.

(110) *Item.* Et pour ce que par révélation des fecrets de noftredicte Court, fe font enfuivys & enfuyvent plufieurs maux & efclandres, & en a efté & eft empefchée la liberté de délibérer & juger en icelle noftre Court, & qu'à faire tenir les confeils de noftredicte Court fecretz, noz prédéceffeurs ont eu grande & fingulière confidération, ainfi qu'il appert par leurs Ordonnances, & grandes peines corporelles & civiles impofées contre les révélateurs au temps paffé; Nous, en enfuyvaut lefdictes Ordonnances, voulons & ordonnons que fi aucuns Préfidens, Confeillers, Greffiers & Notaires, noz Advocats & Procureurs

généraux ou autres font trouvez coupables en ce, qu'ilz foyent puniz eftroitement felon lefdictes anciennes Ordonnances, par privation de gages, offices, ou autrement, ainfi que noftredicte Court verra eftre à faire, felon la gravité du cas : & enjoignons à tous nofdiz Préfidens & Confeillers, & fur leur ferment, que ceux qu'ilz trouveront ou fçauront fufpectionnez ou coupables en cefte matière, ilz révèlent en noftredicte Court, pour en faire punition convenable. Et s'aucuns des Huiffiers d'icelle noftre Court, Clercs du Greffe, ou Notaires fréquentans icelle, font trouvez en ce coupables, que lefdictz Greffiers, Huiffiers & Notaires foyent privez de leurs offices, & puniz d'amende arbitraire, & les Clercs defdictz Greffiers foyent bannis de la *vicomté* de *Paris*, à temps ou à tousjours, felon l'exigence des cas, & en amendes arbitraires. Et s'il advenoit que lefdictz fecrets fuffent révélez par aucuns Prélatz, qui ont faculté de venir en noftredicte Court, qu'ilz foyent privez à tousjours de communiquer & eftre au Confeil d'icelle.

(111) *Item.* Et afin que plus convenablement foit procédé à la judication & détermination des procez, qu'on dict eftre de préfent en très-grant nombre en noftredicte Court, en eftat de juger ; voulons & ordonnons qu'après la vifitacion defdictz procez, dont deffus eft faicte mention, & lefquelz Nous voulons eftre rédigez felon les Sénefchaucées & Bailliages en aucun regiftre, & la diftribution d'iceulx procez faicte pour rapporter par lefdictz Préfidens, appellez avec eux aucuns des Confeillers, comme deffus eft dict, lefdictz Préfidens, à tout le moins de deux mois en deux mois, voyent diligemment quelz procez ont efté expédiez & quelz reftent à expédier, pour tousjours donner ordre d'ancienneté au Rapporteur, felon les cas plus piteux & néceffaires, fans faveur ou acception de perfonne ; & que fi faute y a, ou négligence de la partie defdictz Rapporteurs, qu'ilz foyent blafmez & puniz, felon que noftredicte Court verra eftre à faire par raifon.

(112) *Item.* Et pour donner ordre convenable à ceux qui dorefenavant auront à rapporter lefdictz procez en noftredicte Court, en quelque Chambre que ce foit, voulons & ordonnons que nul ne s'ingère dorefenavant à rapporter lefdictz procez léans, fans avoir deuement fur iceux faict fon extrait de lettres, tefmoings, ou production des parties, & cotté deuement fes articles & poincts, pour fur iceux appliquer convenablement lefdictes productions ; & foit ledit extrait efcrit de la main dudict Rapporteur, ou autres de nofdictz Confeilliers ou Greffiers, fans communiquer les fecrets de noftredicte Court aux ferviteurs de nofdiz Confeilliers ou autres, hors de noftredicte Court. Et enjoignons aux Confeilliers, que de préfent mettons en noftredicte Court, & à tous autres, qu'ilz foyent curieux de veoir & vifiter les arreftz anciens de noftredicte Court, & les ftiles & obfervances d'icelle, de fçavoir & cognoiftre la forme de dicter & ordonner lefdictz extraictz ; & s'aucuns eftoyent de tous poincts incurieux de ce, que noz Préfidens les admoneftent & induifent à ce faire, ou fi befoing eft, Nous en advertiffent, pour y donner provifion telle qu'il appartiendra par raifon, & fans faveur ou acception des perfonnes.

(113) *Item.* Nous voulons & ordonnons que nofdictz Confeilliers aufquelz les procez feront baillez à rapporter, comme deffus eft dict, que tant pour le bien de juftice, que pour leur honneur, ilz foyent bien curieux de veoir & ouvrir les poincts & difficultez de leurs procez, fans rien omettre à leur pouvoir, & fans fuperfluité ou redicte ; & s'il femble après l'ouverture de rapport, que la matière ait befoing d'avoir ouverture plus ample, foyent par les Préfidens demandées les opinions à ceux qu'on verra eftre plus expédient & convenable, felon la matière fubjecte, qui pourront plus amplement ouvrir ladicte matière, en foy gardant, comme deffus eft dict, de toute fuperfluité ou réitération des chofes devant dictes.

(114) *Item.* Et pour plus feurement procéder audit rapport, & que par

Charles
VII,
aux Montils-
lès-Tours,
en Avril 1453,
avant Pâques,
& en Avril
1454,
après Pâques.

inadvertance ou autrement ne foit aucune chofe célée ou omife, voulons & ordonnons les inventaires des parties eftre deüement & entièrement leues par autre que le Rapporteur, & aucuns de noz Confeilliers pour affifter audict Rapporteur, pour faire lecture des lettres & productions, & fur icelles vérifier l'extraict dudict Rapporteur; & voulons nofdictz Préfidens & Confeilliers eftre curieux de bien & véritablement faire vérifier les extraicts, mefmement en grandes matières, & qui en briefz jours ne fe peuvent expédier, afin que befoing ne foit en la conclufion des opinions de revoir & vifiter les lettres & productions des parties.

(115) *Item.* Et pour garder en icelle noftre Court, en délibérant & jugeant, l'honnefteté & gravité qui doit eftre gardée en une Court de fi grande auctorité, gravité, honneur & renommée, Nous voulons & ordonnons les anciennes ordonnances & obfervances de noftredicte Court, tant fur la révérence qu'un chafcun doit faire & exhiber aux Préfidens, en foy levant à la venüe & entrée d'iceux, qu'en bénignement & patiemment efcoutant fans interruption ou empefchement ce que lefdictz Préfidens voudront ouvrir & mettre en délibération, ou de quoy ilz voudront advertir noftredicte Court, eftre deuement gardées, & les infracteurs eftre reprins & puniz; parcillement au regard des Confeilliers délibérans en icelle noftre Court, voulons & ordonnons iceux eftre ouys bénignement, & patiemment fans interruption aucune, finon qu'ilz erraffent évidemment en faict, auquel cas le Rapporteur, ou en fon défault les Préfidens ou autres Confeillers, les pourront advertir. Toutesfois fi nofdictz Préfidens voyent qu'aucuns en leurs délibérations ou opinions, réitéraffent fouvent les chofes devantdictes par eux ou par autres, ou allégaffent ou diffent faictz ou chofes non alléguées ou contenues au procez, ou qu'ilz ufaffent de trop grand fuperfluité ou longueur impertinente, laquelle doit eftre fingulierement évitée en noftredicte Court qui eft chargée de grand multiplication de caufes; ilz pourront advertir lefdictz Confeilliers, & faire ceffer lefdictes fuperfluitez & réitérations, lefquelles font contre l'honneur defdictz délibérans & de la Court, & peuvent donner réitération ou empefchement aux autres délibérans & à l'expédition des matières. Et prohibons & défendons à tous les Préfidens & Confeilliers de noftredicte Court qu'en jugeant aucuns procez, ilz ne dient ne propofent aucuns faictz, foit à la louenge ou vitupère des parties ou de l'une d'icelle, ou de la matière de quoy l'on traicte, n'autres faictz * par les faictz propofez par les parties aux procez; car les parties favent ou doivent mieux favoir leurs faictz qu'ilz ont à propofer, que ne font les Juges; & s'aucun faifoit le contraire en difant fon opinion ou autrement, ce fembleroit eftre plus d'affection que de raifon.

* Lifez *que les faits.*

(116) *Item.* En enfuyvant certaines anciennes Ordonnances par Nous renouvellées fur l'affemblée des Chambres, qu'aucunes foys les parties, par requeftes ou noz lettres clofes ou patentes, pourfuyvent ou requièrent eftre affemblées pour le jugement de leurs caufes; voulons & ordonnons qu'à la requefte ou pourfuite de partie, lefdictes Chambres ne foyent affemblées, mais foyent jugez les procez ès Chambres où ilz feront ordonnez; finon que la Court, pour la grandeur des matières, ou des parties contendans, ou autres caufes évidentes & raifonnables, ordonnaft pour le jugement defdiz procez, les Chambres eftre entierement affemblées: auquel cas voulons les procez eftre diligemment & fans interruption vifitez & jugez, afin que les Chambres ne foyent longuement empefchées de l'expédition qui doit eftre faicte en icelles Chambres.

(117) *Item.* Et fi ès procez qui font jugez & déterminez ès Chambres féparément, furvenoit en délibérant en jugement, aucune difficulté notable, ou telle diverfité en opinion, que conclufion ne peult eftre prinfe fans avoir le confeil & délibération des autres Chambres, foyent envoyez le Rapporteur,

on deux des Conseilliers des opinions différentes, & soyent par eux en ladicte Chambre communiquées les difficultez, & sur icelles faicte délibération le plus brief & convenablement que faire se pourra, & soyent ouys bénignement & traictez ceux qui ainsy seront envoyez par lesdictes Chambres, & sans interruption despeschez, afin qu'ilz puissent rapporter le conseil & opinion desdictes Chambres, à ceux qui ainsi les auront envoyez, pour donner conclusion ou détermination ès procez par eux encommencez à juger ès Chambres dessusdictes.

(118) *Item.* Et pour ce que singuliérement desirons que tous noz subjectz & Officiers en noz Cours & Justices, & spécialement en nostredicte Court souveraine, qui sur toutes les autres doit estre exaltée en bonne renommée, & qui est & doit estre exemple & lumière des autres, ayent devant les yeux & en continuelle mémoire l'obligation qu'ilz ont à Dieu, à Nous & à nostre chose publique, de loyaument juger, & soy garder de tous dons & promesses corrompables, & qui puissent ou doyvent pervertir ou mouvoir le courage des jugeans, & de toute suspection & présumption de mal, ayans en grand détestation & horreur, que par dons & promesses, justice soit ou doyve estre pervertie ou retardée en nostre temps ; voulans obvier à l'indignation de Dieu & aux grandes esclandres & inconvéniens, qui pour telle iniquité & pervertissement de justice adviennent souventesfoys ès choses des royaumes & seigneuries : en ensuyvant les anciennes Ordonnances de noz prédécesseurs Rois de France, défendons & prohibons à tous Juges & Officiers, tant en nostredicte Court de Parlement qu'en toutes autres Cours & Justices de nostre royaume, que nul ne prenne, ne reçoive, par soy ne par autres, directement ou indirectement, telz dons corrompables, & qui puissent ou doyvent mouvoir ou pervertir le courage des jugeans, & sur peine de privation de leurs offices ; & en oultre voulons iceux estre puniz selon l'exigence des cas & la qualité des personnes, & tellement que ce soit exemple à tous autres.

(119) *Item.* Et pour ce que souventesfoys les parties aujourd'huy s'efforcent pervertir justice, & accomplir leurs intentions mauvaises par moyens indirectz, & des dons, promesses, conversations, & fréquentations désordonnées avec les Juges, voulons & ordonnons que si aucune partie ayant procez en nostredicte Court ou ès autres Cours & Justices de nostre royaume, faict aucun desdictz dons & promesses aux jugeans, pour jugement, retardation ou expédition par eux ou par autres, elle soit entièrement privée de ses droictz ; & d'abondant soit très-estroictement punie d'amende arbitraire, selon l'énormité & grandeur du cas, & qualité des personnes & procez.

(120) *Item.* Et quant aux Advocatz, Procureurs & solliciteurs, qui feront doresnavant telz dons ou promesses, ou feront médiateurs d'iceux, Nous voulons & ordonnons iceux Procureurs & Advocatz estre à tousjours privez de patrociner, plaider & procurer ; & iceux Advocatz, Procureurs, solliciteurs & autres médiateurs quelzconques, estre déclarez à jamais inhabiles à tous offices, mesmement de judicatures, & autres concernans justice, & estre puniz de peines arbitraires, selon l'énormité & exigence des cas & qualité des personnes, comme dessus est dict. Et enjoignons & ordonnons à noz Baillifz & Séneschaulx quant aux Cours & Justices subjectes de leursdictz bailliages & sénéschaucées, & à noz Présidens quant à icelle nostre Court souveraine, qu'ilz facent doresnavant diligente inquisition desdictz cas, au regard de tous les dessusdictz, pour y donner provision convenable, & en faire punition sans dissimulation ou délay, comme dessus est dict, & sans faveur ou acception de personne, & sur peine d'encourir nostre indignation, & d'en estre puniz. Et enjoignons à iceux noz Présidens, Baillifz & Séneschaux, de garder prémièrement & en eux mesmes ceste nostre présente Ordonnance, & d'icelle avoir souvent considération & mémoire ; car d'eux èsdiz cas Nous entendons

CHARLES
VII,
aux Montils-
lès-Tours,
en Avril 1453,
avant Pâques,
& en Avril
1454,
après Pâques.

eſtre faicte punition pareille, ou plus grande ſi meſtier eſt; & leur baillons charge eſpéciale de par Nous & à la deſcharge de noſtre conſcience, de ceſte préſente noſtre Ordonnance faire entretenir & garder ſans diſſimulation ou infraction aucune.

(121) *Item.* Voulons & ordonnons que noz Procureurs & Advocatz voyent & viſitent les accords qui ſeront apportez pour paſſer à noz Courts, tant à noſtre Court de Parlement, que de noz Baillifz, Séneſchaux & autres, & les paſſent & conſentent franchement, ou les débatent, s'ilz voyent que faire ſe doyve, ſans aucune choſe en prendre des parties ne d'aucune d'icelles.

(122) *Item.* Voulons & ordonnons que les procez qui pourront eſtre expédiez & jugez par droict & par fin de non-recevoir, ſoyent expédiez & jugez par tous les Juges de noſtre royaume, tant en noſtre Court de Parlement, que par noz Séneſchaux, Baillifz & autres noz Juges de noſtre royaume, par droict & par les fins de non-recevoir dont il apperra promptement, ſans appoincter icelles parties en faictz contraires en iceluy procez.

(123) *Item.* Que Nous avons entendu que pluſieurs Juges de noſtre royaume, tant noſtres qu'autres, donnent & font leurs jugemens & ſentences ſi obſcurs & douteux, qu'à peine les peult-on entendre, & jugent par expérience, ſans avoir regard expreſſément aux choſes alléguées & prouvées par les parties: parquoy ſur l'interprétation & exécution d'icelles ſentences & jugemens, les parties ſont conſtituées en auſſi grand procez comme paravant, en grands frais & deſpens, & en ſont les parties ſouventesfoys moult endommagées. Nous, voulans pourveoir à telles choſes, ordonnons & décernons que tous les Juges de noſtre royaume, tant ceux de noſtre Court de Parlement, que noz Baillifz, Séneſchaux & autres noz Juges de noſtre royaume, jugeans certainement & ſelon les choſes alléguées & prouvées par-devant eux par les parties, donnent & profèrent doreſenavant leurs jugemens, arreſtz & ſentences certaines & claires; & enjoignons & commandons à tous les Juges de noſtre royaume, tant à ceux de noſtre Court de Parlement, qu'autres, qu'ainſi le facent ſur leur honneur, & ſur peine d'en eſtre reprins par Nous & noz Juges.

(124) *Item.* Et que ſouventesfoys advient que, quand aucune partie a obtenu arreſt de noſtredicte Court contre ſa partie adverſe, pour ſouler & charger ſadicte partie de fraiz & deſpens, pour exécuter iceluy arreſt il prend un des Conſeillers de noſtredicte Court de Parlement. Nous, voulans relever noz ſubjectz des fraiz & deſpens ſuperfluz, ordonnons & décernons que les arreſtz de noſtredicte Court, & auſſi les ſentences des Juges de noſtre royaume, tant noſtres qu'autres, ſoyent doreſenavant exécutées par les Huiſſiers de noſtre Court de Parlement, ou noz Sergens, & aux moindres fraiz & deſpens que faire ſe pourra; & prohibons & défendons que pour exécuter leſdiz arreſtz & ſentences, les parties ne prennent aucun des Conſeillers de noſtre Court de Parlement, n'autres Juges; & s'ilz le faiſoyent, les parties condemnées ne ſoyent tenues de payer plus grandz fraiz & deſpens pour ladicte exécution, qu'un Sergent ou Huiſſier de noſtredicte Cour devroit avoir: ſinon toutesfoys qu'en l'arreſt ou ſentence euſt aucune choſe à exécuter, qui requiſt cognoiſſance de cauſe, auquel cas les parties pourront prendre aucuns de noz Conſeillers ou aucun Juge, pour exécuter l'arreſt ou ſentence; & enjoignons à noſdictz Conſeillers de noſtredicte Court de Parlement, & à tous noz autres Juges, que pour leur honneur ilz s'abſtiennent de prendre les exécutions de telz arreſtz & ſentences où il ne chet aucune cognoiſſance de cauſe.

(125) *Item.* Et que les parties en jugement, tant en noſtre Court de Parlement, que par-devant les autres Juges de noſtre royaume, tant noſtres qu'autres, propoſent & allèguent pluſieurs uſages, ſtiles & couſtumes, qui ſont

font divers felon la diverfité des pays de noftre royaume, & les leur convient prouver, par quoy les procez font fouventesfoys moult allongez, & les parties conftituées en grands fraiz & defpens; & que fi les couftumes, ufages & ftiles des pays de noftredit royaume, eftoient rédigez par efcrit, les procez en feroient de trop plus briefz, & les parties foublfevées de defpenfes & mifes, & auffi les Juges en jugeroyent mieux & plus certainement: (car fouventesfoys advient que les parties prennent couftumes contraires en un mefme pays, & aucunesfoys les couftumes muent & varient à leur appétit, dont grandz dommages & inconvéniens adviennent à noz fubjectz.) Nous voulans abréger les procez & litiges d'entre noz fubjectz & les relever de mifes & defpens, & mettre certaineté ès jugemens tant que faire fe pourra, & ofter toutes matières de variations & contrariétez, ordonnons, décernons, déclairons & ftatuons que les couftumes, ufages & ftiles de tous les pays de noftre royaume, foyent rédigez & mis en efcrit, accordez par les couftumiers, praticiens & gens de chafcun defdiz pays de noftre royaume, lefquelz couftumes, ufages & ftiles ainfi accordez feront mis & efcritz en livres, lefquelz feront apportez par-devers Nous, pour les faire veoir & vifiter par les Gens de noftre Grand Confeil, ou de noftre Court de Parlement, & par Nous les décréter & confermer; & iceux ufages, couftumes & ftiles ainfi décrétez & confermez, feront obfervez & gardez ès pays dont ilz feront, & ainfi en noftre Court de Parlement ès caufes & procez d'iceux pays; & jugeront les Juges de noftredict royaume, tant en noftre Court de Parlement, que noz Baillifz, Sénefchaux & autres Juges, felon iceux ufages, couftumes & ftiles, ès pays dont ilz feront, fans en faire autre preuve que ce qui fera efcript audit livre; & lefquelles couftumes, ftiles & ufages, ainfi efcritz, accordez & confermez, comme dict eft, voulons eftre gardez & obfervez en jugement & dehors. Toutesfoys Nous n'entendons aucunement déroguer au ftile de noftre Court de Parlement; & prohibons & défendons à tous les Advocatz de noftredict royaume, qu'ilz n'allèguent ne propofent autres couftumes, ufages & ftiles, que ceux qui feront efcriptz, accordez & décrétez comme dict eft; & enjoignons aufdictz Juges qu'ilz puniffent & corrigent ceux qui feront le contraire, & qu'ilz n'oyent, ne reçoyvent aucunes perfonnes à alléguer, propofer, ne dire le contraire.

Si donnons en mandement à noz amez & féaux Confeillers les Gens tenans noftre préfent Parlement, & qui tiendront ceux advenir, au *Prévoft* de *Paris*, & à tous les autres Jufticiers de noftre royaume, & à leurs Lieutenans, & chafcun d'eux, fi comme à luy appartiendra, que noz préfentes loix & ordonnances cy-deffus efcrites, ilz tiennent, obfervent & gardent, facent tenir, obferver & garder par-tout, en jugement & dehors, fans enfreindre. Et afin que ce foit chofe ferme & ftable, Nous avons ci faict mettre noftre féel.

Donné aux Montilz-lez-Tours, au mois d'Avril, l'an de grace mil CCCC LIII, avant Pafques, & de noftre regne le trente-deuxiefme. Par le Roy en fon Confeil, auquel les comtes d'Eu & de Clermont, le Conneftable, le comte de Foix, Vous*, les archevefques de Tours & de Narbonne, les évefques d'Angoulefme, de Maillezetz, de Paris, de Couftance, de Chaalons, le comte de Dunois, le marefchal de Loheac, l'Admiral, les Sires de Torcy, de la Tour, de la Varenne, de Vauvert, du Monteil, & de Montforeau, Maiftre Yves de Sepeaux, Robert Thibouft, & Helie de Thorrectes, Prefidens, Maiftre Jehan Barbin, Jehan Simon, & plufieurs autres eftiez. Ainfi Signé THOREAU.

*Le Chancelier de France.

Immédiatement après ces Lettres, on lit l'article fuivant, qui y fut ajouté quelques jours après.

Item. Et pour ce que depuis noz Ordonnances cy-deffus efcriptes, par Nous faictes & décrétées, Nous avons eu grandes plaintes de noz fubjectz de

Charles
VII,
aux Montils-
lez-Tours,
en Avril 1453,
avant Pâques,
& en Avril
1454,
après Pâques.

noſtre pays de *Normandie,* ſur ce qu'ils diſoyent que pluſieurs troubles & empeſchemens leur eſtoyent donnez ès abolitions, conceſſions & octroys, dons d'offices & bénéfices par Nous faictz en la réduction & conqueſte de noſtredict pays de *Normandie,* & des citez, villes, chaſteaux, & fortereſſes d'iceluy noſtre pays; parquoy Nous voulans noſdictz dons, conceſſions, octroys & abolitions, eſtre gardez & obſervez, & oſtez toutes matières de litiges & procez ſur ce, avons par délibération d'aucuns ſeigneurs de noſtre ſang, & pluſieurs prélatz, Archeveſques & Éveſques, & des Gens de noſtre Grand Conſeil, & d'aucuns des Préſidens de noſtre Court de Parlement, ordonné, décerné & déclairé; & par la teneur de ces préſentes ordonnons, décernons & déclairons par ces préſentes, que les abolitions, conceſſions & octrois par Nous faictz en la réduction & conqueſte des citez, villes, chaſteaux & fortereſſes de noſdictz pays & *Ducht* de *Normandie,* & chacune d'icelles ſoyent tenuz, gardez & obſervez par tout noſtre royaume, en jugement & dehors, ſans enfreindre; & prohibons & défendons à tous, qu'aucun n'impugne ou débatte, contredie, n'empeſche noſdictes abolitions, conceſſions & octroys, ne aucuns d'iceux, en quelque maniere que ce ſoit. Et afin qu'aucun ne puiſſe prétendre cauſe d'ignorance, Nous voulons & ordonnons que leſdictz abolitions & octrois faictz, donnez & octroyez par Nous aux citez, villes, chaſteaux & fortereſſes en la réduction d'icelles & chacunes d'elles, ſoyent publiées, leues & enregiſtrées en noſtre Court de Parlement, & en l'Eſchiquier de *Normandie.* Si mandons & commandons à noz amez & féaulx Conſeillers les Gens tenans noſtre préſent Parlement, & qui tiendront ceux advenir, & aux Gens qui tiendront noſtre Eſchiquier de noſtre pays de *Normandie,* & à tous noz autres Juſticiers de noſtre royaume, & à chaſcun d'eux comme à lui appartiendra, qu'ilz tiennent, gardent & obſervent, & facent tenir, garder & obſerver en jugement & dehors, noſdictz abolitions, conceſſions & octroys, ſans enfraindre. En teſmoing de ce, donné & ſéellé comme deſſus, & au lieu devantdict, au mois d'Avril *(b)* après Paſques, l'an de grace mil quatre cens cinquante-quatre, & de noſtre regne le trente-deuxieſme. *Par le Roy en ſon Conſeil, auquel le* comte *de* Foix, *Vous*, les* archeveſques *de* Tours *&* Narbonne, *les* éveſques *d'Angou-leſme, de* Maillezez *& de* Conſtance, *le maréchal de* Loheac, *l'Admiral, les Sires de* Torcy, *de la* Tour, *de la* Varenne, *de* Vauvert, *& du* Monteil; *Maiſtre* Yves *de* Sepeaulx *&* Robert Thibouſt, *Préſidens, Maiſtre* Jean Barbin *&* Jean Simon, *& pluſieurs autres eſtiez.*

Lecta, publicata & regiſtrata, Pariſiis, in Parlamento, die decimâ ſeptimâ Junii, anno Domini milleſimo quadringenteſimo quinquageſimo quarto.

NOTE.

(b) Cet article fut ajouté aux Lettres qui précèdent, dans le même mois d'Avril, où elles furent ſignées; mais l'année avoit changé, parce que Pâques tomboit dans le mois d'Avril.

CHARLES
VII,
aux Montils-
lez Tours
le 25 Avril
1454.

(a) Lettres de Charles VII, par lesquelles il interprète & modifie celles du 27 Mai 1450, sur les dispositions par lui faites des Offices du pays de Normandie.

CHARLES, par la grace de Dieu, roy de France, à tous ceulx qui ces présentes Lettres verront: salut. Comme après l'expulsion de noz anciens ennemis les *Anglois*, & réduction de nostre pays de *Normandie*, par la grace de Nostre Seigneur, faiz par Nous, Nous eussions, sur la disposition des offices de nostredict païs de *Normandie*, fait nostre édict & ordonnance dont la teneur s'ensuit.

CHARLES, par la grace de Dieu, &c. *(b)*

Sur l'interprétation desquelles noz ordonnances & édict, plusieurs débatz, procez & litiges sont sours entre noz subjectz de nostredit païs de *Normandie*, tant pour causes des bénéfices, que aussi de noz offices, savoir faisons que Nous voulans & desirans forclurre & oster toutes voies de procez & litiges d'entre noz subjectz, avons déclairé & interpreté, & par la teneur de ces présentes, déclairons & interprétons nosdictes ordonnances & édit, en la maniere qui s'ensuit.

C'est assavoir que Nous voulons & ordonnons que bons & loiaux subjectz, qui paravant la descente de nosdiz anciens ennemis les *Anglois* en nostredict païs de *Normandie*, tenoient & possidoient noz offices en icelui nostre païs, par le don de nostre très-chier seigneur & père que Dieu abseule, & pour acquiter & garder leur loyauté envers Nous, ont laissé & abandonné le païs & leurs heritaiges qu'ilz avoient en iceluy, & après le décès de nostredict feu pere, ont eu & obtenu de Nous don ou confirmacion d'iceulx offices, demeurans en iceulx offices, les tiengnent & possident & en jouissent paisiblement, & tout ainsi qu'ils faisoient paravant l'occupation par nosdiz ennemis de nostredit païs de *Normandie*. Et oultre voulons & ordonnons que tous dons par Nous faiz de noz offices de nostredit païs de *Normandie*, & dont les principaux villes & siéges d'iceux offices n'estoient réduiz en nostre obéissance, soient & demeurent à ceulx à qui après la réduction desdictes villes & principaulx siéges, ilz ont esté de par Nous donnez; & voulons qu'ilz tiengnent, possident & exercent iceulx offices, & en jouissent paisiblement, nonobstant quelconques dons faiz paravant à autres quelzconques; & voulons & ordonnons nosdictes ordonnances & édit, avecques la modification & déclaration dessusdicte, estre tenues & gardées en jugement & dehors, sans enfraindre; & toutes choses qui ont esté ou seroient faictes au contraire, tant par sentence que autrement, estre réparées, & icelles avons adnullées & adnullons par ces mesmes présentes, ausquelles, en tesmoing de ce, avons fait mettre nostre séel. *Donné aux* Montilz-lès-Tours, *le vingt-cinquième jour de Avril, l'an de grace mil* CCCC *cinquante & quatre, & de nostre regne le* XXXII.*' Sic signatum. Par le Roy en son Conseil.*
G. TOREAU.

Lecta, publicata & registrata Parisius, *in Parlamento, die* XVIII *Julii* M.' CCCC.' LIIII.'°
Collacio facta est cum originali.

NOTES.

(a) Registre du Parlement, intitulé : *Ordinationes Barbinæ*, coté *D, fol.* 149, *r.*' —Trésor des Chartes, registre IX.** 11 [182] pièce 126. — *MSS. de Colbert*, vol. LIV, page 193.
(b) Ces Lettres sont imprimées ci-devant, page 90.

(a) Lettres de Charles VII, par leſquelles il confirme les exemptions accordées à l'abbaye de la Sainte - Trinité près Rouen *(b)*.

KAROLUS, &c. Notum facimus univerſis tam preſentibus quàm futuris, nos vidiſſe Litteras formam que ſequitur continentes.

CHARLES, &c. *(c)*]

Nos autem hujuſmodi Litteras, ac omnia & ſingula in eiſdem contenta, rata & grata habentes, ea prout & quemadmodùm prædicti abbas & conventus vel monachi eccleſie ſive monaſterii, rite, juſtè & debitè uſi ſunt, volumus, laudamus, ratificamus & approbamus, & de ſpeciali gracia, certâ ſcienciâ, noſtrâque autoritate regiâ, tenore preſentium confirmamus. Quod ut firmum & ſtabile perpetuò perſeveret, ſigillum noſtrum preſentibus Litteris duximus apponendum; ſalvo in aliis jure noſtro, & in omnibus quolibet alieno. Datum apud Carroſium in Bituriâ, menſe Aprilis, anno Domini milleſimo quadringenteſimo quinquageſimo quarto, & regni noſtri triceſimo tercio. Sic ſignatum: Per Regem in ſuo Conſilio. DE CAIGNEUX. Viſa. Contentor. CHALIGAUT.

NOTES.

(a) Tréſor des Chartes, regiſtre IX^{xx}XI [191], pièce 82. — *MSS.* de *Colbert*, volume LV, page 345.

(b) Ce monaſtère eſt celui de la *Trinité*, ſur la montagne *Sainte-Catherine* près Rouen, *Gall. Chriſt.* 2.ᵉ *édit.* tome II, page *124*. Il ne ſubſiſte plus; la manſe abbatiale fut réunie à la Chartreuſe de Gaillon en 1597, & les moines furent transférés, en

1600, dans le couvent de *Saint-Julien*, alors inhabité, ſur le Mont - aux - malades, de l'autre côté de la même ville. Voyez l'Hiſtoire de l'abbaye de la *Trinité*, par le P. *Pommeraye*.

(c) CHARLES, &c.] Ces Letttes de Charles V, du 6 Août 1369, ſont imprimées à la page 216 du V.ᵉ volume de ce Recueil.

(a) Lettres de Charles VII, par leſquelles il vidime celles de Charles V, qui confirment les priviléges que Robert duc de Normandie avoit accordés à l'abbaye de la Sainte - Trinité près Rouen.

KAROLUS, Dei gratiâ Francorum rex, notum facimus univerſis tam preſentibus quàm futuris, Nos vidiſſe Litteras formam que ſequitur continentes.

KAROLUS, Dei gratiâ Francorum rex, notum facimus univerſis tam preſentibus quàm futuris Nos vidiſſe Litteras formam que ſequitur continentes.

IN nomine ſancte & individue Trinitatis: Robertus, divinâ ordinante Providenciâ, Normanorum dux & rector. Si fidelium noſtrorum petitionibus Nos prebemus exorabiles, maximè in hiis quibus ecclesie Chriſti & loca Sanctorum indigent noſtri regiminis*

* In quibus.

NOTES.

(a) Tréſor des Chartes, regiſtre IX^{xx}XI [191], pièce 25. — *MSS.* de *Colbert*, volume LV, page 339. — Ces Lettres ſont auſſi imprimées à la page 412 du livre intitulé: *Neuſtria pia*, avec beaucoup de variantes que nous mettons ici à la marge.

funicciône juvari, & illorum *animos in noſtrâ fidelitate ſolidamus, & quod majus
eſt, Deo nos graciores, & in principatu noſtro perdurabiles fore confidimus. Quidquid
enim in uſus neceſſarios eccleſiis Chriſti, & cultibus divinis b dependimus, videlicet aut
donativa conferendo, aut donata principalibus edictis confirmando, confirmatâ ſollicitè
regendo, ad animarum non ſolùm remedium, ſed & temporalis regni c ſtatutum &
patrie ſalutem proficere credimus. Proindè notum eſſe cunctis regni noſtri fidelibus
tam preſentibus quàm futuris volumus, qualiter ad ſuggeſtum quorumdam fidelium
noſtrorum, d Socelini videlicet e vicecomitis & Emmeline uxoris ejus, locum noſtre
ſerenitatis dono conceſſum haud procul ab urbe Rothomag. vicino monte, ſuper
fluvium Sequane, in quo ipſi, ex proprio ſenſu, in honorem f ſancte & individue
Trinitatis, necnon glorioſe genitricis Dei & Virginis Marie, omniumque ſimul
Sanctorum, eccleſiam fundaverunt ; hunc g immunem juris noſtri judiciarii exactione
reddentes, & h eccleſiaſticis uſibus mancipantes in perpetuum concedimus; de
proventu quoque laborum ſuorum, id eſt, de terris, vineis, paſcuis, aut de rebus
donatis aut coemptis, ſi qua ex hiis pro victu & veſtitu ſervorum Dei, aut inſtaura-
cione edificiorum, aut rerum neceſſariarum vendere racio i an neceſſitas compulerit:
quidquid ex hâc vendicione ad noſtrum jus pertinet, cum omni quietudine illis habere
concedimus; ſed & res quas memorati fideles, ex rebus hereditariis ſuis, & ex
noſtrâ ceſſione, in uſum monachorum ibi famulancium ad eundem locum ſtipendiarias
deputaverant: id eſt, in pago k Jalou, villam unam, que ab incolis dicitur l Kencham;
in eodem pago Villare cum tribus molendinis & m unâ eccleſiâ, cum omnibus
videlicet que ad n ipſam videntur appendicia. In ipſo itaque pago, predium ad
villam o Caldecote pertinens, cum omnibus appendiciis ſuis, id eſt, ſalinis, terrâ
p in humectis maritimis & in campis & q in ſylvis. Eccleſiam quoque de r Apenillâ
cum decimâ; necnon & decimam molendini; in s Paſſini quoque eccleſiam unam ſuprâ
mare poſitam, & t unum phiſgardum in u Diepâ, & dies dominicos piſcarie de Archas,
eccleſiamque de Mucident; ville eciam que dicitur x Totes, partem illam que ad
Goſtellinum pertinebat. In pago denique Rothomagenſis y Ancelini villam cum
eccleſiâ & molendino, juxta murum ipſius urbis ſupra fluviolum z Rodobech,
molendinum unum, a ſed & inſulam ſuper alveum Sequane quam nominant b Torhu-
linum, alioquidem vocabulo Oiſolum; in pago Liſiatenſi medietatem Brandeville,
& dimidiam eccleſiam. In pago Conſtancienſi Ernaldi manſionalem, in pago
Ebroicenſi duas eccleſias, ſcilicet de c Gravigneo cum totâ decimâ, d & de Ubeſt,
& in Ubeſt duas manſiones, e & Nomentum cum omnibus appendiciis ſuis, id eſt,
cum medietate f Drincourt & medietate g Allaniſ, h & curiis viculo Norberti,
eccleſiis, molendinis, aquis, pratis, paſcuis, ceteriſque ad eum pertinentibus; &
totam terram Corbuzonis cum omnibus appendiciis ſuis, & quodcumque poſſidebant
in valle i Watenenſi, ſcilicet vineas ſuas & coempcionem omnium vinearum quas
tenebant de quodam homine, nomine k Gamh; in territorio Vernonenſi, in Longâ-
villâ, decem l arpentos vinee; in ſuburbio Rothomagenſi, eccleſiam Sancti-Eligii;
& in pago Liſiacenſi m Martimvillam, cum omnibus appendiciis ſuis. Que ego dedi
in uſum monachorum Deo n ibi famulancium, preſentibus fidelibus noſtris, domino
videlicet o archipreſule cunniculo noſtro, necnon & comite Giſſeberto, & ceteris
quos non eſt preſentis negocii exponere. Sed ne p quis contra hunc inſcripcionis
titulum, contradiccionis temerarie ſignum exigat, noſtre authoritatis privilegio
firmamus. q Rodberti marchiſi, Roberti archiepiſcopi, Goſcelini vicecomitis,
qui hunc locum conſtruxit & donativis ampliavit. Actum Rothomagenſi urbe,
anno Dominice Incarnationis milleſimo triceſimo, indiccione terciâ decimâ,
Roberto rege Francorum, Roberto verò Ricardi filio Normanorum regnum
moderante.

a animas.
b expendimus.
c ſtatum.
d Goſcelini.
e Comitis.

f & veneracionem.

g hunc l. cum.
h eccleſiaſtibus.

i aut.

k Talou.
l de Cauchan.
m unam eccleſiam
n illam.
o Cadetote.
p in dumetis
meritis miſ.
q in aliis.
r Appovilla.
s paſtura.
t unum parvum
gardinum.
u Deppa. x Toſtes.
y Antelini.
z Rodebecum.
a Juxta inſulam.
b Lorthulmin alio
quidem Oyſſelum.
c Granignero.
d & Delboſt &
Molboſt duas.
e Noveientum.
f Dricour.
g Allauiri.
h cum viculo.

i Vattenenti.

k Galtherio.
l arpentes.

m Martinvillam.
n inibi.

o Archipreſule
Roberto, avunculo
meo, necnon
p quid.
q S. Roberti.

Nos autem hujuſmodi Litteras ac omnia & ſingula in eiſdem contenta rata &
grata habentes, r ea quatenùs ipſi abbas & conventus vel monachi eccleſie ſive
monaſterii predicti uſi ſunt, volumus, laudamus, ratificamus, approbamus & de

CHARLES
VII,
à Charoſt
en Berri,
en Avril 1454.
* Novembris.

ſpeciali graciâ, ex certâ ſcienciâ, authoritateque regiâ noſtrâ tenore preſentium confirmamus. Quod ut firmum & ſtabile perpetuò perſeveret, ſigillum noſtrum preſentibus Litteris duximus apponendum; ſalvo in aliis jure noſtro & in omnibus quolibet alieno. Datum Pariſius, *anno Domini milleſimo trecenteſimo ſexageſimo quarto, menſe * Novembris. Sic ſignatum: Per Regem.* COURNEUR.

Nos autem hujuſmodi Litteras, ac omnia & ſingula in eiſdem contenta, rata & grata habentes, ea prout & quemadmodùm prædicti abbas & conventus vel monachi eccleſie ſive monaſterii ritè, juſtè & debitè uſi ſunt, volumus, laudamus, ratificamus, approbamus, & de ſpeciali graciâ, ex certâ ſcienciâ, noſtrâque authoritate regiâ, tenore preſencium confirmamus. Quod ut firmum & ſtabile perpetuò perſeveret, ſigillum noſtrum preſentibus Litteris duximus apponendum; ſalvo in aliis jure noſtro, & in omnibus quolibet alieno. Datum apud Carroſium in Bitturiâ, *menſe Aprilis, anno Domini milleſimo quadringenteſimo quinquageſimo quarto, & regni noſtri triceſimo tertio. Sic ſignatum: Per Regem in ſuo Conſilio.* T. DE CAIGNEUX.

Viſa. Contentor. CHALIGAUT.

CHARLES
VII,
aux Montils-
lez-Tours,
le 2 Mai 1454.

(a) Lettres de Charles VII, touchant la halle aux Merciers ou baſſes Merceries.

CHARLES, par la grace de Dieu, roy de France, à tous ceulx qui ces préſentes Lettres verront : ſalut. Receu avons l'umble ſupplicacion des collecteurs, propriétaires ou détenteurs de la halle aux baſſes merceries, eſtans en noſtre ville de *Paris,* & des appentiz & appendances d'icelle, contenant que dès l'an mil (b).. par feu de bonne mémoire *Louis* roy de France, noſtre prédéceſſeur, que Dieu abſoille, fut fait certain bail à aucuns des bourgois, lors manans & habitans de noſtre ville de *Paris,* d'une place & des appentiz d'icelle, appellée la halle aux Merciers, ou merceries baſſes, aſſiſe en ladicte ville de *Paris,* entre les halles à draps, l'une appellée la halle de *Paris,* & l'autre, la halle de *Beauvais,* aboutiſſant par l'un des boutz à la rüe de la Tonnellerie, & par l'autre bout à une allée ſur laquelle eſt la halle nommée *Champeaux,* pour le prix & ſomme de ſoixante-quinze livres pariſis de rente, que les Merciers & Corroyers de noſtredicte ville de *Paris,* & autres leurs miniſtres en eſtoient tenuz payer à noſtre Receveur ordinaire de *Paris,* aux quatre termes à *Paris* acouſtumez; certain temps après lequel bail, leſdiz Merciers, Couroiers & leurſdiz miniſtres, lors voyans que le temps eſtoit bon & en grande proſpérité, que marchandiſe avoit ſon plain cours, & que les marchans, par eſpécial les Pelletiers de *Paris* & autres, aloient & eſtoient tenus par ledit bail aler au jour acouſtumé en ladite halle & non ailleurs, parquoi les eſtaulx eſtans en icelle, qui ſont en nombre cinquante-quatre ou enuiron, eſtoient grandement louez & requis, & ſe louoit chaſcun eſtal, quatre livres pariſis ou plus ; ſe tirerent devers noſtredit prédéceſſeur, duquel ils reprindrent de nouvel ladicte halle, à la ſomme de ſept vins dix livres pariſis de rente, laquelle iceulx collecteurs ont touſjours depuis paiée du leur propre, au moins une partie du temps, à noz prédéceſſeurs & à Nous, ou aux Receveurs ordinaires de noſtredicte ville de

NOTES.

(a) Regiſtre du Parlement, intitulé : *Ordinationes Barbinæ,* coté D, fol. 200, r.° — Tréſor des Chartes, regiſtre IX.ᵡᵡII [182], pièce 106. — *MSS.* de *Colbert,* volume LIV, page 136.

(b) Il y a en cet endroit, dans le Regiſtre du Parlement & dans celui du Tréſor des Chartes, un eſpace vide qui paroît contenir neuf ou dix mots.

Paris, jufqu'à environ treize ou quatorze ans a, qu'ils ne l'ont peu continuér, à l'occafion, tant de l'accident & fait de la guerre, qui eft tout notoire, & pour caufe duquel noftredicte ville de *Paris* s'eft depuis fort dépopulée, & font lefdictes baffes merceries demourées comme inhabitées, & de fi petite valeur, que la revenue d'icelle n'a peu fournir de trop à ladicte charge; comme auffi à caufe de ce que lefdiz fupplians ont fraié & defpendu grans fommes de deniers à fouftenir ladicte halle, & combien que lefdiz fupplians n'aient peu bonnement continuer ledit paiement, pour les caufes deffus touchées, toutes-voyes ledit Receveur de *Paris* les a contrains, & s'efforce contraindre à Nous paier par chafcun an ladicte rente de vii^{xx}x livres, & auffi à eftire par chafcun an collecteurs pour Nous paier ladicte rente, tout ainfi comme fe la chofe feuft en valeur, & que marchandife euft fon plain cours comme elle avoit au temps de ladite reprinfe; à l'occafion defquelles chofes, lefdiz fupplians ont efté & font moult travaillez, dommaigez & intéreffez, parce que noftredit Receveur veult maintenir que, par le moien dudit bail, les maifons & héritaiges defdiz fupplians, & leurs fucceffeurs & ayans caufe, tant de leur propre comme ceulx à eulx efcheux par la fucceffion de leurs prédéceffeurs, & auffi leurs autres héritaiges depuis acquis, eftre obligez & ypothéquez aufdictes baffes merceries; & à cefte caufe, plufieurs defdiz héritaiges, maifons, rentes & revenues font venuz & cheuz en ruyne, friche & défolacion, chéent & fondent chafcun jour, pour ce que aucun n'en veult aucune chofe avoir ne tenir, pour doubte de ladicte contraincte, & que le plus fouvent a convenu que ceulx qui eftoient efleus collecteurs paiaffent de leurs propres deniers ladicte rente, & fe l'un defdiz collecteurs n'avoit dequoy, il convenoit que les autres paiaffent pour lui, & eftoient contrains par prinfe, vendue & explectation de leurs biens, emprifonnement & détention de leurs perfonnes; & à celle mefme caufe fe font délaiffez & délaiffent à faire plufieurs mariages pour-parler entre amis, quant eft venu ou vient à cognoiffance que aucune defdictes parties eft obligée à ce que dit eft, & s'en font enfuis & enfuivent autres grans inconvéniens, noifes & procès. Et pour ce que ce eftoit à la deftruction totale defdiz fupplians & de leurs hoirs, fucceffeurs & ayans caufe, ilz, dès le mois d'Aouft mil cccc quarante-cinq, fe trairent par-devers Nous & les Gens de noftre Confeil, Nous eftans en noftre ville de *Chaalons;* & narration faicte des chofes deffufdictes & autres, Nous firent requérir, qu'il Nous pleût reprendre ladicte halle, qui dès-lors eftoit en bon & compétant eftat, comme ilz difoient, & tenir quictes lefdiz fupplians des arréraiges deuz, à caufe defdiz vii^{xx}x livres parifis de rente, deuz de tout le temps paffé jufques alors, offrant de Nous récompenfer & defdommaiger, & Nous bailler & affeoir bien & conve-nablement pour chafcun de ceulx qui eftoient à ce tenuz, faifant en nombre cinquante-quatre teftes, vint folz parifis de rente, ou pour iceulx vint folz parifis, douze livres parifis pour une fois à leur choix & élection, qui vaul-droient cinquante-quatre livres parifis de rente, ou la fomme de fix cens foixante livres pour une fois, parmy ce que celui ou ceulx qui affigneroient lefdiz xx fols parifis de rente, ou paieroient lefdictes douze livres pour une foiz, pour chacune defdictes teftes, dont ilz feroient tenus, en ce cas demoureroient quictes & defchargés eulx & leurs hoirs, fucceffeurs & ayans caufe, de leur obligacion & ypothéque de la prinfe par eulx ou leurs prédéceffeurs faicte defdictes baffes merceries, requérans que fur ce leur voulfiffions impartir noftre grace. Pour lefquelles caufes, & auffi pour ce qu'ilz Nous remonftrèrent que eftions, comme encores fommes, propriétaires & détenteurs de plufieurs maifons, rentes & héri-taiges, à Nous venuz & efcheux par aubenaige, confifcation, & autrement, d'aucun qui ès temps paffez eftoient fubgects à ladicte rente, & par efpécial de l'oftel neuf féant à *Paris*, en la grande rue *Saint-Anthoine*, anciennement appellé le *Pont-Perrin*, que encores tenons, & pour lequel n'eft rabatu aucune chofe

CHARLES
VII,
aux Montils-
lez-Tours,
le 2 Mai 1454.

aufdiz fupplians, lefquelz & leurs prédéceffeurs ont paié à caufe dudit bail, tant à nofdiz prédéceffeurs que à Nous, grans fommes de deniers, fans les grans fraiz par eulx faiz aux caufes que deffus, leur furent par Nous, & par l'advis & délibération defdictes Gens de noftre Confeil, octroyées certaines noz autres Lettres, adreffans à noz amez & féaulx Gens de noz Comptes & Tréforiers, pour eulx informer de & fur les chofes deffufdictes, & mefmement quel proufit ou dommaige aurions à reprendre ladicte halle en la manière deffufdicte, ou la délaiffier ou point qu'elle eftoit, & auffi fe par aucun traictié ou parlamentez avec lefdiz fupplians, ilz vouldroient tendre à autre appoinctement plus prouffitable pour Nous; par lefquelles noz Lettres leur fut, entre autres chofes, mandé que ladicte information faicte, enfemble tout ce qui feroit trouvé en ladicte matière, ilz envoyaffent, avec leur advis fur ce, par-devers Nous, pour pourveoir au furplus aufdiz fupplians fur ce, ainfi que verrions eftre à faire; par vertu defquelles noz Lettres, & en obtempérant à icelles, par lefdictes Gens de noz Comptes & Tréforiers, fut procédé à faire ladicte information ainfi & en la forme & manière que par icelles noz Lettres mandé & commis leur eftoit. Mais depuis icelle faicte par eulx ou par leurs commis, & rapportée par-devant iceulx, noftre Procureur en noftre Tréfor fe trahy par-devers Nous, & par ce qu'il Nous remonftra aucunes chofes touchant le fait & matière deffufdictes, autres que lefdiz fupplians n'avoient expofé par leur donné entendre, foubz umbre duquel ilz avoient obtenu nofdictes Lettres de commiffion, & mefmement expofa & déduifit noftredit Procureur, le démené de certain procès, qui avoit efté longtemps meu & pendant entre noz Officiers d'une part, & les fubjectz auxdictes baffes merceries d'autre part, par la fin duquel procès & fentence ou fentences enfuyes, il difoit iceulx eftre demourés debteurs envers

* Deux. Tréfor
des Chartes.

Nous, en grans arréraiges, montans à plus de *trois mille francs, pour defquelz demourer quictes & Nous en fruftrer par moyens exquis, & auffi de partie de ladicte rente, ilz Nous avoient donné beaucoup de chofes à entendre, contre vérité; & obtint noftredict Procureur, certaines noz Lettres, par lefquelles, entre autres chofes, fut mandé aufdictes Gens de noz Comptes & Tréforiers, que fe, appellez ceulx qui feroient à appeller, il leur apparoiffoit lefdictes baffes merceries avoir efté, ès temps paffez, prinfes de noz prédéceffeurs ou de Nous, à la charge des rentes deffus déclairées, auffi defdictes fentences fur ce données & enfuies, ilz, oudit cas, contraigniffent ou feiffent contraindre réaument & de fait tous & chafcun les obligez & fubjectz aufdictes baffes merceries, à icelles rentes payer & continuer à noftredit Receveur ordinaire de Paris, felon la forme & teneur defdictes prinfes & auffi defdictes fentences, & femblablement tous & chafcuns les arréraiges qui en eftoient ou povoient eftre raifonnablement deuz du temps paffé jufques au temps de l'octroi de nofdictes premières Lettres de commiffion, & nonobftans icelles, & oppofitions ou appellations quelzconques, & lefquelles noz Lettres de commiffion, par icelles noz fecondes Lettres, eftoient par Nous caffées, adnullées & mifes du tout au néant, ainfy que ces chofes & autres font en icelles noz Lettres données

b Nous n'avons
point trouvé les
Lettres citées ici.

à Moulins b, le premier jour de Décembre, l'an mil cccc cinquante-deux, plus à plein contenues & déclairées. Depuis lefquelles chofes ainfy advenues, comme dit eft deffus, lefdiz fupplians, pour plus véritablement Nous informer de leurdit donné à entendre, Nous aient naguerre fait préfenter lefdictes informations, par lefdictes Gens de noz Comptes ou de par eux faictes, ainfi que dit eft, par vertu de nofdictes premieres Lettres de commiffion fur les chofes devantdictes, & par iceulx Gens de noz Comptes à Nous renvoyées avec leur advis, enfemble clofes & féellées; & en oultre, Nous aient iceulx fupplians de rechief fait remonftrer la grant diminution des rentes & héritaiges, des habitans de noftredicte ville de Paris, auffi que plufieurs defdiz collecteurs & détenteurs defdictes baffes merceries font trefpaffez fans hoirs de leurs

corps

corps, femblablement plufieurs d'eulx abfentez, ou au moins ne s'en veulent porter héritiers ou propriétaires, & pour ce deviennent lefdiz héritaiges vuides, inhabitez & ruyneux, & ne fe y ofe bouter perfonne, pour doubte des ypothèques & rigoureufes contrainctes qui chafcun jour en eftoient faictes : Pour lefquelles caufes, & autres deffus plus à plain déclairées, lefdiz fupplians & leurs hoirs, fuccefleurs & ayans caufe, pourroient eftre, ores ou pour le temps à venir, trop grandement vexez, dommaigez & comme totalement deftruiz, fe par Nous ne leur eftoit & eft fur ce pourveu de noftre grace & convenable remède, en Nous humblement requérant que, attendu ce que dit eft, & que fommes en partie détenteurs d'aucuns des héritaiges fubjectz aux-dictes baffes merceries, comme dit eft, il Nous pleuft, à toutes ces chofes, & auffi au contenu aufdites informations, avoir regard, & fur-tout leur impartir noftredicte grace. Pour quoy, Nous inclinans à ladicte requefte defdiz fupplians, & voulans iceulx favorablement traicter & convenablement leur pourveoir, voulans auffi le bien, utilité & bon entretenement de noftredicte ville de *Paris* & de noz fubjects demourans en icelle, & mefmement defdiz fupplians, après ce que lefdictes informations, enfemble les advis defdictes Gens de noz Comptes & defdiz commis par eulx députez en cefte matière, ont efté à diverfes fois & par plufieurs journées rapportées, veues & bien débatues en noftre grant Confeil, ouquel aucuns des Préfidens & Confeillers en noftre Court de Parlement, & nos Advocats en icelle, auffi noz Tréforiers & Gens de noz finances & plufieurs autres eftoient, aufdiz fupplians, par l'advis & délibé-ration defdictes Gens de noftre grant Confeil & des finances, pour les caufes deffufdictes & autres raifonnables, à ce nous mouvans, avons octroyé & accordé, octroyons & accordons de grace efpécial, plaine puiffance & autorité royal, par ces préfentes, c'eft à favoir, que en Nous paiant réaument & de fait, premièrement & avant tout euvre, ou à noftredit Receveur ordinaire de *Paris*, par lefdiz fupplians, la fomme de deux mille livres tournois pour une fois, laquelle fomme voulons & ordonnons eftre convertie & employée à refaire & remectre fur les halles, vulgairement appellées de *Champeaux*, à Nous appartenans, & affifes en ladicte ville de *Paris* près defdictes baffes merceries, & lefquelles ont efté de longtemps & encores font en grant ruyne & démoli-cions, ainfy qu'avons efté informez, par quoy de très-long-temps elles Nous ont efté & font de nulle valeur ; & en Nous rendant & laiffant auffi à noftre prouffit, & de noz fuccefleurs rois de France, ladite halle des baffes merceries réparée & en bon eftat & convenable, pour en jouir dorefenavant par Nous & nofdiz fuccefleurs, comme de noftre propre héritaige : en ce faifant, & par ce moyen, lefdiz fupplians & leurs hoirs, fuccefleurs & ayans caufe, demoureront à tousjours-mais quictes & defchargés envers Nous & nofdiz fuccefleurs, defdicts fept vingt dix livres parifis de rente, & des arréraiges d'icelles, qui en font ou pevent eftre deuz de tout le temps paffé jufques à préfent ; & lefquelz fupplians, en faifant & accompliffant par eulx les chofes deffufdictes, enfemble leurs hoirs, fuccefleurs & ayans caufe, Nous en avons quictez & defchargez, quictons & defchargeons de noftredicte grace, par cefdictes préfentes. Et pour ce que par certain advis fait en noftredicte Chambre des Comptes incontinent après lefdictes informacions illec rapportées, avoit efté dit que en Nous paiant par lefdiz fupplians la fomme de douze cens royaulx pour une fois, ilz deuffent demourer quictes & defchargés defdictes rentes & arréraiges deffus déclairez, fe ainfi eftoit que lefdiz fupplians euffent aucune chofe paié à noftredit Receveur fur ladicte fomme de XII.ᵉ royaulx, Nous voulons que ce leur tiengne lieu & acquict en déduction de ladicte fomme de deux mille livres tournois ; & en outre Nous lefdiz fupplians avons defchargez & def-chargeons de toutes obligations & ypothèques quelxconques, en quoy ilz & leurfdiz hoirs, fuccefleurs & ayans caufe, ont peu, pevent, ou pourroient avoir eſté ou eſtre tenuz, affeƈtés, obligez & ypothéquez envers Nous ou noſtredit Receveur de *Paris,* pour le fait & cauſe de ladiƈte halle des baſſes merceries & de la prinſe d'icelles. Si donnons en mandement par ceſdiƈtes préſentes, à noz amez & féaulx Conſeillers les Gens tenans ou qui tiendront noſtre Court de Parlement, à noſdiƈtes Gens des Comptes & Tréſoriers, au *Prévoſt* de *Paris,* & à tous noz autres Juſticiers & Officiers & à chaſcun d'eulx, ſi comme à lui appartiendra, que de noſtre préſente grace, quiƈtance, deſcharge & oƈtroy, ilz facent, ſueffrent & laiſſent leſdiz ſupplians jouir & uſer plainement & paiſiblement, par la ſourme & manière que dit eſt, ſans, pour cauſe deſdiƈtes rentes & arréraiges, obligacions & ypothèques, les travailler, moleſter ou empeſcher, ne ſouffrir eſtre travaillez, moleſtez ou empeſchez, en corps ne en biens, ores ne pour le temps à venir, en aucune manière; ainƈois tout arreſt, deſtourbier ou empeſchement qui leur auroient eſté ou ſeroient faiz, mis ou donnez au contraire, ilz réparent & meƈtent, ou facent ſans aucun délay réparer & remeƈtre au premier eſtat & deu à pleine délivrance. Et par rapportant ces préſentes, enſemble les lettres du délaiſſement ou rénonciation que par leſdiz ſupplians Nous auront eſté faiz deſdiƈtes baſſes merceries, avec certificacion deue, par laquelle appert icelle halle eſtre en bon eſtat & convenable, au temps du délaiſſement ou rénonciation que leſdiz ſupplians Nous en feront, Nous voulons noſtredit Receveur de *Paris* & tous autres qu'il appartiendra, eſtre deſchargés en leurs comptes, de ladiƈte ſomme de ſept vings dix livres pariſis de rente, avec tous leſdiz arréraiges qui Nous en ſont ou pevent eſtre deuz, de tout le temps paſſé juſques à préſent, par leſdiƈtes Gens de noz Comptes, ſans aucun contredit ou difficulté. Car ainſi le voulons & Nous plaiſt eſtre fait, nonobſtant noſdiƈtes ſecondes Lettres obtenues par noſtredit Procureur en noſtre Tréſor, & tout ce que d'icelles pourroit eſtre fait & enſuy, leſquelles ne voulons avoir ne ſortir aucun effeƈt, ainƈois les caſſons, adnullons & meƈtons du tout au néant par ceſdiƈtes préſentes, & quelconques mandemens ou défenſes & Lettres ſubreptices impétrées ou à impétrer à ce contraires. En teſmoing de ce, Nous avons fait mettre noſtre ſéel à ees préſentes. *Donné aux* Montilz-lez-Tours, *le 11.me jour de May, l'an de grace mil* cccc *cinquante-quatre, & de noſtre regne le XXXII.e* Ainſi ſigné: *Par le Roy en ſon Conſeil.* LE ROI. Viſa. Contentor.

(c) Et in dorſo erat ſcriptum: *Regiſtrata* Pariſius, *in Parlamento, die viceſimâ nonâ Martii, anno Domini milleſimo* cccc.mo *LIX.e poſt Paſcha,* Sic ſignatum.
CHENETEAU.

NOTE.

(c) Ce qui ſuit eſt dans le Regiſtre du Parlement.

(a) *Lettres de Charles VII, par leſquelles il confirme les ſtatuts de la Communauté des Ménétriers.*

CHARLES, &c. Savoir faiſons à tous préſens & advenir, Nous avoir réceu la ſupplicacion du roy des Méneſtriers & des autres Méneſtriers, joueurs des inſtrumens, tant haults comme bas, de quelque inſtrument que ce ſoit, en la ville, *vicomté* & diocèſe de *Paris,* contenant que comme jà pieçà iceulx ſupplians, pour obvier aux abus que en leur meſtier ilz pourroient faire, & entretenir leur ſcience d'icelluy meſtier, ainſi que ou temps paſſé eſtoit accouſtumé de faire,

NOTE.

(a) Tréſor des Chartes, Regiſtre IXᵛᵛII [182], pièce 93. — MSS. de *Colbert.* volume LIV, page 125.

euffent entr'eux, du confentement de la plus grant & faine partie d'iceulx, fait certains ftatuts & ordonnances, lefquels ils firent par feu noftre très-cher feigneur & pere, que Dieu abfoille, ratifier & confirmer, comme appert par le *vidimus* d'icelles fait foubs féel de la *Prévofté* de *Paris*, dont la teneur s'enfuit.

A tous ceulx qui ces préfentes lettres verront : Salut. *Guillaume* feigneur de *Thignonville*, Chevalier, Confeiller, Chambellan du Roy noftre Sire, & garde de la *Prévofté* de *Paris* : Salut. Savoir faifons que nous, l'an de grace mil quatre cens & fept, le mercredy unziefme jour du mois de May; veifmes unes Lettres du Roy noftredict feigneur, fcellées de fon grand féel en laz de foye & cire vert, contenant la forme qui s'enfuit.

CHARLES, &c. (b).

Et nous à ce préfent tranfcript, en tefmoing de ce avons mis le féel de ladicte *Prévofté* de *Paris*, fait l'an & jour premier & deffufdict.

En Nous requérant par lefdits fuppliants que lefdicts ftatuts & ordonnances vueillons avoir agréables, les confermer, ratiffier, approuver, & les en faire joïr ainfy qu'ils ont fait d'ancienneté. Pour quoi Nous, ce confidéré, voulans lefdictes inftruccions & ordonnances eftre entretenuz & gardez fans enfraindre, iceulx avons loé, gréé, ratiffié, approuvé & confirmé ; & par la teneur de ces préfentes, de noftre grace efpécial loons, gréons, ratiffions & approuvons, & Nous plaift qu'ils en joyffent felon la teneur d'icelles. Si donnons en mandement par ces préfentes au *Prévoft de Paris*, & à tous noz autres Jufticiers ou à leurs Lieuxtenans préfens & à venir, & à chafcun d'eulx, fi comme à luy appartendra, que de noftre préfente grace, ratification & confirmation facent, fueffrent & laiffent joyr & ufer plainement & paifiblement, en faifant icelles ordonnances & inftruccions publier où il appartendra, fans fouffrir aucunement aller ne excéder allencontre du contenu en icelles. Car ainfi le voulons & Nous plaift eftre fait ; & afin que ce foit chofe ferme & eftable à tousjours Nous avons fait mectre noftre féel à ces préfentes : fauf en autres chofes noftre droit, & l'autruy en toutes. *Donné à* Tours, *le fecond jour de May, l'an de grace mil quatre cens cinquante-quatre, & de noftre regne le trente-deuxiefme.* Ainfi figné : *Par le Roy à la relation du Confeil.* ROLANT.
Vifa. Contentor. CHALIGAUT.

NOTE.

(b) CHARLES, &c.] Ces lettres de Charles VI du 24 Avril 1407, font imprimées, tome IX de ce Recueil, page 198.

(a) *Lettres de Charles* VII, *par lefquelles il crée & ordonne un Garde de la Chambre du Parlement, premier Huiffier, Sergent des Requêtes du Palais à Paris.*

CHARLES, par la grace de Dieu, roy de France, à tous ceux qui ces préfentes lettres verront : Salut. Noftre amé *Laurent Rale*, garde de la Chambre de noftre Parlement, premier huiffier fergent des Requeftes de noftre

NOTE.

(a) Offices de *Joly*, tome Ier, page 265.

Palais à *Paris*, Nous a faict remonstrer, comme dix-sept ans a, ou environ, Nous eussions donné au suppliant ledit office de garde de la chambre de nostre Parlement, premier huissier sergent desdites Requestes, que souloit tenir & exercer *Michel Guido*, paravant la damnable entrée faite en nostre ville de *Paris* l'an mil quatre cents dix-huict, & dudit office a ledit suppliant tousjours depuis paisiblement jouy en l'auditoire de nos amez & féaux Conseillers les Maistres des Requestes de nostre Hostel, lesquels cognoissoient des causes que paravant ladite entrée estoient commises par - devant les Gens tenans les Requestes de nostredit Palais, sans avoir fait ne commis aucune faute. Or est-il ainsi, que depuis naguerre Nous ayons ordonné les Requestes de nostredit Palais estre dorefnavant tenues, ainsi qu'elles estoient anciennement; & pour les tenir & exercer, ayons commis & ordonné aucuns de nos Conseillers, & pourveu aux offices de greffiers, & huissiers sergens desdites Requestes, en révoquant & adnullant tous autres dons que pourrions avoir faits desdits offices paravant l'institution, création & ordonnance par Nous faite desdites Requestes: mais toutesfois par les dons qu'avons de nouvel faits desdits offices de huissiers, sergens desdites Requestes, n'avons donné les offices de garde de la chambre de nostredit Parlement, & de premier huissier sergent desdites Requestes; & pour ce que le suppliant n'a de Nous aucun don dudit office, depuis qu'avons ordonné lesdites Requestes estre tenues, Nous a faict requérir, qu'en faveur des services qu'il Nous a faits ou faict de sondit office & autrement, le veuillons créer, & luy donner de nouvel. Sçavoir faisons, que pour le bon & grand rapport, que faict Nous a esté de la personne dudit *Laurent Rale*, confiance de ses sens, suffisance, preud'hommie & bonne diligence, iceluy avons aujourd'huy créé & ordonné, créons & ordonnons garde de la chambre de nostredit Parlement, & premier huissier, sergent desdictes Requestes de nostre Palais à *Paris*, & en tant que mestier est, luy avons donné & donnons de nouvel ledit office, de grace spécial, par ces présentes; pour d'iceluy & des gages, droits, profits & émoluments accoustumez & audit office appartenant, jouir & user, & ledit office exercer plainement & paisiblement, tant qu'il Nous plaira. Si donnons en mandement par ces mesmes présentes, à nos amez & féaux Conseillers les Gens qui tiendront lesdites Requestes de nostredit Palais à *Paris*, que de nouvel pris & receu dudit *Laurent Rale*, le serment en tel cas accoustumé, iceluy mettent & instituent, ou facent mettre & instituer de par Nous en possession & saisine dudit office de garde de la chambre de nostredict Parlement, premier huissier sergent desdictes Requestes du Palais; & d'iceluy, ensemble desdits gaiges, droicts & profits audit office appartenant, le facent, souffrent & laissent jouir & user plainement & paisiblement, & à luy obéyr & entendre de tous ceux & ainsi qu'il appartiendra, ès choses touchantes & regardantes ledit office; osté & débouté d'iceluy tout autre illicite détenteur, non ayans sur ce nos Lettres & don depuis ladite rénonciation précédente en datte des présentes depuis ladite ordonnance & institution nouvelle desdites Requestes. Mandons en outre à nos amez & féaux les Tréforiers de France, & les Généraux-conseillers par Nous ordonnez sur le fait & gouvernement de toutes nos finances, que par iceluy ou ceux qui a ou ont accoustumez de payer lesdits gaiges, ou qui payeront les gaiges de nos conseillers, les facent dorefnavant payer, bailler & délivrer audit *Laurent Rale*, au terme & en la maniere accoustumée; & par rapportant ces présentes, ou *Vidimus* d'icelles faict soubs seel royal, pour une fois seulement, & quittance sur ce suffisante dudit *Rale*, Nous voulons iceux gaiges, ou ce que payé luy en aura esté, estre allouez ès comptes de celuy ou ceulx qui les aura ou auroit payé, & rabatus de leur recepte par nos amez & féaulx les Gens de nos Comptes, ausquels Nous mandons ainsi le faire sans aucune difficulté. En tesmoin de ce, Nous avons fait mettre nostre seel à ces présentes. *Donné aux*

Montils-lez-Tours, *le 7 jour de May 1454, & de noftre regne le trente-deuxiefme.*
Ainfi figné: *Par le Roy, Vous*, le comte de* Dunois, *maiftre* Pierre Doriolle,
Jean Baron, *& autres préfens.*

Et au dos defdites Lettres eft efcrit ce qui s'enfuit.

Laurent Ralle, nommé au blanc defdites Lettres, eft receu, fans préjudice
de l'oppofition faite de la partie des huiffiers de la Cour de Parlement, pour
le nom de huiffier, & enregiftré ès regiftres des Requeftes du Palais, a faict
le ferment en tel cas accouftumé. *Faict en l'auditoire defdictes Requeftes, le
vendredi cinquiefme jour de Juillet, l'an mil quatre cents cinquante-quatre.* Ainfi
figné *GUETEVILLE. Et plus bas eft efcrit:* Collation a efté faicte de cefte
préfente copie à l'original d'icelle, par moy, par vertu de certaines Lettres-
royaux de compulfoire, obtenues par *Jean Maillard* & fes conforts huiffiers,
nommez èfdites Lettres de compulfoire.

CHARLES
VII,
aux Montils-
lès-Tours,
le 7 Mai 1454.
* Le Chancelier
de France.

---

*(a) Mandement de Charles VII, par lequel il règle le cours des deniers
d'or appelés* Lyons, *fabriqués dans les pays du duc de Bourgogne;
& renouvelle la défenfe aux Changeurs, de transporter hors du royaume
les matières d'or & d'argent.*

CHARLES, par la grace de Dieu, roy de France, à noz amez
& féaulx les Généraulx-maiftres de nos Monnoies, falut & dilection.
Comme Nous foyons deuement informez du pié nouvel de denier d'or appellez
Lyons, que noftre très-cher & très amé frere & coufin le *duc de Bourgoigne* a
ordonné depuis nagueres eftre faicts en fes pays, du poix & loy d'iceulx
deniers, auffi du cours qu'il a fait donner aux deniers d'or efcus que faifons
faire en nozdictes monnoies, & aufdicts deniers d'or *Lyons,* enfemble d'autres
grandes chofes contraires & au préjudice des Ordonnances fur le fait d'icelles
noz monnoies, & gouvernement des Changeurs fréquentans icelles, & le
contenu de leurs lettres qu'ilz obtiennent de Nous; lefquelles chofes, de
l'ordonnance de noftredict frere & coufin, fans noftre auctorité, par cris
publicques en fefdicts pays & autres que de préfent il occupe de Nous à divers
moyens, ont efté magnifeftées & fetes, tendant à faire grant ouvraige d'or en
fes monnoies, & tourner les noftres en chomaige, mefmement noftre monnoie
de *Tournay,* voifine de fefdicts pays, au grant dommaige de Nous & de toute
la chofe publicque de noftre royaume, & plus pourroit eftre fe par Nous
n'eftoit fur ce pourveu. Pour ce eft-il que Nous defirans à ce remédier, &
pourveoir aux abus & chofes deffufdictes, & à ce mefmement que bonne
pollice fans certaine & jufte valleur de monnoye ne peult eftre maintenue né
mife fus: pour ces caufes & autres à ce Nous mouvans, en ayant confidéracion
aux communicacions que de néceffité il convient, à caufe de la marchandife
& autrement, avoir èfdict pays de noftredict frere & coufin, confentons &
Nous plaift par manière de tollérance & jufques autrement en foit par Nous
ordonné, que lefdicts deniers d'or *Lyons,* de noftredict frere & coufin, foient
prins & mis par tous les pays de noftre royaume, pour cinq fols tournois de
noftre monnoie pour pièce, plus que l'efcu d'or que faifons de préfent
forger en nofdictes monnoies; & femblablement pour neuf gros, monnoie
de *Flandres,* de noftredict frere & coufin, ès lieux où l'en compte en fadicte
monnoie; & deffendons que pour plus grand pris ne foient prins ou allouez,

NOTE.

(a) Regiftre de la Cour des Monnoies, coté F, *fol. 72, v.*

CHARLES
VII,
à Montbaſon,
le 16 Mai
1454.

ſur peine de les perdre, & à Nous confiſquez avec les deniers & marchandiſes qui pour ce ſeront baillées ou accordées, & d'amende arbitraire à noſtre voulenté. Et auſſi en enſuivant noz Ordonnances & celles de nos prédé-ceſſeurs piéçà faictes ſur le fait & gouvernement des changeurs de noſtre royaume, qui ſont tenuz prendre Lettres de Nous, par vous expédiées en la forme accouſtumée, que iceulx changeurs, quelque part qu'ilz ſoient demou-rans en noſtredict royaume, ne portent ou facent porter aucune matiere d'or ou d'argent hors de noſtre obéiſſance ne ailleurs, en autres monnoies que en celles où obligez & tenus y ſont par noſdictes Lettres par vous deuement expédiées, ſur peine de confiſcation de corps & de biens. Et voulons que leſdictes monnoies, matieres d'or & d'argent, & marchandiſes ainſi confiſquées, les inventeurs & accuſeurs ayent pour leur peine & ſallaire, la valeur du quart d'icelles, qui leur ſera baillée & délivrée par les Maiſtres particuliers de la plus prochaine de noz monnoies, qui en leurs comptes deſdictes choſes confiſquées en ſeront deſchargez, par rapportant ſeulement de ceulx qui ledit quart auront receu, quictance ſouffiſante, ſelon la teneur deſdictes Ordonnances. Si vous mandons, commectons & expreſſément enjoignons, en commectant, ſe meſtier eſt, que noſtre préſente Ordonnance, conſen-tement & deffenſe, faictes tantoſt & ſans délay crier & publier par tous les lieux de noſtredict royaume où verrez eſtre expédient, & accouſtumé eſt affaire criz publicques, & principalement en noſtredicte ville de *Tournay*, & à noz pays voiſins d'icelle, ainſi occupez par noſtredict frere & couſin, en telle maniere que aucun n'en puiſſe ou doye prétendre juſte cauſe d'igno-rance, en pugniſſant les délinquans & faiſans le contraire, ſelon noſtre préſente voulenté & l'exigence des cas, tellement que ce ſoit exemple à touz autres. Mandons auſſi & commandons à tous noz Juſticiers, Officiers & ſubjects, que à vous & à voz commis & députez en ce faiſant obéiſſent & entendent diligeamment, & vous preſtent & donnent conſeil, confort, aide & priſons, ſe meſtier eſt & en ſeront requis, ſur peine de perdre leurs offices, & d'en-courir noſtre indignacion. Et pour ce que de ces préſentes l'en pourra avoir affere en divers lieux, voulons que aux *vidimus* qui faicts en ſont ſoubz ſéel royal, foy ſoit adjouſtée comme à ce préſent original. *Donné à* Montbaſon, *le XVI.ᵉ jour de May, l'an de grace mil quatre cent cinquante-quatre, & de noſtre regne le XXXII.ᵉ* Ainſi ſigné; *Par le Roy en ſon Conſeil.* CHALIGAUT.

Publié à *Paris*, le mercredi 29.ᵉ jour de May, l'an mil quatre cent cin-quante-quatre.

Item à *Senlis*, le premier jour de Juing ou dit an; à *Compieigne*, le ſecond jour dudit moys de Juing; à *Noyon*, ledit jour; à *S.ᵗ Quentin*, le 3.ᵉ jour d'icelluy moys; à *Tournay*, le VIII.ᵉ jour enſuivant; en la cité d'*Arras*, le 8.ᵉ jour dudit mois; à *Amiens*, le XI.ᵐᵉ jour d'icelluy moys; à *Beauvais*, le XII.ᵉ jour dudit mois; & au Lendit, le XVIII.ᵉ jour d'icellui moys de Juing mil quatre cent cinquante-quatre deſſuſdict, par les ſergens nommez, & ainſi que plus à plain eſt contenu au doz de l'original dudict mandement.

(a) *Mandement de Charles VII, par lequel il approuve la crue de cinq fous par marc d'or fin, en la monnoie de Tournay.*

CHARLES, par la grace de Dieu, roy de France; à noz amez & féaulx Gens de noz Comptes, Tréforiers & Généraulx-maiftres de noz Monnoies, falut & dilleƈion. Comme deuement foyons informez que ou mois de Janvier derrenierement paffé, en noftre Chambre dedits Comptes à *Paris,* par vous ait efté tenu certain confeil, affin de pourveoir au grant chomaige en quoy a efté pour aucun tems noftre monnoie de *Tournay,* au grant dommaige de Nous & de la chofe publicque de noftre royaume, & qui trop plus encore s'en pourroit enfuir ; mefmement que noftre très-cher & très-amé frere & coufin le *duc de Bourgoigne,* en fes pays de *Flandres, Haynault, Brabant,* & autres voifins de noftrediƈte ville de *Tournay,* a ordonné faire & forger deniers d'or appellez *Lyons,* en donnant aux marchands & changeurs, pour marc d'or fin, plus grant prix que ne faifons donner en noftrediƈte monnoie de *Tournay,* & à cefte caufe la matiere d'or de noftrediƈte ville de *Tournay,* & d'autres nos pays voifins à ceulx de noftrediƈt frere & coufin, fera tranfportée hors de noftrediƈt royaume, & convertie èfdiƈts deniers d'or *Lyons;* auquel voftre confeil, pour obvier aufdiƈts inconvéniens, & pourveoir à ce que la matiere d'or de noftrediƈt royaume & defdiƈts pays voifins de noftrediƈte ville de *Tournay,* feuft portée en noftrediƈte monnoie de *Tournay* & non ailleurs, & convertie en deniers d'or efcuz que y avons ordonné faire, & l'ouvraige d'iceulx efcuz continué en noftrediƈte monnoie, au bien de Nous & de noz fubbjeƈts ; après plufieurs ouvertures par vous fur ce faiƈtes par manière de provifion, & jufques à ce que par Nous en feuft autrement ordonné, ayez conclud & appoinƈé une creue de cinq fols tournois eftre donnée pour marc d'or fin en noftrediƈte monnoie de *Tournay,* qultre & par-deffus le pris de quatre-vingt-dix-neuf livres cinq fols par Nous ordonné en icelle noftre monnoie, laquelle voftre ordonnance a efté mife à exécution par les aucuns de vous Généraulx-maiftres en noftrediƈte ville de *Tournay.* Nous, les chofes deffufdiƈtes confidérées, & bien advertiz du bon & grant ouvraige d'or fait en noftrediƈte monnoie de *Tournay,* depuis nagueres, au moien de ladiƈte creue de cinq fols pour marc d'or fin, ainfi par vous ordonnée, &' que efpérons eftre continué de bien en mieulx au prouffit de Nous & de noz fubjeƈts, avons loé, agréé & approuvé; loons, agréons & approuvons tout ce que deffus a efté ainfi par vous advifé, conclud & exécuté; & voulons, confentons, & ordonnons icelle creue de cinq fols pour marc d'or fin, ainfi par vous ordonnée, eftre dorefenavant continuée & payée aux changeurs & marchans fréquentans noftrediƈte monnoie de *Tournay,* oultre ledit prix ordinaire de quatre-vingt-dix-neuf livres cinq fols, par les Maiftres particuliers tenans le compte ou commis à l'ouvraige de noftrediƈte monnoie, jufques autrement en foit par Nous ordonné. Si vous mandons, & à chafcun de vous, ainfi qu'il appartiendra, que aux comptes defdiƈts Maiftres particuliers tenant le compte, ou commis qui ont efté depuis voftrediƈte ordonnance ou feront ou temps à venir durant icelle, vous allouez en defpenfe & à leur defcharge, ladiƈte creue de cinq fols pour marc d'or fin, fur ce qu'ils Nous pourront devoir, par rapportant des gardes ou contregardes de noftrediƈte monnoie, certification feulement que ladiƈte creue ait efté donnée aux changeurs & marchans fréquentans noftrediƈte

NOTE.

(a) Regiftre de la Cour des Monnoies, coté *F, fol.* 71, *v.*

CHARLES,
VII,
à Montbafon,
le 16 Mai
1454.

monnoie de *Tournay*. Car ainſi Nous plaiſt-il & voulons eſtre fait. *Donné à Montbaſon, le XVI.ᵉ jour de May, l'an de grace mil quatre cent cinquante-quatre, & de noſtre regne le XXXII.ᵉ* Ainſi ſigné : *Par le Roy en ſon Conſeil.* CHALIGAUT.

Et au dos des lettres royaulx deſſus tranſcriptes, eſtoit eſcript ce qui s'enſuit.

Lecta ad burellum in camerâ Compotorum domini noſtri Regis, Pariſius, *die viceſimâ ſeptimâ Maii, anno Domini milleſimo quadringenteſimo quinquageſimo quarto, me preſente.* SCUTIFERI.
Et ſimiliter in Theſauro domini Regis, die & anno ſupradictis. S. AMAND.

CHARLES
VII,
aux Roches-
Saint-Quentin,
en Mai 1454.

(a) Lettres de Charles VII, par leſquelles il confirme celles de Charles V, qui ordonnent que les procès du Doyen & du Chapitre de l'égliſe de Tours & de leurs Officiers, ſeront portés ſans moyen devant le Parlement ; & que les procès de leurs ſujets ſeront portés en première inſtance, devant le Bailli des exemptions de Touraine, d'Anjou & du Maine.

KAROLUS, Dei gratiâ, Francorum rex, notum facimus univerſis preſentibus pariter & futuris, Nos ad ſincerè dilectorum noſtrorum decani & capituli eccleſie metropolitane Turonenſis ſupplicacionem & requeſtam, quaſdam noſtras, in quibus ſunt alie inſerte Littere inclite recordationis & felicis memorie cariſſimi & dilectiſſimi domini progenitoris noſtri Karoli quondàm Francorum regis illuſtriſſimi, cujus anima requiem obtineat ſempiternum, inſpici feciſſe Litteras formam que ſequitur continentes.

KAROLUS, &c. (b)

Suite des Lettres
de Charles VII.

Nos autem ſuprà ſcriptas Litteras ac omnia & ſingula in eis contenta, ratas & gratas rataque & grata habentes, eas & ea laudavimus, approbavimus, ratificavimuſque & confirmavimus, de noſtriſque ſcientiâ ſpecialique gratiâ & auctoritate laudamus, ratificamus, ſi & in quantum dicti ſupplicantes privilegiis & libertatibus, & aliis in dictis Litteris preinſertis contentis, ritè, juſtè uſi ſunt & debitè, tenore preſencium confirmamus. Quocircà dilectis & fidelibus conſiliariis noſtris, Gentibus noſtri Parlamenti, Baillivoque noſtro Turonenſi, necnon reſſortorum & exemptionum Andegavenſis & Cenomanenſis, ceteriſque juſticiariis noſtris eorum locatenentibus preſentibus & futuris, & eorum cuilibet prout ad cum pertinuerit, ſerie preſencium damus in mandatis, quatinùs predictos decanum & capitulum qui nunc ſunt, ac eorum poſteros & ſequaces, noſtris preſentibus confirmacione ratificationeque & conceſſione uti & gaudere pacificè & quietè patiantur, faciant & permittant, abſque ipſas nunc vel in futurum in premiſſis vel quolibet premiſſorum aliqualiter impediendo ſeu impedire paciendo ; quin ymò ſi in premiſſis aut altero premiſſorum impedimentum aliquod apponatur, illud ſtatim tollant & amoveant, ſeu

NOTES.

(a) Regiſtre du Parlement intitulé : *Ordinationes Barbinæ,* coté D, fol. 174, r.ᵒ — MSS. de Colbert, vol. LV, page 355.

(b) Ces Lettres de Charles VII, ſont du 17 Mars 1443. Voyez la note (*b*).

page 403 du XIII.ᵉ volume de ce recueil. Elles vidiment & confirment celles de Charles V, du 3 Septembre 1372, imprimées dans le tome V, page 518.

tolli & amoveri faciant, vifis prefentibus, indilaté. Quod ut ftabilitate perpetuâ roboretur, prefentes Litteras figilli noftri juffimus appenfione muniri, noftro tamen in ceteris, aut alieno in omnibus, juribus femper falvis. Datum in Rupibus Sancti Quintini, in menfe Maii, anno Domini milleſimo cccc.° quinquageſimo quarto, & regni noſtri XXXII.° *Sic ſignatum: Per Regem in ſuo Conſilio. ROLANT. Collatio fuit facta cum Litteris originalibus. Viſa. Contentor.* E. FROMENT.

Et in dorſo erat ſcriptum: *Lecta, publicata & regiſtrata* Pariſius, *in Parlamento, die* XXIX *Julii, milleſimo* cccc.° *quinquageſimo quinto.* CHENETEAU. *Collacio facta cum originalibus Litteris.* CHENETEAU.

(a) *Lettres de Charles VII, par leſquelles il prend ſous ſa protection & ſauvegarde les biens étant en ſon royaume, qui appartiennent à l'abbaye de Saint-Arnoul de Metz.*

CHARLES, par la grace de Dieu, roy de France, à tous ceux qui ces préſentes lettres verront, ſalut. Sçavoir faiſons, que à la ſupplication de nos bien amez les religieux, abbé, & couvent de *Sainct-Arnoul* de *Metz*, de l'ordre de *Sainct Benoiſt*, diocèſe dudit *Metz*, fondez par nos prédéceſſeurs & progéniteurs rois de France, Nous, à ce qu'ils puiſſent ſeurement & dévotement faire le ſervice divin, & prier Dieu pour Nous & pour les treſpaſſez, pour qui ils ſont tenus de prier, iceulx avec leurs ſerviteurs, familles, hommes & femmes de corps, ſi aucuns en ont, & toutes leurs choſes, poſſeſſions & biens quelconques, tant dudit monaſtère, qu'autrement, eſtans en noſtre royaume, avons prins & mis, prenons & mettons en noſtre protection & ſauvegarde ſpéciale, à la conſervation de leurs droicts tant ſeulement: & leur avons commis & députez *Colme Charlot, Jean Herbes, François Joubert, Pierre Buche, Simon de la Fontaine, Pierre de la Fraine, Aubert Lefevre*, nos ſergents, auſquels & chacun d'eux qui ſur ce ſera requis, Nous mandons & commettons par ces préſentes, que leſdits ſupplians, leurs ſerviteurs, familles, hommes & femmes de corps, ils maintiennent & gardent en toutes leurs juſtes poſſeſſions, droicts, uſages, franchiſes, libertez & ſaiſines, èſquelles ils les trouveront eſtre, & leurs prédéceſſeurs avoir eſté paiſiblement & d'ancienneté; & faſſent donner auſdits ſupplians, & à leurs ſerviteurs, familles, hommes & femmes de corps, bon & loyal aſſeurement, ſelon la couſtume du pays, de toutes les perſonnes, dont eux & chacun d'eux le requerront à avoir, & les gardent & défendent de toutes injures, griefs, violences & oppreſſions, moleſtations de forces d'armes, & de toutes autres inquiétations & nouvelletez indues, leſquelles s'ils trouvent eſtre ou avoir eſté faictes au préjudice de noſtre ſauvegarde & deſdits ſupplians, ils les faſſent ramener & remettre tantoſt & ſans délay, au premier eſtat & deu, & pour ce, faire à Nous & auſdits ſupplians amende convenable; & noſtre préſente ſauvegarde ſignifient & publient ès lieux & aux perſonnes où il appartiendra & dont ils ſeront requis; & en ſigne d'icelle, en cas d'éminent péril, mettent & appoſent nos panonceaux & baſtons royaux, en & ſur les lieux & maiſons, manoirs, terres, granges, poſſeſſions & biens quelconques deſdits ſupplians, en faiſant inhibition & deffence, de par Nous, à tous ceux qu'il appartiendra & d'où ils ſeront requis, ſur certaines & grandes peines à Nous à appliquer, que auſdits ſuppliants, leurs familles, ſerviteurs, hommes & femmes de corps & de poſſeſſions, biens quelconques, ne meſfaſſent ou faſſent mes-faire, en

NOTE.

(a) *Auguſte Baſilique de Saint-Arnoul de Metz*, page 277.
Tome XIV.

Tt

CHARLES
VII,
en Touraine,
le 30 Juillet
1454.

corps ne en biens, en aucune manière. Et si en cas de nouvelleté, naît sur ce débat ou opposition entre lesdits supplians, serviteurs, familiers, hommes de corps ou aucuns adversaires, pour raison des biens de ladite église ou d'aucuns desdits religieux, ce débat & chose contentieuse prise & mise en nostre main comme souveraine, la nouvelleté, trouble & empeschement ostez, & restablissement fait premierement & avant toute œuvre, des choses prinses & levées, attendu que par prévention la cognoissance des cas de nouvelleté appartient à nos Juges & Officiers, adjournent les opposans ou faisans ledit débat, pardevant nostre plus prochain Juge des choses contentieuses, pour dire les causes de leur opposition, refus ou délay, respondre, procéder & aller avant en oultre, ainsi qu'il appartiendra par raison ; & avec ce, toutes les debtes bons & loyaux, cogneues ou approuvées suffisamment par lettres, tesmoins, instruments, confessions de parties, ou autres loyaux enseignemens, qui leur apperront estre deues ausdits supplians, à cause de leurdit monastere, les leur fassent payer & sans délay, ou à leur certain commandement, en contraignant à ce les debteurs, & chacun d'eux par prinse, vendue & exemption de leurs biens, détention & emprisonnement de leurs corps, si mestier est & à ce sont obligez, en cas d'opposition, refus & délay, nostre main suffisamment garnie premierement & avant toute œuvre, desdites sommes contenues ès Lettres obligatoires, faites & passées sous seaux royaux, adjournans les opposans, refusans ou délayans, à certain & compétant jour ou jours, par-devant les Juges ou leurs Lieutenans ausquels la cognoissance en appartient, pour dire les causes de leur opposition, refus ou délay, respondre, procéder, & aller avant en outre, selon raison, en certifiant suffisamment audit jour ou jours, iceux Juges ou leursdits Lieutenans, de tout ce que auroit esté fait sur ce: ausquels Nous mandons que aux parties, icelles ouyes, fassent bon & brief droict, nonobstant quelconques Lettres d'estat, de grace, de respit, ou autres impétrées ou à impétrer par lesdits debteurs, ou aucuns d'eux, sur le respit & dilation de leurs debtes payer, ausquels ils auront renoncé par foy & serment, si sur icelles n'est faite expresse & spéciale mention des renonciations, foy & serment dessusdits. Mandons & commandons à tous nos justiciers, officiers & subjects, que ausdits gardiens & chacun d'eux obéyssent en ce faisant, & entendent diligemment, & généralement fassent & puissent faire lesdits gardiens & chacun d'eux, pour lesdits supplians & chacun d'eux, leurs familles, serviteurs, hommes & femmes de corps, toutes & chacunes les autres choses, qui à office de gardien peuvent & doibvent appartenir ; toutesfois Nous n'entendons que lesdits gardiens ny aucun d'eux s'entremettent de chose qui requiere cognoissance de cause. Ces présentes quant aux debtes, après un an non valables. En tesmoing de ce Nous avons fait mettre nostre séel à ces présentes. *Donné par privilége, en* Touraine, *le pénultieme jour de Juillet, l'an de grace mil quatre cens cinquante & quatre, & de nostre regne le XXXII.* Et sur le reply ; *Par le Roy à la relation du Conseil.* DISOME.

Veüe. *Contentor.* BUDÉ.

CHARLES
VII,
au Breuil-
d'Oyze,
le 9 Septembre
1454.

(a) Lettres de Charles VII, par lesquelles il ordonne aux Gens des Comptes, d'informer sur le profit ou dommage qui pourroit résulter du changement de lieu de l'auditoire de la justice des Aides.

CHARLES, par la grace de Dieu, roy de France, à nos amez & féaulx les Gens de nos Comptes à *Paris*, salút & dileccion. De la partie de noftre Procureur en l'auditoire sur le fait de la juftice des aides ordonnées pour la guerre à *Paris*, Nous a efté humblement expofé que ledit auditoire eft affis en bien hault lieu, & affez loingtain de la falle du Palais, & très-pénible & dommageable pour les Avocats; & parties plaidoyantes ne peuvent mener leurs Avocats hors la falle dudit Palais pour aller audit auditoire, fans avoir plus grand falaire qu'ils n'auroient dedans la falle dudit Palais; comme auffi pour l'expédition & vacation du tems qu'ils ont d'aller de l'un à l'autre, en quoi elles pourroient eftre dépêchées, & prins plufieurs appointemens & expéditions en leurfdittes caufes, & auffi lefdittes Parties, fi comme Nous a fait remontrer noftredit Procureur, & plus feroit, fi de Nous n'eftoit fur ce pourvu de remede de juftice. Par quoy Nous, ces chofes confidérées, voulans relever noz fujets de toutes pertes, peines, dommages & vexations indues, & leur pourvoir ainfy que les cas le requierent, vous mandons & commettons par ces préfentes, que vous vous informez ou faites informer diligemment & bien, de & fur le profit ou dommage que pourrions avoir à muer l'auditoire defdittes aides, du lieu où il eft en la falle du Palais, & l'information que faite aurez fur ce, renvoyez par-devers Nous avec votre avis, pour y pourveoir ainfi que verrons eftre à faire par raifon. *Donné au Breuil-d'Oyze, le neuf Septembre 1454, & de notre regne le 32.ᵉ* Signé. *Par le Roy.* CHALIGAULT.

NOTE.

(a) Ces lettres nous ont été communiquées par M. *Chrétien*, Confeiller en la cour des Aides. Elles avoient été extraites des regiftres de la cour des Aides, qui n'exiftent plus aujourd'hui ayant été brûlés dans le dernier incendie du Palais. On voit par une note qui y eft jointe, que les Généraux de la juftice des Aides, demandoient que leur auditoire fût *dans la falle du Palais, joignant la chapelle, en l'auditoire des Requêtes de l'hôtel en ladite chapelle.*

CHARLES
VII,
au Breuil-
d'Oyze, le
15 Septembre
1454.

(a) Lettres de Charles VII, par lesquelles il enjoint au Parlement de Paris, de s'affembler en nombre suffifant, nonobftant les vacations, pour vifiter les procès qui s'étoient accumulés, & faire fur iceux les arrêts & appointemens, qui feroient prononcés dès que les féances du Parlement recommenceroient.

CHARLES, par la grace de Dieu, roy de France, à noz amez & féaulx Confeillers les Préfidens & autres noz Confeillers en noftre Court de Parlement, eftant à *Paris*, falut & dileccion. Comme pour la grant multitude des caufes & procès qui eftoient pendans en noftredicte Court & qui de jour en jour y furvyennent, & pour le foulagement de noftre peuple, Nous ayons ordonné certains grans jours eftre tenuz en noz villes de *Poictiers* & de *Montferrant*, & pour ce faire, envoyé aucuns Préfidens & Confeillers de noftredicte Court & autres pour vacquer & entendre à l'expédition defdictes caufes &

NOTE.

(a) Regiftre du Parlement intitulé *Ordinationes Barbinæ*, coté D, fol. 151 r.°

CHARLES
VII,
au Breuil-
d'Oyze, le
15 Septembre
1454.

procès ; toutefvoies Nous avons entendu que encores font demourez en
noftredicte Court plufieurs procès, lefquels font receuz dès longtemps a,
pour juger, & que encores eftes plufieurs de nofdis Préfidens & Confeillers
en noftredicte ville de *Paris*, qui pendant les vacquations de noftredit Parlement pourrez befongner ou fait defdiz procès & les vifiter & juger, ce que
ne pourriez faire, ledit Parlement vacant, fans avoir fur ce expreffe commiffion
de Nous, ainfi qu'il Nous a efté dit & remonftré.

Pour quoy Nous, voulans l'abbréviacion des caufes & procès de nozfubgietz,
vous mandons, commandons & expreffément enjoignons, que pendant &
durant lefdictes vacquations de noftredit Parlement, vous vous affemblez en l'une
des chambres de noftredicte Court, en nombre fouffifant & tel que verrez
eftre à faire, & procedez à veoir & vifiter & juger les procès que verrés
eftre receuz & en eftat de jugier; & fur iceulx faictes vos arreftz & appoinctemens jufques à la prononciation d'iceulx ; lefquelz voulons eftre prononcés
en noftredicte Court, incontinent qu'il fera féant, & le pluftoft que faire fe
pourra. De ce faire vous donnons povoir, commiffion & mandement efpécial,
par ces préfentes, nonobftant que noftredit Parlement foit cloz, & quelzconques mandemens ou défenfes à ce contraires. *Donné au* Brueil-d'Oyze,
le quinziefme jour de Septembre, l'an de grace mil CCCC *cinquante & quatre,
& de noftre règne le* XXXII. Sic fignatum : *Par le Roy en fon Confeil.* DANIEL.
Collacio facta eft.

CHARLES
VII,
à Mehun-
fur-Yevre, le
14 Novembre
1454.

*(a) Lettres de Charles VII, touchant la fraternité des Officiers du
Parlement de Touloufe avec ceux du Parlement de Paris.*

CHARLES, par la grace de Dieu, roy de France, à tous ceux qui ces
préfentes Lettres verront, falut. Comme pour le bien de juftice, &
relever nos fubjets des vexations & travaux, Nous ayons ordonné noftre
Parlement être tenu pour notre Cour fouveraine, tant à *Paris* comme à
Touloufe, par nos amez & féaux les Préfidens & Confeillers par Nous inftituez
& ordonnez pour ce faire en chacun defdits lieux de *Paris* & de *Touloufe,*
lefquels y ont de Nous telle puiffance & authorité les uns comme les autres;
& par ce, doivent iceux Préfidens & Confeillers de chacun defdits Parlements,
eftre tenus & réputez unis & recueillis & honorez les uns les autres, & comme
faifant un même Parlement, & néantmoins pour les termes & limites par Nous
donnez & ordonnez & conftituez à iceux Parlemens, en pourroient avoir
entr'eux différence telle, que quand aucuns de nos Préfidens ou Confeillers de
l'un de nofdits Parlemens voudroit ou viendroit en l'autre, comme ceux de
notre Parlement de *Touloufe,* pour leurs affaires particulières, ou autrement, fe
trouveroient à *Paris,* que ceux de notre Parlement de *Paris* fiffent difficulté de
les recevoir avec eux, & de leur bailler & donner lieu & voix, & notredit
Parlement de *Touloufe,* à ceux de notre Parlement de *Paris* qui fe trouveroient
à *Touloufe,* ce que ne voulons aucunemeut fouffrir ne tolérer; fçavoir faifons, que
Nous voulans nofdits Préfidens & Confeillers de chacun de nofdits Parlemens,
& de chacun d'eux eftre tenus & réputez tous uns, & y demourer en notre
fervice en bonne union & fraternité, fans fouffrir, pour caufes des limites d'iceux
Parlemens, avoir entr'eux aucune différence: avons voulu & ordonné, voulons
& ordonnons par ces préfentes, que toutes & quantes fois que aucuns de nos

NOTE.

(a) Hiftoire de *Languedoc*, tome V, preuves, col. 14: elles font extraites des regiftres
du Parlement de *Touloufe.*

Préfidens & Confeillers de notre Parlement de *Touloufe* fe trouveront en notre ville de *Paris* pour leurs affaires, ou autrement, & fe préfenteront en notre Parlement de *Paris* pour y être reçeus en leurfdits offices; que ceux de notredit Parlement de *Paris* foient tenus de les y recevoir, & leur bailler lieu entr'eux, felon le temps de leur inftitution faite à *Touloufe*, & dont il apparoitra par certification qu'ils en apporteront de notredit Parlement de *Touloufe*, fans ce toutefois, que pour ce doivent ne puiffent prendre ni demander aucuns gages de Nous; & que femblablement faffent nos Préfidens & Confeillers de notredit Parlement de *Touloufe* à nos Préfidens & Confeillers de notredit Parlement de *Paris*, qui pour leurs affaires, ou autrement, fe trouveront en notredite ville & en notredit Parlement de *Touloufe*. Si donnons en mandement par ces mêmes préfentes, à nos amez & féaux les gens tenans & qui tiendront nofdits Parlemens tant à *Paris* comme à *Touloufe*, que notre préfente ordonnance & volonté, chacun en droit foi, tiennent & gardent, & faffent tenir & garder fans enfreindre, &c. En tefmoin de ce Nous avons fait mettre notre fcel à cefdites préfentes. *Donné à Mehun-fur-Yeure, le XIV jour de Novembre, l'an de grace M. CCCC. LIV. & de notre regne le XXXIII. Par le Roy en fon Confeil.* ROLANT.

CHARLES
VII,
à Mehun-
fur-Yevre, le
14 Novembre
1454.

(a) Lettres de Charles VII, par lefquelles il ordonne que les caufes concernant la collecte des deniers du Roi en Vermandois, foient dorénavant portées en première inftance au bailliage de Vermandois; & qu'elles foient renvoyées devant les Tréforiers de France à Paris, fi le droit du Roi eft contefté.

CHARLES, &c. au Baillif de *Vermandois* ou fon Lieutenant, falut. Comme pour la confervation & garde de nos droits, & pour éviter le travail & empefchement de nos fujets, noftre Procureur en voftredit bailliage ait nagueres préfenté à noz amez & féaulx Confeillers les Tréforiers de France, eux eftans à *Paris*, certains articles par lefquels il leur auroit expofé que le collecteur de *Vermandois* faifoit chacun jour ajourner, traicter & convenir nos fujets demeurans audit bailliage, par-devant nofdits Confeillers les Tréforiers, ou nos Confeillers fur le fait de la juftice de noftre tréfor à *Paris*, en quoy nofdits fujets eftoient grandement intéreffez & travaillez, & euffent plaidé & plaidoient à moindre frais par-devant vous ou vofdits lieutenans, où noftredit Procureur ou fon fubftitut eft continuellement pour noftre droit garder, que en noftredit Tréfor; en requérant à nofdits Confeillers les Tréforiers, qu'ils voulfiffent ordonner lefdites caufes touchant ladicte collecterie, eftre dorefnavant traitées par-devant vous ou vofdits Lieutenans: fur laquelle requefte nofdits Confeillers les Tréforiers, ouys fur ce noftredit Procureur en noftredit auditoire dudit tréfor & le collecteur de *Vermandois*, & eu fur ce par eux confeil & avis & délibération, ont ordonné & appointé que toutes les caufes jà inftruites en iceluy noftre tréfor, y demeureront & feront décidées & déterminées; & au regard des caufes mues & pendantes par-devant vous ou vofdits lieutenans, éfquelles noftre droit feroit nié par la partie adverfe ou aucun fon adjoint, telles caufes feront par vous ou vofdits lieutenans, en quelqu'eftat qu'elles foient, renvoyées avec les parties adjournées, à certain jour, par-devant nofdits Tréforiers ou nos Confeillers fur le fait de la juftice de noftre Tréfor en leur

NOTE.

(a) Œuvres de *J. Bacquet*, édit. de 1744, page 557.

auditoire au Palais à *Paris*, pour illec être décidées & déterminées à fin due ; & au regard des caufes qui dorefnavant fe commenceront, tant à caufe des aubaines, efpaves, baftards & formariages, & autres touchant ladite collecterie, elles feront introduites & commencées en premiere inftance par-devant vous ou vofdits lieutenans ; & èfquelles aucun nieroit noftre droit, feront femblablement renvoyées en l'état qu'elles feront, avec les parties adjournées, par-devant nofdits Tréforiers ou Confeillers en leurdit auditoire à *Paris ;* & fi èfdites caufes qui font & feront pendantes par-devant vous ou vofdits lieutenans, faites négligences tellement que nofdits droits en foient longuement retardez, en ce cas nofdits Tréforiers ou Confeillers les pourront évoquer ou faire renvoyer par-devant eux. Et outre, nofdits Confeillers les Tréforiers ont ordonné que s'aucuns biens eftoient ou font mis en la main d'aucuns Seigneurs prétendans droit èfdites mortes-mains, efpaves & aubaines ; & auffi fi ledit collecteur fait aucune chofe mettre en noftre main, & qu'il y ait oppofition par aucun, afin d'avoir le droit de main-morte : les caufes fur lefdites main-mifes feront introduites en premiere inftance par-devant eux ou lefdits Confeillers fur le fait de la juftice de noftredit Tréfor, pour illec être décidées & déterminées. Pour quoy nous vous mandons & commettons par ces préfentes que ladite Ordonnance & appointement de nofdits Confeillers les Tréforiers, vous mettiez à exécution due, felon fa forme & teneur, en faifant par vous ou vofdits lieutenans, les renvoys defdites caufes en quelque état qu'elles foient, avec les adjournemens, par la forme & maniere ordonnée par nofdits Tréforiers. Et au cas que de ce faire feriez refufans, dilayans & en demeure, Nous mandons & commettons par ces préfentes, à l'huiffier dudit Tréfor, ou au premier noftre fergent, qu'ils faffent lefdits renvoys & adjournemens par la maniere que dit eft, en certifiant fuffifamment, audit jour, nofdits Tréforiers & Confeillers, de tout ce que fait en fera ; aufquels Nous mandons, & pour les caufes deffufdites, commettons, fi metier eft, que aux parties ouyes faffent bon & brief droit & expédition de juftice : car ainfi le voulons, & Nous plaift eftre fait par ces préfentes, nonobftant quelconques Lettres fubreptices impétrées ou à impétrer à ce contraires. *Donné à* Paris, *le 15 jour de Novembre, l'an de grace 1454, & de noftre regne le 33.* Signé par le Confeil eftant en la Chambre du Tréfor à *Paris. J. DE VAILLY.*

Regiftrées au Tréfor le 10 Mars enfuivant.

CHARLES
VII,
à Mehun-
fur-Yevre, le
16 Décembre
1454.

(a) Lettres de Charles VII, par lefquelles il confirme un accord fait entre fes Plénipotentiaires & ceux du Roi d'Arragon, au fujet d'une impofition fur les marchandifes qui paffent d'un Royaume à l'autre.

KAROLUS, *Dei gratiâ Francorum rex, notum facimus univerfis tàm prefentibus quàm futuris, quòd cùm dudùm difplicenter audiviffemus & in maximam querelam noftræ Majeftati deductum & fignificatum fuiffet, quòd poft certam concordiam inter nonnullos noftros Commiffarios, & etiam Commiffarios dilectiffimi confanguinei noftri regis* Arragonum *fufficienti poteftate fuffultos, inhitam & firmatam, pacis æmulo procurante, inter vaffallos & fubditos noftros & dicti confanguinei noftri regis* Arragonum, *aliquæ diffenfiones, divifiones & inimicitiæ, & indè prædæ*

N O T E.

(a) Tréfor des Chartes, Regiftre 187, acte 98. — *MSS. de Colbert,* vol. LIV, page 1037. Voyez fur cet accord l'Hiftoire de *Languedoc,* t. V, p. 16, n.° 23.

personarum, bonorum detentiones & occupationes secutæ fuerant, aditusque & exitus ipsorum regnorum, sicuti pro communi utilitate ipsorum expedit, ferè interdictus erat, adeoquè commercia & negociationes solitæ turbatæ & impeditæ erant, ex quo certum arrendamentum, per dictos nostros & consanguinei nostri regis Arragonum Commissarios, de jure seu juribus sive vectigalibus trium & duorum denariorum pro librâ, per ipsos pro pacificatione marcharum & contra-marcharum tunc inter subditos nostros ac dicti consanguinei nostri existentium, & pro solutione dampna passorum impositis factum, indebitè, fraudulenter & clàm, multoque minori precio & excessivo tempore quàm deceret, quibusdam mercatoribus & aliis personis de utrâque dittione factum fuerat, itaque dictis damna passis commodè non satisfiebat, dictique arrendatores & eorum collectores & officiarii super hoc depputati, in exactione & collectione dictorum jurium sive vectigalium, mercatores gravabant, molestabant & damnis afficiebant, mercantiaque invadebatur & turbabatur, ex quibus damna quàmplurima, non tantùm vassallis nostris & dicti consanguinei nostri, sed etiam juribus nostris multimodè pervenerant, & fortius pervenire sperabantur; super quibus omnibus, & pro obviandis damnis & scandalis profuturis, medio certorum ambaxiatorum per dulcissimam consanguineam nostram Reginam Arragonum, consortem & locumtenentem generalem dicti consanguinei nostri Regis Arragonum, pluriès ad nos super hoc transmissorum, concordatum fuisset inter nos & dictam consanguineam nostram, quòd certi Commissarii per nos & ipsam Reginam Arragonum locum tenentem eligerentur, qui in unum convenirent, & super prædictis communicarent, practicarent, tractarent & salubriter providerent; nosque cupientes ex animo semper pacem, unionem & amicitiam inter nos & dictum consanguineum nostrum carissimum Regem Arragonum acthenùs servatam conservare, bonumque statum & tranquillum reipsâ regnorum & vassallorum nostrorum & dicti consanguinei nostri procurare & augere, futurisque dissensionibus, damnis & scandalis possethenùs obviare, per nostras patentes Litteras alias dilectos & fideles nostros Episcopum Carcassonensem generalem Consiliarium nostrum super facto omnium financiarum nostrarum, Tanguidum de Castro militem, Cambellanum nostrum, & Ottonem Castellani tunc Thesaurarium Tholosæ nunc verò argentarium nostrum, etiam Consiliarios nostros, commisimus & deputavimus, plenam, liberam & amplam potestatem super prædictis omnibus revidendis, emendandis, corrigendis, reparandis & in melius refformandis, eis attribuendo; qui quidem Commissarii nostri & dictæ consanguineæ nostræ Reginæ Arragonum, locum tenentem, super prædictis omnibus & singulis in villâ nostrâ Montispessulani convenerint : coràm quibus, pro parte procuratorum & deffensorum Reipublicæ utriusque dittionis super hoc creatorum & institutorum, certæ querelosæ petitiones atque demandæ contra & adversùs Joannem Nicolai mercatorem dictæ villæ nostræ Montispessulani, & Johannem de Lobiere, civem Barchinonæ, firmarios seu arrendatores ad tempus sexaginta octo annorum cum dimidio, alterius dictorum jurium, scilicet juris trium denariorum pro librâ, super rebus & mercibus quæ de uno dictorum regnorum & vice versâ in aliud vehuntur & transportantur, per dictos olim Commissarios pro satisfactione damna passorum impositi, quod arrendamentum dicti procuratores & deffensores reipublicæ, pluribus de causis per eos deductis, nullum, invalidum & inefficax fuisse & esse prætendebant, & ideò tanquàm tale, juribusque rerum publicarum dictorum regnorum præjudiciabile & damnosum, fore & esse cassandum, adnullandum & revocandum pronunciari per dictos Commissarios requirebant; & etiam contra dictum Joannem de Lobiere, commendatarium ad tempus viginti sex annorum, alterius juris seu impositionis dictorum duorum denariorum pro librâ, super dictis mercibus & bonis quæ de uno dictorum in aliud transportantur etiam impositi, quam commendam nullam & invalidam esse prætendebant, pluribus rationibus & causis super hoc deductis, & ideò fore revocandam similiter pronunciari requirebant; & ulterius, contra & adversùs quamplurimos utriusque regnorum & dittionum prædictarum districtuales, subditos & vassallos, se prætendentes damnificatos,

CHARLES
VII,
à Mehun-
fur-Yeure, le
16 Décembre
1454.

& per dictos olim commiſſarios in & ſuper dicto jure iniquè, injuſtè, & cum falſis probationibus, & aliis ex cauſis minimè veris, & ipſis malè diſcuſſis, pro certis magnis pecuniarum ſummis, ut prætendebant iidem procuratores & deffenſores reipublicæ, collocatos, ob quod ipſa reſpublica dictorum duorum regnorum, malè & injuſtè tractata fuerat, erat quoque & remanebat læſa grandi & enormi jacturâ, quæ tanto plùs afficiebat ipſam rempublicam, quanto erat diutiùs duratura, quas collocationes, tanquàm injuſtas & iniquas ex cauſis prædictis & aliis pluribus racionibus ſuper hoc deductis, retractare, revocare & adnullare pariter poſtulabant; quibus oblatis petitionibus, & ipſis viſis, vocatiſque dictis firmariis ſeu arrendatoribus, commendatario, & prætenſis damnificatis, in dicto jure collocatis, contra quos dictæ petitiones oblatæ fuerant, & ipſis in omnibus hiis quæ dicere, proponere & allegare voluerant, ad plenum auditis, cum cauſæ cognitione dictum & declaratum fuerit, dicta jura ſive impoſitiones trium & duorum denariorum, à poſſe & manibus dictorum arrendatorum & commendatarii ſequeſtranda fore & ſequeſtrari debere; quod quidem ſequeſtrum juxta dictam declarationem executioni demandatum fuerit, & indè prædicti Commiſſarii compota dictorum arrendatorum & commendatarii, de receptis & adminiſtratis per eos, de juribus antedictis, à die ſeu diebus contractuum dictorum arrendamenti & comandæ, coram dictis Commiſſariis & ex eorum ordinatione tradita & præſentata, per certos auditores & calculatores in talibus expertos diligenter videri, examinari & calculari fecerint; quibus viſis & diligenter examinatis, ac maturâ deliberatione ſuper hoc habitâ, viſum fuerit atque concluſum per & inter eoſdem Commiſſarios, quòd etiamſi & ubi dictum arrendamentum trium denariorum & commenda duorum, in præjudicium, læſionem atque gravamen Reipublicæ, & aliàs, nulliter & indebitè facta fuiſſe & eſſe, & proptereà revocanda & adnullanda fore viderentur, nihilominus prædictis arrendatoribus juris trium denariorum, & eorum perſonneriis, ex quibuſdam certis cauſis tradi debebant novem mille ſexcentæ libræ monetæ Barchinonæ & in Cathaloniæ Principatu nunc currentis, quas dicti arrendatores & perſonnerii expoſuerant, in ſolutione certorum onerum & aliorum negociorum, factum dicti arrendamenti tangentium, ultra & præter receptas per eoſdem, factas ex prædicto jure trium denariorum; & etiam tradi & deliberari poterat & debebat, ipſorum Commiſſariorum ex parte, dicto Johanni de Lobiere, commendatario alterius juris duorum denariorum pro librâ, tam pro ſalario & laboribus adminiſtrationis dicti juris, per eum impenſis per totum tempus quo adminiſtrationem ipſam tenuit, quàm etiam pro obtinendâ à dicto Johanne de Lobiere liberâ renunciatione dictæ commendæ & contractûs ejuſdem, ſumma mille florenorum Arragonenſium: quibus duabus ſummis novem mille ſexcentarum librarum monetæ Barchinonæ & mille florenorum Arragoniæ mediantibus, & ex parte dictorum Commiſſariorum ſolutis ſeu deppoſitis, ex communi concordiâ, prædicti arrendatores & eorum perſonerii, & commendatarius, dictis arrendamento & commandæ & eorum contractibus, ad utilitatem Reipublicæ gratis & ſponte renonciaverint, quâ renonciatione non obſtante, inſtantibus dictis procuratoribus & deffenſoribus Reipublicæ, & pro majori ſecuritate ejuſdem Reipublicæ, vocatis legitimè dictis arrendatoribus & commendatario, & omnibus proceſſibus prædictis viſis & diligenter inſpectis, ac digeſtâ deliberatione prohabitâ, jam dicti Commiſſarii contractus dictorum arrendamenti & commandæ jurium ſeu vectigalium prædictorum factos & paſſatos, traditionemque & deliberationem dictorum jurium, unà cum omnibus aliis eorumdem contractuum prætextu ſeu virtute ſubſecutis, nullos invalidos & inefficaces fuiſſe & eſſe, ipſoſque contractus, traditionem, deliberationem, & omnia alia, ſicut præmittitur, indè ſecuta, tanquàm nullos, invalidos inefficaces, juribuſque rerum publicarum dictorum regnorum præjudiciabiles & dampnoſos, fore & eſſe caſſandos, adnullandos, & revocandos promunciaverunt & declaraverunt, & eos tenore dictæ eorum ſententiæ caſſaverunt, adnullaverunt & revocaverunt. Et præ;tereà dicti Commiſſarii utriuſque dittionis, venientes ad cauſas allocationum prædictarum, per dictos olim Commiſſarios in favorem dictorum prætenſorum damnificatorum utriuſque dittionis, pro pluribus & diverſis magnis

pecuniarum

pecuniarum summis in sententiis super hoc per eos factis, latis & declaratis, in gravem læsionem Reipublicæ factarum, attentis impugnationibus per dictos procuratores & deffensores Reipublicæ factis, datis visisque & diligenter inspecturis responsionibus & deffensionibus dictorum prætensorum damnificatorum, legitimè vocatorum, & processibus super hoc agitatis, & aliis per dictos olim Commissarios super dictis collocationibus factis, cum maturitate & studio recensitis, per eorum sententiam diffinitivam plures ex dictis collocationibus quæ summam universalem quinquaginta sex mille tricentarum viginti unius librarum & undecim solidorum monetæ fortis olim in civitate Barchinonæ currentis, videlicet quadraginta duorum millium octuaginta novem librarum, unius solidi & quatuor denariorum turonensium, valentium viginti quinque mille ducentas quinquaginta tres libras, octo solidos & novem denarios Barchinonenses, pro parte districtualium & subditorum nostrorum, & triginta unius mille sexaginta octo librarum & duorum solidorum Barchinonensium, pro parte districtualium regni Arragonum, in universo capiebant, fore & esse revocandas, cassandas & adnullandas pronunciaverunt & declaraverunt, illasque tanquam indebitas & injustas, & de causis minùs rationabilibus atque veris & in fraudem ac enormem læsionem Reipublicæ utriusque regnorum prædictorum factas revocaverint, cassaverint & adnullaverint ; & successivè facto per dictos Commissarios appunctamento, & firmâ deliberatione de solvendis aliis utriusque ditionis districtualibus in sententiâ dictorum olim Commissariorum olim nominatis, realiter dampna passis, & quos dicti Commissarii moderni benè, justè & debitè invenerunt collocatos, qui cùm ex ordinatione & provisione dictorum olim Commissariorum, quantitates suas, pro quibus collocati fuerant, per tempora dictorum sexaginta octo annorum, essent recepturi, ex quo tempore discussis annis decem usque ad tempus commissionum per nos & dictam consanguineam nostram Reginam Arragonum dictis Commissariis datarum, restabant quinquaginta octo cum dimidio ; & habito per & inter eos maturo tractatu ac diligenti deliberatione cum mercatoribus & aliis probis viris in similibus rationibus expertis, dictis nostris Commissariis visum fuisset & per eos deliberatum, utilius & commodius fore dictis damnificatis collocatis, eos habere ac sibi dari sine morâ temporis tres solidos pro unâquaque librâ suarum restantium summarum seu quantitatum, quàm solutiones illarum per dictos quinquaginta octo annos cum dimidio expectare, idque fore conveniens & magis expediens Reipublicæ, ne tempore tanto, alieno ære teneretur, & solutione dicti juris sive impositionis diutiùs opprimeretur & affligeretur; maximè considerato quòd major pars dictorum damnificatorum collocatorum jam perantea suas collocationes dictis firmariis & arrendatoribus ad rationem duorum solidorum pro librâ, vendiderant & alienaverant, dictique firmarii & arrendatores easdem collocationes per eos emptas, dictæ Reipublicæ in favorem liberationis dicti juris, pro eisdem preciis quibus eas acquisiverant, sponte & liberè remiserant seu remittere obtulerant ; & etiam considerato salubriùs esse dictis collocatis nec non Reipublicæ dictorum regnorum, inpromptu eis satisfieri de summâ justâ & rationabili, quàm diuturnas & annuales solutiones expectare, certisque aliis justis considerationibus & respectibus moti & inducti, virtute potestatum eis accidentarum, dictas collocationes restantes ad summam trium solidorum pro quâlibet librâ reduxerunt, quam summam, sive precium trium solidorum pro librâ, de summis adsolvendis restantibus, & ultra summas per eos jam receptas, seu quas recipere debuerant & poterant, eisdem realiter & inpromptu solvi & tradi ordinaverint, dictâque summâ & ipsius solutione mediante, jus prædictum seu Rempublicam fore & esse exoneratam & liberatam à dictis collocationibus, quæ summam centum triginta sex mille librarum monetæ fortis olim currentis in dictâ civitate Barchinonæ, in universo capiebant, declaraverint; & sic ex præmissis totum æs alienum, quo ipsa Respublica utriusque ditionum prædictarum, ex causis dictarum marcharum & contramarcharum, vel prætextu seu occasione earum, tenebatur, affligebatur seu opprimebatur usque in præsentem diem, ad summam quinquaginta trium millium librarum Barchinonensium monetæ nunc in Cathaloniæ principatu currentis, in quibus comprehenditur totum id quod est

CHARLES VII, à Mehun-sur-Yevre, le 16 Décembre 1454.

CHARLES
VII,
à Mehun-
fur-Yevre , le
16 Décembre
. 1454.

folvendum creditoribus reftantibus in fuis bonis collocationibus , ad rationem trium folidorum pro librâ, & etiam dictis arrendatoribus, occafione dictarum collocationum per eos emptorum, & dictis novem mille fexcentis libris dictæ monetæ Barchinonenfis jam eis ex concordiâ prædictâ, & pro renunciatione dicti arrendamenti & illius contractûs obtinendâ exfolutis, comprehenduntur in dictâ fummâ quinquaginta trium millium librarum , omnia illa cenfualia quæ per dictos olim Commiffarios fuere vendita & creata fuper emolumenta dicti juris five impofitionis duorum denariorum pro librâ, quæ quidem cenfualia antiqua fumma de proprietatibus five principalibus fortibus quindecim millium centum quadraginta fex librarum novem folidorum & quinque denariorum Barchinonenfium fortis monetæ in principatu jam dicto Cataloniæ curfum habentis capientia, reftant fuper juribus prædictis trium & duorum denariorum impofita & onerata, & pro quibus creditores cenfaliftæ jura prædicta & eorum emolumenta habent & tenent obligata, & demùm in dictâ quinquaginta trium millium librarum fummâ comprehenduntur, & funt inclufæ omnes & fingulæ pecuniarum quantitates debitæ tam pro falariis dictorum Commiffariorum utriufque regni & ditionis prædictorum notariorum & fcribarum, procuratorum & deffenforum Rei-publicæ, quàm etiam pro remuneratione jurifperitorum, auditorum, examinatorum compotorum, præconum, fervientum, & aliarum perfonarum quæ circa dictæ commiffionis & negocii expeditionem variis modis dicuntur vacaffe & laboraffe: animadvertentes prædicti noftri & dicti confanguinei noftri Regis Arragonum Commiffarii, atque multis ftudiis & meditationibus propenfantes quibus viâ, modo & formâ ipfa Refpublica utriufque regnorum prædictorum meliùs & utiliùs ac cum minori fui dampno & jacturâ poffet dictarum quinquaginta trium mille librarum æris alieni hujufmodi onere eximi, quittari & liberari, & fuper hoc diverfis tractatibus & deliberationibus cum mercatoribus & aliis in talibus expertis habitis, & omnibus viis penfatis, eis vifum fuerat commodius, utilius & decentius, imò neceffarium fore ipfi Reipublicæ utriufque regnorum prædictorum, dicta duo jura five impofitiones trium & duorum denariorum pro librâ coadunari, & illis jam à poffe dictorum arrendatorum & commendatarii liberatis, non per partes, fed infimul, unum jus feu impofitum quinque denariorum imponì & confirmari, inquantari, licitari, vendique & arrendari debere illis perfonis quæ ad rationabile & minus tempus, ipfum jus voluerint emere feu arrendare, fufcipiendo in fe onus folutionis dictarum quinquaginta trium mille librarum, & pro illarum precio, quòd fi jus ipfum per eofdem Commiffaries commendaretur, vel aliàs colligi feu levari ordinaretur; in cujus deliberationis execcutione prædicti Commiffarii de utrâque ditione volentes parare quafcumque utiliores vias & formas ad dictum arrendamentum faciendum, ut faciliùs & cum minori arrendamentorum onere fieri poffet, & per confequens ad minus tempus, ut ipfa refpublica quanto citiùs poffet ab impofitione & exactione dicti juris & oneris effe libera & exempta, difpofuerint & ordinaverint quòd dictæ quinquaginta tres mille libræ, quas de neceffitate fore precium arrendamenti hujufmodi conveniebat, non ftatim in pecuniâ numerabili tradendæ forent, fed quòd ex illis folverentur & folvi haberent realiter certa pars neceffaria ad folutionem quantitatum tradendarum damna paffis collocatis & prædictis, afcendentium fummam feptem millium fexcentarum decem & feptem librarum octo folidorum & unius denarii Barchinonenfis, & ad folutionem falariorum & onerum debitorum pro eorum commiffione, quæ prædicta dilationem non expofcebant, & refiduum effet in cenfualibus, juxta morem Cataloniæ, quòd arren-datores vel emptores dicti jurisacciperent & acceptarent fupra fe, ad onus folvendi, quittandi & redimendi illa videlicet cenfualia quæ per dictos olim Commiffarios creata fuerant, vendita & onerata fuper emolumentis dicti juris duorum denariorum, & alia cenfualia per dictos modernos Commiffarios facta & creata pro habendis illis novem mille fexcenta libris Barchinonenfibus quæ dictis olim arrendatoribus & eorum perfo-neriis per dictos Commiffarios traditæ & folutæ fuerant; & donec ea cenfualia forent licita atque redempta, folverent arrendatores prædicti, eorum annuas penfiones, juxta modum & formam confuetos, expofuerint Commiffarii præfati, jam dictum jus quinque

CHARLES
VII,
à Mehun-
fur-Yevre, le
16 Décembre
1454.

*denariorum pro librâ, venale fic feu rendale, & ipfum jus palàm & publicè licitari
& proclamari fecerint, videlicet dicti noftri Commiffarii in villâ noftrâ Montis-
peffulani, & etiam in civitatibus, villis & locis Bitterris, Narbonæ, Carcaffonæ,
Tholofæ, Nemaufi, fupra pontem Rodani fecùs Avinionem, Sancti-Saturnini
de Portu, aliàs Pontis-Sancti-Spiritûs, Vreciæ, Villæ-novæ de Bereo, Pedenacii
& Montaniacii, & dicti Commiffarii præfati confanguinei noftri regis Arragonum,
in civitatibus, villis & locis Barchinonæ, Gerondæ, & Perpiniani, ditionis &
dominationis dicti noftri confanguinei regis Arragonum, dictafque licitationes, pro-
clamationes & publicos inquantus, per legitima temporum intervalla, & ultrà, fcilicet
per fpatium novem menfium continuum, & omnes folemnitates in talibus fervari folitas
adhiberi fecerint; quibus licitationibus, inquantibus, fubaftationibus & præconifatio-
nibus prædictis modo jam dicto factis, & ad inveniendum emptores feu arrendatores
juris prædicti inveftigatione, tractatu, diligentiâ & folemnitatibus prædictis adhibitis,
prædictum jus quinque denariorum pro librâ per dictos Commiffarios de utrâque ditione
indicto inquantu publico, & infra logiam novam mercatorum dictæ villæ Montifpef-
fulani, in quâ prædicti inquantus per longa temporum intervalla continuati fuerant,
in præfentiâ plurium perfonarum in multitudine copiosâ, ad fonum tubæ & mandatum
dictorum Commiffariorum congregatarum, ad & per tempus triginta unius annorum
& duorum menfium, Michaëli Tinturem, mercatori dictæ villæ noftræ Montif-
peffulani, & Petro de Fonte-Cohoperto, militi, habitatori Perpiniani, tanquàm
ultimis offerentibus magis idoneis & qui ad minus & qui ad tempus in jure
prædicto obtulerunt, quàm alii quicumque, cum & fub certis conditionibus, califfi-
cationibus & capitulis fuper hoc concordatis, & in proceffu & contractu fuper
hoc factis de verbo ad verbum infertis, & quas & quæ hic volumus haberi pro
expreffis, vendiderint & liberaverint, obligationemque & fecuritatem fufficientes
de folvendis dictis quinquaginta tribus mille libris Barchinonenfibus & penfionibus
occafione dictorum cenfualium debitorum, dictifque cenfualibus* licend. infra dictum* * Sic.
*tempus triginta unius annorum & duorum menfium à dictis firmariis & arrenda-
toribus exigerint, confervatorefque dicti juris & eorum locum tenentes, acceffores,
notarios, fcribas & alios officiarios per quos jus prædictum tempore dicti arrendamenti durante tueretur, regeretur, gubernaretur & deffenderetur, fub certis vadiis
& falariis annuis per dictos arrendatores exfolvendis, inftituerint, creaverint, & elegerint, prout præmiffa omnia & fingula magis latè & extensè per dictos confiliarios
noftros epifcopum Carcaffonenfem, & Ottonem Caftellani, Commiffarios noftros,
Nobis & Gentibus noftris Magni Confilii dicta & remonftrata fuerunt, & in proceffibus fuper factis, & etiam contractu dictæ venditionis feu arrendamenti dicti
juris fuper hoc recepto per Petrum Granerii notarium & fcribam dictæ commiffionis,
gentibus dicti Magni noftri Confilii exhibito, feriofiùs dicuntur contineri: Nos itaque
ad prædicta omnia & fingula mentis oculos erigentes, confiderantes effe æquum &
juftum, femel conceffam aucthoritatem & poteftatem efficacem effe, nec infringi
debeant aut poffint ea quæ ex communi confenfu dictorum Commiffariorum utriufque
Domini, maximè ad utilitatem & exonerationem reipublicæ, conclufa fuiffe dignof-
cuntur: eapropter, de noftrâ certâ fcientiâ, auctoritate regiâ, fpecialique gratiâ
& poteftatis plenitudine, per Nos, & noftros in futurum fucceffores, omnia &
fingula fuprà dicta, & alia quæcumque per dictos noftros Commiffarios & Commiffarios
dicti confanguinei noftri regis Arragonum communiter & concorditer facta &
proceffa, ftatutaque & ordinata, appunctata, fententiata & conclufa virtute earum
commiffionum & poteftatum per Nos & dictam confanguineam noftram eis datarum,
tam fuper revocatione & recifione primi contractûs arrendamenti dicti juris, recifione
& retractione dictarum collocationum per dictos olim Commiffarios indebitè & ex
caufis minùs veris factarum, venditioneque, liberatione & arrendamento dicti juris
per eos factis, quàm fuper capitulis & articulis per eos concorditer factis & paffatis,
creationeque, provifione & inftitutione officiariorum per eos factâ fuper regimine
dicti juris, & omnia & fingula in dictis proceffibus & contractu venditionis &*

CHARLES
VII,
à Mehun-
sur-Yevre, le
16 Décembre
1454.

arrendamenti dicti juris per eos factis contenta & descripta, quæ hìc haberi volumus pro expressis, laudamus, ratificamus, approbamus & ea concedimus, eaque omnia & singula tenenda & observanda, tenerique & observari ad omnem utilitatem juris prædicti, & emptorum seu arrendatorum illius, & eorum qui super dicto jure censualia mortua emerunt, ubiquè inviolabiliter & per quoscumque cujuscumque aucthoritatis vel præeminentiæ existant, decernimus, & in verbo regis stabiliendo, stabilimus & ordinamus; decernentes, si quid in contrarium per Nos aut nostros Officiarios & Commissarios quàcumque authoritate vel potestate suffultos, aut aliàs, fuerit attemptatum, nullum, irritum & inane nulliusque efficaciæ seu valoris, quin imò talibus actibus, rescriptis vel provisionibus à Nobis seu dictis Officiariis aut Commissariis nostris, tanquàm subrepticiis & contra dispositionem ac mentem dictorum capitulorum & contractûs emanatis, nolumus quoquo modo pareri nec obtemperari, imò per conservatores dicti juris & illorum locum tenentes & accessores, illis actibus vel provisionibus aut rescriptis in contrarium obtentis non obstantibus, dicta capitula & omnia & singula in eis & contractu prædicto contenta teneri & inviolabiliter observari volumus & jubemus, nonobstantibus quibuscumque juribus, usibus & stilis contra hæc disponentibus, aut quovis modo eisdem obviantibus; mandantes dilectis & fidelibus consiliariis nostris Gentibus nostrum præsens Tholosæ, & quæ futura tenebunt Parlamenta, Generalibus per Nos super facto & regimine omnium nostrarum financiarum ordinatis & ordinandis, conservatori dicti juris & ejus locum tenenti & accessori, præsentibus & futuris, senescallis Bellicadri, Carcassonæ & Tholosæ, & gubernatori villæ nostræ Montispessulani, cæterisque justiciariis & officiariis nostris aut eorum loca tenentibus præsentibus & futuris, & eorum cuilibet prout ad eos pertinuerit, ac serie præsentium damus in mandatis, committendo si sit opus, quatenùs omnia & singula supradicta & in dictis capitulis, contractu venditionis & liberationis dicti juris, ac processibus per dictos Commissarios factis, & alia quæcumque per eos ordinata, appunctata, sententiata & conclusa, teneant, adimpleant & observent, tenerique, adimpleri, & inviolabiliter observari faciant, non permittentes in contrarium aliquid fieri nec attemptari, quinimò quæcumque in contrarium attemptata & innovata revocent, reparent, adnullent, revocari, reparari, adnullari & ad statum pristinum reduci faciant, visis præsentibus, indilatè, quos ad hæc noverint compellendos viriliter & rigidè compellendo, & infractores, attemptatores aut contrà venire præsumentes, juxta causam & delicti exigentiam pugniendo. Quæ ut stabilitatis perpetuæ robore solidentur, nostrum præsentibus Litteris sigillum duximus apponendum, nostro in cæteris, & quolibet alieno jure in omnibus semper salvis. Datum *Magduni* supra *Ebram*, decimâ sextâ die mensis decembris, anno Domini millesimo CCCC.ᵉ quinquagesimo quarto, & regni nostri XXXIII.ᵒ *Sic signatum.* Per Regem in suo Consilio.

DELALOERE.

Visa. Contentor.

(a) Lettres de Charles VII, contenant un Règlement pour la Chambre des Comptes.

CHARLES, par la grace de Dieu, roy de France, à tous ceulx qui ces préfentes Lettres verront : falut. Comme foit venu à noftre cognoiffance que jaçoit ce que ès comptes paffez, tant du temps & regne de feuz de bonne memoire noz très-chers feigneurs ayeul & pere, cui Dieu pardoint, comme auffy autres leurs prédéceffeurs & noftres, roys de France, ayent efté faictes & enrégiftrées en noftre Chambre des Comptes à *Paris*, à diverfes fois, plufieurs grandes & bonnes Ordonnances touchant l'ordre, conduite & gouvernement qu'auroient à tenir les Préfidens, Maiftres, Clercs, Greffiers & autres Officiers d'icelle Chambre, en befoignant à caufe de leurs offices, tant fur le faict & reddition des comptes généraulx & particuliers, comme fur aultres affaires que chacun jour & an fe traicteroient & furvenir pourroient en ladicte Chambre, ce nonobftant, pour la diverfité du temps depuis entrevenu, à l'occafion des guerres & divifions qui ont efté en noftredit royaulme, icelles Ordonnances ne fe font toujours entretenues, & n'ont efté du tout jufques ici gardées & obfervées comme befoing fuft pour le bien de Nous & de nos Officiers & affaires, à laquelle caufe avons puis n'agueres enjoinct & ordonné à noz amez & féaulx Confeillers les Préfidens & Maiftres de noftredicte Chambre des Comptes, qu'ils fe trouvaffent tous enfemble en icelle Chambre, pour veoir & advifer les deffufdites Ordonnances, en prendre & rédiger par efcript ce qui leur fembleroit eftre au bien de Nous & de nofdictes affaires, & au furplus, eû efgard au temps qui à préfent court, en advifer de nouvelles, & tout mettre en forme par articles, pour Nous eftre envoyées, affin d'en ordonner à noftre plaifir, ce qu'ils ont faict en grande dilligence, & en obéiffant à noftre commandement ont foigneufement vacqué & entendu à ce que dit eft, & Nous ayant préfentement envoyé par l'un d'eulx, les poinctz & articles par eulx advifez touchant cette matiere, le tout foubz noftre correction & bon plaifir, defquelz articles cy incorporez la teneur s'enfuyt.

(1) Et prémierement a efté advifé, & tout foubz le bon plaifir du roy, que dorefenavant l'huyffier de la Chambre des Comptes mettra à poinct depuis la St Remy jufques à Pafques, la grande Chambre, le grand bureau & les autres Chambres; & ordonnera par chacun jour, tout ce qu'il eft tenu de faire èfdites Chambres, avant qu'il foit fept heures fonnées au matin; & depuis Pafques jufques à ladicte St Remy, ordonnera & mettra à point tout ce que befoing fera èfdictes Chambres touchant fon office, avant fix heures du matin.

(2) *Item.* Et que depuis que ledit huyffier aura faict ce que dict eft cy-deffuz, il fe tiendra hors tous les huys de la Chambre, & là attendra la venue des Préfidens, Maiftres, Clercs & Greffiers, & leur ouvrera l'huys, & pareillement aux Officiers qui auront à compter, ou leurs Procureurs, & non à aultres fans le congé & licence de ceulx du grand bureau; & ne laiffera ledit huyffier, entrer aulcun defdits Officiers comptables ou leurs Procureurs, fe leurs Auditeurs ne font premierement venuz & entrez en ladicte Chambre.

(3) *Item.* Et depuis que lefdits Préfidens & Maiftres, ou trois d'iceulx feront venuz & entrez, ledit huyffier fe tiendra continuellement entre ou hors les huys de ladite Chambre, ayant une verge en fa main, jufques après que dix heures feront fonnées au matin, & après difner cinq heures.

NOTE.

(a) Regiftre de la Chambre des Comptes de *Paris*, coté K, fol. IIII^{xx}x. Ces Lettres font imprimées dans le recueil des Ordonnances par *Fontanon*, tome II, page 33.

CHARLES
VII,
à Mehun-
fur-Yevre, le
23 Décembre
1454.

(4) Item. Que tous les Clercs & Greffiers de ladicte Chambre viendront pour befoigner en icelles, depuis la S.ᵗ Remy jufques à Pafques par chacun jour à fept heures de matin, & lefdicts Préfidens & Maiftres à fept heures & demye au plus tard; & après difner lefdits Clercs & Greffiers viendront à deulx heures durant le temps deffufdict, & lefdicts Préfidens & Maiftres à deulx heures & demye.

(5) Item. Et depuis Pafques jufques à la S.ᵗ Remy lefdicts Clercs & Greffiers viendront par chacun jour en ladicte Chambre à fix heures, & lefdicts Préfidens & Maiftres à fix heures & demye au matin; & après difner lefdicts Clercs & Greffiers durant ledict temps viendront à deulx heures & demye, & lefdicts Préfidens & Maiftres à trois heures au plus tard.

(6) Item. Et depuis que lefdicts Préfidens & Maiftres ou aulcuns d'eulx feront affiz au bureau de la grande Chambre, nul defdicts Clercs ou Greffiers pourra ou devra yffir hors d'icelle Chambre, fans le congé & licence de ceulx qui feront au bureau, & jufques par l'ordonnance de ceulx d'iceluy bureau la cloche aura efté fonnée, foit au matin ou après difner.

(7) Item. S'aulcun defdicts Préfidens, Maiftres, Clercs ou Greffiers défault de venir aux heures deffufdictes & il n'a excufation raifonnable, laquelle il fera tenu envoyer dire, il payera l'amende felon l'ordonnance de ceulx dudit bureau.

(8) Item. Que lefdicts Clercs & Greffiers, & auffy les Officiers comptables & leurs Procureurs, ou autres quelz qu'ilz foient, qui auront à befoigner en ladicte chambre, quand ilz feront entrez en icelle chambre, ne s'y arrefteront, mais yra chacun à fon affaire, & en la chambre où il aura à befoigner: fi aynfi n'eftoit que par ceulx dudict bureau fût à aulcun ordonné y demeurer, & qu'on y euft à befoigner & affaire de luy.

(9) Item. Que des requeftes qui fe devront préfenter dorefenavant en ladicte chambre, nulz defdicts Préfidens, Maiftres, ou Clercs, n'en prendront ou recevront aulcune, mais feront receues par lefdicts Greffiers ou l'un d'eulx, fi on les apporte avant que ceulx dudit bureau foient affis; & fi on les apporte depuis, ledit huyffier les pourra recevoir; & incontinent que lefdictes requeftes auront efté receues tant par lefdicts Greffiers que par ledit huyffier, ilz feront tenuz les apporter fur ledict bureau, fans aulcune en retenir devers eulx, ne en prendre aulcun loyer & falaire de ceulx qui préfenteront lefdictes requeftes, fur peine d'amende arbitraire.

(10) Item. Et pour l'expédition defdictes requeftes & pour ouyr les playdoiries, vacqueront & entendront lefdicts Préfidens & Maiftres en toute dilligence, aux jours de mecredy & fabmedy; & fi toft qu'ils les auront expédiés, ilz vacqueront le furplus defdicts deulx jours, à oyr & clorre les comptes, & expédier les aultres affaires de ladicte Chambre: toutesfois s'il advenoit qu'ès autres jours n'y euft aucun compte à clorre, & il y avoit aulcunes requeftes ou playdoiries à expédier, ou aultres chofes qui requerroient haftive expédition, en ce cas les deffufdicts pourront vacquer à l'expédition des chofes deffufdictes.

(11) Item. Que toutes les requeftes qui feront préfentées au bureau, & auffy toutes lettres d'expéditions & autres quelzconques, feront leuës à l'oye de tous ceulx qui affifteront audict bureau, & délibérées par la pluspart des affiftans; & autrement ne foit faict, ne lefdictes lettres d'expédition fignées des fignetz, finon audit bureau; ne auffy lefdicts Greffiers ne devront figner de leur feing manuël, aulcunes lettres, fi commandé ne leur eftoit par ceulx qui feront féans audict bureau, fur peine d'amende arbitraire.

(12) Item. Que nul de ladite Chambre prenne ou reçoive charge d'aulcunes perfonnes, quelles qu'elles foient, de pourfuyr ne folliciter aulcune befoigne ou affaire qu'ilz ayent à expédier en icelle Chambre; mais bailleront lefdictes perfonnes leurs requeftes contenant leurs faicts, fe bon leur femble, comme deffuz a efté dict, pour leur eftre pourvu comme de raifon fera.

(13) *Item.* Et pour ce que les faiz & escriptz de ladicte Chambre doivent estre tenuz secretz, & plus que nulz autres, ce qui n'a pas tousjours esté bien gardé jusques à cy, a esté advisé qu'il doibt estre par exprez enjoint aux suppostz de ladicte Chambre, de tenir lesdicts faictz & escripts secretz, sur peine de privation de leurs offices ; & pareillement les consultations, opinions & délibérations d'icelle Chambre, sur les peines dessusdites.

(14) *Item.* Que quand lesdicts Clercs seront entrez par chacun jour en ladicte Chambre, ilz entendront dilligemment à examiner les comptes des Officiers qui seront devant eulx ; & s'il advenoit qu'aulcun d'iceulx Clercs n'eust à examiner aulcun compte, celuy en toutte diligence entendra à faire ses escriptz, corrections, & autres choses nécessaires, pour faire tousjours le proffict du Roy.

(15) *Item.* Que nuls desdits Présidens, Maistres ou Clercs, ne pourront amener dedans ladicte Chambre, ne ou pourpris d'icelle, aulcuns clercs, familiers ou autres, ne serviteurs quelz qu'ilz soient, pour y séjourner ou y résider, sans le congé de ceulx dudict bureau ; & mesme les Procureurs d'icelle n'y feront résidence, si ce n'est tant comme ils rendront les comptes de leurs Maistres devant lesdicts Clercs, ou quant on fera la closture d'iceulx audict bureau, ou quand ilz prendront leurs arrests lesdicts Clercs présens.

(16) *Item.* Lesdicts Clercs & Greffiers ne bailleront aulcuns extraitz des escripts, ne feront collation d'aulcuns régistres ou autres enseignemens de ladicte Chambre, pour quelconque personne ou cause que ce soit, sans le congé & ordonnance de ceulx dudict bureau, & sur la peine dessusdicte. Et quand lesdicts Clercs partiront de leurs Chambres pour aller autre part, ils ne laisseront personne, soit Officier comptable, Procureur, ou autre personne estrange, en leurdicte Chambre, mais les mettront tous hors, & fermeront l'huys jusques à leur retour, sur peine d'amende arbitraire.

(17) *Item.* Que tout Officier comptable, estant à *Paris* & ayant ses comptes en ladicte Chambre, rendra son compte en personne ; aultrement ne luy sera taxé ne ordonné aulcune chose pour son voyage, ne pour la reddition de sondict compte ; ains pour sa négligence, & pour le contemnement & mespris que en ce cas feroit de l'auctorité de ladicte Chambre, à laquelle tout Officier comptable doibt honneur & obéissance par serment, sera condamné en amende arbitraire.

(18) *Item.* Que aulcun *traditus* ne soit escript en compte principal d'un Officier comptable quel qu'il soit, se il ne présente ensemble le double d'iceluy compte ; & que le Clerc à qui ledit compte sera commis à examiner, escrive au commencement, *inceptus examinari tali die ;* & aussy quand examiné sera, *finitus examinari, &c.* Et sitost que ledit compte sera examiné, ledit Clerc sera tenu de le venir dire audit bureau, affin d'expédier ledit Officier, par cette maniere qu'il ne puisse séjourner ou attendre longuement la closture d'iceluy compte aux despens du Roy, ou à tout le moins faire l'estat dudit compte *ut jacet,* si aynsi estoit que ledit Officier ne voulsist clorre : car au délay le Roy pourroit avoir grand dommage, parce que lesdicts Officiers comptables, maintesfois quand ils ont veu que ils pourroient devoir par la fin de leursdicts comptes, ont différé la closture d'iceulx soubz quelque apparence ou coulourée excusation, & ont quis nouveaux acquitz & descharges, dont comme l'on dict se font souvent garnir à bon marché, au très-grand dommage du Roy.

(19) *Item.* Que lesdicts Présidens & Maistres ne taxent à aulcun Officier comptable, aulcun voyage, ne aussy ils ne souffrent prendre gaiges sur le Roy, se prémierement quand il aura présenté son compte & avant qu'on procède à l'examen d'iceluy, il n'a deschargé tous ses comptes précédens ; & le jour que ledit Officier comptable aura deschargé sesdicts comptes, sera tenu son

CHARLES
VII,
à Mehun-
sur-Yevre, le
23 Décembre
1454.

CHARLES
VII,
à Mehun-
ſur-Yevre, le
23 Décembre
1454.

Auditeur le venir dire au bureau, affin que de ce jour ſoient taxez le voyage & vacation dudit Officier & non plus toſt.

(20) Item. Jaçoit que par les Ordonnances ne ſoit point déclairé que les receveurs ordinaires doivent venir compter en perſonne, & néantmoins eſt très-néceſſaire qu'ilz ſoient préſens à la reddition & cloſture de leurſdicts comptes, affin de parler & reſpondre du faict de leurs receptes, ce qu'ilz peuvent mieulx faire que leurs Procureurs; auſſy affin qu'on les puiſſe advertir & inſtruire de la maniere qu'ilz doivent tenir, & comment ilz ſe doibvent gouverner au faict de leurſdictes receptes : adviſé a eſté que doreſenavant leſdicts receveurs ordinaires du domaine ſeront tenuz de compter dedans le temps préfix par les Ordonnances, & en perſonne, ſe ilz n'ont eſſoyne & excuſation raiſonnable, de laquelle ils ſeront tenuz certifier, à la préſentation de leurs comptes, ceulx dudit bureau, par Lettre de la juſtice des lieux où ſont leſdictes receptes.

(21) Item. Que doreſenavant quand aulcun Officier comptable ou ſon Procureur viendra audit bureau préſenter ſon compte pour eſtre examiné, leſdicts Gens des Comptes luy feront faire préalablement ſerment ſolemnel, qu'en ſondit compte il fait entière recepte & deſpenſe, & qu'il ne baillera aulcuns acquitz ou Lettres, qu'il ne cuyde en ſa conſcience eſtre bons & loyaulx, & que touttes les parties couchées en la deſpenſe de ſondit compte, auront par luy entierement eſté payées; & s'il eſt trouvé qu'aulcun face le contraire, qu'il en ſoit puny par leſdicts Gens des Comptes, par ſuſpenſion d'office, ou d'autre telle peine comme ilz verront eſtre à faire ſelon l'exigence du cas.

(22) Item. Qu'auſdicts Officiers comptables ne ſoit taxé doreſenavant, quand ilz viendront à compter en ladite Chambre, par chaſcun jour de leur vacation faicte à la reddition & cloſture de leurs comptes, ne auſſy pour leur venir ne leur retour, plus de vingt ſolz tournois; & ſi leſdicts Officiers envoyent lieutenantz, il n'aura que dix ſolz tournois; & là où il aura ſeulement Procureur pour rendre leſdicts comptes, demeurant à *Paris,* il n'aura que cinq ſous tournois par jour tant ſeulement, pour la vacation qu'il fera à la reddition & cloſture d'iceulx comptes.

(23) Item. Que les douze Clercs d'embas ſoient muez de l'une Chambre en l'autre, quand leſdits Préſidens & Maiſtres verront eſtre expédient, & au plus tard de trois ans en trois ans, affin qu'un chaſcun d'eulx puiſſe mieulx & ſcaiche cognoiſtre & ſcavoir les faictz & eſtatz des comptes & eſcriptz de touttes leſdictes Chambres; & quand ilz ſeront muez, recolleront les inventaires & les parfairont, aynſi qu'il ſe ſouloit faire le temps paſſé, & comme les anciennes Ordonnances le portent.

(24) Item. Qu'aulcun deſdicts Clercs, Greffiers ou huyſſiers, ne pourra ne devra partir, ne aller hors *Paris,* ſans demander & obtenir congé & licence de ceulx dudit bureau, ſur peine d'amende arbitraire; ſinon ès jours de feſtes èſquelz l'on ne va point en ladicte Chambre.

(25) Item. Que toutes & quanteſfois qu'il conviendra auſdicts Clercs, ou autres de ladite Chambre, extraire des comptes ordinaires ou extraordinaires, aulcunes debtes deſcendans deſdicts comptes, tant du temps paſſé comme pour le temps advenir, & pour icelles bailler à ceulx à qui il appartient; que après que leſdictes debtes auront eſté extraictes, & bien collationnées & corrigées par celuy qui en aura faict l'extraict, icelles ſoient apportées audit bureau, affin qu'elles ſoient baillées, pour les faire venir ens au proffict du Roy; & que de ce, ſoit faicte mention en la fin d'un des comptes, dont leſdictes debtes deſcendront; & ſemblablement ou livre des mémoriaux de ladite Chambre, pour plus grande ſeureté; & ſeront tenuz ceulx à qui on les baillera, d'en reſpondre, rendre bon compte & reliqua en temps & lieu, & en bailleront Lettres de récépiſſé.

(26) Item.

CHARLES
VII.
à Mehun-
sur-Yevre, le
23 Décembre
1454.

(26) *Item.* Que les Correcteurs defdicts comptes feront bien & diligemment les corrections, & après ce que aynfi faictes les auront, les apporteront audit bureau, pour lefdictes debtes faire recevoir par le Changeur du Thréfor, felon les Ordonnances faictes fur le faict des finances; & feront curieulx de remettre les comptes fur lefquelz ilz auront faict lefdictes corrections, en leurs Chambres & aulmoires, & aulfy leurs lettres en leurs facs.

(27) *Item.* Extrairont & rédigeront par efcrit touttes les debtes qui par iceulx comptes pourront eftres deues au Roy; & ce faict, les apporteront audit bureau fans les anuncier ou révéler ailleurs par efcript, ne autrement, fur peine de privation de leurs offices.

(28) *Item.* S'aulcune erreur, ou deniers induëment prins fur le Roy eftoient trouvez en faifant lefdictes corrections, que fans faveur ou délay les Officiers fur lefquelz feront trouvées lefdictes fauttes & erreurs, foient par le Procureur du Roy en ladite Chambre mis en caufe; & que par ceulx dudit bureau foit tout corrigé & amendé, felon raifon, droict, & le ftyle de ladite Chambre.

(29) *Item.* Soit bien expreffément deffendu à tous les Officiers de ladite Chambre, fur peine de privation de leurs offices, de prendre aulcuns dons corrompables, de perfonne quelle qu'elle foit, qui ayt à befoigner en ladite Chambre, ne penfion ou gaige d'aultre perfonne que du Roy: & tout fur peine de privation & amende arbitraire.

(30) *Item.* Qu'aulcun de ladite Chambre ne prendra dorefenavant aulcune chofe pour efcriptures, extraits, régiftres, auditions de comptes, collations de dénombremens, de Lettres royaux ou *Vidimus*, ne de quelconques autres collations, vifitations de procez, informations ou autres befoignes qu'ilz face en ladite Chambre, finon ce que taxé leur fera par ceulx dudit bureau.

(31) *Item.* Quand aulcune requefte aura efté préfentée audit bureau, & après que fur le contenu en icelle auront efté veuz aulcuns comptes, & le rapport fait par l'un defdicts Clercs à ce commis par ledit bureau, & depuis iceluy rapport fait, fera refpondu ou efcrit fur ladite requefte, *auditâ relatione certifficetur*, ledit Clerc qui fera ladite certification, avant qu'elle foit baillée à la partie, fera tenu de l'apporter à ceulx dudit bureau, pour veoir fi elle fera en bonne forme, ou s'il y a mis chofe qui n'y doye eftre : car c'eft la Chambre qui certiffie & non pas le Clerc; & ce fur la peine deffufdicte.

(32) *Item.* Semblablement fera faict, des comptes examinez & clos, dont lefdicts Clercs feront tenuz figner les doubles des comptes par eulx examinez; & efcrivent en la fin & après l'eftat, *fic eft in fine confimilis computi, &c....* qu'ilz feront tenuz d'apporter audit bureau le compte original qui doit demourer en ladite Chambre, pour faire collation au double de l'eftat dudit compte, & puis après figner, & ce pour la caufe ou prouchain précédent article touchée; & ne fera baillée aucune cédulle de *debentur*, fans le congé & licence de ceulx dudit bureau; & ce fur la peine deffufdicte.

(33) *Item.* Qu'en examinant les comptes par lefdicts Clercs, & fingulierement ceulx du domaine, ilz ayent toujours un compte ancien devant eulx, pour la vériffication des receptes, & aulfy pour garder l'ordre des chapitres felon le ftile de ladite Chambre, pour mieulx veoir, cognoiftre & fçavoir garder qu'alcunes charges nouvelles ne foient mifes ne introduittes fur ledit domaine, fi ce n'eftoit par l'ordonnance du Roy, ouquel cas ils feront tenus d'en parler audit bureau, & mettre leur *loquatur* fur la partie.

(34) *Item.* Que lefdicts Clercs, en faifant lefdictes collations defdictes receptes de chacun compte en matière d'aydes ou de tailles, ou aultres comptes particuliers, les feront avec l'un de leurs compagnons, & non pas avec les Officiers comptables ou leurs Procureurs; car enfuyr s'en pourroient plufieurs faultes & erreurs, parce que lefdicts Officiers comptables & Procureurs, comme

CHARLES
VII,
à Meun-
fur-Yevre, le
23 Décembre
1454.

J'en a plufieurs fois veu, fe font fubtilliez & fubtillient de plus en plus, à decevoir & circonvenir leurs Auditeurs.

(35) *Item.* S'il advient qu'aulcun compte foit apporté pour clorre audit bureau, & en procédant à la clofture d'iceluy, furviennent Lettres patentes ou clofes du Roy, ou autres urgens affaires, parquoy convienne interrompre la clofture dudit compte, en ce cas, ou femblable, fera renvoyé ledit Clerc qui tiendra ledit compte, en fa Chambre, pour befoigner jufques à ce que appellé fera; mais le plus que poffible fera, ceulx dudit bureau fe garderont de telles interruptions.

(36) *Item.* Que nulz defdicts Clercs, en examinant les comptes à eulx commis, fouffrent ou permectent aulcunes parties rayées par l'auctorité de ceulx dudit bureau en quelque compte que ce foit, dorefenavant refcrire icelles, ne les mettre en ligne de compte, fans le congé dudit bureau, fuppofé qu'il y euft Lettres de reliefvement du Roy de ladite radiation.

(37) *Item.* Qu'aulcun de ladite Chambre ne permecte ou feuffre en fon hoftel & domicile ou autre lieu à luy appartenant, en quelque maniere que ce foit, par quelconques perfonnes, foient Grenetiers, Receveurs ou autres Officiers comptables, ou pour eulx, faire dreffer ou efcrire aulcuns comptes, fur ladite peine.

(38) *Item.* Que à aulcun des Officiers de ladite Chambre ne fera licite ou permis de loger en fon hoftel ou maifon à *Paris*, aulcun Officier comptable, ou fon commis ou lieutenant, durant le temps qu'il fera audit *Paris* venu pour compter, quelque affinité, proximité de lignage, ou faveur qui y peuft eftre, fans congé obtenir de ceulx dudit bureau, & fur la peine deffufdite.

(39) *Item.* Que aulcuns refpitz ou fouffrances ne foient dorefenavant prins par aulcun de ladite Chambre, pour en faire régiftre ou expédition, fe premier n'eft aynfi ordonné eftre faict, par ceulx dudit bureau.

(40) *Item.* Que tous les Officiers comptables qui jà font ou feront adjournez pour venir rendre leurs comptes à certain jour, fur peines, & ne font venuz ou viendront aux jours à eulx affignez, feront par ceulx dudit bureau condamnez ès peines indictes, & autres telles amendes comme ilz verront au cas appartenir, l'ordre & le ftile fur ce accouftumé en ladicte Chambre gardé & obfervé; & à icelles peines & amendes payer feront tous contrainctz fans depport; & par ceulx dudit bureau fera commife perfonne fouffifant & folvable, à les recevoir; & en fera faict tellement, que l'argent qui en viendra fera tourné au prouffit du Roy. Toutesfois l'on ne donnera aulcun défault contre les adjournez, finon ès jours de mercredy & famedy; mais lefdicts adjournez ou leurs Procureurs, feront tenuz eulx préfenter ès jours à eulx affignez.

(41) *Item.* Que nul defdicts Préfidens ou Maiftres affifte audit bureau, quand aulcun de fon lignaige ou affinité prouchaine y aura à befoigner, mais fe levera & s'en partira celuy à qui il fera parent, affin, ou prouchain; & auffy aulcun defdicts Clercs ne examinera compte de perfonne qui luy foit des conditions deffufdictes.

(42) *Item.* Que lefdicts Officiers comptables feront dorefenavant ou fairont faire par leurs Procureurs ou Clercs, leurs comptes de bon & fouffifant volume, & y efcripront, ou feront efcrire, plus ferré qu'ilz n'ont faict par cydevant; & pour ce faire, auront en un lieu de ladite Chambre, un exemplaire de la grandeur & du volume, tant en efcripture comme en efpace, tel qu'il femblera eftre de faire à ceulx dudit bureau; & ne fera taxé dorefenavant pour chacun feuillet de leurs comptes renduz en ladite Chambre, que deulx folz tournois au plus, tant pour les comptes qui fe font à parifiz comme de ceulx à tournois.

(43) *Item.* Que dorefenavant aulcune taxation ne foit faicte, finon en plain bureau, préfent l'un des Préfidens & trois des Maiftres au moins; & quand

CHARLES
VII,
à Mehun-
sur-Yevre, le
23 Décembre
1454.

elle fera faicte, elle fera fignée de la main de l'un defdicts Préfidens, & non d'aultre, & enrégiftrée par l'un defdicts Maiftres, tel comme par ceulx dudit bureau fera ordoné; & autrement ne fera ladite taxation vallable.

(44) *Item.* Qu'aulcune taxation ne foit faicte, finon à bonne & jufte caufe, & que tout homme qui demandera taxation en ladite Chambre, foit tenu d'apporter & monftrer audit bureau par déclaration, ce qu'il aura faict, foit efcriptures, voyages, ou autres chofes; aultrement ne foit rien taxé.

(45) *Item.* Que dorefenavant aulcun *Vidimus* de Lettres royaux addreffans aufdicts Gens des Comptes, Thréforiers & Généraulx foient receuz en ladite Chambre, fe le *Vidimus* n'a efté premierement collationné par les Clercs & Greffiers d'icelle Chambre, ou par les Greffiers defdicts Thréforiers & Généraulx, felon que le cas le requerra.

(46) *Item.* Et en tant que touchent les Lettres de commiffions envoyées de par le Roy aux Efleuz ou autres Commiffaires fur le faict des aydes, pour affeoir ou impofer aulcune taille, lefdicts Commiffaires ou Efleuz feront tenuz d'envoyer en ladite chambre, l'original de ladite commiffion, ou le *Vidimus* deuement collationné & figné par deulx Notaires; au dos duquel *Vidimus* chacuns defdits Efleuz ou Commiffaires fera tenu certiffier foubz fon feing manuel, le contenu dudit *Vidimus* eftre vray.

(47) *Item.* Que fe aulcun Officier particulier qui a accouftumé compter par eftat, vient en ladite Chambre pour rendre & clorre fes comptes, & il n'apporte avec fefdicts comptes aulcuns eftatz faictz par lefdicts Thréforiers & Généraulx, comme à faire fera, il ne fera tenu à clorre, s'il ne fourniff defdicts eftatz, mefmement depuis les Ordonnances faictes à *Saulmur* & *Nancy*; & tant de temps qu'il mettra à enfeigner defdicts eftatz, il ne prendra aulcuns gaiges ou voyages fur le Roy.

(48) *Item.* Pour ce que tous les Officiers comptables où la plus part font négligens & délayent de venir compter, & mefmement dedans le temps à eulx ordonné par lefdictes Ordonnances du Roy faictes à *Saulmur* & *Nancy*, au grand préjudice dudit feigneur & du faict de fes finances, a efté advifé qu'ilz feront contraintz de venir compter dedans le temps defdictes Ordonnances; & ceulx qui y défauldront, y feront contraintz par fufpenfion d'office, ou aultrement, comme ilz verront eftre à faire, nonobftant oppofitions ou appellations quelzconques, aufquelles ne fera différé; & par ledit S.' en fera deffendue la cognoiffance à tous autres juges, & mandé aux ayans la garde des fceaulx du Roy, tant à *Paris*, *Normandie*, comme en *Languedoc* & ailleurs, qu'en ce cas ilz ne donnent ou fcellent aulcuns adjournemens, en cas d'appel: car autrement on ne pourroit fçavoir l'eftat des finances dudit Seigneur.

(49) *Item.* Pour garder & entretenir lefdites Ordonnances, & auffy contraindre les Officiers à rendre leurs comptes en ladite Chambre, dont plufieurs font fort négligens, & s'en eft enfuy par cy-devant grand dommage & préjudice au Roy, eft bien expédient & néceffaire ordonner un Procureur du Roy en ladite Chambre & au Thréfor, qui foigneufement vaque & entende à ce, toutte autre practique & penfion délaiffée; & ont advifé lefdites Gens des Comptes, foubz le bon plaifir du Roy, qu'il y en aura un qui n'aura aulcune pratique en la Cour de Parlement ne ailleurs; & prendra de gaiges par chacun an, deulx cens livres parifiz, tant pour l'exercice dudit office en ladite Chambre, comme audit Thréfor.

Sçavoir faifons, que après ce que avons veu & faict veoir au long par les Gens de noftre Grand Confeil eftans devers Nous, iceulx articles aynfi faictz & advifez par nofdits Gens des Comptes, qui Nous ont femblé & femblent bons & proffitables pour le bien de Nous, l'augmentation de noftre domaine, & d'aultres noz finances & affaires, Nous, après meure délibération fur ce eue avec lefdits Gens de noftredit Grand Confeil, tous iceulx articles felon

CHARLES
VII,
à Mehun-
ſur-Yevre, le
23 Décembre
1454.

leur forme & teneur, avons de noſtre certaine ſcience, louez, approuvez &
auctoriſez; & par ces préſentes louons, approuvons & auctoriſons, comme
ſe ſaictz & adviſez avoient eſté par Nous-meſmes; & voulons qu'ilz ſoient
entretenuz & gardez inviolablement & perpétuellement par maniere d'Édict,
d'Ordonnance & conſtitution par Nous faicte. Toutesfois Nous n'entendons
pas par ce, déroger à l'auctorité & juriſdiction de ladite Chambre; mais voulons,
entant que l'on pourroit dire que leſdits Gens des Comptes ont autrefois
procédé en aulcune des matieres deſſuſdictes par privation d'offices, qu'ilz
en puiſſent uſer aynſi qu'ilz ont acouſtumé.

Si donnons en mandement par ceſdictes préſentes à noſdicts Gens des
Comptes *(b)*, [ſur le ſerment qu'ilz ont de Nous & obéiſſance qu'ilz Nous
doivent, qu'en tout & par-tout obſervent & gardent, & par ceulx qu'il
appartiendra, facent garder, entretenir inviolablement cette noſtre préſente
Ordonnance, ſans aller ne venir au contraire en quelque maniere que ce ſoit,
en puniſſant les délinquans ou tranſgreſſeurs d'icelle, de telle punition & peine
que en icelle eſt contenu & que le cas le requerra, & tellement face que ce
ſoit exemple pour les autres; de quoy faire & executer leur donnons plain
pouvoir & auctorité par ceſdictes préſentes, leſquelles voulons & mandons eſtre
publiées, enrégiſtrées & ſignifiées tant en noſtredite Chambre des Comptes que
par tout autre part où il appartiendra, à ce que ceulx à qui ce touchera, n'en
puiſſent prétendre ignorance; & que au *Vidimus* d'icelles, faict ſoubz ſeel royal,
foy ſoit adjouſtée comme à ce préſent original, auquel, en teſmoing de ce, Nous
avons fait mettre noſtre ſeel.] *Donné à Meheun-ſur-Evre, le XXIII.ᵉ jour de
Décembre, l'an de grace mil quatre cens cinquante & quatre, & de noſtre regne

le XXXIII.ᵐᵉ* Ainſi ſigné: *Par le Roy en ſon grand Conſeil, auquel Vous*, les
Eveſques* d'Angouleſme, d'Alet, *de* Couſtances, l'Amiral, *les ſeigneurs de* Torcy,
de Dampmartin *& de* Monteil, *Maiſtre* Henry *de* Marle, Eſtienne *le* Febvre,
Pierre d'Oriolle *& autres pluſieurs eſtoient.* CHALIGAULT.

Et au dos eſt eſcript ce qui s'enſuyt: *Lecta & publicata ad burellum in Camerâ
Compotorum Domini noſtri Regis.* Pariſius, *die XVIII.ᵉ menſis Januärii, anno
Domini milleſimo quadringenteſimo quinquageſimo quarto. Ainſi ſigné. J.* LESCUYER.

> NOTE.

(b) Ce qui ſuit juſqu'à la date, eſt ſupprimé dans le recueil de *Fontanon.*

CHARLES
VII,
à Mehun-
ſur-Yevre,
le 28 Janvier
1454.

*(a) Lettres de Charles VII, par leſquelles il défend aux Marchands
& gens de métier ou autres, d'étaler leurs marchandiſes à Paris,
les jours de marché, ailleurs qu'aux halles.*

CHARLES, par la grace de Dieu, roy de France, au *Prévoſt de
Paris* & Receveur ordinaire illec, ou à leurs lieutenans: ſalut. Noſtre
Procureur Nous a fait remonſtrer que anciennement & paravant les gueres &
diviſions qui ont eſté en noſtre royaulme, toutes manieres de marchands, gens
de meſtiers & autres, qui en jours de marchez vendoient & eſtalloient en
noſtredicte ville de *Paris*, portoient leurſdictes denrées & marchandiſes eſtaller
en nos halles pour ce principalement ordonnées en noſtredicte ville de *Paris*,
& payoient certain devoir pour le hallaige, à noſtre recette ordinaire de *Paris*,
dont grand prouffit venoit chacun an à noſtredicte recette; laquelle choſe a eſté
diſcontinuée par long-temps, pour ce que durant leſdictes guerres & diviſions,

> NOTE.

(a) Livre vert vieil ſecond du Châtelet de *Paris, fol.* 141, *v.ᵉ*

CHARLES
VII.
à Mehun-
fur-Yevre,
le 28 Janvier
1454.

nofdictes halles, par faulte de fouftenement, font tournées en ruine; & combien que icelles halles ayent efté par noftre Ordonnance réédifiées & mifes en bon & convenable eftat, toutesfois obftant ladicte difcontinuation, lefdits marchands, gens de meftier & autres, ne veulent aller eftablir ne vendre leurfdictes denrées, au préjudice de la chofe publique & diminution de noftredit domaine, & feroit plus, fe par Nous n'y eftoit donné provifion, ainfi que remonftré Nous a efté. Pour ce eft-il que Nous, ces chofes confidérées, voulans le fait de la marchandife eftre gardé & entretenu en noftredicte ville de *Paris* en bonne police, & tout ainfi que faire fe fouloit le temps paffé, vous mandons & commettons par ces préfentes, que vous faictes ou faictes faire exprès commandement de par Nous, & par cri public par les carrefours & lieux publics de noftredicte ville de *Paris*, à tous marchands, gens de meftiers & autres eftallans en noftredicte ville de *Paris*, que dorefenavant ils aillent eftablir & vendre leurs denrées & marchandifes, à jours de marchez, en nofdictes halles de *Paris*, là où il eft accouftumé faire d'ancienneté; en leur faifant ou faifant faire inhibitions & défenfes de par Nous, & à chafcun d'eulx, que dorefenavant ils ne eftablent, ne mettent ou expofent leurfdictes marchandifes vendables, ailleurs que éfdictes halles, durant lefdits jours de marchez, en noftredicte ville de *Paris*; & au cas qu'ils ou aucun d'eulx feroient le contraire, contraignez-les ou faicte contraindre à ceffer, toutesfois que le cas adviendra, par prinfe de leurfdictes denrées & marchandifes en noftre main, en les appliquant en noftre proufit & domaine par vous Receveur deffufdit, & autres voyes en tel cas requifes & que verrez eftre convenables, nonobftant oppofitions ou appellations quelconques faictes ou à faire, pour lefquelles ne voulons en ce aucunement eftre différé. Et afin que aucun n'en puiffe prétendre caufe d'ignorance, voulons que cefdictes préfentes vous faites publier par les carrefours de noftredicte ville de *Paris*. *Donné à* Mehun-fur-Yevre, *le vingt-huitième jour de Janvier, l'an de grace mil* CCCC *cinquante-quatre, & de noftre regne le trente-troifieme.* Ainfi figné. *Par le Roy en fon Confeil.* DELALOERE.

Au dos defquelles Lettres eftoit efcript ce qui s'enfuit.

Publiées en jugement en l'auditoire civil du Chaftelet de *Paris*, M. le Prévoft tenant le fiége, le famedi vingt-deuxieme jour de mars, mil CCCC cinquante-quatre. *POCHART.*

Publiées par les carrefours de la ville de *Paris*, le famedi vingt-deuxieme jour de mars mil CCCC LIIII.

Publiées par les carrefours de la ville de *Paris*, le famedi vingt-ung.ᵉ jour de juin mil CCCCLV. *LEFEVRE.*

Publiées comme deffus par lefdits carrefours, à fon de trompe, par ledit *Gervaifot Lefevre*, le famedi XXVII.ᵉ jour de feptembre, l'an mil CCCC cinquante-cinq. G. *LEFEVRE.*

Publiées comme deffus par lefdits carrefours, à fon de trompe, par moy *Gervaifot Lefevre*, deffus nommé, le famedi XXVIII.ᵉ jour de février mil CCCCLV.
Signé G. LEFEVRE.

CHARLES
VII,
à Mehun-
fur-Yevre,
le 30 Janvier
1454.

(a) Lettres de Charles VII, qui prefcrivent la manière dont les Nobles doivent être habillés pour venir le fervir en armes; & les gages qu'ils recevront.

CHARLES, par la grace de Dieu, roy de France, au Sénefchal de *Beaucaire* ou à fon lieutenant: falut. Comme puis n'a guerres pour meftre & donner ordre ou faift des Nobles de noftre royaume, & leur donner couraige & moyen d'eulx entretenir en eftat & abillement convenable, chafcun felon fon eftat & faculté, pour Nous venir fervir pour la deffenfe ou recouvrement de noftre feigneurie & autrement, touteffois qu'ilz feront mandez, Nous ayons par l'advis & déliberacion des Gens de noftre Confeil, ouquel eftoient aucuns des feigneurs de noftre fang & plufieurs chiefz de guerre, Chevaliers & autres, faiftes certaines Ordonnances lefquelles vous envoyons attachées à ces préfentes, foubz noftre contre-feel, fignées de l'un de noz Secretaires; & pour ce qu'il eft befoing & expédient qu'elles foient mifes à exécucion, & publiées par toutes les Sénefchaucées & Bailliaiges de noftredit royaume, Nous vous mandons & commeftons par ces préfentes, que nofdiftes Ordonnances vous publiez & faiftes publier en & par tous les lieux de votredifte Seneschauciée où l'en a couftume faire cris & publicacions, en faifant ou faifant faire exprès commandement de par Nous, à tous les Nobles demourans ès fins & meftes d'icelle voftre Senefchauciée, qu'ilz fe meftent dès maintenant fus, & entretiengnent, c'eft affavoir, chafcun en tel eftat que leur poffibilité pourra porter, & en l'abillement plus à plain contenu & declairé éfdiftes Ordonnances; & que dedans ung mois après ladifte publication & lefdiz commandemens à eulx faiz, ilz viengnent par-devers vous pour dire en quel abillement ilz vouldront ou pourront fervir, en faifant faire bon régiftre de ce que dit eft, & des noms & feurnoms defdiz Nobles, & en quel abillement ilz feront; & Nous en certifiez deuement le pluftoft que bonnement faire fe pourra, felon le contenu éfdittes Ordonnances; & à ce faire & feuffrir contraignez & faiftes contraindre lefdiz Nobles & chafcun d'eulx, par toutes voyes deues. De ce faire vous donnons povoir, commiffion & mandement efpécial; mandons & commandons à tous noz Jufticiers, Officiers & fubgietz, que à vous & à vos commis, en ce faifant, obéiffent & entendent diligemment. *Donné à Mehun-fur-Evre, le trentiefme jour de janvier, l'an de grace mil cccc cinquante-quatre, & de noftre regne le XXXIII.° Par le Roy en fon Confeil.*
DELALOERE.

Correctum cum fuo originali (b).

Ordonnances faiftes par le Roy, pour envoyer aux Baillis & Sénefchaulx de fon royaume, afin que felon le contenu d'icelles Ordonnances ilz advertiffent les Nobles defdiz Bailliages & Sénefchaucées, de l'abillement en quoy chafcun d'iceulx fe tendra, felon ce qu'il leur femblera que ilz le puiffent faire; & auffi quelz gaiges, felon ledit habillement, ung chafcun d'eulx prendra, quant il les mandera pour la défenfe ou recouvrement de fa feigneurie & autrement; & que fur ce ilz leur ordonnent que ung chafcun en droit foy fe fourniffe de tel harnois & habillement qu'il femblera aufdiz Bailliz & Sénefchaulx, en

NOTES.

(a) Copiées fur une ancienne copie en papier, qui eft dans les archives du Prieuré de *Saint-Martin-des-Champs* de *Paris;* nous n'avons point trouvé cette pièce ailleurs.

(b) Les lettres de la fignature font douteufes: on lit feulement au-deffous le mot *Notaire.*

enſuivant la forme & manière cy-après déclairée, que ung chaſcun d'iceulx le doye faire, ſelon ce qu'il ſera fondé, affin que quand le Roy les mandera, ilz en ſoient plutoſt preſtz, & auſſi pour eſchever la deſpenſe qu'il leur conviendroit ſupporter quant ilz attendroient à eulx fournir de l'abillement appartenant, juſqu'au beſoing, ouquel cas peut-eſtre ilz ne pourroient trouver ce qu'il leur fauldroit, laquelle chouſe leur viendroit à grant charge, deſplaiſir & deſpenſe.

Et premierement, afin que leſdiz Nobles s'emploient de meilleur courage ou ſervice dudit S.ʳ quant il les mandera, ledit Sieur veult & ordonne, que tous ceulx qui viendront en ſon ſervice, quand il les mandera, pourveu qu'ilz aient tel habillement, comme ceulx de ſa grant Ordonnance, que ilz preignent autelz gaiges pendant qu'ilz ſeront au ſervice dudit S.ʳ comme font ceulx de ſaditte grant Ordonnance; & s'entend en ceſte maniere: que chaſcun homme d'armes ait deux chevaulx pour ſa perſonne, bons & ſouffiſans pour pouvoir beſoigner deſſus; & ſon couſtilleur bien & ſouffiſamment monté, ſelon ce que à couſtilleur appartient, de cheval ſurquoy il puiſſe faire ſon devoir; & auſſi que l'omme d'arme ſoit armé ainſi qu'il appartient, & ſon couſtilleur ſoit armé de corſet petiz, garde-braz petiz, ganteletz, ſalade & gorgery, eſpée de paſſot *(c)* & glaviot *(d)*. En ceſte manière ſont paſſez tous ceulx qui ſont en la grande Ordonnance dudit S.ʳ, leſquelz Nobles prendront par chaſcun moys, quant ilz ſeront en l'abillement deſſuſdit, xv f.

Item. Le Roy eſt content que ceulx qui n'auront puiſſance de venir en autel habillement, comme font ceulx de ſa grant Ordonnance, & leſquelz ſeront armez comme ung homme d'armes doit eſtre; & auront chaſcun, ung cheval bon & ſouffiſant pour beſongner deſſus; & leurs pages, ne ſoient pas refuſez, ainçois ſoient receuz; & auront gages par chaſcun mois, de la ſomme de x. f.

Item. Et pour ce que le Roy ne vouldroit pas que, à l'occaſion de ſon ſervice, ceulx qui ne pourroient venir en l'abillement deſſuſdit, fuſſent contrains à eulx meċtre en néceſſité, ou à vendre & engaiger leurs terres; ne auſſi que par non-puiſſance, ils feuſſent empeſchez de venir ou ſervice deſſuſdit, pour ce qu'ilz ne pourroient fournir audit habillement: le Roy veult & ordonne que eeulx qui viendront à ſon mandement en l'abillement qui s'enſuit, c'eſt aſſavoir, armez de corſet, garde-bras petiz, avant-bras petiz, gantelez petiz, harnois de jambes, ſalades & gorgery, targete, eſpée de paſſot & de glaviot, cheval ſouffiſant pour faire ſon devoir, en icellui habillement, ung chaſcun d'iceulx prendra de gages VII f. & demi.

Item. Veult & ordonne ledit Seigneur afin que comme deſſus eſt dit, ilz n'aient cauſe de eulx meċtre en trop grande néceſſité pour le ſervice du Roy, que les Nobles qui n'auront povoir de venir en l'abillement deſſuſdit, afin que le bon vouloir de venir ou ſervice dudit Seigneur ne ſoit empeſché, ſoient receuz en habillement de couſtilleur: c'eſt aſſavoir, armez de corſet, garde-bras petitz, gantelez, ſalades & gorgery, eſpée de paſſot & de glaviot, avec cheval ſouffiſant pour faire ſon devoir, en cellui habillement; & ceulx qui vendront en cellui eſtat prendront pour chaſcun mois v f.

Item. Archier bon & ſouffiſant, comme ceulx de la grant Ordonnance, armez de brigandines, cappeline & gorgery & petiz harnois de jambes, ou arbaleſtrier eſpécial, ſoit receu à monſtre, pourveu qu'il ſoit monté

NOTES.

(c) La même que l'on nommoit auſſi *épée bâtarde.* Voyez *Daniel,* Milice françoiſe, tome *I,* page 243.

(d) *Glaviot,* ſorte de dague ou de poignard. Voyez ſupplément au Gloſſ. de *Ducange,* au mot *Glaviolus.*

CHARLES
VII,
à Mehun-
fur-Yevre,
le 30 Janvier
1454.

souffisamment comme archier ainsi habillé doit estre, comme ceulx de la grant Ordonnance, c'est assavoir de VII f. & demi.

Item. Archier ou arbalestrier qui ne seroit souffisant en espécial que les dessusdiz armez de cappelines, brigandines & gorgery, monté souffisamment pour le pourter, en icelluy habillement, prendra par moys de gages V f.

Gens de pié.

Primo. Ung homme d'armes armé de tout harnois bien & souffisamment, prendra par moys, pour luy & pour son page ou varlet à pié, pour le service, le double d'un franc archier, c'est assavoir VIII f.

Item. Le franc archier ou arbalestrier à pié, prendra de gages par chascun moys, IIII f. *DELALOERE.*

Correctum cum suo originali. (e).

NOTE.

(e) Il y a ici une signature, mais dont les lettres sont douteuses.

CHARLES
VII,
à Mehun-
fur-Yevre,
le dernier jour
d'Avril
1455.

(a) Lettres de Charles VII, concernant le payement du droit de quartage du sel, dans les pays de Poitou, de Saintonge & dans le gouvernement de la Rochelle.

CHARLES, par la grace de Dieu, roy de France, aux Sénéchaux de *Poitou* & de *Xaintonge*, & Gouverneur de la *Rochelle*, & aux Élus sur le fait des aydes ordonnées pour la guerre èsdits pays & élections : salut. De la partie de nostre Procureur général Nous a été exposé que par les Ordonnances & instructions royaux il n'est permis ne loisible à aucun, vendre, revendre ou eschanger sel en nos pays de *Poitou* & de *Xaintonge*, ville & gouvernement de la *Rochelle*, sans estre cartaigé, ou payer le quart; ne aussi tirer hors lesdits pays, que pareillement ceux à qui il appartient n'en doivent payer ledit quart à l'issue desdits pays. Et soit ainsi que aujourd'hui, datte de ces présentes, le profit, revenu & émolument dudit quart de sel desdits pays, ait été par Nous baillé à ferme à certain fermier qui Nous en est tenu payer certaine grande somme de deniers pour 3 ans, commençant le 1.er jour de janvier dernier passé, à certains termes sur ce ordonnés; ce faisant lequel bail, a été accordé & octroyé audit fermier, entre autres choses, qu'il puisse & lui loise prendre & lever, ou faire prendre & lever par ses gens, serviteurs & commis, ledit quart sur tout le sel vendu, revendu, & échangé en nosdits pays de *Poitou* & de *Xaintonge*, ville & gouvernement de la *Rochelle*, & partant desdits pays, & à l'issue d'iceux, pour mener ès pays & lieux où ledit quart n'a point de cours, & où ledit sel est vendu sans être gabellé, soit que ledit sel soit conduit & transporté par la riviere de *Gironde*, contre-mont les rivieres de *Dordogne* & de *Garonne*, ou par autres lieux quelconques; & qu'il puisse prendre & lever ledit quart de tout le sel pris & acheté èsdits pays de *Poitou* & de *Xaintonge*, ville & gouvernement de la *Rochelle*, mené par lesdictes rivieres de *Gironde*, quelque part que ce soit, ou lieu de *Blaye*, ou ès environs, avant qu'il entre en nostre ville, & estant sur lesdites rivieres de *Gironde* & de *Dordogne*, en tant que touche le sel qui n'auroit été cartaigé au partir. Mais il est à douter, pour ce que ledit sel se prend & leve sur la mer, & est transporté par diverses gens & en diverses manieres, (c'est à savoir, à navires par

NOTES.

(a) Ces Lettres nous ont été communiquées par M. *Chrétien*, Conseiller en la Cour des Aides.

mer,

mer, entrant èfdites rivieres, & par terre à chevaux & à autres voitures), que ceux qui ainfi le tranfportent, ou la plupart d'eux, s'efforcent de frauder ledit quart de fel en diverfes manieres. Et auffi Nous a fait remonftrer qu'il y a certain pays appellé la *Marche d'Anjou* & de *Poitou*, qui eft de grand & long étendue, où ils ne payent ni quart ni gabelle, & par le moyen de ce que grande quantité de fel eft continuellement tranfporté audit pays de *Marche*, fans être cartaigé ne payer ledit quart, l'émolument d'icelui quart eft comme de nulle valeur en tout le fiege de *Thouars*, qui eft la quarte partie de noftredit pays de *Poitou*; & ont été & font chafcun jour, faits & commis touchant le fait dudit quart de fel, plufieurs autres grands fraudes, recelement & abus, & y pourroient continuer à la grande diminution de nos droits & deniers, fi par Nous n'y eftoit donné provifion; ains fur ce que remonftré Nous a été par ledit expofant requérant notre provifion: pour ce eft-il que Nous, ces chofes confidérées, vous mandons & commettons par ces préfentes, & à chafcun de vous fur ce requis, que vous faites ou faites faire inhibitions & deffenfes de par Nous à tous marchands & autres, vendans & revendans, échangeans & conduifans fel en & par tout lefdits pays de *Poitou* & de *Xaintonge*, ville & gouvernement de la *Rochelle* & autres lieux où ledit fel doit & a coutume être cartaigé, & à chacun d'eux tant en général que en particulier, & par cry public, fi meftier eft, ès lieux que verrez être à faire, qu'ils ne foient fi ofés ne hardis de tranfporter aucun fel hors defdits pays & élection, de quelque part ne en quelque lieu où ils l'ayent pris ou acheté, fans payer ledit quart audit fermier, ou à fes gens, ferviteurs & commis, fur peine de confifcation dudit fel, & des bateaux, charettes & autres voitures fur lefquelles il feroit tranfporté, & d'amende arbitraire.

Et pareillement aux manans & habitans des ifles d'*Oléron, Marennes*, & autres ifles que verrez eftre à faire, qu'ils ne menent, ne tranfportent aucun fel cru, fait ou labouré en nofdits pays de *Poitou* & de *Xaintonge*, ville & gouvernement de la *Rochelle*, contre-mont la riviere de *Gironde*, & pays où ledit quart n'a point de cours, ou qui ne feroit gabellé en aucun de nos greniers, fans payer le quart d'icelui fel audit fermier ou à fefdits commis, en ladite ville de *Blaye*, fur les peines deffus déclarées.

Et s'il advient que aucuns en conduifant ledit fel non cartaigé, paffent les limites deffus déclarées, & yffent defdits pays de *Poitou* & de *Xaintonge*, fans payer ledit quart, foit par lefdites rivieres ou par terre, Nous voulons & vous mandons, en commettant comme deffus, que fi vous, ou aucuns de vous, êtes fur ce requis par notre Procureur ou ledit fermier ou fefdits commis, vous les pourfuiviez ou faites pourfuivre, quelque part qu'ils aillent defcendre ledit fel ès villes & lieux étant deffus les rivieres, & les contraignez ou faites contraindre à payer ledit quart, pour le fel qu'ils auront ainfi tranfporté fans payer ledit quart, par toutes voyes & manières en tel cas requis, nonobftant oppofitions ou appellations, en condamnant les tranfgreffeurs en amendes telles que vous verrez au cas appartenir, lefquelles amendes voulons être & appartenir moitié à Nous & l'autre moitié audit fermier.

Et en oultre, pour ce que en ladite *Marche d'Anjou* & *Poitou*, ne fe paye ou leve aucun quart ne gabelle, & qu'à cette caufe le fait dudit quart du fel eft grandement diminué, Nous voulons & vous mandons de rechef, & à chafcun de vous comme deffus, que vous vous tranfportez fur ledit pays de *Marche*, & illec vous informez fur les chofes deffufdites & les deppendances, & y faites ordonner & eftabliffez limites & mectes dedans lefquelles ledit quart de fel devra eftre cueilli & levé, le mieux & plus convenablement que verrez eftre à faire; & icelles limites & mettes par vous faictes & ordonnées, contraignez & faites contraindre tous ceulx qu'il appartiendra & verrez eftre à faire, à payer dès-lors en avant ledit quart de fel vendu, revendu, ou efchangé audit

CHARLES
VII,
à Mehun-
fur-Yevre,
le dernier jour
d'Avril 1455.

pays de *Marche* dorefenavant, felon les limites qui fur ce auront par vous efté faictes & eftablies, par toutes voyes & manières accouftumées pour nos propres dettes ; & s'il y a aucuns refufans ou délayans, ou qui y fiffent réfiftance, voulons que vous procédez à l'encontre d'eux & de chacun d'eux, touchant l'exécution des chofes deffufdites & chacune d'icelles, par main forte & armée, fi meftier eft, tellement que l'autorité & force Nous en demeure. Et pour ce que plufieurs faux-faulniers & autres pourroient paffer & tranfporter ledit fel tant par eau que par terre, & par nuit, fans payer ledit quart, & fans ce que la chofe vienne en la connoiffance dudit fermier ou de fefdits commis, Nous voulons & octroyons, que ceux qui les dénonceront à juftice ou audit fermier ou à fes commis, ayent le quart de toute l'amende qui en yftra, tant de ce qui Nous appartiendra, comme audit fermier. De faire & exécuter les chofes deffufdites & chacune d'icelles, vous avons donné & donnons plain pouvoir & autorité, commiffion & mandement efpécial. Mandons & commandons à tous nos jufticiers, officiers & fujets, que à vous & chacun de vous, vos·commis & députés, & audit fermier & fefdits commis, obéïffent & entendent diligemment, prêtent & donnent confeil, confort, aide & prifons, fi meftier eft & requis en font. *Donné à Mehung-fur-Yevre, le dernier jour d'avril, l'an de grace mil quatre cent cinquante-cinq, & de noftre regne le trente-troifieme.* Ainfi figné. *Par le Roy en fon Confeil.* DELALOERE. *Duplicata.*

Et étoit écrit au dos de ladite Lettre ce qui fuit :

Publiées ces préfentes ont efté en la ville de *Luffac*, par moy *Alain Piquet*, fergent à cheval du Roy noftre Sire en fon Chaftelet de *Paris*, & par *Jean Trouvé*, crieur dudit lieu de *Luffac*, en la préfence de *Jean-Marie le Jeune*, *Merry Ricard*, *Regnaut Bonnet*, *Pierre Ricard*, *Guillaume Maurrat*, & plufieurs autres. En tefmoins de ce, j'ai fait figner ces préfentes au notaire ci-deffous écrit, le dix-feptième jour de may, l'an mil quatre cent cinquante-cinq. *Ainfi figné.* J. SERIZER, à la requête dudit fergent, pour avoir été préfent les jour & an que deffus.

Ces préfentes ont été publiées au marché de *Montmourillon*, ès préfence de *Jean-Emeric*, *Mathelin-Davis*, & plufieurs autres, par moi *Alain Piquet* fergent à cheval du Roy noftre Sire en fon Châtelet de *Paris*, & par *Phelippon Vaudreau* crieur dudit lieu. En tefmoin de ce, j'ai fait figner ces préfentes, à ma requête, du feing manuel du notaire ci-deffous écrit, le jour & an que deffus. *Ainfi figné.* P. LE CLERC, pour avoir efté préfent, à la requête dudit fergent.

Ces préfentes ont été publiées en la ville de *S.'-Benoift-du-Sault*, à l'iffue de la meffe paroiffiale, par moi *Alain Piquet* fergent à cheval du Roy noftre Sire en fon Chaftelet de *Paris*, & par *Jean Chaftalye*, commis en l'abfence de *Vigno*, & plufieurs autres. En tefmoing de ce, j'ai fait figner ces préfentes, à ma requête, du feing manuel du notaire ci-deffous écrit. Fait le dix-huitieme jour du mois de may, l'an 1455. *Ainfi figné.* D. JOLY, pour avoir été préfent, à la requête dudit fergent.

Ces préfentes ont été publiées à *Montacou*, étant en la vicomté de *Bridieres*, par moy *Alain Piquet* fergent à cheval du Roi noftre Sire en fon Chaftelet de *Paris*, & par *Jean Soutille* fergent dudit lieu de *Montacou*, ès préfence de *Gras Prie*, *Jean Maillard*, & plufieurs autres. En témoin de ce, j'ai fait figner ces préfentes, à ma requête, du feing manuel du notaire ci-deffous écrit, ledit 18.e jour de may 1455. *Ainfi figné.* J. FLOULT, pour avoir été préfent, à la requête dudit fergent.

Ces préfentes ont été publiées à *Mazieres*, par moy *Alain Piquet* fergent à cheval du Roy noftre Sire en fon Châtelet de *Paris*, par *Jean Doucet* fergent dudit lieu, ès préfence de *Pierre Favoir*, *Jean Houyn*, & plufieurs autres. En

CHARLES
VII,
à Mehun-
fur-Yevre,
le dernier jour
d'Avril 1455.

témoin de ce, j'ai fait figner ces préfentes, à ma requête, du feing manuel du notaire ci-deffous écrit, le 19.° jour de may, l'an 1455. *Ainfi figné.* P. DE TOMPRELOU, pour avoir été préfent, à la requête dudit fergent.

Ces préfentes ont eté publiées ès *Marche* & ville de *Rochechouard*, par moy *Alain Piquet* fergent à cheval du Roy noftre Sire en fon Châtelet de *Paris*, & par du *Colombier* fergent dudit lieu, ès préfence de *Jean Fonteneau, Jourdain Grenet* & plufieurs autres. En témoin de ce, j'ai fait figner ces préfentes, à ma requête, du feing manuel du notaire ci-deffous écrit, le 2.° jour de mai l'an 1455. *Ainfi figné.* P. LA CROIX, à la requête dudit fergent.

Ces préfentes ont eté publiées en la ville de *S.'-Germain*, par moy *Alain Piquet* fergent du Roy noftre Sire, & par *Pierre Dupuy Grenier*, en l'abfence de la crie de ladite ville, préfens *Huguet Yvonnet, Jean de la Garde.* En témoin de ce, j'ai fait figner ces préfentes du feing manuel du notaire ci-deffous écrit, à ma requête, le 20.° jour de may, l'an 1455, *Ainfi figné.* P. TOURNELEOU, pour avoir été préfent, à la requête dudit fergent.

Ces préfentes ont eté publiées en la ville d'*Availle*, par moi *Alain Piquet* fergent à cheval du Roy noftre Sire en fon Châtelet de *Paris*, & par *Jamet Fromagier*, en l'abfence de la crie dudit lieu, ès préfence de *Pierre Arragon, Martin Forma* & plufieurs autres. En témoin de ce, j'ai fait figner ces préfentes, à ma requête, du feing manuel du notaire ci-deffous écrit, le 21.° jour de mai, l'an 1455. *Ainfi figné.* S. FESNE, à la requête dudit fergent.

Ces préfentes ont eté publiées en la ville de l'*Ifle-Jourdain*, par moy *Alain Piquet* fergent à cheval du Roy noftre Sire en fon Châtelet de *Paris*, & par *Gillet Popales*, en l'abfence de la crie dudit lieu, ès préfence de *Mathe Pefcher, Jean Sauteron* le jeune & plufieurs autres, le 21.° jour de mai, l'an 1455. *Ainfi figné.* J. DUBRES, à la requête dudit fergent.

Ces préfentes ont eté publiées en la ville de *Villedo*, ce jour de foire, à heure due, & ès lieux où l'on a accouftumé à faire criées & fubhaftations, par moy *Pierre Guilleton* fergent du Roy noftre Sire au bailliage de * . . . & par *Michaut* le *Breton* crie dudit lieu, ès préfence de *Jacques Chenye, Jean Caillou, André Bretin* le jeune, *Jean Marié* le jeune, *Jean Gendre, François Rafin, Gillet Defniau, Pierre le Clerc, Jean de Lavau, Jean Normand, Jean Richelot, Jean Augier,* & plufieurs autres. Fait le 22.° jour de juillet, l'an mil quatre cens cinquante-cinq. *Ainfi figné.* P. GUILLETON.

* Sic.

Collation eft faite par moi. *DE BIDAUT.*

(a) *Mandement de Charles VII, pour faire fabriquer à Bordeaux des monnoies d'or & d'argent, femblables à celles qui fe fabriquoient dans les autres lieux de fon Royaume.*

CHARLES, par la grace de Dieu, róy de France, au Sénefchal de *Guyenne* ou à fon Lieutenant. Comme par le tems que noz anciens adverfaires & ennemys les *Anglois*, tenoient en leur obéiffance noftre cité de *Bourdeaulx*, & le pays d'environ, euffent ordonné & fait faire monnoies en icelle cité, & de nouvel foit ladicte cité & pays revenu & réduict en noftre obéiffance, depuis lequel tems n'ayons aucunement pourveu au fait de ladicte monnoye, qui eft une des monnoyes anciennes de noftre royaume; laquelle cité & pays font tous peuplez & rempliz des monnoyes de nofdicts adverfaires & d'autres monnoyes

NOTE.

(a) Regiftre de la Cour des Monnoies, coté *F, fol.* 73, *v.°*

eftranges, au grand préjudice & dommaige de Nous & de tous noz fubjeĉts defdicts pays, & plus feroit ou temps à venir fe par Nous n'y eftoit donné bonne & briefve provifion; favoir faifons que pour l'évident prouffilt de Nous & dudict pays, & affin que noz bons & vrays fubjeĉts d'icellui foient & puiffent eftre rempliz de noz bonnes monnoies, Nous, par l'advis & délibéracion des Gens de noftre Grant-Confeil, & des Généraulx Maiftres de noz monnoyes, avons ordonné que dorefenavant en noftredicte cité de *Bourdeaulx* foient faiĉtes & forgées telles & femblables monnoyes tant d'or que d'argent, que faifons de préfent & feront faire en noz autres monnoyes. Si vous mandons & eftroiĉtement enjoignons que cefte préfente Ordonnance vous faiĉtes crier & publier par tous les lieux de voftre Sénefchaulcée accouftumez à faire criées & publications. *Donné à Mehun-fur-Evre, le IX.ᵉ jour de may, l'an mil quatre cent cinquante-cinq, & de noftre regne le XXXIII.ᵉ Ainfi figné. Par le Roy en fon Confeil.* DELALOERE.

(a) Letttres de Charles VII, par lefquelles il établit les Baillis de Berry & de Saint-Pierre-le-Mouftier, Juges & gardiens de l'abbaye de Saint-Laurent de Bourges.

CHARLES, par la grace de Dieu, roy de France, fçavoir faifons à tous préfens & advenir, Nous avoir receue l'umble fupplicacion de nos bien-amées les Religieufes, Abbeffe & convent de *Sainĉt-Laurens* de *Bourges*, de l'ordre de *Sainĉt-Benoift*, contenant que ladiĉte églife eft fondée de très-grant ancienneté par nos prédéceffeurs roys de France, de une Abbeffe & de plufieurs Religieufes, & de certains Vicaires & Chappellains qui vacquent jour & nuiĉt à faire le fervice divin en icelle; & que à caufe des feigneuries, juftices, jurif-diccions, rentes, cens, domaines, poffeffions & franchifes de leurdiĉte églife, fe font meuz & meuvent fouvent divers procès en plufieurs fiéges & jurif-diccions, à l'occafion defquelz procès leur a convenu & convient chafcun jour faire grans frais, & envoyer par lefdits fiéges & juridiccions, à l'occafion defquels procès à grands frais & fumptueux, par quoy le fervice d'icelle églife eft fort diminué; & à cette caufe leur foit befoing & néceffité d'avoir Juges & gardiens de par Nous commis & ordonnez à congnoiftre des caufes & procès & débats qui font meuz & qui fe pourront mouvoir, en demandant & en deffendant, touchant leurfdits priviléges, libertez, franchifes, juftices & jurifdiccions, rentes, cens, devoirs, terres, domaines & poffeffions de leur-diĉte églife & monaftere, fans aller plaider en divers lieux, en nous humblement requérans que leur veuillons fur ce pourvoir, ainfy que avons fait à d'autres églifes de noftre royaume, & fur ce leur impartir noftre grace. Pour quoy Nous, attendu ce que dit eft, & mefmement affin que le fervice divin puiffe mieulx & plus notablement & grandement eftre fait en ladiĉte églife, de jour & de nuiĉt, à la louange de Dieu noftre Créateur, & auffy affin que lefdits fuplians foient plus enclins à prier Dieu pour Nous & nos prédéceffeurs, & que foyons participans ès oraifons, prieres & bienfaits de ladiĉte églife; ayans confidéracion que femmes de religion ne peuvent en perfonne vacquer ne aller loing de leurs hoftels & églifes pour la pourfuite de leurs affaires, comme feroient hommes: voulons & Nous plaift, de noftre fcience, grace efpécial, pleine puiffance & auĉtorité royal, par ces préfentes, & avons décerné, declairé & ordonné & eftably; décernons, déclairons & eftabliffons, noz *Bailliz* de

NOTE.

(a) Tréfor des Chartes, regiftre IXˣˣXI [191], piéce 151. — *MSS.* de *Colbert*, volume LV, page 403.

Berry & de *Saint-Pere-le-Mouftier*, & autres nos juges qui font à préfent ou feront pour le temps advenir, en la jurifdiccion defquels elles ont leurfdictes rentes, juftices, héritages & poffeffions, eftre & demourer perpétuellement juges, gardiens, protecteurs & deffenfeurs de leurdicte églife, enfemble defdits fuppliants & de leurs droiz, libertez, franchifes, juftices, jurifdiccions, rentes, revenues, cens & poffeffions quelfconques appartenans à icelle églife de *Sainct-Laurens*, & qu'ils congnoiffent de toutes les caufes touchans icelle églife & lefdits fuppliants, & dont elles vouldront prendre la garentie & deffendre, ou à icelle fe adjoindre à caufe de leurdicte églife, au regard des chofes eftans en leurs baillages & jurifdiccions; & avons voulu & ordonné, voulons & ordonnons que noftredit *Bailly* de *Berry*, ou fon lieutenant à fon fiége de *Bourges*, & fes fucceffeurs *Bailliz* de *Berry* ou leurs lieuxtenans audit fiége de *Bourges*, & fes fucceffeurs *Bailliz* de *Berry* ou leurs lieuxtenans audit fiége de *Bourges*, connoiffent, décident & déterminent audit fiége de *Bourges*, d'icelles caufes, procès & débats, meuz & à mouvoir, touchant lefdits fuppliants, à caufe de leurdicte églife & defdits droiz, libertez, franchifes, juftices, rentes, cens, poffeffions & ordonnances d'icelle, tant en demandant que en deffendant, & autres cas deffus déclairez, au regard des chofes eftans oudit pays de *Berry*, & nos autres juges à leurs prouchains fiéges, des parties & chofes dont fera ledit débat. Si donnons en mandement par ces mefmes préfentes, à nos *Baillyz* de *Berry* & de *Sainct-Pere-le-Mouftier*, & autres noz juges, ou à leurs lieuxtenans qui à préfent font ou feront pour le temps advenir, & à chafcun d'eulx fi comme à luy appartendra, que de noz préfentes grace, ordonnances, voulenté, déclaracion & octroy, tiengnent & facent tenir, garder & accomplir de poinct en poinct, felon leur forme & teneur, en interdifant à tous autres juges la court & congnoiffance defdictes caufes & querelles defdits fuppliants & de leurdicte églife, tant meues, eftant entieres, que à mouvoir, & laquelle Nous leur avons interdicte & interdifons par ces préfentes, & que d'icelles ne congnoiffent, ains les renvoyent fans aucun délay, avec les parties adjournées, par-devant lefdits *Bailliz* & juges ou leurs lieuxtenans, aufquels Nous mandons que cefdictes préfentes facent publier & enregiftrer en leurs auditoires & jurifdiccions, à ce que aucun n'en puiffe prétendre caufe d'ignorance. Car ainfi le voulons & Nous plaift eftre faict; & affin que ce foit chofe ferme & eftable à toujours, Nous avons fait mettre noftre féel à ces préfentes: fauf en autres chofes noftre droit, & l'autruy en toutes. *Donné au Bois-Sire-amé, ou mois de may, l'an de grace mil quatre cens cinquante & cinq, & de noftre regne le trente-troifiefme.* Ainfi figné: *Par le Roy en fon Confeil.* DANIEL. *Vifa.*

CHARLES VII, au Bois-Sire-amé, en Mai 1455.

(a) *Lettres de Charles VII, par lefquelles il ordonne de fabriquer des monnoies d'or & d'argent, dont il fixe la valeur & le titre.*

CHARLES, par la grace de Dieu, roy de France, à noz amez & féaulx les Généraulx Maiftres de noz Monnoyes: falut & dillection. Comme de long tems en noftre royaume, plufieurs monnoyes eftranges tant d'or que d'argent ayent eu & encores de préfent ayent cours pour plufieurs & divers pris, & la plufpart d'icelles de préfent foient prinfes & mifes pour plus hault pris qu'elles ne vallent, eu regard à la bonté de la noftre ; & defdictes monnoyes eftranges ait en noftredict royaume tant & fi grant nombre, quantité & habondance, que le cours de noftredicte monnoye en eft grandement

CHARLES VII, au Bois-Sire-amé, le 16 Juin 1455.

NOTE.

(a) Regiftre de la Cour des Monnoies, coté F, fol. 72, v.

CHARLES
VII,
au Bois-
Sire-amé,
le 16 Juin
1455.

ravallé, & la matière de billon d'or & d'argent, & mefmement icelle noftre monnoye, tranfportée hors noftredict royaume, & convertie èfdictes monnoyes eftranges, par quoy noz monnoyes de très-long temps font tournées en chomaige, & encore font en telle manière que pour le préfent en noftredict royaume a très-peu de noftredicte monnoye, qui eft le très-grant préjudice & dommaige de Nous & de tous noz fubjects, & plus feroit ou tems à venir, fe fur ce n'eftoit par Nous donné briefve provifion. Pour quoy, Nous, qui defirons de tout noftre cœur acroiftre & multiplier nofdictes monnoyes, abattre & adnichiller le cours defdictes monnoyes eftranges, à ce que icelles ne foient remportées & mifes hors de noftredict royaume, & que fans grand dommaige & perte de nofdicts fubjects, icelles monnoyes eftranges foient apportées en nofdictes monnoyes au marc pour billon, pour illec eftre ouvrées & converties en nozdictes monnoyes avec toute la matière d'or & d'argent que on pourra recouvrer, affin que nozdicts fubjects foient fourniz de noftredicte monnoye, & qu'ilz n'ayent caufe de ufer d'aucune autre monnoye que de la noftre : Nous,

* Le Chancelier de France.

par l'advis & délibéracion des Gens de noftre Grant-Confeil & de Vous *, avons voulu & ordonné, voulons & ordonnons par ces préfentes, que dorefenavant vous fectes faire & ouvrer en toutes noz monnoyes, *deniers grans blancs*, de *dix deniers tournois* de cours la pièce, *à quatre deniers douze grains de loy*, argent-le-Roy, & *de fix fols neuf deniers* de poix au marc.

Item. Petiz blancs, de cours de *cinq deniers tournois* la pièce, d'aloy deffufdict, & de *treize fols fix deniers* de poix audit marc ; en faifant donner aux marchands & changeurs, de chacun marc d'argent allayé à ladicte loy, *huit livres dix fols*.

Item. Deniers d'argent, appellez *groz*, de *deux fols fix deniers tournois* de cours la pièce, à *onze deniers douze grains d'aloy*, argent-le-Roy, de *cinq fols neuf deniers* de poix au marc ; en faifant donner du marc d'argent allayé à ladicte loy, *huit livres quinze fols* : toutes icelles monnoyes aux remèdes accouftumez, & pareilles de formes, aux *grans blancs, petiz blancs* & gros que de préfent faifons faire en nofdictes monnoyes, excepté une petite différence telle que par vous fera advifé ; & au regard de la monnoye noire, la faictes faire & continuer au poix, aloy, cours & pris du marc d'argent tel que de préfent.

Item. Faictes faire & continuer les *deniers, efcus & demys efcus d'or*, de cours, aloy & remede tel que de préfent, de foixante & onze de poix au marc, en continuant ladicte forme, excepté aucune petite différence ; en faifant donner aux marchans & changeurs, de chacun marc d'or fin, cent livres tournois, qui font foixante & douze *efcus d'or* & huit onziefmes d'*efcu d'or*.

Item. Faictes faire & ouvrer en noftre monnoye de *Tournay, deniers blancs*, de *dix deniers tournois* de cours, à *quatre deniers* d'alloy, argent-le-Roy, & de *fix fols* de poix au marc, de telle & femblable forme que noftre monnoye qui court en icelle ville pour groz & demy ; en faifant donner aux changeurs & marchans, de chacun marc d'argent allayé à ladicte loy, femblable fomme de huit livres dix fols.

Si vous mandons & expreffément enjoignons que en mectant à exécution noz préfentes voulenté & ordonnance, vous, par les Maiftres particuliers & Gardes de noz monnoyes, faictes faire ouvrer & forger monnoye d'or & d'argent au poix & aloy que deffus, & en donner aux changeurs & marchans tel pris que deffus eft dict, fans en ce faire aucune difficulté. *Donné au Bois-Sire-amé, le feiziefme jour de juing, l'an de grace mil quatre cent cinquante-cinq, & de noftre regne le XXXIII.*^{me} Ainfi figné. *Par le Roy en fon Confeil*.

CHALIGAUT.

CHARLES
VII,
au Bois-
Sire-amé,
le 16 Juin
1455.

(a) Lettres de Charles VII, par lesquelles il exempte de l'imposition de douze deniers pour livre, les marchandises apportées aux foires.

CHARLES, par la grace de Dieu, roy de France, à nos amez & féaux les Généraulx & Conseillers par Nous ordonnez sur le faict & recouvrement de noz finances, & aux Esleuz sur le faict des aydes ordonnez pour la guerre ès villes & eslections de *Paris, Rouen, Troies, Chaalons, Reims, Provins, Château-Thierry, Gyen, Orléans, Tours, Blois,* & à tous les Esleuz sur le faict desdictes aydes en toutes les autres villes & eslections de nostre royaulme ou à leurs lieuxtenans, salut & dilection. Comme tant à l'occasion des guerres qui bien longtemps durent en ce royaume, & des mortallités survenues en plusieurs contrées d'ycelluy, que des aydes & autres charges que ont eu à cause d'ycelles, les sujets de nostredit royaulme, icelluy nostre royaulme soit fort dépopullé, & les aucunes des anciennes & notables foires de nostredit royaulme ayent esté par long-temps discontinuées & les autres fort diminuées, & ayons esté advertiz que plusieurs noz prédécesseurs roys de France, ès temps passez, pour attraier les sujects des païs estrangers, & faire venir les marchans estrangers marchands de nostredit royaulme, exemptoient desdites charges & donnoient affranchissement à marchands & autres pour qui y vouldroient venir, soubz ombre desdits affranchissement soient ès temps passez venus en nostredit royaulme plusieurs marchands de diverses & estranges contrées ; par quoy la faut de marchandise ayt esté bien & grandement entretenue, au grand proffict de la chose publicque de nostredit royaume : Nous, ayant à ce considération, & vû le bien de nostredit royaume, de la marchandise d'ycelluy, avons affranchi & exempté, affranchissons & exemptons par ces présentes, de l'imposition de douze deniers pour livre, toutes les denrées & marchandises qui sont amenées & vendues ès foires du *Lendy* & *S. Laurens* à *Paris,* ès anciennes foires de *Champagne* & de *Brie,* de *S.t Romain* de *Rouan* & de *Guibray* près *Falaise* ès nostre duchié de *Normandie,* & autres foires d'ancienneté constituées ès villes & citez de nostre royaume à Nous appartenans, laquelle imposition de XII deniers pour livre a cours de présent par tout nostredit royaulme ou en la pluspart d'icellui ; voullans que tous iceux marchans qui lesdites denrées & marchandises vendront èsdites foires, ameneront ou feront amener, & y seront vendues. *(b)* Sy vous mandons & très-expressément enjoignons, & à chacun de vous si comme à lui appartiendra, que de nos présens affranchissement & exemption vous faictes, souffrez & laissez jouir & user pleinement & paisiblement tous lesdits marchands, en les faisant tenir quictes & paisibles de ladicte imposition de XII deniers pour livre, ainsy & de la maniere que dessus est dict. Mandons aussy à vous, Esleuz, que faictes crier & publier ces présentes, chacun de vous ès mectes de sa jurisdiction, affin que aucun n'en prétende cause d'ignorance. Et pour ce que des susdites présentes on pourra avoir affaire en divers lieux, Nous voulons que au *Vidimus* de cesdites présentes fait soubz sel royal, plaine foy soit adjoustée comme à ce présent original. *Donné au Bois-Sire-amé, le XVI.e jour de juin, l'an de grace M CCCCLV, & de nostre regne le XXXIII.e* Ainsy signé. *Par le Roy en son Conseil.* H. CHALIGAUT.

NOTES.

(a) Ces Lettres qui proviennent d'un recueil fait par M. Du Lys, ancien Avocat général de la Cour des Aides, & ont été copiées de sa main, nous ont été communiquées par M. *Chrétien,* Conseiller en la Cour des Aides.

(b) La phrase n'est point terminée, ce qui fait juger qu'il y a en cet endroit une omission dans la copie dont nous sommes obligés de nous servir, au défaut de l'original.

CHARLES
VII,
au Bois-
Sire-amé,
le 16 Juin
1455.

Item. S'enfuit la teneur defdites Lettres de M.rs les Généraux des finances. Nous, les Généraux Confeillers du Roy noftre Sire fur le faict & gouvernement de fes finances, &c. Vu les Lettres du Roy noftre Sire, aufquelles ces préfente. font attachées foubz l'un de noz fignez, par lefquelles, & pour les caufes de icelles contenant, le Roy noftre Sire a affranchi & exempté de l'impofition de XII deniers pour livre, toutes les denrées & marchandifes qui feront amenées & vendues ès foires du *Lendit*, *S.t Laurens-lès-Paris*, ès anciennes foires de *Champagne* & de *Brie*, ès foires de *S.t Romain* de *Rouen*, & de *Guibray* près *Falaife*, en la duchié de *Normandie*, & autres foires d'ancienneté conftituées & eftablies ès villes & citez de ce royaulme, appartenans audict Seigneur, confentons, en tout ce que en nous eft, que lefdictes Lettres foient entérinées & accomplies de point en point felon leur forme & teneur, & que les Efleuz fur le fait des aydes ordonnées pour la guerre ès villes & efleétions de ce royaume, les facent chacun d'eux ès mectes de leur jurifdiétion publier ainfy par la forme & maniere que icelluy Seigneur le veut & mande. *Donné foubz noz fignez, le XI.e jour de février, l'an M. IIII.e LV.*

Ainfy figné. J. LECLERC.

Au dos defquelles Lettres royaulx eftoit efcrit ce qui s'enfuit.

Leues, publiées ès jugement de l'auditoire des Efleuz à *Paris* fur le faict des aydes ordonnez pour la guerre, le fabmedi VII febvrier M. IIII.e LV.

Ainfy figné. P. MILLET.

Publiées par les carrefours & lieux accouftumez à faire criz ès la ville de *Paris*, l'an & jour deffufdiz. *Ainfy figné.* P. MILLET. Et avons à ce préfent *Vidimus* ou tranfcript, mis le fel de ladicte Prévofté de *Paris*, l'an & jour que deffus premierement. *Ainfy figné.* P. ANDRY.

Sur le reply de la marge d'en bas defdites Lettres eftoit efcrit.

Collation faicte. En tefmoing de ce, nous Garde deffus nommé, avons fcellé les préfentes Lettres du *Vidimus* ou tranfport, du fel & contre-fel de ladicte Prevofté, & le rapport defdits Notaires avec les fignets & feings manuelz. Ce fut fait les an & jour premierement deffufdits. *Signez* BRUZET & DE BURY.

(a) Lettres de Charles VII, par lefquelles il confirme les Statuts du métier de Tailleur, en la ville de Caen.

CHARLES, &c. favoir faifons à tous préfens & advenir, Nous avoir receue l'humble fupplication de *Guillaume le Brun*, de *Martin de Morlaye*, de *Guillaume le Véel*, de *Candin Farcy*, de *Jehan le Maire*, de *Perniot de la Maire*, de *Jehan Gaftel*, de *Colin Rabot*, de *Colin le Sellier*, Ph. *Barbery*, de *Adeneth* dit *Duciolf*, de *Pierre Canu*, de *Colin Dieulegard*, *Richard Graffin*, de *Colin Baudouin* & de *Jehan Fouefnart*, tous maiftres, ouvriers & tailliandiers du meftier de coufturier en la ville & forbourgs de *Caen*, contenant que pour le bien & honneur du meftier & prouffit de la chofe publique, & pour obvier aux inconvéniens, faulx ouvrages & déceptions que aucuns d'eulx entremetteurs dudit meftier pourroient en iceluy faire ou temps advenir, ont efté advifées certaines ordonnances & ftatuts fur le faict dudit meftier, lefquels ont été loués & approuvés par noftre *Bailly* de *Caen* ou fon lieutenant, noftre Procureur ou autres noz Officiers audit lieu à ce appellez : lefquelles Ordonnances font telles.

NOTE.

(a) Tréfor des Chartes, Regiftre IXxx XI [191], pièce 158. — *MSS.* de *Colbert*, volume LV, page 411.

(1) C'eft

(1) C'est assavoir, que pour garder & visiter ledit mestier en ladicte ville & forsbours de *Caen*, aura quatre souffisans prudes-hommes d'icelluy mestier de ladicte ville & forsbourgs, qui par nous & nos successeurs *Bailliz de Caen*, seront chascun an députez, ordonnez & instituez maistres-jurez à la garde & visitacion dudit mestier, au tesmoignage, relacion de ceulx d'iceluy mestier, qui auront fait le serement par-devant nous & nos successeurs, que bien & loyaulment ils garderont & visiteront ledit mestier, les poins & articles d'iceluy cy après déclarés & divisés; & auront iceulx maistres toute la visitacion sur tout l'ouvrage dudit mestier, circonstances & deppendances d'icelluy, par toute la ville & forsbours, & seront tenus iceulx jurez, de rapporter par leurs seremens, à nous & à nos successeurs *Bailliz de Caen*, toutes les amendes & forsaictures ou mesprentures qu'ils trouverront estre commises ou faictes oudit mestier.

(2) Item. Que nul qui ne demourra en ladicte ville & forsbours de *Caen*, ne puisse lever establie, ne tailler garnemens, jusques à tant qu'ils ayent esté examinez par lesdits jurez-maistres, & approuvez souffisans de tailler & lever ouvrouer; se n'estoit robes ou garnemens pour seigneurs à qui ils fussent tailleurs, ou garnemens pour enfans: car autrement aucuns par convoitise de gagner ou autrement, pourroient entreprendre besogne qu'ils gasteroient, & diffameroient les draps des bonnes gens de la ville, ne de ce ne pourroient faire restitucion, & redonderoit au vitupere & deshonneur dudit mestier & des ouvriers d'icelluy, & au grant dommage du peuple. Qui fera le contraire, il payera d'amende cinq solz tournois au Roy, & cinq solz à la confrairie Saincte-Croix, que les jurez-maistres & ouvriers d'icelluy mestier ont pieçà constituée en honneur de Dieu & révérence d'icelle Saincte-Croix, en l'église des Freres-Croisiez en ladicte ville de *Caen*, tant pour soustenir les pouvres d'icelluy mestier, que pour la peine & travail desdits maistres-jurez visiteurs. Toutesvoyes nonobstant ces Ordonnances, les cousturiers pourront user de leur mestier ainsy qu'ils ont accoustumé.

(3) Item. Que nul d'icelluy mestier en ladicte ville & forsbours, ne puisse ouvrer au samedy depuis chandelles allumées, au Dimenche, aux cinq festes de Nostre - Dame, aux festes d'Apostres, au jour de Toussains, de Noel, de Pasques, l'Ascension & Penthecouste, l'on ne face besogne pour achever ne autrement, excepté la besogne de nos Seigneurs & Dames du sang royal, & robes pour obsèques de trespassez & de nopces, si ce n'estoit qu'il convinst besongner nécessairement à eslargir ou estroissir un garnement qui paravant fût fait & parfait; & qui fera le contraire, il payera d'amende cinq solz au Roy, & cinq solz à ladicte confrairie, s'il est maistre; & s'il est varlet, il payera deux solz au Roy & douze deniers à ladite confrairie : & s'il advenoit que aucun maintienne que ledit ouvrage fust pour nosditz Seigneurs ou Dames, pour nopces ou pour obsèques de trespassez, & se l'on trouvoit le contraire, il payeroit double amende.

(4) Item. Que nul varlet ne puisse aller demourer ne ouvrer hors d'avecques son maistre, jusqu'à ce qu'ils aient achevé leur terme & chascune besongne qu'ils auront encommencée.

(5) Item. Que nul ouvrier dudit mestier, ne puisse ou doye forsaire ne mectre en euvre en ladicte ville & forsbourgs, les varlets ou apprentils d'aucuns maistres, sans licence d'iceulx maistres à qui ils seront, jusques à ce qu'ils aient parfait leur service & achevé leur terme; sur peine de cinq solz d'amende au Roy, & cinq solz à la confrairie.

(6) Item. Qui fera pourpoint de drap de soye pour vendre, s'il n'est estouffé de fil de soye, ou autrement deuement, ainsy qu'il appartient, il payera d'amende cinq solz au Roy & cinq solz à la confrairie.

(7) Item. Qui fera pourpoint à vendre, que il y mecte bonne laine ou du couston, & souffisantes estouffes de bonnes estouffes; & qui sera trouvé

faifant le contraire, il payera d'amende cinq folz au Roy, & cinq folz à la confrairie, & fi fera ledit pourpoint ars.

(8) Item. Que chafcun defdits maiftres & ouvriers puiffent tailler & faire pourpoins à qui l'en le commandera, de telles eftouffes comme l'en luy baillera.

(9) Item. Que nul ne puiffe mectre hors de fa maifon, les garnemens ou ouvrages qui luy feront baillez, pour emprunter argent deffus à quelque per-

* C'eft-à-dire à la
volonté de juftice,
comme ci-après,
article 20.

fonne que ce foit, fur peine d'amende de juftice *,

(10) Item. Que tous compagnons dudit meftier, ouvriers qui vouldront venir ouvrer en ladicte ville & faulxbourgs de *Caen*, qui feront trouvez fouf-fifans par lefdiz jurez, feront receus à befongner par ladicte Ordonnance.

(11) Item. Pour augmentacion dudit meftier, eft affçavoir que chafcun ouvrier d'icelluy meftier, qui requerra eftre juré & paffé maiftre, & vouldra lever fon ouvrouer & ufer dudit meftier en ladicte ville & faulfbourgs, il payera

ᵇ hanfe,
affociation.

pour hanche ᵇ, vint folz parifis au Roy; fauf que fe il eft fils de maiftre, il ne payera que dix folz & autant à la confrairie deffufdicte.

(12) Item. Pour aider à fouftenir la confrairie des maiftres dudit meftier, à aider à vivre les pouvres freres d'icelle confrairie, enterrer les trefpaffez & ofter de fentence d'excommuniement s'ils y eftoient, il payera à ladicte confrairie dix folz pour une foiz; & s'il eft fils de maiftre, il ne payera que cinq folz tournois.

(13) Item. Aux quatre gardes dudit meftier, pour fupporter à leurs peines & journées quant ils amenerront au Bailly ou à fon lieutenant le nouvel maiftre pour faire le ferement dudit meftier, & auffi pour leur droicture dudit nouvel maiftre, icelluy nouvel maiftre leur payera vint folz tournois, foit fils de maiftre ou autre.

(14) Item. Par l'Ordonnance deffufdicte, le tiers defdictes amendes, & auffi le tiers des deniers de ladicte confrairie, & vint folz tournois pour hanche payez aufdits jurez maiftres, feront pour aider à fouftenir & garder les droiz, franchifes & libertez dudict meftier, fouftenir auffi aucuns affaires ou procès, ofter empef-chements s'ils y eftoient, & auffi que l'en mecte prévoft ou efchevin en ladicte confrairie, pourveu qu'ilz foient maiftres jurez, à eftre gardes de ce pour ledit meftier, avecques deux des autres maiftres, pour fçavoir que deviendront lef-dictes amendes & hanches, affin que lefdits prevoft & efchevin les reçoivent, pourchaffent & facent payer; & que s'il leur faut faire aucunes mifes pour le fait dudit meftier en cueillant lefdictes amendes, ou autrement à jufte caufe, ils puiffent prendre des deniers qui en yftront, par rendant compte aufdits freres.

(15) Item. Quant aucun ouvrier dudit meftier fera trouvé habille pour eftre maiftre, & il requerra à eftre maiftre, les gardes feront tenus de l'amener devant le Bailly ou fon lieutenant, faire le ferement de garder les Ordonnances dudit meftier.

(16) Item. Que s'aucun ouvrier dudit meftier veult lever ouvrouer en ladicte ville & faulxbourgs, pofé que ailleurs & autres fois il ait efté maiftre, fe il n'a efté paffé maiftre en ladicte ville & payé les hanches deffufdictes, il fera briefvement examiné par lefdits gardes, & fe il eft trouvé fouffifant, il fera par lefdits gardes mené au Bailly ou à fon lieutenant, faire le ferement de garder lefdictes Ordon-nances; & après pourra lever ouvrouer en icelle ville ou faulxbourgs, en payant vingt folz au Roy pour hanche, & vingt folz à la confrairie, & vingt fols aux gardes, comme dit eft.

(17) Item. Que chafcun maiftre dudit meftier ne pourra avoir que un ap-prentils en ladicte ville & faulxbours, & fervira trois ans pour apprendre ledit meftier, ainçois qu'il foit mis à ouvrer, ou adlouez; & huict jours après qu'ils feront venus cheix leurs maiftres, ledit maiftre & lefdits gardes les ameneront devant le Bailly ou fon lieutenant, faire le ferement de garder lefdictes Ordon-nances, & que loyaulment ils ferviront leurfdits maiftres lefdits trois ans durans:

& se le maistre veult mectre de ses fils oudit mestier, & nonobstant, il pourra avoir un apprentis estrange; & payera ledit apprentis à son entrée une livre de cire à la consrairie.

(18) Item. S'aucun varlet, ouvrier dudit mestier, se loue à ung maistre dudit mestier, ou prent besongne à faire en ladicte ville & saulxbourgs, & apres se part avant que son service soit fait, ou que l'euvre qu'il aura entreprise à faire soit parfaite, ledit ouvrier l'amendera d'autant qu'il devoit avoir de chascun garnement qu'il auroit laissé à parfaire, & celuy qui sera loué, du quart de ce qu'il devoit gaigner pour un an, & au-dessous à l'équipolent; & ne ouvrera plus en ladicte ville & saulxbourgs, tant qu'il ait parfait sondit service: se il n'y a faulte de son maistre de luy drécier de la besongne, ou faire ce qu'il appartient, laquelle faulte ledit ouvrier sera tenu de la dénoncier à justice, ou aux gardes, ainçois qu'il s'en parte.

(19) Item. Que nul ouvrier, s'il n'est maistre & il n'ait payé ses hances, ne puisse tailler aucun garnement, se le maistre qu'il sert ne luy commande; & s'il fait le contraire, il payera pour chascun garnement qu'il aura taillé, vingt solz d'amende, dont le Roy en aura cinq solz tournois, la consrairie dix solz tournois, & les gardes cinq solz tournois.

(20) Item, Que les gardes seront tenus à apporter, par escript ou par bouche, deux fois l'an, aux termes de Noël & Sainct-Jehan, devers le Bailly ou son lieutenant, toutes les amendes & malesaçons qu'ils auront trouvées le temps dudit demy-an, sans en receler aucunes; sur peine d'amende arbitraire à la voulenté de justice.

(21) Item. Que nulle personne ne ouvrier dudit mestier, ne pourront faire garnement au-dessus de demie aulne de drap.

Lesquelz statutz & Ordonnances, lesdits maistres, pour le bien de la chose publique & de ladicte ville, vouldroient & desireroient estre gardez & observez dudit mestier, esdictes ville & saulxbourgs de *Caen,* si comme ils Nous ont fait remonstrer, & humblement requérans: sçavoir faisons que Nous, desirans bonne police & ordonnance estre faicte, tenue & gardée sur le fait des mestiers de nostre royaume, pour le bien de la chose publique, iceux statuts & ordonnances avons loez, gréez & approuvez, & par ces présentes, de grace especial, pleine puissance & autorité royal, louons, gréons & approuvons, parmy ce toutesvoyes, que les amendes qui en ystront & vendront à Nous appartenir, ainsy que dessus est dit, seront appliquées à nostre prouffit & demaine, & receues par nostre receveur ordinaire & en icelle ville, & l'autre partie à la consrairie & aux jurez, ainsy que contenu est esdits statuts & ordonnances. Si donnons en mandement par ces mesmes présentes, au *Bailly* de *Caen* & à tous nos autres justiciers & officiers ou à leurs lieuxtenants, présens & advenir, & à chascun d'eulx, si comme à luy appartendra, que lesdits status & ordonnances ils tiennent & gardent, & facent tenir, garder & entretenir de poinct en poinct selon leur forme & teneur, sans aucunement aller, ne souffrir aller ne venir en aucune manière au contraire; ainçois de ceulx qui feront ou seront trouvez faisant ou avoir fait le contraire, facent pugnicion selon le contenu esdictes Ordonnances, & comme transgresseurs de statut, Édit & Ordonnance royal: car ainsy le voulons & Nous plaist estre fait, & afin, &c· sauf, &c. *Donné à* Bourges, *ou mois de juing, l'an de grace mil quatre cens cinquante & cinq, & de nostre règne le trente-troisiesme.* Ainsi signé. *Par le Roy à la relation du Conseil.* ROLANT. *Visa. Contentor.* J. DUBAN.

CHARLES
VII,
au Bois-
Sire-amé,
le 18 Juillet
1455.

(a) Lettres de Charles VII, par lesquelles il ordonne que les habitans des montagnes d'Auvergne & de la ville d'Aurillac, ressortiront au Parlement de Paris.

CHARLES, par la grace de Dieu, roy de France, à tous ceulx qui ces présentes Lettres verront : salut. Comme Nous avons esté advertiz par nos Procureur & Advocat généraulx, & autrement, de ce que noz subjez de nostre bailliage des montaignes d'*Auvergne* sont moult vexez & travaillez, comme jà ont esté longuement, pour ce que certenneté n'a esté ne est donnée, à savoir, en & soubz lequel de noz Parlemens ou de *Paris* ou de *Tholouse* sont & doivent ressortir nosdiz subgietz ; & Nous ait esté remonstré que iceluy Bailliage desdictes montaignes, ensemble la ville d'*Orilhac* qui en est le principal siege, & tous les habitans d'icelui, sont & doivent estre ressortissans en nostre Court de Parlement de *Paris*, par plusieurs moyens & raisons : c'est assavoir, que ladicte ville d'*Orilhac* a esté divisée & démembrée anciennement du bailliage de *Saint-Pierre-le-Moustier*, qui est païs coustumier ; & aussi se gouverne icelle ville d'*Orilhac* par coustume, & les bailliages & séneschaucées ressortissans en nostre Court de Parlement audit lieu de *Tholouse*, se gouvernent & sont régies selon droit escript ; & aussi ledit bailliage desdictes montaignes est situé ou pays de *Languedoil*, & non en nostre pays de *Languedoc* où siet nostredit Parlement de *Tholouse;* & que les habitans d'icelui n'ont aucune conversation ou communicacion sur le fait de la contribucion de noz aides & tailles, avec ceulx dudit pays de *Languedoc;* & se gouverne icelui bailliage & païs desdictes montaignes, ensemble par lui ; & si a acoustumé d'ancienneté ressortir en nostre-dicte Court de Parlement de *Paris*, & quant on la tenoit en nostre ville & cité de *Poictiers*, y ressortissoient, & n'aloient point ne ressortissoient ou Parlement que pour lors faisions venir en nostredit païs de *Languedoc :* Nous humblement requérans nosdiz officiers, que, eu regart aux choses dessusdictes, Nous plaist sur ce faire & donner sur icelles nostre ordonnance & déclaration, affin de faire cesser la vexation & travail de nosdiz subgetz, savoir faisons que Nous desirans nosdiz subgetz estre gardez & préservez d'oppressions & molestes indeües, & iceulx estre traitiez, en cas de ressort de souveraineté, selon leur limitation ancienne, après ce que par les Gens de nostre Grant Conseil ont esté veües les Lettres closes, par Nous à eulx sur ce envoyées, & aucuns advertissemens sur ce baillez par les habitans dudit bailliage, & la matiere bien & meurement débatue, avons, par l'advis & délibéracion des Gens de nostre Grant Conseil, décerné & déclairé, décernons & déclarons par ces présentes, que noz subgietz habitans oudit bailliage des montaignes d'*Auvergne* & en la ville d'*Orilhac*, principal lieu dudit bailliage, sont & seront dorefenavant & à tousjours de la limitation & ressort souverain en nostredicte Court de Parlement à *Paris*, sans ce que plus ilz soient ne doient estre traiz en nostredit Parlement de *Tholouse*, ores ne pour le temps à venir en aucune maniere. Si donnons en mandement aux Gens de nosdiz Parlemens de *Paris* & *Tholouse*, & à tous les autres justiciers & officiers de nostre royaume, & à leurs lieuxtenans préfens & à venir, que noz préfens Ordonnance, voulenté & déclaration, ilz tiennent, gardent & observent, & facent tenir, garder & observer, & en laissent & en suffrent dorefenavant & à tousjours nosdiz subgetz, habitans & demourans oudit baillage des montaignes d'*Auvergne* & ville

NOTE.

(a) Registre du Parlement intitulé : *Ordinationes Barlinæ*, coté D. fol. 184, r.

d'Orilhac, joyr & uſer paiſiblement, à plein, ſans aucunement les moleſter au contraire ; & icelle noſtre Ordonnance & déclaracion facent enregiſtrer & icelle publier par-tout ou meſtier en ſera, affin que aucun n'en puiſſe prétendre cauſe d'ignorance : car ainſi Nous plaiſt-il & voulons eſtre fait. Et pour ce que de ces préſentes on pourra avoir à faire en pluſieurs lieux, Nous voulons que au *Vidimus* d'icelles, ſait ſoubz ſéel royal, foy ſoit adjouſtée comme à ce préſent original, auquel, en teſmoing de ce, Nous avons fait mettre noſtre ſéel. *Donné au Bois-Sire-amé le XVIII.* jour de juillet, l'an de grace mil CCCC cinquante-cinq, *& de noſtre regne le XXXIII.* Sic ſignatum. *Par le Roy en ſon Conſeil.* A. ROLANT.

Et in dorſo ſic erat ſcriptum : *Lecta, publicata & regiſtrata* Pariſius, *in Parlamento, decimâ die januarii, anno Domini milleſimo CCCC.* LVII.
CHENETEAU.

Collacio facta eſt cum originali.

CHARLES
VII,
au Bois-
Sire-amé,
le 18 Juillet
1455.

(a) Lettres de Charles VII, par leſquelles il confirme la Garde royale accordée à l'Abbaye de Sainte-Geneviève de Paris.

*K*AROLUS, *Dei gratiâ Francorum rex, notum facimus univerſis preſentibus pariter & futuris, Nos vidiſſe quoddam* vidimus *ſeu transcriptum quarumdam Litterarum Domini progenitoris noſtri, anime cujus parcat Deus, pro parte dilectorum noſtrorum abbatis & conventûs eccleſie* Sancte-Genovefe Pariſienſis *obtentarum, ſub ſigillo Prepoſiture Pariſienſis confectum, cujuſquidem transſumpti tenor ſequitur ſub his verbis.*

A tous ceux qui ces preſentes Lettres verront, &c. *(b)*

Poſt cujus quidem transſumpti exhibitionem, prefati abbas & conventus Nobis ſupplicarunt ut contenta in ipſis Litteris confirmare dignaremur. Nos igitur prelibatorum predeceſſorum noſtrorum veſtigiis inherentes, preinſertas Litteras ac omnia & ſingula in eis contenta, ratas & gratas, rataque & grata habentes, eas & ea volumus, laudamus approbamuſque, ratificamus & confirmamus, ex noſtrâ ſpeciali graciâ, authoritateque regiâ, quatenùs dicti abbas & conventus eiſdem ritè, juſtè & debitè uſi ſunt & uti conſueverunt, per preſentes. Quocircà Prepoſito *noſtro Pariſienſi, qui nunc eſt aut temporibus futuris erit, vel ejus locumtenenti, committimus & mandamus quatenùs, ſi ei conſtiterit de Litteris originalibus ſuperiùs inſertis, dictos abbatem & conventum noſtris preſentibus graciâ & conceſſione uti & gaudere pacificè faciat & permittat, ſi & in quantùm, ut ſuperiùs dictum eſt, uſi ſunt ritè, juſtè & debitè ; omne impedimentum, ſi quod ſecùs apponi contigerit, amovendo ſeu amovendi faciendo, viſis preſentibus, indilatè. Quibus, ut ſtabilitatis robur obtineant, noſtrum juſſimus apponi ſigillum ; noſtro tamen in ceteris, & alieno in omnibus jure ſemper ſalvo. Datum* Bitturis, *menſe julii, anno Domini milleſimo quadringenteſimo quinquageſimo quinto, & regni noſtri triceſimo tertio. Sic ſignatum. Per Regem ad relationem Conſilii. CHALIGAUT.*

Viſa. Contentor. J. DUBAN.

NOTES.

(a) Tréſor des Chartes, regiſtre IX^{xx}XI, [191], pièce 125 — *MSS. de Colbert,* vol. LV, page 379. — Livre verd vieil, ſecond du Châtelet de *Paris, fol.* 136.

(b) Ce ſont des Lettres de *Robert d'Eſtouteville,* Garde de la Prévôté de *Paris,* qui vidiment celles du mois de mars 1411, par leſquelles Charles VI confirme la Garde royale anciennement accordée à l'abbaye de *Sainte-Geneviève* à *Paris;* elles ſont imprimées au IXe tome de ce Recueil, page 688.

(a) *Lettres de Charles VII, par lesquelles il confirme les Lettres de
sauvegarde royale accordées à l'Abbaye du Vaux de Sernay.*

CHARLES, par la grace de Dieu, roy de France, savoir faisons à tous
présens & advenir, Nous avoir veu les Lettres patentes de notre très-
cher Seigneur & pere, cui Dieu pardoint, desquelles la teneur s'ensuit.

CHARLES, &c. *(b).*

Lesquelles Lettres, & tout le contenu en icelles, Nous ayant fermes, estables
& agréables, icelles louons, ratifions & approuvons, & en tant que lesdits
religieulx en ont joy & usé paisiblement, confirmons de grace espéciale, par
ces présentes. Si donnons en mandement au *Prévost* de *Paris,* qui à présent
est & qui pour le temps advenir sera, ou à son lieutenant, & commettons
que lesdictes Lettres & tout le contenu en icelles, dedans la distance des vingt
lieues dessusdictes, il entérine *(c)* de point en point selon la forme & teneur
d'icelles; & pour plus diligemment executer la chose dessusdicte, il leur com-
mette ung ou plusieurs de nos sergens, à leurs despens, se requis en est,
lesquels ne s'entremettent de chose qui requiere congnoissance de cause.
Donnons en mandement à tous nos justiciers, officiers & subjects, que audit
Prévost ou à son lieutenant & auxdits députés, en faisant les choses dessusdictes,
obéissent & entendent diligemment. Et afin que ce soit chose ferme & establé
à tousjours, Nous avons fait mettre nostre seel à ces présentes: sauf en autres
choses nostre droit, & l'autrui en toutes. *Donné à Bourges, au mois de juillet,
l'an de grace mil CCCC LV, & de nostre regne le XXXIII.'* Ainsi signé sur le repli
vers le bout d'en haut. *Par le Roy, à la relation du Conseil. (d)* REPPE.
Et au bout d'en bas : *Collation est faite.* Visa.

Et au dos est escript : Publiées en jugement au *Chastelet de Paris ,* en l'auditoire civil, présens les Advocats & Procureur du Roy, le samedi deuxiesme
jour d'aoust, mil quatre cens cinquante-cinq. Ce fait, a esté ordonné qu'elles
seront enregistrées au livre ou l'en a accoustumé enregistrer telles Lettres &
autres Chartes du Roy nostredit Seigneur. *P. CHOART.*

NOTES.

(a) Trésor des Chartes, registre IX^{xx}XI
[191], pièce 118. — *MSS.* de *Colbert,*
tome LV, page 371. — Livre verd vieil
second du Châtelet de *Paris, fol.* 137. *v.*°
Nous suivons la leçon du livre du Châtelet.
(b) Ces Lettres de Charles VI, du
mois de juillet 1393, qui vidiment celles

de Philippe de Valois, du mois de février
1333, sont imprimées dans le VII.° tome
de ce recueil, page 569.
(c) Le registre du Trésor des Chartes porte :
enterrine & accomplisse.
*(d) Dans le registre du Trésor des Chartes,
la signature est* RIPPE.

(a) *Lettres de Charles VII, par lesquelles il accorde aux Consuls de Narbonne, la continuation, pendant dix ans, d'un droit sur le sel & d'un droit de barrage, pour l'entretien des ponts & chaussées de la rivière d'Aude.*

CHARLES, par la grace de Dieu, roy de France, à tous ceulx qui ces présentes Lettres verront, salut. De la partie de nos bien amés les Consuls & habitans taillables & questables de nostre ville de *Narbonne*, Nous ait été expozé que comme despiéçà par nos autres Lettres *(b)*, & pour plusieurs causes & considérations contenues en icelles, Nous leur eussions octroyé qu'ils peussent mettre sus & lever par vingt années, commençant au mois d'avril l'an mil quatre cens quarante, certain ayde appellé la *planque*, de cinq deniers tournois sur chacun quintal de sel vendu ou livré ez greniers à sel de *Narbonne*, *Capestaing*, *Séjan*, *Perriac*, & chambres à sel du *Lac* & *Lapalme* ; & avec ce, un barrage qui se lièv. au pont dit *Ponferme*, près dudit *Narbonne*, à deux lieues, tirant le chemin dudit *Narbonne* à nostre ville de *Beziers* : c'est à sçavoir, pour homme à pied ung denier, homme à cheval deux deniers, pour chacune bette chargée de marchandises ou autres choses cinq deniers tournois ; pour les deniers qui en ysteroient etre convertis & employés ez réparations, reffections & émandement de plusieurs ponts de pierre & de fuste, passieres & chaussées que lesdits exposans avoient lors & ont encores à soustenir, & mesmement d'une passiere qui fait aller & passer la riviere d'*Aude* par ladite ville de *Narbonne ;* lequel ayde de cinq deniers tournois sur chacun quintal de sel vendu ezdits greniers & chambres, ainsy par Nous derrenierement à eulx octroyé, n'ont levé, cueilly, ne d'yceluy joy, senon que par l'espace de deux ans ou environ, que *Jacques Cuer*, lors nostre argentier, & autres nos officiers, leur interrompirent, & deffandirent de lever iceluy ayde, disans que nos derrenieres Lettres étoient deffectueuses, en ce que en icelles étoit contenu que ils leveroient ledit ayde de cinq deniers tournois sur chacun quintal de sel qui seroit vendu ez salines desditz lieux, & non pas aux greniers ; & pour ce que le sel ne se vend pas aux salins desdits lieux, ains aux greniers, disoient iceulx noz officiers, leursdites Lettres être non-valables ; & ledit barrage, par vertu de nosdittes Lettres, ont levé & levent encores à présent, & les deniers qui en sont issux, avec du leur largement, ont employés ez réparations tant de ladite passiere que du pont de *Ponferme*, & autres, estans à l'environ de ladite ville ; mais pour les grands innondations d'eaux qui ont esté les temps d'iver, yceulx pont qu'ils ont à soustenir, qui sont bien vingt-sept en nombre, tant de pierre que de fuste, & aussy ladite passiere, ont esté moult déstruits & gastés, & spécialement ung beau pont de fuste qu'ils avoient fait tout neuf sur ladite riviere, ou chemin allant dudit *Narbonne* à *Béziers*, qui leur avoit cousté deux mille livres tournois ou environ ; & par les grandes & merveilleuses innondations des eaux fust démolly & gasté, & s'en alla aval l'eau ; & aussy ladite passiere, laquelle faisoit & fait aller ladite riviere d'*Aude* à ladite ville de *Narbonne*, est rompue & déstruite tellement que ladite riviere & eau doulce prent son

NOTES.

(a) La copie de ces Lettres nous a été envoyée de *Narbonne*, avec l'acte de collation suivant : *Collationné par nous Secrétaire & Greffier de l'Hôtel-de-ville de* Narbonne, *soussigné, sur l'original trouvé & laissé dans les* *Archives dudit Hôtel-de-ville.* MAUPEL. J. G.

(b) Ces Lettres, du 10 avril avant Pâques 1440, sont imprimées dans le XIII.e volume de ce recueil, page 329.

cours par ailleurs, & demeure icelle ville fans eaue aucune fois, & mefmement
ou temps d'efté, quant ils en ont plus grande néceffité ; pour ce quelle eft
fcituée en pays fec, & où il n'a point d'eaue doulce ou bien peu, plus près
que d'une lieue ou environ, (finon celle de ladite riviere quant elle court
& puet paffer audit *Narbonne*, & eft icelle ville en adventure de demourer
inhabitée, fi ladite paffiere n'eft réparée & entretenue. Leur fault auffi refaire
& réédifier tout de neuf, ung pont de pierre fur ladite riviere, dudit chemin
de *Narbonne* à *Béziers*, par deffault duquel pont, plufieurs marchands & autres
laiffent aller à ycelle ville, & les habitans d'ycelle ne peuvent commodément
aller & venir à leurs poffeffions & labourages qu'ils ont oultre ladite riviere,
où eft une grand partie des plus belles & meilleures terres & labourages defdits
habitans, & mefmement ou temps d'iver ; ains par faulte dudit pont, plufieurs
paffans, allans & venans audit *Narbonne*, fe font noyés & péris ou temps paffé ;
& ne fe feroient lefdits pont & paffiere pour douze mille livres tournois,
ce que lefdits expofans ne pourroient faire ne fouftenir d'eulx mefmes,
confidéré le petit nombre des gens qu'ils font en ladite ville, & que chacun
jour s'en va plufieurs des habitans d'ycelle, demourer ou pays de *Catheloigne*,
qui eft près d'ilecques, à fix ou fept petites lieues, tant pour éviter les grands
charges qui font en ladite ville & foubs lefdits habitans, à caufe de nos tailles
& autrement, & auffi l'infection du malvais air qui eft pour caufe du deffail-
lement de ladite riviere, à caufe de quoy ladite ville & habitans d'ycelle
font fort fubjetz & affligés de maladies ; & pour ce, Nous ont humblement
requis que ledit ayde & barrage leur voulfiffons encores octroyer, jufques
à certain longtems, & fur ce leur pourvoir de notre grace. Pour ce eft-il que
Nous, ces chofes confidérées, & autres cauzes à ce Nous mouvans, auxdits
expozans, ou cas deffufdits, avons donné & octroyé, donnons & octroyons
de grace fpécial, par ces préfentes, qu'ils puiffent cueillir & lever ledit ayde
d'un blanc de cinq deniers tournois fur chacun quintal de fel qui fera vendu
& livré ezdits greniers de *Narbonne, Capeftaing, Segean, Peiriac,* & ez chambres
du *Lac* & de la *Palme (c)*,..
dix ans, & eft affavoir, cinq ans que encores ont à courir jufques à la fin du
tems contenu en nofdittes autres Lettres de l'octroy par Nous derrenierement
à eulx fait, & autres cinq ans à compter dudit jour que icelles nos autres
Lettres feront expirées & paffées, tout ainfy & par la maniere qu'il ont fait
ou temps paffé ; pour lefdits deniers qui en yfteront, convertir & employer,
& auffy les deux deniers tournois que lefdits expofans ont accouftumé lever
par don & octroy de Nous fur chacune livre de chair, ez réparations, fouf-
tenemens, reffections & emparements de ladite paffiere & riviere d'*Aude,* &
d'un pont de pierre qui fera fait fur ladite riviere ou chemin allant dudit *Narbonne*
à *Béziers,* & autres ponts, chauffées & chofes deffufdittes, & non ailleurs;
pourveu que à ce fe confente la greigneur & plus faine partie defdits habitans
de *Narbonne,* & que nos droits & domaines & autres aydes n'en foient aul-
cunement diminués, & que celluy ou ceulx qui en fairont la recette font gens
nottables, bien cautionnés & reftans, & commis à la recette par les Gens
de notre Confeil au païs de *Languedoc,* & en font tenus rendre compte par-
devant les Gens de noftredit Confeil, ou autres commis & députés de par
eulx. Si donnons en mandement par ces mefmes préfentes, à nos amés &
féaulx les Généraulx Confeillers par Nous ordonnés fur le fait & gouvernement de nos finances en notre païs de *Languedoc,* que en faifant lefdits
expofans joyr & uzer de notre préfente grace, don & octroy, ils faffent
par les Grenetiers & Controlleurs defdits greniers & chambres à fel, vendre

NOTE.

(c) Cette lacune eft dans la copie qui nous a été envoyée.

dorefnavant, ledit tems de dix ans durant, en iceulx greniers & chambres à fel, chacun quintal de fel, à la cruc defdits cinq deniers tournois; & le proffit qui en vendra baillent & délivrent, ou faffent bailler & délivrer au Receveur à ce commis & ordonné, pour iceulx être employés en ce que deffus eft dit. Mandons auffy aux Sénéchal de *Carcaffonne*, Viguier & Juge de *Narbonne* & *Béziers*, au Vifiteur général de nos gabelles dudit pays, & à tous nos autres jufticiers & officiers ou à leurs lieutenants préfents & à venir, & à chacun d'eulx fi comme à luy appartiendra, que de noftre préfente grace, don & octroy, facent, fuffrent & laiffent lefdits expozants joyr & uzer pleinement & paifiblement, ledit tems durant, fans cependant leur faire ou donner, ne fouffrir eftre fait, mis ou donné aucun deftourbier ou empefchement au contraire; en contraignant à payer lefdits aydes & barrage, tous ceulx qui feront à contraindre, par toutes voyes & manieres dues & raifonnables. En temoin de ce, Nous avons fait mettre notre féel fur ces préfentes. *Donné à Bennegon, le dixieme jour d'octobre, l'an de grace mil quatre cens cinquante-cinq, & de notre regne le trente-troifieme.* Et fur le repli eft écrit: *Par le Roy en fon Confeil.* ROLANT.

CHARLES
VII,
à Bennegon,
le 10 Octobre
1455.

(a) Lettres de Charles VII, par lefquelles il défend le tranfport des grains hors du Royaume.

CHARLES
VII,
à Bennegon,
le 15 Octobre
1455.

CHARLES, par la grace de Dieu, roy de France, au Prévoft de *Paris* ou à fon Lieutenant, falut. Comme Nous ayons entendu qu'à l'occafion de la ftérilité de bled qui a efté cette préfente année par tout noftre royaume, & de la grande traitte & vuidange qu'en ont fait plufieurs marchands de divers pays, qui les achetent & les tranfportent par les rivieres de *Seine* & d'*Oyfe* & autres lieux, ès pays d'*Angleterre* & d'*Ecoffe* & autre part hors de noftredit royaume, les bleds depuis peu de temps en çà, font très-fort enchéris en noftre ville de *Paris* & ès pays d'environ, & prefque de moitié, & eft en voye d'en y avoir grande faute & indigence, & mefmement en noftreditte ville de *Paris* & ès pays d'environ, qui feroit à la deftruction & dépopulation d'icelle ville & pays, ainfi que remonftré Nous a efté: pour quoi Nous, voulans à ce pour-voir, & obvier à l'inconvénient qui à la caufe deffufditte fe pourroit enfuivre, vous mandons & commettons par ces préfentes, que vous faites crier & publier ès fins & mettes de voftre jurifdiction, & où verrez eftre néceffaire & expédient, que aucun marchand, ou autre de quelque état ou condition qu'il foit, ne foit fi ofé ou hardy de tranfporter bleds hors de noftredit royaume, fur peine de perdre ledit bled, & d'amende arbitraire envers Nous; en puniffant ceux que trouverez faifant le contraire après lefdittes criées & publications faites, en maniere que ce foit exemple aux autres. De ce faire, vous donnons pouvoir, commiffion & mandement efpécial par ces préfentes, nonobftant quelconques congez que pourrions avoir donnez, de traire & tranfporter bleds hors de noftredict royaume, lefquels ne voulons valoir ne fortir aucun effet; ainçois les avons révoquez & révoquons par ces mêmes préfentes, & quel-conques autres Lettres à ce contraires. Mandons & commandons à tous nos officiers, jufticiers & fujets, que à vous & à vos commis & députez, en ce faifant obéiffent & entendent diligemment. *Donné à Benegon, le 15.e jour*

NOTE.

(a) Traité de la Police par *de la Mare*, tome II, page 958, d'après le livre verd vieux du Châtelet de *Paris, fol.* 139.

d'octobre, l'an de grace 1455, & de noftre regne le 33. Ainfi figné. *Par le Roy.
Maiftres* Jean Bureau *&* Pierre Doriole *préfens.* DANIEL.

Au dos defquelles Lettres étoit écrit ce qui s'enfuit : *Publiées en jugement
au Chaftelet de* Paris, *le mercredi 29.° jour d'octobre 1455.* Ainfi figné. P. CHOART.

CHARLES
VII,
à Saint-
Pourçain,
en Novembre
1455.

(a) Lettres de Charles VII, par lefquelles il confirme les Lettres
de fauvegarde royale, accordées par Charles VI,
à l'Hôpital du Saint-Sépulcre, à Paris.

*KAROLUS, Dei gratiâ Francorum rex, notum fieri volumus univerfis
prefentibus & futuris, Nos inclite recordacionis cariffimi Domini & genitoris
noftri vidiffe Litteras, formam que fequitur continentes.*

KAROLUS, Dei gratiâ Francorum rex, &c. (b)

Nos autem, &c. (c) Datum apud *Sanctum Portianum,* menfe novembris, anno
Domini millefimo quadringentefimo quinquagefimo quinto, & regni noftri tri-
cefimo quarto. *Sic fignat.* Per Regem, ad relacionem Confilii. *ROLANT.
Vifa. Contentor.* DUBAN.

NOTES.

(a) Tréfor des Chartes, Regiftre IX**VII
[187], Pièce 151. — *MSS.* de *Colbert,*
vol. LIV, page 1093.

(b) KAROLUS, &c.] Ces Lettres de
Charles VI, du mois d'août 1381, font
imprimées à la page 618 du VI.° volume
de ce Recueil ; elles confirment la fauvegarde accordée à cette églife par le Roi
Jean, en août 1355, imprimée à la

page 165 du IV.° volume de ce Recueil,
& la confirmation de cette fauvegarde par
Charles V du mois de mai 1365, imprimée
dans le même volume, page 567.

(c) Ce qui eft omis ici doit être fupplé
par la formule de confirmation femblable
à celle qui termine les Lettres de 1365.
Voyez la page 567 du IV.° volume.

CHARLES
VII,
au Bouchet
près Saint-
Pourçain,
le 30 Janvier
1455.

*(a) Lettres de Charles VII, par lefquelles il ordonne que les gages
des Officiers, les fiefs & aumônes, & autres charges ordinaires, étant
fur les recettes particulières de fon domaine, feront acquittés par lefdites
recettes, avant tous dons par lui faits fur icelles.*

CHARLES, par la grace de Dieu, roy de France, à noz amez & féaulx
les Gens de noz Comptes & Tréforiers, falut & dilection. Comme
Nous avons efté avertis que, fous ombre d'aucuns dons que libéralement
avons aucunes fois faits à plufieurs perfonnes & pour diverfes caufes, fur
plufieurs receptes particulieres de noftre domaine, les fiefs, aumofnes & autres
charges ordinaires eftans fur lefdites receptes particulieres, n'ayent le temps
paffé efté entierement ne fi amplement payées que befoin euft efté, & que bien
euffions voulu ; & ainfi il foit que les chofes divines doivent eftre préférées
aux terriennes, & par ce ayons toujours voulu, comme encore faifons, que
lefdits fiefs & aumofnes foient entierement payez, par quoy foit expédient de
donner provifion aux dons deffufdits, à ce qu'ils ne foient caufe de rompre

NOTE.

(a) Recueil d'Ordonnances concernant la Chambre des Comptes de *Paris, in-4.°*
Imprimé à *Paris* en 1728, tome I.er d'après le Mémorial *L, MS.* de cette Chambre,
fol. 107, *v.°*

CHARLES
VII,
au Bouchet
près Saint-
Pourçain,
le 30 Janvier
1455.

& empefcher le payement defdits fiefs & aumofnes: Nous, qui de tout noftre cœur defirons lefdits fiefs & aumofnes eftre continuez & payez, à ce meſmement que le fervice divin puifle eftre fait & célébré comme raifon eft ès églifes à qui lefdites aumofnes ont par Nous & nos prédéceffeurs efté données, & puiffions eftre participans & compris ès prieres & oraifons d'icelles églifes, voulons & ordonnons par ces préfentes, que fi dorefnavant aucuns dons d'amende, forfaitures, aubenages, confifcations, quints, arriere-quints, rachapts ou autres chofes quelconques appartenans à nos receptes ordinaires, eftoient par Nous faits, foit par Lettres fignées de noftre main ou autrement, en quelque maniere que ce foit, ils ne foient valables à ceux à qui Nous les aurions donnez, finon que premierement gages d'officiers, fiefs & aumofnes, & autres charges ordinaires, foient entierement fournis & payez fur les receptes aufquelles appartiendront lefdites chofes par Nous ainfi données; & au cas que les Receveurs particuliers defdites receptes, feroient aucuns payemens defdits dons, autrement que en la maniere devant dite, Nous ne voulons pas que lefdits payemens ainfi faits, foient allouez en la dépence de leurs comptes; ains deffendons bien expreffément à vous Gens defdits Comptes, fur la foy & loyauté que Nous devez, & fur tant que doutez mefprendre envers Nous, que lefdites fommes & payemens ne allouez èfdits Receveurs, autrement que dit eft. Et pour plus grande feurté des chofes deffufdites, voulons ces préfentes eftre enregiftrées en noftre Chambre des Comptes, & icelles eftre notifiées à tous lefdits Receveurs & autres qu'il appartiendra, à ce que aucun n'en puiffe prétendre jufte caufe d'ignorance; & avec ce, aux *vidimus* qui faits en feront foubz fceaux royaux, foy foit adjouftée comme à ce préfent original. *Donné au Bouchet près Saint-Pourçain, le trentième jour de janvier, l'an de grace mil quatre cent cinquante-cinq, & de noftre regne le trente-quatrième.* Ainfi figné. *Par le Roy en fon Confeil.* CHALIGAUT.

CHARLES,
VII,
au Bouchet
près Saint-
Pourçain,
le 3 Février
1455.

(a) *Lettres de Charles VII, par lefquelles il ftatue provifoirement fur les prétentions de la ville de Tournai, au fujet defquelles il y avoit procès.*

CHARLES, par la grace de Dieu, roy de France, à tous ceulx qui ces préfentes Lettres verront, falut. Comme ou temps paffé, noz prédéceffeurs euffent octroyé aux bourgois, manans & habitans de noftre ville de *Tournay*, droit d'avoir Commune en ladite ville & ès appartenances d'icelle, & de eftire entre eulx, Prévoftz, jurez & autres officiers, lefquelz auroient la congnoiffance, jugement & exécucion des cas appartenans à toute haulte juftice, moyenne & baffe, & l'adminiftration des rentes, revenues, prouffis & émolumens de ladicte ville, avecques plufieurs beaulx priviléges, en réfervant touteffois les cas & chofes appartenans à noftre fouveraineté, reffort & droitz royaulx; foubz umbre defquelz priviléges, & d'aucunes conceffions auxdiz bourgois & habitans depuis faictes, ou autrement indeüement, plufieurs entreprinfes & ufurpacions ont efté faites par lefdiz Prévoftz & jurés & leurs officiers, contre nofdictes fouveraineté, reffort & drois royaulx, ainfi qu'il eft venu à noftre congnoiffance, & que remonftré Nous a efté par noz Bailli, Confeillers & Procureur & autres noz officiers en noz *Bailliages de Tournay & Tournefis, Mortaigne, Saint-Amand,* & de leurs appartenances, fi comme

NOTE.

(a) Regiftre du Parlement, intitulé: *Ordinationes Barbinæ,* coté D, fol. 176, v.
— Regiftre de la Cour des Monnoies, coté F. fol. 78 r.

CHARLES
VII,
au Bouchet
près Saint-
Pourçain,
le 3 Février
1455.

à reffufer obéiffance à l'exécution de noz Lettres & mandemens, & des commiffions de noftredit Bailli, à empefcher par voie de fait à noftredit Bailli l'exécucion de noz mandemens ou d'aucun d'iceulx, à enfraindre les explois fais par un de noz Confeillers en noftre Court de Parlement, executeur de noz Lettres & autrement, à contraindre par prifon, & autrement indeuement, aucuns qui noz graces & provifions, & autres noz Lettres & les commiffions de noftredit Bailli avoient obtenues pour les faire renoncer à l'effect d'icelles, à ofter & faire ofter un noftre prifonnier pour avoir enfraint noftre fauvegarde, à prendre congnoiffance fur les cas privilégiez, foubz umbre de délict commun, & fur le fait des monnoyes, changeurs & ufuriers, & fouftenir en noftre ville homicides & bannis de noftre royaume, à ofter de prifon & mettre au délivre aucun obligez foubz le féel de noftre Bailliage, à empefcher & ofter à noftredit Bailli la congnoiffance des contractz paffez foubz ledit féel, de ports d'armes, de mifes de fait & cas privilegiez, & ufer de noz Lettres de fauvegarde en ladicte ville, & auffi autres caufes introduictes par-devant lui par mandement royal contenant *committimus* efpécial & autrement: difans que par priviléges leur a efté piéçà octroyé que toutes caufes quelzconques que eulz & leurs fubjetz auront par-devant noftredit Bailli, dont ilz auront pris & prendront l'adveu & deffenfe, ou rendront partie, ou adjoindront avec aucunes des parties, ou dont ils demanderont le renvoy à eulx eftre fait ou à noftre Court de Parlement, pour eftre ordonné fe ilz le doivent avoir ou non, foient par nofdiz Bailli & officiers, incontinent que requis en feront par lefdiz Prévoftz & jurez, renvoyées en icelle noftredicte Court, avec les parties adjournées, & que la congnoiffance en eftoit à nofdiz Juges & officiers défendue; empefchent à noftredit Bailli tenir fon fiége en la neuve halle de devant le belfroy, qui pour ce faire y fut édifié de noz deniers, & à mettre noz prifonniers en la porte-prime, femblablement en autres prifons en noftredicte ville, finon par emprunct; & fi lui empefchent la congnoiffance des caufes touchant le corps & les drois communs de noftredicte ville, & le reffort & congnoiffance des appellacions faictes de la Loy d'icelle ville, contre l'Ordonnance faicte à l'inftitution defdiz Bailliages, à recevoir & paffer contractz, obligations & procuracions foubz le féel aux caufes de ladicte ville, ou préjudrce du droit du fermier dudit féel de noftre tabellionnage; & fi ont maintenu lefdiz Prévoftz & jurez & autres de ladicte ville, & mis par efcript en certain procès pendant en icelle noftre Court de Parlement, qu'ilz font feigneurs de ladicte ville foubz Nous, & que le prouffit de la jurifdicion, & tous les émolumens & drois qui appartiennent naturellement & de droit commun à juge ordinaire & feigneur terrien & à feigneurie, & droit de régalle & du fifque, leur appartenoient & non pas à Nous; que nofdiz Bailli & officiers efdiz Bailliages, n'avoient quelque exercice de juftice en ladicte ville, & qu'elle n'eftoit pas le lieu où ilz deuffent demourer pour l'exercice de leurs offices; que de noftre puiffance ordinaire limictée, ne povoyons à ladicte ville tollir fon droit ne fa feigneurie, mais au contraire eftions tenus d'entretenir à tous noz vaffaulx & feigneurs fubjectz, leurs drois, feigneuries, poffeffions, juridictions & territoires qu'ils tenoient de Nous en fief & autrement, ou fe fenon, Nous pourrions perdre noftre fouveraineté & feigneurie directe que avons fur eulx; avec plufieurs autres chofes derrogans à noftredicte fouveraineté & autorité royal, & en grant préjudice & diminucion de noz droit & juridicion en noftredicte ville. Et pour fur ce donner provifion, ainfi que befoing eftoit, euffions piéçà eu intencion d'envoyer en noftredicte ville aucuns des Gens de noftre Grant-Confeil, toutesvois pour ce qu'il Nous a femblé eftre mieulx & plus convenable que lefdictes matieres dont deffus eft faicte mention, fuffent traictées par-devant Nous ou noftre Grant-Confeil, & que ce qui y feroit fait & appoincté, feroit de plus grant effect & autorité que s'elles euffent efté traictées au païs: Nous

depuis avons par noz autres Lectres closes, données au *Bois Sire-amé*, le XXIII.°
jour de septembre° dernierement passé, mandez nosdiz Bailli, Conseiller &
Procureur en nosdiz Bailliages venir, & escript aux Prévostz, jurez & officiers
de nostredicte ville de *Tournay*, envoyer aucuns d'eulx par-devers Nous,
quelque part que seussions, dedans le lendemain de la feste de *Toussains* derreniere passée ; c'est assavoir nosdiz Bailli, Conseiller & Procureur, bien
adverti, instruiz & informez des entreprinses, usurpacions & abbus dessus
déclairez, & qu'ilz voudroient prétendre avoir esté faiz contre & en nostre
préjudice & de noz drois par lesdiz Prévostz, jurez & officiers de nostredicte
ville de *Tournay*, & aussi à iceulx Prévostz, jurez & officiers, garnis de leurs
priviléges ou de la copie collationnée en la présence de nostredit Procureur,
& aussi garnis de tout ce qu'ilz vouldroient dire & alléguer, affin que nosdiz
Bailli, Conseiller & Procureur, & aussi lesdiz de *Tournay* oïz par Nous ou
nostredit Grant-Conseil, peussions sur-tout donner ou faire donner tel appoinct-
tement, Ordonnance & provision qu'il appartendroit par raison ; après l'exhibition & présentacion desquelles noz Lettres closes, nosdiz Bailli, Conseiller
& Procureur, & aussi aucuns députez & ordonnez de par lesdiz Prévosts, jurés
& officiers de nostredicte ville de *Tournay*, se sont transportez & venus par-
devers Nous ou nostre Grant-Conseil, où ilz ont esté bien oïz au long & à
plein, & receuz, c'est assavoir, lesdiz Prévostz & jurez à monstrer, exhiber &
eulx aider de leursdiz priviléges, & nosdiz Bailli, Conseiller & Procureur
à monstrer & enseigner des abbus, entreprinses & usurpacions dessusdictes,
& à dire & alléguer, d'une part & d'autre ce que bon leur a semblé : & finablement tout veu & considéré ce que fait à considérer, & par grant & meure
délibéracion de Nous & des Gens de nostre sang & de nostredit Conseil,
avons ordonné & appoincté, ordonnons & appoinctons sur les choses dessusdictes, ce qui s'ensuit. C'est assavoir.

(1) Au regard desdictes désobéïssances faictes & que font chascun jour lesdiz
Prévostz, jurez & officiers de nostredicte ville de *Tournay*, à nosdiz Bailli &
officiers desdiz Bailliages, comme à refuser obéïssance à l'exécution de noz
Lettres & mandemens & des commissions de nostredit Bailli, & à empescher
par voie de fait à icellui nostre Bailli l'exécution de noz Lettres & mandemens
ou aucun d'iceulx, comme dit est, que doresenavant nostredit Bailli & noz
sergens & autres officiers desdiz Bailliages, après ce qu'ilz auront monstré &
insinué ausdiz Prévostz & jurez de ladicte ville ou à l'un desdiz Prévostz, noz
mandemens & Lectres patentes ou autres, & leurs commissions, par vertu
desquelles ilz vouldront faire ou faire faire aucunes exécutions, ilz pourront
icelles noz Lectres & leursdictes commissions mettre à exécucion deue, de
point en point, selon leur fourme & teneur, en ladicte ville, sur & à l'encontre
de ceulx qu'il appartiendra, sans attendre le consentement desdits Prévostz &
jurez ne d'aucun d'eulx, & sans ce que iceulx Prévostz & jurez les puissent
empeschier en leurs exécucions, en quelque manière que ce soit.

(2) Au regard du fait des monnoyes & des changeurs, actendu que notoirement & magnifestement ce sont drois royaulx, dont la cognoissance appartient
à noz Juges & officiers & non à autres, & que autreffois pour avoir entreprins
la congnoissance du fait desdites monnoies, & autres abbus que lesdiz Prevosts
& jurez faisoient contre noz drois & souveraineté & de noz prédécesseurs, ilz
furent privez de Corps & Commune ; & que depuis, lesdiz Prévostz & jurez
ont mis en procès en nostredicte Court de Parlement sur ce, les Généraulx-
Maistres des Monnoies & certain leur commis, pour lesquelz nostre Procureur
général a prins la cause & deffense, & ont esté lesdictes parties appoinctées
contraires par nostredicte Court, & pour ce que cependant ne devons
demourer despoinctez de nosdiz drois : avons ordonné & appoinctié, ordonnons
& appoinctons que, par provision, la congnoissance de ladicte chose Nous

CHARLES
VII,
au Bouchet
près Saint-
Pourçain,
le 3 Février
1455.
° Nous n'avons
point trouvé ces
Lettres.

CHARLES
VII,
au Bouchet
près Saint-
Pourçain,
le 3 Février
1455.

demourrra & à noz officiers, & que deffense sera faicte de par Nous auxdiz Prévosts & jurés, à grans peines à Nous à appliquer, que pendant ledit procès, ilz ne congnoissent du fait desdites monnoies ne desdiz monnoyers & changeurs, & ne s'entremectent de pugnir les délinquans oudit fait, ainçois en délaissent pendant ledit procès, la congnoissance à nosdiz officiers, & jusques à ce que par nostredicte Court de Parlement en soit autrement ordonné.

(3) Au regard des cas privilégiez dont noz officiers doivent avoir la congnoissance, considéré que c'est un droit royal dont Nous usons notoirement en nostre royaume ès jurisdiccions séculieres, pource que le cas privilégié atrait à soi le délit commun, avons ordonné & appoincté, ordonnons & appoinctons que se avecques lesdiz cas privilégiez à aucun délit commun, nosdiz officiers, auront par le moyen dudit cas privilégié, la congnoissance du délit commun ; & après ce que iceulx noz officiers en auront congneu, lesdiz Prévostz & jurez, soubz umbre dudit délit commun, ne pourront d'icelui cas avoir ne entreprendre aucune congnoissance, & leur sera faicte deffense de par Nous, à peine de privacion de leurs Corps & Commune, & autres peines à Nous à appliquer, comme dit est, que dorefenavant ilz n'en congnoissent & ne s'entremectent en aucune manière.

(4) Au regard des homicides & autres délinquans oudit bailliage, que ceulx de ladicte ville ne vueillent souffrir estre prins ne appréhendez en icelle par nostredit Bailli & autres noz officiers, soubz umbre d'un privilége par lequel ilz veullent dire que, s'aucun du pays de *Haynault* ou d'ailleurs fait homicide oudit pays de *Haynault* ou ailleurs, & il vient après ledit homicide fait, en ladicte ville de *Tournay,* il y peut demourer seurement : veu ledit privilége, avons dit, déclairé, ordonné & appoincté, disons, déclairons, ordonnons & appoinctons que icelui privilége ne se estant ne peut estandre aux homicides ou autres délitz faiz audit bailliage ou ailleurs en nostre royaume, mais seulement aux homicides faiz oudit pais de *Haynault* ou ailleurs hors nostredit royaume; & à ceste cause, se nostredit Bailli ou autres noz officiers, pour lesdiz homicides fais èsdit bailliage & ailleurs en nostredit royaume, en veullent entreprendre la congnoissance & pugnicion, lesdiz Prévostz & jurez ne les pourront, ne devront empescher que ilz ne preignent en ladicte ville les délinquans & faisans lesdiz homicides, & les menent en noz prisons, & qu'ilz ne leur facent leur procès & en facent pugnicion selon l'exigence du cas.

(5) Et en tant que touche le renvoy des causes dont dessus est faicte mencion, avons ordonné & appoincté, ordonnons & appoinctons que inhibicion & défense sera faicte de par Nous, à pareilles peines que dessus, ausdiz Prévostz & jurez, que dorefenavant, soubz umbre de leurs adjonctions, ilz ne facent en nostre Court de Parlement renvoyer les causes des particuliers habitans de ladicte ville, introduites par-devant nostredit *Bailli* de *Tournay,* sinon que directement elles concernent les drois du Corps & Commune d'icelle ville: & ce sur peine de privacion de leurs priviléges d'avoir leurs causes & ressort sans moien en nostredicte Court de Parlement.

(6) Et au regard de certains articles contenus ès escriptures desdiz Prévostz & jurés, qu'ilz ont baillez en nostredicte Court de Parlement, contre le lieutenant de nostredit Bailli & autres noz officiers, touchant la maletôte, c'est assavoir, des vint-deux, vint-trois, vint-quatre, soixante-six, soixante-huit, quatre-vins-neuf, quatre-vins-dix, cent soixante-ung, cent soixante & deux & cent quatre-vins articles : avons ordonné & appoincté, ordonnons & appoinctons, que lesdiz articles seront corrigés en certaines paroles contenues en icelles, mal sonnans contre noz drois & souveraineté.

(7) Et en tant que touche les autres poins & articles, dont nosdiz officiers se plaignent, les Commissaires qui de par Nous seront ordonnez pour aller audit *Tournay,* s'en informeront pour y pourveoir ainsi qu'il appartendra.

Si donnons en mandement par ces préfentes à noz amez & féaulx Confeillers, les Gens de noftredicte Court de Parlement, aux *Bailli de Vermandois*, *Amiens*, & à noftredit Bailli de *Tournay & Tournefis*, & à tous noz autres jufticiers ou à leurs lieuxtenans, & à chafcun d'eulx, fi comme à lui appartendra, que noz préfentes Ordonnances, déclarations & appoinctemens deffufdiz ils meclent & facent mettre royaument & de fait à exécution deue, & les tiennent & facent tenir, garder & obferver de point en point, felon la forme & teneur deffus déclairée, & à ce faire Contraignent & facent contraindre royaument & de fait, lefdiz Prévoftz & jurez, & tous autres qui pour ce feront à contraindre, par toutes voyes & manières deües & raifonnables, en faifant pugnicion des tranfgreffeurs d'icelles, telle qu'il appartiendra par raifon: car ainfi Nous plaift-il eftre fait. En tefmoing de ce Nous avons fait meftre noftre féel à ces préfentes. *Donné au Bouchet près Saint-Pourçain, le troifiefme jour de février, l'an de grace mil CCCC cinquante & cinq, & de noftre regne le XXXIIII.* Sic fignatum. *Par le Roy en fon Confeil.* LE COINTE.

Et in replicâ fic erat fcriptum: *Lecta, publicata & regiftrata Parifius in Parlamento, pro gaudendo per Regem, per modum provifionis, quoufque per decifionem proceffuum in dicto Parlamento pendentium, contenta in hujufmodi Litteris tangentium, aliter extiterit ordinatum. Actum in dicto Parlamento, die quartâ martii, anno Domini millefimo CCCC. quinquagefimo quinto.* CHENETEAU.

Collacio facta eft cum originalibus Litteris. CHENETEAU *(b).*

NOTE.

(b) On lit enfuite dans le Regiftre des Monnoies cité ci-deffus: qu'au-deffoubz eftoit efcript, *Collacio facta eft cum Regiftris Curie Parlamenti, & fign.* CHENETEAU.

(a) Lettres de Charles VII, par lefquelles il prend fous fa fauvegarde l'abbaye de Saint-Ambroife de Bourges, & confirme fes poffeffions & priviléges.

KAROLUS, Dei gratiâ, Francorum rex, ad perpetuam rei memoriam. Juftum & racioni congruum arbitramur predeceffores noftros in fuis juftis & devois intentionibus infequi. Notum igitur facimus univerfis prefentibus pariter & futuris, Nos ad dilectorum noftrorum religioforum abbatis & conventûs monafterii Beati Ambrofii, ordinis Sancti Auguftini, in villâ noftrâ Bituricenfi conftituti, fupplicationem & requeftam, quafdam predecefforis noftri Philippi quondam Francorum regis vidiffe Litteras, formam que fequitur continentes.

In nomine fancte & individue Trinitatis, Amen. PHILIPPUS, Dei graciâ Francorum Rex, quoniam ea que in pias caufas erogata funt, à predefforibus noftris confirmata, ex regie dignitatis officio debemus inconvulfa & illefa confervare, proindè notum facimus univerfis prefentibus pariter & futuris, quatinùs ecclefe Sancti Petri & Sancti Ambrofii poffeffiones fuas & omnia quecumque habet concedimus, & regiâ aucthoritate confirmamus, liberè & quietè tenendum & perpetuò poffidendum, eo videlicet tenore quo ipfa tenuit tempore Harpini *(b)*

NOTES.

(a) Tréfor des Chartes, Regiftre IX**xx**VII [187], acte 146. — *MSS. de Colbert,* vol. LIV, page 1085.
(b) *Eudes Harpin,* Vicomte de *Bourges,* avoit vendu fa vicomté au Roi Philippe-Auguste, vers 1101.

predecessoris nostri, & Ludovici patris nostri; has videlicet possessiones: burgum qui dicitur Brisatus, *totum ita liberum quod nullus homo propter forefactum aliquod infrà capiatur, & omnes alias consuetudines ejusdem burgi, villicationem, stabulationem, bocagium vini, & omnes consuetudines burgi, & totam terram Sancti Petri & beati* Ambrosii *ubicunque sit posita, ut nullus deinceps ausus sit in eâ accipere munus aut precium; duos eciam molendinos in eodem burgo, & tertium pannos apparentem; in suburbio verò urbis, duos molendinos in loco qui dicitur* Pratus, *& alium molendinum qui dicitur* Novus, *& alium in loco qui dicitur* Planchea, *& in loco qui dicitur* Bellus locus, *molendinum qui dicitur* Colargum : *ita scilicet quòd super molendinos prefatos aliquis molendinum non faciat; molendinum quoque de* Posternâ, *& ipsam aquam predictorum molendinorum ità liberam quòd nullus sit ausus ibi piscare sine licenciâ canonicorum ; & confirmamus etiam pratum* Odonis, *& terram in circuitu positam ad ipsum pratum pertinentem, & consuetudines, & pratum fiscalense, & terram in circuitu positam, & consuetudines & omnes areas ad locum beati* Petri *pertinentes ; curtem verò à vinologio cum consuetudinibus, & ecclesiam, & omnia que ad ecclesiam vel curtem pertinent, teaios (b) scilicet & ancillas, decimas, & universa debita eorum, & omnem posteritatem tam de parrochiâ quàm de curte, scilicet, quod in hiis omnibus predictis nullus sit ausus accipere valens ovum galline, nisi clerici predicte ecclesie* Sancti Ambrosii *deservientes ; preterea curtem & omnem posteritatem de* Romaniaco, *& omnia que ad ipsam pertinent, videlicet servos, ancillas, decimas, & omnia debita eorum, & curtem de* Nogentiaco *cum servis & ancillis & consuetudinibus, & potestatem, & omnia que ad ipsam curtem pertinent tam in terrâ quam in silvâ; à molendino verò qui vocatur* Mirebello, *vigilles homines ibi manentes ex utrâque parte aque, usque ad eundem burgum, ad monasterium vel burgum custodiendum cum eisdem qui in eodem burgo morantur. Confirmamus quoque duas nundinas, unam in festivitate* Petri *&* Pauli, *in mense junio, alteram in natale sancti* Ambrosii, *& unamquamque per septem dies & totidem noctes, ita ut infra predictum spacium nullus sit ausus accipere aliquid eorum qui ad ipsas nundinas pertinent, nisi canonici aut eorum servientes, aut illi qui de ipsis tenuerint. Concedimus eciam ut quicumque à* Nobis *vel nostris successoribus aliquod feodum habuerit, sicut allodium tribuat prefate ecclesie, si dare voluerit. Concedimus eciam pedagium, portagium in ponte* Sancti Ambrosii, *que uxor* Hugonis Esmeril *& filii ejus* Hymbaudi *capitulo prenominate ecclesie tribuerunt, sicut ipse* Hymbaudus *à* Nobis *feodaliter illa tenebat, ita ipsi ecclesie predicte tenenda. Consuetudinem quoquè quam servientes nostri in terrâ de* Vinolio *propter parrochiam sancti* Georgii *requirebant, quoniam ad parrochiam de* Vinolio *eam pertinere probatum est, sepedicte ecclesie liberam prorsùs dimisimus. Illud quoquè concedimus eisdem canonicis, ut sicut ab antecessoribus nostris monasterium reedificatum est, ita ex nostro precepto pontem reedifficent super aquam, & calciatam usque ad vineas. Si quis verò juxta ipsam calciatam, in terrâ sancti* Petri *& sancti* Ambrosii *domum ad manendum construxerit, ita eum liberum dimittimus ab omnibus consuetudinibus, sicut sunt illi qui in burgo commorantur ; portaticum verò de hiis qui per pontem transierint, exceptis hiis qui in civitatem intraverint. Quod ne valeat oblivione deleri vel aliqualiter infringi, presentem paginam sigilli nostri aucthoritate & regii nominis caractere inferiùs annotato communiri precepimus. Actum apud* Fontem - Bleaudi, *anno ab incarnatione Domini millesimo (c) centesimo sexagesimo vicesimo primo, regni verò nostri tercio,*

NOTES.

(b) Ce mot paroît désigner les serfs, à droit de naissance. *servos nativos;* en lisant *theamios,* du saxon *theam.* Voyez *Du Cange.*

(c) Millesimo centesimo, sexagesimo, vigesimo primo. Ces mots désignent évidemment l'an 1181, comme le prouve la date de l'an 3 du règne du Roi. Probablement les lettres originales portoient en chiffres MCLXXXI, & le copiste du registre trouvant peut-être les derniers chiffres un peu séparés, en aura formé deux nombres distincts, LX & XXI.

astantibus

aſtantibus in palacio noſtro , quorum nomina ſuppoſita ſunt & ſigna. *Sig. Comitis THEOBAUDI,* dapiferi noſtri. *Signum GUIDONIS,* buticularii. *Signum MATHEI,* camerarii. *Signum RADULPHI,* conſtabularii. Data per manum *Hugonis,* cancellarii.

CHARLES VII, à.........
au mois de ...
1455.
Suite des Lettres de Charles VII.

Quas quidem Litteras preinſertas , ac omnia & ſingula in eis contenta, ratás & gratas, rataque & grata habentes, aucthoritate regiâ eas & ea laudamus, approbamus, confirmamus & ratifficamus, de noſtrâque poteſtatis plenitudine ſpecialique graciâ & aucthoritate regiâ noſtris, laudamus, approbamus, ratifficamuſque, necnon tenore preſencium, ſi & in quantum ſupplicantes memorati eiſdem ritè, juſtè & debitè uſi ſunt, confirmamus. Quocircà Ballivis noſtris Bituricen. & de Sancti Petri monaſterio, Turonenſi, Carnotenſi, Montiſargii, necnon Senonenſi, ceteriſque juſticiariis noſtris aut eorum locatenentibus preſentibus & futuris, & eorum cuilibet prout ad eum pertinuerit, ſerie preſentium damus in mandatis, quatinùs ſupplicantes memoratos, eorumque poſteros & ſequaces, noſtris preſentibus graciâ, confirmacione ratifficacioneque, & aliis pretactis in preinſertis Litteris latiùs declaratis, uti & gaudere pacificè & quietè, abſque difficultate quâcumque faciant & permittant, abſque ipſos in premiſſis vel aliquo premiſſorum, quoviſmodo impediendo, ſive impediri, perturbari, aut moleſtari paciendo quoquomodo ; quin imò ſi aliquod impedimentum in premiſſis aut aliquo premiſſorum appoſitum eſſet ſupplicantibus ſupradictis, illud ſtatim tollant & amoveant, ſeu tolli aut amoveri faciant, viſis preſentibus, indilatè. Que ut ſtabilitatis perpetue robur obtineant, Litteris preſentibus noſtrum juſſimus apponi ſigillum: noſtro tamen in ceteris ; ac alieno in omnibus, juribus ſemper ſalvo. Datum menſe *....... anno Domini milleſimo quadringenteſimo quinquageſimo quinto, & regni noſtri triceſimo tercio.

* Sic.

(a) Lettres de Charles VII, par leſquelles il confirme des Lettres antérieures, qui accordoient à l'abbaye de Clervaux le droit de reſſortir à la prévôté de Bar-ſur-Aube.

KAROLUS, Dei graciâ, Francorum rex, ad perpetuam rei memoriam. Regie mageſtatis ea preſtantior eſt ſollicitudo, ut eccleſiaſticis perſonis libertates & privilegia quibus eos noſtri dotaverunt predeceſſores conſolidemus, ut noſtro ſulti ſubſidio, divinis attentiùs perſiſtant obſequiis. Notum igitur facimus univerſis tam preſentibus quàm futuris, nos Litteras conceſſionis & confirmacionis privilegiorum, benè dilectis noſtris abbati & conventui Clarevallis, Ciſtercienſis ordinis, Lingonenſis dioceſis, per predeceſſores noſtros conceſſorum, vidiſſe, tenorem qui ſequitur continentes.

KAROLUS, &c. (b).

Quas quidem conceſſionis & privilegiorum confirmacionis Litteras ſuperiùs deſcriptas, dicti abbas & conventus Clarevallis Nobis humilimè ſupplicarunt,

NOTES.

(a) Tréſor des Chartes, regiſtre IX^{xx}VII [187], piéce 2. — MSS. de *Colbert,* volume LIV, page 1109.

(b) KAROLUS, &c.] Ces Lettres de Charles VI, du mois de mai 1376, confirment celles du Roi Jean, du mois de janvier 1361: celles de *Thibaut IV, Comte* de

Champagne, du mois d'avril 1231; & celles de Charles V, du mois de juin 1366, qui ordonnent que l'abbaie de *Clairvaux* & toutes ſes dépendances reſſortiront à la prévôté de *Bar-ſur-Aube.* Voyez tome III de ce Recueil, page 542: tome IV, page 658; & tome VI, page 198, où ces Lettres ſont imprimées.

quatinùs ipfas noftras certificacionis & confirmacionis munimine dignaremur Litteras roborare. Nos igitur fupplicationi eorumdem benivolè annuentes, prefatorum predeceſſorum noftrorum veftigiis inherere affectantes, preinfertas conceſſionis & privilegiorum confirmationis Litteras, ac omnia & fingula in eis contenta, rata & grata habentes, volumus, laudamus, ratificamus & approbamus, ac de noftrâ fpeciali graciâ poteftatifque plenitudine & regiâ poteftate, in quantum prefati abbas & conventus Clarevallis rite & debite ac racionabiliter de eifdem uſi funt, confirmamus per prefentes; mandantes proptereà dilectis & fidelibus Gentibus Compotorum noftrorum, Thefaurariis noftris generalibus fuper facto omnium financiarum, Baillivoque Calvimontis, necnon Prepofito de Barro fuper Albam, ac ceteris jufticiariis & officiariis noftris vel eorum locatenentibus prefentibus & futuris, & cuilibet eorumdem prout ad eum pertinuerit, quatinùs omnia & fingula in dictis Litteris contenta teneant, attendant, adimpleant & obfervent, tenerique, attendi adimplerique & inviolabiliter obfervari faciant, facta in contrarium, fi que fint, ad ftatum priftinum & debitum reducendo ac reduci faciendo, vifis prefentibus, indilatè. Et ut firmum & ftabile in perpetuum permaneat, has duximus figilli noftri appencione muniri: jure tamen noftro & quolibet alieno in premiſſis femper falvo. Datum apud Ganyacum, *menſe aprilis, anno Domini* 1456.° & *regni noftri* 34.° *Sic fignatum. Per Regem, ad relacionem Magni Concilii.* ROLANT.

(a) Lettres de Charles VII, par lefquelles il confirme les priviléges de la ville de Saint-Émilion.

KAROLUS, *Dei graciâ, Francorum rex, univerſis modernis & poſteris prefentes Litteras infpecturis: falutem. Exhibitas pro parte dilectorum noftrorum gentium ecclefie, nobilium, burgenſium, incolarum & habitatorum ville & communitatis Sancti Emiliani vidimus Litteras fub hâc formâ.*

PHILIPPE IV,
à Paris,
le jeudi avant
le dimanche
des Rameaux
[24 Mars]
1295.

PHILIPPUS, *Dei graciâ, Francorum rex, univerſis prefentes Litteras infpecturis : falutem. Ex limite racionis inftruimur & rectitudine confideracionis inducimur, ut affeccionem finceram eorum qui per exhibicionem operum ad Nos & regnum noftrum veram & firmam habent & confervant & habuerunt fidelitatem, graciarum fpecialium & privilegiorum favoribus attollere debeamus. Sane audito à Nobis commendabili teftimonio fide dignorum plurium & precipuè noftrorum quibus fidem indubiam adhibemus, bonum portamentum, affeccionem devotam, conftanciam fortem, quas major pars & fanctior habitatorum & incolarum ville Sancti Emiliani ad Nos & regnum noftrum habuerunt, in domino commendamus. Hinc eft quòd nos ea que dilectus germanus nofter Karolus, Comes Valeſie, Alenconis, Carnotenfis & Andegavenſis, conceſſit noftro nomine, communitati & hominibus dicte ville, vallo certitudinis confirmare volentes, eifdem ex graciâ concedimus fpeciali, quòd communitatem & majoriam quam olim habere confueverunt in ipfâ villâ, illo modo potiri habeant, prout eas hactenùs habuerunt; & Majorem fibi eligant quando voluerint, debito tempore, ut confueverunt eligere, per* Senefcallium *tamen noftrum Vaſconie, ut moris eft, confirmandum. Pretereà antiquas confuetudines eorumdem racionabiles, & libertates quibus prifcis temporibus inconcuſſè fuerunt uſi, confirmamus; & ut majoris pacis letentur jubilo, precipimus ut per noſtros Senefcallos & Jufticiarios, ab injuriis, violenciis & moleſtiis cordialiter defendantur, & abfque cujufquam tamen injuriâ, in fuis juftis poſſeſſionibus tueantur, occupaciones*

NOTE.

(a) Tréfor des Chartes, regiftre IXˣˣXI [191], pièce 213. — MSS. de Colbert, volume LV, page 455.

injuſtas, ſi que in prejudicium juriſdiccionis eorumdem facte fuerint tam in banleucâ quàm in aliis quibuſcumque indebitè, ad ſtatum debitum, prout racio exigit, reduci precipimus & mandamus; & hec univerſis ſignificamus per has patentes Litteras ſigilli noſtri munimine roboratas. Actum Pariſius, die jovis ante Ramos Palmarum, anno Domini milleſimo ducenteſimo nonageſimo quinto.

Alterius verò tenor ſequitur, & eſt talis.

CHARLES, &c. (b)]

Quas quidem noſtras & dicti predeceſſoris noſtri preinſertas Litteras, eas ratas & gratas habentes, volumus, laudamus, ratifficamus & approbamus, ac de noſtrâ ſpeciali graciâ poteſtatiſque plenitudine ac regiâ majeſtate, in quantum prefati ſupplicantes de contentis in dicti predeceſſoris noſtri Litteris ritè, juſtè ac raciona- biliter uſi fuerunt, confirmamus per preſentes; mandantes proptereà dilectis & fidelibus conſiliariis noſtris Gentibus Parlamenti noſtri, Compotorumque noſtrorum, necnon Theſaurariis Generalibus ſuper facto omnium financiarum, ac Seneſcallo Aquitanie, ceteriſque Juſticiariis noſtris, eorumque locatenentibus, preſentibus & futuris, & cuilibet eorumdem prout ad eum pertinuerit, quatenùs omnia & ſingula in dictis Litteris contenta teneant, attendant, cuſtodiant, adimpleant & obſervent, tenerique, attendi, cuſtodiri, adimpleri, & de puncto ad punctum inviolabiliter obſervari faciant; factaque in contrarium ſi que ſint aut fuerint, ad primevum debitumque ſtatum reducendo ſeu reduci faciendo, viſis preſentibus, indilatè. Quod ut firmum & ſtabile permaneat, preſentibus Litteris noſtrum fecimus apponi ſigillum. Datum apud Caſtelletum, menſe maii, anno Domini milleſimo quadringen- teſimo quinquageſimo ſexto, & regni noſtri triceſimo quarto. Signatum. Per Regem in ſuo Conſilio. ROLANT. Viſa. Contentor. DUBAN.

NOTE.

(b) CHARLES, &c.] Ces Lettres de Charles VII, du mois de ſeptembre 1451, ſont imprimées ci-deſſus, page 173.

(a) Lettres de Charles VII, par leſquelle il confirme les priviléges des habitans d'Ervy.

KAROLUS, Dei graciâ, Francorum rex, ad perpetuam memoriam. Notum facimus univerſis preſentibus pariter & futuris, Nos ad dilectorum noſtrorum manencium & habitancium loci ſeu parrochie Erviaci, quaſdam vidiſſe Litteras quarum tenor dicitur eſſe talis.

KAROLUS, &c. (b)]

Quas quidem Litteras preinſertas, ac omnia & ſingula in eis contenta, ratas & gratas, rataque & grata habentes, eas & ea laudamus, approbamus & ratiffi- camus, de noſtriſque preſentis poteſtatis plenitudine, ſpeciali graciâ & authoritate regiâ, laudamus & approbamus & ratifficamus, ac tenore preſentium, & in quantum ſupplicantes memorati contentis in preinſertis Litteris ritè, juſtè uſi ſunt &

NOTES.

(a) Tréſor des Chartes, regiſtre IX.ˣˣVII, [187], piéce 4 — MSS. de Colbert, vol. LIV, page 1129.

(b) KAROLUS, &c.] Ces Lettres de Charles V, du mois de mai 1376, qui

confirment les priviléges accordés par Thi- baud, Comte de Champagne, aux habitans d'Ervy, ſont imprimées à la page 200 du VI.ᵉ volume de ce Recueil.

debitè, confirmamus. Quocircà dilectis & fidelibus Gentibus Compotorum nostrorum, & Thesaurariis ac Baillivo Senonensi & Trecensi, ceterisque Justiciariis nostris aut eorum locatenentibus, presentibus & futuris, & eorum cuilibet prout ad eum pertinuerit, serie presencium damus in mandatis, quatinùs supplicantes memoratos eorumque successores ac posteros & sequaces, nostris presentibus graciâ, ratificacione, approbacione & confirmatione uti & gaudere pacificè & quietè faciant & permittant, absque ipsos in premissis quomodolibet impediendo seu molestando impedirique seu molestari aut perturbari paciendo; quin imò si quod in contrarium factum fuerit, illud statim ad statum pristinum & debitum reducant seu reduci faciant indilatè. Que ut stabilitatis robur obtineant, nostrum presentibus Litteris jussimus apponi sigillum: nostro tamen in ceteris, & alieno in omnibus, juribus semper salvis. Datum Ganaci, in mense maii, anno Domini M.º CCCCLVI.º & regni nostri XXXIV.º Sic signatum. Per Regem, ad relacionem Gentium sui Magni Consilii. PICHON.

Visa. Contentor. FROMENT.

CHARLES
VII,
au Chastellier
près Esbreulle,
le 7 Juin
1456.

(a) Lettres de Charles VII, sur le cours des monnoies de France & étrangères, le change, le titre & le prix de l'or & de l'argent.

CHARLES, par la grace de Dieu, roy de France, à tous ceulx qui ces présentes Lectres verront, salut. Comme par noz anciennes Ordonnances faictes à *Saumur* ou moys d'octobre *(b)*, l'an mil CCCC XLIII, eussions deffendu que nulz, sur peine de confiscacion de corps & de biens, ne prinssent ou meissent en payement en fait de marchandise ne autrement, en quelque manière ne pour quelque cause que ce feust, aucunes monnoyes d'or ou d'argent, feussent de nostre coing ou d'autre, excepté celles que lors faisions faire en nosdictes monnoyes, & celles ou nom & armes de nostre très-cher & très-amé filz le *Dauphin* de *Viennois*; néantmoins, nonobstant nostredicte Ordonnance, par voulenté désordonnée & par faulte de pugnir les délinquans, ou aultrement, ont esté par noz subgetz & autres, prinses & mises, & encores de présent se prennent & mettent en nostre royaume plusieurs monnoyes estranges, & autres diverses monnoyes tant d'or que d'argent, & pour plus grant pris qu'elles ne vallent, eu regard à la bonté des nostres, qui a esté cause de faire transporter hors de nostredit royaume, grant quantité de matière de billon tant d'or que d'argent, & mesmement de nosdictes monnoyes, & icelles convertir en monnoyes estranges & autres, & tellement que de présent ne court en la pluspart de nostredit royaume, que lesdictes monnoyes estranges, & autres qui ne sont de nosdictes monnoyes, ou grant dommaige de Nous & de tous nos subgectz, & pourroit plus estre au temps à venir le par Nous de rechief n'y estoit mise bonne & briefve provision : pour quoy, Nous qui desirons multiplier nostredit royaume de nosdictes monnoyes, & pour mieulx entretenir entre noz subgetz les faicts de leurs marchandises, mectre ordre & pris sur lesdictes monnoyes, tant estranges que autres, selon leur bonté & valleur, sans grant perte ou dommaige de nosdicts subgetz, à ce que icelles monnoyes estranges & autres, ne soient remportées & mises hors nostredit royaume, & que nosdits subgects ne autres n'ayent plus cause de les mectre ou prandre en nostredit royaume ; Nous, par l'advis & délibéracion des

NOTES.

(a) Registre de la Cour des Monnoies, coté F, *fol.* 176, r.º — Livre verd vieil second du Châtelet de *Paris*, *fol.* 140.

(b) Nous n'avons point les Lettres citées sous cette date, mais nous en avons qui paroissent les mêmes, sous la date du 19 novembre 1443. Elles sont imprimées dans ce Recueil, tome XIII, page 386.

Gens de noftre Grant-Confeil, & des Généraulx-maiftres de noz monnoyes, avons voulu, ordonné & déclairé, voulons, ordonnons & déclairons par ces préfentes, que nul, de quelque eftat ou condition qu'il foit, fur peine de confifcation de corps & de biens, ne preignent ou mectent, en apert ou en couvert, foit en fait de noz receptes de marchandife ou autrement, en quelque manière ne pour quelque caufe que ce foit, aucunes monnoyes d'or ou d'argent, foit de noz coings ou d'autres, mais foient mifes au marc pour billon, excepté celles auxquelles Nous donnons cours par ces préfentes Ordonnances.

(1) C'eft affavoir, les efcuz d'or que de préfent faifons faire, pour xxvii folz vi deniers tournois, & les demiz efcuz d'or à l'équipolent.

(2) Item. Les grans-blancs & petiz-blancs que faifons à préfent faire, pour dix deniers, & cinq deniers tournois pièce.

(3) Item. Les doubles pour deux deniers tournois, & les petitz-deniers parifis & petiz-deniers tournois pour ung denier parifis & ung denier tournois la pièce.

(4) Item. Les gros d'argent que femblablement faifons faire, pour deux folz fix deniers tournois pièce.

(5) Item. Les monnoyes, tant d'or que d'argent, aux nom & armes de noftredit filz le Dauphin de Viennois, que de préfent il fait faire en fes monnoyes, auront cours en noftre royaume, pourveu qu'elles foient d'or, poix & aloy, telz que les noftres.

(6) Item. Et pour ce que en plufieurs parties de noftredit royaume, tant en Normandie, Languedoc, Guyenne, que autres, n'a de préfent que très-peu de nofdictes monnoyes deffus déclairées, & que, fans permiffion de cours, tant de nos monnoyes que d'autres courans èfdits pays, ne fe pourroient noz fubgectz entretenir ne fubvenir à leurs marchandifes, affaires & néceffitez, ordonnons, voulons & déclairons par manière de tolérance & jufques à noftre bon plaifir & voulenté, que les monnoyes cy-après fpécifiées, foient prinfes & mifes pour les pris cy-après déclairez, & non pour plus, fur les peines deffufdictes. C'eft affavoir, les gros de Pape & de Prouvence, pour quatorze deniers tournois la pièce; les gros de Millan & les blancs de Bar & de Lorraine, pour fept deniers maille tournois la pièce, les demiz-blancs à l'équipollent; les quarts-de-gros de Pape, Prouvence & Savoye, pour trois deniers & maille tournois la pièce; les hardiz & morlans pour deux deniers & maille tournois la pièce; les lyars pour trois deniers tournois; & les blancs de Bretaigne faitz à la targe, pour douze deniers tournois; & toutes autres monnoyes, tant d'or que d'argent, quelles qu'elles foient, autres que celles cy-deffus déclairées, ne foient prinfes ou mifes pour quelque pris que ce foit, fors au marc pour billon, fur les peines deffufdictes.

(7) Item. Deffendons que aucuns, fur ladicte peine, ne portent ou faffent porter hors de noftredit royaume aucun billon d'or ne d'argent.

(8) Item. Que aucuns, fur ladicte peine, n'achetent le marc d'or ou d'argent rompu ou en maffe, à plus hault pris que Nous en faifons donner en nofdictes monnoyes.

(9) Item. Que aucuns, fur ladicte peine, ne facent fondre, rachaffer ne affiner aucunes matières d'or ne d'argent, fans le congé de Nous ou des Généraulx-maiftres de nofdictes monnoyes.

(10) Item. Que aucuns ne facent ou facent faire fait de change, fe fur ce ils n'ont noz Lettres deuement vériffiées par les Généraulx-maiftres de nofdictes monnoies, fur peine de perdre tout l'or & l'argent dont ilz feroient trouvez faifiz en faifant icellui fait de change, & d'amende arbitraire.

(11) Item. Que nulz changeurs, fur ladicte peine, ne puiffent garder plus de quinze jours leur billon, foit d'or ou d'argent, mais le portent ou

CHARLES
VII,
au Chaſtelier
près Eſbreulle,
le 7 Juin
1456.

facent porter à la plus prouchaine de noſdictes Monnoyes du lieu où ils tiendront leurs domicilles, ou le vendront à autres changeurs dont ilz ſeront acertenez qu'ilz le portent en noſdictes monnoyes.

(12) *Item.* Que nulz changeurs, ſur ladicte peine, ne preignent pour changer un eſcu d'or en monnoye & en contrebailler ung eſcu d'or pour la monnoye, plus de trois deniers tournois pour chaſcun deſdits changes ; & que tous leſdits eſcuz, ſur ladicte peine, qui par eulx ſeront achetez, ſoient couppez' & ciſaillez, ſe ilz ne ſont du poix de ij deniers xvj grains & au-deſſus ; & auſſi que toutes monnoyes d'or autres que celles cy-deſſus déclairées, ilz couppent & ciſaillent incontinent qu'ilz les auront achetez, ſans les tenir ou garder entières en leurs changes, maiſons ou ailleurs.

(13) *Item.* Que tous orfevres facent leurs ouvraiges tant d'or que d'argent en groſſerie & menuyrie, des aloy & remede que font ceux de noſtre ville de *Paris*; c'eſt aſſavoir, d'or à dix-neuf caratz & un quinct de carat du moins, & l'argent en groſſerie à onze deniers douze grains fins, à trois grains de remede, & en menuyrie à ladicte loy, à cinq grains de remede; & auſſi uſent de telz & ſemblables poix que font leſditz orfevres de ladicte ville de *Paris*, qui eſt le vray & juſte poix dont on uſe en toutes noz monnoyes; & qu'ilz aient poinçons avecques chacun ſon contre-ſeing, telz qu'ilz adviſeront, duquel ilz ſigneront toutes vaiſſelles tant d'or que d'argent, & tout autre ouvraige qu'ilz feront ou feront faire, qui bonnement ſigner le pourront, ſur les peines contenues ès Ordonnances royaux faictes ſur le fait & gouvernement deſdits orfevres.

(14) *Item.* Que tous tabellions, ſur peine de privacion de leurs Offices, & d'amende, ne paſſent lectres de contraulx ou de marchez faictz par quelque perſonne que ce ſoit, fors à ſols & à livres; ſe ce n'eſt pour cauſe de vray preſt, de garde ou dépoſt ſans fraude, en traictés de mariaiges, & ventes & retraictz de héritaiges.

Si donnons en mandement auxditz Généraulx-maiſtres de noſdictes monnoyes, au Prévoſt de *Paris,* à tous Baillifz, Séneſchaulx ou leurs lieutenans, & à chacun d'eulx, ſi comme à luy appartiendra, que ceſte préſente noſtre Ordonnance & voulenté, avecques les proviſions contenues ès poincts & articles cy-deſſus déclairez, ils facent publier ſolempnellement chacun en ſon auditoire, & par tous les lieux publicques & accouſtumez à faire criz & publications; & icelles noz Ordonnances facent garder & entretenir de point en point ſans enfraindre: en commectant & ordonnant, ſe meſtier eſt, de par Nous, où verront eſtre expédient, certaines bonnes & convenables perſonnes qui ſe preignent garde que nulz ne treſpaſſent ou facent contre ceſte préſente noſtre Ordonnance, leſquelz auront pour leur peine & ſalaire de toutes les forfaictures des tranſgreſſeurs d'icelle noſtre Ordonnance, la quarte-partie, qui leur ſera payée par le Maiſtre particulier des prouchaines Monnoyes ; & oultre voulons que tout ce qui ſera prins par leſditz commis & députez à ce, avecques toutes amendes, forfaictures & confiſcacions qui eſcherront à la cauſe deſſuſdicte, ſoient livrées & receues par le Maiſtre particulier de celle plus prouchaine Monnoye, préſens les gardes, lequel Maiſtre particulier qui de ce aura fait recepte, ſera tenu en rendre compte où il appartiendra; & ce facent & accompliſſent ſi bien & diligeamment que perſonne à qui il puiſſe toucher, ne y puiſſe ou doye prétendre aucune ignorance, en faiſant pugnicion ſans faveur ou depport, de tous ceux que l'en pourra ſavoir ou trouver, qui auront fait ou fairont dorefenavant faulte ou tranſgreſſion ès choſes deſſuſdictes, ſi & par telle maniere que ce ſoit exemple à tous autres. Et pour ce que de ces préſentes on aura afaire en pluſieurs & divers lieux de noſtredit royaume, Nous voulons que au *vidimus* d'icelles, fait ſoubz ſéel royal ou authenticque, foy ſoit adjouſtée comme à ce préſent original, auquel, en teſmoing de ce,

Nous avons fait meʃtre noʃtre ʃéel. *Donné au Chaʃtellier près Eʃbreulle, le VII.* *jour de juing, l'an de grace mil CCCC LVI, & de noʃtre regne le XXXIIII.* Ainʃi ʃigné. *Par le Roy en ʃon Conʃeil.* DELALOERE.

CHARLES
VII,
au Chaʃtellier
près Eʃbreulle,
le 7 Juin
1456.

Au dos deʃquelles Lettres royaux eʃtoit eʃcript ce qui s'enʃuit: Ces préʃentes onteʃté leues & publiées au Chaʃtelet de *Paris*, le ʃamedi vingt-ʃixieʃme jour de juing, l'an mil IIII.ᵉ cinquante-ʃix. *Ainʃi ʃigné.* PHOM.

Ceʃdictes préʃentes ont pareillement eʃté publiées à ʃon de trompe par les carrefours de la ville de *Paris*, accouʃtumez à faire criz, par *Gervais Lefevre*, ʃergent à verge oudict Chaʃtellet de *Paris*, l'an & jour deʃʃuʃdict.

CHARLES
VII,
au Chaʃtellier
près Eʃbreulle,
le 7 Juin
1456.

(a) Lettres de Charles VII, touchant le cours des monnoies, le titre & le prix de l'or & de l'argent.

CHARLES, par la grace de Dieu, roy de France, à tous ceulx qui ces préʃentes Lettres verront: ʃalut. Comme par nos Ordonnances générales, faictes le jourd'huy *(b)* ʃur le fait de noz monnoyes, ayons entre autres choʃes, voulu, ordonné & déclairé que nul de quelque eʃtat ou condition qu'il ʃoit, ʃur peine de confiʃcation de corps & de biens, ne preigne ou mecte, en apert ou en couvert, ʃoit en fait de receptes, de marchandiʃe ou autrement en quelque maniere ne pour quelque cauʃe que ce ʃoit, aucune monnoye d'or ou d'argent, ʃoient de nos coings ou autres, mais ʃoient miʃes au marc pour billon, excepté celles auxquelles avons donné cours par noʃdictes Ordonnances, c'eʃt aʃʃavoir, les eʃcuz d'or que de préʃent faiʃons faire pour vingt & ʃept ʃolz ʃix deniers tournois, & les demyz-eʃcuz à l'équipollent.

(1) Les grands-blancs & petiz-blancs que faiʃons à préʃent faire, pour dix deniers tournois, & cinq deniers tournois piece.

(2) Item. Les doubles pour deux deniers tournois, & les petits-tournois pour ung denier tournois piece.

(3) Item. Les gros d'argent que ʃemblablement faiʃons faire, pour deux ʃols ʃix deniers tournois piece.

(4) Item. Que les monnoies tant d'or que d'argent, aux nom & armes de noʃtre très-cher & très-amé fils le *Dauphin* de *Viennois*, que de préʃent il fait faire en ʃes Monnoyes, ayent cours en noʃtre royaume, pourveu qu'elles ʃoient de poix & loy tels que les noʃtres: néantmoins au regard de noʃtre pays & *Duché* de *Normandie*, où noz eʃcuz courans à préʃent, ont cours pour trente ʃols des monnoies courans oudict pays, voulons & ordonnons pour aucunes cauʃes à ce Nous mouvans & juʃques autrement en ʃoit par Nous ordonné, & ʃans préjudice du ʃurplus contenu en noʃdictes Ordonnances génerales, que ledict eʃcu demeure en ʃondict cours de trente ʃols tournois, & que leʃdicts grans-blancs courans en noʃtredict royaume pour dix deniers tournois, y ayent cours pour xj deniers tournois, les petits-blancs à l'équipollent; & leʃdicts gros d'argent que faiʃons faire en noz monnoyes, y ayent cours pour deux ʃols neuf deniers tournois, & pareillement leʃdictes monnoyes de noʃtredict filz le *Dauphin* de *Viennois;* les gros d'argent faicts en *Angleterre* pour trois ʃols, les demys-gros & deniers d'argent à l'équipollent; les placques de *Flandres* pour quinze deniers tournois, & les blancs Bretons faicts au chappelet, pour neuf deniers tournois; & toutes autres monnoyes tant d'or

---

NOTES.

(a) Regiʃtre de la Cour des Monnoies, coté F, fol. 74, v.ᵒ
(b) Voyez les Lettres précédentes, page 380.

CHARLES
VII,
au Chaſtellier
près Eſbreulle,
le 7 Juin
1456.

que d'argent, quelles qu'elles ſoient, autres que celles cy-deſſus déclairées, ne ſoient prinſes ou miſes pour quelque pris que ce ſoit, fors au marc pour billon.

(5) Item. Deffendons que aucuns, ſur ſadicte peine, ne porte ou face porter hors de noſtredict royaume, aucun billon d'or ne d'argent.

(6) Item. Que aucuns, ſur ſadicte peine, n'achete le marc d'or ou d'argent rompu ou en maſſe, à plus hault pris que Nous en faiſons donner en nos Monnoies.

(7) Item. Que aucuns, ſur ſadicte peine, ne facent fondre, rachaſſer ou affiner aucunes monnoyes d'or ou d'argent, ſans le congé de Nous ou de noſdicts Généraulx-maiſtres des monnoyes.

(8) Item. Que aucuns ne facent ou facent faire fait de change, ſe ſur ce ilz n'ont noz Lectres deuement vérifiées par leſdicts Généraulx-maiſtres de noz monnoyes, ſur peine de perdre tout l'or & l'argent dont ilz ſeroient trouvez ſaiſiz en faiſant iceluy fait de change, & d'amende arbitraire.

(9) Item. Que nulz changeurs, ſur ſadicte peine, ne puiſſent garder plus de quinze jours leur billon, ſoit d'or ou d'argent, mais le portent ou facent porter à la plus prouchaine de noſdictes Monnoyes du lieu où tiendront leurs domicilles, ou le vendent à autres changeurs dont ils ſeront acertenez qu'ilz le portent en noſdictes Monnoyes.

(10) Item. Que nulz changeurs, ſur ſadicte peine, ne prennent pour changer ung eſcu en monnoye ou encontre bailler ung eſcu d'or pour la monnoye, plus de trois deniers tournois pour chacun deſdicts changes; & que tous leſdicts eſcuz, ſur ſadicte peine, qui par eulx ſeront achetez, ſoient couppez & fiſaillez, s'ilz ne ſont du prix de deux deniers ſeize grains & au-deſſus; auſſi que toutes monnoyes d'or, autres que celles cy-deſſus déclairées, ilz couppent & fiſaillent incontinent qu'ils les auront achetées, ſans les tenir ou garder entieres en leurs changes, maiſons ou ailleurs.

(11) Item. Que tous orfevres facent leurs ouvraiges, tant d'or que d'argent, en groſſerie & menuyſerie, des aloy & remède que ſont ceulx de noſtre ville de *Paris:* c'eſt aſſavoir, d'or à dix-neuf caratz & ung quinct de carat du moins; & l'argent en groſſerie, à onze deniers douze grains fins, à trois grains de remède; & en menuyſerie à ladicte loy & cinq grains de remède; & auſſi uſent de telz & ſemblables poix que ſont leſdicts orfevres de ladicte ville de *Paris,* qui eſt le vray & juſte poix dont on uſe en toutes noz monnoyes; & qu'ilz ayent poinçon avec chacun ſon contre-ſeing, telz qu'ilz adviſeront, duquel ilz ſigneront toutes vaiſſelles tant d'or que d'argent, & tout autre ouvraige qu'ilz feront ou feront faire, qui bonnement ſigner le pourra: ſur les peines contenues ès Ordonnances royaulx faictes ſur le fait & gouvernement deſdits orfevres.

(12) Item. Que tous tabellions, ſur peine de privacion de leurs Offices & d'amende, ne paſſent lectres de contraulx ou de marchez ſaictz par quelque perſonne que ce ſoit, fors à ſolz & à livres, ſe ce n'eſt pour cauſe de ung preſt, de garde ou dépoſt ſans fraulde, en traictez de mariaiges & vente & retraicts de héritaiges.

Si donnons en mandement auſdicts Généraulx-maiſtres de noſdictes monnoyes, à tous noz Baillifz, Séneſchaulx, ou à leur lieuxtenans, & à chacun d'eulx, ſi comme à luy appartiendra, que ceſte préſente noſtre Ordonnance & voulenté, avec les proviſions contenues ès poincts & articles cy-deſſus déclairés, ilz facent publier ſolempnellement chacun en ſon auditoire, & par tous les lieux publicques & accouſtumez à faire criz & publications; & icelles noz Ordonnances facent garder & entretenir de point en point ſans enfraindre, en commectant & ordonnant, ſe meſtier eſt, de par Nous, où verront eſtre expédient, certaines bonnes & convenables perſonnes, qui ſe prennent garde que nul ne treſpaſſent ou facent contre ceſte noſtre
préſente

préfente Ordonnance; lefquelz auront pour leur peine & fallere de toutes les forfaictures des tranfgreffeurs d'icelle noftre Ordonnance, la quarte-partie, qui leur fera payée par le Maiftre-particulier des prouchaines Monnoyes ; & oultre, voulons que tout ce qui fera prins par lefdicts commis & depputez à ce, avec toutes amendes, forfaictures & confifcations qui efcherront à la caufe deffufdicte, foient livrées & reçues par le Maiftre-particulier d'icelles plus prouchaines Monnoyes, préfens les gardes, lequel Maiftre-particulier qui de ce aura fait recepte, fera tenu en rendre compte où il appartiendra ; & ce facent & accompliffent fi bien & dilligeamment, que perfonne à qui il puiffe toucher, ne y puiffe ou doye prétendre aucune ignorance; en faifant pugnicion fans faveur ou deport, de tous ceulx que l'en pourra favoir ou trouver qui auront fait ou feront dorefenavant faulte ou tranfgreffion ès chofes deffufdictes; fi & par telle maniere que ce foit exemple à tous autres. Et pour ce que de ces préfentes on aura à faire en plufieurs & divers lieux de noftredict royaume, voulons que au *vidimus* d'icelles fait foubz féel royal ou auctentique, foy foit adjouftée comme à ce préfent original, auquel, en tefmoing de ce, Nous avons faict mettre noftre féel. *Donné au Chaftellier près Efbreulle, le VII.e jour de juing, l'an de grace mil IIII.c LVI, & de noftre regne le XXXIIII.me* Ainfi figné. *Par le Roy en fon Confeil.* DELALOERE.

CHARLES
VII,
au Chaftellier
près Efbreulle,
le 7 Juin
1456.

(a) Mandement *de Charles VII, portant défenfes de citer en Cour de Rome, au préjudice des Ordonnances & de la Pragmatique Sanction.*

CHARLES, par la grace de Dieu, roy de France, au premier huiffier de noftre Parlement ou noftre fergent qui fur ce fera requis, falut. De la partie de noftre amé & féal Confeiller *Loys d'Aubuffon* évefque de *Tuelle (b)*, Nous a efté expofé que après le décès du darnier & paifible poffeffeur dudit évefché de *Tuelle*, ledit expofant a efté par la plus grant & faine partie des religieulx & convent d'icelle églife, effeu fainctement & canoniquement évefque dudit évefché, laquelle élection a efté préfentée à noftre amé & féal Confeillier l'*Archevefque* de *Bourges*. Surquoi s'eft meu procès entre ledit expofant & lefdits religieulx effifans de fon coufté d'une part, & freres *Guichart* de *Combort* abbé d'*Uferche*, & *Eftienne Barton* prévoft de ladite églife de *Tuelle*, pour tant eulx touche, d'autre part, devant l'official de *Bourges*, juge délégué de noftredit Confeiller quant à ce ; par-devant lequel, après plufieurs chofes dites, propofées & alléguées d'une part & d'autre, & informations & enqueftes fur ce faites, que chacune d'icelles parties a dict & propofé, ou faict dire & proupofer, tout ce que bon leur a femblé, ladite effection faicte de la perfonne dudit expoufant a efté dicte & déclérée valable, duëment & canoniquement avoir efté faicte, & a depuis icelluy expofant efté confervé en évefque dudit évefché, & par Nous receu au ferment de féaulté d'icelluy évefché, & depuis a efté mis en poffeffion & faifine; de laquelle fentence ledit abbé d'*Uferche* & autres des religieux de ladite églife, en petit nombre, fes

NOTES.

(a) Commentaires de *Dupuy* fur le Traité des Libertés de l'Églife Gallicane de *Pithou*, édit. de 1715, par *Lenglet*, tome II, p. 607. Cette pièce a été tirée des manufcrits de *Baluze*, qui font à la Bibliothèque du Roi, n.º 269.

(b) *Louis d'Aubuffon* avoit été élu évefque de *Tulle* en feptembre 1454, confirmé par

l'official de *Bourges* le 2 mai fuivant, & par le Pape *Callixte III* le 27 décembre 1455. L'abbé d'*Uferche* contefta l'élection, & le procès dura long-temps; enfin il renonça à fes prétentions le 22 juillet 1465. Voyez la nouvelle *Gaule Chrétienne*, tome II, page 672; & *Baluze, hift. Tullenf.* pages 222, 763 & fuivantes.

effilans, fe difent avoir appellé. Et combien que felon les fainéts Canons, Decrets anciens, Libertés & franchifes de l'Églife de France, Ordonnances royaux & Pragmatique Sanétion, il deuffent avoir relevé & pourfuivy leur appel *gratatim*, c'eft affavoir, dudit Commiffaire & délégué audit Archevefque délégant & metropolitain, & après à la jurifdiétion du Primat d'*Acquitaine*, dont ils font, & que ledit expofant pour raifon de cette matiere, ne doit eftre traiét, cité ne convenu, ne tenu en procès par vertu des Lettres & Bulles de Court de *Romme* en ladite Court de *Romme*, hors noftre royaulme, ne ailleurs que par-devant le Juge auquel de droit & felon nofdites Ordonnances royaulx & Pragmatique Sanétion, en doit appartenir la cognoiffance; néantmoins ledit abbé d'*Uferche* & lefdits efilans, foubs umbre dudit appel fe font efforcés & efforcent, & fe font vantés & vantent, de par vertu de certaines Lettres & Bulles de Court de *Romme*, faire citer, convenir & tenir en procès ledit expofant & lefdits efilans en ladite Court de *Romme*, hors noftre royaulme, & ailleurs que par-devant ledit Juge, auquel felon noftredite Pragmatique Sanétion & Ordonnances royaulx, en doit appartenir la cognoiffance, & fur ce les molefter & travailler à tort & contre raifon, en venant direétement contre ledits faints Canons, Decrets anciens, Ordonnances royaulx, Libertés & franchifes de l'Églife de France, & Pragmatique Sanétion, en enfreignant iceulx & au très-grant grief, préjudice & dommage dudit expofant, & plus pourroit eftre fe par Nous ne luy eftoit fur ce pourvult de remede convenable, fi comme il dit, humblement requirant icelluy. Pour ce eft-il que Nous, ces chofes confidérées, voulans nofdites Ordonnances, fainéts Canons & Decrets anciens, Libertés & franchifes de l'Églife de France & Pragmatique Sanétion, avoir & fortir leur plain effeét, & eftre entretenues & gardées fans enfraindre, & les tranfgreffeurs & enfraéteurs d'iceulx eftre pugnis comme du cas appartient, & préferver nos fubguez de vexations & travaulx: te mandons & commettons par ces préfentes, que tu faces inhibition & deffenfes de par Nous, fur certaines & grandes paines à Nous à appliquer, audit frere *Guichart* de *Combort* abbé d'*Uferche*, fefdits efilans, & tous autres qu'il appartiendra, & dont requis feras, que contre, ne au préjudice defdits faints Canons, Decrets anciens, Libertés & franchifes de l'Églife de France, nofdites Ordonnances & Pragmatique Sanétion, ils ne facent citer, traiétier, convenir, & ne tiennent en procès ledit expofant, ne lefdits efilans ou aucuns d'iceulx, en ladite Court de *Rome*, hors noftredit royaulme, ne ailleurs que par-devant ledit Juge, auquel felon nofdites Ordonnances royaulx & Pragmatique Sanétion peut & doit appartenir la cognoiffance de cette matiere, par vertu defdites Bulles & Lettres de Court de *Romme* ne autrement, & ne s'en aident en aucune manière, mais d'iccelles fe défiftent & département, enfemble icelles Bulles, citations, monitions, Lettres & procès de ladite Court de *Romme*, révocant auffi & mettant au néant, ou faifant révoquer & mettre au néant à leurs propres coufts & defpens, & tout ce que ont & avoient fait ou fait faire au contraire ou préjudice defdits faints Canons, Decrets anciens, Libertés & franchifes de l'Églife de France, Ordonnances royaulx, & Pragmatique Sanétion, par vertu defdites Bulles & Lettres de Court de *Romme*, en les contraignant à ce, & tous autres qui pour ce feront à contraindre; c'eft affavoir les gens laiz par prinfe & explétation de leurs biens, & ceux d'églife, de leur temporel, *Lifez defdites arreft & détention en noftre main, *lefdites Bulles, citations, monitions, Lettres* Bulles.* & procès de ladite Court de *Romme*, & par toutes voyes dues & raifonnables; & en cas d'oppofition, refus ou délay, lefdites citations, monitions, Lettres & Bulles de Court de *Romme*, contraires & préjudiciables auxdits faints Canons, Decrets anciens, Libertés & franchifes de l'Églife de France, nofdites Ordonnances & Pragmatique Sanétion, prinfes, arreftées & mifes en noftre main, & touts procès, que par vertu d'icelles avoient efté intentés en l'exécution d'icelles Lettres & Bulles, tenues en fufpens jufques à ce que par juftice autrement en foit ordonné, & les porteurs & exécuteurs d'icelles, & ceux qui s'en voudroient ayder, contrains à les exhiber pour les mettre en main de juſtice, & en eſtre fait & ordonné ainſi qu'il appartiendra par raiſon, par arreſt & détention de leurs perſonnes, nonobſtant appellations quelconques; adjourner les oppoſans, refuſans ou délaians, à certain & compétant jour par-devant noſtre Séneſchal de *Limouſin* ou ſon lieutenant, pour dire les cauſes de leur oppoſition, refus ou délay, reſpondre, procéder, & aller avant en outre ſelon raiſon, en certiffiant ſouffiſamment auxdits jours noſtredit Séneſchal ou ſondit lieutenant, de tout ce que fait en aura ſur ce, auquel Nous mandons, (pour ce que ceſte matiere touche noſditès Ordonnances & Pragmatique Sanction, de l'infraction deſquelles la cognoiſſance appartient à nos Juges & Officiers,) & noſtre Séneſchal & noſtre plus prouchain Juge des parties & choſes dont eſt débat, commettons que aux parties, icelles ouyes, facent bon & brief droit & accompliſſement de juſtice : car ainſi Nous plaiſt-il eſtre fait, nonobſtant quelconques Lettres ſubreptices, impétrées ou à impétrer, à ce contraires. Mandons & commandons à tous nos Juſticiers, Officiers & ſubgetz, que à toy, en ce faiſant, obéïſſent & entendent diligemment. *Donné à Gaunat, le VII.ᵉ jour de juing, l'an de grace mil CCCCLVI, & de noſtre regne le XXXIIII.ᵉ* Ainſi ſigné en marge. *Par le Roy, à la relacion du Conſeil.* ANTHONIS.

(a) Lettres de Charles VII, par leſquelles il ſtatue ſur les articles de doléances des États de Languedoc.

CHARLES, par la grace de Dieu, roy de France, à tous ceulx qui ces préſentes Lettres verront, ſalut. Nos chers & bien-amez, les Gens des Trois-eſtats de noſtre pays de *Languedoc*, Nous ont fait remonſtrer par les Gens de l'ambaſſade qu'ils ont préſentement envoyés par-devers Nous, les grandes charges & affaires que ont à ſupporter nos ſubjets dudit pays, & nous ont fait pluſieurs requeſtes, touchant la proviſion qu'ils requierent pour le bien & ſoulagement de noſdits ſubjets d'iceluy pays; ainſi qu'il eſt plus à plein contenu & déclaré ès articles par eux baillés devers Nous & les Gens de noſtre Grant-Conſeil, deſquels la teneur s'enſuit.

S'enſuivent les articles, requeſtes & ſupplications qu'en toute ſubjection & obéïſſance, expoſent les Gens des Trois-eſtats de voſtre pays de *Languedoc*, aſſemblez par voſtre commandement, noſtre naturel & ſouverain Seigneur, en voſtre ville de *Montpellier*, ès mois de janvier & de février, l'an mil quatre cens cinquante & cinq, par-devant Meſſire *Jean d'Olon*, Chevalier, voſtre Maiſtre d'hoſtel & *Séneſchal de Beaucaire*, Maiſtre *Jean d'Annet*, voſtre Procureur général, & *Otto Caſtellam*, voſtre Argentier, vos Conſeillers, commis ordonnez & préſens de par vous, pour eſtre en ladite aſſemblée, en icelle voſtre ville de *Montpellier*; & avant que deſcendent auſdites ſupplications & requeſtes, vous remercient très-humblement & très-dévoſtement, de ce que de voſtre très-bonne grace, vous a pleu leur faire communiquer l'eſtat des affaires de vous & de voſtre royaulme, les grandes peines & diligences qu'il vous a pleu prendre, & prenez chacun jour, pour l'adreſſe, conſervation & entretenement de voſtre juſtice, & auſſi des grandes proviſions & Ordonnances par vous données, & qui ſe donnent, pour réſiſter aux entrepriſes de vos ennemis anciens, pour la deffenſe, tuition & conſervation de voſtre ſeigneurie & de vos ſubjets, &

NOTE.

(a) Traité de l'origine, de l'antiquité & des priviléges des États généraux de *Languedoc*, par *Caſeneuve*, édit. 1645, page 117.

CHARLES
VII,
au Chaftelier,
le 8 Juin
1456.

mefmement de ceftuy voftre pays de *Languedoc*, ainfi que par voftredit Procureur a efté aufdits Eftats bien amplement expliqué & remonftré, en vous fuppliant, noftre naturel & fouverain Seigneur, très-humblement & très-inftamment, qu'il vous plaife pour le bien de voftre feigneurie, iceulx paffer & octroyer, faire garder & mettre à pleine exécution, comme très-néceffaires & profitables à la confervation, utilité & entretenement dudit pays & de la chofe publique d'iceluy, & fur icelles donner vos Lettres patentes & exécutoires, foubs voftre feel.

(1) *Item.* Et pour ce que par vofdits Commiffaires, leur a efté requis & demandé de par vous la fomme de cent trente mille livres tournois, tant pour ayder à fupporter les grandes defpenfes que fouftenir vous a convenu la faifon paffée, pour mettre fus gens-d'armes oultre ceux de voftre Ordonnance, & iceulx envoyer en aucuns lieux à grand puiffance, pour faire réparer plufieurs entreprinfes faites à l'encontre de votre feigneurie, & pour plufieurs autres vos grandes affaires, plus à plein par vofdits Commiffaires expliquez & remonftrez, pour lefquels avez faites & vous foit encore néceffaire de faire grandes mifes & defpenfes, ce que faire ne vous eft poffible, comme dit leur a efté, fans l'ayde de vos fubjets. Et pour ce que jaçoit ce que confidéré la très-grande & ineftimable pauvreté & extrême mifere de votredit pauvre peuple de cedit pays, qui eft fi pauvre que plus ne peut, à l'occafion des chofes qui s'enfuivent : c'eft affavoir, la dépopulation d'iceluy, par les dures mortalités longuement continuées, & mefmement la grande & douloureufe mortalité, qui cefte année y a eu cours; auffi à caufe de la grande ftérilité & infertilité de bleds & d'autres biens, qui audit pays ont efté cefte faifon. *Item.* Et à caufe des grandes exactions & rigoureufes exécutions qui fe font de jour en jour fur le pauvre peuple. *Item.* Et par la faute du cours de la marchandife qui y ceffe, & eft comme morte & tarie, à l'occafion de laquelle faute ne fe peut vuyder ne aprofiter ce petit de fruits & denrées qui croiffent audit pays, obftant la rève, l'impofition foraine, les marques, & autres charges extraordinaires, & auffi les grands arrérages, debtes, ufures & intérefts où ils font encores démeurés, & la charge de l'équivalant. *Item.* Et à caufe de la grande vuidange & traicte des finances, qui par tailles, équivalent, & autres charges, a efté faite & mife hors du tout de cedit pays fans y retourner un feul denier. *Item.* Et avec ce, le paffage & long féjour que ont fait en certaines parties dudit pays, les gens de voftre armée, en allant & retournant du pays d'*Armagnac*, lefquels y ont donné de très-grands dommages, que cy-après fera dit & remonftré, & pour plufieurs autres caufes & raifonnables excufations, que plufieurs fois par cy-devant ont efté expliquées & déclarées, leur foit impoffible porter & payer ladite fomme, néantmoins pour tousjours monftrer leur bonne loyauté & vraye obéyffance qu'ils ont envers vous, noftre naturel & fouverain Seigneur, & le grand vouloir & bonne affection qu'ils ont plus que pouvoir, d'obéyr toutes leurs vies à vos bons vouloirs & plaifirs, efpérant que tousjours les aurez en voftre bonne grace & fouvenance, en prenant dorefenavant compaffion des grandes & infupportables charges qu'ils ont fi longuement portées, & que ferez meu à leur eflargir du fruit de voftre glorieufe profpérité, ainfi que ceux qui de par vous ont tenu lefdits Eftats le temps paffé, leur ont fouvent dit de bouche & donné bonne efpérance, foubs laquelle ont confiance, que moyennant ce, voftre bon plaifir fera que toutes réformations extraordinaires, quelles qu'elles foient, & dont cy-après fera faite mention, par vous données ou à donner, ceffent de tout en tout, & que leur feront par vous accordées, & faites tenir & obferver les requeftes & provifions cy-après efcrites & déclarées, & que les termes du préfent ayde foient & demeurent en la forme & maniere cy-après expreffée & déclarée, autrement n'eft poffible fans la totale ruine & exil du pauvre peuple de cedit pays, le payer ès termes qui leur ont efté

baillés ès autres années paſſées par cy-devant, pour ce que les biens ſont en terre, & ne ſont encores levez ne recueillis, & la fin & faculté des fruits de l'année eſchéent en ce temps, & n'a encores le pauvre peuple de quoy ſe puiſſe ayder ne faire argent, pour conſidération deſquelles choſes, ſerez meu de leur accorder icelles ſupplications & requeſtes : octroyent & conſentent les Gens d'égliſe & Nobles pour leurs hommes & ſujets, & ceux de l'eſtat commun pour eux & pour ceux pour qui ils ſont icy venus par voſtre commandement, eſtre mis ſur le pays en la forme accouſtumée, la ſomme de cent ſeize mille livres tournois, pour toutes choſes, & pour une année entière à compter du jour du préſent octroy ; & pour les requeſtes & demandes faites par ledit pays, de payer ladite ſomme aux termes qui s'enſuyvent, c'eſt à ſçavoir, pour le premier terme, la tierce partie d'iceluy ayde, au dernier jour du mois de juillet prochain venant, premier terme ; la pareille ſomme de l'autre tiers, au dernier jour du mois d'octobre après enſuivant, ſecond terme ; & ſemblable ſomme du tiers qui reſte, au dernier jour du mois de décembre enſuivant, tiers & dernier terme : car confians toujours de votre grace & miſéricorde, & le bon rapport, ayde & interceſſion que feront par-devers vous, voſdits huiſſiers, & que ne voudriez prendre de vos pays & ſubjets, fors ce que bonnement pourront porter, le ont octroyé & conſenty, l'octroyent & conſentent pour cette fois tant ſeulement, comme deſſus, vous ſuppliant, noſtre naturel & ſouverain Seigneur, que de ladite ſomme vous plaiſe eſtre content, & icelle avoir agréable & accepter.

(2) *Item.* Que vous plaiſe que les termes contenus en l'article précédent, ne ſoient point anticipez, ne les habitans dudit pays conſtrains à preſter aucune choſe ; & pour conſidération de ce que les commiſſions, pour faire les aſſietes particulières des diocèſes, ſouloient eſtre baillées en blanc, à ceux deſdits diocèſes, aucuns officiers & autres, ſinon deſpuis ſix ans en çà, que pour complaire & faire des avantages à uns & à autres, aux deſpens & grandes charges du pauvre peuple, on a envoyé Commiſſaires autres que ceux deſdits diocèſes, aucunes fois deux, trois ou quatre, & y a tel diocèſe où ils en ont eu & ſe ſont taxez, les uns cent ou ſix vingts, & les autres cent cinquante ou deux cens francs pour homme, qui eſt au lieu de deſcharger, grande charge & inſupportable au pauvre peuple : car quand le pays les y mettoit, ils appointoient avec ceux qu'ils y mettoient du pays, le plus doucement qu'ils pouvoient & n'en avoient pas ſi grandes deſpenſes de beaucoup ; & pour ce, pour le bien & deſcharge du pauvre peuple, vous plaiſe que les commiſſions deſdits Commiſſaires, à faire leſdites aſſietes, & auſſi du receveur, ſoient baillées en blanc à ceux qui ſont ici chacun pour ſon diocèſe, ainſi que paravant avoit eſté de couſtume, & que ceux deſdits diocèſes y puiſſent mettre Commiſſaires tels que bon leur ſemblera, du pays, & appointer avec eux, & auſſi nommer les receveurs chaſcun en ſon diocèſe, & accorder avec eux de leurs gages, au mieux que pourront, ainſi qu'il a eſté obſervé & accouſtumé par cy-devant, appeller ceux qui ſeront à appeller, & qui ont accouſtumé eſtre appellez.

(3) *Item.* Que ceux des diocèſes qui ſeront appellez & préſens èſdites aſſiettes, puiſſent taxer & ordonner des deſpences de ceux qui ſeront èſdits eſtats, à chacun ſelon ſa qualité & ſon eſtat, eu regard au temps qu'ils auront vacqué & travaillé ès affaires d'iceluy diocèſe ; & pareillement des gages & deſpenſes du receveur, comme dit eſt en l'article précédent, ſans ce que aucun retranchement en doive eſtre fait en voſtre Chambre des Comptes, ne autre de par vous ; & que chacun receveur paye de ſa recepte leſdites taxations, gages & deſpenſes, ſelon l'aſſiete & les inſtructions faictes par ceux qui feront leſdites aſſietes : & que aucun arreſt ou retranchement de par vous ne autres, n'y ſoit fait ne donné doreſenavant, veu que aucun dommage ne s'enſuit à vous ne au pays, & auſſi c'eſt-il ainſi accouſtumé de faire le temps paſſé.

(4) *Item.* Et pour eſviter les grandes mangeries qui ſe font par les ſergens exécuteurs pour vos deniers, & autrement, vous plaiſe ordonner que les exécutions qui ſe feront pour ledit ayde, ſoient faites par les ſergens ordinaires des lieux où leſdites exécutions ſe feront; ou ſi elles ſe font par autres ſergens quelconques, qu'ils ne puiſſent ne doivent prendre ne avoir pour leurs ſalaires, gages & deſpenſes, fors ce ſeulement que auroient & prendroient les ſergens ordinaires deſdits lieux ; & que les gages que prendront leſdits ſergens pour l'exécution qu'ils feront, ne ſoient point tranſportés pour vendre, ou mettre à l'encant hors des juriſdictions où ils auront eſté prins ; & s'ils font le contraire, ſoient punis par les ordinaires des lieux où leſdites exécutions feront faites. Et ſi aucun débat vient entre leſdits habitans & les receveurs de la taille, ſoit ſur la valeur des monnoyes ou autrement, que les Juges ordinaires des lieux en ayent la cognoiſſance, comme deſdits ſergens & exécuteurs ; & en cas de débat, en dépoſant devant eux la ſomme dont il eſt queſtion ou la valleur d'icelle, toute exécution ceſſe, & faſſent les ordinaires juſtice aux parties : car trop dure choſe ſeroit, & de trop grande deſpenſe, que chaſcun particulier, pour tel débat euſt à venir par-devant les Généraux par vous ordonnez ſur le fait de la juſtice; & ne ſoient point faites leſdites exécutions en bœufs, mules, chevaux ou autres bêtes, ou inſtrumens néceſ-ſaires à labourer les terres, ne autres ouſtils mécaniques ; & en cas qu'ils feroient le contraire, ſoient punis, & que les officiers ordinaires des lieux où les exécutions ſe feront, les puiſſent réparer, & en ayent la cognoiſſance comme dit eſt.

(5) *Item.* Et pour ce que le pays de *Languedoc* doit eſtre gouverné & réglé ſelon la forme de Droit eſcrit, & que quand aucun cas advient contre aucun des habitans dudit pays, tout doit procéder ſelon Droit eſcrit; ce nonobſtant, aucuns & pluſieurs en diverſes manières, ſoubz ombre de juſtice, par vertu de certaines commiſſions extraordinaires appellées réformations. ont fait pluſieurs & divers procez par leſquels pluſieurs deſdits habitans ont eſté vexez, travaillez & empeſchez en leurs perſonnes & biens, & levés d'eux pluſieurs grandes ſommes de deniers, & faites pluſieurs extorſions & autres dommages & griefs irréparables, il vous plaiſe, noſtre naturel & ſouverain Seigneur, du tout faire ceſſer, caſſer & annuller telles commiſſions, & pourvoir que doreſenavant n'ayent lieu, ainſi que autresfois a eſté octroyé audit pays, & ſur ce y donner ferme proviſion, & que tels cas ſoient remis doreſenavant aux ordinaires, pour éviter telles vexations. Et premièrement ſur ce que les Généraux-maiſtres des monnoyes s'entremettent de donner commiſſion, ſoubs ombre de ce qu'ils veulent impoſer aux habitans dudit pays, qu'ils ont prins, baillé & marchandé, eſcrit ou fait contracts à monnoies eſtranges ou deffen-dues, autres que celles qui ont à préſent cours en ce royaume, comme aux *florins au-chat*, & autres d'Alemagne, *ducats, eſcus de* Savoye, *demi-gros & quarts de* Genes, *doubles-gros & petits-quarts & patats du Pape* & de Provence, & autres, & font un grand nombre de lieutenans & commis, qui ſe tiennent ſur le pays, & font de grandes mangeries, & donnent de grandes moleſ-tations au pauvre peuple, & des-jà, tant leſdits Maîtres que leſdits lieutenans & commis ont fait ou fait faire pluſieurs informations, & donné à aucuns pluſieurs vexations & dommages; & vous plaiſe avoir regard à ce que à peine ſe peut trouver autres monnoyes que monnoyes eſtranges, & que audit pays ne court des monnoyes dudit Seigneur, que très-petite quantité, pour fournir au cours de la marchandiſe, ni aux néceſſités du pauvre peuple.

(6) *Item.* Et auſſi faire ceſſer toutes autres commiſſions que baillent les officiers, comme Sénéchaux & Bailliſs, ſur la viſitation & réparation des fortereſſes, chemins, ponts & paſſages, ſans aucune néceſſité, ſoubz & à l'ombre deſquelles pluſieurs grandes exactions & mangeries ſe font faites

& font, sans redonder à aucun bien à vous ne à la chose publique, mais à tout dommage dudit pays, & énervation des jurisdictions ordinaires des lieux.

(7) *Item.* Autres commissions que donnent les Maistres des ports & des eaux & forests, la grande multitude des lieutenans & commis qu'ils font & mettent en plusieurs lieux, autres que ceux qui sont accoustumez d'ancienneté, & mesmement à ce que le Maistre des ports de la Sénéschaussée de *Tolose,* s'efforce de prendre & lever le dixiesme de tout le bestail & autres marchandises saillant hors de ce royaume, & qui pis est, aucuns de ses commis ou lieutenans vont par les lieux, & enquièrent de toute la marchandise vendue ou transportée despuis dix-huict ans en çà, & font composer, ce que ne fut jamais fait, qui sont charges & mangeries intolérables au pauvre peuple, & au grand empeschement & dommage du cours de la marchandise. Aussi le Maître des eaux & des forests, qui veut empescher que nul ne chasse aux bêtes sauvages, ny ne pesche en aucunes eaux sans sa licence; & combien que ne se doive entremettre, ne prendre cognoissance, fors seulement des forests royaux & fleuves portans navires, qui vous appartiennent, & non mie des forests des Gens d'Église & Nobles qui ont leurs bois & rivières en toute jurisdiction, haute, moyenne & basse, & toutesfois s'efforce de faire le contraire, & envoye par les villages & lieux, ses lieutenans, commis ou députés, qui tiennent leurs cours & assises ès jurisdictions desdites Gens d'Église & Nobles, contre les Ordonnances sur ce faites; & sur ce font enquestes, & convenir toutes manières de gens qui auront chassé en quelque petit buisson, ou pesché en quelque petit ruisseau ou n'aura eau les deux parts de l'an, contre toute raison, & au très-grand préjudice desdites Gens d'Église & Nobles, ausquelles la cognoissance en appartient, ne devroient estre inquiétez ou molestez pour petits poissons, & se devroit regler selon lesdites Ordonnances sur ce faites, à l'ombre de son office, entreprend d'avoir cognoissance sur le tout, à la grande charge du peuple, qui en a assez d'autres à porter.

(8) *Item.* Et pour ce que le Visiteur des Gabelles, ou ses lieutenans, commis ou députés, font de grands abus sur le fait du sel, & que ledit Visiteur a jà piéçà impetré certaine commission par laquelle, entre autres choses, entend faire le dénombrement des feux de cedit pays de *Languedoc,* qui seroit une merveilleuse charge & intolérable dommage à iceluy, ainsi que autresfois a esté remonstré aux Estats passez par cy-devant; & en outre ont introduit une coustume nouvelle depuis aucun temps en çà, que s'il advient que aucun pour la provision de son mesnage, charge sel aux greniers, aucunesfois prendra un tillet & autresfois non, au bout d'un temps les commis dudit Visiteur lui feront rendre compte dudit sel; & s'il advient qu'il ait perdu sondit tillet, sera trait à enqueste ou amende, & luy sera imposé qu'il a robé ledit sel, ou sera vexé par citations, qui se font souvent en petits lieux ou villages où n'a point de conseil ne aucun officier de justice : & avec ce, combien que aux Gens d'église & Nobles qui ont en leurs terres & seigneuries toute jurisdiction haulte, moyenne & basse, appartient la cognoissance de toutes mesures, tant de sel que autres, néantmoins ledit Visiteur ou ses commis ou lieutenans, s'efforcent de prendre la cognoissance des mesures à sel, ès seigneuries d'iceulx d'Église & Nobles. *Item.* Et outre ce, se treuvent grévez les pauvres gens, pour ce que ès gréniers de la Sénéschaussée de *Beaucaire,* comme à *Beaucaire* & à *Nisme, S. Esprit* & ailleurs, les mesures ont esté diminuées & affoiblies, tellement que l'affoiblissement porte plus de dommage au pauvre peuple, que la grace par vous faite sur ledit sel ne porte de profit. *Item.* Et combien que le sel mis hors & acquitté des salins, doit estre comme autre marchandise, en vendant ou acheptant, ce nonobstant, les commis & députez dudit Visiteur, sans son sceu, comme l'on croit; s'efforcent par toutes voyes, de le faire gabeller, & prendre billetes par les marchands, soubz ombre de laquelle chose

CHARLES VII, au Chaſtelier, le 8 Juin 1456.

ſe commettent de grands maux & innumérables dommages au peuple & à la marchandiſe. Plus y a un autre grief & tort fait par ledit Viſiteur ou ſes commis, aux habitans des pays de *Vellay*, *Vivarès* & *Gévaudan*, ſur ce que, combien que leſdits pays ſoient du tout hors des limites des greniers à ſel de cedit pays de *Languedoc*, & ayent accouſtumé de vendre ſel comme autres marchandiſes, néantmoins depuis aucun tems en çà, on s'efforce de les fatiguer & moleſter en les contraignant à prendre lettres de congé dudit Viſiteur de vendre ſel, ce que jamais ne fut fait : toutes leſquelles choſes deſſuſdites & déclarées, ſont à la très-grande foule, préjudice & dommage deſdits ſupplians & de tout le bien publique deſdits pays; & pour ce, conſidérées les autres grandes charges que ledit pays a à ſupporter, la grande ſtérilité des biens qui a eſté cette ſaiſon, & l'extrême pauvreté d'iceluy, plaiſe vous, noſtre naturel & ſouverain Seigneur, faire ceſſer toutes telles manières de commiſſions, viſitations & réformations, qui ſont à la grande oppreſſion dudit pauvre peuple & grand intéreſt de la choſe publique dudit pays, ainſi que pluſieurs fois a eſté dit & remonſtré, tant en la ville de *Montpellier* comme à *Toloſe*, à ceux qui de par vous ont eſté envoyez aux Eſtats tenus eſdits lieux; & combien que le tems paſſé on ait fait pluſieurs plaintes des choſes deſſuſdites, néantmoins aucune proviſion n'y a eſté donnée.

(9) Item. Ne ſont mie de taire pluſieurs autres grandes moleſtations données au pauvre peuple, ſoubz ombre des ſimulées ceſſions faites au mole d'*Aigues-mortes*, auxquels les créanciers font feintement ceſſions & tranſports de leurs debtes, pour en eſtre plus favorablement payez; & pour ce vous plaiſe que telles ceſſions & tranſports, qui ne ſont que à la moleſtation du peuple, ceſſent; veu que de droit nul ne puiſſe ne doive faire tranſports, ceſſions, ou rémiſſions de ſes debtes, droits ou autres actions à luy appartenant, à autres grands ſeigneurs plus puiſſans d'eux, ne de leurs debteurs, ou autres plus privilégiés que ceux contre leſquels ont actions ou demandes: & ſur ce, vous plaiſe faire inhibitions & deffences par tout ledit pays de *Languedoc*, ſur certaines & groſſes peines à vous à appliquer, confiſcations & perte de debtes ou droit, de n'en faire ceſſion, rémiſſion ou tranſport à aucuns grands ſeigneurs, à leurs familiers, ou autres plus puiſſans d'eux, par privilége ou autrement; & les faiſans le contraire ſoient punis par exaction des peines.

(10) Item. Vous plaiſe, de voſtre grace, donner ſemblablement proviſion ſur les grands abus & excès qui ſe font de jour en jour ſous couleur de juſtice, ſoubz ombre deſdites feintes ceſſions & frauduleux tranſports qui ſe font à pluſieurs fois, ſoubz ombre de ce qu'ils ſe dient eſtre vrays eſcoliers & eſtudians des Univerſitez, par les peres à leurs enfans, & par leurs autres parens, affins & amis, pour donner vexations aux pauvres gens; & auſſi pour vouloir affranchir leurs poſſeſſions & héritages, de tailles & autres charges qu'ils devroient, voire meſmement faire ceſſion des cas injurieux, qui eſt contre juſtice & raiſon: & qui pis eſt, ceux à qui ſe font leſdites ceſſions & tranſports, le plus ſouvent ne ſont ne vrays eſcoliers ny eſtudians, & n'auront aucuneſfois demeuré en Univerſité que huict ou quinze jours, ne jamais plus n'y demeureront, mais ſeront à *Paris*, *Toloſe* ou ailleurs, en pourſuivant cauſes en Parlement & faiſant leurs autres beſongnes, & prendront une lettre de quelque Docteur, lequel certifiera qu'ils ſont vrays eſcolliers eſtudians, qui eſt bien grande faute & abus; & par ce moyen il y a des gens lais, mariez & de meſtier, ou autres gens anciens, qui ſe feront eſcoliers pour affranchir leurs terres & poſſeſſions, de tailles & autres charges, comme dit eſt, & qui les fera contraindre à payer leurs tailles, ils feront incontinent adjourner, citer & excommunier les receveurs, conſuls ou autres qui leur demanderont leurſdites tailles. Et ne ſont mie de oublier les exécutions qui ſe font par vertu des lettres des conſervateurs des priviléges deſdites Univerſités, qui ſont damnables & exorbitans

exorbitans de tout droit, & dont on ne peut trouver raison ne justice, ne parties, ne juges, ne autres à qui parler; & par tels moyens se trouveront ces pauvres gens excommuniés, souvent sans savoir dont ce vient; & qui pis est, s'aucun desdits faux escoliers a conceu haine ou malveillance contre aucun, soubz ombre desdites lettres desdits consignateurs, trouvera manière de faire citer d'amblée celuy à qui il voudra mal; & l'exécuteur, qui sera estrange & incognu, sans annexe du Prélat ou diocésain, ne d'autre justicier où l'exécution se fera, & incontinent qu'il aura fait son exploit tel qu'il se absentera, afin que la partie n'ait copie ne relation de ses lettres, exploits, & ne sache devant quel juge se comparoir, & dedans peu de jours ne se donnera garde le bon homme, qu'il se trouvera excommunié, & sera constraint de payer, doive ou non, mesmement que par adventure les debtes seront payez où n'en fust jamais deu aucune chose; & de nouvel, si aucun Prélats ou Officiaux les veulent faire annexer, comme raison est qu'ils ont accoustumé, lesdits exécuteurs adjourneront, citeront & travailleront par-devant lesdits consignateurs, lesdits officiaux & autres. Et aussi qu'il vous plaise que à telles relations ou exploits ne soit foy adjoustée, ne obéy par les ordinaires, sinon qu'elles soient signées du seing manuel d'un Notaire publique; & avec ce, que lesdits exécuteurs soient tenus d'annexer au Prélat ou à son Official, & n'ayent à procéder par telles manières de vexations.

(11) *Item.* Et comme il soit ainsi que toutes possessions contribuables d'ancienneté, doivent & soient tenues payer avec les autres habitans des lieux où elles sont assises, & que vostre intention soit, & aussi les commissions par vous & vos Commissaires sur ce données le portent, & que toutes manières de gens qui ont accoustumé de contribuer payent: néantmoins les sergens des garnisons, & aucuns autres habitans de *Beaucaire* & *Carcassonne*, & autres sergens d'autres lieux, soubz ombre desdites garnisons ou de leurs offices ou autrement, & semblablement en la séneschaussée de *Carcassonne*, plusieurs personnages, marchands, notaires, bouchers, barbiers, cordonniers & autres, pour leurs testes, à cause de ce qu'ils se dient estre clers solus, combien qu'il en y ait plusieurs qui ont esté mariez, se prétendent estre exempts de toutes tailles, subsides & fouages qui se mettent audit pays, pour vous ou pour la nécessité des lieux où ils demeurent; & acquièrent grands héritages & possessions contribuables, dont ils ne veulent aucune chose payer; & s'y font les aucuns exploits & exercices de marchandise; & faut que le surplus des habitans desdits lieux, qui sont en bien petit nombre, portent le faix & toute la charge sur eux: ces choses bien considérées, il vous plaise sur ce donner provision, comme raison est, & qu'ils soient contraints à payer comme les autres desdits lieux.

(12) *Item.* Et semblablement aucuns, soubz ombre de bourgeoisies d'*Aigues-mortes* & de *Ville-neuve-de-Berc*, se veulent & efforcent eux exempter des jurisdictions ordinaires des lieux où ils acquièrent, & aussi de-là où ils sont demeurans, voire & de payer la taille qui à vous appartient, sans ce qu'ils gardent les ordonnances desdites bourgeoisies, qui est au grand intérest & dommage des autres lieux du pays & desdites jurisdictions ordinaires; & se feront faire donnations & acquièrent dedans & dehors des metes, pour eux afranchir du tout, & pour estre exempts, ainsi que toujours a esté continuellement remonstré aux Estats tenus par cy-devant: lesquelles choses sont au grand dommage & foule du pays, comptems de justice, & préjudice totalement desdites jurisdictions ordinaires, & à l'ocasion d'icelles maints crimes demeurent impunis, & pour ce, vous plaise avoir bon regard à ce que dit est, & veu la dépopulation de vostredit pays, qu'ils soient contraints à payer les tailles royaux, avec les autres habitans des lieux, & que les justiciers ordinaires, soubz qui ils ont héritages, puissent cognoistre des délicts faits & commis en leurs jurisdictions, soit par voye ordinaire ou par contract faits en icelle.

CHARLES VII, au Chastellier, le 8 Juin 1456.

(13) Item. Comme bien au long & à plein a eſté dit & remonſtré ès Eſtats tenus dernièrement à *Toloſe,* & autres par avant, dure & très-dommageable choſe eſt au pauvre peuple & au pays, ouys les grands abus de porter les indues exactions qui ſe font & commettent de jour en jour, ſoubz umbre du petit ſéel de *Montpellier*. & de la Cour d'iceluy, lequel fut à ſon inſtitution trouvé en faveur de la marchandiſe & des habitans de ceſdits pays, contre eſtrangers, & en bonne forme; la grand charge qui eſt à cedit pays & pauvre peuple d'icelluy, du grand nombre des lieutenans de garde, & comme ineſtimable nombre des ſergens qui y ſont, les grands ſalaires & exactions qu'ils prennent & lièvent, néantmoins auſſi les grands eſmolumens des notaires, qui prennent dix ſols pour ehacun terme levé en ladite Cour, & ſ'y euſt ſeulement que une cognoiſſance, continuation ou excuſation de partie; la grande & inutile diſcuſſion de biens des debteurs, ſans venir en leur acquit ne payement de leurs créanciers; les fraudes, déceptions & barats qui ſe font ſoubz umbre des priorités; la grande uſurpation qui ſ'y fait ſur les juriſdictions ordinaires, auſquelles clouent la main & leur oſtent la cognoiſſance des cauſes introduites par-devant eux, combien que aucunes fois ſeront en eſtat de juger la répétition des debtes qui ſouventesfois ſont payez, & de clameurs faites, paſſé a vingt, trente, quarante, ſoixante & quatre-vingts ans, qui eſt venir contre les ordinaires royaux, par leſquelles ne ſe doit lever émolument de clameurs, que durant l'eſpace de cinq ans & après qu'elle aura eſté expoſée; & finalement y a tant de maux & dommages qui ſ'en enſuyvent au peuple, que dire ne ſe pourroient : & pour ce, afin de relever & aléger de ſi grandes charges, le pays & habitans d'iceluy, & pour y donner bonne & convenable proviſion, vous plaiſe donner ordre que aucuns contracts ne ſoient faits ne paſſez doreſenavant ſoubs ledit petit ſéel, au regard des habitans de *Languedoc* l'un avec l'autre, attendu qu'il y a aſſez de juriſdictions ordinaires pour faire juſtice aux parties, & n'ait cours ſeulement fors entre les eſtrangers avec ceux de *Languedoc,* ou d'eſtrangers à eſtrangers, autrement il eſt trop dommageable au peuple; car il eſt venu à tant, que aujourd'huy ne ſe paſſeroit un contract de dix ſols, que la ſoubmiſſion ne ſoit ſtipulée à la rigueur dudit petit ſéel de *Montpellier,* dont ſouvent ſ'enſuyvent deſpens & charges innumérables à la deſtruction de pluſieurs bons meſnages.

(14) Item. Et pareillement vous plaiſe pourvoir & donner ordre au grand ſéel de *Carcaſſonne,* & Cours ſigillaires de *Beſiers.* de *Gignac,* & autres, qui ſont ſi grévables au peuple, pour les grands abus qui ſe y font & commettent chacun jour; & à bonne vérité quand toutes telles Cours ſigillaires ſeroient abattues, ce ſeroit un grand bien & relièvement pour ledit pays; & auroit aſſez & largement de Cours ordinaires, veu la multiplication des Officiers, ſergens, lieutenans ou commis, qui y ſont en trop plus grand nombre qu'en nulle autre contrée de ce royaume.

(15) Item. Et que il ſoit notoire que en voſtre royaume a par-tout belles & notables juriſdictions, tant eccléſiaſtiques que ſéculieres, comme Cours de Séneſchaux, Viguiers & Juges, & pareillement ès Cours des Gens d'Égliſe & Nobles, qui ont juſtice haute, moyenne & baſſe, & en icelle a pluſieurs rigueurs de ſéel, aſſez ſuffiſans pour contraindre toutes manières de debteurs dudit pays; ce nonobſtant, preſque toutes obligations & contracts qui ſe paſſent en ce pays, ſe font aux ſoubmiſſions des Cours eſtans hors de ce royaume, & à l'ombre deſdites ſoubmiſſions, ſont les pauvres habitans de cedit pays, traits & convenus èſdites Cours foraines, à très-grande charge & intéreſt de deſpenſes & de miſes, qui eſt venir contre les Ordonnances royaux, la Pragmatique ſanction, & à la très-grande charge & dommage du pauvre peuple : ſi vous ſupplient leſdits Eſtats qu'il vous plaiſe avoir égard à ce que dit eſt, & donner proviſion que prohibition ſoit faite de par vous à tous notaires, vos ſubjets & habitans de

voſtre royaume, qu'ils n'ayent à recevoir aucuns contraĉts èſquels ait ſoubmiſſion ou obligeance de corps, à nulles Cours & rigueurs hors de voſtredit
royaume, ſur peine de privation d'office de notaire, & autres grandes peines
à vous à appliquer.

CHARLES
VII,
au Chaſtellier,
le 8 Juin
1456.

(16) Item. Et comme le fait de la marchandiſe ſoit un des principaux piliers
à ſouſtenir & ſecourir la puiſſance des royaumes & ſeigneuries, tant en la terre
que en la mer, par quoy les marchands doivent moult favorablement en toute
bonne juſtice & équité eſtre traiĉtez & entretenus, & meſmement ceux qui,
à l'honneur du prince & de la choſe publicque, voyagent & navigent à
grandes miſes & deſpens, & en grands périls & dangers de leurs perſonnes;
néantmoins pour le rapport & faux donné à entendre d'aucuns non advertis
ne informés de la vérité, & à leur pourchas & inſtigation, ont eſté certaines
Lettres de commiſſions par vous données & adreſſantes à Maiſtre *Guillaume
de Bourgézieu* régent de par vous la ſéneſchauſſée de *Beaucaire* & de *Niſmes*,
à l'encontre des perſonnes & biens de *Eſtienne Salelles* & *Laʒarin* de *Andrea*,
marchands de noſtre ville de *Montpellier*, n'agueres patron des galées de *France*,
vulgairement appelées de *S. Jacques* & *S. Michel*, leſquelles Lettres iceluy de
Bourgéʒieu, commiſſaire, s'efforce de mettre à exécution, voulaht impoſer
auſdits marchands & patrons, qu'en conduiſant leſdites galées par mer, ont
achepté cent ou ſix vingt Mores & revendus en *Barbarie*, ont porté vivres
aux meſcréans, & en outre couru contre les Chreſtiens en faveur deſdits
meſcréans, deſquels cas iceux patrons, à l'aide de Noſtre - Seigneur, ſe
trouvent purs & innocens. Bien eſt vray qu'en *Tunis* en *Barbarie*, chargèrent
à la requeſte de *Raphaël Vides*, Chreſtien, certaines marchandiſes ès Mores,
moyennant quatre ou cinq mille ducats de nolits, comme apperra par les paĉtes
ſur ce faiĉts; en outre ont bien porté huiles, amandes, avelaines, chaſtaignes,
pour eſchanger & avoir des eſpices, ainſi qu'il a eſté & eſt toujours accouſtumé de faire, ſans aucuns autres vivres, ainçois ont tiré du pays d'*Alexandrie*
pain, biſcuit, chair, poiſſon, & pluſieurs autres vivres : au ſurplus qu'ils ayent
couru ſur les Chreſtiens ne ſe trouvera. Bien eſt vray que pour recouvrer
certains marchands de leurs galées, arreſtés & détenus en la ville d'*Alexandrie*,
furent contens par délibération de tous les marchands qui lors eſtoient èſdites
galées, que les barques d'icelles galées ſeroient armées de compagnons meſmement deſdites galées, avecques quatre Mores en chacune d'icelles, pour
complaire aux officiers d'*Alexandrie*, leſquels Mores vouloient que ſeuſſent
mis en la galée deſdits Mores qui eſtoient en mer, pour pourſuivre certaine
caravelle de courſaires de Chreſtiens,. qui guettoient certain navire de Mores
chargez d'eſpicerie, venans de la rivière du *Nil* ; & incontinent qu'ils eurent
eſté dedans mer, s'en retournerent, & n'approcherent onques de douze
milles à ladite caravelle, ainſi que ces choſes. ont eſté plus à plein dites &
remonſtrées auſdits Eſtats, qui ont à procurer le bien de vous & de voſtre
ſeigneurie, & la utilité de voſtre royaume & meſmement dudit pays de *Languedoc*.
Et quand telles vexations contre juſtice, au moins ſans ſuffiſante information
précédente, ſe donneroient aux marchands, qui pour chacun rapport fait par
envie ou malveillance, ſe feroient, ne ſe trouveroit marchand qui oſaſt entreprendre aucun voyage, laquelle choſe redonderoit au très-grand intéreſt &
dommage de vous & de voſtre royaume qui ſe fournit la plupart audit pays de
Languedoc, & de tout le bien publique d'iceluy, & principalement d'iceluy voſtre
pays de *Languedoc*. Ces choſes conſidérées, il vous plaiſe faire révoquer leſdites
Lettres de commiſſion, & mettre au néant, au ,moins ſuſpendre l'exécution
d'icelles juſques à ce que bonnes & légitimes informations ayent eſté faites
ſur ce par * ..... ou autres notables perſonnes vos officiers non-ſuſpeĉts, • *Sic.*
ou que par vous en ſoit autrement ordonné.

(17) Item. Ne peuvent nuls ignorer, que le fait de la marchandiſe eſt un

des membres principaux de la chofe publique; & mefmement en cedit pays de *Languedoc*, la marchandife eft mere & nourrice d'iceluy, & fans icelle ne fe pourroit entretenir; & quand le cours n'y pourroit avoir lieu, feroit la totale ruine & deftruction d'iceluy. Toutesfois depuis aucun tems en çà, la marchandife en cedit pays a efté & eft encore chargée de tant d'impofts, truhages, péages & autres charges nouvelles, que le cours d'icelles marchandifes y ceffe du tout, & eft comme tarie & mife au bas, & tellement qu'il y a feize ans ou environ que ledit pays eût plutoft porté & payé un ayde de cent mille francs, qu'il ne feroit à préfent de dix mille, & eft venu en telle & fi extrême néceffité, que tant à caufe des ufures, où ils font encore conftitués pour payer les tailles, pour les grands arrérages qu'ils doivent encore defdites tailles, qui montent à beaucoup plus de cent mille francs, leur fera comme impoffible payer le préfent ayde; & fi provifion & ordre n'eft donné au cours de ladite marchandife, ne lui eft poffible de foy relever, obftant lefdits nouveaux impofts, péages, & autres charges mifes fus depuis aucun tems en çà, outre & par-deffus l'équivalent, qui donne grand moleftation & charge au pauvre peuple : c'eft à fçavoir, de l'impofition foraine, le denier *Sainct-Andry*, les marques de *Catelogne* & de *Gennes*, la reve, la boëfte aux *Lombards*, le péage de la *Carbonniere* & de *Montoffe*, nouvellement mis fur la charge fur fix deniers pour livre fur les toiles qui faillent hors du royaume en la féneschauffée de *Beaucaire*, une autre charge que leve le Maiftre des ports en la féneschauffée de *Tolofe*, du dixme de tout le beftail, & autres marchandifes.

(18) *Item*. Et une autre charge nouvelle qui fe leve à *Villemur* & au pont de *Sainct-Tibere*, la charge de vingt fols fur chacune pipe de paftel en la feneschauffée de *Tolofe*. *Item*. Et de cinq deniers pour quintal de fel qui fe leve en certains greniers, au profit de ceux de la féneschauffée de *Carcaffonne*. *Item*. Et une autre charge mife nouvellement fur la riviere du *Rofne*, de dix fols fur chafcune queue de vin; & autres charges innumérables, qui vous font de nul ou de peu de profit, & fi donnent grand empêchement au cours de la marchandife : & pour ce, veüe & confidérée la charge du préfent ayde, la ftérilité des biens de la faifon préfente, les mortalitez & pauvretez deffus déclarées, plaife à vous, noftre naturel & fouverain Seigneur, faire abattre & ofter toutes lefdites charges & y donner telles provifions que libéralement & franchement le cours & exercice d'icelle marchandife fe puiffe mettre fus, relever & entretenir dorefenavant, & que le pays puiffe venir à convalefcence, & foy réfoudre de tous fes maux; & avec ce, que tous marchands, à faute des galées de France, puiffent charger toutes marchandifes ès autres navires qui feront ès ports dudit pays.

(19) *Item*. Une autre grande moleftation fur les habitans de la Sénefchaucée de *Tolofe*, par les receveurs de *Languedoc*, lefquels pour les lances logées en *Guyenne*, & fpécialement ès marches voifines de *Tolofe*, à préfent s'accouftument de faire prendre dedans ladite ville de *Tolofe* & autres lieux environ le pays où font lefdites lances, les marchands & autres habitans des lieux & villes qui ont à payer icelles lances, fans aller faire leurs exécutions ès lieux qui les doivent payer, jaçoit ce qu'ils y puiffent aller & y avoir toute obéïffance, dont advient que les marchands ne fe ofent trouver audit *Tolofe*, qui eft grand intéreft aux habitans d'icelle. Pour ce requierent lefdits fupplians, qu'il vous plaife ordonner aufdits receveurs ou autres qui s'entremettent ou entremettront de ce, qu'ils faffent ou faffent faire leurs exécutions pour l'argent defdites lances, èz lieux & villes qui les doivent, & non ailleurs; & mander au Sénefchal & Viguier & autres qu'il appartiendra, que autrement ne le fouffrent; & s'aucune chofe eftoit faite au contraire, que réaument & de fait le réparent fans attendre autre mandement.

(20) Item. Et combien que ce préfent pays de *Languedoc* à caufe de l'octroi à vous fait dernierement à *Tolofe*, ne deuſt avoir aucune charge de gens d'armes ne autrement, néantmoins les lances & gens de guerre de l'armée derniere, par vous envoyés ès pays d'*Armagnac* & *Rouergue*, ont paſſé, retourné & fait de très-grands & longs féjours en la féneſchauſſée de *Tolofe* & ès pays de *Vellay*, de *Vivarois* & de *Gévauldan*; & meſmement audit pays de *Vellay* ont eſté logez ſoixante-dix lances avec les archers, par l'eſpace de ſix ou ſept mois ou environ, & ſe trouvera que èſdits pays ont fait de grands excès & dommages, & ont grandement foulé ledit pays ſans aucune choſe ou bien peu payer, & en faiſant compofitions & rançons ſur les villages, tant de vivres que d'argent, à bien grands ſommes; & vaudroit mieux aux habitans deſdits pays avoir payé leur part d'une taille, que d'avoir ſouffert & ſouſtenu la charge qu'ils ont portée; & meſmement que pluſieurs battoient les pauvres gens, quand ils ne vouloient faire à leurs vouloirs, & les traictoient durement: pour ce requierent qu'il vous plaiſe avoir regard auſdites charges, & alléger & remettre auſdits pays aucune ſomme du préfent ayde, car impoſſible leur ſera le payer.

(21) Item. Depuis aucun temps en çà, les Bayles & Juges ont introduit une façon nouvelle de donner lettres de *debitis*, moyennant leſquelles ils prennent cognoiſſance ſur tous les ſujets & habitans deſdits pays, & font venir toutes leurs cauſes par-devant eux; & ne faut autre choſe, fors que les Gens d'Egliſe, Nobles qui ont juriſdictions, donnent congé à leurs Officiers; car de rien ne ſerviroient, quand nuls ne playdoieroient par-devant eux: pour ce vous ſupplient qu'il vous plaiſe faire ceſſer toutes telles manières de *debitis*, qui ſont à la totale énervation des juriſdictions ordinaires deſdits d'Egliſe & Nobles; ou que à tout le moins l'oppoſition deſdites lettres ſoit miſe devant leſdits ordinaires, ainſi que raiſon eſt, & qu'ils ſont donnés meſmement en vos Chancelleries.

(22) Item. Comme pour le temps que les gens de guerre de voſtre royaume vivoient ſur les champs ſans ordonnance, & que auſſi les chemins de ce royaume eſtoient empeſchez, courus & guettez par vos ennemis, certaines Lettres furent par vous données à *Poictiers* pour le temps que voſtre Parlement y eſtoit, & depuis à *Paris* que voſtre Parlement y a eſté retourné, appellées, *quoniam frequenter contingit, &c. & cum clamor, &c.* les unes l'an vingt-troiſieſme, & les autres il y a bien douze ou treize ans, en faveur de voſtre Procureur, à cauſe des grands dangers, périls & pilleries des chemins qui lors eſtoient; par vertu deſquelles Lettres voſtredit Procureur ou ſes ſubſtitués en ce pays de *Languedoc*, incontinent que aucun appointement, ſentence ou ordonnance ſe fait ou donne contre eux, ſoit interlocutoire ou autre, ils en appellent ſoit bien ou mal; jaçoit ce que les appellations ſe doivent bailler par eſcrit, ſelon le ſtyle & couſtume du pays, & auſſi ſelon Droit eſcrit, par lequel ce préfent pays eſt gouverné, ſont ſi prins, ſi mis inhibir faire adjournemens en cas d'appel perſonnels & réals, informations ſecretes, procédans aucunes fois à la détention & empriſonnement des priſonniers ou détention de leurs biens, & font tous exploits, comme s'ils euſſent deuëment relevé, laquelle choſe eſt contre toute raiſon & juſtice, à la grande foule & dommage du peuple & irréparable préjudice ſouvent du droit des parties, qui ſeront empeſchées durant la cauſe d'appel, aucunes fois à bien grand tort: & pour ce, vous plaiſe que leſdites Lettres ſoient révocquées, annullées, & n'ayent plus aucune efficace dores-en-avant, veu que la cauſe pourquoy elles ont eſté données, ceſſe, & que Dieu mercy l'on peut de tous coſtez, ſans aucun péril ou danger, avoir ſeur accès par-devers vous & vos chancelleries, & meſmement que voſtre Parlement ſied à *Tolofe* préfentement, qui n'y eſtoit pas alors, ou en peu de jours de ce pays on peut avoir recours.

CHARLES
VII,
au Chaftellier,
le 8 Juin
1456.

(23) Item. Pour ce que en ce pays de *Languedoc*, & fingulierement en la féneſchauſſée de *Beaucaire*, les Cours des ordinaires & ſubjeƈtes, ſont grandement rabaiſſées & foulées, pour ce qu'on ne leur ſouffre, ne leur eſt poſſible, gouverner leurs juſtices & juriſdiƈtions, ainſi qu'il appartient, ne faire ou adminiſtrer juſtice, ne à leurs ſubjeƈts, & meſmement touchant les cauſes criminelles, ne punir les malfaƈteurs & coulpables, comme eſt de raiſon, par le moyen de certaines Lettres appellées *Si quas* ou *Niſi viſis, &c.* que les criminels, incontinent qu'ils ſe ſentent avoir commis aucun déliƈt, crime ou maléfice, vont querir & obtenir à *Niſmes* & ailleurs, par vertu deſquelles Lettres, oſtent toute cognoiſſance auſdits ordinaires & Cours ſubjeƈtes, ſont relaſcher & eſlargir les corps & biens prins & detenus par telles Cours, & leur ſont faire grandes inhibitions & deffenſes, & ſur grandes peines, de non procéder plus avant, ne eux entremettre deſdits crimineux ne de leurs biens : à l'occaſion deſquelles choſes, leſdites Cours ordinaires & ſubjeƈtes ſe mettent du tout au néant, & ſont ſans cauſe inſtituées ; & auſſi pluſieurs grands crimes & maléfices demeurent impunis, & ont les ſujets faculté de plus hardiment délinquer, pour ce qu'ils ſavent où ils auront incontinent leur remède, & qu'ils eſchapperont bien des mains de la juſtice par tels moyens ; & advient que par adventure, leſdites Cours ordinaires & ſubjeƈtes diſſimulent ſouvent de faire diligence de prendre les malfaiteurs & délinquans, ne faire faire ne prendre les informations, ce qu'ils feroient autrement, tant pour ce qu'ils ſont bien certains que pour néant le feroient, & que par leſdites Lettres leur ſera oſté toute cognoiſſance de cauſe, comme pour éviter les deſpens d'aller pourſuivir la rémiſſion & renvoy deſdits délinquans, qui ſont communément pauvres & méchans, & n'ont mie biens pour recouvrer les deſpens (car gens riches & aiſez ſe gardent bien de méprendre), leſquelles choſes ſont dérogeans au bien public, paix & ſeureté des habitans du pays, & de très-mauvais exemple : pour ce, vous ſupplient pour le bien de la juſtice, deffendre l'oƈtroy de toutes telles Lettres de *Si quas* & *Niſi viſis, &c.* & au cas que aucuns en donneront, leſdiƈtes Cours ordinaires, ne ſoient point tenus de y obéyr, & ſur ce faire garder les Ordonnances par vous confirmées à *Pézenas* & ailleurs, ſelon leur forme & teneur.

(24) Item. Et comme de bonne équité voſtre vouloir ſoit nay à faire entretenir voſtre juſtice, & deſcharger voſtre peuple des charges qui vous appèrent, dont il eſt trop chargé & grévé ; & qu'il ſoit ainſi que en voſtre pays de *Languedoc*, ait comme nombre infini de notaires & ſergens qui vivent tous ſur le pauvre peuple, duquel ils tirent preſque toute la ſubſtance du travail & labeur de leurs pauvres mains, & lièvent leſdits notaires grands & exceſſifs émolumens, tels qu'il leur plaîſt, tant d'eſcriptures que de contrats & autrement, & auſſi exigent grands ſalaires & treuvent diverſes manières & pratiques de commiſſions, à l'ombre deſquelles ſont de grandes mangeries ſur le pays ; & ſe trouvera telle moyenne ville en ce pays où il y a quatre-vingts ou cent notaires royaux, deſquels les deux parts ſont. . . . .
. . . . à l'office de notaire, dont ſouvent maints jugemens.

. . . .
(b) il vous plaiſe donner proviſion que le nombre deſdits notaires & ſergens ſoit reſtraint, & donner ordre & limitation en une chacune bonne ville ou lieu où il y a accouſtumé d'avoir notaires, ſelon les qualité, quantité & condition des lieux, & que ceux qui y ſeront ordonnez, ſoient gens notables & experts ; & pour ce, ainſi que leſdits notaires qui ſont fermiers des Cours royaux en ce préſent pays, obtiennent certaines Lettres des tréſoriers & receveurs du domaine, pour faire exécuter les parties qui leur doivent pour leurs eſcriptures,

N O T E.

(b) Ces points indiquent une lacune qui ſe trouvoit dans l'original.

prout in debitis regiis, pour donner plus grandes vexations au peuple : vous plaise pourvoir qu'il leur soit défendu sur grandes peines, qu'ils n'ayent à traire les parties à ceste cause, sinon devant les juges où les procès ont esté démenez, & non ailleurs, en interdisant ausdits trésoriers & receveurs & à tous autres qu'il appartiendra, sur ce toute cour & cognoissance ; & aussi que lesdits notaires n'ayent à grosser ou faire grosser les instrumens par eux receus, ne pareillement leurs subrogez, sinon que expressément ils en soient requis par les parties ; & que ceux qui sont fermiers des Cours, ne prennent pour assignations, ne pour cancelleures ou autrement, sinon selon vosdites Ordonnances royaux. •

(25) Item. Et combien que vos officiers, comme Baillifs ne autres, ne doivent entreprendre cognoissance des causes criminelles, sur les hommes & subgets desdites Gens d'Église & Nobles, sinon par ressort, néantmoins iceux officiers & les notaires ou fermiers de leurs cours, s'efforcent de faire le contraire de jour en jour ; car incontinent que aucun cas commis viendra à leur cognoissance, ou que lesdits notaires & fermiers surviendront sur le cas fragrant, ou que les parties auront recours par-devers eux, incontinent & sans aucun délay en ostent toute cognoissance ausdits ordinaires, soubs ombre de prévention, & troubleront icelles jurisdictions ordinaires, mettront sergens sur les champs pour leur dénoncer incontinent lesdits cas : & pour ce, vous plaise donner provision, & sur ce donner vos Lettres, par lesquelles soit fait inhibition & défense ausdits justiciers, officiers & notaires, qu'ils n'ayent plus à entreprendre telles cours ne cognoissances sur les jurisdictions desdits d'église & nobles ne sur leurs subjets, sinon par manière de ressort ou d'appel ; & que, *omisso medio,* n'ayent à cognoistre de l'appel ; & que ce soit sur grandes peines à vous à appliquer, pour ceux qui feront le contraire.

(26) Item. Et combien aussi que plusieurs debteurs, par obligations passées à leurs créanciers, soient soubmis aux rigueurs d'aucunes cours spirituelles de ce pays de *Languedoc,* & que à icelles cours appartienne la cognoissance de la cause ; ce nonobstant, lesdits debteurs qui n'ont mie bon vouloir de satisfaire à leurs créanciers, obtiennent chacun jour Lettres de la Cour de *Nismes,* ou autre Cour royal, par lesquelles font faire inhibitions aux curez, sur grandes peines, qu'ils n'aient à recevoir aucunes Lettres monitoires ne excommunicatoires contre eux, sans inhibir aux parties ; & si le pauvre curé, qui ne peut mie avoir souvenance de tous, s'en oublie par adventure, sera trait & enquesté esdites Cours royaux ; & s'ils veulent avoir coppie desdites Lettres, ce sera à grands cousts & despens, tellement que aucunes fois au bout de l'an, la revenue de son bénéfice à peine y peut fournir, qui est contre Dieu & justice ; & semblablement font pareilles inhibitions à l'official, qu'il n'ait à donner ou octroyer aucunes Lettres, & au chancelier qu'il ne les aye à seeler, & au notaire, qu'il ne les aye à escrire ; que sont choses exhorbitants, contre toute raison, & en grand préjudice de l'église, de vouloir priver que nul ne puisse ou doive user de sa jurisdiction : pour ce, vous plaise, pour le bien de justice, & pour la conservation du droit de l'église, de laquelle vous estes protecteur, y donner la provision nécessaire, & octroyer vos Lettres, sur ce que au cas que par lesdits officiers seroit fait le contraire, que lesdites gens d'église ne soient point tenus d'y obéir.

(27) Item. Et combien que selon vos institutions royaux, nul ne doit, ne soit tenu de payer les droits de l'yssue de vostre royaume, sinon ès yssues & mètes de vostredit royaume, & seulement pour les marchandises & choses transportées & menées hors d'iceluy ; ce nonobstant, les trésoriers, fermiers, receveurs & autres à ce députés & commis, compelissent & contraignent, & font compellir & contraindre tous marchands & autres à payer la rève & autres droits, & despêcher leurs marchandises ailleurs que ès yssues, fins & mètes de vostredit royaume, c'est assavoir, ès fins de la sénéchaussée de

Tolofe, & à *Montpellier* qui ne font point les fins & mettes du royaume; car après que les marchandifes font hors de la fénefchauffée de *Tolofe* ou de *Montpellier*, peuvent eftre menées & vendues en plufieurs lieux du royaume, & par ainfi ne devroient rève ne autre droit pour l'yffue du royaume; & pareillement quand lefdites marchandifes faillent hors de la fénefchauffée de *Tolofe* ou de la ville de *Montpellier*, & vont à *Bourdeaux* ou à *Lyon*, qui font yffues du royaume, faut qu'ils payent une autre fois la rève & droit, & ainfi payent deux fois lefdits droits, qui eft contre les inftitutions ordinaires royaux, & au très-grand grief & préjudice de ladite marchandife; & tant que les marchands, eux voyans ainfi grévez & chargez, laiffent à venir marchander audit pays, & par ainfi fe pert & deftruit ledit pays, lequel, ainfi que dit eft deffus, ne fe peut fouftenir ne réfoudre, finon que la marchandife y ait cours: il vous plaife, noftre naturel & fouverain Seigneur, faire garder & entretenir lefdites Ordonnances, & que nul ne foit compelly ne contraint de payer, fors que ès yffues du royaume, & ès lieux & pour les chofes accouftumées tant feulement & non ailleurs.

(28) *Item.* Et combien que la charge de l'équivalent foit grandement grévable & defplaifante au pauvre peuple, tant à l'occafion de la chair du couteau & des provifions, laquelle charge tombe & chiet la plupart fur les laboureurs & gens de village, comme auffi à l'occafion de la charge qui eft fur le poiffon de mer, qui ne fe pefche que par pauvres gens de labeur, en très-grand danger & péril de leurs perfonnes tant pour la fortune de la mer comme pour les pirates & robbeurs qui courent par ladite mer: il plaife à vous, noftre naturel & fouverain Seigneur, pour l'allégement & relièvement de cedit voftre pays de *Languedoc*, & pour le bien de voftre feigneurie, que ledit équivalent ceffe du tout en tout, & en cas que voftre plaifir ne feroit de l'en defcharger du tout, que au moins il vous plaife diminuer & reftraindre la fomme dudit

Sic. équivalent à la fomme de *. . . . . tant feulement, laquelle fomme eft encore grande & exceffive & importable audit pays. Et en outre, attendu que à l'inftitution & octroy d'iceluy, fut par vous ordonné qu'il feroit & demeureroit en la main & gouvernement dudit pays, & fe gouverneroit par les confignateurs d'iceluy, & toutesfois il a efté baillé fans le vouloir & confentement dudit pays & fans y appeller lefdits confignateurs, par trois années, qui eft venir contre la forme & inftitution par vous fur ce baillée; car par ce moyen ledit équivalent eft hors des mains & gouvernement dudit pays, & feroit pour le temps advenir, fi cette forme de bailler fe continuoit: qu'il vous plaife faire entretenir ladite inftitution par vous faite, fe ainfi eft que foit voftre plaifir qu'il ait encores cours; ordonner que ledit équivalent foit remis ès mains & gouvernement dudit pays, ainfi qu'il eftoit paravant, au moins pour l'année qui commencera le premier jour de feptembre prochain venant; & foit baillé & gouverné par iceluy pays, & par les confignateurs fur ce ordonnez, ainfi que l'inftitution d'iceluy le porte.

(29) *Item.* Et comme plufieurs beaux priviléges donnés par les feus Roix, par vous confirmés à voftre nouvelle venüe en ce pays, & defpuis à *Pézénas* l'an mil qnatre cens trente-huiét, ayent efté publiez & regiftrez ès cours des Généraux & Sénefchaux de *Tolofe*, *Carcaffonne* & *Beaucaire*, néantmoins les Viguiers de *Béziers*, *Gignac*, & autres cours fubjeétes, refufent les faire regiftrer & publier; & auffi les autres jufticiers & officiers de cedit pays de *Languedoc*, comme Baillifs, Juges & autres, attentent & innovent tous les jours au contraire defdits priviléges, & les enfraignent en venant contre le ferment qu'ils font tenus de faire à garder & entretenir iceux droits & priviléges; & mefmement en la fénefchauffée de *Beaucaire* fe fait fi grand nombre de lieutenans que à peine y a notaire ou fergent qui ne foient lieutenans, & n'ayent blancs fignez & feellez pour créer fergens & donner Lettres comme fi ce fuft en

leurs

leurs auditoires. Et combien qu'ils ne doivent tenir Cours, fors en leursdits auditoires, s'efforcent chacun jour de tenir comme ordinairement ès lieux & jurisdictions des gens d'église & nobles, tellement qu'elles en sont grandement occupées : il vous plaise que les Ordonnances par vous faites sur le fait de vostre justice, tant celles piéçà par vous confirmées, comme les nouvelles, soient publiées & enregistrées en vostre Cour de Parlement à *Tolose*, & ès autres lieux de cedit pays de *Languedoc* où il sera nécessaire & est accoustumé de faire ; & en outre, vous plaise maintenir lesdits Estats de vostre pays de *Languedoc*, tant gens d'église & nobles, comme ceux de l'état commun, chacun en son droit, en toutes leurs libertés, franchises & priviléges èsquels ils sont & leurs prédécesseurs ont esté de toute ancienneté, & iceux garder, tenir, & faire tenir & garder sans enfraindre ; & mesmement en tous les priviléges octroyez ausdits Estats, & confirmez par vos prédécesseurs Roys de France, approuvez & consentis par vous en plusieurs lieux, tant à *Carcassonne*, comme depuis qu'estes parvenu à la Couronne, en vos villes de *Bourges* & de *Pézenas,* & sur ce donner vos Lettres nécessaires à l'entérinement & confirmation desdits priviléges & libertez, & les faire publier & enregistrer ainsi qu'il appartiendra, & faire bailler le double ou *vidimus* à ceux qui les requerront. *Item.* Que comme ès autres assemblées des Estats passez & tenus par cy-devant, plusieurs articles & requestes ayent esté faits & accordez par ceux qui de par vous y ont esté envoyez, lesquels pour le présent on a laissé de reprendre & adjouster aux articles présens, pour éviter prolixité, & lesquels ont esté passez & accordez : il vous plaise que le contenu èsdits articles, & les responses faites à iceux, en faveur desdits supplians & du bien publique de cedit pays de *Languedoc,* soient entretenus, gardez & observez, & lesdites responses, dans telles & si grande efficace & valeur, comme si par vous avoient esté faits, passez & présentement accordez.

(30) *Item.* Que pour l'exécution des requestes & supplications dessusdites, & chacune d'icelles, vous plaise octroyer ausdits supplians & leur faire bailler Lettres nécessaires, & appartenans, telles qu'elles soient gardées & observées, comme nécessaires, profitables, raisonnables & expédientes pour le bien de vostre seigneurie & conservation de vostredit pays ; & que ce soit sans autre coust ; & soit comprins auprès des Lettres des commissions & articles.

(31) *Item.* Et pour ce que ès lieux dudit pays assez près de la mer, advient souventes fois que quasi chacune année pirates & coursaires de mer, avec galées, galiotes, brigantins, lucs, caravelles & autres fustes armées, mesmement ceux qui sont de la nation de *Cathelogne*, envahissent les ports, plages & autres lieux maritimes dudit pays, prennent & robent les fustes & autres biens, & emmenent & detiennent les personnes en très-grande détresse, pauvreté & misère, & font plusieurs autres grands maux ; qu'il vous plaise ordonner que nul ne soit si hardy d'armer aucune fuste, sans bailler pleige de satisfaire tous dommages & intérests qui à l'occasion d'icelles pourroient advenir audit pays ; & sur ce octroyer vos Lettres appartenans, ainsi que à tous les autres Estats passez par cy-devant a esté requis & remonstré.

(32) *Item.* Et comme présentement, & despuis aucun temps en çà, en plusieurs & divers lieux de ce pays de *Languedoc,* se sont mis sus un grand nombre de larrons, meurtriers & guetteurs de chemins, lesquels eux tenans sur les grands chemins & ailleurs ès périlleux & dangereux passages, & espians les foires & marchés, ont commis & perpétrez, commettent & perpètrent souvent de grands & énormes meurtres & larrecins, & autres détestables maléfices ; & outre ce, court en cedit pays de *Languedoc*, une autre manière de gabuseurs, pipeurs, & autres larrons affectez, dont les aucuns, en habillemens de marchans ou autre assez honneste, vont par les villages, sans entrer ès bonnes villes, portans grands lingots sophistiqués de faux or & argent,

& en feignant qu'ils font de grandes maifons & ne veulent eftre cognus, vont décevant le pauvre peuple, en leur vendant lefdits lingots. *Item.* Et il y a une autre façon de gens vagabonds & oifeux, qui ne font œuvre ne meftier, appellez ruffiens, qui fe treuvent ès bonnes villes au long du jour & de la nuiĉt, ès tavernes & autres lieux diffolus, en faifant de grands excès, & leur eft force, pour entretenir leur mauvaife vie, qu'ils foient larrons & commettent plufieurs chofes malfaites; & en y a telle quantité, mefmement en ce bas pays de *Languedoc*, qu'il n'eft à peine jour que efclandre & plaintes ne s'en enfuivent, & fans que aucun remede y foit donné; & eft à douter que qui les diffimulera longuement, quand l'on le voudra faire l'on ne pourra convenablement, fans que premièrement de grans inconvéniens ne foient enfuivis. Ces chofes confidérées, il vous plaife fur ce donner convenable & prefte provifion appartenant ès cas; & au regard defdits ruffiens, gens vagabonds, attendu que les officiers des villes où ils fe tiennent, foubs ombre de certains profits & advantages qu'ils prennent fur eux, les fouffrent, & par adventure diffimulent aucunes fois les cas qu'ils commettent, vous plaife fur ce ordonner Commiffaires, gens d'autorité & puiffans, pour délivrer & nettoyer ledit pays de toutes telle maniere de gens, foit par juftice, ou en les mettant ès gallées, ou autres fervitudes fi grandes qu'ils ne puiffent avoir liberté ne vacation de commettre les maux deffufdits, ny autres femblables.

(33) Item. Que au *vidimus* de ces préfens articles, fupplications & requeftes & des réponfes d'iceux, fait foubz feel royal ou authentique, foy foit adjouftée comme au préfent original, & auffi au *vidimus* des Lettres exécutoires.

Præcedentes articuli . fuerunt fubfignati de ; confenfu & præcepto duorum deputatorum affertorum trium ftatuum Linguæ Occitanæ, *menfe martii, millefimo quadringentefimo quinquagefimo quinto, mandato regio, in villâ* Montifpellienfi, **fic. congregatorum, per me * .ajacillis, notarium.*

Et Nous ont humblement fait fupplier & requérir lefdites Gens des trois Eftats de noftre pays de *Languedoc*, que fur les articles deffus efcrits, il Nous pleût leur donner & octroyer les provifions convenables felon la qualité & difpofition des matières, & fur-tout leur impartir noftre grace. Savoir faifons, que Nous, les chofes deffufdites confidérées, defirans le foulagement de noftre peuple dudit pays en ce que bonnement faire fe peut, & icelluy noftre peuple eftre traiĉté en bonne police & juftice fous Nous; après ce que Nous avons fait voir & longuement vifiter lefdits Notables deffus efcrits, & débattre les matières dont en iceux eft faite mention, par grand & meure délibération en noftre Confeil, & pour leur donner les provifions convenables felon lefdites matières, avons faites faire les refponfes aufdits articles, defquelles la teneur s'enfuit.

1, En tant que touche l'octroy de l'aide de cent feize mille livres, &c. les Commiffaires qui ont efté envoyés de par le Roy en *Languedoc*, ont acceptée ladite fomme pour & au nom dudit Seigneur; & au regard des termes, confidéré la longue demeure que lefdits de *Languedoc* ont fait à *Gaunac*, & devers ledit Seigneur, & que l'ayde n'eft encore mis fus; auffi la pauvreté dudit pays, & l'intéreft que le peuple d'iceluy auroit ès exécutions qui fe feroient : le Roy eft content des termes qu'ils requièrent, c'eft à favoir, le premier terme dudit ayde, au dernier jour de juillet prochain venant, auquel terme ils feront tenus de payer la moitié d'iceluy ayde, avec les fraiz; le fecond terme au dernier jour d'octobre enfuivant, auquel fe payera le quart dudit ayde; & le tiers & dernier terme, au dernier jour de décembre prochain après enfuivant, auquel fe payera l'autre quart d'iceluy ayde. Et pour ce que lefdits de *Languedoc* ont requis qu'il pleût au Roy faire ceffer toute réformation, &c. la intention du Roy n'eft point de y mettre autre réformation que celle qui eft de préfent fur les officiers de la juftice, en laquelle ledit Seigneur n'entend

point comprendre les Capitouls, Confuls, ne autres officiers & habitans des
villes dudit pays de *Languedoc*.

Au fecond article où ils requièrent que les termes ne foient anticipez, ne
les habitans contraints à prefter : le Roy eft content ; & au regad des commiffions des affiètes, &c. le Roy pour les grandes charges que le temps paffé
fe font mifes fus avec & outre le principal de l'ayde, envoyera un Commiffaire
de par luy en chacun diocèfe, mais il n'entend, ne ne veut pas qu'on luy baille
plus de vingt-cinq fols tournois pour jour ; & fi on luy baille plus largement,
ne fera alloué au receveur ; & néantmoins défend ledit Seigneur à iceluy Commiffaire, qu'il ne prenne plus defdits vingt-cinq fols tournois par jour, fur
peine de recouvrer fur luy ce qu'il auroit prins outre, & d'amende arbitraire.
En tant que touche la commiffion du receveur, &c. elle leur fera baillée
en blanc, & n'en fera faite aucune requefte pour y mettre receveur ; & s'il
fe fait, le Roy n'entend point que ceux dudit pays y obtempèrent, fi bon
ne leur femble : advifent bien lefdits de *Languedoc* d'effire tels receveurs, qui
faffent les deniers bons & fupportent le peuple.

Au troifiefme article, touchant la taxation des defpens de ceux qui auront
efté ou yront aux Eftats, & pareillement des gages du receveur, & que aucun
retranchement ou *recuperetur* ne fe faffe, &c. on eft content, ainfi que l'article
le porte, pourveu que lefdits de *Languedoc* faffent lefdites taxations fi raifonnables, qu'on n'ait caufe pour l'advenir d'y faire aucun retranchement ; & au
regard des retranchemens ou *recuperetur*, qu'on dit avoir efté faits par ceux de
la Chambre des Comptes, fur aucuns de *Narbonne* & de *Befiers*, &c. le
Roy a piéçà donné fes Lettres fur ce, pour les en faire tenir quittes ; & néantmoins fi lefdits des Comptes n'y ont obtempéré, ou qu'il y ait autre difficulté,
le Roy de ce adverty, leur en refcrira volontiers, & s'il eft befoin en avoir
mandement figné de fa main, le fera.

Au quatriefme article, que toutes exécutions fe faffent par les fergens ordinaires
des lieux, &c. on eft content, ainfi que l'article le porte, tant des fergens
ordinaires, que du falaire des autres qui feroient lefdites exécutions ; & ne feront
tranfportez les gages prins par exécutions pour vendre hors des jurifdictions
où auront efté prins, fi toutefvoies on y treuve qui les achepte durant le
temps accouftumé, ès lieux à faire les ventes, incans & délivrance defdits biens :
& fi aucun débat vient entre les habitans & les receveurs, les deniers du Roy
premierement payez, on eft content que les juges ordinaires des lieux en
cognoiffent ; & défend-on que exécution ne fe faffe en bœufs, mules, ne
autres beftes, ou inftrumens néceffaires à labourer les terres, ne autres outils
mécaniques, tant que on puiffe trouver autre chofe en quoy fe puiffe faire exécution pour la fomme qui fera deue.

Au cinquiefme article touchant les Généraux-maiftres des monnoies & les
informations faites ou à faire, tant par eux que par leurs lieutenans & commis,
&c. le Roy veut & entend que ceux qui le temps paffé ont ufé & prins autres
monnoies que les fiennes pour leurs vivres, marchandifes & autres ufages,
fans avoir billonné, ne ufé de fait de change, en foient tenus quittes & paifibles ;
& deffend-on aufdits Généraux & Maiftres des monnoies, que à cefte occafion ne les moleftent ne tirent en caufe pour le temps à venir, jufques
à ce que ledit Seigneur ait autrement pourveu au fait defdites monnoyes.

Au fixiefme article, touchant les commiffions que baillent les Sénefchaux
& Baillifs, fur la vérification des fortereffes & réparations des chemins, &c.
fera mandé par le Roy aufdits Sénefchaux & Baillifs, que dores-en-avant ils
ne baillent telles commiffions, s'ils ne font bien informez que la matière y foit
difpofée, & qu'il en foit bien grand befoin : & au regard des exactions &
mangeries qu'on dit eftre faites, foubs ombre defdites commiffions, ceux

CHARLES VII,
au Chaſtellier,
le 8 Juin
1456.

dudit pays en pourront informer le Procureur du Roy en Parlement à *Toloſe*, pour en faire la réparation telle que au cas appartiendra.

Au ſeptieſme article, touchant les commiſſions que donnent les Maiſtres des ports, & les Maiſtres des eaux & foreſts, & le grand nombre de lieutenans ou commis qu'ils font, &c. le Roy a intention de pourvoir généralement en brief par tout ſon royaume, touchant les abus deſdites eaux & foreſts, au ſoulagement de ſon peuple; & cependant ſera mandé & deffendu de par ledit Seigneur, auſdits Maiſtres des eaux & foreſts, qu'ils ne faſſent lieutenans, ne tiennent leurs juriſdictions fors ès lieux anciens & accouſtumez, & ſelon les Ordonnances ſur ce faites, ſur peine d'en eſtre punis, & d'amende arbitraire: & au regard des Maiſtres des ports, leur ſera fait pareille deffenſe. Touchant le diſme du beſtail & autres marchandiſes ſaillant hors du royaume, que lève le Maiſtre des ports en la Séneſchauſſée de *Toloſe*, &c. c'eſt Domaine du Roy, & en rend compte le tréſorier de *Toloſe*; & au regard des inquiſitions & informations que font les lieutenans & commis dudit Maiſtre des ports, s'il y avoit eu aucuns abus faits par aucuns marchands, en défraudant le droit du Roy, c'eſt raiſon que réparation en ſoit faite: mais ſi ledit Maiſtre des ports, ou ſeſdits lieutenans & commis, ſoubs couleur de la réparation deſdits abus, donnent aucunes vexations au pauvre peuple, ou font aucunes exactions indeuës, en déclarant les cas particuliers, on y donnera telle proviſion qu'il appartiendra.

Au huitieſme article, touchant la viſitation des gabelles à ſel de *Languedoc*, tant ſur certaine commiſſion pour le dénombrement de ceux dudit pays que a voulu exécuter le viſiteur deſdites gabelles, que ſur la tradition des tillets, & cognoiſſance des meſures, &c; par les Commiſſaires que le Roy envoyera en *Languedoc* à l'aſſemblée des Eſtats, qu'il entend briefs y mander, ſeront veues les Ordonnances royaux faites ſur le fait deſdites gabelles, & en ſera débattu avecque ceux deſdits Eſtats, pour ce tout veu, & eux ouys, enſemble ledit viſiteur & autres qu'il appartiendra, en eſtre ordonné par leſdits Commiſſaires, ainſi qu'ils verront eſtre à faire par raiſon.

Aux neuvieſme & dixieſme articles touchant les ſimulées ceſſions qu'on dit eſtre faites au mole d'*Aygues-mortes*, & celles qui ſe font aux eſcoliers des Univerſités, &c. autresfois ont eſté faites certaines Ordonnances & proviſions, ſur ce que font, comme l'on dit, ès cours des Séneſchaux, èſquelles on peut avoir recours; & néantmoins ont eſté n'agueres faites autres Ordonnances & proviſions, touchant les ceſſions & tranſports qui ſe faiſoient frauduleuſement aux eſcoliers de l'Univerſité de *Paris*, deſquelles leſdits de *Languedoc* pourront lever une exécutoire, en tant que leur pourroit toucher, pour faire ceſſer les abus, s'aucuns s'en font, & punir ceux qui les font.

Au onzieſme article touchant les poſſeſſions contribuables d'ancienneté. &c. le Roy ſera entretenir & obſerver les Ordonnances royaux, & les arreſts ſur ce donnez par la cour des Généraux de la juſtice.

Au douzieſme article touchant ceux qui ſoubs ombre des bourgeoiſies d'*Aygues-mortes* & de *Villeneuve-de-Berc*, acquèrent poſſeſſions hors de leurs limites, & ſe veulent exempter des juriſdictions ordinaires où ils acquièrent, & de payer tailles, &c. par les Ordonnances piéça ſur ce faites, qu'on dit eſtre en la cour du Séneſchal de *Beaucaire*, on y peut avoir remède; & néantmoins ceux dudit pays, en défaut de ceux qu'il appartient, pourront avoir recours auſdits Généraux de la juſtice ou de la Chancellerie.

Aux treizieſme & quatorzieſme articles, touchant la Cour du petit-ſcel de *Montpellier*, & les abus qu'on dit qui s'y font, &c. le Roy mandera aux Commiſſaires-réformateurs qui de préſent font en *Languedoc*, qu'ils ſe informent de la première inſtitution du petit-ſcel, & des cauſes de l'introduction d'iceluy, en quelles matières, & entre quelles perſonnes les procès y doivent eſtre introduits ; & auffi des ftyles anciens & nouveaux, & des abus, exactions & mangeries qui fe font audit petit-feel, par les Juges, lieutenans, advocats, notaires, fergens, & autres ; & que le tout réforment, corrigent, réduifent & remettent en bon ordre, tellement que dores-en-avant aucuns inconvéniens ou plaintes n'en adviennent ; & pareillement faffent, au fait du grand feel de *Carcaffonne*, & des cours figillaires de *Béfiers* & de *Gignac* : & fera envoyé le double de ces deux articles avecques cefte refponfe aux Commiffaires ; enfemble la déclaration des abus, s'aucuns en y a, que leur bailleront lefdits de *Languedoc*, pour y eftre pourveu par lefdits réformateurs.

Au quinziefme article, touchant les obligations & fubmiffions qui fe font aux Cours eftans hors du royaume, &c. le Roy fera défendre que nul notaire de fon royaume ne reçoive aucune fubmiffions ou obligeances entre les fubjets dudit royaume, par lefquelles ils fe foubmettent à aucunes Cours hors d'iceluy, fur peine de privation de leurs Offices de notaire, & d'amende arbitraire ; & pareillement fera défendre à fes fubjets qu'ils ne fe foubmettent, fur peine au créancier de perdre fon debte, & au debteur, d'amende arbitraire.

Au feiziefme article, touchant certaines commiffions impétrées par aucuns à l'encontre de *Eftienne Salelles* & *Lazarin de Andrea*, n'agueres patrons des galées de France, &c. pour ce que la chofe peut toucher non-feulement lefdits patrons, mais tous les marchands de *Languedoc* fréquentans le navigage de la mer, lequel à cefte caufe pourroit ceffer, qui rédonderoit à trop grand inconvénient & dommage ; & que la matière defdites commiffions femble, ainfi qu'on dit eftre, petitement fondée, & par faux rapports & donné à entendre : le Roy eft content que lefdites commiffions foient révoquées, & que toute exécution à cefte caufe encommencée, foit pour maiftre *Guillaume Bourgezieu* ou autre, ceffe.

Aux dix-feptiefme & dix-huitiefme articles, touchant l'impofition foraine, les marques de *Gennes* & de *Catélogne & Aragon*, les deniers *Sainct-Andry*, & autres charges qui fe lièvent fur la marchandife & qu'on dit eftre nouvelles & non accouftumées d'ancienneté, &c. en tant que touche l'impofition foraine, le Roy chargera les Commiffaires qu'il envoyera à fes Eftats en *Languedoc*, qu'ils fe informent comment ne en quels lieux elle fe doit & a accouftumé eftre levée ; & s'il y a aucuns abus, que à tout pourvoient. Touchant les marques de *Gennes*, d'*Aragon*, *Cathélogne*, &c. ainfi que fçavent affez lefdits de *Languedoc*, elles ont efté mifes par grande & meure délibération, & de l'authorité & confentement des deux royaumes & des deux feigneureries, tant pour fatisfaire & récompenfer les damnifiez, comme pour nourrir paix & entretenir la communication des marchands d'une feigneurie à autre, pour éviter auffi courfes, guerres & autres inconvéniens & domages que en euffent peu advenir ; & ne voudroit le Roy les ofter ne abattre fans grandes caufes & raifons, & fans le vouloir, fceu & confentement de chacune des feigneuries, & auffi des marchans damnifiez, & des arrenteurs qui y ont intérefts & à qui il touche. Touchant le denier *Sainct-Andry*, la boëte aux *Lombards*, les vingt fols tournois fur pipe de paftel en la féneschauffée de *Tolofe*, la rève & les fix deniers tournois fur les toiles de la féneschauffée de *Beaucaire*, &c. c'eft tout domaine. Toutesfois s'il y a abus, on baillera volontiers commiffion à *Pierre Bérard*, qui eft de préfent en *Languedoc*, pour y pourvoir. Au regard du droit qui fe lève à la *Carbonniere* près de *Ayguesmortes*, le Roy pareillement baillera volontiers commiffion audit *Pierre Bérard* pour foy informer fi ledit péage eft ancien ou non ; & s'il treuve qu'il ait efté nouvellement mis fus, qu'il le aboliffe & mette au néant ; & avec ce, fe informe fi les deniers qui en ont efté levez, ont efté employez ainfi qu'ils doivent, & y pourvoye ainfi qu'il verra eftre à faire. Touchant le péage de *Montoufe*, &c. Maiftre *Jean Bureau*, tréforier de France, a charge & commiffion du Roy d'y pourvoir, foit de l'abattre ou autrement, ainfi qu'il verra eftre à faire pour le bien

CHARLES
VII,
au Chaftellier,
le 8 Juin
1456.

dudit Seigneur & de fon pays de *Languedoc*. Au regard de la blanque de cinq deniers tournois fur quintal de fel qui fe lève en aucuns greniers de la fénefchauffée de *Carcaffonne*, &c. faudroit fur ce voir les Lettres par vertu defquelles, & les caufes pourquoy fe lève ladite blanque, afin que fi la chofe n'eftoit raifonnable & de néceffité, qu'on y pourveuft; & pareillement à ce qui fe lève à *Villemur* & au *Pont-Sainct-Tyberi*. Quant aux dix fols tournois qu'on lève de nouvel pour queue de vin fur la rivière du *Rofne*, ainfi qu'on dit, &c. on n'a jamais fceu, & ne croit-on point qu'ils fe lèvent; toutesfois quand on en fera deuement informé, on y pourvoira: & au regard de pouvoir charger tous navires eftrangers qui feront ez ports de *Languedoc*, à faute des galées de France, le Roy, pour avantager fes fuftes, y a n'agueres donné provifion.

Au dix-neufiefme article, que nulle exécution ne fe faffe à *Tolofe*, ne autre part, pour les lances logées en *Guyenne*, mais ès lieux & villes qui les doivent, &c. femble que ceux qui y font tenus & obligez, comme confuls, receveurs, collecteurs & autres, tant pour la fomme totale que pour leur taux particulier, peuvent eftre exécutez dedans la ville de *Tolofe*, & par-tout ailleurs; & au regard des autres qui n'y devroient que leurs taux feulement; & n'y feroient obligez, ne doivent eftre prins, arreftez ne empefchez pour le furplus.

Au vingtiefme article, touchant le rabais de aucune fomme de l'ayde pour la charge de 70 lances, qui ont efté l'année paffée logez fix ou fept mois en *Vivarois*, *Vèlay* & *Gévaudan*, & auffi des gens d'armes qui ont féjourné en la fénefchauffée de *Tolofe*, & allant & retournant en *Armagnac & Rouergue*, éfquels pays & fénefchauffée ont fait maux innumérables, &c. le Roy eft de ce fort defplaifant, pour ce qu'il foulde & paye bien fes gens d'armes, & a faites certaines Ordonnances felon lefquelles il veut qu'ils vivent fans piller, rober, ne faire autres maux, & ne l'euft fouffert s'il en euft efté adverty.

Au vingt-uniefme article, touchant les Lettres de *Debitis* que donnent les Baillifs & Juges, par lefquelles prennent cognoiffance fur tous les fujets & habitans dudit pays, & font venir toutes caufes par-devant eux, &c. fera faite inhibition & deffenfe aufdits Sénefchaux & Baillifs, & autres Officiers royaux dudit pays de *Languedoc*, que dores-en-avant ils ne baillent aucunes Lettres de *Debitis*, par lefquelles ils empefchent la cognoiffance des Ordinaires, finon en cas privilégiez dont les Officiaux doivent avoir cognoiffance.

Au vingt-deuxiefme article, touchant certaines Lettres appellées, *Quam fre-quenter*, & *Cùm clamor*, &c. fera deffendu au Procureur du Roy en *Languedoc*, que dores-en-avant, par le moyen de telles Lettres, ils ne relèvent aucunes appellations, finon que ce foit de fentence diffinitive; & ce fur peine d'amende arbitraire, à prendre & lever fur eux en leur propre & privé nom.

Au vingt-troifiefme article, touchant l'octroy des Lettres de *Si quas*, & *Nifi vifis*, le Roy deffend que dores-en-avant telles Lettres ne fe baillent ne délivrent, finon par les Sénefchaux, Baillis, Viguiers & autres Juges royaux, dont procèdent lefdites Lettres, fans ce que lefdits notaires, ne autres de leur authorité, les puiffent bailler, & fera deffendu aufdits Officiers, fur peine arbitraire, qu'ils n'en baillent aucunes en blanc: & avec ce, le Roy veut & ordonne que nonobftant la commiffion & exécution defdites Lettres de *Si quas*, & *Nifi vifis*, & les commandemens & inhibitions faites par vertu d'icelles, les Juges ordinaires contre lefquels lefdites Lettres font impétrées, ne foient tenus de bailler ne mettre hors de leurs prifons les malfaicteurs, jufqu'à ce qu'il foit difcuté par le Juge qui aura baillé icelles Lettres, fi elles ont efté bien impétrées ou non; & au cas que le malfaicteur ne feroit pris, lefdits Juges ordinaires, nonobftant comme deffus, pourront procéder à la caption & arreft de la perfonne & biens defdits malfaicteurs, s'ils treuvent par information faite ou à faire, que la matière y foit difpofée, & que les cas le requièrent; & néantmoins fera mandé aux Commiffaires réformateurs, que s'il y a aucuns autres abus touchant lesdites Lettres, qu'ils les corrigent & pourvoient ainsi qu'il verra estre à faire.

Au vingt-quatriesme article, sur la restrinction & exaction des sergens & notaires, &c. le Roy y a desjà pourveu, & en a donné charge expresse ausdits Commissaires réformateurs, ausquels en pourra estre parlé & déclaré les abus.

Au vingt-cinquiesme article, touchant les Officiers royaux qui entreprennent cognoissance des causes criminelles, sur les hommes & sujets des Gens d'Église & Nobles, &c. soient déclarés les cas particuliers; & il y sera pourveu par la Chancellerie ou autrement, ainsi qu'il appartiendra.

Et pareillement au vingt-sixiesme article, touchant les inhibitions qui se font contre les Officiaux & Curés par Lettres, qui se impetrent par les debteurs ou obligez de la Cour de *Nismes*, ou d'autre Cour royal.

Au vingt-septiesme article, que les instructions royaux touchant les droits qui se levent ou doivent lever à l'yssue du royaume, soient gardées, &c. sera ordonné par le Roy aux Commissaires qu'il envoyera aux Estats en *Languedoc*, qu'ils voyent & visitent les Ordonnances qui ont esté faites touchant la forme & manière de lever ces droits sur les marchandises yssues hors du royaume, & comment il en a esté usé; afin que tout veu; ils y pourvoient ainsi qu'ils verront estre à faire.

Au vingt-huitiesme article, que le Roy fasse cesser du tout l'équivalent ou le diminuer & restraindre à aucune moindre somme, &c. comme autresfois a esté assez remonstré à ceux des Estats de *Languedoc,* le Roy à leur très-grand instance, prière & requeste, consentit piéça, ledit équivalent estre mis sus en lieu des aydes qui lors avoient cours audit pays, moyennant la somme de quatre-vingt mille francs, qu'ils lui en promirent rendre par an, & trois mil francs pour l'imposition foraine: de laquelle somme ledit Seigneur, pour toujours soulager sondit pays de *Languedoc,* leur en a depuis quitté & remis, pour aucunes années, la somme de dix mil francs; & n'y peut iceluy Seigneur pour le présent faire autre diminution, tant pour les grandes affaires & despenses qu'il a à supporter, comme pour ce que ledit équivalent a esté arrenté pour trois années à gens qui luy en rendent chacune desdites trois années soixante & treize mille francs ou environ, en ce compris ladite imposition foraine. Et au regard de ce qu'ils requièrent ledit équivalent estre remis ès mains & gouvernement d'eux & des consignateurs, ainsi qu'il estoit paravant ledit arrentement, &c. semble que le Roy a eu cause de le prendre & mettre en sa main, pour ce que quand il estoit ès mains de ceux dudit pays de *Languedoc*, par faute de bon ordre ou autrement, leur falloit chacun an, pour ce qu'ils ne pouvoient parvenir à leur somme, mettre sus par manière de taille, aucune somme dont les subjects du Roy estoient fort grévez; & d'autre part ceux dudit païs ausdits Estats tenus l'année passée à *Tolose*, le mirent hors de leurs mains & abatirent sans congé ne auctorité dudit Seigneur, pour quoy il a esté meu & a eu cause de le prendre en sa main & de le faire bailler à ferme, & pour le bien du païs mesme. Et au regard des consignateurs, le Roy ne les a point ostez, changez ne muez, ne n'a volonté de ce faire, tant que la chose sera bien conduite & gouvernée; & est le Roy content que ladite ferme soit au nom dudit pays, s'ils veulent, & que l'argent s'en lève au nom d'iceluy; pourveu qu'ils entretiennent aux fermiers ce que par ses Officiers, commissaires à faire ledit arrentement, leur a esté permis, & que la somme vienne ens.

Au vingt-neusiesme article, touchant l'entretenement, publication & régistre des priviléges octroyés piéça ausdits de *Languedoc,* & confirmez par le Roy, & tant à *Pezenas* que à *Carcassonne, Bourges* & aillieurs, &c. il n'est point accoustumé de publier ne enrégistrer telles Ordonnances générales, sinon en la Cour de Parlement ou des Généraux, ou ès Cours des Sénefchaux aufquels il eft mandé les faire entretenir & garder ; & fi les Viguiers ou autres Juges fubjets, ne gardent & entretiennent lefdites Ordonnances, ceux du pays pourront avoir recours à ladite Cour de Parlement, ou aufdits Généraux & Sénefchaux, pour eux y donner la provifion qu'il appartiendra. Et au regard de l'exceffif nombre des lieutenans des Sénefchaux & Baillifs, & des fergens & de leurs abus, lefdits du pays pourront avoir recours aux Commiffaires-réformateurs qui de préfent font audit pays, lefquels ont puiffance & charge expreffe de pourvoir aux abus. Et quant aux Ordonnances nouvellement faites par le Roy fur le fait de fa juftice, defquelles ceux dudit pays requierent la publication en la Cour de Parlement de *Tolofe*, le Roy envoyera lefdites Ordonnances à ladite Cour, & leur fera mandé qu'ils advifent quels articles il y a qui puiffent fervir au pays de par-delà ; & néantmoins qu'ils faffent autres articles des chofes qu'ils verront eftre néceffaires pour la Cour & juftice de par-delà ; & que lefdits articles qu'ils feront, avec ceux qu'ils extrairont defdites Ordonnances, ils envoyent devers le Roy & fon Confeil, afin que tout veu, ledit Seigneur les authorife, & mande les publier, par maniere de Ordonnances, en ladite Cour de Parlement à *Tolofe*. Sur la confirmation & octroy des articles & refponfes autresfois faites & accordées aux Eftats tenus par cy-devant, &c. en déclarant les provifions qui leur ont efté accordées, & icelles veues, le Roy leur pourvoira ainfi que raifon donnera.

Au trentiefme article, touchant l'octroy des Lettres pour l'exécution des requeftes & articles deffufdits, le Roy leur a octroyé toutes Lettres qu'on advifera pour ce eftre néceffaires.

Au trente-uniefme article, que nul ne foit fi hardy de armer fufte en *Languedoc*, fans premier bailler caution, &c. on eft content, ainfi que l'article le porte, & leur en feront baillées Lettres, s'ils les demandent.

Au trente-deuxiefme article, touchant les ruffiens, meurtriers, guetteurs de chemins, larrons, pipeurs & autres gens vagabons, allans, venans & fréquen- tans au pays de *Languedoc*, &c. fur ce n'aguerre a efté donné par la Cour de Parlement à *Tolofe*, provifion & mandement exprès ; & en pourront ceux defdits Eftats avoir le double, pour en faire faire un ou plufieurs femblables, fi bon leur femble, & eux en ayder quand meftier fera.

Et au trente-troifiefme & dernier article, que au *vidimus* des articles & fup- plications baillées par lefdits de *Languedoc*, & des refponfes qui y feront faites, foy foit adjouftée comme à l'original, & pareillement au *vidimus* des Lettres exécutoires, &c. on eft content.

Si donnons en mandement par cefdites préfentes, à nos amez & féaux Confeillers les Gens tenans & qui tiendront noftre Parlement à *Tolofe*, les Généraux Confeillers, tant fur le fait de la juftice que de nos finances, aux Sénefchanx de *Tolofe*, *Carcaffonne* & *Beaucaire*, Gouverneur de *Montpellier*, Vifiteur général des gabelles, Maiftre des eaux & forefts, ports & paffages, Généraux-maiftres de nos monnoyes, & à tous Juges, Viguiers, Caftellains, Commiffaires-réformateurs, & autres noz Juftitiers & Officiers d'iceluy noftre pays de *Languedoc* ou à leurs lieutenans, & à chacun d'eux, fi comme luy appartiendra, que lefdits articles deffus efcripts ils gardent & entretiennent, & faffent jouyr nos fubjets dudit pays de l'effet d'iceux, felon le contenu èfdites refponfes, en mettant icelles refponfes à exécution de point en point, felon leur forme & teneur : & à ce faire & fouffrir, contraignent ou faffent contraindre, toutes fois que les cas le requerront, tous ceux qu'il appar- tiendra, par toutes voyes & manières deues & raifonnables, & tout felon la forme & teneur defdites refponfes faites aufdits articles : car ainfi Nous plaift-il eftre fait, & aufdits expofans l'avons octroyé & octroyons, de grace fpécial

par

par ces préfentes, au *vidimus* defquelles voulons plaine foy eftre adjouftée comme à l'original : en tefmoin de ce, Nous avons fait mettre noftre féel à cefdites préfentes. *Donné au Chaftelier, le huiétiefme jour de juin, l'an de grace mil quatre cens cinquante & fix, & de noftre regne le trente & quatriefme.* Par le Roy en fon Confeil. *J. DELALÆRE.*

Collationné à l'original. *CURIACY. (b)*

NOTE.

(b) Ces Lettres ne furent enregiftrées au Parlement de *Touloufe*, que le 21 juin 1459, le Parlement ayant fait affez long-temps difficulté d'obéir. Voyez D. *Vaiffette*, Hiftoire du *Languedoc*, tome V, page 20.

(a) Lettres de Charles *VII*, par lefquelles il confirme le Règlement fait par les habitans de *Dun-le-Roy, concernant le métier de Boulangerie.*

CHARLES
VII,
à Gannat en
Bourbonnois,
le 12 Juin
1456.

CHARLES, par la grace de Dieu, roy de France, à tous ceulx qui ces préfentes Lettres verront, falut. Noz amez les bourgois, manans & habitans de noftre ville de *Dun-le-Roy*, Nous ont fait préfenter unes Lettres contenant certaines Ordonnances, poins & articles touchans la police, bien & utilité de la chofe publique dudit lieu, pour le meftier de bolengerie, defquelles la teneur s'enfuit.

À TOUS ceulx qui cefdites préfentes verront, falut. Savoir faifons, *Eftienne de l'Hofpital*, licencié en loix, garde du féel royal eftablis aux contraux de la *Prévofté* de *Dun-le-Roy*, à la Couronne de France perpétuellement ramené : falut. Sçavoir faifons que en la préfence de *Jehan* de la *Breuille*, clerc juré du Roy noftre Sire & dudit féel, notaire, auquel quant à ce nous avons commis & donné noftre pouvoir, les bourgois, manans & habitans de *Dun-le-Roy*, par cry public fe font affemblez ou lieu où ils ont accouftumé autre-fois eulx affembler, par les congié & licence de nous, comme lieutenant de Monfieur le *Bailly* de *Berry* audit lieu de *Dun-le-Roy*, préfens en ladiéte affemblée, & en traiétant des affaires communes de la chofe publique oudit lieu, lefdits bourgois par leur procureur ont récité que n'aguères débat s'eftoit meu etre lefdits bourgois contre les bolengiers qui ont efté le temps paffé en ladiéte ville, lefquels n'aguères ont renoncé audit meftier ; & plufieurs foiz le temps paffé alléguoient que audit lieu eftoit bolengier à qui bon fembloit ; & n'eftoient tenus cuire ne faire pain en ladiéte ville, finon ainfy que bon leur fembloit ; & que aucuns d'iceulx qui avoient renoncé, comme dit eft, fouventesfois avoient fait faultes & abuz audit meftier, tant fur le cuire que fur l'apparcilz du pain ; & de ce, le temps paffé, ont efté meuz & fours plufieurs procès & débats en ladiéte ville, au dommage des habitans dudit lieu & de la chofe publique ; & par ce avoient, ainfi que meftier eftoit, *(b)* mettre ordre pour le temps advenir au fait des bolengiers & du meftier de bolengerie de ladiéte ville, pour éviter le dommage public & les débats qui s'en peuvent enfuir : par quoy lefdits bourgois & habitans, en leurdiéte affemblée, de leur bon gré & certaine fcience, non contrainéts ny parforcez, comme ils difoient, en aucune manière, tous d'une voix & accord & fans difcord, ont préparlé à

NOTES.

(a) Tréfor des Chartes, regiftre IX^{xx}XI [191], pièce 212. — *MSS.* de *Colbert*, tome LV, page 447.

(a) Il manque ici un mot, peut-être faut-il lire : *réfolu mettre ordre*, ou quelque expreffion femblable.

CHARLES
VII,
à Gannat en
Bourbonnois,
le 12 Juin
1456.

traicter, à tenir & garder en cettedicte ville dorefenavant à perpétuel, s'il plaist au Roy noftre Sire, les Ordonnances qui s'enfuivent.

(1) *Et Premier.* Que nulle perfonne ne fera bolengier audit lieu, finon du confentement defdits bourgois & habitans de ladicte ville, pour le temps préfent, & feroit le temps à venir.

(2) *Item.* Quant aucun voudra eftre bolengier, & exercer ledit meftier en la ville, fera tenu foy tirer devers les commis au gouvernement de ladicte ville, requérir qu'ils foient bolengiers créés en ladicte ville ; & fi ledit requérant eft expert & ouvrier habile à exercer ledit meftier, lefdits commis le préfenteront aufdits bourgois en leur affemblée de ladicte ville ; & fi les bourgois dudit lieu voyent que ledit requérant foit expert, & qu'il foit meftier icelluy créer bolengier, & que meftier foit de y en commectre, il leur loife icelluy créer bolengier pour exercer deuement ledit meftier oudit lieu.

(3) *Item.* Après ledit confentement & ladicte créacion faicte, fera tenu ledit bolengier jurer ès mains defdits commis en ladicte affemblée, de loyaument exercer ledit meftier au prouffit & utilité de la chofe publique, eu advis au gaing & prouffit dudit bolengier, & pour l'entretenue de luy, fa femme, enfans & ferviteurs raifonnablement, au prouffit & utilité dudit bolengier créé, que à fa charge.

(4) *Item.* Que les bolengiers dudit lieu feront tenus continuellement faire du pain bien cuyt & bien appareillé, fans laiffer la ville defgarnie de pain ; & fe ainfi ne le font & continuent, feront amendables de telle amende que de raifon.

(5) *Item.* Nul bolengier en ladicte ville en façon quelconque ne cardera laine, pour ce que c'eft un meftier qui n'eft pas honnefte avec l'exercice dudit meftier de bolengerie ; & s'il eft trouvé que aucun des bolengiers le face de carder laine, fera admendable de telle amende que de raifon.

(6) *Item.* Pour ce que le temps paffé, fur l'achapt du bled audit lieu, l'en dit que les bolengiers qui ont efté le temps paffé, ont fait fur ce enchériffement, en meclant le bled au plus haut pris que n'eftoit raifon, eu advis au temps & à la chofe publique : ordonné a efté que dorefnavant les bolengiers dudit lieu ne feront ne mettront pris au blé, & par efpécial au froment, en manière quelconque, ains laifferont faire mettre ledit pris au blé par les commis au gouvernement de ladicte ville, ou leur procureur ou l'un d'iceulx ; & fera fait ledit pris au regart & confidéracion au temps & cours du blé & à la chofe publique.

Lefquelles Ordonnances ainfi que deffus font tranfcriptes, iceulx bourgois & habitans ont confenties & agréées ; & auffi que fur ce foit impétré du Roi noftre Sire, telles Lettres qu'il appartendra, & il plaife audit Seigneur leur ordonner & octroyer pour confirmacion & ratificacion, en faifant leur conclufion en ladicte affemblée fur les chofes deffufdictes, comme en tel cas appartient : lefquelles chofes avoir efté ainfy faictes, & avons déclarées à *Pierre Colonnier, Jehan Graff, Claude Boter, Jehan Moicy, Servien Villenette, Pierre de la Nohce, Jacques Martin, Macé Monfaujon, Jehan Maftras, Jehan de Veffe, Bartholomée Vincent,* & *Denet Gorbier,* habitans dudit lieu, qui fouloient eftre boulengiers audit lieu, lefquels n'agueres y ont renoncé, comme deffus eft dit, lefquels aux chofes deffufdictes n'ont donné ny voulu donner leur confentement. De ce lefdits bourgois ont requis ces préfentes que avons ordonnées par ledit notaire leur eftre faictes & baillées en cette forme. En tefmoing de ce, nous avons fait féeller cefdictes préfentes du féel royal defdits contrauls de ladicte *Prévofté* de *Dun-le-Roy.* Donné, fait & paffé en ladicte affemblée tenue audit lieu de *Dun,* comme dit eft, le deuxiefme jour du mois de may, l'an mil quatre cens cinquante-fix.

CHARLES
VII,
à Gannat en
Bourbonnois,
le 12 Juin
1456.

Lefquelles Ordonnances, & les poins & articles en icelles contenues, lefdits bourgois, manans & habitans Nous ont humblement fupplié & requis qu'il Nous plaife icelles avoir agréables & les louer, ratiffier & approuver, & leur octroyer fur ce nos Lettres patentes, & impartir noftre grace. Pour quoy Nous, confidéré le contenu èfdictes Ordonnances, mefmement qu'elles ont efté faictes pour le bien, utilité & prouffit de noftredicte ville & de la chofe publique d'icelle, pour ces caufes & autres à ce Nous mouvans, avons icelles Ordonnances & les poins & articles dedans contenus, agréables; & iceulx, en tant que meftier eft, avons loué, ratifié & approuvé; louons, ratiffions & approuvons de grace efpécial par ces préfentes; & voulons icelles eftre entérinées & gardées de poinct en poinct felon leur forme & teneur. Si donnons en mandement par cefdictes préfentes, au *Bailly* de *Berry* & à tous nos autres Jufticiers & à leurs lieuxtenans préfens & advenir, & à chafcun d'eulx, fi comme à luy appartendra, que de nos préfens grace, ratification, approbation & octroy, facent, feuffrent & laiffent lefdits fupplians & leurs fucceffeurs joyr & ufer plainement & paifiblement, & lefdiz Ordonnances, poins & articles d'icelles, entretenir & garder felon leur forme & teneur, fans leur faire, mettre ou donner, ne fouffrir eftre fait, mis ou donné aucun deftourbier ou empefchement, en quelque manière que ce foit. En tefmoin de ce Nous avons fait mettre noftre féel à ces préfentes. *Donné à* Gannat *en* Bourbonnois, *le douziefme jour de juing, l'an de grace mil quatre cens cinquante-fix, & de noftre règne le trente-quatriefme.* Ainfi figné. *Par le Roy, à la relation des Gens de fon Grant-Confeil.* ROLANT.

(*a*) *Lettres de Charles VII, par lefquelles il accorde à la ville de l'Éclufe en Flandre, de punir les Malfaiteurs par des amendes pécuniaires, au lieu du banniffement.*

CHARLES, par la grace de Dieu, roy de France, fçavoir faifons à tous préfens & à venir, Nous avoir receu l'umble fupplicacion de nos bien amez les Bourguemaiftres, Efchevins & Confeil de la ville de l'*Efclufe* en *Flandres*, contenant que comme lefdits fupplians, entre leurs autres droits pour corriger & punir les malfacteurs & délinquans & fatisfaire à juftice, ayent droit, & auffy ont eu leurs prédéceffeurs de fi long temps qu'il n'eft mémoire du contraire, de procéder avec le *Bailly* de la terre, par voye de ban, à fon de cloche & autrement, hors de ladicte ville de l'*Éclufe*, contre tous ceux qui délinquent & offenfent à l'encontre de juftice, les aucuns par cent ans & d'un jour, les autres par cinquante ans, autres par dix ans & au-deffous, & aucuns autres fans terme & fans jour, felon l'exigence des cas; & que par expérience lefdits fupplians ayent trouvé & apperceu l'ufance defdits banniffemens, en la manière qu'ils eu ont ufé le temps paffé jufques puis n'aguières, eftre très-dommageables & préjudiciables au bien publique de ladicte ville, principalement pour deux raifons : la première, pour ce que leurfdits banniffemens ne s'étendent pas par-tout le fufdit pays de *Flandres*, mais feulement par l'efchevinage d'icelle ville, qui eft moult eftroit, & comme tout compris en la muraille & fermeté d'icelle; & ainfi fouventeffois advient que lefdits bannis fe trouvent au plus près des portes de ladicte ville, en tenant aucunes fois ilec manières affez eftranges, comme de avoir volenté & entencion de eux venger fur ceux qui ont efté caufe de leurdit ban ou autrement, en y faifant plufieurs noifes &

NOTE.

(*a*) Tréfor des Chartes, regiftre IXˣˣIX [189], pièce 195. — *MSS. de Colbert,* vol. LV, page 89.

débats en grand dériſion & contempt de juſtice : pour quoy pluſieurs de ladicte ville & autres eſtrangiers qui ilec ont à faire pour marchandiſe, craignent de les rencontrer ou eux trouver en leur chemin, & enlaiſſent de aler & venir en leurs affaires, & venir fréquenter ladicte ville, ce que pas n'adviendroit, ſi on les pouvoit bannir de tout ledit pays de *Flandres*, comme ſont pluſieurs autres villes, & meſmement pluſieurs villes des ſujets & vaſſaux dudit *Comte de Flandres*. La ſeconde raiſon, pour ce que par le moyen deſdits banniſſemens, leſquels leſdits ſupplians ne pevent mettre au néant ne rappeller à leur voulenté, ils perdent chacun an grand multitude de leurs habitans, & aucuneſfois de ceux qui ont ſingulière induſtrie ou faict de la mer de par-delà, ou en quelque autre artifice prouffitable à ladicte ville ; à quoy leſdits ſupplians pourroient convenablement remédier, ſe ils povoient faire leſdits banniſſemens ſous peine pécuniaire, dont le ſeigneur de ladicte ville de l'*Eſcluſe* euſt certaine part & porcion, & le ſurplus fuſt pour employer en la réfeccion & autres charges d'icelle ville, leſquelles de préſent ſont ſi grandes, exceſſives & néceſſaires, que leſdits ſupplians ne les pourroient bonnement ſupporter ſans avoir ſur ce quelque convenable proviſion, ainſi qu'ils dient, en Nous ſuppliant humblement que eu regard aux choſes avantdictes, & obvier aux inconvéniens qui s'en pourroient enſuir, il Nous plaiſe ſur ce leur eſlargir, eſtendre & impartir noſtre grace. Pour ce eſt-il que Nous deſirans le bien, entretenement & amélioracion de ladicte ville de l'*Eſcluſe*, & icelle eſtre entretenue, gouvernée & conduite en bonne police & juſtice, conſidérans les choſes deſſuſdictes, & ſur icelles eu advis avec les Gens de noſtre Grand-Conſeil, avons voulu & ordonné, voulons & ordonnons, & auſdits ſupplians, inclinans à leurdicte ſupplicacion & requeſte, avons de noſtre grace eſpécial, certaine ſcience & auctorité royal, octroyé & octroyons par ces préſentes, que doreſnavant ils & leurs ſucceſſeurs en la loy de ladicte ville de l'*Eſcluſe*, appellé ledit Bailly, ou ſon lieutenant en ſon abſence, & par ſon advis, ils puiſſent tant en franches-véritez comme en plais ſeigneuriaux & autrement de ladicte ville & eſchevinage de l'*Eſcluſe*, & auſſy dudit pays & *Comté de Flandres*, de tous cas criminels & civils, ceux qui ſeront trouvez avoir délinqué, ſoit à terme ou ſans terme, ſelon l'exigence des cas & offenſes, ordonner aux délinquans en forme de ban, qu'ils ſe départent de ladicte ville de l'*Eſcluſe*, eſchevinage d'icelle & pays de *Flandres*, ſans y rentrer juſques à ce qu'ils ayent fait un ou deux pélerinages ou plus, à la diſtincion deſdits de la loy ; ou payer raiſonnables ſommes telles que iceux de la loy adviſeront & ordonneront : deſquelles ſommes le ſeigneur de ladicte ville de l'*Eſcluſe* aura & prendra la moitié à ſon prouſit, & leſdits ſupplians auront & prendront l'autre moitié au profit de ladicte ville, pour la convertir & employer ès fortificacions, emparemens & autres affaires plus néceſſaires d'icelle ville, moyennant touteſvoyes que Nous & nos ſucceſſeurs roys de France, pourrons, ſe bon Nous ſemble, quitter, rappeller & mettre leſdits banniſſemens, ſoient à terme ou ſans terme, à pélerinages ou ſommes d'argent, & reſtituer les bannis, tant dans ladicte ville de l'*Eſcluſe*, eſchevinage d'icelle, que oudit pays & *Comté de Flandres*, toutes les fois & ainſy qu'il Nous plaira ; en faiſant touteſvoyes par leſdits bannis, ſatisfaccion civile, tant aux parties interreſſées que à ladicte ville de l'*Eſcluſe*, ainſy qu'il appartiendra. Si donnons en mandement à nos amez & féaux Conſeillers les Gens de noſtre Parlement, aux *Prévoſt* de *Paris*, *Baillys* de *Vermandois*, *Amiens*, *Tournay* & *Tourneſis*, & à tous nos autres Juſticiers & Officiers ou à leurs lieutenans préſens & à venir, & à chaſcun d'eux comme à luy appartiendra, que de nos préſens grace, voulenté & octroy facent, ſeuſſrent & laiſſent leſdits ſupplians & leurſdits ſucceſſeurs en la loy de ladicte ville de l'*Eſcluſe*, à touſjours joïr & uſer plainement & paiſiblement, ſans leur faire, mettre ou donner, ne ſouffrir eſtre fait, mis ou donné, ores ne pour le temps à venir, aucun deftourbier ou empefchement au contraire, ainçois s'aucun leur avoit efté ou eftoit en ce mis ou donné, mettent ou facent mettre, chafcun en droit foy, du tout au néant, & au premier eftat & deu, & afin, &c. fauf, &c. *Donné au* Chaftellar, *ou mois de juillet, l'an de grace* MCCCCLVI, *& de noftre regne le* XXXIV. *Ainfy figné. Par le Roy en fon Confeil.* ROLANT.

Vifa. Contentor. G. ANTHOMS.

(a) Lettres de Charles VII, par lefquelles il confirme les ftatuts du métier des Potiers de terre en la ville & banlieue de Paris.

CHARLES, &c. fçavoir faifons, &c. Nous avoir veu les Lettres patentes féellées du féel de la *Prévofté de Paris*, données en datte le famedi x.e jour de juillet, l'an de grace mil quatre cens cinquante fix, contenans certains ftatuts & Ordonnances n'agueres faiz & advifez par noftre *Prévoft de Paris*, par l'advis & délibéracion de nos Advocats, Procureurs & autres Confeillers en noftre Chaftellet de *Paris*, fur le faict du meftier & marchandife des Potiers de terre de noftredicte ville & banlieue de *Paris*, pour le bien & utilité dudict meftier & de la chofe publique, en la préfence & de l'accord & confentement des maiftres & ouvriers dudict meftier : defquelles Lettres la teneur s'enfuit.

A tous ceux qui ces préfentes Lettres verront, falut. *Robert d'Eftouteville*, Chevalier, feigneur de *Vaine, Baron d'Yvry & de S.t Andry* en la *Marche*, Confeiller & Chambellan du Roy noftre Sire, & Garde de la *Prévofté de Paris*, commiffaire donné & député de par le Roy fur le faict des meftiers & marchandifes de la ville de *Paris*: falut. Comme à nous pour icelluy feigneur, à caufe de noftre Office & par priviléges royaux, appartiengne la police, gouvernement & décoracion de la ville & banlieue de *Paris*; & auffy mettre & avoir la connoiffance, garde & informacion de & fur tous les meftiers de ladicte ville & banlieue de *Paris*, les denrées & marchandifes qui font admenées, conduictes, arrivées, vendues & diftribuées en icelle ville qui eft la ville cappital de ce royaume, & qui doibt eftre miroir & exemple en bonne juftice, police & gouvernement fur toutes autres citez & bonnes villes de ce royaume; & il foit ainfy que certains régiftres, conftitucions & Ordonnances euffent piéçà efté faictes au meftier & marchandife des potiers de terre de la ville de *Paris*, lefquels régiftres & Ordonnances & conftitucions, euffent dès lors efté tranfcripts ès régiftres de la cour du Chaftelet de *Paris*; & pour ce que audict meftier & marchandife, & à la maniere & de l'ufage & gouvernement d'iceluy, a de préfent diverfificacions, eu efgard au long temps que furent faitz lefdiz anciens régiftres, conftitucions & Ordonnances, & font les chofes moult changées depuis; & que plufieurs perfonnes d'autres meftiers & marchandifes, s'efforcent de eulx entremettre dudict meftier de potier de terre, qui eft un petit meftier de plaifance, par quoy les potiers de terre de ladicte ville & banlieue de *Paris* font de préfent tous povres, & à peine peuvent vivre de leurdict meftier; & pour pourveoir & remédier à ce, & aux grands fraudes, abbus & maléfices qui ont efté faiz le temps paffé oudict meftier & marchandife, & que l'en commet chafcun jour en iceluy, les preudhommes dudict meftier euffent convenu enfemble, afin de refformer, tenir & maintenir de bien en mieux iceluy meftier

NOTE.

(a) Tréfor des Chartes, regiftre IX.xxVII [187], pièce 193. — *MSS. de Colbert*, vol. LIV, page 1137.

& marchandiſe, au proufit & utilité dudict meſtier & marchandiſe & de la choſe publique ; & ſur ce ayent adviſé entre eulx certains poincts & articles, leſquels nous ont par eulx eſté baillez par eſcript, ſoubs la fourme qui s'enſuit.

C'eſt le régiſtre & Ordonnance que requiert la communaulté du meſtier des potiers de terre de la ville de *Paris,* eſtre faicte ſur ledict meſtier & marchandiſe, en corrigeant & adjouſtant à leur ancien régiſtre, lequel régiſtre & Ordonnance tous les maiſtres dudict meſtier ont regardé & adviſé en leurs conſciences eſtre proufſitables pour le Roy noſtre ſeigneur, leurdict meſtier, & auſſy pour la choſe publique.

(1) Prémierement. Quiconque vouldra eſtre receu & paſſé maiſtre doreſenavant du meſtier de potier de terre en la ville & forſbourgs de *Paris,* tenir ouvrouer & vendre toutes denrées & marchandiſes dudict meſtier, eſtre & faire le pourra, pourveu qu'il appaire qu'il ait eſté apprentiz ſix ans oudict meſtier, & que préalablement il ſoit trouvé expert & ſoufſiſant audict meſtier par les jurez d'iceluy, & tel rapporté & teſmoigné par iceulx jurez devant le *Prévoſt* de *Paris* ou ſon lieutenant, & qu'il ſoit homme de bonne vie, renommée, & honneſte converſacion ; & en payant pour l'entrée dudict meſtier xx ſols pariſis au Roy noſtredict Sire, xx ſols à la confrarie dudict meſtier, & vingt ſols auſdiz jurez.

(2) Item. Les potiers de terre de la ville & fauxbours de *Paris,* pourront avoir & tenir doreſenavant avec eulx un apprentiz & non plus, avec leurs enfans, s'aucuns en ont nez en loyal mariage, qui ne leur tiendront lieu d'apprentiz ; & ne pourront tenir ledict apprentiz à moins de ſix ans d'apprentiſſage, ſur peine de xx ſols pariſis d'amende, à appliquer la moictié au Roy, & l'autre moictié à la confrarie & jurez dudict meſtier ; & ſera tenu le maiſtre prenant apprentiz, de faire enrégiſtrer la lettre dudict apprentiſſage par-devers les maiſtres, & ou papier de ladicte confrarie, dedans huict jours après ce qu'il aura prins ledict apprentiz, ſur ladicte peine, afin que le maiſtre ne ledict apprentiz n'en ſoient deceuz : & doibt iceluy maiſtre à ladicte confrarie, pour l'entrée dudict apprentiſſage, cinq ſols pariſis.

(3) Item. Et ſe iceluy apprentiz ſe départ ou deſfait de ſondict ſervice & apprentiſſage avant ſondict terme de ſix ans ſiny & accomply, oultre le gré & voulenté de ſondict maiſtre, nul autre d'iceluy meſtier ne le pourra fortraire, mettre ne tenir en beſongne, ſans avoir contenté & ſatisfaict ſondict maiſtre ; ſur peine de vingt ſols pariſis d'amende, à applicquer la moictié au Roy, le quart à ladicte confrarie, & l'autre quart auſdictz jurez.

(4) Item. Et par ſemblable, aucun varlet ou alloué, ou aucun dudict meſtier à temps & terme, ne ſe pourra départir de ſondict ſervice, ne laiſſer ſondict maiſtre oultre ſon gré & voulenté, pour aller ſervir oudict meſtier, ſoit à *Paris* ou ailleurs, juſques à ce qu'il ait parfaict ſondict ſervice ; & avant qu'il ſe départe de ſondict ſervice, ſera tenu de le faire aſçavoir à ſondict maiſtre devant ſon département, un mois auparavant, à ce que ledict maiſtre ne demoure dépourveu de varlet ; ſur peine de vingt ſols pariſis d'amende, à appliquer comme deſſus. Et ſemblablement aucun maiſtre d'iceluy meſtier ne le pourra fortraire ne mettre en beſongne en ſon hoſtel ne ailleurs, juſques à la ſin dudict ſervice, ſur ladicte peine.

(5) Item. Quant aucuns varlets & ouvriers dudict métier viendront de dehors pour ouvrer & beſongner dudict meſtier en ceſtedicte ville & forſbourgs de *Paris,* ſeront mis & pourveuz par leſdicts jurez dudict meſtier, avec aucuns maiſtres dudict meſtier qui en auront beſoing ; & en ſeront pourveuz les maiſtres qui n'auront aucuns varlets, paravant ceux qui en ſeront fourniz. Et qui fera le contraire, payera dix ſols d'amende pariſis, à appliquer comme deſſus.

(6) *Item.* Et pour fouftenir ladiĉte confrarie dudiĉt meftier, les aornemens, luminaires, & faire dire les meffes qui par chafcune fepmaine font diĉtes & célébrées en ladiĉte confrarie pour tout le meftier, un chafcun maiftre d'iceluy meftier tenant ouvrouer en ladiĉte ville & forbours de *Paris*, payera & fera tenu de payer par chafcune fepmaine à icelle confrarie ou maiftres & gouverneurs d'icelle, trois deniers tournois; & femblablement chafcun varlet gaignant argent oudiĉt meftier, payera à ladiĉte confrarie par chafcune fepmaine, deux deniers tournois, fuppofé que en la fepmaine il ne befongnaft que deux jours entiers en quelque ouvrage ou marchandife dudiĉt meftier que ce foit; & *fera le maiftre fur qui fera demourant lediĉt varlet, de refpondre pour fondiĉt varlet, & de payer, porter ou envoyer à ladiĉte confrarie & aux gouverneurs d'icelle, à la fin de chafcun mois, ce qu'il en devra tant pour luy que pour fes varlets qu'il aura, fur peine de deux fols parifis d'amende, à payer par lediĉt maiftre, au prouffit de ladiĉte confrarie; & rabattra lediĉt maiftre à fefdiĉtz varlets, ce qu'il aura payé pour eulx à ladiĉte confrarie.

Lifez fera tenu.

(7) *Item.* Nuls varlets fervans oudiĉt meftier, ne pourront ouvrer ne befongner oudiĉt meftier en leurs hoftels ou chambres, ne tenir roues affifes à tenir pots, ne pieux fichiez; fur ladiĉte peine de vingt fols parifis, à applicquer comme deffus.

(8) *Item.* Nul quel qu'il foit, foit maiftre dudiĉt meftier ou autre, vendant en ladiĉte ville & forbourgs de *Paris* autre ouvrage dudiĉt meftier de poterie, foient pots, bouteilles ou autres ouvrages, tant de la façon de cette ville de *Paris*, de poterie nommée de *Beauvays*, comme autres, ne pourront icelles denrées, ouvrages & marchandifes dudiĉt meftier, embourfer, calunner ne eftouper; car l'embourfement eft faiĉt de chaulx & œufs, ne les reftoper de fromage, cire, fuif ne autre fophifticacion, qui font déceptiz, non fouffifans, & pour decevoir le peuple, mais feront lefdiĉts ouvrages reftoupez & reffaiz par les ouvriers dudiĉt meftier, de terre bonne & fouffifante, plomez & recuiz comme il appartient; fur ladiĉte peine de xx fols parifis, à applicquer comme deffus.

(9) *Item.* Nuls dudiĉt meftier, foit maiftre ou varlet, ne pourront ouvrer ne befongner dudiĉt meftier, foit pour tourner fur roue, pour éventer, ne pour faire autre chofe appartenant audiĉt meftier, de nuiĉt: c'eft à fçavoir, depuis la fainĉt *Remy* jufques au premier jour de mars, par chafcun jour, devant cinq heures de matin, ne depuis fept heures au foir, ne en autre temps de nuiĉt à la chandelle; fur ladiĉte peine de xx fols parifis: fors tant qne lefdiĉts pottiers, après ce qu'ils auront enfournez leurs pots, & eftouppez leur four de gaffiellement, pourront, fe bon leur femble, boutter leur feu en leurs fourneaux pour cuire les potz, & desfourner à toute heure que bon leur femblera, fans offenfe.

(10) *Item.* Aucuns dudiĉt meftier ne pourront dorefenavant ouvrer ne befongner dudiĉt meftier, depuis xij heures de jour, ès jours de famedy, ne ez vigilles de Noël, de l'Afcenfion Noftre Seigneur, de la Fefte-Dieu, ne ez veilles des cinq feftes Noftre-Dame, de fainĉt Jean-Baptifte & de Touffaints, aux dimanches, ne aux jours defdiĉtes feftes, ne aux jours de feftes des Apoftres; fur peine de cinq fols parifis d'amende, à appliquer comme deffus. Efdiĉts jours de famedy, ne ès veilles des feftes deffufdiĉtes, les varlets dudiĉt meftier ne feront payez que de demye journée; & en cette Ordonnance ne font en rien comprins les apprentiz dudiĉt meftier, lefquels peuvent euvrer à toutes heures & toutesfois que bon leur femblera, pour apprendre & faire joliveté & fubtilité dudiĉt meftier, pourveu qu'ils ne facent riens qui foit à vendre, comme feroit un apprentiz à peindre ou à efcrire.

(11) *Item.* Nuls maiftres dudiĉt meftier, demeurans en ladiĉte ville & forfbourgs de *Paris*, ne doivent riens de chofe qu'ils vendent ou achaptent en leurs hoftels, qui appartiengne ou foit des appartenances dudiĉt meftier.

(12) Item. Auſſy ne doivent iceulx potiers de terre, autres péages ou couſtumes de choſes qu'ils portent à leur col, qui ſoit des appartenances de leurdiɛ̃ meſtier.

(13) Item. Nuls qui s'entremettent de faire vendre denrées & marchandiſes dudiɛ̃ meſtier, ne pourront comporter ne faire comporter, vendre ne faire aſſiette par les rues & voyeries de ladiɛ̃e ville de *Paris*, ne ailleurs que dans leurs hoſtels & maiſons, aucunes denrées & marchandiſes dudiɛ̃ meſtier; mais bien peuvent porter leurſdiɛ̃es denrées ez halles de *Paris*, pour vendre au jour de ſamedy en la place, & ainſy qu'ils ont accouſtumé; ſur peine de xx ſols d'amende, à appliquer comme deſſus.

(14) Item. S'aucun potier de terre porte ſes pots au marchié de *Paris* pour vendre, il doibt trois ſols l'an, de couſtume, à payer au Roy, moiɛ̃ié à Paſques & moiɛ̃ié à la ſainɛ̃ *Remy*, pour leur place; & doibt chaſcun potier pour leur ſamedy, ſe il a pots au marchié, un pot de maille de tonlieu, vende ou non vende, ou deux pots qui vaillent maille: & ſe potier ne portoit ou faiſoit porter ſes pots au marchié, il ne devroit nuls des trois ſols, ne nuls des pots de maille.

(15) Item. Que tous marchands amenans & qui feront amener, venir & conduire en cettediɛ̃e ville de *Paris*, aucuns ouvrages, denrées & marchandiſes dudiɛ̃ meſtier de poterie, feront tenus icelles denrées, ouvrages & marchandiſes, deſcendre & faire deſcendre & arriver éſdites halles de *Paris*, en la place à ce accouſtumée, ſans les deſcendre ès forſbourgs ne ailleurs dedans *Paris*; & ne pourront icelles deſlier, deſſardeler, monſtrer ne expoſer en vente en quelque manière que ce ſoit, juſques à ce que icelles denrées, ouvrages & marchandiſes ayent eſté veues & viſitées par leſdiɛ̃s jurez, à ſçavoir ſe icelles denrées & marchandiſes ſont bonnes & ſouffiſantes pour eſtre vendues en cettediɛ̃e ville de *Paris*: ſur peine d'amende arbitraire & de confiſcacion deſdiɛ̃es denrées & marchandiſes, à appliquer comme deſſus; & ſe leſdiɛ̃es denrées & marchandiſes & ouvrages n'eſtoient trouvées bonnes & ſouffiſantes, ne feront tollérées ne ſouffertes eſtre vendues en ladiɛ̃e ville & banlieue de *Paris*: leſquels jurez pour faire ladiɛ̃e viſitacion auront pour leur ſallaire de viſiter leſdiɛ̃es denrées, c'eſt à ſçavoir, de chaſcun chariot deux ſols pariſis, de la charrete xvj deniers pariſis, & du cheval viij deniers pariſis, & au ſeur l'empleige.

(16) Item. Tous potiers de terre vendans denrées dudiɛ̃ meſtier ès halles de *Paris* au jour du ſamedy, feront doreſenavant tenus de tournoyer & changer places à tour par chaſcun ſamedy de l'an; ſur peine de quarante ſols pariſis d'amende, à appliquer comme deſſus.

(17) Item. Nuls quels qu'ils ſoient, ne pourront ouvrer ou faire ouvrer, ne vendre ou faire vendre en la ville & faulxbourgs de *Paris*, aucuns ouvrages, denrées ou marchandiſes dudiɛ̃ meſtier de poterie, s'ils n'ont eſté ou ſont receuz ou paſſez maiſtres oudiɛ̃ meſtier, & qu'ils ayent payé les droiz & devoirs pour ce deubs, comme deſſus eſt diɛ̃; fors & excepté aucuns qui ont & auront prins & achapté Lettres du Roy noſtre Sire, pour revendre pots; leſquels peuvent & pourront ſeulement revendre en ladiɛ̃e ville & fauxbourgs de *Paris*, ouvrages & marchandiſes dudiɛ̃ meſtier, nommées communément de *Beauvais*, comme boutteilles, pots à boire, godets & autres tels ouvraiges accouſtumez à amener; ſur peine de confiſcacion deſdiɛ̃es denrées & d'amende arbitraire, à appliquer comme deſſus: laquelle Lettre un chaſcun qui voudra avoir la franchiſe de vendre leſdiɛ̃s pots & ouvraiges, ſera tenu achapter du Roy noſtre Sire, ou de ſon Receveur à *Paris* pour luy; & payera pour icelle Lettre xx ſols au Roy noſtre Sire, xx ſols à la confraerie dudiɛ̃ meſtier, & xx ſols auſdiɛ̃s jurez.

(18) Item.

(18) *Item.* Pour garder les Conftitutions & Ordonnances deffufdictes, & faire tenir en leurs termes, feront créez & prépofez, inftituez & eftabliz doref-enavant par le *Prévoft* de *Paris*, par chafcun an, par le confentement des preudhommes dudict meftier & du Procureur du Roy noftre Seigneur ou Chaftelet de *Paris*, quatre preudhommes d'iceluy meftier, fouffifans & idoines, pour ledict meftier garder, & pour vifiter les denrées, ouvrages & marchandifes d'iceluy; lefquels feront ferement folemnel par-devant le *Prévoft* de *Paris* ou fon lieutenant, que bien & diligemment ils garderont lefdictes Ordonnances, & vifiteront ledict meftier, les ouvrages & marchandifes d'iceluy; & touttes les fautes & mefprentures qu'ils trouveront & fauront eftre faictes & commifes contre lefdictes Ordonnances, ils rapporteront au *Prévoft* de *Paris* ou au Procureur du Roy noftre Seigneur audict Chaftelet, pour en faire ce que raifon dourra; les deux defquels jurez feront chafcun an changez, & ou lieu d'eulx, mis deux autres jurez nouveaux avec les deux anciens, qui vifiteront ledict meftier, ouvrages & marchandifes d'iceluy, ainfi & par la maniere que deffus eft dict: requérans lefdicts potiers de terre, iceulx poincts & articles eftre enrégiftrez où l'en a accouftumé enrégiftrer les ftatuts & Ordonnances des meftiers de ladicte ville de *Paris*, & des denrées & marchandifes qui y font amenées, conduictes & arrivées, pour eftre tenues & gardées de poinct en poinct fans enfraindre, de tous ceux & ainfy qu'il appartiendra, fur les peines dedans contenues.

Savoir faifons que, ouye ladicte requefte, veuz lefdits poincts & articles deffus tranfcripts, veuz auffy & récollez lefdiz anciens régiftres & Ordonnances, prins l'affirmacion de tous les potiers de terre de ladicte ville, qui ont tefmoigné & affermé lefdicts poincts & articles deffus tranfcripts eftre bons, utilz, prouffitables & néceffaires pour ledict meftier & la chofe publique; nous, par l'advis & délibéracion de noftre Lieutenant civil, des Advocat & Procureur du Roy noftre Sire oudict Chaftellet, & autres gens de confeil, pour ce préfens & appellez à ce, avons ordonné & ordonnons les poincts & articles cy-deffus tranfcrits, comme bons, utiles, prouffitables & valables pour le faict & eftat dudit meftier & marchandife de potier de terre, & de la chofe publique, & comme tels vaudront, tiendront & feront tenus & gardez fans enfraindre en aucune maniere, & fur les peines contenues en chafcun defdits articles, en adnullant par ces mefmes préfentes les poincts & articles de l'ancien régiftre dudict meftier, dérogans du contenu ès Ordonnances deffus contenues, fauf à icelles accroiftre ou diminuer toutes & quantes fois que verront expédient pour le bien de la chofe publique. En tefmoing de ce, nous avons fait mettre à ces Lettres le féel de ladicte *Prévofté* de *Paris*, le famedy x.e jour du mois de juillet, l'an de grace mil quatre cens cinquante-fix.

Lefquelles Lettres deffus tranfcriptes & tous les poincts & articles contenus en icelles, Nous avons louez, gréez, ratifiez, confermez & approuvez, & par ces préfentes Lettres, de noftre grace efpécial, plaine puiffance & authorité royal, louons, gréons, ratiffions, confermons & approuvons, & les avons agréables de poinct en poinct felon leur forme & teneur.

Si donnons en mandement par ces mefmes préfentes à noftredict *Prévoft* de *Paris*, que a la garde & connoiffance de & fur tous les meftiers & marchandifes de ladicte ville & banlieue de *Paris*, & à tous nos autres Officiers & Jufticiers ou à leurs lieuxtenans préfens & à venir, & à chafcun d'eulx fi comme à luy appartiendra, que lefdictes Ordonnances & ftatuts, ils & chafcun d'eulx en droict foy, facent tenir, garder & obferver de poinct en poinct felon leur fourme & teneur, fans enfraindre, en puniffant les infracteurs & faifants ou qui s'efforceroient de faire & venir contre la teneur d'icelles, à Nous payer

les amendes dont en icelles eſt faicte mencion, ou autres telles comme il appartiendra, & ſelon l'exigence du cas; & que icelles Ordonnances & ſtatuts ils facent publier & enregiſtrer en leurs auditoires, & par-tout ailleurs où il appartiendra, ad ce que aucun n'en puiſſe prétendre cauſe d'ignorance. Et afin que ce ſoit choſe ferme & eſtable à tousjours, Nous avons faict mettre noſtre ſeel à ces préſentes; ſauf en autre choſe noſtre droict, & l'autruy en toutes. *Donné à* Gannat, *au mois de ſeptembre, l'an de grace mil quatre cens cinquante-ſix, & de noſtre regne le XXXIIII.* Ainſi ſigné. *Par le Roy, à la relacion des Gens de ſon Grand Conſeil.* FROMENT.
Viſa. Contentor. CHALIGAULT.

(a) Lettres de Charles VII, pour faire contribuer aux tailles de la ville de Toulouſe, ſelon l'alivrement, tous ceux qui y ont des biens roturiers.

CHARLES, par la grace de Dieu, roy de France, au Séneſchal & Viguier de *Toulo"ſe* ou à leurs lieutenans, ſalut. De la partie de nos chers & bien amez les Capitouls, bourgeois & habitans de noſtredicte ville & dioceze de *Touloſe*, Nous a eſté humblement expoſé, que en la ville & dioceze de *Touloſe*, & par-tout noſtre pays de *Languedoc,* ont accoutumé de toute ancienneté faire les impoſts des tailles & deniers qui ſont mis ſus par Nous en iceluy pays, principalement ſur les poſſeſſions, rentes & héritages ruraux qui ne ſont point nobles; & ce, ſelon le papier de l'eſtime & alivrement des villes & lieux où ſont faits leſdits taux & impoſts, & où ſont aſſis leſdites poſſeſſions & héritages : & quand il avient que aucuns des poſſeſſeurs deſdits héritages ruraux, vend, aliéne & tranſporte leſdits héritages ou aucun d'iceulx, il eſt & demeure déchargé de tant que valent leſdits héritages par lui vendus, aliénez, à l'autre impoſt qui ſe fait aprez au ſol la livre, ſelon ledit alivrement & papier de l'eſtime, quand il le vient dire & dénoncer audit alivrement; & ſont raiſonnablement tenus ceux qui acquièrent les héritages ruraux, ou à qui ils ſont tranſportez & délaiſſez, de payer les taux à quoy eſtoient impoſez leſdits héritages avant qu'ils feuſſent en leurs mains; & de ce a été uſé audit pays de *Languedoc,* par tel & ſi longtemps qu'il n'eſt mémoire du contraire. Et il eſt advenu que depuis certain temps en çà, pluſieurs Gens d'Égliſe, colléges fondez en ladite ville de *Touloſe,* ou leurs procureurs pour & au nom d'eux, & autres eux diſans exempts & privilégiez de divers eſtats, ont acquis & acquièrent chaſcun jour pluſieurs rentes, poſſeſſions & héritages ruraux; & combien que ceux qui les tenoient & poſſédoient ſelon la valeur & eſtimation d'iceux, & que raiſonnablement ceux qui les acquièrent & poſſedent à préſent deuſſent pareillement contribuer par raiſon d'iceux, ainſi que faiſoient les anciens poſſeſſeurs, néantmoins leſdits Gens d'Égliſe, colléges & autres, eux diſans exempts & privilégiez, détenteurs & poſſeſſeurs deſdites rentes, poſſeſſions & héritages ruraux, ont des-piéçà eſté & ſont encore de ce faire refuſans & en demeurent, & détiennent & occupent une bien grande partie deſdites rentes, poſſeſſions & héritages ruraux contribuables, & les veulent exempter de contribuer, à la très-grande charge des autres pauvres habitans contribuables, & au préjudice de la choſe publique, & plus, ſe par Nous n'eſtoit ſur ce donné proviſion, ainſi que dient leſdits ſupplians, requérant humblement icelle. Pour ce eſt-il que Nous, ces choſes conſidérées, qui voulons égalité eſtre gardée entre nos ſubjets, le mieux & plus que bonnement

NOTE.

(a) Ces Lettres ſont imprimées dans le tome V de l'Hiſtoire du *Languedoc,* par D. *Vaiſſette,* Preuves, col. 18 ; il les a tirées d'un regiſtre de la ſénéchauſſée de *Touloſe.*

faire fe pourra, vous mandons & commettons par ces préfentes, & à chacun de vous fi comme à lui appartiendra & qui requis en fera, que vous faites faire exprez commandement de par Nous à tous lefdits détenteurs des rentes & poffeffions, & héritages ruraux & contribuables, demeurans èfdites villes & dioceze de *Touloufe*, pour lefquels les poffeffeurs qui les détenoient & poffédoient par avant, contribuoient en nofdites tailles, qu'ils y contribuent, & en payent tel taux & portions que faifoient leurs prédéceffeurs poffeffeurs d'iceulx, & autre tel taux & impôts que de raifon, & les contraignent ou faffent contraindre, & chacun d'eulx, par prife, vendue, & exploitation defdites rentes, poffeffions & héritages ruraux contribuables, & autres voyes, &c. Car ainfi Nous plaît-il eftre fait ; & aux fupplians l'avons octroyé par les préfentes, nonobftant quelconques Lettres. Mandons à tous nos Jufticiers, &c. *Donné à Gannay, le quart jour d'octobre, l'an de grace* M C C C C L V I, *& de notre regne le* X X X I V.

(a) *Lettres de Charles V I I, fur la diftribution des deniers provenans de l'émolument du Sceau, par rapport aux Lettres concernant les crimes.*

CHARLES, par la grace de Dieu, roy de France, fçavoir faifons à tous préfens & à venir, Nous veu les Lettres de Chartres de feu noftre très-honoré Seigneur & pere, que Dieu abfolve, fcellées de fon grand féel en lacs de foye de cire verte, defquelles la teneur s'enfuit.

CHARLES, par la grace de Dieu, &c. (b)

Lefquelles Lettres & tout le contenu en icelles, Nous ayans agréables icelles, par l'advis & délibération des Gens de noftre Grand-Confeil, avons louées, ratifiées, confirmées & approuvées ; louons, ratifions, confirmons & approuvons par la teneur de ces préfentes, par lefquelles mandons à noftre amé & féal Chancelier, préfent & à venir, que l'Ordonnance contenue èfdites Lettres de Chartres, il face publier en nos Chancelleries & audience, & ailleurs où il verra eftre à faire, & la face tousjours entretenir de point en point, fans l'enfraindre, en contraignant ou faifant contraindre à ce faire & fouffrir, tous ceux qu'il appartiendra, par les peines & tout ainfi qu'il eft contenu èfdictes Lettres de Chartres ; car ainfy Nous plaift-il & voulons eftre fait. Et afin que ce foit chofe ferme & ftable à tousjours, Nous avons fait mettre noftre féel à ces préfentes, fauf en autre chofe noftre droit, & l'autruy en toutes. *Donné à la Palice en Bourbonois, au mois d'octobre, l'an de grace mil quatre cens cinquante-fix, & de noftre regne le trente-quatriefme. Ainfi figné. Par le Roy en fon Confeil.* J. DE BADOVILLIERS.

Collation eft faite, *vifa* ; & au dos eft écrit ce qui s'enfuit.

Lecta & publicata in Cancellariâ Domini noftri Regis, feu prefentiâ & de precepto domini Guillermi Juvenalis DES URSINS, *Cancellarii Francie,* Lugduni exiftentis, die decimâ fextâ menfis octobris, anno Domini millefimo quadringentefimo quinquagefimo fexto. Sic fignatum. DISONS.

Similiter lecta & publicata ad burellum in Camerâ Computorum dicti Domini noftri Regis, Parifius, *& ordinatione Dominorum, in libro Memora ium hujus temporis, fignato* T. *fol.* CXV, *regiftrata die vigefimo nono dicti menfis octobris & anno predicto. Sic fignatum.* LECUYER.

NOTES.

(a) Offices de France par *Joly*, tome I.er, page 728.
(b) Ces Lettres font de Charles VI, datées de *Paris*, le 19 octobre 1406 ; elles font imprimées dans ce Recueil, tome IX, page 153.

CHARLES
VII,
à Saint
Saphorin
d'Ozon,
en Novembre
1456.

(a) *Lettres de Charles VII, par lesquelles il ordonne d'établir une Monnoie en la ville de Laon.*

CHARLES, par la grace de Dieu, roy de France, favoir faifons à tous préfens & à venir, que eu par Nous confidéracion que en la ville de *Laon*, qui eft affife ès extrémitez de noftre royaume, feroit bien expédient, utille & prouffitable pour Nous & le bien de la chofe publicque de ladicte ville & du d'environ, d'y créer, ordonner & eftablir une Monnoye, à ce qu'en icelle fuffent forgées & mifes en euvre les billon & matiere d'or & d'argent qui fouventesfois font tranfportez & mis hors de noftredit royaume, en quoy Nous & toute la chofe publicque d'icelluy noftre royaume, avons efté & fommes grandement intéreffez ; confidérans auffi que par le moyen de ladicte Monnoye, noftre revenue & demaine en feront fors augmentez, Nous, pour ces caufes, & pour la bonne & grande loyaulté en quoy les habitans de ladicte ville de *Laon* ont toujours efté envers Nous, voulans en rémunéracion de ce, acroiftre en biens & prouffitz icelle ville, avons par grant & meute délibéracion des gens de noftre Confeil, ordonné, eftably & créé; ordonnons, eftabliffons & créons de grace efpécial, pleine puiffance & auctorité royal, par ces préfentes, une Monnoye en ladicte ville de *Laon;* & voulons que en icelle foient faictes & forgées les monnoyes d'or & d'argent & de noir, de tel cours, poix & aloy que l'en les fait à préfent & fera cy-après de par Nous en nof-dictes Monnoyes. Si donnons en mandement *(b)* par cefdictes préfentes, à noz amez & féaulx les Généraulx-maiftres de noz Monnoyes, que ladicte

NOTES.

(a) Regiftre de la Cour des Monnnoies, coté *F. fol.* 81, *r.*
(b) En exécution de ces Lettres, les Généraux-maîtres des Monnoies donnèrent le Mandement ci-après *(c).*

LES Généraux-maiftres des Monnoyes du Roy noftre Sire, à fire *Jehan Clerbout* noftre frere & compaignon, Général-maiftre defdictes Monnoyes: falut. Veues les Lectres du Roy noftredit Seigneur, defquelles la teneur s'enfuit:

CHARLES, &c. *(d)*

Nous, par vertu du povoir à nous donné par icelles Lectres, vous commectons & ordonnons de par le Roy noftredit Seigneur, à faire faire & ordonner en ladicte ville de *Laon*, une Monnoye ou lieu que adviferez & verrez eftre plus convenable & propice pour le prouffit d'icelluy Seigneur, en laquelle faictes faire fournaifes & toutes autres chofes néceffaires au fait de l'ouvraige de ladicte Monnoye, & en icelle venir ouvriers & monnoyers, leur eftablir & ordonner Prévoftz, tant pour la conduicte d'eulx que dudit ouvraige; & illec faictes par changeurs, marchans & autres, apporter & livrer billon & matière; icelle ouvrer & monnoyer en autelles & femblables monnoyes d'or & d'argent blanc & noir, de tel cours, poix & aloy que l'en fait à préfent ès autres Monnoyes du Roy noftredit Seigneur, & tout par la forme & manière que icelluy Seigneur le veult & mande par fefdictes Lectres. De ce faire vous donnons povoir par ces préfentes. Mandons & commandons de par le Roy noftredit Seigneur, à tous à qui il appartiendra, requérons tous autres, que à vous comme nous mefmes, en ce faifant obéiffent & entendent diligeamment, & vous donnent confeil, confort & ayde fe meftier en avez & requis en font. *Donné à Paris, foubz noz feaulx, le VII.ᵉ jour de février, l'an mil IIII.ᵉ cinquante-fix.* Ainfi figné. *G. DELAFOLLIE.*

NOTES.

(c) Ce Mandement eft tiré du même Regiftre ci-deffus cité, *fol.* 81, *v.*
(d) Voyez les Lettres ci deffus.

Monnoye ilz meânt fus en ladiâe ville de *Laon*, en lieu & hoftel convenable, & y facent faire les fournaifes & toutes autres chofes qu'ilz verront
eftre à faire pour noftre prouffit; & aufli y facent venir ouvriers & monnoyers,
& à iceulx ordonnent Prévoftz pour les conduire, ainfi qu'il eft acouftumé,
de faire en noz autres Monnoyes; & pareillement y facent apporter billon
d'or & d'argent, & toute autre matière néceffaire à faire monnoye, de tous
changeurs, marchans & autres demourans plus près de ladiâe ville, ainfi qu'il eft
acouftumé de faire en nofdiâes autres Monnoyes, en les contraignant à ce
par toutes voyes & manières deues & raifonnables, & tellement que noftrediâe
Monnoye foit fournie fouffifamment; & noftre préfente Ordonnance facent
fignifier & publier par-tout où il appartiendra, en maniere que aucun n'y
prétende ignorance : car ainfi Nous plaift-il & voulons eftre fait, nonobftant
que d'ancienneté l'en n'eft pas acouftumé de faire monnoyes en ladiâe ville
de *Laon*. Et affin que ce foit chofe ferme & eftable à tousjours, Nous avons
fait mettre noftre féel à cefdiâes préfentes, fauf en autres chofes noftre droit,
& l'autruy en toutes. *Donné à Sainâ-Suphorin Dezon (a), ou moys de*
novembre, l'an de grace mil IIII.ᶜ cinquante-fix, & de noftre règne le XXXV.ᵉ Ainfi
figné. *Par le Roy en fon Confeil.* CHALIGAULT. *Vifa.*

CHARLES
VII,
à Saint-
Saphorin-
d'Ozon,
en Novembre
1456.

NOTE.

(a) *S. Saphorin d'Ozon*, bourg de Dauphiné, fur l'*Ozon*.

(a) Ordonnance de Charles VII, fur le mefurage des grains à Rouen.

CHARLES
VII,
à Lyon
fur le Rhône,
en Février
1456.

CHARLES, par la grace de Dieu, roy de France, fçavoir faifons à tous
préfens & à venir, Nous avoir receue l'umble fupplication des vingt-
quatre mefureurs de blez & autres grains en noftre ville de *Rouen*, contenant
comme pour donner reigle, police & gouvernement fur le fait & entremife
du mefuraige de tous grains vendus & diftribués en noftrediâe ville & banlieue de *Rouen*, plufeurs notables Ordonnances ayent piéçà efté faiâes par
aucuns Bailliz qui jadis ont efté en ladiâe cité de *Rouen*, lefquelles ont efté
gardées & entretenues par aucun temps ; mais pour occafion des guerres &
divifions qui depuis quarante ans en çà ont efté en noftre royaume, icelles
Ordonnances ont efté mifes en oubly, ou au moins pour ce que depuis la
réduâion faiâe de noftrediâe ville & cité de *Rouen* en noftre obéiffance,
n'ont efté renouvellées, plufeurs perfonnes les ont mifes & meâent en ignorance, & les contemptent, ou au moins ne les vueillent entretenir : & à cette
caufe, pour le bien de juftice, & pour obvier aux fraudes & abbus qui au
temps à venir pourroient eftre commis pour le fait dudit mefurage, & pour
le bien & utilité de la chofe publique & des droiz acquis de noftredit
demaine, qui par deffault dudit gouvernement, police & reigle, eftoient & font
grandement bleffées, noftre *Bailly de Rouen*, ou fon lieutenant-général & noz
autres Officiers audit Bailliage, fe font affemblez pour refrefchir & renouveller lefdiâes Ordonnances, & à celle fin ont recouvert aucunes d'icelles
Ordonnances, lefquelles par eulx vues & bien entendues avec lefdits vingt-
quatre mefureurs defdits grains venduz en ladiâe ville de *Rouen*, eulx
deuement affemblez, appellez & convoquez, ont efté faites & renouvellées
fous les modificacions qui s'enfuivent.

A tous ceux qui ces préfentes Lettres verront ou orront, *Pierre Daron*,
lieutenant-général de noble homme Monfieur *Guillaume Coufinet*, Chevalier

NOTE.

(a) Tréfor des Chartes, regiftre IXˣˣXI [191], pièce 228. — *MSS. de Colbert*,
Volume LV, page 463.

CHARLES VII, à Lyon sur le Rhône, en Février 1456.

seigneur de *Montereul-sur-le-bois*, Conseiller du Roy noftre Sire & fon *Bailly* de *Rouen*, falut. Comme pour donner reigle, police & gouvernement ou fait & entremife du mefurage de tous grains vendus & diftribuez en la ville & banlieue de *Rouen*, plufeurs notables Ordonnances ayent piéçà efté faictes par aucuns Baillis, qui jadis ont efté en ladicte cité, & icelles entretenues & gardées par aucun temps; mais pour occafion des guerres & divifions qui depuis quarante ans en çà ont efté en noftre royaume, icelles Ordonnances foient mifes comme en obly, ou au moins, pour ce que depuis la réduction faicte de noftredicte ville & cité en l'obéiffance du Roy noftre Sire, n'ont efté renouvellées, plufeurs perfonnes les mettent en ignorance, & les con-temptent, ou au moins ne les vueillent entretenir: par quoy, pour le bien de juftice, & pour obvier aux fraudes & abuz qui au temps à venir pourroient eftre commis fur ledit fait de mefurage, eft befoing & urgente néceffité, pour le bien & commun prouffit de la chofe publique & des droiz acquis du demaine du Roy noftre Sire, qui par deffault dudit regle eftoient & font fouvent bleccez, de rafrefchir & renouveller icelles Ordonnances; & à celle fin avons recouvert aucunes defdictes anciennes Ordonnances, & après icelles par nous veues, leues & bien entendues, avons mandé & fait affembler les vingt & quatre mefureurs defdits grains, & leur ayons enchargé & commandé de par le Roy noftredit Seigneur, que ils veiffent enfemble icelles Ordonnances anciennes, & que icelles veues ils retournaffent par-devers nous, & nous rapportaffent & certifiaffent fe à leurs advis & confciences, les points & articles déclairées en icelles eftoient néceffaires & convenables pour le bien, prouffit & utilité que deffus, ou fe ils faifoient à changer, augmenter ou diminuer en leur eftat; & certain temps après nous euffent rapporté certaines articles en papier, les aucunes prinfes éfdites Ordonnances, les autres en augmentacion d'icelles, affermans à leurs advis & confciences eftre loyalles, propres & néceffaires, & pour la confervacion de la chofe publique, requérans que nous les voulfiffions confermer, & en figne de perpétuelle mémoire leur en bailler Lettres autentiques, afin que nul déformais ne peuft prétendre ignorance; lefquelles articles nous euffions veues & diligemment regardées, & icelles communiquées par plufieurs fois avec les Advocaz & Procureur du Roy noftredit Seigneur, les *Viconte* de *Rouen* & de l'eaue dudit lieu, & plufieurs notables perfonnes tant de l'eftat de juftice que autres, par l'oppinion defquels nous euffions trouvé icelles articles eftre bonnes & loyales, & néceffaires à entretenir pour efviter aux abus, fraudes, malices & inconvéniens qui pour le temps à venir fur ledit fait de mefurage, pourroient eftre commis, tant par les mefureurs que autres quelfconques perfonnes : favoir faifons que aujourd'huy, après ce que *Jehan Simon*, *Martin des Frefnes*, *Colin Guiche*, *Simon Morin*, *Jehan de Volleville*, *Guillaume Alas*, *Jehan de Chienville*, *Jehan de Blanville*, *Jehan le Breton*, *Pierre Pautru*, *Oneroult Hays*, *Pierre Hart*, *Guillaume le Roux*, *Marquet de Rondemare*, *Robin le Chandellier*, *Jacquet Vignon*, *Jehan Planthou*, *Guillaume le Lievre*, *Noel de Caux* & *Richart Lafne*, du nombre des vingt & quatre mefureurs des blez & autres grains en ladicte ville, pour eulx, & eulx faifans fors en eftabliffans pour eulx & les autres mefu-reurs des blez & autres grains en ladicte ville, pour eulx & les autres mefureurs de ladicte ville, fe feuffent comparus par-devant nous en la préfence de hono-rable homme & fage maiftre *Michel Boute*, Procureur du Roy noftredit Seigneur oudit Bailliage, & que les articles dont devant eft faicte mencion eurent efté leues en leurs préfences, defquelles la teneur s'enfuit.

Enfuit les articles faictes, ordonnées, advifées & délibérées eftre néceffaires à garder fur le fait du mefurage de tous grains en la ville & banlieue de *Rouen*.

(1) *Premièrement*. Que dorefenavant il aura en ladicte ville vingt & quatre mefureurs de grains feulement, des plus prudhommes & fouffifans de ceulx

CHARLES
VII,
à Lyon
sur le Rhône,
en Février
1456.

qui à préfent s'entremettent de mefurer grains en ladicte ville, lefquels vingt
& quatre mefureurs, ainfi & chafcun d'eulx, bailleront devers le *Bailly* de
Rouen & devers le *Viconte* de l'eaue de *Rouen* ou à leurs lieuxtenans, caution
fouffifante chafcun de trente livres tournois, & feront ferement folempnel
de bien & loyaument exercer le fait dudit mefuraige en fait de la marchandife
de grains, fans faveur que ils ayent à aucuns marchans ne aultres, fur peine
de prifon & de foixante fols tournois d'amende, toutesfoiz que ils feront
trouvez faifant le contraire.

(2) *Item.* Jureront lefdits vingt-quatre mefureurs, que ledit grain tant ès
vaiffeaulx, greniers ou ailleurs, ils mefureront juftement & loyaulment, pour
le temps advenir, aux mefures jaugées & féellées en l'oftel de la *Viconté* de
l'eaue dudit lieu de *Rouen*, & non autrement, fur ladicte peine.

(3) *Item.* Que le nombre du grain que ilz auront mefuré en les noms des
marchans, ils rapporteront devers celuy ou ceulx qui fera ou feront eftablis à
recevoir pour le Roy noftre Seigneur ou fes fermiers, les acquits de ladicte
Viconté de l'eaue de *Rouen*, ou propre jour qu'ils auront fait ledit mefurage,
ou lendemain dedans prime; fur peine de vingt fols tournois d'amende
touteffoiz que en feront trouvez en faulte, affin que le droit du Roy noftredit
Seigneur, qui prent certains droits fur ledit grain à caufe de fon demaine,
y foit gardé.

(4) *Item.* Lefdits mefureurs, pour le bien des marchans & de la marchandife, feront dorefenavant ledit mefuraige en l'eau de Seine & en grenier,
chafcun à fon tour, & en tel nombre comme il conviendra & fera meftier
pour le grain qui fera à mefurer pour le jour; fans ce que aucun de iceulx
mefureurs puiffe entreprendre aucun fait de mefuraige fur l'autre, à fon plaifir
ne autrement, fur peine de ladicte amende, fe toutefvoyes par aucune caufe
néceffaire eulx n'eftoient contrains par juftice.

(5) *Item.* Lefdits vingt & quatre mefureurs feront tenus de envoyer chafcun
jour au matin, deulx d'entr'eulx qui feront fepmainiers, en l'oftel de ladicte
Viconté de l'eaue, pour fçavoir fe il y aura grains à mefurer; & fe il y en a, ils
le feront tantoft favoir à leurs compagnons à qui le tour cherra, qui feront
tenus incontinent & fans délai, à aller labourer & mefurer ledit grain, fur peine
de quarante folz tournois d'amende, & de defdommager les marchans.

(6) *Item.* Lefdits mefureurs ne aucuns d'eulx, ne prendront dorefenavant
pour raifon & à caufe dudit mefurage, fors le falaire qui enfuit: c'eft affavoir,
de chafcune mine de grain que ils mefureront, & qui fera vendu de marchant
à autre, ung denier du vendeur & ung denier de l'achepteur tant feulement;
& plus n'en pourront avoir par don, courtoifie ne autrement: fur peine de
forfaire leurdit eftat de mefurage, & d'amende à la voulenté de juftice.

(7) *Item.* Se aucun ou aucuns defdits mefureurs eftoit malade, ou avoit
aucun effoine raifonnable pour quoy il ne peuft mefurer au jour de fon tour,
il pourra faire faire ledit mefurage en fon lieu par ung de fes compaignons.

(8) *Item.* Toutes & quantesfois que aucun defdits mefureurs fera fi aagié
ou foible, qu'il ne pourra plus faire ledit mefuraige, il pourra bailler & mettre
en fon lieu, à fes périls, un fort homme, preud'homme & loyal, par l'Ordonnance de mondit Seigneur le *Bailly* & du *Viconte* de l'eaue ou leurs lieuxtenans,
lequel jurera & fera tenu faire bien & loyaulment ledit mefuraige, par la forme
& manière que deffus eft dit, & par tant d'efpace de temps qu'il plaira
à l'eftablir, ou fa vie durant, s'il luy plaift & à juftice.

(9) *Item.* Touteffois que aucuns defdiz mefureurs yront de vie à trefpaffement, le *Bailly* de *Rouen* & le *Viconte* de l'eaue ou leurs lieuxtenans qui
pour le temps feront, mettront & eftabliront en fon lieu ung autre mefureur
preud'homme & loyal, à leur plaifir, qui jurera & baillera caucion de bien &
loyaulment exercer ledit mefurage par la forme & manière deffus contenue;

CHARLES
VII,
à Lyon
fur le Rhône,
en Février
1456.

lequel ainfy mis & eftably, fera receu agréablement par lefdicts autres mefu-reurs, qui feront tenus luy monftrer & apprendre, fe meftier eft, le fait dudit mefuraige; & auffi il fera tenu payer à la *Chérité-Dieu* & Monfieur *Sainct Jacques*, fondée en l'églife des Freres-Prefcheurs de *Rouen*, vingt fols tournois, pour aidier & fouftenir les meffes qui font tous les jours dictes & célébrées pour les bienfaicteurs d'icelle *Charité*, & pour tous bons Chreftiens; ou il n'y fera point receu.

(10) *Item.* Nul defdits mefureurs ne pourra eftre marchant ne parçonnier de la marchandife appartenant audit mefurage, fur peine d'eftre privé d'icelluy eftat, & d'amende à l'Ordonnance de juftice.

(11) *Item.* Tous lefdits mefureurs feront tenus de eulx abftenir de taicteries & riottes, afin que le faict dudit mefuraige ne foit par eulx retardé ne em-pefchié: fur peine de dix fols tournois d'amende, que payera celuy qui aura tort, au dit de trois des compagnons; de laquelle amende la tierce partie fera au Roy, l'autre à ladicte *Charité*, & l'autre aux compagnons préfens au difcort des parties.

(12) *Item.* Toutes & quantesfois que les Juges à qui la congnoiffance de ce appartient, verront, congnoiftront ou feront deuement informez que aulcunes fraudes ou mauvaiftiez feront oudit mefurage par lefdits mefureurs ou l'un d'eulx, au préjudice du Roy noftre fouverain Seigneur, des marchans, ou de la chofe publique, ils feront tenus de y pourvoir felon l'exigence du cas, & de les en pugnir felon raifon & juftice.

(13) *Item.* Lefdits mefureurs & chafcun d'eulx feront rapport aux fe-mainiers de tout le grain que ils auront mefuré pour jour, tant en harle & en l'eau de *Saine*, comme ès greniers, afin que les fepmainiers puiffent faire bon compte & loyal à leurs compagnons en la fin de chafcune fepmaine: fur peine de foixante folz tournois, moitié à juftice, quinze à ladicte frairie, & quinze folz aux compagnons dudit colleige; & pour la première fois privez an & jour, & pour la feconde à tousjours.

(14) *Item.* Seront tenus lefdits mefureurs & chafcun d'eulx, par leurs feremens, à annoncer audit *Bailly, Viconte*, ou à leurs lieuxtenans, touttes les fraudes & maulveftiez que ils pourront congnoiftre eftre faictes ou fait de ladicte marchandife de grains, contre le bien & proufit du Roy & de la chofe publique.

(15) *Item.* Lefdits vingt-quatre mefureurs feront partis par fepmaine: c'eft affavoir, douze en une fepmaine & douze en l'autre; lefquels fepmainiers feront tout le mefurage de grain vendu & à jauge qui cherra en leur fep-maine, tant en l'eaue de *Seine* comme ès greniers de ladicte ville & banlieue; & fi effiront iceulx douze fepmainiers, l'un d'iceulx qui recevra & recueillera tout le gaing & proufit que iceulx douze fepmainiers auront faict en ladicte fepmaine, pour le départir par entr'eulx.

(16) *Item.* Et ce ne pourront ceulx qui ne feront fepmainiers, faire aucun labourage ès lieux deffufdiz, fors feulement en la halle qui fera commune à tous les mefureurs; excepté que ils pourront faire, fe befoing eft, en la ville, jufques à demy muid de grains & non plus, fans en ce faire fraude ou malice, comme de faire porter grain en chache, de l'eau de *Seine* ou d'ailleurs, pour le faire muchément.

(17) *Item.* Et toutefvoyes fe aucuns de ceulx qui ne feront fepmainiers, eftoient requis de aucun bourgois ou marchant, de faire plus grant labourage que de douze mines, il fera tenu de faire ledit labouraige pour expédier les bourgois ou marchant, fe il luy plaift, ou de envoyer querir ou le faire favoir à aucun de la fepmaine, afin que ladicte befongne foit diligemment faite au proufit de la chofe publique.

(18) *Item.*

CHARLES
VII,
à Lyon
sur le Rhône,
en Février
1456.

(18) *Item.* Et s'il fait ledit labourage, il sera tenu ce jour ou le lendemain dedans prime, de le annoncer au sepmainier de la sepmaine, tout le nombre du grain qu'il aura fait ; lequel sepmainier recevra tout le gain & prouffit dudit mesurage, excepté de douze mines que celuy qui aura fait ledit mesurage aura, & plus n'en pourra retenir par faveur ne autrement, soit vendu ou gaugé, sur peine de vingt sols tournois d'amende, à appliquer moitié au Roy & moitié au sepmainier de la sepmaine.

(19) *Item.* Que nul desdits mesureurs ne fera ou fera faire par sa femme ou serviteurs, nul fait de mesurage, soit vendu ou à gauge, ne prester sa mine ou raselle à nulle personne par faveur ou autrement, pour frauder le Roy ne les autres compagnons mesureurs, tant de l'une sepmaine comme de l'autre, sur peine de perdre sa mine ou son ratel, de l'amende dessusdicte à appliquer comme dessus ; & ne pourra aucune personne, s'il n'a le don de l'office commis par justice & soit mesureur-juré, avoir ne tenir aucune mine secrete, pour vendre ne acheter, sur peine d'amende à la voulenté de justice ; mais lesdiz louagiers auront la mine de leur maistre & non autre.

(20) *Item.* Et seront tenus les douze sepmainiers, de parler tous les jours de la sepmaine au sepmainier qui sera establly entr'eulx, pour sçavoir s'il y aura aucun mesurage à faire, & s'il y fera son rapport ce jour de qu'il aura mesuré ; & de venir au compte le samedy ou dimenche dedans prime, afin que le sepmainier soit deschargé de son compte, sur peine de vingt solz tournois d'amende toutes les fois qu'il défauldra & il n'eut excusation raisonnable.

(21) *Item.* Lesdits mesureurs seront tenus venir renouveller leurs seremens chascun aux soiries de Noël, & apporter leurs mines & raseaulx au gauge de la viconté, afin que si elles estoient dommagées, que la correccion y fût mise ainsi qu'il est accoustumé de tout temps.

(22) *Item.* Que aucun marchant brasseur, boulengier, hostellier, revendeur de grain ne autres, ne pourront ne devront mesurer pour une fois, plus de trois boisseaulx de grains pour vendre ne acheter, sur peine d'amende à la voulenté de justice.

Nous, par l'advis & délibéracion que dessus, & pour le bien, utilité & prouffit de la chose publique, avons en la présence & du consentement dudit Procureur du Roy & desdits mesureurs, fait, composé, ordonné & appointié ; faisons, composons, ordonnons & appoinctons, par forme de Édict & establissement perpétuel, icelles Ordonnances, pour icelles estre désormais tenues, gardées & observées inviolablement en ladicte ville & banlieue de *Rouen*, selon leur sourme & teneur, sans ce que nul puisse pour le temps advenir aler encontre, sur les peines contenues en icelles, & comme infracteurs des Édis & Ordonnances. Si donnons en mandement ausdits mesureurs qui pour le temps présent sont, & à ceulx qui pour le temps à venir seront, que icelles Ordonnances ilz entretiennent, gardent & observent pour le temps à venir, sur les peines dessusdictes ; & tous les officiers & subjez du Roy nostredit Seigneur à qui il appartient, que ils les facent garder & entretenir inviolablement, sans enfraindre en aucune manière : en tesmoing de ce, nous avons séellé ces présentes de nostre séel, & à greigneur congnoissance & confirmacion de ce, y a esté mis le grant séel aux causes dudit Bailliage. *Ce fut fait & donné à* Rouen, *le neufviesme jour d'avril après Pasques, l'an de grace mil quatre cens cinquante-trois.* Ainsi signé. *J. DAUTENY.*

Lesquelles Ordonnances dessus transcriptes Nous ont esté par lesdits suppllans présentées en nostre Grand-Conseil, requérans par Nous estre approuvées, louées & confermées ; & icelles par Nous & nostredit Grand-Conseil veues & visitées, pour le bien, utilité & prouffit de la chose publique de nostredicte ville, cité & banlieue de *Rouen*, & pour donner regle, police

CHARLES
VII,
à Lyon
sur le Rhône,
en Février
1456.

& gouvernement ou fait dudit mesurage, afin de obvier aufdictes fraudes & abus qui se pourroient ensuir en deffault defdictes regle & police, avons eues & tenues, avons & tenons agréables, fermes & eftables, & les avons louées & ratiffiées, confermées & approuvées; & par la teneur de ces préfentes, de grace efpécial, plaine puiffance & auctorité royal, louons, ratifions & approuvons & confermons, & voulons & Nous plaift que dorefenavant elles foient inviolablement tenues, gardées & obfervées de point en point felon leur forme & teneur. Si donnons en mandement par ces nofdictes préfentes, au *Bailly* de *Rouen* & à tous nos autres jufticiers & officiers, ou à leurs lieuxtenans & à chafcun d'eulx en droit foy, fi comme à luy appartiendra, que lefdictes Ordonnances cy-deffus tranfcriptes ilz facent publier folempnellement en ladicte ville & cité de *Rouen* & ailleurs, où & ainfi qu'il appartiendra, & les tiennent, entretiennent, gardent & obfervent, & facent tenir, entretenir, garder & obferver inviolablement de point en point, felon leur forme & teneur, fans les enfraindre en quelque manière que ce foit. Et afin que ce foit ferme chofe & eftable à tousjours, Nous avons fait mettre noftre féel à ces préfentes. *Donné à Lyon fur le Rofne, ou mois de février, l'an de grace mil quatre cens cinquante-fix, & de noftre regne le trente-cinquiefme.* Ainfi figné. *Par le Roy à la relation des Gens de noftre Grant-Confeil.* DISOME.

Vifa. Contentor. J. DUBAN.

CHARLES
VII,
à Saint-Prieft
en Dauphiné,
le 8 Avril
1456.

(a) *Lettres de Charles VII, par lefquelles il révoque les aliénations du domaine du Dauphiné, faites par fon fils, Dauphin de Viennois.*

CHARLES, par la grace de Dieu, roy de France, faifans gouverner foubz notre main le pays de *Daulphiné*, à noz amez & féaulx les Gouverneur, fon lieutenant, Gens de Parlement, des Comptes, & Tréforier dudit *Daulphiné*, falut & dilection. Comme pour certaines caufes à ce Nous mouvans, plus à plain contenues en noz autres Lettres patentes fur ce données par grant délibération, Nous ayons puis n'agueres prins & mis en notre main ledit pays du *Daulphiné*, pour eftre gouverné foubz icelle, jufques à ce que par Nous autrement en foit ordonné; & foit ainfi comme Nous avons efté advertiz que notre très-chier & très-aimé ainfné fils le *Daulphin de Viennois*, ait fait plufieurs aliénations du domaine dudit pays, & donné plufieurs penfions extraordinaires, lefquelles il a affignés fur les revenues, rentes & émolumens du domaine d'aucunes places & chaftellenies, gabelles, péages & fermes dudit *Daulphiné*, par quoy foit befoing icelles reprendre & réunir audit domaine, ainfi que remonftré Nous a efté: Nous, ces chofes confidérées, defirans le bien & augmentation dudit domaine d'icellui, & de le faire remectre à prouffit pour eftre conduit en bon ordre foubz les mains de vous Gens des Comptes & Tréforier, tant pour tenir lefdites places & chafteaulx en eftat convenable tant de couverture que d'autres réparations néceffaires, comme pour veoir & oyr les comptes defdites chaftellenies, gabelles & péages, & pour en rendre & païer les deniers ez mains de vous Tréforier, ainfi que raifon eft; avons pour lefdites caufes, caffé & révoqué, caffons & révoquons lefdits dons, aliénations, gaiges & penfions, ainfi faiz par notredit filz fur ledit domaine du *Daulphiné*. Si vous mandons bien expreffément que préfentement vous envoiez par toutes les places & chaftellenies

NOTE.

(a) Ces Lettres nous ont été envoyées du Parlement de *Dauphiné*, avec l'indication fuivante: *Caiffe de Dauphiné*.

CHARLES
VII,
à Saint-Priest
en Dauphiné,
le 8 Avril
1456.

dudit pays, & mesmement par lesdits chasteaulx & chastellenies, gabelles & péages qui ont été ainsi alliennées & baillées par nostredict fils, & faictes exprès commandement de par Nous, aux Cappitaines desdittes places, ou leurs commis qui de par eulx en ont ou auroient la garde, & pareillement à ceulx qui tiennent & occupent lesdites gabelles, fermes & péages, que incontinent ilz s'en départent, en les faisant dorefenavant régir & gouverner soubz notre main, par la maniere que dit est ; & y mectez & commectez nouveaux Cappitaines, Chastellains & autres officiers de par Nous, qui à ce feront néceffaires pour le bien de la chofe, & qui des revenues foient tenus rendre bon & loyal compte, & le reliqua ès mains de vous Tréforier, ainfy qu'il eft accouftumé de faire touchant ledit domaine ; & à ce faire & fouffrir contraignez ou faictes contraindre tous ceulx qu'il appartendra, par toutes voyes & manieres en tel cas requifes, nonobftant oppofitions ou appellations quelzconques. De ce faire, vous donnons povoir, auctorité & mandement efpécial. Mandons & commandons à tous les jufticiers, officiers & fubgietz dudit pays du *Daulphiné*, que à vous & voz commis, en ce faifant, obéiffent & entendent diligemment, preftent & donnent confeil, confort & ayde, & prifons fe meftier eft & par vous requis en font. *Donné à Saint-Priet ou Daulphiné, le huitieme jour d'avril, l'an de grace mil quatre cent cinquante & fix, avant Pafques, & de notre regne le trente-cinquiefme, foubz notre feel ordonné en l'abfence du grant.*

Par le Roy, en fon Confeil. DELALOERE.

(a) Lettres de Charles VII, par lefquelles il confirme les ftatuts des Barbiers & Chirugiens de Bordeaux.

CHARLES, &c. favoir faifons, &c. que de la partie de noftre Procureur, inftigant le Procureur de noftre ville & cité de *Bourdeaux*, Nous a efté expofé que pour les guerres qui ont efté le temps paffé en noftredicte ville & cité de *Bourdeaux* & pays d'environ, fur le meftier & artifice de barberie & chirurgie en ladicte ville & cité n'a point eu de police, ou que que foit, elle a efté très-mal gardée, & ont plufieurs non-experts & ignorans, faict & exercé ledict artifice & meftier, voulans eftre maiftres avant qu'ils ayent efté bons varlets, & tenir ouvrouer d'iceluy meftier fans eftre expérimentez, examinez & approuvez par maiftres à ce experts & fuffifans, ainfy qu'il appartient, dont plufieurs maux & inconvéniens font le temps paffé avenus, & pourroient vrayfemblablement advenir de jour en jour, pour ce mefmement que iceulx, ainfy non approuvez ne paffez maiftres, ne fçavent convenablement reyre ne feigner, faire lancettes, fers, pointes bonnes & feures à ce néceffaires, & connoiftre les vaynes lefquelles il faut feigner pour la feurté du corps humain, guérir les playes & mettre à point, ny ne faire autres œuvres requifes & appartenantes audict meftier & artifice ; & fe fur iceluy meftier n'eftoient faictes & ordonnées Ordonnances, & icelles publiées, obfervées & gardées ; pour l'affeurement duquel meftier & entretenement d'iceluy, par les maire, jurez & confeillers de ladicte ville, lefquels ont regart & connoiffance de la police d'icelle, ont efté faictes & ordonnées certaines Ordonnances & articles cy-après déclarez, lefquels Nous ont fupplié & requis que icelles Nous plaife veoir, vifiter & ordonner, & de icelles garder & faire obferver par toute ladicte ville

N O T E.

(a) Tréfor des Chartes, regiftre IX^{xx}VII, [187], pièce 292 — *MSS. de Colbert*, vol. LIV, page 1194.

& cité de *Bourdeaux* & pays d'environ: defquelles Ordonnances & articles la teneur cy-après s'enfuit.

Ce font les Ordonnances faictes par les maire, jurats & autres du confeil de la ville de *Bourdeaux*, fur le meftier & artifice de barberie & chirurgie, appellez à ce & confentans les maiftres dudict meftier, à préfent demourans en icelle ville & cité de *Bourdeaux*.

(1) Et premierement. Lefdicts qui uferont dudict meftier de barberie & chirurgie, tiendront & maintiendront la confrairie de Monfeigneur S.t Cofme & Monfeigneur *Sainct Damien*, laquelle ils ont jà fondée & inftituée en l'églife des Carmes de ladicte ville & cité.

(2) Item. Seront tenus lefdicts ufans en ladicte ville & cité, de tenir & garder les Ordonnances de ladicte confrairie, & de eulx rendre à ladicte églife pour ouyr vefpres la vigile defdiz Saincts *Cofme* & *Damien*, & le jour de ladicte fefte, la grand-meffe & vefpres; fur peine de cinq fols tournois, ou cas qu'il n'y ait excufation légitime, laquelle le deffaillant fera tenu de venir dire aux maiftres-jurez dudict meftier le pluftoft que poffible luy fera.

(3) Item. Et pareillement lefdicts du meftier, & à mefme point, feront tenus d'eftre le lendemain de ladicte fefte, en ladicte églife, à la proceffion & meffe; & feront lefdictes peines levées contre lefdicts deffaillans, & appliquées au prouffit & entretenement de ladicte confrairie.

(4) Item. Et incontinent après ladicte proceffion & meffe, lefdicts du meftier, en la préfence de la juftice de ladicte ville ou d'aucuns à ce commis, elliront quatre maiftres-jurez, defquels en y aura deux de l'année précédente, pour mieux faire tenir, garder & obferver les ftatuts & Ordonnances dudict meftier, lefquels feront ferement de garder & obferver lefdictes Ordonnances, & icelles faire garder & obferver; & feront enrégiftrez par chafcun an à S.t *Éleige*, au livre de la ville.

(5) Item. Que aufdicts quatre jurez ainfy effeuz, on y adjouftera foy, & auront la cognoiffance fur tous les autres maiftres & compaignons dudict meftier; & toutesfois que lefdicts jurez manderont lefdits maiftres, varlets & apprentiz dudict meftier, ilz feront tenus de y obéir, fur la peine de cinq folz tournois pour chafcune fois qu'ils feront reffufans; à appliquer la tierce partie au Roy noftre Sire, l'autre tierce partie à la cité, & l'autre tierce partie aufdicts maiftres-jurez.

(6) Item. Lefdicts maiftres-jurez auront aucthorité & puiffance de fommairement & de plain, accorder les queftions & débats que fourdront entre les maiftres & les apprentiz & varlets dudict meftier & des circonftances, fans ce qu'il foit néceffaire, à caufe de ce, s'en aller devant autre juge; appellez toutefvoyes avec eulx deux ou trois hommes dudict meftier, & fi meftier eft, le juge de ladicte mairie, ou l'un des juratz de ladicte ville.

(7) Item. Et s'il advenoit que entre aucuns defdicts maiftres, apprentiz ou varlets dudict meftier, à aucun des habitans de ladicte cité ou autre, fourdift aucun débat ou queftion à caufe de leur loyer & falaire de cure ou vifitacion qu'ils auroient faictes; en ce cas iceulx maiftres, apprentiz ou varlets, feront tenus bailler leur requefte au juge ordinaire de ladicte mairie, lequel juge, appelé partie, par le confeil de deux ou trois defdicts maiftres dudict meftier, en ordonnera.

(8) Item. Lefdicts maiftres-jurez pour la premiere vifitacion, foit pour defgueille* ou autre appareil en rapport qu'ils feront prendre, s'ils font de ladicte ville de *Bourdeaux*, cinq fols tournois; & s'ils vont dehors de ladicte ville de *Bourdeaulx*, prendront pour chafcun jour, xx fols tournois s'ils font maiftres-jurez, & les autres barbiers ainfy qu'ils pourront appoincter avec les

* Sic.

paciens ; & si débat y avoit, lesdicts maistres-jurez ordonneront comme dessus sur ce.

(9) Item. S'il convient à faire mise ou despense pour la conservacion & deffense desdicts statuts & Ordonnances, & autrement pour le bien commun dudict mestier, que chascun dudict mestier sera tenu & obligé de y contribuer selon sa faculté & puissance ; ou cas toutesvoies que la plus part & seine partie de ceulx dudict mestier se y consentiront.

(10) Item. Que ceux qui viendront à l'examen pour estre maistres dudict mestier, seront tenus de prendre & lever Lettres séellées du séel dudict mestier, autrement ils ne seront tenus ne députez pour maistres ; de laquelle Lettre ainsy séellée ils ne payeront que cinq sols tournois pour le séel, lesquels cinq sols tournois seront ausdiz maistres-jurez : & payera en oultre ledit qui sera receu, le sallaire du notaire qui aura faicte ladicte Lettre.

(11) Item. Que aucun barbier de quelque estat ou condicion qu'il soit, ne soit si hardy de lever boutique ne ouvrouer publiq en quelque maniere que ce soit, ne de faire office de maistre barbier en ladicte ville de *Bourdeaux*, s'il n'est prémierement examiné & approuvé par les maistres-jurez dudict mestier de barberie & chirurgie de ladicte cité, & s'il n'a sa Lettre signée par main de notaire, & séellée du séel dudict mestier ; & sur la peine d'un marc d'argent pour chascune fois qu'il fera le contraire, à appliquer le quart au Roy, le quart à la confrarie dudict mestier, l'autre quart à la cité, & l'autre quart ausdicts jurez & maistres dudict mestier.

(12) Item. Que nul ne soit receu d'estre maistre dudict mestier, s'il n'est de bonne vie & honneste conversacion, & sans qu'il soit notoirement diffamé de tenir & avoir hostel ou vie diffamée, comme de bordelerie, maquerelerie, joueurs de dez, ou autre vilain cas.

(13) Item. Que aucun varlet ou fils de maistre ou apprentiz, ne soit receu s'il n'est trouvé souffisant par lesdicts maistres-jurez dudict mestier de ladicte cité, pour amour ne faveur quelconque ; & si d'avanture lesdicts jurez ne les recevoient, & il fust trouvé estre souffisant par autres experts à ce commis, ils pourront avoir recours sur les prémiers maistres qui les auroient refusé, & avoir son desdommagement sur eulx.

(14) Item. S'il y a aucun fils de maistre, varlet ou apprentiz, qui sente estre souffisans pour tenir ouvrouer public, avant qu'il puisse faire ou exercer ledict mestier ou lever ouvrouer, il sera tenu d'aller à l'examen par-devers lesdicts maistres-jurez, & là faire son devoir, c'est à sçavoir, servir de toutes œuvres ès boutiques desdicts jurez, à chascun huict jours, & faire une lancette à chascune boutique à leurs despens, ainsy qu'il est accoustumé de faire ès autres villes de ce royaume sur le mestier de barberie. Lesdicts maistres jurez adonc s'enquerront s'il a bonne veue, bonne main & seure pour bien rere & seigner, & s'il est souffisant à faire lancettes, fers & pointes bonnes & seures ad ce nécessaires, & s'il sçait connoistre les vaines lesquelles il faut saigner pour la santé du corps humain, & faire les autres choses appartenans audict mestier de barberie & chirurgie.

(15) Item. En tant que touche le faict de chirurgie, à grande & meure diligence s'enquerront lesdicts maistres jurez par le serement qu'ils ont faict, & sur la peine d'avoir recours sur eux pour l'impérité & insouffisance de ceux qu'ils recevront en maistres, & aussi sur la peine de vingt francs tournois, à applicquer comme dessus ; & se celuy qu'ils examineront, est scientifique & expers de l'anathomie de corps humain, des apostumes, fractures, rompeures, blessures, désolacions de membres, playes, chancres, fistules & généralement de toutes autres maladies que peuvent avenir à corps humain, & de toutes autres choses nécessaires & appartenans à office & mestier de chirurgie.

(16) *Item.* Se enquerront fe ledict examiné fcet bien coudre, lier & mettre à point une playe, & connoiftre les playes & herbes & autres chofes appartenantes à faire oignemens & emplaftres; & auffy le examineront fur toutes autres chofes lefquelles leur fembleront eftre deues & raifonnables pour le bien & prouffit de la chofe publique, & à l'honneur dudict meftier, felon leurs confciences & advis, fans faveur, haynne ne corrupcions quelconques.

(17) *Item.* Quand le fils du maiftre, varlet ou autre, fera tel comme deffus eft dict, & aura efté examiné par la fourme & maniere deffufdictes, il fera receu pour maiftre, & jurera ès mains defdicts maiftres-jurez qui l'auront examiné, de bien & loyaument exercer fon office & meftier de barberie & chirurgie, de garder & obferver de point en point, & de faire garder & obferver à fes femme, enfans, varlets & apprentiz, toutes les Ordonnances d'iceluy; de faire bon & loyal rapport de ce qui touchera ledict meftier, & de tenir bonne vie & honnefte à fon hoftel, & de la faire tenir à fa femme, enfans, varlets & apprentiz; d'avoir & maintenir en fa boutique bons oignemens & toutes autres chofes appartenans audict meftier; de faire bonne & grande diligence de curer & guérir, fans faire grandes dilacions ès malades & paciens qui fe mettront entre fes mains; de non prendre & avoir d'eulx de fa peine fallaire exceffif; de non révéler, mais tenir fecrettes les maladies des paciens, & par efpécial celles qui font honteufes & fecrettes; de tenir en fa boutique varlets bons & paifibles, de bonne vie & honnefte converfacion, & de les apprendre & introduire audict meftier, & de leur monftrer tout ce qui eft expédient à iceluy, de les payer bien & loyaument leur fallaire ainfy que accordé aura efté; & généralement jurera de faire, tenir & accomplir toutes les chofes néceffaires audict meftier.

(18) *Item.* Avant que ledict receu pour maiftre ayt fes Lettres féellées, ne qu'il puiffe tenir boutique publique, ne ufer de maiftrife, il payera un marc d'argent à la confrairie dudict meftier, afin que à l'aide de Dieu & des glorieux Saincts *Cofme* & *Damien,* il puiffe plus feurement faire fondict meftier; & s'il n'avoit de quoy, lefdicts jurez y fuppléeront & pourront modérer: & aufdicts maiftres-jurez qui le examineront, pour leur paine à chafcun, cinq fols tournois: plus payera aux maiftres dudict meftier un boire gracieux & non exceffif, ainfy qu'il eft accouftumé ès bonnes villes de ce royaume.

(19) *Item.* Que nul barbier paffé maiftre, ne puiffe prendre, tenir ne avoir que une boutique ne publiquement ne occultement, en quelque maniere que ce foit, & fur la peine de vingt livres tournois à appliquer comme deffus.

(20) *Item.* S'il advenoit que aucun maiftre particulier, ou femme veufve de maiftre barbier, tenant boutique du meftier, tenoient vie deshonnefte à leur hoftel, qu'ils foient privez à tousjours-mais dudict meftier, & comme infames & indignes, & non y jamais avenir; & en oultre que tous leur hoftils, comme rafouers, baffins, fizeaux, ferviettes & tous ce qui appartient audict meftier, foient appliquez comme deffus.

(21) *Item.* Que nul maiftre quel qu'il foit, ne puiffe par foy ou par autre, ofter, fuborner ne fubftraire à un autre maiftre, fon varlet ou apprentiz, fur la peine de dix livres tournois à appliquer comme deffus.

(22) *Item.* Que nul ne pourra lever ne tenir ouvrouer du meftier de barberie ne chirurgie, s'il n'eft prémierement bourgeois, & juré de la communaulté de cette dicte ville.

(23) *Item.* Et auffy quant les maiftres-jurez defdicts meftiers examineront aucun, & que ils le voudront paffer maiftre, que ledict examen fera fait en l'hoftel de Sainct *Eleige,* publiquement, en la préfence de monfieur le Maire, du Soubs-maire & des jurats ou de partie d'eulx, appellé ad ce le Procureur de la ville, & préfent au cas qu'il y vueille eftre.

(24) *Item.* Se aucuns defdicts maiftres particuliers, pour richeffe ou autre eftat, ne vouloient ou ne daignoient plus tenir leur boutique, ou fi par aucun

accident ou autrement comme il plairoit à Dieu, ils deviengent aveugles ou impotens, inutiles & inhabiles, tellement qu'ils ne puiſſent plus ſervir le meſtier, ils ne pourront ne devront louer, affermer, accompaigner, ne à autre tiltre bailler leur boutique, ſinon qu'il ſoit ſouffiſant à l'Ordonnance deſdiz maiſtres, pour doubte de pluſieurs habus, inconvéniens, maléfices ou autres maux qui s'en pourroient enſuir ; & ce ſur la peine de dix livres tournois à applicquer comme deſſus , & de perdre tous ſes hoſtils & biens appartenans au faict dudict meſtier, à applicquer comme deſſus, pour chaſcune fois qu'ils feront le contraire.

(25) *Item.* S'il advient que aucuns deſdits maiſtres particuliers aille de vie à treſpaſſement, que la femme délaiſſée dudict maiſtre, ſi elle veult, puiſſe tenir ſa boutique, & tenir varlets expers & ſouffiſans à l'ordonnance deſdicts jurez, & apprentiz en icelle, pour ſervir à ceux qui y viendront ; & ce , tant qu'elle demourra veuve & tiendra bonne vie & honneſte, ſans aucun reprouche ne diffamacion.

(26) *Item.* Quelconque perſonne ne ſoit ſi hardy de faire office de barbier à mézel ou à mézelle, à ſon eſcient, ſur la peine de privacion dudict meſtier.

(27) *Item.* Que nul barbier maiſtre , maiſtreſſe, varlets ne apprentiz ne face œuvre de barberie, ſans congié deſdiz maiſtres-jurez, aux jours & feſtes qui s'enſuivent, c'eſt à ſçavoir, aux dimanches, aux cinq feſtes *Noſtre-Dame*, à la feſte de *Touſſaints*, aux jours de *Noël*, de *Paſques*, *Pentecoſte*, *Circonciſion*, l'*Apparicion*, l'*Aſcenſion*, le jour du *Sainct-Sacrement*, de Sainct *Jean-Baptiſte*, de Sainct *Coſme* & Sainct *Damien*, & aux feſtes des *Apoſtres* à quelque jour qu'elles ſoient, ne de mettre enſeigne de baſſins dehors de leurs huis auſdictes feſtes ; ſur la peine de dix ſols tournois, à appliquer comme deſſus, ſi toutesfois leſdictes feſtes ne eſchoyent au jour de foire ou de marchié. Et ſeront tenus leſdicts maiſtres, ainſy que dict eſt, de le notiffier, & auſſy de le deffendre à leurs varlets & apprentiz, & leur enjoindre qu'ils ne facent le contraire ; & ſe leſdicts maiſtres ne font à ſçavoir ladicte ordonnance, ne facent deffenſe à leurſdicts varlets de non faire le contraire, leſdicts maiſtres payeront l'amende du leur ou de leur ſallaire : excepté touteſvoies les cas de évidente néceſſité, comme pour ſeigner en cas de maladie, ou pour ſecourir aux playes ou autres maladies ſoudainement venues, ou pour autres opéracions néceſſaires.

(28) *Item.* Que nul maiſtre barbier, de quelque authorité qu'il ſoit , ne viſite pacient de quelque maladie que ce ſoit, ny ne face cure là où il ſçaura que autre maiſtre du meſtier l'aura viſité & prins en cure par-avant, ſinon que ce ſoit par le commandement de la Juſtice, ou que le pacient ne voulſiſt plus eſtre entre les mains du prémier maiſtre ; & en ces deux cas, le ſecond maiſtre ne prendra point la charge de curer iceluy pacient, juſques à ce que iceluy pacient aye payé & faict content le prémier maiſtre, ſur la peine de dix livres tournois pour une chaſcune fois, à appliquer comme deſſus eſt dict ; & ſi le cas eſtoit périlleux, le ſecond maiſtre ſera tenu d'avoir un ou deux des autres maiſtres, pour veoir & connoiſtre l'eſtat du pacient & ſa maladie, afin que le ſecond maiſtre ne ſe puiſſe excuſer ſur le prémier.

(29) *Item.* Que nul varlet ne ſervante, combien qu'il ſoit expert audict meſtier, ne face ny ne preigne aucune cure de aucun malade, que prémierement il ne le face à ſçavoir à ſon maiſtre ; & ce ſur la peine de dix livres tournois, à appliquer comme deſſus eſt dict, & d'en eſtre pugny arbitrairement pour chaſcune fois, & de rendre compte à ſon maiſtre, ſur peine que deſſus.

(30) *Item.* Que nul maiſtre ne ſoit ſi oſé ne ſi hardy de viſiter ne appareiller aucun pacient, blécié par cas de meſchief, plus de deux fois, en tant qu'il touche les cas qui appartiennent & doivent venir à connoiſſance de la Juſtice ou autres maiſtres-jurez, ſans le rapport à la Juſtice ; & ledict rapport ſe fera aux deſpens de celuy qui ſera coulpable du cas, s'il a de quoy ; & s'il n'a

de quoy, aux defpens de la moitié defdictes amendes qui en pourroient faillir: & s'il advient que le varlet ou ferviteur d'aucun maiftre vifite tel blécié, il fera tenu d'en faire rapport à fon maiftre, pour le faire fçavoir à la Juftice, fur peine de dix livres tournois, à applicquer comme deffus.

(31) *Item.* Que quand aucun maiftre dudict meftier, prendra & affermera aucun varlet ou apprentiz pour apprendre le meftier, il fera tenu de mettre en fondict marchié, que ledict varlet ou apprentiz payera pour le prémier an, cinq fols tournois, pour mettre au proufit & utilité de ladicte confrarie, afin que à l'aide & priere des glorieux Saincts, ledict apprentiz puiffe apprendre bien & fouffifamment ledict meftier; lefquels cinq fols tournois ledict maiftre fera tenu & obligé payer à ladicte confrairie.

(32) *Item.* Pour ce que plufieurs vacabonds & autres gabufiers allans & féjournans en cette préfente cité, eux difans eftre maiftres & très-experts audict meftier, prenent charge de guérir de toutes maladies, dont plufieurs inconvéniens fe font enfuis & adviennent tous les jours; a efté ordonné pour le bien & feureté de la chofe publique & des fingulières perfonnes de ladicte cité, que nul eftrangier ou autre de quelque eftat, condicion ou aucthorité qu'il foit, ne foit fi ofé ne fi hardy de befongner du meftier de chirurgie, finon qu'il ait efté approuvé & examiné, & qu'il ait congié de juftice à qui il appartient, ou qu'il ait avec luy un ou deux maiftres-jurez & approuvez de ladicte cité, afin que ledict maiftre-juré voye & apperçoive que fi ledict eftrangier, ou autre voulant befongner, eft fouffifant & bien expert dudict meftier, & auffi pour garder que ledict eftrangier en befongnant, ne face que bien à point; & fur la peine de vingt-cinq livres tournois chafcune fois, à applicquer comme deffus.

(33) *Item.* Quand aucun varlet ou apprentiz viendront demeurer avecques aucun maiftre dudict meftier, ils feront tenus de jurer incontinent fur les fainctes Euvangiles Noftre Seigneur, entre les mains dudict maiftre, de faire tenir & accomplir felon leur puiffance les ftatuts & ordonnances dudict meftier, & d'eftre vrays obéiffans aufdiz maiftres-jurez, & auffy à leur maiftre, & de leur garder fon bien, honneur & proufit, de fa femme & de tout fon hoftel, non faire ne confentir à eftre faict le contraire; & s'ils favoient le deshonneur ou dommage de leurdict maiftre ou de fa femme, de y obvier à leur pouvoir, & de le faire favoir à leurdict maiftre le plus doucement qu'ils pourront, pour y donner provifion & s'en garder; & de non laiffer leurdict maiftre dépourveu, fur la peine que deffus.

(34) *Item.* Pour entretenir leurs ordonnances, priviléges & autres affaires que peuvent avenir de jour en jour audict meftier, chafcun maiftre tenant boutique, payera chafcune fepmaine la valeur d'un ardit, valant trois deniers tournois, à iceluy qui aura la charge, lequel fera tenu d'en rendre compte & reliqua aufdicts maiftres-jurez, chafcun an.

(35) *Item.* Que fi aucuns font le contraire defdictes Ordonnances, que noftre Procureur en ladicte cité & pays, fe adjoindra avec les maiftres dudict meftier, tant pour le bien de la chofe publique, que comme pour noftre droict & intéreft, & pour faire l'intéreft dudict meftier.

(36) *Item.* Et pourront lefdicts du meftier & artifice de barberie & chirurgie, faire eux enfemble, conftituer & ordonner un procureur pour pourfuire les droits deffufdicts & autres du meftier; appellé toutefvoies à ce le Soubs-maire ou le juge de la mairie, quand ils fe affembleront.

Nous defirans enfuir les laudables ftatuts & Ordonnances faicts & paffez par nos prédéceffeurs en noftre royaume, mefmement ceux qui pourroient touchier au bien & proufict de la chofe publique & bonne profpérité de corps humain, pour obvier que pour l'ignorance des non experts & non approuvez dudict meftier de barberie & de chirurgie, aucuns maux & inconvéniens n'en adviengnent,

& auffy

& auſſy pour pourveoir que les habitans & fréquentants de ladicte ville & cité, puiſſent mieux & plus ſeurement eſtre ſerviz dudict artifice & meſtier, avons faict veoir & viſiter les articles & chapitres deſſus déclarez, par les Gens de noſtre Conſeil & par autres notables perſonnes en ce experts, leſquels iceulx veuz & viſitez & regardez diligemment, eſtre concluds & délibérez, & leſdictes ordonnances, articles & chappitres eſtre bons, prouffitables & raiſonnables, & à Nous octroyables & paſſables; pour ce eſt-il que Nous, eu la relacion & opinion de noſdiz Conſeilliers, & pareillement après que Nous, eu le conſeil & opinion des Gens de noſtre Conſeil à *Bourdeaux*, & auſſy des maire & ſoubs-maire & jurez de ladicte ville, leſquelz ont veuz & viſitez leſdicts articles, comme Nous eſt appareu par les lettres que ceux de ladicte ville ont ſur ce baillées auſdicts maiſtres, ayant auſſi conſidéracion à ce que dict eſt, voulons, ordonnons & octroyons que leſdicts maiſtres-jurez & autres barbiers-maiſtres, préſens, paſſez & à venir, en débboutent tous les autres de ladicte cité, & uſent & jouiſſent à tousjours-mais dudict meſtier par la fourme & manière que deſſus eſt dict, ſpécifié & déclaré èſdictes ordonnances & articles, leſquelles Nous louons & approuvons, & voulons que ſelon icelles doreſenavant ſoit uſé en ladicte ville, banlieue & pays d'environ; & que ſi aucune choſe y avoit au contraire en ladicte ville & banlieue, qu'il ſoit remis & reſtitué en eſtat ſelon leſdictes Ordonnances.

Si donnons en mandement à noſtre grand *Séneſchal* de *Guienne*, aux maire, ſoubs-maire de ladicte ville & cité de *Bourdeaux*, & à tous nos autres Juſticiers & Officiers ou à leurs lieuxtenans & à chaſcun d'eulx, ſi comme à luy appartendra, qu'ils facent, & facent accomplir les choſes deſſuſdictes, ſans enfraindre ne venir au contraire, mais ſi faictes eſtoient, incontinent & ſans délay facent réparer & mettre au premier eſtat & deub : car ainſy Nous plaiſt-il eſtre fait, nonobſtant quelconques Lettres ſubreptices impétrées & à impétrer, & autres Lettres, Ordonnances & autres choſes à ce contraires. Et afin, &c. ſauf, &c. *Donné à Lyon ſur le Roſne, le XXVI.ᵉ avril M. CCCCLVII, & de noſtre regne le XXXV.ᵉ Signé. Par le Roy à la relacion du Conſeil.* DESVIGIERS.

Viſa. Contentor. DUBAN.

(a) Mandement de Charles VII, par lequel il ordonne au premier Huiſſier ou Sergent requis, de s'oppoſer à ce que les Collecteurs des décimes impoſées par le Pape, lèvent aucuns deniers ſur les Officiers du Parlement.

KAROLUS, &c. univerſis juſticiariis noſtris, & eorum locatenentibus, necnon primo Parlamenti noſtri hoſtiario vel ſervienti noſtro qui ſuper hoc requiretur, Salutem. Supplicatio ſive requeſta noſtre Parlamenti Curie, pro parte procuratoris noſtri generalis ſeu ejus ſubſtituti in ipſius abſentiâ, ex deliberatione noſtrorum advocatorum, ut in eâdem ſupplicatione cavetur, porrecta continebat, quòd per privilegia apoſtolica recordationis inclite predeceſſoribus noſtris Francorum regibus & nobis conceſſa, ac per Ordinationes, uſagia & obſervantias laudabiles, ab antiquo obſervatas, de quibus etiam privilegiis, uſagiis & obſervantiis plura ſecuta ſunt dicte Curie noſtre arreſta, ſicut per regiſtra Curie noſtre memorate apparere poterat atque poteſt, dilecti & fideles Conſiliarii noſtri clerici, grapharius civilis & notarii clerici noſtre predicte Parlamenti Curie, ab omnibus juvaminibus

NOTE.

(a) Regiſtre du Parlement intitulé : *Ordinationes Barbinæ*, coté *D, fol.* 182, *v.ᵉ*

decimarum, femi-decimarum, ac aliarum fubventionum per Sanctiffimum noftrum in Chrifto patrem Papam & fummum Pontificem, ejus legatos aut alios pro quácumque caufâ impofitis, quieti, franchi, immunes, & exempti exiftunt & effe debent; & quia nichilominùs, prout fertur, quidam collectores decimæ nuper per dictum fummum Pontificem in regno noftro defuper pofitæ & impofitæ, nituntur à dictis Confiliariis, graphario civili & notariis clericis dictæ Curiæ noftræ, dictam decimam exigere, quinymò, quòd pejus eft, aliqui ex dictis collectoribus feu eorum fubftituti fe jactaverunt & jactant, fententias excommunicationis, interdicti, & aliarum cenfurarum ecclefiafticarum contra dictos Confiliarios & Officiarios noftros dictæ Curiæ noftræ fulminare; & idcircò dictis privilegiis, ufagiis & obfervantiis attentis, fupplicabat dictus exponens, fuper premiffis per dictam Curiam noftram provideri : quocircà habitâ fuper premiffis per dictam Curiam noftram maturâ deliberacione, vobis & veftrûm cuilibet, tenore prefencium committimus & mandamus, quatinùs ex parte noftrâ & dictæ noftræ Curiæ, predictis collectoribus, eorum fubftitutis, & aliis de quibus expedierit & fueriit requifiti, ne ipfi à dictis Confiliariis noftris, clericis, graphario civili, & notariis clericis dictæ noftræ Curiæ, aliquam decimam exigant, neque contra ipfos per excommunicationem, interdictum, aut alias cenfuras ecclefiafticas procedant, inhibeatis & defendatis; & infuper eifdem collectoribus & eorum fubftitutis quatinùs ipfi predictos Confiliarios & Officiarios noftros à dictâ decimâ franchos & quietos teneant; & quòd quicquid in contrarium fecerint, revocent, caffent & adnullent indilatè, ex parte quâ fuprà, precipiatis & injungatis, & in cafu oppoficionis, refutacionis aut dilacionis, predictis fentenciis, excommunaticionibus, monitionibus, interdicto & aliis cenfuris ecclefiafticis, in fufpenfo donec per dictam Curiam noftram aliter fuerit ordinatum tentis, & ad hoc predictis collectoribus & fubftitutis, ac aliis de quibus decebit, per eaptionem eorum temporalitatis, ac aliis viis & modis racionabilibus & debitis, appellationibus quibufcumque non obftantibus, per vos & veftrûm quemlibet compulfis, opponentes aut dilationem facientes adjornetis ad certam & competentem diem ordinariam vel extraordinariam noftri prefentis, fi fieri poffit, fin autem proximò futuri Parlamenti, nonobftante quòd prefens fedeat Parlamentum, & quòd partes de diebus de quibus tunc litigabitur forfitan non exiftant, in dictâ noftrâ Curiâ comparituros, caufas fuarum oppoficionum, recufationum aut dilationum dicturos, fuperque premiffis & eorum circunftanciis & dependenciis dicto procuratori noftro exponenti refponfuros, ac ulteriùs proceffuros & facturos ut fuerit rationis; de hujufmodi adjornamento, & aliis quæ facta fuerint in premiffis, dictam Curiam noftram debitè certificando; ab omnibus autem jufticiariis & fubditis noftris, vobis & veftrûm cuilibet, ac vobis jufticiariis & quolibet veftrûm deputandis, in hâc parte pareri volumus & jubemus. Datum Parifius, in Parlamento noftro, die ultimâ aprilis, anno Domini milleſimo CCCC.° LVII.° & regni noftri XXXV.°

(a) Lettres de Charles *VII*, par lefquelles il confirme les ftatuts des Barbiers de Touloufe.

CHARLES, &c. fçavoir faifons, &c. Nous avoir receu l'humble fupplication des bailles & autres prudens hommes de meftier & art de barberie de noftre ville, cité & fauxbourgs de *Thouloufe*, contenant que, à l'occafion de ce que ou temps paffé plufieurs perfonnes ignorans, non expers ne appruvés oudict meftier de barberie, ufoient d'iceluy, fe mefloient de feigner gens,

NOTE.

(a) Tréfor des Chartes, regiftre IX^xx VII [187], pièce 49. — MSS. de *Colbert*, volume LIV, page 1173. Pour l'intelligence des articles écrits en langage toulousain, voyez la table, au mot : *Barbiers de Touloufe.*

guérir playes, & autres femblables, & faifoient & commettoient plufieurs abus
& fraudes fur ledict meftier de barberie, dont plufieurs maulx & inconvéniens
s'en font enfuis fur plufieurs gens & perfonnes de ladicte ville & fauxbourgs
de *Thouloufe*, en grand nombre, en grand blafme, vitupère & diffamation
defdicts fuppliants & dudict meftier de barberie; & à cefte caufe les cappitols
de ladicte ville & cité de *Thouloufe*, & pour réformer lefdictes erreurs, tollir
& ofter toutes fraudes, déceptions & abus que fe faifoient & commettoient
par lefdicts ignorans, auffy punir & corriger les délinquans, & mettre &
donner bon ordre, police & eftat oudict meftier & art de barberie, ainfy qu'il
appartient pour le bien & utilité de la chofe publique de ladicte ville, honneur
& augmentement dudict meftier, à la requefte defdicts fuppliants, ont faict
& ordonné les ftatuts, Édicts & Ordonnances cy-après déclarez, & defquels
la teneur s'enfuit.

Enfuit la memoria des ftatuts & Ordonnances des maiftres barbiers de
Thouloufe, traiz & corregiz des ftatuz anciens & autres nouveaux, donnez,
octroyez & confirmez per los fenhors de cappitols de ladicte civitat.

(1) *Et premierement.* Jureront fur faincts Évangilles de Dieu, lefdicts
cappitols, lefquels font habitans de la préfent civitat, de tenir, maintenir
& obferver toutes les Ordonnances que fe enfuiguent : c'eft affçavoir, en
l'honneur de Dieu & de la Vierge Marie, & de tous les Saincts & Sainctes
de Paradis, de garder & maintenir la confrairie accouftumée des glorieux corps
faincts, Sainct *Cofine* & Sainct *Damien*, defquels les ymages font dedans une
cappelle à l'églife de l'ordre des freres prédicadours de la préfente civitat, &
augmenter & croiftre ladicte confrairie de jour en jour, chacun felon fon pouvoir.

(2) *Item.* Eft ordonnat per lefdicts fenhors, que tous les maiftres dudict
meftier foient à vefpres dedans ladicte cappelle, le vefpre de ladicte fefte,
chafcun fur la peine de une livre de cire, à appliquer la tierce part à la clofture
de la ville, & le furplus à ladicte confrarie deffufdicte; & le lendemain, jour de
ladicte fefte, que tous lefdiz maiftres foient à la meffe & ou fervice, lequel
fe doit dire en grand folemnité; & pour chafcun qui y faillira payera per pena,
comme deffus eft dit : & après ladicte meffe, los bailles qui auront régit pour
aquel an paffat, éligiront les autres bailles nouvels pour régir & gouverner
l'autre an enfuivant, en préfence de tous les maiftres dudict meftier & lo
notari del confiftori defdiz fenhors de cappitol, pour prendre & recevoir au
nom defdicts fenhors le fairement des bailles nouvels, ainfy comme eft accouftumé, & ayffo fur peine de vint fols tolfas à appliquer comme deffus.

(3) *Item.* Eft ordonnat par lefdiz fenhors de capitol, que nul maiftre
barbier, de quelque eftat ou condition qui foit, ne aye à tenir ne obrir
dedans la préfent civitat, ny al gardiant, que ung obradour; & ce fur peine de
vint fols tolfas, toutas vetz & quantas vetz que ferez le contraire, & après que
fos eftat enhibit par les bayles dudict meftier : ladicte pena applicadoyra
comme deffus eft dict.

(4) *Item.* Eft ordenat per lefdiz fenhors de cappitol, que tout maiftre tenant
obradour dedans la préfent civitat de *Tholofa*, fat habitant & demourant
dedans l'hoftel où fera ledict obradour à flot & lot, avec touta fa familia ou
cas qu'il en aura, & fi poffible eft de demorer dedans ledict hoftel; fur
paine de quarante fols tolfas pour chafcune fois que tel maiftre fera le contraire,
à appliquer ladicte peine comme deffus eft dict.

(5) *Item.* Eft ordennat per lefdiz feignors de cappitol, que nul maiftre
de la préfent civitat ne aye à bailler par manière de colloqui, ny à renda, ny
bailler pour gouverner à aucun varlet ou maiftre dudict meftier, fon obràdor; fe
non que ledit compagnon mafip fuft efté prémièrement examinat par les bayles
& autres maiftres dudict meftier : & ce fur peine de ung marc d'argent per
quanque vetz & quantas de vetz que atals maiftres feront le contraire, & tant

CHARLES
VII,
à Lyon,
en Avril 1457.

pour les périls que font paffatz de cy en arrière, comme pour ceux qui s'en pourront avenir ; & tout mafip ou compagnon qui aura aurendat aital obrador, pagara per pena 20 fols tolfas, applicadoyras lefdictes penas comme deffus eft dict.

(6) *Item.* Eft ordennat par lefdiz feignors de capitol, que nul maiftre ne maffip ou apprentiz de la préfent civitat, n'y aia à faire turbas en fon obrador, ny en autre part publiquement ; c'eft à fçavoir tondre, raire ni rodonhar als jours de feftes deffus nommadas, fe non que fuft novicitat com es de malantia, o novici en ordre ou religion, o capela nouvel, ou novi prenant molher, à quel jour, c'eft à fçavoir, le fainct dimanche, & tous les difaptés de vefpre, an lum ny en candela, le jour de la Nativité de Noftre Seigneur, de Sainct *Eftienne* & de Sainct *Jean Évangelifte* féquens, le jor de cap de an, le jour de la Epiphania, lendemain de Pafques, le jour de l'Afcenfion, lendemain de Pentecofte, le jour del Corps de Dieu, le jour de *Touffains,* les jours des feftes *Noftre-Dame,* le jour de la feftivité Sainct *Jean-Baptifte,* le jour de la fefte de Sainct *Pierre* & de Sainct *Paul,* le jour de Sainct *Jaeme le major,* le jour de Sainct *Philippe* & Sainct *Jaeme le menoir,* le jour de S.' *Simon* & *Judas,* & auffy metteys de tous les autres Apoftols, & le jour de Sainct *Cofme* & Sainct *Damien :* & tout maiftre ac mafip apprentiz deldict meftier, qui contre ledict ftatut fera, pagara 12 deniers tolfas, à appliquer comme deffus eft dict.

(7) *Item.* Eft ordennat per lefdicts fenhors de capitols, que nul maiftre ne autre qui foit dedict meftier, ne aya à fubornar ne à callogat negun mafip ou apprentiz ftan an maiftre de la préfente civitat, autro que ledict mafip ou apprentiz aya be & dégudement complict & acabat fon terme an lo maiftre an lo qual aura ftat premtier collogat ; & tel maiftre faifant le contraire, pagara per pena, dets fols tolfas, & le maffip & apprentiz laiffant ledict maiftre, cinq fols tolfas, applicados comme deffus eft dict, refervata tota defenenfa tant al maiftre que al varlet.

(8) *Item.* Es ordennat per lefdiz feignors de capitol, que negum barbier, qual qu'il foit, ne foit ofar de commenfar, ny levar, ny obrir obrador par fi meleys dedans la prefent civitat, ny lo gardiar entro que premièrement fera ftat examinat per lefdicts bayles & autres maiftres deldict meftier; & ayffo fur la peine de ung marc d'argent, & de plegar & de tanquar à quel obrador per lefdiz bayles & autres maiftres deldict meftier, & ladicte pena applicadoyra comme deffus eft dict.

(9) *Item.* Eft ordennat per lefdiz fenhors de capitol, que tout varlet, mafip ou autre, que fera barbier, voulant fe mettre à lo examinar por lo paffer maiftre deldict meftier, que prémièrement fera ftat demourant avec maiftre ou maiftres bons & fouffifans, par l'efpace de fix ans tous accomplis, ou autrement aytal ne foya receueut à negun examen per lofdiz bayles, & aiffo fur la pena de quaranta fols tolfas, pagadors per lefdiz bayles que farian ou volrian far lo contrari fes neguns autres, ladicte pena applicadoyra comme deffus eft dict.

(10) *Item.* Eft ordennat que quant alcun mafip barbier volen paffar maiftre deldict meftier per tenir fon obrador dans la prefent civitat, que los vayles que ferian & régiran per aquel an, vailan anaquel quatre lanfetas totas novas, & que las paguen, & faffan pueys jurar lodict mafip fobre los Sans Évangiles de ben & de gudamen far lafdictes lançetas : fo eft affaver à cada oftal de bayle una ; & quant lafdictes lancetas feran faictas al grat & plafer deldictz compaulx, lefdiz bayles fe devon affemblar en un lot puefe per vifitar lefdictes lancetas; & appellar en leur companhia quatre maiftres ou plus deldict meftier, que fian bons hommes & prodhommes, per aver la connoiffenfa fe lafdictes lancetas font ben fates à lor degne ; & al cas que lafdictes lancetas ne foffan bonas ny fufficientas, lefdiz bayles deven talhar la pointa de cada una lanceta;

& fi eran tovadas bonas & fufficientas, lefdiz bayles & autres deven examinar ledict macip de l'art de furgaria & de fleuvatomia & de ventofas ; & al cas
que ledict mafip fera fufficien en lodicte art, lefdiz vayles lo deven far faire
una barba d'un rafo tout nou, & fangnar qualque perfona en lor prefentia ;
& fi aytal macip no era fufficien en las caufas deffus dittas, que aytal fera
refufat, & que de tot un an féguen no fia pres ni recuevut en negun examen
deldict meftier : fur pena d'un marc d'argent, pagador per los bayles que
farian lo contrary, ladicte pena applicadoyra comme deffus eft dict.

CHARLES
VII,
à Lyon,
en Avril 1457.

(11) Item. Eft ordennat per lefdiz fenhors de cappitol, quant aytal macip
ou maiftre novel fera trovat fufficient, lefdiz bayles lo devon préfentar alfdiz
feignhors de capitol, per far lo facramen de be & de gudamen mantenir &
obfervar los eftatuts & ordenanfas deldict meftier, & de contribuir à las tailhas
& autras cargas communas de la préfent civitat, tant quant fera habitant defta
villa, & tenra obrador ubert; fus pena de vingt fols tolfas, applicadoyra comme
deffus eft dict.

(12) Item. Eft ordennat per lefdicts fenhors de capitol, que aytal maiftre
novel fera tengut de pagar quatre livres de tourn. à ladicte confraria de Sainct
Cofme & Sainct *Damia,* & per fupportar los cares deldict meftier ; exeptat que
aytal maiftre novel no fia filh de maiftre de la préfent civitat, que aquel no fia
tengus de pagar que dos livras de tourn. à ladicte confrarie, applicadoire
comme deffus eft dict, fo es affaves, la doaz parz à ladicta confraria, & la terfas
pars à las claufuras de la villa.

(13) Item. Es ordonnat per lefdiz fenhors de capitol, que aytal maiftre
nouvel fera tengut de pagar un dinar als bayles & les appellans que feran
eftas aldict examen deldict maiftre novel, dins ung mes propda venen aprop
fa maiftria.

(14) Item. Eft ordenat per lefdiz feignors, que tot meftre de la préfent civitat,
que fia manda à l'examen d'alcun macip, que venga, fus pena de* vingt fols
tolfas, applicadors comme deffus eft dict.

* Lifez cinq.

(15) Item. Eft ordennat que fe alcun macip eft préfentat en examen per
far las lancetas per paffar meftre, que negun autre qualque fia, ne fia receueut
entro, que aquel premier aia de tot en tot faict fon exament, comma dict eft,
fimon que paffes plus de tres mes à fur fon dégut ; & que fara lo contrari,
pagara xx fols tolfas, applicadors comma deffus eft dict.

(16) Item. Es ordonnat per lefdicts fenhors de capitol, que tot maiftre
barbier tenant obrador dans la préfent civitat, fera tengu de pagar cafcun an,
à la fefta de S.' *Cofme* & S.' *Damien,* quatre gros de moneda curren per fupportar les cargues de ladicta confraria ; & ç'aucun macip demeurant am meftre
deldict office, pagara cada mes, cinq deniers tournois, & aquelas fomas receuvrat
& prendran les bayles deldict meftier ; & en cas que tals maffips ne poguefan
pagar, que les meftres am qui eftaran, fian tangutz ainfi com es acouftumat.

(17) Item. Es ordénat que tout jovencel, & autre volant demourar ou eftar
am meftre, per commenfar de apprenre ledict meftier de barbaria, aytal
jovencel fera tengut de pagar per fon commenfamen, per maintenir ladicla
confrairia, una livra de tourns. ; & en cas que lodict jovencel ne pogues
pagar, que lo meftre am qui iftara per aprenre, fera tengut de pagar, exceptat
que non fia filh de meftre de la préfent civitat.

(18) Item. Es ordénat per lofdicts feignors de capitol, que quant alcun
meftre macip aura faugnat qualqua perfona dins lo obrador, que lo fang ne fia
metuda en loc publit, ne fobre lo taulier, an fia fcampada aquel jorn mefeys :
fus pena de xij deniers tolfas, pagadors per lo meftre deldict obrador, applicador
coma deffus eft dict.

(19) Item. Eft ordénat per lofdiz fenhors de cappitol, que tot macip
novelamen vengut demeuran am meftre dins la préfent civitat, fera tenu de

jurar & obfervar & maintenir los eftatuts & ordennanfas deldict meftier, fe
es affaver davan los baylas; & als cas que tals mancips foffan rebelles de jurar,
que negun meftre ne les done à obrar, fus pena da detz fols tolfas, applicadors
coma deffus eft dict.

(20) *Item.* Es ordéna per lofdicts fenhors de cappitol, quand les baylcs
deldict meftier mandaran los autres meftres deldict office per tenir confeil
per los negoces del meftier, que tots aquels y failliran, o feran défobediens
de venir aldit confeil, cafcun fera tengut de pagar una livra de cera, applicadoyra
coma deffus eft dict.

(21) *Item.* Es ordénat per lofdiz fenhors de cappitol, que los bayles deldict
meftier puefçan peulpia tots meftres & macips del offici, loquals aurian faitas
alcunas defautas contra tols eftatus & ordonnanfas de fus & de jus nommadas, &
inhibir & faire totas autras défenfas de toutas caufas appartenans aldict meftier,
fans autres ferven; & fi alcun macip era defobedient de pagar lafdictes defautas,
lefdicts bayles puefçans inhibir lo maiftre am qui iftara ledict macip, de no li
dar à l'obrar, entro que na pagat o faict fon dégut felon les ordenances dels
eftatuts; fus pena de cinq fols tolfas, applicadors comme deffus eft dict.

(22) *Item.* Es ordénat per lefdiz fenhors de cappitol, que tot débat &
diffentio del faict de l'offici, que fera entre meftre & vailetz, que lofdiz bayles
puefçon accordar & prendre en lor ma, à accordar & ordénar fegon lor
confenfa; & la partida defobedien fera téguda de pagar par pena, detz fols tolfas,
applicador comma deffus eft dict; empler per fo non es enténta defdiz fenhors
de cappitol de donar de æguna juridiction de connoyffenfa de caufa aldicts
bayles deldict offici.

(23) *Item.* Es ordénat per lofdiz fenhors de capitol, que fi alcun meftre
de la préfent civitat, tengua alcuna perfona en cura de qualque maladia que fia o
enfermetat que fia, appartenant à l'art de furgayria, & ledict enferme ama
autre meftre per le adobar contra lo volet del premier; que en aquel cas
lodict premier maiftre que tal patien aura tengut en cura, inconténen & fans
delay puefça far taxar fes trevalhs, & compellir ledict patien à pagar fo que li fera
taxat; & lodict autre barbier que lo aura en cura, no aia denguna fatisfactir
de fos travalhs tro per tant que lo premier fera contentat de fon dégut, o
autrement fia d'accord am partida : & fo, fus la pena de trenta fols tolfas,
applicadors coma deffus eft dict.

(24) *Item.* Eft ordénat per lefdits fenhors de cappitol, que fi alcun moneftier,
ordre, collégi, dedins villa coma de fora villa, te à pencionat alcun barbier de
la préfent civitat de *Tholofa* per fervir à l'offici de barbayria, que negun autre
barbier n'ofia aufar de prenre ni collogar ny tenir per nulla penfio aytals, entro
que prémeyrament fia pagat & content lo prémier meftre que los aura fervits;
& aiffo fus pena de vingt fols tolfas, per cada vetz que faran lo contrari,
applicador coma deffus eft dict.

(25) *Item.* Es ordennat per lofdiz fenhors de cappitol, que fi negun macip
demouran am meftre de la préfent civitat, ni dengnus autres viadans ni vagabous
de qualque eftat que fian, no ayan à tenir curas, ny ufar de l'art de furgaria,
finon que prémieramen aytals fian eftats examinats per los bayles & autres
meftres deldict meftler; & aiffo fus la pena de vingt fols tolfas, per cada-vetz
que ferian repres, o farian lo contrari, applicadors coma deffus eft dict, &
ayffo per los périls que s'en font endevengus de fa entras & per los
endevenedors.

(26) *Item.* Es ordennat per lofdiz fenhors de capitol, que quant alcun
meftre de la préfent ciutat fera avat de via à trefpaffemen, que tots los autres
meftres fian à lo fébélir, & far ly honor à la glayfa; & per cafcun que y failhira,
pagara per pena, una livra de cera, applicadoyra coma deffus eft dict.

(27) Item. Eſt ordennat per loſdiz ſenhors de capitol, que tot meſtre deldict meſtier que ſia élégit per bayle novel per los bayles vieilhs, que aytal meſtre ſerviſca en lodict offici de baylia per aquel an ; ſus pena de 20 ſols tolſas, applicador coma deſſus eſt dict.

(28) Item. Eſt ordennat per loſdicts ſeignors de cappitol, que les bayles deldict meſtier vielhs, aian à redre compte als bayles nouvels, per eſcoint & en bona forma, tant de la preſa comma de la meſa, dens xv jours après la feſta de Sainct *Coſme* & de Sainct *Damia;* ſus pena de xx ſols tolſas, pagadors per loſdiz bayles viels, applicadors coma deſſus eſt dict; & que loſdicts bayles vieils & nouvels pueſçan deſpendre aquel jorn que redran leſdicts comptes, al deſpens deldit meſtier en général, 12 ſols tolſas.

(29) Item. Eſt ordennat per loſdicts ſeignors de capitol, que les bayles deldict meſtier aian à ſéguir & viſitar de mes en mes les obradors dels meſtres de la préſent civitat, per levas les blancas & defautas & autres proufficytz deſdicts maiſtres, & aiſſo tant de meſtres & de maſſips o de apprentiz ; & ſi alcun deſdicts meſtres bailles failla à ſéguir & viſitar les autres bayles, que aquel qui faillira, ſia tengut de pagar v ſols tolſas per pena, applicador comà deſſus eſt dict.

(30) Item. Es ordénat que tous bailes ou macip eſtam am meſtre, ques plaidege contre lo offici en général, que négun meſtre de la préſent civitat no aia dona à obrar de l'offici aldict macip, ſur peine de 20 ſolz tolſas, applicadors coma deſſus eſt dict; & ſo ſinon que tel vaylet o macip ne aya agut congié o licenſa de meſſ.rs de cappitols, o de la maior partida daquets, am déliberatio de conſeilhs, ſus à quo tengut per loſdicts ſeinhors en la maiſon communa.

(31) Item. Es ordennat per loſdicts ſenhors de cappitol, que degun compaiho, macip ou barbier, que non ſia demouran am meſtre, non ſia auſar de uſar de l'offici de barbaria, ni al gardiage, & aiſſo ſur pena de xx ſolz tolſas, & perdre lo vaſſi & tralhos & raſos am que faſia leſdiz barbas, & totas vets & quantas vets que ſera inhibit par lo bayle deldict meſtier, après la inhibition deſdis bayles, xl ſolz tolſas applicadors comma deſſus.

(32) Item. Es ordennat per leſdicts ſenhors de capitol, que totas vets & quantas vetz que loſdiz vayles & autres meſtres deldict meſtier, ſe volran aviſiar & aſſemblar, per los négoces deldict meſtier tant ſolamen, que loſdiz maiſtres & bayles appueſçan faire, ſans licentia de maior, & ſans appellar dugun ſerven en leur compagnia.

En Nous humblement ſuppliant & requérant que leſdictes Ordonnances deldict meſtier & art de barberie deſſus déclairez, vueillons ratifier, conſermer & approuver.

Nous, les choſes deſſuſdictes conſidérées, ayans leſdictes Ordonnances aggréables, voulans icelles eſtre entretenues & obſervées & gardées ſelon leur forme & teneur, avons louées, ratifiées & approuvées, louons, ratiffions & approuvons de grace eſpécial, plaine puiſſance & aucthorité royal, par ces préſentes. Si donnons en mandement par ceſdictes préſentes au Séneſchal de *Thouloufe*, & à tous nos autres juſticiers ou à leurs lieuxtenans préſens & à venir & à chacun d'eux, ſi comme à luy appartiendra, que leſdictes Ordonnances & tout le contenu en icelles entretiennent & facent entretenir & garder de point en poinct, ſelon leur fourme & teneur, en contraignant à ce tous ceux qu'il appartiendra, ſelon la fourme & teneur deſdictes Ordonnances ; & s'aucune choſe eſtoit faicte au contraire, ſi la réparent & remettent ſans délay au premier eſtat & deub. Et afin que ce ſoit ferme choſe & eſtable à tousjours, Nous avons faict mectre noſtre ſéel à ces préſentes : ſauf en autres choſes noſtre droiɛ̈t, & ɟ'autruy en toutes. *Donné à* Lyon *fur le* Rofne, *au mois d'avril, l'an de grace mil quatre cens cinquante-fept, & de noftre regne le* XXXV.' Ainfi figné. *Par le* Roy, *à la relation des Gens de fon Grand Confeil.* DES VERGIERS. *Vifa. Contentor.*

CHARLES
VII,
à Feurs
en Foretz,
le 5 Juillet
1457.

(a) Lettres *de Charles* VII, *par lefquelles il confirme les ftatuts du métier de Boulanger à Bordeaux.*

CHARLES, &c. fçavoir faifons, &c. à tous préfens & à venir, Nous avoir veu certaines Lettres patentes de nos bien amez les foubz-maire & jurez de noftre ville & cité de *Bourdeaulx*, fcellées en laz de foye & cire verte, defquelles la teneur s'enfuit.

Hugues Viau, Seigneur de *Sainɛ̈t-Genays,* foubs-maire de la ville & cité de *Bourdeaulx;* Jean Dupont, conttrolleur pour le Roy noftre Sire à *Bourdeaulx;* Jean Bragier, Jean des Vignes, Jean des Batz, Jean Gumel, Jean de Cobignau, Raymond de Laurenfanes, Raymon Aygnen & Piere Cantalop, jurez de ladiɛ̈te ville & cité de *Bourdeaulx,* fçavoir faifons à tous à qui il appartiendra, que nous eftans en jurade affemblez, ainfy qu'il eft accouftumé, pour traiɛ̈ter des négoces & faiz de ladiɛ̈te ville, en la maifon commune & en la chambre d'icelle, fe comparurent par-devant nous les boulengiers de ladiɛ̈te ville & cité de *Bourdeaulx,* en nous remonftrant que pour le bien de la ville & de la chofe publique d'icelle, qu'il eftoit chofe néceffaire & expédient, de mettre ordre & police fur le faiɛ̈t des bolengiers & de leur meftier ; & pour ce qu'il n'y avoit aucune police au temps paffé, plufieurs inconvéniens eftoient advenus & advenoient de jour en jour en ladiɛ̈te ville de *Bourdeaulx,* & tellement que la plus part des jours il n'y avoit pain à vendre au marchié, ne ès lieux accouftumez à tenir pain à vendre en cettediɛ̈te ville ; & par ce, eftoient convenus & traiz, tant par-devant Monfieur le Sénefchal, comme par-devant nous, combien que de la police de ladiɛ̈te ville la cognoiffance nous en appartient ; & iceux boulengiers vouloient tirer & condamner en groffes amendes, à l'occafion du deffaut du pain ; & auffy par ce que aucunesfois lediɛ̈t pain eftoit trouvé beaucoup plus légier que du poids qu'il devoit eftre, & non faiɛ̈t & boulengié à fon deub, nonobftant que ce n'eftoit pas leur faute & coulpe, mais par le deffault de ce que aucun ordre n'eftoit mis fur le faiɛ̈t defdiɛ̈ts boulengiers & de leurdiɛ̈t meftier ; nous requérant, pour efviter aufdiz inconvéniens & à plufieurs autres, y mettre bon ordre & bonne police. Ouye laquelle requefte. Nous, voyans & confidérans icelle eftre raifonnable, & que c'eftoit & eft le bien & prouffit de la chofe publique, ouquel toutes chofes ceffans, chafcun doibt entendre ; par l'advis & délibéracion des Officiers du Roy noftre Sire, & auffi des Officiers de la ville, & d'autres jufqu'en grand nombre, avons ordonné & délibéré, ordonnons & délibérons que les articles & Ordonnances cy-deffous efcrits, ores & pour le temps à venir, s'entre-tiendront de point en point en cetre diɛ̈te ville & cité de *Bourdeaux,* pourveu qu'il plaife au Roy noftrediɛ̈t Sire avoir lefdiɛ̈ts articles avec ces préfentes pour aggréables, & iceux confermer & approuver, en luy fupliant & requérant que fon bon plaifir foit ainfy le faire, & en oɛ̈troyer fur ce lefdiɛ̈tes Lettres à ce néceffaires & convenables. Et afin que ce foit chofe ferme & eftable à

NOTE.

(a) Tréfor des Chartes, regiftre XI.ˣˣVII [187] pièce 40. — *MSS. de Colbert,* vol. LIV, page 1165.

tousjours, nous avons mis & appofé à ces préfentes le féel de la mairie de ladicte ville : Donné & fait en Jurade en l'hoftel de *Sainct-Elege,* le pénultième jour du mois d'avril l'an mil CCCC LVII.

S'enfuivent les Ordonnances faictes nouvellement fur le faict des boulengiers de cette préfente ville & cité de *Bourdeaulx.*

(1) Et premièrement. Que nul ne pourra eftre boulengier, que prémier il n'ayt faict le ferement aux maire, foubs-maire & jurez de ladicte ville & cité de *Bourdeaulx,* & qu'il n'ayt payé le droict à ladicte cité pour l'entrée & récepcion defdicts bourgeois.

(2) Item. Et ne pourront aucuns ne aucunes eftre boulengiers, s'ils ne font gens honneftes & experts oudict meftier, & aggréablement par eulx faict préalablement le ferement à ladicte cité, en payant l'entrée dudict meftier aux maiftres, & à la confrarie d'iceluy meftier de boulengerie.

(3) Item. Auffy feront tous & un chacun defdiz boulengiers faiz & à faire, tenus de foy mettre en la confrarie que les boulengiers ont mis fus en révérence de Dieu, la Vierge *Marie,* & des Saincts, en payant les droictz & entrée de ladicte confrarie raifonnablement, tels que par mefdiz fieurs les maire, foubs-maire & jurez fera advifé.

(4) Item. Que nuls boulengiers ne vendront ne ne feront vendre pain, qu'il ne foit marqué de fa marque, à celle fin que fe l'on trouve pain reprouchable, que celuy qui aura faicte la faulte en foit pugny felon l'exigence du cas.

(5) Item. Que nul boulengier faict ou à faire, ne pourra exercer ledict meftier fans faire les chofes deffufdictes ; & qu'il n'ayt baillé fa marque & faict enregiftrer ou livre de Sainct *Elege.*

(6) Item. Et feront tenus les boulengiers faiz & à faire, de faire cuire le pain au prix jouxte, & felon la talle qui leur fera baillée felon le prix du bled.

(7) Item. Et feront tenus lefdiz boulengiers faiz & à faire, de fournir de pain de toutes manières de fortes, en ladicte ville & cité de *Bourdeaux,* fans intermiffion & faulte de pain ; à la peine d'eftre privez defdicts meftiers, mis & conftituez en l'amende arbitraire.

(8) Item. Et jouiront lefdiz boulengiers des priviléges, franchifes & libertez de ladicte ville de *Bourdeaulx,* en faifant & accompliffant les chofes deffus dictes.

(9) Item. Et n'eft point entendu que par cefdictes Ordonnances foit donné ne attribué aucune jurifdiccion aufdicts boulengiers ; ains toute la jurifdiccion, pugnicion & connoiffance de caufe touchant ledict meftier & autrement, fera & demeurera totalement aufdiz maire, foubs-maire & jurez de ladicte ville & cité de *Bourdeaulx,* & tout fans préjudice des droiz, priviléges, franchifes & libertez de ladicte ville & cité. Donné & faict comme deffus.

Ainfi figné. J. BRAGIER, Commis du Clerc.

Lefquelles Lettres deffus tranfcriptes, & tout le contenu en icelles, Nous avons eu & avons aggréables, & les louons, approuvons, ratiffions & confermons de noftre pleine puiffance, aucthorité royal & grace efpécial, par ces préfentes, pourveu que lefdicts boulengiers dont èfdictes Lettres ou articles deffus tranfcripts eft faicte mencion, ne puiffent faire aucunes affemblées pour le faict de leurdicte confrarie ne autrement, fans prémièrement le faire fçavoir au maire ou foubs-maire de noftredicte ville & cité de *Bourdeaulx,* & finon que l'un d'eulx, ou aucun autre de par eulx, foit aufdictes affemblées fe bon luy femble. Si donnons en mandement par cefdictes préfentes, au Sénefchal de *Guienne,* maire, foubs-maire & jurez de noftredicte ville de *Bourdeaulx,* & à

CHARLES
VII,
à Feurs
en Foretz,
le 5 Juillet
1457.

tous nos autres Jufticiers & Officiers ou à leurs lieuxtenans, & à chafcun d'eulx, fi comme à luy appartiendra, que le contenu èfdictes Lettres & articles ils entretiengnent & gardent, & facent entretenir & garder de poinct en poinct, avec les condicions deffufdictes, fans en ce faire, mettre ou donner, ne fouffrir eftre faict, mis ou donné aucun deftourbier ou empefchement au contraire; ainçois, fe faict, mis ou donné eftoit, fi l'oftent & mettent ou facent ofter & mettre tantoft & fans délay au prémier eftat & deub: car ainfi Nous plaift-il & voulons eftre faict de noftredicte grace par cefdictes préfentes, aufquelles, en tefmoing de ce, Nous avons faict mettre noftre féel ordonné en l'abfence du grand. *Donné à Feurs en Forefts, le v.ᵉ jour de juillet, l'an de grace M. CCCC LVII, & de noftre regne le XXXV.ᵉ* Ainfi figné. *Par le Roy, à la relacion des Gens de fon Grand Confeil.* J. LE ROY. *Vifa. Contentor.*

CHARLES
VII,
à la Ferté
près Saint-
Pourfain,
le 3 Août
1457.

(a) Lettres de Charles VII, par lefquelles il ordonne aux Confeillers au Parlement, réfidans à Paris, de travailler les matinées durant les vacations, à juger les procès appointés & par écrit; mais de ne prononcer les jugemens qu'après la rentrée du Parlement.

CHARLES, par la grace de Dieu, Roy de France, à tous ceulx qui ces préfentes Lettres verront, falut. Comme Nous ayons efté advertiz que en noftre Court de Parlement à *Paris*, a grant nombre de petis procès qui font par icelle appoinctiez en droit, & autres par efcript, receuz pour juger en ladicte Court, plufieurs defquelz pourroient de légier eftre jugiez & expédiés durant le temps des prochaines vacacions de noftredicte Court; veu mefmement que l'année préfente, nos Confeillers en icelle Court ne font point occupez à tenir noz Grands-jours, comme ilz ont efté les années paffées, & que durant lefdictes vacations ilz feront grand nombre réfidens en noftre ville de *Paris,* fans grans occupation; mais iceulx noz Confeillers n'y vaqueroient point fans avoir fur ce ordonnance & commiffion de Nous, pour ce que durant le temps defdictes vacations, l'en n'a pas acouftumé de befoigner en teles matières: favoir faifons que Nous, ces chofes confidérées, voulans l'abbréviation des caufes & procès pendans en noftredicte Court, au bien & foulagement de noz fubgectz, & fur ce eu l'advis & délibération des Gens de noftre Confeil, pour ces caufes & confidérations avons ordonné & ordonnons par ces préfentes, que nofdiz Confeillers en icelle noftre Court de Parlement, réfidens en noftre ville de *Paris,* vacqueront & befoigneront les matinées, à jugier les procès qui font par icelle appoinctez, & autres par efcript, receuz pour juger en noftredicte Court durant le temps defdictes prouchaines vacacions, & à ce faire avons iceulx noz Confeilliers commis, ordonnez & députez, commectons, ordonnons & députons en tant que meftier eft par cefdictes préfentes; pourveu toutefvoies qu'ils foient en nombre compettent, & qu'il y ait toujours ung des Préfidens de noftredicte Court, à jugier chafcun procès, & que les jugemens & arreft defdiz procès qui ainfi feront jugez durant lefdictes vacacions, ne feront prononcez jufques après la *Saint-Martin* d'yver prochaine, que noftre prouchain Parlement fera commencié. Si donnons en mandement par cefdictes préfentes, à noz amez & féaulx Confeillers les Gens de noftre Parlement, que noftredicte préfente Ordonnance ilz mectent à exécution, & icelle facent entretenir & garder de

NOTE.

(a) Regiftre du Parlement, intitulé : *Ordinationes Barbina,* coté *D, fol.* 183, *v.ᵉ*

poinct en poinct: car ainfy Nous plaift--il eftre faict, nonobftant les ftatuts & Ordonnances de noftredicte Court à ce contraires. En tefmoing de ce, Nous avons faict mettre noftre féel à cefdictes préfentes. *Donné à la Ferté près Saint-Pourfain, le troifiefme jour d'aouft, l'an de grace mil CCCC cinquante-fept, & de noftre regne le trente-cinquième; Par le Roy en fon Confeil.*
DELALOERE.

(a) *Lettres de Charles VII, par lefquelles il déclare que le confentement qu'il avoit donné à la levée d'une dixme fur le Clergé de France, à la réquifition du Pape, ne doit porter aucun préjudice aux Libertés de l'Églife Gallicane.*

CHARLES, par la grace de Dieu, Roy de France, à tous ceux qui ces préfentes Lettres verront, falut. Comme noftre Sainct Pere le *Pape Calixte troifième* ait puis n'agueres envoyé devers Nous noftre très-chier & féal amy le *Cardinal d'Avignon*, & par luy Nous ayt faict remonftrer les très-grands entreprifes qui eftoient & font chafcun jour à l'encontre de la foy Catholique, par le *Grand Turc* & autres ennemis d'icelle, & que fe par l'aide de Nous & des autres Princes Chreftiens n'y eftoit donné fecours & aide, s'en pourroit enfuir très-grand & irréparable inconvénient; en Nous requérant & enhortant en toute inftance, que de noftre part voulfiffions à ce faire & donner aide & fecours, tant de gens que de finance; & avec ce, & afin de plus promptement aider à donner lefdictes provifions, que voulfiffions confentir & accorder un dixiefme entier & général eftre levé fur tous les gens d'églife de noftre Royaume: lefquelles chofes ouyes, & Nous deuement informez defdictes entreprinfes qui lors eftoient faictes par lefdicts ennemis de la foy chreftienne, & le grand bruit qui en eftoit, cognoiffant l'évident befoing & urgent néceffité qui eftoit de donner à ce aide & confort, voulans en ce & autrement enfuir les faiz de nos très-nobles progéniteurs, ayons libéralement confenty & accordé ledict dixiefme entier & général eftre levé fur lefdicts gens d'églife de noftre Royaume, felon la valeur en quoy font à préfent leurs bénéfices. Et foit ainfy que depuis, Nous ait efté remonftré par aucuns Prélats & autres gens d'églife de noftredict Royaume, que à l'occafion de ce que les Prélats & autres gens d'églife d'iceluy noftre Royaume, n'ont pas efté appellez à faire ledict confentement, ainfy que faire fe devoit felon les franchifes & libertez de l'églife de France, auffy fuppofé que euffions confenty iceluy dixiefme, toutefvoyes ne le devions Nous confentir ne accorder eftre levé, fe non felon la tauxe réduicte, iceluy confentement ainfy par Nous fait, pourroit ou temps à venir eftre grandement préjudiciable auxdictes franchifes & libertez de l'églife de France, comme ils difoient, en Nous requérant humblement que fur ce vueillons déclarer nos volenté & entencion: favoir faifons que Nous, les chofes deffufdictes confidérées, voulans lefdictes franchifes, libertez & prérogatives d'églife de noftredict Royaume eftre entretenues & gardées, avons par l'advis & délibéracion des Gens de noftre Confeil, dict, ordonné & déclaré; difons, ordonnons & déclarons par ces préfentes, noftre vouloir & entencion avoir efté & eftre, que ledict confentement par Nous donné de lever ledict dixiefme en la manière deffufdicte, a efté & eft fans préjudice des droitz, franchifes libertez &

NOTE.

(a) Tréfor des Chartes, Regiftre IX*xx*VII [187], pièce 329. — *Mss. de Colbert*, volume LIV, page 1237.

CHARLES
VII,
à la Ferté,
à Saint-
Pourfain,
le 3 Août
1457.

prérogatives de l'églife de France pour le temps à venir ; mais voulons, confentons & octroyons, que nonobftant noftredict confentement, iceulx priviléges & libertez d'églife de France foient & demeurent en leur entier, comme ilz eftoient par avant noftredict confentement, fans ce que à l'occafion ne foubs ombre d'iceluy, on puiffe dire & notter aucune infraccion eftre entendue en iceulx priviléges & libertez pour le temps à venir en aucune manière. Si donnons en mandement par cefdictes préfentes, à noz amez & féaulx Confeillers les Gens de noftre Parlement, à tous nos Sénefchaulx, Bailliz & autres nos Jufticiers ou à leurs lieutenans & à chafcun d'eulx fi comme à luy appartiendra, que de noz préfens vouloir & déclaracion ils facent & fouffrent jouir & ufer lefdictes gens d'églife de noftredict Royaume, fans aucunement faire ne venir au contraire : car tel eft noftre plaifir, & ainfy l'avons voulu & octroyé, voulons & octroyons par cefdictes préfentes. Et pour ce que de cefdictes préfentes on pourra avoir affaire en divers lieux, Nous voulons que au *vidimus* d'icelles, foy foit adjouftée comme à ce préfent original. En tefmoin de ce, Nous avons faict mectre noftre féel, &c. *Donné à la* Ferté *à Sainct-Pourçain, le III.ᵉ aouft, M. CCCCLVII, & de noftre regne le XXXV.ᵉ* Signé. *Par le Roy en fon Confeil,* J. DELALOERE.

(a) Lettres de Charles VII, par lefquelles il confirme les priviléges des habitans de Priffey.

CAROLUS, Dei graciâ, Francorum Rex, notum facimus univerfis prefentibus & futuris, Nos vidiffe quafdam Litteras Ordinacionum confirmatorias per defunctum cariffimum genitorem noftrum, cujus anima in pace quiefcat, pro parte hominum de Priffeyo *nobis exhibitas, quarum tenor fequitur.*

CAROLUS, &c. (b).]

Nos eciam prefcriptas Litteras & omnia & fingula contenta in eifdem, ratas & gratas feu rata & grata habentes, eas & ea, in quantum de ipfis hactenùs homines & habitantes ville & franchifie de Preffeyo *debitè pacificèque ufi fuerunt & utuntur, laudamus & approbamus, & auctoritate noftrâ regiâ & de graciâ fpeciali confirmamus per prefentes. Quocirca, Ballivo Matifconenfi, judici per Nos ibi deputato,* Caftellano de Priffeyo, *ceterifque Jufticiariis & Officiariis noftris prefentibus & futuris, vel eorum locatenentibus, & cuilibet ipforum prout ad eum pertinuerit, mandamus quatenùs dictos habitantes dicte ville & franchifie de* Priffeyo, *noftrâ prefenti graciâ & confirmacione uti & gaudere faciant & permittant, nihil in contrarium attentando aut attentari permittendo, fed quidquid in contrarium vel attentatum vel factum fuerit, ad ftatum priftinum & debitum reducant aut reduci faciant indilatè. Quod ut firmum & ftabile perfeveret in futurum, noftrum his prefentibus Litteris duximus apponi figillum, noftro in aliis, & alieno in omnibus jure falvo. Datum* Turonis, *die XXII.ᵉ menfis decembris, anno Domini milleffimo quadringenteffimo quinquageffimo feptimo. Extitit additum, de mandato*

NOTES.

(a) Tréfor des Chartes, regiftre IXˣˣ IX [189], pièce 146. — *MSS.* de *Colbert,* volume LV, page 133.

(b) CAROLUS, &c.] Ces Lettres de Charles VII, du 3 d'août 1407, font imprimées à la page 249 du IX.ᵉ volume de ce Recueil. Elles en vidiment d'autres du Roi Jean, du mois d'octobre 1362, qui font auffi imprimées dans ce Recueil, volume III, page 695.

& ordinatione Magni Confilii Regis, hec verba *(c)*: abfque membri mutilacione. Per me ROLANT. *Vifa. Contentor.* J. DUBAN.

NOTE.

(c) Ces mots *abfque membri mutilacione*, font ajoutés à l'article 2 des Lettres du Roi Jean, qui font confirmées ici. Dans cet article, où il s'agit des amendes pour les bleffures plus ou moins confidérables, les Lettres du Roi Jean portoient une amende de foixante fols & un denier, *de fanguine facto cum gladio, fine mortis periculo;* dans les Lettres de confirmation de Charles VII, on excepte, outre le danger de mort, la mutilation des membres; & c'eft cette addition qu'on dit à la fin de ces Lettres, avoir été faite par le commandement & l'ordre du Grand-Confeil du Roi

---

(a) *Lettres de Charles VII, par lefquelles il prend en fa garde & protection la ville de Thionville & les autres places que poffédoit dans le Duché de Luxembourg, le Roi de Hongrie & de Bohème, qui venoit de mourir.*

CHARLES, par la grace de Dieu, Roy de France, à tous ceulx qui ces préfentes Lettres verront, falut. Comme n'aguieres foyent venus en ambaxade par-devers Nous, aucuns Prélats, Seigneurs, Nobles & autres des Royaumes de *Hongrie* & de *Bahaigne*, & des *Duchiez* d'*Autriche* & de *Luxembourg*, de par noftre très-cher & très-amé fils & coufin le Roy defdicts Royaumes, & Duc defdictes Duchiés, pour le mariage de luy & de notre très-chere & très-amée fille *Magdalene*, & eftans par-devers Nous, foit icelluy noftre fils & coufin allé de vie à trefpaffement *(b)*; laquelle chofe venue à la notice & congnoiffance defdicts Ambaxadeurs, Nous ayent remonftré & fait remonftrer que quand le Roy & prince defdicts Royaumes de *Hongrie* & de *Bahaigne*, va de vie à trefpaffement, fans hoirs maffes defcendans de fon corps, les Gens des trois Eftats defdicts Royaumes & de chafcun d'iceulx, ont accouftumé d'eulx affembler & eflire Roy èfdicts Royaumes, ou en chafcun d'iceulx; & pour ce que fommes defcendus de l'un des couftés de la Couronne de *Bahaigne*, & que la *Duchié* de *Luxembourg*, fituée & affife près des limites de noftre Royaume, eft des deppendances de toutte ancienneté à ladicte Couronne de *Bahaigne*, lefdicts Ambaffadeurs Nous ont fupplié & requis qu'il Nous plaife prendre & mettre en noftre garde & proteccion la ville de *Thionville*, & les autres villes, places, lieux & fortereffes d'icelle *Duchié* de *Luxembourg*, que tenoit & poffédoit noftredict feu fils & coufin *Roy de Hongrie* & de *Bahaigne*, au temps de fon décés, & celle de fes vaffaulx & fubgiés qui oudict temps eftoient foubs luy & en fon obéiffance, enfemble les Gens d'églife, le *feigneur de Rodemas* & autres nobles vaffaulx & habitans oudict Duchié, avec leurs places, terres & feigneuries & autres biens quelfconques oudict temps qui eftoient en l'obéiffance de noftredict fils & coufin: favoir faifons que Nous ayant regard & confidéracion au bon vouloir que noftredict fils & coufin avoit d'eftre plus que paravant conjoint à Nous par affinité, & que de bien grant ancienneté les *Roys* de *Hongrie* & de *Bahaigne* ont eu alliances & confédéracions à nos prédéceffeurs Roys de France, que Nous fommes defcendus de l'un des couftés de la Couronne de *Bahaigne*, comme dit eft, laquelle eft de préfent

NOTES.

(a) Tréfor des Chartes, regiftre IX**V [185], pièce 324. — *MSS. de Colbert,* volume LIV, page 909.

(b) *Ladiflas*, Roi de *Hongrie* & de *Bohème*, mort le 23 novembre 1457.

CHARLES
VII,
aux Montils-
lés - Tours,
le 8 Janvier
1457.

destituée de Roy, Prince & défenseur; & que s'ainsi estoit que pour entendre à la garde & deffence de ce que tenoit nostredict feu fils & cousin en ladicte *Duchié* de *Luxembourg,* les subgets desdicts Royaumes de *Hongrie* & de *Bahaigne,* qui sont près de la frontière du *Turc,* ennemy de nostre foy, fussent contrains de partir desdicts Royaumes, & venir en ladicte *Duchié* de *Luxembourg,* toutte la Chrestienté y pourroit avoir inconvenient & dommage irréparable; pour ces causes & autres à ce Nous mouvans, & par l'advis & délibération des Gens de nostre Conseil, avons prins & mis, prenons & mettons en nostre garde & proteccion ladicte ville de *Thionville,* & toutes les autres villes, places, chasteaulx, forteresses & lieux de ladicte *Duchié* de *Luxembourg,* que tenoit & possédoit en son vivant & au temps de sondict déceds, nostredict feu fils & cousin le *Roy de Hongrie* & de *Bahaigne,* & celles de ses vassaulx & subjects qui oudict temps estoient sous luy & en son obéïssance, ensemble les Gens d'église, lesdicts seigneurs de *Rodemat,* & autres nobles vassaulx & autres habitans oudict Duchié, avec leurs places, terres, seigneuries & biens quelsconques. Si mandons & expréssément enjoignons à noz amez & séaux Conseillers

Thierry de *Lénoncourt,* nostre Chambellant & [a] de *Bailly de Vitry, Tristan Lermite,*

Chevalier, Prévost des Maréchaux & Maistre [b] . . . . lieutenant dudict Bailly, & à chascun d'eulx, en commettant par ces présentes, que ils se transportent en ladicte ville de *Thionville* & place de *Rodemat,* & en touttes les autres villes, places, forteresses & lieux de ladicte *Duchié* de *Luxembourg,* dont jouïssoit nostredict feu fils & cousin au temps de son trespas, & en celles desdicts vassaulx & subgiés estant pour lors en son obéïssance; & pour & au nom de Nous, les mettent en nostre garde & proteccion, ensemble touttes les personnes estans & demourans en icelles, & leurs biens quelsconques, en mettant & faisant mettre nos pennonceaulx & bastons royaulx aux portes des villes, chasteaulx & forteresses dessusdicts, & aux lieux où ilz verront estre à faire, & dont par lesdictes Gens d'église, vassaulx, subgiés & habitans seront requis; & des nobles & vassaulx dessusdicts, ensemble des Officiers, manans & habitans en ladicte ville de *Thionville,* & autres villes, lieux & places & forteresses dessusdictes, preignent pour & ou nom de Nous, le serement nécessaire & appartenant au cas; & en oultre facent assavoir à tous par cry publique & autrement duement, que ladicte ville de *Thionville* & toutes les autres villes, places, chasteaulx, forteresses & lieux, ensemble lesdictes Gens d'église, seigneur de *Rodomat* & autres nobles & habitans en icelles, & tous leurs biens, sont en nostredicte proteccion & garde. Mandons avec, à tous nos Officiers, Justiciers & subgiés, prions & requérons tous nos bienveillans, amis & alliés, que lesdictes villes, places, forteresses & habitans en icelles, ilz vueillent secourir, aider & conforter de vivres & autres choses à eux nécessaires, tout ainsy qu'ilz fairoient & voudroient faire à nos propres subgiés, se par Nous en estoient requis; de ce faire aux dessusdicts & à chascun d'eulx donnons povoir, commission & mandement espécial par ces présentes. Toutesvoies Nous n'entendons pas que, sous ombre de ladicte garde, lesdicts nobles, vassaulx, & autres estans esdictes villes, places & forteresses prinses & mises en nostredicte garde, facent ou entrepreignent aucune chose sur les villes, places & autres lieux de ladicte Duchié que tient à sa main notre très-chier & très-amé frere & cousin le *Duc de Bourgongne,* ne sur les habitans en icelles. En tesmoin de ce, Nous avons fait mettre nostre séel à cesdictes présentes. *Donné aux* Montils-lez-Tours, *le huitiesme jour de janvier, l'an de grace mil quatre cens cinquante & sept, & de nostre regne le trente-sixiesme.*

(a) Lettres de Charles VII, par lesquelles il proroge le travail des Gens du Parlement, les après-dînées, & fixe la crue de leurs gages en conséquence.

CHARLES, par la grace de Dieu, Roy de France, à noz amez & féaulx les Tréforiers de France, & Généraux-Conseillers par Nous ordonnez fur le fait & gouvernement de toutes noz finances, falut & dileccion. Comme Nous euffions dès-pieçà *(b)* voulu & ordonné que noz amez & féaulx les Préfidens & autres Conseillers tenans noftre Court de Parlement à *Paris*, pour la grant multitude des caufes & procès qu'on dit eftre en icelle, vacqueroient & entendroient chafcun jour après dîner, jufques à certain temps, au jugement & expédicion des petites caufes & procès introduiz & pendans en ladicte Court, à quoy ils ayent vacqué & entendu en toute diligence à eulx poffible, lequel temps à eulx fur ce préfix, ait efté depuis par Nous prorogué & continué *(c)*, jufques à certain autre temps qui finira ou mois de juillet prouchain venant ; & pour ce que en noftredicte Court feurviennent de jour en jour plufieurs autres grans affaires qui empefchent les jugemens des procès qui doivent & ont accouftumé eftre fais devers le matin, & èfquels affaires eft expédient vacquer & entendre, icelle noftre Court a puis n'aguères envoié devers Nous, & les Gens de noftre Grant Confeil, aucuns des Préfidens & Confeillers d'icelle, lefquelz Nous ont remonftré bien au long les grans charges qui font en icelle Court, & que employer lefdictes après-dînées ou aucunes d'icelles aux autres affaires & charges de ladicte Court, & à la correction des abuz des Advocatz, Procureurs & autres fuppotz d'icelles, feroit le bien de juftice, & prouffit de la chofe publique, ce qui fe pourroit faire & expédier par aucuns des Préfidens de noftredicte Court avecques certain bon nombre & compétens de Confeillers d'icelle, & fans ce que tous y feuffent embefoignez, afin que les autres cependant puiffent mieulx vacquer & entendre à veoir & vifiter les procès pendans en noftredicte Court, bien & deuement faire leurs extraitz & arreftz, & auffi eftudier leurs doubtes & difficultez, en Nous requérans que icelles après-dînées voulfiffions continuer à tousjours, ou au moins jufques à certain long-temps, & leur octroyer que icelles ilz puiffent employer par la manière que dit eft : favoir vous faifons, que Nous defirans l'expédition des caufes & procès pendans en noftredicte Court, pour le bien de juftice & foulagement de noz fubgetz, & que noftredicte Court & autres Juftices de noftre Royaume foient tenus & gouvernées en bon ordre, eu fur ce avis & délibération des Gens de noftredit Grant Confeil, avons ledict temps & terme defdictes après-dînées, qui finira comme dit eft au mois de juillet prouchainement venant, prorogué & proroguons par ces préfentes, jufqu'au premier jour d'octobre après enfuivant, & dudit premier jour d'octobre, jufques à ung an auffi prouchain après enfuivant ; & avons voulu & ordonné par cefdictes préfentes que nofdiz Préfidens & Confeillers de noftredicte Court, deux ou trois jours la feptmaine telz qu'ils verront eftre à faire, puiffent befoigner, vacquer & entendre aufdictes après-dînées à la réformation des abuz des Advocatz, Procureurs & fuppotz de ladicte Court, & auffi de la juftice de la Prévofté de *Paris*, & aux autres affaires qui furviendront à icelle Court ; & voulons que en ce faifant, ilz fiéent comme Court, & en nombre fouffifant & compétant pour

NOTES.

(a) Regiftre du Parlement intitulé : *Ordinationes Barbinæ*, coté **D.** *fol.* 184, *v.*
(b) Nous n'avons point trouvé cette Ordonnance.
(c) Nous n'avons point trouvé ces Lettres de prorogation.

faire arreftz felon les Ordonnances par Nous dernierement faictes fur le fait de noftredicte Court. Et en oultre voulons & ordonnons que pendant & durant ledit temps, tous lefdiz Préfidens & Confeillers-laiz pour lefdictes aprèsdînées, aient & prennent par chafcun jour, la moitié de ce que fe montent leurs gaiges ordinaires ; & nofdiz Confeillers-clercs en icelle Court, qui ne prennent que cinq fols parifis par jour, en prennent autres cinq, & ce oultre leurs gaiges ordinaires de ladicte Court ; & le Greffier civil d'icelle Court, autres cinq folz parifis ; & auffi les Huiffiers de noftredicte Court, aufquelz femblablement avons ordonné prendre & avoir chafcun jour, dix deniers tournois, pour lefdictes après-dînées, aient & prennent ladicte fomme de dix deniers tournois pour chafcune defdictes après-dînées, felon l'octroy par Nous à eulx autreffois fait : laquelle creue de gaiges pour lefdictes après-dînées, voulons & ordonnons eftre paiée aufdiz Préfidens & autres noz Confeillers, Greffier & Huiffiers & à chafcun d'eulx, pendant ledit temps, par le Receveur des amendes & exploiz qui eft & fera pour le temps advenir, des deniers de fa recepte, pour le temps paffé & à venir ; pourveu toutefvoies que noz amez & féaulx Confeillers les Maiftres des requeftes de noftre Hoftel, qui de leurs gaiges ordinaires font affignez fur lefdictes amendes & exploix, & auffi les fraix ordinaires de ladicte Court, foient prémierement paiez fur lefdictes amendes & exploiz ; auquel Receveur d'iceulx amendes & exploiz voulons eftre paiées, baillées & délivrées, pour convertir en tout ce que dit eft, toutes les reftes, tant de la revenue des greniers par Nous ordonnez pour le paiement des gaiges ordinaires defdiz Préfidens & Confeillers, que de la creue de iiij livres parifis pour muid de fel, lefdiz gaiges ordinaires paiez, comme dit eft, par ceulx qu'il appartendra, & par les quittances d'icelui Receveur, qu'il vauldra acquict à celui ou ceulx qui lui auront paié ou paieront lefdictes reftes, pour convertir & emploier avecques la refte de la creue defdiz greniers venus & à venir, au paiement de ladicte creue des gaiges defdictes après-dînées, par Nous ordonnez aufdiz Préfidens & Confeillers, Greffier civil, & Huiffiers de noftredicte Court, jufques au fourniffement de leur entier paiement. Si vous mandons & expreffément enjoignons & à chafcun de vous fi comme à lui appartendra, que en faifant lefdiz Préfidens, Confeilliers, Greffiers civils & Huiffiers en icelle Court, joyr & ufer plainement & paifiblement de noftredicte préfente Ordonnance, vous les faictes paier pour lefdictes après-dînées, & auffi pour les feftes, des deniers deffufdiz, en la manière qu'ils ont accouftumé d'eftre paiez de leurs gaiges ordinaires. Et par rapportant cefdictes préfentes fignées de noftre main, ou *vidimus* d'icelles fait foubz féel royal & collationné comme il appartient, avec les quictances defdiz Préfidens, Confeillers, Greffier & Huiffiers tant feulement, Nous voulons tout ce que paié leur aura efté en la manière & pour les caufes deffufdictes, eftre alloué ès comptes, & rabatu de la recepte ou receptes defdiz Receveurs ou de celui ou ceulx qui paié l'auront, par noz amez & féaulx Gens de noz Comptes, aufquels Nous mandons que ainfi le facent fans aucune dificulté, nonobftant que de ce ne foient levées aucunes defcharges par le Changeur de noftre Tréfor & le Receveur général de noz finances, & quelzconques Ordonnances, mandemens ou défences à ce contraires. *Donné à* Tours *le IIII.ᵉ jour de fevrier, l'an de grace mil IIII.ᵉ cinquante & fept, & de noftre regne le XXXVI.ᵉ* Sic fignatum. *CHARLES.* Par le Roy en fon Confeil. *DELALOERE.*

Collatio facta eft cum originali. CHENETEAU.

NOUS, les Tréforiers de France, veues les Lettres patentes du Roy noftre Sire, fignées de fa main, aufquelles ces préfentes font attachées foubz l'un de noz fignetz, par lefquels & pour les caufes contenues en icelles, icelui Seignenr a prorogué le temps & terme par lui paravant ordonné pour befoigner en fa
Cour

Court de Parlement aux après dînées, qui finira au mois de juillet prouchainement venant, jufques au premier jour d'octobre prouchain après enfuivant, & d'icelui premier jour d'octobre jufques à ung an auffi après enfuivant ; & a voulu & ordonné que les Préfidens & Confeillers de fadicte Court puiffent befoigner & entendre deux ou trois jours la feptmaine, tels qu'ils advieront aufdictes après-dînées à la réformacion des abuz des Advocatz, Procureurs & fuppoftz de ladicte Court, & auffi de la juftice de la *Prévofté* de *Paris* & aux autres affaires qui furviendront à icelle Court, & que pendant & durant ledit temps, lefdiz Préfidens & Confeillers clercs & laiz, le Greffier civil & les huiffiers de ladicte Court, aient & preignent pour lefdictes après-dînées les gaiges déclairées èfdictes Lettres felon l'octroy autrefois fait par ledit Seigneur, & par les mains du Receveur des amendes & exploiz qui eft & fera, des deniers de fa recepte paffée & à venir, foubz les condicions fpécifiées & contenues èfdictes Lettres ; confentons, en tant que à nous eft, l'enthérinement & accompliffement d'icelles, en mandant de par le Roy noftredit Seigneur & nous, audit Receveur préfent & à venir, qu'il face ledit paiement defdiz gaiges aufdiz Préfidens, Confeillers, Greffier civil & huiffiers & à chafcun d'eulx, tout ainfi & par la forme & maniere que icelui Seigneur par fefdictes Lettres le veult & mande. *Donné à* Tours, *foubz nofdiz fignetz, le fixiefme jour de février, l'an mil quatre cens cinquante fept.*

Sic fignatum. *R. DUBREUIL.*

LES Généraulx-Confeillers du Roy noftre Sire fur le fait & gouvernement de toutes fes finances, veues les Lettres patentes du Roy noftre Sire, fignées de fa main, aufquelles ces préfentes font attachées foubz l'un de noz fignetz, par lefquelles & pour les caufes contenues en icelles, icelui Seigneur a prorogué le temps & terme par lui paravant ordonné, pour befoigner en fa Court de Parlement, aux après-dînées, qui finira au mois de juillet prouchainement venant, jufques au premier jour d'octobre prouchain après enfuivant, & d'icelui premier jour d'octobre jufques à ung an auffi après enfuivant ; & a voulu & ordonné que les Préfidens & Confeillers de fadicte Court, puiffent befoigner & entendre deux ou trois jours la feptmaine, telz qu'ilz advieront, aufdictes après-dînées, à la refformation des abbuz des Advocatz, Procureurs & fuppôts de ladicte Court, & auffi de la juftice de la *Prévofté* de *Paris*, & aux autres affaires qui furviendront à icelle Court ; & que pendant & durant ledit temps, lefdiz Préfidens & Confeillers clercs & laiz, le Greffier civil & les huiffiers de ladicte Court, aient & preignent pour leurfdictes après-dînées, les gaiges déclairez èfdictes Lettres, felon l'octroy autreffois fait par ledit Seigneur, & par les mains du Receveur des amendes & exploiz de ladicte Court, qui eft & fera, des deniers de fa recepte, paffée & à venir, foubz les condicions fpécifiées & contenues èfdictes Lettres, confentons, en tant que à nous eft, l'enthérinement & acompliffement defdictes Lettres de point en point, felon leur forme & teneur. *Donné à* Tours, *foubz nofdiz fignetz, le* VIe *jour de février, l'an mil* IIII.^c *cinquante fept.* Sic fignatum. *R. DUBREUIL.*

(a) Lettres de Charles V I I, par lesquelles il modifie celles qu'il avoit précédemment données au sujet des priviléges de la ville de Tournay.

CHARLES, par la grace de Dieu, Roy de France, sçavoir faisons à tous préfens & advenir, que, comme à la pourfuite de noz Bailli, Procureur & autres Officiers par Nous ordonnez en noftre Bailliage de *Tournay* & *Tournefis,* difans les Prévoftz, Jurez & autres Confaulx de noftredicte ville de *Tournay,* foubz umbre de leurs priviléges, avoir entreprins fur noz droits & juftice; euffions deux ans a ou environ, mandé nofdiz Bailli, Procureur & Advocat audit lieu, venir par-devers Nous, & refcript aufdiz Prévofts & Jurez & autres Confaulx, y envoyer aucuns de par eulx, lefquelz noz Bailli, Procureur & l'un de noz Confeilliers oudit bailliage feuffent à celle caufe comparus par-devers Nous, & auffi lefdiz Prévofts, Jurez & autres Confaulx de noftredicte ville y euffent envoyé aucuns leurs députés & meffages, par lefquelz noz Officiers en noftre Grant-Confeil euffent efté propofez & mis en termes plufieurs charges & articles, en quoy ilz difoient lefdiz Confaulx avoir entreprins fur nofdiz drois, dont lefdiz députez, par forme de remonf-trance, euffent excufé lefdiz Confaulx, alléguans avoir feulement ufé de leurs anciens ufages, drois, priviléges & juridicion, qui leur avoient efté donnez & concédez par Nous & noz prédéceffeurs Rois de France, contre lefquelz nofdiz Officiers faifoient plufieurs abus & ufurpacions, contendans les leur du tout abolir & deftruire, & euffent fait à ce propos plufieurs remonftrances & proteftations; fur lefquelz difcors euffent par Nous & les Gens de noftre Grant-

* Elles font citées ci-après, p. 452, datées du 3 février 1455, & impri-mées ci-devant page 371.

Confeil efté faictes aucunes *Ordonnances, déclaracions ou appoinctemens prononcées au *Bouchat* près *Saint-Pourcein,* qui depuis avoient efté enrégiftrées en noftre Court de Parlement, & mis à exécution en noftredite ville de *Tournay,* fans ce toutefvoies que noftre entencion feuft par icelles aucunement préjudicier aux priviléges, ufages & juridicions defdiz Confaulx & communaulté de noftre-dicte ville; lefquelz néanmoins fe feuffent à la publication & exécucion d'icelles Ordonnances oppofez, & depuis à cefte caufe, par leurs lettres & autrement très-griefment dolus & complains à Nous, difans lefdictes Ordon-nances eftre pleinement dérogans & totalement énarvatives de leur juridicion, drois, priviléiges & anciens ufages, & fans ce qu'ilz euffent efté fouffifamment ne à plein oys ne défendus, fuppliant très-humblement lefdictes Ordon-nances eftre par Nous annullées, & à cefte occafion fe feuffent meuz & journellement fufcitoient entre nofdiz Officiers & lefdiz Confaulx, communaulté & habitans, autres plus grans difcors, procès & débatz que devant: auxquelz defirans bien pourvoir, & pour éviter tous efclandres, dangiers & incon-véniens qui s'en povoient enfuir, ayons n'agueres chargié nos amez & féaulx l'*Évefque* de *Couftances, Jehan* le *Bourfier* Chevalier, Seigneur de *Sternay* Général de noz finances; Maiftre *François Halle* Rapporteur en noftre Chan-cellerie, noz Confeillers; & Maiftre *Jehan* le *Roy* noftre Secrétaire, par Nous ordonnez pour aler ès marches de par de-là, de eulx tranfporter en noftredicte ville, & eulx informer fur les chofes deffufdictes; & leur ayons donné povoir, & aux deux ou trois d'iceulx, de fur ce faire & bailler provifion convenable, & de faire telz ftatus & ordonnances que pour le bien de noftredicte ville, ilz verroient eftre à faire, en révocquant & adnullant nofdictes premieres Ordonnances, déclaracions ou appoinctemens fais audit lieu du *Bouchat,* ou les modifiant, corrigant ou diminuant ainfi que en noz Lettres de commiffion

NOTE.

(a) Regiftre du Parlement, intitulé: *Ordinationes Barbinæ, fol.* 191, r.*

fur ce à eulx baillées eft plus à plain contenu; lefquelz *Évefque de Couftances*, Seigneur de *Sternay*, & Maiftre *Jehan le Roy*, noz Commiffaires & Ambaffadeurs, en procédant & befognant fur ce que dit eft & leurs dépendances, ayent, en l'abfence dudit Maiftre *François*, fait certaines déclaracions, modificacions & Ordonnances plus à plein contenues en leurs lettres par eulx baillées & délivrées auxdiz habitans, defquelles la teneur eft telle.

Richart, par la permiffion divine, *Évefque de Couftances*; *Jehan le Bourfier*, Chevalier, Seigneur de *Sternay*, & Général des finances, Confeilliers; & *Jehan le Roy*, Secrétaire du Roy noftre S.^r, Commiffaires en cefte partie; à tous ceulx qui ces préfentes Lettres verront, falut. Comme le Roy noftredit Seigneur, par fes Lettres patentes defquelles la teneur s'enfuit:

CHARLES, par la grace de Dieu, Roy de France, à noz amez & féaulx l'*Évefque* de *Couftances*, *Jehan* le *Bourfier* Chevalier, Seigneur de *Sternay*, & Général de noz finances; Maiftre *François Halle* Raporteur en noftre Chancellerie, noz Confeilliers; & Maiftre *Jehan* le *Roy* noftre Secrétaire, falut & dilection. Comme Nous ayons efté n'agueres advertis que à l'occafion de certaines Ordonnances faictes par aucuns noz Commiffaires depuis fix ans en çà *(b)* fur le fait des bannieres, port de harnois & d'armeures, & autres chofes touchans & concernans les libertez & priviléges de noftre ville de *Tournay* & de noz fubgetz & habitans en icelle, & auffi à l'occafion de certains appoinctemens n'agueres faiz par Nous ou les Gens de noftre Grant-Confeil, touchant la juridicion & autres drois de ladicte ville, y a & fe meuvent chafcun jour plufieurs grans queftions & débatz entre noz Bailly, Procureur & autres noz Officiers de ladicte ville & bailliage de *Tournay* & *Tournefiz*, d'une part, & les Prévoftz & Jurez, Majeur & Efchevins, & Ewardeurs, Doyens & Sousdoyens, la commune & habitans de noftredicte ville, d'autre part; defquelles queftions & débats fe pourroient fourdre, mouvoir & enfuir plufieurs grans inconvéniens à Nous & à noftredicte ville de *Tournay:* aufquels defirans bien obvier & pourveoir, & mettre & entretenir noftredicte ville en bonne paix, ordre & police, & bonne amour & union eftre tenue & gardée entre noz Officiers d'icelle noftre ville & bailliage, & lefdiz habitans de noftredicte ville de *Tournay*, confians à plein de vos fens, prudence, loyaulté & bonne diligence, pour ces caufes vous avons commis & députez, commettons & députons, & vous avons donné & donnons par ces préfentes, & aux trois ou deux de vous, plein povoir & mandement efpécial de vous tranfporter en noftredicte ville de *Tournay*, & illec oyr les plaintes & doléances que vous vouldront faire lefdiz Prévofts & jurez, & autres de la loy & commune de ladicte ville, tant en général que en particulier, fur le fait defdictes Ordonnances, appoinctemens & priviléges d'icelle ville; & de oyr pareillement les refponfes que vouldront fur ce faire nofdiz Bailly, Procureur & autres Officiers dudit Bailliage, & de vous informer fur les chofes deffufdictes, tant par dépofitions de tefmoings, comme par l'infpection & vifion de chartes, privileiges, regiftres & autres enfeignemens qui vous feront produis & exhibez tant d'une part comme d'autre, & fe meftier eft, de faire convoquer & affembler les chiefz de la loy, ou la commune de ladicte ville, pour favoir & vous informer plus à plain defdictes matières & de leur intencion fur ce; & vous, à plain

NOTE.

(b) Il s'agit ici d'Ordonnances qui avoient été faites par deux Commiffaires du Roi de France en 1452; nous ne les avons point admifes dans ce Recueil: elles font au Tréfor des Chartes, cote *296*; Tournai, *Layette Q.*

informez fur les chofes deffufdictes, de pourveoir & faire ftatuz & Ordonnances fur lefdictes plaintes & doléances, teles que verrez eftre à faire pour
le bien & utilité de noftredicte ville & de nofdiz fubgietz & habitans en icelle,
en révoquant & adnullant, fe voyez que bien foit, telles autres Ordonnances
précédentes à ce contraires, ou les corrigeant, diminuant, modérant ou
interprétant autrement & ainfi que verrez eftre à faire, & faifans vofdictes
Ordonnances, ftatus ou appoinctemens entretenir & garder à perpétuité, à temps
ou autrement, & contraignant à ce tous ceulx qui feront à contraindre, &
pugniffant les tranfgreffeurs ou faifans le contraire, de telles peines & multes que
au cas appartendra, nonobftans quelzconques appoinctemens ou Ordonnances
paravant faiz & faictes par Nous ou par noz Commiffaires, & oppofitions &
appellacions quelzconques. Mandons & commandons à tous noz Jufticiers,
Officiers & fubgietz, que à vous & à vos commis & députez, en ce faifant,
obéiffent & entendent diligemment. *Donné à Changy, le vingt-fixiefme jour de
juillet, l'an de grace mil quatre cens cinquante-fept, & de noftre regne le trente-
cinquiefme.* Ainfi foubfcriptes : *Par le Roy en fon confeil, & fignées.*

J. DE REILLAC.

POUR pourveoir à certaines plaintes & doléances que l'on difoit eftre faites
par les Prévofts, Jurez, Efchevins, Efwardeurs, Doyens & Soubz-doyens
des meftiers, habitans & communité de ladicte ville, à caufe de certains
appoinctemens & déclairacions contre eulx fais & donnez par le Roy noftredit

* Ce font les
Lettres imprimées
ci-devant, p. 371
& fuiv.

Seigneur, par fes Lettres patentes * données au *Bouchat lez Saint-Pourcein,*
le iij.ᵉ jour de février, l'an mil cccc cinquante-cinq, au pourchas de fes Bailly
& Officiers des bailliages dudit *Tournay & Tournefis,* touchant la juridicion, drois
& privileiges de ladicte ville, nous euft mandé & commis, & aux trois ou deux
de nous, de fur ce nous informer, & fur-tout faire & donner telle provifion,
& faire telz ftatuts & Ordonnances que pour le bien & proufit du Roy noftredit
Seigneur & de ladicte ville, habitans & communité verrions eftre à faire, ainfi
qu'il appert plus à plain par les Lettres deffus tranfcriptes, en acompliffant le
contenu defquelles, nous foyons tranfportez en ladicte ville & cité de *Tournay,*
& illec foient venus par-devers nous les chiefz de la loy, Confeilliers & autres
Officiers d'icelle, pour & ou nom d'eulx & de tous lefdiz Confaulx & communité,
lefquelz nous ayent dit & remonftré leurfdictes complaintes & doléances,
difans que combien que leurs députez envoyez de par eulx au mandement
du Roy noftredit Seigneur par-devers luy, pour excufer ladicte ville des
charges à icelle impofées par lefdiz Bailli & Officiers, après qu'ilz eurent oys
les poins & articles à quoy contendoient lefdiz Bailli & Officiers, qui eftoient
à la totale deftruction des principaulx privileiges, drois, juridicion & anciens
ufages de ladicte ville, dont lefdiz Confaulx & communité n'eftoient en riens
advertis, & euffent plainement protefté, en remonftrant que de traicter de fi
haultes matieres ilz n'avoient charge, povoir ne inftruction, requérant à
toutes fins, que de plus avant refpondre, feuffent tenuz pour excufez ; néantmoins à la grant inftance & pourfuite defdiz Officiers, & fans ce que lefdiz
drois & privileiges euffent efté à plain veuz ne vifitez, ne les meurs, nature,
ufages & couftumes d'icelle ville ne du païs fouffifamment entendus ne confi-
dérez, ainfi que dient iceulx expofans, avoient par le Roy noftredit Seigneur efté
faictes lefdictes Ordonnances & déclaracions, aufdiz expofans & à leurfdiz
privileiges, juridicions, drois, ufages & couftumes, très-préjudiciables, contenans cinq poins & articles qui cy-après feront amplement fpécifiez &
déclairez, par tous lefquels ilz fe difoient eftre énormement lézez & defpoinctez en leurdicte juridicion, & iceulx eftre contre tous les privileiges
donnez & confermez à ladicte ville par plufieurs Rois de France de bonne
mémoire, c'eft affavoir, par le Roy *Philippe-le-Conquérant,* le Roy *Saint*

Louys, le Roy Jehan, Charles-le-quint, Charles le sixieme & le Roy noftre
Seigneur à préfent régnant, & auffi contre les loys, drois, couftumes &
anciens ufages dont ilz avoient ufé & accouftumé de ufer, de tel & fi longtemps
qu'il n'eftoit mémoire du contraire ne du commencement, lefquelz eftoient,
au moyen defdiz appoinctemens & déclaracions, du tout aboliz & abforbez,
& lefdiz expofans du tout defpoinctez & defpouillez, dont ilz eftoient en grant
trouble & defplaifance, & à l'occafion de ce, fourdoient & fe mouvoient chafcun
jour plufieurs grans débaz, queftions & procès entre eulx & lefdiz Officiers,
& fi eftoient lefdiz appoinctemens & déclaracions contre la paix & feurté defdiz
habitans, & dont plufieurs grans maulx fe povoient enfuir pour le temps à venir.
Surquoy le peuple d'icelle ville, pour ce affemblé par colléges de bannières,
avec lefdiz quatre Confaulx, très-efbahiz & défolez dudit defpoinctement &
nouvelletez à eulx faictes au moyen d'icelui, avoit par commune délibéracion
délibéré & rechargié lefdiz Confaulx, de pourfuir en toute humilité la révo-
cacion defdiz appoinctemens, vers le Roy noftredit Seigneur & par-tout ailleurs
là où il appartiendroit, nous requérans fur ce très-humblement & à très-grant
inftance, afin de povoir vivre en paix, union & feurté en ladicte ville, &
ofter du tout lefdictes queftions, procès & débatz, & auffi obvier aux dangiers,
périls & inconvéniens qui enfuir en pourroient, nous leur voulfiffions convenablement pourvoir en telle maniere qu'ilz feuffent remis & réintégrez en
leur premier ufage & eftat, & que par lefdiz appoinctemens & déclairacions
ainfi à eulx préjudiciables, ilz ne demouraffent defpouillez & defpoinctez
comme dit eft. Et en après fe feuffent repréfentez par-devers nous lefdiz Bailli
& Officiers du Roy noftredict Seigneur audit lieu de Tournay, requérans que
lefdictes déclairacions feuffent entretenues & gardées fans enfreindre ; & avec
ce nous euffent fait plufieurs autres requeftes touchans certains poins & articles,
dont ils avoient autrefois fait requefte devers le Roy noftredict Seigneur &
fondit Grant-Confeil, tant audit lieu du Bouchat, comme à Saint-Pourcein,
& fur lefquelz ilz difoient avoir efté réfervé par le Roy noftredit Seigneur, à
leur donner provifion par les Commiffaires que ledit Seigneur envoyeroit
par deçà, requérans icelle provifion leur eftre par nous donnée. A quoy
lefdiz chiefz, Confaulx & communité avoient refpondu & contredit, difant &
remonftrant que faire ne fe devoit, pour plufieurs caufes & raifons par eulx
dictes & alléguées, & mefmement que les requeftes & demandes defdiz
Officiers n'eftoient raifonnables ne civiles, mais eftoient & feroient contre
leurfdiz priviléges, couftumes & ufages, qui pour certaines grans caufes &
néceffaires leur avoient efté octroyez, & par le Roy noftredit Seigneur
confermez, defquelz ils avoient jouy paifiblement & d'ancienneté auparavant
de ladicte déclairacion, & fi eftoient totalement énervatives de leur loy, eftat
& juridicion, fupplians humblement que ne les voulfiffions admettre, & per-
fiftans à grant inftance en leurfdictes premieres requeftes, à ce que les voulfiffions
pourveoir fur lefdiz cinq poins & articles defquelz ilz avoient efté defpouillez
& defpoinctez comme dit eft. Sur lefquelles chofes qui nous furent amplement déclairez de bouche & par efcript, tant d'un cofté que d'autre, nous
ayons bien & diligemment veu & vifité plufieurs Lettres, chartres, priviléges,
regiftres & enfeignemens à nous exhibez & produis par lefdiz expofans, &
mefmes plufieurs Lettres certificatoires des ufages, tant des autres villes defdiz
bailliages, comme de plufieurs Haulx-jufticiers, d'aucunes Prévoftez & Sénefchaucées circonvoifins, touchant la congnoiffance defdiz cas priviléigiez &
délitz communs, & par iceulx nous foyons à plain informez de & fur le contenu
èfdictes Lettres de commiffion à nous adreçans deffus tranfcriptes, enfemble
des loix, couftumes & ufages deffufdictes, gardez & entretenus en ladicte
ville ez temps paffez ; & pareillement nous foyons informez à plufieurs notables
hommes de ladicte ville, tant de l'eftat & gouvernement d'icelle, comme

du grant trouble, plaintes & doléances du peuple, qui autrefois pour ce assemblé par collèges de bannieres, avoit requis & rechargié lesdiz Consaulx faire pourfuite devers le Roy nostredit Seigneur pour en obtenir restitution, & sur-tout ayons vacqué, besongné & entendu à grant diligence par plusieurs & diverses journées: savoir faisons que, veues les Lettres de la déclaracion desdiz cinq poins & articles, faites audit lieu du *Bouchat*, les demandes, requestes & pourfuites desdictes parties, & les causes & raisons par eulx dictes & alléguées tant d'une part que d'autre, les Lettres, chartes & privileges, & aussi les registres des Consaulx de ladicte ville, & autres enseignemens à nous par eulx exhibez & produis, touchans les lois, coustumes & usages dont l'en a jouy & accoustumé de user notoirement & d'ancienneté en icelle ville; considéré aussi la situation de ladicte ville de *Tournay*, qui est assise ès extrémitez de ce Royaume, & la très-grant loyauté & bonne obéissance en quoy lesdiz exposans & leurs prédécesseurs se sont tousjours maintenus & gardez vers le Roy nostredit Seigneur, & en laquelle ilz veulent tousjours persévérer, ainsi que dit & certifié nous ont publiquement en l'assemblée desdiz Consaulx pour ce tenue en l'ostel de ladicte ville, ensemble les meurs, nature & condicion desdiz habitans & païs voisins, aussi pour éviter à tous esclandres, périlz & inconvéniens, procès, différens & débatz qui journellement sourdoient entre lesdiz Officiers royaulx d'une part, & lesdiz exposans d'autre, pour & à l'occasion des choses dessusdictes, & afin de les entretenir ensemble en bonne paix, amour & concorde, eu sur-tout communicacion, adviz & conseil à plusieurs notables hommes de ladicte ville, tant ecclésiastiques que séculiers, gens de Conseil & autres, & considéré ce qui faisoit à considérer en ceste partie, nous, en pourveant ausdictes complaintes & doléances, avons sur lesdiz cinq poins & articles, fait, déclairé & ordonné; & par ces présentes, faisons, desclairons & ordonnons les Ordonnances, déclairacions & modificacions qui s'ensuivent.

Premierement. Au premier point desdictes déclaracions & Ordonnances **Voy. p. 373,** contenant cette forme: « *Que dorefenavant nostredit Bailly & noz Sergens *art. I.* » & autres Officiers desdiz bailliages, après ce qu'ils auront monstré & infinué » ausdiz Prévostz & Jurez de ladicte ville, ou à l'un desdiz Prévostz, noz Man-» demens & Lettres patentes ou autres, & leurs commissions par vertu des-» quelles ilz voudront faire ou faire faire aucunes exécutions, ilz pourront » icelles noz Lettres & leursdictes commissions, mettre à exécution deue, de » point en point selon leur forme & teneur, en ladicte ville, & à l'encontre de » ceulx qu'il appartiendra, sans attendre le consentement desdiz Prévostz & Jurez, ne d'aucuns d'eulx, & sans ce que lesdiz Prévostz & Jurez les puissent empes-chier en leurs éxécutions, en quelque manière que ce soit. »

Nous, Commissaires dessusdiz, avons en modifiant ledit article, déclairé, or-donné & appoincté, déclairons, ordonnons & appoinctons, que dorefnavant ledit *Bailly,* son Lieutenant & six Sergens de ressort desdiz bailliages, avant qu'ilz puissent faire quelzconques explois en ladicte ville, soient tenus de monstrer & infinuer ausdiz Prévostz & Jurez ou à l'un desdiz Prévostz, les Lettres, mandemens ou commissions qu'ilz auront à exécuter; & après ladicte ostension & infinuation faicte, ilz pourront lesdictes Lettres ou commission mettre à exécution deue, sans attendre le consentement desdiz Prévostz & Jurez, & sans ce qu'ilz les puissent en ce empeschier: lequel Prévost à qui sera faicte ladicte infinuation, pourra, si bon lui semble, aler ou envoyer l'un des Sergens de ladicte ville, pour estre présent à veoir faire l'exploit, sans en prendre salaire, se ce n'estoit que ledit exploit feust faict à requeste de partie, ouquel cas on leur seroit tenu payer le salaire acoustumé. Et au regart de tous les autres Officiers royaulx non-estans desdiz bailliages, ilz seront tenus de prendre assistance & Sergent en la maniere acoustumée.

Item. Au second point & article de ladicte déclaracion contenant ceste forme : « ᵇ Au regart du fait des monnoyes & des changeurs, attendu que notoirement & magnifestement ce sont droits royaulx, dont la cognoissance appartient à noz Juges & Officiers & non à autres, & que autresfois, pour avoir entreprins la congnoissance desdictes monnoyes & autres abuz que lesdiz Prévostz & Jurez faisoient contre noz drois & souveraineté & de noz prédécesseurs, ilz furent privez de corps & commune ; & que depuis, iceulx Prévostz & Jurez ont mis en procès en nostredicte Court de Parlement sur ce, les Généraulx-Maistres de noz Monnoyes, & certains leurs Commis, pour lesquelz nostre Procureur général a prins la cause & défense, & ont esté lesdictes parties appoinctées contraires par nostredicte Court ; & pour ce que cependant ne devons demourer despoinctez de nosdiz drois, avons ordonné & appoincté, ordonnons & appoinctons que, par provision, la congnoissance desdictes choses Nous demourra & à noz Officiers, & que défense sera faicte de par Nous ausdiz Prévostz & Jurez, à grans peines à Nous à appliquer, que pendant ledit procès ilz ne congnoissent du fait desdictes monnoies & Changeurs, & ne s'entremettent de punir les délinquans oudit fait, ainçois en délaissent pendant ledit procès la congnoissance ausdiz Officiers, & jusques à ce que par nostredicte Court de Parlement en soit autrement ordonné. »

CHARLES VII, Tours, en Février 1457. ᵇ Voyez ci-devant, p. 373, art. 2.

Nous Commissaires dessusdiz, en modifiant ledit article, avons ordonné & appoincté, ordonnons, déclairons & appoinctons que les fiefz d'échange & les drois à ce appartenans, ensemble la pension que lesdiz Changeurs doivent & ont acoustumé de paier à ladicte ville, à cause de leurs tables & changes, demourront & appartendront à icelle ville, comme ils faisoient d'ancienneté & paravant lesdiz appoinctemens & déclaracions ; & en oultre, pour ce que les Généraulx-Maistres des Monnoyes du Roy nostre Seigneur, ausquelz la congnoissance desdictes Monnoies doit appartenir, sont demourans à *Paris*, & bien loingtains de ladicte ville, nous avons ordonné, déclairé & appoinctié, ordonnons, déclairons & appoinctons que des transgressions, crimes & délitz qui se commettront ou fait desdictes Monnoyes audit lieu de *Tournay*, ledit Bailli ou sondit Lieutenant & les deux Prévostz de ladicte ville en auront la congnoissance, pourveu que ce que par les deux d'iceulx, dont ledit Bailli ou son Lieutenant soit l'un, sera fait & jugé, soit tenu & mis à exécution, & que les forfaictures & confiscations soient & demeurent ainsi qu'il a esté accoustumé du temps passé paravant lesdiz appoinctemens & déclaracions : & partant cesseront les procès qui à ceste cause en sont pendans en ladicte Court de Parlement.

Item. Et quant au troisieme point & article contenant ceste forme : ᵃ « Au regard des cas privilégiés dont noz Officiers doivent avoir la congnoissance, considéré que c'est un droit royal dont Nous usons en nostre royaume, notoirement ès juridicions séculieres, pour ce que le cas privilégié attraict à soy le délit commun : avons ordonné & appoincté, ordonnons & appoinctons que se avec lesdiz cas privilégiez a aucun délit commun, nosdiz Officiers auront, par le moyen dudit cas privilégiez, la congnoissance dudit délit commun ; & après ce que iceulx Officiers en auront congnu, lesdiz Prévostz & Jurez, soubz umbre dudit délit commun, ne pourront d'icelui cas avoir ne entreprendre aucune congnoissance, & leur sera faicte défense de par Nous, à peine de privacion de leurs corps & commune, & autres peines à Nous à appliquer, comme dit est, que doresenavant ilz n'en congnoissent & ne s'en entremettent en aucune manière. »

ᵃ Voyez ci-devant, p. 374, art 3.

Nous Commissaires dessusdiz, attendu la grant contrariété, dérogance faicte par ladicte déclaracion aux anciens privileiges de ladicte ville, ainsi qu'il nous est apparu par iceulx privileiges, & dont estoient jà sours & meuz plusieurs procès & débaz, & encores estoit apparent que plusieurs autres se pourroient fourdre & mouvoir au grand dommage & détriment d'icelle ville ; confidérans auffi que les gens du païs font enclins & légiers à noifes & débatz, dont fouventeffois advient cas de homicides ou mutilacions ; avec ce plufieurs telz malfaicteurs couftumiers de ce faire, & mefmement gens de puiffance, forains & eftrangiers, quant ilz fauroient que les Prévoftz & Jurez de ladicte ville qui ont acouftumé avoir la force & povoir d'icelle ville en leurs mains par l'autorité de leur juftice & juridicion, n'auroient congnoiffance de leurs délitz & maléfices, ne povoir de procéder à prinfe & pugnicion contre eulx, ainçois ne s'en vouldroient mouvoir, par ce que ladicte congnoiffance ne leur appartendroit, pourroient plus légierement entrer en ladicte ville, tuer ou mutiler gens d'icelle à port d'armes & par force publique, ainfi que l'en dift le cas eftre advenu depuis lefdiz appointemens & déclairacions, laquelle chofe feroit de très-périlleufe conféquence ; enfemble que d'avoir la congnoiffance des délitz communs adjoins avec les cas privilégiez, nous eft apparu ladicte ville eftre fondée au moyen de fefdiz privileiges & par ufage & couftume obfervées de grant ancienneté, dont pareillement eft ufé ès autres villes & païs voifins, ainfi que avons efté acertenez, & autres plufieurs raifonnables caufes à ce nous mouvans : avons ordonné, déclairé & appointié, ordonnons, déclairons & appointons que de tous cas, crimes & délitz commis & perpétrez en ladicte ville & juridicion d'icelle, fuppofé qu'ilz foient adjoins ou meflez avec cas privilégiez, lefdiz Prévoft & Jurez en congnoiftront & pourront congnoiftte en tant qu'il touche le délit commun, en feront les pourfuites, jugement & exécucions tant criminelles que civiles, & appelleront les abfentez, & les banniront ou enrégiftreront felon l'exigence des cas, tout ainfi & par la maniere qui faifoient & faire fouloient paravant ladicte déclaration, fans ce que ledit Bailli & Officiers les puiffent en ce empefchier, demourant au Bailli & Officiers deffufdiz la congnoiffance du cas privilégié, ainfi qu'ilz avoient accouftumé d'en congnoiftre paravant ladicte déclaracion ; & s'aucune queftion furvient d'aucuns cas, que le Procureur du Roy efdiz bailliages vueille eftre privileigié, & ladicte ville vueille fouftenir au contraire, ledict Bailli congnoiftra de cefte altercacion, vuidera & décidera préalablement cefte queftion, avant qu'il procède fur le principal, en entretenant ordre de droit, comme il appartient de faire en tel cas, fans toutefvoies à cefte occafion povoir empefchier lefdiz Prévoftz & Jurez en la congnoiffance dudit délit commun. Et par ce cefferont tous les procès meuz & pendans à l'occafion des chofes deffufdictes en ladicte Court de Parlement, comme chofe non advenue.

Item. Et au regard du quatriefme article de ladicte déclaracion contenant cefte fourme : * Voy. ci-devant p. 374, art. 4. « Au regard des homicides & autres délinquans oudit bailliage, que ceûlx de ladicte ville ne vuellent fouffrir eftre prins ne appréhendez en » icelle par noftredit Bailli & autres noz Officiers, foubz umbre d'un privileige » par lequel ilz veulent dire que s'aucun du païs de *Haynnault* ou d'ailleurs fait » homicide oudit païs de *Haynnault* ou ailleurs, & il vient, après ledit homicide » fait, en ladicte ville de *Tournay*, il y peut demourer feurement veu ledit pri-» vileige : avons dit, déclairé, ordonné & appointé, difons, déclairons, ordon-» nons & appointons que icelui privileige ne fe extend ne peut extendre aux » homicides ou autres délitz faiz audit bailliage ou ailleurs en noftre Royaume, » mais feulement aux homicides faiz audit pays de *Haynnault*, ou ailleurs hors » noftredit Royaume ; & à cefte caufe, fe noftredit Bailli ou autres noz Officiers, » pour lefdiz homicides faiz audit bailliage ou ailleurs en noftredit Royaume, en » veullent emprendre la congnoiffance & pugnicion, lefdiz Prévoftz & Jurez » ne les pourront ne devront empefchier que ilz ne preignent en ladicte ville » les délinquans & faifans lefdiz homicides, & les mettent en noz prifons, & » qu'ilz ne leur facent leur procès, & en facent pugnicion felon l'exigence » du cas. »

Nous

Nous Commiffaires deffufdiz, en modérant ledit article, attendu que ceulx qui ont commis homicide en ladicte ville de *Tournay*, font francs & paifibles ou païs de *Flandres*, avons ordonné, déclairé & appoinclé, ordonnons, déclairons & appoinctons que ceulx qui auront commis homicide audit païs de *Flandres*, pourront femblablement demourer & habiter franchement en ladicte ville de *Tournay*, felon la forme & manière qu'il en a efté ufé le temps paffé; demourant au furplus la déclaracion dudit quatriefme article, en fa vertu & vigueur.

CHARLES VII, à Tours, en Février 1457.

Et en tant que touche ledit cinquiefme point & article faifant mention du privileige de ladicte ville, par lequel lefdiz Prévoftz & Jurez, au moyen de leurs adjonclions, faifoient renvoier les caufes des particuliers, habitans en ladicte Court de Parlement[*]:

* Voy. ci-devant, page 174, art. 5.

Nous Commiffaires avons ordonné, déclairé, & appoinclé, ordonnons, déclairons & appoinctons que, au moien d'icelles adjonclions, ilz ne pourront faire faire lefdiz renvois, finon des caufes touchans les drois du corps & commune de ladicte ville.

Item. Et au furplus, touchant les demandes & requeftes à nous faictes par lefdiz Officiers, fi comme de leurs fiége & prifons remettre en ladicte ville; d'avoir le reffort des appellations d'icelle ville; que les Prévoftz & Jurez ne peuffent plus prononcer lettres obligatoires, royaulx, exécutoires, recevoir les peines fervies par vertu d'icelles, les mettre à exécution, ne congnoiftre des débatz qui en naiftront; que les prifeurs & couretiers du Roi peuffent faire en ladicte ville les prifées, couretaiges & explois des biens meubles & héritaige qui fe y venderont par exécution royale, & non les Officiers de ladicte ville; que lefdiz Prévoftz & Jurez ne peuffent plus congnoiftre des uturiers, des queftions naiffans de leurs preftz, ne vendre & exploitier leurs biens & gaiges; que ledit Bailli & Officiers royaulx peuffent ufer des Lettres de fauvegarde contre les habitans de ladicte ville; que lefdiz Prévoftz & Jurez ne peuffent plus exécuter les bannis dudit Royaume; que on ne peuft plus paffer procuracions, recognoiffances ou obligacions de debtes particulieres foubz le féel de la ville: & plufieurs autres chofes dont lefdiz Officiers ont voulu parler, & nous pourfuir d'en déterminer & ordonner, pour ce que lefdiz Confaulx & habitans nous ont dit & remonftré que de & fur tous les poins deffus touchiez, ilz avoient privileiges & déclaracions au contraire, confermez par le Roy noftredit Seigneur, & auffi eftoient lefdiz poins mis & introduis en ufage légitimcment prefcript, dont ilz ne devoient eftre defpoinclez fans caufe raifonnable & préalablement congneue.

Nous Commiffaires deffufdiz, avons iceulx poins délaiffé & délaiffons ou point & eftat que trouvés les avons, fans y faire, declairer ne innover aucune chofe; lefquelles Ordonnances, déclairacions & appoinclemens par nous cydeffus faiz & déclairez, nous avons ordonné & appoinclé, ordonnons & appoinctons par vertu de noftredit povoir & commiffion, eftre gardez, obfervez & entretenus dorefenavant: fauf toutefvoies le bon plaifir & voulenté du Roy en & fur toutes les chofes deffufdictes.

Si mandons par cefdictes préfentes, & par vertu dudit povoir à nous donné & commis, à tous Jufticiers & Officiers du Roy noftredit Seigneur, que lefdictes Ordonnances, déclairacions & modéracions par nous faictes, ainfi que dit eft, ils entretiengnent & gardent, & facent garder & entretenir chafcun en droit foy, de point en point, felon leur forme & teneur, fans aucunement faire ne venir à l'encontre en quelque manière que ce foit; & d'icelles facent, feuffrent & laiffent lefdiz expofans jouyr & ufer plainement & paifiblement, nonobftant lefdictes premieres déclairacions ou Ordonnances, oppofitions ou appellacions, & quelfconques Lettres à ce contraires. Mandons en oultre de par le Roy noftredit Seigneur, & par vertu du povoir à nous donné & commis, au premier Sergent royal fur ce requis, que ces préfentes & le contenu en icelles il publie & notifie en l'auditoire de la Court dudit Bailli, & aufdiz Bailli & Officiers, & par-tout ailleurs où il appartendra, en faifant les commandemens & défenfes accouftumées & appartenans en tel cas. En tefmoing de ce, nous avons mis & appofé à ces préfentes noz feaulx & feings manuelz. *Donné à* Tournay, *le neufvieme jour du mois de novembre, l'an de grace mil IIII.ᵉ cinquante & fept.* Ainfi figné *RICARDUS Epifcopus Conftanc. J. LE BOURSIER & JEHAN LEROY.*

Lefquelles Lettres & Ordonnances de nofdiz Commiffaires euffent depuis efté publiées, intérinées & notifiées par certain noftre Sergent en noftre Court & fiége de *Maire* en *Tournefis*, aux perfonnes de nofdiz Bailli, Procureur & Officiers, ainfi que apparoir peut par les Lettres dudit Sergent qui font attachées à la marge defdictes Lettres d'Ordonnances, dont auffi la teneur s'enfuit.

A tous ceulx qui ces préfentes Lettres verront ou orront, *Jehan Waftepate*, Sergent du Roy noftre Sire, ou bailliage d'*Amiens*, falut & dilection. Savoir fay que par vertu des Lettres patentes en forme d'Ordonnances, déclairacions & modifications données par mes très-grans & très-honorez Seigneurs *Richart*, par la permiffion divine Évefque de *Conftances*, *Jehan le Bourfier*, Chevalier Seigneur de *Sternay* & général des finances, Confeiller, & Maiftre *Jehan Leroy*, Secrétaire du Roy noftredit Seigneur, Commiffaires d'icelui Seigneur en cefte partie, aujourduy à moi préfentées, & requifes eftre publiées & intérinées par *Jehan de Hornut*, Procureur général de la ville & cité de *Tournay*, je me tranfportay avec ledit Procureur en la Court du Roy noftredit Seigneur, à *Maire*, où je trouvai noble homme *Jehan* Seigneur *de Proify*, Bailli des bailliages de *Tournay* & *Tournefis*, féant en jugement & tenant fes plais ordinaires, & avecques lui Sire *Jaques Letoucher*, fon Lieutenant, Maiftre *Richart Bonhomme* & *Roland de Lenfe*, Confeillers, Maiftre *Martin de Rahier*, Advocat, *Jacques Alegambe*, Procureur, & *Faftre de Maulde*, Receveur du Roy noftredit Seigneur èfdiz bailliages, aufquelz, en enfuivant le contenu èfdictes Lettres, après oftancion & lecture par moy faicte d'icelles en hault & en publique, préfent lefdiz Bailli, Confeilliers & Advocat, Procureur, Receveur, & des Sergens du reffort defdiz bailliages, & plufieurs perfonnes illecques eftans, je feiz commandement, inhibicion & défenfe de par le Roy noftredit Seigneur, fur encourre en la peine de quarante marcs d'or à appliquer à iceluy Seigneur, qu'ilz entreteniffent, obfervaffent & gardaffent, & feiffent garder, obferver & entretenir chafcun en droit foy, de point en point, les Ordonnances, modérations & déclaracions à plain contenues & déclairées èfdictes Lettres, fans aucunement attempter, innover, aller, faire ne venir à l'encontre en quelque manière que ce foit, & d'icelles feiffent, fouffreiffent & laiffaffent les defnommez èfdites Lettres, jouyr & ufer plainement & paifiblement, fans les enfreindre ne violer en quelque manière, & tout felon la forme & teneur d'icelles Lettres, & comme par icelle povoye & devoye faire. Par lequel Monf. le Bailli me fut dit & refpondu, que le bon plaifir du Roy eftoit le fien, & autres paroles en effect & fubftance, & par ledit Procureur du Roy me fut requis avoir copie defdictes Lettres & de mon exploit, que luy acorday & depuis baillay. En tefmoing defquelles chofes, & pour probation d'icelles que je certifie eftre vraies & avoir par moy efté faictes en la forme & manière cy-deffus contenue, & ces préfentes attachées foubz mon féel à la marge defdictes Lettres, & icelles fignées de mon feing manuel, & féellées de mondit féel, faictes & efcriptes le mardy quinzieme jour du mois de novembre, l'an mil cccc cinquante-fept. *Ainfi figné.* J. WASTEPATE.

Depuis lefquelles chofes ainfi faictes, lefdiz Confaulx, communité & habitans de noftredicte ville, ayent envoyé par-devers Nous certains leurs députez, lefquelz Nous ayent humblement fupplié & requis, que pour la confervation & entretenement de leurfdiz droiz, privileiges, juridicions, couftumes & ufages, attendu mefmement que les députez qui paravant avoient efté envoyez audit lieu du *Bouchat*, n'avoient eu povoir ne inftruction de par ladicte communaulté, de traicter defdiz privileiges, couftumes & ufages, lefquelz privileiges n'avoient efté fouffifamment veuz, ne entenduz; & afin de povoir vivre en paix, union & tranquilité en icelle ville, fans les fouffrir eftre plus opprimez ne defpoinctez de leurfdiz privileiges, ufages & juridicion, comme fouvent s'efforçoient faire nozdiz Bailli, Procureur & autres Officiers, ou très-grant defplaifir, dommage, détriment d'icelle noftre ville & communaulté, Nous voulfiffions lefdictes modificacions, Ordonnances & déclairacions de nofdiz Ambaxadeurs & Commiffaires avoir agréables, & les confermer, loer & approuver; pour en jouyr & ufer felon leur forme & teneur. Pour ce eft-il que Nous, veues lefdictes Lettres & Ordonnances de nozdiz Ambaxadeurs & Commiffaires, & ouie la relacion & rapport par eulx à Nous fur ce fait & en noftre Grant Confeil, de ce qu'ilz ont veu & trouvé en ladicte ville, tant par l'infpection des chartres, privileiges, regiftres & autres enfeignemens d'icelle ville, comme par l'inquifition que fur ce ilz ont faicte des loys, couftumes & ufages d'icelle ville & des pais voifins, enfemble des meurs, nature & condicion defdiz habitans; confiderée auffi la fituation de noftredicte ville, qui eft affife ès confins & extrémitez de noftre Royaume, confrontant & marchiffant aux pays de *Hainault, Brabant, Liége, Cambrefis*, & autres pays de l'*Empire*, remembrans de la très-grant loyaulté & bonne obéiffance de nofdiz habitans, que tousjours fans varier, à noftre Couronne & Seigneurie ilz ont conftamment tenue & gardée envers noz prédéceffeurs & Nous, & efpérons que encores facent, dont tousjours les avons euz & avons en efpéciale recommandacion; defirans à cefte caufe les entretenir & garder en leurs franchifes, privileiges, libertez, ufages & juridicion, & pour certaines autres juftes & raifonnables caufes & confidéracions à ce Nous mouvans, inclinans favorablement à leurdicte fupplicacion & requefte, Nous lefdictes Ordonnances, modificacions & déclairacions de nofdiz Commiffaires, contenues en leurfdictes Lettres deffus tranfcriptes, avons eues & avons agréables, & tenons pour fermes & eftables, & icelles de noftre certaine fcience, par la délibération de noftre Grant-Confeil, de grace efpécial, plaine puiffance & autorité royal, avons loué, ratiffié, approuvé & confermé; & par la teneur de ces préfentes, louons, ratiffions, approuvons & confermons, & voulons qu'elles fortiffent leur plein & entier effet, en octroyant aufdiz Confaulz, communaulté & habitans de noftredicte ville, que dorefnavant de tout le contenu ès Lettres de nofdiz Commiffaires, eulx & leurs fucceffeurs puiffent jouir & ufer plainement & paifiblement à tousjours, fans aucunement faire ne venir au contraire. Si donnons en mandement par cefdictes préfentes, à noz amez & féaulx les Gens tenans noftre préfent Parlement & qui tendront ceulx à venir, aux Bailliz d'*Amiens*, de *Vermandois*, de *Tournay & Tournefis*, ou à leurs Lieuxtenans & à tous noz autres Jufticiers & Officiers préfens & à venir, & à chafcun d'eulx fi comme à lui appartendra, que lefdictes modificacions, déclairacions & Ordonnances de nofdiz Commiffaires, ilz mettent ou facent mettre royaument & de fait à exécution deue, & les tiengnent & facent tenir, garder & obferver de point en point felon leur forme & teneur, fans enfraindre, en faifant, fouffrant & laiffant d'icelles & de tout le contenu ès Lettres de nofdiz Commiffaires deffus tranfcriptes, jouir & ufer lefdits Confaulx & habitans, fans en ce les plus molefter, ne leur faire, mettre ou donner, ne fouffrir eftre fait, mis ou donné, ores ne pour le temps à venir, aucun contredict ne empefchement au contraire,

CHARLES VII, à Tours, en Février 1457.

ainçois fe fait, mis ou donné leur eftoit ou avoit efté, ilz le facent incontinent & fans délay, ramener & remettre au premier eftat & deu. Mandons en oultre aux Gens de noftredicte Court de Parlement, que noftre préfente confirmacion ilz facent publier & enrégiftrer en icelle Court & partout ailleurs où il appartendra, en mettant au néant tous les procès qui à l'occafion des chofes defufdictes en font meuz & pendans indécis en noftredicte Court, & lefdiz Confaulx & habitans hors de Court, fans amende, & fans les contraindre ne fouffrir eftre contrains à iceulx procès plus avant pourfuir ne demener en aucune manière; & lefquelz procès, en tant que meftier feroit, Nous avons du tout adnullez & adnullons par cefdictes préfentes, en impofant fur ce filence perpétuel à noftre Procureur général & à tous autres : car ainfy Nous plaift-il eftre fait, & aufdiz habitans l'avons octroyé & octroyons de noftredicte grace, par ces mefmes préfentes, nonobftant lefdictes premieres Ordonnances, déclairacions ou appoinctemens faictes par Nous & lefdictes Gens de noftredit Grant-Confeil, audit lieu du *Bouchat*, oppoficions, appellacions & quelzconques autres Lettres impétrées ou à impétrer à ce contraires. Et afin que ce foit ferme chofe & eftable à tousjours, Nous avons fait mettre noftre féel à ces préfentes, fauf en autres chofes noftre droit, & l'autrui en toutes. *Donné à* Tours, *ou mois de février, l'an de grace mil* IIII.ᶜ *cinquante fept, & de noftre regne le* XXXVI.ᵉ *Sic fignatum. Par le Roy en fon Confeil, ouquel Monf. le* Duc de Bourbon, *les* Contes du Maine, *de* Foix, *& de* Dunois, *le Maiftre des Arbaleftriers, le fire de la* Varenne, *Maiftre* Jehan Bureau, *& autres plufieurs eftoient.* J. DELALOIRE.

Collacion eft faite. *Vifa. Contentor.* CHALIGAUT.

Et in dorfo erat fcriptum. Le Procureur général du Roy confent la publication des Lettres de la ville de *Tournay*, fous les modificacions qui s'enfuivent : c'eft affavoir : au regard de l'article faifant mention des monnoies, que de toutes les faultes qui feront commifes & perpétrées en fait de monnoies par les Maiftres particuliers, Gardes, Effayeur, Tailleur, Contregarde, Ouvriers, Monnoyers, & autres Officiers & Maiftres de la Monnoye du Roy à *Tournay*, tant ou poix que en la loy, braffage, monnoyage, ouvrage, que autrement, & tant ou lieu où ladicte Monnoye eft eftable que ailleurs, & pareillement de la falficacion des coings, du forgement & monnoyage de la Monnoye du Roy, & autres faultes qui feroient fur ce commifes & perpétrées par les Bourgois & habitans de ladicte ville de *Tournay* & autres, tant en ladicte ville que ailleurs, la congnoiffance, pugnicion & correction, & les forfaictures & amendes en appartendront au Roy, & à fes Généraulx-Maiftres des Monnoyes. Et au regard des autres faultes & abuz qui feroient commifes & perpetrées par lefdiz Bourgois & habitans ou autres, en ladicte ville de *Tournay* ou ailleurs, & qui feroient trouvez & appréhendez en icelle ville, en la falfification, forgement, braffage & autrement, des coings & monnoyes d'autres Seigneurs que du Roy, & auffi de l'ufaige du billon & autres monnoyes défendues, la congnoiffance, pugnition & correction, enfemble les forfaictures & amendes, en appartendront aux Prévoftz & Jurez & à ladicte ville de *Tournay*. Et en tant que touche les Changeurs de ladicte ville & l'excercice de change en icelle ville, lefdiz Changeurs excerceront ledit fait de change par autorité du Roy, & feront tenuz d'en prendre Lettres dudit Seigneur & de fes Généraulx-Maiftres des Monnoies, & de paier au Roy les drois & devoirs, & faire les feremens acouftumés en tel cas. Et néantmoins pourront lefdiz Prévoftz & Jurez, après ladicte inftitution & feremens fais au Roy & à fefdiz Généraulx-Maiftres des Monnoies, prendre le ferement defdiz Changeurs, de bien & loyaument exercer le fait de change & garder les Ordonnances fur ce faictes; & pareillement auront & joyront lefdiz de *Tournay* fur lefdiz Changeurs de leurs fiefvez, & autres drois & redevances à caufe de leurs tables, ainfi qu'il eft acouftumé d'ancienneté, & des faultes & abus qui feront commifes & perpétrées par lefdiz Changeurs ou fait de leurs charges, & contre leurs feremens & les Ordonnances royaulx, tant en tranfport de billon hors du Royaume que autrement, la congnoiffance, pugnition & correction, avec les forfaictures & amendes qui y efcherront, en appartiendront au Roy & à fes Généraulx-Maiftres des Monnoies, s'ilz parviennent d'en avoir & entreprendre la congnoiffance. Et au regart de l'article faifant mention des cas privilégiez, avant la claufe contenant: *& par ce cefferont tous procès, &c.* feront adjouftez les mots qui s'enfuivent: *mais en fu ufé ainfi & par la forme & maniere que on faifoit & avoit acouftumé de faire paravant lefdictes Ordonnances faictes à Saint-Pourfain.* Tous les autres poins & articles contenus èfdictes Lettres au blanc tranfcriptes demourans en leur eftat, force & vertu; & tous procès meuz & pendans en ladicte Court, entre lefdictes parties pour raifon du contenu èfdictes Lettres, feront tenus comme non avenuz.

Ainfi figné. DAUNET, *Procurator Regius.*

Lecta, publicata & regiftrata cum articulis antedictis, Parifius, *in Parlamento, die fedecimâ januarii, milefimo quadringentefimo quinquagefimo octavo.*

Sic fignatum. CHENETEAU.

Collacio facta eft cum originalibus Litteris.

(a) Lettres de Charles VII, qui autorifent le rembourfement des rentes fur les maifons de la ville de Langres, au prix de vingt fous pour douze deniers de rente, à la réferve des rentes foncières & amorties.

CHARLES, par la grace de Dieu, Roy de France, fçavoir faifons à tous préfens & à venir, Nous avoir receue l'umble fupplicacion de noz bien amez les Bourgeois, manans & habitans de la ville de *Langres,* contenant que comme ladicte ville foit fituée & affife fur les extrémités de noftre Royaume, & voifine de plufieurs marches eftranges, & laquelle ville, à l'occafion des guerres & divifions qui ont efté par ci-devant en noftredit Royaume, foit fort dépopulée & apovrie; & encore ceux qui font demourez, ne peuvent fournir aux grands charges qu'il leur convient chacun jour fupporter, tant à l'occafion de nos tailles & aydes, que des grands charges de rentes, penfions & légats qui font fur les maifons & édifices d'icelle ville, appartenans tant à Gens d'Églife que autres; à l'occafion defquelles charges & rentes eftans ainfy fur lefdictes maifons d'icelle ville, grand partie en font demourées & demourent inhabitées & cheuës du tout en ruyne, & encores font en voye d'y venir & tourner celles qui font en eftat, fe elles ne font defchargées defdictes rentes & légats mis & conftituez par-deffus. Et à cefte caufe, lefdicts fupplians, pour le bien, confervation & entretenement de ladicte ville, & afin qu'ils ne fuffent contrainz icelle abandonner, feroient contens de retraire & acquitter lefdictes rentes & charges eftans fur lefdictes maifons, & rendre les deniers qui en furent baillez, ou la valeur d'icelles rentes & charges; mais ils doutent que ceux à qui font deuës lefdictes rentes & légats ne les y voulfiffent recevoir, fi par Nous ne leur eftoit gracieufement pourveu, fi comme ils Nous ont fait dire & remonftrer, en Nous humblement requérant

NOTE.

(a) Tréfor des Chartes, regiftre IX.ˣˣIX [189] pièce 148. — *MSS. de Colbert,* vol. LV, page 149.

noſtredicte proviſion. Pour quoy Nous inclinans à la ſupplicacion & requeſte deſdits ſupplians, voulans obvier à la deſtruction & dépopulation d'icelle ville, auſdicts ſupplians, pour ces cauſes & autres à ce Nous mouvans, & par l'advis & délibération des Gens de noſtre Grand-Conſeil, avons octroyé & octroyons de grace eſpécial par ces préſentes, pleine puiſſance & autorité royal, que toutes les rentes, charges, légats & penſions eſtans ſur leſdictes maiſons & édifices de ladicte ville de *Langres*, appartenans tant à Gens d'Égliſe que autres, ſi elles ne ſont deuement admorties, ils & chaſcun d'eux puiſſent retraire & r'avoir, en payant xxᶠ tournois pour une ſois pour douze deniers de rente ou penſion annuelle & perpétuelle, réſervées les rentes foncieres que nous voulons eſtre compriſes en ce préſent octroy; & en outre, afin que ladicte ville ſe puiſſe doreſenavant toujours entretenir de mieux en mieux & leſdictes maiſons & édifices en bon eſtat, avons défendu & défendons par ceſdictes préſentes, à tous les propriétaires & poſſeſſeurs deſdictes maiſons & édifices, que doreſenavant ils ne les chargent de rentes ou penſions outre la tierce partie de la valeur d'icelles, ſur peine d'amendes, & ceux qui les auront achetés de perdre les deniers qu'ils y auront mis & employez. Si donnons en mandement par ces mêmes préſentes au Bailly de *Sens* & à tous nos autres Juſticiers & Officiers, ou à leurs Lieutenans préſens & à venir, & à chaſcun d'eux ſi comme à luy appartiendra, que de noſtre préſente grace, voulenté & octroy facent, ſouffrent & laiſſent leſdits ſupplians, & chaſcun d'eux, jouyr & uſer plainement & paiſiblement, en faiſant ou faiſant faire exprès commandement de par Nous à tous ceux qu'il appartiendra & qui ont rentes, légats ou penſions ſur leſdictes maiſons & édifices, ſi elles ne ſont admorties, que ils reçoivent iceux ſupplians & chaſcun d'eux, à les r'avoir & retraire en payant leſdits xxᶠ tournois pour une ſois, pour xII deniers de rente, réſervées leſdites rentes foncieres & admorties, comme dit eſt; en contraignant à ce faire & ſouffrir tous ceux qu'il appartiendra, nonobſtant oppoſitions, ou appellations quelconques; en faiſant ces préſentes crier & publier en ladicte ville de *Langres*, & ailleurs où meſtier ſera, afin que aucun n'en puiſſe prétendre cauſe d'ignorance. Et pour ce que de ces préſentes leſdits ſupplians & chaſcun d'eux en pourront avoir afaire à diverſes fois & en divers lieux, Nous voulons que au *vidimus* d'icelles, fait ſous ſéel royal ou autre authentique, foy ſoit adjou'lée comme à ce préſent original. *Donné à S.'-Priet en Dauphiné, l'an de grace* MCCCCLVII *& de noſtre regne le* XXXV. Ainſi ſigné. *Par le Roy en ſon Conſeil.* DANIEL. *Viſa. Contentor.* DUBAN.

(a) Lettres de Charles VII, par leſquelles il déclare que les cauſes concernant les régales, ou les Princes de ſon Sang & ſes Officiers ordinaires, ſeront portées devant ſes Cours à Paris, nonobſtant les priviléges accordés aux habitans du pays de Normandie.

CHARLES, &c. ſçavoir faiſons à tous préſens & à venir, que comme nos bien amez les Gens d'Égliſe, Nobles, Bourgeois, manans & habitans de noſtre pays & *Duchié* de *Normandie,* Nous avoient préſenté certains priviléges, ſtatuts & Ordonnances à eulx donnés & octroyez par nos prédéceſſeurs

NOTE.

(a) Tréſor des Chartes, Regiſtre IXˣˣVII [187], pièce 235. — *MSS. de Colbert,* volume LIV, page 1303. — Regiſtre des Requêtes de l'Hôtel, coté *I, A, A, A. fol.* 121, *v.°* — Volume des Ordonnances de Charles VIII, coté *H, fol.* 96.

Roys de France, en Nous requérant la confirmation d'iceulx; lesquels privi-léges, ſtatuts & Ordonnances, pour conſidérations des grands, louables & recommendables ſervices que noſdicts ſubjects de *Normandie* Nous ont faiz le temps paſſé en pluſieurs manieres, & la grand amour & loyauté qu'ils ont tousjours monſtrée avoir envers Nous & noſtre ſeigneurie, leur avons aujourd'hui *(b)* confirmez, & ſur ce octroyé nos Lettres de confirmation ainſy qu'il eſt accouſtumé de faire: & pour ce que à l'occaſion de ladicte confirmation ſe pourroit mouvoir pluſieurs queſtions, différents & débats entre noſdiz ſubgiez de noſtredict pays & *Duchié* de *Normandie*, & ceux de nos autres pays & ſeigneuries, ſe déclaration n'eſtoit par Nous faicte & donnée ſur le faict deſdicts priviléges, ſtatuts & Ordonnances, & comment on en doibt uſer au temps à venir, Nous, voulans obvier auſdicts differends, queſtions & débatz, & nourrir paix & amour entre nos ſubgiez, avons pour ces cauſes & autres à ce Nous mouvans, & par l'advis & délibération des Gens de noſtredict Conſeil, déclairé & déclarons que nonobſtant leſdiz priviléges, ſtatuts & Ordonnances & la confirmation d'iceulx, toutes les cauſes de régalle venant de noſtredict pays & *Duchié* de *Normandie*, ſoient décidées & déterminées en noſtre Court de Parlement & non ailleurs. Et auſſy avons déclaré & déclarons, voulu & ordonné, voulons & ordonnons que noſtre Procureur général, toutesfois que bon luy ſemblera, & par le conſeil & advis de nos Advocats en noſtredicte Court de Parlemeut, puiſſe intenter ou faire renvoyer en icelle noſtre Court de Parlement à *Paris*, ou en la Chambre de noſtre Thréſor à *Paris*, les cauſes qui toucheront noſtre domaine, où il ſera partie fourmelle & ſeul; & avec ce, que la connoiſſance des cauſes touchans les Offices dudict pays qui ne ſont fieffez ou héréditaux, que noz amez & ſéaulx Conſeilliers les Maîſtres des Requeſtes de noſtre Hoſtel, qui ſont à préſent & qui ſeront pour le temps à venir, en ayent la cognoiſſance, déciſion & déterminatioñ, ainſy qu'ils ont des autres lieux & parties de noſtre Royaume; & en oultre, voulons, ordonnons & déclarons que les Seigneurs de noſtre ſang & lignage, nos Officiers ordinaires & Commenſaulx ou autres, qui à cauſe de leurs Offices ou pour priviléges à eulx donnez par nos prédéceſſeurs, & par Nous conſermez, ont leurs cauſes perſonnelles & poſſeſſoires commiſes par-devant nos amez & ſéaulx Conſeillers les Gens tenant les Requeſtes de noſtre Palais à *Paris*, puiſſent quand bon leur ſemblera, intenter leurſdictes cauſes, actions & matières perſonnelles & poſſeſſoires, par-devant noſdiz Conſeillers tenans leſdictes Requeſtes en leur auditoire à *Paris*; & s'aucunes eſtoient encommencées par-devant aucuns nos *Baillis*, Vicomtes ou autres nos Officiers de noſtredict pays & *Duchié* de *Normandie*, qu'ils en puiſſent demander le renvoy par vertu de nos Lettres, & tout ainſy qu'ils en ont accouſtumé uſer le temps paſſé & paravant ladicte confirmation, & qu'ils en uſent ès autres parties & lieux de noſtre Royaume, ſans ce que par le moyen deſdicts ſtatuts & Ordonnances, ne de la confirmation d'iceulx, ils puiſſent ès cauſes & matières dout deſſus eſt faicte mention ne en aucunes d'icelles, eſtre empeſchez en quelque manière que ce ſoit. Et n'entendons pas que ſous ombre deſdiz priviléges & de la

NOTE.

(b) Ces Lettres de confirmation, qu'on dit ici avoir été accordées le même jour que celles-ci qui les modifient, devroient par conſéquent être placées auparavant; mais comme elles ne portent que la date de l'année & du mois, ſans quantième, nous n'avons pu les placer qu'après celles de la même année & du même mois, qui portent auſſi la date du jour; pour ne pas nous écarter de l'ordre qu'on a ſuivi dans ce Recueil. On trouve donc ci-après les Lettres de confirmation qui ſont ici modifiées. On ſait que les Lettres du Roi qui ſont proprement des Édits, ne ſont datées que du mois & de l'année; celles qui ne ſont que des Déclarations, ſont outre cela datées du jour.

confirmation d'iceux, Nous ou les Gens de noſtre Conſeil ne puiſſions faire évoquer & renvoyer aucunes groſſes cauſes & matières dudict pays, en la Court de noſtre Parlement à *Paris* ou autre part, ſe bon Nous ſemble. Si donnons en mandement par ces meſmes préſentes, à nos amez & féaulx Conſeilliers les Gens tenans & qui tendront noſtredict Parlement & noſtre Eſchiquier de *Normandie*, aux *Baillis de Rouen, Caen, Caux. Conſtantin, Évreux & Giſors*, & *Vicomtes* deſdicts *Bailliages*, & à tous nos autres *Juſticiers* & *Officiers* ou à leurs *Lieuxtenans* préſens & à venir, & à chaſcun d'eulx ſi comme à luy appartiendra, que noſtre préſente volenté & déclaration ils facent entretenir & garder de poinct en poinct ſelon leur fourme & teneur, ſans enfraindre en aucune manière, ne faire ou ſouffrir eſtre faict aucune choſe au contraire en quelque manière que ce ſoit, ainçois tout ce qui ſeroit ou auroit eſté fait au contraire, ils réparent & révoquent, ou facent réparer, révoquer & mettre incontinent & ſans délay au premier eſtat & deub : car tel eſt noſtre plaiſir. Et afin que ce ſoit ferme choſe & eſtable à tousjours, Nous avons fait mettre noſtre ſéel à ces préſentes, ſauf en autres choſes noſtre droit, & l'autruy en toutes. *Donné à* Tours, *le XXII.ᵉ jour d'avril, l'an de grace mil quatre cent cinquante-huit, & de noſtre regne le XXXVI.ᵉ* Ainſi ſigné. *Par le Roy en ſon Conſeil.* DANIEL. *Viſa. Contentor.*

(a) Lettres de Charles VII, par leſquelles il confirme les priviléges accordés aux trois États des bonnes villes du Duché de Normandie.

KAROLUS, *Dei gratiâ, Francorum Rex, ad perpetuam rei memoriam. Cùm divinâ factum ſit providenciâ, ut poſt diuturnas bellorum clades, regni noſtri gubernagula in pace teneamus, dignum quippè & decens eſt, ut populos quos inimica & hoſtilis feritas durè & immaniter vexavit, ac penè ad extremam redegit penuriam, cùmque inter hoſtiles impetus, inter intolerabiles injurias, inter innumera damna, ſuam ſemper fidelitatem integram ſervaverunt, dono ſpecialis gracie attollamus; ſanè dilecti & fideles ſubditi noſtri, habitatores & incole patrie & Ducatûs noſtri* Normanie, *graviter conquerendo Nobis expoſuerunt, quòd contra jura, privilegia, libertates atque conſuetudines dicti* Ducatûs, *per dive memorie Ludovicum, Philippum, Joannem & Karolum, progenitores & predeceſſores noſtros, eiſdem incolis & ſubditis conceſſas, quamplurima damna, gravamina atque novitates dictis inferuntur & irrogantur, contra tenorem dictorum privilegiorum atque libertatum, & in totalem derogationem carte vulgariter nuncupate* la Chartre aux Normans, *cujus quidem carte & confirmationum ejus, tenores de verbo ad verbum ſequuntur.*

KAROLUS, *Dei gratiâ, Francorum Rex, &c. (b)*

Nos autem juſtum & equitati conſonum arbitrantes conceſſiones à clariſſimis

NOTES.

(a) Tréſor des Chartes, regiſtre IXˣˣVII [187], pièce 226. — *MSS.* de *Colbert*, vol. LIV, page 1260. — Nouveau Coutumier général, tome IV, page 98. — Hiſtoire générale de la Maiſon de *Harcourt*, par la *Roque*, tome III, page 524.

(b) Ces Lettres ſont de Charles VI, 25 janvier 1380, (imprimées tome VI de ce Recueil, page 549.) Elles confirment & vidiment celles de Philippe de Valois

du mois de mai 1339, qui confirment & vidiment celles de Louis X, imprimées, tome I.ᵉʳ de ce Recueil, pag. 487 & 494, note. Charles VII parle auſſi des priviléges accordés aux *Normands* par le Roi Jean, mais il ne les rapporte point. On trouvera une longue Ordonnance du Roi Jean, ſur la *Normandie*, dans le II.ᵉ volume de ce Recueil, page 402 & ſuivantes.

progenitoribus

progenitoribus noſtris emanatas perpetuis obſervari temporibus, ipſorum progenitorum veſtigiis inhærendo, maximè quia dicti Ducatûs incole indeſinenter, etiam durante violentâ ipſius patrie per Anglicos, noſtros & regni noſtri antiquos inimicos occupatione, ſingularem ad Nos geſſerunt dilectionis affectum & non parva preſtiterunt fidelitatis obſequia, habitâ preterea Magni Conſilii noſtri deliberatione prematurâ, cartam ipſam Normanie una cum ſubſecutis, ut premiſſum eſt, confirmationibus antedictorum predeceſſorum noſtrorum, Philippi videlicet, Joannis & Caroli, eçiam & leges atque regiſtrum, conſuetudines, uſus, jura, privilegia, libertates, franchiſias, immunitates & exemptiones, ac omnia & ſingula in eiſdem contenta, rata & grata habentes, eas & ea, ex noſtrâ certâ ſcientiâ, auctoritate regiâ ac poteſtatis plenitudine, laudamus, ratifficamus, approbamus & confirmamus plenariè per preſentes, volentes & expreſsè ordinantes ea omnia & ſingula inviolabiliter & inconcuſsè perpetuis futuris temporibus obſervari; & inſuper, auctoritate ac poteſtate predictis, articulum ſextum in Litteris pretacti anteceſſoris noſtri Ludovici Regis expreſſarum, tenoris ſubſequentis.

Item. Quòd de cetero per Nos aut noſtros ſucceſſores in dicto Ducatu in perſonis aut bonis ibidem commorantibus, ultra redditus, cenſus & ſervitia Nobis debita, tallias, ſubventiones, impoſitiones aut exactiones quaſcumque facere non poſſimus nec debeamus, niſi evidens utilitas vel urgens neceſſitas id expoſcat: & poſtmodùm per prefatum Philippum Regem modificatum in modum & formam ſubſequentes intelligi, non obſtantibus quibuſcumque additionibus per dictum Philippum factis & adjectis, ita in perpetuum obſervari: videlicet, quòd de ceteris per Nos aut noſtros ſucceſſores in dicto Ducatu in perſonis aut bonis ibidem commorantibus, ultra redditus, cenſus & ſervitia Nobis debita, taillias, ſubventiones, impoſitiones aut exactiones quaſcumque facere non poſſimus, nec etiam debeamus, niſi evidens utilitas vel urgens neceſſitas expoſcat, & per conventionem & congregationem Gentium trium ſtatuum dicti Ducatûs, ſicut factum fuit & conſuetum tempore retrò lapſo.

Quocircà dilectis & fidelibus Conſiliariis noſtris Gentibus Parlamentum noſtrum tenentibus, & qui futura tenebunt Parlamenta necnon Scacaria noſtra Normanie, univerſiſque & ſingulis Baillivis, Vicecomitibus & aliis Juſticiariis Ducatûs & Patrie Normanie ſupradicte preſentibus & poſteris, preſentium tenore mandamus firmiter injungentes, quatinùs omnia & ſingula predicta prefatis habitatoribus & incolis dicte patrie preſentibus & futuris, & eorum ſingulis prout ad ipſos & quemlibet ipſorum pertinuerit, teneant inviolabiliter & obſervent, ac teneri faciant & ſervari, nihil attemptari vel fieri in contrarium permittentes, & in contrarium attemptatum revocando. Quod ut firmum & ſtabile perpetuò permaneat, preſentibus Litteris ſigillum noſtum duximus apponendum, noſtro in aliis, & in omnibus quolibet alieno jure ſemper ſalvo. Datum Turonis, in menſe aprilis, anno Domini milleſimo quadringenteſimo quinquageſimo octavo, & regni noſtri XXXVI. Sic ſignatum. Per Regem in ſuo Conſilio in quo Dominus Dux Borbonenſis, Comes Fuxi, Vos, Comes Dunenſis, Archiepiſcopus Narbonenſis, Epiſcopus Conſtantienſis, Dominus Petrus de Breſſe, Dominus de Varenâ, Ludovicus de Bellomonte, & Joannes le Bourſier, Dominus d'Eſternay, milites, Magiſtri Georgius Hannar, Stephanus Fabri & Joannes Barbin, & quamplures alii erant. DANIEL. Viſa.*

CHARLES
VII,
à Tours,
en Avril 1458,
après Pâques.

(a) Lettres de Charles VII, par lesquelles il confirme les priviléges accordés par les Rois ses prédécesseurs, à la ville d'Angy.

KAROLUS, Dei gratiâ, Francorum Rex, notum facimus universis presentibus & futuris, Nos vidisse inclite recordacionis & memorie Karoli quondam Francorum Regis, predecessoris nostri, pro parte dilectorum nostrorum hominum & habitatorum ville nostre de Angiaco *obtentas, formam que sequitur continentes.*

KAROLUS, Dei graciâ, Francorum Rex, &c. (b)

Quas quidem Litteras & omnia & singula in eis contenta Nos rata & grata habentes, eas & ea laudamus, ratifficamus & approbamus, & aucthoritate nostrâ ac speciali graciâ, tenore presentium confirmamus, prout hactenùs ritè, justè & debitè usi sunt. Non intelligimus tamen hanc nostram confirmationis graciam ac exemptiones de quibus in Litteris superiùs insertis agitur, quoad solutionem subsidii pro victu armatorum ac defensasionem Regni nostri stabilitorum, etiam impositionis duodecim denariorum pro librâ; & aliorum juvaminum per Nos ubiquè in jam dicto Regno nostro levari ordinatorum, se extendi, nec dictis hominibus & habitantibus ville Angiaci, *seu eorum alteri, contra premissa quoquo modo suffragari. Quod ut firmum & stabile perpetuò perseveret, nostrum presentibus Litteris fecimus apponi sigillum; salvo tamen in aliis jure nostro, & in omnibus quolibet alieno. Datum* Turonis, *mense aprilis, anno Domini millesimo quadringentesimo quinquagesimo octavo post Pascha, & regni nostri tricesimo sexto. Sic signatum. Per Regem in suo Magno Consilio. CHALIGAUT.*

Visa. Contentor. CHALIGAUT.

NOTES.

(a) Trésor des Chartes, Registre IX^{xx}VII [187], pièce 228. — *MSS. de Colbert*, volume LIV, page 1292.

(b) Ces Lettres de Charles V, du mois de juillet 1364, sont imprimées à la page 483 du IVe volume de ce Recueil.

Elles confirment celles du Roi Jean, du mois de mai 1353, imprimées *ibid.* page 129, où sont insérées & confirmées celles de Philippe-Auguste, qui accordent à la ville d'*Angy* les priviléges dont il s'agit.

CHARLES
VII,
à Montrichard,
le 23 Mai
1458.

(a) Lettres de Charles VII, par lesquelles il autorise les Membres du Parlement restés à Paris, à y visiter les procès des particuliers, tandis que l'autre partie du Parlement instruira le procès du Duc d'Alençon à Montargis.

CHARLES, par la grace de Dieu, Roy de France, à tous ceulx qui ces présentes Lettres verront, Salut. Comme puis aucuns temps en çà, pour aucuns grans cas & crimes dont a esté chargé nostre nepveu & cousin le *Duc d'Alençon*, Nous l'avons fait constituer en arrest; & pour procéder à l'expédition de son procès, avons ordonné nostre Court de Parlement séant à *Paris*, estre tenue au lieu de *Montargis*, à commencer du premier jour de juing prouchain; & pour icelle tenir, mandé noz amez & féaulx Conseillers *Yves de Scepeaulx*, Chevalier, premier; & Maistre *Helyes de Torretes*, Présidens en icelle nostre Court, & des Conseillers de nostredicte Court tant clercs

NOTE.

(a) Registre du Parlement, intitulé: *Ordinationes Barbinæ*, coté *D*, *fol.* IX^{xx}IX (189).

que laiz, en bon & fouffifant nombre; & pour ce que noftre amé & féal Confeiller Maiftre *Robert Thibouft*, l'un de nos Préfidens, & plufieurs de nos Confeillers d'icelle noftre Court, qui demourent en noftre ville de *Paris*, pourroient faire difficulté de befongner à l'expédicion & jugement des procès par efcript & autres, qui font receuz pour juger & appoinctez en droit en icelle noftre Court, fans avoir povoir & autorité de Nous fur ce, attendu que avons voulu & ordonné, comme dit eft, noftredite Court de Parlement eftre tenue audit lieu de *Montargis :* favoir faifons que Nous, les chofes deffufdictes confidérées, defirans l'abréviacion des plaiz & procès d'entre nos fubjects, audit Maiftre *Robert Thibouft*, & autres nofdits Confeillers de noftredite Court qui demourrent en noftredicte ville de *Paris*, avons, par l'advis & délibération des Gens de noftre Confeil, donné & donnons par ces préfentes, povoir & auctorité de veoir & de vifiter lefdits procès par efcript, & autres procès qui font receuz pour juger, & appoinctez en droit, & iceulx, tant au matin comme après difner, juger & déterminer jufques à la prononciation de l'arreft ou appoinctement, ainfi que ilz verront eftre à faire felon raifon & juftice; laquelle prononciation d'arreft voulons eftre différée jufques au retour de noftredicte Court, & qu'elle foit féant en noftredicte ville de *Paris*, & lefdicts procès ainfi par eulx jugez & déterminez jufques à ladite prononciation, voulons eftre d'autel effet, vertu & valeur, comme fe fait avoit efté par noftredicte Court de Parlement, & icelle féant en noftredicte ville de *Paris;* & en tant que meftier eft, les avons auctorifez & auctorifons par cefdites préfentes, de ce faire leur donnons povoir, autorité, commiffion & mandement efpécial par cefdites préfentes, aufquelles, en tefmoing de ce, Nous avons fait mettre noftre féel. *Donné à* Montrichart, *le XXIII.ᵐᵉ jour de mai, l'an de grace mil CCCC cinquante-huit, & de noftre regne le XXXVI.ᵐᵉ* Sic fignatum. *Par le Roy en fon Confeil.* ROLAND.

Collacio facta eft cum originalibus Litteris.

CHARLES
VII,
à Montrichard,
le 23 Mai
1458.

CHARLES
VII,
à Beaugency,
le 7 Juin 1458.

(a) Lettres de Charles VII, fur la manière dont doit procéder la partie du Parlement reftée à Paris, pendant que l'autre partie inftruira à Montargis le procès du Duc d'Alençon.

CHARLES, par la grace de Dieu, Roy de France, à tous ceux qui ces préfentes Lettres verront, Salut. Comme puis aucuns temps en çà, pour aucuns grans cas & crimes dont a efté trouvé chargié noftre nepveu & coufin le *Duc d'Alençon*, Nous l'ayons fait conftituer & mettre en arreft; & pour procéder à l'expédicion de fon procès folennellement, ainfi que au cas appartient, avons ordonné noftre Court de Parlement eftre tenue au lieu de *Montargis*, & illec mander venir les Pers de France & autres Seigneurs de noftre fang & lignaige, pour eftre & affifter en noftredicte Court, pendant & durant l'expédition dudit procès, à commencer du premier jour de ce préfent moys de juing, & à cefte caufe avons mandé & fait venir audit lieu de *Montargis*, noz amez & féaulx Confeillers *Yves de Scepeaulx* Chevalier, premier; & Maiftre *Helyes de Torretes*, Préfidens en icelle noftre Court, & plufieurs autres Confeilliers de noftredicte Court, tant clercs que laiz, en bon & fouffifant nombre; & pour ce qu'il y avoit plufieurs procès, tant par efcript que autres, appoinctez en droit & en arreft en noftredicte Court à *Paris*, & auffi y a & aura plufieurs prifonniers & adjournez à comparoir en perfonne, dont les journées des aucuns font efcheues

NOTE.

(a) Regiftre du Parlement, intitulé : *Ordinationes Barbinæ,* coté D, *fol.* IXˣˣVIII (188).

CHARLES
VII,
à Beaugency,
le 7 Juin 1458.

& les autres à efchoir, & auffi plufieurs qui plaident en icelle noftre Court, qui font en fentence d'excommuniement, qui pourroient demander & requérir provifion d'être abfoltz à cautelle, ou au moins relafchez jufques à certain temps, efquelz cas fera befoing de donner prompte provifion, autrement s'en pourroient enfuir plufieurs grans faultes & inconvéniens : Nous avons ordonné que noftre amé & féal Confeiller & Préfident Maiftre *Robert Thibouft*, & plufieurs de nofdits Confeillers en noftredicte Court de Parlement, demourez en noftredicte ville de *Paris*, lefquelz, cependant que noftredicte Court fera & demourera audit lieu de *Montargis*, ou ailleurs hors *Paris*, pourroient bien & convenablement vacquer à l'expédition des chofes deffufdictes, en quoy ilz pourroient faire difficulté de befoigner s'ilz ne avoient de Nous povoir & autorité de ce faire.

Savoir faifons que Nous, les chofes deffufdictes confidérées, voulant provifion eftre donnée au cas deffufdit & autres femblables qui pourroient furvenir, aufquelz eft & feroit befoing de donner prompte provifion, audit Maiftre *Robert Thibouft*, Préfident, & autres de nofdicts Confeillers de noftredicte Court, qui font demourez en noftredicte ville de *Paris* pendant & durant que noftredicte Court de Parlement fera & demourra audit lieu de *Montargis*, ou ailleurs hors de *Paris*, avons, par l'advis & déliberacion des Gens de noftre Confeil, donné & donnons par ces préfentes, povoir & autorité de veoir & vifiter tous procès par efcript, qui font receuz pour juger, & autres appoinctez en droit, & iceulx tant au matin comme après difner, juger & déterminer ainfi qu'ilz verront eftre à faire en juftice, jufques à la prononciation des arrefts & jugemens exclufivement ; laquelle prononciation d'arrefts & jugemens deffufdits, voulons eftre différée jufques au retour de noftredicte Court, & qu'elle foit féant en noftredicte ville de *Paris;* & avecques ce, leur avons donné & donnons povoir & autorité de donner provifion & expédicion par eflargiffement & autrement, à tous prifonniers & adjournez à comparoir en perfonne ; & auffi de donner provifion fur le fait des abfolutions à cautelle ou relâchemens d'excommuniement, à ceux qui plaident en noftredicte Court, quant ilz le requerront & befoing en auront, ainfi que faire fe devra par raifon ; & auffi de contraindre toutes parties à bailler contredits, reprouches, falvacions, & faire productions ès caufes plaidoyées & appoinctées, de paffer accords & faire renvoys du confentement des parties & de noftre Procureur ou fon fubftitut, de bailler commiffions & délaiz, de faire & raporter enqueftes, & de faire tauxer defpens qui ont efté adjugez féant le Parlement, & de la taxation d'iceulx bailler Lettres exécutoires; & voulons que toutes parties qui font ou feront adjournées, foit à jours ordinaires ou extraordinaires, fe puiffent préfenter au greffe des préfentations en noftredicte ville de *Paris*, tout ainfi que fi noftredicte Court féoit en icelle, afin que au retour de noftredicte Court en noftredicte ville de *Paris*, icelles parties puiffent procéder en leurs caufes & procès, & prendre & avoir leurs explois, congiez & défaulx à l'encontre de leurs parties non-préfentées. Et pour ce que par avanture plufieurs parties, lefquelles ont eu & auront affignacions en noftredicte Court, pendant & durant l'abfence d'icelle noftredicte Court de Parlement de noftredicte ville de *Paris*, ont délaiffié ou pourront délaiffier d'elles préfenter aux jours à elles affignez, & que par défaut de préfentacion en la fin de Parlement leurs parties adverfes pourroient prendre explois contre elles, dont elles feroient endommagées : Nous, pour relever lefdictes parties non-préfentées, avons voulu & ordonné, voulons & ordonnons, que toutes les parties qui auront affignation en noftredicte Court, depuis que avons icelle évocquée ou tranfportée à *Montargis*, fe puiffent préfenter jufques à ung mois après ce que noftredicte Court fera féant en noftredicte ville de *Paris*, fans ce que cependant on puiffe prendre exploict contre les parties non préſentées, par défaut de préſentacion; & que noſtre préſente Ordonnance ſoit publiée en la ſale de noſtre Palais à *Paris*, & à la barre d'icelle, afin que les parties qui ont & auront à elles préſenter, n'en puiſſent prétendre juſte cauſe d'ignorance: & que cependant les Greffiers de noſtredicte Court eſtans à préſent à *Paris*, puiſſent enrégiſtrer & ſigner les actes des concluſions & appoinctemens qui par leſdicts Préſidens & Conſeillers eſtans à *Paris*, ſeront faiz touchant les choſes deſſuſdictes, en la forme & manière que par noſtredicte Court eſtant de préſent à *Montargis*, leur ſera envoyée & ordonnée, & recevoir les préſentacions, tout ainſi que ſe n'euſſions ordonné tenir noſtredict Parlement audict lieu de *Montargis*, ne ailleurs hors noſtredicte ville de *Paris*. Et leſdits procès ainſi par eulx jugez & déterminez juſques à ladicte prononciacion excluſivement, & autres expédicions qu'ilz feront ſur les choſes deſſuſdictes, voulons eſtre d'autel effect, vertu & valeur, comme ſe faiz avoient eſté par noſtredicte Court de Parlement, & icelle ſéant en noſtredicte ville de *Paris;* & en tant que meſtier eſt, les avons autoriſez & autoriſons par ceſdictes préſentes, ſans faire ſur les choſes deſſuſdictes ne autres, aucunes plaidoyeries, ne prononcer aucuns arreſts ou jugemens; de ce faire leur donnons povoir, auctorité & mandement eſpécial par ces meſmes préſentes, auſquelles, en teſmoing de ce, Nous avons fait mettre noſtre ſéel. *Donné à Beaugency, le ſeptieſme jour de juing, l'an de grace mil cccc cinquante-huit, & de noſtre regne le XXXVI.* Sic ſign. *Par le Roy, le Bailli de* Touraine, *& autres préſens.* BRIÇONNET.

Collacio facta eſt cum originalibus Litteris.

(a) Lettres de Charles VII, par leſquelles il transfere à Vendôme la partie du Parlement de Paris établie à Montargis, pour achever le procès commencé contre le Duc d'Alençon.

CHARLES, par la grace de Dieu, Roy de France, à tous ceulx qui ces préſentes Lettres verront, Salut. Comme à l'occaſion de certains grans cas, crimes & délicts dont a eſté trouvé chargié noſtre nepveu le Duc d'*Alençon*, Nous l'ayons fait conſtituer en arreſt; & pour procéder à l'expédicion de ſon procès, aions, par l'advis & délibération des gens de noſtre Conſeil, voulu & ordonné par nos Lettres patentes données ou mois de may dernier paſſé, que noſtre Court de Parlement lors ſéant en noſtre bonne ville & cité de *Paris*, ſeiſt & feuſt tenue au lieu de *Montargis*, à commancer du premier jour du mois de juin derrenierement paſſé, & juſques à la perfection dudit procès: auquel lieu, pour tenir icelle noſtre Court, avons ordonné & mandé faire venir noz amez & féaulx Conſeillers *Yves Deſpeaux*, Chevalier, premier Préſident; & Maiſtre *Hélies de Torretes*, auſſi Préſident, & aucuns des Conſeillers en icelle noſtre Court, tant clercs que laiz, en bon & ſouffiſant nombre, audit premier jour de juing, auſquelx jour & lieu aions ſemblablement mandé y eſtre les Pers de France & Seigneurs de noſtre ſang & lignage & tenans en pairie & autres, & meſmement noſtre amé & féal Chancelier, & aucuns des Maiſtres des Requeſtes de noſtre Hoſtel, & autres Gens de noſtre Conſeil; en enſuivant laquelle Ordonnance, noſtredit Chancelier & noz amez & féaulz Conſeillers l'Archeveſque & Duc de *Reims*, les Éveſques & Ducz de *Laon* & de *Langres*, & les Éveſques & Contes de *Beauvais, Chaalons*

NOTE.

(a) Regiſtre du Parlement, intitulé: *Ordinationes Barbinæ*, coté *D, fol.* IXˣˣX (190).

& *Noion*, Pairs de France , & nofdits Préfidens; & aucuns de nofdits Confeillers & Maiftres des Requeftes de noftredicte Court de Parlement, & auffi de noftredict Confeil, fe foient trouvez aufdits jour & lieu, & illec, aient befoigné aux préparatoires dudit procès par aucun temps, & aux interrogatoires de certains adhérens, fauteurs & complices de noftre nepveu, & jufques à puis n'agueres, attendans l'alée de Nous par-delà & des Seigneurs de noftre fang, & aultres Gens de noftre Confeil eftans par-devers Nous, en entencion de procéder à la fin & conclufion dudit procès, laquelle alée Nous avons différée & délaiée jufques à préfent, tant à l'occafion de la mortalité que pendant ledit temps eft furvenue en la ville d'*Orléans*, à *Suilly*, & autres lieux circunvoifins, éfquelx Nous convient paffer pour aller audit lieu, que auffi, pour ce que préfentement Nous font venues nouvelles certaines de plufieurs pars, que nos anciens ennemis les *Anglois* ont fait certaine groffe armée fur la mer, en entencion de faire defcente en noftre Royaume, & mefmement ès marches de noz païs de *Xantonge* & de *Poictou* ou de *Baffe-Normandie:* pour laquelle caufe, & afin que puiffions eftre en lieu de marche plus propice & convenable pour fecourir aux lieux de l'entreprinfe de nofdits ennemiz, & auffi pour éviter ladite mortalité, afin que aucun inconvénient n'en advenfift, favoir faifons que, Nous defirans l'abréviacion & expédicion dudit procès pour le bien de Juftice, voulans auffi obvier aufdits inconvéniens, & noftredite Court feoir & eftre en lieu propice & à ce convenable, avons, par l'advis & délibéracion de noftredit Confeil, voulu, ordonné & eftably, voulons, ordonnons & eftabliffons, de noftre puiffance & autorité royal, par ces préfentes, noftredicte Court de Parlement garnye de Pers, eftre continuée & entretenue au lieu de *Vendofme*, auquel lieu Nous avons ordonné & ordonnons les Gens de noftredite Court garnie de Pers, & auffi ceulx de noftre fang & lignaige, & aultres par Nous mandez, y eftre & comparoir au douziefme jour d'aouft prouchainement venant, pour procéder oultre & befongner audit procès, jufques à la perfection d'icellui, ainfi qu'il appartiendra par raifon. Et afin que aucuns des deffufdits n'en puiffent prétendre jufte caufe d'ignorance, Nous voulons ces préfentes eftre publiées en noftredicte Court féant audit *Montargis*, & en noftredite ville de *Paris*. En tefmoing de ce, Nous avons fait mettre noftre féel à ces mefmes préfentes. *Donné à Beaugency, le XX.ᵐᵉ jour de juillet, l'an de grace mil CCCC LVIII. Sic fign. Par le Roy en fon Confeil. GAUVIGNEAU.*

Et in dorfo erat fcriptum. *Lecta, publicata, & regiftrata apud* Montemargi, *in Parlamento, XXV.ᵃ die julii, anno Domini milleffimo CCCC.ᵐᵒ LVIII.ᵉ* Sic fignatum *HALLIGRET. BRIÇONNET. PICHON. DISOIRE.*

Lecta & publicata Parifius, *in Camerâ, die XXVIII julii, anno Domini milleffimo CCCC.ᵐᵒ LVIII.ᵛᵒ* Sic fignatum. CHÉNETAU.

(a) Lettres de Charles VII, par lefquelles il ordonne aux Membres de fa Cour de Parlement de Paris, chargés de continuer à Vendôme le procès du Duc d'Alençon, de s'y tranfporter le 12 août fuivant.

CHARLES, par la grace de Dieu, Roy de France, à noz amez & féaulx Confeillers, Maiftre *Robert Thibouft*, Préfident, les Maiftres des Requeftes de noftre Hoftel, & autres noz Confeillers de noftre Court de Parlement, eftans de préfent en noftre bonne ville & cité de *Paris*, Salut & dilection.

NOTE.

(a) Regiftre du Parlement, intitulé : *Ordinationes Barbinæ,* coté *D, fol.* IXˣˣIX (189) *v.*

Comme par noz Lettres patentes données du jour d'ui, & pour les caufes plus à plain contenues en icelles, Nous avons voulu, ordonné & eftably noftre Court de Parlement garnie de Pers, laquelle avons ordonnée & eftablie pour befoigner à l'expédicion du procès de noftre nepveu le Duc d'*Alençon*, eftre continuée & entretenue, & feoir au lieu de *Vendofme*, au douziefme jour d'aouft prochainement venant, Nous vous mandons, commandons & expreffément enjoignons, & à chacun de vous, que vous foyez aufdits jour & lieu, pour illec eftre, vacquer & befoigner à l'expédition dudit procès, ainfi qu'il fera à faire par raifon. *Donné à Baugency, le vingtiefme jour de juillet, l'an de grace mil CCCC cinquante-huit, & de noftre regne le XXXVI.*^{me} Sic fignatum. *Par le Roy en fon Confeil.* GAUVIGNEAU.

(a) Lettres de Charles V I I, par lefquelles il enjoint aux Généraux-Confeillers fur le fait de la Juflice des aides, de faire défenfe à tous Fermiers defdites aides, de compofer avec aucuns Marchands ni autres, pour chofes qu'ils leur puiffent devoir à caufe defdites fermes, jufqu'au terme fixé par les Ordonnances pour doubler lefdites fermes.

CHARLES, par la grace de Dieu, Roy de France, à noz amez & féaulx les Généraulx-Confeillers fur le fait de la juftice des aides à *Paris*, & tous noz Efleuz fur le fait des aides ordonnées pour la guerre, Salut & dilection. Il eft venu à noftre cognoiffance que les fermiers qui par cy-devant ont tenu les fermes defdictes aides pour le temps du premier bail defdictes fermes, & tantoft après, ont compofé à certain prix par les marchans qui leur pourroient eftre tenuz à caufe defdictes fermes, pour la vente de leurs denrées & marchandifes, pour tout au long de l'année; ce que faire ne fe doit, au moins jufques après les doublemens paffés, ains debvroient efcrire les ventes faictes par lefdiz marchans, pour en rendre bon & loyal compte à ceulx qui nofdictes fermes tierceront ou doubleront: à l'occafion defquelles compoficions, dont aucune ont fouvent efté faictes, ce que par aucuns de vous Efleuz à aucune foirs a efté approuvé, ou grant préjudice de ceulx qui avoient tiercé ou doublé lefdictes fermes, que lefdictes compoficions tiendroient; & avec ce, que avez receu lefdiz premiers fermiers à rendre compte à ceux qui avoient tiercé ou doublé lefdictes fermes fur eulx, par lefdictes compoficions: en quoy fe font commifes & commectent chafcun an plufieurs frauldes, tant parce que les premiers fermiers, defplaifans de ce que les fermes leur eftoient oftées; difoient lefdictes compofitions eftre mandiées; auffi à ceulx qui n'avoient point efté compofez, ou baillé Lettres & cedules de compoficion à aucuns marchans antidattées, pour nuire à ceux qui leur avoient ofté lefdictes fermes: pareillement ont fait les aucuns, doubles & diverfes compoficions, c'eft affçavoir, pour la première demye-année, moindre; pour monftrer que la ferme qu'ilz tenoient eftoit de petite valleur, afin qu'elle ne fuft tiercée ne doublée, & pour l'autre demye-année plus grande compoficion; éfquelles chofes ont efté commifes & fe commectent de jour en jour plufieurs frauldes & abbuz, qui font à noftre grant regret, préjudice & dommage, & plus feroit, fe par Nous n'eftoit fur ce donné provifion. Pour quoy eft-il que Nous, voulans à ce obvier & pourveoir pour le temps advenir, Nous vous mandons & expreſſément enjoignons & à chaſcun de vous ſi comme à luy appartiendra, par ces préſentes, que vous faiĉtes ou faiĉtes faire inhibitions & deſſenſes de par Nous à tous les fermiers deſdiĉtes aides, que doreſnavant ils ne compoſent aucuns marcha● ne autres, pour choſes qu'ils leur puiſſent devoir à cauſe deſdiĉtes fermes, juſques à ce que le temps limité & eſtably par noz Ordonnances pour doubler icelles fermes, ſoit eſcheu & paſſé, ſur peine de recouvrer ſur eux le double de ce que monteroit leſdiĉtes compoſitions, & amendes arbitraires, & procéder contre ceulx qui ſeront trouvez faiſant ou avoir fait le contraire, ſelon que deſſus eſt dit, & les contraignant à payer leſdiĉtes peines & amendes, par manière que les autres y doivent prendre exemple. Et leſdites préſentes faites publier en vos auditoires, & enregiſtrer en vos regiſtres, afin que aucun n'en puiſſe prétendre cauſe d'ignorance. Et pour ce que on en pourra avoir affaire en divers lieux, Nous voulons que au *vidimus* d'icelles, fait ſous ſéel royal, foy ſoit adjouſtée comme au préſent original; de ce faire vous donnons & à chacun de vous, plain pouvoir, commiſſion, auĉtorité & mandement eſpécial, par ces mêmes préſentes. Mandons & commandons à tous nos Juſticiers, Officiers & ſujets, que à vous & à chacun de vous commis & députez, en ce faiſant, obéiſſent & entendent diligemment, preſtent & donnent conſeil, confort, aide & priſons, ſe meſtier eſt & requis en ſont. *Donné à* Vandoſme, *le 23.ᵐᵉ jour de ſeptembre, l'an mil quatre cens cinquante-huit, & de noſtre regne le XXXVI.ᵉ* Ainſi ſigné. *Par le Roy en ſon Conſeil, ouquel les Gens des finances eſtoient.*

J. DELALOERE.

(a) Lettres de Charles V II, par leſquelles il défend de mettre aux draps fabriqués hors de la ville de Rouen, une liſière ſemblable à celle des draps fabriqués dans cette ville.

CHARLES, par la grace de Dieu, Roy de France, à tous ceux qui ces préſentes Lettres verront, Salut. De la partie des Drappiers de la drapperie de noſtre bonne ville & cité de *Rouen*, Nous a eſté expoſé que comme ils ayent accouſtumé faire en ladiĉte ville, draps de bon labeur & de loyalles laynes & taintures, ſans fraude ou déception, tellement que de préſent la bonne renommée de ladiĉte drapperie eſt eſpandue & divulguée par-tout, tant en ce Royaume que dehors, à l'honneur de ladiĉte ville & au bien de la choſe publique de noſtre Royaume; & pour éviter aux fraudes & abus qui ſe pourroient faire & commettre en ladiĉte drapperie, ayent accouſtumé en oultre les Drappiers & labourans en icelle, mettre & appoſer en chaſcun deſdiz draps, en ſigne & afin que on les puiſſe connoiſtre, une liſière qui eſt de 3 filz de la couleur du drap, au bord dehors; & oultre, y a après 4 filz doubles retuers, différens de la couleur dudiĉt drap, & au-deſſous trois filz ſangles de la couleur d'iceluy drap, & après, deux autres filz ſangles de la couleur deſdiz 4 filz retuers, à ce que toutes manières de gens, tant marchands que autres, qui achettent les draps de ladiĉte drapperie, ayent & puiſſent avoir vraye connoiſſance qu'ils ont eſté faiz en la drapperie de *Rouen*, & que, s'aucune faulte eſtoit trouvée en ladiĉte drapperie, la choſe peuſt eſtre cognue & apperceue par le moyen de ladiĉte liſière, pour ſur ce eſtre pourveu, & des délinquans faiĉte punicion ſelon le contenu ès Ordonnances faiĉtes touchant ladiĉte

NOTE.

(a) Tréſor des Chartes, regiſtre IXˣˣVII [187], pièce 339. — *MSS.* de *Colbert,* volume LIV, page 1309.

drapperie

drapperie de *Rouen*, & à cette occafion, & pour la bonne renommée qui eſt de ladicte drapperie, tant en noſtre Royaume que en pluſieurs autres lieux, pays & contrées, auſſytoſt que on voit en un drap ladicte liſière, iceluy drap eſt réputé & tenu faict en ladicte ville de *Rouen;* & combien que toutes autres drapperies deuſſent par raiſon mectre en leurs draps faiz hors icelle ville de *Rouen,* autres liſières différentes l'une de l'autre, afin que chaſcun peuſt connoiſtre en quelles drapperies les draps auroient eſté faiz, & que aucun marchand ou autre achepteur d'iceux draps n'en feuſt fraudé ou déceu, néantmoins leſdicts expoſans ont eu cognoiſſance que aucuns Drappiers de noſtre Royaume, pour donner cours & vente à leurs draps en plus grand prix qu'ils ne doivent, ont faict & font draps en pluſieurs lieux, qui font de mauvaiſes laynes & teinctures, frauduleux & déceptifs, à la marque de ladicte liſière de ladicte drapperie de *Rouen,* ou contrefaçon d'icelle, afin que, comme il eſt vrayſemblablement à préſuppoſer, ils puiſſent, ſoubs couleur de ladicte liſière ou contrefaçon d'icelle, vendre leurſdicts draps pour meilleurs qu'ils ne font, aux marchands & autres qui les acheptent en entencion & cuidans qu'ils ſoient de ladicte drapperie de *Rouen,* & à celle cauſe, iceux achepteurs de draps font & pourroient eſtre ſouventesfois fraudez & abuſez & déceuz, en grand ſcandale, vitupère & deshonneur de ladicte drapperie de *Rouen,* en diminucion du bon nom, loz & renommée d'icelle, & autres grand grief, préjudice & dommaige deſdicts expoſans & de toute la choſe publique, & plus pourroit eſtre, ſe proviſion n'y eſtoit par Nous donnée, comme leſdicts expoſans Nous ont faict remonſtrer, requérans humblement icelle. Pour quoy Nous, conſidéré ce que dict eſt, voulant donner proviſion aux choſes deſſuſdictes, & obvier aux fraudes & abuſ que en deffaute de ce pourroient eſtre commis, par grande & meure délibéracion de conſeil, & tout veu & conſidéré ce qui eſtoit à voir & conſidérer en cette partie, & eu ſur ce l'advis & délibéracion des Gens de noſtre Conſeil, avons voulu & ordonné, voulons & ordonnons par ceſdictes préſentes, que dorefenavant aucuns Drappiers ou autres quelconques perſonnes faiſans draps hors ladicte drapperie de *Rouen,* ne ſoient ſi oſez ne hardiz de plus faire ſemblable liſière à celle de ladicte ville de *Rouen,* ſoubs peine d'amende arbitraire envers Nous; & auſſy que ladicte liſière ſoit enciſée, coupée & miſe hors d'iceux draps, toutesfois & quantes qu'elle ſera trouvée èſdicts draps faiz autre part que en ladicte ville de *Rouen.* Si donnons en mandement par ceſdictes préſentes, aux *Bailliz de Rouen, Berry, Tourraine,* des reſſors & exempcions d'*Anjou* & du *Maine,* aux *Séneſchaulx* de *Poictou* & de *Xaintonge,* & à tous nos autres Juſticiers & Officiers ou à leurs Lieuxtenans, que en entretenant noſtredicte Ordonnance, & icelle faiſant mectre à exécution, ils facent ou facent faire inhibicion & deffenſe de par Nous, & par cry publique ſe meſtier eſt, & autrement, tellement que on n'en puiſſe prétendre cauſe d'ignorance, ez villes & lieux où l'on faict & a accouſtumé faire draps en noſtre Royaume, qu'ils ne ſoient ſi oſez ne hardis de plus faire ne contrefaire ès draps qui feront faiz hors icelle ville de *Rouen,* ſoubs peine d'amende arbitraire envers Nous, & de l'inciſion & fracture de la liſière qui auroit eſté faite ailleurs que en ladicte ville de *Rouen.* Et pour ce que, comme l'en dit, pluſieurs marchands & autres, tant de ladicte ville de *Rouen* & ailleurs, ont encore pluſieurs draps faiz à ladicte liſière de *Rouen* ou contrefaçon d'icelle, jaçoit ce qu'ils ayent eſté faicts ailleurs, & à ceſte cauſe pourroient leſdicts marchands vendre leſdicts draps pour draps de *Rouen,* & en ce faire pluſieurs grands abbus ou grand préjudice & dommage de ceux qui achepteront leſdicts draps, & de la choſe publique: Nous, derechief donnons en mandement par ceſdictes préſentes, auſdicts Bailliz, Séneſchaulx ou à leurs Lieuxtenans & à chaſcun d'eulx ſur ce requis & comme à luy appartiendra, qu'ils facent ou facent faire exprès commandement de par Nous, ſoubz les peines deſſuſdictes, à tous les Drappiers

& marchands vendans draps en leurs Bailliages & Séneschauſſées, que dedans un mois après le commandement à eulx faict, ils apportent par-devers la Juſtice des lieux où leſdicts marchands ſeront demourans, tous les draps qu'ils auront par-devers eulx, faiz à ladicte liſière de *Rouen* autre part que en icelle ville, afin que par ladicte Juſtice ſoit èſdicts draps miſe contre-marque, ou autre enſeigne telle que par ladicte Juſtice ſera adviſé, en manière que on puiſſe connoiſtre que iceulx draps n'ont eſté faicts en ladicte ville de *Rouen;* en faiſant auſſy inhibicion & deffenſe de par Nous auſdicts marchands, ſoubs les peines deſſuſdictes, qu'ils ne ſoient ſi oſez ne hardiz de vendre iceulx draps comme draps de *Rouen;* & à faire & accomplir toutes & chaſcune les choſes deſſuſdictes, contraignent ou facent contraindre tous ceulx qu'il appartiendra, par la manière deſſuſdicte, & par toutes autres voyes deues & raiſonnables. Et pour ce que on pourra avoir afaire de ces préſentes en pluſieurs & divers lieux, Nous voulons que au *vidimus* d'icelles, faict ſoubs ſéel royal, foy ſoit adjouſtée comme à l'original. En teſmoing de ce, Nous avons faict mectre noſtre ſéel à ces préſentes. *Donné à* Vendoſme, *le pénultieſme jour d'octobre, l'an de grace* M.CCCCLVIII, *& de noſtre regne le* XXXVII. Ainſi ſigné. *Par le Roy en ſon Conſeil.* J. DE REILHAC.

(a) *Lettres de Charles VII, qui exemptent du droit de quart, le ſel qui ſera tiré par mer pour porter, ſoit hors du Royaume, ſoit en Flandre & en Picardie, ſoit aux lieux où la Gabelle a cours.*

CHARLES, par la grace de Dieu, Roy de France, à tous ceulx qui ces préſentes Lettres verront, ſalut. Reçue avons l'humble ſupplication de noz chers & bien-amez les Gens d'Egliſe, Nobles, ſaliniers & autres habitans de noſtre bas-pays de *Poictou,* ou diocèſe de *Luçon,* contenant que ledit bas-pays, en ce qui eſt près de la rive & ſalaiſe de la mer, eſt pays ſtérile & comme infructueux des fruitz de la terre, fors que en ladite ſalaiſe, qui eſt bien grande, & y a pluſieurs grands eſcours & eſchevaulx de mer, eſt faicte chaſcun an, ſelon la diſpoſition du temps, grand quantité de ſel, par l'induſtrie des laboureurs, habitans en ladite ſalaiſe, qui ſont en grand nombre; & ſont leſditz maroiz & ſalaiſe le domaine & dotation en la pluſpart, de pluſieurs Abbayes & bénéfices, & des Nobles dudit pays, & comme le plus de leur revenu, & l'eſtat & habitude deſdits laboureurs habitans oudit pays, qui tiennent leſditz maroiz & ſalain ou la pluſpart d'iceulx, deſditz Gens d'égliſe & Nobles, au tiers ou autres prouffitz qu'ilz en font, & payent chaſcun an auſditz Gens d'égliſe & Nobles, pour raiſon du ſel qui ſe y faict par leur induſtrie; & avec ce, ſont leſditz expoſans contrainctz vacquer toute l'année à la préparation & entretenement deſditz maroiz, & des gardes & chauſſées eſtans autour d'iceulx, pour eſchiver la ſubmerſion dudit pays; auſſi à recueillir ledit ſel quant il eſt faict & concréé ès lieux qu'ilz ont à ce préparez; & pareillement leur convient vacquer à la défenſe & garde, tant de jour que de nuict, d'icelluy pays contre noz anciens ennemis les *Angloys* qui fréquentent ſouvent la mer en icelle marche, ſans ce que iceulx laboureurs ayent autre forme, façon ne manière de vivre, ne d'avoir blez ne argent, ſinon quand ledit ſel, venant èſdicts maroiz & ſalaiſe, eſt vendu; & ſouvent leur fault attendre ladite vente par long-temps avant qu'ilz le puiſſent vendre ne explecter, & à ceſte cauſe emprunter argent

NOTE.

(a) Regiſtre du Parlement, intitulé: *Ordonnances de Henri II,* 2.ᵉ volume coté Q. page 387, *v.*

pour vivre, & endurer plufieurs pauvretez. Et combien que par raifon, & felon
l'ufaige ancien dudit bas-pays, & des pays voifins, où eft fait fel, auffi par les Ordonnances & inftructions royaux faictes par noz prédéceffeurs & Nous, fur la
perception du quart du fel vendu, revendu & efchangé par terre en noftre
Royaume, ès lieux où a accouftumé eftre levé ledit quart, toute marchandife
de fel faicte par la mer, foit & doye eftre franche & exempte dudit quart du fel
vendu, revendu, efchangé & defplacé defditz maroiz & falaife, pour eftre tiré
par la mer, & que de ce lefditz Gens d'églife & Nobles ayent joy le temps paffé,
& fur ce obtenues plufieurs fentences par-devant les Efleuz audit pays de
Poictou, noftre Procureur préfent ou deuement appelé, & nonobftant, les
receveurs ou fermiers dudit quart du fel, audict pays de Poictou, fe font efforcez
puis n'agueres, & encore s'efforcent de prendre & lever ledit quart du fel
vendu, diftribué & defplacé defdits maroiz & falaife, pour eftre mené & tiré
hors par mer, tant defditz Gens d'églife & Nobles que d'autres, & mefmement
des marchans, paravant qu'ilz laiffent defpartir & defplacer ledit fel pour eftre
tiré par mer, en venant directement contre nofdictes Ordonnances, droictz
& ufaiges anciens dudit pays, & defdites fentences, & ou grand préjudice &
dommaige de Nous, du pays & de la chofe publique, & qui pourroit eftre
caufe de la deftruction & fubvertion dudit pays, & de faire vuider les habitans
en icelluy; auffi feroit afervir & eftranger les marchans qui viennent illecques
querir ledit fel des pays eftranges, & les faire aller charger ailleurs, ou préjudice
de Nous, defditz fupplians, & de la chofe publique, comme lefditz fupplians
Nous ont fait dire & remonftrer, requérant humblement fur ce provifion
convenable. Savoir faifons que Nous, ces chofes confidérées, voulans l'eftat,
gouvernement & habitation de chacun pays de noftre Royaume eftre gardé
& obfervé en fes anciennes couftumes & ufaiges, & le faict de la marchandife
par mer eftre multiplié & acreu, à ce que noz fubjetz puiffent mieux & plus
libérallement vivre foubs Nous, au bien & utilité de la chofe publique; & fur
les chofes deffufdites eu l'advis & délibération des Gens de noftre Confeil,
pour les caufes & confidérations deffufdites, & autres à ce Nous mouvans,
avons voulu & ordonné, voulons & ordonnons par ces préfentes, que toutes
gens qui vendront fel à ceulx qui le tireront & meneront par mer hors de
noftre Royaume, auffi en *Flandres, Picardie*, ou en aucuns des greniers où
noftre gabelle a cours, foient & demeurent francs, quictes & exemptz de
payer aucun quart dudit fel qu'ilz vendront, efchangeront, ou defplaceront
d'iceulx marois pour eftre tiré hors par mer, comme dit eft; & ne voulons que
eulx, ne les marchans acheteurs qui tireront par mer ledit fel, foient aucunement contrainctz de payer ledit quart; pourveu toutefvoyes que fe ledit fel
chargé par mer, fe menoit ou conduifoit par rivières ou autrement au-dedans
de noftredit Royaume, ailleurs que ès lieux deffufdits, l'en fera tenu de payer
ledit quart. Si donnons en mandement par cefdites préfentes, à noz amez
& féaulx les Généraulx-Confeillers tant fur le faict & gouvernement de noz
finances que de la Juftice des aydes, au Sénéchal de *Poictou*, aux Efleuz fur le faict
d'iceulx aydes oudit pays, & à tous noz autres Jufticiers & Officiers ou à leurs
Lieuxtenans, & à chacun d'eulx comme à luy appartiendra, que lefdits fupplians
& leurs fucceffeurs, facent, feuffrent & laiffent joyr & ufer de noz préfens grace,
Ordonnance & octroy, fans leur faire, mectre ou donner, ne fouffrir eftre faict,
mis ou donné aucun deftourbier ou empefchement, lequel fe faict, mis ou
donné leur eftoit au contraire, fi l'oftent & mectent ou facent ofter & mectre
incontinent & fans délay au premier eftat & deu: car ainfi Nous plaift-il, & voulons
eftre fait, & aufdits fupplians l'avons octroyé & octroyons de grace efpécial
par ces préfentes. En tefmoing de ce, Nous avons faict mectre noftre féel
à cefdites préfentes. *Donné à Montbafon, le 16.e jour de mars, l'an de grace*

mil quatre cens cinquante-huiĉt, & de noſtre regne le trente-ſeptieſme. Ainſi ſigné ſur le reply. *Par le Roy en ſon Conſeil.* DELALOERE.

Regiſtrata, audito Procuratore Generali Regis, pro per impetrantes utendo privilegiis, libertatibus & immunitatibus confirmatis, quatenus riè & reĉtè uſi ſunt & de preſenti utuntur. Aĉtum Pariſiis, *in Parlamento, ſeptimâ die aprilis, anno Domini milleſimo quingenteſimo quinquageſimo primo ante Paſcha.*
                                        Sic ſignatum. DUTILLET.

Collation eſt faiĉte à l'original. *DUTILLET.*

(a) Lettres de Charles VII, par leſquelles il déclare qu'en confirmant la Charte Normande, il n'a entendu préjudicier aux priviléges de l'Univerſité de Paris.

CHARLES, par la grace de Dieu, Roy de France, à tous ceulx qui ces préſentes Lettres verront, ſalut. Les Reĉteur, Maiſtres, Eſcholiers & Suppoſts de noſtre très-chiere & amée fille, l'Univerſité de *Paris,* Nous ont humblement fait expoſer que, comme leſdiz expoſans aient pluſieurs beaux privileiges, libertez & franchiſes, à eulx octroyez par noz prédéceſſeurs Rois de France, & par Nous conſermez, deſquelz privileiges, franchiſes & libertez, leſdiz Reĉteur, Maiſtres, Eſcholiers & Suppoſts de ladiĉte Univerſité, ont jouy & uſé paiſiblement de toute ancienneté, & par le moyen deſquelz icelle Univerſité a eſté & eſt multipliée & augmentée; touteſvoyes nos ſubjets & habitans de noſtre pays & duchié de *Normandie,* ſoubz umbre de certaine chartre appellée *la Chartre Normande,* & de la confirmation par Nous n'agueres faiĉte d'icelle, veulent empeſchier leſdiz expoſans en leurſdiz privileiges, en voulant m̃ intenir qu'ils n'en pevent ne doivent uſer oudit païs, veu ladiĉte confirmation d'icelle chartre; qui eſt & plus pourroit eſtre ou grant préjudice deſdiz expoſans, ſi comme ilz Nous ont fait dire & remonſtrer, en Nous humblement requérans que ſur ce voulſiſſons faire déclaracion, & ſur ce leur pourveoir gracieuſement: Savoir faiſons que Nous, ouye la requeſte d'iceulx expoſans, & eu ſur ce l'advis & délibéracion des Gens de noſtre Conſeil, avons dit & déclairé, diſons & déclairons par ces préſentes, que noſtre entencion a eſté & eſt* que la confirmation par Nous faiĉte de Chartre Normande, ſoit ſans préjudice des vrais privileiges de noſtrediĉte fille l'Univerſité de *Paris:* Si donnons en mandement par ces préſentes, à noz amez & féaux Conſeillers les Gens de noſtre Parlement & de noſtre Eſchiquier, aux Prévoſt de *Paris,* Bailliz de *Rouen, Caux, Caen, Conſtantin, Evreux, Giſors,* & à tous noz autres Juſticiers ou à leurs Lieuxtenans, que de noſtre préſente voulenté & déclaracion, facent, ſeuffrent & laiſſent leſdiz expoſans jouir & uſer plainement & paiſiblement, ſans leur faire, mettre ou donner, ne ſouffrir eſtre fait, mis ou donné aucun empeſchement ou deſtourbier au contraire. En teſmoing de ce, Nous avons fait mettre noſtre ſéel à ces préſentes. *Donné à* Raſilly *le XXIX.* jour de may, l'an de grace mil cccc cinquante-neuf, & de noſtre regne le XXXVII. Sic ſignatum. *Par le Roy en ſon Conſeil.* DANIEL.

Et in dorſo erat ſcriptum: *Leĉta, publicata & regiſtrata,* Pariſius, *in Parlamento, die nonâ julii, milleſimo CCCC.ᵒ quinquageſimo nono.*

Collacio faĉta eſt.

NOTE.

(a) Regiſtre du Parlement, intitulé: *Ordinationes Barbina,* coté D, *fol.* 203, *v.* *Hiſt. Univerſitatis Pariſ.* tome V, page 633.

(a) *Lettres de Charles VII, par lesquelles il confirme ce qu'il avoit ordonné touchant la Juridiction des Élus.*

CHARLES, par la grace de Dieu, Roi de France, à noz amez & féaulx les Généraulx-Conseillers par Nous ordonnez sur le fait de la justice des aides ordonnez pour la guerre, salut & dilection. Nostre Procureur Général sur le fait des aides, Nous a fait exposer que, comme par instructions & Ordonnances royaulx faittes par noz prédécesseurs & Nous, la cognoissance du fait desdites aides, & aussi de la gabelle du sel, & des tailles mises & à mettre sus pour le fait de la guerre & de la deffense de noz Royaume & subjets, appartient & est expressément commise au regard de la justice & de ce qui en dépend entierement en touz cas criminels ou civils, c'est à sçavoir, en premiere instance, aux Esseuz sur ledict fait, chacun en son élection, & en cas d'appel & souveraineté, à vous nosditz Conseillers, tout ainsi & en la manière que des causes non touchans les faits devant dits, la cognoissance appartient aux Prévostz, Baillifs, Sénéchaux & autres Juges ordinaires, & en cas de ressort & souveraineté, à nostre Cour de Parlement, sans ce que de matiere touchant lesdites aides, gabelles & tailles, ne autres subsides mis & à mettre sus à la cause dessusdite, ilz ne aulcuns d'eux, ne autres Juges ou Officiers quelconques, sinon lesditz Esseuz & vous, ainsi que dit est, en puissent ne doivent avoir congnoissance aucune, par quelque maniere que ce soit, & laquelle leur est interdicte & deffendue; & mesmement ainsi fut par Nous délibéré, ordonné & appoincté à grant & meure délibération de conseil, Nous étant à *Sarry* près *Chaalons* (b), ou mois de juin de l'an mil quatre cent quarante-cinq: & en oultre que cesdites causes introduites devant lesditz Esseus, aucuns Officiers s'efforçoient de faire renvoyer ailleurs que par-devant vous, par vertu de quelques Lettres que ce sût, ou que aucuns autres Juges entreprissent court & cognoissance d'aucune cause touchant le fait dessusdit, qu'ils sussent contraintz à eulx en désister & déporter par prinse ou emprisonnement de leur corps, & par suspension & privation de leurs offices, comme ces choses, & autres servans à ce, sont plus à plein contenues en nos Lettres sur ce faictes, à vous adressées, qui ont été duement publiées & signifiées, tellement que aucuns desdits subjetz n'en peut prétendre ignorance. Néantmoins nostre Prévost de *Paris* ou ses Lieuxtenans ont, puis aucun temps, fait faire par vertu des Lettres de nostre Prévost & autrement, renvoyz devant eulx de plusieurs causes touchant lesdits aydes, tailles & gabelles, pendant devant lesdits Esseus, tant en matière civile que criminelle, & se sont efforcés & efforcent chacun jour d'en congnoistre, & de plusieurs autres causes touchant ledit fait, comme du payement de noz gens de guerre & autres; & quant vous en faites aucune évocation, ilz le veulent & s'efforcent de l'empêcher, disant que n'avez pas puissance de les évoquer, nonobstant quelque défense qui leur eût été sur ce faicte de par vous : par quoy le payement de noz deniers d'iceulx aides, tailles & gabelles a esté souventesfois retardé & du tout assouppé, & s'en pourroit ensuivre grande diminution en iceulx deniers, & par-conséquent grande diminution & inconvénient à la chose publique de nostre Royaume, à l'entretenement & défense de laquelle ilz sont distribuez & convertiz par nostre

NOTES.

(a) Ces Lettres nous ont été communiquées par M. *Chrétien*, Conseiller en la Cour des Aides. Voyez ci-devant la note (a), page 331.

(b) Voyez ces Lettres du 19 juin 1445, imprimées, tome XIII de ce Recueil, pages 428 & suivantes.

CHARLES
VII,
à Couldray
près Chinon,
le 3 Juillet
1459.

Ordonnance, se provision n'y est brief donnée, si comme dict ledit exposant, requerrant icelle.

Pour quoy Nous, ces choses considérées, qui voullons lesdites Ordonnances estre entretenues & gardées de point en point, afin de obvier aux inconvéniens qui autrement en pourroient vraisemblablement advenir en plusieurs manieres, vous mandons & expressément enjoignons par ces présentes, que s'il vous est apparu ou appert duement, que à l'encontre d'icelles Ordonnances ait esté faite entreprinse par nostredit Prévost de *Paris*, ses Lieutenans, ne autres Juges ou Officiers quelzconques, en quelque maniere que ce soit, & que desdites causes touchant aides & le fait de noz finances, ayent voulu & veullent entreprendre court & congnoissance, vous procédez & faictes procéder contre eulx & chascun d'eulx, jusqu'à ce qu'ilz ayent entièrement réparé & tout remis au premier estat & deu, tout ainsi que le portent & contiennent lesdictes Ordonnances, en leur interdisant & deffendant toute court & congnoissance des causes dessusdites, leurs circonstances & deppendances, à certaines & grandes peines, en icelles évoquant par-devant vous, pour en congnoistre & discuter ainsi que vous verrez estre à faire pour raison. Mandons & commandons à tous nos Justiciers, Officiers & subjects, que à vous, vos Commis & députez, en ce faisant, obéissent & entendent diligemment. *Donné à Couldray près Chinon, le tiers jour de juillet, l'an de grace 1459, & de nostre regne le 37.* Ainsi signé. *Par le Roy.* CHALIGAUT.

CHARLES
VII,
au château
de Champigni
en Touraine,
en Juillet
1459.

(a) Lettres de Charles VII, par lesquelles il confirme les Lettres de sauvegarde accordées au couvent des Célestins de Paris.

*K*AROLUS, *Dei graciâ, Francorum Rex, notum facimus universis, presentibus & futuris, Nos Litteras charissimi domini & progenitoris nostri vidisse, formam que sequitur continentes.*

*K*AROLUS, *&c. (b)*)

Quasquidem Litteras, ac omnia & singula in eisdem contenta, rata habentes atque grata, ipsa volumus, laudamus & approbamus, ac tenore presencium de nostrâ speciali graciâ, auctoritate & plenitudine gracie & regiæ potestatis confirmamus, & omnia & singula in dictis Litteris contenta, sic fieri volumus, ac eisdem Religiosis ex nostrâ certâ sciencia auctoritateque regiâ & speciali graciâ duximus concedenda, & concedimus per presentes, mandantes & committentes dilectis & fidelibus Gentibus Requestarum Palatii nostri Parisius, Preposito Parisiensi, & ejus Locumtenenti presentibus & futuris & eorum cuilibet, quatenùs dictos Religiosos nostrâ presenti graciâ & confirmacione uti pacificè & quietè faciant & gaudere, non obstantibus usu, stilo, necnon consuetudinibus generalibus seu particularibus,

NOTES.

(a) Trésor des Chartes, registre IX**VIII [188], pièce 140. — MSS. de *Colbert*, vol. LV, page 36. Livre vert vieil second du Châtelet de *Paris, fol.* VII**IV r. On lit à la fin de ces Lettres dans le livre vert vieil du Châtelet de *Paris: Publiées en jugement au Châtelet de* Paris, *en la présence des Avocat & Procureur du Roy, le mardy xxi jour d'aoust mil CCCCLIX, & enregistrées au registre des Ordonnances*

les an & jour desusdits. Ainsi signé.
PHŌN.
Collacion a été faite à l'original.
(b) KAROLUS, *&c.*] Ces Lettres de Charles VI, du 6 octobre 1384, sont imprimées à la page 91 du VII.e vol. de ce Recueil; & en confirment d'autres de Charles V, du mois d'octobre 1369, imprimées à la page 233 du V.e volume de ce même Recueil.

& privilegiis quibuscumque Normanie, *seu cujuscunque alterius patrie regni nostri.*
Placet eciam Nobis & volumus ex graciâ ampliori, transcripto seu vidimus
presencium Litterarum sub sigillo Castelleti nostri Parisius *facto, collacionato &*
sigillato, tanquam originali, propter pluralitatem domorum seu monasteriorum, &
viarum pericula, fidem plenariam & indubiam adhiberi. Quod ut firmum & stabile
perseveret in futurum, nostrum presentibus fecimus apponi sigillum: salvo in aliis jure
nostro, & in omnibus quolibet alieno. Datum in Castro *Campigniaci,* in Turoniâ, in
mense julii, anno Domini millesimo quadringentesimo quinquagesimo nono, &
regni nostri trigesimo septimo. *Sic signatum.* Per Regem in suo Consilio. DANIEL.
Visa. Contentor. Collacio facta est cum originalibus Litteris inferiùs insertis.

CHARLES
VII,
au château
de Champigni
en Touraine,
en Juillet
1459.

(a) Lettres de Charles VII, par lesquelles il confirme les Lettres
de sauvegarde accordées aux Célestins de la Trinité près Soissons,
de Marcoussis, & de Saint-Antoine d'Amiens.

CHARLES
VII,
au château
de Champigni
en Touraine,
en Juillet
1459.

KAROLUS, *Dei graciâ, Francorum Rex, notum facimus universis presentibus*
& futuris, Nos Litteras charissimi domini & progenitoris nostri vidisse, formam
que sequitur continentes.

KAROLUS, &c. (b)]

Quasquidem Litteras ac omnia & singula in eisdem contenta, rata habentes
& grata, ea volumus & approbamus, ac tenore presencium, de nostrâ speciali
graciâ, auctoritate & plenitudine regie potestatis confirmamus, ac omnia & singula
in dictis Litteris contenta sic fieri volumus, ac eisdem Religiosis ex nostrâ certâ
sciencia auctoritateque regiâ & speciali graciâ duximus concedenda, & concedimus
per presentes ; mandantes & committentes dilectis & fidelibus Gentibus nostris
Requestarum Palatii nostri Parisius, *Preposito Parisiensi & ejus Locumtenenti, pre-*
sentibus & futuris, & eorum cuilibet, quatenùs dictos Religiosos nostrâ presenti
graciâ & confirmacione uti faciant pacificè & gaudere, non obstantibus usu, stilo,
necnon consuetudinibus generalibus seu particularibus, & privilegiis quibuscumque
Normanie, *seu cujuscumque alterius patrie Regni nostri. Placet eciam Nobis,*
& volumus ex graciâ ampliori, transcripto seu vidimus presencium Litterarum sub
sigillo Castelleti nostri Parisiensis *facto, collacionato & sigillato, tanquam originali,*
propter pluralitatem domorum seu monasteriorum, & viarum pericula, fidem plenariam
& indubiam adhiberi. Quod ut firmum & stabile perseveret in futurum, nostrum
presentibus Litteris fecimus apponi sigillum: salvo in aliis jure nostro, & in omnibus
quolibet alieno. Datum in Castro *Campigniaci* in Turoniâ, mense julii, anno
Domini M.° CCCC.° LIX.°

NOTES.

(a) Trésor des Chartes, registre IX^{xx}VIII [188], pièce 142. — *MSS. de Colbert,*
vol. LV, page 19.

(b) *KAROLUS, &c.*] Ces Lettres de Charles VI, du mois de mai 1405, sont
imprimées à la page 70 du IXe volume de ce Recueil.

CHARLES
VII.
au Couldray
près Chinon,
en Juillet
1459.

(a) Lettres de Charles VII, par lesquelles il confirme en faveur du Comte du Maine, les priviléges dont jouissoient la Seigneurie & les habitans de Nogent-le-Rotrou, du temps que cette Seigneurie appartenoit au Duc d'Alençon.

CHARLES, par la grace de Dieu, Roy de France, savoir faisons à tous présens & à venir, Nous avoir receue l'humble supplicacion de nostre très-chier & très-amé frere & cousin, le Comte du *Maine*, Seigneur de *Nogent-le-Retrou*, contenant que ladicte terre & seigneurie de *Nogent*, de laquelle, par arrest n'agaires donné & prononcé contre *Jean*, lors Duc d'*Alençon*, avons retenu à Nous les foy & hommage que ledict d'*Alençon* disoit paravant lui appartenir, lui compette & appartient, à cause de nostre très-chière & très-amée sœur & cousine sa femme, en laquelle terre & seigneurie nostredict frere & cousin a plusieurs subjets & habitans, lesquels, durant le tems que icelle terre & seigneurie estoit ès mains de feue *Jeanne de Bretaigne*, lors Dame d'icelle ville, & après, de feu *Charles*, en son vivant Duc d'*Alençon*, avoient plusieurs beaux priviléges, franchises & libertez, dont ils jouissoient paisiblement; & entr'autres, qu'il n'estoit loisible ne permis à nuls Sergens ne autres exécuteurs de justice, fors ceux dudict *Nogent*, faire aucunes exécutions, adjournemens ne autres exploits en ladicte terre & seigneurie de *Nogent*, se ce n'estoit en cas de ressortz & de souveraineté, ne aussy aucuns Notaires ne Tabellions, excepté ceux dudict *Nogent*, y recevoir aucuns contrats, ne faire autre exercice qu'il appartient de faire en faict & industrie. Mais ce néantmoins, nostredict frere a esté adverty que aucuns Sergens, autres que de sa justice audict lieu, sont illec venus demourer, & y ont faict & font chacun jour tous exploiz de justice appartenans à leur office; aussi pareillement y sont venus demourer & demeurent aucuns Notaires & Tabellions, autres que des siens audit lieu, qui illecques tiennent boutiques publiques, recevans contracts, instrumens, notes & autres choses afférans en tel cas, à la grand foule & charge de sesdiz subgiez & habitans en ladicte terre & seigneurie, diminucion de ses droiz en icelle, & en son très-grand préjudice & dommaige, comme il Nous a faict dire humblement, requérant sur ce nostre provision. Pour ce est-il que Nous, ces choses considérées, voulans nostredict frere & cousin, & sesdicts subgiez & habitans en ladicte terre & seigneurie, estre maintenus & gardez en leursdicts priviléges, franchises & libertez, comme raison est, & les relever de pertes & dommaiges; à nostredict frere & cousin, pour ces causes & autres à ce Nous mouvans, eu sur ce l'advis & délibéracion des Gens de nostre Grand Conseil, avons octroyé & octroyons, voulons & ordonnons par ces présentes, que doresenavant nuls Sergens ne exécuteurs de justice, fors ceux de ladicte terre & seigneurie de *Nogent*, ne feront en icelle, sur lesdiz subgiez & habitans, ne autrement, aucuns simples adjournemens, exécutions ne autres exploiz de justice, se ce n'est en cas de ressort ou souveraineté, ou en exécucion de Letres Royaux, ne n'y demourcront ne feront leur continuelle résidence, au moins pour ce faire, ne autrement, se ce n'est du vouloir d'iceluy nostre frere & cousin, ne pareillement lesdiz Notaires & Tabellions, pour y avoir boutiques publicques, recevans instrumens & contracts, ou autres choses afférans à leur faict & industrie, en la manière que dict est, fors ceux d'iceluy nostredict frere & cousin exposant, en ladicte terre & seigneurie; toutes voies

NOTE.

(*a*) Trésor des Chartes, registre IX^{xx}XII [192], pièce 29. — *MSS. de Colbert*, vol. LV, page 499.

se les parties vouloient passer entre elles aucuns contracts & de leur consentement, par-devant aucuns Notaires royaux audict lieu de *Nogent*, iceulx Notaires y peuvent aller quand ils en seront requis. Et au surplus, touchant les priviléges, franchises & libertez dont les subjects de nostredict frere & cousin jouissent en ladicte terre de *Nogent*, avons pareillement voulu, consenty & accordé, voulons, consentons & accordons, qu'ils soient & demourent en leursdictes franchises, priviléges & libertez, & en jouissent & usent plainement & paisiblement, tout ainsy & par la fourme & manière qu'ils faisoient du temps que lesdicts *Jeanne de Bretaigne* & *Charles d'Alençon* estoient Seigneur & Dame de ladicte terre & seigneurie, & la tenoient en leurs mains ; & iceux, en tant que mestier est ou seroit, avons confermez, louez & approuvez, confermons, louons & approuvons de nostredicte grace especial, par ces mesmes présentes. Si donnons en mandement à nos amez & féaulx Conseillers les Gens de nostre Parlement, aux *Bailliz* de *Chartres* & de *Touraine*, & des ressorts & exemptions d'*Anjou* & du *Maine*, & à tous noz autres Justiciers ou à leurs Lieuxtenans, présens & à venir, & à chacun d'eulx si comme à lui appartiendra, que nostredict frere & cousin exposant, & sesdicts hommes & subgiez & habitans en ladicte terre & seigneurie, de noz présens grace, Ordonnance, consentement & confirmacion, facent, souffrent & laissent jouir & user pleinement & paisiblement, sans leur mettre ou donner, ne souffrir estre faict, mis ou donné aucun enuy, destourbier ou empeschement au contraire, lequel se faict, mis ou donné estoit, mectez ou faictes mectre sans délay au premier estat & deub. En tesmoing de ce, Nous avons faict mectre nostre séel à ces présentes ; sauf en autres choses nostre droict, & l'autruy en toutes. *Donné au Couldray près Chynoh, au mois de juillet, l'an de grace mil quatre cens cinquante-neuf, & de nostre regne le XXVII.* Ainsi signé. *Par le Roy en son Conseil.* ROLANT. *Visa. Contentor.* CHALIGAUT.

CHARLES VII,
au Coudray
près Chinon,
en Juillet
1459.

CHARLES VII,
à Razilly
près Chinon,
le 19 Octobre
1459.

(a) Lettres de Charles VII, par lesquelles il confirme les priviléges accordés au Procureur du Roi, aux Examinateurs, & aux Clercs civil & criminel au Châtelet de Paris.

CHARLES, par la grace de Dieu, Roy de France, sçavoir faisons à tous présens & à venir, Nous avoir receue l'humble supplicacion de nos Procureur & seize Examinateurs en nostre Chastelet de *Paris*, contenant que comme dèspiéçà, à l'occasion de ce que eulx & les deux Clercs, c'est à savoir le civil & criminel establiz en nostre Chastellet, estoient & sont continuellement occupez au faict de nostre justice, tant criminelle comme civile, & par especial criminelle, soubs nostredict *Prévost* de Paris, & qu'il ne leur estoit pas possible vacquer à autre chose, mais leur estoit nécessité de laisser tous leurs affaires & besongnes, & employer leur temps à l'exercice de leursdicts offices, leur eussent esté octroyez par feu nostre très-chier Seigneur & pere, que Dieu absoille, certains priviléges pour eux & leurs successeurs, desquels lesdiz supplians & leurs prédécesseurs ont tousjours jouy, en Nous humblement requérant que lesdiz priviléges desquels la teneur s'ensuit :

CHARLES, &c. *(b).*

NOTES.

(a) Trésor des Chartes, Registre IX^{xx}X [190], pièce 123. — *MSS.* de *Colbert*, volume LV, page 203.

(b) Ces Lettres de Charles VI, du 14 juillet 1410, se trouvent imprimées à la page 513 du IXe volume de ce Recueil. On lit de plus, après la date de ces Lettres,

dans le Registre 190 du Trésor des Chartes, ce qui suit : *Ainsy signées : Par le Roy en son Conseil, ouquel le* Roy de Navarre, *Messeigneurs les Ducs de Guyenne, de Bourgogne & de Brébant, les Comtes de Mortaing & de la* Marche, *Maistre* Philippe de Corbie *& autres estoient.* DE MAUREGARD.

CHARLES
VII,
à Razilly
près Chinon,
le 19 Octobre
1459.
Suite des Lettres
de Charles VII.

Nous vueillons avoir agréable, & d'iceulx les faire, fouffrir & laiffer jouir & ufer paifiblement, & les confermer, en tant que meftier eft; Nous, ayans confidéracion aux chofes deffufdictes, & aux grands peines, labeurs & travaulx que lefdicts fupplians ont en leurfdicts offices, iceulx priviléges avons euz & avons aggréables, & en tant que meftier eft, les avons louez, ratiffiez & confirmez & approuvez, louons, ratiffions & approuvons de grace efpécial, plaine puiffance & authorité royal, par ces préfentes, pour en jouyr tout ainfy que leurs pré-déceffeurs & eulx en ont deubement cy-devant jouy & ufé, & que nos autres Officiers en jouiffent & ufent. Si donnons en mandement par cefdictes préfentes, à nos amez & féaulx Confeillers les Généraulx fur le faict & gouvernement de toutes nos finances & de la juftice, fur le faict des aydes en noftre ville de *Paris*, & à chafcun d'eulx, fi comme à luy appartiendra, que nofdicts Procureurs, Examinateurs & Clercs, facent, fouffrent & laiffent jouir & ufer pleinement & paifiblement de nos préfentes grace, confirmation & octroy, fans leur faire, mettre ou donner, ne fouffrir eftre faict, mis ou donné aucun empefchement ou deftourbier au contraire, lequel, fe faict, mis ou donné eftoit, le mettez ou faictes mettre fans délay à plaine délivrance & au premier eftat & deub. Et afin que ce foit chofe ferme & eftable à tousjours, Nous avons faict mettre à ces préfentes noftre féel, fauf en autres chofes noftre droict, & l'autruy en toutes. *Donné à* Razilly *près* Chinon, *le dix-neufviefme jour du mois d'octobre, l'an de grace mil quatre cens cinquante-neuf, & de noftre regne le trente-feptiefme.* Ainfi figné. *Par le Roy à la relation du Confeil.* ROLANT.

Vifa. Contentor. CHALIGAUT.

(a) Lettres de Charles VII, portant règlement pour la reddition des comptes du Tréfor.

CHARLES, par la grace de Dieu, Roy de France, à tous ceux qui ces préfentes Lettres verront, falut. Comme par noz Ordonnances faictes depuis l'an quatorze cent quarante-trois en çà *(b)*, tant à *Nancy, Saumur, Bourges*, que autres, fur le fait & diftribucion de nos finances, ayons voulu & ordonné icelles noz finances eftre gouvernées & adminiftrées par les defcharges de noz Receveurs généraux, & au fait du domaine, des Changeurs de noftre Tréfor, pour en tenir le compte & en veoir au vray l'eftat; & combien que par icelles noz Ordonnances, ayons voulu & entendu que iceulx Changeurs de noftredit Tréfor, qui font Receveurs généraux quant au fait de noftredit domaine, fuffent & foient tenus faire & rendre leurs comptes concernans leurs office & adminiftration, en la Chambre de nos Comptes, par eulx-mêmes ou leurs Procureurs fouffifamment fondez, & de ce bailler bonne caution, tout ainfi que font & font tenus faire tous nofditz autres Receveurs généraux; néantmoins lefdits Changeurs ou aucuns d'eulx, depuis ledit an mil quatre cent quarante-trois jufques à préfent, ont permis & fouffert leurs comptes eftre faiz & renduz par le Clerc de noftredit Tréfor, par le temps que les Changeurs illec n'eftoient fubjectz à autre compte que avec les Tré-foriers de lors: fçavoir faifons que, Nous, voulant à ce pourvoir, & nofdites

NOTES.

(a) Recueil d'Ordonnances concernant la Chambre des Comptes de *Paris, in-4.°* imprimé à *Paris*, en 1728, tome I.er, d'après le Mémorial L, *MS.* de cette Chambre, *fol.* 211.

(b) Voyez dans le Tome XIII de ce Recueil, les Lettres du 25 feptembre 1443, articles VI & fuivans, page 374; celles du 10 février 1444, page 414; celles du 26 novembre 1447, page 516.

Ordonnances eftre entretenues, confidéré mêmement qu'il eft bien requis & très-raifonnable que chacun Officier de recepte réponde & foit tenu rendre bon compte de fa charge & mêmement entierement fon fait, puifque c'eft à fes périls, fortunes & dangiers, avons, par l'advis & délibéracion de noz amez & féaulx les Tréforiers de France, voulu & ordonné, voulons & ordonnons par ces préfentes, que le Changeur d'iceluy Tréfor, qui à préfent eft, & les autres qui feront pour le temps à venir, foient fubjetz & tenus faire & rendre leurs comptes, ou leurfdits Procureurs, par la manière que deffus eft dit, nonobftant ledit ancien ordre; en mandant par ces mêmes préfentes à noz amez & féaulx Gens de noz Comptes & Tréforiers préfens & à venir, que cefte préfente noftre Ordonnance ils facent regiftrer, tant en la Chambre de nofdits Comptes que en noftredit Tréfor, & icelle entériner & obferver par lefdits Clercs & Changeurs d'iceluy noftre Tréfor, & autres qu'il appartiendra, fans aucunement l'enfraindre. En témoing de ce, à ces préfentes Lettres Nous avons fait mettre noftre féel. *Donné à Razillé, le vingt-unième jour de janvier, l'an de grace mil quatre cens cinquante-neuf, & de noftre regne le trente-huitième.* Ainfi figné fur le reply. *CHALIGAUT.*

(a) *Lettres de Charles VII, par lefquelles il accorde au Chapitre de l'Églife de Notre-Dame de Loches, de n'être tenu de plaider, en première inftance, devant autres Juges féculiers, que devant le Bailli de Touraine.*

CHARLES, par la grace de Dieu, Roy de France, fçavoir faifons à tous préfens & à venir, Nous avoir receue l'humble fupplicacion de noz chiers & bien-amez les Prieur & Chapitre de l'églife collégiale de *Notre-Dame* en noftre chaftel de *Loches,* contenant que ou mois de mars, l'an mil quatre cens cinquante & un, ils obtinrent noz autres Lettres en forme de chartre, en laz de foye & cire verte, defquelles la teneur s'enfuit.

CHARLES, par la grace de Dieu, &c. (b)

Lefquelles noz Lettres deffus tranfcriptes, lefdicts fuplians ont préfentées à noz amez & féaulz Confeillers les Gens de noftre Parlement à *Paris,* à ce que elles feuffent leuës & publiées en noftredicte Cour, & que iceulx fupplians & leurs fucceffeurs en ladicte églife, peuffent deffors en-avant jouir & ufer de l'effect d'icelles: mais lefdictes Gens de noftre Parlement ont, pour certaines caufes, différé à y obtempérer, & à cette caufe fe font iceux fupplians retirez devers Nous, requérans humblement que, attendu qu'ils auront plus briefve expédition en juftice, & à moindre charge & defpenfe pour eulx & autres noz fubgiez contre lefquels ilz pourront avoir à befongner pour le faict de ladicte églife, par-devant le Bailly de *Touraine* que autre part, il Nous plaife leur octroyer que déformais ils ne foient tenus playder ailleurs que devant noftredict Bailly de *Touraine* ou fon Lieutenant à fon fiége de *Tours,* tout ainfy que leur avions par nofdictes autres Lettres octroyé en noftredicte Cour de Parlement, & fur ce

NOTES.

(a) Tréfor des Chartes, regiftre IX.ˣˣX [190] pièce 38. — *MSS. de Colbert,* vol. LV, page 195.

(b) Ces Lettres de Charles VII, du mois de mars 1451, font imprimées ci-deffus page 194.

leur impartir noftre grace. Pour ce eſt-il que Nous, les choſes deſſuſdictes conſidérées, & les cauſes qui Nous ont meu à leur faire ledict octroy, bien à plain contenues en noſdictes autres Lettres deſſus tranſcriptes, deſirans de noſtre pouvoir la fondation de ladicte égliſe à laquelle avons ſingulière dévotion, en l'honneur de la benoîſte Vierge *Marie*, dont elle eſt fondée, eſtre entretenue & augmentée, comme tenus y ſommes, auſdiz ſupplians, pour ces cauſes & conſidéracions, & afin que tousjours ſoyons participans ez oraiſons, prières & bienfaicts en ladicte égliſe, avons octroyé & octroyons de noſtre certaine ſcience, grace eſpécial, plaine puiſſance & authorité royal, par ces préſentes, que eulx ne leurs ſucceſſeurs en ladicte égliſe de *Noſtre-Dame* fondée en noſtredict chaſtel de *Loches*, ne ſoient doreſenavant tenus ne contraincts de playder par-devant aucun Juge ſéculier de noſtre Royaume, en première inſtance, fors & excepté par-devant noſtre Bailly de *Touraine* ou ſondict Lieutenant à ſondict ſiége de *Tours*, s'il ne leur plaiſt, au regart de toutes & chacunes leurs cauſes préſentes & à venir, tant en demandant que en défendant, touchant ou qui toucheront ou pourront toucher le corps, fondation ou augmentation de ladicte égliſe, & où leſdiz Prieur & Chapitre ſeront parties ſeulement, & tout en la manière que par noſdiz autres Lettres leur avons octroyé en noſtredicte Cour de Parlement, pourveu qu'ils ſeront tenuz faire & célébrer par chacun an en ladicte égliſe, deux anniverſaires ſolemnels, aux jours, pour les cauſes, & tout ainſy que eſt contenu & déclaré en noſdictes autres Lettres deſſus tranſcriptes. Si donnons en mandement audict Bailly de *Touraine*, & à tous noz autres Juſticiers & Officiers, ou à leurs Lieutenans, préſens & à venir, & à chacun d'eulx, ſi comme à luy appartiendra, que leſdicts ſupplians & leurſdicts ſucceſſeurs en ladicte égliſe, facent, ſouffrent & laiſſent jouir & uſer paiſiblement de noſtre préſente grace & octroy, ſans leur faire ne ſouffrir eſtre faict, ores ne pour le tems à venir, aucun deſtourbier ou empeſchement au contraire, ainçois ſe faict, mis ou donné leur avoit eſté ou eſtoit en aucune manière, ſi l'oſtent & facent oſter, & mettre chacun en droit ſoy, incontinent & ſans délay, au premier eſtat & deub; & ſur ce impoſons ſilence perpétuel à noſtre Procureur. Et pour ce que iceulx ſupplians pourroient avoir affaire de ceſdictes préſentes en divers lieux, Nous voulons que au *vidimus* d'icelles, faict ſoubs ſéel royal, foy ſoit adjouſtée comme à ce préſent original; & afin, &c. ſauf, &c. *Donné à* Chinon, *le XI.ᵉ mars 1459, & de noſtre regne le 38.ᵉ* Signé par le Roy. *Le Sire de* Moteil, M.ʳᵉ Eſtienne Chevalier *& autres préſens.* J. DELALOERE.

Collation eſt faicte. *Viſa. Contentor.* CHALIGAUT.

CHARLES
VII,
à Chinon,
le 3 Avril
1459,
avant Pâques.

(a) *Lettres de Charles VII, par leſquelles il règle ce qui doit être obſervé relativement à l'aſſiette des Tailles.*

CHARLES, par la grace de Dieu, Roy de France, à tous ceulx qui ces préſentes Lettres verront, ſalut. Comme il ſoit venu à noſtre cognoiſſance, que par faute de donner ordre & forme en la manière de aſſeoir les tailles qui ont eſté par cy-devant levées & miſes-ſus pour le bien & deffenſe de la choſe publique & ſouldoyement de nos gens de guerre, ſoient venus & encores viennent chaſcun jour de grandes plainctes de pluſieurs nos ſubjets

NOTE.

(a) Ces Lettres nous ont été communiquées par M. *Chrétien,* Conſeiller en la Cour des Aides. Voyez note (a), page 331. Elles ſont imprimées ans le Recueil de *Fontanon,* tome II, page 903.

de divers païs, tant parce que pour *induement égaler & départir la portion
defdites tailles en général & en particulier, le fort portant le foible, ainfy qu'il
appartient & que toujours l'avons voulu & mandé, plufieurs defdits habitans,
tant en général que en particulier, ont maintenu & encore maintiennent avoir
efté & eftre chargées, outre les termes de raifon, eu regard à autres qu'ils
allèguent eftre mins chargez qu'eux; que auffy qu'il y a plufieurs defdits habitans,
qui par faveur & crainte, fans caufe raifonnable, ont efté par cy-devant
& encore font exempts de contribuer auxdites tailles, dont il avient que les
autres en font & demeurent tant plus chargez, & mefmement que en icelles
tailles impofant & levant, ayent efté & encores pourroient eftre commis plufieurs
autres abus & fautes, pour éviter aufquels foit befoin de donner ordre & provifion : favoir faifons que Nous, defirant pourvoir en telles matières au foul-
lagement de nofdits pays & fubjets, & obvier à ce que telles fautes & abus
ne foient dorefnavant commis ne perpétrez, tellement que les deniers qui
feront dorefnavant cueillis & levez pour lefdites tailles, foient égalés & levés
& receus en la manière que ce foit à la moindre charge que faire fe pourra,
de nofdits pays & fujets, en ayant regard à la fcituation du pays & à la faculté
des habitans tant en général qu'en particulier, & que ce qui fera affis & impofé
foit auffy fupportable aux uns qu'aux autres; par l'advis & délibération des
Gens de noftre Grand-Confeil & de noz Comptes, avons ordonné & ordonnons par ces préfentes, que dorefnavant, en mettant-fus les tailles & faifant
les impofts des deniers qui feront mis-fus en noftre Royaume pour les caufes
deffufdites, foit tenue & gardée la forme & manière cy-après efcrite, laquelle
Nous voulons & ordonnons par ces préfentes eftre gardée & obfervée par
forme d'Ordonnance & conftitution perpétuelle, fans aucunement déroger
ny préjudicier en autres chofes aux autres Ordonnances par nos prédéceffeurs
& Nous faites fur le fait de nos aydes, gabelles & tailles, en la manière qui
enfuit.

(1) *Premièrement.* Que les Eleus & autres Commiffaires à mettre-fus &
impofer lefdites tailles en chacune éleétion, mettront toute peine & diligence
de affeoir & partir la portion qui leur fera ordonnée, le plus juftement &
loyaument que raifonnablement fe pourra faire, le fort portant le foible.

(2) *Item.* Et pour ce que par mortalité ou autres accidens, peult fouvent
advenir diminution & croiffance du peuple & d'habitans en plufieurs lieux où
lefdites tailles feront impofées; par quoy lefdits Eleus ou commis ne pourront
juftement faire affiette dudit impoft, fe par chacun an ils n'avoient connoiffance
du nombre de feux & de la faculté & puiffance des habitans defdites paroiffes
particulierement : voulons & ordonnons que dorefnavant, quand les Collecteurs ou commis en chacune defdites paroiffes à faire l'affiette particuliere de
la taille ou impôt fur chacun habitant en ladite paroiffe, auront faite leur affiette
particuliere de la taille ou impôt qui lors fe fera, & qu'ils auront dreffé & mis
par ordre le roole de l'affiette qu'ils auront faite, que iceux Colleéteurs, ou
celuy qui aura la charge de lever ledit impoft, foit tenu, fur peine d'amende
arbitraire, d'apporter dedans quinze jours après ladite affiette faite, devers lefdits
Éleus ou commis au fiége & limittes duquel ils feront, ledit roole ou affiette qui
aura efté fait dudit impoft, avec le double d'iceluy; lequel roole ou papier d'affiette & le double d'icelui feront collationnez tellement qu'il n'y ait variation,
& après ce fignés par lefditz Éleus ou commis, & fera baillé l'un defdits rooles
ou affiettes, auxdits Colleéteurs ou commis à lever ledit impoft, pour faire fa
recepte felon iceluy roole, ainfy figné que dit eft, & l'autre fera reftant par-
devers lefdits Éleus; & pour la fignature & collation dudit roole ou impoft,
n'auront lefditz Éleus que dix deniers de chacune paroiffe.

(3) *Item.* Après ce que lefdits Éleuz ou commis auront devers eux lefdits
rooles ou papiers de chacune affiette particuliere qui fe fera en leur éleétion,

CHARLES
VII,
à Chinon,
le 3 Avril
1459,
avant Pâques.
* Sic, lifez
juftement égaler.

CHARLES
VII,
à Chinon,
le 3 Avril
1459,
avant Pâques.

& que par iceluy roole ils pourront avoir connoiffance de la crue & diminution des habitans en chacune paroiffe, voulons & ordonnons que ès années enfuivans ils faffent lefdites affiettes & impoftz, felon ce qui leur fera apparu de ladite crüe ou diminution, en ayant regard auxdits rooles précédens, le tout le plus juftement que faire fe pourra.

(4) *Item.* Se par lefdits taux ou impofts defdites paroiffes, lefdits Eleus ou commis voyent qu'il y ait aucunes perfonnes particulieres qui par hayne ayent efté trop affifes & exceffivement tauxées, ou que autres perfonnes, par faveur, auctorité & crainte, ayent efté trop fupportées à la charge des autres, Nous voulons que lefdits Eleus ou commis y donnent telle provifion qu'il appartiendra, & qu'ils mettent peine que ledit taux ou impoft, foit fait le plus juftement qu'il fera poffible, le fort portant le foible.

(5) *Item.* Quand lefdits rooles & papiers defdites affiettes particulieres, auront efté apportez par-devers lefdits Eleuz, chacun en fon élection, ainfy figné que dit eft, Nous voulons que iceux Eleux les facent efcrire & doubler par ordre de mot à mot, en un papier ou cahier, ouquel feront contenus tous les noms des perfonnes tauxées, & la fomme à laquelle ils feront impofez; & que iceluy papier, figné & approuvé en la fin, de la main d'iceulx Eleus ou de partie d'iceux, & de leur Greffier, ils envoyent par chacun an, dedans le mois d'avril ou de may pour le plus tard, aux Généraux de nos finances, chacun en fa charge, afin que par ce lefdits Généraulx puiffent veoir le nombre des feux, la faculté & puiffance de chacune élection, & Nous en advertir & ceux de noftre Confeil, pour après diftribuer & départir juftement & également fur chacun pays & élection, la portion qu'il devra porter de ladite taille ou impoft, en maniere que l'un ne foit plus grevé que l'autre.

(6) *Item.* Et feront tenus lefdits Eleuz de eux enquérir fe lefdits Collecteurs leur auront au vray envoyé ledit nombre de feux de leurs paroiffes; & s'il eftoit trouvé qu'il y euft aucun d'iceux Eleuz ou Greffiers, qui de certaine fcience envoyaffent le nombre defdits feux de leur élection, moindre qu'il ne feroit à la vérité, ou qui aucune chofe faffe ou fouffre receller èfdits taux ou impofts, Nous voulons que ceux qui ainfy feront, foient punis comme fauffaires, & à jamais privés de tous eftats & offices royaux quelconques.

(7) *Item.* Et pour faire efcrire le papier defdits Eleus, qui fera envoyé auxdits Généraulx, comme dit eft, le Greffier d'iceulx Eleus pourra avoir & prendre pour chacun feuillet contenant quarante lignes, fix deniers tournois feulement, lefquels feront mis & impofés fur toute l'élection; & les payera le Receveur audit Greffier, par certification defdits Eleus, & par quittance feulement, lefquelles certification & quittance luy fouffiront pour tout acquict en la reddition de fes comptes.

(8) *Item.* Et afin que pour apporter le papier des feux, il y ait mins de frais & de defpens, lefdits Eleus envoyeront par chacun an auxdits Généraulx, iceulx papiers defdites affiettes, par ceux qui apporteront les tiercemens & doublemens des aydes; & s'il y avoit aucuns lieux où lefdites aydes n'euffent cours, lefdits Eleus, en ce cas, les envoyeront par propre meffage, qui aura feulement cinq fols tournois pour chacun jour qu'il aura vaqué à les apporter & s'en retourner; & ce que montera ledit voyage, fera mis & impofé avec les autres frais de la taille, & fe payera par le Receveur, & par tauxation defdits Généraulx.

(9) *Item.* Et pour ce qu'il y peult avoir plufieurs lieux en ce Royaume, èfquels, felon la fituation d'iceux, le peuple n'a pas fi aifée forme de profiter que ès autres, treuve-l'en aucune fois que les habitans d'aucuns pays font plus puiffans de fupporter la taille, que plus grand nombre d'habitans d'autres pays ne feroient : Nous voulons que lefdits Généraux de nos finances voifent

CHARLES
VII,
à Chinon,
le 3 Avril
1459,
avant Pâques.

& envoyent fouvent ès élections de leurs charges, pour eftre mieulx informez de la faculté & puiffance du peuple de chacun pays, afin que ladite taille ou impoft puiffe plus juftement & également eftre départye aux uns comme aux autres.

(10) *Item.* Et pour ce que à caufe de la multiplication des perfonnes qui fe veulent exempter de payer tailles, les fuppofts font fort grevés (car par ce ilz font de tant plus chargez qu'il y a mins de perfonnes contribuables), Nous voulons & ordonnons comme deffus, que tous nos Officiers, & femblablement les Officiers defdits particuliers, & tous autres quelconques non-Nobles, foient tauxés, impofés & contraints à payer & contribuer auxdites tailles, fans perfonne quelconque en exempter, excepté feulement noz Officiers ordinaires & Commençaulx, & ceux qui par les Ordonnances anciennes, & qui par noz Lettres & mandemens que envoyons pour mettre-fus & affeoir lefdites tailles, Nous voulons & ordonnons eftre exemptez.

(11) *Item.* Et afin que en cefte matiere ne puiffe avoir fraude, Nous voulons que avec lefdits papiers d'affiette, que lefdits Efleus envoyeront chacun an auxdits Généraux de nos finances, ils envoyent auffy les noms de toutes les perfonnes non-Nobles qui fe efforceroient de exempter defdites tailles, & les caufes pourquoy ils prétendent avoir exemption, & combien ils peuvent porter de taux, pour y avoir tel regard que l'on verra eftre à faire ; mais que cependant lefdits Eleus ne laiffent pas à les faire payer & contribuer auxdites tailles.

(12) *Item.* Et pour ce que plufieurs plaintes font venues à caufe de ce que on dit que le fait des Francs-archers a été mal égallé & party par les lieux des élections de ce Royaume, Nous voulons que par tous lefdits Eleus, ès mectes de fon élection, foit égallé le fait defdits Francs-archers, felon le nombre des feux & la faculté & puiffance de chacune paroiffe, en manière que l'une ne foit plus chargée que l'autre ; fans ce qu'il leur foit befoin d'avoir autre commiffion ou mandement, ores ne ou temps à venir, que cette préfente noftre Ordonnance.

(13) *Item.* Et pour ce que plufieurs Capitaines defdits Francs-archers, ont voulu & veulent contraindre les paroiffes dont ils font, à fournir iceux Francs-archers de plufieurs chofes qui tournent à la grande charge d'iceluy paouvre peuple, Nous voulons que lefdites paroiffes ne foient tenues d'aucunes chofes baillées auxdits Francs-archers, fors feulement habillement de guerre, quand Nous les manderons pour aller en expédition de guerre, & non autrement.

(14) *Item.* Et quand lefdits Francs-archers feront retournez à leurs maifons, ilz ne pourront ufer de l'habillement qu'ils auront eu de la paroiffe, fe fors feulement aux jours de fêtes, quand ils fe voudront effayer à tirer de l'arc, de l'arbalête, ou autre chofe, pour foi exerciter & eftre plus dextre pour fecourir à la guerre; & aux jours qu'ils feront à leur labeur ne autrement, ainfi comme dit eft, ils ne pourront ufer dudit habillement.

(15) *Item.* Et pour ce que avons fait délivrer plufieurs brigandines à aucuns Capitaines defdits Francs-archers, & encores pourrons faire ou temps à venir, Nous voulons & ordonnons que par lefdits Éleus ou leurs commis, foit enquis quelle diftribution lefdits Capitaines auront fait defdites brigandines, afin que la diftribution tourne à la defcharge defdites paroiffes; & avec ce, voulons que lefdits Éleus ou commis, fe enquièrent fe iceux Capitaines ont point pris d'argent de don pour bailler lefdites brigandines, & que ceux defdits Capitaines qui auront pris le don, foient tenus à le reftituer, & avec ce, punis felon l'exigence du cas.

(16) *Item.* Et pour ce que plufieurs eux difans Archers ou Arbaleftriers des villes & lieux où ils font, fous ombre des priviléges defdites villes, fe veulent exempter de contribuer auxdites tailles & autres aydes & fubventions

CHARLES
VII,
à Chinon,
le 3 Avril
1459,
avant Pâques.

ordonnées pour la guerre, combien qu'ils ne foient habiles, experts, ne dispofés pour fervir en fait de guerre; & qui plus eft, plufieurs gros marchands & puiffans, prennent & acquierent le nom & titre defdits Archers & Arbaleftriers d'aucunes defdites villes, afin d'en demourer exempts par ce moïen des chofes deffufdites; Nous voulons & ordonnons, pour obvier à ce que dit eft, & pour toujours defcharger noftredit peuple, que nul ne jouiffe des priviléges & franchifes données pour lefdits Archers & Arbaleftriers, s'il n'eft expert & fouffifant pour fervir en fa perfonne ou fait de la guerre, ou en l'art & induftrie à caufe de quoy il prétend exemption: toutesfois on ne doit entendre en ce comprendre ceux qui en Nous fervant audit exercice, & qui auront efté habiles & experts, feroient, par vieilleffe ou autre accident, devenus en impotence.

(17) *Item.* Et avec ce, voulons & ordonnons, que pour fervir èfdites charges d'Archier ou Arbaleftrier, foient prins & éleus perfonnes habiles & fouffifans, qui faffent le moins de marchandifes, & qui pourront le moins porter de tailles, aides, & autres charges de la chofe publicque; & ou cas qu'on y mettroit aucuns gros marchands ou autres perfonnes riches & puiffans, ils n'auront pas exemption defdites tailles ou aides, mais feulement feront exempts de certaine raifonnable & petite portion, felon ce que doit avoir communément un homme de l'état ou induftrie pour quoy il prétend exemption: laquelle portion leur fera modérée & limitée par lefdits Éleus, chacun en fon regard, fur ce premierement advertis lefdits généraux, chacun en fa charge.

(18) *Item.* Et pour ce qu'il y a plufieurs Grénetiers, Éleus, Receveurs, Controleurs & autres Officiers, qui à leurs pourchas ont trouvé moyen d'eftre retenus à nos fouldes en l'Ordonnance de noftre guerre, prenans gaiges d'hommes d'armes ou d'Archiers, & avec ce, tiennent leurfdits offices & prennent gaiges d'iceux, ce qui ne fe peult ne ne doit raifonnablement faire, & n'eft poffible que convenablement ils defervent l'un & l'autre enfemble: Nous avons voulu & ordonné, voulons & ordonnons qne dorefnavant aucuns Éleus, Receveurs, & Grénetiers, & Controoleurs, & autres Officiers de femblable qualité, n'aient & ne tiennent aucunes places èfdites Ordonnances; & de tous qui tiendront dorefnavant lefdites places, Nous déclarons leurs offices de la qualité fufdite, eftre vacquans, & d'iceux les privons & déboutons, ou cas que dans fix fepmaines après la publication de ces préfentes, ils ne feront départis de l'un ou de l'autre, nonobftant quelconques Lettres qu'ils ayent de Nous par avant la date de ces préfentes. Et avec ce, voulons & ordonnons que nuls Receveurs, foit des aydes ou de payement de gens d'armes, ne puiffent avoir ne tenir aucuns offices d'Eleus, Grénetiers, Controoleurs ou autres femblables, *(b) fuppofe ores que ce foit en divers élections ou provinces; ne auffy que aucuns Eleus, Grénetiers, Controoleurs, & autres femblables,* ne puiffent tenir office de recepte, foit des aydes ou des tailles, & que par la fucceffion de l'un defdits offices, l'autre foit vacquant; & deffendons aux Généraux de nos finances, qu'ils ne le fouffrent, ne permettent en quelque manière que ce foit. Toutesfois Nous n'entendons pas qu'un Receveur des aydes ou Grénetier, ne puiffent avoir la commiffion de la recepte du payement des gens d'armes, ou d'autres tailles, mais que ce foit en une mefme élection. •

Si donnons en mandement à nos amez & féaux les Gens de nos Comptes, & Généraulx, tant fur le fait de nos finances que de la juftice defdites aydes, aux Eleus fur le fait d'iceux aides *(c)*, & à tous nos autres Jufticiers & Officiers ou à leurs Lieuxtenans, & à chacun d'eux, fi comme à lui appartendra,

NOTES.

(b) Ce qui eft en italique ne fe trouve point dans *Fontanon.*

(c) Le refte eft omis dans le Recueil de *Fontanon,* jufqu'à l'endroit de la date.

que noftre préfente .Ordonnance ils gardent & entretiennent, & facent garder & entretenir, chacun en droit foi, de point en point, fans enfraindre, en publiant & faifant publier cefdites préfentes ès fins & mettes de leurs jurifdictions, ainfi qu'en tel cas eft accouftumé faire, afin que aucun n'en puiffe prétendre caufe d'ignorance; & à ce faire & fouffrir, contraignent ou facent contraindre tous ceux qu'il appartiendra, par toutes voyes & manières en tel cas requifes, nonobftant oppofitions ou appellations quelconques, pour lefquelles ne voulons eftre aucunement différé. Et pour ce que de ces préfentes on pourroit avoir affaire en plufieurs lieux, Nous voulons que au *vidimus* d'icelles, fait foubs féel royal & authentique, foy foit adjouftée comme à ce préfent original. En tefmoin de ce, Nous avons fait mettre noftre féel à cefdites préfentes. *Donné à Chinon, le troifiefme jour d'avril, l'an de grace mil quatre cens cinquante neuf, avant Pafques, & de noftre reigne le vingt-huitiefme.* Ainfi figné fur le reply de la marge d'en bas defdites Lettres. *Par le Roy en fon Confeil.* DELALOERE.

Au dos defquelles étoit efcrit ce qui s'enfuit : Leues & publiées en jugement, en l'auditoire des Efleus de *Paris*, fur le fait des aydes ordonnées pour la guerre, le mercredy x.ᵉ jour de novembre 1460. *Signé* P. ANDRY.

CHARLES VII, à Chinon, le 3 Avril 1459, avant Pâques.

(a) Lettres de Charles VII, par lefquelles il déclare les Gens des Comptes, Juges fouverains en matières de finance dépendantes du domaine & du fait des Comptes; & ordonne aux Gens du Parlement de Paris, de renvoyer aux Gens des Comptes l'affaire concernant la recette particulière de la garde d'Aumalle, à laquelle lefdits Gens des Comptes avoient commis Jean de Reftonnal.

CHARLES VII, à Tours, le 12 Avril 1459, avant Pâques.

CHARLES, par la grace de Dieu, Roy de France, à noz amez & féaulx Confeillers, les Gens de noftre Parlement à *Paris*, falut & dilection. Noftre Procureur en la Chambre des Comptes, Nous a fait remonftrer que par nos Lettres patentes, Nous avons ordonné la revenue & émolument de la garde d'*Aubmalle*, eftre receue par un Receveur particulier de par Nous; en enfuivant laquelle Ordonnance, nos amez & féaux Gens de nos Comptes ont, par vertu de nofdites Lettres, commis à ladite recepte ung nommé *Jean* de *Reftonnal;* depuis laquelle commiffion à lui donnée, *Jean Lombard*, Vicomte de *Neufchaftel*, voulant ce empefcher, a prins certaines doléances en l'Échiquier de *Normandie*, & depuis a tout efté renvoyé par les Gens tenant ledit Échiquier, en noftredite Chambre des Comptes; après lequel renvoy ainfy fait, iceulx nofdits Gens des Comptes ont ordonné que ledit de *Reftonnal* feroit la recepte de ladite garde, felon la teneur de ladite commiffion, en deffendant toute entremife d'icelle audit *Jean Lombard* & à tous autres; & combien que la congnoiffance, décifion & détermination de ladite nature, qui eft purement de noftre domaine, appartienne à nofdits Gens des Comptes, néantmoins, au moyen de certaine requefte préfentée en noftre Court de Parlement par ledit Lombard, qui fe dit à cette caufe appellant d'eulx en icelle noftre Court de Parlement, vous avez à nofdits Gens des Comptes interdit & deffendu toute court & congnoiffance de ladite matiere, qui eft directement venir contre les Statuts & Ordonnances de noftredite Chambre des Comptes & la

NOTE.

(a) Recueil d'Ordonnances concernant la Chambre des Comptes de *Paris*, in-4.ᵉ, tome I.ᵉʳ, imprimé à *Paris* en 1728, d'après un des regiftres manufcrits de cette Chambre.

CHARLES
VII,
à Tours,
le 12 Avril
1459,
avant Pâques.

jurifdiction d'icelle, en noftre intereft & préjudice, & ou retardement de nos droits, & feroit plus, fe par Nous n'eftoit fur ce pourveu convenablement. Pour ce eft il que Nous, ces chofes confidérées, qui ne voulons l'autorité & jurifdiction de noftredicte Chambre des Comptes eftre aucunement interrompue ne empefchée foubz couleur ne au moyen de telles appellations frivoles; confidéré aufli que nofdits Gens des Comptes font juges fouverains en telles & femblables matieres de finances ordinaires deppendans de noftredit domaine & de fait des comptes, vous mandons que ladite appellation ainfi interjetée par ledit *Lombard*, par vous mife au néant, renvoyez ladite matiere, fans plus en tenir par vous aucune court ou congnoiffance, par-devant nofdits Gens des Comptes, aufquels, en ce cas, vous mandons que, appellez avecq eulx, deux ou trois ou quatre d'entre vous, gens notables, tels qu'ils aviferont, ils congnoiffent & déterminent de ladite matiere; & en ce faifant, s'il leur appert de nofdites Lettres, par lefquelles avons ordonné ladite garde eftre receue par un Receveur particulier, que ledit de *Reftonnal* y ait efté par eulx commis par vertu de nofdites Lettres, que la matiere defdites doléances ait efté renvoyée par lefdits Gens de noftredit Échiquier par-devant iceux nos Gens des Comptes, & depuis par eulx ait efté ordonné que ledit de *Reftonnal* fera ladite recepte, ils, en ce cas, facent icelle garde d'*Aubmalle* recevoir par ledit de *Reftonnal* à ce commis, tout ainfi que par eulx a efté ordonné, nonobftant oppofitions ou appellations quelconques: car ainfi Nous plaift-il eftre fait. *Donné à* Tours, *le douziefme jour d'avril, l'an de grace mil quatre cent cinquante-neuf, avant Pafques, & de noftre regne le trente-huitième.* Ainfi figné. *Par le Roy, à la relation du Confeil ouquel les Gens des Finances eftoient.* REGNAULT.

CHARLES
VII,
à Chinon,
en Avril 1459,
avant Pâques.

(a) Lettres de Charles *VII, qui confirment celles par lefquelles il avoit accordé des franchifes & priviléges à la ville de* Libourne.

CHARLES, par la grace de Dieu, Roy de France, fçavoir faifons à tous préfens & à venir, Nous avoir receue l'humble fupplication de nos chiers & bien amez les Maire, bourgois & habitans de noftre ville de *Libourne* en noftre pays de *Gafcongne*, contenant que comme à la defcente derrenièrement faicte en noftre pays de *Guyenne* par le fire de *Thalebot* & autres *Anglois* nos anciens ennemis, ledit fire de *Thalebot* les euft fubjuguez & mis en l'obéiffance de nofdits ennemis; & pour ce que par aucun temps ils avoient adhéré à nofdiz ennemis, & iceux favorifez & confortez, ils fe tirerent par-devers Nous, en Nous fuppliant & requérant très-humblement que la faulte & offenfe en quoy à l'occafion des chofes deffufdictes ilz pouvoient eftre encourus envers Nous & juftice, Nous leur voulfiffions quicter & remettre & pardonner & abolir, laquelle chofe dès-lors leur octroyafmes; & pour ce que ladicte ville a efté & eft très-fort dépopulée, & les édiffices & habitations d'icelle tournez en grand ruine, & ne fe pourront bonnement relever & reffourdre fans avoir & obtenir de Nous de nouvel confirmacion de certains priviléges par Nous à eux octroyez & confermez à la première réduccion d'icelle ville en noftredicte obéiffance, fe foient derechief traiz par-devers Nous, & Nous ont fait fupplier & requérir que leur vueillions octroyer Lettres de confirmation d'iceulx leurs priviléges defquels la teneur s'enfuit.

NOTE.

(a) Tréfor des Chartes, regiftre IXˣˣX [190], pièce 44. — *MSS. de* Colbert, vol. LV, page 174.

CHARLES, &c. (b)

Pour ce eſt-il que Nous ayans en mémoire le bon vouloir qu'ils ont eu & ont touſjours à Nous, voulans iceulx relever, & leur aider en manière que ladicte ville ſe puiſſe repopuler & reſſourdre, leurſdicts priviléges deſſus déclarez avons confermez & confermons de grace eſpécial, plaine puiſſance & auctorité royale, par ces préſentes, en tant qu'ils en ont par ci-devant deuement & juſtement joui & uſé, & pourveu que cette préſente confirmation ſoit ſans préjudice de l'impoſt du ſel par Nous mis ſus en ladicte ville de *Libourne*. Si donnons en mandement par ceſdites préſentes aux *Séneſchaux* de *Guienne*, des *Lanes* & de *Périgourt*, & à tous nos autres Officiers & Juſticiers ou à leurs Lieuxtenans préſens & à venir, & à chacun d'eulx ſi comme à luy appartiendra, que de noſtre grace, confirmacion & octroy, facent, ſouffrent & laiſſent leſdicts bourgeois, manans & habitans & leurs ſucceſſeurs, jouir & uſer plainement & paiſiblement, ſans les moleſter ou aucunement empeſcher au contraire, mais ſe faict eſtoit, le réparent ou facent réparer & mettre ſans délay au premier eſtat & deub. Et afin, &c. ſauf, &c. *Donné à* Chinon, *au mois d'avril, l'an de grace mil quatre cens cinquante-neuf, avant Paſques, & de noſtre regne le XXXVIII.'* Ainſi ſigné. *Par le Roy en ſon Conſeil.* ROLANT.

NOTE.

(b) Ces Lettres de Charles VII, du mois de juillet 1451, ſont imprimées ci-deſſus, page 161.

(a) Lettres de Charles VII, par leſquelles il confirme les Lettres de ſauvegarde, accordées aux Religieuſes de l'Abbaye de Longchamp.

KAROLUS, *Dei graciâ, Francorum Rex, notum facimus univerſis, preſentibus pariter & futuris, Nos infra ſcriptas cariſſimi domini & genitoris noſtri vidiſſe Litteras formam, que ſequitur continentes.*

KAROLUS, &c. (b)

Quas quidem Litteras ſuperiùs inſertas, ac omnia & ſingula in eiſdem contenta rata habentes atque grata, eas & ea volumus, laudamus, approbamus, auctoritateque noſtrâ regiâ, quatenùs dicte Religioſe eiſdem debite uſe ſunt, ſerie preſencium confirmamus. Quocircà univerſis Juſticiariis, Officiariis, ſubditiſque regni noſtri preſentibus & poſteris, vel eorum locatenentibus, & cuilibet eorum in ſolidum, damus tenore preſencium in mandatis, ut contra tenorem preſencium, Abatiſſam & Conventum in Litteris ſuperiùs inſertis denominatos, non impediant aut impediri in capite ſeu in membris, in perſonis, familiabus, ſive bonis quibuſcumque, quoquomodo paciantur, ymò noſtrâ preſenti graciâ & confirmacione ipſas uti & gaudere pacificè faciant & quietè. Quod, ut firmum & ſtabile permaneat in futurum, ſigillum

NOTES.

(a) Tréſor des Chartes, regiſtre IX^{xx}X, [190], piéce 95. — MSS. de *Colbert*, vol. LV, page 185.

(b) Ces Lettres de Charles VI, du mois de mai 1396, ſont imprimées dans le VIII.ᵉ volume de ce Recueil, page 71. Elles

vidiment celles de *Charles*, Dauphin, Régent du Royaume, du mois d'août 1359, imprimées dans le III.ᵉ volume, page 363, & celles de Charles V, du mois de juin 1364, imprimées tome IV, page 458.

noftrum prefentibus Litteris duximus apponendum, noftro in aliis, & alieno in omnibus jure femper falvo. Datum apud *Caynonem*, in menfe aprilis, anno Domini millefimo quadringentefimo quinquagefimo nono, regni verò noftri trigefimo octavo. *Sic fignatum.* Per Regem in fuo Confilio.

Vifa. Contentor. DELALOERE.

CHARLES
VII,
aux Roches-
Tranchelion
en Touraine,
le 17 Avril
1460,
après Pâques.

(a) **Lettres de Charles VII, par lefquelles il prend fous fa garde & protection les Bourgeois de Liége & des bonnes villes du pays de Liége & de Loz, leur donnant pour Gardiens les Baillis de Vermandois & de Vitri.**

CHARLES, par la grace de Dieu, Roy de France, fçavoir faifons à tous préfens & à venir, que, à la fupplicacion & requefte de nos très-chiers bons & anciens amis les Maiftres, Jurez, Confeil & Univerfité des cité, franchife & banlieue de *Liége,* qui fur ce Nous ont fait fupplier & requérir, & ayans en mémoire le bon & grand vouloir qu'ils, & le peuple dudit pays, ont eu de tous temps & encores ont à Nous & à la Couronne de France, defirans les garder & préferver de vexacions indeues, Nous, pour ces caufes & confidérations, & autres juftes & raifonnables qui à ce Nous ont meu & meuvent, & par l'advis & délibéracion des Gens de noftre Confeil, avons ladicte cité, enfemble lefdicts Maiftres, Jurés, Confeil & Univerfité d'icelle cité, franchife & banlieue de *Liége,* & tous leurs bourgeois, & auffi ceux des bonnes villes & autres defdicts pays de *Liége* & de *Loz,* qui vouldront & requerront y eftre comprins, & dont lefdicts, Maiftres, Jurez & Confeil de *Liége* feront tenus Nous certiffier par leurs lettres dedans la fefte *Sainct-Remy* prouchainement venant, prins, mis & recueilliz, prenons, mettons & recueillons par ces préfentes & chafcun d'eulx, en & foubz noftre garde & proteccion; & leur avons ordonnez & depputez, ordonnons & depputons par cefdictes préfentes pour Gardiens nos *Bailliz* de *Vermandois* & de *Vitry,* & leurs Lieuxtenans préfens & à venir, pour les garder & deffendre de tous ceux qui indeuement ou de fait les vouldroient molefter, travailler ou opprimer en aucune manière en leurs libertez, franchifes, priviléges, régiment, paix faites, anciens ufaiges, & en ce que loy leur fauve & garde, & peut fauver & garder en icelles, demourans en ladicte cité, & aux bonnes villes & autres defdicts pays, & à chafcun ainfy qu'il appartient, en leurs plaines forces & vertuz, & fans quelconque fervitute. Si donnons en mandement à nos *Bailliz* de *Vermandois* & de *Vitry,* ou à leurfdicts Lieuxtenans, préfens & à venir, & à chafcun d'eulx fi comme à luy appartiendra, que en faifant lefdicts Maiftres, Jurez, Confeil & Univerfité defdictes cité, franchife & banlieue de *Liége,* enfemble tous leurs bourgeois des bonnes villes defdiz pays de *Liége* & de *Loz,* de noftredicte garde jouir & ufer, ils les gardent & deffendent, ou les facent garder & deffendre de par Nous de toutes injures, violences, moleftacions & oppreffions indeues, à l'encontre de tous ceux qui indeuement ou de faict leur vouldront donner trouble ou empefchement en leurfdicts privileges, libertez, franchifes, régiment, paix faictes, anciens ufages, & en ce que loy leur fauve & garde ou leur peut fauver & garder, & icelles demourans en leurs plaines forces & vertuz & fans quelque fervitute; & s'aucune chofe eftoit faicte au contraire, fi la réparent & remettent,

NOTE.

(a) Tréfor des Chartes, regiftre IXˣˣX [190], pièce 49. — *MSS.* de *Colbert,* volume LV, page 211.

ou facent réparer & remettre fans délay au premier eftat & deub ; & cefte noftre préfente garde fignifient & publient, ou facent fignifier & publier ez lieux & ainfy qu'il appartiendra. Et pour ce que de cefdictes préfentes on pourra avoir afaire en plufieurs lieux, Nous voulons que au *vidimus* d'icelles, faict foubz féel royal, foy foit adjouftée comme à l'original. En tefmoin de ce, Nous avons faict mettre noftre féel à cefdictes préfentes. *Donné aux* Roches Tranchelion *en* Touraine, *le 17 avril 1460, après Pafques, & de noftre règne le XXXVIII.*

(a) *Lettres de Charles VII, par lefquelles il confirme l'Ordonnance touchant le lé dont les Drapiers de Saint-Lô doivent ufer en leurs Draperies.*

CHARLES, par la grace de Dieu, Roy de France, à tous ceux qui ces préfentes Lettres verront, Salut. L'humble fupplication de noz amez les drappiers & habitans en la ville de *Sainct-Lô*, qui eft la tierce ville de drapperie de noftre pays & *duchié de Normandie*, & des dix-fept villes de drapperie de noftre Royaume, avons reçue, contenant comme icelle ville foit diminuée par le faict des guerres qui ont efté en noftredict Royaume & *duchié de Normandie*, depuis la defcente faite à *Tougue*, l'an 1417, par nos anciens ennemis & adverfaires les *Anglois*, tant pour ce que les drappiers qui y eftoient anciennement, s'en font allez en eftranges parties, comme ou pays de *Bretaigne* & ailleurs hors ladicte ville, où ils ont multiplié ledit faict de drapperie & ufé de liz*, tels qu'ils le faifoient en ladicte drapperie de *Sainct-Lô*, que autrement, tellement que à grand'peine le pauvre peuple, dont il y a grand nombre à préfent, puet vivre ; à l'occafion duquel liz, dont chacun ufe à préfent, tant en eftranges parties, comme dict eft, que ès villages d'environ le pays, & mefmes pour ce qu'il n'y a aucune différence entre la petite drapperie & la grande qui porte le féel, les Jurez qui font Gardes des feaulx de ladicte drapperie, ne fçavent ou peuvent connoiftre fi les draps que l'en leur apporte, font de la façon, vifitation & bougon de ladicte ville, ou non ; & fe il advient que en les vifitant, l'en y trouve aucune faulte, ceulx qui les apportent, dient que l'en n'y peut affeoir aucun jugement, pugnition ou amende, & qu'il n'y a point de liz propre ni arrêté en ladicte ville, pour ce que chafcun ufe du liz ancien & autres liz qu'ils font chafcun jour à leur plaifir, qui eft très-contraire au bien public, police & renommée de ladicte drapperie, dont il fortift grands inconvéniens ; pour laquelle caufe lefdicts fuppplians fe font traiz par-devers noftre amé & féal Confeiller l'*Évefque* de *Conftances*, feigneur temporel & baron dudict *Sainct-Lô*, & lui ayent remonftré les chofes deffufdictes, & que à luy appartient la cognoiffance, jurifdiction, correction & pugnition des meftiers & marchandifes de ladicte ville, & par efpécial dudict faict de drapperie, qui eft le principal eftat & gouvernement d'icelle ville & du pays d'environ, pour pourveoir aux inconvéniens qui s'en pourroient enfuir à l'ocafion dudict liz non arrêté ne déterminé, & que bonnement icelle drapperie ne pouvoit plus eftre foutenue ; & fur ce a efté conftitué & ordonné, du confentement & ordonnance de noftredict Confeiller, par les drappiers de ladite ville, un liz portant différence fouffifante des liz de *Montivilliers* & *Rouen*, ainfi qu'il appert par les Lettres d'icelle conftitution, defquelles la teneur s'enfuit.

* La largeur, le *lé*, d'une étoffe.

NOTE.

(a) Tréfor des Chartes, Regiftre IX^{xx}X [190], pièce 109. — *MSS.* de Colbert, volume LV, page 232.

CHARLES
VII
à Tours,
le 20 Juin
1460.

À TOUS ceux qui ces Lettres verront, *Richart*, par la misération divine, Cardinal & *Évêque de Conſtance*, Seigneur & Baron de *Sainct-Lô*, ſalut. Comme les drappiers & ouvriers du meſtier de drapperie dudit lieu de *Sainct-Lô* nous euſſent expoſé, tant à préſent que autreſfois, & meſmement à noſtre *Séneſchal* & Officiers en la baronnie dudict lieu de *Sainct-Lô*, à l'aſſemblée accouſtumée eſtre faicte le jour de la *Thiphanie*, en pourvoyant ès choſes requiſes ſur le faict de ladicte drapperie, que icelle ville eſtoit fort diminuée par le faict des guerres qui avoient eſté ou Royaume de France & en la *duchié de Normandie*, depuis la deſcente des *Anglois* ennemis & adverſaires du Roy noſtre Sire, tant pour ce que les Drappiers qui eſtoient anciennement en ladicte ville, s'en eſtoient allez en eſtranges parties, où ils avoient multiplié ledict faict de drapperie, & uſé du liz tel que l'en le faiſoit en la drapperie dudit lieu de *Sainct-Lô*, que autrement, tellement que à grand peine le povre peuple, attendant ſoy vivre dudit meſtier de drapperie, dont il a grand nombre en ladicte ville, ſe peut vivre ; à l'occaſion duquel liz dont chacun uſe à préſent, tant en eſtranges parties, comme dict eſt, que ez villages d'environ le pays, & meſme en la petite drapperie dudict lieu de *Sainct-Lô*, les jurez qui ſont gardes des ſeaux de ladicte drapperie, ne ſavent ou peuvent connoiſtre ſe les draps que l'en leur apporte ſont de la façon, viſitation & bougon de ladicte ville, ou non ; & ſe il advient que en les viſitant l'on y trouve aucune faute, ceux qui les apportent, dient que l'en ne peut aſſeoir aucun jugement, pugnition ou amende, & qu'il n'y a point de liz propre ne arrêté en ladicte ville pour la grande drapperie, pour ce que chaſcun uſe du liz ancien & autre liz, leſquels liz ils ſont chaſcun jour à leur plaiſir, qui eſt très-contraire au bien publicque, police & renommée de ladicte drapperie, dont il ſortiſt grands inconvéniens, tant pour la pauvreté des drappiers & manouvriers de ladicte ville, que autrement ; pour laquelle cauſe ils nous euſſent requis, ainſy que autreſfois avoient faict, à avoir un liz propre & arreſté en ladicte ville, & ordonné en icelle pour ladicte grande drapperie, portant ſouffiſante différence des liz de *Rouen* & *Montivilliers:* ſavoir faiſons que aujourd'hui xxiii.ᵉ jour de mai, l'an 1460, furent préſens *Jean Durant, Pierre Boucart, Guillaume Lefevre, Guillaume Michel, Jean Juliam*ᵃ, *Guillaume Leroy, Guillaume Lechevalier, Guillaume Vigor, Jean Lefevre* le jeune, *Philipin Leribidel, Guillaume Vaquenet, Simon Maheline, Jean de Caron, Colin de la Plangue*ᵇ, *Denis Perier, Jean de Boulieu, Richart Bloville Picorin, Jean Jehannot Lefevre, Sanſon Ybert, Richard le Roſſignol, Jean le Paulmier* tainturier, *Jean Benard Daigneaulx, Jean Leo, Jean le Vieul, Jean le Courcié, Ernouf Maquerel, Jean Lefevre* l'aiſné, *Noel Tenot, Thomas Lanyet, Jean Langlois, Reignier Couldray, Jean le Clergeauſt, Maſſiot Weaultier, Michel Vibert, Jean Dupray, Jean le Caron* l'aiſné, & *Richard le Machon*, Drappiers, bourgeois, manans & habitans en ladicte ville, leſquels, tant pour eulx que pour les autres Drappiers & habitans de ladicte ville, en entretenant les autres déclarations, furent d'acord d'avoir liz propre arrêté & déterminé eſtre faict, conſtitué & ordonné par *Guillaume Lefevre, Guillaume Michel, Jean Julien*ᶜ, *Jean Benard Daigneaulx, Richart le Roſſignol, Jean le Clergeault, Colin de la Plangue*ᵈ, *Jean Lefevre* le jeune, *Jean Gambe, Perrin le Chevalier, Richard Pelams, Jean Ybert, Sanxon Ybert, Jehan Leo, Guillaume Ybert, Jean le Paulmier, Michel le Fillaſtre, Jean de Caron* l'aiſné, *Robin Hamelin* & *Perrinet le Monnier*, Drappiers ou la greigneur partie, & à icelle fin fuſt mis terme à deux heures après midy, après laquelle heure leſdicts Drappiers ainſi eſleus, comparans devant nous, nous baillerent la ſouſme & figure d'icelui liz, c'eſt à ſçavoir que ès draps qui ſeront faiz en ladicte ville, & qui porteront le ſéel d'icelle ville, auront liſière de ſept fils tout au bord dudict drap, & un fil par-dedans, une roſée de l'eſtrain dudict drap entre ladicte liſière qui eſt

ᵃ Plus bas
Jullien.

ᵇ Plus bas
Planque.

ᶜ Ci-deſſus
Julian.

ᵈ Ci-deſſus
Plangue.

au bord dudit drap & ledit fil de lifière qui eft au-dedans ; & ainfy le confti-
tuerent, en cas où il plairoit au Roy noftre Sire le conferver. En tefmoing
de ce, nous avons féellé ces préfentes de noftre féel, en l'an & jour deffufdicts.
Signé fur le reply. DE LA VALÉE.

Laquelle Ordonnance & inftitution deffus tranfcripte, lefdicts bourgeois &
drappiers Nous ont requis par Nous eftre aucthorifée & validée, afin que
d'iceluy liz on ne puiffe ufer en aucune autre ville de drapperie de noftre
Royaume : fçavoir faifons que Nous, eue confidéracion au contenu éfdictes
Lettres deffus tranfcriptes, & que ledict liz eft chofe néceffaire & prouffitable
pour le bien & utilité de la chofe publique, & accroiffement de la renommée
& police de ladicte drapperie, avons confermé, & par la teneur de ces préfentes confermons le contenu éfdictes Lettres deffus tranfcriptes, & voulons
que les Drappiers de ladicte ville & fergenterie dudit lieu de *Sainct-Lô*, ufent
dudict liz, fans ce que aucuns autres le puiffent faire ne entreprendre en aucune
manière, pourveu toutefvoies que aucunes autres villes de noftre Royaume où il y a
drapperie jurée, n'ayent femblable lifière, ouquel cas lefdicts fupplians pourront
muer ladicte lifière & y mettre différence. Si donnons en mandement par ces
mêmes préfentes à nos Bailliz de *Conftantin, Rouen, Caen, Caux, Évreux,*
& à tous noz autres Jufticiers ou à leurs Lieuxtenans préfens & à venir, que
de noftre préfente volenté & confirmacion, facent, fouffrent lefdicts fupplians
& leurs fucceffeurs jouir & ufer plainement & paifiblement, fans faire ou
fouffrir eftre faict aucune chofe au contraire, en pugniffant les tranfgreffeurs
de telles pugnitions & amendes qu'ils verront ou cas appartenir : Et afin que
aucun ne puiffe prétendre caufe d'ignorance des chofes deffufdictes, Nous
voulons ces préfentes eftre publiées par-tout où meftier fera. En tefmoing
de ce, Nous avons faict mettre noftre féel à ces préfentes. *Donné à Tours,
le vingtiefme jour de juing, l'an de grace mil quatre cens foixante, & de noftre
regne le* XXXVIII.ᵉ *Ainfi figné. Par le Roy, à la relation des Gens de fon Grand
Confeil.* DANIEL.

(a) Lettres de Charles VII, par lefquelles il confirme les coutumes
& priviléges des habitans de l'Ifle en Périgord.

KAROLUS, *Dei graciâ, Francorum Rex. Solet Regia Majeftas conceffa à
majoribus fuis privilegia, indultaque ftatum profperum fubditorum fuorum
contingencia liberaliter confirmare; hinc eft quòd nos Litteras pro parte dilectorum
noftrorum habitantium ville & parochie* Infule in Senefcaliâ noftrâ Petragoricenfi,
nobis humiliter porrectas fufcepimus, quarum tenor fequitur :

PHILIPPUS, *&c. (b)*

*Quas quidem Litteras fuperiùs infertas, ratas & gratas habentes, volumus, lau-
damus, approbamus & ratifficamus, de noftrâ fpeciali graciâ poteftatifque plenitudine
& regiâ auctoritate, in quantum prefati habitantes ville & parrochie* Infule in Senef-
calâ noftrâ Petragoricenfi, *rité & debité ufi funt, confirmamus per prefentes: demptâ*

NOTES.

(a) Tréfor des Chartes, regiftre IXˣˣX [190], pièce 64. — *MSS.* de *Colbert,*
vol. LV, page 215.

(b) Ces Lettres de Philippe IV, du mois de juillet 1309, font imprimées page 417
& fuivantes, du tome XI de ce Recueil.

& exceptâ clausulâ in eifdem contentâ que fequitur. (Queftas *(c)*, taillias, albergas, alias exactiones, fervitutes feu preftationes, aut mutua feu munera quecumque, Nobis vel noftris fuccefforibus, nifi gratis facere voluerint, non preftabunt nec compellentur preftare, nifi quatenùs ante conceffionem & tranflationem hujufmodi poffent & debent compelli.) *ob caufam cujus, nolumus denarios noftros ac alia jura & deveria noftra aliqualiter diminui, retardari five impediri. Quocircà Senefcallo noftro Petragoricenfi ceterifque Jufticiariis &. Officiariis noftris in jam dicte noftre Senefcalie Petragoricenfis ditione deputatis deputandifve five locatenentibus eorumdem mandamus, quatinùs omnia & fingula in eifdem Litteris contenta teneant, fervent & adimpleant, tenerique & fervari deinceps de verbo ad verbum inviolabiliter faciant; acta in contrarium, fi que fint, ad ftatum priftinum & debitum reducendo aut reduci faciendo indilate, noftro in aliis, & in omnibus quolibet alieno jure femper falvo. Quod, ut firmum & ftabile permaneat in futurum, prefentibus Litteris noftrum fecimus apponi figillum. Datum Turonis,* menfe junii, anno Domini millefimo quadringentefimo fexagefimo, & regni noftri tricefimo octavo. *Sic fignatum.* Per Regem, ad relationem fui Confilii. G. DE THOUCY. *Vifa.*

NOTE.

(c) C'eft l'article 4 des Lettres de Philippe IV.

(a) Lettres de Charles *VII*, portant règlement fur la manière de procéder par-devant les Confeillers-généraux fur le fait de la juftice des Aides.

CHARLES, par la grace de Dieu, Roy de France, à tous ceulx qui ces préfentes Lettres verront, falut. Sçavoir faifons que Nous, confidérans que par-devant noz amez & féaulx les Généraulx-Confeillers fur le fait de la juftice de noz aides, qui font juges foverains fur icellui fait, font plufieurs caufes, tant en cas d'appel que autrement, dès long-temps introduictes, éfquelles n'a efté aucunement procédé, & que en aucune d'icelles n'a efté procédé depuis le jour de la premiere préfentacion, foubz umbre d'une générale continuacion dont l'en ufe éfdictes caufes, ont efté & font continuées & longuement délayées, ou dommaige de Nous & des parties aians bon droit en icelles: voulans en ce, & autres chofes touchans icelles caufes, mettre bon & convenable remede, Nous, par l'advis & délibéracion de nofdicts Généraulx-Confeillers, avons ordonné & ordonnons par ces préfentes, ainfi que autreffois a efté fait, que dores-en-avant chafcune partie qui aura aucunes caufes par-devant nofdicts Généraulx-Confeillers, feront tenus elles préfenter au jour de l'adjournement; & quand l'on ne procédera par plaidoyrie, continuacion, ou autrement, du cofté de la partie du demandeur ou de l'appellant, les parties feront tenues elles préfenter en leurs perfonnes, ou par Procureur fouffifamment fondé de procuracion, une fois l'an, c'eft affçavoir, l'an révolu du premier adjournement, & du jour de la derreniere continuacion ou affignacion que l'on aura procédé, en déclairant l'eftat de la caufe, ou autrement la caufe fera interrupte comme deffus; & que ès caufes introduictes, éfquelles préfentacion a efté faicte, & n'y a efté procédé d'un an ou plus, les parties feront tenues d'elles préfenter dedans la fefte de la *Chandeleur* prochainement venant, & de-là en avant, en continuant d'an en an, fur peine d'interruption, comme deffus; & dureront icelles préfentacions, ung mois. Et avec ce, avons ordonné

NOTE.

(a) Premier regiftre de la Cour des Aides de *Paris*, fol. 105. v.°
Voyez fur ce regiftre la note *(a)* de la page 201 du IV.º volume de ce Recueil.

que

que lefdicts Procureurs fe pourront préfenter par-devant nofdicts Généraulx-Confeillers, pour leurs Maiftres, en toutes caufes, par vertu d'une procuration, pourveu qu'elle foit générale en toutes caufes, pofé que ladicte procuration foit furannée & non révocquée. Si donnons en mandement par ces mefmes préfentes, à nofdicts Généraulx-Confeillers, que ces préfentes ilz facent lire, publier par toutes les ellections & auditoires des Efleuz de noftre Royaume, & auffi afin que ceulx qui ont ou auront aucune caufe d'appel ou autres, par-devant eulx, n'en puiffent prétendre caufe d'ignorance; & pour ce que l'en aura affaire de ces préfentes en plufieurs lieux, Nous voulons que au *vidimus* de ces préfentes, fait foubz féel royal ou autrement auctentique, ou foubz les fignetz de nofdicts Généraulx-Confeillers, plaine foy foit adjouftée comme à ce préfent original. *Donné à* Paris *le xviii.ᵐᵉ jour du mois de feptembre, l'an de grace mil iiij.ᶜ lx, & de noftre regne le xxxviij.ᵐᵉ* Ainfi figné. *Par le Confeil eftant en la Chambre de la juftice des Aides.* J. LE CLERC.

Au doz defquelles Lettres eftoit efcript ce qui s'enfuit: Leues & publiées en jugement, en l'auditoire des Efleus à *Paris* fur le fait des Aides ordonnées pour la guerre, le mercredi xvj.ᵐᵉ jour de décembre, l'an mil CCCCLX.

Ainfi figné. P. ANDRY.

(a) Lettres de Charles V I I, par lefquelles il ordonne à l'Univerfité de faire ceffer les citations, excommunications & privations prononcées contre les Officiers des Aides.

CHARLES, par la grace de Dieu, Roy de France, à tous ceulx qui ces préfentes Lettres verront, falut. Sçavoir faifons que comme de par le Recteur, Maiftres, Docteurs, Régens, Efcolliers, Eftudians & Suppôts de noftre très-amée fille, l'*Univerfité de Paris*, Nous aient efté faictes aucunes requeftes, & entre autres que leur voulfiffions garder & entretenir leurs priviléges, defquels ou des *vidimus* d'iceulx ils ont faict exhibition; lefquels veus, & eu fur ce grande & meure délibération avec les Gens de noftre Grand-Confeil, avons faict dire aux Gens de ladite *Univerfité*, que noz vouloir & entention eft faire garder & entretenir lefdits priviléges; mais d'aucuns abus ou entreprinfes s'étoient faites contre & ou préjudice de noz Aides, foubs couleur de ladite *Univerfité* & defdits priviléges, que iceulx abus foient réparés, & les délinquans pugnitz par les Efleuz & Généraulx aufquels la congnoiffance en appartient. Et oultre, pour ce que en abufant d'iceulx priviléges, au pourchaz d'aucuns Suppôts d'icelle *Univerfité*, on a fait citer certains Fermiers de nofdites Aides, & fait admonefter & excommunier noz Officiers Efleuz de *Paris* & d'*Alençon*, & auffi aucuns Fermiers d'iceulx noz Aides fait priver de ladite *Univerfité*, & déclarez parjures noftre amé & féal Confeiller l'Évéque de *Troyes*, Préfident à la Chambre defdits Aides, Maiftre *Guilleaume Longuejoë* & *Charles Rapiouft*, Confeillers en laditte Chambre, & fait ceffation de fermons en la ville de *Paris:* avons ordonné & ordonnons par ces préfentes, que dedans la fefte de *Touffaints*, prouchain venant, lefdites citations, monitions, excommuniemens, privations & déclarations faictes contre les deffufdits nos Officiers & autres, à l'occafion de ce que dit eft, foit par ladite *Univerfité* réparez; c'eft à fçavoir, les excommuniez abfobz, l'Évefque de *Troyes*, *Longuejoë* & *Rapiouft*,

N O T E.

(a) Ces Lettres nous ont été communiquées par M. *Chrétien*, Confeiller de la Cour des Aides. Voyez note *(a)*, page 331.

CHARLES
VII,
à la Salle-le-
Roi en Berry,
le 24 Septemb.
1460.

réincorporez en ladite *Univerſité*, & leſdites ceſſations oſtées; & que de ce ſoient baillées Lettres convenables; & que doreſnavant icelles entreprinſes ceſſent en telle maniere que contre noſdits Officiers, Fermiers & Collecteurs ne ſoit procédé par leſdits de l'*Univerſité*, ne à leur pourchaz par telles manieres & citations, monitions, privations, déclarations & ceſſations, pour choſes qui dépendent du fait de noſdites Aydes, ſur peine de privation de leurſdits priviléges: leſquelles choſes ainſi faictes & réparées, comme dit eſt, par ladite *Univerſité*, Nous les pourverrons ſur leurs autres requeſtes, tellement qu'ils devront eſtre contens. Si donnons en mandement au premier de noz amez & féaulx Conſeillers les Préſidens en noſtre Cour de Parlement, Maiſtres des requeſtes de noſtre Hoſtel, & Conſeillers en icelle Court, ſur ce requis, que noſtredite Ordonnance, vouloir & entencion ils ſignifient auſdits Recteur, Maiſtres, Docteurs, Eſcolliers, Officiers & Suppôts d'icelle *Univerſité*, en leur faiſant commandement exprès de par Nous, ſur la peine deſſuſdite, c'eſt à ſçavoir, de privation de leurs priviléges, que dedans la feſte de *Touſſaints* ils accompliſſent le contenu en noſtredite préſente Ordonnance, en Nous certiffiant deuement de ce que fait aura été ſur ce. Ainſi Nous plaiſt-il eſtre fait. En teſmoing de ce, Nous avons fait mettre noſtre ſéel à ces préſentes. *Donné à la Salle-le-Roy en Berry, le 24.ᵉ jour de ſeptembre, l'an de grace 1460, & de noſtre regne le XXXVIII.ᵉ Ainſi ſigné. Par le Roy en ſon Conſeil. J. DE REILHAC.*

●

CHARLES
VII,
à la Salle-le-
Roi en Berry,
le 14 Octobre
1460.

(a) Lettres de Charles VII, contre les Blaſphémateurs.

CHARLES, par la grace de Dieu, Roy de France, à tous ceulx qui ces préſentes Lettres verront, ſalut. Comme dèſpieçà, du temps du Roy *Sainct-Loys*, & autres noz progéniteurs Rois de France, & depuis de noſtre temps, ait eſté par Ordonnance & Édit publique, & par Lettres patentes, notoirement défendu à tous, que aucun ne blaſémaſt ou injuriaſt Dieu noſtre Créateur, ne la glorieuſe Vierge *Marie* ſa Mere, ne feiſt de eulx villain ſerement; auſſi que on ne regniaſt, deſpitaſt ou maugréaſt Dieu, ſadicte benoiſte Mere, ne les Sains & Saintes de Paradis, & que on ne feiſt aucuns ſeremens ou juremens illicites de Dieu, de ſadicte benoiſte Mere, ne deſdiz Sains & Sainctes, ſur peine de griefve punition, & ayons entendu que néantmoins pluſieurs de nos ſubgiez, plains de mauvais eſperit, non ayans Dieu ne leur ſalut devant les yeulx, le blaſ ème & injurient, & ſadicte glorieuſe Mere, & font villain ſerement de lui & de ſadicte benoiſte Mere, les regnient, deſpitent, maugréent & deſadvouent ſouventesfois, & les Sains & Sainctes de Paradis, & font de jour en jour pluſieurs ſeremens & juremens illicites de Dieu, de la glorieuſe Vierge *Marie* ſa Mere, & deſdiz Sains & Sainctes de Paradis, laquelle choſe eſt à noſtre très-grant deſplaiſance; & doubtons, ainſi que vraiſemblablement eſt à doubter, que à ceſte occaſion, noſtredit Créateur juſtement offenſé, ait permis advenir en noſtre Royaume pluſieurs & grandes tribulations, guerres & afflictions: pour ce eſt-il que Nous, en enſuivant les commandemens de Dieu, les Ordonnances de nos très-Chrétiens prédéceſſeurs, & voulans Dieu noſtre Créateur, ſadicte benoiſte Mere, & leſdiz Sains & Sainctes de Paradis, eſtre révérez, ſerviz & honnorez; voulans auſſi extirper & totalement enerver de noſtre Royaume tous blaſ èmes & villains ſeremens de Dieu & de ſadicte benoiſte Mere, auſſi tous regniemens, deſpitemens, maugréemens & déſavouemens deſſuſdiz, & autres juremens & ſeremens

NOTE.

(a) Regiſtre du Parlement, intitulé: *Ordinationes Barbina*, coté *D*, *fol.* 207, *v.ᵉ*

illicites, avons ordonné & ordonnons par ces prefentes, que tous noz fubgez, de quelque eftat ou condition qu'ilz foient, qui dorefenavant diront, de mauvais & félon courage, malinjure ou blafème de Dieu ou de fadiéte glorieufe Mere, ou jureront d'eulx ou de l'un d'eulx villain ferement, foient, pour la première foiz qu'ilz en feront attains & convaincus, mis & tenuz en prifon ung mois, au pain & à l'eaue, & foient condemnez en l'amende de vingt folz tournois, à appliquer moytié au luminaire & fabrique de ladiéte églife parrochial du lieu ouquel ilz auront commis lefdiz cas, & moitié au feigneur dudit lieu; & s'il leur avient la feconde foiz, qu'ilz foient mis au pillory à jour de marché ou autre jour folennel, & avec ce aient la lèvre deffus fendue à ung fer chaud; & s'il leur avient la tierce foiz, qu'ilz foient femblablement pillorizez à jour de marché ou autre jour folennel, & aient la lèvre deffoubz fendue à ung fer chaud, comme celle de deffus; & s'ilz y renchient la quarte fois, qu'ilz aient la langue coppée tout oultre, affin que de lors en avant ils ne puiffent dire ne proférer teles blafèmes ou injures déteftables, & ne faire villain ferement de Dieu & ladiéte glorieufe Vierge *Marie* fa Mere. Et s'aucuns en y a qui les oyent dire & proférer, & ne les dénoncent incontinent à juftice, qu'ilz foient condemnez en la fomme de vingt fols tournois, pour eftre appliqué comme deffus, lefquelz fe ainfi eftoit que par povreté ne la peuffent paier, qu'ilz foient détenuz en prifon au pain & à l'eaue, jufqu'à ce qu'ilz aient fouffert pénitence convenable. Et quant à ceulx qui dorefenavant regnieront, defpiteront, maugréeront, ou défavoeront Dieu, fadiéte benoifte Mere & les Sains & Sainétes de Paradis, ou feront autres femblables cas, qu'ils foient pugniz pour la premiere foiz pécuniellement, à l'arbitrage du Juge foubz la juridicion duquel fe feront lefdiz regniemens, malgréemens, defpitemens ou défavoemens, felon la qualité, puiffance & faculté de celui qui ainfi délinquera; à icelle amende, appliquer moitié au luminaire & fabrique de l'églife parrochial du lieu où fera fait le délit, & l'autre moitié au feigneur dudit lieu; en doublant la fomme pour la feconde foiz; & que pour la tierce fois, les délinquans foient mis au pillory, à jour de fefte ou de marché; & s'il leur advient la quarte foiz, qu'ilz aient la langue percée d'un fer chauld; & s'ilz y renchéent plus avant, qu'ilz foient pugniz plus grièfvement comme blafèmeurs de Dieu & des Sains, & comme tranfgreffeurs de ftatut ou Édit royal, en telle maniere que ce foit exemple à tous autres. Et au regard de ceulx qui dorefenavant feront feremens ou juremens illicites de Dieu, de Noftre-Dame, ou des Sains & Sainétes, comme en jurant la mort, le fang, le ventre, la tefte, les plaies, & autres femblables feremens illicites & réprouvez, qu'ilz foient condemnez en amende pécunielle; c'eft affavoir, pour la premiere fois, en xii deniers tournois, à appliquer moitié à l'églife parrochial du lieu où ilz auront fais lefdiz feremens ou juremens illicites, & l'autre moitié au feigneur du lieu, comme deffus; pour la feconde foiz, qu'ils foient condemnez au double, c'eft affavoir en ij fols tournois; pour la tierce fois au quatruple, c'eft affavoir en quatre fols tournois, & pour la quarte fois en l'otuple, c'eft affavoir, en viij fols tournois; & s'ilz y renchéent la v.ᵉ foiz, qu'ilz foient mis en prifon, au pain & à l'eaue pour certain temps, à l'arbitrage & difcrétion des Juges foubz la juridicion defquelz ilz feront lefdiz feremens illicites: & fe pour les peines deffufdiétes ilz ne s'en veulent chaftier, & délaiffer leurs mauvaifes couftumes, qu'ilz foient pilorizez publiquement à jour folennel ou de marché, afin de donner exemple à tous de non faire dorefenavant telz feremens on juremens illicites. Si donnons en mandement par ces mefmes préfentes, à noz amez & féaulx Confeillers les Gens tenans & qui tendront noftre Parlement à *Paris*, & à noftre Prévoft dudit lieu de *Paris*, ou à fon Lieutenant, que noftre préfente Ordonnance ils facent ouïr & publier, chafcun en droit foy, incontinent après la réception d'icelles, &

CHARLES
VII,
à la Salle- le-
Roi en Berri,
le 14 Octobre
1460.

CHARLES
VII,
à la Salle-le-
Roi en Berri,
le 14 Octobre
1460.

doresenavant de trois en trois mois, par tous les lieux accoustumez à faire cris & publicacions en leurs juridicions, afin que aucun n'en puisse prétendre ignorance; & icelle Ordonnance tiennent & gardent & exécutent rigoreusement & sans depport, & facent tenir & exécuter de point en point, sans enfraindre, ne y espargner aucun de quelque estat qu'il soit, sur peine de privation d'Office, & d'en estre autrement pugny : car ainsy Nous plaist-il estre faitz, & que au *vidimus* de ces présentes fait souz séel auctentique, foi y soit adjoustée comme à cest présent original, auquel, en tesmoing de ce, Nous avons fait mectre nostre séel. *Donné à la Salle-le-Roy en Berry, le XIIII.' jour d'octobre, l'an de grace mil CCCC soixante, & de nostre regne le XXXVIII.'* Sic signatum. *Par le Roy en son Conseil.* J. DE REILHAC.

Et in dorso dictarum Litterarum : *Lecta, publicata & registrata*, Parisius, *in Parlamento, die quintâ januarii, anno Domini millesimo CCCC.' LX.me* Sic signatum. CHENETEAU.

Collacio facta est cum originali.

(a) Lettres de Charles VII, par lesquelles il ordonne l'exécution d'une transaction entre les Consuls & les Boulangers du Puy en Vélay, sur la fabrication & le prix du pain.

CHARLES, par la grace de Dieu, Roi de France, au *Bailly* & Juge de *Vélay*, ou leurs Lieuxtenans, salut. Nostre procureur ou Substitud oudict Bailliage de *Vélay*, & nos bien amez les Consuls, manans & habitans de nostre ville du *Puy*, Nous ont fait humblement exposer que pour donner provision & ordre au bien publicque d'icelle, sur la forme & manière de faire & vendre pain blanc appellé *moly*, & sur l'estimation, fut jà piéçà faicte Ordonnance, constitution & transaction entre lesdicts Consuls, d'une part, & les Fourniers & Boulengiers de ladicte ville & fauxbourgs d'icelle, d'autre part, par laquelle fut dict, ordonné, consenty, transigé, entre autres choses, que dessors en avant lesdicts Fourniers & Boulengiers & leurs successeurs, seroient tenus envers lesdicts Consuls exposans, de faire, fournir & pourveoir icelle ville, de pain blanc appellé *moly*, selon le prix raisonnable qui seroit mis & donné à la mesure & quantité d'iceluy blé, à la halle ou grange de ladicte ville, & aussi selon la nature & qualité dudict blé; surquoy leur fut constitué & assigné par lesdicts Consuls exposans prix & gains raisonnable qui seroit mis & donné à la mesure & quantité d'iceluy blé. Et pour obvier à rompture de ladicte Ordonnance & transaction, & à ce que aucune fraude ne fust faicte ou commise ou préjudice ou dérogance d'icelle, fut dict & transigé entre lesdictes parties, que après la décoction dudict pain, & dedans vingt-quatre heures, iceluy pain seroit veu & visité par ceux à qui ladicte visitation appartient, ou par leurs commis & députez, en la présence des gardes à ce commises & ordonnées par lesdicts Consuls pour & ou nom de ladicte ville, pour iceluy pain faire & entretenir en la manière dessusdicte, du poids & prix exprimé & contenu en ladicte Ordonnance & transaction. Avec ce fut dict, ordonné & transigé que toutes & quantes fois aucun desdicts Fourniers ou Boulengiers seroit ou commettroit, ou seroit faire ou commettre aucune fraude, faulte ou déception à ce que ledict pain ne fust de poids & prix, & de la

NOTE.

(a) Trésor des Chartes, registre IXᵘX [190], pièce 180. — *MSS.* de *Colbert*, vol. LV, page 263.

qualité & quantité contenue en ladicte tranfanction & Ordonnance, iceluy pain feroit pris & faify, & par lefdicts Confuls, vifiteurs & gardes donné & diftribué aux pauvres de Jefus-Chrift; & feroient les coulpables, pugnis & corrigez par Nous ou autres nos Officiers qu'il appartiendroit, felon l'exigence du délict: laquelle tranfaction & Ordonnance, & tous les points & articles exprimez & contenus en icelle, a efté du confentement defdictes parties, & à la requefte d'icelles, confermée & corroborée par arreft de noftre Court de Parlement à *Thouloufe*. Et combien que aufdiz Fourniers & Boulengiers ne autres quelconques ne feuft ou foit loifible ne permis de rompre ou enfraindre ladicte tranfaction, conftitution ou Ordonnance, ne par voyes obliques ou moyens exquis, attempter ou déroguer à icelle, ce nonobftant, puis n'agaires & de préfent, continuellement de jour en jour, lefdicts Fourniers ou Bolengiers & autres demourans & habitans dedans la clofture de noftredicte ville du *Puy*, en fraude d'icelle & pour frauder la chofe publicque, à l'inftigation defdicts Boulengiers & Fourniers ou les aucuns d'eulx, pour eulx cuider enchérir, fe font efforcez & efforcent de commettre ou faire commettre plufieurs fraudes & déceptions préjudiciables à ladicte tranfaction & Ordonnance, & ce par plufieurs & divers moyens exquis & illicites, & tant par eulx comme par * . . . . personnes; mefmement pour ce qu'ils voyent & connoiffent que tant plus eft chier & à haut prix exceffif & defraifonnable de froment, tant plus rapportent de prouffit en la façon & vente de leur pain, iceulx Fourniers & Boulengiers, ou aucuns de leurs complices & gens à eulx propices & apoftez, mettent ou font mettre & donner hault, exceffif & defraifonnable prix oudit blé, de leur aucthorité privée, & fans aucthorité, congé ou licence de juftice. Et d'autre part, jaçoit ce que par ladicte tranfaction & Ordonnance, lefdicts Fourniers & Boulengiers foient tenus faire ou faire faire ledict pain blanc du meilleur froment qui fe vend & délivre à la halle ou grange de ladicte ville, pur & net, fans nulle fraude ou mixtion, mefmement quand lefdicts Confuls expofans leur paffent la vente de leurdict pain, au plus hault prix de ladicte grange; néantmoins les aucuns d'iceulx, pour frauder & décevoir le bien de la chofe publicque, après ce qu'ils ont, pour coulourer leur cas, achepté une mefure du meilleur froment & du haut prix, foubs & couleur d'icelle mefure, font ou font faire, par mutation d'autres blés ou farines du bas ou moyen prix, plufieurs & diverfes fois quantitez de pains, lequel pain ils vendent & font vendre au plus fort prix, comme fe il feuft faict du meilleur froment pur & net, fans fraude ou mixtion dans bleds ou farines; & avecques ce, pour obvier que vifitation n'en foit faicte, & à ce que leurs fraudes & déceptions ne foient atteintes, recèlent ledict pain fans le dénoncer ne vouloir d'iceluy faire exhibition, jufqu'à ce que les vingt-quatre heures après la décoction d'iceluy, foient entierement paffées & expirées, afin qu'il ne foit prifé ne vifité par qui il appartient, difans iceulx Fourniers & Boulengiers, tant de noftredicte ville du *Puy* & clofture d'icelle, que après lefdicts vingt-quatre heures paffées, ledict pain ne doibt point eftre vifité ne prifié, auffy que ladicte tranfaction porte; plufieurs autres excez & abus, fraudes & déceptions font & commettent de jour en jour lefdicts Fourniers & Boulengiers, tant de noftredicte ville du *Puy* & clofture d'icelle & autres, à la induction & promption d'iceux Fourniers & Boulengiers de noftredicte ville du *Puy*, enfemble leurs facteurs & complices: lefquelles chofes font de très-mauvais exemple & dignes de punition & réparation, rédondant au grand préjudice, intéreft & dommaige de la chofe publique de noftredicte ville du *Puy*, & des habitans, pélerins, marchands & autres venans & affluans en icelle, en grand mefprins & offenfe & léfion de juftice, infraccion & rompture de l'Ordonnance & tranfaction fur ce faicte, & par arreft de noftredicte Court de Parlement confermée; & plus pourroit eftre pour le temps à venir, fe provifion n'eftoit par Nous fur ce donnée, fi comme lefdicts

* *Sic.*

exposans dient humblement, requérant icelle. Pour quoy, Nous, ces choses considérées, voulans ladicte transaccion & Ordonnance servant le bien publique de nostredicte ville, estre gardée, exécutée & entretenue de poinct en poinct, sans infraccion ou rompture, & les transgresseurs ou infracteurs d'icelle, estre corrigez & pugnis à l'exemple des autres; & pour obvier à conséquence, Nous mandons & commecttons, se mestier est, que appellez ceux qui pour ce seront à appeller à nostre siége & auditoire ordinaire du *Puy*, s'il vous appert de ladicte Ordonnance & transaccion, ainsi que dit est faicte, & par arrest de nostredicte Court confermée, vous, nonobstant oppositions ou appellacions ou subterfuges, faictes icelle tenir & observer, entretenir & entériner de point en point selon la forme & teneur, sans infraccion, transgression ou rompture, en contraignant ou faisant contraindre à y obéir, tant lesdits Fourniers & Boulengiers, habitans en nostredicte ville & closture d'icelle, attendus qu'ils sont demourans dedans une mesme closture, qui pour ce seront à contraindre par toutes voyes & manières deubs & raisonnables, en leur faisant expresse inhibicion & deffense de par Nous, que le jour de samedy, qui est le jour de marchié assigné en ladicte ville, ils ne mecttent ou facent assigner ou mecttre, sans aucthorité ou licence de justice, prix excessif & desraisonnable, en leur faisant expresse inhibicion & deffense de par Nous, par eux ne par interposée personne, audit blé; ne aussy que du pain qui par eux sera ou aura esté faict de blé ou froment de bas ou moyen prix, ils ne exigent ou facent exiger ou extorquer prix illicite ne vente excessive, ne autrement que selon le fort & le prix, & selon la qualité du blé ou froment, bas ou moyen, ayant sur ce exprès regard au prix d'icelle; avecques ce, qu'ils ne mecttent ou facent mecttre aucun pain en vente occultement ne en public, jusques à ce qu'il aura esté prisé & visité, & sur certaines & grandes paines à Nous à applicquer, & mesmement sur peine de confiscacion dudict pain, & privacions de leur mestier & offices; & commendement, à pareilles peines que dessus, que dedans vingt-quatre heures sur ce ordonnées incontinent après la décoction dudict pain, ils ayent à rellever ou faire rellever & exhiber la quantité & qualité d'iceluy pain, aux gardes & visiteurs à ce commis & depputez, au moins à l'hostel du commun d'icelle nostredicte ville du *Puy*, pour en faire leurdicte visitacion, à ce que fraude ou déception ne soit doresenavant faicte ou commise, & que de jour en jour font & s'efforcent faire & commecttre iceulx Fourniers & Boulengiers, & autres leurs complices, par les exquis moyens dessusdits, ou autres qui plus à plain vous seront de la partie desdicts exposans baillez en escript, par déclaracion, se mestier est. Et ceux que trouverez transgresseurs & coulpables, corrigez & punissez rigoureusement, & sans dissimulacion & déport, c'est à savoir, ceux qui par fois après & nonobstant lesdictes deffenses, auront esté ou seront par vous trouvez en faulte, par déclaracion desdictes paines, mesmement par privacion de leursdits mestiers & offices; & les autres transgresseurs & moins coulpables, d'icelle correccion, pugnicion & amende que verrez estre à faire & ou cas appartenir selon l'exigence d'iceluy; & en cas d'opposicion, reffus ou délay, lesdictes inhibicions oudict cas tenans, nonobstant appellacions quelconques, jusqu'à ce que par justice, parties ouyes, autrement en soit ordonné, faictes & administrez aux parties icelles souverainement & de plain, sans figure de jugement, bon & brief droict : car ainsy Nous plaist-il estre faict, & ausdits supplians l'avons octroyé & octroyons de grace espécial par ces présentes, nonobstant comme dessus, & quelconques Lettres subreptices impétrées ou à impétrer à ce contraires. Mandons & commandons à tous noz Justiciers, Officiers & subgiez, que à vous à & ung chascun de vous, & à vos commis & depputez, en ce fesant, obéissent & entendent dilligemment. *Donné à Bourges, le XVII octobre M. CCCCLX, & de nostre regne le XXXVIII.* Signé. *Par le Roy, à la relation du Conseil.*

DE THOUCY.

CHARLES
VII,
à Brecy
en Berry,
le 3 Novembre
1460.

(a) Lettres de Charles *VII,* par lesquelles il ordonne que les hommages pour les choses Nobles, non excédant cinquante livres de revenu annuel, soient reçus par les Prévôt de Paris, Sénechaux & Baillis ; & jusqu'à cent livres, par la Chambre des Comptes.

CHARLES, par la grace de Dieu, Roy de France, à tous ceux qui ces présentes Lettres verront. Comme dès le mois d'aoust, l'an mil quatre cens cinquante-sept, Nous, par nos autres Lettres patentes *(b)* eussions, pour le soulaigement de nos vassaulx & subjets tenans de Nous en fief, voulu & ordonné que jusques à trois ans lors prochains ensuivans, nos Sénefchaux & Baillifs, chacun en leurs mettes & jurisdictions, receussent pour Nous & en nostre nom, les hommaiges qui Nous seroient deubz pour raison des terres, seigneuries & possessions non excédans cinquante livres tournois de rente ou revenu annuel, & que en nostre Chambre des Comptes au bureau, seussent lesdits hommaiges jusques à cent livres de rente & au-dessoubz, par vertu desquelles Lettres, plusieurs d'iceulx hommaiges ont esté faits & receus comme dit est ; mais obstant qu'elles sont expirées dès le mois d'aoust dernier passé, noz amez & séaulx Gens de nosdits Comptes, & nosdits Sénefchaulx & Baillifs n'en osent plus recevoir nuls, qui est au grand préjudice de plusieurs de nosdits vassaulx & subjets, lesquels, à l'occasion d'iceulx hommaiges non faits, sont empefchez en la jouissance de leurs tenemens, & ausquels seroit griefve & sumptueuse chose venir pour ce devers Nous, mesmement à ceulx de nostre pays de *France, Normandie, Champaigne, Vermandois* & autres estans de la riviere de *Loire,* desquels pays Nous sommes souventesfois loing, & conviendroit qu'ils y dépendissent autant ou plus que ne monte la revenue de leur tenemens : savoir faisons que Nous, considérant ces choses, voulant, en tant que bonnement faire le povons, relever nosdits vassaulx & subjets de peines & despenses, pour ces causes & autres à ce Nous mouvans, & par l'advis & délibération des Gens de nostre Conseil, avons voulu & ordonné, voulons & ordonnons par ces présentes, que dorefenavant nostre Prévost de *Paris,* & nos Baillifs & Sénefchaulx ou leurs Lieutenans, puissent recepvoir tous hommaiges & sermens de féaulté à Nous deubs pour raison des terres, possessions, rentes, revenues, & autres choses nobles, assises ès mettes de leurs povoirs & jurisdictions, non excédans cinquante livres de rente ou revenue par an, encores toutesfois que Nous ne serions en personne ésdictes mettes, ou nostre amé & Chancelier ; & lesquels hommaiges Nous voulons & entendons estre receus publiquement ès prétoires & auditoires desdictes Prévostés, Sénefchauffées & Bailliages, aux heures de l'expédition des causes, & que Lettres en soient faictes autentiquement par les Clercs & Greffiers, & soubz nos seeaulx d'icelles Prévosté, Sénefchaucées & Bailliages, & non autres ; pour lesquels sceaulx sera prins de chafcun hommaige six sols parisis à nostre proufit, & non plus, dont nos Receveurs ordinaires feront recette & dépense en leurs comptes, comme de nos autres domaines ; & lesquelles Lettres, nosdits Prévost de *Paris,* Sénefchaulx & Baillifs, ou leurs Lieutenans, feront tenus d'envoyer diligemment en nostredicte Chambre des Comptes, pour y estre enregistrées & mises à la conservation de nos droits, ainsi qu'il est accoustumé. Et au

NOTES.

(a) Livre verd vieil fecond du Châtelet de *Paris, fol.* 151.
(b) Nous n'avons pu recouvrer les autres Lettres ci-mentionnées.

CHARLES
VII,
à Brecy
en Berry,
le 3 Novembre
1460.

regard des hommaiges & fermens à Nous deubs à caufe des terres, feigneuries ou autres tenemens, valans par an jufques à cent livres parifis & au
deffoubz, Nous voulons & ordonnons que, Nous ou noftredict Chancelier
abfent de noftredicte ville de *Paris*, ils puiffent eftre faits & receus en ladicte
Chambre de nos Comptes au bureau, à la perfonne du Préfident en icelle,
pour Nous & en noftre nom, ou de l'un des Maiftres de nos Comptes en fon
abfence, & que Lettres en foient faictes foubz le féel de noftredicte Chancellerie, & fignées de l'ung de nos Clercs Notaires en icelle Chambre, & non
autrement ; & lefquels hommaiges & fermens ainfi faits, Nous auctorifons,
voulons & décernons valoir comme fe faits avoient efté à noftre perfonne ;
pourveu que ceulx qui les feront, feront tenus de bailler leurs dénombremens
& adveus par efcript, dedans temps deub, & de faire & payer préalablement
les devoirs & droits deubs à caufe defdits tenemens. Si donnons en mandement
à nofdictes Gens des Comptes, Prévoft de *Paris*, Sénefchaulx & Baillifs, &
à leurfdits Lieutenans, & à chacun d'eulx, fi comme à lui appartiendra, que
noftre préfente Ordonnance ils faffent publier & enregiftrer duement en
leurfdictes jurifdictions & prétoires, & felon le contenu d'icelles reçoivent
lefdits hommaiges & fermens pour & de par Nous: car ainfy Nous plaift-il
eftre fait. En tefmoing de ce, Nous avons fait mettre noftre féel à cefdictes
préfentes, au *vidimus* defquelles fait foubz féel royal, Nous voulons plaine foi
eftre adjouftée comme à ce préfent original. *Donné à Brecy en Berry, le iij.ᵉ
jour de novembre, l'an de grace mil CCCC LX, & de noftre regne le XXXIX.ᵉ*
Ainfy figné au repli defdictes Lettres. *Par le Roy. M.ᵉ* Eftienne Chevalier
préfent. DELALOERE.

Au dos defquelles Lettres eftoit écrit ce qui s'enfuit : *Lecta & publicata
ad Burellum in Camerâ Compotorum domini noftri Regis,* Parifiis, *& ibidem
libro Memorialium fignato L, fol. VII^xx XIII, regiftrata quindecimâ die novembris,
anno Domini mil CCCC LX.* Ainfi figné. *BADOULIER.*

Leues & publiées en jugement, en l'Auditoire civil du Chaftelet de *Paris*,
en la préfence des Procureur & Advocats du Roy audit Chaftelet, M.ᵉ *Jehan
de Longueil,* Lieutenant civil de ladicte Prévofté, tenant le fiége ; & ce fait,
enregiftrées ès regiftres eftans en la Chambre civile dudit Chaftelet, le lundi 17.ᵉ
jour de novembre, l'an 1460. *Ainfi figné.* PHON.
Collation faite à l'original.

---

*(a) Lettres de Charles VII, par lefquelles il enjoint aux Généraux-
Confeillers par lui ordonnés fur le fait de la juftice des Aides à Paris,
de condamner aux dépens des procès, les Fermiers des Aides, quand
à tort ils en auront fait contre les Maîtres, Régens, Écoliers &.
Suppôts de l'Univerfité de Paris.*

CHARLES, par la grace de Dieu, Roy de France, à noz amez &
féaulx les Généraulx-Confeillers par Nous ordonnez fur le fait de la juftice
des Aides à *Paris:* falut & dilection. De la partie de nos bien amez les Maiftres,

NOTE.

(a) MS. de la Bibliothèque de M.ʳˢ les
Avocats, n.°ˢ 364 & 365, *fol.* 182, *r.*ᵉ
Recueil des priviléges de l'Univerfité de
Paris, accordés par les Rois, depuis fa

fondation jufqu'à *Louis* XIV, *fol.* 99.
M. *Chrétien,* Confeiller en la Cour des
Aides, nous a communiqué une copie de
ces Lettres. Voyez note *(a)*, page 331.

Régens,

Régens, Efcoliers & Suppoftz de noftre très-chière & très-amée fille l'Univerfité de *Paris*, Nous a efté humblement expofé[*] que plufieurs Fermiers de
nofditz aides en noftre ville de *Paris*, travaillent fouvent par procès par-devant
vous[b], lefditz Maiftres, Régens, Efcoliers & Suppoftz de ladicte Univerfité,
ou aucun d'eulx, à tort & contre raifon, touchant lefditz aides ordonnez
pour la guerre, jafoit ce que par privilleiges octroyez à noftredicte fille par noz
prédécelfeurs Roys de France, & par Nous confirmez, ilz en foient & doient
eftre francs, quictes & exemps. Et combien que èfditz procès, lefditz Suppofts
d'icelle noftre fille ou aucun d'eulx obtiengnent arreft ou jugement à leur
prouffit à l'encontre defditz Fermiers, néantmoins vous faites difficulté de
condamner iceulx Fermiers ès defpens de la caufe, foubz couleur de ce que
lefditz Fermiers veulent dire & alléguer que la pourfuite qu'ilz font par-devant
vous à l'encontre defditz Suppoftz d'icelle noftre fille, eft pour noftre fait, &
pour faire venir nos deniers ens[c] ; qui eft ou très-grant grief, préjudice & dommaige defditz Maiftres, Régens, Efcoliers & Suppotz de ladicte Univerfité,
& plus pourroit eftre fe par Nous ne leur eftoit fur ce pourveu de noftre
gracieux & convenable remède, ainfi qu'ilz Nous ont fait dire & remonftrer,
en Nous humblement requérant iceluy. Pour quoy Nous, ces chofes confidérées, qui ne voulons noz fubgietz, & mefmement les Suppoftz de noftredicte fille, eftre indeuement travaillez, & bonne réparacion eftre faicte par
juftice contre ceulx qui feront le contraire, vous mandons & expreffément
enjoingnons par ces préfentes, que dorefenavant, quant aucun des Fermiers
de nofditz aides, travaillera par procès par-devant vous, aucuns des Suppotz de
noftredicte fille l'Univerfité de *Paris*, à tort & contre raifon, vous iceluy Fermier
ou Fermiers condamnez envers ledit Suppoft ainfi travaillé, ès defpens dudit
procès, tels que de raifon, & tellement que noftredicte fille n'ait plus caufe
de retourner plaintif par-devers Nous ; car ainfi Nous plaift-il eftre fait, nonobftant ufaige, ftile, & quelzconques Lettres à ce contraires. *Donné à Bourges,
le XXIII.ᵉ jour de novembre, l'an de grace mil CCCC foixante, & de noftre regne
le XXXIX.ᵉ*

Par le Roy en fon Confeil. DANIEL.

CHARLES
VII,
à Bourges,
le 23 Novemb.
1460.
[*] Supplié.
[b] Nous.

[c] Céans. (L'ex-
preffion ordinaire
eft *ens*, c'eft-à-dire
dans les coffres
du Roi.)

(a) *Lettres de Charles VII, par lefquelles il confirme l'exemption
de tailles & autres impôts, accordée non-feulement à la ville, mais aux
paroiffe & faubourgs de Saint-Léonard.*

CHARLES
VII,
à Bourges,
le 24 Novemb.
1460.

CHARLES, par la grace de Dieu, Roy de France, au Sénefchal de
Limofin & Juge de *Sainct-Liénart*, & aux Efleuz fur le faict de nos aides
oudict pays de *Lymofin*, ou à leurs Lieuxtenans ou Commis, falut. L'humble
fupplication de nos bien amez les Confuls & autres manans & habitans de la ville
& paroiffe dudict *Sainct-Liénart*, avons reçue, contenant que pour la grand &
fingulière dévocion que avions & avons encore de préfent au glorieux corps fainct
dudict *S.ᵉ Liénart* noftre parent, & pour autres juftes & raifonnables caufes,
environ l'an mil quatre cens vingt-deux *(b)*, donnafmes & octroyafmes aufdicts
Confulz, manans & habitans de ladicte ville & faulxbourgs & paroiffe, à perpétuité, franchife & liberté, privilége & exempcion de non payer quelzconques

NOTES.

(a) Tréfor des Chartes, regiftre IX.ˣˣX [190] pièce 192. — *Mff. de Colbert*,
vol. LV, page 278.

(b) Nous n'avons point trouvé ces Lettres.

aïdes, tailles, fubfides & autres tributs mis & à mettre dorefenavant en quelque
manière, comme appert par nos Lettres dudict don & octroy, fur ce par Nous
à eulx baillées; depuis lefquels don & octroy, lefdicts Confuls, manans &
habitans de ladicte ville & faulxbourgs & paroiffe d'icelle, tous enfemble unis,
ont jouy & ufé plainement & paifiblement de ladicte franchife & exempcion,
comme ils dient, & fans nul contredict, & encores jouiffent de préfent; & pour
ce que ledict don & octroy ne faict mencion nommément defdiz faulxbourgs
& paroiffe, finon de ladicte ville, avec fes appartenances & deppendances,
vous ou les commis de vous Efleuz audict pays de *Limofin* & à *Limoges*, fe
font efforcez de faire contribuer & tailler les manans & habitans èfdicts faulxbourgs & paroiffe de *Sainct-Liénart* hors les murs de ladicte ville, avecques
les autres non privilégiez, qui feroit directement venir contre nos vouloir
& entencion, & la teneur defdicts privilèges, franchife & exempcion mefmement: car paravant, ceux de ladicte ville, faulxbourgs & paroiffe eftoient uniz
& contribuoient enfemble èfdicts fubfides; & pour ce Nous ont, les deffufdicts, humblement fupplié & requis que, attendu ce que dict eft, & que depuis
lefdicts don & octroy de par Nous faiz aufdicts fuppliants, defdicts privilèges,
franchifes & exempcion, ils en ont toujours jouy & ufé, comme encores font
de préfent; & que fe lefdicts habitans defdiz faulxbourgs & paroiffe eftoient
contraincts à contribuer avec les autres non-privilégiez, ce feroit en effect les
priver & débouter de leurdicts privilèges qui leur ont par Nous efté donnez pour
juftes & raifonnables caufes, ainfy qu'il appert par la teneur d'iceux privilèges:
il Nous plaife fur ce leur pourvoir de nos grace & remède convenable.
Pour quoy Nous, ces chofes confidérées, vous mandons & commettons par
ces préfentes, & à chafcun de vous, fi comme à luy appartiendra & qui requis
en fera, que s'il vous eft apparu ou appert de ce que dict eft, & mefmement
defdicts privilèges par Nous donnez & octroyez aufdicts Confuls, manans
& habitans de ladicte ville, faulxbourgs & paroiffe d'icelle, par lefquels les
ayons affranchy & exemptez defdictes tailles, aydes & fubfides, & mefmement ladicte ville & fes appartenances, defquelles appartenances foient iceulx
faulxbourgs & paroiffe; & que au temps & paravant lefdiz privilèges, don &
octroy, ils feuffent uniz enfemble en la contribucion defdictes tailles, aydes
& fubfides; & que depuis iceulx don & octroy & privilèges par Nous à eulx
octroyez, lefdicts Confuls, manans & habitans defdictes ville, faulxbourgs &
paroiffe dudict *Sainct-Liénart*, ayent jouy & ufé defdictes franchifes & exempcion, & jouiffent encores de préfent: vous, en ce cas, iceulx Confuls, manans
& habitans de ladicte ville, faulxbourgs & paroiffe dudict *Sainct-Liénart*, faictes,
permettez & fouffrez & laiffez jouir & ufer plainement & paifiblement defdictes
franchifes & exempcion contenues èfdicts privilèges par Nous donnez &
octroyez comme dict eft, fans fur ce leur faire, mettre ou donner, ne fouffrir
eftre fait, mis ou donné, ores ne pour le temps à venir, aucun deftourbier
ou empefchement; & auffi fans les contraindre ne fouffrir eftre contraincts à
contribuer avecques les autres non-privilégiez, à nos tailles, aydes, fubfides
& fubvencions; ne pour ce les vexer, travailler ou molefter, ne fouffrir eftre
vexez, travaillez ou moleftez en corps ne en biens, en aucune manière, mais
fe leur corps ou aucuns de leurs biens font ou eftoient pour ce prins, faifiz,
arreftez ou empefchez, mettez-les leur ou faictes mettre incontinant & fans
délay à plaine délivrance; car ainfy Nous plaift-il eftre faict, nonobftant quelconques Lettres fubreptices impétrées à ce contraires. *Donné à Bourges,
le XXIIII.* jour de novembre, l'an de grace mil quatre cens foixante, & de noftre
règne le XXXIX.* Ainfi figné. Par le Roy, à la relacion du Confeil. *DASNIERES.

(a) *Lettres de Charles VII, par lesquelles il nomme Conservateur des priviléges de l'Université de Paris, touchant les Aides, le Président en la Chambre de ses Généraux-Conseillers sur le fait des Aides, ou celui qui présidera en sa place.*

CHARLES, par la grace de Dieu, Roy de France, sçavoir faisons à tous présens & à venir, que comme par nos prédécesseurs Rois de France, ayent esté octroyez certains priviléges aux Maistres, Régens, Escoliers & Suppots de nostre très-chière & amée fille l'*Université* de *Paris,* touchant les Aydes ordonnées pour la guerre en nostre Royaume, lesquels priviléges ayent depuis esté par Nous confermez; & soit ainsy que en la justice desdictes Aydes, lesdicts Maistres, Régens, Escoliers & Suppots de nostredicte ville, n'ayent aucun Gardien ou Conservateur desdicts priviléges, Nous, voulans iceulx priviléges estre inviolablement entretenus & gardez selon leur forme & teneur, ausdicts Maistres, Régens, Escoliers & Suppots de nostredicte fille, avons, par l'advis & déliberacion des Gens de nostre Conseil, de grace espécial, plaine puissance & authorité royal, commis, député & ordonné, commettons, députons & ordonnons par ces présentes, Gardien & Conservateur desdicts priviléges à eulx octroyez par nos prédécesseurs, & par Nous confermez, touchant lesdictes Aides ordonnez pour la guerre, le Président de la Chambre de nos Généraux-Conseillers sur le fait de la justice desdictes Aydes en nostredicte ville de *Paris,* qui à présent est, & ceux qui ou temps à venir seront Présidens en ladicte Chambre, & en l'absence dudict Président, celuy de nosdicts Conseillers en ladicte Chambre, qui présidera pour & au lieu de luy, tant & si longuement que lesdictes Aydes auront cours en nostredict Royaume : lequel Président & ses successeurs seront tenus de faire une fois serement au Recteur & à ladicte *Université,* tel que le *Prévost* de *Paris,* Conservateur des autres priviléges de nostredicte fille, a accoustumé de faire. Si donnons en mandement au Président de ladicte Chambre desdictes Aides à *Paris,* qui à présent est, & à ceux qui y seront ou temps à venir, durant le tems que lesdictes Aides auront cours, & au premier des Conseillers en ladicte Chambre, qui en l'absence dudict Président qui à présent est, & autres à venir, présidera pour & au lieu de luy, en commettant par cesdictes présentes, qu'il face lesdicts Maistres, Régens, Escolliers & Suppots de nostredicte fille, jouir & user plainement & paisiblement, en contraignant tous ceux qui aucune chose vouldront faire au contraire, à le réparer par toutes voyes deues & raisonnables; car ainsy Nous plaist-il & voulons estre faict. Et afin que ce soit ferme chose & estable à tous-jours, Nous avons faict mettre nostre séel à ces présentes; sauf en autres choses nostre droict, & l'autruy en toutes. *Donné à Bourges, ou mois de novembre, l'an de grace* M. CCCC LX, *& de nostre regne le* XXXIX. Ainsi signé. *Par le Roy, à la relacion du Conseil.* DANIEL. *Visa.*

NOTE.

(a) Trésor des Chartes, registre IX**X, [190], pièce 189. — *MSS.* de *Colbert,* vol. LV, page 275. — Bibliothèque des Avocats, n.° 364 & 365, *fol.* 31, *r.'* — Recueil des priviléges de l'Université, *fol.* 98.

CHARLES
VII,
à Bourges,
le 10 Décemb.
1460.

(a) Mandement de Charles VII, qui ordonne de porter au Changeur du Tréfor, les deniers des boîtes des Monnoies, pour être employés au payement des gages des Généraux-Maîtres des Monnoies & de leurs Clercs, & des autres charges dudit Tréfor.

CHARLES, par la grace de Dieu, Roy de France, à noz amez & féaulx Gens de noz Comptes & Tréforiers, falut & dillection. Savoir vous faifons, que pour certaines caufes à ce Nous mouvans, Nous avons voulu & ordonné, voulons & ordonnons par ces préfentes, que tous les deniers des boëftes de noz Monnoyes, après ce que icelles boëftes auront efté apportées en la Chambre de noz amez & féaulx les Généraulx-Maiftres de noz Monnoyes, & par eulx jugées en la manière accoutumée, ilz foient baillez & délivrez dorefénavant au Changeur de noftre Tréfor, pour en tenir le compte; lefquelz deniers ainfi receuz, Nous voulons eftre convertiz & employez par ledit Changeur, tant ou payement des gaiges defditz Généraux-Maiftres de nofdictes Monnoyes & de leur Clerc, avant toutes autres charges, en prenant par ledit Changeur, pour fon acquiêt, les cédulles de *debentur* telles que nofdits Généraulx ont accouftumé lever de noftredit Tréfor pour leurfditz gaiges & quictances d'iceulx Généraulx-Maiftres tant feulement, ainfi qu'il a accouftumé eftre fait d'ancienneté, que ès charges de noftredit Tréfor & autres noz affaires. Si vous mandons & expreffément enjoignons que noz préfens voulenté & Ordonnance vous mectez à exécucion dûe, en faifant bailler & livrer audit Changeur tous les deniers defdictes boëftes, après qu'elles auront efté jugées par lefditz Généraux-Maiftres de nofdictes Monnoyes, comme dit eft, fans en ce faire aucune faulte. Mandons en oultre aufdits Généraulx-Maiftres de nofdictes Monnoyes, & à tous noz autres Jufticiers & Officiers, que à vous, en ce faifant, obéiffent & entendent diligemment. *Donné à Bourges, le dixiefme jour de décembre, l'an de grace mil IIII.ᶜ foixante, & de noftre regne le XXXIX.ᵉ* Ainfi figné. *Par le Roy.* K. CHALIGAUT.

N O T E.

(*a*) Regiftre de la Cour des Monnoies coté *F. fol.* 82, r.ᵒ

CHARLES
VII,
à Bourges,
le 19 Décemb.
1460.

(a) Lettres de Charles VII, qui enjoignent aux habitans des Bailliage & banlieue du Grand-fief d'Aunis & de la Châtellenie de la Rochelle, de faire guet & garde en la ville de la Rochelle.

CHARLES, par la grace de Dieu, Roy de France, à tous ceux qui ces préfentes Lettres verront, falut. L'humble fupplicacion de nos bien amez les Maire, Efchevins, Confeillers & Pairs de noftre ville de la *Rochelle* avons reçeue, contenant que ladicte ville, qui eft une des bonnes villes & principalles clefs de noftre Royaume, & fcituée & affife fur la mer, & en frontière en laquelle nos anciens ennemis & adverfaires les Angloispeuvent chafcun jour & en toutes façons faire defcentes, à laquelle caufe, & pour obvier aux dangiers & inconvéniens qui en pourroient avenir à Nous & à la chofe

N O T E.

(*a*) Tréfor des Chartes, Regiftre IXˣˣX [190], pièce 209. — *MSS. de Colbert,* volume LV, page 306.

publicque de noftre Royaume, eft befoing & grand néceffité de faire en icelle guet & garde nuiĉt & jour, ainfy que en tel cas appartient; à quoy les habitants de ladiĉte ville ne peuvent bonnement fournir, obftant ce que ladiĉte ville eft de grand circuit, & la grand dépopulacion d'icelle; & combien que felon raifon & bonne équité, & les Ordonnances royaux derrenièrement faiĉtes fur le faiĉt des guetz de noftrediĉt Royaume, les manans & habitans des bailliage & banlieue du grand-fief d'*Aulnis*, & chaftellenie de ladiĉte ville de la *Rochelle*, qui ont en icelle leur principal retraiĉt & reffuge en cas d'éminent péril, foient & doivent eftre tenus de faire guet & garde en ladiĉte ville de la *Rochelle* chafcun en fon tour, en enfuivant & felon nofdiĉtes Ordonnances, mefmement ceux qui ne font guet & garde autre part, néantmoins iceux manans & habitans defdiĉtes banlieue & bailliage dudiĉt grand-fief d'*Aulnis* & chaftellenie de la *Rochelle*, ont différé & encore différent chafcun jour, faire lefdiĉtz guet & garde en ladiĉte ville de la *Rochelle*, au moyen de quoy convient aufdiĉts fupplians, comme diĉt eft, fouftenir & avoir toute la charge defdiĉtz guet & garde en icelle ville, qui leur eft charge infuportable. Et par ce, Nous ont humblement faiĉt fupplier & requérir que, attendu ce que diĉt eft & que ce touche fort le bien de la chofe publique de noftrediĉt Royaume, parquoy eft bien befoing d'y faire pourveoir à ce que aucun inconvénient n'en adviegne; & qu'il eft bien convenable que lefdiĉts habitans defdiĉts Bailliage du grand fief d'*Aulnis*, banlieue & chaftellenie de la *Rochelle*, qui ont leur principal retraiĉt & reffuge en ladiĉte ville en cas d'éminent péril, facent guet & garde en icelle, mefmement au regard de ceulx qui ne le font ailleurs, il Nous plaife leur pourveoir fur ce convenablement. Sçavoir faifons, que Nous, ces chofes confidérées, & mefmement la fituacion d'icelle noftre ville qui eft nuement à Nous, voulans pourveoir à la feureté d'icelle, & obvier aux inconvéniens qui par faulte de garde s'en pourroient enfuir, & eu fur ce l'advis & délibéracion des Gens de noftre Grand-Confeil, avons ordonné & ordonnons par ces préfentes, que les habitans dudiĉt grand fief & ceux de la banlieue & chaftellenie de ladiĉte ville qui ne font tenus faire guet ailleurs, & qui d'ancienneté le faifoient en ladiĉte ville & ou chaftel d'icelle quand il eftoit en eftat, & qui ont leur principal reffuge & retraiĉt en ladiĉte ville en cas d'éminent péril, feront & feront dorefenavant tenus de faire lediĉt guet en noftrediĉte ville de la *Rochelle*, ainfy & par la forme & manière que font & ont accouftumé de faire ceux de noftrediĉte ville de la *Rochelle*, & ad ce feront contrainĉts felon les Ordonnances royaulx par Nous faiĉtes fur le faiĉt des guets de noftre Royaume, par celuy ou ceux qui ont accouftumé de faire les contrainĉtes touchant guet & garde de ceux de ladiĉte ville. Si donnons en mandement par cefdiĉtes préfentes, au Gouverneur dudiĉt lieu de la *Rochelle* ou à fon Lieutenant, que de noftre préfente grace & Ordonnance il face lefdiz fupplians jouir & ufer plainement & paifiblement, & à ce faire & fouffrir, contraigne ou face contraindre tous ceux qu'il appartiendra, par toutes voyes & manières dcues & raifonnables, & tout felon lefdiĉtes Ordonnances royaux; car ainfy Nous plaift-il eftre faiĉt, & aufdiz fupplians l'avons oĉtroyé & oĉtroyons de grace efpécial par cefdiĉtes préfentes. En tefmoing de ce, Nous avons faiĉt mettre noftre féel à cefdiĉtes préfentes. *Donné à Bourges, le xix.ᵉ jour du mois de décembre, l'an de grace mil quatre cens foixante, & de noftre règne le xxxix.ᵉ* Ainfi figné. *Par le Roy en fon Confeil.* DELALOERE.

CHARLES VII, à Bourges, le 19 Décemb. 1460.

(a) Lettres de Charles VII, *fur l'autorité & juridiction de la Chambre des Comptes, laquelle eft déclarée n'être fujette à aucun appel au Parlement ou ailleurs.*

CHARLES, par la grace de Dieu, Roy de France. Sçavoir faifons à tous préfens & à venir, que comme d'ancienneté, pour le bien, prouffict & utilité de Nous & de la confervacion de noz droiz, de la Couronne & de la chofe publique de noftre Royaume, il ait efté par nos prédéceffeurs Roys de France, ordonné, accouftumé & gardé, que en la Chambre de noz Comptes à *Paris* foient & doyent eftre veuz & examinez tous les comptes & eftatz de tous les Tréforiers, Vicontes, Receveurs, & autres gens qui fe font entremis de receptes de noz deniers & finances tant ordinaires qu'extraordinaires, afin de garder nos domaines & finances, & que aucune chofe ne foit efdits comptes mis ne employé, ou délaiffé à mettre, au dommaige ou préjudice de Nous & diminution de noftre domaine ; auffy pour obvier que l'en n'y mette ou employe aucunes Lettres fubreptices ou non raifonnables, pour dons ou pour autres caufes qui ne foient juftes & véritables ; & en noftredicte Chambre des Comptes doyent eftre difcutez, déterminez, clos & affinez les comptes des receptes & mifes faictes par lefdits Tréforiers, Vicontes & autres Receveurs ; & iceulx Tréforiers, Vicontes, Receveurs, leurs héritiers, ayans caufe & détenteurs de leurs biens, eftre contrainctz par auctorité de noz amez & féaulx Gens de nofdits Comptes, à rendre & payer ce qu'ilz font trouvez devoir par lefdits comptes, tant pour la defpence de noftre Hoftel, comme pour les fiefz, aumofnes, gaiges d'Officiers & autres chofes raifonnables à eulx paffées & allouées en compte ; & avecques ce, ayt efté ordonné, accouftumé & gardé en noftredite Chambre, que à nofdits Gens des Comptes appartient toute congnoif-fance de caufe, quant aucuns font reffus ou délay de obtempérer aux Lettres de dons, rémiffions ou quittances, reffuz, refpitz ou délaiz de Nous faire devoirs de foyz, hommaiges & féaultez, bailler adveuz ou dénombremens, de mettre par Gens d'églife hors de leurs mains, rentes & poffeffions non admorties, de non payer finance de reliefz, rachaptz, quintz deniers, de gardes de mineurs, & autres dons ou aliénations d'aucuns nos domaines, en deniers, foit à tousjours, à vie ou à temps ; & auffy en matière de réunir à noftredit domaine aucunes chofes qui en auroient efté diftraites, & qui par révocation de noz prédéceffeurs ou de Nous, feroient révocquées & y devroient eftre réunies ; de bailler ou faire bailler à noftre prouffict aucunes parties de noz domaines non convenables à tenir en noftre main, à rente à tousjours-mais, à vie ou à temps, felon ce que bon femble à nofdits Gens des Comptes ; de graces ou licences de non réfider fur Offices à gaiges ; en accroiffance de gaiges ou penfions, en chargeant noftredit domaine, ou diminuant les finances fifcales & royaulx en faict de dons & conceffions faitz par noz prédéceffeurs ou par Nous ou par les Gens de ladite Chambre, de noftre auctorité, des Offices d'icelle Chambre & auffy des Vicontes & Receveurs de noftredict domaine ; de iceulx Officiers muer ou changer de lieu en aultre, ou defapoincter fimplement quand ilz veoient eftre à faire felon l'exigence des cas ; & avecques

NOTE.

(a) Regiftre blanc, *fol.* 18.—Mémorial *L* de la Chambre des Comptes de *Paris*, *fol.* 203. Ces Lettres ont été imprimées en 1726 à l'Imprimerie royale ; nous les avons tranfcrites telles qu'elles fe trouvent dans un Regiftre de la Chambre des Comptes de *Paris*, qui eft confervé dans le Muféum Britannique à *Londres*, parmi les manufcrits de la Bibliothèque Harléïenne, fous le n.° 4472.

ce, de refufer ou obtempérer à Lettres de admortiffemeuts, annobliffemens, bourgeoifies, manumiffions, légitimacions, & généralement de tout ce que l'en a accouftumé de dire en noftre Royaume, non vallable, s'il n'eft paffé & expédié par ladite Chambre de noz Comptes ; & auffy en toutes injures dictes ou faictes en ladicte Chambre, en jugement ou dehors, à aucuns des Gens ou Officiers en icelle, mefmement en faifant & exerçant leurs Offices : fans ce que aucuns ayent efté ou doivent eftre receuz à appeller des appoinctemens, commiffions, jugemens, fentences ou arreftz faicts & donnez ès caz deffufdits ou femblables par nofdits Gens des Comptes. Et foit cette Ordonnance ou obfervance fondée fur grande raifon & bonne juftice ; car s'il eftoit fouffert que l'en appellaft de nofdits Gens des Comptes & de leurs appoinctemens, arreftz ou fentences, l'en ne pourroit avoir payement de ceulx qui ont receu & manié noz finances, ou leurs héritiers, ayans caufe, ou détenteurs de leurs biens, qui moult fouvent & communément, par malice ou aultrement, pour délayer & empefcher noftre payement, fe vouldroient efforcer de appeller de nofdits Gens des Comptes, & par ce ne pourroit eftre payée noftre defpence, les gaiges de noz Officiers, ne les fiefz & aumofnes deuz fur noz receptes ; & auffy noz euvres, édifices & autres affaires en pourroient eftre empefchez & retardez, en la très-grant diminucion de noftredit domaine en plufieurs & maintes manières ; & s'enfuivroyent irréparables inconvéniens à Nous & à noftredit domaine, s'il eftoit permis de appeller de nofdits Gens des Comptes, en matières de reffuz ou délaiz de obtempérer à aucunes Lettres de dons ou alliénations de noftredit domaine, ou en aucun des cas deffus déclarez, ou leurs femblables en effect & fubftance ; & avec ce, nofdits Gens des Comptes en délaifferoient fouvent l'exercice de leurfdits Offices, pour aller en noftre Parlement & ailleurs pour la pourfuite de ces appellations ; & conviendroit que l'en portaft & exhibaft oudit Parlement & ailleurs les livres, regiftres, comptes & efcriptz de noz domaines & finances, qui ont accouftumé d'eftre gardez fi fecrettement ou temps paffé, que quant noz prédéceffeurs Roys de France les vouloient veoir pour aucunes néceffitez, nofdits prédéceffeurs ou les aucuns d'eulx, les alloient veoir en leurs perfonnes en ladite Chambre, pour obvier aux dommaiges & inconvéniens qui fe pouvoient enfuir de la révélation & portation foraine d'iceulx efcriptz. Et de nouvel, fi comme Nous avons entendu, aucuns Receveurs & autres, voulans par voyes obliques réfifter ou déroguer à ladite Ordonnance ou obfervance fondée fur très-bonne caufe & intention, & pour icelle enfreindre & vouloir adnuller, fe foient efforcez de interjetter appellations en noftre Court de Parlement, de clofture defdits comptes & d'autres appoinctemens faicts par nofdits Gens des Comptes, laquelle chofe eft en noftre très-grant préjudice & dommaige : Nous, ces chofes bien confidérées, qui font de très-mauvais exemple, & pourroient tourner à très-grant inconvénient & mauvaife conféquence ou préjudice & dommaige de Nous & de toute la chofe publique, & en très-grant diminution des droiz & domaines de noftre Couronne & Royaume, fi remédié n'y eftoit, & pour plufieurs autres juftes caufes & confidérations qui Nous meuvent & grandement doivent mouvoir en cette partie, voulans pourveoir aux chofes deffufdites, & obvier à telles entreprinfes & voyes exquifes ; avons déclairé & déclairons nofdits Gens des Comptes, en l'exercice des faitz, appoinctemens, jugemens, fentences & arreftz de noftredite Chambre des Comptes, & ès deppendances, eftre à Nous fubgectz fans moyen, & fans reffort aucun en noftredit Parlement ne ailleurs, & que noftre volenté & intention eft que nofdits Gens des Comptes avec l'audicion, examinacion, difcution, clofture & affinement de tous les comptes des receptes & defpenfes faictes & à faire de noz deniers & finances, tant ordinaires que extraordinaires, puiffent fur lefdits comptes & les parties fingulières contenues & déclairées en iceulx, & autres noz befongnes & affaires de ladite

Chambre, mefmement en ce qui touche & regarde les cas deffus exprimez & contenuz, & les femblables en effect & fubftance, donner appoinctemens, fentences, jugemens, arreftz & exécutoires, telz & telles qu'ilz verront efttre à faire felon raifon & les ufaiges, ftilles & ftatutz de ladite Chambre, fans ce qu'il loife à aucun d'en appeller ne venir à l'encontre par voye ou remede d'appellation; & fe aucuns en ont appellé ou appelloient dorefenavant, Nous dès-maintenant irritons, adnullons & mettons à néant lefdites appellacions faictes ou à faire, & ne voulons que à icelles pourfuir aucuns foient receuz ne oyz en noftre Chancellerie, en noftredit Parlement, ne ailleurs; & le deffendons très-expreffément à noftre amé & féal Chancellier, noz amez & féaulx Gens de noftredit Parlement, & à tous noz autres Jufticiers & Officiers, fur le ferement qu'ilz & chacuns d'eulx ont à Nous. Mandons auffy à nofdits Gens des Comptes, au *Prévoft de Paris*, & à tous nofdits autres Jufticiers, Officiers & Commiffaires préfens & advenir, ou à leurs Lieuxtenans, & à chacun d'eulx fi comme à luy appartendra, que aux appellations faites ou à faire de nofdits Gens des Comptes, ne à aucunes d'icelles, ilz ne defferent ne obéiffent, ne pour icelles ne délayent en retardant aucunement l'exécution & effect des appoinctemens, fentences, jugemens & arreftz de nofdits Gens des Comptes, en tout ne en partie, pour quelfconques Lettres impétrées ou à impétrer de Nous, de noftre Chancelier, de noftredit Parlement ne d'ailleurs, foubz quelconque forme de paroles à ce contraires. Ainçois voulons & ordonnons, fi comme par aucuns de noz prédéceffeurs a piéça efté ordonné & gardé, & qu'il eft de temps ancien enregiftré en noftredite Chambre des Comptes & ou Tréfor de noz Chartres, que ou cas que aucun fe plaindroit devers Nous d'aucuns griefz ou d'aucunes fentences qui auroient efté données contre luy en ladite Chambre, que on ne donne commiffions, ne ne faffe-l'en autres Commiffaires que de ladite Chambre; mais voulons & Nous plaift que on preigne deux ou trois ou quatre perfonnes de noftredit Parlement, faiges & fouffifans, ou plus fe meftier eft, felon que les cas le requerront, qui avec les Gens de noftredite Chambre des Comptes foient, touteffois que meftier fera; & fe on y treuve aucune chofe à corriger ou amender, qu'il foit fait en leur préfence, pour efchever le mal qui s'en pourroit enfuir, qui autrement le feroit. Mandons auffy & deffendons très-expreffément à noftredit Chancellier, qu'il ne paffe ne féelle commiffion ne adjournemens aucuns, pour complaincte que aucuns faffent de fentences ou griefz qu'ilz voudroient maintenir contre eulx avoir efté faitz ou donnez en noftredite Chambre des Comptes, par les Gens tenans le fiége en noftredite Chambre, & ne donne fur ce autres Commiffaires que d'icelle Chambre contre la teneur defdites Ordonnances; mais s'aucuns s'eftoient efforcez ou efforçoient ou temps advenir de faire ou impétrer le contraire, le remette noftredit Chancelier ou face remettre fanz aucun délay au premier eftat & deu, en renvoyant tout en noftredite Chambre & non ailleurs, pour en congnoiftre & ordonner felon ce qu'il appartendra de raifon, lefdites Ordonnances gardées. Et afin que ce foit chofe ferme & eftable à tousjours, Nous avons faict mettre noftre féel à ces préfentes, fauf en autres chofes noftre droit, & l'autruy en toutes. *Donné à Bourges, ou mois de décembre, l'an de grace mil quatre cens foixante.* Ainfi figné. *Par le Roy.* CHALIGAULT.

Collation eft faite. *Signé LE MAISTRE,* avec paraphe.

(a) Lettres de Charles VII, par lesquelles il confirme le Règlement proposé par les habitans de Vernon, au sujet de la vente des blés, vins & autres denrées, amenés en leur ville pour y être vendus.

CHARLES, par la grace de Dieu, Roy de France, à tous ceux qui ces préſentes Lettres verront, ſalut. Receu avons l'humble ſupplicacion de noz bien amez les gens d'égliſe, bourgeois, marchands & habitans de noſtre ville de *Vernon*, contenant que pour mettre règle, ordre & police* ladicte ville, au faict de la marchandiſe des vins, bleds & autres denrées vendues ou amenées pour vendre en icelle, & éviter aux abus & fraudes qui y eſtoient ou pourroient eſtre faictes, à la grande charge du povre peuple, certaines Ordonnances ayent puis n'agaires eſté ſur ce faictes, du conſentement & à la requeſte & pourchas deſdicts ſuplians, par noſtre *Bailly* de *Giſors* ou ſon Lieutenant, appellez à ce noz Advocats, Procureur & autres nos Officiers, deſquelles la teneur s'enſuit.

• Sic.

À tous ceux qui ces préſentes Lettres verront ou orront, *Henry Hellebont,* Lieutenant général de noble homme Meſſire *Jean de Briſſay,* Chevalier, ſeigneur de la *Thuardiere* & de *Combonaing*, Conſeiller & Chambellan du Roy noſtre Sire, & ſon *Bailly* de *Giſors* & des anciens reſſorts dudit Bailliage, ſalut. Comme à l'office de mondit ſeigneur le *Bailly*, competent & appartiennent pourveoir au faict de la place, eſtat & gouvernement de ſondict Bailliage, & en ce, mettre régime, proviſion & ordonnance pour le bien de la choſe publique, toutes & quantes fois que meſtier eſt & qu'il en eſt requis; & il ſoit ainſy que puis n'agaires pluſieurs gens d'égliſe, nobles, bourgeois, marchans & autres demourans, ᵇpaſſans par cette ville de *Vernon* & vallée d'environ, ayent eſté plaintifs de pluſieurs fraudes & abus que l'en faiſoit de jour en jour en ladicte ville, tant en achat de grains comme de pluſieurs autres denrées vendues & diſtribuées en ladicte ville, en la grand charge, deſtruccion & dépopulation de ladicte ville & pays, & contre & ou préjudice de la choſe publique, en nous requérant leſdictes faultes & abus eſtre oſtez; & afin que nul n'en puiſſe prétendre cauſe d'ignorance, leur eſtre ſur ce faict ordonnance de juſtice, & en ce mettre règle & gouvernement pour le temps à venir: pour quoy, par la délibéracion des Vicomtes, Advocats & Procureurs du Roy noſtredict Sire, & autres Conſeillers eſtans en ladicte ville, a eſté adviſé pourveoir à ce, & faire ordonnance & articles ainſy que cy-après ſera déclaré.

ᵇ Sic.

(1) Et premierement. Que tous marchands & marchandes apportans denrées à jour de marchié, pour vendre en ladicte ville de *Vernon,* les ſeront tenus porter à la place ou places où leſdiz marchiez ſe tiennent & ſont tenus pour ledict jour; & deffens tenans à tous, que nul ne vende hors deſdiz lieux, ne ſemblablement que nul ne ſe ingere de les achapter hors iceux lieux; ſur peine, à ceux qui ſeront trouvez en ce défaillans, de douze deniers pariſis d'amende pour la premiere fois, & pour la deuxieſme fois deux ſols, & la troiſieſme, de priſon, avec ladicte amende à appliquer moitié au Roy, & moitié au dénonciateur.

(2) Item. Que nul ne nulle ne voiſe contre leſdicts marchands ou marchandes, à iceulx jours de marchié, achapter aux portes de ladicte ville, ne

NOTE.

(a) Tréſor des Chartes, regiſtre IXˣˣXII [192], pièce 67. — *MSS. de Colbert,* volume LV, page 516.

hors icelle, lefdictes denrées & marchandifes quelles que elles foient, fur peine de cinq fols parifis d'amende, à appliquer comme deffus.

(3) *Item.* Que nul ne nulle ne vende ou apporte aufdiz marchiez aucunes denrées de vivres, fe ils ne font bonnes & loyalles, comme de poiffon frez de bonne mort, ne quelfconques autres vivres fe ils ne font dignes de eftre appliquez à corps humain, fur peine de perdre lefdictes denrées, & d'amende à la difcrécion de juftice.

(4) *Item.* Que nul ne nulle ne foit fi hardy de porter vendre èfdicts marchiez, aucunes poullailles, œufs, fromaiges, ou aucuns laictages ou fruitaiges, qui viennent ou ayent efté prins ou nourris en l'ouftel de ladre ou mefel, ou d'autre lieu que l'en connoiffe bonnement eftre épidimie; fur peine à ceulx qui le feront, de vingt fols parifis d'amende, à appliquer moitié au Roy noftredit feigneur, & moitié au dénonciateur, de prifon, & de perdre lefdictes denrées.

. (5) *Item.* Et pour ce que fouventesfois font faictes de grans fraudes ès ventes des grains, tant blez, avoines, orges, que autres grains que l'en ameine ès jours d'iceulx marchiez en ladicte ville, par plufieurs perfonnes interpofez, qui font bouter iceulx grains tout droict dans leurs hoftels, afin de les gruer pour faire bieres & cervoifes, & par ce moyen enchérir les grains quand l'en en void pou à la halle où l'en a accouftumé vendre iceux grains; ordonné eft que nul ne foit déformais fi hardy de prendre ne arrefter lefdicts grains en leurs hoftels, mais les laiffent aller en la halle & lieu accouftumez à iceux vendre, fur peine à ceux qui feront trouvez en ce défaillans, de dix fols parifis d'amende, à appliquer les deux parts au Roy noftre feigneur, & le tiers au dénonciateur.

(6) *Item.* Et ne pourront iceux marchands & vendeurs d'iceux grains, deffier leurs poches pour mettre leurdiz grains en vente, pluftoft que l'heure de unze heures, heure accouftumée d'ancienneté.

(7) *Item.* Et pour ce que au chartrier ancien des franchifes & libertez d'icelle ville, eft expreffément contenu qu'il ne peut ou doibt avoir aucun revendeur de poiffon de mer en icelle ville, mais font fubgiez par icelle chartre les marchands qui apportent ledict poiffon de mer, foit frez ou fallé, iceulx vendre en leurs perfonnes; & pour ce que de préfent les chaffeurs de marée, & les marchands qui ont accouftumé à admener de jour en jour vendre en ladicte ville iceluy poiffon de mer, dient eftre fort chargiez, après ce qu'ils ont travaillé toute la nuict à mener à grand peine & travail ledict poiffon, iceluy vendre en leurs perfonnes, par quoy ont requis aufdicts bourgeois que par juftice foit commis & ordonné aucunes perfonnes à revendre ledict poiffon, afin qu'ils puiffent eftre feurs de leur argent, & retourner plus dilgemment à la mer pour la provifion de ladicte ville; a efté & eft ordonné, du confentement & accord defdicts bourgeois & habitans, que deformais y aura aucune notable perfonne commis à faire iceluy revendaige, pour délivrer lefdiz marchands, & pour le bien de la chofe publique, & fans ce que ce tourne au préjudice aux priviléges, libertez & franchifes defdicts bourgeois, moyennant que les deniers qui ysferont d'iceluy revendaige, rabattu le falaire de celuy qui le fera & exercera, ou à qui il fera baillé à faire exercer, feront mis & employez ès réparacions & fortificacions de ladicte ville.

(8) *Item.* Et pour ce que iceux habitans de ladicte ville & vallée nous ont remonftré que icelle ville & vallée eft affife en pays de vignes & n'y a que bien peu d'autres labours, finon iceulx labours de vignes, dont ils doivent de grands rentes, tant d'argent que de rentes en vin, & par efpécial en doivent au Roy noftre Sire, & autres Gens d'églife à qui iceluy Seigneur les a aumofnez, bien le nombre de trois cens muys de vin & plus, fans les autres rentes & charges que ils doivent à autres leurs créanciers, par quoy leur efconvient

fouftenir grand peuple à faire leurfdictes labeurs, & fi font leurs vins communes années à très-bas prix, & encores ne vendent le pot de vin, grand mefure de *Rouen*, que un blancz doubles, quatre doubles, & le plus chier à deux blancs, par quoy ne leur eft meftier de braffer ne fouffrir eftre braffé aucunes bieres ne cervoifes en ladicte ville & vallée, veu le petit prix dudict vin, & la grande abondance qui en croît audict pays, avec grand foifon de fildres, & la chichité de grains que ils ont eu le temps paffé & encores ont, & n'en cueuillent que pou ou néant en ladicte ville : nous ont requis que déformais pour éviter aux inconvéniens qui s'en pourroient enfuir, confidéré que ils ne peuvent avoir faute de breuvaige oudict pays, tant vin que fildres, comme dict eft, que nous voulfiffions faire ordonnance que déformais il ne fût permis de braffer ne vendre en ladicte ville & vallée de *Vernon*, aucuns d'iceux cervoifes & bieres faictes defdicts grains. Pour quoy nous, eu fur ce advis & délibéracion avec lefdicts Vicomte, Advocats & Procureurs d'iceluy Sire, & du confentement & accord des Gens d'églife, Nobles, communs manans & habitans de ladicte ville & vallée, pour éviter à la chierté d'iceux grains pour le temps à venir; & eu regard aux grands charges que portent lefdicts habitans, & le petit prix à quoy communes années ils vendent leurfdicts vins, avons ordonné & déclaré que déformais ne fera fouffert braffer ne vendre lefdictes bieres & cervoifes en ladicte ville & vallée, fe fe n'eftoit ou eft par deffaultz de vins & autres breuvages, ouquel cas il y feroit pourveu par juftice, de l'accord & confentement defdictz habitans d'icelle ville & vallée, felon que le cas le requerra.

(9) Item. Eft ordonné que tous les marchands & marchandes de tous vivres pour corps humain, eftallent leurdictes denrées ès marchez & lieux accouftumez devant eulx, & que nul ne nulle, de quelque eftat ou condicion qu'il foit, ne preigne lefdictes denrées, ne mette en fes mains, gerons, ne autre lieu, ne hors de devant les marchands ou marchandes; & qui vouldront achepter ou marchander lefdictes denrées, les marchandent fans emporter ne tenir, jufques à ce que le marchié foit conclud par entre le vendeur & l'achepteur, pour éviter aux fraudes & pertes defdictes denrées qui font avenues le temps paffé : fur peine de deux fols tournois d'amende que payera cil ou celle qui fera trouvé faifant le contraire, à appliquer moictié au Roy noftredict feigneur, & l'autre moictié au dénonciateur.

Si donnons en mandement à tous à qui il appartient, que contre ne en préjudice de ladicte ordonnance, ils n'attentent ou innovent en aucune manière, fur les peines deffufdictes; & outre, à tous & chafcuns des Sergens ou Sous-fergens dudict Bailliage, que cefdictes préfentes ils gardent & facent garder fans enfreindre. En tefmoing de ce Nous avons féellé ces préfentes de noftre féel, & pour greigneur confirmacion à noftre requefte, y a efté mis le grand féel aux caufes dudict Bailliage. Ce fut faict le xij.ᵉ jour d'octobre, l'an de grace mil quatre cens foixante.

Lefquelles Ordonnances deffus tranfcrites, qui ont efté & font faictes pour le bien & prouffit de la chofe publique de ladicte ville, lefdicts fupplians Nous ont humblement fupplié & requis que icelles veuillions avoir agréables, & les confermer : pour quoy, Nous, ces chofes confidérées, & eu fur ce l'advis & délibéracion des Gens de noftre Confeil, icelles Ordonnances deffus tranfcriptes & chafcune d'icelles avons eu & avons agréables; & par ces préfentes, de noftre efpécial, plaine puiffance & authorité royal, les leur avons confermées & approuvées, confermons & approuvons, & voulons que elles foient gardées & entretenues dorefenavant en noftredicte ville, de poinct en poinct, felon leur forme & teneur; toutefvoies Nous entendons que en tant que touche ledict braffaige defdictes bieres & cervoifes, lefdicts habitans pourront, fe bon leur femble, braffer lefdictes bieres & cervoifes pour leur ufaige, mais

CHARLES
VII,
à Bourges,
le 8 Février
1460.

non pas pour vendre. Si donnons en mandement par ces mesmes préfentes, à noftre Bailly dudict Bailliage de *Gifors*, & à tous nos autres Jufticiers ou à leurs Lieuxtenans préfens & à venir, & chafcun d'eulx, fi comme à luy appartiendra, que en faifant lefdiz fupplians jouir & ufer de nos préfens grace, aggréacion & confirmacion, ils entretiennent & gardent, ou facent entretenir & garder bien & deuement icelles Ordonnances & chacune d'icelles, felon leur forme & teneur, & icelles facent crier & publier en noftredicte ville & ailleurs ou meftier fera, comme il appartient; car ainfy Nous plaift-il & voulons eftre faict de noftredicte grace, par cefdictes préfentes, aufquelles, en tefmoing de ce, Nous avons faict mettre noftre féel. *Donné à Bourges, le huictiefme jour de febvrier, l'an de grace mil quatre cens foixante, & de noftre règne le* XXXIX. Ainfy figné. *Par le Roy, à la relacion des Gens de fon Grand-Confeil.*

DE REILHAC.

CHARLES
VII,
à Bourges,
le 27 Février
1460.

(a) Lettres de Charles VII, par lefquelles il ratifie les Ordonnances faites par les Eccléfiaftiques, Nobles, & autres de la ville & banlieue d'Eu, concernant les réédifications ou réparations des maifons démolies ou tombant en ruine dans ladite ville & banlieue.

CHARLES, par la grace de Dieu, Roy de France, à tous ceux qui ces préfentes Lettres verront, falut. Receue avons l'humble fupplication de noftre très-chier & amé coufin *Charles d'Artois, Comte d'Eu, Per de France (b)*, & des Maire, Efchevins & communauté de ladite ville *d'Eu*, contenant que quatre-vingtz ans a, ou environ, ladicte ville, qui eft la principale & capitale ville dudict *comté d'Eu*, faifant frontière à nos anciens ennemis & adverfaires les *Anglois*, où la plufpart des maifons & habitacions d'icelle fut arfe de feu de mefchef; & à celle caufe, & au moyen des guerres & divifions qui paravant avoient longuement régné en noftre Royaume, mefmement pour les grands charges de furcens & rentes que prenoient par an fur lefdictes maifons, lorfqu'elles eftoient en eftat, plufieurs perfonnes de ladicte ville & autres, icelle ville demoura lors par aucun temps comme deftruite & abandonnée; & pour la réédiffier & mettre en eftat, & afin qu'elle peuft eftre populée & habitée, pour donner réfiftance à nofdiz ennemis, noftredict coufin donna, par grande délibéracion, fes Lettres patentes du vingt-cinquiefme jour de febvrier, l'an mil quatre cens quatorze, defquelles la teneur s'enfuit.

CHARLES *d'Artois, Comte d'Eu*, à noftre Bailly de *Eu* ou à fon Lieutenant, falut. Il eft de nouvel venu à noftre congnoiffance que, pour caufe de grands rentes & charges qui pour caufe de furcens fe font de préfent & ont efté faictes ou temps paffé fur plufieurs manoirs, maifons & édiffices de noftre ville de *Eu*, qui eft le chief & nominacion de noftredicte feigneurie, plufieurs d'iceulx maifons, manoirs & édiffices font du tout cheuz, vaggans, défolez & tournez en ruyne, & encore pourroient les autres plus defcheoir pour le temps à venir, qui eft & plus pourroit eftre en noftre grand dommage & préjudice, en deshéritement de nos fubgiez, deftruccion & adnullement de noftredicte ville,

NOTES.

(a) Tréfor des Chartes, Regiftre IX^{xx}XII, [192], pièce 66. — *MSS.* de *Colbert*, volume LV, page 507.

(b) Le comté d'*Eu* n'avoit été érigé en pairie, en faveur de *Charles* d'*Artois*, qu'au mois d'août 1458 : ainfi dans les Lettres de ce *Comte*, du 25 février 141⅘ inférées dans celles du Roi, que nous imprimons ici, le *Comte* d'*Eu* ne prend point le titre de Pair de France.

comme entendu avons, fe pourveu n'y eftoit. Pour quoy nous, attendues le
chofes deffufdictes, voulans à ce pourveoir au bien de nous & de nos fubgiez,
& à la réparacion, fuftentacion & décoracion de noftredicte ville, nous mandons,
& fe meftier eft, commettons que vous faictes crier & publier notoirement &
publiquement, tant à ouye d'affifes & parroiffes, que ès autres lieux accouftumez
à faire criz en icelle ville, que tous ceux qui ont en icelle telles mafures & places
vuides, les facent réparer ou clorre bien & duement dedans certain temps
convenable que vous leur ordonnerez pour ce faire; & s'ils n'ont volenté ou
puiffance de ce faire, contraignez par toutes voyes deues, à ce faire, ceulx qu'ils
dient avoir droict de prendre rente fur lefdicts places vuides & mafures, ou à
renoncer aux rentes qu'ils y dient avoir; & fi de ce faire font refufans ou en
demeure, le temps par vous ordonné, paffé & accomply, prenez & mettez
réaument & de faict en noftre main lefdicts vuides & mafures ainfy cheues, vagans
& défolées, comme dit eft, & icelles par criées & fubhaftacions en tel cas
accouftumez, baillez à fieffe au plus offrant & dernier enchériffeur, pour tourner
au profit de nous ou d'autres à qui il appartiendra; & faictes fi & en telle manière
que deffaut ou plus grand inconvénient ne s'en puiffe enfuir: car de ce faire vous
donnons pouvoir & commiffion. Mandons par ces mefmes préfentes à vous & •
à vos députez, en ce faifant, eftre obéy & entendu diligemment. *Donné à* Paris,
le XXV.*e jour de febvrier, l'an de grace mil quatre cens & quatorze.* Ainfy figné.
Par Monfeigneur. LE COMTE D'EU.

CHARLES
VII,
à Bourges,
le 27 Février
1460.

Et depuis, en l'an 1415 enfuivant, pour authorifer icelle Ordonnance de
noftredict coufin, comparurent à leur requefte & mouvement, en icelle, &
jufques au nombre de foixante perfonnes, lefquels par grand & meure délibéracion & advis, pour le bien de la chofe publique, & pour pourveoir à
l'édificacion defdictes places & mafures, vouldrent & accordèrent d'un commun
accord & confentement, mefmement noftredit coufin en tant que toucher luy
pouvoit comme feigneur, que lefdictes mafures & places vuides & autres
édifices, tournans ou qui tourneront en ruyne par faulte de fouftenement,
eftans en icelle bourgaige & banlieue & qui y feroient ou temps à venir, feuffent
prinfes & mifes réaument & de faict, en la main de noftredict coufin, & après
criées par trois dimanches continuels, à l'audience des paroiffes où lefdictes
mafures eftoient ou feroient affifes, pour bailler à rente perpétuelle, & lefdictes criées rapportées à la prouchaine affife dudict lieu d'*Eu*, enfuivant la
dernière criée. Et fe ceux à qui le fond defdictes mafures appartenoit, fe vouloient charger de les réparer ou édiffier de nouvel dedans le temps qui ordonné
leur feroit, icelles mafures leur feroient baillées & leur demoureroient, en
payant les rentes qui deues en eftoient; & ou cas qu'ils feroient défaillans de
faire ladicte édificacion & réparacion, elles feroient baillées à rente perpétuelle
à celui ou ceulx qui plus en voudroit donner, & feroit la rente convertie au
proufit de noftredict coufin, ou autres qu'il appartiendroit; & tiendroit dès-lors
en avant ledict preneur, l'héritage ainfy à luy baillé, paifiblement & quictement, en payant feulement la rente à quoy il avoit mife; & fi feroit tenu
le édiffier & réparer de tel amandement ou édiffice que ordonné lui feroit par
ledict Bailly ou fondict Lieutenant; & ne pourroient furcenfer & charger
ledict héritage de greigneur rente pour le temps à venir, que celle à quoy
il l'avoit prinfe, ne auffi aucune chofe des édiffices, fe n'eftoit pour y faire
meilleur ou plus valable édiffice ou amendement, ainfy que ces chofes eftoient
& font plus à plain déclarées ès Lettres fur ce faictes. Et combien que les
chofes deffufdictes ayent efté faictes, confenties & accordées pour juftes &
raifonnables caufes par les moyens deffus déclarez, & que ainfy en ayt efté ufé
notoirement & publiquement en ladicte ville, bourgaige & banlieue, depuis
ledict an 1415, & que à celle caufe ladicte ville ou la plufpart d'icelle ait

CHARLES
VII,
à Bourges,
le 27 Février
1460.

esté réédiffiée & réamaisonnée, néantmoins lesdiz supplians doubtans que, obstant ce que n'avons donné nos Lettres de consentement & confirmacion desdictes Ordonnances & ratifficacion desdictes Gens d'église , Nobles & autres, aucuns veulent contredire, débattre ou empescher lesdicts baux, tant du temps passé comme d'iceluy à venir, qui seroit, se ainsy estoit souffert, la totale destruccion de ladicte ville , & ou grand grief, préjudice & dommaige d'iceux supplians, si comme ils dient, requérant humblement que, attendu que icelles Ordonnances & ratifficacion ont esté faictes en icelle ville & ailleurs , pour le bien de la chose publique, & par l'advis, accord & délibéracion de ceulx que ce touchoit principalement ou la pluspart; & que au moyen d'icelles, plusieurs baux d'héritages & grands édiffices ont esté faicts en icelle ville & ailleurs, en quoy ont esté dépendus & exposez grands deniers à la décoracion & réédiffication de ladicte ville, qui jamais n'y eussent esté faiz, se lesdictes Ordonnances & ratifficacion ne deussent avoir lieu & sortir effect, encore mieulx y pourra estre édiffié se lesdictes Ordonnances & ratifficacion demeuroient en vertus, Nous leur vueillions sur ce impartir nostre grace. Pourquoy Nous, ces choses considérés, voulans les bonnes villes de nostre Royaume ainsy *tournées en ruyne & inhabitées à l'occasion des guerres, estre réédiffiées & amaisonnées pour la populacion d'icelles, par espécial ladicte ville d'*Eu* qui fait frontière tant par mer comme par terre contre nosdicts ennemis & adversaires les *Anglois,* avons, au cas dessusdict, consenty, accordé & confermé, & par ces présentes consentons, accordons & confermons, en tant que à Nous en est, lesdictes Ordonnances, ratifficacion & consentement desdictes Gens d'église, Nobles & autres, & voulons que elles ayent lieu en ladicte ville, banlieue & bourgaige de *Eu,* tant pour le temps passé comme celuy à venir.

* *sic.* Si donnons en mandement au Bailly de *. . . . . . & à tous nos autres Justiciers & Officiers ou à leurs Lieutenans, & à chascun d'eulx, si comme à lui appartiendra, que de nostre présente grace, confirmacion & consentement, facent, souffrent & laissent lesdicts supplians & autres qu'il appartiendra, jouir & user plainement & paisiblement, sans en ce les empescher en aucune manière. Et afin que aucun ne puisse prétendre ignorance de cette nostre grace & confirmacion, voulons icelle estre publiée en tous les lieux & places qu'il appartiendra & que besoing sera, où l'en a accoustumé faire criz & publicacions; & que au *vidimus* de cestes, pleine foy soit adjoustée comme à ce présent original. En tesmoing de ce, Nous avons faict mettre nostre séel à ces présentes. *Donné à Bourges, le xxvij.* jour du mois de février, l'an de grace mil quatre cens soixante, & de nostre regne le xxxix.* Ainsi signé. *Par le Roy, à la relacion des Gens de son Grand-Conseil.* DANIEL.

TABLE DES ANNÉES

DE

JÉSUS-CHRIST,

DES

LETTRES DOMINICALES,

DES PÂQUES ET DES INDICTIONS,

Tirée du Livre intitulé : L'Art de vérifier les dates.

ANNÉES.	LETTRES DOMINICALES.	PÂQUES.	INDICTIONS.
1166	B	Avril ...24	14.
1181	D	Avril ... 5	14.
1270	E	Avril ...13	13.
1284	B A	Avril ... 9	12.
1295	B	Avril ... 3	8.
1356	C B	Avril ...24	9.
1362	B	Avril ...17	15.
1364	G F	Mars ...24	2.
1424	B A	Avril ...23	2.
1429	B	Mars ...27	7.
1430	A	Avril ...16	8.
1438	E	Avril ...13	1
1440	C B	Mars ...27	3.
1448	G F	Mars ...24	11.
1449	E	Avril ...13	12.
1450	D	Avril ... 5	13.
1451	C	Avril ...25	14.

ANNÉES.	LETTRES DOMINICALES.	PÂQUES.	INDICTIONS.
1452	. . . . B A	Avril . . 9	. . . . . 15.
1453	. . . . . . G	Avril . . . 1	. . . . . 1.
1454	. . . . . . F	Avril . . . 21	. . . . 2.
1455	. . . . . . E	Avril . . . 6	. . . . 3.
1456	. . . . D C	Mars . . . 28	. . . . 4.
1457	. . . . . . B	Avril . . . 17	. . . . 5.
1458	. . . . . A	Avril . . . 2	. . . . 6.
1459	. . . . . . G	Mars . . . 25	. . . . 7.
1460	. . . . . F E	Avril . . . 13	. . . . 8.

TABLE

TABLE CHRONOLOGIQUE

DES

ORDONNANCES

CONTENUES

DANS CE QUATORZIÈME VOLUME.

Tome XIV.

1448.

1449.

Lettres

1451.

Lettres

1453.

1454.

1455.

Lettres

1457.

TABLE*
DES MATIÈRES.
A

---

* On n'a pas fait de distinction dans cette Table, de l'*i* simple à l'y grec.

font les mêmes que les dix premiers du traité qui avoit été fait avec les habitans de Rouen & de Coutances (Voyez *Rouen*). Le traité de ceux d'Avranches fut confirmé par Lettres du roi, en mai 1450, p. 51 & *suiv.*

AURILLAC. Il étoit incertain si le bailliage des Montagnes d'Auvergne & la ville d'Aurillac étoient du ressort du parlement de Paris, ou de celui de Toulouse. Le roi dans ses Lettres du 18 juillet 1455, après avoir exposé qu'Aurillac avoit été démembré du bailliage de Saint-Pierre-le-Moutier, qui est pays coutumier, & que le bailliage des Montagnes

d'Auvergne est situé au pays de Languedoil, & non de Languedoc, déclara que ladite ville & ledit bailliage étoient du ressort du parlement de Paris, p. 364.

AUVERGNE. Lieux de ce pays où l'on peut user du sel de Languedoc, ou du sel de Poitou, p. 266. Voyez *Sel.*

Auvergne. (Merciers d') Voyez *Berri.* (*Merciers du*)

Auvergne. (Montagnes d') Voyez *Aurillac.*

AUVERS. (La baronie d') est unie à celle de Saint-Sauveur, p. 196. Voyez *Saint-Sauveur-le-Vicomte.*

B

BAYEUX. Le comte de Dunois soumit la ville & la vicomté de Bayeux en 1450, par une capitulation dont voici les sommaires. 1.° Il est accordé aux habitans, gens d'église, nobles & bourgeois, abolition de tous crimes & délits commis avant la réduction de leur ville. 2.° Ceux d'entre eux qui voudront prêter serment d'obéissance au roi, seront restitués en tous leurs biens, comme s'ils eussent toujours été fidèles. 3.° Les canonicats & dignités donnés par le roi dans ladite ville, demeureront à ceux à qui il les a donnés : les noms des bénéfices & des personnes sont exprimés dans ledit article. 4.° Tous les autres bénéfices demeureront aux possesseurs, qui cependant seront tenus de prendre nouvelles Lettres du roi. 5.° Ceux qui auroient été privés de leurs bénéfices, pourront y rentrer ; mais s'ils sont morts, sans les avoir résignés, les bénéfices demeureront aux possesseurs. Les gens d'église Italiens, ayant Lettres de naturalité, jouiront des mêmes droits. 7.° & 8.° Les habitans qui feront serment au roi, toucheront les arrérages des revenus de leurs biens & de leurs bénéfices, si lesdits arrérages n'ont été recueillis par le roi ; & ils seront restitués en tous droits, honneurs & prérogatives dont ils jouissoient avant la descente des Anglois en Normandie. 9.° Ils jouiront aussi de la coutume du pays & de la charte aux Normands. 10.° Les absens pourront revenir dans l'espace de deux mois. Le roi confirma ces articles par ses Lettres du mois de mai 1450, p. 93 & *suiv.*

BAILLIS ET SÉNÉCHAUX (Les) avoient coutume anciennement de faire apporter à la cour par leurs greffiers, les procès dont il y avoit appel, & d'être présens à la réception d'iceux & à l'expédition des causes durant les jours de leurs bailliages & sénéchaussées, où ils informoient

la cour des faits & excès commis dans leur ressort. Le roi ordonna par ses Lettres d'avril 145½, que cet usage interrompu durant les guerres, fût désormais observé, p. 303, art. LXXXI. Quand les offices de bailli ou autres officiers vaqueront, il est dit par les mêmes Lettres, qu'il y sera pourvu, ainsi qu'il étoit accoutumé avant les troubles & les guerres, *ibid.* art. LXXXII. Les officiers des bailliages & sénéchaussées, après avoir prêté serment, choisiront les plus capables de remplir les places vacantes, en nommeront deux ou trois au roi, & ne recevront à ce sujet dons ni promesses, p. 304, art. LXXXIII & LXXXIV. Les baillis & sénéchaux résideront en leurs bailliages & sénéchaussées, s'ils ne sont employés à la guerre ou auprès du roi, *ibid.* art. LXXXVI. Ils choisiront leurs lieutenans, par l'avis des officiers de leurs siéges ; & ne seront faits dons ou promesses pour obtenir ces places, p. 305, art. LXXXVII & LXXXVIII. Lesdits lieutenans recevront les gages accoutumés, par les mains des receveurs du roi, *ibid.* art. LXXXIX & XC. Les baillis & sénéchaux, les procureurs du roi & leurs lieutenans ne recevront gages ou pensions des sujets de leurs territoires, ni ne seront juges des justices de leur ressort, *ibid.* art. XCI. Lesdits baillis & sénéchaux, avant de prendre possession de leurs offices, prêteront serment en parlement, *ibid.* art. XCII. Ils tiendront leurs assises en chacun des siéges de leurs bailliages & sénéchaussées, & ne traduiront leurs sujets d'un siége à l'autre, *ibid.* art. XCIII. Ils ne prendront rien des exécutoires des grâces du roi ; leurs clercs seulement seront payés de leurs écritures, *ibid.* art. XCIV.

Baillis & sénéchaux. (Les) recevront au nom du roi, les hommages des seigneuries

les maire, fous-maire & jurats, appelé le procureur du roi de la ville. 24.° Celui qui voudra quitter le métier, ne pourra affermer ou bailler à quelque titre que ce foit, fa boutique, qu'à celui qui fera fuffifant, fous peine d'amende & de perdre fes outils. 25.° La veuve d'un maître, tant qu'elle reftera veuve & menera bonne vie, pourra tenir boutique, ayant varlets & apprentis fuffifans. 26.° Nul ne fera office de barbier à méfel, à fon efcient, fous peine de perdre fon office. 27.° Quels jours on ne pourra faire œuvre de barberie. 28.° Nul maître ne vifitera un malade qu'il faura être entre les mains d'un autre maître, fi ce n'eft par ordre de juftice ou volonté du malade, qui fera préalablement tenu de payer le premier maître; & le fecond fera tenu faire vifiter le malade par un ou deux autres maîtres, fi le cas eft périlleux, pour conftater l'état & ne pouvoir s'excufer fur le premier maître. 29.° Nul varlet n'entreprendra cure, fans en avoir prévenu fon maître. 30.° Le maître ne pourra vifiter plus de deux fois un malade, pour cas dont la juftice doit prendre connoiffance, fans en faire rapport à juftice, & le varlet fans en faire rapport à fon maître, qui le fera favoir à juftice. 31.° Le maître qui prendra varlet ou apprenti, mettra dans fon marché qu'ils payeront pour le premier an, cinq fous à la confrairie. 32.° Nul étranger ou autre ne pourra exercer le métier de chirurgie en ladite ville, s'il n'a été approuvé, s'il n'a congé de juftice, ou s'il n'a avec lui un ou deux maîtres-jurés. 33.° Le varlet ou apprenti venant demeurer chez un maître, jurera en fes mains, fur les évangiles, d'obferver les ftatuts, de garder l'honneur & profit de fon maître & de fa femme, & de l'avertir doucement du déshonneur & dommage. 34.° Chaque maître payera chaque femaine trois deniers pour être employés aux affaires dudit métier, & dont il fera rendu compte chacun an par celui qui fera chargé de les recevoir. 35.° Le procureur du roi fe joindra aux maîtres, contre les infracteurs des ftatuts. 36.° Les gens dudit métier pourront fe conftituer un procureur pour pourfuivre leurs affaires, appelé le fous-maire ou juge de la mairie, lorfqu'ils s'affembleront, p. 428 & *fuiv.*

Barbiers de Rouen. Selon leurs anciens ftatuts, ils avoient l'ufage de la phlébotomie, & en conféquence pouvoient étancher le fang des bleffés en cas de néceffité, & pour la première fois feulement, aux charges d'en faire rapport à juftice; mais ils n'avoient point par-là l'autorité & les conditions des maîtres chirurgiens de ladite ville, p. 285, art. X des ftatuts des chirurgiens. Voyez *Chirurgiens de Rouen.*

Barbiers de Touloufe. Pour remédier aux abus qui s'étoient introduits dans le métier de barberie à Touloufe, les capitouls dreffèrent de nouveaux ftatuts, extraits des anciens qu'ils corrigèrent & augmentèrent, & fupplièrent le roi de les ratifier, ce qu'il leur accorda par fes Lettres du mois d'avril 1457, p. 434 & *fuiv.* Ces ftatuts contiennent trente-deux articles, & font écrits en langage touloufain: en voici les fommaires. 1.° Les capitouls jureront fur les évangiles, d'obferver lefdits ftatuts, & de maintenir la confrairie de faint Côme & faint Damien, établie en l'églife des frères-prêcheurs de Touloufe. 2.° Les maîtres dudit métier affifteront à l'office en la chapelle de ladite confrairie, la veille & le jour de la fête des faints Côme & Damien; & après la meffe du jour de la fête, les deux bailes qui auront régi cette année ledit métier, éliront deux maîtres, lefquels prêteront ferment. 3.° Nul maître ne tiendra plus d'un ouvroir, fous peine d'amende. 4.° Chaque maître tenant ouvroir à Touloufe, demeurera dans la maifon où eft l'ouvroir. 5.° Nul maître ne donnera fon ouvroir à gouverner à maître, apprenti ou varlet, s'il n'a été examiné par les maîtres dudit métier. 6.° Jours auxquels on ne pourra rafer, couper les cheveux ou faire tonfure publiquement, fi ce n'eft dans le cas d'un novice entrant en religion, ou prenant poffeffion d'un bénéfice, ou pour un mariage. 7.° Nul ne pourra fuborner l'apprenti d'un autre, fi le terme d'apprentiffage n'eft expiré. 8.° Nul n'aura ouvroir en ladite ville, qu'il n'ait été examiné par les bailes & autres maîtres. 9.° Nul ne fera reçu à l'examen pour être maître, qu'il n'ait demeuré fix ans chez des maîtres bons & fuffifans. 10.° Celui qui voudra être reçu maître & tenir fon ouvroir en ladite ville, doit faire quatre lancettes neuves, une pour chaque baile: fi elles font bonnes, il fera interrogé fur la chirurgie, la phlébotomie, les ventoufes; enfuite les bailes lui feront faire en leur préfence une barbe & une faignée. S'il n'eft jugé fuffifant, il fera refufé; & ne fera admis à un nouvel examen qu'après un an. 11.° S'il eft trouvé fuffifant par les bailes, ils le préfenteront aux capitouls pour prêter ferment d'obferver les ftatuts, & de contribuer aux charges de la ville tant qu'il tiendra ouvroir. 12.° Il payera quatre livres tournois à la confrairie, & deux livres feulement s'il eft fils de maître. 13.° Les capitouls ordonneront qu'il paye un denier aux bailes & à ceux qui auront affifté à fon examen, un mois après fa maîtrife. 14.° Tout maître mandé pour l'effai d'un apprenti, fera obligé de s'y trouver, fous peine d'amende. 15.° Un apprenti étant admis à l'examen des lancettes pour être reçu maître, nul autre n'y fera admis avant que l'examen du premier foit achevé, à moins qu'il ne prolongeât fes effais plus de trois mois. 16.° Ce que doivent payer à la confrairie les maîtres & les apprentis. 17.° Celui qui entrera en apprentiffage, payera d'abord une livre tournois à la confrairie, ou fon maître payera pour lui, à moins que cet apprenti ne foit fils de maître. 18.° Celui qui viendra travailler chez un maître, jurera d'obferver les ftatuts du métier, & s'il refufe le ferment, nul maître ne le fera travailler. 19.° Le fang des faignées ne fera expofé à la vue dans les boutiques. 20.° Les maîtres cités par les bailes pour tenir confeil fur les affaires communes, y viendront tous, fous peine d'amende. 21.° Les bailes pourront punir les compagnons du métier qui auront enfreint les ftatuts, & empêcher le maître chez qui ils feront, de les employer jufqu'à ce qu'ils aient fatisfait à ce qui aura été ordonné 22.° Les capitouls veulent que les bailes puiffent appaifer tous différends entre les maîtres & les varlets dudit métier, fans cependant leur attribuer aucune juridiction. 23.° Si un malade traité d'abord par un chirurgien ou barbier, en fait enfuite venir un autre fans l'aveu du premier, celui-ci fera incontinent payé de ce qui lui fera taxé, & le fecond ne recevra rien avant que le premier foit fatisfait. 24.° Si un monaftère, un ordre, un collége, a un chirurgien ou barbier à gages, nul ne pourra entrer en fa place, que le premier n'ait été payé. 25.° Nul étranger paffant ne pourra exercer ledit métier, s'il n'eft préalablement examiné par les bailes & autres maîtres. 26.° Lorfqu'un des maîtres mourra, tous les autres fe trouveront à fon inhumation, fous peine d'amende. 27.° Le nouveau baile élu par les anciens, exercera l'office de baile durant un an. 28.° Les bailes fortant de charge, rendront compte aux nouveaux, de la recette & de la mife, quinze jours après la fête de faint Côme & de faint Damien, fous peine de vingt fous touloufains d'amende. 29.° Les bailes vifiteront tous les mois les boutiques des maîtres, pour recevoir les profits & amendes des maîtres, varlets & apprentis. 30.° Le baile, ou homme dudit métier, qui plaidera contre ledit métier en général, ne pourra être employé par aucun maître, s'il n'eft autorifé à plaider par les capitouls. 31.° Tout homme dudit métier, qui n'eft chez un maître, ne pourra exercer le métier, fous peine d'amende & de confifcation d'outils. 32.° Toutes les fois que les bailes & autres maîtres voudront s'affembler pour leurs affaires communes, ils le pourront fans autre congé, p. 435 & *fuiv.*

Barbiers. Voyez *Chirurgiens.*

BEAUMONT - lès - Clermont. (L'abbaye de) Le roi la prend fous fa fauvegarde, & lui donne pour gardiens les baillis de Saint - Pierre - le - Moutier & de Mont-Ferrand. Lettres de janvier 144$\frac{1}{9}$, p. 45 & *fuiv.*

BÉNAUGES. Gafton comte de Foix & de Bigorre, accorda le 25 feptembre 1453, une capitulation aux habitans de Bénauges, aux conditions fuivantes. 1.° Ils pourront refter dans ladite ville, & y jouir de leurs biens, en faifant ferment de fidélité. 2.° Ledit comte & celui de Dunois, feigneurs dudit lieu, les maintiendront en leurs droits & libertés. 3.° Ceux qui ne voudront demeurer, auront fauf-conduit pour s'en aller avec leurs biens. 4.° Les abfens qui reviendront dans quinze jours, auront abolition, & jouiront de leurs biens en faifant le ferment. 5.° Le capitaine fe fera payer les rançons des prifonniers dont la rançon étoit convenue. 6.° Le comte de Foix procurera autant qu'il pourra, bon traitement à ceux qui ont pour feigneur, le feigneur du Crocq. 7.° Le capitaine emportera l'artillerie qu'il a apportée, fi le roi ne la veut acheter. 8.° Le capitaine aura fix mois de délai pour retourner à l'obéiffance du roi. 9.° Ceux qui font dans la ville, même les étrangers, & qui feront le ferment, pourront pourfuivre le payement de leurs dettes. 10.° Ces articles feront confirmés par le roi, p. 262 & *fuiv.* Ils furent en effet confirmés par le roi dans le même mois, *ibid.* Le roi accorda auffi des Lettres de pure abolition pour lefdits habitans, p. 262, note *(a).*

BERGERAC. Le 10 octobre 1450, le comte de Penthièvre, lieutenant du roi en Guienne, accorda aux confuls & habitans de la ville de Bergerac, la capitulation fuivante. 1.° Il donnera fauf-conduit aux chevaliers, écuyers & autres compagnons de guerre qui l'avoient défendue. 2.° Il accordera aux habitans abolition générale de tous crimes commis contre le roi. 3.° Il confervera leurs privilèges & franchifes. 4.° Les habitans auront fûreté de leurs corps & biens! 5.° Ils conferveront les biens qu'ils ont achetés, ou on leur rendra ce qu'ils ont payé. 6.° On leur reftituera les biens confifqués qu'ils

envoyer vers le roi d'Angleterre & en recevoir réponse jufqu'au 23 juin, auquel jour n'étant fecourus, ils fe foumettront. 3.° Ils livreront plufieurs places pour garantie de cet accord. 4.° S'ils font fecourus, Ils pourront aider les Anglois. 5.° Si les Anglois font lever le fiége de Fronfac avant le 23 juin, les places livrées feront rendues aux Bordelois. 6.° Si quelques villes du Bordelois refufent d'exécuter le traité, le roi les y forcera. 7.° Les habitans prêteront ferment, lorf-qu'ils fe feront foumis au roi. 8.° & 9.° Le roi, à fon entrée dans la ville de Bor-deaux, jurera de garder les habitans en leurs franchifes, loix, coutumes & ufances du pays de Bordelois, Bafadois & Agénois; en l'abfence du roi, le comte de Dunois promettra de faire ratifier le traité par le roi, qui en donnera Lettres. 10.° Ceux qui ne voudront faire ferment au roi, auront fauf-conduit de fix mois pour emporter leurs biens-meubles; & leurs immeubles pafferont à leurs héritiers qui feront ferment. 11.° & 12.° Les habitans auront fix mois pour délibérer s'ils feront ferment, & pourront s'en aller dans cet in-tervalle hors de l'obéiffance du roi. 13.° Ils auront fauf-conduit pour le tranfport de leurs meubles, moyennant un écu d'or. 14.° Abolition générale fera accordée à ceux qui feront le ferment. 15.° Tous nobles & non-nobles faifant ferment, conferveront leurs poffeffions, villes, châteaux, &c. en quelques lieux qu'ils foient. 16.° Les gens d'églife confer-veront leurs bénéfices. 17.° Ceux des habitans qui fe foumettront & à qui le roi d'Angleterre avoit donné des châ-teaux, terres, &c. les conferveront, excepté la feigneurie de Curton, que le roi a donnée. 18.° Ils ne feront tenus de payer aucuns fubfides au-delà des droits accoutumés. 19.° Les marchands qui apporteront marchandifes & vivres, ne payeront que les droits anciens. 20.° La cité de Bordeaux aura juftice fouveraine pour juger toutes caufes d'appel qui feront audit pays. 21.° Le roi ne pourra tirer hors du pays, nobles & autres pour faire la guerre, fans leur confentement, finon qu'il leur paye gages & folde. 22.° Le comte de Dunois fera rendre le maire, les fous-maires & deux autres perfonnes (qui fans doute étoient en otage). 23.° Le roi fera battre monnoie en ladite ville, par l'avis des gens des trois-états, remettant partie du droit de feigneuriage; & donnera cours pendant un an ou deux, à la monnoie qui y a cours actuellement. 24.° Les gens de guerre que le roi y pourra laiffer, payeront ce qu'ils prendront,

& logeront aux hôtelleries. 25.° Les officiers que le roi établira, jureront de faire bonne juftice, & conferveront les privilèges des habitans qui jouiront de leur juridiction accoutumée. 26.° Le roi défendra à fon procureur en ladite ville, de vexer aucun habitant, fans requête de partie, ou information faite. Le roi ratifia le traité le 20 mai 1451, p. 140 & *fuiv.*

Bordeaux. Les Anglois, fous la conduite de Talbot, s'étoient emparés de plufieurs places en Guienne, & fpécialement de Bordeaux; le roi avoit repris ces places, excepté Bordeaux où les Anglois s'étoient réunis. Les habitans ayant fait fupplier le roi de leur accorder abolition de leurs fautes, offrant de rentrer fous fon obéiffance, le roi la leur accorda par fes Lettres du 9 octobre 1453, mais retint en fa main leurs privilèges jufqu'à fon bon plaifir, & excepta du pardon vingt perfonnes auxquelles ce-pendant il laiffa la vie, & leur per-mettant d'emporter avec elles autant de meubles qu'elles pourroient. Il con-fentit de plus que quarante autres qui s'en voudroient aller, emportent leurs meubles quelconques, ou les vendent dans l'efpace d'un mois. Les habitans furent condamnés à payer cent mille écus d'or, p. 270 & 271, note *(b)*. Par autres Lettres du 11 avril 145½, les habitans ayant repréfenté au roi les oppreffions qu'ils avoient fouffertes de la part des Anglois, qui avoient pillé leurs maifons & même les églifes, & la volonté où ils étoient de lui être fidèles, le fuppliant de leur reftituer leurs privilèges; le roi, fans acquiefcer à toutes leurs demandes, dont plufieurs pouvoient être préjudi-ciables à fes droits, régla ainfi les articles des privilèges dont ils jouiroient à l'ave-nir. 1.° Les gens d'églife de la ville de Bordeaux & pays Bordelois, feront francs de coutume pour la vente des vins de leur crû, & de droits de fortie de ladite ville; parce que le roi lèvera fur tous les vins tranfportés par la Gironde, & avant qu'ils foient chargés, quel que foit celui à qui ils appartiennent, vingt-cinq fous par tonneau, payables par ceux qui les acheteront ou les tranf-porteront; & quatre deniers payables par le vendeur par chaque tonneau vendu pour porter hors du pays. 2.° Pour tenir lieu de fubfides, le roi fera lever douze deniers pour livre des marchandifes amenées audit pays, ou qui en fortiront: excepté le poiffon frais, la chair à vendre en détail, la volaille, les fruits, légumes & menues chofes pour manger. 3.° Ils auront, comme auparavant, le tiers du

C

CONSTANCE, femme du roi Robert, & fes enfans, ont été inhumés dans l'églife paroiffiale de Lorris en Gâtinois, p. 37.

CONSULS.

Noms des villes où il eft dit dans les Lettres qu'il y a des Confuls.

COURRETIERS de mercerie. Voyez Merciers de Touraine.

COUTANCES. Sa capitulation lorfqu'elle rentra fous l'obéiffance du roi, fut la même que celle de Rouen & d'Avranches, p. 92.

Coutances (L'évêque de) eft feigneur temporel & baron de Saint-Lô, p. 493. En juin 1460 cet évêque fe nommoit Richard , & étoit cardinal, p. 494. Il régla le lez de la draperie de ladite ville, le 23 mai 1460, de l'avis des drapiers, *ibid.* Ce règlement eft confirmé par les Lettres du roi le 20 juin fuivant, p. 493. Voyez *Drapiers de Saint-Lô.*

COUTUMES, Styles & Ufages. Les parties allèguent fouvent dans les procès divers ftyles , ufages & coutumes, felon la diverfité des pays. Le roi par fes Lettres du mois d'avril 1453, ordonna que les ftyles, ufages & coutumes par tout le royaume, feroient écrits en livres qui feroient apportés vers lui, vifités par les gens du grand-confeil ou du parlement , & confirmés par le roi , pour être gardés ès pays refpectifs, & être obfervés en jugement & dehors, p. 313, art. CXXV defdites Lettres.

COUTUMES.

Table alphabétique des pays & lieux dont les coutumes ont été accordées ou confirmées par diverfes Lettres imprimées dans ce volume.

CRIMES

k

E

regis, Parifius, die XVIII.ᵉ menfis januarii, anno Domini millefimo quadringentefimo quinquagefimo quarto.

Ainfi figné J. LESCUYER, p. 348.

Lettres du 28 janvier 1454, par lefquelles Charles VII défend aux marchands & gens de métier ou autres, d'étaler leurs marchandifes à *Paris*, les jours de marché, ailleurs qu'aux halles. *Publiées en jugement en l'auditoire du châtelet de Paris, M. le prévoſt tenant le fiége, le famedi vingt-deuxième jour de mars mil CCCC cinquante-quatre. POCHART.*

Publiées par les carrefours de la ville de Paris, le famedi vingt-deuxième jour de mars mil CCCC LIIII.

Publiées par les carrefours de la ville de Paris, le famedi vingt-ung.ᵉ jour de juin, mil CCCCLV. LEFEVRE.

Publiées comme deffus par lefdits carrefours, à fon de trompe par ledit Gervaifot Lefevre, le famedi XXVII.ᵉ jour de feptembre, l'an mil CCCC cinquante-cinq. G. LEFEVRE.

Publiées comme deffus, par lefdits carrefours, à fon de trompe, par moi Gervaifot Lefevre, deffus nommé, le famedi XXVIII.ᵉ jour de février, mil CCCC LV. Signé G. LEFEVRE, p. 349.

———— de Charles VII, du dernier avril 1455, concernant le payement du droit de quartage du fel, dans les pays de Poitou, Saintonge & dans le gouvernement de la Rochelle. *Publiées, ces préfentes ont efté en la ville de Luffac, par moi Alain Piquet, fergent à cheval du roy noſtre fire en fon chaſtelet de Paris, & par Jean Trouvé, crieur dudit lieu de Luffac, en la préfence de Jean-Marie le Jeune, Merry Ricard, Regnault Bonnet, Pierre Ricard, Guillaume Maurrat & plufieurs autres. En tefmoing de ce, j'ai fait figner ces préfentes au notaire ci-deffous écrit, le dix-feptième jour de mai, l'an mil quatre cent cinquante-cinq. Ainfi figné J. SERIZER, à la requête dudit fergent, pour avoir été préfent le jour & an que deffus.*

Ces préfentes ont été publiées au marché de Montmourillon, ès préfence de Jean Émeric, Mathelin Davis & plufieurs autres, par moi Alain Piquet, fergent à cheval du roi noſtre fire en fon chaſtelet de Paris, & par Phelippon Vaudreau, crieur dudit lieu. En tefmoin de ce, j'ai fait figner ces préfentes à ma requête, du feing manuel du notaire ci-deffous écrit, le jour & an que deffus. Ainfi figné P. LE CLERC, pour avoir été préfent à la requête dudit fergent.

Ces préfentes ont été publiées en la ville de Saint-Benoiſt-du-Sault, à l'iffue de la meffe paroiffiale, par moi Alain Piquet, fergent à cheval du roy noſtre fire en fon chaſtelet de Paris, & par Jean Chaftalye, commis en l'abfence de Vigno, & plufieurs autres. En tefmoing de ce, j'ai fait figner ces préfentes à ma requête, du feing manuel du notaire ci-deffous écrit. Fait le dix-huitième jour de may, l'an 1455. Ainfi figné D. JOLY, pour avoir été préfent à la requête dudit fergent.

Ces préfentes ont été publiées à Montacou, étant en la vicomté de Bridières, par moi Alain Piquet, fergent à cheval du roi noſtre fire en fon chaſtelet de Paris, & par Jean

Tome XIV.

Soutille, fergent dudit lieu de Montacou, ès préfence de Gras Prie, Jean Maillard & plufieurs autres. En témoin de ce, j'ai fait figner ces préfentes à ma requête, du feing manuel du notaire ci-deffous écrit, ledit 18.ᵉ jour de mai 1455. Ainfi figné J. FLOULT, pour avoir été préfent à la requête dudit fergent.

Ces préfentes ont été publiées à Mazières, par moi Alain Piquet, fergent à cheval du roi noſtre fire en fon chaſtelet de Paris, par Jean Doucet, fergent dudit lieu, ès préfence de Pierre Favoir, Jean Houyn & plufieurs autres. En témoin de ce, j'ai fait figner ces préfentes à ma requête, du feing manuel du notaire ci-deffous écrit, le 19.ᵉ de may, l'an 1455. Ainfi figné P. DE TROMPRELOU, pour avoir été préfent, à la requête dudit fergent.

Ces préfentes ont été publiées ès marché & ville de Rochechouard, par moi Alain Piquet, fergent à cheval du roi noſtre fire en fon chaſtelet de Paris, & par du Colombier, fergent dudit lieu, ès préfence de Jean Fonteneau, Jourdain Grenet & plufieurs autres. En témoin de ce, j'ai fait figner ces préfentes, à ma requête, du feing manuel du notaire ci-deffous écrit, le 2.ᵉ jour de mai, l'an 1455. Ainfi figné P. LA CROIX, à la requête dudit fergent.

Ces préfentes ont été publiées en la ville de Saint-Germain, par moi Alain Piquet, fergent du roi noſtre fire, & par Pierre Dupuy Grenier, en l'abfence de la crie de ladite ville, préfens Huguet Yvonnet, Jean de la Garde. En témoin de ce, j'ai fait figner ces préfentes du feing manuel du notaire ci-deffous écrit à ma requête, le 20.ᵉ jour de may, l'an 1455. Ainfi figné P. TOURNELEOU, pour avoir été préfent à la requête dudit fergent.

Ces préfentes ont été publiées en la ville d'Availle, par moi Alain Piquet, fergent à cheval du roi noſtre fire en fon chaſtelet de Paris, & par Jamet Fromajier, en l'abfence de la crie dudit lieu, ès préfence de Pierre Arragon, Martin Forma & plufieurs autres. En témoin de ce, j'ai fait figner ces préfentes, à ma requête, du feing manuel du notaire ci-deffous écrit, le 21.ᵉ jour de mai, l'an 1455. Ainfi figné S. FESNE, à la requête dudit fergent.

Ces préfentes ont été publiées en la ville de l'Ifle-Jourdain, par moi Alain Piquet, fergent du roy noſtre fire en fon chaſtelet de Paris, & par Gillet Popales, en l'abfence de la crie dudit lieu, ès préfence de Mathe Pefcher, Jean Sauteron le jeune, & plufieurs autres, le 21.ᵉ jour de mai, l'an 1455. Ainfi figné J. DUBRES, à la requête dudit fergent.

Ces préfentes ont été publiées en la ville de Villedo, ce jour de foire, à heure due & ès lieux où l'on a accouſtumé à faire criées & fubhaftations, par moi Pierre Guilleton, fergent du roi noſtre fire, au bailliage de . . . . . & par Michaut le Breton, crieur dudit lieu, ès préfence de Jacques Chenye, Jean Caillou, André Bertin le jeune, Jean Marié le jeune, Jean Gendre, François Rafin, Gillet Defniau, Pierre le Clerc, Jean de Lavau, Jean Normand, Jean Richelet, Jean Augier, & plufieurs autres. Fait le 22.ᵉ jour de juillet, l'an mil quatre cens cinquante-cinq. Ainfi figné P. GUILLETON, p. 354 & fuiv.

1

Lecta, publicata ad burellum in camerâ compotorum domini nostri regis, Parisiis, & ibidem libro memorialium, signato L, fol. VII^{xx}XIII, registrata quindecimâ die novembris, anno Domini mil CCCCLX. Ansi signé BADOULIER.

Leues & publiées en jugement, en l'auditoire civil du chastelet de Paris, en la présence du procureur & advocats du roi audit chastelet, Me Jehan de Longueil, lieutenant civil de ladicte prévosté, tenant le siége; & ce fait, enregistrées ès registres, étant en la chambre civile du chastelet, le lundi 17.e jour de novembre, l'an 1460.

Ainsi signé PHÒN, p. 504.

ENTRE-DEUX-MERS. On nomme ainsi le pays entre la Dordogne & la Garonne, depuis Libourne & Bordeaux jusqu'au bec d'Ambès. Ce pays, long-temps soumis aux Anglois, étant rentré sous l'obéissance de Charles VII, les habitans demandèrent qu'il fût irrévocablement uni à la couronne. Le roi leur accorda avec exemption des droits de gîte & de prise, en exceptant ceux qui se trouveroient les devoir au jugement du sénéchal de Gascogne. Il leur confirma aussi toutes leurs autres franchises & libertés, sans les détailler, p. 187.

ÉPICIERS. Le roi confirma en décembre 1450, les statuts des épiciers de Paris, rédigés par eux, & enregistrés par le prévôt de Paris, p. 114 & *suiv.* Voici les articles de ces statuts. 1.° Les épiciers seront tenus de faire bougies, les plus menues de vingt-huit à la livre. 2.° Ils mettront leur marque en toute torche & cierge d'une livre & au-dessus, & poids de ladite cire. 3.° Les marchands forains ne pourront vendre ni exposer en vente, marchandise d'épicerie, sans l'avoir fait visiter par les gardes du métier, qui seront tenus de la visiter au plus tard le lendemain du jour qu'ils en auront été requis. 4.° De ce seront tenus les hôteliers d'avertir les marchands forains. 5.° Lesdits forains ne pourront vendre leurs marchandises en détail, que durant trois jours. 6.° Les épiciers de Paris ne pourront vendre en leurs échoppes autres graisses que des huiles. 7.° Les épiciers & autres qui s'entremettront de vendre sauces à Paris, seront tenus de les faire de matières saines & nettes. 8.° Les épiciers ne pourront acheter marchandises de marchands forains, qu'elles n'aient été visitées, p. 115 & 116.

ERVY. Charles V avoit confirmé au mois de mai 1376, les priviléges que Thibaut comte de Champagne avoit accordés aux habitans d'Ervy. Charles VII confirme les Lettres de Charles V, en mai 1456, p. 379.

ESCHAALIS. (Abbaye d') Charles VII confirma, en avril 1452, les Lettres de Charles VI, qui confirmoient elles-mêmes celles de Charles V & du roi Jean, par lesquelles ladite abbaye est mise sous la sauvegarde du roi, avec attribution de ses causes, en demandant & en défendant, aux bailliages de Sens & de Villeneuve-le-Roi, p. 204.

ESTQUEILLE-NOTRE-DAME. (l') La prière que nous nommons l'*Angelus,* p. 127, note.

ÉTATS de Languedoc (Les) assemblés à Montpellier en 1448, accordent au roi un aide de cent cinquante mille livres, & un autre de vingt-mille livres pour obtenir des Lettres d'abolition, p. 18. Voyez *Languedoc.*

États. (Les trois) L'ordonnance du 15 mars 1430, est rendue selon leur avis, p. 8, note *(b).* Ces états avoient été assemblés à Saumur, p. 9.

États (Les trois) de Normandie se plaignent de la distance des lieux pour que les officiers comptables de ce pays, aillent rendre leurs comptes à Paris, p. 264. Voyez *Comptes.* (Maîtres & Clercs des)

EU (Le comté d') fut érigé en pairie au mois d'août 1458, en faveur de Charles comte d'Artois, p. 516, note *(b).* Les rentes & sur-cens dont se trouvoient chargés les maisons de la ville d'Eu, étoient cause que les propriétaires les laissoient tomber en ruine; ce qui porta le comte d'Artois à ordonner que lesdits propriétaires fissent réparer ou clorre dans un temps prescrit, les maisons tombant en ruine; ou à leur refus, qu'on y obligeât ceux qui avoient des rentes sur lesdites maisons & places vides; que faute par eux de le faire, ils perdroient leurs rentes, & lesdites maisons & places seroient mises ès mains dudit Comte, pour être subhastées & baillées à fief au plus offrant, p. 516. Cette ordonnance autorisée par le consentement de soixante des propriétaires qui comparurent à cet effet en 1415, fut exécutée, & les maisons relevées & réparées; mais n'ayant pas été ratifiée par Lettres portant consentement des gens d'église, nobles & autres, ni confirmées par le roi, ce qui inquiétoit ceux à qui avoient passé lesdites maisons, & qui les avoient réédifiées, ils obtinrent du roi, le 27 février 146$\frac{0}{1}$, des Lettres par lesquelles il confirma en tant qu'il étoit en lui, ce qui avoit été fait à cet égard, p. 516 & *suiv.*

Eu. (Ville d') Cette ville, située dans le ressort du bailliage de Caux, avoit tous les ans une foire qui s'y tenoit le jour des Morts. Le comte d'Eu obtint du roi en mars 145$\frac{5}{6}$, des Lettres par lesquelles cette foire fut remise au lendemain, p. 255.

ÉVOCATIONS. Voyez *Parlement de Paris.*

expédiés par les notaires du parlement, *ibid.* art. CIV. Voyez *Notaires du parlement.* Les greffiers civil & criminel ne donneront procès à visiter aux conseillers de la cour, sans commandement exprès d'un président, *ibid.* art. CV.

GUET & GARDE. Les seigneurs, capitaines & châtelains obligeant souvent les habitans des villes & châteaux, à faire jour & nuit guet & garde, sans raison suffisante, en exigeoient de grosses amendes lorsqu'ils y manquoient. Le roi par ses Lettres du 1.er décembre 1451, ordonna que dans les villes qui ne seroient en danger, ou sur la frontière, les habitans ne seroient tenus à faire guet & garde qu'une fois le mois au plus, & que l'amende à payer au capitaine par les défaillans, ne seroit que de dix deniers tournois, p. 185 & *suiv.*

GUIBRAY. (Foires de) Voyez *Foires.*

GUYENNE. Jean comte d'Armagnac, &c. y étoit lieutenant pour le roi en juin 1451, p. 134 & 135. Jean de Burlac en étoit sénéchal en 1296, & étoit aussi Maître des arbalétriers, p. 181 & note (*b*).

Guyenne. (Les trois-états de) Leur traité avec le roi, le 20 juin 1451, p. 140. Voyez *Bordeaux.*

Guyenne. Voyez *Monnoyers.*

H

HALLES de Paris. En février 145½, Charles VII confirma des Lettres de Charles V, qui régloient les places des vendeurs de cuirs & de souliers, des lingères & des fripiers dans les halles de Paris, p. 191.

Halles de Paris (Les) étant tombées en ruine durant les guerres, les marchands avoient cessé d'y porter leurs marchandises. Le roi les ayant fait réédifier, ordonna par ses Lettres du 28 janvier 145⅘, que les marchands, gens de métier & autres allassent comme d'ancienneté, établir & vendre aux jours de marché esdites halles, leurs denrées & marchandises, sous peine de confiscation d'icelles, p. 348 & 349.

HARDES, sorte de monnoie de cuivre, p, 175.

HARPIN, vicomte de Bourges, vend sa vicomté au roi Philippe I, vers 1311, p. 375, note.

HISTOIRE. Philippe I acquiert vers l'an 1101, la vicomté de Bourges, du vicomte Harpin, p. 375, note.

Histoire. Louis VI & VII; leurs Lettres pour l'église de Bordeaux. Voyez *Bordeaux.* (Église de)

Histoire. Louis VII accorda en 1166 des Lettres de pariage à l'abbaye de Cluni près Saint-Jangoul, p. 253. Voyez *Saint-Jangoul.*

Histoire. Philippe-Auguste confirme en 1181, les possessions de l'église de Saint-Ambroise de Bourges. Voyez *Saint-Ambroise de Bourges.*

Histoire. Louis IX confirme en 1370, le pariage pour l'abbaye de Cluni près Saint-Jangoul, p. 253. Voyez *Saint-Jangoul.*

Histoire. Phillippe III déclare par ses Lettres en 1284, qu'il n'appartient rien à l'abbaye de Cluni, des amendes prononcées dans l'assise de Saint-Jangoul, p. 254. Voyez *Saint-Jangoul.*

Histoire. Philippe IV; ses Lettres de 1290 en faveur des habitans de Charôt, sont confirmées par Charles VII, en mars 145⁹⁄₁₀, p. 132. Voyez *Charôt.* Il ratifie en septembre 1295, les grâces accordées à la ville d'Acqs par Édouard I.er, roi d'Angleterre, p. 180. Voyez *Acqs.* Le 24 mars 129⁵⁄₆, il confirme la commune & les anciennes coutumes de la ville de Saint-Émilion, p. 378. Voyez *Saint-Émilion.*

Histoire. Philippe VI. Les priviléges qu'il avoit accordés au couvent de Fontaine-Notre-Dame, sont confirmés par Charles VII, p. 124. Voyez *Fontaine-Notre-Dame.* Ses Lettres en faveur des habitans de Billom & de Saint Loup sont confirmées par Charles VII, en avril 145⁹⁄₁₀, p. 133. Ses Lettres de sauvegarde pour l'abbaye du Vaux-de-Sernay, le sont aussi, p. 366. Voyez *Vaux-de-Sernay.*

Histoire. Le roi Jean accorda aux habitans de Castelnaudari, en 1356, des priviléges pour les engager à rebâtir leur ville que les ennemis avoient brûlée, p. 106. Voyez *Castelnaudari.* Sur la demande d'Innocent VI il accorda au couvent des Chartreux de Villeneuve-lès-Avignon, exemption de toute juridiction, redevances & impositions, par ses Lettres des mois de juillet 1357 & décembre 1362, qui sont confirmées par Charles VII en janvier 14⁴⁰⁄₇₀. Voyez *Innocent VI & Villeneuve*, p. 70 & *suiv.*

Histoire. Charles V confirma par Lettres du mois de novembre 1364, les priviléges que Robert, duc de Normandie, avoit accordés à l'abbaye de la Sainte-Trinité près Rouen, & certaines exemptions dont jouissoit ladite abbaye, par autres Lettres du 6 août 1369. En mai

J

L

de mars fuivant, ils préfentèrent au roi leurs requêtes & fupplications en trente-trois articles, dont voici les fommaires. 1.° Sur la demande d'une aide de trente mille livres tournois, les états confentirent de payer cent feize mille livres, pour une année entière, & pour cette fois feulement, en trois termes défignés. 2.° Ils demandèrent que les termes ne fuffent point anticipés, & que les commiffaires pour la levée & les receveurs fuffent nommés & appointés par les habitans dans chaque diocèfe. 3.° Que les taxations des commiffaires & receveurs fuffent payées felon qu'il feroit réglé dans les affiettes. 4.° Que les deniers fuffent levés par les fergens ordinaires, & les débats entre les habitans & les receveurs, portés devant les juges ordinaires des lieux. 5.° Que les Généraux-maîtres des monnoies ne vexaffent les habitans qui avoient des monnoies étrangères, n'y en ayant guère d'autres dans le pays. 6.° Que les fénéchaux ceffaffent de donner des commiffions pour les réparations des fortereffes, ponts & chemins, ce qui donnoit lieu à de grandes exactions. 7.° Que les maîtres des ports & des eaux & forêts, ceffaffent les vexations touchant la chaffe & la pêche; & que le maître des ports de la fénéchauffée de Touloufe ne pût lever le dixième du bétail & des autres marchandifes fortant du royaume. 8.° Qu'on fît ceffer les abus commis au fujet du fel par le vifiteur des gabelles. 9.° Qu'il fût fait défenfe aux créanciers, de tranfporter leurs actions & créances à gens plus puiffans ou plus privilégiés qu'eux. 10.° Qu'il fût porté remède aux abus des priviléges des univerfités. 11.° & 12.° Que les fergens & autres qui, fous divers prétextes non-valables, fe prétendoient exempts des tailles, fubfides & fouages, fuffent obligés d'y contribuer; fpécialement ceux qui fe prévaloient de la bourgeoifie d'Aigues-mortes & de Villeneuve-de-Berg. 13.° Qu'aucuns contrats ne fuffent faits dorénavant fous le petit-fcel de Montpellier, au regard des habitans de Languedoc l'un avec l'autre. 14.° Qu'il fût donné ordre contre les abus du grand fcel de Carcaffonne & des autres cours figillaires de Béziers, Chiniac & autres. 15.° Qu'il fût fait défenfe à tous notaires de recevoir contrats où il y eût foumiffion à des cours hors du royaume. 16.° Qu'on révoquât ou fufpendît jufqu'après due information, les commiffions contre les marchands de Montpellier, patrons de navire, accufés d'avoir fait des courfes contre les Chrétiens, & fecouru les infidèles de Barbarie. 17.° & 18.° Que toutes charges mifes fur les marchandifes

en Languedoc, fuffent ôtées; que le commerce y fût abfolument libre, & qu'il fût permis d'y charger des marchandifes fur les navires qui fe trouveroient dans les ports, au défaut des navires de France. 19.° Que les receveurs des deniers pour le payement de *lances* (gens de guerre) en Languedoc, ne puffent faire leurs exécutions ailleurs que dans les lieux qui les doivent. 20.° Qu'il fût remédié aux vexations exercées dans la fénéchauffée de Touloufe, le Vélay, le Vivarais & le Gévaudan, par les gens de guerre qui y avoient paffé & féjourné; & qu'il fût fait en cette confidération une remife fur le dernier octroi. 21.° Qu'il ne fût donné Lettres de *debitis* au préjudice des juges ordinaires, ou du moins qu'on pût y mettre oppofition devant lefdits juges. 22.° Qu'on révoquât des Lettres données dans le temps que les chemins étoient peu fûrs, en vertu defquelles le procureur du roi en Languedoc relevoit les appels, fans qu'il y eût eu fentence définitive; lefdites Lettres n'ayant plus de motif, vu la fûreté des chemins, & l'établiffement du parlement fiégeant à Touloufe. 23.° Qu'on défendît l'octroi des Lettres que les criminels obtenoient à Nîmes, lefquelles ôtoient aux juges ordinaires la connoiffance de leurs crimes. 24.° Que le nombre des fergens & des notaires fût diminué, & que les notaires ne puffent expédier les groffes des actes, s'ils n'en étoient requis par les parties. 25.° Que les officiers royaux ne puffent prendre connoiffance des caufes criminelles fur les hommes des gens d'églife & nobles, finon par voie d'appel. 26.° Que dans le cas où les débiteurs fe foumettroient pour leurs obligations aux rigueurs des cours fpirituelles, le roi pourvût à ce qu'en vertu des Lettres obtenues en cour royale, il ne fût fait inhibitions aux curés & officiaux, d'agir en conféquence de la foumiffion des débiteurs. 27.° Que les droits qui doivent être perçus fur les marchandifes tranfportées hors du royaume, ne puffent être exigées qu'à la fortie dudit royaume. 28.° Que la charge de l'*équivalent* fût abolie, ou au moins diminuée, & fût en la main du gouvernement du pays, comme au temps de fon inftitution. 29.° Que les priviléges accordés & enregiftrés aux fénéchauffées de Touloufe, Carcaffonne & Béaucaire, le fuffent auffi aux vigueries de Beziers, Gigniac & autres; qu'il fût remédié à l'abus du nombre des lieutenans des fénéchaux; & que les réponfes aux demandes des affemblées précédentes fuffent confirmées. 30.° Que Lettres leur fuffent accordées

Table alphabétique des noms des Tribunaux ou des personnes à qui sont adressées les Lettres de Charles VII, renfermées dans ce Volume.

l'achetant

M

Tome XIV.

ou fix cent foixante livres pour une fois feulement ; que par l'information ordonnée en conféquence, il fut conftaté que les faits avancés par les fermiers n'étoient pas exacts, pourquoi il fut mandé aux gens des comptes & tréforiers, d'exiger l'exécution du bail. (Ce mandement, de Moulins 1452, manque au recueil.) Les débiteurs s'adreffèrent de nouveau au roi, & repréfentèrent non-feulement les dommages qu'ils fouffroient, mais que le roi lui-même étoit en poffeffion des maifons grévées d'une partie de ladite rente. Le roi par fes Lettres du 2 mai 1454, les déchargea de la rente & des arrérages, aux conditions de lui remettre pour fon profit & en bon état ladite halle, & de lui payer la fomme de deux mille livres tournois, laquelle feroit employée à rétablir la halle de Champeaux, p. 318 & *fuiv.* Voyez *Champeaux & Paris.*

MESUREURS DE GRAINS. Les ordonnances concernant les vingt-quatre mefureurs de grains en la ville de Rouen, ayant été mifes en oubli durant les guerres, le bailli de Rouen voulant les renouveler après la réduction de cette ville en l'obéiffance du roi, fit affembler lefdits mefureurs de grains pour favoir quels articles devoient être confervés, augmentés ou modifiés ; lefquels arrêtèrent les articles néceffaires à garder, le 9 avril 1456, ainfi qu'il fuit. 1.° Les mefureurs de grains en la ville & banlieue de Rouen, feront au nombre de vingt-quatre, prêteront ferment & donneront caution vers le bailli de Rouen & le vicomte de l'eau. 2.° Jureront de mefurer les grains aux mefures jaugées & fcellées en l'hôtel de la vicomté de l'eau de Rouen. 3.° Le jour ou le lendemain du jour du mefurage, ils rapporteront les acquits de la vicomté de l'eau, aux receveurs des droits du roi fur lefdits grains. 4.° Ils feront le mefurage fur l'eau ou en grenier, chacun à leur tour. 5.° Enverront chaque matin deux d'entr'eux qui feront femainiers, pour favoir s'il y a grains à mefurer, & en inftruiront leurs compagnons. 6.° Salaires qu'ils prendront pour ledit mefurage. 7.° Si celui dont c'eft le tour, eft malade, il pourra faire mefurer par un de fes compagnons. 8.° S'il eft foible ou trop âgé, il pourra fe faire fuppléer en vertu d'ordonnance du bailli & du vicomte, par un homme loyal qui prêtera ferment. 9.° Si l'un des mefureurs meurt, les bailli & vicomte de l'eau en établiront un en fa place, que les mefureurs feront tenus de recevoir & d'inftruire fi befoin eft, lequel donnera caution, prêtera ferment, & payera vingt fous à la confrairie de Saint-Jacques. 10.° Nul

defdits mefureurs ne pourra être marchand ni parfonnier de la marchandife des grains. 11.° Ils s'abftiendront, fous peine d'amende, de toutes querelles qui retarderoient le mefurage. 12.° Les juges feront tenus de connoître des fraudes commifes par les mefureurs, & de les punir dès qu'ils en feront informés. 13.° Chaque mefureur fera rapport au femainier, de ce qu'il aura mefuré par jour. 14.° Ils feront tenus de dénoncer auxdits bailli & vicomte les fraudes en la marchandife des grains, contre le bien du roi & de la chofe publique. 15.° Lefdits mefureurs feront employés douze une femaine & douze l'autre, & ils choifiront l'un d'eux, pour recevoir le profit de la femaine & le répartir. 16.° Ceux qui ne feront de femaine ne pourront mefurer fur l'eau ou en grenier, mais à la halle ou en la ville, jufqu'à demi-muid feulement. 17.° Si cependant aucun des non-femainiers eft requis de faire plus grand mefurage, il fera tenu de le faire, pour expédier, ou d'envoyer chercher quelqu'un de la femaine. 18.° Le gain qu'il aura fait audeffus du mefurage de douze mines, fera remis au femainier. 19.° Nul mefureur ne fera faire mefurage par fa femme ou fes ferviteurs ; ne prêtera fa mine ou rafelle ; & nul, s'il n'eft mefureur-juré, ne pourra tenir mine fecrette pour vendre & acheter. 20.° Les mefureurs de femaine feront tenus de parler tous les jours au femainier établi entr'eux, pour faire rapport de ce qu'ils auront mefuré dans le jour, & en compteront le famedi ou le dimanche. 21.° Lefdits mefureurs renouvelleront leur ferment à Noël, & apporteront leurs mines & rafelles en la vicomté, pour y être vérifiées. 22.° Aucun braffeur, boulanger & hôtelier, revendeur de grains ou autres, ne mefureront pour une fois plus de trois boiffeaux de grains pour vendre & acheter, p. 422 & *fuiv.* Ces articles furent confirmés par le roi en février 145⅞, p. 424 & *fuiv.*

MONNOIE de Bordeaux. Le roi ayant droit de créer à fon avénement à la couronne, un monnoyer en chaque monnoie de fon royaume, ufa de ce droit pour la monnoie de Bordeaux, lorfque cette ville eut été réduite à fon obéiffance, & créa un monnoyer par fes Lettres du 10 juillet 1451, p. 154. Le tiers du droit de feigneuriage de la monnoie de Bordeaux eft au profit de la ville, p. 273, art. III. Les monnoies que les Anglois avoient fait frapper à Bordeaux durant le temps qu'ils avoient été maîtres de cette ville, rempliffoient & pays au préjudice des monnoies de France. Le roi l'ayant réduite fous fon obéiffance,

N

O

P

roi.

roi. (Sur tous les articles précedens concernant les baillis & sénéchaux, voyez *Baillis.*) Art. 95.° & *suiv.* Des enquétes par commissaires. Voyez *Enquêtes.* 100.° & 101.° Des productions des pièces. Voyez *Procédures.* Art. 102. & *suiv.* Voyez *Greffiers & Notaires.* Art. 106.° & 107.° La cour de parlement sera réintégrée en son ancien ordre, représentation & autorité, selon les articles suivans, que les présidens garderont ou feront garder. 108.° Ils appointeront sans délai après les plaidoiries, les causes à appointer, & les expédieront briévement. 109.° Ils éviteront les communications & repas avec les parties; ils tiendront secrets les noms des rapporteurs; & si les parties en ont connoissance, il en sera nommé d'autres. 110.° Les secrets de la cour seront exactement gardés, & ceux qui les violeront seront punis. 111.° Vu le grand nombre des procès restés à expédier, les présidens les visiteront & distribueront, & de deux en deux mois verront ceux qui restent à rapporter, afin de les faire expédier par ordre d'ancienneté. 112.° Les rapporteurs feront l'extrait avant de rapporter, & ledit extrait sera de leur main, ou de celle des conseillers ou greffiers, sans que les secrets soient communiqués à leurs serviteurs ou autres de ladite cour. 113.° & 114.° Comment se doivent faire les rapports des procès. 115.° De la manière dont on doit se conduire à l'égard des présidens, conseillers délibérans & rapporteurs. 116.° Les chambres ne seront assemblées à la poursuite des parties, mais par ordonnance de la cour, vu la qualité des parties ou la grandeur des matières. 117.° Quand & comment une chambre doit consulter les autres chambres. 118.° Nuls officiers de justice, spécialement de la cour du parlement, ne recevront dons tendant à les corrompre, sous peine de privation d'office & autre punition. 119.° La partie qui feroit tels dons, sera privée de ses droits & punie d'amende. 120.° Les médiateurs de tels dons seront déclarés inhabiles à tous offices, & punis de peines arbitraires. 121.° Les avocats & procureurs consentiront & déclareront les accords entre les parties, sans rien prendre d'elles pour cela. 122.° Ne seront appointés les procès qui pourront être jugés par droit & par fin de non-recevoir. 123.° Tous juges, tant de la cour qu'autres, porteront jugemens non obscurs, mais clairs & certains. 124.° Les arrêts & sentences seront exécutés par huissiers ou sergens, sans que les parties prennent à cet effet conseiller de la cour, ou

autre juge; si ce n'est qu'il y eût chose à exécuter, qui requit connoissance de cause. 125.° Pour guider désormais les juges dans le cas d'allégations de coutumes & styles différens, lesdits styles & coutumes seront rédigés par écrit dans tout le royaume: auxquels styles & coutumes les juges se conformeront, sans déroger cependant au style de la cour de parlement. Voyez *Coutumes.*

Parlement de Paris. Le roi ayant ordonné à quelques présidens & conseillers du parlement de Paris, d'aller tenir de grands jours à Poitiers & à Montferrand, pour y expédier les procès; & voulant en même temps pourvoir à l'expédition de ceux qui étoient en état d'être jugés à Paris, ordonna le 15 septembre 1454, que les présidens & conseillers qui se trouveroient à Paris, s'assembleroient, nonobstant les vacations, pour faire arrêts sur lesdits procès, lesquels arrêts ne seroient cependant prononcés que lorsque la cour seroit séante, p. 331 & 332. Le 14 novembre suivant, il déclara que les officiers du parlement établi à Paris & ceux du parlement de Toulouse, devoient être réputés comme faisant unis un même parlement; de sorte que toutes les fois que ceux du parlement de Toulouse se trouveroient à Paris, ils pourroient prendre place au parlement de Paris, selon la date de leur institution, & réciproquement, p. 332 & 333.

Parlement de Paris. Il y avoit beaucoup de petits procès à juger au parlement, qui pouvoient l'être pendant les vacations, par les conseillers qui se trouvoient en grand nombre à Paris; mais ils n'y pouvoient travailler sans y être autorisés par Lettres du roi. Il leur en accorda le 3 août 1457, par lesquelles il leur ordonna de travailler au jugement desdits procès, pourvu qu'ils fussent en nombre suffisant; qu'un président y assistât; & que le jugement ne fût prononcé qu'après la rentrée du parlement à la Saint-Martin d'hiver, p. 442.

Parlement de Paris. Le roi, pour hâter l'expédition des procès pendans en grand nombre au parlement, avoit ordonné que les présidens & conseillers jugeroient les petites causes les après-diners, jusqu'à certain temps qui devoit finir en juillet 1458. Sur les représentations dudit parlement, il prorogea le terme jusqu'en octobre 1459, par Lettres du 4 janvier 145$\frac{7}{9}$, accordant une augmentation de gages durant ce temps, aux présidens, conseillers, greffiers & huissiers, p. 447 & *suiv.* Ces Lettres furent adressées aux trésoriers de France & aux généraux des finances,

à une lieue d'Aigues-mortes, p. 66,
note *(b)*. Avant l'imposition sur le sel, les
habitans de Peccais en faisoient beaucoup,
qu'ils vendoient aux pays de Gênes, Arragon, Foix, &c. à la volonté. L'établis-
sement de la gabelle ayant assujetti les
marchands saliniers à la vendre leur sel
qu'à tour de rôle, plusieurs ne pouvoient
maintenir leurs salines, ni subsister; pourquoi leur fut octroyé un blanc & quatre
deniers parisis sur chaque quintal de sel qui
se vendroit en divers greniers, ou passeroit
sous le pont Saint-Esprit. Cet octroi
avoit été augmenté en 1422, & confirmé en 1441. Ces concessions avoient
été faites pour que les deniers en fussent
employés à la conservation des salines,
ce qui avoit été négligé. Cependant l'octroi fut confirmé de nouveau en septembre
1449, en considération du septième &
de trois deniers tournois par muid dudit
sel que le roi percevoit, p. 66 & *suiv.*
Les mêmes Lettres ratifient l'accord fait
entre les saliniers de Peccais & les saliniers
du pays de Provence, p. 68.

audit métier, par témoignage des jurés
devant le prévôt de |Paris, pourra être
reçu maître en la ville & faubourgs de
Paris, en payant vingt sous au roi,
vingt sous à la confrérie dudit métier,
& vingt sous aux jurés. 2.° Les maîtres
n'auront qu'un apprenti, outre leurs
enfans légitimes; ils feront enregistrer les
Lettres d'apprentissage, lequel ne durera
moins de six ans, & payeront à la confrérie cinq sous parisis. 3.° Si l'apprenti
quitte malgré son maître, avant les six
ans finis, nul ne le pourra mettre en
besogne, sans avoir contenté son susdit
maître. 4.° Nul valet ou alloué à temps
& à terme, ne pourra quitter avant le
terme expiré, & sera tenu d'avertir son
maître un mois avant de quitter son
service. 5.° Quand valets & ouvriers du
dehors viendront pour ouvrer, les jurés les
placeront de préférence chez des maîtres
qui n'ont aucuns valets. 6.° Chaque
maître payera par semaine à la confrérie,
trois deniers, & chaque valet trois deniers, le maître répondant pour le valet.
7.° Valets ne besogneront en leurs
chambres & n'y tiendront roues assises
ni pieux fichés. 8.° Nul ne pourra vendre
en icelle ville & faubourgs, poterie de
Paris ou d'ailleurs, si les ouvrages ne sont
restoupés & refaits par les ouvriers dudit
métier, de terre bonne & suffisante,
plombés & recuits comme il appartient.
9.° Les maîtres ou valets ne pourront
ouvrer de nuit, mais pourront mettre
le feu à leurs fourneaux ou défourner à
toute heure. 10.° Jours auxquels il n'est
permis d'ouvrer, pour lesquels jours les
valets ne seront payés que de demi-jour-
nées; mais les apprentis pourront ouvrer
quand bon leur semblera, pourvu que ce
ne soit ouvrage pour être vendu. 11.° &
12.° Les maîtres demeurant à Paris ou
ès faubourgs, ne doivent rien des choses
dudit métier, qu'ils vendent ou achettent
en leurs maisons, ou des choses dudit
métier, qu'ils portent à leur cou. 13.° Nul
ne peut colporter ni vendre par assiette
dans les rues, aucunes marchandises dudit
métier, si ce n'est aux halles pour y être
vendues le samedi. 14.° Les potiers qui
portent leurs pots au marché de Paris,
doivent au roi trois sous par an pour leur
place; & lorsqu'ils font porter leurs pots
le samedi, ils doivent pour tonlieu, un pot
du prix d'une maille. 15.° Les marchands
amenant poteries à Paris, ne pourront
les descendre qu'aux halles, ni les dé-
baller qu'elles ne soient vues par les
jurés, qui auront pour droit de visite de
chaque chariot deux sous, de chaque
charrette seize deniers, & de la charge
d'un cheval huit deniers parisis; & si les

Q

R

S

SÉEZ. Le roi ayant fait rentrer sous son obéissance la ville de Séez, l'évêque, le clergé, les nobles, bourgeois & habitans de cette ville, supplièrent le roi de leur accorder des Lettres d'abolition des crimes & délits qu'ils pouvoient avoir commis contre lui, durant le temps qu'ils avoient été sous la domination Angloise. Il les leur accorda en octobre 1449, les restituant en leurs honneurs, franchises & libertés, tels qu'ils en jouissoient avant qu'ils fussent soumis aux Anglois; même en leurs biens, nonobstant tous dons & adjudications, que lesdites Lettres révoquent, p. 71 & suiv.

SEIGNEURIAGE (Droit de) sur l'or ouvré, étoit en 1450, de vingt sous onze deniers pite, p. 121.

Seigneuriage de la monnoie de Bordeaux. Ce droit est confirmé au chapitre de l'église de Bordeaux, p. 169. Voyez Bordeaux. (Eglise de)

SEL. Il est dit dans les Lettres de Charles VII du dernier mars 145½, que tous ceux qui feront commerce de sel, en l'achetant en Poitou, Saintonge & gouvernement de la Rochelle, seront obligés de déclarer leurs noms, surnoms & demeures, & de donner caution de

T

TABELLIONS, (Les) sous peine de privation d'offices & d'amendes, ne passeront Lettres de contrat ou marché, hors à sous & à livres, si ce n'est pour cause de prêt, dépôt, traité de mariage, vente & retrait d'héritages, p. 382, art. XIV; & p. 384, art. XII.

TAILLES. Charles VII voulant remédier à l'inégale répartition des tailles, en régla l'assiette par ses Lettres du 3 avril 14$\frac{12}{60}$, dont voici les articles. 1.° Les élus & commissaires à l'imposition des tailles, veilleront à l'égalité de la répartition. 2.° Les collecteurs feront le rôle de leur assiette particulière, & dans quinze jours l'apporteront aux élus, avec le double d'icelui, pour être collationnés & signés desdits élus, qui auront pour ce, dix deniers par paroisse, & garderont l'un desdits rôles, l'autre restant aux collecteurs. 3.° Les élus feront l'assiette, eu égard aux accroissemens ou diminutions des habitans, qu'ils connoîtront par les rôles des années précédentes. 4.° S'il y a des taxes trop fortes par haine, ou trop foibles par crédit, les élus y remédieront. 5.° Lesdits élus feront transcrire les rôles d'assiette; & enverront cette copie signée d'eux & de leur greffier, aux Généraux des finances, pour qu'ils puissent voir le nombre des feux & la puissance de chaque élection, & en informer le conseil. 6.° Lesdits Généraux enquerront de la vérité des rôles des collecteurs, qui seront punis comme faussaires, si leurs rôles ne sont vrais. 7.° Salaire du greffier pour la confection des cahiers envoyés aux Généraux. 8.° Les frais de l'envoi d'iceux seront taxés par les Généraux, & payés par les receveurs avec les autres frais de la taille. 9.° Lesdits Généraux iront & enverront souvent dans les élections, pour être mieux informés de la faculté des habitans. 10.° Tous les non-nobles seront imposés aux tailles, excepté les officiers ordinaires & commensaux du roi, & ceux qui sont envoyés pour l'assiette des tailles. 11.° Les élus enverront aux Généraux les noms de ceux qui se prétendent exempts, les causes d'exemption, & le taux qu'ils pourroient porter. 12.° Les élus égaliseront le fait des francs-archers, selon le nombre des feux & les facultés des paroisses. 13.° Lesdites paroisses ne seront tenues envers lesdits francs-archers, qu'à leur fournir l'habillement de guerre, quand ils seront mandés pour aller en expédition. 14.° Les francs-archers ne

pourront se servir chez eux dudit habillement, si ce n'est aux jours d'exercice. 15.° Les élus feront tourner au profit des paroisses, les brigandines que le roi a fait ou fera distribuer aux capitaines. 16.° Les archers ou arbalétriers ne jouiront de l'exemption, qu'autant qu'ils seront experts & suffisans, à moins qu'ils ne soient tombés en impuissance de servir, par vieillesse ou autre accident. 17.° Les gros marchands ou personnes riches qui prendront charge d'archer ou arbalétrier, ne seront exemptés que d'une portion raisonnable de la taille qu'ils devroient payer. 18.° Les grenetiers, élus ou autres officiers semblables, ne tiendront place aux ordonnances de guerre, & ne pourront être receveurs des aides ou du payement des gens de guerre ou d'autres tailles, p. 484 & suiv.

Tailles. Voyez *Aides & Tailles,* & *Paris.*

TAILLEURS (Les) de la ville & faubourgs de Caen, ayant fait des statuts touchant leur métier, & les ayant fait approuver par les officiers du bailliage, supplièrent le roi de les confirmer & d'en ordonner l'observation; ce qu'il fit par ses Lettres du mois de juin 1455. Voici les articles. 1.° Seront institués quatre maîtres-jurés à la garde dudit métier. 2.° Nul ne lèvera établie s'il n'est examiné & approuvé par lesdits maîtres, si ce n'est quant aux habits des seigneurs qui auroient leurs tailleurs, & sans préjudice du métier des couturiers. 3.° Nul dudit métier ne pourra ouvrir le samedi depuis les chandelles allumées, le dimanche, les cinq fêtes de Notre-Dame, les fêtes d'Apôtres & de la Toussaints, Noël, Pâques, l'Ascension, la Pentecôte; si ce n'est pour habits de deuil ou de noces, habits de seigneurs & dames du Sang royal, ou pour élargir ou rétrécir des habits déjà faits. 4.° & 5.° Les varlets & apprentis ne pourront quitter leurs maîtres, ni les maîtres prendre varlets ou apprentis d'autres maîtres, avant que lesdits varlets aient achevé leur terme ou la besogne commencée. 6.° & 7.° Comment ils seront tenus de faire pourpoints de soie ou de laine pour vendre. 8.° Ils pourront faire les pourpoints commandés, de telles étoffes qu'on leur donnera. 9.° Ils ne pourront mettre en gage les ouvrages qui leur seront donnés. 10.° Tous compagnons dudit métier seront reçus à travailler, s'ils sont approuvés par les jurés. 11.° Tout ouvrier, pour être reçu maître, pavera au roi vingt sous, ou dix sous seulement s'il est fils de maître, & autant

à la

V

*TABLE ALPHABÉTIQUE

Des noms des Provinces, des Duchés, des Comtés, des Bailliages, des Sénéchauffées, des Vicomtés, des Prévôtés, des Villes & des autres lieux dont il eft parlé dans ce Volume.

N O T E

* On n'a pas diftingué dans cette Table, l'*i* fimple de l'*y* grec.

C

NOTE.

(*) Nous ne marquons pas les autres lieux où eft employé le mot *France,* qui fe trouve prefque à toutes les pages.

Gironde

*TABLE DES NOMS

Des Perſonnes dont il eſt parlé dans ce Volume.

A

B

NOTE.

* On n'a pas fait de diſtinction dans cette Table, de l'*i* ſimple à l'*y* grec; l'on a auſſi cru devoir inſérer dans cette Table, quelques prénoms & noms de baptême, lorſqu'ils ont paru ſinguliers, ou lorſque dans la ſuite ils ſont devenus des noms de famille.

C

D

E

F

G

H

I

K

KOCQ, (Gilles le) échevin de la ville de Lille, en 1449, p. 51.

L

M

R

S

T

V

X

Z

ADDITIONS ET CORRECTIONS.

Page 11, ligne première de la note (f), conférer; lisez conférez.

Page 29, ligne 3 de la note marginale, Gennes lisez Gènes.

Page 30, ligne 24 de la note marginale; couleur de feu, ajoutez la lettrine (b).

Page 65, titre, ligne dernière, d'adjudication ou; lisez d'adjudication, ou.

Page 87, titre, ligne 2, dudit chapitre relatives à ses possessions voisines de; lisez dont connoissoient leurs justices dans les villages & lieux distans de.

Page 131, ligne dernière de la note (a), page 10; lisez page 13.

Page 154, ligne dernière de la note (a), arpès; lisez après.

Page 213, ligne 20, supradictum; lisez supra dictum.

Page 220, ligne 19, causas; lisez casus.

Page 223, à la marge, Philippe; ajoutez Auguste.

Page 238, ligne dernière de la note (a), après les mots, conseiller en cette cour; ajoutez, nous avons mis à cette pièce le titre qu'elle porte dans le dépôt d'où elle est tirée.

Page 249, ligne 2 de la note (b), XII.ᵉ; lisez XIII.ᵉ

Page 252, ligne 22, desquelles; lisez desquels.

Page 275, ligne pénultième, quiquagesimo; lisez quinquagesimo.

Page 375, note (b), Philippe-Auguste; lisez Philippe I.ᵉʳ

Page 385, ligne pénultième de la note (b), Tulleas; lisez Tutelens.

Page 409, note (a); lisez note (b).

Page 433, titre, ligne dernière, officiers; lisez officiers-clercs.

Page 444, ligne 2 de la note (b), Charles VII; lisez Charles VI.

Page 445, titre, ligne 1.ʳᵉ, en sa garde; lisez sous la garde.

Page 455, ligne 21, d'échange; lisez de change.

Page 462, ligne 11, que nous; lisez que ne.

Page 464, lignes 7 & 8 de la note (b), p. 487 & 494; lisez p. 587 & 594.

Page 465, ligne 15, expressarum; lisez expressum.

Page 483, titre, ligne pénultième, que devant le bailli; lisez autres que le bailli.

Page 484, ligne pénultième de la note (a), imprimées ans; lisez imprimées dans.

Page XXIX de la Table des matières, ligne 1.ʳᵉ de la 1.ʳᵉ colonne, sont tenus; lisez étoient tenus.

TABLES

CONTENANT ANNÉE PAR ANNÉE,

LES PRIX

DU MARC D'OR ET D'ARGENT,

EN ŒUVRE ET EN BILLON;

Le nom des Espèces, leur loi, leur poids & taille,
& leur valeur,

Conformément aux Lettres contenues dans ce Volume, avec des additions
tirées de la Table des Monnoies de Le Blanc.

NOMS des ROIS.	Pages	ANNÉES, MOIS ET DATES des MANDEMENS.	NOMS des ESPÈCES.	TITRE des Espèces d'Or.	TITRE DES ESPÈCES d'Argent fin & d'Argent-le-Roi.		REMÈDE DE LOI sur l'Or & l'Argent.		POIDS des ESPÈCES d'Or, d'Argent & de Billon.		REMÈDE de Poids sur l'Or, l'Argent & le Billon.	VALEUR en Sphère d'Or, d'Argent & de Billon.	PIED de la Monnoie.	VALEUR DES MARCS D'OR, D'ARGENT & de BILLON monnoyés.		PRIX DU MARC D'OR aux Monnoies.		PRIX du Marc d'Argent-le-Roi aux Monnoies.		OBSERVATIONS.
				Kar. 32	Fin	le-Roi	Or.	Arg.						Or.	Argent.	Titre.	Valeur.	Titre.	Valeur.	
CHARLES VII.	89. Bl. 121. 327. Bl. 317.	1450. Mai. 18	Écus........	23 ½		4.12.0	½					70						99. 5. 0			Par les Lettres du 16 Mai 1454, il est dit que pour les écus d'or appelés hans, fabriqués dans les pays du duc de Bourgogne, il sera donné cinq sous tournois par pièce, de plus que pour l'écu d'or de France.
		Juin 15	....	23 ½													99. 5. 0			
		1452. Février 3	....														99. 5. 0			
		1454. Mai 16	....								0. 10.						99. 10. 0			
		Mai 18	Grands-blancs			4.12.0						0. 10.								Le Blanc cité des Lettres du 26 juin 1456, semblables à celles du 16 juin 1455, & qui peut-être sont les mêmes.
		1455. Juin 16	Petits-blancs			4.12.0						0. 5.						8. 10. 0	
			Gros d'argent			11.12.0						3. 6.						8. 15. 0	
			Écus d'or								71							100. 0. 0		
			Deniers blancs			4. 0.0						0. 10.						8. 10. 0	
	380 & 381.	1456. Juin 7	Écus d'or									7. 6.								Le cours, en France, des monnoies étrangères, est réglé par deux Lettres du 7 juin 1456. Le titre de l'or en gros ou menus ouvrages d'orfèvrerie, y est aussi réglé.
			Grands-blancs									0. 10.							
			Petits-blancs									0. 5.							
			Gros d'argent									1. 6.							
			Doubles Tournois									0. 2.							
			Petits Tournois									0. 1.							

Charles VII, après l'expulsion des Anglois, fit peu de changemens dans ses monnoies durant les dernières années de son règne ; il n'en fit plus dés qu'il fut venu à bout d'y rétablir l'ordre.

www.ingramcontent.com/pod-product-compliance
Lightning Source LLC
Chambersburg PA
CBHW031450210326
41599CB00016B/2180